國家古籍整理出版專項經費資助項目

中華古籍保護計劃

ZHONG HUA GU JI BAO HU JI HUA CHENG GUO

·成 果·

圖書在版編目(CIP)數據

普林斯頓大學圖書館藏中文善本書目:全二冊 / 美國普林斯頓大學東亞圖書館編.-- 北京:國家圖書館出版社,2017.3

(海外中華古籍書志書目叢刊)

ISBN 978 - 7 - 5013 - 6017 - 8

Ⅰ.①普… Ⅱ.①美… Ⅲ.①古籍—善本—圖書館目録—美國 Ⅳ.①Z838

中國版本圖書館 CIP 數據核字(2017)第 005900 號

書　　名	普林斯頓大學圖書館藏中文善本書目(全二冊)
著　　者	美國普林斯頓大學東亞圖書館　編
責任編輯	林　榮　張愛芳
封面設計	程言工作室

出　　版　國家圖書館出版社(100034　北京市西城區文津街 7 號)
　　　　　(原書目文獻出版社　北京圖書館出版社)

發　　行　010 - 66114536　66126153　66151313　66175620
　　　　　66121706(傳真)　66126156 (門市部)

E - mail　nlcpress@ nlc. cn(郵購)

Website　www. nlcpress. com→投稿中心

經　　銷　新華書店

印　　裝　北京華藝齋古籍印務有限公司

版　　次　2017 年 3 月第 1 版　2017 年 3 月第 1 次印刷

開　　本　787 × 1092(毫米)　1/16

印　　張　75

書　　號　ISBN 978 - 7 - 5013 - 6017 - 8

定　　價　480.00 圓

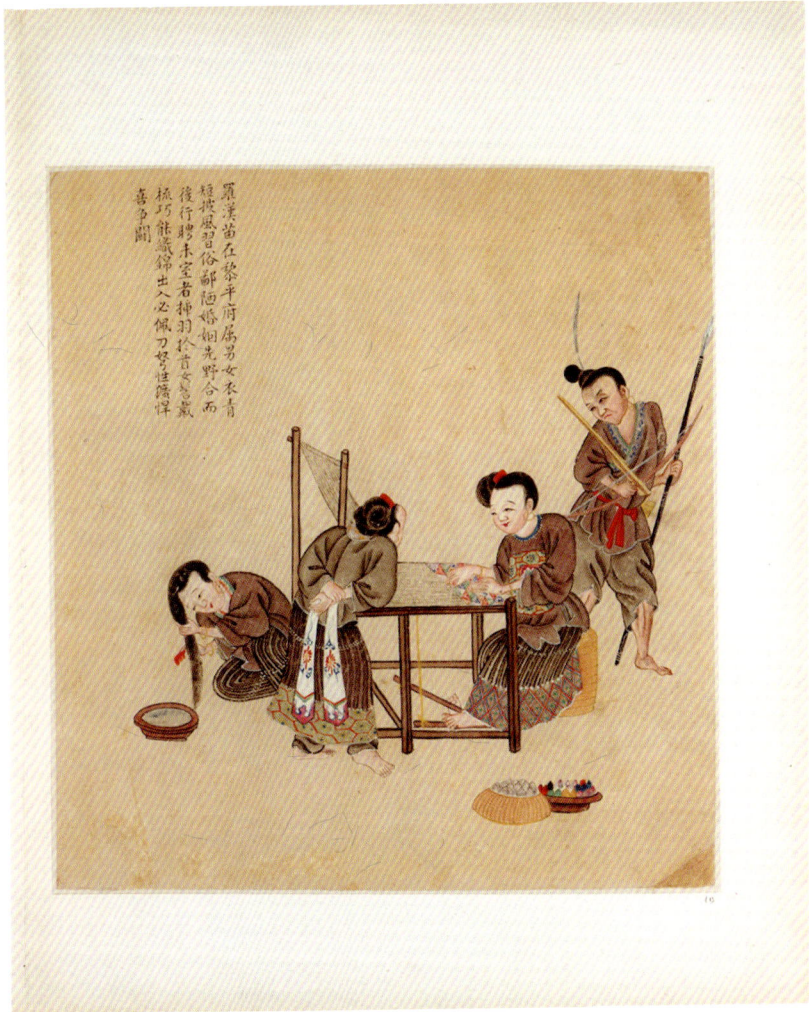

羅漢苗在黎平府屬男女衣青
短裝風習俗鄙陋婚姻先野合而
後行聘未室者挿羽於首冬夏戴
梳巧能蠟錦出入必佩刀弩性獷悍
喜多鬥

苗瑤族生活圖

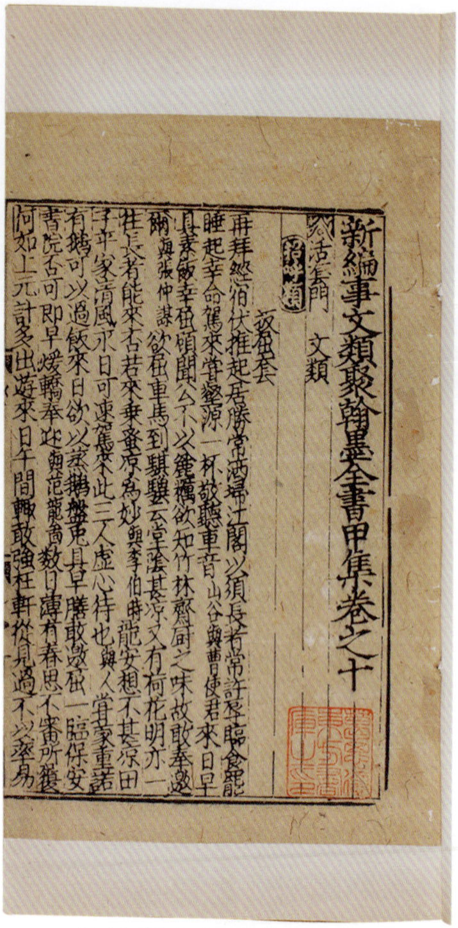

新編事文類聚翰墨大全

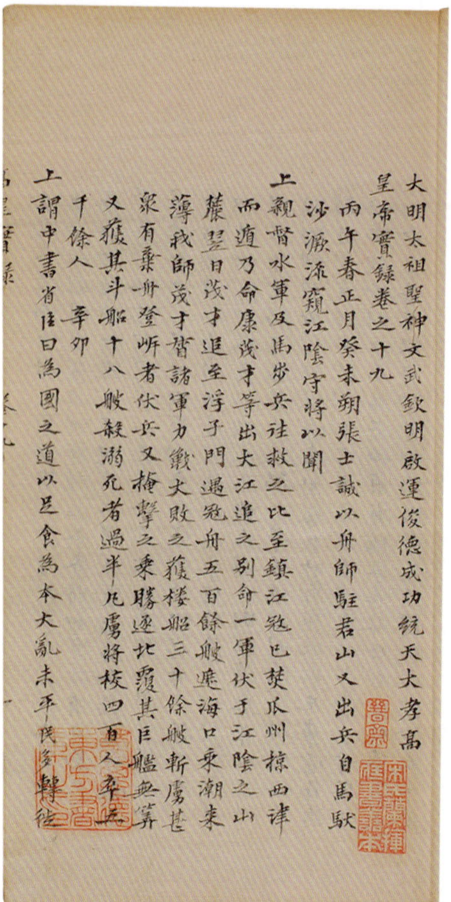

大明實録

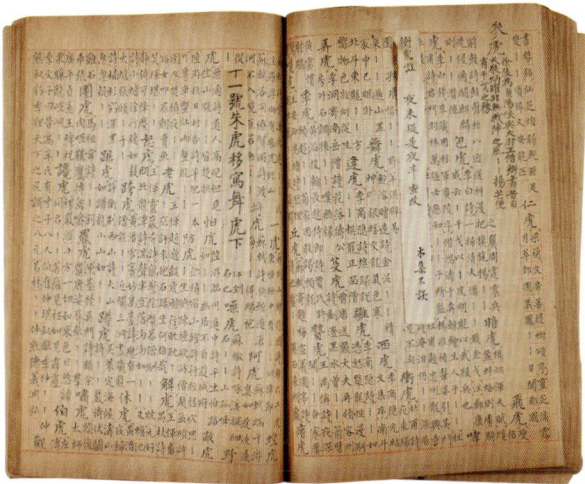

佩文韻府

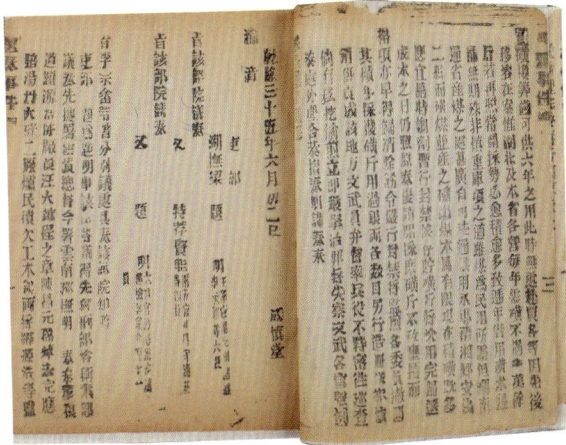

題奏事件

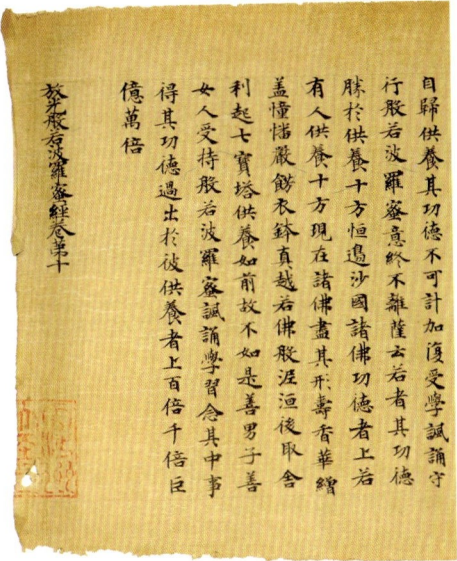

目歸供養其功德不可計加加復受學諷誦守
行般若波羅蜜意終不離薩云若者其功德
勝於供養十方現在諸佛盡其形壽香華繒
有人供養
蓋幢幡嚴飾繒衣鉢真越若佛般泥洹後取舍
利起七寶塔供養如前故不如是善男子善
女人受持般若波羅蜜諷誦學習念其中事
得其功德過出於彼供養者上百倍千倍巨
億萬倍

放光般若波羅蜜經卷第十

放光般若波羅蜜經

天地冥陽水陸儀文

大雄氏水陸緣起

夫水陸大齋者乃不可思議功德之海也
示相超絕緣起非常應有永聞聊伸梗槩
且示相者此齋供養法界諸佛十方菩薩
緣覺聲聞明王八部欲界無色諸天之星
曜雲趨嶽瀆靈壇大地之龍神雨驟儺雞
主伴今古人倫水陸空居羽毛鱗角地獄
則八寒八熱逈孤獨餓鬼則九品三階
針咽炬口陣之飢殍枉天橫終無主無依
孤魂滯魄等衆類趣䫻繁若細舉之
則雖億萬如斯總束之則唯二八異方
已周是以帝代明龜標位列一十六異方

壞特賜護持以垂永久欽哉故諭

大明萬曆　年　月　日

北藏

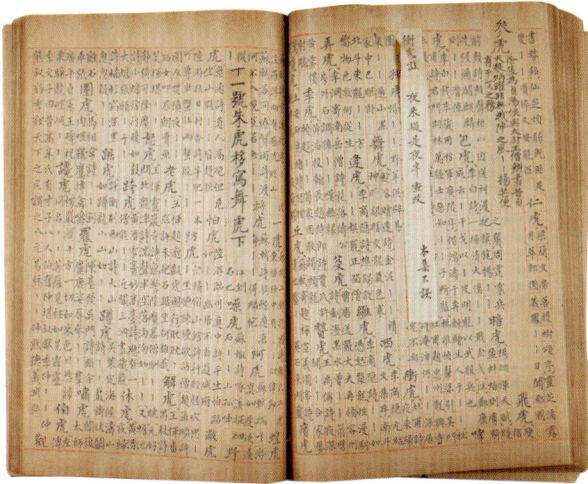

佩文韻府

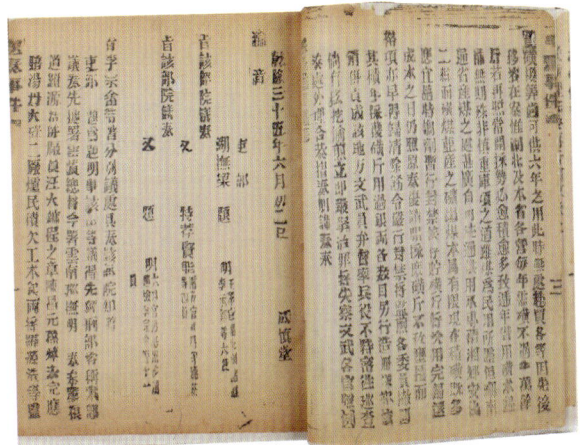

題奏事件

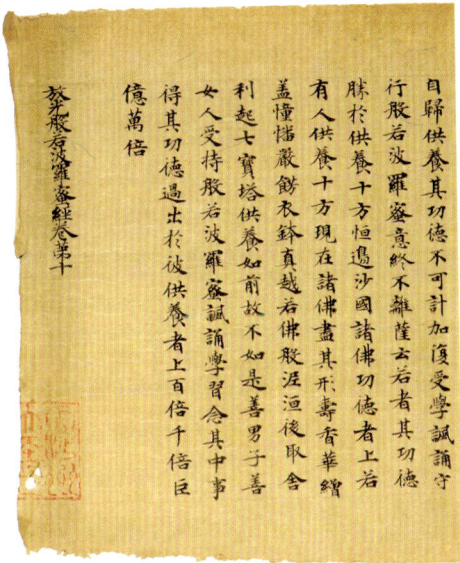

放光般若波羅蜜經

大雄氏水陸緣起
夫水陸大齋者乃不可思議功德之海也
示相超絕緣起非常處有水開聊仲梗槩
且示相者此齋俱養法界諸佛十方菩薩
緣覺聲聞明王八部欲界無色諸天之星
曜雲霊嶽瀆靈壇大地之龍神雨儔儷羅
主伴今古人倫水陸空居羽毛鱗角地獄
則八寒八熱近邊孤獨餓鬼則九品三階
針咽炬口陣亡飢殍枉天橫殀無主無依
孤魂滯魄如斯等衆類趣貲繁若細舉之
則雖億萬而末倫若總束之則唯二八而
已周是以帝代明龜標位列一十六異方

天地冥陽水陸儀文

大明萬曆　年　月　日

壞特賜護持以垂永久欽哉故諭

北藏

古籍回歸故里 功德澤被千秋（代序）

　　"史在他邦，文歸海外"，這是鄭振鐸先生面對中華古籍流失海外時的慨歎。流傳海外的珍貴典籍，無論是文化交流、贈送、交換、販售，還是被掠奪、偷運，抑或是遭非法交易、走私等，都因其具備極高的文物價值和文獻價值，而爲海外所看重。因此，其中多珍善版本，甚而還有不少是孤本秘笈。據估算，海外中文古籍收藏數量超過300萬册件，北美、歐洲、亞洲等許多大型圖書館、博物館和私人機構、寺廟等都收藏有中文古籍。甲骨、竹木簡、敦煌西域遺書、宋元明清善本、拓本輿圖和中國少數民族古籍等，在海外都有珍稀孤罕的藏品。

　　中華文化綿延五千年，是全世界唯一没有中斷的古老文明，其重要載體就是留存於世的浩瀚典籍。存藏於海外的典籍，同樣是中華燦爛輝煌文化的重要見證，是釐清中華文明發展脈絡不可或缺的組成部分。要促成中華民族最重要的智慧成果歸於完璧、傳承中華文化優秀成果，就必須高度重視海外古籍回歸工作。

　　新中國成立以來，黨中央、國務院始終高度重視海外中華古籍的回歸與保護工作。1981年中共中央在《關於整理我國古籍的指示》中，明確指出"通過各種辦法爭取弄回來，或者複製回來，同時要有系統地翻印一批珍本、善本"。2007年，國務院辦公廳頒佈《關於進一步加强古籍保護工作的意見》，指出要"加强與國際文化組織和海外圖書館、博物館的合作，對海外收藏的中華古籍進行登記、建檔"。同年"中華古籍保護計劃"正式啓動，中國國家圖書館加掛"國家古籍保護中心"牌子，負責牽頭與海外藏書機構合作，制訂計劃，有步驟地開展海外古籍調查工作，摸清各國藏書情況，建立《國家珍貴古籍名録》（海外卷）。2011年文化部頒佈《關於進一步加强古籍保護工作的通知》，指出"要繼續積極開展國際合作，調查中華古籍在世界各地的存藏情況，促進海外中華古籍以數字化方式回歸"。

　　按照黨中央、國務院的要求，半個世紀以來，海外中華古籍的回歸工作一直在不斷推進，并取得了一系列的重要成果。1955年和1965年，在周恩來總理親切關懷和支持下，中國國家圖書館兩度從香港購藏陳清華舊藏珍籍；2004年，又實現了第三批陳清華海外遺珍的回歸。2010年，在國際學者和學術機構的幫助下，中國國家圖書館在館網上建立了海外中文古籍專題網站,發佈了"哈佛燕京圖書館藏中文善本特藏資源庫"。2013 年,北京大學中國古文獻研究中心團隊所承擔的《日本宮内廳書陵部所藏宋元本漢籍叢刊》由上海古籍出版社出版;2013 年 5 月、2014 年 7 月,中國國家圖書館出版社分別影印出版了《哈佛燕京圖書館藏〈永樂大典〉》《普林斯頓大學東亞圖書館藏〈永樂大典〉》;2014 年日本大倉汲古館藏書整體入藏北京大學圖書館。這些不同形式的海外古籍回歸,均有利於學術研究,促進了中外文化交流。但總體説來,這些僅係海外古籍中的極少部分,絕大多數仍沉眠於海外藏書機構或藏家手中,國人無緣得見。

在海外中華古籍實物回歸、數字化回歸、影印出版等幾種方式中,採取以影印出版的方式永久保存承載華夏文明的中華古籍特藏,是古籍再生性保護的重要手段,是繼絕存真、保存典籍的有效方式,也是傳本揚學、惠及士林的最佳方式,它不僅有利於珍本文獻原件的保存和保護,更有利於文獻的利用和學術研究,而且也有效地解決了古籍保護與利用之間的矛盾。與實物回歸相比較,影印出版的方式更爲快捷,規模也更大。

爲進一步做好海外中華古籍的回歸工作,2014 年國家古籍保護中心(中國國家圖書館)彙集相關領域專家、國外出版機構、出版工作者等多方力量,在已有工作的基礎上,整合資源、有序推進,策劃啓動了"海外中華古籍書志書目叢刊""海外中華古籍珍本叢刊"兩大海外中華古籍回歸項目。"海外中華古籍書志書目叢刊"編纂出版海外圖書館、博物館、書店等單位或個人所藏中華古籍新編書目、歷史目錄、專題書目、研究書志書目、藏書志、圖錄等;"海外中華古籍珍本叢刊"則以影印的方式,按專題或收藏機構系統整理出版海外圖書館或個人存藏的善本文獻、書籍檔案,對具有典型性、文物性、資料性和藝術性的古籍則採用仿真影印的形式出版;希望通過"海外中華古籍書志書目叢刊""海外中華古籍珍本叢刊"的持續出版,促進海外古籍的影印回歸。

"海外中華古籍書志書目叢刊""海外中華古籍珍本叢刊"編纂出版項目作爲"中華古籍保護計劃"的一部分,它的實施對保存保護中華傳統典籍、推進海外散藏文獻爲學界利用、促進學術研究深入開展均具有重要意義,也必將極大促進中外文化交流的實質性拓展。

是爲序。

國家古籍保護中心(中國國家圖書館)

2015 年 3 月

序

　　當今,擁有大量善本和珍貴手稿的大型研究圖書館已不僅衹限於收藏,而是想方設法讓自己的藏品爲學界所知。這當然是一個持續不斷的過程。隨着越來越多珍品的入藏,半個世紀以前出版的普林斯頓大學葛思德東方圖書館的書目早已過時,而那時所寫的提要也不太適應現在的需求。

　　在這個意義上,我們爲新的《普林斯頓大學圖書館藏中文善本書目》的完成感到由衷的高興。這部書目在某些方面衹是改進,在某些方面則是全新的。有關這批藏書的編目歷史,已在這篇序言之後的文章中另作説明。普林斯頓大學圖書館能夠吸引各個時期最頂尖的專家學者來爲東亞圖書館葛思德文庫所珍藏的古籍做編目和撰寫提要,爲此我們深感榮幸。毫不誇張地説,承蒙普林斯頓大學教授、圖書館員和學生共同長期不懈地關注和付出,葛思德圖書館在東亞書籍史這一領域的開拓和研究中發揮了重要作用。

　　普林斯頓大學因此而自然地被選爲中文善本書國際聯合目録項目的編目中心,中心編輯室設在普林斯頓大學東亞圖書館。這個項目架起了傳統中文善本編目與機讀在綫聯合目録之間的橋梁,實現了館藏中文善本書編目記録的任何更新都能夠在綫即時檢索。不過,我們依然不斷聽到中國的許多同仁詢問印刷本目録,他們希望能夠看到自上一個書目出版以來幾十年中新的編目更新內容。瞭解海外中文善本收藏,是瞭解中文善本全部現況的一部分。承蒙中國國家圖書館出版社的友情相助,經過一年的努力,普林斯頓大學新的一部善本目録終於問世了。

　　圖書館的藏品不應衹是束之高閣。我們特別高興地看到,這本目録首次包括了普林斯頓大學所有圖書館的中文善本書(1796 年以前的書)。因此,這個目録中大約百分之十的條目是新的,是東亞圖書館與其他分館之間密切合作所做的編目。

　　葛思德文庫最初建立的目的是爲了加深東西方的互相理解。我們現在認識到的"東方"和"西方"不再是完全獨立存在的實體,而是兩個密切相關的概念。更重要的是,現在促進雙方相互理解的願望與 20 世紀 20 年代時期一樣具有重大意義。希望這部書目能夠成爲反映這種相互理解精神的物質載體。

普林斯頓大學圖書館館長　安妮·賈維斯

普林斯頓大學東亞圖書館館長　何義壯

2017 年 2 月

Preface

Today, great research libraries holding major collections of rare books and manuscripts do not merely store them; they make their holdings discoverable to the scholarly world according to the most appropriate methods. This is of course a continual process, and the catalogs of the Gest Oriental Library of the Princeton University published half a century ago go out of date as more items are added to the collections, and earlier descriptions may no longer answer current needs.

It is in this context that we are delighted to see the completion of this catalog of the Chinese rare book holdings within the Princeton University Library, a catalog in some ways "merely" improved, in other ways completely new. As the short history of how these treasures were cataloged in the past which follows this preface makes clear, the Princeton University Library has been very fortunate in having been able to attract in the past some of the foremost specialists of their day to describe the holdings of its world – famous Gest Collection held at the East Asian Library. It is not an exaggeration to say that thanks to the continuous high – level devotion to its diverse contents by Princeton faculty, librarians and students, the Gest Collection has played a major role in the development of the current burgeoning field of East Asian book history.

It was therefore natural that Princeton formed the center of international efforts to bring about a bridge between the Chinese rare book traditions and on – line cataloging; ever since then, the most recent information on any book can be consulted on – line. However, we still heard from many of our colleagues in China that there was a demand for a printed version incorporating all the changes records had undergone during the several decades since the last catalog was issued. The dissemination of such information is part of the nation – wide efforts to increase the knowledge of Chinese works held outside China to their potential users within. The National Library of China Press graciously offered to publish such a volume, and we are glad to see here the result of a one – year effort to make that possible.

Libraries and collections do not exist in a vacuum. We are therefore especially happy that for the first time, this catalog includes Chinese rare books (defined as those published before 1796) from all the University of Princeton libraries. Thus, some ten percent of the entries in this catalog are new, the records having been created through close cooperation between the East Asian Library and the other libraries.

The original Gest Collection was founded with the expressed goal to further understanding between East and West. Apart from the fact that we now see the "East" and "West" as interconnecting concepts rather than completely separate existing entities, the desire to foster further mutual understanding remains as relevant now as it was in the 1920s. May this catalog be a material manifestation of that spirit.

University Librarian, Princeton University *Anne Jarvis*

Director, East Asian Library, Princeton University *Martin J. Heijdra*

In February, 2017

普林斯頓大學中文善本編目之歷史

1936 年,洛克菲勒基金會與普林斯頓高深研究所共同收購、保護了北美中文善本寶藏——"葛思德華文藏書庫"的收藏。葛思德華文藏書庫曾改稱"葛思德東方圖書館",現名爲"葛思德文庫"。這批收藏以最初的收藏者葛思德命名。

1937 年,這批藏書從原藏地加拿大的麥吉爾大學運到普林斯頓大學。普林斯頓大學圖書館以讓世界範圍的研究者知道這批藏書爲責。承蒙普林斯頓大學圖書館的先輩們認真盡責,在不同的歷史時期以不同的方式對這批藏書進行編目整理,出版了在當時可稱作精品的書目。希望這部新的書目的出版,能够再次爲學者們提供一部由幾代令人欽佩的專家們相繼完成的最新編目成果。

關於葛思德文庫的形成史,已有別文詳述,可參閱中英文兩個版本①。作爲本書目的前言,這裏主要敘述一下葛思德文庫的編目簡史。葛思德文庫歷經近百年(這批藏書的收藏時間主要集中在 1928 至 1936 年這短短的時間内),善本書的編目已經成爲葛思德文庫歷史的一部分,折射着書目編纂時期的學術環境和學術思想。

這批藏書的實際搜集工作歸功於義理壽。他曾及時判斷出麥吉爾大學編目工作效果不佳,便親自接手了所購圖書的編目工作。葛思德檔案中仍收藏着義理壽不同層次的編目記錄,從購買者筆記到打包裝箱單,再到一整架紫紅絲綢封面的美麗編目卷帙。義理壽是葛思德的個人代理和合作者,因此,當普林斯頓大學接管這批藏書以後,義理壽與這批藏書就不再有正式關係了。最初,義理壽對此并不滿意;當一些誤會被澄清後,普林斯頓高深研究所的第一個行動就是資助出版了葛思德藏書的索引。這部索引的書名是《葛思德東方藏書庫書目》,根據義理壽自己制定的規則編製,由義理壽與白炳騏合作完成,採用中文與韋氏拼音對照,於 1941 年在北京鉛印出版,綫裝、帶函

---

① 參見拙作 *The East Asian Library and the Gest Collection at Princeton University* 一文,收入周欣平等編 *Collecting Asia: East Asian Libraries in North America*, 1868—2008(Ann Arbor: Association for Asian Studies, 2010)一書,第 120–135 頁。中譯本爲《普林斯頓大學東亞圖書館與葛思德文庫》,文字略有改動,收入周欣平等編《東學西漸:北美著名東亞圖書館 1868—2008》,高等教育出版社,2012年版,第 119–132 頁。

套。值得注意的是，當時義理壽被日本當作間諜，被迫軟禁在北京的英國領事館。

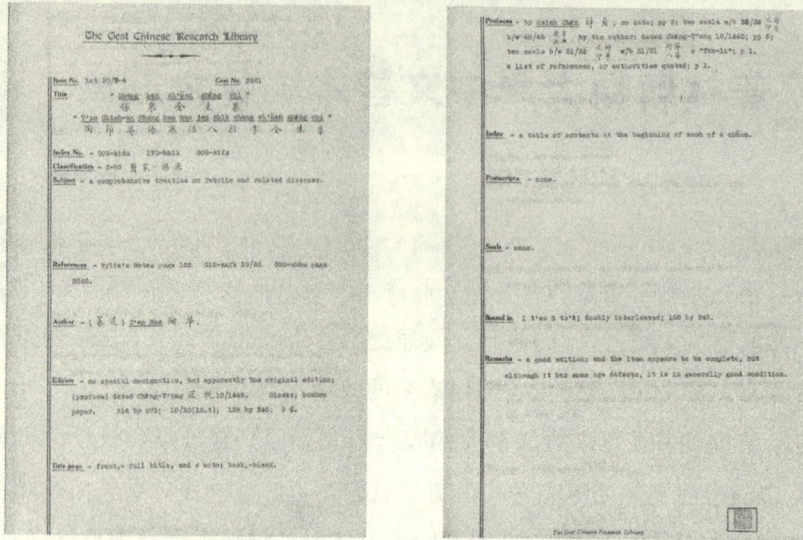

圖 1、2　義理壽編目記録（紫紅絲綢卷帙）謄寫稿：
《陶節菴傷寒全生集》，1601—1644 年間刻本，索書號 TC85/2621

　　中國學者對義理壽的中文文獻知識極爲敬佩，這些學者包括曾擔任葛思德東方圖書館館長的胡適和善本專家王重民。義理壽在一封信中説，他根據數以百計的中文傳統善本書目編撰了四萬個款目卡片，以 28 部目録作爲常用參考書，因而使他的工作得以進行。那時葛思德文庫藏書總數大約有 5000 種，10 万册。

　　在曾經長時間擔任葛思德圖書館館長的孫念禮的幫助下，正在美國國會圖書館寫善本書志的目録學專家王重民於 1946 年來到普林斯頓，鑒定葛思德藏書，檢查經部和集部一部分。葛思德圖書館收藏着四册王先生的手稿，著録了 1000 種普林斯頓明刻本，包括經史子集四部。王重民於 1947 年 1 月回國。我們可以推測王重民在回國之前已經完成了這四册手稿。王先生的編目爲本館的善本目録出版奠定了基礎。

　　王重民曾任北平圖書館（今中國國家圖書館）代館長，是北京大學圖書館學系的創辦人及系主任，在中文善本書及手稿研究中是有影響的學者。他除了爲美國國會圖書館和普林斯頓葛思德文庫所做的編目工作之外，爲歐洲特別是法國國家圖書館所做的敦煌遺書方面的編目工作也廣爲人知。

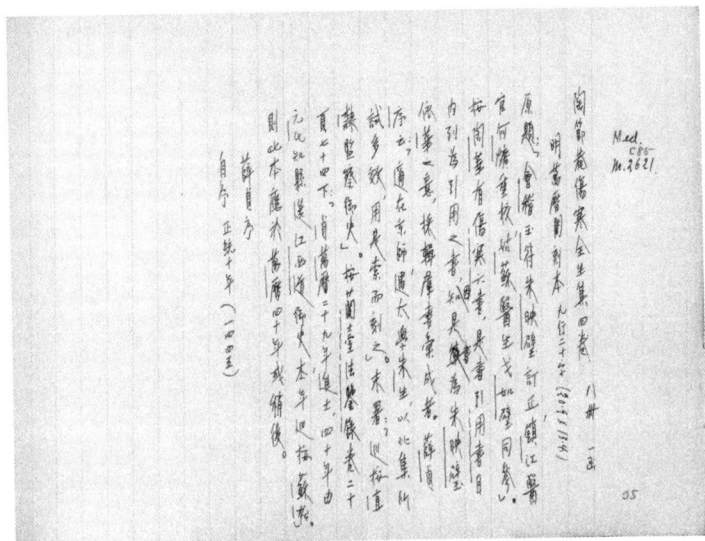

圖3　王重民編目手稿:《陶節菴傷寒全生集》(與圖1、2同種書)

　　王重民的四册編目手稿,爲屈萬里的重新檢視打下了基礎。屈先生在 1965 至 1966 年的一年時間中,由美國學術團體協會和高深研究所資助,作爲高深研究所的成員及普林斯頓大學圖書館的訪問學者,來到葛思德圖書館。他後來成爲臺灣大學中國文學系教授、臺北"國家圖書館"館長和"中研院"歷史語言研究所所長,是中國早期印刷史研究方面淵博的權威學者。

　　屈萬里重新鑒定了每種善本書(我們可在王重民書目手稿的複印件上看到屈萬里的增補)。他的研究成果於 1974 至 1975 年間出版,書名爲《普林斯頓大學葛思德東方圖書館中文善本書目》(以下簡稱《屈目》)(臺北縣板橋,藝文印書館)①。與以往的善本書志不同,他的書目不再重複不重要的序跋文字,而是提供了更多鑒定版本的細節,著錄行款和版框。此外,書目中還揭示了版本的優劣、區分原刻與作僞、指出竊取他家的刻本冒充己刻、"僞托授權"的版本以及書商仿冒本等。

---

　　① 1984 年作爲十三卷本《屈萬里先生全集》(臺北:聯經出版事業公司)中的一種重印,其中的書名由"書目"改爲"書志"。

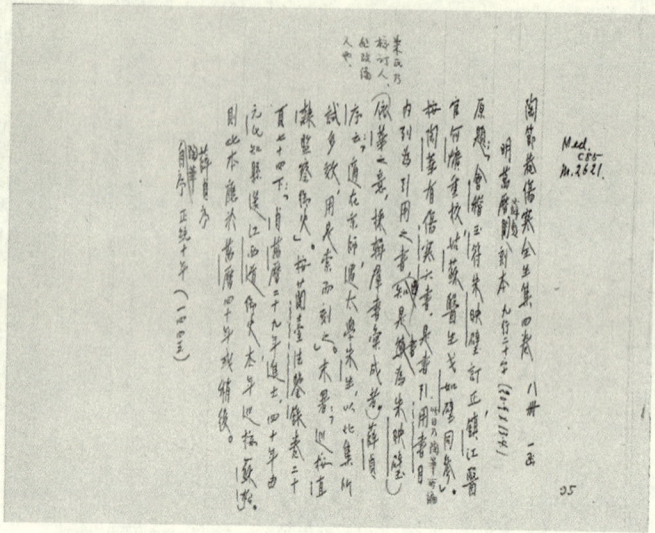

圖 4 屈萬里在王重民手稿上加注:《陶節菴傷寒全生集》(與圖 3 同種書)

在這些新修訂的方方面面中,我們能夠看到一個重要的態度:這邁出了從傳統目錄學到我們現在稱之爲"書籍史"的第一步。實際上,屈教授在普林斯頓期間與牟復禮合開一門課,課程大綱還保存在館裏。令人訝異的是,它完全能夠經得起與現在課程的對比,不僅僅關注那些士大夫階層的文學作品、校勘精良的善本,也關注由此衍生或者歪曲得來的流行讀物,甚至托名僞作以及在明代其他爲了圖書銷量而廣泛採取的商業策略。這恰恰是葛思德文庫的特色,專注收藏明代的書籍而非中國歷史上更早的朝代,其中囊括了很多這類書籍,反映了社會生活中印刷過程的方方面面。這一點,牟復禮爲屈萬里的書目所寫的引言當中也明確點出。牟先生堅持書籍本身作爲文化和物質實體,應該與文化整體聯繫來看,因此描述優美風景的暢銷指導書與有名的文人騷客所作的皇皇巨著是同等重要的。

需要説明的是,屈先生這部善本書目的收錄範圍是模糊不清的。人們把這部書目俗稱《屈目》,其中有部分是對王重民手稿的改寫。王重民手稿的收錄範圍更窄一些,但王、屈兩目都主要是 1644 年以前的書,1644 年之後的善本乃至孤本書并未收錄;少數 1644 年以前的書籍也未收錄,這爲後來的研究留下空間。從現在的觀點來看,除了收錄範圍不清外,還有一些越來越明顯的缺點,包括未著錄索書號以及沒有合適的索引。書目排序按照《四庫全書》所使用的四部分類,類目號之後的排序在某種程度上與義理壽所編目錄中的書號相關聯。

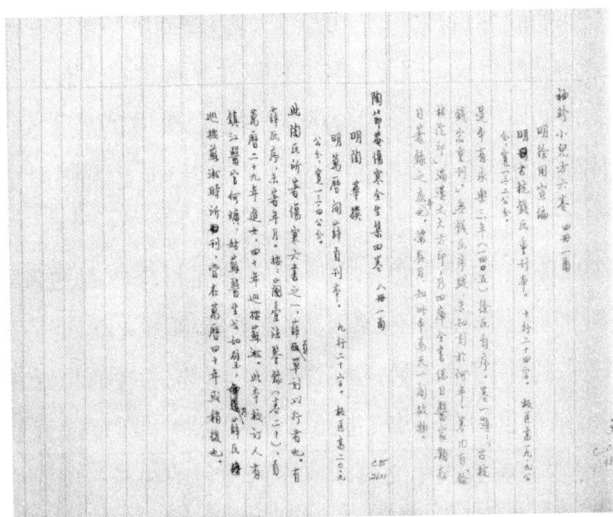

圖5　就同一部書屈萬里手寫的提要,這就是最終印刷本上呈現的内容

　　事實上,葛思德文庫超過一半的藏書是在 1644 年以後出版的。可能對於習慣西方圖書的人來説非常難以理解,在很長的時期内這些書并不被當作是"善本",普林斯頓把這些書排除在善本之外,與普通書一起開架陳列。在普林斯頓卡片目録或者表格式記録中,相關描述實際上也僅是簡單的著録。但是人們的態度開始發生轉變,1644 年以後的書籍也有其自身的價值,書目學家和研究者也逐漸開始不僅僅專注書籍(版本)的"價值",這反映出在歷史和社會研究中更加具有包容性。屈目曾因内容涉及占卜和相術而把某些明代的稿抄本排除在善本範圍,這一現象如今已不會再出現。在中國,1985 年《中國古籍善本書目》開始出版,隨着它的出版,開始採用更加嚴格的一個暫定標準:從時間上劃分,乾隆以前的書可以稱爲"善本"。

　　受這些新發展的啓示乃至親身參與其中,普林斯頓大學開始致力於葛思德文庫所有中文古籍的編目工作。古籍的範圍是指所有的綫裝書,當時拗口的圖書館學術語稱之爲"以東方形式裝訂"(這甚至包括了一些民國時期,即 1912 至 1949 年間的古籍),葛思德文庫這一時段内的收藏,也包括了一些非常珍貴乃至孤罕的古籍。

　　這項工作在 1979 年由昌彼得帶領的五人團隊承擔,并得到美國教育部"Title II—C"項目基金的支持。昌彼得最終的職務是臺灣"故宫博物院"圖書文獻處處長、臺灣大學教授。昌先生團隊所做每一本書的提要都由文獻性的描述和注釋組成。這些工作後來由吳哲夫繼續進行,吳先生曾任臺灣"故宫博物院"圖書文獻處善本部副主任、東吳大學教授。世界上最爲傑出的一批專家學者再次聚集到一起繼續屈萬里的書目工作。昌、吳二先生等的編目成果，是出版了《普林斯頓大學葛思德東方圖書館中文舊籍書目》（以下簡稱《昌目》）（臺北：臺灣商務印書館），書名使用了"舊籍"而非"善本"。這本書目於 1990 年出版，包括索書號和索引。大概是基於這項工作被視作團體勞動的考慮，這本書目的封面上并未正式署名昌彼得，但是人們還是俗稱這部目錄爲《昌目》。

因爲《昌目》的目標是收錄葛思德文庫所有的屈目未收錄的古籍（甚至包括少量韓國和日本的古籍，但是因爲語言的原因，没有收錄滿語文獻），所以也是没有明確的收書標準。對於現在的使用者來説，很難推測一本書究竟是收錄在《屈目》還是《昌目》當中。多年來，兩部書目的區分，也與普林斯頓將一部書是否放置在中文善本書室有明顯不一致：是否能够放入中文善本書室的標準取決於一書是否具有顯而易見的獨特性或者數量上是否稀有（因此，可能包括以時間標準來説并非"善本"的古籍，或者剔除那些不論是什麼年代的常見書）。除此之外，鑒於我們對已出版書目中收錄書籍的認識不斷加深，對於書籍的鑒定也發生改變。另外，中文善本書室的可利用空間這些年也在不斷變化，原本不屬於葛思德收藏的書籍也能進入中文善本書室。因此《昌目》中給出的書籍館藏信息已陳舊過時了。但《昌目》仍可稱作是北美地區第一部著錄詳實、涵蓋所有葛思德館藏中清代古籍的書目。

對前人的編目得以更加頻繁地進行修訂和改進，一個原因是學術交流和溝通達到了前所未有的水平。在促進這種交流中，葛思德圖書館又一次扮演了前鋒的角色，并且得益於這種交流。中文善本書國際聯合目錄項目的中心辦公室設在普林斯頓。這個項目使用新的機讀書目編目規則，能够把項目參加館的資料彙集，對同種書的不同版本進行對比。這一項目的成果是構成了"第三目錄"。因此有必要在此介紹這一項目，儘管這個項目的目錄範圍不僅限於普林斯頓。

20 世紀 80 年代，研究圖書館組織在北美圖書館系統開拓了漢字處理後，也想把中文善本書在綫編目包括其中，架起了傳統中文善本書研究與圖書館電腦技術之間的橋梁。研究圖書館組織這一項目的負責人是史海韻。普林斯頓大學葛思德東方圖書館館長白迪安和葛思德東方圖書館技術服務部主任魏金以平，從項目初始就積極投入其中。當時祇有臺北"國家圖書館"創建了機器自動化形式的善本編目記錄。以臺灣編目記錄爲基礎資料，成立了由專家們組成的國際顧問委員會，委員中包括極富盛名的專家，如顧廷龍、周一良、錢存訓以及昌彼得等。委員會成立的目的是制定編目指導原則。1989 年在華盛頓國會圖書館舉行了第一次顧問會議。傳統書目學家和專業計算機專家的認識角度相去甚遠，但兩方面的專家消除了分歧。一個由中國專家組成的五人小組,包括崔建英在內,被邀請到美國,在普林斯頓和哥倫比亞大學進行這個項目的先期試驗。在試驗基礎上,中文善本書國際聯合目錄項目於 1991 年 9 月正式啓動,編輯中心設置在普林斯頓①。從設置之初到最終解散,這個辦公室由艾思仁主持。艾先生是西方學術界傑出的(可能是唯一的)中文善本書專家。編輯中心在 1993 年制定了《中文善本書機讀目錄編目規則》,經過美國圖書館學會長時間細緻的審評以後,於 2000 年作爲標準正式出版②。這些規則爲版本描述甚至書名釐定引入了新的標準,極大地增加了鑒定那些鮮爲人知的、同一時期的或者各種各樣版本的方法,使得我們瞭解不同版本的數量大大增加。

這裏有必要强調一下這個項目在關鍵時機下所做的大膽創新。國際顧問委員會是最早的中國大陸和中國臺灣都出席的委員會之一。項目合約是中國與北美簽署的第一個互聯網合約,當時使用的還是單線專用綫路。簽約雙方靜靜地避開了那些常常浮現的政治議題,以傳承發揚中國傳統文化爲雙方共同目標,并付諸實施。這個國際項目不僅包括北美地區大部分東亞圖書館所藏的中文善本,同時也包括歐洲的一小部分圖書館,更重要的是還包括中國圖書館的收藏。中心編輯室在普林斯頓,對普林斯頓的每部善本,都重新做了編目和鑒定,包括查看原書,參考《屈目》和《昌目》。這些編目記錄輸入到普林斯頓的網上目錄,形成了這本目錄的基礎。

當然,編目工作總有需要改進之處。儘管普林斯頓所藏 1796 年以前的中文善本都已經編目,但是圖書館不同的使用者們依舊不斷更新信息,不斷糾正錯誤,新的條目也不斷得到鑒定,其中很多是圖書館專業的工作人員所做的修訂。這種修訂不會因爲本書目的出版而中斷,因此,最保險的説法好像是,所有書籍的最新信息都會收錄在普林斯頓大學圖書館的在綫書目當中。

説一下所有這些編目工作的背後持續不斷的推動力是很重要的,那就是讓使用者能夠接觸到研究中國印刷史和書籍文化方方面面所需的必要信息。我們已經在《屈目》的出版和在西方高校首次(极有可能是)教授中國書籍史的努力中看到這種推動力。隨着 1986 年《葛思德圖書館雜志》的發行,這種推動力更加顯而易見。這份雜志

---

① 直至 1996 年這項工作還是由研究圖書館組織主持,之後,由普林斯頓大學東亞系主持。除了研究圖書館組織和普林斯頓大學,最主要的經濟支持來自人文學科國家基金、亨利·魯斯基金会、斯塔爾基金、蔣經國基金會以及諸多不知姓名的捐贈者。文章中沒有提到的,參與普林斯頓大學善本書編目工作,也就是這個項目的一部分的編目人員有宋平生、王曉鷗、于以芳和張海惠。

② 《中文善本書機讀目錄編目規則》以中英雙語形式出版。更新過的第二版 2009 年出版,能夠在綫瀏覽 http://www.eastasianlib.org/ctp/webinars/chineserarebook/crbp_guidelines.pdf。第三版改動了 AACR2 到 RDA 的編目規則,將於近日出版。原北京大學圖書館的五名目錄學家之一,後來成爲普林斯頓大學中文編目者的曹淑文女士擔任了最新版的關鍵工作。

誕生之初就與葛思德文庫緊密相連,對建設更廣闊的東亞書籍史領域具有指導意義,從 1994 年雜志名稱改爲《東亞圖書館雜志》也可看出這一點。雜志的文章作者來自世界各地;研究主題也不僅限於普林斯頓的收藏,當然對普林斯頓的收藏的研究依舊包括在其中。這份極具意義的雜志在贊助資金用盡之後,被一份商業雜志代替。這份雜志既自覺延續了普林斯頓雜志的傳統,又能超出普林斯頓的局限,雜志的名稱爲《東亞出版和社會》①。對《葛思德圖書館雜志》值得特別提及的一期是第 2:2 期,名爲《書法與東亞古籍》,特點是收錄了超過 100 件葛思德文庫的精品。作者團隊由牟復禮和朱鴻林帶領,這一期雜志非常暢銷,1989 年香巴拉出版社作爲專著單獨重印出版;隨後又由畢斐翻譯成中文,經過一些改正以及添加少量彩色圖片之後,以《書法與古籍》這一名稱出版②。

東亞書籍史這一領域的發展使得中文善本書應用於各個領域的研究,而不僅限於這些書的收藏。從葛思德到義理壽再到孫念禮,前輩們自始至終的深謀遠慮使之成爲可能。二戰後數十年的與世隔絕之後,20 世紀 80 年代開始,中國又再次成爲國際學術研究界的成員(并且,在中國學研究方面,中國毫無意外地扮演着領導角色)。每年我們都能看到那些塵封在中國和世界其他國家圖書館的善本或者稀世珍本大規模出版,部分以紙質書的形式出版,越來越多的是通過電子版的形式出版③。因此,葛思德文庫很多近乎是孤本的藏書有時能夠以影印本的形式被日常使用,這些影印本或是來自中國的其他地方,或是直接來自葛思德的底本(雖然并不總是經過允許)。不過,與影印稍微有點矛盾的是,越來越多的學者需要看到原書,因爲他們希望瞭解這些書籍的載體本身記載着什麼樣的信息,他們迫切渴望看到以前的使用者留下的手寫旁注,他們想要追尋書上的藏書印,借此看出書籍的遞藏源流,以及揭示之前没有預想到的内部關係。因此,葛思德文庫的利用頻率比以前更高,書庫的古籍也常常會在課堂上用到,關於東亞書籍史的研討會也成爲課程體系的一部分。

需要說明的是,與以前的書目相比,這本書目的一個主要更新是包括了普林斯頓大學各分館收藏的所有中文善本,而不僅僅是葛思德文庫的藏書,也不僅僅是現在的東亞圖書館的藏書。東亞圖書館的工作人員付出了巨大的精力和時間,對普林斯頓大

---

① 自 2010 年起,由 E. J. Brill 出版。《葛思德圖書館雜志》和《東亞圖書館雜志》都已經數字化,并且能夠在東亞圖書館的網站 https://library. princeton. edu/eastasian/EALJ 免費看到。

② 中國美術學院出版社,2010 年版。

③ 在普林斯頓也是如此,東亞圖書館内的,或者其他圖書館,來自中國的各種文獻,包括古籍在内,都正在數字化。請在普林斯頓大學數字圖書館網站 http://pudl. princeton. edu/ 輸入 "Chinese" 檢索,或參照東亞圖書館自己的網站 http://library. princeton. edu/eastasian 。

學其他分館所藏1796年以前的中文善本進行鑒定和編目,比如馬昆德藝術和考古圖書館、寇岑兒童圖書館以及總館善本特藏部的中文藏書。這也得益於普林斯頓有一位曹淑文女士。在西方圖書館很難找到像她這樣有中文善本專長的編目人員。曹女士是北京大學圖書館派出的五位目錄學家之一①。在這裏,我要向普林斯頓大學所有熱情支持這一項目的同事致謝,感謝他們的支持。這部書目包含了200多個新編記錄,其中包括東亞圖書館而非其核心葛思德文庫所藏的條目;有些條目在過去幾年中也有其他人做過編目,而有一些(通常是那些稍微複雜的條目)則是爲這次書目首次進行編目。

需要指出的是,這僅僅是兩卷書目中的第一卷。這本書目包含普林斯頓大學圖書館所藏所有能夠確定在1796年以前出版的古籍,這也與中文善本書國際聯合目錄的收錄範圍相一致。這些善本的編目,根據高標準詳細著錄,使用者能夠查到序跋作者、校對者甚至是刻工姓名,爲書籍史研究者提供了非常寶貴的信息,這是在普林斯頓已出版的目錄乃至其他一些出版的書目中不多見的。當然,這些信息在第二卷,即1796至1911年出版的古籍編目中也應該包括,但是,在普林斯頓和其他研究機構,現實情況是目前難以將這些古籍的編目達到第一卷的高度,這需要幾年的時間,也需要比現在更多的專家參與和資源支持。這不僅僅是普林斯頓的情況,實際上,全世界都是如此,在中國以及中國以外,1796年及以後出版的古籍編目質量參差不齊,目錄學家更多投身於早期古籍善本的研究,這是可以理解的。最近由政府資助的三個重大項目②在中國啓動,旨在幫助我們更多瞭解1796至1911年出版的古籍,但還處於收集基礎信息階段。普林斯頓第二卷的編目會相對簡略,但是初步調查已顯示,這卷書目會包括更多原葛思德文庫藏書以外的條目,在完成之前還需要付出相當的時間和努力。

最後,我想要感謝很多爲這部書目的出版做出貢獻的個人。啓動出版一部中文善本書目的協議源自於馬泰來(原普林斯頓大學東亞圖書館館長)和張志清(中國國家圖書館副館長,中國國家古籍保護中心副主任)的談話,這兩位學者在真正意義上促成了這部書目的誕生。當馬博士退休的時候,這個出版項目做了細微的調整,我們的工作既致力於收集已經整理過的信息,也尤其注意以前編目中遺漏的書籍。很多人做出或協助做出了巨大貢獻,這裏不能一一列舉他們的名字。我在這裏向承擔了關鍵的計算機工作的溫道明致謝,向前文已經提及的、爲新鑒別出的善本做編目的曹淑文致

---

① 其他參與書目提要撰寫工作的人員在此不能一一列名,但是在這裏我要向陳志華致謝,他承擔了最困難的佛教書籍大部分的編目工作。

② 這三個項目分別由中國國家圖書館、中華書局、山東大學帶頭。三家機構就工作重點已經達成一致意見。

謝。沒有他們，我們必將無法開始這項工作，更何言這部書目的完成。我還要感謝中國國家圖書館出版社，我必須要感謝林榮，她克服種種不可避免的困難和延誤，始終指導編輯進程，同時也要感謝她的編輯團隊。最後的致謝要獻給在過去幾十年間我們藏書的使用者，如果不是他們堅持不懈的引導，我不認爲自己能够感受并欣賞中文善本古籍的獨特魅力。

普林斯頓大學東亞圖書館館長　何義壯

2017 年 2 月

Cataloging Chinese Rare Books
at Princeton—A History

In 1936 the Rockefeller Foundation and the Institute for Advanced Study combined to save for North America the rich collection of the Chinese rare book collection called first the Gest Chinese Research Library, then the Gest Oriental Library and now the Gest Collection, named after its original collector, Guion Moore Gest.

When the collection thus moved in 1937 to Princeton University from its original location at McGill University, Canada, it was understood that the library had thereby taken up a responsibility to make the collection known to researchers world – wide. It is to the credit of the Princeton University Library that they took this charge seriously, and at various points in time up – to – date catalogs exemplary for their time were created. It is hoped that with the publication of this catalog, once again scholars will have access to the latest knowledge accumulated over the years by an impressive array of professionals.

A short history detailing the history of how this collection came into being was recently published elsewhere, in English and Chinese[①]. I refer the reader to this article; but as an introduction to this catalog it may be instructive to tell briefly the history of the descriptions of this collection instead, since, after almost a century (the collection was mainly assembled in the relatively short period 1928 – 1936), those descriptions and catalogs have become part of history itself, reflecting the circumstances and thoughts of the time in which they were compiled.

As is well known, the actual assembly of the collection was due to Irvin Van Gorder

---

① See my *The East Asian Library and the Gest Collection at Princeton University*, *in*: *Peter X. Zhou*, *ed.*, *Collecting Asia*: *East Asian Libraries in North America*, 1868—2008 (Ann Arbor: Association for Asian Studies, 2010), pp. 120 – 135; translated, with corrections, as "Pu lin si dun da xue Dong ya tu shu guan yu Geside wen ku" in Peter X. Zhou, ed., Dong xue xi jian: Bei – Mei zhu ming Dong ya tu shu guan 1868—2008 , Higher Education Press, 2012, pp. 119 – 132.

Gillis. He soon judged the cataloging done at that time by the original cataloger hired at McGill insufficient, and took over the cataloging of all books bought for the collection himself. The Gest archives still possess the various states of his catalog notes, from buyer's notes and packing slips to a whole shelf of the final beautiful volumes bound in red silk. Gillis was Mr. Gest's personal representative and collaborator, and hence, when the collection was taken over at Princeton had no formal relationship anymore with the collection. Originally, he was not too happy about that; but after some misunderstandings had been cleared up, one of the first actions undertaken by the Institute was to pay for the publication of an index to the collection according to Gillis' own principles. Co – authored with his collaborator Bai Bingqi, it was published under the title *Geside dong fang cang shu ku shu mu*, *Title index to the catalogue of the Gest Oriental Library*. A rather salient aspect of this work is that it was published in traditional Chinese style in 1941, at the time that Gillis was under house arrest at the British Consulate in Beijing.

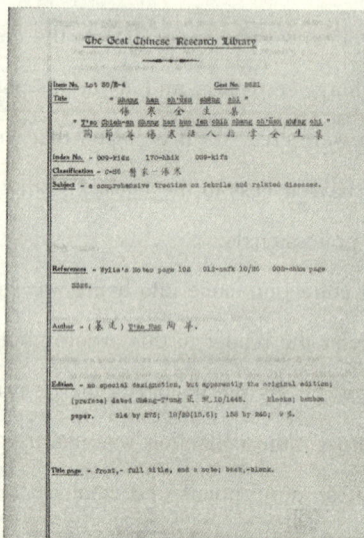

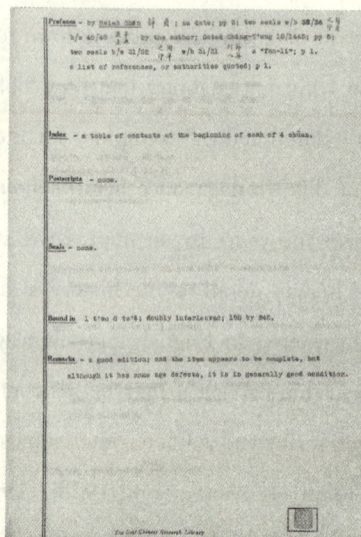

Figures 1, 2 *The final stage of Gillis' notes of the work TC85/2621,*
Tao Jie'an shang han quan sheng ji, published between 1601 and 1644

Gillis's knowledge of Chinese bibliography was widely admired by those who came to know the Gest Collection, such as the later Curator Hu Shi and the rare book cataloger Wang Zhongmin. In one letter Gillis stated he had compiled a 40,000 card system with entries from many hundreds of different Chinese traditional bibliographies with some 28 of these frequently consulted; this enabled him to do the work he did. At that time, the collection comprised of approximately 100,000 volumes, Chinese fascicles, some 5000 titles.

With the help of the collection's long – time curator Nancy Lee Swann, in 1946 the same eminent Chinese rare book specialist Wang Zhongmin, who at that time was working on a catalog of Chinese rare books at the Library of Congress, came to Princeton to assess the collection, at that time the *jing* and partly the *ji* parts. However, since the Gest collection contains a handwritten catalog in 4 volumes, in which Wang Zhongmin describes in detail some 1000 rare books from all 4 traditional Chinese subcollections, we can conclude that probably before he returned to China in January 1947 he had already cataloged most Ming editions, and his records formed the basis of the later printed catalog.

Wang Zhongmin, acting director of the National Library of China, and founder and head of the Library Department at Peking University, was an influential scholar of Chinese rare books and manuscripts; in addition of his work at the Library of Congress and the Gest Collection he is remembered most for his work on Chinese collections in Europe, in particular the rubbings and Dunhuang manuscripts at the Bibliothèque nationale de France.

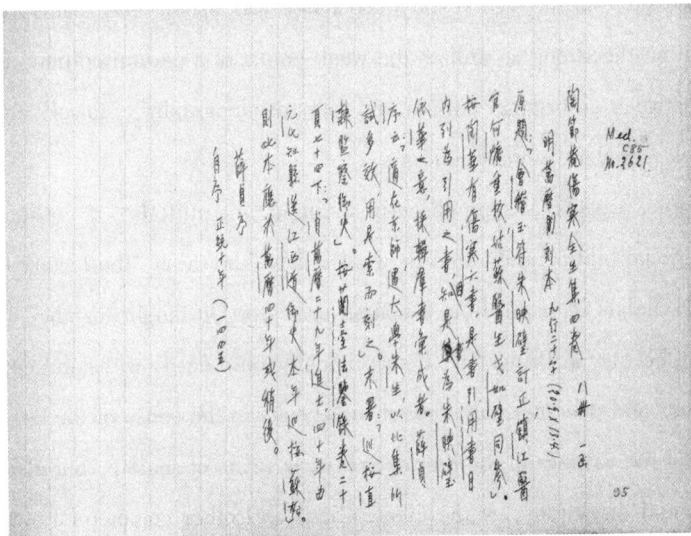

Figure 3　*The same work as cataloged in the draft by Wang Zhongmin*

The catalog compiled by Wang Zhongmin remained in draft, but formed the basis of a renewed investigation by Qu Wanli, who in 1965 – 66 was brought in for a year as a Member of the Institute and Visiting Bibliographer in the Princeton University Library in order to make a detailed survey of the rare books in the Gest Library, with funding by the American Council of Learned Societies and the Institute for Advanced Study. He was then Professor of Chinese Literature in the National Taiwan University, a Research Fellow in the Academia Sinica, and probably the most knowledgeable authority on early Chinese printing. Later Qu was to serve as the Director of the National Central Library and the Director of the Institute of History and Philology in the Academia Sinica.

Qu studied each title anew (and we have his own draft mark – ups of the Wang catalog). His results were then published in 1974 – 75 as *Pulinsidun da xue Geside dong fang tu shu guan Zhong wen shan ben shu mu*, *A catalogue of the Chinese rare books in the Gest collection of the Princeton University Library*, Taibei Xian Banqiao: Yi wen yin shu guan[①]. Unlike what was then the usual practice in old Chinese rare book catalogs, it did not simply reprint unimportant texts of prefaces, but it gave more details on how to identify the edition: in addition to the notes on the number of lines on each page and the number of words of each line, information on the size of the wood block was listed, and readers were provided with information on the strong as well as the weak points of a certain edition, enabling them to distinguish between an original edition and later pseudographs, "falsely copy – righted" works, and book – dealers' forged editions.

In these latter aspects we can discern an important attitude: it constituted the first steps from traditional bibliography towards what is now known as "the history of the book." And indeed, a syllabus is extant from a course professor Qu taught together with Frederick W. Mote during his stay at Princeton; it surprisingly could easily withstand comparison with current curricula, and does not only look at rare books in the sense of the best textually accurate versions of the writings of the literate scholarly strata of society, but also at their popular derivations and distortions, or the falsifications and other commercial strategies widely spread during the Ming period which ensured titles sold. The very character of the Gest Collection, with its concentration on this Ming rather than earlier periods of Chinese history, is

---

① Reprinted in 1984 as volume 13 of the *Qu Wanli xian sheng quan ji*, Taibei: Lian jing chu ban shi ye gong si. Internally, the title also uses the term shu zhi instead of shu mu.

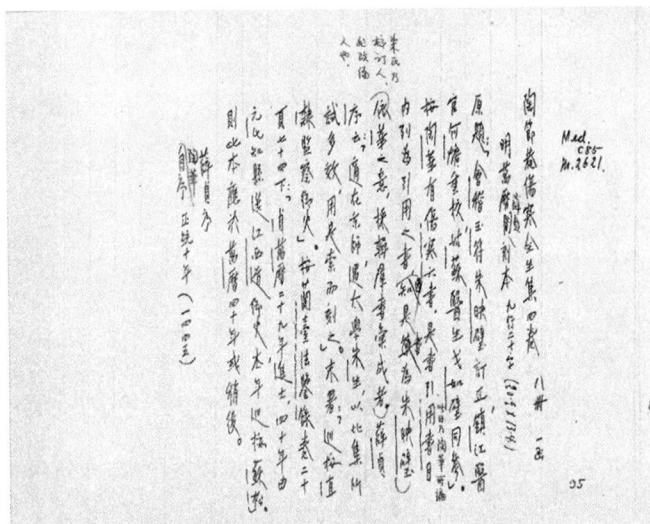

Figure 4 *The Wang Zhongmin draft with preliminary handwritten notes by Qu Wanli*

that it includes many such books, and thus reflects all aspects of printing in society, as is also eloquently brought out by Mote in his preface to this Qu catalog. He insisted that the books of an age were cultural and material objects in their own right, and should be seen in relation to the whole culture; thus popular guidebooks on scenic places were as important as the luxurious works of famous literati.

Still, it must be said that criteria for in – or exclusion in this first printed catalog, colloquially referred to as "the Qu catalog," are rather vague, as they had been in the Wang draft, which included somewhat fewer works. Included were mainly books printed before 1644, and rare or even unique items from later periods were excluded; yet quite a few pre – 1644 items were still excluded, leaving room for later discoveries. From a current point of view, in addition to the vague criteria for inclusion, some increasingly visible drawbacks of this catalog was however the omission of call numbers; there was also no proper index. Order was according to the four – classifications system as used in the Si ku quan shu, which in some ways also corresponded to the call numbers assigned to the works by Gillis.

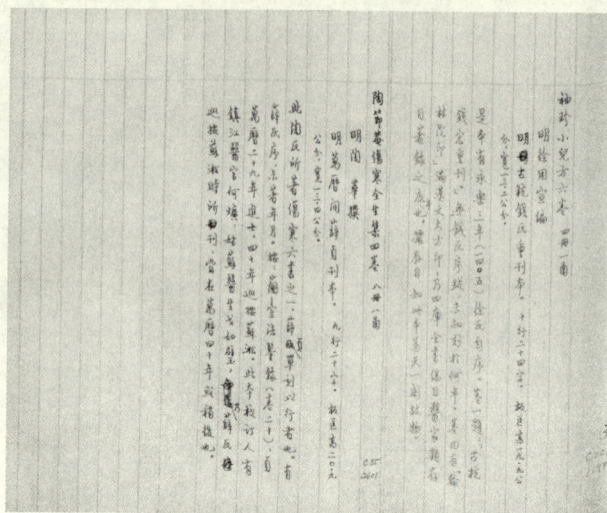

Figure 5 *The entry for the same book, handwritten by Qu Wanli,*
as it finally appeared in the printed version

There remained the fact that more than half of the woks in the Gest Collection were published after 1644. Difficult to understand perhaps for people used to Western books, for a long time these were not considered "rare"; at Princeton they were shelved in the open stacks, and were excluded from rare book catalogs. At Princeton, their descriptions in so far as they existed on cards or in lists were very brief indeed. But attitudes began to change; later books were also valued on their own, and catalogers and other researchers also increasingly hesitant to make value judgements on the books, reflecting the development of more inclusive approaches to history and society. No longer were some Ming – period manuscripts excluded from the rare book catalog or rare book room because they only dealt with divination and physiognomy. In the People's Republic of China, with the publication of the *Zhongguo gu ji shan ben shu mu*, which began publication in 1985, a new more strictly temporal definition was adopted: rare books until the end of the Qianlong period were henceforth to be "rare" in a chronological sense.

Partly inspired by those developments or even anticipating them, efforts had begun at Princeton to catalog all the remainder of the traditional Chinese books as collected in the Gest Collection, that is, all those thread – bound books awkwardly called "bound in Oriental style" in the library parlance of that period (this even included some works published in the Republican period, 1912—1949). Also from this period the Gest Collection included many extremely rare or even unique copies.

The work was undertaken in 1979 by Peter Ch'ang with a staff of five and support from a Department of Education Title II – C grant. Ch'ang, on leave from his posts as Head of the Department of Books and Documents in the National Palace Museum, Taiwan, and Professor at the National Taiwan University, composed bibliographic descriptions and annotations for each book. The project was continued by Wu Che – fu, then Associate Curator in charge of the Rare Books Section, Department of Books and Documents at the National Palace Museum and Professor at Soochow University. Thus, once again, some of the most eminent specialists in the world were involved with this continuation of the Qu catalog. The final publication, *Pulinsidun da xue Geside dong fang tu shu guan Zhong wen jiu ji shu mu* (Taibei: Taiwan shang wu yin shu guan), using in its title "old books" rather than "rare books," was published in 1990, and this time included call numbers and an index. Despite the official lack of Chang Bide's name on the title page, probably because the project was seen as a group effort, colloquially this catalog is referred to as "the Chang catalog."

Because the goal of this Chang catalog was to include all those works of the Gest Collection not previously included in the Qu catalog (including even the odd Korean or Japanese items, but for language reasons, not Manchu works), there was no positive definition of what was included, and for current users it is somewhat difficult to say a priori whether a particular item is included in the Qu or in the Chang catalog. The division between them certainly does not coincide with whether a book is physically located in what were the various forms the "Chinese rare book room" took over the years: criteria for shelving works in the rare book room rather have to do with perceived uniqueness and quantitative rarity (and hence, can include works not "rare" depending on chronological criteria, and can exclude works more widely held, despite their date). Also, the space available in the rare book room(s) has changed over the years, while our knowledge of the books included in the printed catalogs has improved, and hence identifications may have changed. Works not belonging to the original Gest Collections may have been added to the rare book room too. Thus the Chang catalog, which tries to give locations of the items included, of necessity increasingly became out of date too. Still, it was one of the first descriptive catalogs in North America where the Qing period items were fully included.

One of the reasons that earlier attributions are re – evaluated more frequently than previously was the case is that scholarly communication and transport has improved to unprecedented levels. Again the Gest Collection played a major role in advancing that communication, as well as taking advantage of that increase. It thus was at the center of an international project to catalog online Chinese rare books according to new machine – readable cataloging standards, making full use of the ability to compare editions of the same books at different institutions by exchanging dossiers with copied pages. The results of this project would constitute "the third catalog," and it is therefore useful to introduce here this project more fully, even if its scope was larger than only Princeton.

By the 1980s in North America the processing of Chinese characters in library systems, pioneered by RLG, the Research Libraries Group, had been stabilized, and ways began to be sought to expand online cataloging to include also Chinese rare books, by bridging the realms of traditional Chinese rare book scholarship and library computer technology. At RLG, the project was headed by Karen Smith – Yoshimura, while the then – head of the Princeton Gest Oriental Library, Diane E. Perushek, and the Head of its Technical Services, Iping Wei (Wei Jin Yiping) were greatly involved in this project from the beginning. At that time only the National Central Library (NCL) in Taiwan has created such automated records. Based on these records, an International Advisory Committee of experts in the field, including such highly respected specialists as Gu Tinglong, Zhou Yiliang, Tsuen – hsuin Tsien (Qian Cunxun) and Peter Ch'ang, was created to develop guidelines, and a preliminary meeting took place in 1989 in Washington at the Library of Congress. Doubts from both traditional catalogers and professional system specialists, seemingly far apart, were overcome, and a group of five Chinese specialists, including Cui Jianying, was invited to the US to produce the first trial records of this project, at Princeton and Columbia universities. On the basis of this experience, the International Union Catalog of Chinese Rare Books Project was officially launched in September 1991, with its central editorial office at Princeton[1]. From the beginning to its dissolution in December 2011 this office was headed

---

[1]   Until 1996 the project was managed by RLG, after that, it was administered by the East Asian Department at Princeton University itself. Apart from RLG and Princeton, major economic support was received from the National Endowment for the Humanities, the Henry Luce Foundation, the Starr Foundation, the Chiang Ching – Kuo Foundation, and a significant anonymous donor. Other catalogers who have worked on Princeton's rare book records as part of this project who are not mentioned elsewhere in this article include Song Pingsheng, Wang Xiaoli, Yu Yifang and Zhang Haihui.

by J. S? ren Edgren, the pre – eminent (some may say the only) Chinese rare book spe-cialist in the West. By 1993 guidelines for the cataloging and creation of machine – reada-ble records for Chinese rare books were established, and after a long and detailed review by the American Library Association these were published in 2000 as an official standard①. These guidelines introduced new standards of edition discrimination or even title determina-tion, greatly enhancing the means of distinguishing among unacknowledged, contemporary, or variant editions: the number of known different editions thereby greatly increased.

It is instructive to pause briefly at the sheer audacity at this project at this juncture in time. The International Advisory Committee was one of the very first committees in which both the PRC and Taiwan were represented. It was also one of the very first internet con-tacts between the PRC and North America, at that time using one dedicated single line. It seems that the joint goal to serve the dissemination of knowledge of Chinese traditional cul-ture made it possible to silently ignore political issues which regularly surfaced in other con-texts at this time. This international project not only dealt with the Chinese rare book hold-ings of most North American East Asian Libraries, but also included a few libraries in Eu-rope, and more significantly, China. Each item was cataloged and researched anew, and, in the case of Princeton (as the site of the central editorial office), by looking at the origi-nal work, paying of course full attention to the previous Qu and Chang catalogs. The re-cords created by this project were all loaded in Princeton's online catalog, and they form the basis of this printed catalog.

Needless to say, cataloging always remains a work in progress; and hence, even after the pre – 1796 Chinese rare books at Princeton were all considered cataloged, updates con-tinued to be made, mistakes corrected, and new items identified, by the various groups of the users of the library, including many of its professional staff. This process undoubtedly will not stop with the publication of this catalog; thus, it seems safe to say that in all cases,

---

① As *Cataloging Guidelines for Creating Chinese Rare Book Records In Machine – Readable Form Zhong wen shan ben shu ji du mu lu bian mu gui ze*, published in a bilingual format. An updated second version of these guidelines was published in 2009, and is available online at http://www. eastasianlib. org/ ctp/webinars/ChineseRareBook/CRBP_guidelines. pdf. A third version incorporating the changes from AACR2 to RDA cataloging rules is about to be issued. One of the original five Peking University Library catalogers who subsequently became a Chinese cataloger at Princeton University Cao Shuwen spearheaded this latest revision.

the most current information on any book will reside in our online catalog.

It is important to say something about the continuous and continuing impulse behind all these various cataloging projects, and that is, to make available to users the necessary information to research Chinese printing and book culture in all its various aspects, glorious and otherwise. We already saw this impulse with the publication of the Qu catalog and the first efforts (probably) to teach Chinese book history at a Western university. It became more obvious at Princeton with the launching in 1986 of *The Gest Library Journal*. Originally closely related with the Gest Collection, the journal was instrumental in establishing the field of East Asian book history more broadly, reflected in its name change in 1994 to *The East Asian Library Journal*. Authors came from all over the world; subjects were certainly not restricted to works held at Princeton, although those continued to appear. When the funds dedicated to this rather magnificently produced journal ran out, its very success in establishing the new field beyond the confines of Princeton was reflected in the fact that a commercial journal took its place, which consciously continued the tradition established by these Princeton journals, *East Asian Publishing and Society*[1]. One special issue of *The Gest Library Journal* should be mentioned here: issue 2:2 was entitled *Calligraphy and the East Asian Book*, and featured more than one hundred highlights of the Gest Collection. Authored by a group led by Frederick W. Mote and Hung – lam Chu (Zhu Honglin), this issue quickly proved so popular that it was reprinted as a monograph published by Shambala in Boston in 1989; subsequently it was translated, with some corrections and a few new color photographs, into Chinese by Bi Fei under the title *Shu fa yu gu ji*[2].

The development of the field of East Asian book history has also resulted that Chinese rare books are now used in different ways than when the collection was collected—all the while made possible by the foresight of Gest, Gillis and Swann. After some post – war decades of seclusion China has become since the late 1980s once again a full member of the international scholarly community (and, in Chinese studies, unsurprisingly takes a leadership role.) Every year sees the publication of large – scale compilations of rare or unique traditional works uncovered in libraries throughout China and the world, in paper, and increas-

---

① Published by E. J. Brill since 2010. All issues of *The Gest Library Journal and The East Asian Library Journal* have been digitized and are freely available on the East Asian Library website, https://library. princeton. edu/eastasian/EALJ/.

② China academy of fine arts publishing house, 2010.

ingly in digital formats[1]. Thus, many works in the Gest Collection which were close to u-nique are now available for daily use in photocopies, not always with permission, from the editions held elsewhere in China or from the very editions at Gest. Yet, only somewhat par-adoxically, increasingly scholars need to see the original books, since they wish to know what their materiality tells us, they desire to study the marginal notes handwritten by past users, they want to track down the various seals which may indicate the trajectory of how these works came to us, often revealing previously unsuspected interconnections. Thus the use of the Gest Collection has increased again, and its works are now regularly used in clas-ses. Seminars on the history of the East Asian book have become part of the curriculum.

It is now time to point out one major innovation of this catalog in comparison with the previous ones, and that is, for the first time, this catalog represents all Chinese rare books in Princeton, not only those in the original Gest Collection, or only those held at the current East Asian Library. Indeed, staff of the East Asian library devoted much efforts and time to identify and catalog the pre – 1796 Chinese items held elsewhere in other parts of the Prin-ceton University Library, such as in the Marquand Library of Art and Architecture, the Cot-sen Children's Library, and various collections in the Department of Rare Books and Special Collections. This is the more possible since Princeton is one of the very few Western librar-ies to have a Chinese cataloger with the right rare book expertise, Cao Shuwen, one of the five catalogers originally sent out by Peking University Library[2]. I wish to thank here warm-ly all of our colleagues at Princeton University who enthusiastically supported this project for their assistance. As a result, this catalog includes more than 200 items newly presented in print, including those items within the East Asian Library but outside its core Gest Collec-tion; some of these had been cataloged over the years but others (and often the more com-plicated ones) have been first cataloged for this catalog.

It needs to be mentioned that this is only the first volume of a projected 2 – volume

---

① Also at Princeton, both within and without the East Asian Library, Chinese material, including rare books, is being digitized. Search for "Chinese" on the Princeton University Digital Library website, http://pudl. princeton. edu/, and also on the East Asian Library's own website, http://library. princeton. edu/eastasian.

② Without prejudice to the many other people who have worked on the records, perhaps here is the place to acknowledge also the work of Chi – wah Chan (Chen Zhihua), responsible for the difficult catalo-ging of most of the Buddhist items.

set. It includes all items of the Princeton University Library demonstrably published before 1796, and hence, conforming to the scope of the original International Chinese Rare Book Project. These works are all cataloged according to very high and detailed standards; thus, the names of many individuals associated with a work, including where available all writers of prefaces, collators, or even carvers of the woodblocks, are included in these records, and they provide invaluable information to book historians not available in previous printed catalogs at Princeton or elsewhere. Undoubtedly such information would also be desirable for those works published between 1796 and 1911, the subject of volume 2. However, the reality at Princeton and many other institutions is that currently it is not feasible to upgrade the current records for these works (if present) to the same level as the works presented in this catalog; it would require several years, and more specialists and resources than currently are available. This is not only the situation at Princeton; indeed, it is generally well known that worldwide, both within and without China, the coverage of books published after 1796 is quite spotty, as the necessary rare book expertise available is usually devoted, understandably, to the earlier works. Recently three government – sponsored extensive projects[1] have been launched in China to understand better the universe of works from 1796—1911, but also they collect only basic information. Thus, the records projected for volume 2 will be less detailed; but preliminary investigation has already showed that also that volume will include many more items outside of the original Gest Collection as previously known; thus it will take some considerable time and effort before all necessary work will have been completed.

Finally, I wish to thank the many individuals who helped with this particular volume. The original agreement for a new printed publication in some form of the Chinese rare book holdings at Princeton came from talks between Ma Tai – loi (Ma Tailai), the previous Director of the East Asian Library at Princeton, and Zhang Zhiqing, currently a Deputy Director of the National Library of China, and Deputy Director of the Office of China National Center for Preservation and Conservation of Ancient Books; these two scholars are therefore in a very real sense the reason why this book exists at all. Upon Dr. Ma's retirement, the project was slightly reformulated, and work began in earnest both to collect information al-

---

① The three projects are led by the National Library of China, the Zhonghua Shuju press, and Shandong University respectively. A division of labor has been agreed upon.

ready previously compiled, and especially to identify works left out from previous projects. Many individuals made invaluable contributions herein themselves or enabled work by others, but without being able to list them all, I should acknowledge here the crucial computer work undertaken by Thomas Ventimiglia, and the already – mentioned contributions of Cao Shuwen, the cataloger who actually cataloged all these newly identified items. Without them, we certainly could not have begun, let alone complete this catalog. I would also like to thank the National Library of China Press, I have to thank Lin Rong for guiding the process along, despite all kinds of inevitable hurdles and delays, as well as her editorial staff. And final thanks are due to all the users of our collections during the past decades; I don't think I would ever have learned to know and appreciate the special joys Chinese rare books can give us if it were not for their consistent guidance.

Director, East Asian Library, Princeton University *Martin J. Heijdra*
In February, 2017

凡　例

　　一、本書目收録範圍爲 1796 年以前在中國製作的中文印本書和稿抄本。無法斷定年代的,由普林斯頓大學東亞圖書館決定是否收録。

　　二、本書目的分類及編排順序參照《中文善本書機讀目録編目規則》(2000—9)及即將出版的更新版本《中文善本書編目規則》。

　　三、在某些條目當中,偶爾會提及其他圖書館的版本,根據的是它們在研究圖書館信息網絡中的標識符。RLIN 系統在與 OCLC 合并後,其原館藏標識代碼已不存在,不易辨認。這裏列出圖書館在 RLIN 系統中的縮寫代碼如下:

BCUO	不列顛哥倫比亞大學
CHAO	中國科學院
CHFR	復旦大學
CHHR	湖北省圖書館
CHLR	遼寧省圖書館
CHNR	臺北"國家圖書館"
CHRR	人民大學
CHTR	天津大學
CPUO	北京大學
CSUO	斯坦福大學
CTYO	耶魯大學
CUBO	加州大學伯克利分校
CULX	加州大學洛杉磯分校
DCFO	弗里爾－塞科勒美術館
ILCO	芝加哥大學
MHVO	哈佛燕京圖書館
NJPX	普林斯頓大學
NYCP	哥倫比亞大學
ONTG	多倫多大學

四、本書目包含 2204 個條目；因收錄同一版本的不同副本，實際上包含了 2220 部善本。有幾部有幾種分類，所以此書目多出 57 條，一共 2261 條。其中，1056 個條目在屈萬里書目中有記錄，祇是《屈目》中的内容相對陳舊；有 7 個條目是從原《屈目》條目中新做的分析著錄。有 927 個條目已在《昌目》中著錄，有 3 個條目是從原《昌目》條目中新做的分析著錄。新增東亞圖書館所藏善本 177 個條目，普林斯頓大學圖書館其他分館所藏善本 34 個條目。

五、《屈目》原有 1137 個條目，其中 1056 個條目經過修訂收入本書目。《屈目》著錄而未收入本書目的情況大致如下：

有 7 個條目將會收入隨後出版的第二卷（1796－1911 年）。

有 1 個條目因出版年是在 1912 年之後而刪除（《玉臺新詠》，第 491 頁）。

有 8 個條目因出版地在中國以外或非中文古籍而刪除（《荀子》，日本版，第 211 頁；《周易傳義大全》，朝鮮本，第 4 頁；《書傳大全》，朝鮮本，第 13 頁；《春秋左傳詳節句解》，朝鮮本，第 38 頁；《歷代會靈》，朝鮮本，第 160 頁；《古今歷代標題註釋十九史略通考》，朝鮮本，第 165 頁；《皇華集》，朝鮮本，第 572 頁；《欽定國史大臣列傳》，滿文，第 159 頁）。

有 16 個條目爲檔案提要（第 161 頁和第 189－195 頁），不在收錄範圍之内。

有 3 個條目爲重複版本，已經收入相應的條目。

有 46 個條目已在其他相關條目下著錄。

六、佛教相關的條目需要格外注意。不同時期的編目、不同編目員的重新編目，并不總是與《屈目》的條目在細節上對應，索書號、副本統計及裝函也歷經變更。根據這些複雜的變更情況，本館編有三個記錄佛經散本的具體情況的條目（TC513/2200x；TC513/2201x；and BQ1280.G43 1277）。其中有部分散本還同時編了子目分析條目，但不是所有的子目都有分析條目。

七、編目依據《中文善本書機讀目錄編目規則》（2000－9），以及即將出版的更新版本《中文善本書編目規則》中的新增規則。網絡數據庫中的信息基本保留，但是，每個單獨的條目爲了印刷美觀進行了版式上的調整。需要注意的是，原著錄中的英文表述大都譯爲中文，祇有書名及相關責任者使用漢字及拼音對照。爲了方便讀者查閱使用，對具體的著錄規則簡單闡述如下：

1. 書名及附注中引文按原文著錄，其他文字使用規範繁體漢字。

2. 書名、卷數、作者用漢字著錄外，并著錄拼音。書名的拼音參照普林斯頓大學的著錄。

3. 卷數用漢字著録於書名後,取自書中的數字按原文著録,其他著録項中的數字一般用阿拉伯數字著録。

4. 書中缺少必要的著録來源,參考相關材料補入的,將補入内容著録在[　]中,并在附注中予以説明。

5. 書名從卷端選取,若卷端未題書名,則按照如下順序提取書名:尾題、凡例、目録、序、跋、版心、内封面、原印書籤、牌記。若以上各項仍未反映書名,則從其他參考書目中選取,并著録在[　]中。若仍無法確定書名,根據内容自擬書名,并著録在[　]中,以上情況均會在附注中予以説明。

6. 兩種或兩種以上的書合刻而無總書名,則將各書名并列著録。

7. 在正文卷數之後著録卷首、卷末、補遺及其卷數,以逗號“,”相隔。原書分集、章、回等,按書中所題著録。以上中下、干支等標卷者,換算爲數字著録在[　]中,并在附注中予以説明。書未分卷者,則祇著録書名。若書有殘缺,則按照已知的全書卷數著録,殘存情況及著録依據在附注中加以説明。

8. 責任者從卷端選取。若卷端未題責任者,則從書中其他地方選取;若書中亦未題責任者,則參考其他材料補入,并著録在[　]中,以上情況在附注中加以説明。在相關責任者一欄會對每種書的相關責任者予以標注,并注明生卒年,若無法確定生卒年的,則參考相關資料確定其中舉時間或者活動的大概時間段,并予以著録。若仍無法確定的,則不予著録。

9. 著作方式照録書中所題,若書中未題著作方式,則不著録著作方式。同一著作方式有三個及以上責任者,則祇著録第一個責任者,後加“等”表示省略。不同著作方式之間用分號“;”相隔,同一著作方式的不同責任者之間用逗號“,”相隔,同一責任者的不同著作方式之間用頓號“、”相隔。

10. 著録出版年,先著録朝代、帝王年號及甲子紀年,將年號紀年及公元紀年著録在其後的[　]中。若祇知某朝代、某年號或某一大致時期,則在()中注明儘可能接近的時間段。若公元紀年涵蓋整個朝代,則在公元紀年前加“即”;若祇是其中的某一時間段,則在公元紀年前加“約”。

11. 著録書的載體形態,先著録函册數,若書中有插圖、地圖等,則著録在函册數之後,最後著録書高(書高指全書而非版框高。如果書的寬大於高時,將書寬著録在書高之後),書高以公分爲單位,不足一公分者,以一公分計。

12. 同一種書可屬於兩個不同類目的,在第一個類目下列出詳細著録條目,在第二個類目下注明參見第一個類目。

八、書後附有《書名拼音索引》,方便讀者查閲使用。

Editorial Principles

One、Included are all printed books and manuscripts in Chinese and published in China before 1796, the end of the reign of the Qianlong Emperor. When unclear, EAL staff made decisions to include or exclude.

Two、The classification and the order consulted the Cataloging Guidelines for Creating Chinese Rare Book Records In Machine – Readable Form (2000 – 9), with additions according to its forthcoming updated version, Cataloging Guidelines for Chinese Rare Books.

Three、Within such records, occasional reference is made to particular copies at other libraries, according to what were their RLIN identifiers. Outside their original system, they are now not always easily identifiable; to assist users not having access to the electronic records in the OCLC system, we list here the abbreviations used to identify particular libraries:

BCUO	University of British Columbia
CHAO	Chinese Academy of Sciences
CHFR	Fudan University
CHHR	Hubei Provincial Library
CHLR	Liaoning Provincial Library
CHNR	National Central Library, Taibei
CHRR	Renmin University
CHTR	Tianjin Library
CPUO	Peking University
CSUO	Stanford University
CTYO	Yale University
CUBO	University of California/Berkeley
CULX	University of California/ Los Angeles
DCFO	Freer/ Sackler Gallery

ILCO	University of Chicago
MHVO	Harvard – Yenching Library
NJPX	Princeton University
NYCP	Columbia University
ONTG	University of Toronto

Four、This catalog contains 2204 entries; for included multiple copies of the same edition, they describe 2220 different items. Some have several categories, so have more 57 titles, This catalog contains 2261 entries in total. Of these entries, 1056 have corresponding, but outdated, entries in the Qu Wanli catalog, while a further 7 have been disambiguated from an original entry. 927 entries were present in the Chang catalog, with a further 3 now split from their original entry. 177 titles in the East Asian Library are newly added, and a further 34 new records are held at other units in the Princeton University Library.

Five、The original Qu catalog contained 1137 entries. Of these, 1056 have been updated and included in the current catalog; 7 will be included in the upcoming volume including items from 1796 – 1911. One was excluded since it was issued after 1912 (Yu tai xin yong, p. 491); 8 entries were excluded since they were printed outside China or not 0 ancient Chinese books(Japanese: Junshi, p. 211; Korean: Chuyôk chônûi taejôn, p. 4; Sôjôn taejôn, p. 13; Ch'unch'u chwajôn sangjôl kuhae, p. 38; Yôktae hoeryông, p. 160; Kogûm yôktae p'yoje chusôk sipku saryak t'onggo, p. 165; Hwanghwajip, p. 572; Manchu: Hesei toktobuha gurun – i suduri – i ambasai faidangga ulabun , p. 159); 16 entries referred to archival collections not in scope (see p. 161, pp. 189 – 195); 3 entries are duplicate copies and added to their counterparts; and finally, 46 entries were separate in the Qu catalog, but are now included as parts of another entry.

Six、Some special considerations needed to be made for the Buddhist section; due to various rehousing and recataloging projects, not always has it proved possible to identify the relationship between current records and the Qu wanly entries in detail, not to identify all editions of single volumes. Hence, there are 3 general records for loose or incomplete Buddhist fascicules cataloged according to how they are to be found (TC513/2200x; TC513/2201x; and BQ1280. G43 1277); many of these, but not all, have in addition a separate record if more details are known.

Seven、All records are cataloged according to the latest standards of the Cataloging

Guidelines for Creating Chinese Rare Book Records In Machine – Readable Form (2000 –
9) , with additions according to its forthcoming updated version , Cataloging Guidelines for
Chinese Rare Books. All information therein is maintained ; however , the formatting of each
individual record has been adjusted for a better printed format. In particular , English phra-
ses have in general been translated into Chinese , and pinyin transliteration has been re-
stricted to title information and related names. In order to facilitate the readers ,briefly de-
scription of specific rules are as follows :

1. Chinese characters in title and citations in the note follow the original. Elsewhere
traditional Chinese characters are used.

2. Titles , the number of *juan* , and authors are listed in Chinese characters and in piny-
in. The pinyin provided by Princeton University.

3. The number of *juan* is listed in Chinese numerals ; numerals taken from within the
books are kept as is ; elsewhere in general Arabic numerals are used.

4. If the book itself does not contain the necessary data , and relevant other material
has been used , that information is put within square brackets [ ] , and an explanation is
given in the notes.

5. The title is first taken from the *juan duan* , caption (i. e. , the first page of the main
text). If the title is not given there , it is taken from elsewhere in the following order : end
title , compilation principles , table of contents , preface , postscript , center column , inner
cover , original printed title label , and the printer's colophon. If none of the above is pres-
ent , other reference material has been used , and put in square brackets [ ]. If none of this
applies , the title has been devised based upon the contents of the work , and put in square
brackets. In all these cases , further explanation is given in the notes.

6. If a book consists of two or more related but independent works , printed and bound
together without a collective title , each of them is recorded in the title statement.

7. Supplementary material (such as *juan shou* , *juan mo* , or *bu yi*) is recorded after
the number of juan of the main text , separated with a comma. Divisions such as *ji* , *zhang*
or *hui* are used as within the book. Divisions such as *shang* , *zhong* , *xia* or *ganzhi* are con-
verted into conventional numbers , put into brackets , and explained in the notes. If the
work is not divided into *juan* , only the title is listed. The known number of *juan* for the
complete work is used to describe incomplete copies ; details are listed in a note.

8. The statement of responsibility is mainly taken from the *juan duan* , caption. If not

listed there, information is taken from another part of the book. If not present anywhere, it is supplied from reliable reference sources, listed within square brackets, [ ], and explained in a note. In the field "related authors", relevant personal/corporate name(s) related to a work are listed, with dates. If dates cannot be determined, reference sources have been consulted to indicate dates of degrees or a relevant period an individual flourished. When no dates can be determined, no dates are provided.

9. Author functions are directly transcribed if present in the book; otherwise only the name is listed. If there are three or more individuals with the same function, only the first is listed, followed by "*deng.*" Between different functions, a semicolon ";" is used; between different names of the same function, a comma "," is used; between different functions of the same name, a Chinese *dunhao*"、" is used.

10. For the date of publication, first the dynasty name is listed, followed by the reign name and the cyclical date, followed by the exact year and the Western equivalent in square brackets [ ]. If only approximate periods are known, their equivalent is given between round brackets ( ) as precisely as possible. If the western equivalents refer to a whole reign period, the word "*ji*", i. e. , is used; if the Western equivalent is narrower than the Chinese, the word "*yue*", ca. , is used.

11. In the physical description, first the number of cases (*han*) and volumes (*ce*) is listed, followed by the presence of illustrations and maps. The height of the book is listed last (height refers to the physical volume, not to the woodblock. If the book's width is larger than the height, the width is listed after the height.) The unit of measurement is the centimeter; values are rounded off to the next highest centimeter.

12. If a book is assigned two or more classifications, the full description is listed under the first one, and cross - references are given under the following classification(s).

Eight、The book with the title pinyin index in order for readers to access.

目　録

上册

下册

經　部

總　類

0001

基本著錄： 　　九經：[五十一卷,附四卷]

　　　　　　　　（Jiu jing：[wu shi yi juan,fu si juan]）

　　　　　　　　秦鐄訂正

　　　　　　　　清順治間（即 1644—1661）觀成堂本

　　　　　　　　四函三十二冊;21 公分

相關責任者： 　秦鐄（Qin Pu）,訂正

附　　注： 　　計《周易》三卷附《圖説》一卷、《書經》四卷、《詩經》四卷、《春秋左
　　　　　　　　傳》十七卷、《禮記》六卷、《周禮》六卷、《孝經》一卷、《論語》二卷、
　　　　　　　　《孟子》七卷。附《大學》一卷、《中庸》一卷、《小學》二卷。

　　　　　　　　書名據《總目》。其版心下鐫"心逸齋"。

　　　　　　　　未避"玄"字諱。

　　　　　　　　框 14.6×10.4 公分,13 行 24 字,白口,四周雙邊。版心上鐫經名及
　　　　　　　　小題。

館藏信息： 　　East Asian Library（Gest）:Rare Books:TA137/1915

0002

基本著錄： 　　**乾隆御定石經**

　　　　　　　　（Qianlong yu ding shi jing）

　　　　　　　　[（清）高宗弘曆敕編;（清）和坤總裁;（清）蔣衡書]

　　　　　　　　清乾隆間（約 1760—1795）北京内府本

　　　　　　　　三十八函二百零八冊;28 公分

相關責任者： 　（清）高宗弘曆（Hongli）,1711—1799,敕編;（清）和坤（Heshen）,

1750—1799,總裁;(清)蔣衡(Jiang Heng),1672—1743,書

附　　注: 版本參據高校古文獻資源庫北京大學及香港中文大學藏本。

有分析編目記錄。

館藏信息: Annex A, Forrestal:A137/938

0003

基本著錄: ［篆文六經四書:六十三卷］

（［Zhuan wen liu jing si shu:liu shi san juan］）

（清）李光地等纂

清康熙間（約 1712—1722）北京内府本

六函四十册;29 公分

相關責任者: （清）李光地（Li Guangdi）,1642—1718,纂

附　　注: 卷數係纍積計算。

責任者據《職名表》。

版本參據 CHLR99 – B7。

框 22.7×15.8 公分,8 行 12 字,白口,左右雙邊,單白魚尾。版心中鐫子目簡稱。

館藏信息: East Asian Library（Gest）:Rare Books:TA137/3695Q

0004

基本著錄: 重訂五經疑問:［六十卷］

（Chong ding Wu jing yi wen:［liu shi juan］）

（明）姚舜牧著

明萬曆癸卯—戊午［31—46 年,1603—1618］六經堂本

八函三十六册;26 公分

本館藏本不完整,缺《重訂易經疑問》。

相關責任者: （明）姚舜牧（Yao Shunmu）,1543—1627,著

附　　注: 姚舜牧《讀禮記者所宜知》後題"又書於《重訂五經疑問》處",書名據此。卷端題子目書名。

明萬曆三十一年（1603）姚舜牧《自叙春秋疑問》。萬曆四十六年（1618）姚舜牧《重訂禮記疑問序》。

框 20.3×12.1 公分,10 行 20 字,白口,四周單邊。版心上鐫子目書

名及卷次。

館藏信息： East Asian Library(Gest)：Rare Books：TA137/2468 vol. 1 – 36

0005

基本著録： 五經：[八十二卷]

（Wu jing：[ba shi er juan]）

明間（約 1447—1521）本

十二函五十四册；30 公分

相關責任者： （宋）蔡沈（Cai Shen），1167—1230，集傳；（宋）程頤（Cheng Yi），1033—1107，傳；（宋）胡安國（Hu An'guo），1074—1138，傳；（宋）朱熹（Zhu Xi），1130—1200，本義；（元）陳澔（Chen Hao），1261—1341，集說

附　　注： 《禮記》後有明正統十二年（1447）聖旨，言司禮監刻《五經》《四書》，書名據此。

是書疑係翻刻明正統十二年（1447）司禮監刻本。

《周易》附上下篇義、易圖、易五贊、筮儀、易說綱領。

《書》附書綱領、書圖。

《詩》附詩序辨説、詩圖、詩傳綱領。

《春秋》附諸國興廢説、春秋列國圖。

框 22.3×16.3 公分，8 行 14 字，黑口，四周雙邊，雙黑魚尾。版心中分别鐫“易傳義”“書傳”“詩傳”“禮記集說”“春秋胡傳”及卷次。

館藏信息： East Asian Library(Gest)：Rare Books：TA137/811Q

0006

基本著録： [十三經]

（[Shi san jing]）

明間（即 1368—1644）吳勉學本

兩函十八册；29 公分

館藏本有殘缺：存九種

相關責任者： （明）吳勉學（Wu Mianxue），活動期 16 至 17 世紀，校梓

附　　注： 部分版心下鐫“明新安吳勉學校梓”，如《春秋》一百零二葉左。

框 19.5×14.4 公分，9 行 18 字，白口，左右雙邊，單黑魚尾。尾下分

別鎸"周易""尚書""毛詩""禮記""春秋""論語""孟子""大學"
"中庸"。

館藏信息：　East Asian Library(Gest)：Rare Books：TA137/2861Q

0007

基本著録：　**五經：五十八卷**

（Wu jing：wu shi ba juan）

清間（約1723—1795）北京内府本

五函三十册：圖；40公分

附　　注：　計《易經》四卷、《書經》六卷、《詩經》八卷、《禮記》十卷、《春秋》三
十卷。

此本即所謂國子監五經本。

框20.5×14.8公分，9行17字，小字雙行，白口，四周單邊。版心上
鎸經名及小題。

館藏信息：　East Asian Library(Gest)：Rare Books：TA11/2960Q

0008

基本著録：　**五經總類：四十卷，卷首**

（Wu jing zong lei：si shi juan，juan shou）

（明）張雲鸞編輯

明崇禎間（約1632—1644）張衙本

四函三十二册；26公分

相關責任者：　（明）張雲鸞（Zhang Yunluan），編輯

附　　注：　明崇禎五年（1632）張氏《自序》。

封面鎸"錫山張衙藏板"。

框20.2×14公分，9行20字，小字雙行同，白口，四周單邊，單黑魚
尾。版心上鎸書名，中鎸卷次，下鎸小題。

館藏信息：　East Asian Library(Gest)：Rare Books：TC348/2588

易　類

0009

基本著録：	［周易傳義附録］：十四卷，［卷首］
	（［Zhou yi zhuan yi fu lu］：shi si juan，［juan shou］）
	（宋）董楷纂集
	清康熙間（即 1662—1722）通志堂本
	四函二十四册；30 公分
相關責任者：	（宋）董楷（Dong Kai），進士 1256，纂集
附　　注：	卷一大題作"周易上經傳義附録卷第一"，卷十四題"周易雜卦傳義附録卷第十四"。
	卷端題"後學天台董楷纂集"。
	框 20×14.9 公分，11 行 20 字，白口，左右雙邊，黑魚尾。尾下鐫書名、卷次。版心下右原鐫"通志堂"，下左鐫刻工姓名，皆剜去。卷一版心上左鐫"三百七十三"。
	南宋咸淳二年（1266）董楷《序》。
館藏信息：	East Asian Library（Gest）：Rare Books：TA11/3900Q

0010

基本著録：	易經纂言：四卷
	（Yi jing zuan yan：si juan）
	（元）吳澄纂注
	清間（即 1644—1911）本
	一函五册；29 公分
相關責任者：	（元）吳澄（Wu Cheng），1249—1333，纂注
附　　注：	卷三、四分上中下卷。
	書名取自封面。
	封面鐫"吳草廬先生原本　易經纂言　本家藏板"。
	卷一、三上大題作"易"，他卷不標。
	卷一大題下同行鐫"吳澄纂註"。
	明成化三年（1467）翁世資《易纂言序》。

此本刻工甚拙,約爲清代吳氏族中所刻,多不如式,但傳世甚稀,可備
一格。

框 17.7×12.7 公分,8 行 16 字,小字雙行,白口,單黑魚尾,四周單
邊。版心上鐫"易經纂言"。

館藏信息: East Asian Library(Gest):Rare Books:TA11/2890Q

0011

基本著錄: **易纂言:[十二卷],卷首**

(Yi zuan yan:[shi er juan],juan shou)

(元)吳澄學

清康熙間(即 1662—1722)通志堂本

一函四冊;26 公分

相關責任者: (元)吳澄(Wu Cheng),1249—1333,學

附　　注: 書名據版心魚尾下所題,卷端大題作"易"。

經二卷、傳十卷,共十二卷。

卷端題"吳澄學"。

框 19.7×15 公分,11 行,小字雙行 30 字,白口,左右雙邊,單黑魚
尾。版心中鐫"易纂言上經""易纂言下經"及卷次,下右鐫"通志
堂",下鐫刻工,如卷一首葉"巨甫"。

館藏信息: East Asian Library(Gest):Rare Books:TA11/37

0012

基本著錄: **田間易學**

(Tianjian yi xue)

(清)錢澄之述

清康熙間(約 1684—1722)本

一函七冊:圖;27 公分

相關責任者: (清)錢澄之(Qian Chengzhi),1612—1693,述

附　　注: 書內未標卷。

封面鐫"桐城錢飲光先生著　田間易學　斵雉堂藏板"。

《圖象》等卷端題"桐城錢澄之飲光氏述"。

清康熙二十三年(1684)徐秉義《田間易學序》。

徐《序》曰："己未春,家伯兄與同志迎先生至玉山設講席,思有以廣
其傳,會有事不果講。又六年為峯泖之游,取道敝里,留予耘圃者半
月,出書示予,略為言其大端。"

框 17.7 × 13.6 公分,10 行 23 字,白口,左右雙邊,單黑魚尾。版心
上鐫"田間易學",中鐫小題。

館藏信息： East Asian Library(Gest)：Rare Books：TA11/3063a

0013

基本著錄： **毛西河先生仲氏易：三十卷**

(Mao Xihe xian sheng zhong shi yi：san shi juan)

(清)張文炳校閱；(清)周維槐合刊

清雍正丙午[4 年,1726]本

一函六冊：圖；26 公分

相關責任者： (清)張文炳(Zhang Wenbing),校閱；(清)周維槐(Zhou Weihuai),合
刊

附　　注： 清雍正四年(1726)張文炳《重刻毛西河先生仲氏易序》言刻書事。

框 18.2 × 14.4 公分,10 行 20 字,白口,四周單邊,單黑魚尾。版心
上鐫"仲氏易",中鐫卷次。

館藏信息： East Asian Library(Gest)：Rare Books：TA11/2050

0014

基本著錄： **御纂周易折中：二十二卷,卷首**

(Yu zuan Zhou yi zhe zhong：er shi er juan,juan shou)

(清)李光地等纂

清康熙乙未[54 年,1715]北京內府本

兩函十二冊；30 公分

相關責任者： (清)李光地(Li Guangdi),1642—1718,纂

附　　注： 纂修者據《職名》。

清康熙五十四年(1715)《御製周易折中序》言刻書事。

框 22.5 × 16.2 公分,8 行 18 字,小字雙行 22 字,白口,四周雙邊,無
直格,單黑魚尾。版心上鐫書名,中鐫卷次及小題。

"體元主人""稽古右文之章"印記。

館藏信息： East Asian Library（Gest）：Rare Books：TA11/253Q

0015

基本著錄： **御纂周易折中：二十二卷，卷首**

（Yu zuan Zhou yi zhe zhong：er shi er juan，juan shou）

（清）李光地等纂

清間（約 1715—1735）本

一函十二冊；27 公分

相關責任者： （清）李光地（Li Guangdi），1642—1718，纂

附　　注： 是書係翻刻內府刻本。

纂修者據《職名》。

框 22.5×16.2 公分，8 行 18 字，小字雙行 22 字，白口，四周雙邊，單黑魚尾。版心上鐫書名，中鐫卷次及小題。

館藏信息： East Asian Library（Gest）：Rare Books：TA11/2096

0016

基本著錄： **周易補註：十一卷**

（Zhou yi bu zhu：shi yi juan）

（清）德沛輯

清乾隆間（即 1736—1795）本

六冊；26 公分

相關責任者： （清）德沛（Depei），1688—1752，輯

附　　注： 避"玄""弘"字諱。

框 18.3×14.2 公分，9 行 20 字，白口，四周雙邊，單黑魚尾。版心上鐫書名，中鐫卷次及篇名。

館藏信息： Annex A，Forrestal：A11/2338

0017

基本著錄： **先天易貫：五卷**

（Xian tian yi guan：wu juan）

（清）劉元龍著

清乾隆己未［4 年，1739］居易齋本

一函八册:圖;27公分

相關責任者: (清)劉元龍(Liu Yuanlong),1669—1736,著

附　　注: 劉元龍生卒年據清道光二十年(1840)劉道昌《劉纯靜先生天易貫集序》。

清乾隆四年(1739)德沛《序》。

劉道昌《序》言補修事。

框 19.6×14.1 公分,10 行 17 字,白口,四周雙邊,單黑魚尾。版心上鐫書名,中鐫卷次,下鐫"居易齋"。

館藏信息: RECAP:East Asian Library use only:A11/2673

0018

基本著錄: **易註:十二卷. 洪範.**

子目:

易註:十二卷

(Yi zhu:shi er juan)

(清)崔致遠傳

洪範

(Hong fan)

(清)崔致遠傳

清乾隆癸亥[8 年,1743]絳雲樓本

一函十册:圖;27公分

相關責任者: (清)崔致遠(Cui Zhiyuan),進士 1706,傳

附　　注: 《易註》封面鐫"曲沃崔靜君先生著　絳雲樓梓"。

《洪範》封面鐫"曲沃崔靜君先生著　洪範傳　絳雲樓梓"。

清乾隆八年(1743)許爾怡《序》言刻書事。

框 18.5×14.2 公分,8 行 23 字,小字雙行,下黑口,左右雙邊,雙黑魚尾。版心上鐫書名,中鐫卷次及小題。

館藏信息: East Asian Library(Gest):Rare Books:TC163/2886

0019

基本著錄: **周易函書:[五十九卷]**

(Zhou yi han shu:[wu shi jiu juan])

（清）胡煦述

清乾隆間（約 1773—1794）胡季堂葆璞堂本

一函三十册：圖；28 公分

本館藏本不完整：缺《周易函書約存》卷十六至十八，有手抄配補葉。

相關責任者：　（清）胡煦（Hu Xu），1655—1736，述；（清）胡季堂（Hu Jitang），
1729—1800，刻

附　　注：　清乾隆三十八年（1773）《徵書謝摺》及乾隆五十九年（1794）《奏
摺》。

框［約存卷二］18.9×14 公分，10 行 24 字，白口，四周雙邊，單黑魚
尾。版心上鐫"周易函書約存"，中鐫卷次及小題，下鐫"葆璞堂"。

館藏信息：　Annex A，Forrestal：A11/2944

0020

基本著録：　**易翼述信：**［十二卷］

（Yi yi shu xin：［shi er juan］）

［（清）王又樸撰］

清乾隆辛未［16 年，1751］王又樸詩禮堂本

十二册；26 公分

相關責任者：　（清）王又樸（Wang Youpu），1681—1760，撰

附　　注：　書名據版心。

清乾隆十六年（1751）高晉《序》。

封面鐫"方望溪先生鑒定""詩禮堂藏板"。

框 18.1×12.2 公分，8 行 22 字，白口，左右雙邊，單黑魚尾。版心上
鐫"易翼述信"及内容名稱，中鐫卷次。

館藏信息：　RECAP：East Asian Library use only：A11/2748

0021

基本著録：　**周易洗心：**十卷

（Zhou yi xi xin：shi juan）

（清）任啓運傳；（清）［任］翔參

清乾隆己丑［34 年，1769］任氏清芬堂本

一函十册；26 公分

相關責任者：	(清)任啓運(Ren Qiyun),1670—1744,傳;(清)任翔(Ren Xiang),
	參;(清)耿毓孝(Geng Yuxiao),校刊;(清)任慶范(Ren Qingfan),
	校刊
附　　注：	封面鐫"乾隆歲次己丑新刻……清芬堂藏板"。
	與 CHLR93－B64 同版。
	目録鐫"任啓運傳　[任]翔參　[任]慶范耿毓孝同校刊"。
	框 20×14.2 公分,8 行 20 字,白口,四周雙邊,單黑魚尾。版心上鐫
	書名,中鐫卷次及篇目。
館藏信息：	East Asian Library(Gest):Rare Books:TA11/3339

0022

基本著録：	**周易晰源圖示例說**
	(Zhou yi xi yuan tu shi li shuo)
	(清)虢元良
	清乾隆間(約 1744—1795)敦木樓本
	一函兩册:圖;25 公分
相關責任者：	(清)虢元良(Guo Yuanliang)
附　　注：	書名據《目録》。
	不分卷。
	著者據清乾隆九年(1744)虢元良《叙》。
	封面鐫"……敦木樓梓"。
	框 18.9×11.9 公分,上圖下文,白口,左右雙邊,單黑魚尾。[卷一首
	葉]版心上鐫"河圖洛書正文",下鐫"全編"。
館藏信息：	RECAP:East Asian Library use only:A11/2878

0023

基本著録：	**凝園讀易管見:十卷**
	(Ning yuan Du yi guan jian;shi juan)
	(清)羅典定稿
	清乾隆丙戌[31 年,1766]明德堂本
	一函十册;26 公分
相關責任者：	(清)羅典(Luo Dian),進士 1751,定稿

附　　注：　　　封面鐫"乾隆丙戌年鐫……明德堂藏板"。

框 21.6×14.9 公分,行字不等,下黑口,四周雙邊,單黑魚尾。版心
上鐫"讀易管見",中鐫卷次。正文卷端刻"明德堂"。

館藏信息：　　RECAP：East Asian Library use only：A11/1285

0024

基本著錄：　　**周易原始：六卷**

（Zhou yi yuan shi：liu juan）

（清）范咸學

清乾隆間（約 1754—1795）本

一函八册；25 公分

相關責任者：　（清）范咸（Fan Xian）,進士 1723,學

附　　注：　　　清乾隆十九年（1754）范咸《自序》。

框 18.3×13.5 公分,11 行 21 字,白口,左右雙邊,單黑魚尾。版心
中鐫書名、卷次及篇名。

館藏信息：　　East Asian Library（Gest）：Rare Books：TA11/3365

0025

基本著錄：　　**易心存古：[二卷]**

（Yi xin cun gu：[er juan]）

（清）張六圖著；（清）李璵參

清乾隆庚辰[25 年,1760]金陵清瑞軒本

一函四册：圖；26 公分

相關責任者：　（清）張六圖（Zhang Liutu）,著；（清）李璵（Li Yu）,參

附　　注：　　　卷分上下。

封面鐫"乾隆庚辰仲春新鐫　山西曲沃張六圖師孔氏著　介休李璵
東彝氏參……清瑞軒金陵梓行"。

框 20.6×13.9 公分,9 行 25 字,白口,左右雙邊,單黑魚尾。版心上
鐫書名,中鐫卷次。

卷下第 4 册第三十二葉之後缺失。

館藏信息：　　East Asian Library（Gest）：Rare Books：TA11/3579

0026

基本著錄： 易經揆一：十四卷. 易學啓蒙補［二卷］.

子目：

易經揆一：十四卷

（Yi jing kui yi：shi si juan）

（清）梁錫璵集傳

易學啓蒙補［二卷］

（Yi xue qi meng bu，［er juan］）

（清）梁錫璵集傳

清乾隆辛未［16 年，1751］本

一函十册；27 公分

相關責任者： （清）梁錫璵（Liang Xiyu），進士 1751，集傳

附　　注： 封面書名"御覽易經揆一"。

封面書名及上諭爲朱印。

《易學啓蒙補》卷分上下。

框 19×13.9 公分，10 行 21 字，白口，四周雙邊，單黑魚尾。版心上
鐫書名，中鐫卷次及内容名稱。

館藏信息： East Asian Library（Gest）：Rare Books：TA11/1541

0027

基本著錄： 周易集註：［十一卷］

（Zhou yi ji zhu：［shi yi juan］）

王琰集［即撰］

清乾隆間（即 1736—1795）本

兩函十二册；25 公分

相關責任者： （清）王琰（Wang Yan），進士 1737，撰

附　　注： 卷前有《卦歌》《圖説》。

卷端題"王琰集"。

清乾隆三十年（1765）王琰《周易集註序》。

王《序》曰："余寢食於兹有年矣，然末學小子見淺識卑，敢謂非中夜
之行，亦期間有摸着處耳。是故於卦、爻、彖、象暨繫辭等傳逐一摸

去,孜孜兢兢如夜行,唯傾跌是懼。更於往哲時賢名言碩論博取而詳摸之,玩索愈久,疑義愈生,……爰忘固陋,採輯諸說,與几間有管窺共彙成帙。"

框 20.3×14.2 公分,9 行 22 字,白口,單黑魚尾,四周單邊。版心上欄不相連,上鐫"周易集註"及卦名,下鐫卷次。

館藏信息： East Asian Library(Gest)：Rare Books：TA11/2939

0028

基本著錄： **周易兼義：九卷. 周易畧例. 周易音義.**

子目：

周易兼義：九卷

(Zhou yi jian yi：jiu juan)

(三國)王弼撰；(東晉)韓康伯注；(唐)孔穎達正義

周易畧例

(Zhou yi lüe li)

(三國)王弼撰；(宋)邢昺注

周易音義

(Zhou yi yin yi)

(唐)陸德明撰

明嘉靖間(即 1522—1566)福建李元陽本

一函八冊；26 公分

相關責任者： (三國)王弼(Wang Bi),226—249,撰；(東晉)韓康伯(Han Kangbo),約 385,注；(唐)孔穎達(Kong Yingda),574—648,正義；(宋)邢昺(Xing Bing),932—1010,注；(唐)陸德明(Lu Deming),556—627,撰；(明)李元陽(Li Yuanyang),1497—1580,刻；(明)王富(Wang Fu),刻

附 注： 卷一至六卷端題"魏王弼注 唐孔穎達正義",卷七至九題"晉韓康伯注 唐孔穎達正義"。

框 19.8×13.2 公分,9 行 21 字,白口,四周單邊。版心中鐫"易疏""易畧例"或"易什文"。卷一第三、四葉版心下鐫"王富刊"。

館藏信息： East Asian Library(Gest)：Rare Books：TA11/2834

0029

基本著錄： **東坡先生易傳：九卷**

（Dongpo xian sheng Yi zhuan：jiu juan）

（宋）蘇軾撰

明萬曆丁酉［25 年，1597］畢氏本

一函五冊；30 公分

相關責任者： （宋）蘇軾（Su Shi），1037—1101，撰

附　　注： 卷端未題著者。

明萬曆二十五年（1597）焦竑《刻兩蘇經解序》提刻書事。

框 22.3×15.5 公分，10 行 21 字，白口，左右雙邊，單黑魚尾。版心上鐫書名，中鐫卷次。

館藏信息： East Asian Library（Gest）：Rare Books：TA11/1859aQ

0030

基本著錄： **周易：十卷**

（Zhou yi：shi juan）

（宋）程頤傳；（宋）朱熹本義

明間（約 1447—1521）本

兩函十冊：圖；30 公分

相關責任者： （宋）程頤（Cheng Yi），1033—1107，傳；（宋）朱熹（Zhu Xi），1130—1200，本義

附　　注： 附《上下篇義》《易圖》《易五贊》《筮儀》《易說綱領》。

是書係翻刻明正統十二年（1447）司禮監刻本。

宋元符二年（1099）程頤《易傳序》。

框 22.3×16.4 公分，8 行，經文 14 字，注文 17 字，黑口，四周雙邊，順黑魚尾。版心中鐫"易傳義"及卷次。

館藏信息： East Asian Library（Gest）：Rare Books：TA11/1148Q

0031

基本著錄： **周易：二十四卷**

（Zhou yi：er shi si juan）

（宋）程［頤］傳；（宋）朱［熹本］義

明嘉靖間（約 1544—1566）福建吉澄本

一函八册：圖；29 公分

館藏本有殘缺：存十二卷，卷尾多經裁割，目録第十二卷後亦被剜補。

相關責任者：　（宋）程頤（Cheng Yi），1033—1107，傳；（宋）朱熹（Zhu Xi），1130—1200，本義；（明）樊獻科（Fan xian ke），進士 1547，重訂；（明）吉澄（Ji Cheng），進士 1544，刻

附　　注：　卷前有《上下篇義》《周易朱子圖說》《周易五贊》《筮儀》《周易卦象》。

宋元符二年（1099）程頤《周易程子傳序》。

據本書行格、版式及序首葉刻工寫工姓名，以之核《周易》（CHNR83348－B），當屬“明福建巡按吉澄校刊樊獻科重訂本”，該本各册末有刊記“巡按福建監察御史开州吉澄校刊縉雲樊獻科重訂”，本書無。

吉澄，明嘉靖二十三年（1544）進士。樊獻科，嘉靖二十六年（1547）進士，當是吉澄後任，并在嘉靖間爲巡按御史。

框 21.5×14.2 公分，9 行 17 字，小字雙行，白口，單綫魚尾，左右雙邊。魚尾下鎸“周易”及葉碼。有眉欄，鎸音注及校記。

版心下鎸刻工：《序》首葉：龔士廉書劉文奎刊；《易序》首葉：陳益刊；《上下篇義》首葉：章意，三葉：黃周賢；《總目》首葉：章亨；《周易朱子圖說》首葉：張憲刊，三葉：熊楚，七葉：應鍾；《周易五贊》二葉：袁宸，三葉：唐麟；《周易》卷一第四葉：夏文德，九葉：章循，十四葉：唐鳳，十七葉：陳國祥，卷二首葉：詹勝，五葉：黃旺，七葉：楊啓，十五葉：詹賓，卷三首葉：陸毛，四葉：羅福，六葉：蔡述，九葉：羅子成，十一葉：劉戾，十五葉：劉甫，十七葉：劉晉，卷四第六葉：朱汝書葉恩刊，七葉：劉壽，十三葉：葉再興，十七葉：余環，卷六第九葉：詹已招，卷七第七葉：虞高，九葉：葉再生，十三葉：葉松，十五葉：葉成茂，十七葉：黃長，十八葉：劉大本書蔡榮刊，卷八第四葉：張文玉，七葉：葉每，十一葉：黃亮，十三葉：姚同，十四葉：葉東，卷九第六葉：官玉，十一葉：余進生，卷十第九葉：葉廷，十三葉：葉孟武，十五葉：范一郎，十七葉：陳友諒，卷十二第十三葉：劉庶，第十五葉：張咸。

有“明善堂覽書畫印記”印記。

館藏信息： East Asian Library(Gest):Rare Books:TA11/738

0032

基本著錄： **周易傳義大全:二十四卷**

(Zhou yi zhuan yi da quan:er shi si juan)

[(明)胡廣等輯]

明間(約 1415—1566)本

兩函二十四册;34 公分

相關責任者： (明)胡廣(Hu Guang),1370—1418,輯

附　　注： 框 26.1×18 公分,10 行 22 字,小字雙行,黑口,四周雙邊,雙黑魚尾。版心中鐫書名及卷次。

館藏信息： East Asian Library(Gest):Rare Books:TA11/553Q

0033

基本著錄： **周易大全纂:十二卷**

(Zhou yi da quan zuan:shi er juan)

(明)倪晉卿纂;(明)翁汝遇,(明)張文炎校

明萬曆壬辰[20 年,1592]本

兩函十二册;25 公分

相關責任者： (明)倪晉卿(Ni Jinqing),16/17 世紀,纂;(明)翁汝遇(Weng Ruyu),校;(明)張文炎(Zhang Wenyan),16 至 17 世紀,校

附　　注： 卷前有《周易諸子圖說》。

卷端題"武林後學倪晉卿伯昭纂　門人張文炎惟謙翁汝遇獻甫校"。他卷校人不同。

明萬曆二十年(1592)俞思冲《易大全纂序》言刻書事。

框 20×13.1 公分,11 行 25 字,白口,四周單邊。版心上鐫"周易大全纂"及卷次、葉碼。欄上鐫批語。

館藏信息： East Asian Library(Gest):Rare Books:TA11/3070

0034

基本著錄： **易經全題窾會編:十三卷**

(Yi jing quan ti kuan hui bian:shi san juan)

（明）容宇光著

明萬曆己亥［27 年,1599］李之祥本

兩函二十冊;27 公分

相關責任者: （明）容宇光（Rong Yuguang）,16/17 世紀,著;（明）李之祥（Li Zhi xiang）,16/17 世紀,校梓

附　　注: 卷端題"新安容宇光伯起著　門生李之祥胡藎臣校梓"。各卷端所題校梓人不同。

明萬曆二十七年（1599）胡篤卿《刻易經竅會編序》、張士傑《刻易經全題竅會編序》

胡篤卿《序》提刻書事。

框 22.2×13.5 公分,10 行 26 字,白口,四周單邊,單黑魚尾。版心中鐫分書名。

館藏信息: East Asian Library（Gest）:Rare Books:TA11/2864

0035

基本著錄: 像象管見:［九卷］

（Xiang xiang guan jian:［jiu juan］）

（明）錢一本著

明萬曆間（約 1614—1620）本

二十冊;28 公分

本館藏本不完整:缺《雜卦》。

相關責任者: （明）錢一本（Qian Yiben）,1544—1615,著

附　　注: 本書無總目。計像象管見四卷、繫辭上下、說卦、序卦、雜卦共五卷。

明萬曆四十二年（1614）鄒元標《像象管見序》。萬曆三十二年（1604）錢一本《像象管見題辭》。

框 21.2×14 公分,10 行 21 字,白口,四周單邊,單黑魚尾。版心上鐫書名。

"啓新先生子孫""英驥之印""錢氏駿公"等印記。

館藏信息: East Asian Library（Gest）:Rare Books:TA11/3961

0036

基本著錄: 像抄:［六卷］

（Xiang chao：[liu juan]）

（明）錢一本著

明萬曆間（約 1613—1615）本

兩函八冊：圖；26 公分

相關責任者： （明）錢一本（Qian Yiben），1544—1615，著

附　　注： 著者據明萬曆四十一年（1613）錢一本《像抄引》。

封面鐫"明錢啟新先生著　易像抄　蘭雪堂藏板"。

書分上經上卷、下經下卷、卦圖卷一、繫傳卷二、附錄名書卷三、附錄雜吟卷四。

錢氏《像抄引》曰："萬曆丙戌，余復任螺川，受教王陳兩先生始知讀《易》。積之幾二十年，若彷彿窺見管中一斑，不忍投之水火，因災木於甲辰，名曰《像象管見》。至於今，又幾十年，筆既禿，手亦顫矣。因友人鞭勉，隨覯隨讀，隨讀隨抄，積與前等。復不忍棄去，思續為木災以自備考鏡，名曰《像抄》。"

框 21.2×13.9 公分，10 行 21 字，白口，四周單邊，單黑魚尾。版心上鐫書名，下鐫篇卷名。

館藏信息： East Asian Library（Gest）：Rare Books：TA11/2523

0037

基本著錄： **新鐫易經家訓：六卷**

（Xin juan Yi jing jia xun：liu juan）

（明）王納諫纂著；（明）孫承義校梓

明萬曆乙卯［43 年，1615］孫承義本

一函三冊；27 公分

相關責任者： （明）王納諫（Wang Najian），進士 1607，纂著；（明）孫承義（Sun Chengyi），校梓；（清）甘鵬雲（Gan Pengyun），生年 1861，收藏

附　　注： 明旃蒙單閼（明萬曆四十三年，1615）王納諫《易義家訓序》。王納諫，萬曆三十五年（1607）進士，據此推知，"旃蒙單閼"當爲萬曆乙卯。

王《序》曰："數年來雖歷涉在局間，余拙宦者也，于世無所嗜好，獨津津喜談《易》……愈探索則愈發明，所謂尤至無窮者不于茲而益信乎！於是收成帙，題其旨為《家訓》，俾兒輩獲所發覆云爾，亦以見余

之未嘗一日忘《易》也……孫友固請,余不敢匿,遂授之剞劂焉。"

框 22.1×15.6 公分,10 行 25 字,白口,四周雙邊,單黑魚尾。版心上鐫"易經家訓"。欄上鐫批語。

"鄂中甘氏""潛江甘鵬雲藥樵收藏書籍章"印記。

館藏信息: East Asian Library(Gest):Rare Books:TA11/1675

0038

基本著錄:　**新鐫删補易經直解:十二卷**

（Xin juan shan bu Yi jing zhi jie:shi er juan）

（明）沈一貫編輯;（明）李光縉重輯

明萬曆乙卯[43 年,1615]萬卷樓本

一函十二册;28 公分

相關責任者:　（明）沈一貫（Shen Yiguan）,1531—1615,編輯;（明）李光縉（Li Guangjin）,舉人 1585,重輯

附　　注:　封面鐫"李衷一先生删補　易經抉奧直解　南都萬卷樓……"。

卷端題"古鄞沈一貫蛟門父編輯　晉江李光縉衷一父重輯"。

明萬曆四十三年（1615）李光縉《易經抉奧直解序》。

李光縉《序》提刻書事。

框 21.8×12.6 公分,10 行 28 字,白口,四周單邊,單黑魚尾。版心上鐫"易經直解",下鐫"萬卷樓刻"。

館藏信息: East Asian Library(Gest):Rare Books:TA11/3071

0039

基本著錄:　**石鏡山房周易說統:十二卷**

（Shi jing shan fang Zhou yi shuo tong:shi er juan）

（明）張振淵輯;（明）[張]懋忠,（明）[張]師栻校正

明萬曆[乙卯 43 年,1615]石鏡山房本

兩函二十四册;25 公分

相關責任者:　（明）張振淵（Zhang Zhenyuan）,17 世紀,輯;（明）張懋忠（Zhang Maozhong）,進士 1634,校正;（明）張師栻（Zhang Shishi）,校正

附　　注:　卷端題"仁和後學張振淵彥陵甫輯　男懋忠師栻校正"。

明萬曆四十三年（1615）張蔚然《周易說統序》、張元徵《周易說統

序》、張師栻《刻周易說統跋》。

10 行 25 字,白口,四周單邊,無魚尾,無直格。版心上鎸"上經說統"
"下經說統""上繫說統""下繫說統"。欄上鎸批語。

館藏信息： East Asian Library(Gest)：Rare Books：TA11/3822

0040

基本著錄： **新鎸方孟旋先生羲經鴻寶：十二卷. 周易說統.**

子目：

新鎸方孟旋先生羲經鴻寶：十二卷

(Xin juan Fang Mengxuan xian sheng Xi jing hong bao：shi er juan)

(明)方應祥纂要

周易說統

(Zhou yi shuo tong)

(明)張振淵輯；(明)李克愛補

明間(約 1621—1644)本

四函三十二册；27 公分

相關責任者： (明)方應祥(Fang Yingxiang),進士 1616,纂要；(明)張振淵(Zhang Zhenyuan),輯；(明)李克愛(Li Ke'ai),補

附　　注： 大題下接小題,如"新鎸方孟旋先生羲經鴻寶上經一卷""新鎸方孟旋先生羲經鴻寶下繫十二卷"。

上欄卷端題"周易說統　仁和張振淵輯　秣陵李克愛補",下欄卷端題"宋大全明西安方應祥纂要"。

版本據版式,字體并參據《普林斯頓大學葛思德東方圖書館中文善本書志》。

框 21.8×12.8 公分,兩節版,上欄 16 行 16 字,下欄 9 行 17 字,白口,單綫魚尾,四周單邊,無直格。版心上鎸"羲經鴻寶",魚尾下鎸篇名、卷次及葉碼。

"紀昀印信"印記。

館藏信息： East Asian Library(Gest)：Rare Books：TA11/3825

0041

基本著錄： **易經註疏大全合纂：六十四卷,卷首. 周易繫辭註疏大全合纂：四卷.**

子目：

易經註疏大全合纂：六十四卷，卷首

（Yi jing zhu shu da quan he zuan：liu shi si juan，juan shou）

（明）張溥纂

周易繫辭註疏大全合纂：四卷

（Zhou yi xi ci zhu shu da quan he zuan：si juan）

（明）張溥纂

明崇禎甲戌[7年，1634]李可衛本

兩函二十冊；27公分

相關責任者： （明）張溥（Zhang Pu），1602—1641，纂；（明）李可衛（Li Kewei），17
世紀，刻

附　　注： 卷端題"明後學張溥纂"。

明崇禎七年（1634）張溥《易經註疏大全合纂序》。

張《序》曰："鹿城李爾公可衛，世家子，好學尚經術，見予所纂，請版
行之，予迺歸以刪本，任流廣焉。"

框20.8×14.7公分，8行18字，白口，左右雙邊，單黑魚尾。版心上
鐫"易經"。

館藏信息： East Asian Library（Gest）：Rare Books：TA11/3032

0042

基本著錄： 易象正：十二卷，初二卷，終二卷

（Yi xiang zheng：shi er juan，chu er juan，zhong er juan）

（清）黃道周學

清間（即1644—1911）本

兩函十六冊；28公分

相關責任者： （清）黃道周（Huang Daozhou），1585—1646，學

附　　注： 目錄題十四卷，正文爲十二卷。

目錄前題"明漳海幼平黃道周學"。

10行28字，白口，無欄格。

館藏信息： East Asian Library（Gest）：Rare Books：TA11/3538

書　類

0043

基本著録：　**三山拙齋林先生尚書全解：四十卷**

（Sanshan Zhuozhai Lin xian sheng Shang shu quan jie：si shi juan）

（宋）林之奇

清康熙間（即 1662—1722）通志堂本

三函二十三冊；27 公分

館藏本有殘缺：缺卷八、三十四。

相關責任者：　（宋）林之奇（Lin Zhiqi），1112—1176

附　　注：　宋淳祐十年（1250）林畊《序》。

框 19.9×15.1 公分，11 行 20 字，白口，左右雙邊，單黑魚尾。尾下鐫"林氏尚書解"及卷次、葉碼。版心下右鐫"通志堂"，下左鐫刻工名氏。

冊 1—3，書高 26.5 公分；冊 4—23，書高 30.5 公分.

館藏信息：　East Asian Library（Gest）：Rare Books：TA21/1648Q

0044

基本著録：　**書經近指：六卷**

（Shu jing jin zhi：liu juan）

（清）孫奇逢纂；（清）趙纘訂梓

清康熙丙辰［15 年，1676］趙纘本

一函四冊；28 公分

相關責任者：　（清）孫奇逢（Sun Qifeng），1585—1675，纂；（清）趙纘（Zhao Zuan），訂梓

附　　注：　清康熙十五年（1676）霍炳《書經近指序》、趙纘《尚書近指序》、張潛《尚書近指叙》、趙御衆《尚書近指小序》。清順治十八年（1661）孫奇逢《尚書近指自序》、趙庚《尚書近指後跋》。

霍炳《序》曰："徵君孫先生棲夏峯，精心理學，所著有《書經近指》一編，乃及門魏蓮陸諸公夙稱得蔡子九峯之奧秘而渾於無形者也。先生未及行也。茲刺史趙君校鐫以公同好。"

趙纘《序》曰："先生以《尚書》傳家,其間七十餘年,証於友,講於弟子,上下古今儒者之說而析衷於尼山删書之大旨。四代異同,較然指掌,以一敬包括全經無遺。噫,此真帝王之秘也哉。爰命梓以公世。"

框 23×14.7 公分,9 行 20 字,白口,四周單邊,單黑魚尾。版心上鐫書名,中鐫卷次及篇名。

館藏信息: East Asian Library(Gest):Rare Books:TA21/2343

0045

基本著録: **日講書經解義:十三卷**

(Ri jiang shu jing jie yi:shi san juan)

清康熙庚申[19 年,1680]内府本

三函十四册;28 公分

相關責任者: (清)庫勒納(Kulena)

附　注: 《官銜》中列總裁官庫勒納等。

清康熙十九年(1680)《御製日講書經解義序》,翰林院刊成《日講書經解義進呈疏》。

《御製序》提刻書事。

框 18.8×14.5 公分,9 行 18 字,黑口,四周雙邊,雙黑魚尾。版心鐫"日講書經解義"及卷次。

館藏信息: East Asian Library(Gest):Rare Books:TA21/2367

0046

基本著録: **禹貢錐指:二十卷**

(Yu gong zhui zhi:er shi juan)

(清)胡渭學

清康熙辛巳[40 年,1701]胡渭漱六軒本

一函八册:圖;24 公分

相關責任者: (清)胡渭(Hu Wei),1633—1714,學

附　注: 清康熙四十年(1701)胡渭《禹貢錐指略例》言刻書事。

清康熙四十四年(1705)《御筆褒題》、徐京義《序》、李振裕《序》、胡會恩《序》。

版本又據 CPUO94 – B63,本書係後印本。

框 18.8 × 14.8 公分,11 行 21 字,白口,左右雙邊,單黑魚尾。版心中鑴書名及卷次,下鑴"漱六軒"。

館藏信息： East Asian Library(Gest):Rare Books:TA21/1186

0047

基本著錄： **欽定書經傳說彙纂:二十一卷,卷首[二卷]**

(Qin ding Shu jing zhuan shuo hui zuan:er shi yi juan,juan shou[er juan])

(清)王頊齡總裁

清雍正庚戌[8 年,1730]北京内府本

兩函二十四册;30 公分

相關責任者： (清)王頊齡(Wang Xuling),1642—1725,總裁

附　　注： 卷首分上下。

《職名》中列總裁王頊齡等。

清雍正八年(1730)《御製書經傳說彙纂序》言刻書事。

框 22.3 × 16.2 公分,8 行,經 18 字,傳 22 字,小字雙行 22 字,白口,四周雙邊,單黑魚尾,無直格。版心上鑴書名,中鑴卷次及篇名。

館藏信息： East Asian Library(Gest):Rare Books:TA21/1408Q

0048

基本著錄： **尚書後案:三十卷. 尚書後辨附.**

子目：

尚書後案:三十卷

(Shang shu hou an:san shi juan)

(清)王鳴盛學

尚書後辨附

(Shang shu hou bian fu)

(清)王鳴盛學

清乾隆庚子[45 年,1780]王鳴盛禮堂本

一函八册;29 公分

相關責任者： (清)王鳴盛(Wang Mingsheng),1722—1798,學

附　　注：　與 CHAO93－B6717 同版,該書封面鐫"乾隆庚子秋鐫　東吳王氏學
　　　　　　　尚書後案尚書後辨附　禮堂藏版"。
　　　　　　框 22.8×15.7 公分,14 行 30 字,綫黑口,四周單邊,單黑魚尾。版
　　　　　　心中鐫書名及卷次。
館藏信息：　East Asian Library(Gest):Rare Books:TA21/39Q

0049

基本著録：　**書經批:六卷**
　　　　　　(Shu jing pi:liu juan)
　　　　　　(清)董懋極批
　　　　　　清乾隆丙戌[31 年,1766]董懋極本
　　　　　　一函四册;28 公分
相關責任者：　(清)董懋極(Dong Maoji),舉人 1762,批
附　　注：　《凡例》後附《識語》及李蔚《尚書批後跋》言刻書事。
　　　　　　框 15.2×12.9 公分,9 行 17 字,白口,四周雙邊,單黑魚尾。板心上
　　　　　　鐫書名,中鐫卷次,書眉鐫批。
　　　　　　有墨筆佚名批校。
館藏信息：　East Asian Library(Gest):Rare Books:TA21/2352

0050

基本著録：　**書傳鹽梅:二十卷**
　　　　　　(Shu zhuan yan mei:er shi juan)
　　　　　　(清)黃文蓮輯
　　　　　　清乾隆丁未[52 年,1787]本
　　　　　　兩函十六册;29 公分
相關責任者：　(清)黃文蓮(Huang Wenlian),輯
附　　注：　封面鐫"乾隆丁未鐫"。
　　　　　　框 21.5×15 公分.10 行 24 字,白口,左右雙邊,單黑魚尾。版心上
　　　　　　鐫書名,中鐫卷次及篇名。
館藏信息：　East Asian Library(Gest):Rare Books:TA21/3946Q

0051

基本著録： **東坡先生書傳：二十卷**

（Dongpo xian sheng shu zhuan：er shi juan）

（宋）蘇軾

明萬曆丁酉［25 年，1597］畢氏本

一函四册；31 公分

相關責任者： （宋）蘇軾（Su Shi），1037—1101

附　注： 據影印本《無求備齋易經集成》，明萬曆二十五年（1597）畢氏刻兩蘇經解本《東坡先生易經》。書前有萬曆二十五年（1597）焦竑《刻兩蘇經解序》，言刻書事。

框 22.1×15.6 公分，10 行 21 字，白口，左右雙邊，單黑魚尾。版心上鐫書名，中鐫卷次。

"慈溪李氏藏書""東漢傳經之家"印記。

與館藏《東坡先生書傳》（TA21/1859b）同版。

館藏信息： East Asian Library（Gest）：Rare Books：TA21/282Q

0052

基本著録： **東坡先生書傳：二十卷**

（Dongpo xian sheng shu zhuan：er shi juan）

（宋）蘇軾

明萬曆丁酉［25 年，1597］畢氏本

一函七册；30 公分

相關責任者： （宋）蘇軾（Su Shi），1037—1101

附　注： 框 22.1×15.3 公分，10 行 21 字，白口，左右雙邊，單黑魚尾。版心上鐫書名。

與館藏《東坡先生書傳》（TA21/282）同版。

館藏信息： East Asian Library（Gest）：Rare Books：TA21/1859bQ

0053

基本著録： **書經：六卷**

（Shu jing：liu juan）

（宋）蔡沈集傳；（明）汪應魁句讀、校訂

明崇禎辛未［4 年，1631］汪應魁本

一函六册；27 公分

相關責任者： （宋）蔡沈（Cai Shen），1167—1230，集傳；（明）汪應魁（Wang Yingkui），17 世紀，句讀、校訂

附　　注： 目録題《書經集傳》。

明崇禎四年（1631）顧錫疇《尚書集傳序》、汪應魁《自刻尚書集傳小引》。

汪應魁《小引》提刻書事。

框 21×14.9 公分，9 行 18 字，白口，四周雙邊，單黑魚尾。版心上鎸"書經集傳"。

館藏信息： East Asian Library（Gest）：Rare Books：TA21/3918

0054

基本著録： **書傳大全：十卷**

（Shu zhuan da quan：shi juan）

［（明）胡廣等纂輯］

明間（約 1417—1566）本

一函八册；34 公分

館藏本有殘缺：存卷二至十

相關責任者： （明）胡廣（Hu Guang），1370—1418，纂輯

附　　注： 卷前有《綱領》一卷、《圖》一卷。

書名取自卷二卷端。

《明代敕撰書考》："四書五經大全……［永樂］十五年三月乙未刊成。"

框 26.7×17.9 公分，10 行 22 字，小字雙行同，黑口，雙黑魚尾，四周雙邊。尾間鎸"書傳大全"及卷次。

"乾隆御覽之寶""天禄琳瑯""公偉""臣俊之印"等印記。

館藏信息： East Asian Library（Gest）：Rare Books：TA21/1390Q

0055

基本著録： **重訂書經疑問：十二卷**

（Chong ding Shu jing yi wen：shi er juan）

（明）姚舜牧著

明萬曆間（即 1573—1620）本

兩函十二册；27 公分

相關責任者： （明）姚舜牧（Yao Shunmu），生年 1543，著

附　　注： 卷端題"烏程後學承菴姚舜牧著"。

明萬曆三十二年（1604）姚舜牧《自叙尚書疑問》。

框 20.3×11.9 公分，10 行 20 字，白口，四周單邊。版心中鐫"重訂書經疑問"及卷次。

館藏信息： East Asian Library（Gest）：Rare Books：TA21/2808

0056

基本著録： **尚書辨解：十卷. 尚書別解.**

子目：

尚書辨解：十卷

（Shang shu bian jie：shi juan）

（明）郝敬著

尚書別解

（Shang shu bie jie）

（明）郝敬著

明萬曆乙卯［43 年，1615］郝千秋、郝千石本

一函十册；30 公分

相關責任者： （明）郝敬（Hao Jing），1558—1639，著；（明）郝千秋（Hao Qianqiu），刻；（明）郝千石（Hao Qianshi），刻

附　　注： 《尚書別解》卷端題"京山郝敬著　男千秋千石校刻"。

卷十末鐫"時萬曆乙卯孟冬京山郝氏刊刻"。

框 21.8×14.4 公分，10 行 21 字，白口，四周單邊，單黑魚尾。版心上鐫書名，下右鐫篇名，下左或鐫刻工。

館藏信息： East Asian Library（Gest）：Rare Books：TA21/1856Q

0057

基本著録： **尚書副墨：六卷**

（Shang shu fu mo：liu juan）

（明）楊肇芳創著；（明）［楊］胤奇删補；（明）馬世奇評

明崇禎辛未［4 年，1631］本

一函八册；25 公分

相關責任者： （清）楊肇芳（Yang Zhaofang），創著；（明）楊胤奇（Yang Yinqi），删
補；（明）馬世奇（Ma Shiqi），評

附　　注： 卷數取自《尚書篇目》。

馬世奇《序尚書副墨》、張明弼《尚書副墨序》、楊廷樞《尚書副墨
引》、楊胤奇《自言》《凡例》。卷前有《書副墨引用古今名公姓氏》。
楊胤奇《言》：“余先君子以《尚書》承祖業，惟是静氣息心，參無上義，
又復不自滿。暇，總攬古今講意，傍及群書，茹其精而叩其奥，手録者
數易稿。……余於讀禮之餘，不忍披對，又不忍釋去，同志者相率慰
余，因致辭曰：與其廢蓼莪之篇，無寧叩典誥之秘，俾有成績，書不朽
而尊君亦與之為不朽也。余然其說，乃强為訂補於前業。……纂成
全帙，諸同志遂持以登諸棗梨。”

框 20.2×12.5 公分，9 行 23 字，小字雙行同，白口，四周雙邊，無行
格，無魚尾。版心上鎸“尚書副墨”；中鎸篇名，以“天”“地”“人”
“和”四字分别編葉碼；下鎸“集虚齋”。

館藏信息： East Asian Library（Gest）：Rare Books：TA21/3364

詩　類

0058

基本著録： **田間詩學：［五卷］**

（Tianjian shi xue：［wu juan］）

（清）錢澄之述

清康熙間（即 1662—1722）本

一函八册；27 公分

相關責任者： （清）錢澄之（Qian Chengzhi），1612—1693，述

附　　注： 封面鎸“桐城錢飲光先生著　田間詩學　斟雉堂藏版”。

卷端題“桐城錢澄之飲光氏述”。

張英《田間詩學序》、徐元文《田間詩學序》。

徐元文《序》曰："飲光先生蓋南國之逸民遺老也,故其所自為詩古文及諸經解,皆以田間為名。先生於詩最長,皆原本風雅,故其說詩能實見其所以然,而非懸揣漫測以求苟異者也。"

框 17.6×13.6 公分,10 行 23 字,小字雙行,白口,左右雙邊,單黑魚尾。尾上鐫"田間詩學",下右鐫篇章名,如"國風周南"。

館藏信息: East Asian Library(Gest):Rare Books:TA11/3063b

0059

基本著錄: **欽定詩經傳說彙纂:二十一卷,卷首二卷**

(Qin ding Shi jing zhuan shuo hui zuan:er shi yi juan,juan shou er juan)

(清)王鴻緒等纂

清雍正丁未[5 年,1727]北京內府本

四函二十四册:圖;28 公分

相關責任者: (清)王鴻緒(Wang Hongxu),1645—1723,纂

附　　注: 著者據《職名》。清雍正五年(1727)開列職名。

框 21.5×16 公分,8 行 22 字,小字雙行同,白口,四周雙邊,單黑魚尾。版心上鐫書名,中鐫卷次及小題。

館藏信息: East Asian Library(Gest):Rare Books:TA31/778

0060

基本著錄: **毛詩名物圖說:九卷**

(Mao shi ming wu tu shuo:jiu juan)

(清)徐鼎輯

清乾隆辛卯[36 年,1771]本

一函兩册:圖;28 公分

相關責任者: (清)徐鼎(Xu Ding),輯

附　　注: 與 CHAO93－B94 同版。該書有徐鼎《毛詩名物圖說序》,言刻書事。

框 21.8×15 公分,兩節版,上圖下文,14 行 20 字,白口,四周單邊,單黑魚尾。版心上鐫書名,中鐫卷次及類名。

館藏信息: East Asian Library(Gest):Rare Books:TA31/2829

0061

基本著録： 　　**毛詩**

　　　　　　（Mao shi）

　　　　　　明嘉靖間（即 1522—1566）本

　　　　　　一函四册；29 公分

相關責任者： （西漢）毛亨（Mao Heng），公元前 2 世紀，傳

附　　注： 　版式、字體似明嘉靖風格。

　　　　　　框 19.8×14.7 公分，9 行 17 字，白口，單黑魚尾，四周雙邊。尾下鐫

　　　　　　"毛詩"。葉碼通計，一至一百七十五葉。

館藏信息： 　East Asian Library（Gest）：Rare Books：TA31/3075Q

0062

基本著録： 　　**毛詩註疏：二十卷**

　　　　　　（Mao shi zhu shu：er shi juan）

　　　　　　（東漢）鄭氏［玄］箋；（唐）孔穎達疏

　　　　　　明嘉靖間（即 1522—1566）李元陽、江以達本

　　　　　　六函三十六册；26 公分

相關責任者： （東漢）鄭玄（Zheng Xuan），127—220，箋；（唐）孔穎達（Kong Ying-

　　　　　　da），574—648，疏；（明）江以達（Jiang Yida），進士 1526，校刊；（明）

　　　　　　李元陽（Li Yuanyang），1497—1580，刻

附　　注： 　卷端題"漢鄭氏箋　唐孔穎達疏"，卷四卷端題"漢鄭氏箋　唐孔穎

　　　　　　達疏　明御史李元陽提學僉事江以達校刊"。

　　　　　　版刻風格似明嘉靖本。

　　　　　　框 19.8×13.2 公分，9 行 21 字，白口，四周單邊。版心中鐫"詩疏"

　　　　　　及卷次。

　　　　　　與館藏《毛詩註疏》（TA31/1213）同版。

館藏信息： 　East Asian Library（Gest）：Rare Books：TA31/646

0063

基本著録： 　　**毛詩註疏：二十卷**

　　　　　　（Mao shi zhu shu：er shi juan）

（東漢）鄭氏［玄］箋；（唐）孔穎達疏

明嘉靖間（即 1522—1566）李元陽、江以達本

四函二十四册；26 公分

相關責任者： （東漢）鄭玄（Zheng Xuan），127—220，箋；（唐）孔穎達（Kong Ying-
da），574—648，疏；（明）江以達（Jiang Yida），進士 1526，校刊；（明）
李元陽（Li Yuanyang），1497—1580，刻

附　　注： 框 19.6×13 公分，9 行 21 字，白口，四周單邊，無魚尾。版心中鐫
"詩疏"及卷次。

與館藏《毛詩註疏》（TA31/646）同版。

館藏信息： East Asian Library（Gest）：Rare Books：TA31/1213

0064

基本著録： **歐陽文忠公毛詩本義：十六卷**

（Ouyang Wenzhong gong Mao shi ben yi：shi liu juan）

（宋）歐陽修

明萬曆間（約 1604—1620）南京陳龍光、蘇進、程國祥本

一函六册；27 公分

相關責任者： （宋）歐陽修（Ouyang Xiu），1007—1072；（明）陳龍光（Chen Long-
guang），刻；（明）程國祥（Cheng Guoxiang），刻；（明）戴惟孝（Dai
Weixiao），刻工；（明）蘇進（Su Jin），刻

附　　注： 卷端題"翰林學士兼龍圖閣學士朝散大夫給事中知制誥充史館修撰
判秘閣歐陽修"。

卷數參據 CHLR00 – B1。

書內刻工"戴惟孝"，約明萬曆時人。

框 20.8×14.1 公分，10 行 20 字，小字雙行，白口，單黑魚尾，左右雙
邊。版心上鐫"毛詩本義"，版心下間有刻工或字數，卷七首葉下鐫
"戴惟孝刊"。

館藏信息： East Asian Library（Gest）：Rare Books：TA31/2984

0065

基本著録： **詩緝：三十六卷**

（Shi ji：san shi liu juan）

（宋）嚴粲述

明嘉靖間（即 1522—1566）彰德趙府居敬堂本

四函二十四册：圖；29 公分

相關責任者： （宋）嚴粲（Yan Can），約 1248，述；（明）朱厚煜（Zhu Houyu），卒年 1560

附　　注： 《詩緝清濁音圖》後鐫"趙府刊於居敬堂"。

朱厚煜，明正德中嗣封趙王，室名味經堂、居敬堂，明嘉靖三十九年（1560）卒。

框 19.9×14.4 公分，9 行 18 字，小字雙行字數同，白口，單綫魚尾，四周雙邊。版心上鐫"味經堂"，尾下鐫"詩緝"及卷次。

館藏信息： East Asian Library（Gest）：Rare Books：TA31/697Q

0066

基本著録： **詩地理考：六卷**

（Shi di li kao：liu juan）

（元）王應麟

元至元庚辰［6 年，1340］鄞縣慶元路儒學本

一函四册；30 公分

相關責任者： （元）王應麟（Wang Yinglin），1223—1296

附　　注： 框 21.8×13 公分，10 行 20 字，白口，左右雙邊，雙黑魚尾。版心中鐫"詩地"及卷次，補版四周雙邊，版心上鐫補刻年代，其下鐫刻工，如卷一第十一葉版心上鐫"正德二年補刊"，下鐫"胡顒"；卷二第二十二葉"嘉靖丁巳年"，"監生韓斗刊"；卷二第二十三葉"萬曆丁亥年"，"監生項德纯刊"。

版刻時間參據本館另一部（NJPX95 – B4487）。

館藏信息： East Asian Library（Gest）：Rare Books：TA31/3601Q

0067

基本著録： **詩傳大全：二十卷**

（Shi zhuan da quan：er shi juan）

（明）胡廣等纂修

明間（約 1417—1566）本

兩函十二冊:圖;33 公分

相關責任者: （明）胡廣（Hu Guang），1370—1418,纂修;（宋）朱熹（Zhu Xi），1130—1200,序

附　注: 卷前有《詩傳大全綱領》《詩傳大全圖》及朱熹《詩序》。

《詩傳大全凡例》列纂修人胡廣等。

宋淳熙四年（1177）朱熹《詩傳序》。

版本見 ILCO94 – B2104。

框 26.3×18.1 公分,10 行 22 字,小字雙行,黑口,四周雙邊,雙黑魚尾。版心中鐫篇名及卷數。

館藏信息: East Asian Library（Gest）:Rare Books:TA31/554Q

0068

基本著錄: **詩經大全:二十卷**

（Shi jing da quan:er shi juan）

（明）胡廣等纂修

明間（約 1368—1572）本

兩函十四冊:圖;28 公分

相關責任者: （明）胡廣（Hu Guang），1370—1418,纂修

附　注: 卷前有《詩經大全綱領》《詩經大全圖》及朱熹《詩經序》。

《詩經大全凡例》後列纂修人胡廣、楊榮、余幼孜、蕭時中等。

宋淳熙四年（1177）朱熹《詩經大全序》。《序》後裁去六行,似原鐫牌記。

框 17.2×13 公分,10 行 19 至 21 字,黑口,四周雙邊,雙黑魚尾。版心鐫"詩經大全"及卷次。

"貴陽趙氏壽筆軒藏"印記。

館藏信息: East Asian Library（Gest）:Rare Books:TA31/2827

0069

基本著錄: **六家詩名物疏:五十五卷**

（Liu jia shi ming wu shu:wu shi wu juan）

（明）馮復京輯著

明萬曆間（約 1605—1620）本

兩函十四冊;27 公分

相關責任者: （明）馮復京（Feng Fujing），1573—1622，輯著

附　　注: 卷端題"海虞馮復京嗣宗輯著"。

葉向高《六家詩名物疏序》。明萬曆三十三年（1605）焦竑《詩名物疏序》。

框 21.4 × 12.7 公分,9 行 19 字,白口,四周單邊,單綫魚尾。有眉欄,欄中釋音。版心上鐫"詩名物疏",下鐫刻工。

館藏信息: East Asian Library（Gest）:Rare Books:TA31/2516

0070

基本著錄: **詩經世本古義:二十八卷,卷首一卷,卷末一卷**

（Shi jing shi ben gu yi:er shi ba juan,juan shou yi juan,juan mo yi juan）

（明）何楷學

清間（約 1644—1795）本

四函三十二冊;28 公分

相關責任者: （明）何楷（He Kai）,進士 1625,學

附　　注: 卷端題"閩儒何楷玄子氏學"。

范景文《何氏詩經世本古義序》、林蘭友《何氏詩經世本古義序》。明崇禎十三年（1640）曹學佺《何氏詩經世本古義序》。崇禎十四年（1641）何楷《詩經世本古義自序》。

框 21 × 14.2 公分,9 行 20 字,白口,四周單邊,無魚尾。版心上鐫"詩經世本古義"。

"蔣湘南印"印記。

館藏信息: East Asian Library（Gest）:Rare Books:TA31/1115

0071

基本著錄: **毛詩草木鳥獸蟲魚疏廣要:[二卷]**

（Mao shi cao mu niao shou chong yu shu guang yao:[er juan]）

（東漢）陸璣撰;（清）毛晉參

明崇禎間（約 1639—1644）常熟毛氏汲古閣本

一函三冊;27 公分

相關責任者： （東漢）陸璣（Lu Ji），3 世紀，撰；（清）毛晉（Mao Jin），1599—1659，參

附　　注： 書分卷上下，又各自分爲上下。

明崇禎十二年（1639）毛晉《序》。

框 19.5×14.4 公分，9 行 19 字，白口，左右雙邊。版心上鐫"毛詩陸
疏廣要"，中鐫卷次，下鐫"汲古閣"。

Colby 號碼 13。

館藏信息： East Asian Library（Gest）：QK355. L85 1639

禮　　類

0072

基本著録： **禮經會元：四卷**

（Li jing hui yuan：si juan）

（宋）葉時著

清間（約 1736—1911）本

一函八册；28 公分

相關責任者： （宋）葉時（Ye Shi），進士 1184，著

附　　注： 卷端題"龍圖閣學士光祿大夫贈開府儀同三司南陽郡開國公食邑二
千一百户食實封一百户謚文康葉時著"。

卷末題"後學成德校訂"，疑據通志堂經解本。

諱"玄""弘"。

框 19.4×14.8 公分，10 行 20 字，白口，單黑魚尾，左右雙邊。版心
下鐫"禮經會元"。

鈐有"無竟先生獨志堂物""天壤閣藏""益陽周開錦受山珍藏金石書
畫之印"印記。

館藏信息： East Asian Library（Gest）：Rare Books：TA46/3536

0073

基本著録： **太平經國之書：十一卷，卷首**

（Tai ping jing guo zhi shu：shi yi juan，juan shou）

（清）鄭伯謙著

清間(約 1775—1795)本

一函四册;29 公分

相關責任者：　（清）鄭伯謙(Zheng Boqian),著

附　　注：　版本據風格。

封面鐫"……寧化伊秉綬題"。

框 19.9×14.3 公分,11 行 20 字,大黑口,四周單邊,單黑魚尾。版心中鐫"太平經國書"及卷次。

館藏信息：　RECAP:East Asian Library use only:A46/2817

0074

基本著錄：　**周官析疑:三十六卷.考工記析疑:四卷.**

子目：

周官析疑:三十六卷

(Zhou guan xi yi:san shi liu juan)

（清）方苞著;(清)朱軾等訂

考工記析疑:四卷

(Kao gong ji xi yi:si juan)

[(清)方苞解;(清)程崟等參訂]

清康熙辛丑—乾隆癸亥[康熙 60 年—乾隆 8 年,1721—1743]抗希堂本

一函八册;26 公分

本館藏本不完整:缺《考工記析疑》。

相關責任者：　（清）方苞(Fang Bao),1668—1749,著、解;(清)朱軾(Zhu Shi),1665—1736,訂;(清)程崟(Cheng Yin),進士 1713,參訂

附　　注：　清乾隆八年(1743)顧琮《序》言刻書事。

封面鐫"抗希堂藏板"。

框 20.2×14 公分,9 行 19 字,白口,左右雙邊,單黑魚尾。版心上鐫書名,中鐫卷次。

館藏信息：　East Asian Library(Gest):Rare Books:TA46/1603

0075

基本著錄：　**欽定周官義疏:四十八卷,卷首**

（Qin ding Zhou guan yi shu：si shi ba juan，juan shou）

清乾隆間（約 1754—1795）本

四函二十四册；30 公分

附　　注：　清乾隆十九年（1754）纂修職名。

避"弘"字諱。

框 21.7×16 公分，8 行字數不等，白口，四周雙邊，單黑魚尾。版心
上鐫書名，中鐫卷次及小題。

館藏信息：　Annex A，Forrestal：A46/3080

0076

基本著録：　**周禮會通：六卷**

（Zhou li hui tong：liu juan）

（東漢）鄭［玄］注；（清）胡翹元纂輯

清乾隆丁未［52 年，1787］凝暉閣本

一函六册；27 公分

相關責任者：　（東漢）鄭玄（Zheng Xuan），127—200，注；（清）胡翹元（Hu
Qiaoyuan），纂輯

附　　注：　清乾隆五十二年（1787）胡永壽《識語》提刻書事。

封面鐫"乾隆五十二年鐫……凝暉閣藏板"。

框 19.1×14 公分，8 行 22 字，小字雙行，白口，四周雙邊，單黑魚尾。
版心上鐫書名，欄上及行間有評注。

館藏信息：　East Asian Library（Gest）：Rare Books：TA46/3396

0077

基本著録：　**考工記圖解：［二卷］．考工記補圖．**

子目：

考工記圖解：［二卷］

（Kao gong ji tu jie：［er juan］）

（宋）林希逸圖解

考工記補圖

（Kao gong ji bu tu）

（明）張鼎思補圖

明萬曆戊戌[26年,1598]屠本畯本

一函四册:圖;31公分

相關責任者: (宋)林希逸(Lin Xiyi),進士1235,圖解;(明)張鼎思(Zhang Dingsi),1543—1603,補圖;(明)戴士章(Dai Shizhang),16/17世紀,校對;(明)施浚明(Shi Junming),16/17世紀,句讀;(明)屠本畯(Tu Benjun),卒年1622,刻

附　　注: 《圖解》卷分上下。

《圖解》卷端題"宋閩中林希逸圖解　明姑胥張鼎思補圖　明甬東屠本畯補釋　明吳興施浚明句讀　明甬東戴士章校對",《補圖》卷端題"明姑胥張鼎思補圖　明甬東屠本畯校正　明吳興施浚明同校"。明萬曆二十六年(1598)張鼎思《刻考工記圖解叙》。《補圖》後有屠本畯《識語》。

屠本畯《識語》曰:"張實之先生於林氏《考工記圖解》補闕訂訛凡二十六器,考據精當,可謂藝林之宗工,博雅之哲匠,肅翁復生,能不心服乎!殺青斯竟,傅之好事者。"

框20.6×15.3公分,9行19字,白口,四周單邊,單綫魚尾。版心上鐫"考工記圖解",上卷第三十四葉版心下鐫"黃應一百六十四",下卷五十五葉版心下鐫"王"。

館藏信息: East Asian Library(Gest):Rare Books:TA46/3350Q

0078

基本著錄: 周禮句解:十二卷

(Zhou li ju jie:shi er juan)

(明)朱申

明萬曆甲辰[32年,1604]梅守峻本

一函十二册;29公分

相關責任者: (明)朱申(Zhu Shen);(明)梅守峻(Mei Shoujun),進士1586,刻

附　　注: 明萬曆三十二年(1604)梅守峻《周禮句解序》言刻書事。梅時攝陝西提學副使事。

框23.2×17公分,9行20字,小字雙行同,白口,四周雙邊,單黑魚尾。版心中鐫"周禮"、小題及卷次。

館藏信息: East Asian Library(Gest):Rare Books:TA46/3572Q

0079

基本著録： **周禮要義：十四卷**

（Zhou li yao yi：shi si juan）

（明）丁克卿輯

明嘉靖間（約 1562—1566）本

兩函十二册；28 公分

相關責任者： （明）丁克卿（Ding Keqing），輯；（明）黄珽（Huang Ting），刻

附　　注： 丁克卿取自丁椿《序》。

明嘉靖四十一年（1562）丁克卿《題記》、丁椿《序》。

丁椿《序》後題"新安黄珽刊"。黄珽，嘉靖二十七年（1548）刻《休寧縣志》。

框 21.5×12.5 公分，9 行 24 字，四周單邊。

館藏信息： East Asian Library（Gest）：Rare Books：TA46/2510

0080

基本著録： **周禮全經集：十二卷，附録二卷**

（Zhou li quan jing ji：shi er juan，fu lu er juan）

（明）柯尚遷集釋并原

明隆慶庚午[4 年，1570]張春宇本

兩函二十册；28 公分

相關責任者： （明）柯尚遷（Ke Shangqian），集釋并原；（明）張春宇（Zhang Chun yu），刻

附　　注： 目録所題附録第一卷，在正文卷端及版心題第十三卷。

明隆慶四年（1570）傅寵《刻周禮全經釋原序》提張春宇刻書事。

別本有張大忠《跋》，此書無。

框 19.6×14.2 公分，10 行 20 字，白口，四周單邊，單黑魚尾。版心上鎸"周禮全經"，中鎸卷次。

館藏信息： East Asian Library（Gest）：Rare Books：TA46/1141

0081

基本著録： **周禮說：十四卷**

（Zhou li shuo：shi si juan）

（明）徐即登著；（明）徐縉芳，（明）熊尚文訂；（明）陳國紀等校

明間（約 1573—1644）本

一函十册；29 公分

相關責任者：　（明）徐即登（Xu Jideng），進士 1583，著；（明）徐縉芳（Xu Jinfang），
進士 1601，訂；（明）熊尚文（Xiong Shangwen），進士 1595，訂；（明）
陳國紀（Chen Guoji），16/17 世紀，校；（明）刘云（Liu Yun），刻

附　　注：　卷端題"豐城徐即登獻和父著　門人晉江徐縉芳亦開父豐城熊尚文
父全訂　山陰陳國紀萊陽宋兆祥南昌劉曰淑咸陽馬燁如江都朱綬來
何士傑全校"。

徐即登《周禮說序》。

框 19.4×14.5 公分，9 行 18 字，白口，左右雙邊，單黑魚尾。版心上
鐫"周禮說"。序首葉版心下右鐫"吉安刘云刻"。

館藏信息：　East Asian Library（Gest）：Rare Books：TA46/399Q

0082

基本著録：　**考工記：[二卷]**

（Kao gong ji：[er juan]）

（明）郭正域批點

明萬曆丙辰[44 年，1616]吳興閔齊伋本

一函兩册；27 公分

相關責任者：　（明）郭正域（Guo Zhengyu），1554—1612，批點；（明）閔齊伋（Min Qi-
ji），生年 1580，刻

附　　注：　卷分上下。

未署年郭正域《批點考工記序》。

框 20.5×15.3 公分，8 行 18 字，白口，左右雙邊。版心上鐫書名。

館藏信息：　East Asian Library（Gest）：Rare Books：TA41/2739 vol. 3 - 4

0083

基本著録：　**周禮註疏删翼：三十卷**

（Zhou li zhu shu shan yi：san shi juan）

（明）葉培恕定；（明）王志長輯

明崇禎己卯［12 年,1639］葉培恕本

兩函十册;24 公分

相關責任者： （明）葉培恕（Ye Peishu）,定；（明）王志長（Wang Zhichang）,舉人 1639,輯

附　　注： 書前有《序周禮廢興》。明崇禎十二年（1639）王志長《周禮註疏删翼序》、葉培恕《周禮註疏删翼序》、王志慶《周禮註疏删翼序》。王志長《周禮註疏删翼凡例》。

王志長《序》曰：“予自甲戌廢歸,縱讀是編,凡再錄鄭賈之文,僭删之。又旁及後儒諸書若干卷,苟足發明聖人重民之微意者,必綴於後,匪是雖燁然青華,弗取也。邑侯矙僊葉公退食之隙,過予齋,每見未嘗不稱善,客夏書成,相與商畧而釐正之,遂損橐壽之梓。”

8 行 19 字,小字雙行同,白口,左右雙邊,單黑魚尾。版心上鎸“周禮”及篇名,中鎸卷次及小題。

鈐“明善堂覽書畫印記”“安樂堂藏書記”篆文朱印。

館藏信息： East Asian Library（Gest）;Rare Books;TA46/2456

0084

基本著録： **儀禮圖:十七卷**

（Yi li tu;shi qi juan）

（清）楊復

清康熙間（即 1662—1722）通志堂本

一函八册:圖;30 公分

相關責任者： （清）楊復（Yang Fu）

附　　注： 楊復,據其《儀禮圖序》。

框 19.6×14.8 公分,11 行 20 字,小字雙行 29 字,白口,左右雙邊。版心中鎸書名及卷次,下鎸“通志堂”。

館藏信息： East Asian Library（Gest）;Rare Books;TA51/3739Q

0085

基本著録： **儀禮析疑:十七卷**

（Yi li xi yi;shi qi juan）

（清）方苞著;（清）程崟,（清）［方]道興編校

清乾隆間(約 1746—1795)抗希堂本

兩函十四冊;25 公分

相關責任者: （清）方苞（Fang Bao）,1668—1749,著;（清）程崟（Cheng Yin）,進士 1713,編校;（清）方道興（Fang Daoxing）,編校

附　　注: 清乾隆十一年(1746)程崟《序》。

框 25×13.7 公分,9 行 19 字,白口,左右雙邊,單黑魚尾。版心上鐫 書名,中鐫卷次。

館藏信息: Annex A,Forrestal:A51/3330

0086

基本著錄: **儀禮:十七卷**

（Yi li:shi qi juan）

（東漢）鄭玄注;（明）金蟠,（明）葛鼐訂

明間(約 1621—1644)永懷堂本

一函四冊;25 公分

相關責任者: （東漢）鄭玄（Zheng Xuan）,127—200,注;（明）金蟠（Jin Pan）,訂; （明）葛鼐（Ge Zi）,訂

附　　注: 卷端題"漢大司農北海鄭玄註　皇明後學東吳金蟠訂",卷二卷端題 "漢大司農北海鄭玄註　皇明後學東吳葛鼐訂"。

框 19.8×12.7 公分,9 行 25 字,小字雙行同,白口,單黑魚尾,左右 雙邊。版心上鐫"儀禮",下鐫"永懷堂"、卷次及篇名,如"卷一士冠 禮"。

鈐"鵬雲鑒藏""潛江甘鵬雲藥樵收藏書籍章""崇雅堂藏書"印記。

館藏信息: East Asian Library(Gest):Rare Books:TA51/1673

0087

基本著錄: **儀禮注疏:十七卷**

（Yi li zhu shu:shi qi juan）

（東漢）鄭玄注;（隋）賈公彥疏

明嘉靖間(即 1522—1566)福建李元陽本

四函二十四冊;28 公分

相關責任者: （東漢）鄭玄（Zheng Xuan）,127—220,注;（隋）賈公彥（Jia Gong

yan),7 世紀,疏;(明)李元陽(Li Yuanyang),1497—1580,刻

附　　注：　框 20.5×13.7 公分,9 行 21 字,小字雙行同,白口,四周單邊。版心鐫書名及卷次,下鐫刻工。

館藏信息：　East Asian Library(Gest):Rare Books:TA51/261Q

0088

基本著録：　禮記:三十卷

（Li ji:san shi juan）

（明）徐師曾集注

明萬曆間(即 1573—1620)本

兩函三十二冊;27 公分

相關責任者：　(明)徐師曾(Xu Shizeng),1517—1580,集注;(明)徐鉞(Xu Yue),重修

附　　注：　卷端題"明吳江徐師曾伯魯集註"。

明萬曆三年(1575)宋儀望《礼記集註序》。

卷一大題下同行及卷三十尾題下同行鐫"五世孫徐鉞左黃氏重修"。書内有補版。

框 24×13 公分,9 行 17 字,小字雙行同,白口,左右雙邊,單綫魚尾。有眉欄,欄上鐫音注。版心上鐫"禮記集註"及卷次。

館藏信息：　East Asian Library(Gest):Rare Books:TA56/3837

0089

基本著録：　禮記:十卷

（Li ji:shi juan）

（元）陳澔集説

明清間(約 1620—1722)金陵鄭元美奎壁齋本

兩函十冊;25 公分

相關責任者：　(元)陳澔(Chen Hao),1261—1341,集説;(明)鄭元美(Zheng Yuan-mei),刻

附　　注：　封面鐫"奎壁禮記　金陵鄭元美梓行"。

陳澔《禮紀集說序》後鐫"莆陽鄭氏重訂金陵奎壁齋梓"。

"奎壁齋"是否係明末"奎壁齋"未定。

框 18.7×13 公分,9 行 18 字,小字雙行,白口,左右雙邊。版心上鐫
書名及篇名,下鐫卷次。眉欄鐫音注。

館藏信息: Annex A,Forrestal:A56/2745

0090

基本著録: **緇衣集傳:四卷**

(Zi yi ji zhuan:si juan)

(清)黃道周輯;(清)鄭開極重訂

清康熙癸酉[32 年,1693]鄭肇本

一函八冊;25 公分

相關責任者: (清)黃道周(Huang Daozhou),1585—1646,輯;(清)彭蘊章(Peng
Yunzhang),1792—1862,修補;(清)鄭開極(Zheng Kaiji),重訂

附　注: 無序跋。

框 19.7×14.5 公分,9 行 18 字,小字雙行,白口,左右雙邊,單黑魚
尾。版心上鐫書名,中鐫卷次。

館藏信息: RECAP:East Asian Library use only:A56/3978

0091

基本著録: **禮記省度:四卷**

(Li ji xing duo:si juan)

(清)彭頤纂

清乾隆丁亥[46 年,1781]武林秋實齋本

一函四冊;26 公分

相關責任者: (清)彭頤(Peng Yi),纂

附　注: 封面鐫"乾隆四十六年重鐫……武林秋實齋藏板"。

框 21.9×13.5 公分,兩節板,下節行字大小不等,白口,四周單邊。
版心鐫書名、卷次及篇名。

館藏信息: Annex A,Forrestal:A56/3635

0092

基本著録: **月令輯要:二十四卷,卷首**

(Yue ling ji yao:er shi si juan,juan shou)

（清）李光地輯；（清）吳廷楨等纂修

清康熙乙未［54 年,1715］北京武英殿本

兩函十六冊;25 公分

相關責任者： （清）李光地（Li Guangdi）,1642—1718,輯；（清）吳廷楨（Wu Ting-zhen）,纂修

附　　注： 輯者據《月令輯要閱纂校對監造官員職名》。

清康熙五十四年(1715)《御製月令輯要序》。

框 18.8×12.6 公分,7 行,小字雙行 20 字,白口,四周雙邊,單黑魚尾。版心上鐫書名,中鐫卷次及篇名。

館藏信息： East Asian Library（Gest）:Rare Books:TB157/816

0093

基本著錄： **檀弓:［二卷］**

（Tan gong:［er juan］）

（元）謝疊山批點

明萬曆丙辰［44 年,1616］吳興閔齊伋本

一函兩冊;31 公分

相關責任者： （元）謝枋得（Xie Fangde）,1226—1289,批點；（明）閔齊伋（Min Qi-ji）,生年 1580,刻

附　　注： 分上下篇。

作者及版本據明萬曆四十四年(1616)閔齊伋《刻檀弓》。

卷末題"萬曆丙辰秋吳興後學閔齊伋遇五父識"。

框 19.9×15.3 公分,8 行 18 字,白口,左右雙邊。版心上鐫書名。眉欄及行間鐫評點。

館藏信息： East Asian Library（Gest）:Rare Books:TA41/2739Q vol. 1－2

0094

基本著錄： **新刊京本禮記纂言:三十六卷**

（Xin kan jing ben Li ji zuan yan:san shi liu juan）

（元）吳澄纂言

明崇禎己巳［2 年,1629］張養本

四函二十四冊;30 公分

相關責任者： （元）吳澄（Wu Cheng），1249—1333，纂言；（明）張養（Zhang Yang），
進士 1616，刻

附　　注： 卷端題"臨川吳文正公纂言"。

明正德十五年（1520）王守仁《新刊京本禮記纂言序》。明崇禎二年
（1629）唐顯悦《重刻禮記纂言序》、張養《禮經纂言序》、王象晉《禮
經纂言序》。明正德十五年（1520）魏校《京本禮記纂言後序》、遲大
成《跋》。

唐顯悦、張養《序》中提刻書事。

框 20.8×14.9 公分，13 行 25 字，白口，四周單邊，單黑魚尾。版心
上鐫"禮記纂言"。

館藏信息： East Asian Library（Gest）：Rare Books：TA56/603Q

0095

基本著錄： **禮記集傳：十卷**

（Li ji ji zhuan：shi juan）

（元）陳澔著

明嘉靖庚寅［9 年，1530］張禄本

四函二十册；29 公分

相關責任者： （元）陳澔（Chen Hao），1261—1341，著；（明）張禄（Zhang Lu），進士
1521，刻

附　　注： 卷端題"後學東匯澤陳澔著"。

元至治二年（1322）陳澔《禮記經傳序》。

據中國臺灣藏《禮記集傳》（CHNR8331－B），書内《凡例》後應有明
嘉靖九年（1530）題記，提張禄等刻五經事。此書題記剜掉。

框 18.8×13.7 公分，9 行 17 字，小字雙行字數同，白口，左右雙邊，
雙綫魚尾。版心上有刻工簡名，中鐫"禮記"及卷次，下鐫"湖廣官
書"。

館藏信息： East Asian Library（Gest）：Rare Books：TA56/716Q

0096

基本著錄： **禮記集說：三十卷**

（Li ji ji shuo：san shi juan）

（元）陳澔

明嘉靖間（即 1522—1566）本

一函十册；27 公分

相關責任者： （元）陳澔（Chen Hao），1261—1341；（明）陸清（Lu Qing），刻工；（明）
章意（Zhang Yi），刻工；（明）張月（Zhang Yue），刻

附　　注： 陳澔《禮記集說序》提其編注此書。

此書版式及刻工（如章意）與明嘉靖吉澄刻本同，疑爲同時同地翻
刻本。

框 20.2×14.2 公分，上欄高 1.5 公分，9 行 17 字，小字雙行字數同，
白口，左右雙邊，單緣魚尾。上欄小字注，版心中鐫書名及卷數，下鐫
刻工，如卷三第十五葉"章意"、卷七第十八葉"陸清"、卷十第八葉
"張月"。

館藏信息： East Asian Library（Gest）：Rare Books：TA56/333

0097

基本著録： **禮記集說大全：三十卷**

（Li ji ji shuo da quan：san shi juan）

（明）胡廣等纂修

明永樂乙未［13 年，1415］北京司禮監本

十八册；35 公分

相關責任者： （明）胡廣（Hu Guang），1370—1418，纂修；（清）甘鵬雲（Gan Peng
yun），生年 1861，收藏

附　　注： 《凡例》後鐫纂修人胡廣等職名。

陳澔《序》。

框 26.9×18.8 公分，10 行 22 字，黑口，四周雙邊，雙黑魚尾。版心
中鐫"禮記集說大全"及卷次。

館藏信息： East Asian Library（Gest）：Rare Books：TA56/1599Q

0098

基本著録： **新刻月林丘先生家傳禮記摘訓：十卷**

（Xin ke Yuelin Qiu xian sheng jia chuan Li ji zhai xun：shi juan）

（明）丘橓著

明萬曆乙亥[3年,1575]金陵王良相本

兩函十冊;24公分

相關責任者: （明）丘橓（Qiu Shun）,進士 1550,著；（明）王良相（Wang Liangxiang）,16 世紀,刻

附　　注: 卷端題"庚戌進士諸城月林丘橓著　戊辰進士文昌聞源王懋德校　金陵書林近山王良相梓"。

明萬曆三年(1575)劉應節《序》、丘橓《禮記摘訓引》。

卷十末(第五十一葉)有牌記,鐫"萬曆乙亥冬月金陵書坊王近山梓"。

劉應節《序》提刻書事。

框 19.2×12.8 公分,10 行 22 字,白口,四周雙邊,單黑魚尾。版心上鐫"禮記摘訓"。

館藏信息: East Asian Library(Gest):Rare Books:TA56/3647

0099

基本著錄: **禮記摘註:五卷**

（Li ji zhai zhu:wu juan）

（明）李上林編著；（明）李伯龍校

明萬曆間(即 1573—1620)龔大器本

兩函十冊;27 公分

相關責任者: （明）李上林（Li Shanglin）,16/17 世紀,編著；（明）李伯龍（Li Bolong）,16/17 世紀,校；（明）龔大器（Gong Daqi）,1514—1596,刻

附　　注: 明萬曆二十五年(1597)王弘誨《重正禮記摘註便覽序》。

卷前有《新刊重正禮記摘註姓氏》,列"如臯縣後學李上林編著　伯子國學生李伯龍校　河南布政司右布政荊州春所龔大器行刊……"。

卷端大題連小題,如"禮記摘註曲禮上第一"。

框 19.2×12.9 公分,9 行 19 字,白口,四周單邊,單黑魚尾。版心上鐫"禮記摘註"及卷次,中鐫篇名。

館藏信息: East Asian Library(Gest):Rare Books:TA56/931

0100

基本著錄： 禮記集抄：六卷

（Li ji ji chao：liu juan）

（明）董承業輯

明間（約 1620—1644）董直愚本

一函六冊；28 公分

相關責任者： （明）董承業（Dong Chengye），進士 1613，輯；（明）董直愚（Dong Zhiyu），進士 1625，刻

附　　注： 卷端題"綿上紹休董承業輯　男爾範爾容爾度訂"。

董直愚《禮記集抄序》、梁雲構《禮集抄序》。

董直愚《序》提刻書事。

框 22.9×15.3 公分，9 行 20 字，白口，四周雙邊，單黑魚尾。版心上鐫"禮記集抄"，中鐫卷次。

館藏信息： East Asian Library（Gest）：Rare Books：TA56/3613

0101

基本著錄： 禮記約言：十卷

（Li ji yue yan：shi juan）

（明）王應井著；（明）李安世訂

清順治間（即 1644—1661）夏期昱本

兩函十二冊；26 公分

相關責任者： （明）王應井（Wang Yingjing），17 世紀，著；（明）李安世（Li Anshi），進士 1643，訂；（明）姜廷梧（Jiang Tingwu），17 世紀，刻；（明）商駿祖（Shang Junzu），17 世紀，刻；（明）夏期昱（Xia Qiyu），17 世紀，刻

附　　注： 卷端題"關中王應井漢冲父著　古越李安世泰若父訂　會稽門人夏期昱魯均父商駿祖惠之父姜廷梧桐音父較梓"。

商周祚《約言題辭》、李安世《約言序》、潘映婁《弁言》、周大忠《重刻禮記約言序》、潘拱壁《禮記約言序》。明崇禎十一年（1638）王應井《禮記約言自序》《約言四則》。書末有倪元瓚《跋語》。

王應井《約言四則》曰："初梓於武林，歲月需磨，字稜漸敝，既而遷守婺郡，同志復梓，旋為兵火散遺，獲存無幾。今幸備員越水，接席聖

賢，如覩中天之日，敢矜爝火之明。因授故盟，周呈巨訂。"

書中無補版。王應井，清順治六年（1649）任紹興府同知，此書當爲順治刻本。

框 19.7×14.9 公分，7 行 24 字，行間小字注，白口，四周單邊，單黑魚尾。版心上方書名同大題，版心中鐫卷數及篇名，欄上鐫音注。

館藏信息： East Asian Library（Gest）：Rare Books：TA56/2891

0102

基本著錄： **三禮纂註：四十九卷**

（San li zuan zhu：si shi jiu juan）

（明）貢汝成著

明萬曆乙亥［3 年，1575］陳俊本

十函八十冊；26 公分

相關責任者： （明）貢汝成（Gong Rucheng），1476—1539，著；（明）陳俊（Chen Jun），刻

附　　注： 卷端題"翰林院待詔貢汝成王甫著"。

陳俊《序》提刻書事。

明萬曆三年（1575）宋儀望《三禮纂註序》、陳俊《三禮纂註後序》。

框 19.8×13.6 公分，8 行 18 字，白口，左右雙邊，單黑魚尾。版心上鐫"三禮纂註"，下鐫刻工。

館藏信息： East Asian Library（Gest）：Rare Books：TA61/3762

0103

基本著錄： **文公家禮儀節：八卷**

（Wen gong Jia li yi jie：ba juan）

（明）丘濬輯；（明）楊廷筠訂

明萬曆戊申［36 年，1608］錢時本

一函八冊；30 公分

相關責任者： （明）丘濬（Qiu Jun），1421—1495，輯；（明）楊廷筠（Yang Tingyun），1562—1627，訂；（明）錢時（Qian Shi），進士 1607，刻

附　　注： 卷一卷端題"後學丘濬輯　楊廷筠訂　錢時刊"。

明成化十年（1474）丘濬《家禮儀節序》。據中國臺灣藏《文公家禮儀

節》(CHNR8358 – B),書内應有明萬曆三十六年(1608)楊廷筠《序》、錢時《序》,此書佚。

框25.2×17.1公分,8行16字,小字雙行字數同,綫黑口,四周雙邊,無魚尾。版心鐫"儀節",卷一首葉版心下左鐫"三百卅五"。

館藏信息: East Asian Library(Gest):Rare Books:TA71/2428Q

0104

基本著録: **文公家禮儀節:八卷**

(Wen gong Jia li yi jie:ba juan)

(明)丘濬輯;(明)何士晉訂

明萬曆戊午[46年,1618]何士晉本

一函四册;32公分

相關責任者: (明)丘濬(Qiu Jun),1421—1495,輯;(明)何士晉(He Shijin),進士1598,訂

附　　注: 卷端題"後學丘濬輯　何士晉訂"。

明成化十年(1474)丘濬《家禮儀節序》。明萬曆四十六年(1618)何士晉《家禮儀節序》。

何士晉《序》提刻書事。

框25.4×17.2公分,8行16字,小字雙行同,綫黑口,四周雙邊,無魚尾。版心鐫"儀節",卷一首葉版心下左鐫"三百二十一"。

"京口耿氏十笏堂藏印"印記。

館藏信息: East Asian Library(Gest):Rare Books:TA71/1621Q

0105

基本著録: **四禮翼:[八卷]**

(Si li yi:[ba juan])

(明)吕坤

明萬曆間(即1573—1620)本

一函兩册;25公分

相關責任者: (明)吕坤(Lü Kun),1536—1618

附　　注: 本書多彙印爲《吕新吾全集》。

明萬曆元年(1573)吕坤《四禮翼序》。

多見斷版。

框 22×14.5 公分,8 行 20 字,白口,四周雙邊,單黑魚尾。版心上鎸卷名,如"冠前翼"。卷端冠卷名,不別卷次。

館藏信息: East Asian Library(Gest):Rare Books:TA71/3539 vol. 1 – 2

0106

基本著錄: **四禮疑:[五卷].喪禮餘言.**

子目:

四禮疑:[五卷]

(Si li yi:[wu juan])

(明)呂坤著

喪禮餘言

(Sang li yu yan)

(明)呂坤著

明萬曆間(約 1614—1620)呂知思本

一函三册;25 公分

館藏本有殘缺:存《四禮疑》卷一、四及《喪禮餘言》。

相關責任者: (明)呂坤(Lü Kun),1536—1618,著;(明)呂知思(Lü Zhisi),刊; (明)呂知畏(Lü Zhiwei),校

附　　注: 卷端題"寧陵呂坤叔簡甫著　男知畏校知思刊"。

本書多彙印爲《呂新吾全集》。

明萬曆四十二年(1614)呂坤《四禮疑序》。

多見斷版。

框 21.9×14.5 公分,8 行 20 字,白口,四周雙邊,單黑魚尾。版心上鎸"四禮疑"。

館藏信息: East Asian Library(Gest):Rare Books:TA71/3539 vol. 3 – 5

0107

基本著錄: **家禮會通:[四卷]**

(Jia li hui tong:[si juan])

(清)張汝誠輯

清間(約 1723—1795)本

一册;19 公分

相關責任者: (清)張汝誠(Zhang Rucheng),輯

附　　注: 清雍正元年(1723)恕堂主人《序》。

内封面鐫"閩漳張汝誠先生輯　家禮會通　福州集新堂藏板"。

卷分元、亨、利、貞。

框 15.5 × 10.3 公分,10 行 26 字,白口,左右雙邊,單黑魚尾。版心上鐫書名,中鐫篇名。

館藏信息: RECAP:East Asian Library use only:660/1330

0108

基本著錄: **家禮:五卷**

(Jia li:wu juan)

(宋)朱氏[熹]

清間(即 1644—1911)呂氏寶誥堂本

一函六册;26 公分

相關責任者: (宋)朱熹(Zhu Xi),1130—1200;(清)楊復(Yang Fu)

附　　注: 附楊復撰《家禮附錄》一卷,周復《跋》提楊復撰《家禮附錄》事。

封面鐫"朱子家禮御兒呂氏寶誥堂重刻白鹿洞原本"。

框 18 × 13.8 公分,7 行 16 字,小字雙行,白口,左右雙邊,單綫魚尾。版心上右鐫篇名,中鐫書名及卷次。

館藏信息: East Asian Library(Gest):Rare Books:TA71/2496

0109

基本著錄: **朱子家禮:八卷. 四禮初稿四卷. 四禮約言四卷.**

子目:

朱子家禮:八卷

(Zhuzi jia li:ba juan)

(明)丘濬輯;(明)楊廷筠補

四禮初稿四卷

(Si li chu gao si juan)

(明)宋纁輯

四禮約言四卷

（Si li yue yan si juan）

（明）呂維祺著

清間（約 1701—1911）光霽堂本

一函六冊：圖；24 公分

相關責任者： （明）丘濬（Qiu Jun），1421—1495，輯；（明）楊廷筠（Yang Tingyun），1562—1627，補；（明）宋纁（Song Xun），1522—1591，輯；（明）呂維祺（Lü Weiqi），1587—1641，著；（清）宋犖（Song Luo），1634—1713，序作者

附　　注： 內封面鐫"宋大中丞鑒定　朱子家禮　宋莊敏公四禮初稿　呂忠節公四禮約言附　光霽堂梓"。

清康熙四十年（1701）宋犖《重刻朱子家禮序》、汪鑑《朱子家禮書後》。

《朱子家禮》卷端下鐫"紫陽書院定本"，與高校古文獻資源庫中復旦藏康熙紫陽書院本爲不同版本。

框 18.4×12.9 公分，8 行 18 字，小字雙行，白口，四周單邊，單黑魚尾。版心上鐫"家禮"及卷次，下鐫卷名。

Cotsen 館藏：封面書籤紅色印章"榮慶堂藏書"。

館藏信息： Cotsen Children's Library（CTSN）；100700

春秋類

0110

基本著錄： **春秋權衡：十七卷**

（Chun qiu quan heng：shi qi juan）

（宋）劉公是著

清康熙間（即 1662—1722）通志堂本

一函三冊；28 公分

相關責任者： （宋）劉敞（Liu Chang），1019—1068，著

附　　注： 封面題"春秋權衡　宋劉公是先生著　通志堂藏板"

卷端未題著者。劉公是，名敞。

每卷末鐫"後學成德校訂"。

清康熙十三年(1674)朱彝尊《序》。

框 20×15 公分,11 行 20 字,白口,單黑魚尾,左右雙邊。版心中鎸"春秋權衡"及卷次,下鎸"通志堂"及刻工,如卷一首二葉"王仪公"、卷二首葉"穆君"、卷三首二葉"君仁"。

鈐"崇雅堂藏書""潛廬藏過"印記。

館藏信息: East Asian Library(Gest):Rare Books:TA101/1697

0111

基本著録: **春秋本義:三十卷,通論,問答,綱領**

(Chun qiu ben yi:san shi juan,Tong lun,Wen da,Gang ling)

(元)程端學學

清康熙庚申[19 年,1680]納蘭成德通志堂本

兩函十六冊;28 公分

相關責任者: (元)程端學(Cheng Duanxue),1278—1334,學;(清)納蘭性德(Na-lan Xingde),1655—1685,刻

附   注: 各卷末鎸"後學成德校訂"。

成德即納蘭性德。

框 19.9×15 公分,11 行 20 字,白口,左右雙邊,單黑魚尾。版心中鎸書名及卷次。

館藏信息: Annex A,Forrestal:A101/3015

0112

基本著録: **春秋大成:三十一卷. 春秋大成講意.**

子目:

春秋大成:三十一卷

(Chun qiu da cheng:san shi yi juan)

(清)馮如京彙纂

春秋大成講意

(Chun qiu da cheng jiang yi)

(清)[馮]雲驤著

清間(約 1662—1795)本

四函二十四冊;26 公分

相關責任者： （清）馮如京（Feng Rujing），1602—1669，彙纂；（清）馮雲驤（Feng Yunxiang），進士 1655，著

附　　注： 清順治十一年（1654）馮如京《春秋大成序》、馮雲驤《春秋大成序》。
兩節版，上欄《春秋大成講意》卷端題"晉馮如京秋水甫手定　男雲驤訥生著　雲驤懿生訂　慈谿嚴天顏喜侯遂安余鵬徵搏九枲古鄞陸大任爾肩較"。下欄《春秋大成》卷端題"晉馮如京秋水甫彙纂"。
封面題"馮秋水先生鑒定　太原馮訥生先生輯著　同社四明嚴喜侯睦州余搏九參訂　春秋大成……馮衙藏板"。
是書爲清翻刻順治刻本。卷端較北京大學圖書館原刻本多字一行"古鄞陸大任爾肩較"。
框 22×14 公分，上欄 14 行 18 字，下欄 10 行 17 字，白口，四周雙邊，無魚尾。版心上下欄不相連，上鐫"春秋大成"及卷次，下鐫"介軒"。
"宛平王氏家藏""慕齋鑑定"印記。

館藏信息： East Asian Library（Gest）：Rare Books：TA101/3567

0113

基本著錄： **春秋指掌：三十卷，卷首二卷，附二卷**
（Chun qiu zhi zhang：san shi juan，juan shou er juan，fu er juan）
（清）儲欣，（清）蔣景祁撰輯
清康熙戊辰［27 年，1688］天黎閣本
一函六冊；27 公分

相關責任者： （清）儲欣（Chu Xin），1631—1706，撰輯；（清）蔣景祁（Jiang Jingqi），約 1686，撰輯

附　　注： 封面鐫"康熙戊辰新鐫　宜興儲欣同人蔣景祁京少撰輯　春秋指掌傳彙大全　題遵功令義準先民字依監本　天黎閣藏版翻刻必究"。
卷一卷端題"宜興儲欣同人蔣景祁京少撰輯　武進楊大鶴芝田參閱"。他卷參閱人各異。
清康熙二十八年（1689）徐乾學《序》。
各卷末鐫"天黎閣鐫"。
框 20.2×14.5 公分，10 行 23 字，小字雙行字數同，黑口，左右雙邊，單黑魚尾。版心鐫"春秋指掌"。有腳欄，欄內鐫音訓。

館藏信息： East Asian Library（Gest）：Rare Books：TA101/3403

0114

基本著録：　半農先生春秋說：十五卷

（Bannong xian sheng Chun qiu shuo：shi wu juan）

（清）吳泰來，（清）惠棟校

清乾隆己巳[14 年，1749]璜川書屋本

一函六冊；29 公分

相關責任者：　（清）吳泰來（Wu Tailai），校；（清）惠棟（Hui Dong），校；（清）惠士奇（Hui Shiqi），1671—1741

附　注：　附清乾隆六年（1741）楊超曾《奉直大夫翰林院侍讀學士紀錄二次半農惠公墓誌銘并序》。

封面鐫“乾隆己巳……璜川書屋藏板”。

框 18.7×14.4 公分，9 行 21 字，小字雙行，白口，左右雙邊，單黑魚尾。版心上鐫“春秋說”，中鐫卷次。

館藏信息：　East Asian Library（Gest）：Rare Books：TA101/1530Q

0115

基本著録：　日講春秋解義：六十四卷，總說

（Ri jiang Chun qiu jie yi：liu shi si juan，Zong shuo）

清乾隆丁巳[2 年，1737]北京內府本

四函二十四冊；28 公分

相關責任者：　（春秋）孔子（Kongzi）

附　注：　清乾隆二年（1737）《日講春秋解義序》提刻書事。

框 18.1×14.1 公分，9 行 18 字，小字雙行，大黑口，四周雙邊，雙黑魚尾。[卷一首葉]版心中鐫書名、卷次及“隱公元年”。

館藏信息：　East Asian Library（Gest）：Rare Books：TA101/869

0116

基本著録：　御纂春秋直解：十二卷

（Yu zuan Chun qiu zhi jie：shi er juan）

（清）梁錫璵廣義

清乾隆間（約 1758—1795）本

一函八册;26 公分

相關責任者:　　（清）梁錫璵（Liang Xiyu），進士 1751，廣義；（清）甘鵬雲（Gan Pengyun），生年 1861，收藏

附　　注:　　卷端題"臣梁錫璵廣義"。

《廣義引端》言"訓恭進完竣乾隆二十三年七月初八日總裁大學士公傅恆等乞"。

框 18.1×13.6 公分,10 行 21 字,白口,四周雙邊,單黑魚尾。版心上鐫"春秋直解",中鐫卷次及内容簡稱。

鈐"潛江甘鵬雲藥樵攷藏書籍章"印。

館藏信息:　　East Asian Library（Gest）:Rare Books:TA101/2098

0117

基本著録:　　**春秋正宗:十二卷**

（Chun qiu zheng zong:shi er juan）

（清）吕文櫺纂

清乾隆己卯[24 年,1759]四樂堂本

一函八册;25 公分

相關責任者:　　（清）吕文櫺（Lü Wenling），纂

附　　注:　　清乾隆二年（1737）吕文櫺《春秋正宗序》言成書事。

封面鐫"乾隆己卯年鐫……四樂堂藏書"。

框 18.8×12.5 公分,18 行 24 字,白口,左右雙邊,單黑魚尾。[卷一首葉]版心中鐫"隱"。欄上鐫評。

館藏信息:　　East Asian Library（Gest）:Rare Books:TA101/2746

0118

基本著録:　　**春秋取義測:十二卷**

（Chun qiu qu yi ce:shi er juan）

（清）法坤宏

清乾隆甲寅[59 年,1794]廣州法氏迁齋本

一函六册;23 公分

相關責任者:　　（清）法坤宏（Fa Kunhong），1699—1785；（清）胡纕蘭（Hu Ranglan），手書

附　　注：　　法坤宏號迁齋。

封面鐫"乾隆甲寅年鐫""受業門人胡纕蘭手書""粵省西湖街六書齋刻"。

框 17.1×13.8 公分,10 行 19 字,白口,左右雙邊,單黑魚尾。[卷一首葉]版心中鐫卷次,下鐫"迂齋藏書"。

館藏信息：　　East Asian Library(Gest)：Rare Books：TA101/2744

0119

基本著錄：　**左傳選：四卷**

（Zuo zhuan xuan：si juan）

（春秋）左丘明

清間(約 1644—1795)本

一函四册;33 公分

相關責任者：　（春秋）左丘明(Zuoqiu Ming)

附　　注：　　7 行 24 字。

館藏信息：　　East Asian Library(Gest)：Rare Books：TA101/1205Q

0120

基本著錄：　**左傳事緯：十二卷**

（Zuo zhuan shi wei：shi er juan）

（清）馬驌編論

清間(約 1644—1722)本

一函六册;26 公分

相關責任者：　（清）馬驌(Ma Su),1621—1673,編論

附　　注：　　卷端題"濟南馬驌宛斯編論　弟馬光幼實馬駉端斯同閱"。

無序跋。

清諱不避。

框 18.4×14.3 公分,9 行 22 字,白口,單黑魚尾,左右雙邊。版心上鐫"左傳事緯"。欄上鐫批語。

鈐"潛江甘氏崇雅堂藏書記章"印記。

館藏信息：　　East Asian Library(Gest)：Rare Books：TA101/1582

0121

基本著錄： **左傳事緯：十二卷**

（Zuo zhuan shi wei：shi er juan）

（清）馬驌編論；（清）胡兆熊校讎

清乾隆甲辰［49 年，1784］黄暹本

一函十二册；27 公分

相關責任者： （清）馬驌（Ma Su），1621—1673，編論；（清）胡兆熊（Hu Zhaoxiong），

校讎；（清）黄暹（Huang Xian），刻

附　　注： 封面題"乾隆甲辰秋重鐫　濟南馬驌宛斯先生編論　左傳事緯　懷

澄堂藏板"。

卷端題"……仁和黄暹春渠重鐫……"。

框 19.1×14.2 公分，9 行 22 字，白口，左右雙邊，單黑魚尾。版心上

鐫書名，中鐫卷次。

館藏信息： RECAP：East Asian Library use only：A101/40

0122

基本著錄： **左氏條貫：十八卷**

（Zuo shi tiao guan：shi ba juan）

（清）曹基編次；（清）張兼，（清）張典參訂

清間（約 1712—1795）本

一函八册；26 公分

相關責任者： （清）曹基（Cao Ji），編次；（清）張兼（Zhang Jian），17/18 世紀，參訂；

（清）張典（Zhang Dian），參訂

附　　注： 清康熙五十一年（1712）曹基《序》。

封面鐫"分國左傳條貫""聚古堂梓"。

框 17.5×13 公分，9 行 21 字，白口，四周單邊，單黑魚尾。版心上鐫

書名，中鐫卷次及國名。

館藏信息： RECAP：East Asian Library use only：A101/3266

0123

基本著錄： **文章練要左傳評：十卷**

（Wen zhang lian yao Zuo zhuan ping：shi juan）

（清）王源評定

清雍正間（即 1723—1735）居業堂本

兩函十册；26 公分

相關責任者： （清）王源（Wang Yuan），1648—1710，評定

附　　注： 書名據《目錄》。

《凡例》題《左傳評》。

封面鎸"乾隆九年重鎸　文章練要左傳真本　居業堂梓行"。

框 19.3×14.1 公分，9 行 22 字，小字雙行，白口，左右雙邊，雙黑順
魚尾。版心上鎸"文章練要"，中鎸"六宗左傳一"，下鎸卷次。

館藏信息： RECAP：East Asian Library use only：A101/2873

0124

基本著録： **左傳經世鈔：二十三卷**

（Zuo zhuan jing shi chao：er shi san juan）

（清）魏禧評點；（清）彭家屏參訂

清乾隆間（約 1748—1795）本

四函二十四册；24 公分

相關責任者： （清）魏禧（Wei Xi），1624—1681，評點；（清）彭家屏（Peng Jiaping），
參訂

附　　注： 此本爲翻刻清乾隆十三年（1748）彭家屏刻本。

框 19.2×14 公分，9 行 21 字，小字雙行，白口，左右雙邊，單黑魚尾。

［卷一首葉］版心上鎸書名及"隱"，中鎸卷次及"克段"。

館藏信息： Annex A，Forrestal：A101/2605

0125

基本著録： **春秋左傳杜林滙參：三十卷，卷首**

（Chun qiu Zuo zhuan Du Lin hui can：san shi juan，juan shou）

（清）周正思纂

清乾隆間（約 1749—1795）嵩山書屋本

兩函十六册；27 公分

相關責任者： （清）周正思（Zhou Zhengsi），進士 1733，纂

附　　注：　　附《讀左厄言》《春秋時事說》。

清乾隆十四年(1749)黃守儺《叙》。

封面鐫"增補左繡滙參……嵩山書屋藏板"。原鈐"益智堂圖書印"
朱印。

前有啓事,題"福閩南街益智堂周士元發兑"。

框 14.1×15 公分,11 行 17 字,兩節版,上欄小字行 11 字,下欄 11 行
19 字,小字雙行字不等,白口,四周單邊,單黑魚尾。版心上鐫"增補
左繡"及卷次,中鐫"左傳杜林滙參"卷次及篇名,下鐫"嵩山書屋"。

館藏信息：　　RECAP：East Asian Library use only：A101/2957

0126

基本著錄：　　**欽定春秋傳說彙纂：三十八卷,卷首二卷**

（Qin ding Chun qiu zhuan shuo hui zuan：san shi ba juan,juan shou er
juan）

（清）王掞等修

清康熙辛丑[60 年,1721]北京内府本

十二册;29 公分

相關責任者：　　（清）王掞（Wang Shan）,1645—1728,修

附　　注：　　著者據《職名》。

清康熙六十年(1721)《御製春秋傳說彙纂序》。

框 22.5×16.2 公分,小字雙行 22 字,白口,四周雙邊,單黑魚尾。版
心上鐫書名,中鐫卷次及小題。

館藏信息：　　East Asian Library（Gest）：Rare Books：TA101/1409Q

0127

基本著錄：　　**欽定春秋傳說彙纂：三十八卷,卷首[二卷]**

（Qin ding Chun qiu zhuan shuo hui zuan：san shi ba juan,juan shou[er
juan]）

（清）王掞等修

清康熙辛丑[60 年,1721]北京内府本

四函二十册;28 公分

相關責任者：　　（清）王掞（Wang Shan）,1645—1728,修

附　　注：	卷首分上下卷。
	著者據《職名》。
	清康熙六十年(1721)《御製春秋傳說彙纂序》。
	框 22.5×16 公分,小字雙行 22 字,白口,四周雙邊,單黑魚尾。版心上鐫書名,中鐫卷次及小題。
館藏信息：	East Asian Library(Gest)：Rare Books：TA101/879

0128

基本著錄：	**欽定春秋傳說彙纂：三十八卷,卷首[二卷]**
	(Qin ding Chun qiu zhuan shuo hui zuan：san shi ba juan,juan shou[er juan])
	(清)王掞等修
	清間(約 1721—1795)本
	兩函三十二冊；28 公分
相關責任者：	(清)王掞(Wang Shan),1645—1728,修
附　　注：	卷首分上下。
	著者據《職名》。
	框 22×16.3 公分,小字雙行 22 字,白口,四周雙邊,單黑魚尾。版心上鐫書名,中鐫卷次及小題。
館藏信息：	Annex A,Forrestal：A101/2064

0129

基本著錄：	**春秋：三十卷**
	(Chun qiu：san shi juan)
	(宋)胡安國傳
	明間(即 1368—1644)本
	兩函八冊；29 公分
相關責任者：	(宋)胡安國(Hu An'guo),1074—1138,傳
附　　注：	書簽題"春秋胡傳"。
	卷端題"胡安國傳"。
	附《諸國興廢說》《春秋總例》。
	框 26×14.3 公分,9 行 17 字,小字雙行字數同,白口,左右雙邊,單

黑魚尾。版心鐫"春秋"及卷數。眉欄鐫音注。

"莫友芝圖書印""莫印彝孫""莫印繩孫""吳師古氏家藏圖書""楚巖"印記。

館藏信息： East Asian Library(Gest):Rare Books:TA101/659Q

0130

基本著錄： **左紀:十一卷**

(Zuo ji:shi yi juan)

(明)錢應奎編輯

明萬曆乙亥[3 年,1575]華叔陽本

兩函十二冊;29 公分

相關責任者： (明)錢應奎(Qian Yingkui),16 世紀,編輯;(明)華叔陽(Hua Shu
yang),進士 1568,刻

附　　注： 卷端題"句吳錢應奎汝文編輯"。

錢應奎《跋》提明萬曆三年(1575)華儀部起龍刻書事。

明嘉靖四十四年(1565)錢應奎《左紀引》《跋》。

框 22×16.2 公分,12 行 20 字,白口,左右雙邊,單綫魚尾。版心中
鐫"左紀"及卷次。

館藏信息： East Asian Library(Gest):Rare Books:TA101/2754Q

0131

基本著錄： **左傳鈔評:十二卷**

(Zuo zhuan chao ping:shi er juan)

(明)穆文熙批輯;(明)石星校閱

明萬曆乙酉[13 年,1585]金陵周曰校本

十二冊;27 公分

相關責任者： (明)穆文熙(Mu Wenxi),1528—1591,批輯;(明)石星,1538—1599
(Shi Xing),校閱;(明)周曰校(Zhou Yuejiao),16 世紀,重鐫

附　　注： 封面鐫"新刊官板　左傳鈔評　萬曆乙酉歲金陵周曰校鐫"。

卷端題"明魏郡吏部考功司員外穆文熙批輯　南太僕寺卿石星校閱
長洲知縣劉懷恕刊刻　金陵書林周曰校重鐫"。

明萬曆十年(1582)石星《刻左氏鈔評引》、[穆文熙]《左傳鈔評序》。

框 23.2×14.1 公分,9 行 20 字,白口,四周單邊,單黑魚尾。版心上鐫"左傳鈔評"及卷次,下鐫國別。有眉欄,鐫諸家評。

館藏信息: East Asian Library(Gest):Rare Books:TA101/3910

0132

基本著錄: **左氏詳節:八卷**

（Zuo shi xiang jie:ba juan）

（明）許孚遠輯

明萬曆間（即 1573—1620）本

兩函十六冊;28 公分

相關責任者: （明）許孚遠（Xu Fuyuan）,1535—1604,輯

附　　注: 卷端大題下同行鐫"德清許孚遠輯"。

明萬曆十年（1582）許孚遠《左傳題辭》提刻書事。

框 20.7×14 公分,9 行 19 字,下綫黑口,左右雙邊,單黑魚尾。版心上鐫"左氏詳節",中鐫卷次。

"篤素堂張曉漁校藏圖籍之章"印記。

館藏信息: East Asian Library(Gest):Rare Books:TA101/3755

0133

基本著錄: **春秋左傳屬事:二十卷**

（Chun qiu Zuo zhuan shu shi:er shi juan）

（明）傅遜纂

明萬曆乙酉[13 年,1585]江西省傅遜日殖齋本

四函二十二冊;29 公分

館藏本有殘缺:缺《音釋》一卷、《古器圖》一卷。

相關責任者: （明）傅遜（Fu Xun）,活動期 16 世紀,纂

附　　注: 卷前有《春秋左傳註解辨誤》二卷等。

卷端題"吳郡後學傅遜纂并註評"。

王世貞《春秋左傳屬事序》。明萬曆十三年（1585）傅遜《春秋左傳屬事序》、潘志伊《春秋左傳屬事後序》、傅遜《春秋左傳屬事後序》。萬曆十一年（1583）傅遜《春秋左傳註解辨誤序》。萬曆十二年（1584）顧天埈《後敍》。萬曆十年（1582）金兆登《後序》。《辨誤補遺》後有

萬曆二十五年(1597)傅遜改注題識。

潘志伊《序》提刻書事。

框 21×15.1 公分,10 行 20 字,白口,左右雙邊,單黑魚尾。版心上鐫"春秋左傳屬事",下鐫"日殖齋梓",卷一首葉版心下右鐫"万"。

館藏信息: East Asian Library(Gest):Rare Books:TA101/552Q

0134

基本著錄: **春秋左傳註評測義:七十卷**

(Chun qiu Zuo zhuan zhu ping ce yi:qi shi juan)

(明)凌稚隆輯著

明萬曆戊子[16 年,1588]本

四函三十二冊:圖;29 公分

相關責任者: (明)凌稚隆(Ling Zhilong),輯著

附　　注: 卷前有《世系譜》《名號異稱便覽》等。

卷端題"明吳興後學凌稚隆輯著"。

明萬曆十六年(1588)陳文燭《左傳註評測義序》、王世貞《春秋左傳註評測義序》、范應期《刻左傳評註測義序》。

框 22×15.2 公分,10 行 20 字,白口,左右雙邊,單黑魚尾。版心上鐫"春秋左傳評註測義";版心下有刻工,如卷一首葉"徐禎刻"。

館藏信息: East Asian Library(Gest):Rare Books:TA101/3756Q

0135

基本著錄: **春秋左傳節文:十五卷**

(Chun jiu Zuo zhuan jie wen:shi wu juan)

(明)汪道昆節

明萬曆間(即 1573—1620)本

一函十冊;25 公分

相關責任者: (明)汪道昆(Wang Daokun),1525—1593,節

附　　注: 汪道昆《春秋左傳節文原序》。《序》曰:"不佞……乃撮居常所膾炙者,省為節文。"

《序》末鐫"貽穀堂藏板"。

版本據風格。

框 19×13.7 公分,9 行 18 字,白口,左右雙邊,單白魚尾。版心中鐫卷次。

館藏信息: East Asian Library(Gest):Rare Books:TA101/3720

0136

基本著錄: **新刻顧會元精選左傳奇珍纂註評苑:二十四卷**

(Xin ke Gu Huiyuan jing xuan Zuo zhuan qi zhen zuan zhu ping yuan:er shi si juan)

(明)顧起元評注;(明)葉向高參注;(明)李廷機校閱;(明)李鵬元選輯

明間(即 1368—1644)本

一函六冊;25 公分

相關責任者: (明)顧起元(Gu Qiyuan),1565—1628,評注;(明)葉向高(Ye Xiang-gao),1559—1627,參注;(明)李廷機(Li Tingji),進士 1583,校閱;(明)李鵬元(Li Pengyuan),16 世紀,選輯

附 注: 封面題"顧會元選新鍥左傳纂註評苑及余祥我識語"。

卷端題"會元太初顧起元評註　太史臺山葉向高參註　太史九我李廷機校閱　後學適南李鵬元選輯　書林祥我余應興梓行"。

沈一貫《選左傳奇珍序》。

書末題"建邑書林克勤齋余祥我梓行"。

框 21.3×12.9 公分,9 行 21 字,白口,四周雙邊,單黑魚尾。版心上題"左傳纂註評苑",中題公號、卷次、葉碼。眉欄書各家評注。

"蘿邨""蔣印國祥""東白山人""堂名拱璧惟書是寶無意無必隨得隨校蔣氏子孫永以為好"印記。

館藏信息: East Asian Library(Gest):Rare Books:TA101/3690

0137

基本著錄: **春秋左傳釋義評苑:二十卷**

(Chun qiu Zuo zhuan shi yi ping yuan:er shi juan)

(明)王錫爵編輯

明萬曆庚寅[18 年,1590]金陵周竹潭嘉賓堂本

四函四十冊;27 公分

| 相關責任者： | （明）王錫爵（Wang Xijue），1534—1610，編輯；（明）周竹潭（Zhou Zhutan），16/17 世紀，刻 |

相關責任者：　（明）王錫爵（Wang Xijue），1534—1610，編輯；（明）周竹潭（Zhou Zhutan），16/17 世紀，刻

附　　注：　封面鐫"春秋左傳釋義評苑　金陵書坊周竹潭繡梓"。

明萬曆十八年（1590）申時行《左傳釋義評苑序》提刻書事。

卷端題"明琅琊王錫爵編輯"。

框 23.9×14.9 公分，10 行 19 字，白口，四周雙邊，單黑魚尾。版心上鐫"春秋左傳釋義"，下鐫"嘉賓堂"。有眉欄，鐫各家評注。

館藏信息：　East Asian Library（Gest）：Rare Books：TA101/3958

0138

基本著錄：　**春秋左傳：十五卷**

（Chun qiu Zuo zhuan：shi wu juan）

（明）孫月峰批點

明萬曆丙辰［44 年，1616］吳興閔齊伋本

兩函十三冊；28 公分

相關責任者：　（明）孫鑛（Sun Kuang），1542—1613，評點；（明）閔齊伋（Min Qiji），生年 1580，刻

附　　注：　《目錄》題十五卷，正文不分卷次。

明萬曆四十四年（1616）韓敬《孫月峯先生左評分次經傳序》。閔齊伋《閔氏家刻分次春秋左傳凡例》。

韓《序》曰："吾鄉閔赤如遇五，用和昆從手創分次經傳，特受先生之評，以朱副墨，一覽犂然。經傳籍題評開前古之新，題評翼分次樹今日之古。余獲之不減賈逵，劉兆朱墨經傳也。"

各卷末鐫"萬曆丙辰夏吳興閔齊華閔齊伋閔象泰分次經傳"。

框 21.5×15 公分，9 行 19 字，白口，四周單邊，無魚尾，無直格。版心上鐫書名。欄上朱印批語，行間朱印圈點。

館藏信息：　East Asian Library（Gest）：Rare Books：TA101/312

0139

基本著錄：　**春秋左傳：十五卷**

（Chun qiu Zuo zhuan：shi wu juan）

（明）孫月峰批點

明萬曆丙辰[44 年,1616]吳興閔齊伋本

兩函十二册;28 公分

相關責任者: （明）孫鑛（Sun Kuang）,1542—1613,評點；（明）閔齊伋（Min Qiji）,
生年 1580,刻

附　　注: 韓敬《序》及閔齊伋《凡例》提刻書事。

框 21.5×15 公分,9 行 19 字,白口,四周單邊,無魚尾,無直格。版
心上鐫書名。欄上朱印批語,行間朱印圈點。

與館藏《春秋左傳》（TA101/312）墨印版同,朱印版不同。

館藏信息: East Asian Library（Gest）:Rare Books:TA101/3046

0140

基本著錄: **春秋公羊傳:二十卷**

（Chun qiu Gongyang zhuan:er shi juan）

（戰國）公羊高

明隆慶丁卯[元年,1567]本

一函六册;26 公分

相關責任者: （戰國）公羊高（Gongyang Gao）
附　　注: 卷端大題連小題,如"春秋公羊傳隱公卷第一"。

張獻翼《刻公穀傳序》。

張《序》曰:"隆慶改元之日,客有好事者,以左氏事詳而義疎,公穀義
精而事略,有不能相通,乃別取《公》《穀》並梓而傳焉。"

框 16.5×13.4 公分,10 行 18 字,白口,四周單邊,單黑魚尾。版心
上鐫"公羊傳"及卷次。

與館藏《春秋公羊傳》（TA101/360）同版。

館藏信息: East Asian Library（Gest）:Rare Books:TA101/3010a

0141

基本著錄: **春秋公羊傳:二十卷**

（Chun qiu Gongyang zhuan:er shi juan）

（戰國）公羊高

明隆慶丁卯[元年,1567]本

一函六册;26 公分

相關責任者： （戰國）公羊高（Gongyang Gao）

附　注： 無序跋。

框 16.5×13.4 公分，10 行 18 字，白口，四周單邊，單黑魚尾。版心上鐫"公羊傳"及卷次。

與館藏《春秋公羊傳》（TA101/3010a）同版。

鈐"西畇藏書""西畇草堂"等印記。

館藏信息： East Asian Library（Gest）：Rare Books：TA101/360

0142

基本著錄： **春秋繁露：十七卷**

（Chun qiu fan lu：shi qi juan）

（西漢）董仲舒著；（明）孫鑛評；（明）沈鼎新，（明）朱養純參評；（明）朱養和訂

明天啓乙丑［25 年，1625］花齋本

一函四册；27 公分

相關責任者： （西漢）董仲舒（Dong Zhongshu），公元前 2 世紀，著；（明）孫鑛（Sun Kuang），1542—1613，評；（明）沈鼎新（Shen Dingxin），17 世紀，參評；（明）朱養純（Zhu Yangchun），17 世紀，參評；（明）朱養和（Zhu Yanghe），17 世紀，訂

附　注： 汪明際《序》及沈鼎新《小引》提沈鼎新、朱養和評《春秋繁露》。朱養和《凡例》提刻書事。書內卷六第九、十葉版心下鐫"花齋藏板"。此本當爲朱氏花齋刻，版轉至聚奎樓。

宋慶曆七年（1047）樓郁《春秋繁露序》、孫月峰《春秋繁露序》。明天啓五年（1625）汪明際《春秋繁露序》、沈鼎新《春秋繁露小引》、朱養和《凡例》。

封面題"孫月峯先生合諸名家批評漢董子春秋繁露　聚奎樓藏板"。

CHAO93 – B220 爲花齋原刻本。

封面有聚奎樓主人識語，有"春杭印""蒨園"朱印。

卷端題"漢廣川董仲舒著　明東海孫鑛月峰評　西湖沈鼎新自玉朱養純元一參評　朱養和元沖訂"。

框 20.8×14.1 公分，9 行 20 字，白口，單綫魚尾，四周單邊。版心上鐫"春秋繁露"。欄上鐫諸家評。

館藏信息： East Asian Library（Gest）：Rare Books：TA101/3736

0143

基本著錄： **春秋穀梁傳：十二卷**

（Chun qiu Guliang zhuan：shi er juan）

（戰國）穀梁赤

明隆慶丁卯［元年，1567］本

一函六册；26 公分

相關責任者： （戰國）穀梁赤（Guliang Chi）

附　　注： 卷端大題連小題，如“春秋穀梁傳隱公卷第一”。

無序跋。

與館藏《春秋穀梁傳》（TA101/3010a）版式同，版本據該書張獻翼《刻公穀傳序》。

框 16.5×13.4 公分，10 行 18 字，四周單邊，單黑魚尾。版心上鐫“穀梁傳”及卷次。

館藏信息： East Asian Library（Gest）：Rare Books：TA101/3010b

0144

基本著錄： **春秋四傳：三十八卷**

（Chun qiu si zhuan：san shi ba juan）

明嘉靖間（即 1522—1566）本

兩函十六册；26 公分

館藏本有殘缺：缺《綱領》一卷、《提要》一卷。

相關責任者： （明）唐鳳（Tang Feng），刻

附　　注： 卷前有《春秋二十國年表一卷》《諸國興廢說一卷》等。

此書版式及刻工（如唐鳳）與明嘉靖吉澄刻本同，疑爲同時同地翻刻本。

框 20.6×14.3 公分，9 行 17 字，白口，左右雙邊，單綫魚尾。有眉欄，鐫音注。版心中鐫“春秋四傳”及卷次，卷一首葉版心下鐫“柯仁義”，十一、十二葉鐫“唐鳳”。

館藏信息： East Asian Library（Gest）：Rare Books：TA101/556

0145

基本著錄：	**春秋集傳大全：三十七卷**
	（Chun qiu ji zhuan da quan：san shi qi juan）
	（明）胡廣等纂修
	明嘉靖庚寅［9 年，1530］建陽劉仕中安正堂本
	兩函二十册；27 公分
相關責任者：	（明）胡廣（Hu Guang），1370—1418，纂修；（明）劉仕中（Liu Shizhong），刻
附　　注：	《凡例》後列胡廣等纂修姓氏。
	《凡例》後鑴“庚寅年孟春月安正堂新刊行”。卷三十七末有劉仕中安正堂刻書識語。
	框 16.5×12.4 公分，11 行 21 字，黑口，四周雙邊，雙黑魚尾。版心下鑴“春秋大全”及卷次。
	“余襄之印”印記。
館藏信息：	East Asian Library（Gest）：Rare Books：TA101/960

0146

基本著錄：	**春秋貫玉：四卷**
	（Chun qiu guan yu：si juan）
	（明）顏鯨［撰］
	明萬曆丙午［34 年，1606］浙江史繼辰本
	四函三十册；27 公分
相關責任者：	（明）顏鯨（Yan Jing），1514—1591，撰；（明）郭志學（Guo Zhixue），寫工；（明）史繼辰（Shi Jichen），進士 1577，刻；（明）夏尚恩（Xia Shang'en），刻
附　　注：	明嘉靖三十二年（1553）顏鯨《春秋貫玉引》。明萬曆三十三年（1605）史繼辰《春秋貫玉叙言》言將刻書事。萬曆三十四年（1606）楊守勤《刻春秋貫玉叙》、洪啓睿《春秋貫玉跋》。
	框 20.5×14.2 公分，8 行 17 字，白口，四周雙邊，單黑魚尾。尾下鑴“春秋貫玉”及卷次，卷一上首葉版心下鑴“郭志學寫夏尚恩刊二百五十九”。

館藏信息： East Asian Library(Gest)：Rare Books：TA101/3890

孝經類

0147

基本著錄： **孝經衍義：一百卷,卷首[二卷]**

(Xiao jing yan yi：yi bai juan,juan shou[er juan])

(清)葉方藹等撰

清康熙間(約 1682—1722)本

四函三十册；30 公分

相關責任者： (清)葉方藹(Ye Fang'ai),1629—1682,撰

附　　注： 卷首分上下。

著者據《孝經衍義進呈表》。

《進呈表》末題"康熙二十一年三月",清康熙二十一年即 1682 年。

框 21.3×13.8 公分,8 行 18 字,白口,四周雙邊,單黑魚尾。版心中

鐫書名及卷次。

館藏信息： East Asian Library(Gest)：Rare Books：TC13/352Q

0148

基本著錄： **孝經衍義：一百卷,卷首二卷**

(Xiao jing yan yi：yi bai juan,juan shou er juan)

(清)葉方藹等修；(清)韓菼纂

清康熙辛未[30 年,1691]蘇州府江蘇布政使司本

八函四十八册；26 公分

相關責任者： (清)葉方藹(Ye Fang'ai),1629—1682,修；(清)韓菼(Han Yan),纂

附　　注： 清康熙二十一年(1682)葉方藹等《進書表》。康熙二十九年(1690)

《御製孝經衍義序》。康熙三十年(1691)鄭端《奏疏》、李國亮《述

記》、張志棟《述記》。

《御製序》中曰："世祖章皇帝弘敷孝治,懋昭人紀,特命纂修《孝經衍

義》,未及成書,朕纘承先志詔儒臣蒐討編輯……書成,凡一百卷,鏤

版頒行。"

李國亮曰："皇帝御極之三十年頒發《孝經衍義》於直省督撫臣行各布政使司俱得雕板,徧布所屬。臣國亮職忝江藩,親管兹役。書成。"

張志棟曰："臣志棟領奉特簡,濫篋江藩,夙夜冰兢,惟恐不克負荷是懼。繼奉督撫檄,催,鏤版告竣,徧行所屬。"

框 18.6×14.5 公分,9 行 18 字,黑口,四周雙邊,雙黑魚尾。書口尾間鐫"孝經衍義"及卷次、葉碼。

多見補版,如卷五十九第七葉,卷七十六第十八、二十葉。卷首二卷爲手抄配補。

館藏信息: RECAP:East Asian Library use only:C13/352x

0149

基本著録: **孝經小學正文:六卷,卷首**

(Xiao jing xiao xue zheng wen:liu juan,juan shou)

[(宋)朱熹]

清乾隆甲午[39 年,1774]荷經堂本

四冊;26 公分

相關責任者: (宋)朱熹(Zhu Xi),1130—1200

附　注: 著者據卷首。

封面鐫"乾隆甲午年鐫""荷經堂藏板"。

框 19.6×12.3 公分,7 行 15 字,白口,左右雙邊,單黑魚尾。版心上鐫"小學正文",中鐫卷次。

館藏信息: RECAP:East Asian Library use only:810/4297

樂　類

0150

基本著録: **御製律呂正義上編:二卷;下編:二卷;續編.**

(Yu zhi lü lü zheng yi shang bian:er juan; xia bian:er juan; xu bian.)

清雍正間(即 1723—1735)北京内府本

兩函十冊;28 公分

相關責任者： （清）允祉（Yunzhi），1677—1732，撰

附　　注： 框 20.5×14.6 公分，9 行 20 字，小字雙行，白口，四周雙邊，單白魚尾。版心上鐫書名及卷次。

館藏信息： East Asian Library（Gest）：Rare Books：TA141/1928

0151

基本著錄： **苑洛志樂：二十卷**

（Yuanluo zhi yue：er shi juan）

（明）韓邦奇圖解

明嘉靖戊申［27 年，1548］南京王宏本

兩函十六册：圖；26 公分

相關責任者： （明）韓邦奇（Han Bangqi），1479—1555，圖解；（明）王宏（Wang Hong），16 世紀，刻

附　　注： 卷二卷端題“韓邦奇圖解”。

明嘉靖二十七年（1548）王宏《刻志樂序》、張文龍《志樂後序》。嘉靖二十八年（1549）楊繼盛《苑洛先生志樂序》。

王《序》曰：“歲丁未，先生自少宰總憲留臺，宏以屬吏嘗侍記室。偶語律呂新書，以所聞問難，先生迺出兹編以示，宏隨請鋟梓。既而先生晉今秩，其屬王君學吾，陶君大年，谷君仲秀，李君遷，林君晃，茅君坤，龍君翔霄，王君嘉孝，李君庶，余君文獻，張君洽相與以繼有終。”

框 17.8×13.5 公分，10 行 20 至 22 字，白口，單黑魚尾，四周單邊。版心下鐫刻工，如卷六首葉“黃朝”。

館藏信息： East Asian Library（Gest）：Rare Books：TA141/1328

0152

基本著錄： ［**樂律全書**］

（［Yue lü quan shu］）

（明）［朱］載堉撰

明萬曆間（約 1596—1620）鄭藩本

兩函十四册；37 公分

館藏本有殘缺：存四種。

相關責任者： （明）朱載堉（Zhu Zaiyu），1536—1611，撰

附　　注：　書名據各家目録俗稱。

館藏目録中著有明内府刻及鄭藩刻兩種版本，兩版本核對，實爲同一版。

框25×20.2公分，12行25字，黑口，四周雙邊，雙黑魚尾。

《律學新說》四卷，《序》及卷端題“鄭世子臣載堉謹撰”，明萬曆三十四年(1606)朱載堉《進律書奏疏》。

《操縵古樂譜》框25.7×20公分。

《旋宫合樂譜》框25.4×20公分。

本館有另一部(TA141/278)。

館藏信息：　East Asian Library(Gest)：Rare Books：TA141/2377Q

0153

基本著録：　　[樂律全書：四十六卷]

([Yue lü quan shu])

(明)[朱]載堉撰

明萬曆間(約1596—1620)鄭藩本

兩函二十册：圖；30公分

相關責任者：　(明)朱載堉(Zhu Zaiyu)，1536—1611，撰

附　　注：　樂經。

《樂學新說》框25×20.2公分。

《算學新說》末鐫“萬曆叁拾壹年捌月初叁日刻完”。

《律吕精義内篇》十卷，框25.2×20.2公分。《律吕精義外篇》十卷，框26.5×20.2公分。明萬曆二十四年(1596)朱載堉《律吕精義序》。

《操縵古樂譜》，萬曆三十四年(1606)朱載堉《進律書奏疏》，框25.5×20.2公分。

《旋宫合樂譜》框25.1×20.1公分。

《鄉飲詩樂譜六卷》框25.2×20.2公分。

《六代小舞譜》框25.4×20.3公分。

《靈星小舞譜》有《序》，框25.3×20.2公分。

《聖壽萬年曆》二卷，萬曆二十三年(1594)朱載堉《奏書》曰：“將臣昔年所撰律曆融通四卷，音義一卷并臣近年所撰聖壽萬年曆貳卷，萬

年曆備考叁卷,共為拾册,裝潢成帙,暨表文壹通,專差右長史關志拯隨本齋捧上進。"框 25.2×20.2 公分。

《萬年曆備考》三卷,框 25.3×20.1 公分。

《律曆融通》四卷,萬曆九年(1585)朱載堉《律曆融通序》。

本館有另一部(TA141/2377)。

館藏信息: East Asian Library(Gest):Rare Books:TA141/278Q

四書類

0154

基本著録: ［四書集註:十九卷］

(Si shu ji zhu:shi jiu juan)

(宋)朱熹章句

清間(約 1736—1820)清華書屋本

兩函十二册;31 公分

相關責任者: (宋)朱熹(Zhu,Xi),1130—1200,章句;(清)王懿榮(Wang Yirong),
1845—1900,題記;(清)吳志忠(Wu Zhizhong),批校

附　注: 書名據各家藏書目録。

計《大學》一卷、《中庸》一卷、《論語》十卷、《孟子》七卷。

框 19.1×14.6 公分,9 行 17 字,小字雙行,白口,左右雙邊,單黑魚
尾。［卷一首葉]版心上鐫"大學",下鐫"清華書屋"。眉欄鐫注。

吳志忠圈點、批校,并題記。王懿榮題記。

館藏信息: East Asian Library(Gest):Rare Books:TA131/1498Q

0155

基本著録: 增補四書精繡圖像人物備考:十二卷

(Zeng bu Si shu jing xiu tu xiang ren wu bei kao:shi er juan)

(明)陳仁錫增定

清乾隆癸未[28 年,1763]古吳聚秀堂本

一函六册:圖;24 公分

相關責任者: (明)陳仁錫(Chen Renxi),1581—1636,增定

附　注：封面鑴“乾隆二十八年新鑴……增補四書人物備考……古吳聚秀堂梓行”。

框 25×13.6 公分，13 行 30 字，白口，四周單邊，單黑魚尾。版心上鑴“四書人物備考”，中鑴卷次及篇名。眉欄鑴注。

館藏信息：RECAP：East Asian Library use only：A131/1882

0156

基本著錄：**增補四書精繡圖像人物備考：十二卷**

（Zeng bu si shu jing xiu tu xiang ren wu bei kao：shi er juan）

（明）陳仁錫增定

清乾隆甲寅［59 年，1794］味經堂本

一函六冊：圖；24 公分

相關責任者：（明）陳仁錫（Chen Renxi），1581—1636，增定

附　注：内封面鑴“乾隆甲寅年重鑴　武進薛方山先生彙輯　長洲陳明卿先生增定　味經堂四書人物備考精繡圖像註釋無遺”。

框 19.9×13.6 公分，13 行 30 字，白口，四周單邊，單黑魚尾。版心上鑴“四書人物備考”，中鑴卷次、四書名及篇名，下鑴“味經堂”。眉欄鑴注。

館藏信息：East Asian Library（Gest）：Rare Books：PL2463.Z6 Z46 1794

0157

基本著錄：**日講四書解義：二十六卷**

（Ri jiang Si shu jie yi：er shi liu juan）

（清）喇沙哩，（清）陳廷敬［撰］

清間（約 1677—1735）本

四函二十四冊；25 公分

相關責任者：（清）喇沙里（Lashali），卒年 1661，撰；（清）陳廷敬（Chen Tingjing），1639—1712，撰

附　注：著者據清康熙十六年（1677）《日講四書解義進呈疏》。

框 17.9×13.9 公分，9 行 18 字，黑口，四周雙邊，雙黑魚尾。［卷一首葉］版心中鑴“日講大學解義”及卷次。

館藏信息：RECAP：East Asian Library use only：A131/827

0158

基本著錄： **四書釋地;續;又續;三續.**

（Si shu shi di; xu; you xu; san xu. ）

清乾隆丁未［52 年,1787］丁傑本

一函八册;25 公分

相關責任者： （清）丁傑（Ding Jie）,1738—1807,刻;（清）閻若璩（Yan Ruoqu）,

1636—1704

附　　注： 附《孟子生卒年月考》。

著者據《目錄》。

清乾隆五十二年(1787)朱珪《四書釋地跋》言丁傑重刻眷西堂本事。

框 19.1×14.9 公分,11 行 20 字,白口,左右雙邊,單黑魚尾。版心

中鐫書名,下鐫"眷西堂"。

館藏信息： RECAP:East Asian Library use only:A131/1208

0159

基本著錄： **四書朱子異同條辨:［四十卷］**

（Si shu Zhuzi yi tong tiao bian:［si shi juan］）

（清）李沛霖,（清）［李］禎訂

清康熙間（約 1705—1722）近臂堂本

四函二十册;26 公分

相關責任者： （清）李沛霖(Li Peilin),訂;（清）李禎(Li Zhen),訂

附　　注： 計《大學》三卷、《中庸》三卷、《論語》二十卷、《孟子》十四卷。

清康熙四十四年(1705)李振裕《四書朱子異同條辨序》。

框 20.7×14.1 公分,9 行 21 字,白口,左右雙邊,單黑魚尾。版心上

鐫"朱子異同條辨",中分別鐫四書名及卷次,下鐫"近臂堂"。

館藏信息： East Asian Library(Gest):Rare Books:TA131/1997

0160

基本著錄： **駁呂留良四書講義:［八卷］**

（Bo Lü Liuliang si shu jiang yi:［ba juan］）

（清）朱軾等撰

清雍正辛亥[9年,1731]北京內府本

一函八冊;25公分

相關責任者: （清）朱軾（Zhu Shi）,1665—1736,撰;（清）呂留良（Lü Liuliang）,1629—1683

附　注: 書分《大學》一卷、《中庸》一卷、《上論》二卷、《下論》一卷、《上孟》一卷、《下孟》二卷。

著者據清雍正九年（1731）《上諭》。

框18.2×13.6公分,9行21字,小字雙行,白口,四周雙邊,單黑魚尾。版心上鐫小題。

館藏信息: East Asian Library（Gest）:Rare Books:TA131/3371

0161

基本著錄: **方百川先生經義**

（Fang Baichuan xian sheng jing yi）

（清）[方]觀承錄次

清乾隆間（即1736—1795）本

一函四冊;27公分

相關責任者: （清）方觀承（Fang Guancheng）,1698—1764,錄次;（清）方舟（Fang Zhou）,1665—1701

附　注: 不標卷次。計《大學》《中庸》《論語》《孟子》各一卷。

方觀承《序》。

諱"弘""曆"。

框18.1×13.6公分,10行20字,白口,單黑魚尾,左右雙邊。版心下鐫四書書名。

館藏信息: East Asian Library（Gest）:Rare Books:TA131/2928

0162

基本著錄: **菜根堂箚記:十二卷**

（Cai gen tang zha ji:shi er juan）

（清）夏力恕著

清乾隆乙酉[30年,1765]鳳臺書院本

兩函十二冊;25公分

相關責任者：　　(清)夏力恕(Xia Lishu)，進士 1721，著

附　　　注：　　計《大學》一卷、《中庸》二卷、《論語》六卷、《孟子》三卷。

《目錄》著錄爲十八卷，第十三至十八卷爲《證疑備覽》，十二卷卷末有跋文且封面原鈐"證疑備覽嗣出……"，故《證疑備覽》爲原缺。

封面鐫"乾隆乙酉秋新刊……鳳臺書院藏板"。

框 20.3×12.8 公分，10 行 24 字，上黑口，四周雙邊。版心上鐫"劄記"，中有墨釘并分別鐫四書名及篇名，下鐫"菜根堂"。

館藏信息：　　East Asian Library(Gest)：Rare Books：TA131/3016

0163

基本著錄：　　**四書徵古：六卷**

(Si shu zheng gu：liu juan)

(清)王予黼輯

清乾隆辛酉[6 年,1741]積秀堂本

一函六册;23 公分

相關責任者：　　(清)王予黼(Wang Yufu)，活動期 18 世紀，輯

附　　　注：　　附《塗抹朱註辯》。

清乾隆六年(1741)白菊主人(王予黼)《四書徵古序》言是書爲十卷，但此書似爲全帙。

封面鐫"乾隆六年新鐫……四書典彙徵古積秀堂梓行"，鈐"積秀堂藏書"印。

刻書者待進一步考證。

框 19.8×12.1 公分，9 行 25 字，白口，四周單邊，單黑魚尾。版心上鐫書名及卷次，下鐫"世德堂"。

館藏信息：　　East Asian Library(Gest)：Rare Books：TA131/3426

0164

基本著錄：　　**四書題鏡**

(Si shu ti jing)

(清)汪鯉翔纂述

清乾隆戊戌[43 年,1778]本

一函十二册;26 公分

相關責任者： （清）汪鯉翔（Wang Lixiang），纂述

附　注： 附《總論》二十則。

不標卷次。《論語》及《孟子》分爲上下。

封面鐫"乾隆戊戌新鐫""本衙藏板翻刻必究"。

框22×14.6公分，16行30字，白口，四周單邊，單黑魚尾。版心上鐫書名，中鐫篇名。

館藏信息： RECAP：East Asian Library use only：A131/3274

0165

基本著録： **四書典故辨正：二十卷，附録**

（Si shu dian gu bian zheng：er shi juan，fu lu）

（清）周柄中著

清乾隆甲辰［49年，1784］本

一函六册；24公分

相關責任者： （清）周柄中（Zhou Bingzhong），1738—1801，著

附　注： 書分《大學》一卷、《中庸》三卷、《論語》七卷、《孟子》九卷。

清乾隆四十九年（1784）周柄中《四書典故辨正自序》。

封面鐫"敬儀堂藏板"。

著者生卒年據《明清江蘇文人年表》，柄亦作炳。

框18.1×13公分，9行21字，白口，左右雙邊，單黑魚尾。版心上鐫書名，中鐫卷次。

館藏信息： East Asian Library（Gest）：Rare Books：TA131/3401

0166

基本著録： **孟子註疏大全合纂：［十四卷］**

（Mengzi zhu shu da quan he zuan：［shi si juan］）

（明）張溥纂

明崇禎間（即1628—1644）本

一函八册；27公分

相關責任者： （明）張溥（Zhang Pu），1602—1641，纂

附　注： 明崇禎九年（1636）張溥《序》。

框19.6 x14.6公分，8行18字，小字雙行同，白口，單黑魚尾，左右雙

邊。版心上鎸"孟子",尾下鎸篇名卷次。

館藏信息： East Asian Library（Gest）：Rare Books：TA135/2513

0167

基本著録： **大學.大學或問.中庸.中庸或問.論語：[十卷].孟子：[十四卷].**

子目：

大學

（Da xue）

（宋）朱熹章句

大學或問

（Da xue huo wen）

（宋）朱熹撰

中庸

（Zhong yong）

（宋）朱熹章句

中庸或問

（Zhong yong huo wen）

（宋）朱熹撰

論語：[十卷]

（Lun yu：[shi juan]）

（宋）朱熹集注

孟子：[十四卷]

（Mengzi：[shi si zhuan]）

（宋）朱熹集注

明間（即 1368—1644）本

四函二十四册；27 公分

相關責任者： （宋）朱熹（Zhu，Xi），1130—1200，章句、撰、集注

附　　注： 框 23 x16.4 公分，8 行 14 字，小字雙行 18 字，黑口，雙黑魚尾，四周雙邊。版心鎸四書書名，"大學章句""大學或問""中庸章句""中庸或問""論語集注""孟子集注"。

鈐"廣運之寶""汲古後人""毛表之印""古虞毛氏奏叔圖書記""少唐得未曾有之章""嶽雪樓四世家藏圖籍""三希堂""蘇齋"等印章。

館藏信息： East Asian Library(Gest)：Rare Books：TA131/1036

0168

基本著錄： **讀論語叢說：[三卷]，讀大學叢說，讀中庸叢說：[二卷]，讀孟子叢說：[二卷]**

子目：

讀論語叢說：[三卷]

(Du Lun yu cong shuo：[san juan])

(元)許謙[撰]

讀大學叢說

(Du Da xue cong shuo)

(元)許謙[撰]

讀中庸叢說：[二卷]

(Du Zhong yong cong shuo：[er juan])

(元)許謙[撰]

讀孟子叢說：[二卷]

(Du Mengzi cong shuo：[er juan]))

(元)許謙[撰]

清間(即 1644—1911)本

兩函八冊；27 公分

相關責任者： (元)許謙(Xu Qian)，1270—1337，撰

附　　注： 《讀論語叢說》卷中卷端書名題《讀四書叢說》。

框 19.6×13 公分，16 行 26 字，黑口，單黑魚尾，四周雙邊。

鈐"國子監祭酒盛昱印信"章。

館藏信息： East Asian Library(Gest)：Rare Books：TA131/3953

0169

基本著錄： **校訂虛齋舊續四書蒙引初藁：十五卷**

(Jiao ding Xuzhai jiu xu Si shu meng yin chu gao：shi wu juan)

(明)李時成重訂；(明)趙思謙等校

明萬曆間(即 1573—1620)朱文科本

四函二十四冊；26 公分

相關責任者：	（明）李時成（Li Shicheng），進士 1481，重訂；（明）趙思謙（Zhao Siqian），16/17 世紀，校；（明）蔡清（Cai Qing），1453—1508；（明）朱文科（Zhu Wenke），16/17 世紀，刻
附　　注：	卷端大題連小題，如"校訂虛齋舊續四書蒙引初蘽大學卷之一"。 卷端題"提督南畿學校御史李時成重訂　蘇州府知府朱文科重梓　蘇州府儒學訓導趙思謙鄭時華長州縣儒學訓道張沛同校"。 朱文科，明萬曆十二至十六年（1584—1588）官蘇州。 框 21.3×14.2 公分，10 行 22 字，綫黑口，左右雙邊，單黑魚尾。版心中鐫四書名及卷次，下鐫刻工，如卷一第二葉"顧仁"。 "曾在陳崔田處"印記。
館藏信息：	East Asian Library（Gest）：Rare Books：TA131/1203

0170

基本著錄：	**四書摘訓：[二十卷]** （Si shu zhai xun：[er shi juan]） [（明）丘橓編次；（明）王樸校正] 明萬曆丁丑[5 年，1577]趙慎修本 四函二十冊；27 公分
相關責任者：	（明）丘橓（Qiu Shun），編次；（明）王樸（Wang Pu），校正；（明）趙慎修（Zhao Shenxiu），刻
附　　注：	丘橓、王樸據卷端。 明萬曆五年（1577）劉應節《四書摘訓序》、王曉《刻四書摘訓序》、陳世寶《四書摘訓序》。明隆慶五年（1571）丘橓《四書摘訓引》。萬曆五年（1577）趙慎修《四書摘訓跋》。 王曉曰："侍御守軒陳君以償漕至，出白川大司馬寄余《四書摘訓》，屬為梓行。余受而終讀之，蓋月林丘公所嘗纂輯者。芟蔡之繁而括其精詳，發林之微而附以己見……於是發贖鍰屬趙守校付梓工。" 趙慎修曰："叨領維揚之明年，當丁丑春，侍御小田王公時董鹺政。按揚間，承諭言司馬劉白川公先於白下刻《月林經旨》，若《摘訓》未及為之。出都時特諄復及此，抑以余之在揚也，殆屬意云。已從漕臺陳守軒公得是書全鈔，喜不能寐，亟命儒吏互訂。召梓人計所費若干金。廼鹺臺捐贖鍰三之二，余亦協相厥役。……不再月，刻者告竣。"

框 21.3×14.1 公分,13 行 24 字,白口,四周單邊,單黑魚尾。版心中鐫卷名、卷次,如"大學摘訓一卷""中庸摘訓二卷";下鐫刻工,如《大學摘訓》一卷首葉"王五百八",《論語摘訓》五卷首葉"如三百八十",《孟子摘訓》十八卷首葉"付四百九十"、二十卷六葉"芳五百一十"。卷端只標卷名,如"中庸摘訓二卷"。

館藏信息: East Asian Library(Gest):Rare Books:TA131/664

0171

基本著録: **新刊四書兩家粹意**:[十二卷]

(Xin kan Si shu liang jia cui yi:shi er juan)

(明)賈如式編輯;(明)于孔兼考訂

明間(即 1368—1644)本

兩函十二冊;30 公分

相關責任者: (明)賈如式(Jia Rushi),編輯;(明)于孔兼(Yu Kongjian),考訂

附　　注: 明萬曆十一年(1583)曹大野《四書兩家粹意序》、萬恭《四書兩家粹意序》。

框 22.4×15.6 公分,12 行 24 字,白口,單黑魚尾,四周雙邊。版心上分別鐫"大學兩家粹意""中庸兩家粹意""論語兩家粹意""孟子兩家粹意";版心下鐫刻工,如卷一首葉鐫"蘇近"、二葉鐫"婿梓",卷五首葉鐫"近",卷六第五十九葉鐫"顧時"。

鈐"平原氏"印章。

館藏信息: East Asian Library(Gest):Rare Books:TA131/3637Q

0172

基本著録: **四書翼傳三義**:[七卷]

(Si shu yi zhuan san yi:[qi juan])

明萬曆戊子[16 年,1588]太原府本

兩函十六冊;30 公分

相關責任者: (明)王守誠(Wang Shoucheng),進士 1571,輯

附　　注: 明萬曆十六年(1588)沈子木《刻四書翼傳三義叙》、王守誠《合刊四書翼傳三義序》。

王《序》後鐫"太原府知府韓萃善同知李繼美周世科通判毛鳳翼推官

李贄陽曲縣知縣于天經校刊",并校鐫録等人題名。

王守誠《序》提編書事。

框 20.4×13.2 公分,12 行 22 字,白口,四周雙邊,單黑魚尾。版心上鐫"四書翼傳三義",魚尾下鐫"大學""中庸""論語""孟子"及卷次。

"小蓮居士戈襄""半樹書屋"印記。

館藏信息: East Asian Library(Gest):Rare Books:TA131/276Q

0173

基本著録: **重訂四書疑問:十一卷**

（Chong ding Si shu yi wen:shi yi juan）

（明）姚舜牧著

明萬曆丁巳［45 年,1617］本

兩函十册;26 公分

相關責任者: （明）姚舜牧（Yao Shunmu）,1543—1627,著

附　注: 明萬曆十九年（1591）姚舜牧《四書疑問序》。萬曆四十五年（1617）姚舜牧《重訂四書疑問序》。

《重訂序》曰:"萬曆己丑庚寅間牧著《四書疑問》請正海内大方,嗣著《五經疑問》,壬寅癸卯又著《四書疑問補》……復取《四書疑問》研精極力以思之,……《中庸》昔有總論,《大學》闕如,於是復深思著一篇以成之,爰授之梓以正海内大方。"

與 ILCO94 – B2338 之卷端書影不同,疑其中一有補版,爲後印本。

框 20.9×12.4 公分,10 行 20 字,白口,四周單邊,無魚尾。版心鐫"重訂四書疑問"及卷次。

館藏信息: East Asian Library(Gest):Rare Books:TA137/2468 vol. 37 – 46

0174

基本著録: **眞珠船:［二十卷］**

（Zhen zhu chuan:［er shi juan］）

（明）黄焜輯

明間（約 1567—1644）本

四函二十册;27 公分

相關責任者： （明）黄焜（Huang Kun），輯

附　　注：　卷端題"湘楚黄焜西墅父輯"。

黄焜《經書寶藏自敘》、張懋忠《舉業珍珠船叙》。

版刻年代據字體版式定。

框 19.2×14.8 公分，9 行 20 字，白口，四周單邊，單綫魚尾。版心上鐫"眞珠船"，中鐫卷次。眉欄小字注。

館藏信息：　East Asian Library（Gest）：Rare Books：TA131/1315

0175

基本著錄：　**四書經學考：十卷，補遺**

（Si shu jing xue kao：shi juan，Bu yi）

（明）徐邦佐採輯

明崇禎戊辰［元年，1628］徐邦佐本

一函七册；25 公分

相關責任者：　（明）徐邦佐（Xu Bangzuo），採輯

附　　注：　明崇禎元年（1628）趙林翹《四書經學考序》、徐邦佐《四書經學考自序》。

趙《序》曰："吾友徐孟超口氏窮經好古人也。咿唔之暇，集魯鄒之待徵者，漱以六經之芳潤，反博以約，彙蹟於簡，……剞劂告成，書此以志奇文共賞之意。"

卷一卷端題"錢塘徐邦佐孟超父采輯　同社汪一麟彦徵父張奇齡天生父參閲　汪逢吉修仲父校正"。他卷參閲、校人不同。

《補遺》卷端題"四書經學考卷十之一"。

框 20.1 x14.3 公分，9 行 20 字，白口，四周單邊，單黑魚尾。版心上鐫"經學考"。

鈐"張有繹印"篆文朱印。

館藏信息：　East Asian Library（Gest）：Rare Books：TA131/3895 vol. 1 – 7

0176

基本著錄：　**續四書經學考：六卷**

（Xu Si shu jing xue kao：liu juan）

（明）陳鵬霄採輯

明崇禎間（約1634—1644）本

一函五册;25公分

相關責任者： （明）陳鵬霄（Chen Pengxiao）,採輯

附　　注： 明崇禎七年（1634）祁熊佳《續四書經學考序》。

卷一卷端題"山陰陳鵬霄天羽父采輯　同社徐邦佐孟超父沈逢新駿聲父參閱　杜若芳蘭如父參訂"。他卷參閱、參訂人不同。

框20.2×14.3公分,9行20字,白口,四周單邊,單黑魚尾。版心上鐫"經學考"。

鈐"張有繹印"篆文朱印。

館藏信息： East Asian Library（Gest）:Rare Books:TA131/3895 vol. 8 – 12

0177

基本著録： **四書約說**

（Si shu yue shuo）

（明）孫肇興著

明崇禎間（即1628—1644）本

一函八册;27公分

相關責任者： （明）孫肇興（Sun Zhaoxing）,進士1622,著

附　　注： 王續燦《四書約說序》、李邦華《四書約說序言》。明崇禎六年（1633）孫肇興《四書約說弁言》。

卷端題"興公孫肇興著"。

封面鐫"崇禎六年　四書約說"。

書名據封面。

框21.6×14公分,9行20字,白口,四周單邊,單綫魚尾。版心下鐫四書名,上鐫"約說"。有眉欄,印朱批,行間圈点朱印。

館藏信息： East Asian Library（Gest）:Rare Books:TA131/2429

0178

基本著録： **四書考**:［二十八卷,四書考異］

（Si shu kao:［er shi ba juan,Si shu kao yi］）

（明）陳仁錫增定

明崇禎甲戌［7年,1634］本

兩函十二册;27 公分

相關責任者： （明）陳仁錫（Chen Renxi）,1581—1636,增定

附　　注： 封面鐫"太史陳明卿增定　四書備考　南城翁少麓發行"。

明崇禎七年（1634）陳仁錫《四書備考叙》言刻書事。

框 21.2 × 14 公分,9 行 19 字,白口,單綫魚尾,四周單邊。版心上鐫
"四書考"及"四書考異"。欄上鐫注。

館藏信息： East Asian Library（Gest）:Rare Books:TA131/2596

0179

基本著錄： **四書大全辯**

（Si shu da quan bian）

（明）張自烈等定

明崇禎庚辰［13 年,1640］石嘯居本

六函三十六册;27 公分

相關責任者： （明）張自烈（Zhang Zilie）,定

附　　注： 卷端大題連小題,如"四書大全辯中庸章句卷之一"。

應天府告示提刻書事。

封面鐫"張爾公先生手授　四書大全辯　石嘯居梓行"。

明崇禎十三年（1640）姜曰廣《四書大全辯序》、沈壽民《四書大全辯
序》、周鑣《四書大全辯序》。崇禎十二年（1639）吳應箕《序》、方以
智《序》、劉域《序》、陳名夏《四書大全辯序》。崇禎十三年（1640）
《四書大全辯自序》。

《大學》《中庸》卷端題"明張自烈張自熙定",《論語》卷端題"明張曰
楨張自烈定",《孟子》卷端題"明張自烈張自勳定"。

框 20.2 × 14.3 公分,9 行 17 字,白口,四周單邊,單黑魚尾。版心上
鐫"四書大全辯",中鐫四書名及卷次。

館藏信息： East Asian Library（Gest）:Rare Books:TA131/1998

0180

基本著錄： **四書說約:二十卷**

（Si shu shuo yue:er shi juan）

（明）顧夢麟纂輯

明崇禎庚辰［13 年,1640］本

四函三十二册;26 公分

相關責任者: （明）顧夢麟（Gu Menglin）,纂輯

附　　注: 卷端題"古越太史姜仲訒先生鑒定　吳郡顧夢麟麟士纂輯　楊彝子常參定"。

明崇禎十三年(1640)姜逢元《四書說約序》、張溥《四書說約序》、顧夢麟《四書說約序》、錢肅樂《四書說約序》、楊彝《四書說約序》、丘民瞻《四書說約序》。

框 21.4×12.3 公分,9 行 25 字,白口,四周單邊,無魚尾,無直格。版心上鐫"四書說約"。

館藏信息: East Asian Library(Gest):Rare Books:TA131/2379

0181

基本著錄: **四書名物考:二十四卷**

（Si shu ming wu kao:［er shi si juan］）

（明）陳禹謨輯;（明）錢受益,（明）牛斗星補

明間(約 1625—1644)牛斗星本

兩函十六册;28 公分

館藏本有殘缺:有手抄配補。

相關責任者: （明）陳禹謨（Chen Yumo）,1548—1618,輯;（明）錢受益（Qian Shouyi）,進士 1625,補;（明）牛斗星（Niu Douxing）,補

附　　注: 未署年馮復京《四書名物考叙》。

版本據 ILCO96-B211。

框 20.1×14.4 公分,9 行 20 字,白口,單緣魚尾,四周單邊。版心上鐫"名物考",卷一、二、五、十三除外,余卷卷端下未鐫著者名氏。

館藏信息: East Asian Library(Gest):Rare Books:TA131/3332

0182

基本著錄: **談經菀:三十九卷**

（Tan jing wan:san shi jiu juan）

（明）陳禹謨輯

明間(即 1368—1644)本

四函二十册;28 公分

相關責任者：	（明）陳禹謨（Chen Yumo）,1548—1618,輯
附　　注：	管一德《序》曰："凡為卷者四十,為言者數十萬。"《目錄》作三十九卷。
	卷二十四版心葉碼多有自"卷二十五"改刻痕迹。卷二十五缺,卷二十
	六即《目錄》中所列之卷二十五。依此下推,卷四十實為卷三十九。
	卷端題"明後學海虞陳禹謨錫玄甫輯　年友武林黄汝亨貞父甫校"。
	他卷校人不一,或不列校人。
	管一德《刻談經菀叙》。
	框 20.4×14.4 公分,11 行 22 字,白口,左右雙邊,單黑魚尾。版心
	上鎸"談經菀",中鎸卷次。眉欄小字注。
館藏信息：	East Asian Library（Gest）:Rare Books:TA131/3566

0183

基本著錄：	**晚邨天蓋樓偶評**
	（Wancun tian gai lou ou ping）
	（清）吕留良評
	清康熙壬子[11 年,1672]本
	六函三十六册;28 公分
相關責任者：	（清）吕留良（Lü Liuliang）,1629—1683,評
附　　注：	清康熙十一年（1672）吴爾堯《序》言"……刻即成因書問答之……"。
	框 21.8×12.2 公分,9 行 27 字,白口,左右雙邊。版心上鎸"天蓋樓
	偶評",中鎸篇名簡稱,下鎸"大題觀略"。
館藏信息：	East Asian Library（Gest）:Rare Books:TD93/1250

0184

基本著錄：	**四書體註合講**
	（Si shu ti zhu he jiang）
	（清）翁復編次;（清）詹文焕參定
	清雍正庚戌[8 年,1730]本
	一册（14,15,4,38 葉）:圖,地圖;30 公分
相關責任者：	（清）翁復（Weng Fu）,編次;（清）詹文焕（Zhan Wenhuan）,參定
附　　注：	内封面鎸"太末翁克夫彙閲　銅板四書遵註合講　文德堂藏板"。

清雍正八年(1730)翁復克夫《自序》。

兩節版,框23.6×16公分,上節內容爲《四書體註合講》,24行32字,下節內容爲《四書章句》,12行17字,白口,四周雙邊。版心上鐫"四書合講",下鐫四書之小題。

Cotsen館藏:本書殘存一冊,標號爲"禮",外封面左上角墨筆手書"禮"字。

Cotsen館藏:文內朱筆圈點,內封面背面有"耿氏家藏"紅色印章。

館藏信息:	Cotsen Children's Library(CTSN):92440

0185

基本著錄:	**幼學正法開山集**
	(You xue zheng fa kai shan ji)
	(清)武西九著;(清)劉幹庵編次
	清乾隆癸巳[38年,1773]三讓堂本
	一冊;21公分
相關責任者:	(清)武西九(Wu Xijiu),著;(清)劉幹庵(Liu Gan'an),編次
附　注:	清乾隆三十八年(1773)劉樹偉《序》。
	內封面題"江寧武西九著　課幼開山集　三讓堂梓行"。
	框17.6×11.3公分,8行23字,白口,四周單邊。版心上鐫"正法開山集"。
館藏信息:	Cotsen Children's Library(CTSN):101350

0186

基本著錄:	**御製繙譯四書**
	(Yu zhi fan yi si shu)
	清間(約1755—1911)刻本
	六冊;25公分
相關責任者:	(清)鄂爾泰(E'ertai),1680—1745
附　注:	清乾隆二十年(1755)《序》言"鄂爾泰重加釐訂"。
	框18.5×13公分,序6行,正文7行,白口,上下雙邊,單黑魚尾。版心上鐫漢文四書名,中鐫漢文篇名及葉次。
館藏信息:	East Asian Library(Gest):Rare Books:PL2463. H4 1755

群經總義類

0187

基本著錄：	經玩：[二十卷]
	（Jing wan：[er shi juan]）
	（清）沈淑著
	清雍正己酉[7年,1729]孝德堂本
	兩函八册;26公分
相關責任者：	（清）沈淑（Shen Shu），1698—1730，著；（清）湯士超（Tang Shichao），刻
附　注：	《陸氏經典異文輯》六卷、《經典異文補》六卷、《春秋左傳分國土地名》四卷、《註疏瑣語》四卷。
	著者據《總目》。
	封面鐫"經玩孝德堂藏板"。
	清雍正七年（1729）沈淑《經玩題辭》言成書事。
	沈淑《識語》後鐫"吳門湯士超鐫"。
	框16×11.7公分,9行16字,小字雙行,白口,左右雙邊,單黑魚尾。
	版心上鐫書名,中鐫子目。
館藏信息：	East Asian Library（Gest）：Rare Books：TA137/2611

0188

基本著錄：	松源經說：四卷
	（Song yuan jing shuo：si juan）
	（清）孫之騄著
	清間（約1723—1795）本
	一函四册;24公分
相關責任者：	（清）孫之騄（Sun Zhilu），著
附　注：	與NYCP89-b2815同版,該書有封面,題"乾隆丙戌仲秋……春草園藏板"。
	疑此書爲清雍正間刻,清乾隆間印。

框 18.3×14.3 公分,10 行 20 字,黑口,左右雙邊。版心中鐫書名及卷次。

館藏信息：　East Asian Library（Gest）:Rare Books:TA137/1683

0189

基本著録：　**讀書小記:[三十一卷]**

（Du shu xiao ji:[san shi yi juan]）

（清）范爾梅著；（清）范鈜金等校集

清雍正己酉[7 年,1729]敬恕堂本

一函十二册;29 公分

相關責任者：　（清）范爾梅（Fan Ermei）,著;（清）范鈜金（Fan Hongjin）,校集

附　　注：　書名據《目録》。

封面鐫"雍正七年鐫……敬恕堂藏板"。

框 19×13.6 公分,10 行 24 字,白口,左右雙邊,單黑魚尾。版心上鐫分書名,中鐫卷次,下鐫"濠上存古堂藏板"。

館藏信息：　East Asian Library（Gest）:Rare Books:TC13/2935Q

0190

基本著録：　**六經圖:[六卷]**

（Liu jing tu:[liu juan]）

（宋）楊甲

明萬曆乙卯[43 年,1615]吴繼仕本

一函六册:圖;42 公分

相關責任者：　（宋）楊甲（Yang Jia）,進士 1166;（明）郭若維（Guo Ruowei）,刻;（明）吴繼仕（Wu Jishi）,刻

附　　注：　郭若維《重刻六經圖跋》曰:"《六經圖》,宋紹興布衣楊甲所撰。"

《大易象數鈎深圖》一卷,以明萬曆四十四年（1616）郭若維刻本配補。郭若維《重刻六經圖跋》提其刻書事。其他卷目録首題"明新都吴繼仕考校",據書內甘鵬雲手書題記,知爲萬曆吴繼仕刻本。

封面鐫"摹刻宋板六經圖""修吉堂藏板"。

框（尚書圖首葉）36×24.8 公分,白口,四周單邊。版心下鐫子目書名及葉碼。

"潛江甘氏崇雅堂藏書記""潛江甘鵬雲民國紀元以後所收善本"
印記。

館藏信息： East Asian Library(Gest)：Rare Books：TA137/1637Q

0191

基本著錄： **五經旁訓：[十九卷]**

（Wu jing pang xun：[shi jiu juan]）

（元）李恕

明萬曆己未[23年,1595]鄭汝璧本

四函二十冊;31公分

相關責任者： （元）李恕(Li Shu),13/14世紀;（明）戴密(Dai Mi),刻;（明）黃昆
(Huang Kun),刻;（明）汪應蛟(Wang Yingjiao),卒年1628,跋;（明）
鄭汝璧(Zheng Rubi),進士1568,刻

附　注： 書名取自《序》。

《易經旁訓》前有元大德三年(1299)李恕《晦庵本義五贊》,提其爲
《易經》作旁訓。

卷前有明萬曆二十三年(1595)鄭汝璧《刻五經旁訓引》。《春秋旁
訓》前有汪應蛟《刻五經旁訓跋》、邵以仁《五經旁訓跋》、周應治《五
經旁訓跋》。

卷前《校刊姓氏》列"山東布政司左布政使田疇右布政使程正誼右參
政汪應蛟左參議邵以仁……歷城縣知縣張鶴鳴校刊"。

汪應蛟、邵以仁、周應治的《跋》皆提鄭汝璧命田疇等校刊事。

框21.8×15.6公分,7行20字,行間細格小字注,白口,左右雙邊,單
黑魚尾。版心上鐫子目書名,中鐫卷數,下鐫刻工,如"黃昆""戴密"。

館藏信息： East Asian Library(Gest)：Rare Books：TA137/2506Q

0192

基本著錄： **分類詳註六經綱目：八卷,孝經**

（Fen lei xiang zhu liu jing gang mu：ba juan,Xiao jing）

（明）陶原良纂

明間（約1621—1644）李氏片雲閣本

兩函十二冊;26公分

相關責任者：	（明）陶原良（Tao Yuanliang），纂
附　　注：	封面鐫"易書詩春秋禮記周禮記附孝經""片雲閣李伯子梓行"。
	未署年湯泰亨《六經綱目序》。
	版本據風格。
	框21.7×14公分，9行20字，白口，四周單邊。版心上鐫"六經綱目"及篇名。有眉欄。
館藏信息：	East Asian Library（Gest）：Rare Books：TC13/3948

小學類

0193

基本著錄：	說文解字：十五卷
	（Shuo wen jie zi：shi wu juan）
	（東漢）許慎記；（宋）徐鉉等校定
	清間（約1644—1722）常熟毛氏汲古閣本
	一函六冊；30公分
相關責任者：	（東漢）許慎（Xu Shen），約58—約147，記；（宋）徐鉉（Xu Xuan），916—991，校定；（清）毛晉（Mao Jin），1599—1659，校刊；（清）毛扆（Mao Yi），生年1640，再校
附　　注：	據CHAO94-B189毛扆《識》言："先君購得說文眞本，係北宋板，嫌其字小，以大字開雕，未竟而先君謝也。扆哀毀之餘，益增痛焉，久欲繼志，而力有不逮，今桑榆之景，為日無多，乃鬻田而刻成之。"
	清康熙三年（1664）牒後鐫"後學毛晉從宋本校刊男扆再校"。
	封面題"北宋本校刊　說文眞本　汲古閣藏板"。
	框21×15.9公分，7行，小字雙行22字，白口，左右雙邊，單黑魚尾。版心鐫"說文"及卷次。
館藏信息：	East Asian Library（Gest）：Rare Books：TA161/247Q

0194

基本著錄：	說文廣義：十二卷
	（Shuo wen guang yi：shi er juan）

（東漢）許慎説文；（清）程德洽篆輯

清康熙辛卯［51年,1712]成裕堂本

四函二十四册;28公分

相關責任者: （東漢）許慎（Xu Shen）,約58—約147,説文；（清）程德洽（Cheng Deqia）,篆輯

附　注: 清康熙五十一年（1712）程德洽《自序》、汪份《序》。

封面鐫"長洲程自莘較刊　成裕堂藏板",原鈐"成裕堂圖書"印。

框20.1×15公分,9行字不等,白口,左右雙邊,單黑魚尾。版心上鐫書名,中鐫卷次,下鐫"成裕堂"。

館藏信息: East Asian Library（Gest）:Rare Books:TA161/779

0195

基本著録: **説文字原考略:六卷**

（Shuo wen zi yuan kao lüe:liu juan）

（清）吳照輯

清乾隆壬子［57年,1792]南昌吳照本

一函六册;30公分

相關責任者: （清）吳照（Wu Zhao）,1755—1811,輯

附　注: 封面鐫"乾隆五十七年壬子冬十一月錄于南昌寓館　凡六卷　南城吳照手輯"。

清乾隆五十七年（1792）吳照《自序》言成書事。

框21.2×15.9公分,7行大小字不等,左右雙邊,單黑魚尾。［卷一首葉]版心上鐫"字原考略",中鐫"説文偏旁一",下鐫卷次。

館藏信息: East Asian Library（Gest）:Rare Books:TA161/3033Q

0196

基本著録: **班馬字類:［二卷]**

（Ban Ma zi lei:［er juan]）

（宋）婁機

清間（約1662—1795）叢書樓本

一函四册;27公分

相關責任者: （宋）婁機（Lou Ji）,1133—1211

附　　注：	卷分上下。
	婁機取自洪邁《班馬字類序》。
	封面題"叢書樓藏板"。
	據《中國版刻綜錄》,叢書樓曾於清康熙、乾隆時有刻書。
	框 17.7×14.3 公分,9 行,小字雙行 18 字,綫黑口,左右雙邊,單黑魚尾。版心上鐫字數,中鐫"字類"及卷次。
	有"涿鹿李氏珍藏""師竹齋圖書"等印記。
館藏信息：	RECAP:East Asian Library use only:A161/1741

0197

基本著録：	**六書故:三十三卷. 六書通釋.**
	子目:
	六書故:三十三卷
	(Liu shu gu:san shi san juan)
	(宋)戴侗著
	六書通釋
	(Liu shu tong shi)
	(宋)戴侗著
	清乾隆甲辰[49 年,1784]李鼎元本
	四函三十二册;27 公分
相關責任者：	(宋)戴侗(Dai Tong),進士 1241,著;(清)李鼎元(Li Dingyuan),進士 1778,刻
附　　注：	卷端題"西蜀李鼎元校刊"。
	清乾隆四十九年(1784)李鼎元《序》言刻書事。
	框 22.1×15.1 公分,7 行 17 字,白口,四周單邊。版心上鐫書名及卷次。
館藏信息：	RECAP:East Asian Library use only:A161/584

0198

基本著録：	**六書故:三十三卷. 六書通釋.**
	子目:
	六書故:三十三卷

（Liu shu gu：san shi san juan）

（宋）戴侗著；（清）李鼎元校刊

六書通釋

（Liu shu tong shi）

（宋）戴侗著；（清）李鼎元校刊

清乾隆甲辰［49年，1784］李鼎元本

四函三十六冊；29公分

相關責任者： （宋）戴侗（Dai Tong），進士1241，著；（清）李鼎元（Li Dingyuan），進
士1778，校刊

附　　注： 清乾隆四十九年（1784）李鼎元《序》言刻書事。

框22.2×15公分，7行17字，白口，四周單邊。版心上鐫書名及
卷次。

館藏信息： RECAP：East Asian Library use only：A161/830

0199

基本著錄： **六書正譌：［五卷］**

（Liu shu zheng e：［wu juan］）

（明）周伯琦編注；（清）胡正言訂篆

明清間（約1634—1661）本

一函六冊；29公分

相關責任者： （明）周伯琦（Zhou Boqi），1298—1369，編注；（清）胡正言（Hu
Zhengyan），約1582—約1672，訂篆

附　　注： 依上平、下平、上、去、入四聲部分五卷。

封面鐫"古香閣藏板"。

中國臺灣"國家圖書館"藏《說文字原》一卷、《六書正譌》五卷
（CHNR83793－B），有明崇禎七年（1634）孔貞運《序》，爲崇禎七年
（1634）十竹齋刻本。此疑爲翻刻胡正言十竹齋本。

元至正十一年（1351）周伯琦《六書正譌叙》。

胡正言，別號十竹齋主人。

與NJPX92－B2608館藏《六書正譌》（TB161/68）同板。

框20.4×14.2公分，5行，小字雙行18字，白口，四周單邊，單綫魚
尾。版心上鐫書名及卷次，下鐫"十竹齋"。

館藏信息： East Asian Library (Gest) : Rare Books : TA161/252Q

0200

基本著錄： **六書正譌：[五卷]**

（ Liu shu zheng e : [wu juan] ）

（明）周伯琦編注；（清）胡正言訂篆

明清間（約 1634—1661）本

一函四册；26 公分

相關責任者： （明）周伯琦（Zhou Boqi），1298—1369，編注；（清）胡正言（Hu Zhengyan），約 1582—約 1672，訂篆

附　注： 依上平、下平、上、去、入四聲部分五卷。

胡正言，別號十竹齋主人。

元至正十一年（1351）周伯琦《六書正譌叙》。

中國臺灣“國家圖書館”藏《說文字原》一卷、《六書正譌》五卷（CHNR83793 – B），有明崇禎七年（1634）孔貞運《序》，爲崇禎七年（1634）十竹齋刻本。此疑爲翻刻胡正言十竹齋本。

框 20.4×14.2 公分，5 行，小字雙行 18 字，白口，四周單邊，單白魚尾。版心上鐫書名及卷次，下鐫“十竹齋”。

有“父死六安節弟殉家鄉難”“亂後入金静知家”“居城北華谿舊名芳草園載入郡邑志擅林泉之勝”等印記。

與 NJPX92 – B2550 館藏《六書正譌》（TA161/252）同板。

館藏信息： East Asian Library (Gest) : Rare Books : TA161/68

0201

基本著錄： **六書通：十卷. 六書通摭遺：十卷.**

子目：

六書通：十卷

（ Liu shu tong : shi juan ）

（清）畢弘述篆訂；（清）閔章，（清）程昌煒校

六書通摭遺：十卷

（ Liu shu tong zhi yi : shi juan ）

（清）畢星海輯；（清）葛時徵校

清康熙己亥[59年,1720]基閒堂本

一函十二册;29公分

相關責任者： （清）畢弘述（Bi Hongshu）,篆訂;（清）閔章（Min Zhang）,校;（清）程
昌燁（Cheng Changwei）,校;（清）畢星海（Bi Xinghai）,輯;（清）葛時
徵（Ge Shizheng）,校

附 注： 《摭遺》封面鐫"海鹽畢星海莒園輯 六書通 摭遺基閒堂藏板"。
閔齊伋據畢弘述《序》。

清康熙五十九年（1720）畢弘述《序》、程昌燁《序》、張涵《序》。清嘉
慶六年（1801）畢星海《自叙》。

《摭遺》爲嘉慶六年（1801）補刻。畢星海《自叙》提刻書事。

"基閒堂"爲畢氏之堂號。

框21.4×15.4公分,8行12字,小字雙行,白口,四周雙邊。版心上
鐫書名,中鐫韻部及聲部名稱,下鐫卷次。

館藏信息： RECAP:East Asian Library use only:A161/67

0202

基本著録： **千文六書統要:二卷**

（Qian wen liu shu tong yao:er juan）

（清）李仲卿,（清）李香嚴鑒定;（清）胡正言輯篆

清康熙間（即1662—1722）十竹齋本

一函四册;24公分

相關責任者： （清）李仲卿（Li Zhongqing）,鑒定;（清）李香嚴（Li Xiangyan）,鑒定;
（清）胡正言（Hu Zhengyan）,輯篆

附 注： 封面鐫"十竹齋藏版"。

有清康熙二年（1663）李善明《千文六書統要叙》。

框18.4×13.7公分,字數不等,白口,四周單邊,單黑魚尾。版心下
鐫"十竹齋"。

館藏信息： East Asian Library（Gest）:Rare Books:TA161/2632

0203

基本著録： **篆韻辨體:[五卷]**

（Zhuan yun bian ti:[wu juan]）

清間(即 1644—1911)本

一函

館藏本有殘缺。

附　　注：　　無序跋。不避諱。

框 22.9×16.7 公分,6 行 10 字,白口,單黑魚尾,四周雙邊,無直格。

版心上鐫"篆韻"。

館藏信息：　　East Asian Library(Gest)：Rare Books：TA161/1730Q

0204

基本著錄：　　**字牖：[十七卷]**

(Zi you：[Shi qi juan])

(清)王鐸纂

清順治間(即 1644—1661)本

兩函十册；27 公分

館藏本有殘缺：首葉及末葉爲手抄配補。

相關責任者：　　(清)王鐸(Wang Duo),1592—1652,纂

附　　注：　　無序跋。無避諱字。卷六前題"《字牖》積累計三十年,中間經大小

寇,十分僅餘其三,玆刻不忍棄去,乃其三者耳。⋯⋯乙酉歲識"。

乙酉當爲清順治二年(1645),具體刻年待考。

框 21.3×13 公分,7 行,小字雙行,字數不等,白口,四周單邊,單黑

魚尾。版心上鐫"擬山園",中鐫卷次及"字牖"。

館藏信息：　　East Asian Library(Gest)：Rare Books：TA161/2811

0205

基本著錄：　　**六書分類：十二卷,卷首**

(Liu shu fen lei：shi er juan,juan shou)

(清)傅世垚手輯

清康熙乙酉[44 年,1705]南海周天健聽松閣本

十四册；28 公分

相關責任者：　　(清)傅世垚(Fu Shiyao),手輯；(清)周天健(Zhou Tianjian),刻

附　　注：　　清康熙四十四年(1705)周天健《梓六書分類序》。

封面鐫"⋯⋯燕詒堂梓藏"。

卷端題"[周]天健授梓"。

框 19.5×13.8 公分,8 行 12 字,小字雙行,白口,四周單邊,單黑魚尾。版心上鎸書名,中鎸卷次,下鎸"聽松閣"。

館藏信息： East Asian Library(Gest)：Rare Books：TA161/66

0206

基本著錄： **六書分類：十二卷,卷首**

(Liu shu fen lei：shi er juan,juan shou)

(清)傅世垚手輯

清康熙乙酉[44 年,1705]南海周天健聽松閣本

兩函十二冊;27 公分

相關責任者： (清)傅世垚(Fu Shiyao),手輯;(清)周天健(Zhou Tianjian),刻

附　　注： 清康熙四十四年(1705)周天健《梓六書分類序》。

封面鎸"尋菴秘書寶仁堂藏板"。

卷端題"[周]天健授梓"。

框 19.3×13.8 公分,8 行 12 字,小字雙行,白口,四周單邊,單黑魚尾。版心上鎸書名,中鎸卷次,下鎸"聽松閣"。

館藏信息： RECAP：East Asian Library use only：A161/256

又一部：RECAP：East Asian Library use only：N5117/2444

0207

基本著錄： **康熙字典：[三十六卷],總目,檢字,辨似,等韻,補遺,備考**

(Kangxi zi dian：[san shi liu juan],zong mu,jian zi,bian si,deng yun, bu yi,bei kao)

(清)張玉書等纂修

清康熙間(約 1716—1722)本

八函八十冊;28 公分

相關責任者： (清)張玉書(Zhang Yushu),1642—1711,纂修

附　　注： 以十二地支分爲十二集,各集又分上中下。

清康熙五十五年(1716)《御製康熙字典》言成書事。

著者據卷首《總閱纂修官》。

框 19.1×13.8 公分,8 行 12 字,小字雙行,白口,四周雙邊,單黑魚

尾。版心上鎸書名,中鎸分卷名稱。

館藏信息: East Asian Library(Gest):Rare Books:TA161/906

0208

基本著錄: **康熙字典:［三十六卷］,總目,檢字,辨似,等韻,補遺,備考**

(Kangxi zi dian:［san shi liu juan］,zong mu,jian zi,bian si,deng yun,

bu yi,bei kao)

(清)張玉書等纂修

清康熙乙未[55 年,1716]北京内府本

六函四十册;27 公分

相關責任者: (清)張玉書(Zhang Yushu),1642—1711,纂修

附　　注: 同上一條。

館藏信息: East Asian Library(Gest):Rare Books:TA161/306

0209

基本著錄: **康熙字典:［三十六卷］,總目,檢字,辨似,等韻,補遺,備考**

(Kangxi zi dian:［san shi liu juan］,zong mu,jian zi,bian si,deng yun,

bu yi,bei kao)

(清)張玉書等纂修

清間(約 1723—1795)本

四十册;26 公分

相關責任者: (清)張玉書(Zhang Yushu),1642—1711,纂修

附　　注: 以十二地支分爲十二集,各集又分上中下。

框 19.2×14 公分,8 行 12 字,小字雙行,白口,四周雙邊,單黑魚尾。

版心上鎸書名,中鎸分卷名稱。

館藏信息: Annex A,Forrestal:A161/053 hicf

0210

基本著錄: **鐘鼎字源:五卷,附錄**

(Zhong ding zi yuan:wu juan,fu lu)

(清)汪立名

清康熙乙未[55 年,1716]汪立名一隅草堂本

一函四册;26 公分

相關責任者： (清)汪立名(Wang Liming)，活動期 17 至 18 世紀，刻;(清)甘鵬雲
(Gan Pengyun)，生年 1861,收藏

附　注： 封面鐫"汪氏集刊""一隅草堂藏"。

著者據清康熙五十五年(1716)汪立名《序》。

《附錄》後鐫"平湖縣東首盛文萃刻字店刻"。

框 17.5×12.9 公分,6 行 10 字,小字雙行,白口,左右雙邊,單黑魚
尾。版心中鐫書名及卷次。

有甘鵬雲藏印。

館藏信息： RECAP:East Asian Library use only:A161/1557

0211

基本著錄： 鐘鼎字源:五卷,附錄

(Zhong ding zi yuan:wu juan,fu lu)

(清)汪立名

清康熙乙未[55 年,1716]汪立名一隅草堂本

一函四册;26 公分

相關責任者： (清)汪立名(Wang Liming)，活動期 17 至 18 世紀,刻

附　注： 同上一條。

館藏信息： RECAP:East Asian Library use only:A161/1083

0212

基本著錄： 廣韻:五卷

(Guang yun:wu juan)

清康熙丙午[6 年,1667]張弨本

一函五册;27 公分

相關責任者： (清)張弨(Zhang Chao)，刻

附　注： 書中未避"玄"字諱。

第三卷首葉上鐫李因篤批語一句。

與 BCUO94－b2078 同版,該書有清康熙六年(1667)陳上年《序》,提
張弨刻書事。

框 20.5×14.4 公分,8 行字不等,白口,左右雙邊,單黑魚尾。版心

上鐫書名,中鐫卷次。

館藏信息： East Asian Library(Gest):Rare Books:TA166/1122

0213

基本著錄： **諧聲品字箋**

(Xie sheng pin zi jian)

(明)虞咸熙草創;(明)[虞]德升纂注;(明)[虞]嗣集補注

清康熙間(即 1662—1722)本

四函二十四册;27 公分

相關責任者： (明)虞咸熙(Yu Xianxi),17 世紀,草創;(明)虞德升(Yu Desheng),

17 世紀,纂注;(明)虞嗣集(Yu Siji),17 世紀,補注

附　　注： 書内以天干分集,從乙至癸存九集,末附《字彙數求聲》。

封面葉題"虞興宗先生草創　錢塘虞聞子先生纂著　諧聲品字箋附

字彙數求聲"。

卷端題"錢塘虞咸熙興宗氏草創　男德升聞子氏纘著　孫嗣集爾成

補註　甥孫陸頎魯詹陸顥昭明授梓"。

清康熙十五年(1676)黄機《諧聲品字箋序》。康熙十六年(1677)孫

在豐《序》。康熙二十六年(1687)裘充美《序》、陸宗淵《序》。虞嗣

集《凡例》。

封面有展園主人刻書識語。虞嗣集《凡例》曰:"歲在癸丑兩中表昆

陸魯詹昭明請授厥氏,……今甲子秋,新安程伊在先生……糾合同

志,彙金貿側理,廣為流傳。"癸丑,康熙十二年(1673)。甲子,康熙

二十三年(1684)。

框 20.5×14.5 公分,8 行,小字雙行 24 字,白口,四周單邊,無魚尾。

版心下鐫天干集次。欄上小字注。

館藏信息： East Asian Library(Gest):Rare Books:TA166/2592

0214

基本著錄： **古今韻略:五卷**

(Gu jin yun lüe:wu juan)

(清)宋犖閲定;(清)邵長蘅纂;(清)宋至校

清康熙丙子[35 年,1696]宋犖本

一函五册;27 公分

相關責任者: （清）宋犖（Song Luo）,1634—1713,閱定;（清）邵長蘅（Shao Changheng）,1637—1704,纂;（清）宋至（Song Zhi）,校

附　　注: 清康熙三十五年(1696)宋犖《古今韻略叙》提刻書事。

框 19.9×14.3 公分,9 行,小字雙行 28 字,黑口,單黑魚尾,四周單邊。版心鎸書名及卷次。

館藏信息: East Asian Library（Gest）:Rare Books:TA166/61

0215

基本著録: **五車韻府:十卷**

（Wu che yun fu:shi juan）

（清）陳藎謨訂;（清）胡邵瑛纂

清康熙戊子[47 年,1708]慎思堂本

兩函十册;29 公分

相關責任者: （清）陳藎謨（Chen Jinmo）,訂;（清）胡邵瑛（Hu Shaoying）,纂

附　　注: 諱"玄"字。

清康熙四十七年(1708)潘應賓《序》言刻書事。

框 20.1×14.6 公分,8 行,小字雙行 24 字,白口,單黑魚尾,左右雙邊。版心上鎸書名,下鎸"慎思堂"。欄上鎸注。

館藏信息: East Asian Library（Gest）:Rare Books:TA166/2933Q

0216

基本著録: **欽定同文韻統:六卷**

（Qin ding tong wen yun tong:liu juan）

（清）允禄等纂

清乾隆庚午[15 年,1750]北京内府本

一函四册;29 公分

相關責任者: （清）允禄（Yunlu）,1695—1767,纂

附　　注: 著者據《職名》。

清乾隆十五年(1750)《御製同文韻統序》言成書事。

框 20.8×13.8 公分,9 行 20 字,白口,四周雙邊,單黑魚尾。版心上鎸書名,中鎸卷次及内容名稱。

館藏信息： East Asian Library（Gest）：Rare Books：TA166/1357Q

0217

基本著録： **音韻輯要：二十一卷**

（Yin yun ji yao：er shi yi juan）

（清）王鵕纂

清乾隆間（約 1781—1795）本

一函四册；30 公分

相關責任者： （清）王鵕（Wang Jun），纂；（清）程郁文（Cheng Yuwen），刻

附　　注： 清乾隆四十六年（1781）王鵕《序言》。

卷末鐫"崑山程郁文刻"。

框 20×13.9 公分，8 行大小字不等，白口，四周雙邊，單黑魚尾。版心上鐫書名，中鐫卷次及韻名。

館藏信息： Annex A，Forrestal：A166/1310

0218

基本著録： **草韻彙編：二十六卷**

（Cao yun hui bian：er shi liu juan）

（清）陶南望輯；（清）朱桓等纂修

清乾隆乙亥[20 年，1755]陶錕本

十二册；28 公分

相關責任者： （清）陶南望（Tao Nanwang），17/18 世紀，輯；（清）朱桓（Zhu Huan），纂修；（清）陶錕（Tao Kun），校刻

附　　注： 清乾隆二十年（1755）莊有恭《草韻彙編序》提刻書事。

框 22×15 公分，行字不等，白口，四周單邊。

館藏信息： RECAP：East Asian Library use only：A166/1745

0219

基本著録： **隸法彙纂：十卷**

（Li fa hui zuan：shi juan）

（清）項懷述編録

清乾隆丙午[51 年，1786]項梅園、項坤本

一函四册；25 公分

相關責任者： （清）項懷述（Xiang Huaishu），18 世紀，編錄；（清）項坤（Xiang Kun），刻；（清）項栴園（Xiang Zhanyuan），刻

附　　注： 《目錄》後清乾隆五十一年（1786）別峰老人［項懷述］《識語》言刻書事。

封面鐫"……伊蔚齋鈔本"。

框 17.9×12 公分，6 行大小字不等，四周單邊。版心上鐫書名，下鐫卷次。

館藏信息： Annex A，Forrestal：A161/2459

0220

基本著錄： 新刊爾雅：［三卷］

（Xin kan Er ya：［san juan］）

（東晉）郭璞注

明間（約 1522—1644）本

一函兩册；26 公分

相關責任者： （東晉）郭璞（Guo Pu），276—324，注

附　　注： 卷分上中下。

羅願《爾雅翼序》。

框 19.6×14.2 公分，11 行 22 字，小字雙行同，白口，左右雙邊，單黑魚尾。版心中鐫"爾雅"。

與《新刊爾雅翼》《新刻釋名》合函。

館藏信息： East Asian Library（Gest）：Rare Books：TA156/634

0221

基本著錄： 爾雅：十一卷

（Er ya：shi yi juan）

（東晉）郭璞注；（明）金蟠，（明）葛鼐訂

明崇禎間（約 1638—1644）永懷堂本

一函兩册；25 公分

相關責任者： （東晉）郭璞（Guo Pu），276—324，注；（明）金蟠（Jin Pan），16/17 世紀，訂；（明）葛鼐（Ge Zi），訂；（清）甘鵬雲（Gan Pengyun），生年

1861,收藏

附　　注：　卷一、三、五、七、九、十一卷端題"皇明後學東吳金蟠訂"，卷二、四、

六、八、十卷端題"皇明後學東吳葛鼎訂"。

明崇禎十一年(1638)沈雲翔《爾雅註序》。

沈《序》曰："余偕靖調子謨剛十三經發軔於此。"

框20.1×12.7公分,9行25字,小字雙行同,白口,單黑魚尾,左右

雙邊。版心上鎸"爾雅",下鎸"永懷堂",尾下鎸卷次及内容標目,如

"卷一釋詁上"。

鈐"潛江甘鵬雲藥樵收藏書籍章""潛廬藏過"印。

館藏信息：　East Asian Library(Gest)：Rare Books：TA156/2215

0222

基本著錄：　**新刻釋名：八卷**

(Xin ke shi ming：ba juan)

(東漢)劉熙撰；(明)畢效欽校刊

明間(約1522—1644)本

一函兩册；26公分

相關責任者：　(東漢)劉熙(Liu Xi),活動期2至3世紀,撰；(明)畢效欽(Bi Xiao-

qin),校刊

附　　注：　劉熙《新刊釋名叙》。

框19.4×14.3公分,11行22字,小字雙行,白口,左右雙邊,單黑魚

尾。版心中鎸"釋名"及卷次。

與《新刊爾雅翼》《新刊爾雅》合函。

館藏信息：　East Asian Library(Gest)：Rare Books：TA156/635

0223

基本著錄：　**新刻釋名：八卷**

(Xin ke shi ming：ba juan)

(東漢)劉熙撰；(明)畢效欽校刊

明間(約1522—1644)本

三册；26公分

相關責任者：　(東漢)劉熙(Liu Xi),活動期2至3世紀,撰；(明)畢效欽(Bi Xiaoqin），校刊

附　　注：　　劉熙《新刊釋名叙》。

框 19.3×14.5 公分，11 行 22 字，小字雙行，白口，左右雙邊，單黑魚
尾。版心中鐫"釋名"及卷次。

與《廣雅》合函。

館藏信息：　　East Asian Library(Gest)：Rare Books：TA156/3007 vol. 1–3

0224

基本著録：　　**廣雅：十卷**

（Guang ya：shi juan）

（東晉）張揖撰；（唐）曹憲音解；（明）畢效欽校刊

明間（約 1522—1644）本

三册；26 公分

相關責任者：　　（東晉）張揖（Zhang Yi），活動期 5 世紀，撰；（唐）曹憲（Cao Xian），
約 541—約 645，音解；（明）畢效欽（Bi Xiaoqin），校刊

附　　注：　　《廣雅》又名《博雅》，避隋煬帝諱。

張揖《新刻上廣雅表》。

框 19.3×14.5 公分，11 行 22 字，小字雙行同，白口，左右雙邊，單黑
魚尾。版心中鐫"廣雅"，間"博雅"。

與《新刻釋名》合函。

館藏信息：　　East Asian Library(Gest)：Rare Books：TA156/3007 vol. 4–6

0225

基本著録：　　**重刊埤雅：[二十卷]**

（Chong kan Pi ya：[er shi juan]）

（宋）陸佃撰；（明）畢效欽重校

明間（即 1368—1644）本

一函八册；27 公分

館藏本有殘缺。

相關責任者：　　（宋）陸佃（Lu Dian），1042—1102，撰；（明）畢效欽（Bi Xiaoqin），
重校

附　　注：　　《中國古籍善本書目》載明萬曆年間畢效欽刻本五雅七十三卷行格

與此本同,但總書名及刻年不明待核。

框 17.5×11.1 公分,10 行 19 字,白口,單綫魚尾間單黑魚尾,左右雙邊間四周單邊、四周雙邊。尾間鐫"埤雅"。間有不同版式、字體。

鈐"李瑮枝印""雲連氏"印章。

館藏信息: East Asian Library(Gest):Rare Books:TA156/1396

0226

基本著錄: **爾雅翼:三十二卷**

(Er ya yi:san shi er juan)

(宋)羅願著

明正德己卯[14 年,1519]羅氏本

兩函八册;28 公分

相關責任者: (宋)羅願(Luo Yuan),1136—1184,著

附　　注: 明正德十四年(1519)都穆《重刊爾雅翼序》、顧璘《書爾雅翼後》。

都穆《序》曰:"爾雅翼者,……新安羅公願之所著也。"

都穆《序》提刻書事。

框 19.7×14.8 公分,10 行 19 字,綫黑口,雙綫魚尾。中鐫書名及卷次。

"延陵季子李通家藏"印記。

館藏信息: East Asian Library(Gest):Rare Books:TA156/324

0227

基本著錄: **新刊爾雅翼:三十二卷**

(Xin kan Er ya yi:san shi er juan)

(宋)羅願著;(明)畢效欽校

明間(約 1573—1644)本

兩函八册;26 公分

相關責任者: (宋)羅願(Luo Yuan),1136—1184,著;(明)畢效欽(Bi Xiaoqin),校

附　　注: 羅願《爾雅翼序》。

框 19.4×14.2 公分,11 行 22 字,小字雙行同,白口,左右雙邊,單黑魚尾。版心中鐫"爾雅翼"。

館藏信息: East Asian Library(Gest):Rare Books:TA156/633

0228

基本著録： **重刊許氏說文解字五音韻譜：[十二卷]**

（Chong kan Xu shi Shuo wen jie zi wu yin yun pu：[shi er juan]）

（宋）李燾

明間（即 1368—1644）本

一函八册；30 公分

相關責任者： （宋）李燾（Li Tao），1115—1184

附　注： 甘鵬雲手寫李燾前後序各一篇，手録朱檉之跋語一則及手寫題記
三則。

框 23.7×17.8 公分，7 行，小字雙行字數不等，粗黑口，雙黑魚尾，四
周雙邊。版心鐫"說文"。

鈐朱印"檉之""九丹一字淹頌""潛廬藏過""甘印鵬雲"等。

館藏信息： East Asian Library（Gest）：Rare Books：TA161/1640Q

0229

基本著録： **重刊許氏說文解字五音韻譜：十二卷**

（Chong kan Xu shi Shuo wen jie zi wu yin yun pu：shi er juan）

（宋）李燾

明天啓丁卯[7 年，1627]世裕堂本

兩函十二册；26 公分

相關責任者： （宋）李燾（Li Tao），1115—1184

附　注： 清康熙三年（1664）辛仲甫、吕蒙正、李昉《奉牒》後鐫"天啓七年世裕
堂重梓"。

框 19.1×14.7 公分，7 行 14 字，小字雙行 20 字，白口，左右雙邊，單
黑魚尾。版心中鐫"說文"及卷數。

有"隨齋書畫記"印記。

館藏信息： East Asian Library（Gest）：Rare Books：TA161/3869

0230

基本著録： **重校經史海篇直音：十卷**

（Chong jiao jing shi hai pian zhi yin：shi juan）

明間（即 1368—1644）本

兩函十册;30 公分

附　　注: 框 21.6×15 公分,10 行 16 字,小字雙行約 32 字,白口,左右雙邊。
版心上鐫"海篇直音"及卷次,下鐫刻工,如首葉"信"。

館藏信息: East Asian Library(Gest):Rare Books:TA161/607Q

0231

基本著錄: **六書賦.六書賦音義:[二十卷]**

子目:

六書賦

(Liu shu fu)

(明)張士佩

六書賦音義:[二十卷]

(Liu shu fu yin yi:[er shi juan])

(明)張士佩

明萬曆壬寅[30 年,1602]張氏本

兩函十六册;27 公分

相關責任者: (明)張士佩(Zhang Shipei),1531—1609

附　　注: 《六書賦》卷前有明萬曆三十年(1602)戴章甫《六書賦序》。《序》
曰:"……章甫因亟請付諸梓……於時,梓工若干人皆衣食於公,閱
十月而工告竣。"
《六書賦音義》卷端未題著者。卷前有明萬曆三十年(1602)張士佩
《六書賦序》。《序》曰:"字有點畫少異,音義頓殊者,必稽說文朗析
疑似而注詳厥,旨蓋恐傳寫或誤也。賦字逾萬,注附倍焉……謹鎯
以俟之。"
框(《六書賦》)21.5×14.5 公分,8 行 16 字,白口,四周雙邊,單黑魚
尾。版心上鐫"六書賦"。
《六書賦音義》,8 行,小字雙行 24 字,白口,四周雙邊,單黑魚尾。版
心上鐫"六書賦音義",中鐫卷次。

館藏信息: East Asian Library(Gest):Rare Books:TA161/922

0232

基本著録： **古今字考：六卷**

（Gu jin zi kao：liu juan）

（明）吕一奏著

明崇禎戊辰［元年，1628］本

兩函二十册；26 公分。

相關責任者： （明）吕一奏（Lü Yizou），著；（明）熊鳴惠（Xiong Minghui），寫工；（明）徐世濟（Xu Shiji），刻；（清）康有爲（Kang Youwei），1858—1927，收藏

附　　注： 明崇禎二年（1629）吕一奏《古今字考叙》。

框 19.6×15 公分，10 行 20 字，白口，單黑魚尾，四周單邊。［卷一首葉］下鐫“金陵徐世濟梓”，《叙》第五葉下鐫“熊鳴惠梓”，書末有牌記鐫“皇明崇禎元年暢月吉日繡梓”及“南昌熊鳴惠寫金陵徐世濟梓”。

鈐“南海康氏萬木草堂藏”印。

館藏信息： East Asian Library（Gest）：Rare Books：TA166/3847

0233

基本著録： **重刊訂正篇海：［十卷］**

（Chong kan ding zheng pian hai：［shi juan］）

［（明）李如真撰；（明）張忻訂正］

明崇禎甲戌［7 年，1634］張忻本

一函十册；26 公分

相關責任者： （明）李如真（Li Ruzhen），撰；（明）張忻（Zhang Xin），訂正；（明）李登（Li Deng）

附　　注： 明崇禎七年（1634）張忻《重刊訂正篇海》。

張《序》曰：“《篇海》一書爲上元李如眞先生所彙定，舊京兆趙新盤先生梓傳者也……余幼好六書，間於《篇海》舊刻，每字畫之譌，注解之漏，謬爲丹鉛補正。今夏重起南銓，清署多暇，弔訪先生，久已千古。搜其遺藥亦鮮存者……遂將釐正初本，付之剞劂。”

框 22.5×14.5 公分，9 行 26 字，白口，單黑魚尾，四周單邊。

館藏信息： East Asian Library(Gest)：Rare Books：TA161/1246

0234

基本著錄： **篆書正：[四卷]**

（Zhuan shu zheng：[si juan]）

（明）戴明説纂著；（清）劉夢參訂

清順治丁酉[14年,1657]胡正言本

一函四册；25公分

相關責任者： （明）戴明説(Dai Mingyue)，進士1634，纂著；（清）劉夢(Liu Meng)，參訂；（清）胡正言(Hu Zhengyan)，約1582—約1672，刻

附　注： 清順治十四年(1657)《序》、胡正言《跋》、戴王綸《後序》。

胡《序》曰："馬使君屬言鏤版行世，言捝督書篆勉竭心目。歷夏迄秋剞劂始竣，粲然成二册。"

封面鐫"永奎齋藏板"。

框20.5×13.6公分，8行，白口，單黑魚尾，四周單邊。版心上鐫"篆正"，中鐫卷次。

鈐"長順趙記"章。

館藏信息： East Asian Library(Gest)：Rare Books：TA161/1084

0235

基本著錄： **成化丁亥重刊改併五音類聚四聲篇：十五卷**

（Chenghua ding hai chong kan gai bing wu yin lei ju si sheng pian：shi wu juan）

（明）韓道昭改并重編

明間（即1467—1566）本

一函一册；32公分

館藏本有殘缺：存卷四至六。

相關責任者： （明）韓道昭(Han Daozhao)，改并重編

附　注： 框22.9×15.6公分，10行約16字，小字雙行約32字，黑口，四周雙邊，雙黑魚尾。

有"潛江甘鵬雲藥樵收藏書籍章"印記。

館藏信息： East Asian Library(Gest)：Rare Books：TA166/1687Q

0236

基本著錄： **大明成化庚寅重刊改併五音集韻：十五卷**

（Da Ming Chenghua geng yin chong kan gai bing wu yin ji yun：shi wu juan）

（明）韓道昭改并重編

明間（約1470—1566）本

一函七冊；30公分

相關責任者： （明）韓道昭（Han Daozhao），改并重編

附　注： 框22.8×15.6公分，10行約16字，小字雙行約32字，黑口，四周雙邊，雙黑魚尾。

館藏信息： East Asian Library(Gest)：Rare Books：TA166/362Q vol. 1－7

0237

基本著錄： **大明成化庚寅重刊改併五音集韻：十五卷**

（Da Ming Chenghua geng yin chong kan gai bing wu yin ji yun：shi wu juan）

（明）韓道昭改并重編

明間（即1470—1566）本

兩函六冊；32公分

相關責任者： （明）韓道昭（Han Daozhao），改并重編

附　注： 框22.9×15.6公分，10行約16字，小字雙行約32字，黑口，四周雙邊，雙黑魚尾。

有“潛江甘鵬雲藥樵收藏書籍章”印記。

館藏信息： East Asian Library(Gest)：Rare Books：TA166/1590Q

0238

基本著錄： **古今韻會舉要：三十卷. 禮部韻畧七音三十六母通攷.**

子目：

古今韻會舉要：三十卷

（Gu jin yun hui ju yao：san shi juan）

（明）黃公紹編輯；（明）熊忠舉要

禮部韻畧七音三十六母通攷

（Li bu yun lüe qi yin san shi liu mu tong kao）

（明）黃公紹編輯；（明）熊忠舉要

明嘉靖丙申［15 年，1536］江西秦鉞李舜臣本

相關責任者： （明）黃公紹（Huang Gongshao），編輯；（明）熊忠（Xiong Zhong），舉要；（明）李舜臣（Li Shunchen），進士 1523，刻；（元）劉辰翁（Liu Chenweng），1231—1294，序；（明）劉儲秀（Liu Chuxiu），補刻；（明）秦鉞（Qin Yue），進士 1514，刻；（明）張鯤（Zhang Kun），序

附　　注： 卷前有《古今韻會舉要凡例》，題"昭武黃公紹直翁編輯　昭武熊忠子中舉要"。

明嘉靖十五年（1536）張鯤《序》言刻書事。

劉儲秀《跋》言其補刻劉辰翁原序。

框 20.7×14.7 公分．8 行，11 字，小字雙行 22 字，白口，左右雙邊，單黑魚尾。上書口鐫"古今韻會"及卷數。

本書裝訂時誤將劉辰翁《序》及劉儲秀《跋》插在張鯤《序》中。

館藏信息： East Asian Library（Gest）：Rare Books：TA166/359

0239

基本著錄： **新編經史正音切韻指南**

（Xin bian jing shi zheng yin qie yun zhi nan）

（元）劉鑒撰

明弘治丙辰［9 年，1496］北京思宜本

一函一册；31 公分

相關責任者： （元）劉鑒（Liu Jian），14 世紀，撰；（明）思宜（Siyi），刻；（清）甘鵬雲（Gan Pengyun），生年 1861，收藏

附　　注： 著者據劉鑒《自序》。

《自序》末鐫"大明弘治九年仲冬吉日金臺釋子思宜重刊"。

框 23.1×15.1 公分，13 行 18 字，黑口，四周雙邊，雙黑魚尾。版心中鐫"指南"。

卷末有《新增篇韻拾遺并藏經字義》，附《等韻指掌圖》。

有"鄂中甘氏"印記。

館藏信息： East Asian Library（Gest）：Rare Books：TA166/2058aQ

0240

基本著録： 　**洪武正韻：十六卷**

　　　　　　　（Hongwu zheng yun：shi liu juan）

　　　　　　　（明）樂韶鳳等撰

　　　　　　　明隆慶丁卯［元年，1567］山東衡藩厚德堂本

　　　　　　　一函十册；26 公分

相關責任者： 　（明）樂韶鳳（Yue Shaofeng），撰

附　　注： 　明隆慶元年（1567）衡王《洪武正韻後序》。

　　　　　　　衡王《序》曰："是書出自中秘，寰宇景仰而難得捧閱。閩肆謄鋟殊儸

　　　　　　　校，靡確。敬遵式壽梓以楊同文之化焉……。"《序》後鎸"衡王謹題

　　　　　　　厚德堂"章。

　　　　　　　框 22×14.8 公分，8 行，小字雙行 24 字，黑口，雙黑魚尾，四周雙邊。

　　　　　　　版心下方記刻工姓名，如卷一第一至二葉鎸"李炤"。

館藏信息： 　East Asian Library（Gest）：Rare Books：TA166/368

0241

基本著録： 　**［洪武正韻］：［十六卷］**

　　　　　　　（［Hongwu zheng yun］：［shi liu juan］）

　　　　　　　（明）樂韶鳳等撰

　　　　　　　明崇禎庚午［3 年，1630］廣益堂本

　　　　　　　一函四册；26 公分

相關責任者： 　（明）樂韶鳳（Yue Shaofeng），撰

附　　注： 　卷端題"正韻"，"正韻"上似挖改。

　　　　　　　封面題"洪武正韻　崇禎庚午廣益堂較摹"。

　　　　　　　框 20.8×14.6 公分，8 行，小字雙行 24 字，白口，單黑魚尾，四周雙

　　　　　　　邊。版心鎸"正韻"，版心下鎸刻工，如卷一首葉鎸"高仁"，卷二首葉

　　　　　　　鎸"唐榮"。欄上鎸注。

　　　　　　　鈐"迪莊藏本""吳興嚴啟豐考藏金石書畫之圖記"印章。

館藏信息： 　East Asian Library（Gest）：Rare Books：TA166/1682

0242

基本著錄： **新編篇韻貫珠集：八卷**

（Xin bian pian yun guan zhu ji：ba juan）

（明）真空編

明間（約1498—1566）本

一函一冊；32公分

相關責任者： （明）真空（Zhenkong），編；（清）甘鵬雲（Gan Pengyun），生年1861，
收藏

附　　注： 框22×15.3公分，10行16字，小字雙行字不等，黑口，四周雙邊，雙
黑魚尾。版心鐫"貫珠集"。

明弘治十一年（1498）劉聰《新刊篇韻貫珠集序》。

有"鄂中甘氏"印記。

館藏信息： East Asian Library（Gest）：Rare Books：TA166/2058bQ

0243

基本著錄： **新編篇韻貫珠集：八卷**

（Xin bian pian yun guan zhu ji：ba juan）

（明）真空編

明間（約1498—1566）本

一函一冊；30公分

相關責任者： （明）真空（Zhenkong），編

附　　注： 明弘治十一年（1498）劉聰《新刊篇韻貫珠集序》。

卷末有《新增篇韻拾遺并藏經字義附等韻指掌圖》。

框21.9×15.3公分，10行16字，小字雙行字不等，黑口，四周雙邊，
雙黑魚尾。

館藏信息： East Asian Library（Gest）：Rare Books：TA166/362Q vol.8

0244

基本著錄： **重編廣韻：〔五卷〕**

（Chong bian guang yun：〔wu juan〕）

〔（明）朱祐檳輯〕

明嘉靖己酉［28 年,1549］益藩本

一函五册;29 公分

相關責任者： （明）朱祐檳（Zhu Youbin）,卒年 1539,輯;（清）甘鵬雲（Gan Pengyun）,生年 1861,收藏

附　　注： 明嘉靖二十八年（1549）夏五月既望勿齋《重編廣韻序》。

勿齋曰:"我先考端王體道好古,潛心典籍,尤加意於韻書,故深得其肯綮。常愛宋學士謂:江右制韻,但知縱有四聲,而不知衡有七音。誠探韻書之蹟,極中沈約之失,乃於國政之暇,躬自編次,以《廣韻》附於《正韻》,復增入《玉篇》。……惜乎手澤尚新,編成未梓,予敢不上繼先志,以廣其傳。"按:《明史》卷一百十九《諸王列傳》云:"益端王祐檳,憲宗第六子,弘治八年之藩建昌。……子莊王厚燁嗣。"據《室名別號索引》,勿齋即朱厚燁。據《中國人名大辭典》,朱祐檳,封益王,卒諡端。

框 23×15.5 公分,9 行,小字雙行 30 字,黑口,四周雙邊,雙黑魚尾。版心中鐫"廣韻"及卷次。

鈐"潛廬藏過""潛江甘氏崇雅堂藏書記"等印記。

館藏信息： East Asian Library（Gest）:Rare Books:TA166/1696Q

0245

基本著錄： **字學大全:三十卷**

（Zi xue da quan:san shi juan）

明嘉靖甲子—丙寅［43—45 年,1564—1566］王三聘本

十六册;30 公分

相關責任者： （明）王三聘（Wang Sanpin）,進士 1535,校刊

附　　注： 序目首缺一葉。

未題撰人。卷一内容爲《篇韻總序》《切韻序》《總目》。卷二爲正文開始,卷端題"大明嘉靖甲子前進士盩厔王三聘校刊"。序目末鐫"嘉靖四十三年甲子中秋刊至丙寅閏十月完"。

框 23.5×15.2 公分,10 行,小字雙行 32 字,黑口,四周雙邊,雙黑魚尾。版心中鐫卷次,下間鐫姓名,如卷二第五葉"成雍"、七葉"王朝相"、十九葉"成九之"。

館藏信息： East Asian Library（Gest）:Rare Books:TA166/723Q

0246

基本著録： **古今詩韻釋義：[五卷]**

(Gu jin shi yun shi yi：[wu juan])

[(明)龔大器撰]

明萬曆辛巳[9年,1581]周前山本

一函五册；27公分

相關責任者： (明)龔大器(Gong Daqi)，撰；(明)周前山(Zhou Qianshan)，刻；

(明)周庭槐(Zhou Tinghuai)，刻書白

附　注： 封面葉題"新刻古今詩韻釋義"。

封面葉題"金陵書肆周前山梓"，上有明萬曆九年(1581)寅望周庭槐

刻書白。龔大器《序》曰："巡漕侍御鉅鹿守軒陳公，頃來按淮，漕政

之暇，究心典籍，尤重聲律之學，已梓《韻學集》於維揚，復以《詩韻釋

義》屬余詮次。"

萬曆八年(1580)龔大器《古今詩韻釋義序》。

框20.8×14.1公分，10行，小字雙行，30字，白口，四周雙邊，單黑

魚尾。

館藏信息： East Asian Library(Gest)：Rare Books：TA166/3505

0247

基本著録： **鐫玉堂釐正龍頭字林備考韻海全書：十六卷，卷首**

(Juan yu tang li zheng long tou zi lin bei kao yun hai quan shu：shi liu

juan，juan shou)

(明)李廷機修輯；(明)朱孔陽校閱

明萬曆間(即1573—1620)周曰校本

兩函十六册；27公分

相關責任者： (明)李廷機(Li Tingji)，修輯；(明)朱孔陽(Zhu Kongyang)，校閱；

(明)周曰校(Zhou Yuejiao)，刊行

附　注： 封面葉題"玉堂釐正字林備考韻海全書"。

明萬曆二十六年(1598)李廷機《叙韻海全書首》。

卷端題"書林對峰周日校刊行"，封面葉題"周氏萬卷樓藏版"。

李廷機《叙》曰："……是以取生平之究正海篇，出櫃加閱，筆倣古本

定門,注則不倣古本錯音;義同古本建號,字則不同古本亂陳。井井
有条,秩秩有序。又慮天下曉所音之字,而讀之韻不同,拳拳然欽遵
高皇帝之正韻於上,名曰《韻海全書》,付夫剞劂。"

框 21.9×13.7 公分.11 行,四周雙邊,白口,雙黑魚尾。版心鐫"韻
海全書"及音序,中鐫門類名稱及卷次,如卷一第二葉"韻海全書一
平""天文門一卷"。兩節版,有眉欄,眉欄小字雙行,2 至 3 字;上欄
小字雙行,16 字;下欄字數不等,小字雙行,25 字。

館藏信息: East Asian Library(Gest):Rare Books:TA166/2494

0248

基本著錄: **韻譜本義:十卷**

(Yun pu ben yi:shi juan)

(明)茅溱輯;(明)范枓校

明萬曆甲辰[32 年,1604]茅溱本

兩函十冊;28 公分

相關責任者: (明)茅溱(Mao Zhen),輯;(明)范枓(Fan Dou),校

附　　注: 明萬曆三十二年(1604)范崙《韻譜本義叙》、茅溱《韻譜本義叙》、范
枓《韻譜本義叙》均言刻書事。

框 20.8×14.7 公分,8 行,小字雙行 26 字,白口,單黑魚尾,四周單
邊。版心上鐫書名,中鐫卷次。

有"寶德堂藏書"印記。

館藏信息: East Asian Library(Gest):Rare Books:TA166/3943

0249

基本著錄: **古今韻會舉要小補:三十卷**

(Gu jin yun hui ju yao xiao bu:san shi juan)

(明)方日升編輯;(明)李維楨校正

明萬曆丙午[34 年,1606]建陽周士顯本

四函三十二冊;27 公分

相關責任者: (明)方日升(Fang Risheng),編輯;(明)李維楨(Li Weizhen),
1547—1626,校正;(明)余象斗(Yu Xiangdou),刻;(明)余彰德(Yu
Zhangde),刻;(明)周士顯(Zhou Shixian),進士 1601,刻

附　注：	明萬曆二十四年(1596)夏五南新市人李維楨《韻會小補叙》。萬曆三十二年(1604)中秋日[李維楨]《韻會小補再叙》、東莞袁昌祚《韻會小補後叙》、永嘉王光蘊《韻會小補題辭》。萬曆三十四年(1606)上元日雲杜周士顯《韻會小補引》。

周士顯曰："子謙之韻補,師學具在,為梓於建陽行之,以俟博學好古者考焉。"李維楨《再叙》曰："適思皇(周士顯)拜建陽令,建陽故書肆婦人女子咸工剞劂,思皇沾沾自喜,是書之行信有時乎,抑天欲踐吾言也。敢固以請。"

著者據《凡例》。

書末鐫"書林余彰德余象斗同刻"。

框 21.2×14.7 公分,8 行 12 字,小字雙行 24 字,白口,四周單邊,單黑魚尾。版心上鐫"韻會小補",中鐫卷次。

館藏信息：	East Asian Library(Gest)：Rare Books：TA166/696Q

0250

基本著錄：	**增修埤雅廣要：四十二卷**

(Zeng xiu Pi ya guang yao：si shi er juan)

(宋)陸佃撰；(明)牛衷增修

明萬曆庚戌[38 年,1610]孫弘範本

兩函十六冊；28 公分

相關責任者：	(宋)陸佃(Lu Dian),1042—1102,撰；(明)牛衷(Niu Zhong),增修；(明)孫弘範(Sun Hongfan),刻
附　注：	卷端題"孫弘範校梓"。

明萬曆三十八年(1610)陳懿典《重刻埤雅廣要序》言刻書事,并有同年孫弘範《跋》。

框 21.6×14.5 公分,10 行 18 字,白口,四周單邊,單黑魚尾。版心上鐫"埤雅廣要",中鐫卷次。

館藏信息：	East Asian Library(Gest)：Rare Books：TC383/1155

0251

基本著錄：	**康熙甲子史館新刊古今通韻：十二卷**

(Kangxi jia zi shi guan xin kan gu jin tong yun：shi er juan)

（清）毛奇齡撰

清康熙間（約1685—1722）本

兩函十四冊；26公分

相關責任者： （清）毛奇齡（Mao Qiling），1623—1716，撰

附　　注： 清康熙二十四年（1685）毛奇齡《奏疏》。

框19.8×14.3公分，10行20字，白口，四周單邊。版心上鐫"古今通韻"，中鐫卷次。

館藏信息： East Asian Library（Gest）：Rare Books：T5120/2142

0252

基本著錄： **增訂金壺字考：十九卷. 金壺字考二集：二十一卷，補錄，補註.**

子目：

增訂金壺字考：十九卷

（Zeng ding Jin hu zi kao：shi jiu juan）

（清）適之原編；（清）田朝恒增訂

金壺字考二集：二十一卷，補錄，補註

（Jin hu zi kao er ji：er shi yi juan，bu lu，bu zhu）

（清）田朝恒續編

清乾隆間（約1762—1795）本

一函八冊；24公分

相關責任者： （清）適之（Shizhi），原編；（清）田朝恒（Tian Zhaoheng），增訂、續編

附　　注： 封面鐫"石齋增訂金壺字考　貽安堂藏板"。

清乾隆二十四年（1759）及二十七年（1762）田朝恒《序》。

框16.3x12.8公分，8行，小字雙行，白口，左右雙邊，單黑魚尾。版心上鐫書名，中鐫卷次。

館藏信息： RECAP：East Asian Library use only：C348/3442

0253

基本著錄： **歷朝聖賢篆書百體千文**

（Li chao sheng xian zhuan shu bai ti qian wen）

（清）尤侗鑒定；（南朝梁）周興嗣次韻；（清）孫枝秀集篆；（清）周霖參訂

清康熙間(約 1685—1722)本

一函兩册:圖;29 公分

相關責任者: （清）尤侗（You Tong）,1618—1704,鑒定;（南朝梁）周興嗣（Zhou Xingsi）,卒年 521,次韻;（清）孫枝秀（Sun Zhixiu）,集纂;（清）周霙（Zhou Hong）,參訂

附　　注: 附尤珍《清書千字文》。

清康熙二十四年(1685)尤侗《序》。

框 24.6×17.6 公分,4 行 6 字,小字數不等,白口,四周雙邊。版心上鐫書名。

館藏信息: RECAP:East Asian Library use only:C348/1421

0254

基本著錄: **字彙:十二集,卷首,卷末**

(Zi hui:shi er ji,juan shou,juan mo)

（明）梅膺祚音釋

明萬曆間(約 1615—1620)鹿角山房本

十四册:圖;26 公分

相關責任者: （明）梅膺祚（Mei Yingzuo）,活動期 1570—1615,音釋

附　　注: 分子至亥十二集。

封面鐫"宣城梅延生先生重訂　字彙　鹿角山房藏板"。

附《韻法直圖》《韻法横圖》。

明萬曆四十三年(1615)梅鼎祚《序》。

框 22.3×14.5 公分,8 行 16 字,小字雙行 24 字,白口,左右雙邊。

館藏信息: East Asian Library(Gest):Rare Books:PL1420.M45 1615

0255

基本著錄: **新鐫童藝脱穎**

(Xin juan tong yi tuo ying)

（清）張念蘧著

清乾隆甲午[39 年,1774]蘇州文光堂本

一册;23 公分

相關責任者: （清）張念蘧（Zhang Nianqu）,著

附　　注：　　卷端未題書名,書名取自《目錄》。

封面題"乾隆歲次甲午鐫　新刻利試童藝脫穎　古吳文光堂梓"。

上下欄。框 20×11 公分,9 行 30 字,白口,四周單邊。版心上鐫"童藝脫穎",中鐫小題。

館藏信息：　Cotsen Children's Library(CTSN):82009

0256

基本著錄：　**新鐫千字文集註**

（Xin juan qian zi wen ji zhu）

（明）王晉升注解;（明）王應麒著

清乾隆丁未[52 年,1787]文寶堂本

一册:圖;23 公分

相關責任者：　（明）王晉升（Wang Jinsheng）,活動期 17 世紀,注解;（明）王應麒（Wang Yingqi）,著

附　　注：　　内封面鐫"乾隆五十二年新鐫　王晉升先生註　千字文集註　文寶堂梓"。

卷端題"王晉升先生註解　浚儀王應麒伯厚手著　豫章王校梓"。

卷末署"康熙庚戌端陽日太原王相晉升重訂"。

本書題"王應麒伯厚",通行本多題"王應麟伯厚",其間關係待考。

框 16.1×10.3 公分,8 行 17 字,白口,四周雙邊,單黑魚尾。版心上鐫"千字文"。

館藏信息：　Cotsen Children's Library(CTSN):92826

0257

基本著錄：　**幼學正法開山集**

（You xue zheng fa kai shan ji）

（清）武西九著;（清）劉幹庵編次

編目記錄詳見《經部·四書類》。

史　部

紀傳類

0258

基本著録：　史記：一百三十卷

（Shi ji：yi bai san shi juan）

（西漢）司馬遷撰；（南朝宋）裴駰集解；（唐）司馬貞索隱；（唐）張守節正義

明萬曆丙申［24 年，1596］南京國子監本

四函二十册；27 公分

相關責任者：　（西漢）司馬遷（Sima Qian），約公元前 145—約公元前 86，撰；（南朝宋）裴駰（Pei Yin），活動期 438，集解；（唐）司馬貞（Sima Zhen），索隱；（唐）張守節（Zhang Shoujie），8 世紀，正義；（明）馮夢禎（Feng Mengzhen），1546—1605，校閱；（明）黃汝良（Huang Ruliang），進士 1586，校

附　　注：　卷端小題在上，大題在下，如卷一卷端“五帝本紀第一史記一”。

《目錄》末有“大明南京國子監祭酒馮夢禎校閱司業黃汝良同校”等題名，均爲明萬曆二十四年（1596）任。

清順治十六年（1659）郎廷佐《重修廿一史序》、徐爲卿《重修廿一史序》、毛一麟《重修廿一史序》。萬曆二十四年（1596）馮夢禎《南京國子監新鐫史記序》、黃汝良《南雍重刻史記序》。明崇禎七年（1634）嵇相琦等《修史紀》（講重修廿一史事，此書内實無崇禎補版）。卷前有張守節《史記正義序》《史記正義論例謚法解列國分野》、司馬貞《史記索隱序》《史記補》、裴駰《史記集解叙》。

框 19.7×15.2 公分，10 行 20 至 22 字，小字雙行 27 字，白口，左右雙邊，單黑魚尾。版心上鐫刻年（“萬曆二十四年刊”“順治十五年刊”

“順治十六年刊”），中鐫紀傳名稱及卷次。

“潛江甘鵬雲藥樵收藏書籍章”印記。

館藏信息： East Asian Library（Gest）：Rare Books：TB12/1706

0259

基本著錄： 史記：一百三十卷

（Shi ji：yi bai san shi juan）

[（西漢）司馬遷撰；（南朝宋）裴駰集解]

明崇禎辛巳[14 年,1641]常熟毛晉汲古閣本

兩函十冊；26 公分

相關責任者： （西漢）司馬遷（Sima Qian），約公元前 145—約公元前 86，撰；（南朝宋）裴駰（Pei Yin），約 438，集解；（清）毛晉（Mao Jin），1599—1659，刻

附　注： 書名取自《目錄》。

框 21.7×15 公分，12 行 25 字，小字雙行 37 字，白口，左右雙邊，單黑魚尾。版心中鐫“汲古閣”及“毛氏正本”。

館藏信息： East Asian Library（Gest）：Rare Books：TB12/1707

0260

基本著錄： 史記：一百三十卷

（Shi ji：yi bai san shi juan）

（西漢）司馬遷撰；（南朝宋）裴駰集解；（唐）司馬貞索隱；（唐）張守節正義；（明）陳仁錫評

明間（約 1620—1644）程正揆本

八函四十八冊：圖；26 公分

相關責任者： （西漢）司馬遷（Sima Qian），約公元前 145—約公元前 86，撰；（南朝宋）裴駰（Pei Yin），活動期 438，集解；（唐）司馬貞（Sima Zhen），索隱；（唐）張守節（Zhang Shoujie），8 世紀，正義；（明）陳仁錫（Chen Renxi），1581—1636，評；（明）程正揆（Cheng Zhengkui），刻

附　注： 卷一卷端題“漢掌天官太史令龍門司馬遷撰　明翰林院日講官長洲陳仁錫評”。裴駰、司馬貞、張守節取自《序》。

程正揆《序》未署年月。卷前有司馬貞《史記索隱序》《史記索隱後

序》《補史記序》《史記補》、裴駰《史記集解叙》、張守節《史記正義謚
法解》《史記正義論例》《史記正義序》《史記列國分野》及《難字直
音》《世系圖》《地圖》。

程正揆《序》曰："昔馮開之刻於南雍,謂之監本;凌以棟刻之吳興,謂
之評林。近代鍾伯敬陳明卿先生,皆有評點,……復取校正而授之
梓。"按:南監本及凌稚隆《史記評林》刻於明萬曆間,鍾惺評《史記》,
有明天啓五年(1625)刻本,此刻當在其後,約爲明末刻。

框20.1×14.5公分,10行20字,小字雙行,白口,單黑魚尾,左右雙
邊。版心上鐫"史記",中鐫卷次、紀傳名稱。

館藏信息:　　East Asian Library(Gest):Rare Books:TB12/910

0261

基本著錄:　　史記:[二十四卷]

(Shi ji:[er shi si juan])

(西漢)司馬遷撰述;(明)鄧以贊輯評;(明)陳祖苞參補;(明)朱日
榮校閱

明萬曆戊午[46年,1618]本

一函六册;26公分

館藏本有殘缺:存卷一至十二。

相關責任者:　　(西漢)司馬遷(Sima Qian),約公元前145—約公元前86,撰述;
(明)鄧以贊(Deng Yizan),1542—1599,輯評;(明)陳祖苞(Chen
Zubao),進士1613,參補;(明)朱日榮(Zhu Rirong),校閱

附　　注:　　序題書名《史記輯評》。

明萬曆四十六年(1618)韓敬《史記輯評序》。陳祖苞《刻史記輯評
序》。

框21.3×14.6公分,9行18字,白口,四周雙邊,單白魚尾。版心上
鐫書名及卷次,中鐫小題。眉上鐫注。

館藏信息:　　East Asian Library(Gest):Rare Books:TB367/2630

0262

基本著錄:　　史記論文:一百三十卷

(Shi ji lun wen:yi bai san shi juan)

（明）吳見思評點；（清）吳興祚參訂

清康熙丁卯［26年,1687］廣東省吳興祚本

四函二十四冊;26公分

相關責任者： （明）吳見思（Wu Jiansi）,活動期17世紀,評點；（清）吳興祚（Wu Xingzuo）,1632—1698,參訂

附　　注： 清康熙二十五年（1686）吳興祚《序》言刻書事。

版本參據 CHHR98－B101。

封面鎸"尺木堂藏版"。

框19.6×14.1公分,9行21字,小字雙行,白口,左右雙邊,單黑魚尾。版心上鎸書名,中鎸卷次及篇名。

館藏信息： RECAP:East Asian Library use only:B367/3141

0263

基本著錄： **漢書:一百卷**

（Han shu:yi bai juan）

（唐）顏師古注

明崇禎壬午［15年,1642］常熟毛晉汲古閣本

十六冊;26公分

相關責任者： （東漢）班固（Ban Gu）,32—92,撰；（唐）顏師古（Yan Shigu）,581—645,注；（清）毛晉（Mao Jin）,1599—1659,刻

附　　注： 《目錄》題《前漢書》。

書名鎸於卷端第一行行尾。

《目錄》末題"皇明崇禎十有五年……琴川毛氏開雕"。

框21.7×15公分,12行25字,小字雙行37字,白口,左右雙邊,單黑魚尾。版心中鎸"汲古閣"及"毛氏正本"。

館藏信息： RECAP:East Asian Library use only:B12/1708

0264

基本著錄： **後漢書:一百二十卷**

（Hou Han shu:yi bai er shi juan）

（南朝宋）范曄撰；（唐）［李］賢注

明嘉靖戊子—庚寅［7—9年,1528—1530］南京國子監本

二十八册;26 公分

館藏本有殘缺:缺卷五十一至五十三、六十九至七十三。

相關責任者： （南朝宋）范曄（Fan Ye），398—445；（唐）李賢（Li Xian），651—
684，注

附　　注： 卷一卷端鐫"大明南京國子監祭酒黄儒炳司業葉溁修"。

有明萬曆十年（1582）及明天啓三年（1623）重修《後漢書·職名表》。

配清順治至乾隆間補修本。

框 22.1×15.5 公分，10 行 21 字，小字雙行，白口，四周雙邊，單黑魚
尾。版心上鐫"嘉靖九年刊"至"乾隆五十五年刊"，中鐫書名、卷次
及紀傳名稱。

館藏信息： East Asian Library（Gest）:DS748. F3 1530

0265

基本著録： **後漢書:一百二十卷**

（Hou Han shu:yi bai er shi juan）

（南朝宋）范曄撰；（唐）［李］賢注

明萬曆丙申［24 年,1596］北京國子監本

四函二十四册;28 公分

相關責任者： （南朝宋）范曄（Fan Ye），398—445，撰；（唐）李賢（Li Xian），651—
684，注；（南朝梁）劉昭（Liu Zhao），活動期 502—519，注；（西晉）司
馬彪（Sima Biao），卒年約 306，撰；（明）方從哲（Fang Congzhe），進士
1583，校刊；（明）李廷機（Li Tingji），進士 1583，校刊

附　　注： 《目録》題"帝後紀一十二　志三十　列傳八十八　共一百三十卷"，
版心題爲一百二十卷，與内容相符，即紀十卷、志三十卷、列傳八
十卷。

卷一卷端鐫"宋宣城太守范曄撰　唐章懷太子賢註　皇明國子監祭
酒臣李廷機承直郎國子監司業臣方從哲等奉勅重校刊"。卷十一至
四十《志》各卷端鐫"梁剡令劉昭注補　皇明國子監祭酒臣李廷機承
直郎國子監司業臣方從哲等奉勅重校刊"。

《志》爲司馬彪撰，據《中國古籍善本書目》補。

無序跋。

框 22.7×15.4 公分，10 行 21 字，小字雙行同，白口，左右雙邊，單黑

魚尾。版心上鎸"萬曆二十四年刊",中鎸書名、卷次及紀傳名稱。

館藏信息： East Asian Library(Gest)：Rare Books：TB12/292

0266

基本著錄： 後漢書：一百二十卷

（Hou Han shu：yi bai er shi juan）

（唐）李賢注

明崇禎癸未[16 年,1643]常熟毛晉汲古閣本

兩函十二冊;26 公分

相關責任者： （南朝宋）范曄（Fan Ye）,398—445,撰;（唐）李賢（Li Xian）,651—684,注;（南朝梁）劉昭（Liu Zhao）,活動期 502—519,注;（西晉）司馬彪（Sima Biao）,約306,撰;（清）毛晉（Mao Jin）,1599—1659,刻

附　　注： 書名鎸於卷端第一行行尾。

《目錄》題"劉昭補注",《志》爲司馬彪撰。

《目錄》末題"皇明崇禎十有六年歲在……琴川毛氏開雕"。

框22.1×15 公分,12 行25 字,小字雙行37 字,白口,左右雙邊,單黑魚尾。版心中鎸"汲古閣"及"毛氏正本"。

館藏信息： RECAP：East Asian Library use only：B12/1710

0267

基本著錄： 三國志：六十五卷

（San guo zhi：liu shi wu juan）

[（西晉）陳壽撰;（南朝宋）裴松之注]

明崇禎甲申[17 年,1644]常熟毛晉汲古閣本

一函七冊;26 公分

相關責任者： （西晉）陳壽（Chen Shou）,233—297,撰;（南朝宋）裴松之（Pei Song-zhi）,372—451,注;（清）毛晉（Mao Jin）,1599—1659,刻

附　　注： 框22.1×15 公分,12 行25 字,小字雙行37 字,白口,左右雙邊,單黑魚尾。版心中鎸"汲古閣"及"毛氏正本"。

館藏信息： East Asian Library(Gest)：Rare Books：TB12/2105

0268

基本著錄：　　**晉書:一百三十卷. 晋書音義三卷.**

子目：

晉書:一百三十卷

（Jin shu:yi bai san shi juan）

（唐）太宗李世民撰;〔（唐）房玄齡撰〕

晋書音義三卷

（Jin shu yin yi san juan）

（唐）何超纂

南宋間（即 1127—1279）本

六函四十八册;31 公分

相關責任者：　（唐）太宗李世民（Li Shimin）,598—649,撰;（唐）房玄齡（Fang Xuanling）,578—648,撰;（唐）何超（He Chao）,8 世紀,纂;（明）高啓愚（Gao Qiyu）,進士 1565,校刊;（明）劉瑊（Liu Zhen）,進士 1571,校刊;（唐）楊齊宣（Yang Qixuan）,8 世紀,序

附　　注：　《目錄》後題"大明萬曆十年重修晉書",列"南京國子監祭酒高啓愚司業劉瑊校刊"等。

卷端題"唐太宗文皇帝御撰"。

唐天寶六年(747)楊齊宣《晉書音義序》。

版心所鐫刻年,有明正德十年(1515),明嘉靖二年(1523)及九年(1530),明萬曆二年(1574)、三年(1575)及五年(1577)等。正德十年(1515)版鐫"正德十年司禮監谷刊",萬曆版鐫"萬曆 X 年國子監刊"。另有未標刻年版,十行二十字。

框 22.5 × 17.5 公分,10 行 20 字,細黑口,左右雙邊,雙黑魚尾。版心上鐫刻年,下鐫刻工,鐫"晋"、紀傳名稱及葉碼,如卷一首葉"嘉靖戊午年""晋帝紀一一""監生陳所蘊刊"。

館藏信息：　East Asian Library（Gest）:Rare Books:TB12/717Q

0269

基本著錄：　　**晉書:一百三十卷**

（Jin shu:yi bai san shi juan）

（唐）房玄齡撰

明崇禎戊辰［元年，1628］常熟毛晉汲古閣本

三函十六冊；26 公分

相關責任者： （唐）房玄齡（Fang Xuanling），578—648，撰；（清）毛晉（Mao Jin），1599—1659，刻

附　　注： 計帝紀十卷、志二十卷、列傳七十卷、載記三十卷。

《目錄》題"唐太宗文皇帝御撰"。

框 21.4×15.1 公分，12 行 25 字，白口，左右雙邊，單黑魚尾。版心中鐫"汲古閣"及"毛氏正本"。

館藏信息： East Asian Library（Gest）：Rare Books：TB12/1670

0270

基本著録： **王隱晉書地道記. 晉太康三年地記. 晉書地理志新補正：五卷.**

子目：

王隱晉書地道記

（Wang Yin Jin shu di dao ji）

（清）畢沅輯

晉太康三年地記

（Jin Taikang san nian di ji）

（清）畢沅輯

晉書地理志新補正：五卷

（Jin shu di li zhi xin bu zheng：wu juan）

（清）畢沅撰

清乾隆甲辰［49 年，1784］西安畢沅靈巖山館本

一函兩冊；29 公分

相關責任者： （清）畢沅（Bi Yuan），1730—1797，輯、撰

附　　注： 封面鐫"乾隆甲辰刊於西安己院靈巖山館藏"。

框 19.7×14.7 公分，11 行 22 字，小字雙行同，黑口，四周單邊，單黑魚尾。版心中或鐫"晉書地道記"，或鐫"晉太康三年地記"，或鐫"晉書地理志"。

館藏信息： RECAP：East Asian Library use only：B12/1688

0271

基本著録： 宋書：一百卷

（Song shu：yi bai juan）

［（南朝梁）沈約撰］

明崇禎甲戌［7 年,1634］常熟毛晉汲古閣本

兩函十二册；26 公分

相關責任者： （南朝梁）沈約（Shen Yue）,441—513,撰；（清）毛晉（Mao Jin）,
1599—1659,刻

附　　注： 框 21.8×15 公分,12 行 25 字,白口,左右雙邊,單黑魚尾。版心中
鐫"汲古閣"及"毛氏正本"。

館藏信息： RECAP：East Asian Library use only；B12/1718

0272

基本著録： 南齊書：五十九卷

（Nan Qi shu：wu shi jiu juan）

［（南朝梁）蕭子顯撰］

明崇禎丁丑［10 年,1637］常熟毛晉汲古閣本

一函六册；26 公分

相關責任者： （南朝梁）蕭子顯（Xiao Zixian）,489—537,撰；（清）毛晉（Mao Jin）,
1599—1659,刻

附　　注： 框 21.7×14.7 公分,12 行 25 字,白口,左右雙邊,單黑魚尾。版心
中鐫"汲古閣"及"毛氏正本"。

館藏信息： RECAP：East Asian Library use only；B12/2092

0273

基本著録： 梁書：五十六卷

（Liang shu：wu shi liu juan）

（唐）姚思廉撰；（明）余有丁,（明）周子義校正

明萬曆乙亥［3 年,1575］南京國子監本

八册；30 公分

相關責任者： （唐）姚思廉（Yao Silian）,557—637,撰；（明）余有丁（Yu Youding）,

1527—1584,校正;(明)周子義(Zhou Ziyi),1529—1586,校正

附　注：　　卷端小題在上,大題在下,如"紀第一梁書一"。

卷端題"唐散騎常侍姚思廉撰　大明南京國子監祭酒余有丁校正司業周子義同校"。

《目錄》後有明萬曆四年(1576)余有丁《志》,萬曆五年(1577)周子義《志》。

框21.1×15.2公分,10行21字,白口,左右雙邊,雙黑魚尾。版心上鐫"萬曆三年刊",卷三第十三、十四葉版心上方鐫"順治十五年刊",中鐫"梁書"、紀傳名稱及卷次。

館藏信息：　East Asian Library(Gest)：Rare Books：TB12/961Q

0274

基本著錄：　　**梁書：五十六卷**

(Liang shu：wu shi liu juan)

[(唐)姚思廉撰]

明崇禎癸酉[6年,1633]常熟毛晉汲古閣本

一函五冊;26公分

相關責任者：　(唐)姚思廉(Yao Silian),557—637,撰;(清)毛晉(Mao Jin),1599—1659,刻

附　注：　　框20.9×15.2公分,12行25字,白口,左右雙邊,單黑魚尾。版心中鐫"汲古閣"及"毛氏正本"。

館藏信息：　RECAP：East Asian Library use only：B12/2091

0275

基本著錄：　　**陳書：三十六卷**

(Chen shu：san shi liu juan)

[(唐)姚思廉撰]

明崇禎辛未[4年,1631]常熟毛晉汲古閣本

一函三冊;26公分

相關責任者：　(唐)姚思廉(Yao Silian),557—637,撰;(清)毛晉(Mao Jin),1599—1659,刻

附　注：　　框21.9×15公分,12行25字,白口,左右雙邊,單黑魚尾。版心中

鐫"汲古閣"及"毛氏正本"。

館藏信息： RECAP：East Asian Library use only：B12/2089

0276

基本著錄： **魏書：一百十四卷**

（Wei shu：yi bai shi si juan）

（北齊）魏收撰

明萬曆丙申［24 年，1596］南京國子監本

兩函二十四冊；29 公分

相關責任者： （北齊）魏收（Wei Shou），506—572，撰

附　　注： 卷端小題在上，大題在下，如卷一卷端"序紀第一魏書一"。

卷端未題著者，著者據《目錄》。

明萬曆二十五年（1597）馮夢禎《序重雕魏書》、黃汝良《重雕魏書序》、［劉］放等《魏書上表》。

《目錄》後列校刊姓氏，題"大明萬曆二十四年歲在丙申南京國子監鏤板"。

框 20.5×15.1 公分，10 行 21 字，白口，左右雙邊，單黑魚尾。版心上鐫"萬曆二十四年刊"，下鐫刻工及字數，如卷一首葉"三百〇三正"、七葉"三百五十洪"。

館藏信息： East Asian Library（Gest）：Rare Books：TB12/321Q

0277

基本著錄： **魏書：一百十四卷**

（Wei shu：yi bai shi si juan）

［（北齊）魏收撰］

明崇禎丙子［9 年，1636］常熟毛晉汲古閣本

四函十六冊；26 公分

相關責任者： （北齊）魏收（Wei Shou），506—572，撰；（清）毛晉（Mao Jin），1599—1659，刻

附　　注： 框 21.7×15 公分，12 行 25 字，白口，左右雙邊，單黑魚尾。版心中鐫"汲古閣"及"毛氏正本"。

館藏信息： RECAP：East Asian Library use only：B12/2088

0278

基本著録：	**北齊書：五十卷**
	（Bei qi shu：wu shi juan）
	［（唐）李百藥撰］
	明崇禎戊寅［11年,1638］常熟毛晉汲古閣本
	一函四册；26公分
相關責任者：	（唐）李百藥（Li Baiyao）,565—648,撰；（清）毛晉（Mao Jin）,1599—
	1659,刻
附　　注：	與 CULX02－b98 同版。
	框 21.6×14.9 公分,12 行 25 字,白口,左右雙邊,單黑魚尾。版心
	中鐫"汲古閣"及"毛氏正本"。
館藏信息：	RECAP：East Asian Library use only：B12/1720

0279

基本著録：	**周書：五十卷**
	（Zhou shu：wu shi juan）
	（唐）令狐德棻等撰
	明萬曆癸卯—乙巳［31—33 年,1603—1605］國子監本
	兩函十册；30公分
相關責任者：	（唐）令狐德棻（Linghu Defen）,583—666,撰；（明）李騰芳（Li Teng-
	fang）,進士 1592,校刊；（明）蕭雲舉（Xiao Yunju）,進士 1586,校刊
附　　注：	卷端大題在上,小題在下,如"周書卷一帝紀第一"。
	卷端題"唐令狐德棻等撰　皇明朝列大夫國子監祭酒臣蕭雲舉承德
	郎右春坊右中允管司業事臣李騰芳等奉敕重校刊"。
	框 23.5×15.1 公分,10 行 21 字,白口,左右雙邊,單黑魚尾。版心
	上分別鐫"萬曆三十一年刊""萬曆三十二年刊""萬曆三十三年
	刊",中鐫"周書"、卷數、紀傳名稱及葉碼。
	鈐"海豐馬氏""趙氏藏書""萊陽張氏桐生藏書之印"印記。
館藏信息：	East Asian Library（Gest）：Rare Books：TB12/655Q

0280

基本著錄： **周書:五十卷**

（Zhou shu:wu shi juan）

［（唐）令狐德棻等撰］

明崇禎壬申［5 年,1632］常熟毛晉汲古閣本

一函四册;26 公分

相關責任者： （唐）令狐德棻（Linghu Defen）,583—666,撰;（清）毛晉（Mao Jin）,
1599—1659,刻

附　　注： 框 21.5×15 公分,12 行 25 字,白口,左右雙邊,單黑魚尾。版心中
鐫"汲古閣"及"毛氏正本"。

館藏信息： RECAP:East Asian Library use only:B12/2090

0281

基本著錄： **南史:八十卷**

（Nan shi:ba shi juan）

（隋）李延壽撰

明萬曆癸卯［31 年,1603］刻明末重修本國子監本

兩函二十册;27 公分

相關責任者： （隋）李延壽（Li Yanshou）,7 世紀,撰;（明）黃錦（Huang Jin）,重修;
（明）吳士元（Wu Shiyuan）,進士 1619,重修;（明）蕭雲舉（Xiao Yun-
ju）,進士 1586,校刊;（明）楊道賓（Yang Daobin）,1552—1609,校刊

附　　注： 卷端大題連小題,如"南史卷一宋本紀上第一"。

卷端題"李延壽撰　皇明朝議大夫國子監祭酒臣楊道賓奉訓　大夫
右春坊右諭德管國子監司業事臣蕭雲舉等奉勅重較刊　皇明朝列大
夫國子監祭酒臣吳士元承德郎司業仍加俸一級臣黃錦等奉旨重
修"。

無序跋。

據《欽定國子監志》卷三十三,吳士元,明崇禎四年（1631）任,此書當
爲明末重修本。

框 23.6×15.3 公分,10 行 21 字,白口,左右雙邊,單黑魚尾。上書
口鐫"萬曆三十一年刊"。

"曾為古平壽郭申堂藏""黃氏二酉家藏"印記。

館藏信息： East Asian Library（Gest）：Rare Books：TB12/320

0282

基本著錄： **南史：八十卷**

（Nan shi：ba shi juan）

［（隋）李延壽撰］

明崇禎庚辰［13 年，1640］常熟毛晉汲古閣本

兩函十六冊；25 公分

相關責任者： （隋）李延壽（Li Yanshou），7 世紀，撰；（清）毛晉（Mao Jin），1599—1659，刻

附　　注： 框 21.7×14.9 公分，12 行 25 字，白口，左右雙邊，單黑魚尾。版心中鐫"汲古閣"及"毛氏正本"。

館藏信息： East Asian Library（Gest）：Rare Books：TB12/2323a

0283

基本著錄： **南史：八十卷**

（Nan shi：ba shi juan）

［（隋）李延壽撰］

明崇禎庚辰［13 年，1640］常熟毛晉汲古閣本

一函六冊；26 公分

館藏本有殘缺：存卷一至四十。

相關責任者： （隋）李延壽（Li Yanshou），7 世紀，撰；（清）毛晉（Mao Jin），1599—1659，刻

附　　注： 框 21.7×15 公分，12 行 25 字，白口，左右雙邊，單黑魚尾。版心中鐫"汲古閣"及"毛氏正本"。

將原索書號 B12/2323 改變。

館藏信息： East Asian Library（Gest）：Rare Books：TB12/2323b

0284

基本著錄： **北史：一百卷**

（Bei shi：yi bai juan）

[（隋）李延壽撰]

明崇禎己卯[12 年,1639]常熟毛晉汲古閣本

兩函二十四册;26 公分

相關責任者： （隋）李延壽(Li Yanshou),7 世紀,撰;（清）毛晉(Mao Jin),1599—
1659,刻

附 注： 框 21.4×15.2 公分,12 行 25 字,白口,左右雙邊,單黑魚尾。版心
中鐫"汲古閣"及"毛氏正本"。

館藏信息： RECAP:East Asian Library use only:B12/2112a

0285

基本著錄： **北史:一百卷**

（Bei shi:yi bai juan）

[（隋）李延壽撰]

明崇禎己卯[12 年,1639]常熟毛晉汲古閣本

一函七册;26 公分

館藏本有殘缺:存卷二十七至五十五。

相關責任者： （隋）李延壽(Li Yanshou),7 世紀,撰;（清）毛晉(Mao Jin),1599—
1659,刻

附 注： 框 21.4×15.2 公分,12 行 25 字,白口,左右雙邊,單黑魚尾。版心
中鐫"汲古閣"及"毛氏正本"。

將原索書號 B12/2112 改變。

館藏信息： RECAP:East Asian Library use only:B12/2112b

0286

基本著錄： **隋書:八十五卷**

（Sui shu:ba shi wu juan）

（唐）魏徵撰;（明）吳士元,（明）黃錦重修

明萬曆戊戌[26 年,1598]北京國子監本

五函十九册;31 公分

館藏本有殘缺:缺卷二十至二十二。

相關責任者： （唐）魏徵(Wei Zheng),580—643,撰;（明）吳士元(Wu Shiyuan),進
士 1619,重修;（明）黃錦(Huang Jin),重修;（明）方從哲(Fang Cong-

zhe），進士 1583，校刊；（明）楊道賓（Yang Daobin），1552—1609，
校刊

附　注：　　卷端題“特進臣魏徵上　皇明朝列大夫國子監祭酒臣方從哲承直郎
國子監司業臣楊道賓等奉勅重校刊……”。

框 22.5×15.1 公分，10 行 21 字，白口，左右雙邊，單黑魚尾。版心
上鐫“萬曆二十六年刊”，中鐫書名及卷次。

館藏信息：　East Asian Library（Gest）：Rare Books：TB12/1717xQ

0287

基本著錄：　　**隋書：八十五卷**

（Sui shu：ba shi wu juan）

（唐）魏徵［等撰］

明崇禎乙亥［8 年，1635］常熟毛晉汲古閣本

兩函十冊；26 公分

相關責任者：　（唐）魏徵（Wei Zheng），580—643，撰；（清）毛晉（Mao Jin），1599—
1659，刻

附　注：　　帝紀五卷、志三十卷、列傳五十卷。

框 21.6×14.9 公分，12 行 25 字，小字雙行 37 字，白口，左右雙邊，上
黑魚尾。版心中鐫書名及卷次。

館藏信息：　RECAP：East Asian Library use only：B12/1717

0288

基本著錄：　　**唐書：二百二十五卷**

（Tang shu：er bai er shi wu juan）

（宋）歐陽修撰

明崇禎己巳［2 年，1629］常熟毛晉汲古閣本

四函三十二冊；26 公分

相關責任者：　（宋）歐陽修（Ouyang xiu），1007—1072，撰；（清）毛晉（Mao Jin），
1599—1659，刻

附　注：　　書名鐫於卷端第一行行尾。

框 21.7×14.9 公分，12 行 25 字，小字雙行 37 字，白口，左右雙邊，單
黑魚尾。版心中鐫“汲古閣”及“毛氏正本”。

館藏信息： RECAP：East Asian Library use only：B12/2087

0289

基本著錄： **五代史：七十四卷**

（Wu dai shi：qi shi si juan）

（宋）徐無黨注

明崇禎庚午［3 年，1630］常熟毛氏汲古閣本

一函六册；26 公分

相關責任者： （宋）徐無黨（Xu Wudang），注

附　　注： 框21.7×15 公分，12 行25 字，小字雙行37 字，白口，左右雙邊，單黑

魚尾。版心中鐫"汲古閣"及"毛氏正本"。

館藏信息： RECAP：East Asian Library use only：B12/1719

0290

基本著錄： **欽定金史語解：十二卷**

（Qin ding Jin shi yu jie：shi er juan）

清乾隆辛丑［46 年，1781］北京武英殿本

一函四册；29 公分

附　　注： 框21×15.2 公分，10 行21 字，小字雙行同，白口，左右雙邊，單黑魚

尾。版心中鐫書名及小題。

館藏信息： East Asian Library（Gest）：Rare Books：TB12/3672Q

0291

基本著錄： ［**二十四史：三千二百五十卷**］

（［Er shi si shi：san qian er bai wu shi juan］）

（清）弘畫等校刻

清乾隆己未—甲辰［4—49 年，1739—1784］北京武英殿本

九十九函七百五十四册；28 公分

相關責任者： （清）弘畫（Hongzhou），1712—1770，校刻

附　　注： 弘畫據《職名》。

僅《舊五代史》爲清乾隆四十九年（1784）刻。

框22.2×15.3 公分，10 行21 字，小字雙行，白口，左右雙邊，單黑魚

尾。版心上鐫"乾隆四年校刊",中鐫子目、卷次及篇名。

館藏信息： Annex A, Forrestal：B12/1521

0292

基本著錄： **弘簡錄：二百五十四卷**

（Hong jian lu：er bai wu shi si juan）

（明）邵經邦學；（清）[邵]遠平校閱

清康熙戊辰[27年,1688]邵遠平本

七函六十五冊；26公分

相關責任者： （明）邵經邦（Shao Jingbang）,1491—1565,學；（清）邵遠平（Shao Yuanping）,進士1664,校閱

附　　注： 封面鐫小字三行,言成書、刻書事。

清康熙二十七年（1688）邵錫蔭《重刻弘簡錄後序》言刻書事。

框20.4×15公分,12行24字,白口,四周單邊,單黑魚尾。版心上鐫書名,中鐫卷次,下鐫小題。

館藏信息： RECAP：East Asian Library use only：B42/805a

0293

基本著錄： **弘簡錄：二百五十四卷**

（Hong jian lu：er bai wu shi si juan）

（明）邵經邦學；（清）[邵]遠平校閱

清康熙戊辰[27年,1688]邵遠平本

四十八冊；26公分

相關責任者： （明）邵經邦（Shao Jingbang）,1491—1565,學；（清）邵遠平（Shao Yuanping）,進士1664,校閱

附　　注： 清康熙二十七年（1688）[邵]錫蔭《重刻弘簡錄後序》。

避"弘"字諱。

框20.2×15公分,12行24字,白口,四周單邊,單黑魚尾。版心上鐫書名,中鐫卷次,下鐫小題。

館藏信息： RECAP：East Asian Library use only：B42/1665

0294

基本著錄： 尚史：[七十卷]

(Shang shi：[qi shi juan])

(清)李鍇纂

清乾隆癸巳[38 年,1773]悦道樓本

四函十六册;26 公分

相關責任者： (清)李鍇(Li Kai),1686—1755,纂

附　　注： 附《世系圖》《序傳》。

書分本紀五卷、世家十二卷(總目作"十三卷")、列傳三十八卷、年表

四卷、志十卷。

封面"乾隆癸巳新鐫""悦道樓藏板"。

框 18.6×13.1 公分,10 行 24 字,白口,左右雙邊。版心上鐫書名,

中鐫小題及卷次。

館藏信息： East Asian Library(Gest)：Rare Books：TB42/1638

0295

基本著錄： 春秋紀傳：五十一卷,世系圖

(Chun qiu ji zhuan：wu shi yi juan,Shi xi tu)

(清)李鳳雛纂輯

清康熙間(約 1704—1722)本

四函十六册;26 公分

相關責任者： (清)李鳳雛(Li Fengchu),纂輯

附　　注： 清康熙四十三年(1704)李振裕《序》。

框 19.6×14.3 公分,9 行 21 字,小字雙行同,白口,四周雙邊,單黑

魚尾。版心上鐫書名,中鐫卷次及小題。

館藏信息： East Asian Library(Gest)：Rare Books：TB42/3069

0296

基本著錄： [東都事略：一百三十卷]

([Dong du shi lüe：yi bai san shi juan])

(宋)王偁

明清間(約 1620—1722)本

四函二十二冊;26 公分

相關責任者: (宋)王偁(Wang Cheng),12 世紀

附　　注: 書中内容爲《東都事略》列傳卷一至八十三,即全書卷十八至一百。

第一冊紙簽上題"《歷代名人列傳》,裝四套計二拾二本,康熙年名人

手抄"。書内卷端書名、上書口及版心全部被剜,疑書商作僞。

11 行 25 字,無行格。朱筆校。

館藏信息: East Asian Library(Gest):Rare Books:TB42/2923

0297

基本著録: **東都事略:一百三十卷**

(Dong du shi lüe:yi bai san shi juan)

(宋)王稱

清間(約 1644—1795)振鷺堂本

兩函二十四冊;25 公分

相關責任者: (宋)王稱(Wang Cheng),12 世紀;(清)高大全(Gao Daquan),刻

附　　注: 與 CHLR94 - B18 同板,該書封面鐫"……振鷺堂藏板"。

《目録》末有牌記"眉山程舍人宅刊行已申上司不許覆板"。

此書爲翻刻宋程舍人刻本。

框 18.7×12,9 公分,12 行 24 字,白口,左右雙邊,雙黑魚尾。[卷一

首葉]版心上鐫字數,中鐫"東一",下鐫刻工"高大全"。

館藏信息: East Asian Library(Gest):Rare Books:TB42/876

0298

基本著録: **續弘簡録元史類編:四十二卷**

(Xu Hong jian lu Yuan shi lei bian:si shi er juan)

(清)邵遠平學

清康熙己卯[38,1699]邵遠平本

八函十五冊:圖;26 公分

相關責任者: (清)邵遠平(Shao Yuanping),學

附　　注: 附《海運圖考》。

封面鐫"元史類編續弘簡録　繼善堂藏板"。

清康熙三十八年(1699)《表》言刻書事。

此本是後印,本文部分有挖改。

框20.6×15.1公分,12行24字,白口,四周單邊,單黑魚尾。版心上鐫"續弘簡錄",中鐫卷次,下鐫編名。

館藏信息： RECAP:East Asian Library use only:B42/805b

0299

基本著錄： **明史藁:三百十卷,史例議二卷**

(Ming shi gao:san bai shi juan,Shi li yi er juan)

(清)王鴻緒編撰

清雍正間(即1723—1735)敬慎堂本

八函八十册;27公分

相關責任者： (清)王鴻緒(Wang Hongxu),1645—1723,編撰

附　注： 計本紀十九卷、志七十七卷、表九卷、列傳二百五卷。

有朱印清康熙三十六年(1697)《敕諭》。

敬慎堂爲王鴻緒之堂號。

封面鐫"横雲山人明史列傳藁""本府藏板"。

框20.2×14.6公分,11行23字,白口,左右雙邊,單黑魚尾。版心中鐫"横雲山人集史藁列傳"及卷次,下鐫"敬慎堂"。"慎"字缺末筆。

館藏信息： East Asian Library(Gest):Rare Books:TB42/109

0300

基本著錄： **明史藁:三百十卷**

(Ming shi gao:san bai shi juan)

(清)王鴻緒編撰

清雍正間(即1723—1735)敬慎堂本

十函五十册;27公分

相關責任者： (清)王鴻緒(Wang Hongxu),1645—1723,編撰

附　注： 計本紀十九卷、志七十七卷、表九卷、列傳二百五卷。

有朱印清康熙三十六年(1697)《敕諭》。

敬慎堂爲王鴻緒之堂號。

"慎"字缺末筆。

框 20.2×14.6 公分,11 行 23 字,白口,左右雙邊,單黑魚尾。版心中鐫"橫雲山人集史藁列傳"及卷次,下鐫"敬慎堂"。

館藏信息： East Asian Library(Gest)：Rare Books：TB42/2025

0301

基本著錄： **南唐書：三十卷,音釋**

（Nan Tang shu：san shi juan,yin shi）

（宋）馬令編

清康熙間（即 1662—1722）蔣國祥本

一函四册；26 公分

相關責任者： （宋）馬令（Ma Ling）,活動期 11 至 12 世紀,編；（清）蔡學蘇（Cai Xuesu）,修補；（清）蔣國祥（Jiang Guoxiang）,刻

附　　注： 避"玄"字諱。

同函（陸游）《南唐書》有清同治十三年（1874）蔡學蘇《跋》言修補事。

未署年蔣國祥《合刻南唐書序》言刻書事。

框 17.6×13.1 公分,10 行 19 字,黑口,四周單邊,雙黑魚尾。版心中鐫書名及卷次。

館藏信息： Annex A,Forrestal：B147/123 vol. 1 – 4

0302

基本著錄： **南唐書：十八卷**

（Nan Tang shu：shi ba juan）

（宋）陸游撰

清康熙間（即 1662—1722）蔣國祥本

一函兩册；26 公分

相關責任者： （宋）陸游（Lu You）,1125—1210,撰；（清）蔡學蘇（Cai Xuesu）,修補；（清）蔣國祥（Jiang Guoxiang）,刻

附　　注： 避"玄"字諱。

清同治十三年（1874）蔡學蘇《跋》言修補事。

同函（馬令）《南唐書》有未署年蔣國祥《合刻南唐書序》言合刻二

書事。

館藏信息： Annex A，Forrestal：B147/123 vol. 5 – 6

0303

基本著録： **十國春秋：一百十四卷**

（Shi guo chun qiu：yi bai shi si juan）

（清）吳任臣撰

清康熙丁巳［16 年，1677］彙賢齋本

二十四冊；27 公分

相關責任者： （清）吳任臣（Wu Renchen），約 1628—約 1689，撰；（清）甘鵬雲（Gan Pengyun），生年 1861

附　注： 清康熙十六年（1677）［吳］農祥《題辭》言刻書事。

框 21 × 14.1 公分，10 行 22 字，小字雙行同，白口，左右雙邊，單黑魚尾。版心上鐫書名，中鐫卷次及小題，下鐫"彙賢齋"。

館藏信息： East Asian Library（Gest）：Rare Books：TB147/1531

0304

基本著録： **十國春秋：一百十四卷. 十國春秋拾遺，十國春秋備攷.**

子目：

十國春秋：一百十四卷

（Shi guo chun qiu：yi bai shi si juan）

（清）吳任臣撰；（清）周昂校刊

十國春秋拾遺，十國春秋備攷

（Shi guo chun qiu shi yi，Shi guo chun qiu bei kao）

（清）周昂輯

清乾隆癸丑［58 年，1793］周昂此宜閣本

兩函十六冊；26 公分

相關責任者： （清）吳任臣（Wu Renchen），約 1628—約 1689，撰；（清）周昂（Zhou Ang），校刊、輯

附　注： 《十國春秋拾遺》爲卷一百十五，《十國春秋備攷》爲卷一百十六。

版本參據 CHHR99 – B204。

框 20.8 × 13.8 公分，10 行 21 字，白口，左右雙邊，單黑魚尾。版心

上鐫書名,中鐫卷次及小題。

館藏信息: East Asian Library(Gest):Rare Books:TB147/818

0305

基本著錄: **史記題評:一百三十卷**

(Shi ji ti ping:yi bai san shi juan)

(明)楊慎,(明)李元陽輯訂;(明)高世魁校正

明嘉靖丁酉[16年,1537]胡有恒、胡瑞本

六函六十冊;28公分

相關責任者: (明)楊慎(Yang Shen),1488—1599,輯訂;(明)李元陽(Li Yuan-
yang),1497—1580,輯訂;(明)高世魁(Gao Shikui),進士1521,校
正;(明)胡瑞(Hu Rui),16世紀,刻;(明)胡有恒(Hu Youheng),進
士1523,刻;(明)張田(Zhang Tian),刻

附　　注: 卷九等卷端題"明楊慎李元陽輯訂　高世魁校正",卷四十七題"漢
司馬遷著　宋裴駰集解　唐司馬貞索隱　張守節正義　明楊慎李元
陽訂刻"。

卷前有司馬貞《補史記序》《史記索隱序》《史記索隱後序》《補史
記》、裴駰《史記集解序》、張守節《史記正義序》《史記正義論例謚法
解》。卷前又列《史記題評諸儒名氏》。

全書卷末題"嘉靖十六年丁酉福州府知府胡有恒同知胡瑞敦雕"。

框17.5×13公分,9行20字,小字雙行,白口,左右雙邊,單白魚尾。
版心上鐫"史記"及卷次,中鐫傳記名稱,下鐫刻工,如卷一首葉"張
田"。眉欄鐫評語。

館藏信息: East Asian Library(Gest):Rare Books:TB12/3843Q

0306

基本著錄: **刻楊升菴先生批選史記市言:八卷**

(Ke Yang Sheng'an xian sheng pi xuan Shi ji shi yan:ba juan)

(明)楊慎批選;(明)曾所能校正;(明)蔣方馨閱

明萬曆間(即1573—1620)毓秀齋本

一函八冊;27公分

相關責任者: (明)楊慎(Yang Shen),1488—1599,批選;(明)曾所能(Zeng

Suoneng),校正;(明)蔣方馨(Jiang Fangxin),閱

附　　注：　封面葉題"鐫楊升菴先生批選史記市言　毓秀齋藏板"。

卷一卷端題"新都楊愼用修父批選　古鄞曾所能肩說父校正　華亭蔣方馨妙凝父同閱",其他卷端未題蔣方馨。

楊愼《史記市言題詞》未署年月。

封面有毓秀齋主人識語,未署年月,提刻書事。

框 22.3×13.2 公分,9 行 21 字,小字雙行字數同,白口,單黑魚尾,四周單邊。版心中鐫"史記市言"及卷次,上欄鐫評語。

館藏信息：　East Asian Library(Gest):Rare Books:TB367/3557

0307

基本著錄：　**史記評林:一百三十卷**

（Shi ji ping lin:yi bai san shi juan）

（明）凌稚隆輯校

明萬曆丙子[4 年,1576]凌稚隆本

兩函二十二册:圖,地圖;30 公分

相關責任者：　（明）凌稚隆（Ling Zhilong）,輯校;（明）顧歡（Gu Huan）,寫工;（明）沈玄易（Shen Xuanyi）,刻

附　　注：　《目錄》題"漢太史令龍門司馬遷著　宋中郎外兵曹參軍裴駰集解唐朝散大夫國子博士弘文館學士河東司馬貞索隱　唐諸王侍讀宣議郎守右清道率府長史張守節正義"。

明萬曆四年(1576)茅坤《刻史記評林序》。萬曆五年(1577)徐中行《史記評林序》。

凌稚隆《史記評林凡例》提刻書事。

框 24.6×14.7 公分,10 行 19 字,小字雙行同,白口,左右雙邊,單黑魚尾。版心上鐫"史記"及卷次,中鐫小題,下鐫刻工,如卷一首葉"長洲顧歡寫同邑沈玄易刊"。眉欄小字注。

"味青齋藏書"印記。

館藏信息：　East Asian Library(Gest):Rare Books:TB367/81Q

又一部:East Asian Library(Gest):Rare Books:TB367/81x

0308

基本著録： **史記評林：一百三十卷**

（Shi ji ping lin：yi bai san shi juan）

（明）凌稚隆輯校

明萬曆丙子［4年，1576］凌稚隆本

十函一百册：圖，地圖；30公分.

相關責任者： （明）凌稚隆（Ling Zhilong），輯校；（清）胡季堂（Hu Jitang），進士1787，識語

附　注： 此書與館藏《史記評林》（TB367/81）同版。該書卷端題"吳興凌稚隆輯校"，《目録》題"漢太史令龍門司馬遷著　宋中郎外兵曹參軍裴駰集解　唐朝散大夫國子博士弘文館學士河東司馬貞索隱　唐諸王侍讀宣議郎守右清道率府長史張守節正義"。著者及版本參據該書。

框24.6×14.8公分，10行19字，小字雙行同，白口，左右雙邊，單黑魚尾。版心上鐫"史記"及卷次，中鐫小題，下鐫刻工。眉欄小字注。

卷前有清乾隆六十年（1795）雲坡《識語》，考辨其作僞情况。《識語》後有"胡季堂印""大司寇章"，雲坡即胡季堂。

"培蔭軒秘笈之印""清和珍玩""晋府書畫之印"等（僞印）。

館藏信息： East Asian Library（Gest）：Rare Books：TB367/4029Q

0309

基本著録： **史記評林：一百三十卷**

（Shi ji ping lin：yi bai san shi juan）

（明）凌稚隆

明間（約1576—1644）本

四函二十四册：圖，地圖；26公分

相關責任者： （明）凌稚隆（Ling Zhilong）

附　注： 卷一前題"三皇本紀唐國子博士弘文學士河内司馬貞補撰并註"，卷一卷端題"史記評林"，未題著者，卷二卷端以後小題在上，大題在下，如"夏本紀二史記二"，未題"史記評林"。

《目録》題"漢太史令龍門司馬遷著　宋中郎外兵曹參軍裴駰集解

唐朝散大夫國子博士弘文館學士河東司馬貞索隱　唐諸王侍讀宣議郎守右清道率府長史張守節正義"。

著者凌稚隆參據館藏《史記評林》(TB367/81)。

無序跋,凌稚隆《史記評林凡例》,内容與明萬曆四年(1576)本相同,但兩個版本不同。

框25.3×14.7公分,11行24字,小字雙行同,白口,四周雙邊,雙黑魚尾。版心中鐫"史記"、小題及卷次,《凡例》第二、四葉版心下鐫"由八刊"。眉欄小字注。

館藏信息:　East Asian Library(Gest);Rare Books;TB367/358Q

0310

基本著録:　**史記纂**

(Shi ji zuan)

(明)凌稚隆校閱

明萬曆間(約1579—1620)本

兩函十二册;30公分

相關責任者:　(明)凌稚隆(Ling Zhilong),校閱;(明)戴文(Dai Wen),刻;(明)顧歉(Gu Huan),寫工;(明)凌沐初(Ling Muchu),校

附　注:　不分卷。

書末鐫"凌沐[沐]初校"。

明萬曆七年(1579)王世貞《史記纂序》、凌稚隆《史記纂序》、未署名《史記纂凡例》。

框20.4×13.3公分,9行20字,白口,左右雙邊,單黑魚尾。版心上鐫書名,中鐫紀傳名稱,下鐫篇次。卷端首葉下鐫"吳郡顧歉寫戴文刻"。行間及眉欄鐫注。

館藏信息:　East Asian Library(Gest);Rare Books;TB12/786Q

0311

基本著録:　**静觀室增補史記纂:六卷**

(Jing guan shi zeng bu Shi ji zuan;liu juan)

(明)李廷機增補;(明)蘇濬訂評;(明)凌稚隆校閱

明間(約1588—1644)建陽詹彦洪静觀室本

兩函十六冊;26 公分

相關責任者: （明）李廷機（Li Tingji），進士 1583，增補;（明）蘇濬（Su Jun），
1541—1599，訂評;（明）凌稚隆（Ling Zhilong），校閱;（明）詹彥洪
（Zhan Yanhong），刻

附　　注: 框 21.8×13 公分，9 行 23 字，小字雙行同，白口，四周雙邊，單黑魚
尾。版心上鐫"增補史記纂評林"，中鐫小題及卷次，下鐫"靜觀室
鋟"。

卷端題"温陵九我李廷機增補　同邑紫溪蘇濬訂評　吳興後學凌稚
隆校閱　閩建書林詹彥洪繡梓"。

明萬曆十六年（1588）王世貞《增補史記纂評林［序］》（按:此序與爲
凌稚隆刻《史記纂》所作序内容相同，署年不同，不宜據此序定刻書
年）。

館藏信息: East Asian Library（Gest）:Rare Books:TB367/3957

0312

基本著録: **唐荊川先生批點精選史記:六卷**

（Tang Jingchuan xian sheng pi dian jing xuan Shi ji:liu juan）

（明）唐順之

明嘉靖間（約 1556—1560）本

兩函十二冊;27 公分

相關責任者: （明）唐順之（Tang Shunzhi），1507—1560

附　　注: 卷端未題著者。

王畿《荊川批點精選史漢書序》提刻書事，未提年代。

版本據 CHRR03 – B50。

框 19×13.6 公分，9 行 21 字，小字雙行字數同，白口，四周雙邊，單
白魚尾。版心中鐫"史記"、紀傳名，如卷一版心"史記秦始皇卷一"，
各卷前有《目錄》。眉欄、行間有批點。

館藏信息: East Asian Library（Gest）:Rare Books:TB12/390

0313

基本著録: **孫月峰先生批評史記:一百三十卷:褚先生附餘一卷**

（Sun Yuefeng xian sheng pi ping Shi ji:yi bai san shi juan:Chu xian sheng fu yu yi juan）

（明）馮元仲參定；（明）馮眉等校閱

明崇禎丙子［9 年,1636］馮元仲本

六函三十六冊;27 公分

相關責任者： （明）馮元仲（Feng Yuanzhong）,17 世紀,參定；（明）馮眉（Feng
Mei）,校閱；（明）孫鑛（Sun Kuang）,1542—1613

附　　注： 封面題"天益山參校　孫月峰先生批評　史記瑯環藏發行　慈谿馮
衙藏板　翻刻千里必究",封面葉有"石戶農"朱印。

《褚先生附餘》大題同正文,大題後小字爲"褚先生附餘"。

卷端題"馮元仲次牧參定　陳繼儒馮眉山麋校閱",其他卷端所題第
一校閱者不同。

明崇禎九年（1636）馮元仲《孫月峰先生批評史記序》提刻書事。

框 20.3×14.5 公分,9 行 20 字,白口,四周單邊,單白魚尾。版心上
鐫"史記",中鐫卷次,下鐫"本紀""列傳"等。眉欄小字注。

"樂城聶氏收藏書籍圖畫"印章。

館藏信息： East Asian Library（Gest）:Rare Books:TB367/3783

0314

基本著錄： **漢書評林：一百卷**

（Han shu ping lin:yi bai juan）

（明）凌稚隆輯校

明萬曆辛巳［9 年,1581］凌稚隆本

四函三十六冊:圖,地圖;28 公分

相關責任者： （明）凌稚隆（Ling Zhilong）,輯校

附　　注： 明萬曆九年（1581）王宗沐《叙》提刻書事。

框 24.3×14.8 公分,10 行 20 字,小字雙行,白口,左右雙邊,單黑魚
尾。版心鐫"漢書"及卷數,中鐫小題,下鐫刻工。

與館藏《漢書評林》（TB367/701）同版。

館藏信息： East Asian Library（Gest）:Rare Books:TB367/82Q

0315

基本著錄： **漢書評林：一百卷**

（Han shu ping lin：yi bai juan）

（明）凌稚隆輯校

明萬曆辛巳［9 年，1581］凌稚隆本

八函四十八冊：圖，地圖；28 公分

相關責任者： （明）凌稚隆（Ling Zhilong），輯校

附　　注： 明萬曆九年（1581）王宗沐《刻漢書評林叙》言刻書事。

框 23.9×14.5 公分，10 行 20 字，小字雙行，白口，左右雙邊，單黑魚尾。版心鐫"漢書"及卷次，中鐫小題，下鐫刻工。

與館藏《漢書評林》（TB367/82）同版。

書內紅筆批點。

館藏信息： East Asian Library（Gest）：Rare Books：TB367/701

0316

基本著録： **後漢書纂：十二卷**

（Hou Han shu zuan：shi er juan）

（南朝宋）范曄撰；（明）凌濛初纂

明萬曆間（即 1573—1620）本

四函二十四冊；26 公分

相關責任者： （南朝宋）范曄（Fan Ye），398—445，撰；（明）凌蒙初（Ling Meng-chu），1580—1644，纂；（明）凌稚隆（Ling Zhilong），訂

附　　注： 封面題"凌以棟先生訂　後漢書　稽古齋藏版"，凌以棟即凌稚隆。

卷一卷端題"宋順陽范曄譔　明吳興凌濛初纂"。

《後漢書序》殘，無年月，無署名。凌濛初《凡例》未署年月。

書內未提刻書事。據字體，應爲明萬曆刻。

框 10.6×12.1 公分，8 行 20 字，小字雙行字數同，白口，四周單邊。版心上鐫"後漢書纂"，中鐫卷次。

"肇民"印記。

館藏信息： East Asian Library（Gest）：Rare Books：TB137/3513

0317

基本著録： **古史：六十卷**

（Gu shi：liu shi juan）

（宋）蘇轍（Su Zhe）

明萬曆辛亥［39 年,1611］南京國子監本

兩函十册;26 公分

相關責任者： （宋）蘇轍（Su Zhe）,1039—1112;（明）王應龍（Wang Yinglong）,刻

附　　注： 卷端書名小題在上,大題在下,如"三皇本紀第一古史一"。

卷端未題著者,著者據《序》。

明萬曆四十年（1612）焦竑《刻子由古史序》。

《目錄》後題"大明萬曆三十九年南京國子監刊"及校刊姓氏。

框 20.4×14.8 公分,10 行 20 字,小字雙行同,白口,單黑魚尾,左右雙邊。版心上鐫"古史",中鐫紀傳名稱及卷次,下鐫刻工,如南雍刻古史序第一葉"王應龍刻"。

館藏信息： East Asian Library（Gest）:Rare Books:TB42/1298

0318

基本著錄： **通志:二百卷**

（Tong zhi:er bai juan）

（宋）鄭樵

元間（約 1279—1367）本

二十四函二百四十册;38 公分

館藏本有殘缺:有手抄配補。

相關責任者： （宋）鄭樵（Zheng Qiao）,1104—1162

附　　注： 卷端書名小題在上,大題在下,如"三皇紀第一通志一"。

卷端未題著者,《總序》題"右迪功郎鄭樵"。

元至治二年（1322）吳繹《序》。至治元年（1321）吳繹《通志疏》。鄭樵《通志總序》。

吳繹《通志疏》後鐫"至治二年九月印造"。

《中國古籍善本書目》著録元大德三山郡庠刻本,行款字數與此版同。與館藏中國國家圖書館善本元刻本胶卷核對,爲同一版。或許至治二年（1322）未重刻,僅將大德版重印。

框 29.6×20 公分,9 行 21 字,小字雙行字數同,白口,左右雙邊,雙黑魚尾。版心上鐫字數,如卷一首葉"大字三百零三小字六十",中鐫"通志"及紀傳名,版心下有刻工。明成化十年（1474）補版爲粗黑

口,版心上鐫"成化十年吏部重刊",如卷三第三十三葉。

鈐"龍山蟄廬藏書之章""古莘陳氏子子孫孫永寶用"印記。

館藏信息： East Asian Library(Gest)：Rare Books：TB42/1029Q

0319

基本著錄： **宋史:四百九十六卷,目錄[三卷]**

(Song shi：si bai jiu shi liu juan，mu lu[san juan])

(元)脫脫等修

明萬曆己亥[27年,1599]國子監本

十二函一百二十冊;28公分

相關責任者： (元)脫脫(Tuotuo),1313—1355,修;(明)方從哲(Fang Congzhe),進士 1583,校刊;(明)黃錦(Huang Jin),重修;(明)吳士元(Wu Shiyuan),進士1619,重修;(明)黃汝良(Huang Ruliang),進士1586,校刊

附　注： 卷端大題在上,小題在下,如"宋史卷一本紀第一"。

卷端題"開府儀同三司上柱國錄軍國重事前中書右丞相監修　國史領經筵事都總裁脫脫等修　皇明朝列大夫國子監祭酒臣方從哲承德郎右春坊右中允管國子監司業事臣黃汝良等奉勅重校刊　皇明朝列大夫國子監祭酒臣吳士元承德郎司業仍加俸一級臣黃錦等奉旨重修"。

無序跋。

框23.5×15.3公分,10行21字,白口,左右雙邊,單黑魚尾。版心上鐫"萬曆二十七年刊",中鐫"宋史"、卷次及紀傳名稱。

館藏信息： East Asian Library(Gest)：Rare Books：TB12/571

0320

基本著錄： **遼史:一百十六卷**

(Liao shi：yi bai shi liu juan)

(元)脫脫修

明嘉靖己丑[8年,1529]南京國子監本

兩函十六冊;30公分

館藏本有殘缺:有手抄配補。

相關責任者： （元）脫脫（Tuotuo），1313—1355，修；（明）江汝璧（Jiang Rubi），1486—1558，校刊；（明）張邦奇（Zhang Bangqi），1484—1544，校刊

附　　注： 卷端小題在上，大題在下，如"本紀卷一遼史一"。

卷端題"元開府儀同三司上柱國前中書右丞相監修　國史都總裁臣脫脫修　大明南京國子監祭酒臣張邦奇司業臣江汝璧奉旨校刊"。

無序跋。

框21.9×16.2公分，10行22字，細黑口，左右雙邊，雙黑魚尾。版心上鐫"嘉靖八年刊"，中鐫"遼紀""遼傳""遼志"及卷次。

館藏信息： East Asian Library（Gest）：Rare Books：TB12/725Q

0321

基本著錄： **金史：一百三十五卷，目錄二卷**

（Jin shi：yi bai san shi wu juan，mu lu er juan）

（元）脫脫修

明嘉靖己丑［8年，1529］南京國子監本

八函四十八冊；29公分

館藏本有殘缺：有手抄配補。

相關責任者： （元）脫脫（Tuotuo），1313—1355，修；（元）阿魯圖（Alutu），進表；（明）江汝璧（Jiang Rubi），1486—1558，校刊；（明）張邦奇（Zhang Bangqi），1484—1544，校刊

附　　注： 卷端小題在上，大題在下，如"本紀第一金史一"。

卷端題"元開府儀同三司上柱國前中書右丞相監修　國史都總裁臣脫脫修　大明南京國子監祭酒臣張邦奇司業臣江汝璧奉旨校刊"。

元至正四年（1344）阿魯圖《進金史表》。

框21.6×16.2公分，10行22字，細黑口，左右雙邊，雙黑魚尾。版心上鐫"嘉靖八年刊"，中鐫"金史"及卷次。

館藏信息： East Asian Library（Gest）：Rare Books：TB12/269Q

0322

基本著錄： **吾學編：六十九卷**

（Wu xue bian：liu shi jiu juan）

（明）鄭曉

明隆慶丁卯[元年,1567]鄭履淳本

六函三十六册;27公分

相關責任者： （明）鄭曉（Zheng Xiao）,1499—1566;（明）鄭履淳（Zheng Lüchun）,

進士 1562,刻

附　　注： 卷端小題在上,大題在下,如"皇明大政記第一卷吾學編第一"。

卷端題"臣海鹽鄭曉",卷末題"子履準校正"。

明隆慶元年(1567)雷禮《吾學編序》。鄭履淳《序略》。

雷禮《序》提刻書事。

框 18.5×14 公分,10 行 19 字,白口,左右雙邊。版心上鐫子書名,

中鐫卷次,下有刻工,如卷一首葉"三"、三葉"少"。雷禮《序》後鐫

"海塩夏儒刻"。

鈐"君耆""趙郭汾原伯子家藏圖書"印記。

館藏信息： East Asian Library（Gest）:Rare Books:TB52/914

0323

基本著録： **吾學編:六十九卷**

（Wu xue bian:liu shi jiu juan）

（明）鄭曉

明萬曆己亥[27 年,1599]鄭心材本

四函三十二册;27 公分

相關責任者： （明）鄭曉（Zheng Xiao）,1499—1566;（明）鄭履準（Zheng Lüzhun）,

16 世紀,校;（明）鄭心材（Zheng Xincai）,活動期 16 世紀,校

附　　注： 卷端小題在上,大題在下,如"皇明大政記第一卷吾學編第一"。

卷端題"臣海鹽鄭曉",卷末題"子履準校孫心材重校"。

明萬曆二十七年(1599)李當泰《重刻吾學編跋》言鄭心材刻書事。

框 18.2×13.8 公分,10 行 19 字,白口,左右雙邊,單綫魚尾。版心

上鐫分書名,下鐫刻工。

館藏信息： East Asian Library（Gest）:Rare Books:TB52/645

0324

基本著録： **藏書:六十八卷**

（Cang shu:liu shi ba juan）

[(明)李贄撰]

明萬曆己亥[27年,1599]焦竑本

十四冊;27公分

相關責任者： (明)李贄(Li Zhi),1527—1602,撰;(明)焦竑(Jiao Hong),1541—1620,刻;(清)甘鵬雲(Gan Pengyun),生年1861,收藏

附　　注： 《世紀》八卷、《傳》六十卷,總卷數取自《序》。

書名大題連小題,如"藏書世紀卷一""藏書數學儒臣傳卷三十四"。

封面鎸"卓吾先生李氏藏書　蘓州閶門刊行"。

卷端未題著者,著者據《序》。

明萬曆二十七年(1599)祝世禄《序》言刻書事。

框23.4×15公分,9行20字,白口,四周單邊,單黑魚尾。版心中鎸卷次。

"潛江甘鵬雲藥樵校藏書籍章""崇雅堂藏書"印記。

館藏信息： East Asian Library(Gest):Rare Books:TB42/1703a

0325

基本著錄： 藏書:六十八卷

(Cang shu:liu shi ba juan)

(明)李載贄輯著;(明)沈汝楫,(明)金嘉謨重訂

明萬曆間(約1612—1620)本

四函四十八冊;27公分

相關責任者： (明)李贄(Li Zhi),1527—1602,輯著;(明)沈汝楫(Shen Ruji),重訂;(明)金嘉謨(Jin Jiamo),重訂;(明)耿定力(Geng Dingli),進士1571,校閱;(明)沈繼震(Shen Jizhen),校閱

附　　注： 卷端書名大題連小題,如"藏書世紀卷一""藏書儒臣傳卷三十四"。

卷端題"溫陵李載贄輯著　虎林沈汝楫金嘉謨重訂　沈繼震校閱"。

李載贄即李贄,避朱載垕諱,改名。

耿定力《藏書叙》未署年月。

原版刻於1611年。

框22.1×14.5公分,10行22字,白口,四周單邊。版心鎸"藏書"、紀傳名稱及卷次。

館藏信息： East Asian Library(Gest):Rare Books:TB42/793

0326

基本著錄： 　　續藏書：二十七卷

　　　　　　　（Xu cang shu：er shi qi juan）

　　　　　　　（明）李贄

　　　　　　　明萬曆間（約 1611—1620）本

　　　　　　　兩函八冊；27 公分

相關責任者： 　　（明）李贄（Li Zhi），1527—1602；（明）江紹前（Jiang Shaoqian），16/17
　　　　　　　世紀，校；（清）甘鵬雲（Gan Pengyun），生年 1861，收藏

附　　注： 　　封面鐫"新刻李氏續藏書　焦竑發刻王衙藏板"。

　　　　　　　卷端未題著者，著者據正文，正文云"臣李贄曰……"。

　　　　　　　《總目錄》後鐫"新都後學江紹前校"。

　　　　　　　明萬曆三十九年（1611）焦竑《續藏書序》言王惟儼刻書事。

　　　　　　　框 23×15.8 公分，9 行 20 字，白口，四周單邊，單黑魚尾。版心上鐫
　　　　　　　類名，中鐫卷次。

　　　　　　　鈐"潛江甘鵬雲藥樵收藏書籍章"等印。

館藏信息： 　　East Asian Library（Gest）：Rare Books：TB42/1703b

0327

基本著錄： 　　函史：上編八十二卷，下編二十一卷

　　　　　　　（Han shi：shang bian ba shi er juan，xia bian er shi yi juan）

　　　　　　　（明）鄧元錫纂

　　　　　　　明萬曆間（即 1573—1620）本

　　　　　　　六函六十冊；30 公分

相關責任者： 　　（明）鄧元錫（Deng Yuanxi），1529—1593，纂；（明）王其玉（Wang
　　　　　　　Qiyu），16/17 世紀，校；（明）徐智（Xu Zhi），16/17 世紀，刻

附　　注： 　　明萬曆元年（1573）鄧元錫《函史上編序》。明隆慶五年（1571）鄧元
　　　　　　　錫《函史下編序》。

　　　　　　　《下編》序末鐫"秣陵王其玉校金陵徐智督刊"，《下編》各卷末鐫"秣
　　　　　　　陵王其玉校"。

　　　　　　　框 20.2×13.8 公分，10 行 21 字，小字雙行同，白口，左右雙邊，單黑
　　　　　　　魚尾。版心上鐫"函史上編"或"函史下編"，中鐫卷次。

館藏信息： East Asian Library(Gest)：Rare Books：TB42/579Q

0328

基本著錄： **季漢書：六十卷，卷首**

（Ji Han shu：liu shi juan，juan shou）

（明）謝陛撰；（明）鍾人傑校

明間（約 1620—1644）鍾人傑本

一函十四册；27 公分

相關責任者： （明）謝陛（Xie Bi），撰；（明）鍾人傑（Zhong Renjie），校

附　注： 鍾人傑《叙季漢書》提刻書事。

框 21.2×14.9 公分，9 行 20 字，小字雙行，白口，四周單邊，單白魚尾。版心上鐫"季漢本紀"等，中鐫卷次。

館藏信息： East Asian Library(Gest)：Rare Books：TB52/847

0329

基本著錄： **名山藏：一百九卷**

（Ming shan cang：yi bai jiu juan）

（明）何喬遠輯

明崇禎間（約 1635—1644）福建沈猶龍本

十函六十册；20 公分

相關責任者： （明）何喬遠（He Qiaoyuan），1558—1632，輯；（明）沈猶龍（Shen You-long），進士 1616，刻

附　注： 卷前載《較刻名山藏姓氏》，記"巡撫福建右僉都御史華亭沈猶龍……同梓"。

沈猶龍，明崇禎八至十二年（1635—1639）在任。

框 21.5×14.8 公分，10 行 20 字，小字雙行字數同，白口，四周單邊，單黑魚尾。版心上鐫書名，中鐫卷次（多數爲墨釘）及小題，下鐫刻工。

"曾在李鹿山處""侯官高氏承漢藏書""顧謙以牧今藏此書"印記。

館藏信息： East Asian Library(Gest)：Rare Books：TB117/740

0330

基本著錄： 名山藏

（Ming shan cang）

（明）何喬遠［輯］

明崇禎間（約 1635—1644）福建沈猶龍本

兩函十六冊；27 公分

館藏本有殘缺：存《臣林記》。

相關責任者： （明）何喬遠（He Qiaoyuan），1558—1632，輯；（明）沈猶龍（Shen You-

long），進士 1616，刻

附　　注： 與館藏《名山藏》（TB117/740）同版，版本參據該書。

框 21.7×14.9 公分，10 行 20 字，小字雙行字數同，白口，四周單邊，

單黑魚尾。版心上鐫書名，中鐫卷次及“臣林記”，下鐫刻工。

館藏信息： East Asian Library（Gest）：Rare Books：TB117/2708

0331

基本著錄： **史漢合編題評：八十八卷，附錄四卷**

（Shi Han he bian ti ping：ba shi ba juan，fu lu si juan）

（明）茅一桂輯

明萬曆丙戌［14 年，1586］金陵唐廷仁本

八函八十冊；27 公分

相關責任者： （明）茅一桂（Mao Yigui），輯；（明）周曰校（Zhou Yüejiao），16 世紀，

刻；（明）唐廷仁（Tang Tingren），16 世紀，刻

附　　注： 書內卷數編排混亂。

卷端題“後學吳興茅一桂輯　同郡陸弘祚校”，其他卷端所題校者

不同。

明萬曆十六年（1588）董份《史漢合編序》。茅一桂《史漢合編叙》未

署年月。［茅一桂］《史漢合編凡例》。

《目錄》後鐫“萬曆丙戌金陵唐氏周氏刊行”。刻書者姓名據董份

《序》及《明代版刻綜錄》“唐廷仁”“周曰校”條目。

框 22.5×13.6 公分，10 行 21 字，小字雙行字數同，白口，左右雙邊，

單黑魚尾。上書口鐫“史漢合編”，版心中鐫卷數，下書口偶有刻工，

如卷[一]首葉"烏程馮嗣濂寫錫山何鯨刊"。

館藏信息： East Asian Library（Gest）：Rare Books：TB367/1768

0332

基本著錄： **班馬異同：三十五卷**

（Ban Ma yi tong：san shi wu juan）

（宋）倪思編；（元）劉辰翁評

明間（約 1621—1644）本

兩函十二冊；26 公分

相關責任者： （宋）倪思（Ni Si），1174—1220，編；（元）劉辰翁（Liu Chenweng），1232—1297，評

附　　注： 韓敬《班馬異同序》未署年。明永樂二十年（1422）楊士奇《班馬異同跋》。

版本據風格。

框 20.5×14.1 公分，9 行 20 字，白口，四周單邊，單白魚尾。版心上鐫書名，中鐫卷次及小題。眉欄鐫注。

館藏信息： East Asian Library（Gest）：Rare Books：TB367/923

0333

基本著錄： **前漢書：一百卷**

（Qian Han shu：yi bai juan）

（東漢）班固撰；（唐）顏師古注

明嘉靖戊子—庚寅[7—9 年，1528—1530]南京國子監本

三十一冊；25 公分

館藏本有殘缺：缺卷二十、四十三至四十五、四十六至四十八。

相關責任者： （東漢）班固（Ban Gu），32—92，撰；（唐）顏師古（Yan Shigu），581—645，注

附　　注： 卷端又題"大明南京國子監……校刊"。

有明萬曆十年（1582）重修《前漢書・職名表》。

配清順治至乾隆間補修本。

框 21.1×15.4 公分，10 行 21 字，白口，四周雙邊，雙黑魚尾。版心上鐫"嘉靖九年刊"至"乾隆五十五年刊"。

館藏信息： East Asian Library(Gest)：DS748.P36 1530

編年類

0334

基本著録： **資治通鑑綱目前編：二十五卷. 資治通鑑綱目：五十九卷. 續資治通鑑綱目：二十七卷.**

子目：

資治通鑑綱目前編：二十五卷

(Zi zhi tong jian gang mu qian bian：er shi wu juan)

(明)南軒

資治通鑑綱目：五十九卷

(Zi zhi tong jian gang mu：wu shi jiu juan)

(宋)朱熹

續資治通鑑綱目：二十七卷

(Xu Zi zhi tong jian gang mu：er shi qi juan)

(明)商輅等纂修

明崇禎庚午[3年，1630]本

十六函一百二十八冊；26公分

相關責任者： (明)南軒(Nan Xuan)，卒年1597；(宋)朱熹(Zhu Xi)，1130—1200；(明)商輅(Shang Lu)，1414—1486，纂修；(明)陳濟(Chen Ji)，1364—1424，正誤；(明)陳仁錫(Chen Renxi)，1581—1636，評閱；(明)馮智舒(Feng Zhishu)，質實；(明)劉友益(Liu Youyi)，書法；(明)汪克寬(Wang Kekuan)，1304—1372，考異；(元)王幼學(Wang Youxue)，集覽；(明)徐文昭(Xu Zhaowen)，考證；(宋)尹起莘(Yin Qishen)，13世紀，發明

附　　注： 各卷端題"明史官陳仁錫評閱"。

朱熹、南軒據《序》，商輅據《進書表文》。

《資治通鑑綱目編集諸儒姓氏》列"尹起莘發明　劉友益書法　汪克寬考異　王幼學集覽　徐昭文考證　陳濟正誤　馮智舒質實"。

明崇禎三年(1630)史應選《重刊通鑑綱目序》言刻書事。

《前編》封面鐫"嘉慶甲子年重鐫……姑蘇聚文堂梓行"。

框20.4×15.1公分,7行18字,小字雙行,白口,四周單邊,單黑魚尾。版心上鐫"通鑑綱目",中鐫卷次及小題,下鐫"正編""前編""續編"。

館藏信息: East Asian Library(Gest):Rare Books:TB22/841

0335

基本著録: **朱子資治通鑑綱目:五十九卷,卷首.通鑑綱目前編訂正:五卷.御批朱子綱目會編.通鑑綱目前編註証:四卷.**

子目:

朱子資治通鑑綱目:五十九卷,卷首

(Zhuzi Zi zhi tong jian gang mu:wu shi jiu juan,juan shou)

(清)王應鯨注義

通鑑綱目前編訂正:五卷

(Tong jian gang mu qian bian ding zheng:wu juan)

(清)王應鯨訂正

御批朱子綱目會編

(Yu pi Zhuzi gang mu hui bian)

(清)王應鯨著

通鑑綱目前編註証:四卷

(Tong jian gang mu qian bian zhu zheng:si juan)

(清)王應鯨著

清乾隆癸巳[38年,1773]王應鯤本

八函六十四册;26公分

相關責任者: (清)王應鯨(Wang Yingjing),注義、訂正、著;(清)王應鯤(Wang Yingkun),刻

附　　注: 清乾隆三十八年(1773)王應鯤《附序》言刻書事。

框18.7×14.1公分,10行20字,小字雙行同,黑口,四周單邊,單黑魚尾。版心上鐫"朱子通鑑綱目註義",中鐫卷次及内容簡稱。

館藏信息: East Asian Library(Gest):Rare Books:TB22/3687

0336

基本著錄： **通鑑綱目編年錄：一百卷**

（Tong jian gang mu bian nian lu：yi bai juan）

（清）祁瑾錄

清乾隆丙子—庚辰［21—25 年，1756—1760］祁氏本

六函八十一册；27 公分

相關責任者： （清）祁瑾（Qi Jin），錄

附　　注： 清乾隆二十一年（1756）祁瑾《資治通鑑綱目編年錄序》。

CHHR97 – B203 有乾隆二十五年（1760）田懋《序》言刻書事。

框 19.7×14.4 公分，7 行 18 字，小字雙行同，白口，四周雙邊，單黑
魚尾。版心上鐫"編年錄"，中鐫卷次及内容簡稱。

館藏信息： East Asian Library（Gest）：Rare Books：TB22/2063

0337

基本著錄： **御批資治通鑑綱目全書：［一百九卷］**

（Yu pi Zi zhi tong jian gang mu quan shu：［yi bai jiu juan］）

清康熙丁亥［46 年，1707］北京内府本

八函八十册；27 公分

附　　注： 書名及版本據清康熙四十六年（1707）《御製資治通鑑綱目全書叙》。

各卷末鐫"吏部尚書加二級臣宋犖謹奉敕校刊"。

［綱目］框 18.7×13.2 公分，11 行 22 字，下黑口，四周雙邊，順黑魚
尾。版心上鐫"御批通鑑綱目"及卷次。

《御批資治通鑑綱目》卷三十七至三十八爲抄配。

館藏信息： RECAP：East Asian Library use only：B22/1536

0338

基本著錄： **兩漢紀：［六十卷］**

（Liang Han ji：［liu shi juan］）

［（宋）王銍編］

清康熙丙子［35 年，1696］蔣氏樂三堂本

兩函十六册；25 公分

館藏本有殘缺：有手抄配補。

相關責任者： （宋）王銍（Wang Zhi），編；（清）蔣國祥（Jiang Guoxiang），校；（清）蔣
國祚（Jiang Guozuo），校

附　　注： 書名取自《序》。

封面鐫"蘿邨蔣氏原本　前後漢紀　五峯閣藏板"。

《前漢紀》卷端題"前漢高祖皇帝紀卷第一荀悦"，《後漢紀》卷端題
"後漢光武皇帝紀卷第一袁宏"。《前漢紀目錄并序》題"漢祕書監侍
中荀悦撰　襄平蔣國祥蔣國祚同校"。《後漢紀目錄并序》題"晉東
陽太守袁宏譔　襄平蔣國祥蔣國祚同校"。

全書卷前有清康熙三十五年（1696）蔣毓英《重刻前後漢紀序》、宋犖
《叙》、蔣景祁《兩漢紀後序》、邵長蘅《序》。蔣國祚《兩漢紀字句異
同考》。《後漢紀》卷前有宋紹興十二年（1142）王銍《兩漢紀後序》，
康熙三十五年（1696）毛奇齡《序》，康熙五十年（1711）郎廷極《叙》。
郎廷極《叙》提刻書事。

框 17.8×14 公分，11 行 21 字，黑口，左右雙邊，單黑魚尾。版心中
鐫"前漢紀""後漢紀"及卷次，下鐫刻工，如《前漢紀》卷一首葉"子
珍"、《後漢紀》卷一首葉"子重"。

館藏信息： East Asian Library（Gest）：Rare Books：TB22/1054

0339

基本著錄： **尺木堂綱鑑易知錄：九十二卷**

（Chi mu tang gang jian yi zhi lu：jiu shi er juan）

（清）吳乘權等輯

清康熙辛卯—乾隆丙寅［康熙 50 年—乾隆 11 年，1711—1746］本

七函三十六冊；26 公分

相關責任者： （清）吳乘權（Wu Chengquan），活動期 1695—1711，輯

附　　注： 書名據卷一卷端。

封面題"善成堂藏板"。

有清康熙五十年（1711）序。

朱筆圈點。

上下欄，上欄 2×13.5 公分，內容爲注；下欄 17.5×13 公分，9 行 20
字，小字雙行，白口，四周單邊，單黑魚尾。版心上鐫"綱鑑易知錄"，

中鐫卷次及小題。

"此書目錄及卷二以下題大文堂,扉葉題善成堂藏板,唯卷一題尺木堂,觀此本版或似坊刻,疑坊間疑吳氏之名以刻成者。"—Cf. Chang's notes.

本館 B22/1442b《三編》爲清乾隆十一年(1746)刻本。

館藏信息： RECAP:East Asian Library use only;B22/1442a

0340

基本著録： 東華錄

(Dong hua lu)

(清)蔣良騏

清間(即 1644—1911)本

一函八册;21 公分

相關責任者： (清)蔣良騏(Jiang Liangqi),1723—1789

附　注： 卷端題"湘源蔣良騏千之父"。

蔣良騏《東華錄引》。

無行格,8 行 20 字,小字雙行字數同。

鈐"潛江甘氏崇雅堂藏書記"印記。

館藏信息： East Asian Library(Gest):Rare Books:TB22/2104

0341

基本著録： 東萊先生音註唐鑑:二十四卷

(Donglai xian sheng yin zhu Tang jian:er shi si juan)

(宋)范祖禹撰;(宋)吕祖謙注

清順治間(即 1644—1661)本

一函六册;28 公分

相關責任者： (宋)范祖禹(Fan Zuyu),1041—1098,撰;(宋)吕祖謙(Lü Zuqian),1137—1181,注

附　注： 不避清諱。

框 19.6×13.5 公分,9 行 18 字,小字雙行同,黑口,左右雙邊,雙黑魚尾。版心中鐫"唐鑑"及卷次。

館藏信息： Annex A,Forrestal:B367/917

0342

基本著録： **綱鑑正史隨筆録**

（Gang jian zheng shi sui bi lu）

（清）復翁老人録

清乾隆戊子［33 年,1768］本

四函二十四册;26 公分

相關責任者： （清）復翁老人（Fuwenglaoren）,録

附　　注： 未分卷,未標葉碼。

書名取自《序》。

卷端未題書名及著者。

清乾隆三十三年（1768）復翁老人和亭氏《綱鑑正史隨筆録序》。

序末題"乾隆戊子桂秋録於新疆官署"。

框 20.2×13.3 公分,6 行 18 字,小字雙行字數同,白口,四周單邊,單黑魚尾。版心中爲帝王名稱,眉欄小字注,朱筆圈點。

《序》末有"別號復齋""禾亭氏"朱印。

館藏信息： East Asian Library（Gest）:Rare Books:TB22/3542

0343

基本著録： **漢紀:三十卷. 後漢紀:三十卷.**

子目:

漢紀:三十卷

（Han ji:san shi juan）

（東漢）荀悅

後漢紀:三十卷

（Hou Han ji:san shi juan）

（東晉）袁宏

明萬曆戊戌［26 年,1598］南京國子監本

四函二十册;28 公分

相關責任者： （東漢）荀悅（Xun Yue）,148—209;（東晉）袁宏（Yuan Hong）,328—376;（明）何化（He Hua）,刻;（明）何鯨（He Jing）,刻

附　　注： 書名取自版心。

卷端爲分書名,如"漢高祖皇帝紀卷第一""後漢光武帝紀卷第一"。
卷端未題著者,著者據《序》。

荀悦《漢紀序》、袁宏《後漢紀序》。書末有王銍《兩漢紀後序》。

《漢紀》各卷末鐫"萬曆二十六年刊",卷三十末鐫"明萬曆二十六年
夏四月南京國子監鏤板"。《後漢紀》未鐫刻年,但版式與《漢紀》同。

框 20.8×14.1 公分,10 行 20 字,下細黑口,左右雙邊,單白魚尾。
版心上鐫帝王簡稱,中鐫書名及卷次,下鐫刻工,如《漢紀》卷一首葉
"何鯨"、《後漢紀》卷二首葉"何化"。

館藏信息： East Asian Library(Gest)：Rare Books：TB22/2731a－b

0344

基本著録： **大唐創業起居注**：[三卷]

（Da Tang chuang ye qi ju zhu：[san juan]）

（隋）温大雅撰

清間（即 1644—1911）本

一函三册；29 公分

相關責任者： （隋）温大雅(Wen Daya)，活動期 6 至 7 世紀,撰

附　　注： 卷分上中下。

卷端題"唐陝東道大行臺工部尚書上柱國樂平郡開國公臣温大雅
撰"。

清嘉慶二十一年(1816)阮元《序》。

9 行 21 字,無行格,版心上鐫"大唐創業起居注",下鐫"瑯環僊館秘
藏"。

鈐"文選樓""武昌柯氏""柯印逢時""靈谿精舍"印記。

館藏信息： East Asian Library(Gest)：Rare Books：TB22/2843Q

0345

基本著録： **資治通鑑**：二百九十四卷．**資治通鑑考異**：三十卷．

子目：

資治通鑑：二百九十四卷

（Zi zhi tong jian：er bai jiu shi si juan）

（宋）司馬光編集

資治通鑑考異：三十卷

（Zi zhi tong jian kao yi：san shi juan）

（宋）司馬光編集

明嘉靖乙巳［24 年，1545］杭州孔天胤本

十二函一百二十册；28 公分

相關責任者： （宋）司馬光（Sima Guang），1019—1086，編集；（明）孔天胤（Kong Tianyin），進士 1532，刻；（明）袁電（Yuan Dian），刻；（明）章仕（Zhang Shi），寫工；（明）章享（Zhang Xiang），刻；（明）周永（Zhou Yong），刻

附　注： 《資治通鑑》卷一卷端題“朝散大夫右諫議大夫權御史中丞充理檢使上護軍賜紫金魚袋臣司馬光奉勅編集”。《資治通鑑考異》卷一卷端題“端明殿學士兼翰林侍讀學士太中大夫提舉西京嵩山崇福宮上柱國河内郡開國公食邑二千六百戶食實封一千戶臣司馬光奉勅編集”。

司馬光《進資治通鑑表》。孔天胤《題辭》後鐫“姑蘇章仕寫并刻”。

孔天胤《題辭》曰：“自嘉靖甲辰六月開局歲春三月完其書，凡二百九十四卷，另考異三十卷，俱從唐太史家宋板文字。”

框 21.3×15.5 公分，10 行 20 字，小字雙行字同，白口，左右雙邊，單黑魚尾。版心中鐫“通鑑”及卷次，下偶鐫刻工，如卷一首葉“袁電刻”、卷二首葉“章言”、卷三首葉“周永”。

“紹興府印”印記。

館藏信息： East Asian Library（Gest）：Rare Books：TB22/538

0346

基本著錄： 資治通鑑目錄：三十卷

（Zi zhi tong jian mu lu：san shi juan）

（宋）司馬光編集

明崇禎己巳［2 年，1629］陳仁錫本

兩函十六册；26 公分

相關責任者： （宋）司馬光（Sima Guang），1019—1086，編集；（明）陳仁錫（Chen Renxi），1581—1636，刻

附　注： 封面鐫“陳明卿太史評閱　吳門承冶堂發兌”。

附陳仁錫《資治通鑑釋例圖譜》、劉義仲《資治通鑑問疑》。

明崇禎二年(1629)陳仁錫《序》言刻書事。

框 21.2×14.9 公分,行字不等,白口,四周單邊,單黑魚尾。版心上鐫"通鑑目錄",中鐫卷次及篇名,下鐫"通鑑"卷次。眉欄鐫評。《序》首葉鐫"古吳金麟書陳天禎刊"。

"安昌毛氏藏書之印"印記。

館藏信息: East Asian Library(Gest):Rare Books:TB22/813

0347

基本著錄: **陸壯元增節音註精議資治通鑑:一百二十卷,卷首,目錄三卷**

(Lu zhuang yuan zeng jie yin zhu jing yi Zi zhi tong jian:yi bai er shi juan,juan shou,mu lu san juan)

(宋)陸唐老集注;(清)毛晉訂正

明間(約 1621—1644)常熟毛晉汲古閣本

一百冊;26 公分

相關責任者: (宋)陸唐老(Lu Tanglao),集注;(清)毛晉(Mao Jin),1599—1659,訂正

附　注: 卷端未題著者,著者據《目錄》。

《目錄》前有《陸壯元集百家註通鑑節總例》言刻書事。

框 18.8×13.6 公分,8 行 17 字,小字雙行同,白口,左右雙邊。版心上鐫"陸壯元通鑑",中鐫卷次,下鐫"汲古閣"。

館藏信息: East Asian Library(Gest):Rare Books:TB22/1030

0348

基本著錄: **通鑑釋文辯誤:十二卷**

(Tong jian shi wen bian wu:shi er juan)

(元)胡三省輯著;(明)陳仁錫訂校

明天啓乙丑[5 年,1625]陳仁錫本

一函六冊;27 公分

相關責任者: (元)胡三省(Hu Sanxing),1230—1302,輯著;(明)陳仁錫(Chen Renxi),1581—1636,訂校

附　注: 版本參據 CHHR97 – B532。

框 21×15 公分,10 行 20 字,小字雙行同,白口,四周單邊,單黑魚尾。版心上鐫"通鑑辯誤",中鐫卷次。

館藏信息: East Asian Library(Gest):Rare Books:TB22/1261

0349

基本著録: **通鑑纂要抄狐白:六卷,卷首**

(Tong jian zuan yao chao hu bai:liu juan,juan shou)

(明)顧充纂;(明)陳禹謨參

明萬曆壬子[40 年,1612]唐氏世德堂本

一函六册;27 公分

相關責任者: (明)顧充(Gu Chong),舉人 1567,纂;(明)陳禹謨(Chen Yumo),1548—1618,參

附　注: 卷一卷端題"上虞虞瀾顧充纂　門人心抑陳禹謨參"。

蔣時機《叙》未署年月。

卷末書牌鐫"萬曆壬子仲夏月唐氏世德堂重梓"。

框 21.5×12.3 公分,9 行 18 字,白口,四周雙邊。版心上鐫"通鑑",中鐫小題及卷次。眉欄小字注。

館藏信息: East Asian Library(Gest):Rare Books:TB137/3745

0350

基本著録: **資治通鑑日抄:十七卷**

(Zi zhi tong jian ri chao:shi qi juan)

(明)吕邦耀著

明萬曆戊午[46 年,1618]紀汝清本

一函六册;29 公分

相關責任者: (明)吕邦耀(Lü Bangyao),17 世紀,著;(明)紀汝清(Ji Ruqing),舉人 1600,刻

附　注: 明萬曆四十六年(1618)吕邦耀《資治通鑑日抄序》言此書二十卷,實僅十七卷。

卷末題"宜陽縣知縣紀汝清校刻"。紀汝清於萬曆四十五至四十七年(1617—1619)在任。

框 21×15 公分,9 行 18 字,白口,四周雙邊。版心上鐫"通鑑日抄",

中鎸卷次。

館藏信息： East Asian Library(Gest)：Rare Books：TB137/3346Q

0351

基本著録： **資治通鑑綱目：五十九卷**

（Zi zhi tong jian gang mu：wu shi jiu juan）

（宋）朱熹

明成化癸巳[9 年,1473]内府本

八函三十册;35 公分

館藏本有殘缺:缺卷三十至三十一。

相關責任者： （宋）朱熹（Zhu Xi），1130—1200；（宋）司馬光（Sima Guang），
1019—1086

附　注： 明成化九年（1473）《御製資治通鑑綱目序》。宋乾道八年（1172）朱
熹《資治通鑑綱目序例》《資治通鑑綱目凡例》。

卷端未題著者,著者據《凡例》前所題"晦庵朱氏"。

框 27×18.2 公分,8 行 18 字,小字雙行 21 字,黑口,四周雙邊,雙黑
魚尾。版心中鎸"通鑑綱目"及卷次。

館藏信息： East Asian Library(Gest)：Rare Books：TB22/1523aQ

0352

基本著録： **資治通鑑綱目：五十九卷**

（Zi zhi tong jian gang mu：wu shi jiu juan）

（宋）朱熹

明成化癸巳[9 年,1473]内府本

八函三十册;34 公分

相關責任者： （宋）朱熹（Zhu Xi），1130—1200；（宋）司馬光（Sima Guang），
1019—1086

附　注： 卷端未題著者,著者據《凡例》前所題"晦庵朱氏"。

宋乾道八年（1172）朱熹《資治通鑑綱目序例》《資治通鑑綱目凡例》。

與館藏《資治通鑑綱目》（TB22/1523a）同板。

框 27.5×18.4 公分,8 行 18 字,小字雙行 21 字,黑口,四周雙邊,雙
黑魚尾。版心中鎸"通鑑綱目"及卷次。

館藏信息： East Asian Library(Gest)：Rare Books：TB22/378Q

0353

基本著錄： **文公先生資治通鑑綱目：五十九卷**

(Wen'gong xian sheng Zi zhi tong jian gang mu：wu shi jiu juan)

(元)王幼學集覽；(宋)尹起莘發明；(明)汪克寬考異；[(明)張光啓纂輯]

明間(約1368—1505)本

十函六十冊；29公分

相關責任者： (元)王幼學(Wang Youxue)，集覽；(宋)尹起莘(Yin Qishen)，發明；(明)汪克寬(Wang Kekuan)，考異；(明)張光啓(Zhang Guangqi)，纂輯

附　　注： 宋乾道八年(1172)朱熹《資治通鑑綱目序例》。元泰定元年(1324)王幼學《資治通鑑綱目集覽叙例》。

卷一卷端題"古舒慈湖王幼學集覽　後學布衣尹起莘發明　後學新安汪克寬考異後學"。卷十四、四十三卷端題"(同前)後學旴江張光啓纂輯"。

框21.6×13.7公分,12行18字,小字雙行22字,細黑口,四周雙邊,雙黑魚尾。版心中鐫"綱目"及卷次。

館藏信息： East Asian Library(Gest)：Rare Books：TB22/1427Q

0354

基本著錄： **資治通鑑綱目：五十九卷,卷首**

(Zi zhi tong jian gang mu：wu shi jiu juan，juan shou)

[(宋)朱熹撰；(宋)尹起莘發明；(明)劉友益書法；(明)汪克寬考異；(明)徐文昭考證；(元)王幼學集覽；(明)陳濟正誤；(明)馮智舒質實]

明間(即1368—1644)本

十函一百冊；28公分

相關責任者： (宋)朱熹(Zhu Xi)，1130—1200；(宋)尹起莘(Yin Qishen)，發明；(明)劉友益(Liu Youyi)，書法；(明)汪克寬(Wang Kekuan)，1304—1372,考異；(明)徐文昭(Xu Wenzhao)，考證；(元)王幼學(Wang

Youxue),集覽;(明)陳濟(Chen Ji),1364—1424,正誤;(明)馮智舒
(Feng Zhishu),質實

附　　注：　　卷端未題著者。綱目下分別列集覽、考異、考證、正誤、質實等,著者
據《中國古籍善本書目》補入。

明成化九年(1473)《御製資治通鑑綱目序》。

版刻風格爲明代。

框 22.7×16.3 公分,7 行 18 字,小字雙行同,白口,四周雙邊,單黑
魚尾。版心上鐫"通鑑綱目"及卷次,中鐫帝王及年號。

館藏信息：　　East Asian Library(Gest):Rare Books:TB22/648

0355

基本著錄：　　**資治通鑑綱目發明:五十九卷**

(Zi zhi tong jian gang mu fa ming:wu shi jiu juan)

(宋)尹起莘上進

明成化間(即 1465—1487)内府本

一函四册;35 公分

相關責任者：　　(宋)尹起莘(Yin Qishen),上進

附　　注：　　卷端題"布衣臣尹起莘上進"。

書後有著者《資治通鑑綱目發明序》,未署年月及姓名。

與館藏《資治通鑑綱目》(TB22/1523a,b)版式同,爲内府所刻。

框 27.5×18.2 公分,8 行 18 字,小字雙行 21 字,黑口,四周雙邊,雙
黑魚尾。版心中鐫"綱目發明卷乂"。

鈐"曾爲古平壽郭申堂藏""潛江甘鵬雲藥樵收藏書籍章"印記。

館藏信息：　　East Asian Library(Gest):Rare Books:TB22/1523cQ

0356

基本著錄：　　**資治通鑑綱目集覽:五十九卷**

(Zi zhi tong jian gang mu ji lan:wu shi jiu juan)

(元)王幼學集覽;(明)陳濟正誤

明成化間(即 1465—1487)内府本

兩函六册;35 公分

相關責任者：　　(元)王幼學(Wang Youxue),14 世紀,集覽;(明)陳濟(Chen Ji),15

世紀,正誤

附　注：　卷端未題著者,著者據《序》。

《資治通鑑綱目集覽敘例》包括元泰定元年(1324)王幼學《序》,明
永樂二十年(1422)陳濟《序》。

據版式,爲内府刻。

框 27.4×18.4 公分,8 行 18 字,小字雙行 21 字,黑口,四周雙邊,雙
黑魚尾。版心中鐫"綱目集覽"及卷次。

"曾為古平壽郭申堂藏""潛江甘鵬雲藥樵收藏書籍章"印記。

館藏信息：　East Asian Library(Gest):Rare Books:TB22/1523bQ

0357

基本著錄：　**綱目集略:五卷**

(Gang mu ji lüe:wu juan)

(明)董繼祖編次

明萬曆戊寅[6 年,1578]王繼祖本

四函二十册;28 公分

相關責任者：　(明)董繼祖(Dong Jizu),進士 1574,編次;(明)王繼祖(Wang Jizu),
進士 1568,刻;(明)楊綸(Yang Lun),16 世紀,補校;(明)周盤(Zhou
Pan),進士 1577,校

附　注：　卷端題"河間郡守咸寧王繼祖述　梓推官洛陽董繼祖編次　知河間
縣事冀南周盤同校　府儒學訓導濟南楊綸補校"。

明萬曆六年(1578)王繼祖《刻綱目集畧序》、[董繼祖]《綱目集畧後
序》,尾殘。

王繼祖《序》提刻書事。

框 20.8×14.4 公分,9 行 20 字,小字雙行字數同,白口,四周單邊,
單黑魚尾。版心上鐫"集畧",中鐫卷次,版心下有刻工,如卷一第三
十一葉"張汝間"。眉欄小字注。

館藏信息：　East Asian Library(Gest):Rare Books:TB137/1240

0358

基本著錄：　**資治通鑑綱目舉觀:四十卷,卷首**

(Zi zhi tong jian gang mu luo guan:si shi juan,juan shou)

（明）吳震元纂集

明崇禎丁丑［10 年,1637］本

四函二十册;35 公分

相關責任者： （明）吳震元（Wu Zhenyuan）,舉人 1612,纂集;（明）陳繼儒（Chen Ji-ru）,1558—1639,輯

附 注： 各卷首題"太倉吳震元纂集　吳升元吳繼善吳克孝吳國傑全閲"。

卷端書名大題連小題,卷一、二題"資治通鑑網目前編舉觀",卷三以後題"資治通鑑網目正編舉觀"。

卷一分上下,卷二分上中下。

明崇禎十年（1637）陳繼儒《序》。張采《序》未署年月。

陳繼儒《序》提刻書事。

書名取自《目錄》。

框 20.4×14.5 公分,9 行 20 字,小字雙行字數同,白口,左右雙邊,單白魚尾。版心上鐫"通鑑前（正）編",中鐫卷數及小題,卷首葉版心下鐫"郵雲堂"。

館藏信息： East Asian Library（Gest）:Rare Books:TB137/2831

0359

基本著録： 少微通鑑節要:五十卷

（Shaowei Tong jian jie yao:wu shi juan）

（宋）江贄

明正德甲戌［9 年,1514］司禮監本

四函二十册;32 公分

館藏本有殘缺:卷四十四、四十五爲手抄配補。

相關責任者： （宋）江贄（Jiang Zhi）,12 世紀

附 注： 卷端未題著者,著者據《諸家目錄補》。江贄,號少微先生。

無序跋。

《中國古籍善本書目》著録五十卷及五十六卷兩個版本,分别爲明正德九年（1514）及明弘治二年（1489）司禮監刻,行款字數版式同。據《中國善本書提要》,此書前當有正德九年（1514）《御製序》。

框 22.7×16 公分,9 行 15 字,小字雙行同,黑口,四周雙邊,雙黑魚尾。版心中鐫"通鑑"及卷次。眉欄小字注。

"廣運之寶"印記。

館藏信息： East Asian Library (Gest)；Rare Books；TB22/1524Q

0360

基本著録： 歷代通鑑纂要：九十二卷

（ Li dai Tong jian zuan yao；jiu shi er juan ）

（明）李東陽等詳定；（明）劉機等編纂

明正德丁卯［2 年，1507］内府本

八函六十册；34 公分

館藏本有殘缺：卷三十九、四十爲手抄配補。

相關責任者： （明）李東陽（Li Dongyang），1447—1516，詳定；（明）劉機（Liu Ji），進士 1487，編纂

附　　注： 卷前《歷代通鑑纂要職名》，列奉敕詳定官李東陽等、編纂官劉機等。明正德二年（1507）明武宗《御製歷代通鑑纂要序》、李東陽等《進歷代通鑑纂要表》。

框 25×17 公分，10 行 20 字，小字雙行字數同，黑口，四周雙邊，雙黑魚尾。版心中鎸"通鑑纂要"及卷次。

鈐"廣運之寶""表章經史之寶""磨兜堅室所藏書畫記""益齋"等印記。

館藏信息： East Asian Library (Gest)；Rare Books；TB22/387Q

0361

基本著録： 資治通鑑節要續編：三十卷

（ Zi zhi tong jian jie yao Xu bian；san shi juan ）

［（明）張光啓訂正；（明）劉剡編輯］

明正德甲戌［9 年，1514］司禮監本

四函三十二册；31 公分

館藏本有殘缺：二葉爲手抄配補。

相關責任者： （明）張光啓（Zhang Guangqi），訂正；（明）劉剡（Liu Yan），編輯

附　　注： 與館藏《增修附註資治通鑑節要續編》［mf9101/1165.1/r35（2）］核對，内容相同。該書卷端題"建陽知縣旴江張光啓訂正　松塢門人京兆劉剡編輯"，著者據此。

無序跋。

框 22×15.2 公分,9 行 15 字,小字雙行字數同,黑口,四周雙邊,雙黑魚尾。版心中鐫"續鑑"及卷次。眉欄小字注。

與館藏《資治通鑑節要續編》(TB22/1669)同版。

鈐"廣運之寶""歡月樓珍藏"印記。

館藏信息： East Asian Library(Gest):Rare Books:TB22/353Q

0362

基本著錄： **資治通鑑節要續編:三十卷**

(Zi zhi tong jian jie yao xu bian:san shi juan)

[(明)張光啓訂正;(明)劉剡編輯]

明正德甲戌[9 年,1514]司禮監本

四函二十册;33 公分

館藏本有殘缺:卷十八爲手抄配補。

相關責任者： (明)張光啓(Zhang Guangqi),訂正;(明)劉剡(Liu Yan),編輯

附　注： 卷端未題著者。與館藏《增修附註資治通鑑節要續編》[mf9101/1165.1/ r35(2)]核對,内容相同。該書卷端題"建陽知縣旰江張光啓訂正　松坞門人京兆劉剡編輯",著者據此。

無序跋。

框 22.3×15.9 公分,9 行 15 字,小字雙行字數同,黑口,四周雙邊,雙黑魚尾。版心中鐫"續鑑"、卷次。眉欄小字注。

與館藏《資治通鑑節要續編》(TB22/353)同版。

鈐"廣運之寶"印記。

館藏信息： East Asian Library(Gest):Rare Books:TB22/1669Q

0363

基本著錄： **續編資治宋元綱目大全:二十七卷**

(Xu bian Zi zhi Song Yuan gang mu da quan:er shi qi juan)

明間(即 1368—1644)楊氏清江堂本

四函二十四册;28 公分

相關責任者： (明)商輅(Shang Lu),1414—1486,進表;(明)周禮(Zhou Li),15/16 世紀,進表

附　　注：　卷一卷端題"後學廬陵劉友益書法　後學新安汪克寬考異　後學慈

湖王幼學集覽　後學建安馮智舒質實　建邑書林楊氏清江堂新

刊"。

此書《表文》《進表》内容與《續資治通鑑綱目》同,但正文内容不同。

卷端所題著者爲《資治通鑑綱目》著者。

明成化十二年(1476)《製續資治通鑑綱目序》、商輅等《續編資治宋

元綱目表文》。明弘治十一年(1498)周禮《續資治通鑑綱目發明

表》。

框 17.8×12.8 公分,11 行 23 字,小字雙行字數同,黑口,四周雙邊,

雙黑魚尾。版心上鎸"續編綱目第乂卷",中鎸帝王名稱及紀年。

館藏信息：　East Asian Library(Gest)：Rare Books：TB22/3409

0364

基本著録：　**聖政記：十卷**

(Sheng zheng ji：shi juan)

明間(即 1368—1644)本

一函十册;32 公分

附　　注：　卷端未題著者。

無序跋。

框 20.6×14.7 公分,9 行 23 至 24 字,白口,左右雙邊,單黑魚尾,

藍格。

館藏信息：　East Asian Library(Gest)：Rare Books：TB52/288Q

0365

基本著録：　**皇明從信録：四十卷**

(Huang Ming cong xin lu：si shi juan)

(明)陳建輯;(明)沈國元訂述

明間(約 1620—1644)本

四函二十四册;27 公分

相關責任者：　(明)陳建(Chen Jian),1497—1567,輯;(明)沈國元(Shen

Guoyuan),17 世紀,訂述

附　　注：　《目録》書名《皇明通紀從信録》。

卷二十八等題"秀水沈國元訂",卷三十五等題"秀水沈國元述"。

沈國元《從信錄引》、陳建《皇明通紀前編序》。明萬曆四十八年(1620)沈國元《從信錄總例》。

框21.6×14.5公分,10行22字,白口,四周單邊,單黑魚尾。版心上鐫書名,中鐫卷次。眉欄鐫注。

館藏信息: East Asian Library(Gest):Rare Books:TB22/2931

0366

基本著錄: **新刻校正古本歷史大方通鑑:[四十一卷],卷首**

(Xin ke jiao zheng gu ben Li shi da fang tong jian:[si shi yi juan],juan shou)

(明)李廷機,(明)葉向高校正

明萬曆間(即1573—1620)周時泰本

四函二十冊;27公分

相關責任者: (明)李廷機(Li Tingji),進士1583,校正;(明)葉向高(Ye Xiang-gao),1559—1627,校正;(明)梅墅(Mei Shu),藏板;(明)周時泰(Zhou Shitai),刻

附　　注: 書内三皇至五代,二十卷;宋元,二十一卷,共四十一卷。

封面題"李九我先生訂正　大方通鑑類編　梅墅石渠閣藏板"。

卷一卷端題"明太史晉江九我李廷機　福清臺山葉向高校正　太學繡谷敬竹周時泰刊行"。

明嘉靖三十八年(1559)樊獻科《重刻通鑑全編序》。

版本參據ILC002-B5889。

框23.3×14.2公分,11行24字,小字雙行字數同,白口,四周單邊,單黑魚尾。版心上鐫"歷史大方通鑑",中鐫小題及卷次。

館藏信息: East Asian Library(Gest):Rare Books:TB367/2608

0367

基本著錄: **[大明實錄]**

([Da Ming shi lu])

明清間(約1621—1722)本

二十八函一百七十三冊;21公分

相關責任者：	（清）宋筠（Song Yun），1681—1760，收藏
附　注：	各卷端爲分書名，且未題著者。

《英宗實錄》前有明成化三年（1467）孫繼宗等《進實錄表》。《世宗實錄》前有明萬曆五年（1577）張溶等《進實錄表》。

無行格，12 行 23 至 24 字。版心上分別寫"高皇實錄""孝宗實錄"等。

有"晉齋""宋氏蘭揮藏書善本"印記。

館藏信息：	East Asian Library（Gest）：Rare Books：TB22/3892

0368

基本著錄：	**憲章錄：四十七卷**
	（Xian zhang lu：si shi qi juan）
	（明）薛應旂編述
	明萬曆間（約 1574—1620）本
	四函二十四册；29 公分
相關責任者：	（明）薛應旂（Xue Yingqi），進士 1535，編述；（明）唐廷瑞（Tang Tingrui），刻
附　注：	明萬曆二年（1574）陸光宅《刻憲章錄跋》。

此書有萬曆刻四十六卷本，内容與四十七卷本同。

框 19×14.2 公分，10 行 20 字，白口，四周單邊，單黑魚尾。版心中鐫書名及卷次，下有刻工，如"唐廷瑞"。

館藏信息：	East Asian Library（Gest）：Rare Books：TB22/1138Q

0369

基本著錄：	**甲子會紀：五卷**
	（Jia zi hui ji：wu juan）
	（明）薛應旂編集；（明）陳仁錫評閲
	明間（約 1622—1634）陳仁錫本
	一函四册；27 公分
相關責任者：	（明）薛應旂（Xue Yingqi），進士 1535，編集；（明）陳仁錫（Chen Renxi），1581—1636，評閲
附　注：	明嘉靖三十八年（1559）許穀《序》言成書事。

第七十一甲子記至嘉靖四十二年(1563)。

封面鐫"陳明卿太史校閱""文雅堂藏板"。

陳氏爲明天啓二年(1622)進士。

框21.3×15公分,8行18字,小字雙行同,白口,四周單邊,單黑魚尾。版心上鐫書名,中鐫卷次。

"繼照氏""綠蔭堂藏書"印記。

館藏信息: East Asian Library(Gest):Rare Books:TB22/2987

0371

基本著録: **宋元通鑑:一百五十七卷**

(Song Yuan tong jian:yi bai wu shi qi juan)

(明)薛應旂編集;(明)王道行,(明)朱袗校正

明嘉靖丙寅[45年,1566]薛應旂本

六函四十八册;28公分

相關責任者: (明)薛應旂(Xue Yingqi),進士1535,編集;(明)王道行(Wang Daoxing),進士1550,校正;(明)朱袗(Zhu Zhen),1515—1588,校正

附　注: 明嘉靖四十五年(1566)薛應旂《序》言刻書事。

框19.8×14.4公分,10行20字,白口,四周單邊,單黑魚尾。版心中鐫書名及卷次,下鐫刻工,如《序》首葉"江陰繆淵寫無錫張本刻"、卷一首葉"繆淵寫張本刻"。

有"趙印顯達"印記。

館藏信息: East Asian Library(Gest):Rare Books:TB22/796

0371

基本著録: **歷年二十一傳**

(Li nian er shi yi zhuan)

(明)程元初彙輯;(明)江起鵬編次

明萬曆間(即1573—1620)本

一函十二册;28公分

相關責任者: (明)程元初(Cheng Yuanchu),16/17世紀,彙輯;(明)江起鵬(Jiang Qipeng),進士1595,編次

附　注: 江起鵬《序》曰:"程君所編《歷年二十一傳》,其遡世自季周以迄宋

元。"而此本僅《歷年季周傳》(卷一至十一),《歷年嬴秦傳》(卷十二)。《中國古籍善本書目》亦著録爲十二卷,屈萬里先生疑當時僅刻十二卷。

書名取自《序》。

卷端題"新安程元初全之甫彙輯　江起鵬羽健甫編次"。

江起鵬《歷年二十一傳序》。明萬曆三十二年(1604)施浚明《季周傳序》、陳邦瞻《歷年二十一傳序》。萬曆四十一年(1603)程元初《歷年二十一傳序》。

書内未題刻書事,版刻風格爲萬曆。

框21×13.2公分,10行20字,小字雙行字數同,白口,單黑魚尾,四周單邊。版心中分别鑴"季周傳""嬴秦傳"。

鈐"陳印作敬""陳氏子子孫孫永寶之""廣榆之印""蓉裳收藏印"印記。

館藏信息:　East Asian Library(Gest):Rare Books:TB22/1239

0372

基本著録:　**新刻世史類編:四十五卷,卷首**

(Xin ke shi shi lei bian:si shi wu juan,juan shou)

(明)李純卿草創

明間(約1606—1644)張起鵬本

兩函二十四册;28公分

相關責任者:　(明)李純卿(Li Chunqing),草創;(明)張起鵬(Zhang Qipeng),刻

附　　注:　卷端題"臨淄李純卿草創　木齋謝遷補遺　陽明王守仁覆詳　鳳洲王世貞會纂　大蘭李槃增修　賓宇張起鵬梓行"。

卷五卷端題"世史便蒙類編"。

明萬曆三十四年(1606)余應虬、余昌祚《世史類引》。

卷四十五末《皇王至今歌》記至萬曆二十二年(1594)。

框23.1×14.2公分,12行28字,小字雙行同,白口,四周單邊。版心上鑴"世史類編"及卷次,中記帝王名稱。眉欄小字注。

館藏信息:　East Asian Library(Gest):Rare Books:TB22/1271

0373

基本著錄： 綱鑑要編：二十四卷

（Gang jian yao bian：er shi si juan）

（明）陳臣忠纂；（明）吳三省，（明）吳如麟校

明萬曆丁巳［45 年，1617］本

二十四册；30 公分

相關責任者： （明）陳臣忠（Chen Chenzhong），進士 1604，纂；（明）吳三省（Wu Sanxing），校；（明）吳如麟（Wu Rulin），校

附　　注： 卷一卷端題“閩莆陳臣忠景周父纂　同邑吳三省守約父吳如麟邦振父校”。

清康熙二年（1663）余颺《陳心謙先生綱鑑要編序》。明萬曆四十五年（1617）陳臣忠《小序》。

余颺《序》曰：“是書刻於萬曆丁巳，已久傳誦詞林。喪聚以來，板稍遺落，先生令子明經孝廉二君，復為輯補，以惠後學，而命颺為序。”

框 21.7×14.9 公分，10 行 21 字，白口，四周單邊，單黑魚尾。版心上鐫“綱鑑要編”，下鐫刻工，如卷二首葉“夏尚賓”、二葉“蔡元”。

館藏信息： East Asian Library（Gest）：Rare Books：TB22/1229Q

0374

基本著錄： 鼎鍥葉太史彙纂玉堂鑑綱：七十二卷

（Ding qie Ye Tai shi hui zuan Yu tang jian gang：qi shi er juan）

（明）葉向高彙纂

明萬曆間（即 1573—1620）本

兩函二十四册；27 公分

相關責任者： （明）葉向高（Ye Xianggao），1559—1627，彙纂

附　　注： 著者據卷端，各卷端所題著者不同。

明萬曆柯挺《玉堂鑑綱序》提刻書事。

框 19.8×15.8 公分，10 行 25 字，小字雙行字數同，白口，四周單邊，單黑魚尾。版心上鐫“玉堂鑑綱”，中鐫帝王名稱及卷數。眉欄小字注。

館藏信息： East Asian Library（Gest）：Rare Books：TB22/2517

0375

基本著録：　　　**通鑑綱目要畧：十二卷**

（Tong jian gang mu yao lüe：shi er juan）

（明）秦繼宗編；（明）胡士容訂

明萬曆癸丑［41 年，1613］本

四函三十二冊；27 公分

相關責任者：　　（明）秦繼宗（Qin Jizong），編；（明）胡士容（Hu Shirong），16/17 世紀，訂

附　注：　　　卷端題"明後學黃岡秦繼宗編　廣濟胡士容訂"。

明萬曆四十一年（1613）秦継宗《綱鑑要畧序》、胡士容《綱鑑要畧序》。秦繼宗《通鑑綱目要畧凡例》。

胡士容《序》提刻書事。

框 21×13.7 公分，9 行 20 字，小字雙行字數同，白口，左右雙邊，單黑魚尾。版心上鐫"綱鑑要畧卷乂"，中鐫朝代及帝王名稱。眉欄小字注。

館藏信息：　　East Asian Library（Gest）：Rare Books：TB22/3810

0376

基本著録：　　　**諸史會編大全：一百十二卷**

（Zhu shi hui bian da quan：yi bai shi er juan）

（明）金燫編集

明嘉靖乙酉［4 年，1525］鎮江府金壇縣本

十函六十冊；27 公分

相關責任者：　　（明）金燫（Jin Lian），貢生 1495，編集

附　注：　　　卷端題"東吳後學金燫編集"。

無序跋，有凡例。

卷七十七末鐫"嘉靖肆年歲次乙酉仲春望日直隸鎮江府金壇縣刊"。

框 22.8×16 公分，9 行 22 字，小字雙行字數同，黑口，三黑魚尾，四周單邊。版心中鐫"會編"及卷數，下偶鐫刻工，如卷一第五葉"唐其"、卷三第二葉"縣丞蕭鉞助刊"。

館藏信息：　　East Asian Library（Gest）：Rare Books：TB147/1113

0377

基本著錄： 綱鑑標題纂要：十二卷

（Gang jian biao ti zuan yao：shi er juan）

（明）王世貞彙選；（明）張艾重訂

明間（約 1621—1644）本

兩函十二册；26 公分

相關責任者： （明）王世貞（Wang Shizhen），1526—1590，彙選；（明）張艾（Zhang Ai），重訂

附　　注： 卷一卷端題"瑯琊王世貞彙選　曲江張艾重訂"。

王世貞《綱鑑纂要序》、潘榮《潘氏總論》未署年月。

《序》中未題刻書事。版刻風格似明末。

框 18.9×13.4 公分，9 行 18 字，白口，四周單邊，雙黑魚尾。版心上鐫"綱鑑纂"，中鐫卷次。

館藏信息： East Asian Library（Gest）：Rare Books：TB22/2813

0378

基本著錄： 王鳳洲先生綱鑑正史全編：二十四卷

（Wang Fengzhou xian sheng Gang jian zheng shi quan bian：er shi si juan）

（明）陳仁錫評；（明）顧錫疇，（明）于慎行摘；（明）陳臣忠纂；（明）林夢熊校；（明）張睿卿輯；（明）陳森參

明崇禎己卯［12 年，1639］林夢熊本

兩函二十册；27 公分

相關責任者： （明）陳仁錫（Chen Renxi），1581—1636，評；（明）顧錫疇（Gu Xichou），進士 1619，摘；（明）于慎行（Yu Shenxing），1545—1608，摘；（明）陳臣忠（Chen Chenzhong），進士 1604，纂；（明）林夢熊（Lin Mengxiong），17 世紀，校；（明）張睿卿（Zhang Ruiqing），17 世紀，輯；（明）陳森（Chen Sen），17 世紀，參

附　　注： 據屈萬里編《普林斯敦大學葛思德東方圖書館中文善本書志》，此書冠"王鳳洲先生"，實爲坊刻書偽托。書中內容與陳臣忠《綱鑑要編》同，只多評語。

卷一、二、三、十九卷端題"芝臺陳仁錫評　九疇顧錫疇摘　心謙陳臣忠纂　仲飛林夢熊校　稚通張睿卿輯　林然陳森參",其他卷端將"九疇顧錫疇摘"題爲"明穀山于慎行摘"。

《王鳳洲先生綱鑑序》結尾殘缺,未署姓名及年月。

明崇禎十二年(1639)張睿卿《陳太史綱鑑正史序》言刻書事。

框21.2×15.2公分,10行21字,小字雙行同,白口,四周雙邊,單黑魚尾。版心上鐫"綱鑑",中鐫卷次及帝王名稱。

館藏信息:　East Asian Library(Gest):Rare Books:TB22/1458

0379

基本著録:　**新鐫獻藎喬先生綱鑑彙編:[九十一卷],卷首**

(Xin juan xianjin Qiao xian sheng Gang jian hui bian:[jiu shi yi juan],juan shou)

(明)喬承詔編著;(明)許達道校正

明天啓甲子[4年,1624]建陽龔承薦本

八函五十四册;31公分

相關責任者:　(明)喬承詔(Qiao Chengzhao),進士1610,編著;(明)許達道(Xu Dadao),進士1607,校正;(明)龔承薦(Gong Chengjian),進士1613,刻

附　　注:　卷數不連續,自盤古至后周,六十三卷;宋太祖至元順帝,二十八卷。

卷端題"巡按福建監察御史介休喬承詔編著　福建布政使司右參政東陽許達道較正"。

葉向高《綱鑑彙編序》。明天啓四年(1624)翁正春《直指喬公綱鑑彙編序》、(喬承詔)《歷代綱鑑彙編自叙》、許達道《喬公綱鑑彙編跋》。卷前有"綱鑑彙編分校各家姓氏",列"龔承薦……校梓敖既委……全校,江三汲查對"。序、跋中均提刻書事。

框23.9×16.8公分,8行17字,白口,四周單邊,單黑魚尾。版心上鐫"喬獻藎綱鑑彙編",中鐫帝王名稱及卷次,下鐫刻工,如卷一首葉"葉明"、三葉"葉經"。

館藏信息:　East Asian Library(Gest):Rare Books:TB22/2531Q

0380

基本著録：　　　夢松軒訂正綱鑑玉衡：七十二卷

（Meng song xuan ding zheng Gang jian yu heng：qi shi er juan）

（明）劉孔敬彙訂

明間（約 1621—1644）本

四函二十册：圖；27 公分

相關責任者：　（明）劉孔敬（Liu kongjing），進士 1625，彙訂

附　　注：　著者據卷端，各卷端所題著者不同，刻者不一。

無序跋。卷前有《讀史法》《史評》《歷代帝王傳授之圖》《先儒名公姓氏》及潘榮《綱鑑玉衡總論》等。

框 19.2×15.1 公分，10 行 25 字，小字雙行字數同，白口，四周單邊，單黑魚尾。版心上鐫"綱鑑玉衡"，中鐫帝王名稱及卷次，下鐫"夢松軒"。

館藏信息：　East Asian Library（Gest）：Rare Books：TB22/2599

0381

基本著録：　　　綱鑑甲子：十卷

（Gang jian jia zi：shi juan）

（明）徐大相編

明崇禎戊辰［元年，1628］本

兩函十二册；27 公分

相關責任者：　（明）徐大相（Xu Daxiang），進士 1616，編

附　　注：　卷端題"明安義徐大相編"。

明崇禎元年（1628）徐大相《綱鑑甲子自叙》、徐士恒《綱鑑甲子序》。《序》中未提刻書事。據刻版風格，似崇禎刻本。

框 21.5×14.7 公分，10 行 20 字，小字雙行字數同，白口，四周單邊，單黑魚尾。版心上鐫"綱鑑甲子卷乂"，中鐫帝王名稱。

館藏信息：　East Asian Library（Gest）：Rare Books：TB22/2527

0382

基本著録：　　　皇明大政記：三十六卷

（Huang Ming da zheng ji：san shi liu juan）

（明）朱國禎輯

明崇禎間（即 1628—1644）本

兩函八冊；26 公分

相關責任者： （明）朱國禎（Zhu Guozhen），1557—1632，輯

附　　注： 封面鐫"大學士朱文肅公輯　明史概一集大政記一集大訓記一集大事記一集開國臣傳一集遜國臣傳　潯溪朱府藏板"。

葉向高《皇明史概序》、朱國禎《自序》。

框 21.7×14.7 公分，10 行 21 字，小字雙行字數同，白口，左右雙邊，單黑魚尾。版心上鐫"大政記"，中鐫卷次，下鐫刻工及字數。

館藏信息： East Asian Library（Gest）：Rare Books：TB22/1618

0383

基本著錄： **皇明二祖十四宗增補標題評斷通紀：二十七卷**

（Huang Ming er zu shi si zong zeng bu biao ti ping duan tong ji：er shi qi juan）

（明）陳建，（明）陳龍可輯；（明）丘濬等鑒定

明崇禎間（即 1628—1644）本

四函二十四冊；28 公分

相關責任者： （明）陳建（Chen Jian），1497—1567，輯；（明）陳龍可（Chen Longke），進士 1622，輯；（明）丘濬（Qiu Jun），進士 1454，鑒定

附　　注： 卷十六至二十七書名題"二祖十四宗皇明通紀"，封面葉題"洪武至天啓通紀輯錄　丘瓊山先生鑒定　吳門五車樓藏板"。

卷一至十五卷端題"粵濱臣東莞陳建纂輯　瓊山丘濬鑒定"，卷十六卷端題"温陵臣陳龍可彙輯　南海臣陳子壯鑒定"，卷十七至二十四卷端題"温陵臣陳龍可彙輯　瓊山臣丘爾穀鑒定"，卷二十五至二十七未題著者。

陳仁錫《皇明通紀輯錄序》未署年月。陳建《皇明通紀原序》。卷前有《皇明通紀總例》《文官品職月俸》《皇明通紀引用群書》。

框 21.6×12.6 公分，11 行 26 字，小字雙行字數同，白口，四周單邊，單黑魚尾，無行格。眉欄小字注。版心上鐫"皇明通紀"，中鐫年號及卷次。

鈐"蘊古堂藏板""蘊古堂藏書印"印記。

館藏信息： East Asian Library（Gest）：Rare Books：TB22/932

0384

基本著錄： **通鑑全史彙編歷朝傳統錄：八卷**

（Tong jian quan shi hui bian li chao chuan tong lu：ba juan）

（明）徐熺禧鑒閱；（明）劉綮纂輯；（明）程維培校訂

明崇禎壬午[15 年,1642]程維培本

兩函十二冊；27 公分

相關責任者： （明）徐熺禧（Xu Zunxi）,17 世紀,鑒閱；（明）劉綮（Liu Qi）,17 世紀,纂輯；（明）程維培（Cheng Weipei）,17 世紀,校訂；（明）徐維均（Xu Weijun）,17 世紀,刻

附　　注： 卷一卷端題"長洲徐熺禧綏社鑒閱　吳郡劉綮履公纂輯　休寧程維培載翼較訂"。卷二卷端爲"吳郡程維均方平較訂"。

明崇禎十五年（1642）吳偉業《序》、徐熺禧《序》、劉綮《序》、程維培《序》。

程維培《序》提刻書事。

框 20.1×14.2 公分,9 行 20 字,白口,左右雙邊,單黑魚尾。版心上鐫"傳統錄",中鐫卷次。

館藏信息： East Asian Library（Gest）：Rare Books：TB117/3917

0385

基本著錄： **皇明肅皇外史：四十六卷**

（Huang Ming su huang wai shi：si shi liu juan）

（明）范守己編著；（明）王世貞訂訛

明間（即 1368—1644）本

兩函十六冊；30 公分

相關責任者： （明）范守己（Fan Shouji）,進士 1574,編著；（明）王世貞（Wang Shizhen）,1526—1590,訂訛

附　　注： 手抄。

卷一卷端題"洧川范守己編著　吳郡王世貞訂訛"。

明萬曆十年（1582）范守己《輯肅皇外史序》。

框 20.9×14.4 公分,10 行 18 字,白口,四周雙邊,雙魚尾,藍格。書內有墨筆批簽。

鈐"熙彥收藏善本"章。

館藏信息: East Asian Library(Gest):Rare Books:TB52/3974Q

0386

基本著錄: **皇明大訓記:十六卷**

(Huang Ming da xun ji:shi liu juan)

(明)朱國禎輯

明崇禎間(即 1628—1644)本

兩函三十册;26 公分

相關責任者: (明)朱國禎(Zhu Guozhen),1557—1632,輯

附　注: 封面題"大訓記"。

無序跋。

框 21.2×15 公分,10 行 21 字,白口,左右雙邊,單黑魚尾。版心上鐫"大訓記",中鐫卷次。

館藏信息: East Asian Library(Gest):Rare Books:TB67/3784

0387

基本著錄: **新鐫增訂評註批點便蒙通鑑:八卷**

(Xin juan zeng ding ping zhu pi dian Bian meng tong jian:ba juan)

(宋)南宮靖一纂述;(明)孫鑛批閱;(明)錢允治評注

明萬曆己未[47 年,1619]翁元泰本

一函六册;27 公分

相關責任者: (宋)南宮靖一(Nangong Jingyi),13 世紀,纂述;(明)孫鑛(Sun Kuang),1542—1613,批閱;(明)錢允治(Qian Yunzhi),16/17 世紀,評注;(明)翁元泰(Weng Yuantai),16/17 世紀,刻

附　注: 卷端題"宋豫章南宮靖一纂述　明浙姚孫鑛批閱　吳郡錢允治評註"。

宋端平三年(1236)南宮靖一《便蒙通鑑序》。

卷前有潘榮《綱鑑總論》。

錢允治《跋》提翁元泰刻書事。

框 20.7×13.1 公分,9 行 18 字,白口,四周單邊,單白魚尾。上書口
鐫"便蒙通鑑",版心中鐫卷數及時代名稱。眉欄小字注。

館藏信息: East Asian Library(Gest):Rare Books:TB367/2823 vol. 7 – 12

0388

基本著錄: **大清世祖章皇帝實錄:[一百四十四卷]**

(Da Qing Shizu Zhang huang di shi lu:[yi bai si shi si juan])

(清)巴泰[等]修;(清)鄂爾泰[等]校

清乾隆己未[4 年,1739]北京內府本

一函六冊;44 公分

館藏本有殘缺:存卷十七至二十二。

相關責任者: (清)巴泰(Batai),約 1690,修;(清)鄂爾泰(E'ertai),1680—1745,校

附　　注: 函套外題"第四　六卷　順治二年六月至順治二年十二月"。

朱絲欄,每半葉 9 行 18 字。

每卷前列有敕修大臣名。卷十七卷端題"監修總裁官光祿大夫內大
臣吏部尚書中和殿大學士加一級臣巴泰　總裁官光祿大夫督統吏部
尚書中和殿大學士加一級臣圖海　光祿大夫戶部尚書保和殿大學士
臣索額圖　光祿大夫太子太保戶部尚書保和殿大學士加二級臣李霨
　光祿大夫太子太保禮部尚書保和殿大學士加一級臣魏裔介　光祿
大夫太子太保禮部尚書保和殿大學士加一級臣杜立德等奉敕修　總
裁官光祿大夫經筵講官太保議政大臣保和殿大學士總理兵部事三等
伯加十六級臣鄂爾泰　光祿大夫經筵日講官起居注太保兼太子太
保和殿大學士仍兼管吏部尚書翰林院掌院事三等伯加十二級臣張廷
玉　光祿大夫經筵日講官太子太保東閣大學士兼禮部尚書加五級臣
徐本等奉敕恭校"。

書名據封面題簽。卷端題"大清世祖體天隆運定統建極英睿欽文顯
武大德弘功至仁純孝章皇帝實錄"。

館藏信息: Rare Books:South East(MSS):C0744.07(Garrett Chinese Manuscripts,
No. 1)

0389

基本著錄: 昭代典則:二十八卷

（Zhao dai dian ze：er shi ba juan）

（明）黃光昇編輯；（明）陸充之校閱

明萬曆庚子［28 年，1600］金陵周曰校萬卷樓本

十六册；30 公分

相關責任者： （明）黃光昇（Huang Guangsheng），進士 1529，編輯；（明）陸充之（Lu Chongzhi），校閱；（明）周曰校（Zhou Yuejiao），活動期 16 世紀，刻；劉承幹（Liu Chenggan），1882—1963，收藏

附　　注： 卷端題“金陵周曰校刊行”。

“萬卷樓刊行”。

框 21.8×13 公分，11 行 22 字，白口，四周單邊，單黑魚尾。版心上鐫書名，中鐫卷次。

館藏信息： East Asian Library（Gest）：Rare Books：T2720/4896

紀事本末類

0390

基本著錄： 繹史：一百六十卷

（Yi shi：yi bai liu shi juan）

（清）馬驌

清康熙間（約 1670—1722）本

六函四十八册：圖；29 公分

相關責任者： （清）馬驌（Ma Su），1621—1673

附　　注： 卷前有《繹史世系圖》《繹史年表》。

卷端大題在上，小題在下，如“繹史卷一太古第一”。

卷端未題著者，著者據《序》。

清康熙九年（1670）李清《序》、馬驌《徵言》。

是書係翻刻。

框 19.8×14.3 公分，11 行 24 字，小字雙行 36 字，白口，左右雙邊。版心上鐫書名，中鐫卷次及篇名。

館藏信息： East Asian Library（Gest）：Rare Books：TB32/671Q

0391

基本著録： 　皇清開國方畧：三十二卷，卷首

（Huang Qing kai guo fang lüe：san shi er juan，juan shou）

（清）阿桂［等纂］

清乾隆丙午［51年，1786］北京內府本

一函十六冊；37公分

相關責任者： 　（清）阿桂（Agui），1717—1797，纂

附　　注： 　《職名》題阿桂等。

清乾隆五十一年（1786）《開國方畧序》。

框28.1×20.3公分，8行21字，白口，四周雙邊，單黑魚尾。版心上鐫書名，中鐫卷次。

館藏信息： 　East Asian Library（Gest）：Rare Books：TB22/848Q

0392

基本著録： 　皇清開國方畧：三十二卷，卷首

（Huang Qing kai guo fang lüe：san shi er juan，juan shou）

（清）阿桂［等纂］

清乾隆丙午［51年，1786］北京內府本

八冊；41公分

相關責任者： 　（清）阿桂（Agui），1717—1797，纂

附　　注： 　《職名》題阿桂等。

清乾隆五十一年（1786）《開國方畧序》。

框28.1×20.3公分，8行21字，白口，四周雙邊，單黑魚尾。版心上鐫書名，中鐫卷次。

館藏信息： 　East Asian Library（Gest）：Rare Books：TB22/1430Q

0393

基本著録： 　三藩紀事本末：四卷

（San fan ji shi ben mo：si juan）

（清）楊陸榮編

清間（約1717—1795）本

一函四册;24 公分

相關責任者: (清)楊陸榮(Yang Lurong),17/18 世紀,編

附 注: 清康熙五十六年(1717)楊陸榮《序》。

框 18.5×13.9 公分,9 行 20 字,白口,左右雙邊,單黑魚尾。版心上鐫書名。

館藏信息: RECAP:East Asian Library use only:B32/3310

0394

基本著錄: **欽定剿捕臨清逆匪紀略:十六卷**

(Qin ding jiao bu Linqing ni fei ji lüe:shi liu juan)

(清)舒赫德等纂修

清乾隆辛丑[46 年,1781]北京武英殿本

一函八册;31 公分

相關責任者: (清)舒赫德(Shuhede),1711—1777,纂修

附 注: 是書記清平定乾隆三十九年(1774)王倫反事。

纂修者據《職名》。

框 22.1×16.5 公分,7 行 20 字,白口,四周雙邊,單黑魚尾。版心上鐫書名,中鐫卷次。

館藏信息: Annex A,Forrestal:B32/1039

0395

基本著錄: **通鑑紀事本末:四十二卷**

(Tong jian ji shi ben mo:si shi er juan)

(宋)袁樞編

明萬曆間(約 1574—1620)本

六函四十八册;26 公分

相關責任者: (宋)袁樞(Yuan Shu),1131—1205,編

附 注: 卷端未題著者,《目錄》首題"宋建安袁樞編"。

宋淳熙元年(1174)楊萬里《通鑑紀事本末叙》。宋寶祐五年(1257)趙與籌《叙》。宋延祐六年(1319)陳良弼《叙》。明萬曆二年(1574)李杕《重刻通鑑紀事本末序》。

框 20.3×14.9 公分,11 行 22 字,白口,四周單邊,單黑魚尾。版心

上鐫書名,中鐫卷次,分標題起始葉版心鐫分標題。眉欄小字注。
《叙》第三、五、六葉版心下鐫"楊州鄭清寫刻"。

館藏信息： East Asian Library(Gest)：Rare Books：TB32/395

雜史類

0396

基本著錄： 讀史備忘：八卷

（Du shi bei wang：ba juan）

（明）范理編集

清雍正辛亥［9 年,1731］繼志堂本

一函六冊；28 公分

相關責任者： （明）范理（Fan Li）,編集

附　　注： 封面鐫"雍正辛亥重鐫　繼志堂藏板"。

框 21.8×14 公分,10 行 24 字,白口,四周雙邊,單黑魚尾。版心上
鐫書名,中鐫卷次,下鐫"繼志堂"。

館藏信息： East Asian Library(Gest)：Rare Books：TB117/2617

0397

基本著錄： 半窗史畧：四十二卷

（Ban chuang shi lüe：si shi er juan）

（清）龍體剛纂輯

清雍正丙午［4 年,1726］龍圖鳳本

兩函十二冊；25 公分

相關責任者： （清）龍體剛（Long Tigang）,纂輯；（清）龍圖鳳（Long Tufeng）,刻

附　　注： 首卷題"弟圖鳳紫殿氏校梓"。

清雍正四年（1726）黃鴻中《叙》。

封面鐫"半窗廿一史畧""大經堂藏板"。

框 20.3×13.8 公分,9 行 24 字,白口,左右雙邊,單黑魚尾。版心上
鐫書名,中鐫卷次,有眉欄。

館藏信息： East Asian Library(Gest)：Rare Books：TB42/2350

0398

基本著録： 龍鐵芝先生本

（Long Tiezhi xian sheng ben）

（清）劉學淵録

清康熙間（即 1662—1722）本

一函四册；31 公分

相關責任者： （清）劉學淵（Liu Xueyuan），録；（清）龍體剛（Long Tigang）

附　　注： 龍體剛，字鐵芝。

僅避"玄"字諱。

疑爲摘自龍氏《半窗史略》。

無框欄，12 行 23 字。

鈐"王士貞印"等印，僞。

館藏信息： East Asian Library（Gest）；Rare Books；TB117/2342Q

0399

基本著録： 逸周書：十卷

（Yi Zhou shu；shi juan）

（西晉）孔晁注；（明）程榮校

明萬曆間（即 1573—1620）程榮本

一函四册；27 公分

相關責任者： （西晉）孔晁（Kong Chao），3/4 世紀，注；（明）程榮（Cheng Rong），活動期 1592，校

附　　注： 卷端題"晉孔晁注　明新安程榮校"。

姜士昌《逸周書序》未署年月。

框 20.2×14.2 公分，9 行 20 字，白口，左右雙邊。版心上鐫"周書"，中鐫卷次，下書口偶有刻工，如卷一首葉"余"、卷七首葉"蕭山蔡孟龍刊"。

館藏信息： East Asian Library（Gest）；Rare Books；TB42/2012

0400

基本著録： 逸周書：十卷

（Yi Zhou shu：shi juan）

（西晉）孔晁注

清乾隆丙午［51 年,1786］抱經堂本

一函四册;27 公分

相關責任者：　（西晉）孔晁（Kong Chao）,3/4 世紀,注

附　　注：　封面鐫“乾隆丙午”“抱經堂雕”。

附盧文弨《校正補遺》。

《校目》後鐫“餘姚盧文弨紹弓合衆本并集諸家説校”。

框 17.7 × 13.2 公分,10 行 20 字,白口,左右雙邊,單黑魚尾。版心上鐫書名,中鐫卷次,下鐫“抱經堂校定本”。

館藏信息：　East Asian Library（Gest）：Rare Books：TB42/2011

0401

基本著録：　**逸周書:十卷**

（Yi Zhou shu：shi juan）

（西晉）孔晁注

清乾隆間（約 1786—1795）本

一函四册;25 公分

相關責任者：　（西晉）孔晁（Kong Chao）,3/4 世紀,注;（清）盧文弨（Lu Wenchao）,1717—1796,校

附　　注：　附盧文弨所編《校正補遺》等。

封面鐫“乾隆丙午抱經堂雕”。丙午爲清乾隆五十一年（1786）。

《校目》後鐫“餘姚盧文弨紹弓合衆本并集諸家説校”。

是書爲覆刻抱經堂原本。

框 17.9 × 13.2 公分,10 行 20 字,白口,左右雙邊,單黑魚尾。版心上鐫書名,中鐫卷次,下鐫“抱經堂校定本”。

館藏信息：　Annex A,Forrestal：B42/482

0402

基本著録：　**逸周書:十卷**

（Yi Zhou shu：shi juan）

（西晉）孔晁注

清乾隆間(約 1786—1795)本

一函兩冊;25 公分

相關責任者: (西晉)孔晁(Kong Chao),3/4 世紀,注;(清)盧文弨(Lu Wenchao),
1717—1796,校

附　　注: 附盧文弨所編《校正補遺》等。

封面鐫"乾隆丙午抱經堂雕"。

《校目》後鐫"餘姚盧文弨紹弓合衆本并集諸家說校"。

是書爲覆刻抱經堂原本。

框 17.8×13 公分,10 行 20 字,白口,左右雙邊,單黑魚尾。版心上
鐫書名,中鐫卷次,下鐫"抱經堂校定本"。

館藏信息: RECAP:East Asian Library use only:B42/2280

0403

基本著録: **重訂路史全本:[四十七卷]**

(Chong ding lu shi quan ben:[si shi qi juan])

(宋)羅泌著;(宋)[羅]苹注

清乾隆丙辰[元年,1736]羅玉藻本

兩函十冊;25 公分

館藏本有殘缺:有手抄配補。

相關責任者: (宋)羅泌(Luo Mi),12 世紀,著;(宋)羅苹(Luo Ping),12 世紀,注;
(清)羅玉藻(Luo Yuzao),刻;(清)甘鵬雲(Gan Pengyun),生年
1861,題跋

附　　注: 清乾隆元年(1736)羅玉藻《重刊路史跋》言刻書事。

封面鐫"乾隆元年重鐫""進修書院藏板"。

前紀九卷、後紀十四卷、國名紀八卷、發揮六卷、餘論十卷。

有抄配。

有甘鵬雲題跋。

框 18.7×13.9 公分,9 行 20 字,白口,左右雙邊,單黑魚尾。版心上
鐫"路史",中鐫子書名簡稱及卷次。

館藏信息: East Asian Library(Gest):Rare Books:TB42/1702

0404

基本著錄： 路史：[四十五卷]

(Lu shi：[si shi wu juan])

(宋)羅泌纂;(宋)[羅]苹注

明萬曆辛亥[39 年,1611]喬可傳寄寄齋本

兩函二十册;26 公分

相關責任者： (宋)羅泌(Luo Mi),活動期 12 世紀,纂;(宋)羅苹(Luo Ping),活動

期 12 世紀,注;(明)喬可傳(Qiao Kechuan),16/17 世紀,刻

附　　注： 封面鐫"宋本重校路史　敦化堂藏板"。

卷端題"宋廬陵羅泌纂　男苹註　明廣陵喬可傳校"。

明萬曆三十九年(1611)朱之蕃《重刻宋羅長源先生路史序》、喬可

傳《序》及(喬可傳)《重梓路史凡例》言刻書事。

《凡例》後鐫"萬曆歲辛亥季秋寄寄齋識"。

框 20.5×14.7 公分,10 行 20 字,小字雙行字數同,白口,四周單邊,

單黑魚尾。版心上鐫"路史",中分別鐫"前紀""後紀""國名紀""發

揮""餘論"及卷數。

館藏信息： East Asian Library(Gest)：Rare Books：TB42/638

0405

基本著錄： 二申野錄：八卷

(Er shen ye lu：ba juan)

(清)孫之騄輯

清康熙辛丑[60 年,1721]吟香館本

四册;25 公分

相關責任者： (清)孫之騄(Sun Zhilu),輯

附　　注： 封面鐫"辛丑年刊……吟香館梓"。

框 13×9 公分,8 行 20 字,黑口,四周單邊。版心中鐫書名及卷次。

館藏信息： Annex A,Forrestal：B52/3284

0406

基本著錄： 十六國春秋：一百卷

（Shi liu guo chun qiu：yi bai juan）

（北魏）崔鴻撰

明萬曆己酉［37年，1609］蘭暉堂本

四函三十二册；28公分

相關責任者：	（北魏）崔鴻，（Cui Hong），約496—525，撰
附　注：	書名據《目錄》。

卷端題分書名，如"前趙錄一春秋卷第一"。

明萬曆三十七年（1609）甘士價《重刻十六國春秋序》言刻書事。

《目錄》後鐫"萬曆三十七年蘭暉堂鏤板"。

框20.4×14.8公分，9行18字，白口，左右雙邊，單黑魚尾。版心上鐫書名，中鐫卷次。

館藏信息：　East Asian Library（Gest）：Rare Books：TB147/1575

0407

基本著錄：　**十六國春秋：一百卷**

（Shi liu guo chun qiu：yi bai juan）

（北魏）崔鴻撰；（清）汪日桂重訂

清乾隆甲午［39年，1774］汪日桂欣托山房本

兩函二十册；29公分

相關責任者：　（北魏）崔鴻，（Cui Hong），約496—525，撰；（清）汪日桂（Wang Rigui），重訂；（清）方震（Fang Zhen），1780—1831，收藏

附　注：　書名據封面及版心。

封面鐫"汪氏正本　十六國春秋　欣託山房重刊"。

《總目》第二行題"汪日桂重訂"。

清乾隆四十六年（1781）汪日桂《重刊十六國春秋序》言刻書事。

"弦"字避諱。

框20.6×14.7公分，9行18字，白口，左右雙邊，單黑魚尾。版心上鐫"十六國春秋"，中鐫卷次。

CHHR97‒B81汪日桂《重刊十六國春秋序》署時爲乾隆三十九年（1774），且封面鐫"欣託山房開雕"，"弦"字未避諱，故斷此本當爲重印本。

有"皖江方震藏書印"。

館藏信息： East Asian Library(Gest)：Rare Books：TB147/122Q

0408

基本著錄： **國語：二十一卷**

（Guo yu：er shi yi juan）

（西晉）韋昭解；（明）鍾人傑校

明天啓丙寅[6 年,1626]鍾人傑本

一函六册；27 公分

相關責任者： （西晉）韋昭（Wei Zhao），204—273，解；（明）鍾人傑（Zhong Renjie），校

附　　注： 明天啓六年(1626)鍾人傑《國語叙》言刻書事。

框 21×15 公分,9 行 20 字,小字雙行同,白口,四周單邊,單白魚尾。版心上鐫書名,中鐫卷次。眉欄小字注。

館藏信息： East Asian Library(Gest)：Rare Books：TB52/887

0409

基本著錄： **國語：二十一卷**

（Guo yu：er shi yi juan）

（西晉）韋昭解；（宋）宋庠補音；（明）穆文熙編纂；（明）石星校閱；（明）劉懷恕,（明）沈權校

明萬曆間（即 1573—1620）劉懷恕本

一函六册；30 公分

相關責任者： （西晉）韋昭（Wei Zhao），204—273，解；（宋）宋庠（Song Xiang），996—1066，補音；（明）穆文熙（Mu Wenxi），1528—1591，編纂；（明）石星（Shi Xing），1538—1599，校閱；（明）劉懷恕（Liu Huaishu），進士 1577，校；（明）沈權（Shen quan），進士 1583，校

附　　注： 封面書簽題"春秋戰國評苑"。

韋昭《國語解叙》、宋庠《國語補音叙錄》。

與館藏《戰國策》(TB52/714)書簽、版式、刻工一致,參見該書爲劉懷恕刻本。

框 19.9×14.5 公分,9 行 20 字,小字雙行同,白口,四周雙邊,單黑魚尾。版心中鐫書名,下鐫刻工,如卷一首葉"蕭椿"。眉欄小字注。

書內朱筆批點。

館藏信息： East Asian Library (Gest) : Rare Books : TB52/713Q

0410

基本著錄： **國語鈔評：八卷**

（Guo yu chao ping : ba juan）

（明）穆文熙批輯；（明）劉懷恕校閱

明萬曆甲申［12 年,1584］傅光宅本

一函四冊;30 公分

相關責任者： （明）穆文熙（Mu Wenxi）,1528—1591,批輯；（明）劉懷恕（Liu Huai
shu）,進士 1577,校閱；（明）傅光宅（Fu Guangzhai）,1547—1604,
刻；（明）曾鳳儀（Zeng Fengyi）,進士 1583,刻

附　注： 卷端題"吳縣知縣聊城傅光宅長洲知縣耒陽曾鳳儀同刊"。

明萬曆十二年(1584)劉鳳《國語鈔評序》言刻書事。

框 20.8×14 公分,9 行 20 字,白口,四周雙邊,單黑魚尾。版心上鐫
"國語鈔評"及卷次,下鐫國名,卷三首葉版心下鐫"高伯玉刊"。眉
欄小字注。

館藏信息： East Asian Library (Gest) : Rare Books : TB52/2840Q

0411

基本著錄： **國語髓析：二十一卷**

（Guo yu sui xi : er shi yi juan）

（明）公鼐,（明）呂邦耀批評；（明）葛錫璠,（明）董光宏校正

明間（即 1368—1644）唐暉本

一函六冊;27 公分

相關責任者： （明）公鼐（Gong Nai）,進士 1601,批評；（明）呂邦耀（Lü Bangyao）,
17 世紀,批評；（明）葛錫璠（Ge Xifan）,進士 1601,校正；（明）董光
宏（Dong Guanghong）,進士 1601,校正；（明）唐暉（Tang Hui）,進士
1610,刻

附　注： 卷端題"東蒙公鼐古燕呂邦耀同批評　崑山葛錫璠勾甬董光宏同校
正"。

董光宏《序公孝與呂玄韜國語髓析》、唐暉《國語髓析後序》均未署

年月。

董光宏《序》提刻書事。

各卷末題"開封府推官唐暉校刻"。

框 21.7×15 公分,9 行 18 字,白口,四周雙邊,單黑魚尾。上書口鐫"國語""晋語""齊語"等。

館藏信息: East Asian Library(Gest):Rare Books:TB367/2964

0412

基本著録: **戰國策:十卷**

(Zhan guo ce:shi juan)

(宋)鮑彪校注;(元)吳師道注;(明)穆文熙編纂;(明)石星重校;(明)劉懷恕,(明)沈權校

明萬曆間(即 1573—1620)劉懷恕本

一函八冊;30 公分

相關責任者: (宋)鮑彪(Bao Biao),活動期 12 世紀,校注;(元)吳師道(Wu Shidao),1283—1344,注;(明)穆文熙(Mu Wenxi),1528—1591,編纂;(明)石星(Shi Xing),1538—1599,重校;(明)劉懷恕(Liu Huaishu),進士 1577,校,(明)沈權(Shen Quan),進士 1583,校

附　注: 《目錄》列三十八卷,正文爲十卷,《目錄》後有説明。

書簽書名"春秋戰國評苑"。

卷一卷端題"宋尚書郎鮑彪校注　元國子博士吳師道注　明吏部考功員外穆文熙編纂　兵部左侍郎石星重校　河南道監察御史劉懷恕　江西道監察御史沈權校"。

(劉向)《戰國策序》。宋紹興十七年(1147)鮑彪《校戰國策序》。元泰定二年(1325)吳師道《國策校注序》。紹興四年(1134)耿延禧《戰國策校注序》。明嘉靖元年(1522)王廷相《校戰國策序》。《李文叔書戰國策後》未署年月。王覺《題戰國策》。紹興十六年(1146)姚宏伯《題戰國策》,元至順四年(1333)吳師道《戰國策後序》。

版本依據館藏《七雄策纂·序》(TB52/1616)及《中國古籍善本書目》。

框 24.5×14.6 公分,9 行 20 字,小字雙行字數同,白口,四周單邊,單黑魚尾。眉欄小字注。版心上鐫"戰國策",中鐫卷次,下鐫刻工,

如卷一第三葉"彭元五百八十"。

館藏信息： East Asian Library(Gest):Rare Books:TB52/714Q

0413

基本著録： **戰國策:十二卷**

(Zhan guo ce:shi er juan)

(明)閔齊伋裁注

明萬曆庚申[48年,1620]閔齊伋本

兩函十六册;31公分

相關責任者： (明)閔齊伋(Min Qiji),1580—?,裁注

附　注： 明萬曆四十八年(1620)閔齊伋《識語》言刻書事。

卷端未題著者,卷末題"皇明萬曆己未仲秋烏程閔齊伋遇五父裁注",卷五末題"烏程閔齊伋遇五父裁注"。

框20.7×15.1公分,9行19字,小字雙行同,白口,四周單邊。版心上鎸書名及國名。眉上鎸注。

館藏信息： East Asian Library(Gest):Rare Books:TB52/298Q

0414

基本著録： **七雄策纂:八卷**

(Qi xiong ce zuan:ba juan)

(明)穆文熙纂輯;(明)劉懷恕重校

明萬曆戊子[16年,1588]陳禹謨本

一函四册;28公分

相關責任者： (明)穆文熙(Mu Wenxi),1528—1591,纂輯;(明)劉懷恕(Liu Huai shu),進士1577,重校;(明)陳禹謨(Chen Yumo),進士1577,刻

附　注： 卷端題"吏部考功司員外東明穆文熙纂輯　河南道監察御史劉懷恕重校　福建道監察御史陳禹謨重梓"。

明萬曆十六年(1588)劉懷恕《重刻戰國策纂引》、陳禹謨《重刻七雄策纂序》。萬曆十四年(1586)穆文熙《七雄策纂序》。

框19.7×14.7公分,9行20字,小字雙行字數同,白口,四周雙邊,單黑魚尾。眉欄小字注。版心上鎸"七雄策纂"及卷次,下鎸刻工,如卷一第五葉"刘荣四百三十四"。

鈐"崇雅堂藏書""潛江甘鵬雲藥樵收藏書籍章"印記。

館藏信息: East Asian Library(Gest):TB52/1616

0415

基本著錄: **新鍥鄭孩如先生精選戰國策旁訓便讀:四卷**

(Xin qie Zheng Hairu xian sheng jing xuan Zhan guo ce pang xun bian du:si juan)

(明)鄭維嶽旁訓

明間(即 1368—1644)楊九經本

一函八冊;28 公分

相關責任者: (明)鄭維嶽(Zheng Weiyue),旁訓;(明)楊九經(Yang Jiujing),刻

附　注: 卷一卷端題"溫陵垓如子鄭維嶽旁訓　鞭孩子楊九經訂梓"。

鄭維嶽《刻戰國策旁訓序》未署年月。

版刻風格爲明代。

框 21×13.2 公分,7 行 20 字,行間小字注,白口,四周雙邊,單黑魚尾。版心上鐫"國策旁訓",中鐫卷次。

鈐"乾隆御覽之寶""古羊劉氏惟吉""中憲大夫"印記。

館藏信息: East Asian Library(Gest):Rare Books:TB52/3571

0416

基本著錄: **戰國策奇鈔:八卷**

(Zhan guo ce qi chao:ba juan)

(明)陳仁錫校閱;(明)劉肇慶參訂

明間(約 1621—1644)本

一函四冊;28 公分.

相關責任者: (明)陳仁錫(Chen Renxi),1581—1636,校閱;(明)劉肇慶(Liu Zhao qing),參訂

附　注: 卷一卷端題"古吳陳仁錫明卿父較閱　古潭劉肇慶開侯父參訂"。

無序跋。

字體似明末。

框 19.8×14.3 公分,9 行 20 字,小字雙行字數同,白口,四周單邊。

上書口鐫"國策奇鈔",版心中鐫小題,下鐫卷次。

鈐"師晉之印""藻卿"印記。

館藏信息： East Asian Library（Gest）：Rare Books：TB52/2474

0417

基本著録： **鮑氏國策：十卷**

（Bao shi guo ce：shi juan）

（宋）鮑彪校注

明嘉靖戊子［7 年，1528］龔雷本

一函十二册；28 公分

相關責任者： （宋）鮑彪（Bao Biao），活動期 12 世紀，校注；（明）龔雷（Gong Lei），刻；（明）姜云（Jiang Yun），刻；（明）毛端（Mao Duan），刻

附　　注： 框 21.4×15.1 公分，11 行 20 字，小字雙行同，白口，左右雙邊，單黑魚尾。版心中鐫"國策"、篇名及卷次，下鐫刻工，如毛端、姜云等。

館藏信息： East Asian Library（Gest）：Rare Books：DS747.2.B36 1528

0418

基本著録： **今言：四卷**

（Jin yan：si juan）

（明）鄭曉

明嘉靖丙寅［45 年，1566］項篤壽本

兩函八册；26 公分

相關責任者： （明）鄭曉（Zheng Xiao），1499—1566；（明）項篤壽（Xiang Dushou），1521—1586，刻

附　　注： 卷端題"海鹽鄭曉"。

明嘉靖四十五年（1566）鄭曉《今言序》。

鄭曉《序》提項子長刻書事。項篤壽，字子長。

框 21×13.8 公分，8 行 16 字，白口，左右雙邊，單黑魚尾。版心中鐫"今言"及卷次，下鐫刻工，如卷一首葉"曹金"。《序》末鐫"加禾曹金刊"。

鈐"省庵""吳氏仁仲""佳士"印記。

館藏信息： East Asian Library（Gest）：Rare Books：TB52/2997

0419

基本著錄：　　　歷代史畧十段錦詞話旁註：[二卷]

（Li dai shi lüe shi duan jin ci hua pang zhu：[er juan]）

（明）楊用修纂；（明）程仲秩注

明間（約 1621—1644）本

一函四册；26 公分

相關責任者：　　（明）楊慎（Yang Shen），1488—1559，纂；（明）程開祜（Cheng Kaihu），活動期 17 世紀，注

附　　注：　　　卷分上下。

封面題“楊升庵先生原本硃批旁註廿一史彈詞”。

楊慎，字用修，號升庵。程開祜，字仲秩。

吳之俊《史畧十段錦旁註叙》未署年月。封面刻芥子園主人（李漁）識語。

框 20.2×14.4 公分，6 行 20 字，行間朱色小字注，無行格，白口，四周單邊。版心上鎸“十段錦”，中鎸卷次。

館藏信息：　　　East Asian Library（Gest）：Rare Books：TB42/2962

0420

基本著錄：　　　弇山堂別集：一百卷

（Yan shan tang bie ji：yi bai juan）

（明）王世貞著

明萬曆庚寅[18 年，1590]金陵本

四函二十八册；27 公分

相關責任者：　　（明）王世貞（Wang Shizhen），1526—1590，著；（明）蔡朝光（Cai Chao guang），刻

附　　注：　　　王世貞《弇山堂別集小序》。明萬曆十八年（1590）陳文燭《弇山堂別集序》。

書末牌記鎸“大明萬曆庚寅孟冬穀旦金陵鎸行”。

框 19.4×13.2 公分，10 行 20 字，白口，四周單邊，單黑魚尾。版心上鎸書名，序首葉鎸“蔡朝光刊”。

館藏信息：　　　East Asian Library（Gest）：Rare Books：TB52/1175

0421

基本著録:	弇山堂別集:一百卷
	(Yan shan tang bie ji:yi bai juan)
	(明)王世貞著
	明萬曆庚寅[18 年,1590]金陵本
	六函三十六册;28 公分
相關責任者:	(明)王世貞(Wang Shizhen),1526—1590,著;(明)蔡朝光(Cai Chao guang),刻
附　注:	王世貞《弇山堂別集小序》。明萬曆十八年(1590)陳文燭《弇山堂別集序》。
	書末牌記鐫"大明萬曆庚寅孟冬穀旦金陵鐫行"。
	框 20×13.2 公分,10 行 20 字,白口,四周單邊,單黑魚尾。版心上鐫書名,序首葉鐫"蔡朝光刊"。
館藏信息:	East Asian Library(Gest):Rare Books:TB52/2525

0422

基本著録:	弇州史料前集:三十卷. 弇州史料後集:七十卷.
	子目:
	弇州史料前集:三十卷
	(Yanzhou shi liao qian ji:san shi juan)
	(明)王世貞纂撰;(明)董復表彙次
	弇州史料後集:七十卷
	(Yanzhou shi liao hou ji:qi shi juan)
	(明)王世貞纂撰;(明)董復表彙次
	明萬曆甲寅[42 年,1614]楊鶴本
	四函三十册;28 公分
相關責任者:	(明)王世貞(Wang Shizhen),1526—1590,纂撰;(明)董復表(Dong Fubiao),16 世紀,彙次;(明)楊鶴(Yang He),進士 1604,刻
附　注:	卷前有《校刻姓氏》,列"命梓巡按浙直監察御史楊鶴"等。
	明萬曆四十二年(1614)陳繼儒《弇州史料叙》提刻書事。
	框 21.5×14.9 公分,9 行 18 字,小字雙行同,白口,四周單邊,單黑

魚尾。版心上鐫"弇州史料",中鐫卷次及"前集"或"後集",下鐫刻工。

館藏信息： East Asian Library(Gest)：Rare Books：TB117/720

0423

基本著錄： **宋遼金元別史**

(Song Liao Jin Yuan bie shi)

(清)席世臣校刊

清乾隆乙卯—嘉慶戊午[乾隆60年—嘉慶3年,1795—1798]埽葉山房本

三十二册：圖;29公分

相關責任者： (清)席世臣(Xi Shichen),校刊

附　　注： 清嘉慶三年(1798)謝啓昆《宋遼金元四史序》。清乾隆六十年(1795)席世臣《序》提校刊事。

内封面右鐫"東都事略南宋書契丹國志大金國志元史類編",中鐫"宋遼金元四史",左鐫"埽葉山房藏板"。

框22×15.1公分,12行25字,白口,左右雙邊,單黑魚尾。版心上鐫書名,中鐫卷次,下鐫"掃葉山房"。

遼寧大學圖書館藏與本書同版。該書《東都事略》内封面題"乾隆乙卯年鐫"。

館藏信息： Annex A,Forrestal：B42/2347

詔令奏議類

0424

基本著錄： **硃批諭旨**

(Zhu pi yu zhi)

清乾隆戊午[3年,1738]北京内府本

十八函一百十二册;27公分

附　　注： 清乾隆三年(1738)《後序》。

書名據版心。

清雍正十年(1732)《上諭》。

框 20.4×14.5 公分,10 行 21 字,白口,四周雙邊,單黑魚尾。版心上鐫"硃批諭旨",下鐫上奏摺者姓名。

館藏信息: East Asian Library(Gest):Rare Books:TB67/825Q

0425

基本著録: **硃批諭旨**

(Zhu pi yu zhi)

清乾隆戊午[3 年,1738]北京內府本

十八函一百十二册;29 公分

附 注: 書名據版心。

清雍正十年(1732)《上諭》。

框 19.9×14.6 公分,10 行 21 字,白口,四周雙邊,單黑魚尾。版心上鐫"硃批諭旨",下鐫上奏摺者姓名。

館藏信息: Annex A,Forrestal:B67/715

0426

基本著録: **諭行旗務奏議**

(Yu xing qi wu zou yi)

(清)允禄等校刊

清雍正乙卯[13 年,1735]北京武英殿本

一函四册;29 公分

相關責任者: (清)允禄(Yunlu),1695—1767,校刊

附 注: 是書收清雍正元年至十三年(1723—1735)有關旗務奏議。

著者據《職名》。

框 21×14.6 公分,12 行 21 字,白口,四周雙邊,單黑魚尾。版心上鐫書名,中鐫雍正年次。

館藏信息: East Asian Library(Gest):Rare Books:TB72/2616Q

0427

基本著録: **大義覺迷録:四卷**

(Da yi jue mi lu:si juan)

（清）世宗胤禛

清雍正庚戌［8 年,1730］北京内府本

一函八册;26 公分

相關責任者： （清）世宗胤禛（Yinzhen）,1677—1735

附　　注： 書名據版心。

框 20.1×14.4 公分,8 行 17 字,白口,四周雙邊,單黑魚尾。版心上鐫"大義覺迷錄",中鐫卷次。

館藏信息： East Asian Library（Gest）:Rare Books:TB302/2081

0428

基本著録： **題奏事件**

（Ti zou shi jian）

清乾隆間（即 1736—1795）本

一函五册;27 公分

附　　注： 14 行 21 至 22 字,無版框,無行格。版心上鐫"題奏事件",奏件首行下方多題"公慎堂"。

館藏信息： East Asian Library（Gest）:Rare Books:TB72/4051

0429

基本著録： **李文襄公奏議:二卷,奏疏:十卷,卷首,別錄:六卷**

（Li Wenxiang gong zou yi:er juan,zou shu:shi juan,juan shou,bie lu:liu juan）

（清）［李］鍾麟編次

清康熙間（約 1702—1722）本

一函十册;28 公分

相關責任者： （清）李鍾麟（Li Zhonglin）,編次

附　　注： 封面鐫"……彤錫堂藏版"。

卷端題"男鍾麟編次"。

《年譜》前有清康熙三十二年（1693）唐夢賚《序》,卷末有康熙四十一年（1702）程光袺《跋》。

附《李文襄公年譜》一卷,程光袺編纂。

框 19.7×15 公分,10 行 22 字,白口,四周雙邊。版心鐫分書名、卷

次及篇名。

館藏信息： East Asian Library（Gest）：Rare Books：TB72/3370

0430

基本著錄： **靳文襄公奏疏：八卷**

（Jin Wenxiang gong zou shu：ba juan）

（清）靳輔撰

清雍正間（約 1725—1735）靳治豫本

一函八册；27 公分

相關責任者： （清）靳輔（Jin Fu），1633—1692，撰；（清）靳治豫（Jin Zhiyu），刻

附 注： 每卷《目錄》末均鎸“男治豫編次 孫樹德校正 曾孫光烈光文全校字”。

張大有《序》言靳治豫於河督任上刻此書事。靳治豫於清雍正三年（1725）始奉命協理河務。

框 19.9×14.6 公分，9 行 22 字，白口，左右雙邊，單黑魚尾。版心中鎸書名及卷次。

館藏信息： East Asian Library（Gest）：Rare Books：TB72/1698

0431

基本著錄： **秦漢書疏：[十八卷]**

（Qin Han shu shu：[shi ba juan]）

（明）徐紳訂；（明）吳國倫校

明嘉靖戊午[37 年，1558]吳國倫本

兩函十二册；30 公分

相關責任者： （明）徐紳（Xu Shen），進士 1541，訂；（明）吳國倫（Wu Guolun），1524—1593，校

附 注： 書名、著者取自《序》。

卷端未題著者。《西漢疏》《東漢疏》，原版似有著者，後印時剜掉。

清嘉靖三十七年（1558）聶豹《刻秦漢書疏序》中提徐紳訂、吳國倫校刻書事。《序》中又云“刻板藏洞學”。

框 20.9×14.8 公分，10 行 20 字，白口，四周雙邊，單白魚尾。上書口分別鎸“秦書疏”“西漢疏”“東漢疏”，版心中鎸卷數。

館藏信息： East Asian Library(Gest)：Rare Books：TB62/2681Q

0432

基本著錄： **皇明經濟文錄：[四十一卷]**

（Huang Ming jing ji wen lu：[si shi yi juan]）

（明）萬表輯

明嘉靖甲寅[33年,1554]曲入繩本

四函二十四冊；25公分

館藏本有殘缺：缺卷十三至四十一。

相關責任者： （明）萬表（Wan Biao），1498—1556，輯；（明）曲入繩（Qu
Rusheng），刻

附　注： 卷端未題著者，著者據《序》。

明嘉靖三十三年(1554)萬表《序》言刻書事。

框19×13.5公分,10行22字,白口,四周單邊,單黑魚尾。版心中
鐫"皇明經濟錄"或"明經濟錄"及卷次,下鐫刻工,如卷一首葉"夏雲
刊"。

"旡竟先生獨志堂物"印記。

館藏信息： East Asian Library(Gest)：Rare Books：TB72/616

0433

基本著錄： **皇明大訓記：十六卷**

（Huang Ming da xun ji：shi liu juan）

（明）朱國禎輯

編目記錄詳見《史部·編年類》。

0434

基本著錄： **宋丞相李忠定公奏議：六十九卷. 宋丞相李忠定公奏議附錄：九卷.**

子目：

宋丞相李忠定公奏議：六十九卷

（Song cheng xiang Li zhongding gong zou yi：liu shi jiu juan）

（明）朱欽彙校；（明）洪霶校正

宋丞相李忠定公奏議附錄：九卷

(Song cheng xiang Li zhongding gong zou yi fu lu：jiu juan)

（明）朱欽彙校；（明）洪鼐校正

明正德丙子［11 年，1516］胡文静本

四函二十册；25 公分

相關責任者： （明）朱欽（Zhu Qin），彙校；（明）洪鼐（Hong Nai），舉人 1510，校正；

（明）胡文静（Hu Wenjing），刻

附　　注： 卷端題"……文林郎邵武縣知縣泰和蕭泮繡梓……"。

明正德十一年（1516）林俊《後序》提胡文静刻書事。

框 19.9×12.9 公分，10 行 22 字，細黑口，四周雙邊，雙白魚尾。版

心中鐫"奏議"及卷次。

館藏信息： East Asian Library（Gest）：Rare Books：TB72/3061

0435

基本著録： **重錄文公先生奏議：十五卷**

（Chong qin Wen gong xian sheng zou yi：shi wu juan）

（明）朱吾弼編

明萬曆甲辰［32 年，1604］朱崇沐本

兩函八册；28 公分

相關責任者： （明）朱吾弼（Zhu Wubi），進士 1589，編；（明）朱崇沐（Zhu Chong-

mu），16/17 世紀，刻

附　　注： 卷端題"宗後學監察御史高安朱吾弼編　邑後學禮部郎中汪國楠

……同校……朱德洪同閲……"。

明萬曆三十二年（1604）葉向高《朱子奏議序》提刻書事。

框 20.9×14.5 公分，9 行 19 字，白口，四周單邊，單白魚尾。版心上

鐫"奏議"，中鐫卷次。

館藏信息： East Asian Library（Gest）：Rare Books：TB72/280

0436

基本著録： **掖垣諫草：五卷**

（Ye yuan jian cao：wu juan）

（明）張貞觀著

明萬曆庚戌［38 年，1610］張氏本

两函十册;27 公分

相關責任者： （明）張貞觀（Zhang Zhenguan），進士 1583，著

附　　注： 册一封面葉題"兵垣本宅藏版"，册二封面葉題"工垣本宅藏版"，册
三封面葉題"禮垣本宅藏版"。

卷端題"泗上張貞觀惟誠父著"。

明萬曆三十八年（1610）李懋順《掖垣諫草序》、高汝毅《掖垣諫草後
序》。萬曆四十七年（1619）練國事《張都諫疏序》。萬曆三十九年
（1611）蔣體仁《書掖垣疏草後》。

蔣體仁《序》提刻書事，練國事《序》未提刻書事。

框 21×13.6 公分，10 行 21 字，白口，四周雙邊，單黑魚尾。版心上
分別鐫"兵垣""工垣""禮垣"，中鐫卷次，下鐫刻工簡稱，如卷一第
三葉"二百九十二田"，卷五第二十一、二十四等葉鐫"李雅刻"。書
中有補版葉，如卷三第九葉、卷四第三十三葉。

館藏信息： East Asian Library（Gest）：Rare Books：TB72/318

0437

基本著録： 歸田疏草

（Gui tian shu cao）

（明）劉一燝

明間（約 1621—1644）本

一函兩册;27 公分

相關責任者： （明）劉一燝（Liu Yijing），1567—1635；（明）鄒希美（Zou Ximei），刻

附　　注： 卷端未題書名及著者，著者據《序》。

明天啓二年（1622）劉一燝《序》。

劉一燝《序》提刻書事，據《序》應爲天啓刻本。書末有明崇禎元年
（1628）一疏，《普林斯敦大學葛思德東方圖書館中文善本書志》謂補
刻，因全書内容不多，一并定爲明末刻本。

框 21.1×13.1 公分，8 行 18 字，白口，左右雙邊。版心上鐫"歸田疏
草"，首葉版心下鐫"鄒希美刊"。

館藏信息： East Asian Library（Gest）：Rare Books：TB72/1527

0438

基本著錄： **古奏議**

（Gu zou yi）

（明）黄汝亨評選

明萬曆辛丑［29 年，1601］吳德聚本

一函十二冊；29 公分

相關責任者： （明）黄汝亨（Huang Ruheng），1558—1626；（明）吳德聚（Wu Deju），
16/17 世紀，刻

附　　注： 卷端題“江夏黄汝亨貞父甫評選”。

明萬曆二十九年（1601）黄汝亨《前代奏議序》、吳之鯨《刻古奏議引
言》。

黄汝亨《序》提刻書事。

框 21×14.7 公分，10 行 20 字，白口，左右雙邊，單白魚尾（卷一首葉
黑魚尾）。版心上鐫“古奏議”，中鐫時代，如“秦”“西漢”，下鐫奏議
名稱。

館藏信息： East Asian Library（Gest）：Rare Books：TB72/2502Q

0439

基本著錄： **荊川先生右編：四十卷**

（Jingchuan xian sheng you bian：si shi juan）

（明）唐順之編纂；（明）劉日寧補遺；（明）朱國禎校定

明萬曆乙巳［33 年，1605］南京國子監本

兩函二十四冊；27 公分

相關責任者： （明）唐順之（Tang Shunzhi），1507—1560，編纂；（明）劉日寧（Liu
Yuening），進士 1587，補遺；（明）朱國禎（Zhu Guozhen），1557—
1632，校定

附　　注： 卷端題“都察院僉都御史毗陵唐順之編纂　南京國子監祭酒豫章劉
日寧補遺　司業吳興朱國禎校定”。

焦竑《荊川先生右編序》未署年月，提刻書事。

據《續南雍志》，劉日寧、朱國禎，明萬曆三十三年（1605）任，據此可
推知刻年。

框 22.1×14 公分,10 行 20 字,小字雙行字數同,白口,左右雙邊,單白魚尾。版本上鐫"右編",中鐫卷次,下鐫刻工,如卷一首葉"吳廷三百五十四"。眉欄小字注。

館藏信息: East Asian Library(Gest):Rare Books:TB72/559

0440

基本著錄: **歷代名臣奏議:三百五十卷**

(Li dai ming chen zou yi:san bai wu shi juan)

(明)黃淮等輯;(明)張溥刪正

明崇禎乙亥[8 年,1635]東觀閣本

十函八十冊;27 公分

相關責任者: (明)黃淮(Huang Huai),進士 1397,輯;(明)張溥(Zhang Pu),1602—1641,刪正

附　　注: 卷端鐫"吳郡張溥刪正"。黃淮取自《序》。

明崇禎八年(1635)張溥《歷代名臣奏議序》言刻書事。

框 20.6×14.3 公分,9 行 18 字,白口,左右雙邊,單黑魚尾。版心上鐫"奏議",中鐫卷次,下鐫"東觀閣"。眉欄小字注。

與館藏《歷代名臣奏議》(TB72/2044)同版。

館藏信息: East Asian Library(Gest):Rare Books:TB72/1948

0441

基本著錄: **歷代名臣奏議:三百五十卷**

(Li dai ming chen zou yi:san bai wu shi juan)

(明)黃淮等輯;(明)張溥刪正

明崇禎乙亥[8 年,1635]東觀閣本

六函三十冊;24 公分

館藏本有殘缺:缺卷一百一十至一百八十六。

相關責任者: (明)黃淮(Huang Huai),進士 1397,輯;(明)張溥(Zhang Pu),1602—1641,刪正;(清)甘鵬雲(Gan Pengyun),生年 1861,題記

附　　注: 封面葉題"張天如太史刪正　歷代名臣奏議　金閶沈寧宇發兌"。

封面印有"寶翰樓藏版"朱印。

卷端鐫"吳郡張溥刪正"。黃淮取自《序》。

明崇禎八年(1635)張溥《歷代名臣奏議序》言刻書事。

框 20.6×14.1 公分,9 行 18 字,白口,左右雙邊,單黑魚尾。版心上鐫"奏議",中鐫卷次。眉欄小字注。

與 NJPX90－B1305 核對,版心下"東觀閣"被挖去,當爲後印時所爲。

與館藏《歷代名臣奏議》(X90－B1305)同版。

甘鵬雲題記。

鈐"崇雅堂藏書"印記。

館藏信息:　East Asian Library(Gest):Rare Books:TB72/2044

0442

基本著錄:　**唐陸宣公翰苑集:[二十四卷]**

(Tang Lu Xuan gong Han yuan ji:[Er shi si juan])

(唐)陸贄

明萬曆丁未[35 年,1607]陸基忠本

兩函十二册;26 公分

相關責任者:　(唐)陸贄(Lu Zhi),754—805;(明)陸基忠(Lu Jizhong),16/17 世紀,刻;(明)陶國臣(Tao Guochen),刻;(明)楊應時(Yang Yingshi),寫工

附　　注:　明萬曆三十五年(1607)吳道南《唐陸宣公奏議序》、權德與《唐陸宣公翰苑集叙》。明宣德三年(1428)金寔《陸宣公奏議序》。明天順元年(1457)項忠《陸宣公奏議序》。明弘治十五年(1502)錢福《陸宣公制册奏議集叙》。明嘉靖十六年(1537)沈伯咸《陸宣公文集叙》。萬曆九年(1581)葉逢春《陸宣公奏議叙》、王世貞《讀宣公奏議說》。萬曆三十四年(1606)[陸]基忠《重梓宣公奏議跋》。

各卷末鐫"二十七世孫基忠校梓"。

框 20.1×14 公分,9 行 18 字,白口,四周雙邊,單黑魚尾。版心上鐫"宣公翰苑集",版心中分別鐫"奏議""奏草""制誥"。"奏議"卷一首葉版心下鐫"秣陵楊應時寫陶国臣"。

館藏信息:　East Asian Library(Gest):Rare Books:TD43/682

0443

基本著錄:　**唐陸宣公翰苑集:二十四卷**

（Tang lu xuan gong han yuan ji：er shi si juan）

（唐）陸贄著；（清）張佩芳注釋；（清）汪肇龍等參訂

清乾隆戊子［33 年，1768］希音堂本

一函八册；25 公分

相關責任者： （唐）陸贄（Lu Zhi），754—805，著；（清）張佩芳（Zhang Peifang），1732—1793，注釋；（清）汪肇龍（Wang Zhaolong），參訂

附　　注： 封面鐫"陸宣公翰苑集注　澹慮齋藏"。

未署年劉大櫆《唐陸宣公翰苑集注序》等序。

框 18.5×12.5 公分，9 行 21 字，白口，左右雙邊。版心上鐫"翰苑集"，中鐫卷次，下鐫"希音堂"。

館藏信息： RECAP：East Asian Library use only：D43/209

0444

基本著錄： 唐陸宣公集：二十二卷

（Tang Lu Xuan gong ji：er shi er juan）

（明）吳繼武校刊

明萬曆間（約 1606—1620）南京吳繼武光裕堂本

兩函十二册；28 公分

相關責任者： （明）吳繼武（Wu Jiwu），16/17 世紀，校刊

附　　注： 卷一、十一、十七、二十二卷端版心上題"唐陸宣公集"，卷二至十卷端題"唐陸宣公制誥"，卷十二至十六卷端題"唐陸宣公奏草"，卷十八至二十一卷端題"唐陸宣公奏議"。

權德與《唐陸宣公集叙》。明萬曆九年（1581）劉垓《重刻陸宣公奏議跋》、葉逢春《陸宣公奏議叙》、王世貞《讀宣公奏議說》、李懋檜《重刻陸宣公奏議跋》。明永樂十四年（1416）齊政《唐陸宣公集後叙》。明萬曆三十四年（1606）［陸］基忠《重梓宣公奏議跋》。明宣德三年（1428）金寔《陸宣公奏議叙》。明弘治十五年（1502）錢福《陸宣公制册奏議集叙》。明嘉靖十六年（1537）沈伯咸《陸宣公文集叙》。

卷一卷端題"明繡谷肖川吳繼武校刊"。

框 21.5×14.6 公分，10 行 20 字，小字雙行字數同，白口，四周單邊，單白魚尾。版心上鐫文類，中鐫卷次，下鐫"光裕堂梓"。

館藏信息： East Asian Library（Gest）：Rare Books：TB72/3009

0445

基本著録：　　唐陸宣公集：［二十四卷］

（Tang Lu Xuan gong ji：［er shi si juan］）

（唐）陸贄

明間（約 1506—1566）本

兩函十二冊；29 公分

本館藏本不完整：奏議卷三第十七葉以後缺佚。

相關責任者：　（唐）陸贄（Lu Zhi），754—805

附　　注：　　《目錄》前題"唐陸宣公集"。

明天順元年（1457）項忠《重刊陸宣公奏議序》。

框 18.9×12.6 公分，10 行 20 字，白口，四周單邊，無魚尾。版心中鐫"制誥""奏草""奏議"。

此書刻工粗劣，字體近明嘉靖風格。

館藏信息：　　East Asian Library（Gest）：Rare Books：TD43/682xQ

0446

基本著録：　　大清聖祖仁皇帝聖訓

（Da Qing Shengzu Ren huang di sheng xun）

（清）聖祖玄燁

清間（約 1623—1795）本

一函三冊；45 公分

館藏本有殘缺：存卷四十至四十二。

相關責任者：　（清）聖祖玄燁（Xuanye），1654—1722

附　　注：　　函套外題"第十四　三卷　卷四十至四十二"。

內府朱絲欄寫本，大紅綾本，蝴蝶裝。

館藏信息：　　Rare Books：South East（MSS）：C0744.07（Garrett Chinese Manuscripts，No. 2）

傳記類

0447

基本著録： 八朝宋名臣言行録前集：十卷，後集十四卷．宋名臣言行録續集：八
卷，別集［二十六卷］，外集十七卷，外集附．

子目：

八朝宋名臣言行録前集：十卷，後集十四卷

（Ba chao Song ming chen yan xing lu qian ji：shi juan，hou ji shi si
juan）

（宋）朱熹纂集；（宋）李衡校訂

宋名臣言行録續集：八卷，別集［二十六卷］，外集十七卷，外集附

（Song ming chen yan xing lu xu ji：ba juan，bie ji［er shi liu juan］，wai ji
shi qi juan，wai ji fu）

（宋）李幼武纂集

明萬曆間（即 1573—1620）本

兩函十六冊；26 公分

相關責任者： （宋）朱熹（Zhu Xi），1130—1200，纂集；（宋）李衡（Li Heng），1100—
1178，校訂；（宋）李幼武（Li Youwu），活動期 1261，纂集

附　　注： 前集卷五等卷端題"五朝宋名臣言行録"。

卷端未題著者，《目録》前題著者。前集目次題"宋新安晦庵朱熹纂
集　太平老圃李衡校訂　明後學安福張鰲山縉雲鄭汝壁校梓　後學
閩縣林雲銘重梓　文公裔孫朱烈授梓"。續集目次題"宋後學朋溪
李幼武纂集　明後學安福張鰲山校訂　縉雲鄭汝壁校修　後學閩縣
林雲銘重鐫　文公裔孫朱烈授梓"。

明萬曆三十七年（1609）汪國楠《題重刻名臣言行録叙》。

汪國楠《叙》未提刻書事。字體似萬曆刻，有補版，似明末清初所補。

林雲銘，清順治十五年（1658）進士，目次前所題"重梓"，或許爲
補刻。

框 19.8×15 公分，11 行 22 字，白口，四周雙邊，單黑魚尾。版心中
鐫"言行前"等及卷次。

"養正齋藏書"印。

館藏信息： East Asian Library（Gest）：Rare Books：TB117/2832

0448

基本著録： **元朝名臣事略：十五卷**

（Yuan chao ming chen shi lüe：shi wu juan）

（元）蘇天爵撰

清乾隆丁酉［42 年，1777］福建本

四册；22 公分

館藏本有殘缺：卷十二第一葉爲手抄配補。

相關責任者： （元）蘇天爵（Su Tianjue），1294—1352，撰

附　　注： 昌彼得編《普林斯頓大學葛思德東方圖書館中文舊籍書目》第 141
頁著録本書爲"清乾隆四十二年（一七七七）福建翻刊武英殿聚珍
本"。

框 19×12.5 公分，9 行 21 字，白口，四周雙邊，單黑魚尾。版心上鐫
書名，中鐫卷次。

館藏信息： Annex A，Forrestal：B117/2009

0449

基本著録： **闕里誌：二十四卷**

（Queli zhi：er shi si juan）

（明）孔胤植補

明崇禎間（即 1628—1644）本

兩函十二册：圖；25 公分

相關責任者： （明）孔胤植（Kong Yinzhi），1591—1647，補

附　　注： 書中記事至清雍正。

著者據《序》。

孔胤植《序》曰："余因繙闕里舊誌，附以新典補其未備。"

框 19.8×14.3 公分，10 行 19 字，白口，四周單邊。版心上鐫書名，
中鐫卷次。

館藏信息： East Asian Library（Gest）：Rare Books：TB107/2597

0450

基本著錄： **呂新吾先生閨範圖說：四卷**

（Lü Xinwu xian sheng gui fan tu shuo：si juan）

（明）呂坤注；（清）［呂］應菊重刊

清康熙間（即 1662—1722）呂應菊本

兩函十冊：圖；26 公分

相關責任者： （明）呂坤（Lü Kun），1536—1618，注；（清）呂應菊（Lü Yingju），刻

附　　注： 附《閨範凡例》。

避"玄"字諱。

明萬曆十八年（1590）呂坤《閨範序》。

框 20.9×14 公分，9 行 22 字，白口，四周雙邊，單黑魚尾。版心上鎸書名，中鎸卷次。

館藏信息： East Asian Library（Gest）：Rare Books：TB117/1061

0451

基本著錄： **聖賢像贊：三卷**

（Sheng xian xiang zan：san juan）

（明）呂維祺輯

明崇禎間（約 1632—1644）本

一函四冊：圖；26 公分

相關責任者： （明）呂維祺（Lü Weiqi），進士 1613，輯

附　　注： 書名及卷次據《目錄》。

著者據明崇禎五年（1632）呂維祺《聖賢像贊序》。

框 19.1×14.8 公分，10 行 19 字，小字雙行同，白口，左右雙邊，單黑魚尾。版心上分別鎸"聖賢像贊""先儒像贊""先賢像贊"等。

鎸"山西太谷桃園堡車浚哲""經史詩文"等印。

館藏信息： East Asian Library（Gest）：Rare Books：TB117/1082

0452

基本著錄： **聖賢像贊：三卷**

（Sheng xian xiang zan：san juan）

明崇禎間(約 1632—1644)本

一函四册:圖;26 公分

相關責任者: (明)呂維祺(Lü Weiqi),進士 1613,序

附　　注: 明刻清印。

著者及刻年上限據明崇禎五年(1632)呂維祺《聖賢像贊序》。

書名據《目錄》。

框 19×14.5 公分,10 行 19 字,小字雙行,白口,左右雙邊,單黑魚尾。版心上分別鐫"聖賢像贊""先儒像贊""先賢像贊"等。

館藏信息: Marquand Library(SAX):Rare Books:ND1043.S53

0453

基本著録: 三立祠碑記:[二卷],附錄

(San li ci bei ji:[er juan],fu lu)

(明)袁繼咸撰;(清)劉梅增訂

清康熙壬戌[21 年,1682]太原府學本

一函八册;24 公分

相關責任者: (明)袁繼咸(Yuan Jixian),撰;(清)劉梅(Liu Mei),增訂

附　　注: 書名據版心。

卷分上下。

著者據劉梅《叙》。

清康熙二十一年(1682)李方藻《跋》。

清乾隆二十九年(1764)《後跋》言修補事。

框 21.1×14 公分,9 行 22 字,白口,四周單邊,單黑魚尾。版心上鐫書名,中鐫卷次。

館藏信息: Annex A,Forrestal:B117/3030

0454

基本著録: 安危注:四卷

(An wei zhu:si juan)

(明)吴甡論輯

清康熙間(約 1694—1722)吴元復本

一函八册;27 公分

相關責任者： （明）吳甡（Wu Shen），1589—約1644，論輯；（清）吳元復（Wu Yuan-fu），刻

附　　注： 吳元復《後識》言"……今先君即世五十年……授之梓人……"。

框19.5×13.8公分，9行20字，白口，四周雙邊，單黑魚尾。版心上鑴書名，中鑴卷次。

館藏信息： East Asian Library（Gest）：Rare Books：TB117/3554

0455

基本著録： **雒閩源流録：十七卷**

（Luo Min yuan liu lu：shi qi juan）

（清）張夏纂；（清）黃昌衢，（清）黃昌儦校

清康熙任戌［21年，1682］黃昌衢彝叙堂本

兩函八冊；27公分

相關責任者： （清）張夏（Zhang Xia），纂；（清）黃昌衢（Huang Changqu），校；（清）黃昌儦（Huang Changbiao），校

附　　注： 封面鑴"張菰川先生手授　雒閩源流録　彝叙堂藏板"。

清康熙二十一年（1682）彭瓏《雒閩源流録叙》、張夏《雒閩源流録自叙》《凡例》、黃昌衢《校刻雒閩源流録題後》。

黃昌衢《題後》提刻書事。

框19.7×14.1公分，10行21字，白口，四周雙邊，單黑魚尾。版心上鑴書名，中鑴卷次及傳主姓名，下鑴"彝叙堂"。

"得一步想書屋""環山樓藏書印"印記。

館藏信息： East Asian Library（Gest）：Rare Books：TB117/2850

0456

基本著録： **學統：五十三卷**

（Xue tong：wu shi san juan）

（清）熊賜履編

清康熙乙丑［24年，1685］熊賜履本

四函二十四冊；26公分

相關責任者： （清）熊賜履（Xiong Cilü），1635—1709，編

附　　注： 封面鑴"下學堂藏版"。

清康熙二十四年(1685)熊賜履《序》言刻書事。

框 19.8×14.2 公分,9 行 20 字,白口,左右雙邊,單黑魚尾。版心上鐫書名,中鐫卷次及篇名。

館藏信息: East Asian Library(Gest):Rare Books:TB117/2603

0457

基本著錄: **從祀名賢傳:六卷**

(Cong si ming xian zhuan:liu juan)

(清)常安

清雍正癸丑[11 年,1733]本

一函五册;24 公分

相關責任者: (清)常安(Chang'an),18 世紀

附 注: 著者據常安《序》。

常安《序》言"[雍正]癸丑春正公牘稍簡將有事於剞劂……"。

框 17.2×12.7 公分,10 行 20 字,白口,左右雙邊,雙黑魚尾。版心上鐫書名,中鐫卷次及傳主名。

館藏信息: East Asian Library(Gest):Rare Books:TB117/3363

0458

基本著錄: **歷代名儒傳:八卷**

(Li dai ming ru zhuan:ba juan)

(清)朱軾,(清)蔡世遠訂;(清)李清植纂

清雍正己酉[7 年,1729]本

一函八册;25 公分

相關責任者: (清)朱軾(Zhu Shi),1665—1736,訂;(清)蔡世遠(Cai Shiyuan),1682—1733,訂;(清)李清植(Li Qingzhi),纂

附 注: 清雍正七年(1729)朱軾《歷代名儒傳序》。

框 19.2×13.4 公分,9 行 22 字,白口,左右雙邊,雙黑魚尾。版心上鐫書名,中鐫卷次及小題。

館藏信息: East Asian Library(Gest):Rare Books:TB117/2426

0459

基本著録： 八旗滿州氏族通譜：八十卷

（Ba qi Manzhou shi zu tong pu：ba shi juan）

（清）弘晝等總裁

清乾隆甲子［9 年，1744］北京武英殿本

四函二十册；28 公分

相關責任者： （清）弘晝（Hongzhou），1712—1770，總裁；（清）方功惠（Fang Gong-hui），收藏

附　注： 著者據《職名》。

清乾隆九年（1744）《御製序》。

框 20.3×14.3 公分，10 行 20 字，白口，四周雙邊，單黑魚尾。版心上鐫書名，中鐫卷次。

有"方功惠藏書印"印記。

館藏信息： East Asian Library（Gest）：Rare Books：TB117/1413

0460

基本著録： 晚笑堂畫傳. 明太祖功臣圖.

子目：

晚笑堂畫傳

（Wan xiao tang hua zhuan）

（清）上官周［撰、繪圖］

明太祖功臣圖

（Ming Taizu gong chen tu）

（清）上官周［撰、繪圖］

清間（約 1743—1824）本

一函兩册：肖像；30 公分

原缺：圖一漢高祖像。

相關責任者： （清）上官周（Shangguan Zhou），生年 1665，撰、繪圖

附　注： 書名據版心。

封面鐫"晚咲堂竹莊画傳"。

著者據上官周《自序》。

楊於位《序》。清乾隆八年（1743）上官周《自序》、劉杞《跋》。

與哈佛燕京圖書館所藏乾隆八年（1743）甲種（T2258/2372）比對，其網上書影中"楊于位序"，《晚笑堂畫傳》"漢　十四"等葉與本館版本明顯不同。

框22×14.5公分（自序），白口，左右雙邊，單黑魚尾。版心上鐫"晚笑堂畫傳"（三十八、八、十二葉）、"明太祖功臣圖"（四十四葉），中鐫小題。

館藏信息：　　　East Asian Library（Gest）：Rare Books：TB117/2354

0461

基本著錄：　　　晚笑堂畫傳. 明太祖功臣圖.

子目：

晚笑堂畫傳

（Wan xiao tang hua zhuan）

（清）上官周［撰、繪圖］

明太祖功臣圖

（Ming Taizu gong chen tu）

（清）上官周［撰、繪圖］

清間（約1743—1824）本

兩冊裝訂爲一：圖；30公分

相關責任者：　　（清）上官周（Shangguan Zhou），生年1665，撰、繪圖

附　　注：　　　清乾隆八年（1743）上官周《自序》。

書名據版心，著者據上官周《自序》，版本參考OCLC37284256。

框22.2×15.5公分，白口，左右雙邊，單黑魚尾。版心上鐫"晚笑堂畫傳"。

外封面有藏書者手書題記。印記模糊。

館藏信息：　　　RECAP：Marquand Library use only：ND1043. S5q

0462

基本著錄：　　　關帝志：四卷

（Guan di zhi：si juan）

（清）張鎮編輯

清乾隆丙子[21 年,1756]解州張鎮本

一函四冊:圖;23 公分

相關責任者: （清）張鎮（Zhang Zhen）,編輯

附　　注: 清乾隆二十一年（1756）張鎮《序》言刻書事。

框22.6×13.5公分,9 行 19 字,白口,左右雙邊,單白魚尾。版心上鐫書名,中鐫卷次及小題。

有關公像。

館藏信息: East Asian Library（Gest）:Rare Books:TB107/3667

0463

基本著錄: **忠武誌:八卷**

（Zhong wu zhi:pa juan）

（清）張鵬翮輯;（清）劉廷璣,（清）方允猷校

清康熙乙酉[44 年,1705]本

八冊;25 公分

相關責任者: （清）張鵬翮（Zhang Penghe）,1649—1725,輯;（清）劉廷璣（Liu Tingji）,生年 1653,校;（清）方允猷（Fang Yunyou）,校

附　　注: 封面題"冰雪堂藏板"。

清康熙四十四年（1705）張鵬翮《序》。

框 19.8×14公分,9 行 19 字,黑口,四周單邊,雙黑魚尾。版心中鐫書名及卷次。

館藏信息: East Asian Library（Gest）:Rare Books:TB107/3585a

0464

基本著錄: **蒙齋年譜,生志,續,補**

（Mengzhai nian pu,sheng zhi,xu,bu）

（清）田雯撰

清康熙間（即 1662—1722）本

一函一冊:圖;28 公分

相關責任者: （清）田雯（Tian Wen）,1635—1704,撰;（清）甘鵬雲（Gan Pengyun）,生年 1861,收藏

附　　注: 所附《補年譜》爲田肇麗撰。

框 15.5×13 公分,10 行 19 字,黑口,左右雙邊,單黑魚尾。版心中鐫"年譜"。

有甘鵬雲藏書印記。

館藏信息: East Asian Library(Gest):Rare Books:TD38/1620 vol.10

0465

基本著錄: **棠蔭會編:四卷,卷首**

(Tang yin hui bian:si juan,juan shou)

(清)王謙志等彙集

清康熙間(約 1695—1722)本

一函八册;26 公分

相關責任者: (清)王謙志(Wang Qianzhi),彙集

附　　注: 著者據王謙志《小引》。

書中言及清康熙三十四年(1695)事。

避"玄"字諱。

是書爲贊魚臺縣令馬得楨業績之文集。

框 20.1×13.6 公分,8 行 22 字,白口,四周雙邊,單黑魚尾。版心上鐫書名,中鐫卷次。

館藏信息: East Asian Library(Gest):Rare Books:TD63/3450

0466

基本著錄: **臣鑒錄:二十卷**

(Chen jian lu:er shi juan)

(清)蔣伊編輯

清康熙乙卯[14 年,1675]本

一函十册;27 公分

相關責任者: (清)蔣伊(Jiang Yi),1631—1687,編輯

附　　注: 封面鐫"御覽臣鑒錄"。

蔣伊《進臣鑒錄表》。

卷末題"康熙乙卯秋梓"。

框 20.9×14 公分,9 行 23 字,白口,左右雙邊,單黑魚尾。版心上鐫書名,中鐫卷次及類名。

鈐“藝存山莊”“芷仙”等印記。

館藏信息： East Asian Library（Gest）：Rare Books：TB117/2234

0467

基本著錄： **姓氏譜纂：七卷**

（Xing shi pu zuan：qi juan）

［題］（明）李日華輯著；（明）魯重民補訂；（明）錢蔚起較定

明崇禎間（約 1637—1644）本

一函四册；27 公分

相關責任者： （明）李日華（Li Rihua），1565—1635，輯著；（明）魯重民（Lu Zhong-min），活動期 17 世紀，補訂；（明）錢蔚起（Qian Weiqi），較定；（清）黃周星（Huang Zhouxing），1611—1680，重演

附　注： 封面鐫“六有堂精訂　姓氏譜纂　本衙藏板”。

卷端題“嘉禾李日華君實輯著　錢江魯重民孔式補訂　古臨錢蔚起黼明較定”。

黃周星，本姓周，名星，字九烟。李日華卒於 1635 年，而此書爲 1637 年周星重演，當不是李日華輯著。

有沈兆昌《姓氏譜纂序》。《序》后有《百家姓新箋》，題“明吳湘周星九烟氏重演”。《新箋》正文後曰：“崇禎丁丑夏，余寄跡白門，臥病初起。時永晝寡營，適稺弟持百家姓一帙，索余摹楷。余迺戲取帙中諸字，析革而經緯之，律以駢珠，彙歸倫脊，書授小子，俾誦習。”

框 20.8×14.4 公分，9 行 20 字，小字雙行同，白口，四周單邊。版心上鐫書名及卷次。

與館藏 TC348/3419 版本不同，該版模糊，似稍早。與 N9101/1715 vol. 2319－2320 版本不同，該本《目錄》前一葉題“明潭陽余應灝元素氏訂梓”，建陽余應灝在明末清初刻書，或許該本爲清初所刻。

館藏信息： East Asian Library（Gest）：Rare Books：TC348/116

0468

基本著錄： **姓氏譜纂：七卷**

（Xing shi pu zuan：qi juan）

［題］（明）李日華輯著；（明）魯重民補訂；（明）錢蔚起較定

明崇禎間(約 1637—1644)本

一函六冊;26 公分

相關責任者: (明)李日華(Li Rihua),1565—1635,輯著;(明)魯重民(Lu Zhong-
min),活動期 17 世紀,補訂;(明)錢蔚起(Qian Weiqi),較定;(清)
黃周星(Huang Zhouxing),1611—1680,重演

附　　注: 卷端題"嘉禾李日華君實輯著　錢江魯重民孔式補訂　古臨錢蔚起
黼明較定"。

黃周星,本姓周,名星,字九烟。李日華卒於 1635 年,而此書爲 1637
年周星重演,當不是李日華輯著。

有沈兆昌《姓氏譜纂序》。

館藏 TC348/116 沈兆昌《姓氏譜纂序》後有《百家姓新箋》,題"明吳
湘周星九烟氏重演"。《新箋》正文後曰:"崇禎丁丑夏,余寄跡白門,
臥病初起。時永晝寡營,適穉弟持百家姓一帙,索余摹楷。余迺戲取
帙中諸字,析革而經緯之,律以駢珠,彙歸倫脊,書授小子,俾誦習。"
框 20.7×13.3 公分,9 行 20 字,小字雙行同,白口,四周單邊。版心
上鐫書名。

與館藏 TC348/116 版本不同。此版模糊,似稍早。與 N9101/1715
vol. 2319—2320 版本不同。該本《目錄》前一葉題"明潭陽余應灝元
素氏訂梓"。建陽余應灝在明末清初刻書,或許該本爲清初所刻。

館藏信息: East Asian Library(Gest):Rare Books:TC348/3419

0469

基本著録: **晋書纂:七卷**

(Jin shu zuan:qi juan)

(明)華玄禔纂

明萬曆間(約 1604—1620)本

一函六冊;26 公分

相關責任者: (明)華玄禔(Hua Xuanzhi),1570—1612,纂

附　　注: 卷端題"梁谿華玄禔爾遐父纂"。

未署年王野《晋書纂序》曰:"爾遐是纂,不秘於帳中,命梓公於宇內。
己任其勞,人嚮其利。爾遐年齒富茂,學問淵綜。異日纂述益多,嚮
其利者益衆。"華玄禔生於明隆慶四年(1570),卒於明萬曆四十年

（1612），參據《序》，知此本刻於萬曆間。

華玄禔明萬曆三十二年（1604）進士。

框 21.5×12.8 公分（包括眉欄高 2.3 公分），9 行 20 字，白口，四周雙邊。版心上鐫"晋書纂"及卷次。眉欄小字注。

館藏信息： East Asian Library（Gest）：Rare Books：TB117/2876

0470

基本著錄： **續藏書：二十七卷**

（Xu cang shu：er shi qi juan）

（明）李贄

編目記録詳見《史部·紀傳類》。

0471

基本著錄： **蘇長公外紀：十二卷**

（Su zhang gong wai ji：shi er juan）

（明）王世貞編次；（明）汪廷訥，（明）璩之璞校定

明萬曆甲午［22 年，1594］璩之璞燕石齋本

一函八册；27 公分

相關責任者： （明）王世貞（Wang Shizhen），1526—1590，編次；（明）汪廷訥（Wang Tingne），活動期 16—17 世紀，校定；（明）璩之璞（Qu Zhipu），16/17 世紀，校定

附 注： 卷十一、十二未分卷，卷二、七分上中下，其余各卷分上下。

封面鐫"王弇州編輯　蘇長公外紀　雲間璩君瑕参校"。

卷一卷端題"明瑯琊王世貞編次　新安汪廷訥校定"。卷四卷端題"明瑯琊王世貞編次　豫章璩之璞校定"。

王世貞《序》末有明萬曆二十三年（1595）璩之璞勘誤牌記。

明萬曆二十四年（1596）汪廷訥《叙蘇長公外紀》。

框 17.8×12.8 公分，10 行 18 字，白口，四周單邊，單魚尾。版心上鐫書名及卷次，中鐫卷名，下鐫"燕石齋刊"。

館藏信息： East Asian Library（Gest）：Rare Books：TB107/3611

0472

基本著録：	**蔡忠惠別紀補遺：二卷**
	（Cai Zhonghui bie ji bu yi：er juan）
	（明）徐燉編；（明）宋珏補；（明）顏繼祖考定
	明天啓壬戌[2年,1622]顏繼祖本
	一函四册；27公分
相關責任者：	（明）徐燉（Xu Bo），1570—1642，編；（明）宋珏（Song Yu），約1622，
	補；（明）顏繼祖（Yan Jizu），進士1619，考定；（明）曹學佺（Cao
	Xuequan），進士1595，收藏
附　　注：	書中分上下卷，每卷又分上下。
	卷端題“明晋安徐燉興公初編　莆陽宋珏比玉增補　龍溪顏繼祖繩
	其玖定”。
	蔣孟育《再刻蔡端明別紀序》。明萬曆三十七年（1609）徐燉《蔡端明
	別紀序》、馬歘《蔡端明別紀序》。明萬曆三十八年（1610）謝肇淛
	《蔡端明別紀序》、陳鳴鶴《蔡端明別紀序》。明天啓二年（1622）宋
	珏《記》。
	宋珏《記》提刻書事。
	框21×14公分,9行19字,白口,四周單邊,單黑魚尾。版心上鐫
	“蔡忠惠別紀”,中鐫卷次。
	鈐“劉印映荊”“曹氏石倉圖書”印記。
館藏信息：	East Asian Library（Gest）：Rare Books：TB107/1473b

0473

基本著録：	**三遷志：五卷**
	（San qian zhi：wu juan）
	（明）潘榛編次；（明）周希孔參考；（明）孔胤植等重訂；（明）吕兆祥,
	（明）吕逢時重修；（明）孟弘譽,（明）孟聞玉較閱
	明崇禎戊辰[元年,1628]吕兆祥本
	兩函八册：圖；26公分
相關責任者：	（明）潘榛（Pan Zhen），進士1592，編次；（明）周希孔（Zhou Xikong），
	16/17世紀,參考；（明）孔胤植（Kong Yinzhi），1591—1647，重訂；

（明）呂兆祥（Lü Zhaoxiang），16/17 世紀，重修；（明）呂逢時（Lü Fengshi），16/17 世紀，重修；（明）孟弘譽（Meng Hongyu），16/17 世紀，較閱；（明）孟聞玉（Meng Wenyu），16/17 世紀，較閱

附　　注：　每卷分上中下。

卷一卷端題"同里後學潘榛編次　周希孔參攷　曲阜孔胤植孔弘毅重訂　裔孫孟弘譽孟聞玉較閱　海鹽呂兆祥呂逢時重修"。各卷端所題重訂人不同。

賀萬祚《三遷志序》。明天啟七年（1627）李日華《三遷志序》。明崇禎元年（1628）孔胤植《三遷志序》、吳麟瑞《三遷志序》、虞廷陛《三遷志序》、施鳳來《三遷志序》。明天啟六年（1626）呂濬《三遷志序》。清順治十一年（1654）高旻《補刻孟廟詩弁言》。明嘉靖三十一年（1552）史鶚《三遷志序》。明萬曆三十九年（1611）胡繼先《孟志引》、潘榛《孟志後序》、周希孔《孟志後序》、孟承光《孟志跋語》。

吳麟瑞《序》言呂聖符［兆祥］刻書事。

框 19.9×15 公分，10 行 19 字，小字雙行字數同，白口，左右雙邊，單黑魚尾。版心上鐫"三遷志"，中鐫卷次。

館藏信息：　East Asian Library（Gest）：Rare Books：TB107/2963

0474

基本著錄：　宗聖志：十二卷

（Zong sheng zhi：shi er juan）

（明）呂兆祥重修

明崇禎間（即 1628—1644）本

一函六冊：圖；26 公分

相關責任者：　（明）呂兆祥（Lü Zhaoxiang），16/17 世紀，重修；（明）孔胤植（Kong Yinzhi），1591—1647，參考；（明）孔貞運（Kong Zhenyun），1576—1644，參考；（明）呂逢時（Lü Fengshi），16/17 世紀，編次；（明）呂維祺（Lü Weiqi），進士 1613，編次；（明）曾承業（Zeng Chengye），16/17 世紀，訂閱；（明）曾弘毅（Zeng Hongyi），16/17 世紀，訂閱；（明）曾聞達（Zeng Wenda），16/17 世紀，訂閱

附　　注：　卷一卷端題"海鹽呂兆祥重修　曲阜孔胤植句容孔貞運參考　兄呂維祺男呂逢時編次　裔孫曾承業曾弘毅曾聞達訂閱"。各卷端所題

參考及編次人不同。

明崇禎二年(1629)項夢原《宗聖志序》、孔胤植《宗聖志序》、丁賓《宗聖志序》、吕化舜《宗聖志序》(原書序葉碼訂錯)。崇禎元年(1628)樊維城《宗聖志序》。卷前有姚思仁等舊序五篇。

序中未提刻書事,提到書編成。吕化舜曰:"新志編摩成于崇禎己巳。"

框19.4×15公分,10行19字,白口,左右雙邊,單黑魚尾。版心上鐫"宗聖志",中鐫卷次。

館藏信息: East Asian Library(Gest):Rare Books:TB117/2466

0475

基本著錄: **孝順事實:十卷**

(Xiao shun shi shi:shi juan)

(明)成祖朱棣

明永樂庚子[18年,1420]本

一函十册;32公分

相關責任者: (明)成祖朱棣(Zhu Di),1360—1424

附　　注: 卷端未題著者,著者據《序》。

明永樂十八年(1420)[明成祖]《御制孝順事實序》。

框27.3×17.9公分,10行19字,黑口,四周雙邊,雙黑魚尾。版心中鐫"孝順事實"及卷數。

與館藏《孝順事實》(TB117/3717)同版。

鈐"皇明宗室"印記。

館藏信息: East Asian Library(Gest):Rare Books:TB117/662Q

0476

基本著錄: **孝順事實:十卷**

(Xiao shun shi shi:shi juan)

(明)成祖朱棣

明永樂庚子[18年,1420]本

兩函十册;36公分

相關責任者: (明)成祖朱棣(Zhu Di),1360—1424

附　　注：　　卷端未題著者,著者據《序》。

明永樂十八年(1420)[明成祖]《御制孝順事實序》。

框 27.3×17.8 公分,10 行 19 字,黑口,四周雙邊,雙黑魚尾。版心中鐫"孝順事實"及卷次。

與館藏《孝順事實》(TB117/662)同版。

鈐"自怡說齋珍藏""是尚友也"等印記。

館藏信息：　　East Asian Library(Gest)：Rare Books：TB117/3717Q

0477

基本著錄：　　**歷代君鑒:五十卷**

(Li dai jun jian：wu shi juan)

(明)代宗朱祁鈺

明景泰癸酉[4 年,1453]北京內府本

兩函十六冊;35 公分

相關責任者：　　(明)代宗朱祁鈺(Zhu Qiyu),1428—1457;(清)甘鵬雲(Gan Pengyun),生年 1861,收藏

附　　注：　　著者及版本據明景泰四年(1453)《御製歷代君鑒序》。

框 27.8×18 公分,10 行 20 字,黑口,四周雙邊,雙黑魚尾。版心中鐫"君鑒"及卷次。

有甘鵬雲藏書印記。

館藏信息：　　East Asian Library(Gest)：Rare Books：TC328/1241aQ

又一部：East Asian Library(Gest)：Rare Books：TC328/711aQ

0478

基本著錄：　　**歷代君鑒:五十卷**

(Li dai jun jian：wu shi juan)

(明)代宗朱祁鈺

明景泰癸酉[4 年,1453]北京內府本

九冊;35 公分

相關責任者：　　(明)代宗朱祁鈺(Zhu Qiyu),1428—1457;(清)甘鵬雲(Gan Pengyun),生年 1861,收藏

附　　注：　　著者及版本據明景泰四年(1453)《御製歷代君鑒序》。

框 27.8×18 公分,10 行 20 字,黑口,四周雙邊,雙黑魚尾。版心中鐫"君鑒"及卷次。

本館有另兩部:TC328/711a(16 册)和 TC328/1241a(16 册).

館藏信息: East Asian Library(Gest):Rare Books:TC328/2062Q

0479

基本著録: **歷代臣鑒:三十七卷**

(Li dai chen jian:san shi qi juan)

(明)宣宗朱瞻基

明宣德丙午[元年,1426]北京内府本

一函十册;35 公分

相關責任者: (明)宣宗朱瞻基(Zhu Zhanji),1399—1435;(清)甘鵬雲(Gan Pengyun),生年 1861,收藏

附　注: 著者及版本據明宣德元年(1426)《御製歷代臣鑒序》。

框 26.8×18 公分,10 行 20 字,黑口,四周雙邊,雙黑魚尾。版心中鐫"臣鑒"及卷次。

本館有另兩部:TC328/711b 和 TC328/2061,都有十六卷。

有甘鵬雲藏書印記。

館藏信息: East Asian Library(Gest):Rare Books:TC328/1241bQ

0480

基本著録: **歷代臣鑒:三十七卷**

(Li dai chen jian:san shi qi juan)

(明)宣宗朱瞻基

明宣德丙午[元年,1426]北京内府本

一函十六册

相關責任者: (明)宣宗朱瞻基(Zhu Zhanji),1399—1435;(清)甘鵬雲(Gan Pengyun),生年 1861,收藏

附　注: 著者及版本據明宣德元年(1426)《御製歷代臣鑒序》。

框 26.8×18 公分,10 行 20 字,黑口,四周雙邊,雙黑魚尾。版心中鐫"臣鑒"及卷次。

館藏信息: East Asian Library(Gest):Rare Books:TC328/711bQ

又一部：East Asian Library(Gest)：Rare Books：TC328/2061Q

0481

基本著錄：　　　尚古類氏集：十二卷

(Shang gu lei shi ji：shi er juan)

(明)王文翰編著

明隆慶丁卯[元年,1567]羅田本

三函十二冊；38 公分

相關責任者：　(明)王文翰(Wang Wenhan)，進士 1550，編著；(明)羅田(Luo
Tian)，進士 1553，刻

附　　注：　　卷端題“明進士奉政大夫山東按察司僉事汾陽王文翰編著　明進士
中順大夫山東萊州府知府淮康羅田校刊”。

無序跋。

羅田,明隆慶元年(1567)任萊州知府,據此知刻書年。

框 26.8×17.2 公分,10 行 22 字,小字雙行字數同,黑口,四周雙邊,
雙黑魚尾。

甘鵬雲手書題記。

鈐“潛廬”“潛江甘鵬雲藥樵收藏書籍章”印記。

館藏信息：　　East Asian Library(Gest)：Rare Books：TB117/1574Q

0482

基本著錄：　　　聖學宗傳：十八卷

(Sheng xue zong zhuan：shi ba juan)

(明)周汝登編測；(明)陶望齡訂正；(明)王繼晃等參閱

明萬曆乙巳[33 年,1605]王世韜本

兩函十六冊；27 公分

相關責任者：　(明)周汝登(Zhou Rudeng)，1547—1629，編測；(明)陶望齡(Tao
Wangling)，生年 1562，訂正；(明)王繼晃(Wang jihuang)，17 世紀，
參閱；(明)王繼炳(Wang Jibing)，17 世紀，參閱；(明)王繼燁(Wang
Jihan)，17 世紀，參閱；(明)馬忠(Ma Zhong)，刻；(明)王世韜(Wang
Shitao)，17 世紀，刻

附　　注：　　封面鐫“新刊周海門先生編測　聖學宗傳　陶石簣先生訂正”。

卷一卷端題"東越周汝登編測　陶望齡訂正　王繼燦王繼晃王繼炳參閱"。

陶聖齡《聖學宗傳序》言明萬曆三十三年(1605)刻書事。

萬曆三十四年(1606)鄒元標、余懋孳《聖學宗傳序》。

框20.3×14.7公分,9行18字,白口,四周單邊,單白魚尾。版心上鐫書名,中鐫卷次,下多記字數,卷一首葉鐫"山陰馬忠刊"。

館藏信息: East Asian Library(Gest):Rare Books:TB117/1372

0483

基本著録: **弇州史料前集:三十卷.弇州史料後集:七十卷.**

(Yanzhou shi liao qian ji:san shi juan. Yanzhou shi liao hou ji:qi shi juan.)

編目記録詳見《史部・雜史類》。

0484

基本著録: **廉吏傳**

(Lian li zhuan)

(宋)費樞編集;(明)黃汝亨輯

明萬曆間(即1573—1620)吳敬與本

一函十册;27公分

館藏本有殘缺:卷四、五爲手抄配補。

相關責任者: (宋)費樞(Fei Shu),編集;(明)黃汝亨(Huang Ruheng),1558—1626,輯;(明)吳敬與(Wu Jingyu),17世紀,刻

附　注: 書名取自卷端。

費樞取自焦竑《序》,卷端題"明武林黃汝亨輯"。

據焦竑《序》,此書爲費樞編集,黃汝亨增補。

明萬曆四十三年(1615)焦竑《廉吏傳序》、高出《廉吏傳序》、黃汝亨《廉吏傳序》、馬元調《廉吏傳後序》。

《凡例》題吳敬與刻書事。

框22.2×14.3公分,8行19字,白口,四周單邊,單黑魚尾。版心上鐫書名,中鐫時代及被傳人名。

鈐"嚴印啟豐"印記。

館藏信息：　East Asian Library(Gest)：Rare Books：TB117/1215

0485

基本著錄：　**鏡古錄：八卷**

(Jing gu lu：ba juan)

(明)毛調元著；(明)毛生輝校

明萬曆丙辰[44 年,1616]紫陽書院本

兩函十二册；28 公分

相關責任者：　(明)毛調元(Mao Diaoyuan),舉人 1603,著；(明)毛生輝(Mao Sheng

hui),16/17 世紀,校

附　　注：　卷端題"楚麻城文素毛調元著　男孟長毛生輝校"。

鮑應鰲《鏡古錄序》、梅之煥《鏡古錄序》未署年月。

鮑應鰲《序》後鎸"萬曆丙辰歲冬月紫陽書院刊行"。

框 20.1×13.9 公分,9 行 20 字,白口,四周單邊,單黑魚尾。版心上

鎸"鏡古錄",中鎸卷次。書内墨筆小字批注。

鈐"荃孫讀過"印記。

館藏信息：　East Asian Library(Gest)：Rare Books：TB117/3765

0486

基本著錄：　**尚友齋論古**

(Shang you zhai lun gu)

(明)涂一榛輯

明天啓間(即 1621—1627)本

兩函十二册；27 公分

相關責任者：　(明)涂一榛(Tu Yizhen),進士 1604,輯

附　　注：　書中未分卷。

卷端題"閩漳涂一榛廷薦輯"。

明天啓四年(1624)王志道《尚友齋論古序》、林釺《尚友齋論古序》。

明天啓元年(1621)張燮《尚友齋論古序》。

序中未提刻書事,據本書風格,推知當爲刻書原序。

框 20.7×13.5 公分,8 行 18 字,白口,四周單邊,單黑魚尾。版心上

鎸"論古"。

館藏信息：　　　East Asian Library(Gest):Rare Books:TB117/3731

0487

基本著録：　　　**皇明開國臣傳:十三卷**

（Huang Ming kai guo chen zhuan:shi san juan）

（明）朱國禎輯

明崇禎間（即 1628—1644）本

兩函十二册;28 公分

相關責任者：　（明）朱國禎（Zhu Guozhen）,1557—1632,輯;（明）馬銓（Ma Quan）,
題識

附　　注：　　無序跋。

框 21.1×14.8 公分,10 行 21 字,白口,左右雙邊,單黑魚尾。版心
上鐫"開國臣傳",中鐫卷次。

本館有另一部二十二卷（R2259.7/2963）。

清嘉慶九年（1804）馬銓手書識語。

鈐"谷水馬銓""雲屏珍藏""拳石山人"印記。

館藏信息：　　　East Asian Library(Gest):Rare Books:TB117/891

0488

基本著録：　　　**皇明開國臣傳:十三卷**

（Huang Ming kai guo chen zhuan:shi san juan）

（明）朱國禎輯

明崇禎間（即 1628—1644）本

一函二十二册;27 公分

《目錄》第一葉爲手抄配補。

相關責任者：　（明）朱國禎（Zhu Guozhen）,1557—1632,輯;（明）馬銓（Ma Quan）,
題識

附　　注：　　無序跋。

框 21.1×14.8 公分,10 行 21 字,白口,左右雙邊,單黑魚尾。版心
上鐫"開國臣傳",中鐫卷次。

本館有另一部 12 册（TB117/891）。

館藏信息：　　　RECAP:East Asian Library use only:R2259.7/2963

0489

基本著録：　　皇明遜國臣傳：五卷，卷首

（Huang Ming xun guo chen zhuan：wu juan，juan shou）

（明）朱國禎輯

明崇禎間（即 1628—1644）本

一函四册；27 公分

相關責任者：　（明）朱國禎（Zhu Guozhen），1557—1632，輯

附　　注：　　無序跋。

封面鐫"遜國臣傳"。

框 20.5×15 公分，10 行 21 字，白口，四周單邊，單黑魚尾。版心上鐫"遜國臣傳"，中鐫卷次。

本館有另一部 8 册（R2259.7/2963.1）.

館藏信息：　　East Asian Library（Gest）：Rare Books：TB117/3395

0490

基本著録：　　皇明遜國臣傳：五卷，卷首

（Huang Ming xun guo chen zhuan：wu juan，juan shou）

（明）朱國禎輯

明崇禎間（即 1628—1644）本

一函八册；27 公分

相關責任者：　（明）朱國禎（Zhu Guozhen），1557—1632，輯

附　　注：　　封面鐫"遜國臣傳"。

無序跋。

框 20.5×15 公分，10 行 21 字，白口，四周單邊，單黑魚尾。版心上鐫"遜國臣傳"，中鐫卷次。

本館有另一部 4 册（TB117/3395）。

館藏信息：　　RECAP：East Asian Library use only：R2259.7/2963.1

0491

基本著録：　　二俠傳：［二十卷］

（Er xia zhuan：［er shi juan］）

（明）徐廣輯；（明）黃國士校

明萬曆間（即 1573—1620）本

一函四冊；28 公分

相關責任者： （明）徐廣（Xu Guang），輯；（明）黃國士（Huang Guoshi），校

附　　注： 《目錄》每兩卷題"男俠傳目錄"，共八卷，全書亦八卷，似以殘書充全書。

書名取自書口。

卷端題"男俠傳明柘浦徐廣廣居甫輯　明平昌黃國士允符甫校"。

無序跋。

框 21.1 × 13.2 公分，8 行 20 字，白口，四周單邊。版心上鐫"二俠傳"，中鐫卷次。

鈐"荃孫""雲輪閣"印記。

館藏信息： East Asian Library（Gest）；Rare Books；TB117/2810

0492

基本著錄： **康濟譜：二十五卷**

（Kang ji pu；er shi wu juan）

（明）潘游龍輯著；（清）金俊明參評

明崇禎辛巳［14 年，1641］王期昇本

四函二十四冊；27 公分

相關責任者： （明）潘游龍（Pan Youlong），活動期 17 世紀，輯著；（清）金俊明（Jin Junming），1602—1675，參評；（明）王期昇（Wang Qisheng），進士 1631，刻

附　　注： 卷端題"松滋潘游龍輯著　吳縣金俊明參評"。

明崇禎十四年（1641）黃希憲《叙》、劉興秀《序》、王期昇《序》、黃淳耀《序》、朱之尚《跋》。潘游龍《自序》。崇禎十三年（1640）金俊明《序》。

王期昇《序》提刻書事。

框 20 × 14.2 公分，9 行 20 字，白口，左右雙邊，單黑魚尾。版心上鐫"康濟譜"，中鐫卷次及小標題。

館藏信息： East Asian Library（Gest）；Rare Books；TB117/3681

0493

基本著錄：　　**大清國史功臣列傳：十九卷**

（Da Qing guo shi gong chen lie zhuan：shi jiu juan）

清乾隆間（即 1736—1795）本

四函十九册；37 公分

附　　注：　　書名取自《目錄》。

避"玄"字諱。

框 28.2×18 公分，8 行 19 字，小字雙行字數同，黑口，四周雙邊，雙黑魚尾，紅格。

館藏信息：　　East Asian Library（Gest）：Rare Books：TB117/1494Q

0494

基本著錄：　　**帝鑑圖說**

（Di jian tu shuo）

（明）張居正疏；（明）吕調陽撰

明萬曆癸酉［元年，1573］本

一函十二册：圖，肖像；29 公分

相關責任者：　　（明）張居正（Zhang Juzheng），1525—1582，疏；（明）吕調陽（Lü Tiaoyang），1516—1580，撰

附　　注：　　書内未分卷。

卷端未題著者，著者據《進圖疏》。

明萬曆元年（1573）陸樹聲《帝鑑圖說叙》言刻書事。

框 20.6×14 公分，9 行 19 字，白口，四周雙邊，單白魚尾，左書耳記葉數。

鈐"穌舍理氏之印""古山堂圖書印""吉林索綽絡氏印記"。

館藏信息：　　East Asian Library（Gest）：Rare Books：TB367/609Q

0495

基本著錄：　　**孔聖全書**：［三十五卷］

（Kong sheng quan shu：［san shi wu juan］）

（明）蔡復賞編述

明萬曆間(即 1573—1620)本

四函二十四冊;27 公分

館藏本有殘缺:缺卷二十一至三十五。

相關責任者: (明)蔡復賞(Cai Fushang),15 世紀,編述

附　　注: 卷端書名或題"孔聖全書",或大題連小題,如卷一卷端"孔聖全書中庸"。

卷三、四、十四、十五、十六、十九卷端題"後學蔡復賞編述"。

無序跋。

框 21.8×13.3 公分,10 行 24 字,小字雙行字數同,白口,四周單邊,雙黑魚尾。版心上鐫"孔聖全書",中鐫輯選書名及卷次。

館藏信息: East Asian Library(Gest);Rare Books;TB107/3031

0496

基本著錄: **國朝名世類苑:四十六卷,卷首**

(Guo chao ming shi lei yuan:si shi liu juan,juan shou)

(明)凌迪知輯;(明)秦嘉楫校

明萬曆間(約 1575—1620)本

六函四十七冊;25 公分

館藏本有殘缺:有手抄配補。

相關責任者: (明)凌迪知(Ling Dizhi),進士 1556,輯;(明)秦嘉楫(Qin Jiaji),進士 1559,校

附　　注: 明萬曆三年(1575)凌迪知《自序》。

框 25×13.5 公分,10 行 20 字,白口,左右雙邊,單白魚尾。版心上鐫書名,中鐫卷次,下鐫刻工。

館藏信息: East Asian Library(Gest);Rare Books;TC368/807

0497

基本著錄: **列女傳:十六卷**

(Lie nü zhuan:shi liu juan)

[(西漢)劉向撰;(明)汪氏增輯];(明)仇英繪圖

明間(約 1580—1620)汪氏本

兩函八冊:圖;29 公分

相關責任者： （西漢）劉向（Liu Xiang），公元前 77？—公元前 6？，撰；（明）仇英
（Qiu Ying），約 1494—約 1552，繪圖

附　　注： 框 22.6×14.8 公分（正文第一葉 b 面），10 行 21 字，白口，四周單
邊，單黑魚尾。版心中鐫書名及卷次，卷一版心下鐫"仇英實甫繪
圖"。

書内夾注題"A Ch'ing print from Ming block"。

館藏信息： Marquand Library（SAX）：Rare Books：ND1049.C4 A3

0498

基本著録： **增釋春秋列傳：[五卷]**

（Zeng shi Chun qiu lie zhuan：[wu juan]）

（明）劉節纂輯；（明）潘榛增訂

明萬曆戊申[36 年，1608]廬州潘榛本

六册；30 公分

相關責任者： （明）劉節（Liu Jie），1476—1555，纂輯；（明）潘榛（Pan Zhen），增訂；
（明）徐應標（Xu Yingbiao），寫工

附　　注： 明萬曆三十六年（1608）潘榛《增釋春秋列傳序》、竇子偁《增釋春秋
列傳序》、方學御《春秋列傳跋》。

潘榛曰："官廬之暇得劉君所為《春秋列傳》者，讀而心好之。劉無所
考其世次，顧其捃採編輯勒為是書，亦已勤矣！歲久訛亂，余於是更
為繕寫再命剹青，且呼生儒詳其姓氏，第其年次，間為之解，以便初
學。梓既成，視昔頗易讀而勝。"竇子偁曰："廬書無它藏，《春秋列
傳》者編自大庾劉介夫，貯此數十年而鄒嶧潘公來守，愛其書，修之。
選博士弟子之洽聞有經術者，若方學御輩訂焉以行。"方學御曰："御
也，不文，何敢續貂……爰參之《左》《國》，攷之《直音》，字為之什，
句為之分，名氏為之詳，國與地為之別，閱四月而草始就。草數易而
真始具。元本斷以東遷，今增入穆、宣，國凡一十有六，紀人物凡二百
有三，約十萬七千言有奇。皆公手披目涉，斷自慧心，筆則筆，削則削
……是編也，歷三孟而殺。"

框 21.6×14 公分，10 行 20 字，小字雙行同，白口，左右雙邊，無直
格，單黑魚尾。版心上鐫"春秋列傳"，下鐫卷次及國名。各卷卷端
題"大庾劉節介夫纂輯 嶧山潘榛茂昆校定"。卷五末鐫"金陵徐應

標應選全寫"。

館藏信息： East Asian Library(Gest)：TB117.32.lmfdx

0499

基本著錄： **歷代循吏傳：八卷**

（Li dai xun li zhuan：ba juan）

（清）朱軾,（清）蔡世遠訂；（清）張福昶分篡

清雍正己酉[7 年,1729]本

一函四册；24 公分

館藏本有殘缺：有缺葉,卷八的二至二十四葉爲手抄配補。

相關責任者： （清）朱軾（Zhu Shi）,1665—1736,訂；（清）蔡世遠（Cai Shiyuan）,訂；

（清）張福昶（Zhang Fuchang）,分篡

附　　注： 封面鐫"本衙藏板"。

清雍正七年(1729)蔡世遠《序》言刻書事。

避諱"玄",不避諱"弘"。

框 19×13.3 公分,9 行 22 字,白口,左右雙邊,雙黑魚尾。版心上鐫

書名,中鐫卷次及循吏名。

館藏信息： East Asian Library(Gest)：Rare Books：T2261.4/2954

0500

基本著錄： **姓史人物考：十五卷,卷首**

（Xing shi ren wu kao：shi wu juan,juan shou）

（清）章履仁輯

清乾隆乙亥[20 年,1755]漱藝堂本

一函八册；24 公分

相關責任者： （清）章履仁（Zhang Lüren）,輯

附　　注： 封面鐫"南城章希純篡　姓史綴吟後列人物考十五卷　漱藝堂藏

板"。

清乾隆二十年(1755)章履仁《自序》。

框 19.3×13 公分,8 行 20 字,小字雙行,白口,四周雙邊,單黑魚尾。

卷首版心上鐫"姓史綴吟",卷一至十五版心上鐫"人物考",中鐫

卷次。

館藏信息： RECAP：East Asian Library use only：C348/3057

0501

基本著録： **聖蹟圖**

（Sheng ji tu）

清間（即 1644—1911）本

一函一册：圖；33×42 公分

附　　注： 書衣有後印書名及印章。書名題"聖蹟圖"，印章題"至聖先師周遊列國""宋毛文昌敬繪"。

框 21.4×39.5 公分，白口，左右雙邊，單黑魚尾。書葉左上方爲圖之釋文。

館藏信息： East Asian Library（Gest）：Rare Books：B128. C8 M36f

史抄類

0502

基本著録： **廿二史紀事提要：八卷**

（Nian er shi ji shi ti yao：ba juan）

（明）吳綏纂

清乾隆丙寅［11 年，1746］本

兩函十二册；25 公分

相關責任者： （明）吳綏（Wu Sui），纂

附　　注： 清乾隆十一年（1746）王步青《序》言刻書事。

封面鐫"嘉慶元年新鐫……"。

框 19.5×13.8 公分，10 行 24 字，白口，四周單邊，單黑魚尾。版心上鐫書名，中鐫卷次及小題。

館藏信息： RECAP：East Asian Library use only：B42/2973

0503

基本著録： **史緯：三百三十卷，卷首**

（Shi wei：san bai san shi juan，juan shou）

（唐）司馬貞補撰；（清）陳允錫删修

清康熙辛未—甲戌［30—33 年,1691—1694］陳善本

十函一百二十二册;25 公分

相關責任者: （唐）司馬貞(Sima Zhen),補撰;（清）陳允錫(Chen Yunxi),删修;
（清）陳善(Chen Shan),刻

附　　注: 卷數據版心。

清康熙三十三年(1694)陳允錫《史緯自序》言刻書事。

封面鎸"二十一史緯""湖海樓藏板"。原鈐"湖海樓"朱印。

框18.5×13.7公分,10 行 23 字,白口,四周單邊,單黑魚尾。版心
上鎸書名,中鎸卷次。

館藏信息: East Asian Library(Gest):Rare Books:TB137/1034

0504

基本著録: **通鑑韻書:三十二卷**

(Tong jian yun shu:san shi er juan)

（清）沈尚仁編纂

清康熙間(約 1678—1722)玉極堂本

一函十册;25 公分

相關責任者: （清）沈尚仁(Shen Shangren),編纂

附　　注: 書名據版心。

避"玄"字諱。

清康熙十七年(1678)孫自式《序》。

框18.6×14公分,10 行 20 字,白口,左右雙邊,單黑魚尾。版心上
鎸書名,中鎸卷次,下鎸"玉極堂"。

館藏信息: East Asian Library(Gest):Rare Books:TB52/3055

0505

基本著録: **史鈔節略**

(Shi chao jie lüe)

清乾隆間(即 1736—1795)本

一函八册;27 公分

相關責任者: （清）盛昱(Sheng Yu),1850—1900,收藏

附　　注：　　無序跋。

避“玄”“弘”字諱。

無框,10 行 23 字。

有“國子監祭酒盛昱印信”印。

館藏信息：　　East Asian Library（Gest）：Rare Books：TB137/2858

0506

基本著錄：　　**左策史漢約選：[八卷]**

（Zuo Ce Shi Han yue xuan：[ba juan]）

（清）洪德常輯；（清）[洪]琮等校

清康熙己未[18 年,1679]關中洪琮世綸堂本

兩函十六册；27 公分

相關責任者：　　（清）洪德常（Hong Dechang）,輯；（清）洪琮（Hong Cong）,校；（清）
黃正如（Huang Zhengru）,刻

附　　注：　　《左傳約選》《戰國策約選》《史記約選》《漢書約選》各分上下二卷。

封面鐫“洪谷一先生家傳左策史漢約選”“世綸堂藏板”,并鈐“世綸
堂藏”印記。

洪琮所纂《凡例》及清康熙十八年（1679）徐乾學、徐元文等《序》皆
言刻書事。

徐元文《序》後鐫“歙西黃正如刻”。

框 20.7×14.6 公分,9 行 20 字,白口,左右雙邊,單黑魚尾。版心上
鐫“約選”,中鐫卷名及卷次,下鐫“世綸堂”。

館藏信息：　　East Asian Library（Gest）：Rare Books：TD63/3937

0507

基本著錄：　　**刻楊升菴先生批選史記市言：八卷**

（Ke Yang Sheng'an xian sheng pi xuan Shi ji shi yan：ba juan）

（明）楊慎批選；（明）曾所能校正；（明）蔣方馨閱

編目記錄詳見《史部·紀傳類》。

0508

基本著錄：　　**史記抄：一百零三卷,卷首**

（Shi ji chao:yi bai ling san juan,juan shou）

（明）茅坤輯

明萬曆乙亥［3 年,1575］茅坤本

兩函二十四册;31 公分

相關責任者： （明）茅坤（Mao Kun）,1512—1601,輯

附　　注： 卷九十二至一百零三卷端題"史記抄補遺"。

卷端未題著者,輯者據《序》。

明萬曆三年（1575）茅坤《刻史記抄引》言刻書事。

框 19.7×12.7 公分,10 行 21 字,白口,四周單邊,單黑魚尾。版心中鎸卷數,下書口有刻工,如卷一首葉"閔人游子建寫刻"。

館藏信息： East Asian Library（Gest）:Rare Books:TB137/722Q

0509

基本著錄： 史記鈔:九十一卷

（Shi ji chao:jiu shi yi juan）

（明）茅坤批評;（明）閔振業輯

明泰昌庚申［元年,1620］閔振業本

四函二十四册;26 公分

相關責任者： （明）茅坤（Mao Kun）,1512—1601,批評;（明）閔振業（Min Zhenye）,17 世紀,輯

附　　注： 卷端未題著者,輯者據《序》。

明萬曆三年（1575）茅坤《刻史記抄引》。閔振業《輯史記抄小引》未署年月。原書應有明泰昌元年（1620）陳繼儒《序》,詳見王重民《中國善本書提要》,此書佚。

閔振業《小引》提刻書事。

框 20.8×14.8 公分,9 行 19 字,白口,左右雙邊。版心上鎸"本紀""列傳"等及卷次。

館藏信息： East Asian Library（Gest）:Rare Books:TB137/795

0510

基本著錄： 茅鹿門先生批評史記抄:一百零四卷

（Mao Lumen xian sheng pi ping Shi ji chao:yi bai ling si juan）

明天啓辛酉［元年，1621］茅兆海本

兩函十六冊；28公分

相關責任者： （明）茅坤（Mao Kun），1512—1601，批評；（明）茅兆海（Mao Zhao-hai），17世紀，刻

附　　注： 明萬曆三年（1575）茅坤《刻史記抄引》。明天啓元年（1621）黃汝亨《重刊鹿門先生史記抄序》、茅兆海《跋》。

黃汝亨《序》提刻書事。

框20.9×14.2公分，9行19字，小字雙行字數同，白口，四周單邊，無行格。版心上鐫"鹿門史記抄"及小題，下鐫卷次。

"承澤堂"印記。

館藏信息： East Asian Library（Gest）：Rare Books：TB137/2371

0511

基本著錄： **批點史記節署：十二卷**

（Pi dian Shi ji jie lüe：shi er juan）

（明）穆文熙編輯；（明）趙國璧閱正

明萬曆己卯［7年，1579］劉懷恕本

一函十二冊；30公分

相關責任者： （明）穆文熙（Mu Wenxi），編輯；（明）趙國璧（Zhao Guobi），16世紀，閱正；（明）劉懷恕（Liu Huaishu），進士1577，刻

附　　注： 卷一卷端題"魏郡穆文熙敬甫編輯　趙國璧伯完閱正　長洲知縣劉懷恕校梓"。

明萬曆七年（1579）石星《刻史記莭署引》提刻書事。

框24.3×14.6公分，10行19字，小字雙行字數同，白口，四周雙邊，單黑魚尾。版心上鐫"史記節署"及卷次，中鐫小題。眉欄小字注。

館藏信息： East Asian Library（Gest）：Rare Books：TB137/2414Q

0512

基本著錄： **唐荊川先生批點精選史記：六卷**

（Tang Jingchuan xian sheng pi dian jing xuan Shi ji：liu juan）

（明）唐順之

編目記録詳見《史部·紀傳類》。

0513

基本著錄：　　　**新鍥鄭孩如先生精選史記旁訓句解：八卷**

（Xin qie Zheng Hairu xian sheng jing xuan Shi ji pang xun ju jie：ba juan）

（明）鄭維嶽旁訓

明間（即 1368—1644）金陵楊九經本

一函八册；27 公分

相關責任者：　　（明）鄭維嶽（Zheng Weiyue），旁訓；（明）楊九經（Yang Jiujing），訂梓；（明）唐滇洲（Tang Mingzhou），刊

附　　　注：　　書名據卷一，其他卷端題"新鍥鄭先生精選史記旁訓句鮮"。封面題"史記旁訓句鮮　金陵書坊唐滇洲刊"。

卷一卷端題"温陵孩如子鄭維嶽旁訓　鞭垓子楊九經訂梓"。

鄭維嶽《刻史記旁訓序》未署年月。

框 21×12.3 公分，7 行 20 字，行間小字注，白口，四周雙邊，單黑魚尾。版心上鐫"史記""史記旁訓""史記旁訓便讀"，中鐫小題及卷次。

館藏信息：　　　East Asian Library（Gest）：Rare Books：TB137/3563

0514

基本著錄：　　　**漢書纂**

（Han shu zuan）

（明）凌稚隆校閱

明萬曆癸未［11 年，1583］本

兩函十六册；28 公分

相關責任者：　　（明）凌稚隆（Ling Zhilong），校閱

附　　　注：　　書内未分卷。

卷端題"吳興後學凌稚隆校閱"。

王兆雲《漢書纂序》未署年月。明萬曆十一年（1583）凌稚隆《刻漢書纂序》。

王《序》提刻書事。凌《序》雖未提刻書事，但據本書字體風格，可推知凌《序》爲刻此書而作。

框 19.9×13.1 公分,9 行 20 字,小字雙行字數同,白口,左右雙邊,單黑魚尾。版心上鐫"漢書纂",中鐫小題,下鐫刻工及第乂篇。眉欄小字注。

館藏信息: East Asian Library(Gest):Rare Books:TB137/2485

0515

基本著錄: 漢書鈔:九十三卷

(Han shu chao:jiu shi san juan)

(東漢)班固

明萬曆己丑[17 年,1589]茅坤本

六函四十二册;27 公分

相關責任者: (東漢)班固(Ban Gu),32—92;(明)茅坤(Mao Kun),1512—1601,輯

附　　注: 卷端未題著者,著者據《序》。

明萬曆十七年(1589)茅坤《刻漢書鈔序》言輯書及刻書事。

框 20.9×14.1 公分,10 行 21 字,小字雙行同,白口,左右雙邊,單黑魚尾。版心上鐫書名,中鐫卷次及小題,下鐫刻工,如卷一首葉"王雲刻"。

"曾在王氏家過來""廉普過眼""史宗成印"等印記。

館藏信息: East Asian Library(Gest):Rare Books:TB137/767

0516

基本著錄: 新刊批點西漢咀華:十六卷

(Xin kan pi dian Xi Han ju hua:shi liu juan)

(明)傅順孫批輯;(明)鄭秉厚,(明)馮時可校正

明萬曆間(即 1573—1620)貴州本

兩函十六册;28 公分

相關責任者: (明)傅順孫(Fu Shunsun),舉人 1570,批輯;(明)鄭秉厚(Zheng Binghou),進士 1571,校正;(明)馮時可(Feng Shike),進士 1571,校正

附　　注: 卷端題"巡按貴州監察御史昆明傅順孫批輯　貴州按察司副使遂昌鄭秉厚提督學校副使吳郡馮時可同校正"。

劉秉仁《刻漢書咀華叙》未署年月,提刻書事。

卷末題"生員王三朋對吏楊應宿寫"。全書卷末題督刊姓氏。

框23.2×16.2公分,8行18字,小字雙行字數同,白口,四周雙邊,單黑魚尾。版心上鐫"西漢咀華",下鐫刻工,如卷一第四葉"李時"。

"天下無雙""讀杜艸堂""六合徐氏孫麒珍藏書畫印"。

館藏信息: East Asian Library(Gest):Rare Books:TB137/1855

0517

基本著録: 正心會前漢書抄:[二卷]

(Zheng xin hui Qian Han shu chao:[er juan])

(明)張三謨,(明)梁維樞校

明天啓辛酉[元年,1621]正定正心會本

一函六册;26公分

相關責任者: (明)張三謨(Zhang Sanmo),校;(明)梁維樞(Liang Weishu),校;(明)瞿佩(Qu Pei),重修;(明)趙南星(Zhao Nanxing),1550—1627,輯

附　　注: 以册標卷。

各卷校者不同。

明天啓元年(1621)趙南星《兩漢書選序》言成書事。

清康熙五十九年(1720)瞿佩《序》。

框19.9×14.1公分,10行21字,白口,四周單邊。版心上鐫"前漢書",下偶鐫刻工,如卷一第十三葉"裴耒京"。眉上鐫注。

館藏信息: East Asian Library(Gest):Rare Books:TB137/3931

0518

基本著録: 東萊先生晉書詳節:三十卷

(Donglai xian sheng Jin shu xiang jie:san shi juan)

(宋)呂祖謙詳節

明隆慶間(即1567—1572)陝西布政司本

兩函八册;26公分

相關責任者: (宋)呂祖謙(Lü Zuqian),1137—1181,詳節

附　　注: 無序跋,卷端未題著者。呂祖謙,學者稱"東萊先生"。

框 19×13.5 公分,10 行 22 字,白口,四周單邊。版心上鐫"晋書詳節"及卷次,中鐫小題,下鐫刻工。

版本據館藏《十七史詳節》(NJPX90-B3131)。

館藏信息： East Asian Library(Gest):Rare Books:TB137/1218

0519

基本著錄： **東萊先生南史詳節:二十五卷**

(Donglai xian sheng Nan shi xiang jie:er shi wu juan)

(隋)李延壽

明隆慶間(即 1567—1572)陝西布政司本

一函五册;31 公分

相關責任者： (隋)李延壽(Li Yanshou),7 世紀;(宋)吕祖謙(Lü Zuqian),1137—1181,詳節

附　　注： 無序跋,卷端未題著者。吕祖謙,學者稱"東萊先生"。

框 19.4×13.9 公分,10 行 22 字,白口,四周單邊。版心上鐫"南史詳節"及卷次,中鐫小題,下書口有刻工,如卷一首葉"成時達"。

版本據館藏《十七史詳節》(TB137/1326)。

館藏信息： East Asian Library(Gest):Rare Books:TB137/328Q

0520

基本著錄： **東萊先生南史詳節:二十五卷**

(Donglai xian sheng Nan shi xiang jie:er shi wu juan)

(隋)李延壽

明隆慶間(即 1567—1572)陝西布政司本

一函六册;27 公分

相關責任者： (隋)李延壽(Li Yanshou),7 世紀;(宋)吕祖謙(Lü Zuqian),1137—1181,詳節

附　　注： 無序跋,卷端未題著者。吕祖謙,學者稱"東萊先生"。

框 19.3×13.8 公分,10 行 22 字,白口,四周單邊。版心上口鐫"南史詳節"及卷次,中鐫小題,下鐫刻工,如卷一首葉"成時達"。

與館藏《東萊先生南史詳節》(TB137/328)同版,版本據館藏《十七史詳節》(TB137/1326)。

館藏信息： East Asian Library（Gest）：Rare Books：TB137/2677a

0521

基本著録： 南史删：三十一卷

（Nan shi shan；san shi yi juan）

（隋）李延壽撰；（明）茅國縉删次

明間（即 1368—1644）本

兩函十册；27 公分

相關責任者： （隋）李延壽（Li Yanshou），7 世紀，撰；（明）茅國縉（Mao Guojin），進士 1583，删次

附　　注： 封面鐫"茅薦卿先生定"，并有朱印"本衙藏版不許翻刻"及"孟雅兑客"。

框 20.1×13.9 公分，10 行 20 字，小字雙行字同，白口，左右雙邊，單黑魚尾。版心上鐫書名，中鐫卷次。

"儀臣氏"印記。

館藏信息： East Asian Library（Gest）；Rare Books；TB137/2591

0522

基本著録： 東萊先生北史詳節：二十八卷

（Donglai xian sheng Bei shi xiang jie；er shi ba juan）

（隋）李延壽

明隆慶間（即 1567—1572）陝西布政司本

一函六册；27 公分

相關責任者： （隋）李延壽（Li Yanshou），7 世紀；（宋）吕祖謙（Lü Zuqian），1137—1181，詳節

附　　注： 無序跋，卷端未題著者。吕祖謙，學者稱"東萊先生"。

卷三卷端題"陝西布政司重刊"，卷四卷端題"京兆慎獨齋刊行"。陝西布政司重刊時，或許使用了慎獨齋部分原版。

框 19.3×13.8 公分，10 行 22 字，白口，四周單邊。版心上鐫"北史詳節"及卷次，中鐫小題，下鐫刻工，如卷一首葉"調荷柟"。

版本據館藏《十七史詳節》（TB137/1326）。

館藏信息： East Asian Library（Gest）；Rare Books；TB137/2677b

0523

基本著錄： **東萊先生隋書詳節：二十卷**

（Donglai xian sheng Sui shu xiang jie：er shi juan）

明隆慶間（即 1567—1572）陝西布政司本

一函八冊；26 公分

相關責任者： （宋）呂祖謙（Lü Zuqian），1137—1181，詳節

附　　注： 無序跋，卷端未題著者。呂祖謙，學者稱東萊先生。

卷一卷端題"陝西布政司重刊"。

框 19×13.9 公分，10 行 22 字，白口，四周單邊。版心上鐫"隋書詳節"及卷次，中鐫小題，下書口有刻工，如卷一首葉"致亨"。

版本據館藏《十七史詳節》（TB136/1326）。

館藏信息： East Asian Library（Gest）；Rare Books；TB137/1214

0524

基本著錄： **諸儒唐書詳節：六十卷**

（Zhu ru Tang shu xiang jie：liu shi juan）

（宋）歐陽修

明隆慶間（即 1567—1572）陝西布政司本

四函二十四冊；26 公分

相關責任者： （宋）歐陽修（Ouyang Xiu），1007—1072；（宋）呂祖謙（Lü Zuqian），1137—1181，詳節

附　　注： 無序跋，卷端未題著者。卷一卷端題"陝西布政司重刊"。

詳節者及版本據館藏《十七史詳節》（TB137/1326）。

框 18.9×13.6 公分，10 行 22 字，小字雙行字數同，白口，四周單邊。版心上鐫"唐書詳節"及卷次，中鐫小題，下鐫刻工，如卷一第五葉"為貢達"。

館藏信息： East Asian Library（Gest）；Rare Books；TB137/1217

0525

基本著錄： **歐陽文忠公五代史抄：二十卷**

（Ouyang Wenzhong gong Wu dai shi chao：er shi juan）

（明）茅坤輯

明間（即 1368—1644）本

兩函十册；29 公分

相關責任者： （明）茅坤（Mao Kun），1512—1601，輯

附　　注： 卷端未題著者，輯者據《序》。

明萬曆七年（1579）茅坤《歐陽公史抄引》未提刻書事。

框 20×14.8 公分，8 行 18 字，白口，四周單邊，無行格。版心上鐫
“五代史抄”及卷次。眉欄小字注。

館藏信息： East Asian Library（Gest）：Rare Books：TB137/1042Q

0526

基本著錄： **新刻陳先生選釋國語辯奇旁訓評林：二卷**

（Xin ke Chen xian sheng xuan shi Guo yu bian qi pang xun ping lin：er
juan）

明間（約 1621—1644）楊居寀清白堂本

一函四册；26 公分

相關責任者： （西晉）韋昭（Wei Zhao），204—273；（明）楊居寀（Yang Jucai），17 世
紀，刻

附　　注： 封面題“張侗初李卓吾兩先生纂　合刻國語國策辯奇書林　清白堂
梓”。

卷端題“華亭陳子龍卧子父選輯　婁東張溥天如父註釋　臨川陳際
泰大士父評林　潭陽楊居寀素卿父繡梓”。屈萬里先生《GEST 目
錄》曰：“張侗初、李卓吾、陳卧子、張天如諸人，皆依托。”固未著錄
著者。

韋昭《國語解序》未署年月。

框 20.8×12.6 公分，9 行 20 字，白口，四周雙邊。版心上鐫“國語”，
中鐫卷次及小題。眉欄、行間小字注。

館藏信息： East Asian Library（Gest）：Rare Books：TB52/3986a

0527

基本著錄： **新刻陳先生選釋國策辯奇旁訓評林：四卷**

（Xin ke Chen xian sheng xuan shi Guo ce bian qi pang xun ping lin：si juan)

明間(約 1621—1644)楊居寀本

一函十册;26 公分

相關責任者： （明）楊居寀(Yang Jucai),17 世紀,刻

附　　注： 封面題"陳臥子先生選輯國策辯奇　橫雲山房藏板"。

卷端題"華亭陳子龍臥子父選輯　婁東張溥天如父註釋　臨川陳際泰大士父評林　潭陽楊居寀素卿父繡梓"。屈萬里先生《GEST 目錄》曰："張侗初、李卓吾、陳臥子、張天如諸人,皆依托。"固未著錄著者。

曾鞏《戰國策序》未署年月。

字體似明末。

框 20.8 × 1.6 公分,9 行 20 字,白口,四周雙邊。版心上鎸"國策",中鎸卷次及小題。眉欄、行間小字注。

館藏信息： East Asian Library(Gest):Rare Books:TB52/3986b

0528

基本著錄： **兩漢博聞:十二卷**

(Liang Han bo wen:shi er juan)

[（宋）楊侃輯]

明嘉靖戊午[37 年,1558]黃魯曾本

兩函十六册;27 公分

相關責任者： （宋）楊大雅(Yang Daya),964—1032,輯;（明）黃魯曾(Huang Luzeng),1487—1561,刻

附　　注： 明嘉靖三十七年(1558)黃魯曾《刻兩漢博聞序》言刻書事。

框 17.5 × 12.2 公分,8 行 16 字,白口,左右雙邊,單白魚尾。版心中鎸書名及卷次。

館藏信息： East Asian Library(Gest):Rare Books:TB137/794

0529

基本著錄： **兩漢雋言:十六卷**

(Liang Han jun yan:shi liu juan)

（宋）林越輯;（明）凌迪知校

明萬曆丙子[4 年,1576]凌氏桂芝館本

一函十二册;25 公分

相關責任者： (宋)林越(Lin Yue),輯;(明)凌迪知(Ling Dizhi),進士 1556,校;

(明)劉兼(Liu Jian),16 世紀,校

附　　注： 卷十一至十六卷端題"吳興凌迪知稚哲輯　東越劉兼仲思校"。

明萬曆四年(1576)凌迪知《序》。

框 18.8×12.9 公分,8 行 17 字,小字雙行同,白口,左右雙邊,單黑

魚尾。版心上鐫書名,中鐫卷次,下鐫刻工"王伯才"等。

館藏信息： East Asian Library(Gest):Rare Books:TB137/574

0530

基本著録： **通鑑總類:[二十卷]**

(Tong jian zong lei:[er shi juan])

[(宋)沈樞輯]

元至正辛巳[23 年,1363]吳郡庠本

一函一册;30 公分

相關責任者： (宋)沈樞(Shen Shu),進士 1145,輯

附　　注： 卷七首葉框 24.8×17.5 公分,11 行 23 字,綫黑口,左右雙邊,單黑

魚尾。版心上方偶有字數,中鐫書名、卷次、門目名、葉次,版心下偶

有刻工,如第一葉"趙伯川",第四十二葉"東"。

函套内附"文禄堂書籍舖用箋"一張,上書"宋刻本　通鑑總類一册

　大中華民國二五年七月六日　北平琉璃廠電話南局三六三六"。

館藏信息： Rare Books:William H. Scheide Library(WHS):3.1.18

0531

基本著録： **通鑑總類:二十卷**

(Tong jian zong lei:er shi juan)

明萬曆乙未[23 年,1595]孫隆本

四函二十册;32 公分

相關責任者： (宋)沈樞(Shen Shu),進士 1145,編;(明)孫隆(Sun Long),16/17

世紀,刻;(清)黃彭年(Huang Pengnian),1823—1891,手記

附　　注： 申時行《序》提刻書事。

卷端未題著者,編者據《序》。

明萬曆二十三年(1595)申時行《重刻通鑑總類序》、孫隆《重刻通鑑總類跋》。宋嘉定元年(1208)樓鑰《通鑑總類序》。元至正二十三年(1363)周伯琦《通鑑總類叙》。

清光緒十一年(1885)黃彭年手記。

框25.2×17.1公分,11行23字,白口,左右雙邊,單黑魚尾。版心上鐫小類名稱,中鐫"通鑑總類"及卷次。

館藏信息: East Asian Library(Gest):Rare Books:TB137/610Q

0532

基本著錄: **十七史詳節:[二百七十三卷]**

(Shi qi shi xiang jie:[er bai qi shi san juan])

(宋)呂祖謙

明嘉靖丙寅—隆慶庚午[嘉靖45年—隆慶4年,1566—1570]陝西布政司本

十函六十冊:圖;28公分

館藏本有殘缺:卷一爲手抄配補。

相關責任者: (宋)呂祖謙(Lü Zuqian),1137—1181

附　注: 書名取自《序》。

呂祖謙,學者稱"東萊先生"。

明隆慶四年(1570)栗永祿《重刻十七史詳節序》。明正德十一年(1516)劉弘毅《十七史序後》。

《西漢詳節》《隋書詳節》等卷一卷端題"陝西布政司重刊"。《三國志詳節》《五代史詳節》卷一卷端題"建陽愼独齋劉弘毅刊行"。

框18.9×13.7公分,10行22字,小字雙行字數同,白口,四周單邊。版心上鐫子目書名及卷次,中鐫小題,下鐫刻工。各子目前冠疆里、世系圖。

館藏信息: East Asian Library(Gest):Rare Books:TB137/1326

0533

基本著錄: **澔東山房批校廬陵曾氏十八史略:八卷**

(Hudongshanfang pi jiao Luling Zeng shi Shi ba shi lüe:ba juan)

（元）曾先之編次

明萬曆庚辰［8 年,1580］本

一函八册;27 公分

相關責任者: （元）曾先之(Zeng Xianzhi),編次;（明）張鹵(Zhang Lu),進士 1559

附　　注: 卷一卷端題"前進士廬陵曾先之編次"。

《重校十八史略凡例》題"儀封澔東張鹵著",末題"澔東山房又識",據此可知澔東山房即張鹵。

明萬曆八年(1580)張鹵《序》提刻書事。

框 19.2×15.3 公分,上欄 1.6×15.3 公分,9 行 18 字,白口,左右雙邊,單黑魚尾。版心上鐫"史畧",中鐫卷次,下書口偶有刻工,如卷三第五十三葉"金"。眉欄小字注。

館藏信息: East Asian Library（Gest）:Rare Books:TB42/3682

0534

基本著錄: **澔東山房批校廬陵曾氏十八史略:八卷**

（Hudongshanfang pi jiao luling Zeng shi Shi ba shi lüe:ba juan）

（元）曾先之編次

明萬曆甲申［12 年,1584］大名趙慎修本

兩函十二册;27 公分

相關責任者: （元）曾先之(Zeng Xianzhi),編次;（明）張鹵(Zhang Lu),進士 1559

附　　注: 卷端題"前進士廬陵曾先之編次"。

館藏《澔東山房批校廬陵曾氏十八史略》(TB42/3682)有張鹵《凡例》,末題"澔東山房又識",可知澔東山房即張鹵。

明萬曆十二年(1584)趙慎修《刻批點十八史畧序》。

趙慎修《序》提刻書事。《序》末署"……知大名府事膠東清廓趙慎修叙"。查《大名府志》,趙慎修,萬曆八年至十二年(1580—1584)任,可知此本刻於大名。

框 19.2×15.4 公分,上欄 1.6×15.4 公分,9 行 18 字,小字雙行字數同,白口,左右雙邊,單黑魚尾。版心上鐫"史畧",中鐫卷次,下鐫刻工,如卷一首葉"孝"。眉欄小字注。

與館藏《澔東山房批校廬陵曾氏十八史略》(TB42/1111)同版。

館藏信息: East Asian Library（Gest）:Rare Books:TB42/1065

0535

基本著録： **澔東山房批校廬陵曾氏十八史略：八卷**

（Hudongshanfang pi jiao Luling Zeng shi Shi ba shi lüe：ba juan）

（元）曾先之編次

明萬曆甲申［12 年，1584］大名趙慎修本

兩函十六册；22 公分

相關責任者： （元）曾先之（Zeng Xianzhi），編次；（明）張鹵（Zhang Lu），進士 1559

附　　注： 卷端題"前進士廬陵曾先之編次"。

館藏《澔東山房批校廬陵曾氏十八史略》（TB42/3682）有張鹵《凡例》，末題"澔東山房又識"，可知澔東山房即張鹵。

明萬曆十二年（1584）趙慎修《刻批點十八史畧序》、王之輔《刻十八史畧跋》。

趙慎修《序》、王之輔《跋》均提刻書事。《序》末署"……知大名府事膠東清廓趙慎修叙"。查《大名府志》，趙慎修，萬曆八年至十二年（1580—1584）任，可知此本刻於大名。

框 19.2×15.4 公分，9 行 18 字，小字雙行字數同，白口，左右雙邊，單黑魚尾。版心上鐫"史畧"，中鐫卷次，版心下有刻工，如卷一首葉"孝"。眉欄小字注。

與館藏《澔東山房批校廬陵曾氏十八史略》（TB42/1055）同版。

館藏信息： East Asian Library（Gest）：Rare Books：TB42/1114

0536

基本著録： **左國合删：四卷**

（Zuo Guo he shan：si juan）

（明）徐一䕫合删

明間（即 1368—1644）本

一函十册；28 公分

相關責任者： （明）徐一䕫（Xu Yibin），舉人 1621，合删

附　　注： 卷端題"西安徐一䕫爾芳父合删"。

鄭之惠《左國合删題辭》。

框 20.2×12.6 公分，10 行 20 字，白口，左右雙邊，單黑魚尾。版心

上鎸"左國合删"。

館藏信息： East Asian Library(Gest)：Rare Books：TA101/3871

0537

基本著録： **歷代史纂左編：一百四十二卷**

（Li dai shi zuan zuo bian：yi bai si shi er juan）

（明）唐順之編輯

明嘉靖辛酉[40年,1561]胡宗憲本

十函八十册；26公分

相關責任者： （明）唐順之（Tang Shunzhi），1507—1560,編輯；（明）王革（Wang Ge），16世紀,校；（明）左恣（Zuo Zheng），16世紀,校

附　注： 卷一卷端題"明都察院右僉都御史提督淮揚軍務前左春坊右司諫兼翰林院編修武進唐順之編輯　太子太保兵部尚書都察院右都御史總都浙直等處軍務新安胡宗憲校刊　門生宜興王革武進左恣校正"。

唐順之《荆川先生自序》未署年月。明嘉靖四十年（1561）胡松《史纂左編後序》。

胡松《序》提刻書事。

框20.8×14.3公分,10行20字,白口,四周單邊,單白魚尾。版心上鎸"史纂左編"及卷次,中鎸被傳人姓名,下書口鎸刻工,如卷一首葉"陸漢"。

鈐"蓮坡""徐鏡堂印""徐印鑑明""鏡堂"印記。

館藏信息： East Asian Library(Gest)：Rare Books：TB137/374

0538

基本著録： **全史論贊**

（Quan shi lun zan）

（明）項篤壽輯

明嘉靖丙寅[45年,1566]項氏萬卷堂本

六函三十八册；26公分

相關責任者： （明）項篤壽（Xiang Dushou），進士1562,輯

附　注： 卷端題原著者及輯者,如卷一卷端題"漢司馬遷撰　明項篤壽輯"。

明嘉靖四十五年（1566）康大和《刻全史論贊叙》、項篤壽《刻全史論

贊引》。

各史目録後題"嘉禾項氏刻於萬卷堂",總目録後鐫"嘉禾項氏萬卷堂梓"。

框18.9×14公分,10行19字,白口,左右雙邊,單白魚尾。版心中鐫分書名及卷次,如"史記論贊卷之一"。

鈐"盱昭吳氏藏書"印記。

館藏信息: East Asian Library(Gest):Rare Books:TB137/372

0539

基本著録: **史漢合編題評:八十八卷,附録四卷**

(Shi Han he bian ti ping:ba shi ba juan,fu lu si juan)

(明)茅一桂輯

編目記録詳見《史部·紀傳類》。

0540

基本著録: **諸史品節:四十卷**

(Zhu shi pin jie:si shi juan)

(明)陳深編

明萬曆癸巳[21年,1593]本

四函四十册;27公分

相關責任者: (明)陳深(Chen Shen),舉人1525,編

附　　注: 卷端有大題及小題,如"諸史品節卷之一"下有"國語一"。

卷端未題著者,著者據《序》。

明萬曆二十一年(1593)陳深《諸史品節序》言刻書事。

框22.5×14.8公分,9行20字,小字雙行同,白口,四周單邊,單白魚尾。版心上鐫書名及卷次,中鐫小題,下鐫刻工。

館藏信息: East Asian Library(Gest):Rare Books:TB137/3024

0541

基本著録: **四史鴻裁:四十卷**

(Si shi hong cai:si shi juan)

(明)穆文熙批輯;(明)劉懷恕校正

明萬曆庚寅[18 年,1590]朱朝聘本

兩函二十册;30 公分

相關責任者：(明)穆文熙(Mu Wenxi),1528—1591,批輯;(明)劉懷恕(Liu Hua-ishu),進士 1577,校正;(明)朱朝聘(Zhu Chaopin),進士 1580,刻

附　　注：明萬曆十八年(1590)劉懷恕《刻四史鴻裁序》。萬曆十七年(1589)朱朝聘《四史鴻裁序》。刻書舊序若干。

劉懷恕、朱朝聘《序》中提刻書事。

卷端大題及小題,大題卷數連續,小題卷數分計,如"四史鴻裁一卷左傳一卷""四史鴻裁十三卷國語一卷"。

卷端題"明魏博穆文熙敬甫批輯　同邑劉懷恕士行校正　東郡朱朝聘希尹閱梓"。

框 23.6×15.3 公分,10 行 20 字,小字雙行字數同,白口,四周雙邊,單黑魚尾。版心上鐫"四史鴻裁"、分書名及卷次。眉欄小字注。

與館藏《四史鴻裁》(TB137/1581)同版。

館藏信息：East Asian Library(Gest):Rare Books:TB137/641Q

0542

基本著録：**四史鴻裁:四十卷**

(Si shi hong cai:si shi juan)

(明)穆文熙批輯;(明)劉懷恕校正

明萬曆庚寅[18 年,1590]朱朝聘本

兩函八册;31 公分

館藏本有殘缺:缺卷一至四。

相關責任者：(明)穆文熙(Mu Wenxi),1528—1591,批輯;(明)劉懷恕(Liu Hua-ishu),進士 1577,校正;(明)朱朝聘(Zhu Chaopin),進士 1580,刻

附　　注：卷端題"明魏博穆文熙敬甫批輯　同邑劉懷恕士行校正　東郡朱朝聘希尹閱梓"。

劉懷恕、朱朝聘《序》中提刻書事。

明萬曆十八年(1590)劉懷恕《刻四史鴻裁序》。萬曆十七年(1589)朱朝聘《四史鴻裁序》。刻書舊序若干。

卷端大題及小題,大題卷數連續,小題卷數分計,如"四史鴻裁十三卷國語一卷"。

框 23.8×15.2 公分,10 行 20 字,小字雙行字數同,白口,四周雙邊,單黑魚尾。版心上鐫"四史鴻裁"、分書名及卷次。眉欄小字注。與館藏《四史鴻裁》(TB136/641) 同版。

館藏信息：　East Asian Library(Gest)：Rare Books：TB137/1581Q

0543

基本著錄：　**二十一史論贊輯要：三十六卷**

(Er shi yi shi lun zan ji yao：san shi liu juan)

(明)彭以明輯；(明)[彭]惟成校

明萬曆己酉[37 年,1609]彭惟成、彭惟直本

一函十册；28 公分

相關責任者：　(明)彭以明(Peng Yiming),16 世紀,輯；(明)彭惟成(Peng Weicheng),進士 1601,校；(明)彭惟直(Peng Weizhi),16/17 世紀,刻

附　　注：　各卷端題原書著者及輯校者,如卷一題"漢太史令龍門司馬遷譔 皇明贈中書舍人廬陵文學彭以明輯　男惟成校"。

明萬曆三十七年(1609)彭惟成《二十一史論贊輯要述》言刻書事。《輯要起凡》後鐫"修慝齋藏版"。

框 20.8×14.2 公分,10 行 20 字,白口,左右雙邊。版心上鐫書名,中鐫卷次。

"此書任各省直書坊重印"朱印。"娛生軒藏書印"印記。

館藏信息：　East Asian Library(Gest)：Rare Books：TB137/274

0544

基本著錄：　**史書纂畧**

(Shi shu zuan lüe)

(明)馬維銘纂略

明萬曆癸丑[41 年,1613]本

八函六十四册；28 公分

相關責任者：　(明)馬維銘(Ma Weiming),進士 1580,纂略；(明)馬德澧(Ma De-feng),進士 1607,編次；(明)馬萬芳(Ma Wanfang),17 世紀,重訂；(明)文震孟(Wen Zhenmeng),1574—1636,點定

附　　注：	卷數不連續,書內未題總卷數。

卷一卷端大題連小題"史書纂畧盤古氏起至高辛氏止卷之一　明職方主事馬維銘纂畧　嗣比部郎馬德澧編次　翰林學士文震孟點定　偫諸生馬萬芳重訂",其他卷端所題編次人不一。

文震孟《天佚草堂史書纂畧叙》未署年。明萬曆四十三年(1615)施鳳來《天佚堂史纂畧叙》。萬曆四十二年(1614)陳懿典《天佚艸堂史書纂畧序》。明崇禎五年(1632)馬萬芳《重訂天佚草堂史纂小引》。馬萬芳《小引》言刻書事,曰:"得舊簡十四,新簡十六。"

框22.6×14.9公分,9行20字,小字雙行字數同,白口,四周單邊,單黑魚尾。版心上鎸子書名,中鎸卷次。

館藏信息：	East Asian Library(Gest):Rare Books:TB137/1765

0545

基本著録：	[史書纂畧]

([Shi shu zuan lüe])

(明)馬維銘纂

明萬曆間(即1573—1620)本

十函八十二册;28公分

館藏本有殘缺:缺卷一。

相關責任者：	(明)馬維銘(Ma Weiming),進士1580,纂;(明)馬德澧(Ma Defeng),進士1607,校
附　　注：	卷數不連續,書內未題總卷數。

書名參據館藏《史書纂畧》(TB137/3894)。

"唐虞帝紀纂略卷之一"題"明職方主事馬維銘纂　比部郎嗣男德澧校"。

版本參據館藏《史書纂畧》(TB137/3784)。

框23×15公分,9行20字,小字雙行同,白口,四周單邊,單黑魚尾。版心上鎸子書名,中鎸卷次。

館藏信息：	East Asian Library(Gest):Rare Books:TB137/3894

0546

基本著録：	史觽:二十五卷

（Shi luan：er shi wu juan）

（明）余文龍删輯；（明）［余］兆胤校

明萬曆戊午［46 年,1618］本

六函六十册;27 公分

相關責任者： （明）余文龍（Yu Wenlong）,進士 1601,删輯；（明）余兆胤（Yu Zhao yin）,16/17 世紀,校;（明）戴維考（Dai Weikao）,刻

附　　注： 朱國禎《史纘序》、吳用先《史纘叙》未署年月。明萬曆四十六年（1618）董應舉《余中拙先生史纘序》、蘇茂相《史纘序》、余文龍《自序》。

董應舉、余文龍《序》提刻書事。

卷端題"明晋安余文龍中拙删輯　男兆胤伯景校"。

框 21.8×14.6 公分,9 行 20 字,白口,四周單邊,單黑魚尾。版心上鐫"史纘",中鐫卷次及小題,下鐫刻工,如卷一首葉"戴維孝刊"。

館藏信息： East Asian Library（Gest）：Rare Books：TB137/3993

0547

基本著録： **雪廬讀史快編：六十卷**

（Xue lu du shi kuai bian：liu shi juan）

（明）趙維寰節

明天啓甲子［4 年,1624］趙維寰本

八函六十册;28 公分

相關責任者： （明）趙維寰（Zhao Weihuan）,17 世紀,節

附　　注： 卷端題原書著者及編者,如《讀史記》題"漢龍門司馬遷本　明當湖趙維寰節",《讀前漢書》題"漢扶風班固本　明當湖趙維寰節"。

明天啓四年（1624）［趙］韓《凡例》言刻書事。未署年月董其昌等《序》。

框 22.3×15 公分,10 行 20 字,白口,左右雙邊,單黑魚尾。版心上鐫"讀史快編",中鐫卷次。

館藏信息： East Asian Library（Gest）：Rare Books：TB137/2483

0548

基本著録： **兩漢奇抄：十卷**

（Liang Han qi chao；shi juan）

（東漢）班固著；（明）陳仁錫，（明）鍾惺纂定

明天啓己丑［5 年，1625］本

兩函十册；25 公分

相關責任者： （東漢）班固（Ban Gu），32—92，著；（明）陳仁錫（Chen Renxi），
1581—1636，纂定；（明）鍾惺（Zhong Xing），1574—1625，纂定

附　　注： 卷數連續。

卷一卷端題"漢太史令班固著　明史官陳仁錫督學使鍾惺纂定"。

明天啓五年（1625）鍾惺《兩漢奇抄序》未提刻書事。據版式，刻年與
序年相同。

框 20×13.8 公分，9 行 20 字，小字雙行字數同，白口，四周雙邊。上
書口鐫"前漢奇抄""後漢奇抄"，版心中鐫小題，下鐫卷次。眉欄小
字注。

館藏信息： East Asian Library（Gest）；Rare Books；TB137/2457

0549

基本著錄： **二十一史論贊：三十六卷**

（Er shi yi shi lun zan；san shi liu juan）

（明）沈國元閱

明崇禎丁丑［10 年，1637］大來堂本

八函六十四册；25 公分

相關責任者： （明）沈國元（Shen Guoyuan），17 世紀，閱

附　　注： 卷次連續。

卷端大題連小題，如"二十一史論贊史記"。

封面題"大來堂藏板"。

《總目》題"古吳沈國元飛仲閱　弟沈映日沈瞻日子沈琦沈玠較"。
各史目録前所題較者不盡一致。

畢懋康《序》未署年月。明崇禎十年（1637）沈國元《二十一史總
叙》。崇禎九年（1636）涂必泓《叙二十一史論贊》。

沈國元《叙》言刻書事。

框 21.9×12.6 公分，9 行 25 字，白口，四周單邊。版心上鐫書名，中
鐫卷次及紀傳名稱，下鐫"大來堂"。

館藏信息： East Asian Library(Gest):Rare Books:TB137/1137

0550

基本著録： ［二十一史文鈔］:三百三十二卷

（［Er shi yi shi wen chao］:san bai san shi er juan）

（明）戴羲摘抄

明崇禎庚辰［13年,1640］本

十三函一百二十九册;26公分

相關責任者： （明）戴羲(Dai Xi),17世紀,摘抄

附　　注： 各目録前題原書著者及輯者,如《史記文鈔目録》題"漢太史令司馬遷著　明後學戴羲摘鈔"。各卷端未題著者,卷端下連續記全書卷數。

明崇禎十三年(1640)曹學佺《叙》。

曹學佺《叙》未提刻書事,但據版式及凡例,當爲刻書序。《凡例》提刻書事。

框20.5×14.5公分,9行19字,白口,四周單邊,單白魚尾。上書口鑴子目書名,如"史記文鈔",版心中鑴卷數。

館藏信息： East Asian Library(Gest):Rare Books:TB137/3875

0551

基本著録： **讀史初階**

（Du shi chu jie）

（清）許雍編;（清）［許］容注

清康熙壬申［31年,1692］本

兩册;24公分

相關責任者： （清）許雍(Xu Yong),編;（清）許容(Xu Rong),注

附　　注： 清康熙三十一年(1692)范國禄《序》。

封面鑴"亦軒藏板"。

框19.7×11.4公分,6行16字,白口,四周單邊,單黑魚尾。版心上鑴書名。

館藏信息： RECAP:East Asian Library use only:C348/2440

0552

基本著録： 　同菴史彙：十卷十集

（Tong'an shi hui；shi juan shi ji）

（清）蔣善選評；（清）蔣玉麟校閱

清康熙壬申［31 年,1692］蔣繩武思永堂本

一函九冊；26 公分

相關責任者： 　（清）蔣善（Jiang Shan），卒年 1664，選評；（清）蔣玉麟（Jiang Yulin），
校閱；（清）蔣繩武（Jiang Shengwu），刻

附　　　注： 　清康熙三十一年（1692）吳升東《序》言蔣繩武（存恕）刻書事。

封面鐫“康熙癸未歲新鐫”“廣陵蔣同菴先生史彙”“思永堂藏板”。

框 19×14.3 公分,9 行 22 字,白口,四周雙邊,單黑魚尾。版心上鐫
“史彙”,中鐫卷次,下鐫“思永堂”。眉欄鐫評。

館藏信息： 　RECAP：East Asian Library use only：C348/1283

又一部：RECAP：East Asian Library use only：C348/3013

時令類

0553

基本著録： 　日涉編：十二卷

（Ri she bian；shi er juan）

（明）陳堦編輯；（明）徐養量校刻；（明）周化等閱

明萬曆辛亥［39 年,1611］天水徐養量本

兩函十二冊；28 公分

相關責任者： 　（明）陳堦（Chen Jie），編輯；（明）徐養量（Xu Yangliang），進士 1607,
校刻；（明）周化（Zhou Hua），閱

附　　　注： 　明萬曆三十九年（1611）李光元《日涉編序》及徐養量《叙日涉編》。

萬曆四十年（1612）王道成《讀日涉編後序》、張雲翼《日涉編跋後》。

未署年周師旦《日涉編序》、董元學《日涉編序》、岳萬階《刻日涉編
題詞》、張鶴鳴《日涉編序》、張以謙《日涉編序》、任彥棻《日涉編
序》、龍膺《日涉編序》、祁光宗《日涉編序》、張之厚《日涉編序》及陳

楷《自序》。

岳萬階《題詞》言刻書事。

框 22.7×14.3 公分,9 行 19 字,小字雙行同,白口,四周單邊,單黑魚尾。版心上鐫書名,中鐫卷次。

館藏信息： East Asian Library(Gest)：Rare Books：TB157/2486

0554

基本著録： **古今類傳. 歲時類：四卷.**

子目：

古今類傳

(Gu jin lei zhuan)

歲時類：四卷

(Sui shi lei：si juan)

(清)董穀士,(清)董炳文輯

清康熙間(約 1692—1722)本

一函四冊;27 公分

相關責任者： (清)董穀士(Dong Gushi),輯;(清)董炳文(Dong Bingwen),輯

附　　注： 清康熙三十一年(1692)潘耒《序》云:"……古今類傳分天地人物為四部歲時特天部之一。"

封面鐫"未學齋藏板"。

框 20.9×14.6 公分,11 行 28 字,小字雙行同,白口,左右雙邊,單黑魚尾。版心上鐫書名,中鐫卷次及類目,下鐫小題及部目。

眉上有清嘉慶間(1796—1820)"右溪"朱筆批校。

館藏信息： East Asian Library(Gest)：Rare Books：TB157/3335

0555

基本著録： **月令輯要：二十四卷,卷首**

(Yue ling ji yao：er shi si juan,juan shou)

(清)李光地輯;(清)吳廷楨等纂修

編目記録詳見《經部·禮類》。

0556

基本著録： 月日紀古：十二卷

（Yue ri ji gu：shi er juan）

（清）蕭智漢纂輯

清乾隆甲寅［59 年,1794］蕭智漢聽濤山房本

兩函二十四册；25 公分

相關責任者： （清）蕭智漢（Xiao Zhihan），纂輯

附　　注： 清乾隆五十九年（1794）蕭智漢書於聽濤山房《自序》。

封面鐫“乾隆甲寅新鐫”“聽濤山房藏板”。

框 17.7×13.5 公分,9 行 20 字,白口,四周雙邊,單黑魚尾。版心上

鐫書名,中鐫卷次及小題。

館藏信息： Annex A,Forrestal：B157/2872

地理類

0557

基本著録： 闕里誌：二十四卷

（Queli zhi：er shi si juan）

（明）孔胤植補

編目記録詳見《史部·傳記類》。

0558

基本著録： 臥龍崗志：二卷

（Wolong Gang zhi：er juan）

（清）羅景輯；（清）［羅］鉼校

清康熙壬辰［51 年,1712］羅景本

一函兩册；25 公分

相關責任者： （清）羅景（Luo Jing）,約 1712,輯；（清）羅鉼（Luo Bing）,校

附　　注： 清康熙五十一年（1712）羅景《序》言刻書事。

框 17.2×13.3 公分,8 行 20 字,白口,左右雙邊,單黑魚尾。版心上

鐫書名,中鐫卷次及類名。

館藏信息:　East Asian Library(Gest):Rare Books:TB107/3585b

0559

基本著錄:　**太平寰宇記:二百卷. 太平寰宇記補闕:八卷.**

子目:

太平寰宇記:二百卷

(Taiping huan yu ji:er bai juan)

(宋)樂史撰

太平寰宇記補闕:八卷

(Taiping huan yu ji bu que:ba juan)

[(清)陳蘭森編]

清乾隆癸丑[58 年,1793]樂之箎、樂蕊賓本

四函四十冊;26 公分

館藏本有殘缺:缺《太平寰宇記補闕》卷八。

相關責任者:　(宋)樂史(Yue Shi),930—1007,撰;(清)陳蘭森(Chen Lansen),進士 1757,編;(清)樂之箎(Yue Zhichi),刻;(清)樂蕊賓(Yue Ruibin),刻

附　　注:　卷端又題"裔孫之箎宜蕊賓律陽校刊"。

清乾隆五十八年(1793)樂斯盛《跋》言刻書事。

清嘉慶八年(1803)洪亮吉《重校刊太平寰宇記序》。

封面鐫"……紅杏山房藏板"。

框 16.8×13.3 公分,10 行 22 字,白口,左右雙邊,單黑魚尾。版心上鐫書名,中鐫卷次。

館藏信息:　Annex A,Forrestal:B187/819

0560

基本著錄:　**讀史方輿紀要:一百三十卷**

(Du shi fang yu ji yao:yi bai san shi juan)

(清)顧祖禹編

清間(約 1736—1820)本

十二函五十八冊;27 公分

相關責任者：	（清）顧祖禹（Gu Zuyu）,1624—1680,編

附　　注：　避"弘"字諱。

框 20.6×13.7 公分,9 行 20 字,白口,四周雙邊,單黑魚尾。版心上有書名,中有小題簡稱。

館藏信息：　East Asian Library（Gest）;Rare Books;TB187/601

0561

基本著錄：　**大清一統志：三百五十六卷**

（Da Qing yi tong zhi:san bai wu shi liu juan）

（清）蔣廷錫等纂修

清乾隆間（約 1744—1795）本

一函三百六十二册:圖;30 公分

相關責任者：　（清）蔣廷錫（Jiang Tingxi）,1669—1732,纂修

附　　注：　清乾隆九年（1744）《御製大清一統志序》。

框 21.7×15 公分,9 行 21 字,白口,四周單邊,單黑魚尾。版心上鐫書名,中鐫卷次及内容名稱。

此帙以約清道光間木活字本配齊。

館藏信息：　Annex A,Forrestal:B187/1459

0562

基本著錄：　**大清一統志表,朝代紀元表**

（Da Qing yi tong zhi biao,chao dai ji yuan biao）

［（清）萬廷蘭編］

清乾隆癸丑［58 年,1793］本

一函六册;28 公分

相關責任者：　（清）萬廷蘭（Wan Tinglan）,1719—1807,編

附　　注：　封面鐫"大清一統志表""紀元表"。

清乾隆五十八年（1793）萬廷蘭《序》。

避"曆"字諱。

框 18.3×11.6 公分,行字大小不等,黑口,四周單邊,雙順黑魚尾。版心上鐫書名,中鐫篇名。

館藏信息：　Annex A,Forrestal:B187/98

0563

基本著録：　　　江南通志：二百卷，首卷四卷

（Jiang nan tong zhi：er bai juan，shou juan si juan）

（清）尹繼善等總裁；（清）黄之雋等纂修

清乾隆間（即 1736—1795）本

十函一百册：圖；27 公分

相關責任者：　（清）尹繼善（Yin jishan），1696—1771，總裁；（清）黄之雋（Huang Zhijun），1668—1748，纂修

附　　注：　　責任者據《纂修職名》。

框 20.8×15 公分，11 行 23 字，白口，四周單邊，單黑魚尾。版心上鐫書名，中鐫卷次。

版本參據本館另一部（NJPX92 – B8115）。

館藏信息：　　East Asian Library（Gest）：Rare Books：TB192/913

0564

基本著録：　　　江南通志：二百卷，首卷四卷

（Jiang nan tong zhi：er bai juan，shou juan si juan）

（清）尹繼善等總裁；（清）黄之雋等纂修

清乾隆丙辰［元年，1736］本

十函八十册：圖；27 公分

相關責任者：　（清）尹繼善（Yin Jishan），1696—1771，總裁；（清）黄之雋（Huang Zhijun），1668—1748，纂修

附　　注：　　責任者參據《纂修職名》。

清乾隆元年（1736）趙弘典《序》。

框 20.9×14.7 公分，11 行 23 字，白口，四周單邊，單黑魚尾。版心上鐫書名，中鐫卷次。

館藏信息：　　Annex A，Forrestal：B192/4252

0565

基本著録：　　　寧波府志：三十六卷，卷首一卷

（Ningbo fu zhi：san shi liu juan，juan shou yi juan）

（清）孫詔監修；（清）曹秉仁纂修；（清）萬經，（清）柴世堂參定

清乾隆辛酉［6 年，1741］補刻色超本

三函十六冊：圖，地圖；27 公分

相關責任者： （清）孫詔（Sun Zhao），監修；（清）曹秉仁（Cao Bingren），纂修；（清）萬經（Wan Jing），進士 1703，參定；（清）柴世堂（Chai Shitang），參定；（清）色超（Se Chao），補刻

附　　注： 曹秉仁《序》曰：“雍正七年余由北直順德蒙恩調守是邦……請於觀察孫公以庚戌秋季開局，延薦紳萬九沙太史董其事，佐以諸生之有文學者。而余與觀察公親讎校焉。越崴，書成壽之梓。”清雍正十一年（1733）王溯維《序》。清乾隆六年（1741）色超《後序》曰：“誌自曹侯修後，板剝落。予補鐫三十餘葉。”

著者據卷前《編纂姓氏》。

館藏信息： RECAP：East Asian Library use only：B194/040. keec. a

0566

基本著錄： **續修臺灣府志：二十六卷，卷首**

（Xu xiu Taiwan fu zhi：er shi liu juan，juan shou）

（清）余文儀修；（清）黃佾纂

清乾隆甲午［39 年，1774］本

四函十八冊：圖；25 公分

相關責任者： （清）余文儀（Yu Wenyi），進士 1737，修；（清）黃佾（Huang Yi），1744—1801，纂

附　　注： 卷端題“欽命巡視臺灣朝議大夫戶科給事中紀錄三次六十七欽命巡視臺灣朝議大夫雲南道監察御史加一級紀錄三次范咸同修　分巡臺灣道兼提督學政覺羅四明臺灣府知府余文儀續修”。

框 20.5 × 15.7 公分，11 行 22 字，白口，四周雙邊，單黑魚尾。版心上鐫“臺灣府志”，中鐫卷次。

館藏信息： East Asian Library（Gest）：Rare Books：TB194/133. hvec

0567

基本著錄： **續修臺灣府志：二十六卷，卷首**

（Xu xiu Taiwan fu zhi：er shi liu juan，juan shou）

（清）余文儀修；（清）黃佾纂

清乾隆甲午［39 年，1774］本

四函二十二册：圖；28 公分

相關責任者： （清）余文儀（Yu Wenyi），進士 1737，修；（清）黃佾（Huang Yi），
1744—1801，纂

附　　注： 卷端題"欽命巡視臺灣朝議大夫戶科給事中紀錄三次六十七欽命巡
視臺灣朝議大夫雲南道監察御史加一級紀錄三次范咸同修　分巡臺
灣道兼提督學政覺羅四明臺灣府知府余文儀續修"。

框 20.5×15.3 公分，11 行 22 字，白口，四周雙邊，單黑魚尾。版心
上鐫"臺灣府志"，中鐫卷次。

館藏信息： RECAP：East Asian Library use only：B194/133. hvec copy 2

0568

基本著錄： **貴州通志：四十六卷，卷首**

（Guizhou tong zhi：si shi liu juan，juan shou）

（清）鄂爾泰修；（清）靖道謨纂

清乾隆辛酉［6 年，1741］本

二十四册：圖；26 公分

相關責任者： （清）鄂爾泰（Eertai），1680—1745，修；（清）靖道謨（Jing Daomo），進
士 1721，纂

附　　注： 框 20×14 公分，11 行 21 字，白口，四周雙邊，單黑魚尾。

館藏信息： East Asian Library（Gest）：Rare Books：TB192/1734

0569

基本著錄： **日下舊聞：四十二卷**

（Ri xia jiu wen：si shi er juan）

（清）朱彝尊會粹；（清）［朱］昆田補遺

清康熙戊辰［27 年，1688］六峰閣本

兩函二十册；26 公分

相關責任者： （清）朱彝尊（Zhu Yizun），1629—1709，會粹；（清）朱昆田（Zhu Kun-
tian），1652—1699，補遺

附　　注： 卷端未題著者，《目錄》題"秀水朱彝尊會粹　男昆田補遺"。

封面題"六峯閣藏板"。

清康熙二十七年(1688)朱彝尊《序》言刻書事。

框 18.8×13.7 公分,12 行 21 字,白口,四周單邊,單黑魚尾。版心上鐫書名,中鐫卷次。

館藏信息： Annex A,Forrestal：B177/1380

0570

基本著錄： **日下舊聞：四十二卷**

(Ri xia jiu wen：si shi er juan)

(清)朱彝尊會粹;(清)[朱]昆田補遺

清康熙戊辰[27 年,1688]六峰閣本

一函十六册;26 公分

館藏本有殘缺：缺卷四十至四十二。

相關責任者： (清)朱彝尊(Zhu Yizun),1629—1709,會粹;(清)朱昆田(Zhu Kun-tian),1652—1699,補遺

附 注： 卷端未題著者,《目錄》題"秀水朱彝尊會粹 男昆田補遺"。

與館藏《日下舊聞》(b117/1612)同版,該書有封面及清康熙二十七年(1688)朱彝尊《序》言刻書事,此書無。

框 18.8×13.7 公分,12 行 21 字,白口,四周單邊,單黑魚尾。版心上鐫書名,中鐫卷次。

館藏信息： Annex A,Forrestal：B177/1612

0571

基本著錄： **欽定日下舊聞考：一百六十卷,譯語總目**

(Qin ding ri xia jiu wen kao：yi bai liu shi juan,Yi yu zong mu)

(清)于敏中等纂

清乾隆間(即 1736—1795)北京武英殿本

八函四十八册;28 公分

相關責任者： (清)于敏中(Yu Minzhong),1714—1779,纂;(清)朱彝尊(Zhu Yi-zun),1629—1709

附 注： 纂修者據《職名》。

框 18.4×14.6 公分,9 行 21 字,白口,四周雙邊,單黑魚尾。版心上

鐫書名,中鐫卷次。

館藏信息: Annex A,Forrestal:B177/1381

0572

基本著録: **天津縣志:二十四卷**

(Tianjin xian zhi:er shi si juan)

(清)張志奇,(清)朱奎揚總裁;(清)吳廷華總修

清乾隆己未[4 年,1739]本

一函八册:圖;28 公分

相關責任者: (清)張志奇(Zhang Zhiqi),1730,總裁;(清)朱奎揚(Zhu Kuiyang),

總裁;(清)吳廷華(Wu Tinghua),1682—1755,總修

附　　注: 責任者參據《天津縣志纂修職名》。

框 19×14 公分,10 行 21 字,白口,四周雙邊,單黑魚尾。版心上鐫

書名,中鐫卷次及小題。

館藏信息: Annex A,Forrestal:B194/037. afjc vol. 1—8

0573

基本著録: **臨榆縣志:十四卷,卷首**

(Linyu xian zhi:shi si juan,juan shou)

(清)鍾和梅纂修

清乾隆丙子[21 年,1756]臨榆本

一函八册:圖;25 公分

相關責任者: (清)鍾和梅(Zhong Hemei),進士 1748,纂修

附　　注: 著者及版刻據清乾隆二十一年(1756)鍾和梅《序》。

框 19×14 公分,9 行 20 字,白口,四周雙邊,單黑魚尾。版心上鐫書

名,中鐫卷次及小題。

館藏信息: Annex A,Forrestal:B194/131. kijc

0574

基本著録: **惠民縣志:十卷,卷首**

(Huimin xian zhi:shi juan,juan shou)

(清)倭什布主修;(清)劉長靈,(清)周中規纂修

清乾隆壬寅［47 年 1782］惠民本

一函六册:圖;24 公分

相關責任者: （清）倭什布（Woshibu），主修;（清）劉長靈（Liu Changling），進士 1757，纂修;（清）周中規（Zhou Zhonggui），纂修

附　　注: 清乾隆四十七年（1782）倭什布《序》。

框 19.2×14.4 公分,9 行 21 字,白口,四周雙邊,單黑魚尾。版心上 鐫書名,中鐫卷次及細目。

館藏信息: East Asian Library（Gest）:Rare Books:TB194/061. hajc

0575

基本著錄: **曲阜縣志:一百卷**

（Qufu xian zhi:yi bai juan）

（清）潘相等纂修

清乾隆甲午［39 年,1774］曲阜本

兩函十一册:圖;26 公分

館藏本有殘缺:缺卷八十八至一百。

相關責任者: （清）潘相（Pan Xiang）,1713—1790,纂修

附　　注: 責任者據清乾隆三十九年（1774）潘相《自序》。

封面鐫"乾隆甲午新修""聖化堂藏板"。

框 19.9×14.8 公分,11 行 23 字,白口,左右雙邊,單黑魚尾。版心 中鐫書名及卷次。

館藏信息: East Asian Library（Gest）:Rare Books:TB194/073. bzjc

0576

基本著錄: **壽張縣志:八卷**

（Shouzhang xian zhi:ba juan）

（清）滕永禎纂修;（清）馬珩採修

清康熙丁酉［56 年,1717］壽張本

一函四册:圖;24 公分

相關責任者: （清）滕永禎（Teng Yongzhen）,纂修;（清）馬珩（Ma Heng）,採修

附　　注: 清康熙五十六年（1717）滕永禎《重修壽張縣志序》。

挖改清雍正、乾隆諱字。

框 20.3×14.3 公分,9 行 20 字,白口,四周單邊,單黑魚尾。版心上鐫書名,中鐫卷次及細目。

館藏信息: East Asian Library(Gest):Rare Books:TB194/033. khjc

0577

基本著錄: 萊州府志:十六卷,卷首一卷

(Laizhou fu zhi:shi liu juan,juan shou yi juan)

(清)嚴有禧纂修

清乾隆庚申[5 年,1740]本

兩函十六冊:圖;26 公分

相關責任者: (清)嚴有禧(Yan Youxi),纂修

附　注: 框 20.2×14.3 公分,10 行 24 字,白口,四周雙邊,雙黑魚尾。

館藏信息: East Asian Library(Gest):Rare Books:TB194/140. hcec

0578

基本著錄: 即墨縣志:十二卷,卷首

(Jimo xian zhi:shi er juan,juan shou)

(清)尤淑孝裁定;(清)李元正修輯

清乾隆甲申[29 年,1764]即墨本

一函六冊:圖;24 公分

相關責任者: (清)尤淑孝(You Shuxiao),裁定;(清)李元正(Li Yuanzheng),進士 1733,修輯

附　注: 纂修者據《修志姓氏》。

清乾隆二十八年(1763)尤淑孝《序》。

ONTG96 – B1053 有封面鐫"乾隆甲申年鐫"。

框 18×14.5 公分,10 行 23 字,白口,左右雙邊,單黑魚尾。版心上鐫書名,中鐫卷次及小題。

館藏信息: East Asian Library(Gest):Rare Books:TB194/026. gljc

0579

基本著錄: 河南通志:八十卷

(Henan tong zhi:ba shi juan)

（清）田文鏡等總裁;（清）孫灝等纂修

清雍正乙卯［13 年,1735］河南本

五函四十册:圖;27 公分

相關責任者: （清）田文鏡（Tian Wenjing）,1662—1732,總裁;（清）孫灝（Sun Hao）,纂修

附　注: 責任者據《職名》

清雍正十三年（1735）王士俊《進表》。清道光六年（1826）楊國楨《補刊河南通志全版告成序》。清同治八年（1869）秦蕘曦《重補刊河南通志序》。《序》中提刻書及補刻事。補版葉下書口有記年,如卷一葉九"光緒十八年補"。

封面鐫"中華民國三年五月""河南教育司長史寶安督工重印"。

框20.8×15.8 公分,11 行 22 字,白口,四周雙邊,單黑魚尾。版心上鐫書名,中鐫卷次及小題。

館藏信息: Annex A,Forrestal:B192/823a

0580

基本著錄: **續河南通志:八十卷,卷首四卷**

（Xu Henan tong zhi:ba shi juan,juan shou si juan）

（清）阿思哈等纂修

清乾隆丁亥［32 年,1767］本

三函二十四册:圖;27 公分

相關責任者: （清）阿思哈（Asiha）,18 世紀,修

附　注: 補版葉下書口有記年,如卷七葉七"光緒十八年補"、卷八葉一"民國三年補"。

封面鐫"中華民國三年五月""河南教育司長史寶安督工重印"。

清乾隆三十二年（1767）阿思哈《序》提刻書事。

框21.7×15.7 公分,11 行 22 字,白口,四周雙邊,單黑魚尾。版心上鐫"續河南通志"。

館藏信息: RECAP:East Asian Library use only:B192/823b

0581

基本著錄: **登封縣志:三十二卷**

（Dengfeng xian zhi：san shi er juan）

（清）陸繼萼修；（清）洪亮吉纂

清乾隆丁未[52年,1787]本

兩函八册：圖;23公分

相關責任者： （清）陸繼萼（Lu Ji'e）,修;（清）洪亮吉（Hong Liangji）,1746—1809,纂

附　注： 框17.4×13.5公分,11行21字,黑口,四周單邊,雙黑魚尾。版心中鐫"登封縣志"及卷次。

館藏信息： East Asian Library（Gest）：Rare Books：TB194/105. gfjc

0582

基本著錄： 山西通志：二百三十卷

（Shanxi tong zhi：er bai san shi juan）

（清）覺羅石麟總裁

清雍正甲寅[12年,1734]山西本

十函一百册：圖;27公分

相關責任者： （清）覺羅石麟（Jueluo Shilin）,總裁;（清）儲大文（Chu Dawen）,進士1721,纂修

附　注： 據《纂修職名》,纂修者爲儲大文。

清雍正十二年（1734）覺羅石麟《山西通志序》言刻書事。

框20.8×14.5公分,12行23字,白口,四周雙邊,單黑魚尾。版心上鐫書名,中鐫卷次。

館藏信息： East Asian Library（Gest）：Rare Books：TB192/849

0583

基本著錄： 汾州府志：三十四卷,卷首

（Fenzhou fu zhi：san shi si juan,juan shou）

（清）孫和相纂修;（清）戴震纂

清乾隆辛卯[36年,1771]汾州本

兩函十六册：圖;27公分

相關責任者： （清）孫和相（Sun Hexiang）,舉人1738,纂修;（清）戴震（Dai Zhen）,1724—1777,纂

附　　注：　　責任者參據《重修府志銜名》及《序》。

清乾隆三十六年(1771)吳巖《序》。

框 20×13.8 公分,10 行 21 字,白口,左右雙邊,單黑魚尾。版心上鐫書名,中鐫卷次。

館藏信息：　　East Asian Library(Gest):Rare Books:TB194/085.dcec

0584

基本著錄：　　洪洞縣志:九卷

(Hongtong xian zhi:jiu juan)

(清)余世堂修;(清)蔡行仁纂

清雍正庚戌[8 年,1730]本

兩函八冊:圖;26 公分

相關責任者：　　(清)余世堂(Yu Shitang),修;(清)蔡行仁(Cai Xingren),纂

附　　注：　　框 20.7×14.9 公分,9 行 22 字,白口,四周單邊,單黑魚尾。版心上鐫"洪洞縣志",中鐫卷數。

館藏信息：　　RECAP:East Asian Library use only:B194/085.ffjc

0585

基本著錄：　　蒲州府志:二十四卷

(Puzhou fu zhi:er shi si juan)

(清)周景柱等纂修

清乾隆乙亥[20 年,1755]本

兩函十冊:圖;28 公分

相關責任者：　　(清)周景柱(Zhou Jingzhu),舉人 1729,纂修

附　　注：　　封面題"乾隆乙亥重鐫　蒲州府志　府署藏板"。

清光緒二十九年(1903)楊樹《蒲州府志後序》提補修事。

框 19.5×15.8 公分,9 行 20 字,白口,左右雙邊,單黑魚尾。版心上鐫"蒲州府志",中鐫卷次。

館藏信息：　　East Asian Library(Gest):Rare Books:TB194/2413

0586

基本著錄：　　陝西通志:一百卷,卷首

（Shanxi tong zhi：yi bai juan，juan shou）

（清）劉於義等修；（清）沈青崖纂

清雍正乙卯［13 年，1735］陝西本

十函一百冊：圖；29 公分

相關責任者： （清）劉於義（Liu Yuyi），進士 1712，修；（清）沈青崖（Shen Qingya），纂

附　　注： 清雍正十三年（1735）劉於義《表》。

框 22.5×17 公分，12 行 26 字，白口，四周雙邊，單黑魚尾。版心上鐫書名，中鐫卷次及小題。

館藏信息： Annex A，Forrestal：B192/901

0587

基本著錄： **韓城縣志：十六卷，卷首**

（Hancheng xian zhi：shi liu juan，juan shou）

（清）傅應奎纂輯；（清）錢坫等編次

清乾隆甲辰［49 年，1784］韓城縣衙本

六冊：圖；28 公分

相關責任者： （清）傅應奎（Fu Yingkui），18 世紀，纂輯；（清）錢坫（Qian Dian），1744—1806，編次

附　　注： 封面鐫“乾隆甲辰年鐫”“本衙藏板”。

書名據版心，卷端首行下題“韓城志”。

框 19.3×15.3 公分，12 行 24 字，黑口，四周單邊，雙黑魚尾。版心中鐫“韓城縣志”及卷次。

與《韓城縣續志》合函。

館藏信息： Annex A，Forrestal：B194/178. hfic vol. 1 −6

0588

基本著錄： **華州志：二十四卷**

（Huazhou zhi：er shi si juan）

（清）李可久修；（清）張光孝纂

清乾隆間（即 1736—1795）本

一函四冊：圖；28 公分

相關責任者: （清）李可久（Li Kejiu），修；（清）張光孝（Zhang Guangxiao），纂

附 注: 框 18.5×14.2 公分，10 行 20 字，白口，四周單邊，單黑魚尾。

館藏信息: East Asian Library（Gest）：Rare Books：TB194/140. hcc

0589

基本著錄: **甘肅通志：五十卷，卷首**

（Gansu tong zhi：wu shi juan，juan shou）

（清）查郎阿等監修；（清）李迪等編輯

清乾隆丙辰［元年，1736］甘肅本

六函三十六冊：圖；27 公分

相關責任者: （清）查郎阿（Zhalang'a），卒年 1747，監修；（清）李迪（Li Di），進士 1730，編輯

附 注: 責任者據《銜名》。

清乾隆元年（1736）查阿郎等《進呈表》。

框 22.4×16.9 公分，9 行 21 字，白口，四周雙邊，單黑魚尾。版心上鐫書名，中鐫卷次及細目。

館藏信息: Annex A，Forrestal：B192/3786

0590

基本著錄: **盛京通志：四十八卷，卷首**

（Shengjing tong zhi：si shi ba juan，juan shou）

（清）呂耀曾等總裁；（清）魏樞等纂修

清乾隆丙辰［元年，1736］本

兩函二十冊：圖；25 公分

相關責任者: （清）呂耀曾（Lü Yaozeng），進士 1706，總裁；（清）魏樞（Wei Shu），進士 1730，纂修

附 注: CHLR93－B135 有清乾隆元年（1736）宋筠《序》言刻書事。

框 19.6×14.3 公分，10 行 21 字，白口，四周雙邊，單黑魚尾。

館藏信息: East Asian Library（Gest）：Rare Books：TB192/877

0591

基本著錄: **岱史：十八卷**

（Dai shi：shi ba juan）

（明）查志隆編輯

明萬曆丁亥—庚申［15—48 年，1587—1620］戴相堯本

一函八冊：圖；27 公分

相關責任者： （明）查志隆（Zha Zhilong），進士 1559，編輯；（明）戴相堯（Dai Xiang yao），刻

附　　注： 第一冊《目錄》首題"查志隆編輯"。

《目錄》末題"戴相堯校梓"。

明萬曆十五年（1587）于慎行《岱史叙》。第七卷第四十八葉上有"萬曆四十八年四月初七日"。

有補版，如卷十六葉"又六十六"、葉"又六十七"。

框 21.9×15.5 公分，9 行 20 字，白口，四周單邊。版心上鐫書名及卷次。

館藏信息： East Asian Library（Gest）：Rare Books：TB212/304

0592

基本著錄： 黃山志定本：七卷，卷首

（Huang Shan zhi ding ben：qi juan，juan shou）

（清）弘濟閲定；（清）閔麟嗣纂次

清康熙己未［18 年，1679］閔麟嗣本

一函七冊：圖；27 公分

相關責任者： （清）弘濟（Hongji），1605—1679，閲定；（清）閔麟嗣（Min Linsi），1628—1704，纂次

附　　注： 清康熙十八年（1679）黃士塤《序》言刻書事。

框 19.3×13.8 公分，9 行 21 字，小字雙行，白口，四周雙邊。版心上鐫書名，中鐫卷次及小題。

館藏信息： East Asian Library（Gest）：Rare Books：TB207/2085

0593

基本著錄： 天下名山記鈔：十六卷，圖

（Tian xia ming shan ji chao：shi liu juan，tu）

（清）吳秋士選；（清）汪立名較訂

清康熙乙亥[34 年,1695]汪立名遥青齋本

一函六册:圖;26 公分

相關責任者: (清)吴秋士(Wu Qiushi),選;(清)汪立名(Wang Liming),較訂

附　　注: 封面鐫"……天都汪氏遥青齋藏"。

清康熙三十四年(1695)尤侗《序》言刻書事。

又有康熙三十六年(1697)韓菼《序》。

框 18.8×13.1 公分,10 行 22 字,下黑口,左右雙邊,單黑魚尾。版心上鐫書名及卷次,中鐫内容名稱。

館藏信息: East Asian Library(Gest):Rare Books:TB207/2833

0594

基本著録: 清凉山新志:十卷

(Qingliang shan xin zhi:shi juan)

(清)老藏丹巴

清康熙辛巳[40 年,1701]北京内府本

一函六册:圖;26 公分

相關責任者: (清)老藏丹巴(Laozangdanba);(清)朱圭(Zhu Gui),刻

附　　注: 著者據清康熙三十三年(1694)喇嘛老藏丹巴《新志序》。

康熙四十年(1701)《御製清凉山新志序》後鐫"臣朱圭恭鐫"。

框 20.3×14.2 公分,9 行 20 字,白口,四周雙邊,單黑魚尾。版心上鐫書名,中鐫卷次。

館藏信息: East Asian Library(Gest):Rare Books:TB207/1312

0595

基本著録: 説嵩:三十二卷

(Shuo Song:san shi er juan)

(清)景日昣

清康熙間(約 1716—1722)嶽生堂本

一函十二册;26 公分

相關責任者: (清)景日昣(Jing Rizhen),進士 1691

附　　注: 清康熙五十五年(1716)景日昣《自序》言成書事。

封面鐫"嶽生堂"。

框 19.8×14.6 公分,11 行 25 字,白口,四周雙邊,單黑魚尾。版心上鐫書名,中鐫卷次及内容名稱。

館藏信息： East Asian Library(Gest):Rare Books:TB207/115

0596

基本著録： 盤山志:十六卷,卷首五卷

(Panshan zhi:shi liu juan,juan shou wu juan)

(清)蔣溥等纂

清乾隆乙亥[20 年,1755]北京武英殿本

兩函十六册:圖;30 公分

相關責任者： (清)蔣溥(Jiang Pu),1708—1761,纂

附　注： 封面原題"御定盤山志",此本無。

有清乾隆二十年(1755)御製《盤山志序》。

框 19×13.8 公分,9 行 21 字,白口,四周雙邊,單黑魚尾。版心上鐫書名,中鐫卷次。

館藏信息： East Asian Library(Gest):Rare Books:TB207/2854Q

0597

基本著録： 虎阜志:十卷,卷首,圖

(Hufu zhi:shi juan,juan shou,tu)

(清)陸肇域,(清)任兆麟編纂;(清)錢竹汀鑒閲

清乾隆壬子[57 年,1792]西溪別墅本

一函五册:圖;26 公分

相關責任者： (清)陸肇域(Lu Zhaoyu),編纂;(清)任兆麟(Ren Zhaolin),編纂;(清)錢大昕(Qian Daxin),鑒閲

附　注： 著者據封面。

封面題"乾隆壬子春鐫……西溪別墅藏板"。

框 18.9×13.7 公分,10 行 20 字,黑口,四周雙邊,雙黑魚尾。版心中鐫書名、卷次及小題。

館藏信息： East Asian Library(Gest):Rare Books:TB207/2086

0598

基本著録： 大嶽太和山紀畧：八卷，圖

（Da yue Taihe Shan ji lüe：ba juan，tu）

（清）王概總修；（清）姚世佶纂

清乾隆甲子［9 年，1744］襄陽下荊南道署本

一函八册：圖；23 公分

相關責任者： （清）王概（Wang Gai），總修；（清）姚世佶（Yao Shiguan），纂

附　　注： 責任者參據《修輯姓氏》。

封面鎸“乾隆九年纂”“下荊南道署藏板”。

清乾隆九年（1744）王概《序》言刻書事。

框 19×13.2 公分，9 行 20 字，白口，四周單邊，單黑魚尾。版心上鎸

書名，中鎸卷次及内容名稱。

館藏信息： East Asian Library（Gest）：Rare Books：TB194/037. znae

0599

基本著録： 水經：四十卷

（Shui jing：si shi juan）

（東漢）桑欽撰；（北魏）酈道元注

清乾隆癸酉［18 年，1753］黃晟槐蔭草堂本

一函十二册；26 公分

相關責任者： （東漢）桑欽（Sang Qin），撰；（北魏）酈道元（Li Daoyuan），注；（清）

黃晟（Huang Sheng），刻

附　　注： 清乾隆十八年（1753）黃晟《水經跋》言刻書事。

卷末牌記鎸“重校刊於槐蔭草堂”。

框 17.8×13.7 公分，11 行 21 字，小字雙行，白口，四周單邊，單黑魚

尾。版心中鎸書名及卷次。

館藏信息： East Asian Library（Gest）：Rare Books：TB197/880

0600

基本著録： 西湖志：四十八卷

（Xihu zhi：si shi ba juan）

（清）李衞，（清）程元章總裁；（清）傅王露總修

清雍正乙卯［13年，1735］杭州兩浙鹽驛道庫本

兩函二十册：圖；30公分

相關責任者： （清）李衞（Li Wei），18世紀，總裁；（清）程元章（Cheng Yuanzhang），進士1721，總裁；（清）傅王露（Fu Wanglu），進士1715，總修

附　　注： 著者據《纂修職名》。

封面題"雍正九年新鎸"。

清雍正十三年（1735）顧濟美《西湖志序》提刻書事。

框19.7×14.5公分，9行21字，小字雙行，細黑口，四周雙邊，單黑魚尾。版心上鎸書名，中鎸卷次及小題。

館藏信息： East Asian Library（Gest）：Rare Books：TB207/792Q

0601

基本著錄： 西湖志：四十八卷

（Xihu zhi：si shi ba juan）

（清）李衞，（清）程元章總裁；（清）傅王露總修

清雍正乙卯［13年，1735］杭州兩浙鹽驛道庫本

四函二十册：圖；26公分

相關責任者： （清）李衞（Li Wei），18世紀，總裁；（清）程元章（Cheng Yuanzhang），進士1721，總裁；（清）傅王露（Fu Wanglu），進士1715，總修

附　　注： 著者據《纂修職名》。

封面題"雍正九年新鎸　兩浙鹽驛道庫藏板"。

清雍正十三年（1735）顧濟美《西湖志序》提刻書事。

框19.9×14.5公分，9行21字，小字雙行，細黑口，四周雙邊，單黑魚尾。版心上鎸書名，中鎸卷次及小題。

館藏信息： East Asian Library（Gest）：Rare Books：TB207/1532

0602

基本著錄： 西湖志纂：十五卷，卷首

（Xihu zhi zuan：shi wu juan，juan shou）

（清）沈德潛，（清）傅王露輯；（清）梁詩正纂

清乾隆乙亥［20年，1755］本

一函八冊:圖;25 公分

相關責任者: (清)沈德潛(Shen Deqian),1673—1769,輯;(清)傅王露(Fu Wang lu),進士 1715,輯;(清)梁詩正(Liang Shizheng),1697—1763,纂

附　注: 封面鎸"御覽西湖志纂　乾隆乙亥刊刻進呈　乾隆壬午增輯　賜經堂藏板"。

總目末鎸"沈德潛傅王露恭輯　梁詩正奉敕合纂"。

框 17.8×12 公分,9 行 21 字,小字雙行,白口,四周雙邊,單白魚尾。版心上鎸書名,中鎸卷次。

館藏信息: RECAP:East Asian Library use only:B207/2204

0603

基本著録: **行水金鑑:一百七十五卷,卷首**

(Xing shui jin jian:yi bai qi shi wu juan,juan shou)

(清)傅澤洪録

清雍正間(約 1725—1735)淮揚官舍本

三十六冊:圖;28 公分

相關責任者: (清)傅澤洪(Fu Zehong),録

附　注: 封面鎸"閭山傅樸菴手録　淮揚官舍繡梓"。

清雍正三年(1725)傅澤洪撰於淮揚官署鑄錯草堂《序》。

框 18.1×13.6 公分,11 行 21 字,黑口,左右雙邊,單黑魚尾。版心中鎸書名及卷次。

館藏信息: East Asian Library(Gest):Rare Books:TB197/777

0604

基本著録: **太湖備考:十六卷**

(Taihu bei kao:shi liu juan)

(清)金友理纂述;(清)[金]友琯校

清乾隆間(約 1750—1795)藝蘭圃本

兩函十二冊:圖;28 公分

相關責任者: (清)金友理(Jin Youli),活動期 18 世紀,纂述;(清)金友琯(Jin Youguan),校

附　注: 附《湖程紀略》。

封面鐫"藝蘭圃藏板"。

清乾隆十五年(1750)吳曾《太湖備考序》。

框18.5×13.3公分,10行21字,小字雙行31字,白口,左右雙邊,單黑魚尾。版心中鐫書名、卷次及篇目。"太湖備考師資姓氏"版心下鐫"藝蘭小圃"。

館藏信息: East Asian Library(Gest):Rare Books:TB197/1255

0605

基本著錄: 長安志圖:[三卷]

(Chang'an zhi tu:[san juan])

(清)畢沅校正

清乾隆甲辰[49年,1784]畢沅本

一函一册:地圖;28公分

相關責任者: (清)畢沅(Bi Yuan),1730—1797,校正

附　　注: 書分上中下三卷。

此書爲《長安志》之附録。

框19.7×14.8公分,11行22字,黑口,四周單邊,雙黑魚尾。版心中鐫書名及卷次。

館藏信息: RECAP:East Asian Library use only:B212/3643

0606

基本著錄: 江城名蹟記:[二卷],卷末

(Jiang cheng ming ji ji:[er juan],juan mo)

(清)陳弘緒著;(清)[陳]國泰校訂

清乾隆戊寅[23年,1758]京山堂本

一函四册;23公分

相關責任者: (清)陳弘緒(Chen Hongxu),1597—1665,著;(清)陳國泰(Chen Guotai),校訂

附　　注: 卷分上下。

封面鐫"乾隆戊寅年鐫……京山堂藏板"。

清乾隆三十年(1765)陳國泰《跋》。

框17.9×12.8公分,10行21字,白口,四周單邊,單黑魚尾。版心

上鐫書名,中鐫卷次及小題。

館藏信息： East Asian Library(Gest):Rare Books:TB212/2227

0607

基本著錄： **長河志籍考:十卷**

（Chang he zhi ji kao:shi juan）

（清）田雯編

清康熙間(約 1698—1722)田氏古歡堂本

一函一册:圖;28 公分

相關責任者： （清）田雯(Tian Wen),1635—1704,編;（清）甘鵬雲(Gan Pengyun),
生年 1861,收藏

附　　注： 清康熙三十七年(1698)田雯《題辭》。

封面鐫"古觀堂"。

框 17.2×13.9 公分,12 行 24 字,黑口,左右雙邊,單黑魚尾。版心
中鐫卷次。

有甘鵬雲藏書印記。

館藏信息： East Asian Library(Gest):Rare Books:TD38/1620 vol. 11

0608

基本著錄： **黔書:[二卷]**

（Qian shu:[er juan]）

（清）田雯編

清康熙間(約 1690—1722)本

一函一册;28 公分

相關責任者： （清）田雯(Tian Wen),1635—1704,編;（清）甘鵬雲(Gan Pengyun),
生年 1861,收藏

附　　注： 卷分上下。

不避"弘"字諱。

清康熙二十九年(1690)徐嘉炎《序》。

框 18.6×14.3 公分,11 行 24 字,黑口,左右雙邊,單黑魚尾。版心
中鐫書名。

有甘鵬雲藏書印記。

館藏信息： East Asian Library(Gest)：Rare Books：TD38/1620 vol. 9

0609

基本著錄： ［苗瑶族生活圖］

（［Miao Yao zu sheng huo tu］）

清乾隆至道光間（約 1736—1826）本

一函一册：圖;38 公分

附　　注： 書名取自《普林斯頓大學葛思德東方圖書館舊籍書目》。

40 幅彩繪人物圖裱於 20 葉,配木夾板成一册。圖 26.5×25 公分,裱葉雙葉對折 36.5×29.5 公分。每圖有鉛筆標號,配有解説。圖中無山水背景,解説不包括詩,族名不另起行。

木夾外籤條上有"葛思德華文藏書庫珍藏之印"。

館藏信息： East Asian Library(Gest)：Rare Books：TC223/2146Q

0610

基本著錄： 大明一統志：九十卷

（Da Ming yi tong zhi：jiu shi juan）

（明）李賢等總裁；（明）萬安等纂修

明間（約 1461—1566）本

八函六十四册：圖;31 公分

相關責任者： （明）李賢（Li Xian）,1408—1466,總裁；（明）萬安（Wan An）,卒年1489,纂修

附　　注： 卷端未題著者,著者據《職名》。

《大明一統志圖叙》未署年月。書内應有明天順五年(1461)《御製序》、李賢《序》《天順五年進表》,此書無。

疑此書爲翻刻天順五年(1461)刻本。

框 25.6×17.3 公分,10 行 22 字,小字雙行同,黑口,四周雙邊,雙黑魚尾。版心中鐫書名及卷次,下鐫刻工,如卷一第二十葉"蔡福貴刊"。

館藏信息： East Asian Library(Gest)：Rare Books：TB187/614Q

0611

基本著録：	大明一統志：九十卷
	（Da Ming yi tong zhi：jiu shi juan）
	［（明）李賢等總裁；（明）萬安等纂修］
	明弘治乙丑［18 年，1505］建陽慎獨書齋本
	三函二十四册：圖；26 公分
	館藏本有殘缺：缺卷一、六十一至六十四。
相關責任者：	（明）李賢（Li Xian），1408—1466，總裁；（明）萬安（Wan An），卒年 1489，纂修；（清）甘鵬雲（Gan Pengyun），生年 1861，收藏
附　　注：	書内未題著者，著者參據館藏《大明一統志》（TB187/614）。
	與日本天理圖書館所藏明弘治十八年（1505）慎獨書齋刻本版式、字體同。
	（卷二）框 19×13.3 公分，10 行 22 字，小字雙行同，黑口，四周雙邊，雙黑魚尾。版心上鐫"一統志"及卷次，中鐫小題。
	"崇雅堂藏書"印記。
館藏信息：	East Asian Library（Gest）：Rare Books：TB187/2037

0612

基本著録：	廣輿記：二十四卷
	（Guang yu ji：er shi si juan）
	（明）陸應陽輯
	明萬曆間（約 1600—1620）本
	兩函十二册；28 公分
相關責任者：	（明）陸應陽（Lu Yingyang），約 1572—約 1658，輯
附　　注：	未署年馮時可《序》。明萬曆二十八年（1600）申時行《叙》。
	框 21×15.1 公分，10 行 19 字，小字雙行同，白口，左右雙邊，單黑魚尾。版心上鐫書名，中鐫卷次，序首葉版心下鐫"陶仲刊"。
	有"鄂中周氏寶藏""漢陽周貞亮退舟民國紀年後所收善本"印記。
館藏信息：	East Asian Library（Gest）：Rare Books：TB187/2518

0613

基本著錄：　　　籌海圖編：十三卷

（Chou hai tu bian：shi san juan）

（明）鄭若曾輯；（明）［鄭］應龍，（明）［鄭］一鸞校

明嘉靖壬戌［41 年，1562］杭州胡宗憲本

兩函二十冊：圖，地圖；28 公分

相關責任者：　　（明）鄭若曾（Zheng Ruozeng），1503—1570，輯；（明）鄭應龍（Zheng Yinglong），校；（明）鄭一鸞（Zheng Yiluan），進士 1538，校；（明）陳言（Chen Yan），寫工；（明）胡宗憲（Hu Zongxian），刻；（清）王青（Wang Qing），收藏；（清）朱彝尊（Zhu Yizun），1629—1709，收藏

附　　注：　　　明嘉靖四十年（1561）胡松《籌海圖編序》、鄭若曾《刻籌海圖編引》。未署年月唐樞《籌海圖編序》。嘉靖四十一年（1562）茅坤《刻籌海圖編序》、盧鏜《籌海圖編跋》。

盧鏜《籌海圖編跋》中提刻書事。全書末葉列校刻人姓名。

"輿地全圖"爲藍印。

框 21×15.9 公分，12 行 22 字，小字雙行，白口，四周雙邊，單白魚尾。版心中鐫書名及卷次，下鐫寫工和刻工，如卷一首葉"杭州府吏陳言寫"。

卷十三第三十七葉有清乾隆六年（1741）太倉王青識語。

"朱彝尊印""太倉王氏賜書堂圖書印"。

館藏信息：　　　East Asian Library（Gest）：Rare Books：TB202/1404

0614

基本著錄：　　　水經注釋：四十卷. 水經注箋刊誤：十二卷. 水經注釋附錄［二卷］

子目：

水經注釋：四十卷

（Shui jing zhu shi：si shi juan）

（清）趙一清撰

水經注箋刊誤：十二卷

（Shui jing zhu qian kan wu：shi er juan）

（清）趙一清撰

水經注釋附録[二卷]

(Shui jing zhu shi fu lu[er juan])

(清)趙一清撰

清間(約 1754—1911)本

兩函二十册;29 公分

相關責任者： (清)趙一清(Zhao Yiqing),1709—1764,撰

附　　注： 卷一卷端題"欽定四庫全書水經注釋卷一　仁和趙一清撰"。

清乾隆十年(1745)紀昀等《水經注釋提要》、全祖望《水經注釋原序》。乾隆十九年(1754)趙一清《序》。

框 21.4×14 公分,8 行 21 字,小字雙行同,白口,四周雙邊,單黑魚尾。版心上鐫"水經注釋",下鐫"懼盈齋"。

附胡適考訂跋文。

有"岑仲陶藏書印""平齋審定""平齋鑒賞金石書畫印"印記。

館藏信息： East Asian Library(Gest):Rare Books:TB197/342Q

0615

基本著録： 河防一覽:十四卷

(He fang yi lan:shi si juan)

(明)潘季馴著;(明)王元命,(明)曹時聘校訂;(明)陳昌言編次

明萬曆庚寅[18 年,1590]本

兩函十六册:圖,地圖;27 公分

相關責任者： (明)潘季馴(Pan Jixun),1521—1595,著;(明)王元命(Wang Yuan-ming),進士 1580,校訂;(明)曹時聘(Cao Shipin),1548—1609,校訂;(明)陳昌言(Chen Changyan),16/17 世紀,編次

附　　注： 卷一未題著者,卷二等卷端題"河臣潘季馴著　南旺分司主事王元命濟寧兵河副使曹時聘校訂　運同陳昌言編次"。

據館藏《河防一覽》(3039/3620)明萬曆影印本,此書應有萬曆十九年(1591)于慎行《河防一覽叙》,萬曆十八年(1590)潘季馴《刻河防一覽引》,此書佚序。

框 22.5×15.3 公分,9 行 20 字,上黑口,四周單邊,單黑魚尾。版心中鐫卷次,下鐫刻工,如序首葉"吳郡章啟人刻"。

"嶽英珍藏"印記。

館藏信息： East Asian Library(Gest)：Rare Books：TB197/685

0616

基本著錄： **西湖遊覽志：二十四卷. 西湖遊覽志餘：二十六卷**

子目：

西湖遊覽志：二十四卷

(Xi Hu you lan zhi：er shi si juan)

(明)田汝成輯撰

西湖遊覽志餘：二十六卷

(Xi Hu you lan zhi yu：er shi liu juan)

(明)田汝成輯撰

明嘉靖丁未[26年,1547]嚴寬本

四函三十二册：圖；27公分

相關責任者： (明)田汝成(Tian Rucheng)，進士1526，輯撰；(明)嚴寬(Yan Kuan)，進士1532,刻

附　注： 明嘉靖二十六年(1547)田汝成《叙》言刻書事。

框19.5×13.7公分,10行20字,細黑口,四周雙邊,單黑魚尾。版心中鐫"西湖志"及卷次,下偶鐫刻工,如卷十七第七葉"甫"。

"守恕堂藏書印""襄古堂""錢孝修圖書印"。

館藏信息： East Asian Library(Gest)：Rare Books：TB207/630

0617

基本著錄： **西湖志摘粹補遺奚囊便覽：十二卷**

(Xi Hu zhi zhai cui bu yi xi nang bian lan：shi er juan)

(明)高應科摘略；(明)陳有孚校正

明萬曆辛丑[29年,1601]本

一函八册；26公分

相關責任者： (明)高應科(Gao Yingke)，16/17世紀,摘略；(明)陳有孚(Chen Youfu)，16/17世紀,校正

附　注： 明萬曆二十七年(1599)孫大中《西湖便覽跋》。萬曆二十八年(1600)孔聞音《西湖便覽跋》、黄秉中《西湖便覽跋》及徐有恒《西湖便覽跋》。

框 19.6×12.3 公分,9 行 24 字,白口,四周單邊,單黑魚尾。版心上
鑴"西湖便覽",中鑴卷次。

館藏信息: East Asian Library(Gest):Rare Books:TB207/661

0618

基本著録: 華嶽全集:十三卷

(Hua yue quan ji:shi san juan)

(明)李時芳纂修;(明)張維新輯

明萬曆丁酉[25 年,1597]本

兩函八册:圖;27 公分

相關責任者: (明)李時芳(Li Shifang),進士 1574,纂修;(明)張維新(Zhang Wei
xin),進士 1577,輯;(明)劉瑞遠(Liu Ruiyuan),重較;(明)馬明卿
(Ma Mingqing),16/17 世紀,較;(清)湯斌(Tang Bin),1627—1687,
重訂

附 注: 張維新《刻華岳全集叙》曰:"《華岳全集》,盖嘉靖玄黓閹茂李尹時芳
篡修云,⋯⋯余迺謀稍稍第置以俾太華足徵焉。"

卷一卷端未題著者,卷二卷端題"欽差整飭直隷潼関河南閿靈陝山
同華蒲州等處兵備陝西按察司副使天中張維新輯 知華陰縣事貴陽
馬鳴卿較 欽差整飭潼関等處兵備兼分巡関内道陝西按察司副使睢
陽湯斌重訂 知華陰縣事三河劉瑞遠重較"。

明萬曆二十五年(1597)賈待問《刻華嶽全集叙》言刻書事。

書内有不同時期刻版,卷三第三十三葉有清順治十八年(1661)祭
文,據此可知清初曾作增補。

框 21.6×14 公分,9 行 20 字,白口,四周單邊,單黑魚尾。版心上鑴
書名,中鑴卷次。

館藏信息: East Asian Library(Gest):Rare Books:TB207/1216

0619

基本著録: 新鑴海内奇觀:十卷

(Xin juan Hai nei qi guan:shi juan)

(明)楊爾曾輯

明間(約 1610—1644)本

兩函十冊:圖;29 公分

相關責任者: (明)楊爾曾(Yang Erzeng),17 世紀,輯

附　　注: 明萬曆三十七年(1609)楊爾曾《叙刻海内奇觀》。

楊爾曾《新鐫海内奇觀凡例》後題"雉衡山卧遊道人楊爾曾識於夷白堂錢塘陳一貫繪新安汪忠信鐫"。

是書爲翻刻夷白堂本。

框 23×15.2 公分,10 行 24 字,白口,四周單邊,單黑魚尾。版心上鐫"海内奇觀",中鐫卷次,下鐫"夷白堂"。

館藏信息: East Asian Library(Gest):Rare Books:TB222/1204Q

0620

基本著録: 武夷志畧:[四卷]

(Wuyi zhi lüe:[si juan])

(明)徐表然纂輯

明萬曆己未[47 年,1619]孫世昌本

一函八冊:圖,地圖;25 公分

相關責任者: (明)徐表然(Xu Biaoran),纂輯;(明)孫世昌(Sun Shichang),17 世紀,刻

附　　注: 書分文、行、忠、信四集。

卷端題"武夷山人徐表然德望甫纂輯　邑人孫世昌登雲甫剞梓"。

封面鐫"徐德望先生纂輯　武夷志略　小九曲山房藏板"。

書末有牌記鐫"萬曆己未仲冬晋江陳衙發刻崇安孫世昌梓行"。

框 20.8×14 公分,9 行 20 字,白口,四周單邊。版心上鐫"武夷志"。

館藏信息: East Asian Library(Gest):Rare Books:TB207/2837

0621

基本著録: 星槎勝覽:四卷

(Xing cha sheng lan:si juan)

(明)費信

明嘉靖甲辰[23 年,1544]陸楫儼山書院本

一函兩冊,30 公分

相關責任者: (明)費信(Fei Xin),約 1409—1433;(明)陸楫(Lu Ji),1515—

1552,刻

附　　注：　明正統元年(1536)費信《星槎勝覽序》。

框16.8×12.3公分,8行16字,白口,左右雙邊,雙白魚尾。版心上鐫"說選癸集",中鐫"勝覽"及卷次,下鐫"儼山書院"。

館藏《古今說海》(mf9101/1165.1/r526)明嘉靖本,有嘉靖二十三年(1544)唐錦《古今說海引》提刻書事。

卷端未題著者,著者據序。

"張印大壽""介賓氏"印記。

館藏信息：　East Asian Library(Gest)：Rare Books：TB227/2003Q

0622

基本著錄：　**古今游名山記：十七卷,總錄[三卷]**

(Gu jin you ming shan ji：shi qi juan,zong lu[san juan])

(明)何鏜編輯;(明)吳炳校正

明嘉靖乙丑[44年,1565]本

四函二十四册;31公分

相關責任者：　(明)何鏜(He Tang),進士1547,編輯;(明)吳炳(Wu Bing),16世紀,校正;(明)吳良(Wu Liang),刻

附　　注：　《總錄》分《勝紀》《名言》《類攷》三部分,未分卷。

明嘉靖四十四年(1565)何鏜《序》言刻書事。

框20×14公分,14行27字,白口,單白魚尾,左右雙邊。上書口鐫"遊名山記",版心中鐫卷數,下書口有刻工,如卷一第八葉"吳良"。

"馬瀋之印""合肥張氏味古齋藏書印""張印楚寶士珩甫""飛霞仙子""飛雲閣""楚寶讀過""韻齋""張印士珩"等印。

館藏信息：　East Asian Library(Gest)：Rare Books：TB222/581Q

0623

基本著錄：　**游名山一覽記：[十六卷]**

(You ming shan yi lan ji：[shi liu juan])

(明)慎蒙增選

明萬曆丙子[4年,1576]慎蒙本

兩函十二册;27公分

館藏本有殘缺：缺卷七至十六。

相關責任者： （明）慎蒙（Shen Meng），進士 1553，增選

附　　注： 《凡例》曰：“是編本何濱巖《名山記》者十之六，而增《通志》及別集
所得記文者十之四。”

卷二至六卷端題“名山巖洞泉石古蹟”。

卷一卷端題“吳興歸安山泉慎蒙增選校梓”。

明萬曆四年（1576）慎蒙《刻名山諸勝一覽記叙》。

框 19×13.9 公分，10 行 20 字，白口，左右雙邊。版心上鐫“名山
記”，中鐫卷次，下鐫刻工及字數，如卷一第十一葉“三百八十九仇”。

館藏信息： East Asian Library（Gest）：Rare Books：TB222/2814

0624

基本著錄： **名山勝槩記：四十六卷，名山圖，附錄**

（Ming shan sheng gai ji：si shi liu juan，ming shan tu，fu lu）

明崇禎間（約 1633—1644）本

八函八十册：圖，地圖；26 公分

相關責任者： （明）何鏜（He Tang），進士 1547

附　　注： 書内未題編輯者，每篇游記題原著者及校訂者。

此書乃就何鏜《古今游名山記》增補而成。

未署年《名山記凡例》言編輯事。未署年王世貞《遊名山記序》
（殘）。

圖前鐫明崇禎六年（1633）墨繪齋題記。

框 19×14.3 公分，9 行 20 字，白口，左右雙邊，單白魚尾。版心上鐫
小題。

館藏信息： East Asian Library（Gest）：Rare Books：TB222/897

0625

基本著錄： **名山記選：二十卷**

（Ming shan ji xuan：er shi juan）

（明）王微輯

明間（約 1621—1644）本

四函二十四册；26 公分

相關責任者： （明）王微（Wang Wei），輯

附　　注：　卷端未題著者，著者據序。

湯顯祖《名山記序》（殘）及艸衣道人（王微）《小引》均未署年月。《小引》末署"艸衣道人"，并有"王微之印"及"艸衣道人"印，可知"艸衣道人"即王微。

框 19.2×14.4 公分，9 行 20 字，白口，單白魚尾，左右雙邊。上書口鐫小題。

館藏信息：　East Asian Library（Gest）：Rare Books：TB222/3915

0626

基本著錄：　**增補武林舊事：八卷**

（Zeng bu Wulin jiu shi：ba juan）

（元）周密編輯；（明）朱廷焕增補

清康熙癸未［42 年，1703］朱繡寧澹堂本

一函十册；26 公分

相關責任者：　（元）周密（Zhou Mi），1232—1308，編輯；（明）朱廷焕（Zhu Ting huan），進士 1634，增補；（清）朱繡（Zhu Xun），約 1662—1722，刻

附　　注：　卷端題"元四水潛夫弁陽周密公謹編輯　明冬官榷使單父朱廷焕中白增補　仲男繡重梓"。

《單縣志》卷十二載朱繡清康熙四十一年（1702）所作《秋水庵詩草序》，并列其所刻《增補武林舊事》，書内"玄"字避諱，據此定爲康熙刻本。

與 CTYO99 – B5605 同版，該書有封面鐫"康熙癸未年重鐫"。

框 20.6×14 公分，9 行 20 字，小字雙行字數同，白口，四周單邊，無行格。版心上鐫"增補武林舊事"，下鐫"澹寧堂重梓"。

館藏信息：　East Asian Library（Gest）：Rare Books：TB217/3947

0627

基本著錄：　**鼎湖山慶雲寺志：八卷，卷首**

（Dinghu shan Qing yun si zhi：ba juan，juan shou）

（清）丁易總修；（清）成鷲纂述

清康熙間（約 1717—1722）本

一函四冊:圖;30 公分

相關責任者: （清）丁易（Ding Yi），總修；（清）成鷲（Cheng Jiu），纂述

附　　注: "弘"字被挖去末筆。

框 19.4×13.6 公分,9 行 19 字,白口,左右雙邊,單白魚尾。版心上鐫"鼎湖山志",中鐫卷次。

清康熙五十六年（1717）陳元龍《序》。

館藏信息: RECAP:East Asian Library use only:BQ6345.K462 C483q

0628

基本著錄: **欽定熱河志:一百二十卷**

（Qin ding Rehe zhi:yi bai er shi juan）

（清）和珅等編輯

清乾隆辛丑[46 年,1781]北京武英殿本

八函四十冊:圖;28 公分

館藏本有殘缺:卷一至十四、二十一至二十二、二十五至三十四、三十六至三十七、三十九、四十一、四十四至四十六、四十九至五十三、五十六至五十七、六十七至七十七、七十九至八十、八十四至八十五、九十四,卷一百十九至一百二十爲手抄配補。

相關責任者: （清）和珅（Heshen），1750—1799,編輯

附　　注: 編輯者據《欽定熱河志進表》。

清乾隆四十六年（1781）《御製熱河志序》（抄補）。

框 19.8×14.2 公分,9 行 20 字,白口,四周雙邊,單黑魚尾。版心上鐫書名,中鐫卷次及篇名。

館藏信息: RECAP:East Asian Library use only:3263/0.83

0629

基本著錄: **新刻南方草木狀:[三卷]**

（Xin ke Nan fang cao mu zhuang:[san juan]）

（西晉）嵇含著；（明）胡文煥校

明萬曆間（即 1573—1620）胡文煥本

一冊;28 公分

相關責任者: （西晉）嵇含（Ji Han），著；（明）胡文煥（Hu Wenhuan），校

附　　注：卷端題"晉譙國嵇含著　明錢唐胡文煥校"。

框 19.7×14 公分，10 行 20 字，白口，左右雙邊，雙白魚尾。版心上
鐫"南方草木狀"及卷次。

與《新刻洞天清録》等同册同函。

館藏信息：East Asian Library（Gest）：Rare Books：T9100/4852 vol. 8（5）

0630

基本著録：**鼓山志：十四卷**

（Gu Shan zhi：shi si juan）

（清）黄任修輯；（清）張伯謨參訂

清乾隆間（約 1774—1795）本

一函六册：圖；28 公分

相關責任者：（清）黄任（Huang Ren），1683—1768，修輯；（清）張伯謨（Zhang Bo-mo），參訂；（清）奇量（Qiliang），補刻

附　　注：清乾隆三十九年（1774）汪新《序》。

卷一末鐫"光緒二年丙子住山比丘奇量全眾補刻全部"。

框 21.8×14.5 公分，9 行 20 字，白口，四周雙邊，單黑魚尾。版心上
鐫書名，中鐫卷次。

館藏信息：RECAP：East Asian Library use only：T3035.31/442.83

0631

基本著録：**羅浮山志會編：二十二卷，卷首**

（Luofu shan zhi hui bian：er shi er juan，juan shou）

（清）宋廣業纂輯

清康熙丙申［55 年，1716］肇慶宋志益本

一函十四册：圖；25 公分

相關責任者：（清）宋廣業（Song Guangye），纂輯；（清）鄭際泰（Zheng Jitai），參訂；
（清）宋志益（Song Zhiyi），刻

附　　注：《目録》題"分守山東濟東道事加八級長洲宋廣業纂輯　廣東肇慶府
知府加五級男宋志益校鋟　翰林院檢討鳳考鄭際泰參訂"。

清康熙五十五年（1716）宋廣業《序》及宋志益《跋》均言刻書事。

"玄"字缺末筆。

框 19.5×13.7 公分,9 行 20 字,白口,左右雙邊,單黑魚尾。版心上

鐫書名,中鐫卷次及小題。

館藏信息: RECAP:East Asian Library use only:T3035.32/613.81

0632

基本著錄: **青原志略:十三卷,卷首**

(Qingyuan zhi lüe:shi san juan,juan shou)

(清)笑峰大然編稿;(清)施閏章補輯

清康熙己酉[8 年,1669]于藻本

四冊;24 公分

本館存卷一至四。

相關責任者: (清)笑峰大然(Xiaofengdaran),1589—1659,編稿;(清)施閏章(Shi

Runzhang),1619—1683,補輯;(清)于藻(Yu Zao),刻

附　　注: 清康熙八年(1669)于藻《序》言刻書事。

封面鐫"康熙己酉年新鐫　青原山志　書板藏方丈樓"。

館藏信息: RECAP:East Asian Library use only:T3035.26/527.81

0633

基本著錄: **揚州畫舫録:十八卷**

(Yangzhou hua fang lu:shi ba juan)

(清)李斗著

清乾隆乙卯[60 年,1795]自然盦本

一函六冊:圖;24 公分

相關責任者: (清)李斗(Li Dou),著

附　　注: 封面鐫"乾隆乙卯年鐫",左下題"自然盦藏板"。

清同治十一年(1872)方濬頤《後序》。

框 16.9×11.8 公分,10 行 24 字,白口,左右雙邊,單黑魚尾。版心

上鐫"畫舫録",中鐫卷次。

館藏信息: RECAP:East Asian Library use only:T3069/5232t

職官類

0634

基本著錄：　欽定歷代職官表：七十二卷，卷首

（Qin ding li dai zhi guan biao：qi shi er juan，juan shou）

清乾隆庚子［45 年，1780］北京武英殿本

六函三十六册；29 公分

附　　注：　書名據版心。

清乾隆四十五年（1780）《上諭》。

框 20.9×15.2 公分，8 行 21 字，白口，四周雙邊，單黑魚尾。版心上鐫書名，中鐫卷次及部府名稱。

館藏信息：　Annex A，Forrestal：B257/904

又一部：RECAP：East Asian Library use only：4681/7213

0635

基本著錄：　康濟譜：二十五卷

（Kang ji pu：er shi wu juan）

（明）潘游龍輯著；（清）金俊明參評

編目記錄詳見《史部·傳記類》。

政書類

0636

基本著錄：　通志略：五十二卷

（Tong zhi lüe：wu shi er juan）

（宋）鄭樵著；（明）陳宗夔校

清乾隆間（約 1748—1795）本

四函二十册；28 公分

相關責任者：　（宋）鄭樵（Zheng Qiao），1104—1162，著；（明）陳宗夔（Chen Zongkui），進士 1538，校

附　　注：　　共二十略。

書名據封面。

封面鐫"通志略　金匱山房藏板"。

別本有清乾隆十三年(1748)序。

框18.7×13.6公分,10行20字,白口,四周單邊。版心上下欄不相連,上鐫小題。

館藏信息：　　RECAP:East Asian Library use only:B42/1117

0637

基本著錄：　　**通志略:[五十二卷]**

(Tong zhi lüe:[wu shi er juan])

(宋)鄭樵著;(清)汪啓淑校

清乾隆己巳[14年,1749]汪啓淑飛鴻堂本

四函二十四册;26公分

相關責任者：　　(宋)鄭樵(Zheng Qiao),1104—1162,著;(清)汪啓淑(Wang Qishu),1728—1799,校

附　　注：　　元至治二年(1322)吳繹《序》,第十四葉版心上鐫"通志畧"。

避"弘"字諱。

CHHR97—B527有封面鐫"新安汪啓淑較刊""飛鴻堂藏板"。

框18.6×13.6公分,10行20字,白口,四周單邊,版心上下欄不相連,無魚尾。版心上鐫小題及卷次,如"通志氏族略一一"。

館藏信息：　　RECAP:East Asian Library use only:B42/1117x

0638

基本著錄：　　**文獻通考詳節:二十四卷**

(Wen xian tong kao xiang jie:er shi si juan)

(元)馬貴與著;(清)嚴虞惇錄

清乾隆甲申[29年,1764]常熟嚴有禧繩武堂本

兩函二十册;25公分

相關責任者：　　(元)馬端臨(Ma Duanlin),約1254—約1323,著;(清)嚴虞惇(Yan Yudun),1650—1713,錄;(清)嚴有禧(Yan Youxi),刻

附　　注：　　馬端臨,字貴與。

清乾隆二十九年(1764)嚴有禧《跋》言刻書事。

CHHR97－B219 有封面鐫"乾隆甲申年鐫""繩武堂藏板"。

框 17.1×13.2 公分,11 行 24 字,白口,左右雙邊,單黑魚尾。版心

上鐫書名,中鐫卷次及類名。

館藏信息: East Asian Library(Gest):Rare Books:TB282/1512

0639

基本著録: **館閣制作,附錄**

(Guan ge zhi zuo,fu lu)

明間(約 1573—1644)本

一函八册;26 公分

附　　注: 雜纂明萬曆間諸典章制度等文。

不避"玄""弘"字諱。

框 21.5×16.2 公分,11 行字不等,白口,四周雙邊。

館藏信息: East Asian Library(Gest):Rare Books:TB257/295

0640

基本著録: **彙草堂治平類纂:三十卷**

(Hui cao tang Zhi ping lei zuan:san shi juan)

(清)朱健原著;(清)朱徽原訂

清康熙癸卯[2 年,1663]彙草堂本

四函二十四册;25 公分

相關責任者: (清)朱健(Zhu Jian),原著;(清)朱徽(Zhu Hui),原訂

附　　注: 清康熙二年(1663)彙草堂主人《序》言刻書事。

框 19.9×13.9 公分,9 行 20 字,白口,四周單邊,單黑魚尾。版心上

鐫"治平類纂",中鐫小題。

館藏信息: East Asian Library(Gest):Rare Books:TB282/3329

0641

基本著録: **大清會典:二百五十卷**

(Da Qing hui dian:er bai wu shi juan)

(清)尹泰等纂修

清雍正壬子[10 年,1732]北京内府本

十三函一百零二册;34 公分

相關責任者: (清)尹泰(Yintai),卒年 1738,纂修

附　注: 著者據《職名》。

清雍正十年(1732)《御製序》。

框 23.7×17.3 公分,10 行 20 字,白口,四周雙邊,單黑魚尾。版心上鐫書名,中鐫卷次及小題。

館藏信息: East Asian Library(Gest):Rare Books:TB282/3515Q

0642

基本著録: **欽定大清會典則例:一百八十卷**

(Qin ding da Qing hui dian ze li:yi bai ba shi juan)

(清)允祹等纂修

清乾隆甲申[29 年,1764]北京武英殿本

十函一百册;30 公分

相關責任者: (清)允祹(Yuntao),1686—1736,纂修

附　注: 清乾隆十三年(1748)來保《上諭》。

《清代内府刻書目録解題》(紫禁城出版社,1995 年版)第 124 頁記載:"乾隆十二年正月,高宗敕儒臣開館重修會典。乾隆二十三年初稿修成,故一般事例均截止於此。定稿於乾隆二十九年,由武英殿刊刻。最初由來保負責,繼由張廷玉負責,後來允祹爲首席總裁。此次續修和前兩次修纂不同,即同時修成會典、則例兩部分,不經常變動者入會典,經常變動者入則例,以會典爲綱,以則例爲目,顯出會典爲大經大法之義。兩部分體例、内容順序相同。這種編纂方法成爲定列,嘉慶、光緒的兩次重修均照式進行。"

框 22.9×16.9 公分,10 行 20 字,白口,四周雙邊,單黑魚尾。版心上鐫書名,中鐫卷次及部府名。

館藏信息: East Asian Library(Gest):Rare Books:TB282/1727Q

0643

基本著録: [欽定吏部則例]

([Qin ding li bu ze li])

（清）律例館纂修

清雍正間（即 1723—1735）内府本

三函二十六册；28 公分

附　　注：　　清雍正三年（1725）諭旨（書内已包括雍正十一年則例）。

框 21.4×16 公分，9 行 20 字，白口，四周雙邊，單黑魚尾。版心上鐫
子目書名，中鐫卷次。

館藏信息：　　East Asian Library（Gest）：Rare Books：TB282/1873

0644

基本著録：　　**幸魯盛典：四十卷**

（Xing Lu sheng dian：si shi juan）

（清）孔毓圻等纂

清康熙辛卯［50 年，1711］曲阜本

兩函二十册；28 公分

相關責任者：　　（清）孔毓圻（Kong Yuqi），1657—1723，纂

附　　注：　　著者據《纂修職名》。

清康熙二十八年（1689）《御製幸魯盛典序》。

與 BCUO94 – B3245 同版。

框 19.8×14 公分，10 行 21 字，白口，四周雙邊，單黑魚尾。版心上
鐫書名，中鐫卷次。

館藏信息：　　East Asian Library（Gest）：Rare Books：TB287/927

0645

基本著録：　　**幸魯盛典：四十卷**

（Xing Lu sheng dian：si shi juan）

（清）孔毓圻等纂

清康熙辛卯［50 年 1711］曲阜本

一函十二册；28 公分

相關責任者：　　（清）孔毓圻（Kong Yuqi），1657—1723，纂

附　　注：　　著者據《纂修職名》。

清康熙二十八年（1689）《御製幸魯盛典序》及康熙五十年（1711）孔
毓圻進表。

封面鐫"康熙己巳年梓……紅蕚軒藏板"。

卷端正文有挖改。"弘"字未避諱。

框 19.6×14 公分,10 行 21 字,白口,四周雙邊,單黑魚尾。版心上鐫書名,中鐫卷次。有多處補版。

館藏信息: Annex A,Forrestal:B287/1736

0646

基本著錄: **萬壽盛典初集:一百二十卷**

(Wan shou sheng dian chu ji:yi bai er shi juan)

(清)王原祁等纂修

清康熙乙未—丙申[54—55 年,1715—1716]北京内府本

六函三十六册:圖;28 公分

館藏本有殘缺:缺卷四十至四十二。

相關責任者: (清)王原祁(Wang Yuanqi),1642—1715,纂修

附　　注: 卷四十一至四十二爲《圖畫》。

著者取自《纂修職名》。

版本據書後《校刊恭紀》。

框 22.8×16.9 公分,9 行 19 字,白口,四周雙邊,單黑魚尾。版心上鐫書名。

館藏信息: East Asian Library(Gest):Rare Books:TB287/1052

0647

基本著錄: **聖門禮樂統:二十四卷,網領圖考**

(Sheng men li yue tong:er shi si juan,Gang ling tu kao)

(清)劉琰閲正;(清)張行言纂輯

清康熙壬午[41 年,1702]萬松書院本

兩函十二册:圖;26 公分

相關責任者: (清)劉琰(Liu Yan),進士 1691,閲正;(清)張行言(Zhang Xing yan),纂輯

附　　注: 清康熙四十一年(1702)劉琰《序》言刻書事。

封面鐫"……萬松書院藏板"。

框 20.5×14.7 公分,10 行 22 字,白口,四周雙邊,單黑魚尾。版心

上鐫書名,中鐫卷次及小題,下鐫"萬松書院"。

館藏信息: East Asian Library(Gest):Rare Books:TB287/3425

0648

基本著錄: **南巡盛典:一百二十卷**

（Nan xun sheng dian:yi bai er shi juan）

（清）高晉等纂輯

清乾隆辛卯［36年,1771］北京內府本

八函四十八冊:圖;30公分

相關責任者: （清）高晉（Gao Jin）,1707—1779,纂輯

附　　注: 著者取自《職名》。

清乾隆三十六年(1771)《御製序》言刻書事。

框21.8×16.5公分,9行19字,白口,四周雙邊,單黑魚尾。版心上鐫書名,中鐫卷次及小題。

館藏信息: East Asian Library(Gest):Rare Books:TB287/281Q

0649

基本著錄: **南巡盛典:一百二十卷**

（Nan xun sheng dian:yi bai er shi juan）

（清）高晉等纂輯

清乾隆辛卯［36年,1771］北京內府本

六函四十八冊:圖;29公分

相關責任者: （清）高晉（Gao Jin）,1707—1779,纂輯

附　　注: 著者取自《職名》。

清乾隆三十六年(1771)《御製序》言刻書事。

框21.7×16.5公分,9行19字,白口,四周雙邊,單黑魚尾。版心上鐫書名,中鐫卷次及小題。

館藏信息: Annex A,Forrestal:B287/1057

0650

基本著錄: **皇朝禮器圖式:十八卷**

（Huang chao li qi tu shi:shi ba juan）

（清）允禄等纂修

清乾隆丙戌［31 年,1766］北京内府本

六函三十二册:圖;29 公分

相關責任者： （清）允禄(Yunlu),1695—1767,纂修

附　　注： 著者據《職名》。

清乾隆二十四年(1759)《皇朝禮器圖式序》。

框 20.3×16.2 公分,11 行 20 字,白口,四周雙邊,單黑魚尾。版心上鐫書名,中鐫卷次及小題。

館藏信息： East Asian Library(Gest):Rare Books:TB287/1925Q

0651

基本著録： **學宫備考:十卷,卷首,卷末,餘説**

(Xue gong bei kao:shi juan,juan shou,juan mo,yu shuo)

（清）彭其位輯;（清）趙城參閱

清乾隆辛酉［6 年,1741］自得軒本

一函十二册;26 公分

相關責任者： （清）彭其位(Peng Qiwei),輯;（清）趙城(Zhao Cheng),參閱

附　　注： 清乾隆六年(1741)朱慶旦《跋》言刻書事。

封面鐫"……自得軒藏板"。

框 17.8×12.1 公分,8 行 22 字,小字雙行同,白口,四周單邊,單黑魚尾。版心上鐫書名,中鐫卷次,下鐫"自得軒"。

館藏信息： East Asian Library(Gest):Rare Books:TB287/2492

0652

基本著録： **欽定學政全書:八十卷**

(Qin ding Xue zheng quan shu:ba shi juan)

（清）素爾訥等纂修

清乾隆間(即 1736—1795)本

一函八册;28 公分

相關責任者： （清）素爾訥(Suerna),纂修

附　　注： 著者據素爾訥等《奏摺》。

框 20.4×15.4 公分,9 行 20 字,白口,左右雙邊,單黑魚尾。版心上

鐫書名,中鐫卷次及小題。

館藏信息: East Asian Library(Gest):Rare Books:TB289/2636

0653

基本著録: **畿輔義倉圖**

(Jifu yi cang tu)

(清)方觀承編

清乾隆癸酉[18年,1753]本

一函六册:圖;29公分

相關責任者: (清)方觀承(Fang Guancheng),1698—1768,編

附　　注: 附《義倉規條》。

版本據清乾隆十八年(1753)方觀承《奏議》。

(規條)框22.1×15.8公分,10行22字,白口,四周單邊。

館藏信息: East Asian Library(Gest):Rare Books:TB292/2857Q

0654

基本著録: **兩廣鹽法志:三十五卷,卷首一卷**

(Liang guang yan fa zhi:san shi wu juan,juan shou yi juan)

(清)盧坤等修;(清)伍長華等纂

清道光間(約1833—1836)本

四函四十册;29公分

相關責任者: (清)盧坤(Lu Kun),1772—1835,修;(清)伍長華(Wu Changhua),1779—1840,纂

附　　注: 卷端未題著者,著者取自卷首《銜名》。

《凡例》中提到清道光十三年(1833)。

"此係道光十六年廣東刊版之底本。"——《普林斯頓大學葛思德東方圖書館中文舊籍書目》,第219頁。

框19.6×14.7公分,9行22字,白口,四周雙邊,單黑魚尾。版心上鐫"兩廣鹽法志",中爲卷次。封面書簽《兩廣鹽法志》爲刻印。

館藏信息: East Asian Library(Gest):Rare Books:TB292/3519Q

0655

基本著錄：	八旗通志初集：二百五十卷
	（Ba qi tong zhi chu ji：er bai wu shi juan）
	（清）鄂爾泰等纂修
	清乾隆己未［4 年，1739］北京内府本
	十函八十册：圖；31 公分
相關責任者：	（清）鄂爾泰（E'ertai），1680—1745，纂修
附　注：	著者取自《職名》。
	清乾隆四年（1739）《御製八旗通志序》。
	框 23×17 公分，10 行 20 字，白口，四周雙邊，單黑魚尾。版心上鐫
	"八旗通志"，中鐫卷次及内容名稱，下鐫"初集"。
館藏信息：	East Asian Library（Gest）：Rare Books：TB297/2351Q

0656

基本著錄：	欽定軍衛道里表：十八卷
	（Qin ding jun wei dao li biao：shi ba juan）
	（清）鄂爾泰等纂輯
	清乾隆癸亥［8 年，1743］北京武英殿本
	一函六册；29 公分
相關責任者：	（清）鄂爾泰（E'ertai），1680—1745，纂輯
附　注：	著者及版本據清乾隆八年（1743）鄂爾泰《奏摺》。
	框 22.8×17.1 公分，行字不等，白口，四周雙邊，單黑魚尾。版心上
	鐫書名，中鐫卷次及州府名。
館藏信息：	East Asian Library（Gest）：Rare Books：TB297/1302Q

0657

基本著錄：	工程做法：七十四卷
	（Gong cheng zuo fa：qi shi si juan）
	（清）允禮等編
	清乾隆丙辰［元年，1736］内府本
	四函二十册；27 公分

相關責任者：	（清）允禮（Yunli），1697—1738，編
附　　注：	書名據版心。
	著者據清雍正十二年（1734）允禮等《奏疏》。
	《奏疏》後有補葉言"……咸豐四年十二月修補刊刻工竣……"。
	框 21×16.6 公分，9 行 20 字，白口，四周雙邊，單黑魚尾。版心上鐫書名，中鐫卷次。
館藏信息：	RECAP：East Asian Library use only：B307/1383

0658

基本著錄：	**欽定工部則例：五十卷. 乘輿儀仗做法：二卷**
	子目：
	欽定工部則例：五十卷
	（Qin ding gong bu ze li：wu shi juan）
	（清）史貽直等編
	乘輿儀仗做法：二卷
	（Cheng yu yi zhang zuo fa：er juan）
	（清）史貽直等編
	清乾隆己巳［14 年，1749］本
	兩函八冊；28 公分
相關責任者：	（清）史貽直（Shi Yizhi），1682—1763，編
附　　注：	書名據版心。
	著者及版本據史貽直等《奏疏》。
	清嘉慶十四年（1809）《後跋》言修補事。
	框 21.1×14.7 公分，9 行 20 字，白口，四周雙邊，單黑魚尾。版心上鐫書名，中鐫卷次。
館藏信息：	RECAP：East Asian Library use only：B282/1755

0659

基本著錄：	**續文獻通考纂：二十二卷**
	（Xu wen xian tong kao zuan：er shi er juan）
	（明）王圻著
	明間（約 1621—1644）本

兩函十二冊;25 公分

相關責任者: （明）王圻(Wang Qi)，進士 1565，著

附　　注: 未署年王圻《續文獻通考引》。

版本據風格。

框 19.6×11.3 公分,9 行 22 字,白口,四周雙邊。版心上鐫書名,中鐫卷次及小題。

館藏信息: East Asian Library(Gest):Rare Books:TC348/3460

0660

基本著錄: **于清端公政書:八卷. 于清端公政書外集.**

子目:

于清端公政書:八卷

(Yu Qingduan gong zheng shu:ba juan)

（清）蔡芳炳,（清）諸匡鼎編次;（清）于準錄

于清端公政書外集

(Yu Qingduan gong zheng shu wai ji)

（清）蔡芳炳,（清）諸匡鼎編次;（清）于準錄

清康熙丁亥[46 年,1707]于準本

四函十六冊:圖;27 公分

相關責任者: （清）蔡芳炳(Cai Fangbing),編次;（清）諸匡鼎(Zhu Kuangding),編次;（清）于準(Yu Zhun),錄

附　　注: 附《恩賜宸翰》。

《外集》末清康熙四十六年(1707)陳奕禧《于清端公政書跋》言刻書事。

框 18×13.5 公分,8 行 20 字,白口,四周單邊,單黑魚尾。版心上鐫書名,中鐫卷次及篇名。

館藏信息: East Asian Library(Gest):Rare Books:TD33/736

0661

基本著錄: **通典:二百卷**

(Tong dian:er bai juan)

（唐）杜佑

明間(即 1368—1644)本

四函四十册;27 公分

館藏本有殘缺:卷一百七十一至一百七十六、一百九十九至二百爲手抄配補。

相關責任者: (唐)杜佑(Du You),735—812

附　　注: 卷一卷端題"唐京兆杜佑君卿"。

李翰《通典序》未提刻書事。

框 21.5×15.3 公分,10 行 23 字,白口,四周雙邊,雙黑魚尾。版心上鎸小題,中鎸"通典"及卷次,下鎸刻工,如卷一第三葉"吳玠"、第十葉"劉元"。

"丁福保字仲佑""丁福保讀書記"等印記。

館藏信息: East Asian Library(Gest):Rare Books:TB282/398

0662

基本著錄: **文獻通考:三百四十八卷,卷首**

(Wen xian tong kao:san bai si shi ba juan,juan shou)

(元)馬端臨著;(明)邵鬮校刊

明正德戊寅—己卯[13—14 年,1518—1519]建陽劉洪慎獨齋本

二十函一百册;24 公分

相關責任者: (元)馬端臨(Ma Duanlin),約 1254—約 1323,著;(明)邵鬮(Shao Bin),進士 1514,校刊;(明)劉洪(Liu Hong),16 世紀,刻

附　　注: 卷一卷端題"鄱陽馬端臨貴與著　東陽邵鬮宗周校刊",其他卷端僅題馬端臨,未題邵鬮。

元至大元年(1308)李謙思《文獻通考序》。

《序》末題"皇明己卯歲眘獨齋刊行",《目錄》後鎸"皇明正德戊寅慎獨精舍栞行"。

框 19.4×13 公分,12 行 25 字,細黑口,四周雙邊,雙黑魚尾。版心上鎸書名及卷次,中鎸小題。

館藏信息: East Asian Library(Gest):Rare Books:TB282/2021

0663

基本著錄: **文獻通考:三百四十八卷,卷首**

（Wen xian tong kao：san bai si shi ba juan，juan shou）

（元）馬端臨著；（明）邵甝校刊

明正德戊寅—辛巳［13—16 年 1518—1521］建陽劉洪慎獨齋本

十函八十册；28 公分

相關責任者： （元）馬端臨（Ma Duanlin），約 1254—約 1323，著；（明）邵甝（Shao Bin），進士 1514，校刊；（明）劉洪（Liu Hong），16 世紀，刻

附　注： 卷一卷端題“鄱陽馬端臨貴與著　東陽邵甝宗周校刊”，其他卷端僅題馬端臨，未題邵甝。

元至大元年（1308）李謙思《文獻通考序》。元延祐六年（1391）王壽衍《進文獻通考表》。

《序》末題“皇明己卯歲眷獨齋刊行”（抄配），《目錄》後鐫“皇明正德戊寅慎獨精舍棨行”，全書末鐫“皇明正德己卯歲眷獨齋刊行”，卷三百四十八末鐫“正德十六年十一月内蒙建寧府知府張邵武府同知鄒同校正過計改差訛一萬一千二百二十一字書戶劉洪改刊”。

框 19×12.9 公分，12 行 25 字，細黑口，四周雙邊，雙黑魚尾。版心上鐫書名卷次，中鐫小題。

館藏信息： East Asian Library（Gest）：Rare Books：TB282/392

0664

基本著錄： **文獻通考纂：二十四卷**

（Wen xian tong kao zuan：er shi si juan）

（元）馬端臨著；（明）胡震亨纂

明萬曆間（即 1573—1620）駱駸曾本

一函四册；28 公分

相關責任者： （元）馬端臨（Ma Duanlin），約 1254—約 1323，著；（明）胡震亨（Hu Zhenheng），1569—1645，纂；（明）彭宗孟（Peng Zongmeng），校；（明）駱駸曾（Luo Qinzeng），進士 1598，刻

附　注： 卷一卷端題“宋鄱陽馬貴與著　明海鹽胡震亨纂　彭宗孟武康駱駸曾校”。卷十八上卷端題“宋鄱陽馬端臨著……”。

駱駸曾《叙》未署年月，提刻書事。

框 22.6×15.1 公分，10 行 21 字，白口，左右雙邊，單黑魚尾。版心上鐫“文獻通考纂”，中鐫卷次，下偶鐫刻工，如卷一首葉“金陵卞大

有刻"。各卷末鐫"雲間陸鐘監梓"。

館藏信息： East Asian Library(Gest)：Rare Books：TB282/1766

0665

基本著録： **大明會典：二百二十八卷**

（Da Ming hui dian：er bai er shi ba juan）

（明）申時行等重修；（明）趙用賢等重纂

明萬曆丁亥［15 年，1587］北京内府本

十四函一百四十册；34 公分

相關責任者： （明）申時行（Shen Shixing），1535—1614，重修；（明）趙用賢（Zhao Yongxian），1535—1596，重纂

附　　注： 著者據卷前《奉勅重修大明會典官員職名》。

明弘治十五年（1502）《御製大明會典序》。明正德四年（1509）《御製大明會典序》。明萬曆十五年（1587）《御製重修大明會典序》、申時行《進重修大明會典表》。

書内文字未言及刻書事，據版式定爲内府刻本。

框 25×17.6 公分，10 行 20 字，黑口，四周雙邊，雙黑魚尾。版心中鐫"會典"及卷次。

館藏信息： East Asian Library(Gest)：Rare Books：TB282/1726Q

0666

基本著録： **皇明世法録：九十二卷，卷首四卷**

（Huang Ming shi fa lu：jiu shi er juan，juan shou si juan）

（明）陳仁錫閲

明崇禎間（即 1628—1644）本

十二函一百二十册；27 公分

館藏本有殘缺：卷一至二爲手抄配補。

相關責任者： （明）陳仁錫（Chen Renxi），1581—1636，閲

附　　注： 未署年陳仁錫及李模《序》。

框 25×14.7 公分，10 行 20 字，白口，四周單邊。版心上鐫書名，中鐫卷次及篇名簡稱。

館藏信息： East Asian Library(Gest)：Rare Books：TC13/3969

0667

基本著録：　　　**大明集禮：五十三卷**

（Da Ming ji li；wu shi san juan）

［（明）徐一夔等撰］

明嘉靖庚寅［9年，1530］北京内府本

五函三十三册；35公分

相關責任者：　　（明）徐一夔（Xu Yikui），1318—約1400，撰；（清）甘鵬雲（Gan Pengyun），生年1861，收藏

附　　注：　　卷端未題著者。

明嘉靖九年（1530）《御製大明集禮序》提刻書事。

卷一卷端以嘉靖吳山河南刻本配補。

（卷二卷端）框25.3×17.3公分，9行18字，白口，四周雙邊，單黑魚尾。版心上鐫書名，中鐫卷次。

"欽文之璽""潛江甘鵬雲藥樵收藏書籍章"。

館藏信息：　　East Asian Library（Gest）；Rare Books；TB287/1623Q

0668

基本著録：　　　**大明集禮：五十三卷**

（Da Ming ji li；wu shi san juan）

［（明）徐一夔等撰］

明嘉靖間（約1531—1542）河南吳山本

八函四十八册；33公分

館藏本有殘缺：卷二、七、八、二十七、三十七、三十八、五十三爲手抄配補。

相關責任者：　　（明）徐一夔（Xu Yikui），1318—約1400，撰；（明）吳山（Wu Shan），1470—1542，刻

附　　注：　　卷端未題著者。

明嘉靖九年（1530）《御製大明集禮序》。

全書末題"河南巡撫右副都御史臣吳山　巡按監察御史臣葉照　布政司左布政史臣于湛　右布政使臣劉棟……刊行"（鈔配）。

框24.4×17公分，9行18字，白口，四周雙邊，單黑魚尾。版心上鐫

書名,中鎸卷次。

"廣運之寶""錢氏家藏"印記。據屈萬里考證,"廣運之寶"爲僞印。

館藏信息: East Asian Library(Gest):Rare Books:TB287/802Q

0669

基本著録: **皇明三禮述:[二卷]**

（Huang Ming san li shu:[er juan]）

（明）鄭曉撰

明嘉靖間（約 1546—1566）本

一函兩册;31 公分

相關責任者: （明）鄭曉（Zheng Xiao）,1499—1566,撰;（明）鄭履準（Zheng Lüzhun）,校

附　　注: 卷端題"海鹽鄭曉",卷末尾題"子履準校"。

明嘉靖二十五年(1546))鄭曉《皇明三禮述序》。

按:此書向列入《鄭端簡公全集》《吾學編》,但皆係彙印本,故可獨立列目。

框 18.2×13.3 公分,10 行 19 字,白口,左右雙邊,單綫魚尾。版心上鎸"皇明三禮述",卷上第二葉版心下鎸"全",三、四葉"東";下卷第一至四葉"今"。

館藏信息: East Asian Library(Gest):Rare Books:TA61/3886Q

0670

基本著録: **廣治平略:四十四卷**

（Guang zhi ping lüe:si shi si juan）

（清）蔡方炳纂定

清康熙甲辰[3 年,1664]本

兩函十八册;24 公分

相關責任者: （清）蔡方炳（Cai Fangbing）,纂定

附　　注: 清康熙三年(1664)蔡方炳《序》。

不避諱"玄""弘"。

框 20.7×12 公分,9 行 25 字,白口,四周單邊。版心上鎸書名,中鎸卷次及篇名。

館藏信息： East Asian Library(Gest)：Rare Books：T9299/2924.1

0671

基本著錄： **壇廟祀典：[三卷]**

(Tan miao si dian：[san juan])

(清)方觀承

清乾隆戊寅[23年,1758]本

一函八冊：圖；27公分

相關責任者： (清)方觀承(Fang Guancheng),1698—1768

附　　注： 卷分上中下。

清乾隆二十三年(1758)方觀承《序》。

館藏信息： Annex A,Forrestal：B287/2885

0672

基本著錄： **文廟祀典**

(Wen miao si dian)

(清)周城輯

清乾隆己未[4年,1739]本

一函兩冊：圖；26公分

相關責任者： (清)周城(Zhou Cheng),活動期18世紀,輯

附　　注： 清乾隆四年(1739)楊度汪《序》。

卷二卷端題"嘉興石匏周城輯"。

内封面題"文廟祀典　六有堂藏板"。

兩冊封底有紫色鉛印"printed in Japan"。

館藏信息： RECAP：East Asian Library use only：1787/7245

目録類

0673

基本著錄： **授經圖義例：[二十卷]**

(Shou jing tu yi li：[er shi juan])

（明）［朱］睦𣏌輯

清康熙間（即 1662—1722）玉玲瓏閣本

一函五册；26 公分

相關責任者：　　（明）朱睦𣏌（Zhu Mujie），1517—1586，輯

附　　注：　　封面鎸"授經圖　玉玲瓏閣鏤板"。并鈐"玉玲瓏閣"印。

避"玄"字諱。

計易、書、詩、春秋、禮記各四卷。

佚名批校。

框 18.3 × 13.9 公分，10 行 20 字，白口，左右雙邊，單黑魚尾。版心上鎸"授經圖"及"易""書"等，中鎸卷次。

館藏信息：　　East Asian Library（Gest）；Rare Books；TB160/2964

0674

基本著錄：　　**國史經籍志：六卷**

（Guo shi jing ji zhi：liu juan）

（明）焦竑輯；（明）陳汝元校

明清間（約 1621—1661）本

兩函十册；26 公分

相關責任者：　　（明）焦竑（Jiao Hong），1541—1620，輯；（明）陳汝元（Chen Ruyuan），校

附　　注：　　不避清諱。

框 19.7 × 13.6 公分，10 行 24 字，白口，左右雙邊，單黑魚尾。版心下有"則古樓"。

將原索書號 TB9537/2303 改變。

館藏信息：　　East Asian Library（Gest）；Rare Books；TB342/991

0675

基本著錄：　　**經義考：三百卷，目錄［二卷］**

（Jing yi kao：san bai juan，mu lu［er juan］）

（清）朱彝尊

清乾隆乙亥［20 年，1755］揚州盧見曾本

四十八册；26 公分

相關責任者： （清）朱彝尊（Zhu Yizun），1629—1709；（清）盧見曾（Lu Jianzeng），
　　　　　　　　1690—1768，刻

附　　注： 卷端題"日講官起居注翰林院檢討臣朱彝尊恭錄　廣西等處承宣布
　　　　　　　政使司布政使臣李濤恭校"。

　　　　　　　卷二百八十六、二百九十九、三百原缺。

　　　　　　　清乾隆十九年（1754）盧見曾《序》。乾隆二十年（1755）［朱］稻孫
　　　　　　　《後序》。

　　　　　　　盧《序》、朱《序》提刻書事。

　　　　　　　框 19.8×15.1 公分，12 行 23 字，白口，四周單邊，單黑魚尾。版心
　　　　　　　上鐫書名，中鐫卷次。

館藏信息： East Asian Library（Gest）：Rare Books：TB120/2928

0676

基本著錄： 浙江採集遺書總錄：［十一卷］，閏集
　　　　　　　（Zhejiang cai ji yi shu zong lu：［shi yi juan］，run ji）

　　　　　　　（清）沈初等編

　　　　　　　清乾隆甲午［39 年，1774］浙江布政使司本

　　　　　　　一函十册；25 公分

相關責任者： （清）沈初（Shen Chu），卒年 1799，編

附　　注： 以天干標卷。癸集分爲上下。

　　　　　　　著者及版本據清乾隆三十九年（1774）浙江布政使王亶望《序》。

　　　　　　　框 17.8×13.3 公分，10 行 20 字，黑口，四周單邊，單黑魚尾。版心
　　　　　　　中鐫書名及卷次。

館藏信息： East Asian Library（Gest）：Rare Books：TB342/1009

0677

基本著錄： 欽定四庫全書總目：二百卷，卷首四卷
　　　　　　　（Qin ding si ku quan shu zong mu：er bai juan，juan shou si juan）

　　　　　　　（清）永瑢［等］總裁；（清）紀昀［等］總纂

　　　　　　　清乾隆間（約 1781—1795）北京武英殿本

　　　　　　　十六函一百四十四册；28 公分

相關責任者： （清）永瑢（Yongrong），1744—1790，總裁；（清）紀昀（Ji Yun），1724—

1805,總纂

| 附　　注： | 著者據《欽定四庫全書勘閲繕校諸臣職名》。 |

清乾隆四十六年(1781)《上諭》。

與高校古文獻資源庫中北京大學藏乾隆武英殿本(北大 Y/9608/6105.14)同版。本館昌彼得編《普林斯頓大學葛思德東方圖書館中文舊籍書目》第 239 頁將此書著録爲清嘉慶間翻刻武英殿本,依據待查。

框 19.5×13.9 公分,9 行 21 字,白口,四周雙邊,單黑魚尾。版心上鐫書名,中鐫卷次及部類。

館藏信息：　Annex A, Forrestal：N9608/6105.28

0678

| 基本著録： | **欽定四庫全書總目：二百卷,卷首四卷** |

(Qin ding si ku quan shu zong mu：er bai juan, juan shou si juan)

(清)紀昀等纂

清乾隆間(約 1782—1795)北京武英殿本

六函六十册;28 公分

相關責任者：　(清)紀昀(Ji Yun),1724—1805,纂

| 附　　注： | 著者據《欽定四庫全書勘閲繕校諸臣職名》。 |

清乾隆四十六年(1781)《上諭》。

與 CHHR98—B44 同版。

框 19.4×13.7 公分,9 行 21 字,白口,四周雙邊,單黑魚尾。版心上鐫書名,中鐫卷次及部類。

館藏信息：　East Asian Library(Gest)：Reference：R9608/6105.29

0679

| 基本著録： | **欽定四庫全書簡明目錄：二十卷** |

(Qin ding Si ku quan shu jian ming mu lu：er shi juan)

(清)紀昀

清乾隆間(約 1784—1795)本

十六册;22 公分

相關責任者：　(清)紀昀(Ji Yun),1724—1805

附　　注：　框 14.4×11 公分,9 行 21 字,白口,左右雙邊。版心上鐫書名及卷次,中鐫部類名稱。

館藏信息：　RECAP;East Asian Library use only;B9608/6105.02

金石類

0680

基本著錄：　**集古錄:十卷**

（Ji gu lu;shi juan）

（宋）歐陽修著;（明）謝啓光校

清順治間（即 1644—1661）本

一函六冊;24 公分

相關責任者：　（宋）歐陽修（Ouyang Xiu）,1007—1072,著;（明）謝啓光（Xie Qiguang）,進士 1607,校

附　　注：　不避"玄""弘"等字諱。

框 18.6×13 公分,9 行 11 字,小字雙行同,白口,四周單邊,單黑魚尾。版心上鐫書名,中鐫卷次。

館藏信息：　Annex A,Forrestal;D33/3787 vol.95—100

0681

基本著錄：　**集古錄:十卷**

（Ji gu lu;shi juan）

（宋）歐陽修著;（明）謝啓光校

清順治間（即 1644—1661）本

四冊;25 公分

相關責任者：　（宋）歐陽修（Ouyang Xiu）,1007—1072,著;（明）謝啓光（Xie Qiguang）,進士 1607,校

附　　注：　不避"玄""弘"等字諱。

框 18.6×13 公分,9 行 11 字,小字雙行同,白口,四周單邊,單黑魚尾。版心上鐫書名,中鐫卷次。

館藏信息：　Annex A,Forrestal;B347/1490

0682

基本著録:	金石録:三十卷
	(Jin shi lu:san shi juan)
	(宋)趙明誠編著
	清順治庚寅[7 年,1650]謝世箕本
	一函六册;24 公分
相關責任者:	(宋)趙明誠(Zhao Mingcheng),1081—1129,編著;(清)謝世箕(Xie Shiji),刻
附　注:	卷一目録題"……濟南謝世箕校梓"。
	清順治七年(1650)謝世箕《跋》言刻書事。
	框 18.6×13 公分,9 行 21 字,小字雙行同,白口,四周單邊,單黑魚尾。版心上鐫書名,中鐫卷次。
館藏信息:	RECAP:East Asian Library use only:B347/1491

0683

基本著録:	金石録:三十卷
	(Jin shi lu:san shi juan)
	(宋)趙明誠編著
	清順治庚寅[7 年,1650]謝世箕本
	兩函十册;24 公分
相關責任者:	(宋)趙明誠(Zhao Mingcheng),1081—1129,編著;(清)謝世箕(Xie Shiji),刻
附　注:	卷一目録題"……濟南謝世箕校梓"。
	清順治七年(1650)謝世箕《跋》言刻書事。
	框 18.5×12.9 公分,9 行 21 字,小字雙行同,白口,四周單邊,單黑魚尾。版心上鐫書名,中鐫卷次。
館藏信息:	Annex A,Forrestal:D33/3787 vol.83—94

0684

基本著録:	金薤琳琅:二十卷
	(Jin xie lin lang:er shi juan)

（明）都穆

清乾隆戊戌［43 年,1778］汪荻洲本

一函十冊;29 公分

相關責任者： （明）都穆（Du Mu）,1459—1525;（清）汪荻洲（Wang Dizhou）,刻;

（清）劉喜海（Liu Xihai）,卒年 1853,收藏

附　　注： 附宋振譽撰《補遺》。

清乾隆四十三年(1778)盧文弨《序》言刻書事。

框 19.4×13.6 公分,9 行 18 字,白口,四周單邊,單黑魚尾。版心上

鐫書名,中鐫卷次。

有"劉喜海"等印記。

館藏信息： East Asian Library（Gest）:Rare Books:TB347/2662Q

0685

基本著録： **觀妙齋藏金石文攷略:十六卷**

（Guan miao zhai cang jin shi wen kao lüe:shi liu juan）

［（清）李光暎撰］

清雍正間（約 1729—1735）本

兩函十二冊;29 公分

相關責任者： （清）李光暎（Li Guangying）,18 世紀,撰

附　　注： 清雍正七年(1729)金介復《引》。

封面鐫"……觀妙齋藏板"。

框 16.3×11.3 公分,9 行 20 字,白口,四周單邊,單黑魚尾。版心中

鐫卷次。

館藏信息： East Asian Library（Gest）:Rare Books:TB347/1379Q

0686

基本著録： 金石圖

（Jin shi tu）

（清）牛運震説;（清）褚峻摹

清乾隆間（約 1743—1795）本

一函四冊;圖;31 公分.

相關責任者： （清）牛運震（Niu Yunzhen）,1706—1758,説;（清）褚峻（Chu

Jun），摹

附　　注：　清乾隆八年（1743）牛運震《序》、褚峻《序》。

框 26×16 公分，行數字數不等，四周單邊。

館藏信息：　Annex A，Forrestal：B347/4033

0687

基本著錄：　**宋淳熙敕編古玉圖譜：一百卷**

（Song Chunxi chi bian gu yu tu pu：yi bai juan）

（宋）龍大淵等編纂

清乾隆己亥［44 年，1779］揚州江春康山草堂本

四函二十四册：圖；30 公分

相關責任者：　（宋）龍大淵（Long Dayuan），12 世紀，編纂；（宋）劉松年（Liu Song-nian），寫圖；（清）江春（Jiang Chun），1721—1789，刻

附　　注：　著者據《總目》。

卷端題"文林郎翰林院待詔兼畫學博士賜金帶臣劉松年奉敕寫圖"。

清乾隆四十四年（1779）江春《序》，作於康山草堂《跋》言刻書事。

《序》版心題"古玉圖譜"。

框 23×15.5 公分，8 行字不等，白口，四周單邊，單白魚尾。版心上鐫"古玉圖"，中鐫卷次。

館藏信息：　Annex A，Forrestal：C263/1041

0688

基本著錄：　**亦政堂重修考古圖：十卷**

（Yi zheng tang chong xiu Kao gu tu：shi juan）

（宋）呂大臨論次

明萬曆癸卯［31 年，1603］吳萬化寶古堂本

七册：圖；30 公分

相關責任者：　（宋）呂大臨（Lü Dalin），活動期 11 世紀，論次；（明）吳萬化（Wu Wanhua），刻；（清）黃晟（Huang Sheng），重修

附　　注：　明萬曆三十一年（1603）焦竑《序》言刻書事。

封面鐫"乾隆壬申年秋月天都黃曉峰鑒定　考古圖　亦政堂藏板"。

呂大臨取自其《考古圖記》。

與 CHRR02—B377 同版。

清乾隆十八年(1753)黃晟《重刊考古圖序》。

與《博古圖錄》《古玉圖》合印,俗稱"三古圖"。

第七冊與《博古圖》合函。

框 24.3×15.6 公分,8 行 17 字,白口,四周單邊,單魚尾。版心上鐫"考古圖",中鐫卷次。

館藏信息： RECAP：East Asian Library use only：C263/911 vol. 1—7

0689

基本著錄： **亦政堂重修宣和博古圖錄：三十卷**

(Yi zheng tang chong xiu Xuanhe bo gu tu lu：san shi juan)

(宋)王黼

明萬曆癸卯[31 年 1603]吳萬化寶古堂本

五函二十八冊：圖；30 公分

相關責任者： (宋)王黼(Wang Fu),1079—1126；(明)吳萬化(Wu Wanhua),刻；
(清)黃晟(Huang Sheng),重修

附　注： 書名取自卷二。卷一卷端鐫"東書堂重修宣和博古圖錄"。

明萬曆三十一年(1603)洪世俊《序》言刻書事。

吳萬化《跋》後刻"寶古堂印"。

與《考古圖》《古玉圖》合印,俗稱"三古圖"。

冊一至五與《考古圖》合函,冊二十四至二十八與《古玉圖》合函。

框 24.1×15.8 公分,8 行 17 字,白口,四周單邊,單白(黑)魚尾。版心上鐫"博古圖錄",中鐫卷次。

館藏信息： RECAP：East Asian Library use only：C263/911 vol. 8—35

0690

基本著錄： [亦政]堂重考古玉圖：[二卷]

([Yi zheng]tang chong kao Gu yu tu：[er juan])

(元)朱德潤

明萬曆壬寅[30 年,1602]吳萬化寶古堂本

一函一冊：圖；30 公分

相關責任者： (元)朱德潤(Zhu Derun),1294—1365；(明)吳萬化(Wu Wanhua),

刻;(清)黄晟(Huang Sheng),重修

附　　注:	卷端書名空字"□□堂",疑爲將原堂號如"寶古堂"挖掉,未改"亦政"二字。

附　　注：　　卷端書名空字"□□堂",疑爲將原堂號如"寶古堂"挖掉,未改"亦
政"二字。

封面題"乾隆壬申年秋月天都黄曉峰監定　古玉圖　亦政堂藏版"

卷分上下。

著者取自吳萬化《跋》。朱德潤,字澤民。

版本據明萬曆三十年(1602)吳萬化《集古考玉圖跋》,《跋》後鑴"寶
古堂"章。

與《博古圖錄》《考古圖》合印,俗稱"三古圖"。

與《博古圖錄》合函。

框24.2×15.5公分,8行17字,白口,四周單邊,單白魚尾。版心上
鑴"古玉圖",中鑴卷次。

館藏信息：　　RECAP:East Asian Library use only:C263/911 vol.36

0691

基本著錄：　　**至大重修宣和博古圖錄:三十卷**

(Zhida chong xiu Xuanhe bo gu tu lu:san shi juan)

(宋)王黼

元間(約1308—1368)杭州本

四函三十册:圖;40公分

相關責任者：　(宋)王黼(Wang Fu),1079—1126

附　　注：　　王黼據《中國古籍善本書目》。

框30×24公分,8行17字,白口,左右雙邊,雙黑魚尾。版心中鑴
"博古圖錄"及卷数。

館藏信息：　　East Asian Library(Gest):Rare Books:TC263/1389Q

0692

基本著錄：　　**泊如齋重修宣和博古圖錄:三十卷**

(Bo ru zhai chong xiu Xuanhe bo gu tu lu:san shi juan)

(宋)王黼

明萬曆戊子[16年,1588]泊如齋本

四函二十四册:圖;27公分

相關責任者： （宋）王黼（Wang Fu），1079—1126；（明）丁雲鵬（Ding Yunpeng），
1547—1628，繪圖；（明）吳廷羽（Wu Tingyu），繪圖；（明）劉季然（Liu
Jiran），書錄；（明）黃德時（Huang Deshi），刻

附　　注： 封面鐫"泊如齋藏板　丁南羽吳左千繪圖　博古圖　劉季然書錄"。
明萬曆十六年（1588）程士莊《序》後鐫"黃德時刻"。
框 25×15.5 公分，8 行 17 字，白口，四周單邊，單白魚尾。版心上鐫
"博古圖錄"，下鐫卷次。

館藏信息： East Asian Library（Gest）：Rare Books：TC263/626

0693

基本著錄： **重修宣和博古圖錄：三十卷**
（Chong xiu Xuanhe bo gu tu lu：san shi juan）
（宋）王黼
明萬曆己亥［27 年，1599］于承祖本
三十二冊：圖；23 公分

相關責任者： （宋）王黼（Wang Fu），1079—1126；（明）萬師蓍（Wan Shixu），刻；
（明）于承祖（Yu Chengzu），刻；（明）于道南（Yu Daonan），重修

附　　注： 王黼據《中國古籍善本書目》。
明嘉靖七年（1528）蔣暘《序》。
于承祖《重刊博古圖小序》未署年月。
明崇禎九年（1636）［于］道南《識語》提及刻書。
《校正博古圖姓氏》後題"南昌萬師蓍刻"。
框 21×14 公分，8 行 17 字，白口，四周單邊。版心上鐫"博古圖"。

館藏信息： East Asian Library（Gest）：Rare Books：TC263/1869Q

0694

基本著錄： **重修宣和博古圖錄：三十卷**
（Chong xiu Xuanhe bo gu tu lu：san shi juan）
明萬曆己亥［27 年，1599］于承祖本
二十四冊：圖；28 公分
本館藏本不完整，缺卷三、二十三至三十。卷三以《泊如齋重修宣和
博古圖錄》1588 年版複印本配補。

相關責任者：　（宋）王黼（Wang Fu），1079—1126；（明）萬師蓍（Wan Shixu），刻；

（明）于承祖（Yu Chengzu），刻；（明）于道南（Yu Daonan），重修

附　注：　封面鐫"博古圖"。

《校正博古圖姓氏》後題"南昌萬師蓍刻"。

明崇禎九年（1636）［于］道南《識語》提及刻書。

于承祖《重刊博古圖小序》未署年月。

明嘉靖七年（1528）蔣暘《序》。

王黼據《中國古籍善本書目》.

框20.9×13.1公分，8行17字，白口，四周單邊。版心上鐫"博古圖"。

鈐"耕讀傳家濟陽丁氏書畫之章""雷音寺""雷音寺供養"印記。

館藏信息：　Marquand Library（SA）：NK7983. W35 1599

史評類

0695

基本著録：　**史記論文：一百三十卷**

（Shi ji lun wen：yi bai san shi juan）

（明）吳見思評點；（清）吳興祚參訂

編目記録詳見《史部·紀傳類》。

0696

基本著録：　**古今治統：二十卷**

（Gu jin zhi tong：er shi juan）

（明）徐奮鵬著；（清）陳肇元編次

清雍正癸卯［元年，1723］陳肇元槐柳齋本

兩函十六册；26公分

相關責任者：　（明）徐奮鵬（Xu Fenpeng），著；（清）陳肇元（Chen Zhaoyuan），編次

附　注：　清雍正元年（1723）朱軾《序》言刻書事。

封面鐫"槐柳齋□□"。

框20.5×13公分，10行20字，小字雙行同，白口，四周單邊，單黑魚

尾。版心上鎸書名,中鎸卷次。眉欄鎸評。

館藏信息： East Asian Library(Gest)：Rare Books：TB52/2988

0697

基本著錄： **史通通釋：二十卷,附錄**

(Shi tong tong shi：er shi juan,fu lu)

(清)浦起龍釋；(清)方懋福等參釋

清乾隆壬申[17年,1752]浦起龍求放心齋本

兩函十冊;26公分

相關責任者： (清)浦起龍(Pu Qilong),1679—約1762,刻；(清)方懋福(Fang Mao-fu),參釋

附　注： 附《新唐書劉知幾本傳》。

封面鎸"梁溪浦氏求放心齋定本"。

清乾隆十七年(1752)浦起龍《叙》。

框19×13.4公分,9行22字,白口,左右雙邊。版心中鎸書名、卷次及小題。

館藏信息： East Asian Library(Gest)：Rare Books：TB367/3014

0698

基本著錄： **東萊先生音註唐鑑：二十四卷**

(Donglai xian sheng yin zhu Tang jian：er shi si juan)

(宋)范祖禹撰；(宋)呂祖謙注

編目記錄詳見《史部·編年類》。

0699

基本著錄： **讀史管見：三十卷,目錄二卷**

(Du shi guan jian：san shi juan,mu lu er juan)

(宋)胡寅著；(明)張溥閱

明崇禎乙亥[8年,1635]張溥本

兩函十六冊;27公分

相關責任者： (宋)胡寅(Hu Yin),1098—1156,著；(明)張溥(Zhang Pu),1602—1641,閱

附　　注：　　明崇禎八年(1635)張溥《序》。

封面鐫"康熙五十三年鐫　古并居藏板"。

框 19.1 × 14.3 公分,9 行 20 字,白口,左右雙邊,單黑魚尾。版心上
鐫書名,中鐫卷次。

館藏信息：　　Annex A,Forrestal:B367/1578

0700

基本著錄：　　**讀史管見:三十卷,目錄二卷**

(Du shi guan jian:san shi juan,mu lu er juan)

(宋)胡寅著;(明)張溥閱

明崇禎乙亥[8 年,1635]張溥本

兩函十六册;28 公分

相關責任者：　　(宋)胡寅(Hu Yin),1098—1156,著;(明)張溥(Zhang Pu),1602—
1641,閱;(明)張聞升(Zhang Wensheng),重校;(明)張紹祖(Zhang
Shaozu),重校;(明)張玉瑞(Zhang Yurui),重校;(明)張日瑞(Zhang
Rirui),重校

附　　注：　　宋嘉定十一年(1218)[胡]大壯(署猶子大壯)《讀史管見舊序》。宋
寶祐二年(1254)劉震孫《讀史管見舊序》。

框 19 × 14.3 公分,9 行 20 字,白口,左右雙邊,單黑魚尾。版心上鐫
"讀史管見",中鐫卷次。各卷末分別鐫"清河後人張聞升重校""張
紹祖重校""張玉瑞重校""張日瑞重校"。

與本館另一部(NJPX94 – B3954)同版并同時印,該部有明崇禎八年
(1635)張溥《序》及封面,封面鐫"康熙五十三年鐫"。

館藏信息：　　East Asian Library(Gest):Rare Books:TB367/111

0701

基本著錄：　　**讀史辨道:四卷**

(Du shi bian dao:si juan)

(明)張大復纂

清乾隆甲辰[49 年,1784]近古堂本

一函四册;26 公分

相關責任者：　　(明)張大復(Zhang Dafu),纂

附　　注：　清乾隆四十九年(1784)[張]度《跋》。

封面鐫"乾隆甲辰鐫……膠東官署藏板"。

框19.9×13公分,9行24字,白口,四周雙邊,單黑魚尾。版心上鐫書名,中鐫卷次,下鐫"近古堂"。

館藏信息：　East Asian Library(Gest)：Rare Books：TB367/3909

0702

基本著録：　**鑑語經世編：二十七卷**

(Jian yu jing shi bian：er shi qi juan)

(清)魏裔介纂

清康熙乙卯[14年,1675]本

二十四册；26公分

有手抄配補。

相關責任者：　(清)魏裔介(Wei Yijie),1616—1686,纂

附　　注：　清康熙十四年(1675)魏裔介《自序》言刻書事。

框19.2×13.6公分,10行20字,白口,左右雙邊,單黑魚尾。版心上鐫書名,中鐫卷次,下鐫朝代名。

佚名朱筆圈點。

館藏信息：　East Asian Library(Gest)：Rare Books：TB367/3979

0703

基本著録：　**雲間王農山先生批評史測：十四卷**

(Yunjian Wang Nongshan xian sheng pi ping shi ce：shi si juan)

(清)施鴻著

清康熙戊午[17年,1678]武氏本

一函六册；26公分

相關責任者：　(清)施鴻(Shi Hong),著

附　　注：　清康熙十七年(1678)王氏《助刊澂景堂史測改本小引》言刻書事。

框18.1×13.5公分,9行18字,白口,四周單邊,單黑魚尾。版心上鐫"澂景堂史測",中鐫卷次。欄上鐫評。

館藏信息：　East Asian Library(Gest)：Rare Books：TB367/3424

0704

基本著録： **評鑑闡要：十二卷**

(Ping jian chan yao：shi er juan)

(清)劉統勛等録

清乾隆間(約 1771—1795)本

一函六册；28 公分

相關責任者： (清)劉統勛(Liu Tongxun)，1799—1773，録

附　注： 著者據清乾隆三十六年(1771)劉統勛等《奏摺》。

框 19×14.3 公分，9 行 17 字，白口，四周雙邊，單黑魚尾。版心上鐫

書名，中鐫卷次及内容名稱。

館藏信息： Annex A，Forrestal：B367/1133

0705

基本著録： **欽定古今儲貳金鑑：六卷**

(Qin ding gu jin chu er jin jian：liu juan)

清乾隆間(約 1784—1795)本

一函四册；29 公分

附　注： 清乾隆四十九年(1784)《上諭》。

避"弘"字諱。

框 20.9×15.4 公分，8 行 21 字，白口，四周雙邊，單魚尾。版心上鐫

書名，中鐫卷次。

館藏信息： RECAP：East Asian Library use only：B367/1319

0706

基本著録： **班馬異同：三十五卷**

(Ban Ma yi tong：san shi wu juan)

(宋)倪思編；(元)劉辰翁評

編目記録詳見《史部・紀傳類》。

0707

基本著録： **小學史斷：四卷**

（Xiao xue shi duan：si juan）

（宋）南宮靖一纂述；（明）晏彥文續著

明隆慶戊辰［2 年，1568］龔碧川本

一函四冊；24 公分

相關責任者： （宋）南宮靖一（Nangong Jingyi），13 世紀，纂述；（明）晏彥文（Yan Yanwen），續著；（明）龔碧川（Gong Bichuan），16 世紀，刻

附　注： 卷一卷端題"豫章南宮靖一纂述"。卷四第十五葉"宋"下題"廬陵晏彥文續著"。

宋端平三年（1236）南宮靖一《小學史斷序》。

書內無刻書文字依據。

卷前有潘榮《資治通鑑總要通論》。

框 18.8×12.3 公分，9 行 20 字，小字雙行字數同，白口，四周雙邊，單黑魚尾。版心上鐫時代，如"周""秦""漢"；中鐫"史斷"及卷次，卷數以"元""會""運""古"標，卷端以一、二、三、四標。

館藏信息： East Asian Library（Gest）：Rare Books：TB367/2954

0708

基本著錄： **新編漢唐通鑑品藻：三十卷**

（Xin bian Han Tang Tong jian pin zao：san shi juan）

（明）戴璟著

明嘉靖戊戌［17 年，1538］西安府本

兩函十四冊；27 公分

相關責任者： （明）戴璟（Dai Jing），進士 1526，著

附　注： 卷端題"屏石戴璟著"。

馬理《題辭》殘，未署年月。明嘉靖十四年（1535）戴璟《新編漢唐通鑑品藻凡例》。嘉靖十七年（1538）王九思《刻漢唐通鑑品藻序》。劉勛《叙漢唐通鑑品藻》未署年月。

王九思《序》提西安府刻書事。

框 20×14 公分，12 行 21 字，書口重修補，單黑魚尾，四周單邊。

館藏信息： East Asian Library（Gest）：Rare Books：TB367/2419

0709

基本著録： **刻歷朝捷録大成：二卷**

（Ke Li chao jie lu da cheng：er juan）

（明）顧充编著

明萬曆丁酉［25 年，1597］本

兩函八册；26 公分

相關責任者： （明）顧充（Gu Chong），舉人 1567，编著

附　　注： 封面題"增定歷朝捷録大成"，并有萬卷樓主人《識語》。

卷端題"東浙越郡上虞仲達顧充编著"。

明萬曆二十五年（1597）楊起元《歷朝捷録大成序》、李楨《歷朝捷録大成序》、吕坤《書歷朝捷録大成叙》。《凡例》後題"江左後學陸□之希有謹識。時歲在柔兆涒灘日長至，綜校於薛蘿齋"。

書内無明確的版本文字依據，據封面及凡例所題，知此書序當爲刻書所作。

框 17.8×11.5 公分，7 行 18 字，小字雙行字數同，白口，四周單邊，雙白魚尾。版心上鑴"捷録大成"。

館藏信息： East Asian Library（Gest）：Rare Books：TB367/1505

0710

基本著録： **新鑴全補標題音註歷朝捷録：四卷. 新鑴全補標題音註元朝捷録：四卷. 新鑴增補評林音註國朝捷録：四卷.**

子目：

新鑴全補標題音註歷朝捷録：四卷

（Xin juan quan bu biao ti yin zhu Li chao jie lu：si juan）

（明）顧充编著；（明）黄洪憲訂閱；（明）顧憲成音釋；（明）李王孫評注

新鑴全補標題音註元朝捷録：四卷

（Xin juan quan bu biao ti yin zhu Yuan chao jie lu：si juan）

（明）湯賓尹编纂；（明）黄俊民參訂

新鑴增補評林音註國朝捷録：四卷

（Xin juan zeng bu ping lin yin zhu Guo chao jie lu：si juan）

（明）鄭以偉注評；（明）吳人龍校閱

明間（約 1610—1644）蘇州翁少麓本

一函六冊；27 公分

相關責任者： （明）顧充（Gu Chong），舉人 1567，編著；（明）黃洪憲（Huang Hong xian），1541—1600，訂閱；（明）顧憲成（Gu Xiancheng），1550—1612，音釋；（明）李王孫（Li Wangsun），評注；（明）湯賓尹（Tang Binyin），生年 1568，編纂；（明）黃俊民（Huang Junmin），參訂；（明）鄭以偉（Zheng Yiwei），進士 1601，注評；（明）吳人龍（Wu Renlong），校閱；（明）翁少麓（Weng Shaolu），刻；（明）章欽（Zhang Qin），刻

附　　注： 封面題"鐫顧迴瀾先生合訂　歷朝捷錄一刻　湯霍林先生　元朝捷錄一刻　鄭方水先生　國朝捷錄　書林翁少麓梓行"。封面朱印"歷代甲子圖附""本衙藏板不許翻刻"。

《歷朝捷錄》卷端題"越東迴瀾顧充編著　嘉禾葵陽黃洪憲訂閱　錫山涇陽顧憲成音釋　姑蘇孟仙李王孫評註"。卷前有俞寅《歷朝捷錄序》、葉世治《歷朝捷錄叙》、朱信亮《歷朝捷錄序》、謝讜《歷朝捷錄序》，均未署年月。

《元朝捷錄》卷端題"西吳霍林湯賓尹編纂　南海毅菴黃俊民參訂"。馮紹京《元朝捷錄跋》未署年月。

《國朝捷錄》卷端題"豫章方水鄭以偉註評　建武鍾台吳人龍校閱"。朱簽《國朝捷錄序》未署年月。

館藏《新鐫增訂評註批點便蒙通鑑》（TB367/2723d），明萬曆四十七年（1619）翁元泰刻本，與此書版式同。《明代版刻綜錄》《中國善本書提要》載翁少麓明崇禎時刻書。由此可知，此書當刻於明萬曆至崇禎間。

框 21×13 公分，9 行 18 字，小字雙行字數同，白口，四周單邊。版心上分別鐫"歷朝捷錄""元朝捷錄""國朝捷錄"及卷次，下偶鐫刻工，如《歷朝捷錄序》第一葉"吳郡章欽刻"。眉欄小字注。

館藏信息： East Asian Library（Gest）：Rare Books：TB367/2823 vol. 1—6

0711

基本著錄： 讀史漫錄：十四卷

（Du shi man lu：shi si juan）

（明）于慎行著；（明）郭應寵編次

明萬曆甲寅［42 年,1614］于緯本

兩函十二冊;25 公分

書內有補版。

相關責任者： （明）于慎行（Yu Shenxing）,1545—1608,著；（明）郭應寵（Guo Ying-chong）,活動期 17 世紀,編次；（明）于緯（Yu Wei）,16/17 世紀,刻

附　　注： 卷端題"明東阿穀山于慎行著　門人福唐郭應寵編次　男于緯校梓"。

葉向高《讀史漫錄題辭》。明萬曆四十二年（1614）謝肇淛《讀史漫錄序》、黃體仁《于文定公讀史漫錄叙》。萬曆四十一年（1613）郭應寵《識語》。

框 18.3×14.4 公分,9 行 18 字,白口,四周單邊,單黑魚尾。版心上鐫"讀史漫錄",中鐫卷次。

與館藏《讀史漫錄》（TB367/2237）同版。

館藏信息： East Asian Library（Gest）:Rare Books:TB367/734

0712

基本著錄： **讀史漫錄:十四卷**

（Du shi man lu:shi si juan）

（明）于慎行著；（明）郭應寵編次

明萬曆甲寅［42 年,1614］于緯本

一函六冊;26 公分

相關責任者： （明）于慎行（Yu Shenxing）,1545—1608,著；（明）郭應寵（Guo Ying-chong）,活動期 17 世紀,編次；（明）于緯（Yu Wei）,16/17 世紀,刻

附　　注： 卷端題"明東阿穀山于慎行著　門人福唐郭應寵編次　男于緯校梓"。

葉向高《讀史漫錄題辭》。明萬曆四十二年（1614）謝肇淛《讀史漫錄序》、黃體仁《于文定公讀史漫錄叙》。萬曆四十一年（1613）郭應寵《識語》。

框 18.2×14.4 公分,9 行 18 字,白口,四周單邊,單黑魚尾。版心上鐫"讀史漫錄",中鐫卷次。

與館藏《讀史漫錄》（TB367/736）同版,但個別版葉不同,如卷七第二

十一葉。

館藏信息： East Asian Library(Gest)：Rare Books：TB367/2237

0713

基本著録： 尚論編：二十卷

(Shang lun bian：er shi juan)

(明)鄒泉輯著；(明)陳瓚等訂正

明間(即 1368—1644)本

兩函十册；29 公分

相關責任者： (明)鄒泉(Zou Quan)，輯著；(明)陳瓚(Chen Zan)，訂正

附　　注： 卷一卷端題"古吳常熟澗谷間人嶧山鄒泉子靜甫輯著　雨亭陳瓚定宇趙用賢左泉何鈁全吾沈應科澹吾黃門訂正　貞庵蔣以忠養庵蔣以化陸化淳養冲袁光宇同訂"。

《刻嶧山鄒先生人物尚論編序》未署年月。《序》後刻"世能""少宗伯章"，未查出作序者姓名。

《序》中提刻書事。

框 20.4×12.5 公分，11 行 24 字，小字雙行字數同，白口，四周單邊，單黑魚尾。版心上鐫"尚論編"，中鐫卷次。

館藏信息： East Asian Library(Gest)：Rare Books：TB367/2411Q

0714

基本著録： 趙忠毅公儕鶴先生史韵：[二卷].趙忠毅公史韵白文.

子目：

趙忠毅公儕鶴先生史韵：[二卷]

(Zhao Zhongyi gong Chaihe xian sheng Shi yun：[er juan])

(明)趙南星

趙忠毅公史韵白文

(Zhao Zhongyi gong Shi yun bai wen)

(明)唐九經問；(明)王爕答

清順治丁亥[4 年,1647]孫昌齡本

一函四册；27 公分

相關責任者： (明)趙南星(Zhao Nanxing)，1550—1627；(明)唐九經(Tang Jiu-

jing)，進士 1637，問；(明)王燮(Wang Xie)，進士 1637，答；(明)李
士劭(Li Shishao)，17 世紀，刻；(明)孫昌齡(Sun Changling)，進士
1619，刻；(清)孫承澤(Sun Chengze)，1592—1676，刻

附　　注：　書內分上下卷。

趙南星取自唐九經《題辭》。《史韵》卷端題"後學孫昌齡二如父王燮
雷臣父孫承澤北海父李士劭若許父仝校刻"。

內容依時代排列，各時代《史韵》後爲《趙忠毅公史韵白文》，題"後學
唐九經敏一父問　王燮雷臣父荅"。

孫昌齡《史韵序》未署年月。清順治四年(1647)王燮《史韵序》。唐
九經《題辭》提著者及刻書事。

框 21.2×15 公分，9 行 20 字，四周單邊，白口，單黑魚尾。版心上鐫
"史韵"及時代，中鐫卷次。

館藏信息：　East Asian Library(Gest)：Rare Books：TB367/3025

0715

基本著録：　**史詠：十四卷**

(Shi yong：shi si juan)

(明)顧懋樊編著；(明)[顧]爆祚詮次

明清間(約 1643—1661)本

一函八册；25 公分

相關責任者：　(明)顧懋樊(Gu Maofan)，編著；(明)顧爆祚(Gu Jingzuo)，詮次

附　　注：　封面鐫"桂林史詠""東觀閣紅蘭署發行"。

明崇禎十六年(1643)吳太冲《序》等序。

框 20.4×14.2 公分，8 行 18 字，白口，四周單邊，單黑魚尾。版心上
鐫書名，中鐫卷次及篇名。

館藏信息：　East Asian Library(Gest)：Rare Books：TC318/1272

0716

基本著録：　**擬明史樂府**

(Ni Ming shi yue fu)

(清)尤侗撰；(清)[尤]珍注

清康熙間(約 1681—1722)本

一册;26 公分

相關責任者： （清）尤侗（You Tong），1618—1704，撰；（清）尤珍（You Zhen），
1647—1721，注

附　注： 清康熙二十年（1681）［尤侗］《自序》。

框 19.4×13.9 公分,10 行 21 字,小字雙行字數同,白口,四周單邊,
單黑魚尾。版心上鐫書名,眉欄小字注。

館藏信息： RECAP:East Asian Library use only:T5445.3/4112

子 部

總 類

0717

基本著録： 諸子彙函：二十六卷，卷首

(Zhu zi hui han；er shi liu juan，juan shou)

(明)歸有光搜輯；(明)文震孟參訂

明天啓乙丑[5 年，1625]本

兩函二十四册；26 公分

館藏本有殘缺：序、凡例、姓氏葉爲手抄配補。

相關責任者： (明)歸有光(Gui Youguang)，1507—1571，搜輯；(明)文震孟(Wen Zhenmeng)，1574—1636，參訂

附 注： 明天啓六年(1626)文震孟《序》。

版本據 CHTR03—B437。

框 22.6×13.5 公分，9 行 18 字，小字雙行同，白口，四周單邊，單黑魚尾。版心上鐫書名，中鐫卷次、作者及篇名。眉欄鐫注。

館藏信息： East Asian Library(Gest)：Rare Books：TC328/886

0718

基本著録： 諸子彙函：二十六卷，卷首

(Zhu zi hui han；er shi liu juan，juan shou)

(明)歸有光搜輯；(明)文震孟參訂

明天啓乙丑[5 年，1625]本

兩函十二册；27 公分

相關責任者： (明)歸有光(Gui Youguang)，1507—1571，搜輯；(明)文震孟(Wen Zhenmeng)，1574—1636，參訂

附　　注：　明天啓六年(1626)文震孟《序》。

版本據 CHTR03—B437。

框 22.5×13.5 公分,9 行 18 字,小字雙行同,白口,四周單邊,單黑魚尾。版心上鐫書名,中鐫卷次、作者及篇名。眉欄鐫注。

館藏信息：　East Asian Library(Gest)：Rare Books：TC328/1223

0719

基本著録：　[六子書:六十卷]

([Liu zi shu：liu shi juan])

明間(約 1533—1620)桐陰書屋本

六函三十六册;29 公分

附　　注：　《老子》版心上及《荀子》版心下偶鐫"桐陰書屋校"。

此本爲翻刻明嘉靖十二年(1533)顧春世德堂本。

框 19.8×14.3 公分,8 行 17 字,白口,四周雙邊,單白魚尾。

館藏信息：　East Asian Library(Gest)：Rare Books：TC328/339Q

0720

基本著録：　古四家選:[二十卷]

(Gu si jia xuan：[er shi juan])

(明)施觀民編

明萬曆癸酉[元年,1573]晉陵華露孫繼皋本

兩函二十册;26 公分

相關責任者：　(明)施觀民(Shi Guanmin),進士 1565,編;(明)華露(Hua Lu),刻;(明)孫繼皋(Sun Jigao),進士 1574,刻

附　　注：　著者及版本據明萬曆元年(1573)《刻古四家選序》。

框 19.5×13.7 公分,10 行 22 字,白口,左右雙邊,單黑魚尾。版心上鐫子書名,中鐫卷次,下鐫刻工。

館藏信息：　East Asian Library(Gest)：Rare Books：TC328/3889

0721

基本著録：　新鍥二太史彙選註釋九子全書評林:[二十四卷],卷首

(Xin qie er tai shi hui xuan zhu shi jiu zi quan shu ping lin：[er shi si juan〕,juan shou)

（明）焦竑注釋；（明）翁正春評林

明萬曆間（約1594—1620）建邑詹聖澤静觀室本

兩函二十册；28公分

相關責任者： （明）焦竑（Jiao Hong）,1541—1620,注釋；（明）翁正春（Weng Zheng-chun）,1553—1626,評林；（明）詹聖澤（Zhan Shengze）,刻

附　　注： 書名據卷首。

正集十四卷、續集十卷。

卷端又題“書林霖宇詹聖澤繡梓”。

卷末有牌記鐫“建邑書林詹霖宇静觀堂繡梓”。

未署年焦竑《註釋九子全書叙》。

《老莊評林》前有明萬曆二十二年（1594）焦竑《序》。

框21.5×12.9公分,11行25字,白口,四周雙邊,單黑魚尾。眉欄鐫評注。

館藏信息： East Asian Library(Gest)；Rare Books；TC328/941

0722

基本著録： **新鍥翰林三狀元會選二十九子品彙釋評：二十卷**

（Xin qie han lin san zhuang yuan hui xuan er shi jiu zi pin hui shi ping：er shi juan）

（明）焦竑校正；（明）翁正春参閱；（明）朱之蕃圈點

明萬曆丙辰［44年,1616］寶善堂本

四函四十册；26公分

相關責任者： （明）焦竑（Jiao Hong）,1541—1620,校正；（明）翁正春（Weng Zheng-chun）,1553—1626,参閱；（明）朱之蕃（Zhu Zhifan）,生年1564,圈點

附　　注： 明萬曆四十四年（1616）李廷機《序》言刻書事。

目録及凡例版心下鐫“寶善堂”。

框21.6×12.8公分,10行24字,小字雙行同,白口,四周單邊,順黑魚尾。版心上鐫“二十九子品彙釋評”,中鐫卷次及子目。眉欄鐫評注。

館藏信息： East Asian Library(Gest)；Rare Books；TC328/1235

儒家類

0723

基本著錄： 呂新吾先生閨範圖説：四卷

（Lü Xinwu xian sheng gui fan tu shuo：si juan）

（明）呂坤注；（明）[呂]應菊重刊

編目記録詳見《史部・傳記類》。

0724

基本著錄： 荀子：[二卷]

（Xunzi：[er juan]）

（明）王納諫删、注

明萬曆間（約 1612—1620）劉氏初日齋本

一函四册；27 公分

相關責任者： （明）王納諫（Wang Najian），進士 1607，删、注

附　　注： 卷分上下。

明萬曆四十年（1612）汪元哲《叙》。

《姓氏》後鐫"旌邑劉國興子才鐫於初日齋"。

框 21.4×13.5 公分，9 行 21 字，白口，四周單邊。版心上鐫"删註荀子"，中鐫卷次。欄上鐫注。

館藏信息： East Asian Library（Gest）：Rare Books：TC13/3897

0725

基本著錄： 荀子：二十卷

（Xunzi：er shi juan）

（唐）楊倞注；（明）孫鑛評

明天啓間（約 1626—1627）本

一函四册；28 公分

相關責任者： （唐）楊倞（Yang Liang），8/9 世紀，注；（明）孫鑛（Sun Kuang），1542—1613，評

附　　注： 明天啓六年（1626）錢光彭《荀子叙》及王立乾《荀子叙言》。

框 20.5×13.9 公分,9 行 20 字,白口,四周單邊。版心上鐫書名,中鐫卷次。眉欄鐫注。

"陶得意印""慎夫"印記。

館藏信息： East Asian Library(Gest)：Rare Books：TC13/132

0726

基本著錄： **荀子**

（Xunzi）

（清）方苞删定；（清）顧琮參校

清乾隆丙辰[元年,1736]抗希堂本

一函兩册;29 公分

相關責任者： （清）方苞（Fang Bao）,1668—1749,删定；（清）顧琮（Gu Cong）, 1685—1755,參校

附　　注： 清乾隆元年（1736）方苞《删定荀子管子序》。

框 19.8×12.7 公分,8 行 20 字,白口,左右雙邊,單黑魚尾。版心上鐫"删定荀子"。

館藏信息： RECAP：East Asian Library use only：C13/3520

0727

基本著錄： **新語：二卷**

（Xin yu：[er juan]）

（西漢）陸賈著；（明）程榮校

明萬曆壬辰[20 年,1592]程榮本

一函一册;28 公分

相關責任者： （西漢）陸賈（Lu Jia）,約公元前 216—約公元前 172；（明）程榮（Cheng Rong）,校

附　　注： 卷分上下。

卷端題"漢楚人陸賈著　明新安程榮校"。

明弘治十五年（1502）錢福《序》。

與哈佛藏本（OCLC40013014,HOLLIS 007905982）同版。版本參據《中國古籍總目》"漢魏叢書"條目（叢 10100071）。

框 20×14.2 公分,9 行 20 字,白口,左右雙邊,單白魚尾。版心上鐫

書名,中鐫卷次,下鐫刻工。

館藏信息： East Asian Library(Gest)；Rare Books；BL125. H36 1592

0728

基本著錄： **新語：[二卷]**

(Xin yu：[er juan])

(西漢)陸賈著；(清)周世焯校

清乾隆辛亥[56年,1791]王氏本

一函一册；26公分

相關責任者： (西漢)陸賈(Lu Jia),約公元前216—約公元前172；(清)周世焯
(Zhou Shizhuo),校

附　　注： 書內分上下兩卷。

卷上卷端題"漢楚人陸賈著　新淦周世焯校"。

明弘治十五年(1502)錢福《新語序》。

從"宏"字可知大約爲清乾隆時刻本。與館藏《(增訂)漢魏叢書》
(C331/1662)核對,版本同。

該書封面葉鐫"乾隆辛亥重鐫"。

該書《序》提王氏刻書事。

框18.4×14.2公分,9行20字,白口,左右雙邊,單白魚尾。版心上
鐫"新語",中鐫"卷上""卷下"。

館藏信息： East Asian Library(Gest)；Rare Books；TC13/1499

0729

基本著錄： **法言：十卷**

(Fa yan：shi juan)

(西漢)楊雄著；(明)程榮校

明萬曆壬辰[20年,1592]程榮本

一函一册；28公分

相關責任者： (西漢)楊雄(Yang Xiong),著；(明)程榮(Cheng Rong),校

附　　注： 卷端題"漢成都楊雄著　明新安程榮校"。

版本參據《中國古籍總目》"漢魏叢書"條目(叢10100071)。

框20×14.2公分,9行20字,白口,左右雙邊,單白魚尾。版心上鐫

書名,中鎸卷次。

館藏信息： East Asian Library(Gest)：Rare Books：BL125. H36 1592

0730

基本著録： **正蒙：十七篇**

（Zheng meng：shi qi pian）

（清）王植輯録

清雍正間（即 1723—1735）本

一函三册；26 公分

館藏本有殘缺：存篇一至二。

相關責任者： （清）王植（Wang Zhi），進士 1721，輯録

附　　注： 不避"曆"字諱。

《四庫全書總目》著録是書名爲《正蒙初義》。

清雍正元年（1723）鄭其儲《序》。

框 18.9×12.8 公分,10 行 25 字,白口,四周單邊。版心中鎸篇名。

館藏信息： Annex A，Forrestal：C13/2420 vol. 8—10

0731

基本著録： **二程語録：十八卷**

（Er Cheng yu lu：shi ba juan）

（清）張伯行訂

清康熙己丑[48 年,1709]榕城張伯行正誼堂本

一函四册；26 公分

館藏本有殘缺：卷十八有缺葉。

相關責任者： （清）張伯行（Zhang Boxing），1652—1725，訂

附　　注： 封面鎸"正誼堂藏板"。

清康熙四十八年（1709）張伯行書於榕城正誼堂《序》。

框 19.6×14.1 公分,10 行 22 字,白口,四周單邊,單黑魚尾。版心上鎸書名,下鎸"正誼堂"。

館藏信息： East Asian Library(Gest)：Rare Books：TC13/1671

0732

基本著錄：　　　**朱子註釋濂關三書**

（Zhuzi zhu shi Lian Guan san shu）

（宋）朱熹注釋；（清）王植輯録

清雍正間（即 1723—1735）本

兩函七册；26 公分

相關責任者：　　（宋）朱熹（Zhu Xi），1130—1200，注釋；（清）王植（Wang Zhi），進士 1721，輯録

附　　注：　　　著者、書名及版刻據清雍正元年（1723）王植《序》。

框 18.9×12.3 公分，上下版框在版心處不連，10 行字不等，白口，四周單邊。版心中鐫篇名。

館藏信息：　　　Annex A，Forrestal：C13/2420 vol. 1—7

0733

基本著錄：　　　**朱子經濟文衡類編：[七十二卷]**

（Zhuzi jing ji wen heng lei bian：[qi shi er juan]）

[（宋）滕珙編]

清乾隆己未[4 年，1739]徽州府署本

四函十六册；27 公分

館藏本有殘缺：有缺葉。

相關責任者：　　（宋）滕珙（Teng Gong），進士 1187，編

附　　注：　　　計前集二十五卷、後集二十五卷、續集二十二卷。

版本據 CHLR94—B23。

框 20×13.7 公分，9 行 20 字，白口，四周單邊，單白魚尾。版心上鐫"經濟文衡"，中鐫"前集"等及卷次。

館藏信息：　　　RECAP：East Asian Library use only：C13/2888

0734

基本著錄：　　　**西山眞文忠公讀書記乙集：二十二卷**

（Xishan Zhen Wenzhong gong du shu ji yi ji：er shi er juan）

（宋）真德秀撰

宋開慶己未[元年,1259]福州福清縣學本

四函三十二册;31 公分

館藏本有殘缺:缺卷四、十二、十七至十九。

相關責任者: （宋）真德秀（Zhen Dexiu）,1178—1235,撰；（清）甘鵬雲（Gan Pengyun）,生年1861,收藏

附　注: 著者據書名。

書名據《目錄》。

補版葉版心下分別鐫"延祐五年補刊""大德五年補刊""大德十年補刊""嘉靖元年"等。

框21.5×15.7公分,9行17字,白口,左右雙邊,雙黑兼雙黑魚尾。

版心中鐫"讀書記乙集",下偶鐫刻工。

館藏信息: East Asian Library（Gest）:Rare Books:TC13/2324Q　　·

0735

基本著録: **西山先生眞文忠公讀書記:四十卷**

（Xishan xian sheng Zhen Wenzhong gong du shu ji:si shi juan）

（宋）真德秀撰

清乾隆戊午—己未[3—4年,1738—1739]真鼎元本

兩函三十册;28 公分

相關責任者: （宋）真德秀（Zhen Dexiu）,1178—1235,撰；（清）真鼎元（Zhen Ding yuan）,刻；（清）甘鵬雲（Gan Pengyun）,生年1861,收藏

附　注: 真德秀謚文忠,人稱西山先生。

版本據清乾隆四年（1739）真鼎元及真元傑《重修西山眞文忠公讀書記本末後》。

封面鐫"同治三年重鐫……讀書記本祠藏板"。

框20.8×15公分,10行21字,白口,四周雙邊,單黑魚尾。版心上鐫"讀書記",中鐫卷次。

有"曾為潛江甘氏所玫藏"印記。

館藏信息: RECAP:East Asian Library use only:C13/2028

0736

基本著録: **慈溪黃氏日抄分類:九十七卷. 慈溪黃氏日抄分類古今紀要:十九卷.**

子目：

慈溪黄氏日抄分類：九十七卷

（Cixi Huang shi ri chao fen lei：jiu shi qi juan）

（元）黄震編輯

慈溪黄氏日抄分類古今紀要：十九卷

（Cixi Huang shi ri chao fen lei gu jin ji yao：shi jiu juan）

（元）黄震

清乾隆丁亥［32 年，1767］汪佩鍔本

六函三十册；25 公分

翻刻底本原缺卷八十一、八十九、九十二。

相關責任者： （元）黄震（Huang Zhen），1213—1280，編輯；（清）汪佩鍔（Wang Pei'e），刻；（清）甘鵬雲（Gan Pengyun），生年 1861，收藏

附　注： 卷一至二十四爲《慈溪黄氏日抄分類》，卷二十五至三十爲《慈溪黄氏日抄分類古今紀要》。

封面鎸"宋板較刻黄氏日抄"。

元至元三年（1337）沈逮《黄氏日抄序》。清乾隆三十二年（1767）沈起元《重刻黄氏日抄序》、汪佩鍔《黄氏日鈔紀要序》《跋》。

沈起元《序》、汪佩鍔《序》言刻書事。

框 18.8×13.3 公分，《日抄分類》14 行 26 字，《古今紀要》12 行 22 字，細黑口，四周雙邊，順黑魚尾。版心上鎸"黄氏日抄"，中鎸小題及卷次。

"潛廬"印記。

館藏信息： East Asian Library（Gest）：Rare Books：TC13/1547

0737

基本著録： **讀書録：十一卷. 讀書續録：十二卷.**

子目：

讀書録：十一卷

（Du shu lu：shi yi juan）

（明）薛瑄著

讀書續録：十二卷

（Du shu xu lu：shi er juan）

（明）薛瑄著

清乾隆辛未［16 年,1751］薛天章本

一函六册;26 公分

相關責任者： （明）薛瑄（Xue Xuan）,1392—1464,著;（清）薛天章（Xue Tianzhang）,刻

附　　注： 附從政名言、理學粹言、行實錄五卷、薛文清公年譜（楊鶴撰）、薛文清公策問、薛文清公手稿。

此書係據明末清初舊板彙印。

清乾隆十六年(1751)侯錦雲《重刊薛文清公讀書錄序》。

框 18.3×13.5 公分,12 行 22 字,黑口,左右雙邊,雙黑魚尾。版心上鎸書名,中鎸卷次。

館藏信息： East Asian Library（Gest）:Rare Books:TC13/1653

0738

基本著録： **程志:十卷**

（Cheng zhi:shi juan）

（明）崔銑編校

明間（約 1524—1644）本

一函四册;30 公分

相關責任者： （明）崔銑（Cui Xian）,1478—1541,編校

附　　注： 《目錄》後鎸明嘉靖三年(1524)崔銑《識記》。

有補版,如卷一第二葉。補版"玄""弘"不避諱。

框 20.2×14.1 公分,10 行 20 字,白口,四周單邊。版心上鎸書名,下鎸卷次。

館藏信息： RECAP:East Asian Library use only:B117/1861

0739

基本著録： **呻吟語:六卷**

（Shen yin yu:liu juan）

（明）吕坤著

明萬曆癸巳［21 年,1593］本

一函六册;26 公分

相關責任者：	（明）呂坤（Lü Kun），1536—1618，著；（明）劉言謹（Liu Yanjin），校正
附　注：	明萬曆二十一年（1593）呂坤《序》。
	《呻吟語校正姓氏》題"門人劉言謹校正"。
	是書爲後印本。
	框21.5×14.2公分，9行19字，白口，左右雙邊，單黑魚尾。版心上鐫書名，中鐫卷次。
館藏信息：	East Asian Library（Gest）：Rare Books：TC13/3052a

0740

基本著録：	**呻吟語：六卷**
	（Shen yin yu：liu juan）
	（明）呂坤著
	明萬曆癸巳［21年，1593］本
	一函六册；28公分
相關責任者：	（明）呂坤（Lü Kun），1536—1618，著；（明）劉言謹（Liu Yanjin），校正
附　注：	明萬曆二十一年（1593）呂坤《序》。
	《呻吟語校正姓氏》題"門人劉言謹校正"。
	框21.5×14.1公分，9行19字，白口，左右雙邊，單黑魚尾。版心上鐫書名，中鐫卷次。
館藏信息：	East Asian Library（Gest）：Rare Books：TC13/3723

0741

基本著録：	**呻吟語：六卷**
	（Shen yin yu：liu juan）
	（明）呂坤著
	清乾隆甲寅［59年，1794］金陵呂燕昭本
	一函六册；23公分
相關責任者：	（明）呂坤（Lü Kun），1536—1618，著；（清）呂燕昭（Lü Yanzhao），刻；（清）顧晴崖（Gu Qingya），刻
附　注：	卷端又題"新安裔孫燕昭重校刊"。
	封面鐫"乾隆甲寅年重梨……本衙藏板"。
	呂燕昭《跋》言刻書事。末鐫"江寧顧晴崖家刻版"。

框 15.9×12.9 公分,11 行 21 字,白口,左右雙邊,單黑魚尾。版心上鐫書名,中鐫卷次及小題。

館藏信息: East Asian Library(Gest):Rare Books:TC13/3477

0742

基本著錄: **呻吟語摘:[二卷]**

(Shen yin yu zhai:[er juan])

(明)呂坤著;(明)[呂]知畏校

明萬曆丙辰[44 年,1616]本

一函兩冊;25 公分

相關責任者: (明)呂坤(Lü Kun),1536—1618,著;(明)呂知畏(Lü Zhiwei),校

附　注: 卷分上下。

明萬曆四十四年(1616)呂知畏《後序》言刻書事。

框 21.8×14.3 公分,8 行 20 字,白口,四周單邊,單黑魚尾。版心上鐫書名。

館藏信息: East Asian Library(Gest):Rare Books:TC13/3052b

0743

基本著錄: **呂子節錄:四卷,補遺[二卷]**

(Lüzi jie lu:si juan,bu yi[er juan])

(明)呂坤著;(清)陳宏謀評輯

清間(約 1786—1820)本

一函六冊;27 公分

相關責任者: (明)呂坤(Lü Kun),1536—1618,著;(清)陳宏謀(Chen Hongmou),1696—1771,評輯

附　注: 卷端又題"渭南蔣兆奎時南重刻",并有清乾隆五十一年(1786)蔣《序》,概是書據蔣氏所刻《呻吟節錄》而抄。

《補遺》分上下。

框 21.1×14.1 公分,8 行字不等,白口,四周雙邊,單黑魚尾。版心上鐫書名。

館藏信息: Annex A,Forrestal:C13/2405

0744

基本著録：	**汪子中詮：五卷**
	（Wangzi zhong quan：wu juan）
	（明）汪應蛟撰
	清乾隆間（即 1736—1795）本
	一函五册：圖；26 公分
相關責任者：	（明）汪應蛟（Wang Yingjiao），卒年 1628，撰
附　注：	汪應蛟號登原。
	避"曆"字諱。
	封面鎸"萬曆戊午年鎸　汪登原手著　敬思堂藏板"，偽。
	框 17.3×12.5 公分，9 行 20 字，白口，四周單邊，單黑魚尾。版心上鎸"中詮"，中鎸卷次。
館藏信息：	RECAP：East Asian Library use only：C13/3530

0745

基本著録：	**朱止泉先生朱子聖學考畧：八卷**
	（Zhu Zhiquan xian sheng Zhu zi sheng xue kao lüe：ba juan）
	（清）高斌訂定；（清）張師載參校
	清乾隆壬申［17 年，1752］高斌、張師載本
	一函八册；26 公分
相關責任者：	（清）高斌（Gao Bin），訂定；（清）張師載（Zhang Shizai），參校；（清）朱澤澐（Zhu Zeyun），1666—1732
附　注：	清乾隆十七年（1752）張師載《序》言刻書事。
	封面鎸"朱子聖學考畧""環溪艸堂藏板"。
	框 19.3×13.4 公分，10 行 22 字，白口，左右雙邊，單黑魚尾。版心上鎸"朱子聖學考畧"，中鎸卷次。
館藏信息：	East Asian Library（Gest）：Rare Books：TC13/3916

0746

基本著録：	**人譜正篇. 人譜續編：二卷. 人譜類記增訂：六卷.**
	子目：

人譜正篇

（Ren pu zheng pian）

（清）劉宗周著;（清）傅超,（清）傅彩輯

人譜續編:二卷

（Ren pu xu bian;er juan）

（清）劉宗周著;（清）傅超,（清）傅彩輯

人譜類記增訂:六卷

（Ren pu lei ji zeng ding;liu juan）

（清）劉宗周著;（清）傅超,（清）傅彩輯

清康熙己卯［38 年,1699］樹滋堂本

一函兩册;26 公分

相關責任者： （清）劉宗周（Liu Zongzhou）,1578—1645,著;（清）傅超（Fu Chao）,
輯;（清）傅彩（Fu Cai）,輯

附　　注： 清康熙三十八年（1699）傅超《叙》及傅彩《重刻劉蕺山夫子人譜序》
言刻書事。

框 19.6×14.6 公分,11 行 24 字,白口,左右雙邊,單黑魚尾。版心
上鎸"人譜"或"人譜類記",下鎸"樹滋堂訂"。

館藏信息： East Asian Library（Gest）:Rare Books:TC13/1887

0747

基本著録： **内則衍義:十六卷**

（Nei ze yan yi;shi liu juan）

（清）世祖福臨

清順治丙申［13 年,1656］北京内府本

一函八册;28 公分

相關責任者： （清）世祖福臨（Fulin）,1638—1661

附　　注： 框 18.7×13.7 公分,9 行 17 字,白口,四周單邊,單黑魚尾。版心上
鎸書名,中鎸卷次。

館藏信息： East Asian Library（Gest）:Rare Books:TC13/3805

0748

基本著録： **孝經衍義:一百卷,卷首［二卷］**

（Xiao jing yan yi：yi bai juan，juan shou［er juan］）

（清）葉方藹等撰

編目記錄詳見《經部・孝經類》。

0749

基本著錄： **淵鑒齋御纂朱子全書：六十六卷**

（Yuan jian zhai yu zuan Zhuzi quan shu：liu shi liu juan）

（清）李光地等纂

清間（約 1714—1795）本

四函二十五冊；27 公分

相關責任者： （清）李光地（Li Guangdi），1642—1718，纂

附　注： 有武英殿監造者名單。

是書爲翻刻清康熙五十三年（1714）内府原本。

清康熙五十二年（1713）《御製朱子全書序》。

著者據清康熙五十三年（1714）李光地《進表》。

框 19.1×14 公分，9 行 20 字，白口，四周單邊，單黑魚尾。版心上鑴

"朱子全書"，中鑴卷次及小題。

館藏信息： East Asian Library（Gest）：Rare Books：TC13/798

0750

基本著錄： **淵鑒齋御纂朱子全書：六十六卷**

（Yuan jian zhai yu zuan zhu zi quan shu：liu shi liu juan）

（清）李光地［等］纂

清間（約 1714—1911）江西書局本

四函四十冊；26 公分

相關責任者： （清）李光地（Li Guangdi），1642—1718，纂

附　注： 清康熙五十二年（1713）《御製朱子全書序》《目錄》。康熙五十三年

（1714）李光地《進表》《職名》《凡例》。

有武英殿監造者名單。

書名葉背面題"江西書局敬謹重修"。

框 18.9×14 公分，9 行 20 字，抬頭行多 1 字，大黑口，四周單邊，雙黑

順魚尾。版心中鑴"朱子全書"、卷數及分卷名與篇名。

館藏信息： Annex A,Forrestal:C13/835

0751

基本著録： **御纂性理精義:十二卷**

（Yu zuan xing li jing yi:shi er juan）

（清）李光地等纂修

清康熙丁酉[56 年,1717]北京武英殿本

一函八册;30 公分

相關責任者： （清）李光地（Li Guangdi）,1642—1718,纂修

附　注： 有武英殿監造名單。

著者據《職名》。

清康熙五十六年(1717)《御製性理精義序》。

框 22.2×16.1 公分,8 行,小字雙行 22 字,白口,四周雙邊,單黑魚
尾。版心上鐫書名,中鐫卷次及篇名。

館藏信息： East Asian Library(Gest):Rare Books:TC13/885Q

0752

基本著録： **御纂性理精義:十二卷**

（Yu zuan xing li jing yi:shi er juan）

（清）李光地等纂修

清間（約 1718—1795）本

一函六册;30 公分

相關責任者： （清）李光地（Li Guangdi）,1642—1718,纂修;（清）甘鵬雲（Gan
Pengyun）,生年 1861,收藏

附　注： 著者據《職名》。

清康熙五十六年(1717)《御製性理精義序》。

是書爲翻刻武英殿本。

框 22.2×16.1 公分,8 行,小字雙行 22 字,白口,四周雙邊,單黑魚
尾。版心上鐫書名,中鐫卷次及篇名。

有“潛江甘鵬雲藥樵攷藏書籍章”印記及甘氏題記。

館藏信息： RECAP:East Asian Library use only:C13/1686

0753

基本著錄： 　欽定執中成憲：八卷

（Qin ding zhi zhong cheng xian：ba juan）

（清）世宗胤禛撰

清乾隆丙辰［元年，1736］北京武英殿本

四册；29 公分

相關責任者： （清）世宗胤禛（Yinzhen），1677—1735，撰

附　　注： 清乾隆元年（1736）《御製執中成憲序》。

框 20.6×15.4 公分，8 行 20 字，白口，四周雙邊，單黑魚尾。版心上
鐫書名，中鐫卷次。

館藏信息： East Asian Library（Gest）：Rare Books：TC13/3289Q

0754

基本著錄： 　日知薈說：四卷

（Ri zhi hui shuo：si juan）

（清）高宗弘曆

清乾隆間（即 1736—1795）本

兩册；27 公分

相關責任者： （清）高宗弘曆（Hongli），1711—1799；（清）甘鵬雲（Gan Pengyun），
生年 1861，收藏

附　　注： 清乾隆元年（1736）《御製序》。

書末有“恭刊諸臣職名”。

框 18.7×14 公分，7 行 18 字，白口，四周雙邊，單黑魚尾。版心上鐫
書名，中鐫卷次。

有“潛江甘印鵬雲藥樵收藏書籍章”等印記。

館藏信息： East Asian Library（Gest）：Rare Books：TC13/1690

0755

基本著錄： 　日知薈說：四卷

（Ri zhi hui shuo：si juan）

（清）高宗弘曆

清乾隆間(即 1736—1795)本

一函兩冊;26 公分

相關責任者： (清)高宗弘曆(Hongli),1711—1799

附　　注： 清乾隆元年(1736)《御製序》。

書末有《恭刊諸臣職名》。

框 18.7×13.5 公分,7 行 18 字,白口,四周雙邊,單黑魚尾。版心上鐫書名,中鐫卷次。

館藏信息： RECAP:East Asian Library use only:D33/2230 vol. 15—16

0756

基本著録： **道一録:五卷**

(Dao yi lu:wu juan)

(清)張沐輯

清康熙間(約 1666—1722)本

一函六冊;26 公分

相關責任者： (清)張沐(Zhang Mu),進士 1658,輯

附　　注： 清康熙五年(1666)孫奇逢《叙》。

框 19×13.6 公分,9 行 20 字,白口,四周單邊,單黑魚尾。版心上鐫書名,中鐫卷次。

館藏信息： East Asian Library(Gest):Rare Books:TD73/3985

0757

基本著録： **榕村語録:三十卷**

(Rongcun yu lu:san shi juan)

(清)徐用錫纂輯

清雍正己酉—乾隆癸亥[雍正 7 年—乾隆 8 年,1729—1743]李清植本

兩函十冊;24 公分

相關責任者： (清)徐用錫(Xu Yongxi),進士 1709,纂輯;(清)李清植(Li Qing-zhi),1690—1744,刻

附　　注： 封面題"教忠堂藏板……"。

不避"弘""曆"字諱。

清雍正七年(1729)李清植《識語》,書末有雍正十一年(1733)徐用錫《識語》,清乾隆八年(1743)張叙《榕村語錄序》,提纂輯及刻書事。

框17.3×12.8公分,9行20字,白口,左右雙邊,單黑魚尾。版心上鐫書名,中鐫卷次及小題。

館藏信息: East Asian Library(Gest):Rare Books:TC13/3293

0758

基本著錄: 畜德錄:二十卷

(Xu de lu:er shi juan)

(清)席啓圖纂輯

清康熙丙寅[25年,1686]繩武堂本

一函十册;27公分

相關責任者: (清)席啓圖(Xi Qitu),纂輯

附　注: 封面鐫"繩武堂藏板",并鈐"繩武堂"印記。

清康熙二十五年(1686)繆彤《叙》言刻書事。

框20.9×14.6公分,8行18字,白口,左右雙邊,單黑魚尾。版心上鐫書名,中鐫卷次及篇名,下鐫"繩武堂"。

館藏信息: East Asian Library(Gest):Rare Books:TC328/3543

0759

基本著錄: 坤德寶鑑:七卷

(Kun de bao jian:qi juan)

(清)張履平撰

清康熙間(即1662—1722)遹修堂本

一函七册:圖;28公分

相關責任者: (清)張履平(Zhang Lüping),撰

附　注: 著者據張景運《序》。

避"玄"字諱。

框19.8×14.9公分,9行20字,白口,四周雙邊,單黑魚尾。版心上鐫書名,下鐫"遹修堂"。

館藏信息: East Asian Library(Gest):Rare Books:TC13/2852

0760

基本著錄：　　　**臆言：四卷**

（Yi yan：si juan）

（清）朱顯祖著

清康熙戊辰［27 年,1688］天瑞堂本

四冊;26 公分

相關責任者：　（清）朱顯祖（Zhu Xianzu）,著

附　　　注：　清康熙二十七年（1688）朱顯祖《自叙》。

封面鐫"……天瑞堂藏板"。

框 19×13.5 公分,9 行 20 字,黑口,四周雙邊,單黑魚尾。版心中鐫
書名及卷次。

館藏信息：　　East Asian Library（Gest）：Rare Books：TC13/2875

0761

基本著錄：　　　**廣理學備考**

（Guang Li xue bei kao）

（清）范鄗鼎彙編

清康熙間（約 1680—1722）范鄗鼎五經堂本

四函二十四冊;24 公分

館藏本有殘缺,存三十六種。

相關責任者：　（清）范鄗鼎（Fan Haoding）,進士 1667,彙編

附　　　注：　此叢書係陸續刻成。

封面鐫"五經堂藏板"。

版本又據 CHHR99—B142。

框 18.9×11.7 公分,9 行 25 字,白口,四周雙邊。版心上鐫書名及
篇名,下鐫"五經堂彙編"。

館藏信息：　　East Asian Library（Gest）：Rare Books：TC13/2671

0762

基本著錄：　　　**讀書作文譜：十二卷. 父師善誘法：［二卷］.**

子目：

讀書作文譜：十二卷

（Du shu zuo wen pu：shi er juan）

（清）唐彪輯著

父師善誘法：［二卷］

（Fu shi shan you fa：［er juan］）

（清）唐彪輯著

清康熙間（約 1699—1722）本

一函兩冊；26 公分

相關責任者： （清）唐彪（Tang Biao），輯著

附　　注： 《父師善誘法》卷分上下。

清康熙三十八年（1699）毛奇齡《序》。

不避"弘"字諱。

框 21.6×15.2 公分，11 行 25 字，白口，四周單邊，單黑魚尾。版心上鐫書名，中鐫卷次。

館藏信息： East Asian Library（Gest）：Rare Books：TC13/2273

0763

基本著錄： **事親庸言：二十卷**

（Shi qin yong yan：er shi juan）

（清）竇克勤著

清康熙庚子［59 年，1720］竇容莊、竇容邃本

一函七冊；26 公分

相關責任者： （清）竇克勤（Dou Keqin），著；（清）竇容莊（Dou Rongzhuang），刻；（清）竇容邃（Dou Rongsui），刻

附　　注： 封面題"朱陽書院藏板"。

卷端題"朱陽竇克勤靜庵甫著　男容莊容邃校梓"。

清康熙五十九年（1720）竇容莊《校刊事親庸言紀畧》提刻書事。

框 18.7×13.5 公分，9 行 20 字，白口，四周單邊。版心上鐫書名，中鐫卷次。

館藏信息： East Asian Library（Gest）：Rare Books：TC13/1537

0764

基本著録： **讀書小記：[三十一卷]**

（Du shu xiao ji：[san shi yi juan]）

（清）范爾梅著；（清）范鋐金等校集

編目記録詳見《經部・群經總義類》。

0765

基本著録： **澄懷園語：四卷**

（Cheng huai yuan yu：si juan）

（清）張廷玉

清乾隆間（約1746—1795）張氏本

一函兩册；26公分

相關責任者： （清）張廷玉（Zhang Tingyu），1672—1755

附　　注： 清乾隆十一年（1746）張廷玉《自序》。

框17.4×13.5公分，10行19字，白口，左右雙邊，單黑魚尾。版心中鐫書名及卷次。

館藏信息： East Asian Library（Gest）：Rare Books：TC318/1699

0766

基本著録： **新增願體集：四卷**

（Xin zeng Yuan ti ji：si juan）

（清）李仲麟重輯

清乾隆乙酉[54年，1789]李氏本

一函八册；25公分

相關責任者： （清）李仲麟（Li Zhonglin），重輯

附　　注： 封面鐫"乾隆乙酉年鐫……新增願體廣類集　本衙藏板"。

清乾隆二十九年（1764）李仲麟《序》。

框19.8×13.7公分，8行19字，白口，四周雙邊，單黑魚尾。版心中鐫卷次。

館藏信息： East Asian Library（Gest）：Rare Books：TC13/3929

0767

基本著錄：　　　範家集畧：六卷

（Fan jia ji lüe：liu juan）

（清）秦坊輯；（清）［秦］源寬，（清）［秦］源功重校

清順治辛卯［8 年，1651］秦氏本

一函十二册；26 公分

相關責任者：　（清）秦坊（Qin Fang），輯；（清）秦源寬（Qin Yuankuan），重校；（清）

秦源功（Qin Yuangong），重校

附　　注：　清順治八年（1651）陳卿茂《序》言"……刻成而秦子馳緘屬序予

……"。

不避"玄"字諱。

框 20.9×14.1 公分，9 行 21 字，白口，四周單邊。版心上鐫書名，下

鐫小題簡稱。

館藏信息：　East Asian Library（Gest）：Rare Books：TB117/3899

0768

基本著錄：　　　新書：十卷，附錄

（Xin shu：shi juan，fu lu）

（西漢）賈誼著；（明）黄甫龍，（明）唐琳訂

明間（約 1621—1644）本

一函兩册；27 公分

相關責任者：　（西漢）賈誼（Jia Yi），著；（明）黄甫龍（Huang Fulong），訂；（明）唐琳

（Tang Lin），訂；（清）甘鵬雲（Gan Pengyun），生年 1861，收藏

附　　注：　版本據風格。

框 19.6×14.3 公分，9 行 18 字，白口，四周單邊。版心上鐫書名，中

鐫卷次。眉上鐫注。

有甘鵬雲藏印及題跋。

館藏信息：　East Asian Library（Gest）：Rare Books：TC13/1701

0769

基本著錄：　　　劉向說苑：二十卷

（Liu Xiang Shuo yuan：er shi juan）

（明）吳勉學校

明間（即 1368—1644）吳勉學本

一函八册；27 公分

相關責任者：	（明）吳勉學（Wu Mianxue），校
附　　注：	卷端題“明新安吳勉學校”。
	曾鞏《說苑序》未署年月。
	書內無刻書文字依據，字體似明萬曆。
	框 19.8×14.2 公分，9 行 18 字，白口，左右雙邊，單黑魚尾。版心上鐫“劉向說苑”，中鐫卷次。
館藏信息：	East Asian Library（Gest）：Rare Books：TC13/1586

0770

基本著録：	［**劉氏新序說苑合集**］：［**三十卷**］
	（［Liu shi Xin xu Shuo yuan he ji］：［san shi juan］）
	（明）黃汝亨等閱
	明天啓壬戌［2 年，1622］嚴翼本
	兩函十册；26 公分
	館藏本有殘缺：存《說苑》。
相關責任者：	（明）黃汝亨（Huang Ruheng），1558—1626，閱；（明）嚴翼（Yan Yi），刻
附　　注：	《新序》十卷、《說苑》二十卷。
	卷端題“劉向說苑”。
	明天啓二年（1622）黃汝亨《重刻新序說苑序》及未署年嚴翼《跋》言刻書事。
	框 20.9×13.3 公分，8 行 18 字，白口，四周單邊，單黑魚尾。版心中鐫“說苑”及卷次。
館藏信息：	East Asian Library（Gest）：Rare Books：TC13/4043

0771

基本著録：	說苑：二十卷
	（Shuo yuan：er shi juan）

（西漢）劉向著；（明）鍾人傑閱

明間（約 1621—1644）本

一函四冊；27 公分

相關責任者： （西漢）劉向（Liu Xiang），約公元前 77—公元前 6，著；（明）鍾人傑
（Zhong Renjie），閱

附　　注： 卷一卷端題"漢沛郡劉向著　鍾人傑閱"。

明嘉靖六年（1547）何良俊《說苑新叙序》、曾鞏《說苑序》。

書内無刻書文字依據，字體似明末。

框 20.1×14.3 公分，9 行 20 字，白口，左右雙邊，單白魚尾。版心上
鎸"說苑"，中鎸卷次。

館藏信息： East Asian Library（Gest）：Rare Books：TC13/319

0772

基本著録： **鹽鐵論：十二卷**

（Yan tie lun：shi er juan）

（西漢）桓寬著；（明）徐仁毓閱

明間（約 1621—1644）本

一函六冊；28 公分

相關責任者： （西漢）桓寬（Huan Kuan），公元前 1 世紀，著；（明）徐仁毓（Xu Ren
yu），閱；（明）張之象（Zhang Zhixiang），1507—1587，注

附　　注： 明嘉靖三十二年（1553）張之象《鹽鐵論序》言及注《鹽鐵論》事。

書内字體爲明末風格。

框 19.7×14.4 公分，9 行 20 字，小字雙行同，白口，左右雙邊，單白
魚尾。版心上鎸書名，中鎸卷次。

館藏信息： East Asian Library（Gest）：Rare Books：TC13/812

0773

基本著録： **徐幹中論：[二卷]**

（Xu Gan zhong lun：[er juan]）

（東漢）徐幹

明萬曆間（即 1573—1620）本

一函兩冊；28 公分

相關責任者： （東漢）徐幹（Xu Gan），171—218

附　　注： 卷分上下。

框21×13.7公分，9行17字，白口，四周雙邊，雙黑魚尾。版心中鐫"中論"及卷次，下鐫"善"。

館藏信息： East Asian Library（Gest）：Rare Books：TC13/3722

0774

基本著録： **文中子：十卷**

（Wenzhongzi：shi juan）

（隋）王通

明間（即1368—1644）本

一函兩册；29公分

相關責任者： （隋）王通（Wang Tong），584—617

附　　注： 卷端未題著者，無序跋。《目録》中通常著録爲"題隋王通撰"。

王通，其門人謚曰"文中子"。

框18.3×13公分，10行20字，白口，左右雙邊。版心中鐫"文中子"及卷次。

館藏信息： East Asian Library（Gest）：Rare Books：TC13/381Q

0775

基本著録： **中説：十卷**

（Zhong shuo：shi juan）

（宋）阮逸注

明間（約1533—1644）敬忍居本

一函四册；25公分

相關責任者： （宋）阮逸（Ruan Yi），約1023—1053，注；（隋）王通（Wang Tong），584—617

附　　注： 《文中子中説序》未署姓名及年月。

《序》曰："《中説》者，子之門人對問之書也，福畤兄弟傳授中説於仲父凝，始爲十卷。"各家《目録》通常著録爲"題隋王通撰"。

框18.7×14.3公分，8行17字，小字雙行字數同，白口，單黑魚尾，四周雙邊。上書口鐫"文中子中説"，版心中鐫卷次，下書口鐫"敬忍居"。

館藏信息： East Asian Library（Gest）：Rare Books：TC13/313

0776

基本著録： **中說：十卷**

（Zhong shuo：shi juan）

（宋）阮逸注

明間（約 1522—1644）敬忍居本

一函四册；27 公分

相關責任者： （宋）阮逸（Ruan Yi），約 1023—1053，注；（隋）王通（Wang Tong），584—617

附　　注： 《文中子中說序》未署姓名及年月。

各家《目錄》通常著録爲"題隋王通撰"。

框 18.7×14.3 公分，8 行 17 字，小字雙行同，白口，四周雙邊，單黑魚尾。版心上鐫"文中子中說"，中鐫卷次，下鐫"敬忍居"。

館藏信息： East Asian Library（Gest）：Rare Books：TC13/4041

0777

基本著録： **中說：十卷**

（Zhong shuo：shi juan）

（宋）阮逸注

明間（約 1522—1620）本

一函四册；25 公分

相關責任者： （宋）阮逸（Ruan Yi），約 1023—1053，注；（隋）王通（Wang Tong），584—617

附　　注： 框 17.2×13.5 公分，10 行 16 字，白口，四周單邊，單黑魚尾。版心中鐫"文中子"及卷次。

疑爲叢書零種。

館藏信息： East Asian Library（Gest）：Rare Books：TC13/4041x

0778

基本著録： **正蒙會稿：四卷**

（Zheng meng hui gao：si juan）

（明）劉璣

明嘉靖間（即 1522—1566）本

四册；27 公分

相關責任者： （明）劉璣（Liu Ji），1457—1532；（宋）張載（Zhang Zai），1020—1077

附　　注： 卷端未題著者，著者據《序》。韓邦奇《序》曰："吾友何子仲默以近山先生正蒙會稿寄示。"

劉璣，號近山。

明嘉靖十一年（1532）韓邦奇《正蒙會稿序》。

書内無刻書文字依據，字體風格爲嘉靖。

框 18.6×13.2 公分，10 行 21 字，白口，四周雙邊。版心中鐫"正蒙會稿"及卷次。

館藏信息： East Asian Library（Gest）：Rare Books：TC13/268

0779

基本著録： **二程全書：[六十八卷]**

（Er Cheng quan shu：[liu shi ba juan]）

（明）徐必達校正

明萬曆丙午[34 年，1606]徐必達本

四函十六册；28 公分

館藏本有殘缺：缺卷五十四至六十八。

相關責任者： （明）徐必達（Xu Bida），進士 1592，校正

附　　注： 二程，即程顥、程頤。

書内徐必達明萬曆三十四年（1606）《序》缺首葉，據館藏《二程全書》（9100/3438 册 5—6）知徐《序》名爲《刻二程全書序》，并應有葉向高《二程全書叙》，《叙》中提徐氏刻書事。

框 21.2×14.7 公分，10 行 20 字，小字雙行同，白口，四周雙邊，單黑魚尾。版心上鐫書名，中鐫卷次及小題。

"南海譚氏藏書畫印"印記。

館藏信息： East Asian Library（Gest）：Rare Books：TC13/853

0780

基本著錄: **分類經進近思錄集解：十四卷**

（Fen lei jing jin Jin si lu ji jie：shi si juan）

（明）葉采集進［解］；（明）周公恕類次；（明）吳勉學校閱

明間（約 1573—1620）吳勉學本

一函六冊；25 公分

相關責任者: （明）葉采（Ye Cai），集解；（明）周公恕（Zhou Gongshu），類次；（明）吳勉學（Wu Mianxue），校閱

附　　注: 版本據風格。

框 19.5×13.7 公分，9 行 18 字，白口，左右雙邊，單黑魚尾。版心中鎸卷次。

館藏信息: East Asian Library（Gest）：Rare Books：TC13/3416

0781

基本著錄: **小學集註：六卷**

（Xiao xue ji zhu：liu juan）

（明）陳選集注

明間（約 1621—1644）吳士元本

一函四冊；27 公分

相關責任者: （明）陳選（Chen Xuan），1429—1486，集注；（明）吳士元（Wu Shiyuan），進士 1619，較刻

附　　注: 卷端又題"豫章吳士元較刻"。

版本據風格。

框 21.3×15.1 公分，9 行 20 字，白口，四周單邊。版心上鎸"小學"、篇名及卷次，下鎸刻工。

館藏信息: East Asian Library（Gest）：Rare Books：TC13/3415

0782

基本著錄: **朱子語類：一百四十卷**

（Zhuzi yu lei：yi bai si shi juan）

（宋）黎靖德類編

明成化癸巳[9年,1473]江西陳煒本

六函四十八冊;27公分

相關責任者: （宋）黎靖德（Li Jingde）,活動期13世紀,類編；（明）陳煒（Chen Wei）,1430—1484,刻；（明）孫修（Sun Xiu）,1478—1533,補修

附　　注： 卷端未題著者,序目《朱子語類大全》下題"宋導江黎靖德類編"。

世瞻《補刊朱子語類大全序》未署年月。明成化九年（1473）彭時《朱子語類大全序》、陳煒《後序》、張元禎《朱子語類大全後序》。卷前有舊序若干。《序目》後有黎靖德宋景定四年（1263）及宋咸淳六年（1270）後記。

世瞻、彭時等《序》提在江西刻書事。

框20×15.3公分,14行24字,白口,左右雙邊,三黑魚尾。版心中鎸卷數。

館藏信息： East Asian Library（Gest）:Rare Books:TC13/804

0783

基本著錄： **類編標註文公朱先生經濟文衡:前集二十五卷.類編標註文公先生經濟文衡:後集二十五卷.類編標註文公先生經濟文衡:續集二十二卷.**

子目:

類編標註文公朱先生經濟文衡:前集二十五卷

（Lei bian biao zhu Wen'gong Zhu xian sheng Jing ji wen heng:qian ji er shi wu juan）

（宋）朱熹

類編標註文公先生經濟文衡:後集二十五卷

（Lei bian biao zhu Wen'gong xian sheng Jing ji wen heng:hou ji er shi wu juan）

（宋）朱熹

類編標註文公先生經濟文衡:續集二十二卷

（Lei bian biao zhu Wen'gong xian sheng Jing ji wen heng:xu ji er shi er juan）

（宋）朱熹

明萬曆丙午[34年,1606]朱吾弼本

兩函十二冊;28公分

相關責任者： （宋）朱熹（Zhu Xi），1130—1200；（明）朱吾弼（Zhu Wubi），進士 1589，刻

附　　注： 卷端書名及卷數後題"前集""後集""續集"。

書內未題編者。

卷一卷端題刻者，有朱吾弼等數人。

明萬曆三十四年（1606）朱吾弼《經濟文衡序》、董應舉《重刻經濟文衡跋》。明正德四年（1509）楊一清《序》。

朱吾弼《序》提刻書事。

框 21×14.4 公分，9 行 20 字，白口，四周單邊，單白魚尾。版心上鐫"經濟文衡"，中鐫卷次。

館藏信息： East Asian Library（Gest）：Rare Books：TC13/585

0784

基本著録： **朱文公語録類要述：十八卷**

（Zhu Wen'gong yu lu lei yao shu：shi ba juan）

（明）范淶輯述

明萬曆間（約 1607—1620）詹光陛等本

一函六册；25 公分

相關責任者： （明）范淶（Fan Lai），進士 1574，輯述；（明）詹光陛（Zhan Guangbi），刻

附　　注： 卷端又題"後學詹光陛孝甫……校梓"。

明萬曆三十五年（1607）范淶《序》。

框 20×14.1 公分，10 行 20 字，白口，四周單邊，單白魚尾。版心上鐫"朱子語錄述"，中鐫卷次。

館藏信息： East Asian Library（Gest）：Rare Books：TC13/3402

0785

基本著録： **大學衍義：四十三卷. 大學衍義補：一百六十卷，卷首.**

子目：

大學衍義：四十三卷

（Da xue yan yi：si shi san juan）

（宋）真德秀彙輯；（明）陳仁錫評閱

大學衍義補：一百六十卷，卷首

（Da xue yan yi bu：yi bai liu shi juan，juan shou）

（明）丘濬進呈；（明）陳仁錫評閱

明崇禎壬申［5 年，1632］陳仁錫本

四函二十册；27 公分

相關責任者： （宋）真德秀（Zhen Dexiu），1178—1235，彙輯；（明）陳仁錫（Chen Renxi），1581—1636，評閱；（明）丘濬（Qiu Jun），1421—1495，進呈

附　　注： 《大學衍義》卷前有未署年《嘉靖聖諭大學衍義》、文震孟《大學衍義序》。明崇禎五年（1632）陳仁錫《續補衍義全書序》《大學衍義序》。真德秀《大學衍義序》及若干舊序。

《大學衍義補》卷前有明萬曆三十三年（1605）《御製重刊大學衍義補叙》。陳仁錫《大學衍義補序》、丘濬《大學衍義補序》未署年月。明弘治元年（1488）周洪謨等《題請》。

陳仁錫《大學衍義序》言合刻二書事。

框 21.5×14.5 公分，10 行 20 字，白口，四周單邊，單白魚尾。版心上鐫“大學衍義”，中鐫卷次及小題。眉欄小字注。

館藏信息： East Asian Library（Gest）：Rare Books：TC13/831

0786

基本著錄： **大學衍義補：一百六十卷：補前書，目錄三卷**

（Da xue yan yi bu：yi bai liu shi juan，bu qian shu，mu lu san juan）

（明）丘濬

明弘治間（即 1488—1505）福建建寧府本

十函六十册；29 公分

相關責任者： （明）丘濬（Qiu Jun），1421—1495；（宋）真德秀（Zhen Dexiu），1178—1235

附　　注： 《目錄》分上下，另有《總目》一卷。

丘濬《大學衍義補序》未署年月。明弘治元年（1488）周洪謨等《題請》。明成化二十三年（1487）丘濬《進大學衍義補表》。

丘濬《進表》曰：“臣所撰刊《大學衍義補》一百六十卷，補前書一卷，并目錄三卷。”

卷端未題著者，著者據丘濬《進表》。

周洪謨《題請》提刻書事。

明建寧府屬福建省。

框 22.5×15.2 公分,10 行 20 字,黑口,四周雙邊,雙黑魚尾。版心中鐫"大學衍義補"及卷次。

"王壽康印""子虛"印記。

館藏信息： East Asian Library(Gest)：Rare Books；TC13/391Q

0787

基本著錄： **大學衍義補：一百六十卷,卷首**

(Da xue yan yi bu：yi bai liu shi juan,juan shou)

(明)丘濬進呈；(明)陳仁錫評閱

明崇禎壬申[5 年,1632]陳仁錫本

四函三十六册；28 公分

相關責任者： (明)丘濬(Qiu Jun),1421—1495,進呈；(明)陳仁錫(Chen Renxi),
1581—1636,評閱

附　　注： 未署年陳仁錫《大學衍義補序》及未署年丘濬《大學衍義補序》。

框 21.8×14.6 公分,10 行 20 字,白口,四周單邊,單白魚尾。版心上鐫書名,中鐫卷次及小題。

版本參據本館另一部(NJPX91－B585)。

館藏信息： East Asian Library(Gest)：Rare Books；TC13/4042

0788

基本著錄： **精刻大學衍義補摘粹：十二卷**

(Jing ke Da xue yan yi bu zhai cui：shi er juan)

(明)許國選集

明隆慶丁卯[元年,1567]金陵查策本

一函六册；28 公分

相關責任者： (明)許國(Xu Guo),1527—1596,選集；(明)查策(Zha Ce),刻

附　　注： 卷端又題"寓金陵三山街芝川查策繡梓"。

明隆慶元年(1567)查鐸《刻大學衍義補摘粹》。

框 18.9×12.3 公分,11 行 24 字,白口,四周雙邊,單黑魚尾。版心上鐫"衍義摘粹",中鐫卷次。

館藏信息： East Asian Library(Gest)：Rare Books：TC13/2975

0789

基本著錄： **先聖大訓：六卷**

（Xian sheng da xun：liu juan）

（宋）楊簡輯、注

明萬曆乙卯［43 年,1615］鄭光弼本

兩函十二册；28 公分

相關責任者： （宋）楊簡（Yang Jian）,1140—1225,輯、注；（明）鄭光弼（Zheng Guangbi）,刻

附　　注： 明萬曆四十三年（1615）陳其柱《序》言刻書事。

框 21.7×15.3 公分,8 行 16 字,白口,四周單邊。版心上鐫書名及卷次。

館藏信息： East Asian Library(Gest)：Rare Books：TC13/2818

0790

基本著錄： **聖學心法：四卷**

（Sheng xue xin fa：si juan）

（明）成祖朱棣輯

明永樂己丑［7 年,1409］北京内府本

一函十册；33 公分

相關責任者： （明）成祖朱棣（Zhudi）,1360—1424,輯

附　　注： 著者及版本據明永樂七年（1409）成祖《御製序》。

框 25.6×19 公分,10 行 22 字,黑口,四周雙邊,雙黑魚尾。版心中鐫書名及卷次。

館藏信息： East Asian Library(Gest)：Rare Books：TC13/2979Q

0791

基本著錄： **性理大全書：七十卷,卷首**

（Xing li da quan shu：qi shi juan,juan shou）

（明）胡廣等纂修

明嘉靖甲午［13 年,1534］王氏三槐堂本

四函三十二冊：圖；25 公分

相關責任者： （明）胡廣（Hu Guang），1370—1418，纂修

附　　注： 卷端未題著者，著者據《進書表》及《纂修官姓氏》。

明永樂十三年（1415）《御製性理大全書序》。

《序》末鐫"嘉靖十三年王氏三槐堂校正重刊"。

框 17.6×13 公分，12 行 24 字，小字雙行字數同，黑口，四周雙邊，雙黑魚尾。版心上鐫"性理大全"及卷次，中鐫小題。

館藏信息： East Asian Library（Gest）：Rare Books：TC13/541

0792

基本著錄： **新刻九我李太史校正大方性理全書：七十卷**

（Xin ke Jiuwo Li tai shi jiao zheng da fang xing li quan shu：qi shi juan）

（明）胡廣等纂修；（明）李廷機校正

明萬曆間（即 1573—1620）金陵李洪宇本

六函四十八冊：圖：27 公分

相關責任者： （明）胡廣（Hu Guang），1370—1418，纂修；（明）李廷機（Li Tingji），進士 1583，校正；（明）李洪宇（Li Hongyu），刻

附　　注： 著者據明永樂十三年（1415）胡廣等《進書表》。

封面鐫"歷氏[代]名賢大方性理""金陵李洪宇梓行"。

卷末有牌記（有損失）鐫"萬曆癸口年"。

有《御製性理大方書序》。

框 20.5×14.7 公分，10 行 20 字，小字雙行同，白口，四周雙邊，雙黑魚尾。版心上鐫"性理大方"，中鐫卷次。

館藏信息： East Asian Library（Gest）：Rare Books：TC13/1761

0793

基本著錄： **五倫書：六十二卷**

（Wu lun shu：liu shi er juan）

（明）宣宗朱瞻基

明正統丁卯[12 年，1447]北京內府本

四函三十二冊；37 公分

相關責任者： （明）宣宗朱瞻基（Zhu zhanji），1399—1435；（明）顧源（Gu Yuan），進

士 1481,收藏

附　　注：　卷端未題著者。

明正統十二年(1447)《御製五倫書序》。

序末有墨筆題字"都御史臣源欽奉",并鈐"總司口紀"印。

卷末有墨筆題字"都察院右副都御史臣顧源欽奉",并鈐"右御史中丞""賜進士階正奉大夫正治卿副都御史長洲思菴顧源印"二印記。

框30.7×19.4公分,9行18字,黑口,四周雙邊,雙黑魚尾。版心中鑴書名及卷次。

館藏信息：　East Asian Library(Gest):Rare Books:TC328/1212Q

0794

基本著錄：　**薛文清公讀書錄:十卷.讀書續錄:十二卷.**

子目：

薛文清公讀書錄:十卷

(Xue Wenqing gong du shu lu:shi juan)

(明)薛瑄

讀書續錄:十二卷

(Du shu xu lu:shi er juan)

(明)薛瑄

明嘉靖乙卯[34年,1555]聞喜縣沈維藩本

四函十六冊;27公分

相關責任者：　(明)薛瑄(Xue Xuan),1392—1464;(明)沈維藩(Shen Weifan),刻

附　　注：　薛瑄諡文清。

卷一卷端題"七世孫薛應麟重刊　茂州貢士蔣英才庠生陳大學陳世科蘇采仝校正"。

《重刻讀書錄公移》言平陽府聞喜縣知縣沈維藩刻書事。

框18.9×13.3公分.10行20字,白口,四周雙邊,雙黑魚尾。《讀書錄》版心中鑴"讀書錄卷上"及卷次,《續錄》版心中鑴"續書錄"及卷次。

館藏信息：　East Asian Library(Gest):Rare Books:TC13/719

0795

基本著錄： **薛文清公讀書錄：十卷. 讀書續錄：十二卷.**

子目：

薛文清公讀書錄：十卷

（Xue Wenqing gong du shu lu：shi juan）

（明）薛瑄

讀書續錄：十二卷

（Du shu xu lu：shi er juan）

（明）薛瑄

明嘉靖乙卯[34 年,1555]聞喜縣沈維藩本

一函六冊；28 公分

本館藏本不完整；存《讀書續錄》。

相關責任者： （明）薛瑄（Xue Xuan），1392—1464；（明）沈維藩（Shen Weifan），刻

附 注： 薛瑄諡文清。

卷一卷端題"七世孫薛應麟重刊 茂州貢士蔣英才庠生陳大學陳世

科蘇采仝校正"。

框 18.3×13.4 公分. 10 行 20 字,白口,四周雙邊,雙黑魚尾。《讀書

錄》版心中鐫"讀書錄卷上"及卷次,《續錄》版心中鐫"續書錄"及

卷次。

NJPX91－B312 有《重刻讀書錄公移》言平陽府聞喜縣知縣沈維藩刻

書事。

館藏信息： East Asian Library（Gest）：Rare Books：TC13/2977

0796

基本著錄： **居業錄：四卷**

（Ju ye lu：si juan）

（明）胡居仁撰；（明）李楨校；（明）李頤重訂

明萬曆壬辰[20 年,1592]李楨本

一函四冊；28 公分

相關責任者： （明）胡居仁（Hu Juren），1434—1484,撰；（明）李楨（Li Zhen），16 世

紀,校；（明）李頤（Li Yi），進士 1568,重訂

附　　注：　卷端題"後學北地李楨校　後學同邑李頤重訂"。胡居仁取自余祐《居業錄序》。

明萬曆二十年(1592)李楨《居業錄序》、陳文衡《居業錄跋》。萬曆二十八年(1600)李懋檜《胡敬齋先生居業錄題詞》。明弘治十七年(1504)余祐《居業錄序》。明正德二年(1507)張吉《居業錄要語序》。正德七年(1512)吳廷舉《胡子粹言序》。明嘉靖元年(1522)馬津《胡子粹言重刻序》。楊廉《胡敬齋居業錄序》未署年月。

李楨、陳文衡、李懋檜《序》提刻書事。

框 21.6×14.5 公分,10 行 20 字,白口,左右雙邊,單黑魚尾。上書口鐫"居業錄",版心中鐫卷數,序及各卷首葉下書口鐫刻工,如卷一首葉"江西吉安彭仁刊"。

館藏信息：　East Asian Library(Gest)：Rare Books：TC13/660

0797

基本著錄：　**陽明先生則言：[二卷]**

（Yangming xian sheng ze yan：[er juan]）

（明）薛侃編選

明間(約 1573—1644)本

一函四冊；27 公分

相關責任者：　（明）薛侃(Xue Kan)，卒年 1545，編選；（明）錢中選(Qian Zhong xuan)，進士 1595，校正

附　　注：　卷分上下。

卷端題"吳興錢中選校正"。

明嘉靖十六年(1537)薛侃《序》言編選及刻書事。此書爲翻刻嘉靖本。

是書自王守仁《傳習錄》等書節選而成。

框 19.5×13.7 公分,9 行 20 字,白口,四周單邊。版心上鐫"則言"及卷次。

館藏信息：　East Asian Library(Gest)：Rare Books：TC13/2421

0798

基本著錄：　**陽明先生道學鈔：八卷**

（Yangming xian sheng dao xue chao：ba juan）

（明）李贄等編選

明萬曆己酉［37 年,1609］武林繼錦堂本

四函二十四册;27 公分

相關責任者： （明）李贄（Li Zhi）,1527—1602,編選

附　注： 書名據《目錄》。

李贄據《陽明先生道學鈔序》,序末鐫"萬曆己酉武林繼錦堂梓"。

框 21.7×15 公分,9 行 18 字,白口,四周單邊,單黑魚尾。版心上鐫篇名,中鐫卷次。

館藏信息： East Asian Library（Gest）:Rare Books:TC13/3959

0799

基本著錄： **聖學格物通:一百卷**

（Sheng xue ge wu tong：yi bai juan）

（明）湛若水［撰］

明嘉靖癸巳［12 年,1533］維揚高簡本

四函二十册;36 公分

相關責任者： （明）湛若水（Zhan Ruoshui）,1466—1560,撰;（明）高簡（Gao Jian）,刻

附　注： 著者據《聖學格物通纂要錄》。

明嘉靖十二年（1533）高簡《刻格物通跋》言刻書事。

框 25.1×19.8 公分,11 行 19 字,白口,左右雙邊,單黑魚尾。版心中鐫卷次。

館藏信息： East Asian Library（Gest）:Rare Books:TC13/2712Q

0800

基本著錄： **庸言:十二卷**

（Yong yan：shi er juan）

（明）黃佐

明嘉靖壬子［31 年,1552］孫學古本

兩函十册;28 公分

相關責任者： （明）黃佐（Huang Zuo）,1490—1566;（明）孫學古（Sun Xuegu）,刻

附　　注：　卷端未題著者，《目錄》首題“海隅泰泉子黃佐才伯甫”。

《序》首葉殘缺。《序》末署“嘉靖壬子秋七月朔門人從化黎民表頓首拜書”。

《序》內提孫氏學古等刻書事。孫學古，似爲其字，未查出其名。

框 18.7×13.6 公分，10 行 20 字，白口，四周單邊。版心上鐫“庸言”，中鐫卷次，下鐫刻工，如卷一第五葉“呈”、第十七葉“馮”。

館藏信息：　East Asian Library(Gest)：Rare Books：TC13/649

0801

基本著錄：　**性理標題綜要：二十二卷**

（Xing li biao ti zong yao：er shi er juan）

（明）詹淮纂輯；（明）陳仁錫訂正

明崇禎間（約 1633—1644）本

兩函十二冊：圖；26 公分

相關責任者：　（明）詹淮（Zhan Huai），纂輯；（明）陳仁錫（Chen Renxi），1581—1636，訂正

附　　注：　封面鐫“性理綜要”“梅墅石渠閣藏板”。

明崇禎五年(1632)陳仁錫《序》。

框 20.6×14.4 公分，9 行 19 字，白口，四周單邊，單黑魚尾。版心上鐫“性理綜要”，中鐫卷次及篇名。眉上鐫評。

是書原名《性理標題彙要》，見 NJPX95 – B2275。

館藏信息：　East Asian Library(Gest)：Rare Books：TC13/2609

0802

基本著錄：　**性理標題彙要：二十二卷**

（Xing li biao ti hui yao：er shi er juan）

（明）詹淮纂輯；（明）陳仁錫訂正

明崇禎間（約 1633—1644）本

四函三十二冊；27 公分

相關責任者：　（明）詹淮（Zhan Huai），纂輯；（明）陳仁錫（Chen Renxi），1581—1636，訂正

附　　注：　本館有另一部 TC13/3960（56 冊）。

封面鐫"陳明卿太史訂正　性理大全彙要　製錦堂梓行",鈐"重倫堂"印。

明崇禎五年(1632)陳仁錫《序》。

是書與館藏《性理標題綜要》實爲一書,但版不同。

框 20.5×14.5 公分,9 行 19 字,白口,四周單邊,單黑魚尾。版心上鐫"性理彙要",中鐫卷次及卷名。

館藏信息：　　East Asian Library(Gest)：Rare Books：TC13/2487

0803

基本著錄：　　**性理標題彙要：二十二卷**

(Xing li biao ti hui yao：er shi er juan)

(明)詹淮纂輯；(明)陳仁錫訂正

明崇禎間(約 1633—1644)本

四函五十六册;27 公分

相關責任者：　(明)詹淮(Zhan Huai),纂輯；(明)陳仁錫(Chen Renxi),1581—1636,訂正

附　　注：　　本館有另一部 TC13/2487(32 册)。

封面鐫"陳明卿太史訂正　性理大全彙要　製錦堂梓行",鈐"重倫堂"印。

明崇禎五年(1632)陳仁錫《序》。

是書與館藏《性理標題綜要》實爲一書,但版不同。

框 20.5×14.5 公分,9 行 19 字,白口,四周單邊,單黑魚尾。版心上鐫"性理彙要",中鐫卷次及卷名。

館藏信息：　　East Asian Library(Gest)：Rare Books：TC13/3960

0804

基本著錄：　　**楊晉菴文集：[十四卷]**

(Yang Jin'an wen ji：[shi si juan])

(明)楊東明著

明間(約 1612—1620)本

兩函十六册;28 公分

相關責任者：　(明)楊東明(Yang Dongming),1548—1624,著；(明)楊春融(Yang

Chunrong),印;(明)楊春育(Yang Chunyu),印

附　　注：　書名據明萬曆四十年(1612)呂坤《楊晉菴文集序》。

卷末鐫"戊子仲冬男春育春融重刊"。戊子當爲順治戊子(五年,
1648)。

框 20×13.8 公分,9 行 20 字,白口,四周單邊,單黑魚尾。版心上鐫
子書名。

館藏信息：　East Asian Library(Gest):Rare Books:TC13/3414

0805

基本著録：　**鐫性理白眉:十二卷**

(Juan xing li bai mei:shi er juan)

(明)張鼐編

明萬曆壬辰[20 年,1592]建陽萃慶堂本

兩函十二册:圖;28 公分

相關責任者：　(明)張鼐(Zhang Nai),進士 1604,編;(明)余應良(Yu Yingliang),
梓

附　　注：　明天啓四年(1624)朱從古《序》。

封面鐫"張太史手授　性理白眉　萃慶堂發行"。

卷端又題"建陽余應良梓"。

此書實爲明萬曆二十年(1592)余泗泉萃慶堂原刊《鐫性理精抄》。
明天啓四年(1624)重印時原序、各卷卷端及版心被剜改。參見 MH-
V001—B91。

框 22.5×12.8 公分,12 行 25 字,白口,四周雙邊,單黑魚尾。版心
上鐫"性理白眉"及卷次,中鐫篇名。

館藏信息：　East Asian Library(Gest):Rare Books:TC13/2812

0806

基本著録：　**性理會通:七十卷.[續編]:四十二卷.**

子目:

性理會通:七十卷

(Xing li hui tong:qi shi juan)

(明)汪明際點閱;(明)鍾人傑訂正

［續編］：四十二卷

（［Xu bian］：si shi er juan）

（明）張行成述；（明）鍾人傑彙輯

明崇禎間（即 1628—1644）本

五函三十冊；27 公分

相關責任者： （明）汪明際（Wang Mingji），點閱；（明）張行成（Zhang Xingcheng），述；（明）鍾人傑（Zhong Renjie），訂正、彙輯

附　注： 未署年鍾人傑《叙》。

框 19.5×14.3 公分，10 行 20 字，白口，四周單邊，單白魚尾。版心上鐫書名，中鐫卷次及小題。

館藏信息： East Asian Library（Gest）：Rare Books：TC13/1760

0807

基本著録： **分類詳註六經綱目：八卷，孝經**

（Fen lei xiang zhu liu jing gang mu：ba juan，Xiao jing）

（明）陶原良纂

編目記録詳見《經部·群經總義類》。

0808

基本著録： **顔子：［三卷］**

（Yanzi：［san juan］）

（元）高陽疏解

清康熙間（即 1662—1722）本

一函兩冊；27 公分

相關責任者： （元）高陽（Gao Yang），疏解

附　注： 卷分上下。

《顔子删目》題“元徐達左良夫編　後學高陽庭堅删”。

清順治九年（1652）錢謙益《顔子疏解序》。

“玄”字缺末筆。

框 21.4×15.3 公分，8 行 18 字，小字雙行同，白口，四周單邊。版心上鐫書名，中鐫卷次，下鐫“顧閣注釋”。

館藏信息： RECAP：East Asian Library use only：T1080/0272

0809

基本著録： 新鐫童藝脫穎

（Xin juan tong yi tuo ying）

（清）張念蓬著

編目記録詳見《經部・小學類》。

0810

基本著録： 御製繙譯四書

（Yu zhi fan yi si shu）

編目記録詳見《經部・四書類》。

兵家類

0811

基本著録： 神機制敵太白陰經:十卷

（Shen ji zhi di tai bai yin jing:shi juan）

［（唐）李荃撰］

清乾隆間（即 1736—1795）本

一函六冊;28 公分

相關責任者： （唐）李荃（Li Quan）,活動期 8 世紀,撰

附　　注： 避"玄""弘"字諱。

無框無邊,10 行字大小不等。

館藏信息： East Asian Library（Gest）:Rare Books:TC33/2824

0812

基本著録： 虎鈐經:二十卷

（Hu qian jing:er shi juan）

（宋）許洞撰

清乾隆間（約 1782—1795）本

一函四冊;27 公分

相關責任者：　（宋）許洞（Xu Dong），976—1015，撰

附　　注：　有《欽定四庫全書簡明目錄》中本書之提要。

昌彼得所編本館《中文舊籍書目》第 290 頁著録爲清乾隆間刊本。

高校古文獻資源庫香港中文大學 b14349188 清嘉慶至光緒年間刻本

書影，與本館藏書爲同版。版本依據待查。

館藏另一部：8915/0432。

館藏信息：　Annex A，Forrestal：C33/3621

0813

基本著録：　**虎鈐經：二十卷**

（Hu qian jing：er shi juan）

（宋）許洞撰

清乾隆間（約 1782—1795）本

四册；27 公分

相關責任者：　（宋）許洞（Xu Dong），976—1015，撰

附　　注：　有《欽定四庫全書簡明目錄》中本書之提要。

與館藏 C33/3621 同版，昌彼得所編本館《中文舊籍書目》第 290 頁

著録爲清乾隆間刊本。高校古文獻資源庫香港中文大學 b14349188

清嘉慶至光緒年間刻本書影，與本館藏書爲同版。版本依據待查。

館藏信息：　Annex A，Forrestal：8915/0432

0814

基本著録：　**金湯借箸十二籌：十二卷**

（Jin tang jie zhu shi er chou：shi er juan）

（明）李盤等撰

清乾隆間（即 1736—1795）北京本

八册；26 公分

相關責任者：　（明）李盤（Li Pan），撰

附　　注：　封面鐫“金湯十二籌……琉璃厰藏板”。

避“弘”“曆”字諱。

框 17.2×12 公分，9 行 19 字，白口，四周雙邊。版心上鐫“金湯借

箸”，中鐫卷次。

館藏信息： RECAP：East Asian Library use only：C33/3663

0815

基本著錄： **兵錄：十四卷**

（Bing lu；shi si juan）

（明）何汝賓撰

清間（約1662—1735）本

四函二十四册：圖；28公分

相關責任者： （明）何汝賓（He Rubin），撰

附　　注： 明萬曆三十四年（1606）何汝賓《自序》。

明崇禎五年（1632）魏浣《兵錄序》。

陳元素《何將軍兵錄序》。

避"玄"字諱，不避"曆"字諱。

卷末有字兩行"崇禎元年歲在戊辰仲秋之吉重訂于粵之正氣堂"。

框20.8×13.7公分，9行19字，白口，四周雙邊，單黑魚尾。版心上寫書名及卷次。

館藏信息： East Asian Library（Gest）；Rare Books；TC33/1452

0816

基本著錄： **兵錄：十四卷**

（Bing lu；shi si juan）

（明）何汝賓

清間（約1736—1795）本

四函二十八册；28公分

相關責任者： （明）何汝賓（He Rubin）

附　　注： 著者據明萬曆三十四年（1606）何汝賓《自叙》。畫"何汝賓""仲升"印記。

未署年劉鳳《兵錄引》、陳元素《何將軍兵錄序》、陳子壯《何大將軍兵錄序》、俞琬綸《兵錄叙》及明崇禎五年（1632）魏浣初《兵錄序》均畫有序作者印記。

卷末題"崇禎元年歲在戊辰仲秋之吉重訂于粵之正氣堂"。

是書據明崇禎間刻本抄。

避"玄""曆"字諱。

無框欄,9 行 19 字。

館藏信息: East Asian Library(Gest):Rare Books:TC33/4047

0817

基本著錄: 武備志:二百四十卷

(Wu bei zhi:er bai si shi juan)

(明)茅元儀輯

明天啓間(即 1621—1627)本

十六函八十册:圖;26 公分

相關責任者: (明)茅元儀(Mao Yuanyi),1594—1640,輯;(明)高梁(Gao Liang),刻;(明)章弼(Zhang Bi),寫工

附　　注: 原有明天啓元年(1621)宋獻《武備志序》言成書事,此本已佚。

框 21.3×14.4 公分,9 行 19 字,小字雙行,白口,四周單邊。版心上鎸書名及卷次,中鎸小題。卷一第一葉版心下鎸"秣陵章弼寫高梁刻"。

館藏信息: East Asian Library(Gest):Rare Books:TC33/1368

0818

基本著錄: 武備志:二百四十卷

(Wu bei zhi:er bai si shi juan)

(明)茅元儀輯

清間(約 1736—1820)本

十函一百册:圖;26 公分

相關責任者: (明)茅元儀(Mao Yuanyi),1594—1640,輯

附　　注: 此書爲禁書,部分内容被纂改及抽去。疑爲清乾隆以後刻。

框 21.3×14.4 公分,9 行 19 字,小字雙行,白口,四周單邊或左右雙邊(文)或四周雙邊(圖)。版心上鎸書名及卷次,中鎸小題。

館藏信息: East Asian Library(Gest):Rare Books:TC33/4046

0819

基本著錄: 武備秘書:[五卷]

（Wu bei mi shu：［wu juan］）

（明）施永圖輯

清間（約 1722—1795）本

兩函十八册：圖；23 公分

相關責任者： （明）施永圖（Shi Yongtu），輯

附　　注： 封面鐫“武備秘書……卧雲居藏”。

書名據封面。

書分《武备水火攻》一卷、《武備地利》四卷。

與 CHLR93—B109 異版。

框 17.6×11.8 公分，9 行 22 字，白口，四周單邊。版心上鐫“心畧”

及卷次，中鐫篇名。

館藏信息： East Asian Library（Gest）：Rare Books：TC33/3941

0820

基本著録： **武備志畧：五卷**

（Wu bei zhi lüe：wu juan）

（清）傅禹重輯；（清）梅清校

清康熙間（約 1674—1722）本

兩函十二册：圖；26 公分

相關責任者： （清）傅禹（Fu Yu），重輯；（清）梅清（Mei Qing），校

附　　注： 封面鐫“本衙藏板”。

清康熙十三年（1674）李文敏《武備志序》。

框 20.5×14.1 公分，9 行 20 字，白口，四周雙邊，單黑魚尾。版心上

鐫書名，中鐫卷次。

館藏信息： East Asian Library（Gest）：Rare Books：TC33/2959

0821

基本著録： **武備志畧：五卷**

（Wu bei zhi lüe：wu juan）

（清）傅禹重輯；（清）梅清校

清康熙間（約 1674—1722）本

兩函十二册：圖；26 公分

相關責任者：　（清）傅禹（Fu Yu），重輯；（清）梅清（Mei Qing），校

附　　注：　封面鐫“本衙藏板”。

清康熙十三年（1674）李文敏《武備志序》。

框 20.8×14.1 公分，9 行 20 字，白口，四周雙邊，單黑魚尾。版心上鐫書名，中鐫卷次。

館藏信息：　RECAP：East Asian Library use only：C33/3058

0822

基本著錄：　**治平勝筭全書：十四卷**

（Zhi ping sheng suan quan shu：shi si juan）

（清）年羹堯輯

清乾隆間（即 1736—1795）本

一函八册：圖；25 公分

相關責任者：　（清）年羹堯（Nian Gengyao），卒年 1726，輯

附　　注：　避“弘”字諱。

清雍正二年（1724）年羹堯《序》。

無框欄，10 行 18 字。

館藏信息：　East Asian Library（Gest）：Rare Books：TC33/959

0823

基本著錄：　**武經講義全彙合參：四卷**

（Wu jing jiang yi quan hui he can：si juan）

（清）朱墉輯著

清康熙壬辰［51 年，1712］袁學謨大盛堂本

一函六册；26 公分

相關責任者：　（清）朱墉（Zhu Yong），輯著；（清）袁學謨（Yuan Xuemo），刻

附　　注：　封面鐫“康熙五十一年新鐫……新訂武經三子講義合參……大盛堂梓行”，并鈐“大盛堂”印。

清康熙五十一年（1712）袁學謨書於大盛堂《序》。

著者據《武經七書講義全彙合參目次》。

框 20.5×13.4 公分，13 行 33 字，白口，四周單邊，單黑魚尾。版心上鐫書名，中鐫卷次及篇名簡稱，下鐫“大盛”。

館藏信息：　East Asian Library(Gest)：Rare Books：TC33/1308

0824

基本著録：　**兵法全書：[十六卷]**

（Bing fa quan shu：[shi liu juan]）

（清）鄧廷羅纂輯

清康熙壬辰[51 年,1712]本

兩函十七册；24 公分

相關責任者：　（清）鄧廷羅(Deng Tingluo)，纂輯

附　　注：　書名據封面。

封面鐫"兵法全書""康熙壬辰仲夏重鐫""本府藏板"。

框 20.4×14.3 公分,9 行 20 字,白口,四周雙邊,單黑魚尾。版心上鐫書名,中鐫篇名。

館藏信息：　East Asian Library(Gest)：Rare Books：TC33/2396

0825

基本著録：　**[兵法全書：十六卷]**

（[Bing fa quan shu：shi liu juan]）

（清）鄧廷羅纂輯

清康熙壬辰[51 年,1712]本

十四册；25 公分

館藏本有殘缺：《孫子集注》存序及傳,缺正文一卷；《兵鏡備考》卷一至二、十一至十二爲手抄配補,卷十三缺。

相關責任者：　（清）鄧廷羅(Deng Tingluo)，纂輯

附　　注：　書名據本館另一部(NJPX95 – B106)。

X95—B106 封面鐫"兵法全書""康熙壬辰仲夏重鐫""本府藏板"。

框 20.1×14.1 公分,9 行 20 字,白口,四周雙邊,單黑魚尾。版心上鐫書名,中鐫篇名。

館藏信息：　RECAP：East Asian Library use only：C33/3427

0826

基本著録：　兵鈐外書：[六卷]

（Bing qian wai shu：[liu juan]）

（清）吕磻,（清）盧承恩輯

清間（約 1662—1850）本

一函十二册：圖；27 公分

相關責任者： （清）吕磻（Lü Pan）,輯；（清）盧承恩（Lu Cheng'en）,輯

附　　注： 分爲軍政、軍例、陣圖、軍器、火攻、水攻。

避"玄"字諱。

《中國兵書總目》有著録,爲八卷本。

無框欄,10 行 23 字。

館藏信息： East Asian Library（Gest）：Rare Books：TC33/2450

0827

基本著録： **登壇必究：四十卷**

（Deng tan bi jiu：si shi juan）

（明）王鳴鶴編輯；（明）袁世忠校正

明萬曆間（約 1599—1620）本

八函七十二册：圖；24 公分

相關責任者： （明）王鳴鶴（Wang Minghe）,編輯；（明）袁世忠（Yuan Shizhong）,
校正

附　　注： 明萬曆二十七年（1599）張朝瑞《序》。

框 21.2 × 14.3 公分,10 行 20 字,白口,四周雙邊或單邊。版心上鐫
書名,中鐫類目名稱及卷次。

館藏信息： East Asian Library（Gest）：Rare Books：TC33/774

0828

基本著録： **類輯練兵：十八卷**

（Lei ji lian bing：shi ba juan）

（明）戚繼光著

明間（約 1588—1644）本

一函六册；28 公分

相關責任者： （明）戚繼光（Qi Jiguang）,1528—1587,著

附　　注： 附有戚氏小傳及墓誌。

《目錄》題"類輯諸兵書"。

版本據風格。

框 22×14.3 公分,9 行 22 字,白口,四周雙邊。版心上鐫"類輯"及卷次。

館藏信息： East Asian Library(Gest)：Rare Books：TC33/3546

0829

基本著録： **新鐫武經標題正義：八卷**

(Xin juan wu jing biao ti zheng yi：ba juan)

(明)趙光裕注釋

明萬曆間(即 1573—1620)本

一函六册：圖；27 公分

相關責任者： (明)趙光裕(Zhao Guangyu),注釋

附　　注： 第八卷爲《附馬步射法》及《附刻武經節要》。

未署年趙光裕及方鎮《跋》。

框 23.4×14.2 公分,12 行 26 字,白口,四周單邊,單黑魚尾。版心中鐫卷次及篇名。眉欄鐫注。

有佚名朱筆圈點。

館藏信息： East Asian Library(Gest)：Rare Books：TC33/3846

0830

基本著録： **麻杈棍譜**

(Ma cha gun pu)

(清)山逸人造

清間(約 1679—1795)本

一函兩册：圖；27 公分

相關責任者： (清)山逸人(Shanyiren),造；(明)張儒(Zhang Ru)

附　　注： 卷首有"監齋祖師"等畫像。

封面寫"康熙十捌年造""麻杈棍譜""門人山逸人造"。

書中"杈"作"扠"。

清康熙十八年(1679)山逸人造《序》及《儒張鎗之源流》。《源流》云："張子名儒……論此鎗法喚作麻扠棍,是正名。後門人因張儒傳

流,便聞別無此鎗法,改名曰儒張鎗耳。"《源流》後又題"大明隆慶二年家藏棍譜大清康熙己未年重訂錄"。

末有牌記,内寫"康熙歲次己未仲秋吉岡習土山逸人造",并有尾題"新錄勢像儒張鎗譜"。

框20.4×17.1公分,上文下圖,白口,四周雙邊,單黑魚尾。版心中寫"儒張鎗"。

館藏信息: East Asian Library(Gest):Rare Books:TC308/2002

法家類

0831

基本著錄: **管子:二十四卷**

(Guanzi:er shi si juan)

(唐)房玄齡注

明萬曆壬午[10年,1582]趙用賢本

兩函十二册;27公分

相關責任者: (唐)房玄齡(Fang Xuanling),578—648,注;(明)趙用賢(Zhao Yongxian),1535—1596,刻;(明)顧植(Gu Zhi),刻;(清)翁方綱(Weng Fanggang),1733—1818,收藏

附　注: 明萬曆十年(1582)趙用賢《管子書序》。

框22×12.8公分,9行19字,白口,四周單邊。版心上鐫書名,中鐫卷次,下鐫刻工。眉欄鐫注。

有"文淵閣校理翁方綱藏"印記。

佚名朱筆圈點。

館藏信息: East Asian Library(Gest):Rare Books:TC43/325

0832

基本著錄: **管子:二十四卷**

(Guanzi:er shi si juan)

(唐)房玄齡注

明萬曆壬午[10年,1582]趙用賢本

兩函十二册;28 公分

相關責任者: （唐）房玄齡（Fang Xuanling）,578—648,注;（明）趙用賢（Zhao

Yongxian）,1535—1596,刻;（明）顧植（Gu Zhi）,刻

附　　注: 明萬曆十年(1582)趙用賢《管子書序》。

框 22×12.8 公分,9 行 19 字,白口,四周單邊。版心上鐫書名,中鐫

卷次,下鐫刻工。眉欄鐫注。

館藏信息: East Asian Library（Gest）:Rare Books:TC43/3614

0833

基本著録: **管子:二十四卷**

（Guanzi:er shi si juan）

（唐）房玄齡注釋;（明）劉績增注;（明）朱長春通演;（明）沈鼎新,

（明）朱養純參評;（明）朱養和輯訂

明天啓間（即 1621—1627）朱養純花齋本

兩函十二册;28 公分

相關責任者: （唐）房玄齡（Fang Xuanling）,578—648,注釋;（明）劉績（Liu Ji）,進

士 1490,增注;（明）朱長春（Zhu Changchun）,進士 1583,通演;（明）

沈鼎新（Shen Dingxin）,17 世紀,參評;（明）朱養純（Zhu Yangchun）,

17 世紀,參評;（明）朱養和（Zhu Yanghe）,17 世紀,輯訂

附　　注: 封面鐫"合諸名家評訂管子　花齋藏板"。

明天啓五年(1625)沈鼎新《管子書序》。

朱養純《序》言刻書事

框 20.2×14 公分,9 行 20 字,小字雙行同,白口,四周單邊,單白魚

尾。版心上鐫"管子",中鐫卷次,下鐫"花齋藏板"。眉欄小字注。

館藏信息: East Asian Library（Gest）:Rare Books:TC43/3793

0834

基本著録: **管子:二十四卷**

（Guanzi:er shi si juan）

（唐）房玄齡注釋;（明）劉績增注;（明）朱長春通演;（明）沈鼎新,

（明）朱養純參評;（明）朱養和輯訂

明間（約 1625—1644）本

一函四册;26公分

相關責任者： （唐）房玄齡（Fang Xuanling）,578—648,注釋；（明）劉績（Liu Ji）,進士1490,增注；（明）朱長春（Zhu Changchun）,進士1583,通演；（明）沈鼎新（Shen Dingxin）,17世紀,參評；（明）朱養純（Zhu Yangchun）,17世紀,參評；（明）朱養和（Zhu Yanghe）,17世紀,輯訂；（清）甘鵬雲（Gan Pengyun）,生年1861,收藏

附　　注： 明天啓五年（1625）朱養純《管子序》言原版刻書事。

朱養純《序》言刻書事。

是書疑爲翻刻本。

框19.9×14公分,9行20字,小字雙行字數同,白口,四周單邊,單白（或單黑）魚尾。版心上鐫"管子",中鐫卷次,下鐫"花齋藏板"。眉欄小字注。

民國八年（1919）耐公（甘氏）題識。

鈐"潛廬藏過""潛廬"印記。

館藏信息： East Asian Library（Gest）:Rare Books;TC43/1659

0835

基本著録： 管子

（Guanzi）

（清）方苞删定；（清）顧琮參校

清乾隆丙辰［元年,1736］抗希堂本

一函四册;29公分

相關責任者： （清）方苞（Fang Bao）,1668—1749,删定；（清）顧琮（Gu cong）,1685—1755,參校

附　　注： 清乾隆元年（1736）方苞《删定荀子管子序》。

框19.9×12.6公分,8行20字,白口,左右雙邊,單黑魚尾。版心上鐫"删定管子"。

館藏信息： RECAP:East Asian Library use only:C13/3520

0836

基本著録： 管子榷:二十四卷

（Guanzi que:er shi si juan）

（唐）房玄齡注；（明）朱長春権

明萬曆壬子［40 年，1612］張維樞本

一函四册；27 公分

館藏本有殘缺：缺卷十九至二十一，卷十八有缺葉，有手抄配補。

相關責任者：	（唐）房玄齡（Fang Xuanling），578—648，注；（明）朱長春（Zhu Chang-chun），進士 1583，権；（明）張維樞（Zhang Weishu），刻；（清）甘鵬雲（Gan Pengyun），生年 1861，題識
附　注：	明萬曆四十年（1612）吳興太守張維樞《序》言刻書事。
	框 23×14.4 公分，9 行 19 字，白口，四周單邊，單黑魚尾。版心上鐫書名，中鐫卷次，下偶鐫刻工。眉欄鐫評。
	有甘鵬雲題識及"潛盧"等印記。
館藏信息：	East Asian Library（Gest）：Rare Books：TC43/2106

0837

基本著錄：	**管子删評：六卷**
	（Guanzi shan ping：liu juan）
	（明）梅士享删評
	明萬曆乙卯［43 年，1615］天一館本
	六册；27 公分
相關責任者：	（明）梅士享（Mei Shixiang），删評
附　注：	卷端題"管子"，書名從版心及傳統著錄。
	明萬曆四十三年（1615）梅士享《詮次管子全書叙》。
	封面鐫"鐫宣城梅伯獻　管子删評　天一館藏板"。
	框 23.4×12.5 公分，9 行 20 字，小字雙行同，白口，四周單邊，單黑魚尾。版心上鐫書名，中鐫卷次及篇名。眉欄鐫評。
館藏信息：	East Asian Library（Gest）：Rare Books：TC43/2423

0838

基本著錄：	**詮敘管子成書：十五卷，卷首**
	（Quan xu Guanzi cheng shu：shi wu juan，juan shou）
	（唐）房玄齡注；（明）梅士享詮叙
	明天啓乙丑［5 年，1625］賈毓祥本

兩函十六册;28 公分

相關責任者： （唐）房玄齡（Fang Xuanling）,578—648,注；（明）梅士享（Mei Shi xiang）,詮叙；（明）賈毓祥（Jia Yuxiang）,進士 1610,刻

附　　注： 明天啓五年（1625）賈毓祥《詮叙管子成書序》及後序言刻書事。

框 21.2×14.1 公分,9 行 19 字,白口,四周單邊,單白魚尾。版心上鐫書名,中鐫卷次及篇名。

有"存誠堂藏書印"印記。

館藏信息： East Asian Library（Gest）:Rare Books:TC43/1147

0839

基本著録： **管韓合纂**:［四卷］

（Guan Han he zuan:［si juan］）

（明）張榜纂；（明）朱士泰訂

明間（約 1573—1644）本

一函八册;27 公分

相關責任者： （明）張榜（Zhang Bang）,纂；（明）朱士泰（Zhu Shitai）,訂

附　　注： 書名據未署年朱士泰《管韓合纂序》。

《管子纂》及《韓非子纂》卷分上下。

版本據風格。

框 20.8×13.5 公分,9 行 18 字,白口,四周單邊,單黑魚尾。版心上鐫書名,中鐫卷次。眉欄鐫評語。

有朱筆圈點。

館藏信息： East Asian Library（Gest）:Rare Books:TC43/3569

0840

基本著録： **韓非子**:二十卷

（Han Feizi:er shi juan）

（明）吴勉學校

明萬曆間（即 1573—1620）吴勉學本

一函六册;28 公分

相關責任者： （明）吴勉學（Wu Mianxue）,校；（清）甘鵬雲（Gan Pengyun）,生年 1861,收藏

附　注：　版本據風格。

框 19.7×14.3 公分,9 行 18 字,白口,左右雙邊,單黑魚尾。版心上鐫書名,中鐫卷次。

有"潛廬藏過"等印記。

館藏信息：　East Asian Library(Gest)：Rare Books：TC43/1559

0841

基本著録：　**韓子迂評：二十卷,附録**

(Hanzi yu ping：er shi juan,fu lu)

(元)何犿校

明萬曆己卯[7 年,1579]門無子本

兩函十二册;40 公分

相關責任者：　(元)何犿(He Huan),校;(明)門無子(Menwuzi),評

附　注：　未署名明萬曆十一年(1583)《重刻韓子迂評引》言重修事。

何《序》末牌記内鐫"⋯⋯兹刻與同志共之⋯⋯萬曆己卯三月戊午門無子記"。

框 21.3×14.3 公分,8 行 18 字,白口,四周單邊,雙白魚尾。版心上鐫"陳氏山殽",中鐫卷次,下鐫寫工及刻工。

館藏信息：　East Asian Library(Gest)：Rare Books：TC43/703Q

0842

基本著録：　**商子：五卷. 司馬子.**

子目：

商子：五卷

(Shangzi：wu juan)

(明)吴勉學校

司馬子

(Simazi)

(唐)[司馬承禎撰];(明)吴勉學校

明萬曆間(即 1573—1620)吴勉學本

一函一册;28 公分

相關責任者：　(明)吴勉學(Wu,Mianxue),校;(唐)司馬承禎(Sima Chengzhen),

647—735,撰

附　　注：　　框 19.8×14.3 公分,9 行 18 字,白口,左右雙邊,單黑魚尾。版心上
　　　　　　　鐫書名,中鐫卷次。

館藏信息：　　East Asian Library(Gest)：Rare Books：TC43/1884

農家類

0843

基本著錄：　　**御製耕織圖**：[二卷]
　　　　　　　(Yu zhi geng zhi tu：[er juan])
　　　　　　　清康熙丙子[35 年,1696]北京內府本
　　　　　　　一函一冊：圖；36 公分

相關責任者：　(清)焦秉貞(Jiao Bingzhen),繪；(清)朱圭(Zhu Gui),刻

附　　注：　　有圖,共四十六幅。
　　　　　　　清康熙三十五年(1696)《御製耕織圖序》。
　　　　　　　框(圖)24×24 公分。
　　　　　　　每卷末鐫"焦秉貞畫……朱圭鐫"。
　　　　　　　書名取自《序》。
　　　　　　　內容分耕圖、織圖各一卷。

館藏信息：　　East Asian Library(Gest)：Rare Books：TC53/1461Q

0844

基本著錄：　　**御製耕織圖**：[二卷]
　　　　　　　(Yu zhi geng zhi tu：[er juan])
　　　　　　　清乾隆間(即 1736—1795)本
　　　　　　　兩冊：圖；29 公分

附　　注：　　內容分耕圖、織圖各一卷。
　　　　　　　有圖,共四十六幅。
　　　　　　　書名取自清康熙三十五年(1696)《序》。
　　　　　　　本文有刻印朱絲欄。
　　　　　　　框(圖)24.5×24 公分。

館藏信息： East Asian Library(Gest)：Rare Books：TC53/958Q

0845

基本著録： **御題棉華圖**

（Yu ti mian hua tu）

（清）方觀承［繪圖］；（清）高宗弘曆題詩

清乾隆間（約 1765—1768）本

一函一册：圖；337 公分

相關責任者： （清）方觀承（Fang Guancheng），1698—1768，繪圖；（清）高宗弘曆

（Hongli），1711—1799，題詩

附　　注： 拓裱本，經折裝，圖 14 幅，詩及序跋 22 幅。

館藏信息： East Asian Library(Gest)：Rare Books：T8136/0241

0846

基本著録： **欽定授時通考：七十八卷**

（Qin ding shou shi tong kao：qi shi ba juan）

清乾隆間（約 1742—1744）江西省江西撫署本

二十四册：圖；29 公分

附　　注： 清乾隆七年（1742）《御製授時通考序》及同年江西巡撫陳弘謀《奏

書》。《奏書》曰："蒙聖恩頒賜《授時通攷》……愚以為自司道以及

府廳州縣均宜恭奉一册，以自考求。而板貯内府，刷印難以廣及……

仰懇皇上賞賜一部，俾得上板重刊。即以臣前蒙恩賜之書敬謹校對。

刊畢仍得什襲珍藏，留為世寶。"

本館舊籍目録及遼寧省館等著録此本爲乾隆九年（1744）刻本，本書

内未找到文字依據。

封面鐫"江西書局敬謹重修"。

框 20.8×14.7 公分，11 行 21 字，白口，四周雙邊，單黑魚尾。版心

上鐫書名，中鐫卷次及小題。

有"直隸運售各省官刻書籍圖記"。

館藏信息： RECAP：East Asian Library use only：C53/565

0847

基本著錄： **欽定授時通考:七十八卷**

（Qin ding shou shi tong kao:qi shi ba juan）

清乾隆間(約 1742—1744)江西省江西撫署本

二十四冊:圖;29 公分

附　　注： 清乾隆七年(1742)《御製授時通考序》及同年江西巡撫陳弘謀《奏書》。《奏書》曰:"蒙聖恩頒賜《授時通攷》……愚以為自司道以及府廳州縣均宜恭奉一冊,以自考求。而板貯內府,刷印難以廣及……仰懇皇上賞賜一部,俾得上板重刊。即以臣前蒙恩賜之書敬謹校對。刊畢仍得什襲珍藏,留為世寶。"

本館舊籍目錄及遼寧省館等著錄此本爲乾隆九年(1744)刻本,本書內未找到文字依據。

封面鐫"江西書局敬謹重修"。

框 20.6×14.7 公分,11 行 21 字,白口,四周雙邊,單黑魚尾。版心上鐫書名,中鐫卷次及小題。

館藏信息： RECAP:East Asian Library use only:C53/834

0848

基本著錄： **隨園食單**

（Suiyuan shi dan）

（清）袁枚

清乾隆壬子[57 年,1792]小倉山房本

一函兩冊;25 公分

相關責任者： （清）袁枚（Yuan Mei）,1716—1798

附　　注： 袁枚號隨園。

書名據版心。

封面鐫"乾隆壬子鐫……小倉山房藏版"。

框 19×14.9 公分,11 行 21 字,白口,左右雙邊,單黑魚尾。版心上鐫"隨園食單"。

館藏信息： RECAP:East Asian Library use only:C275/1883

0849

基本著錄： **秘傳花鏡：六卷**

（Mi chuan hua jing：liu juan）

（清）陳淏子訂輯

清康熙間（約 1688—1722）文德堂本

一函四冊：圖；22 公分

相關責任者： （清）陳淏子（Chen Haozi），訂輯

附　　注： 封面鐫"花鏡""文德堂梓行"。

清康熙二十七年（1688）陳淏子《序》。

框 18.7×12 公分，9 行 24 字，白口，四周單邊，單黑魚尾。版心上鐫
"花鏡"，中鐫卷次及小題。

館藏信息： RECAP：East Asian Library use only：C223/3758

醫家類

0850

基本著錄： **傷寒分經：十卷**

（Shang han fen jing：shi juan）

（東漢）張仲景著；（清）喻昌注

清乾隆丙戌［31 年，1766］吳儀洛利濟堂本

兩函二十冊；25 公分

相關責任者： （東漢）張仲景（Zhang Zhongjing），約 168—196，著；（清）喻昌（Yu
Chang），1585—1664，注；（清）吳儀洛（Wu Yiluo），刻

附　　注： 每卷又分上中下。

清乾隆三十一年（1766）吳儀洛書於硤川利濟堂《序》及《書後》。

卷端又題"吳氏醫學述第五種"。

封面鐫"乾隆丙戌季新鐫澂水吳遵程訂……硤川利濟堂藏板"。

書名據版心。

框 18.8×13.9 公分，9 行 19 字，白口，左右雙邊，單黑魚尾。版心上
鐫"傷寒分經"，中鐫卷次及篇名。

館藏信息： East Asian Library(Gest)：Rare Books：TC85/3903

0851

基本著錄： **校刻傷寒圖歌活人指掌：五卷**

（Jiao ke shang han tu ge huo ren zhi zhang：wu juan）

（元）吳恕撰

明間（約1621—1644）致和堂本

一函四冊；30公分

相關責任者： （元）吳恕（Wu Shu），撰

附　　注： 封面鐫"……傷寒圖歌活人指掌　致和堂梓"。

少數"玄"字被挖。

框21×13.9公分，10行25字，白口，四周單邊，單黑魚尾。版心上鐫"傷寒活人指掌"，中鐫卷次。

館藏信息： East Asian Library(Gest)：Rare Books：TC83/1844Q

0852

基本著錄： **新刻傷寒六書纂要辯疑：四卷. 新刻傷寒活人指掌補註辯疑：三卷.**

子目：

新刻傷寒六書纂要辯疑：四卷

（Xin ke Shang han liu shu zuan yao bian yi：si juan）

（明）童養學纂輯；（清）周亮節較閱

新刻傷寒活人指掌補註辯疑：三卷

（Xin ke Shang han huo ren zhi zhang bu zhu bian yi：san juan）

（明）童養學纂輯；（清）周亮節較閱

清順治辛丑[18年，1661]醉畊堂本

一函六冊；27公分

相關責任者： （明）童養學（Tong Yangxue），纂輯；（清）周亮節（Zhou Liangjie），較閱

附　　注： 明崇禎四年（1631）童養學《傷寒補註辯疑序》。

框21.4×11.8公分，9行23字，白口，四周單邊。版心上分別鐫"傷寒六書纂要"或"傷寒補註辯疑"，中鐫卷次，下鐫"醉畊堂"。

館藏信息： East Asian Library(Gest)：Rare Books：TC85/2874

0853

基本著録： 尚論篇:四卷,卷首.尚論後篇:四卷.

子目:

尚論篇:四卷,卷首

(Shang lun pian:si juan,juan shou)

(清)喻昌著

尚論後篇:四卷

(Shang lun hou pian:si juan)

(清)喻昌著

清乾隆癸未[28年,1763]陳守誠本

兩函十二冊;26公分

相關責任者： (清)喻昌(Yu Chang),1585—1664,著;(清)陳守誠(Chen Shoucheng),刻

附　　注： 書名據版心及封面。

卷端題"尚論張仲景傷寒論重編三百九十七法"。

封面鐫"乾隆二十八年重鐫……尚論篇　集思堂藏板"。

卷端又題"黎川陳守誠伯常重梓"。

框18.2×13.3公分,10行20字,白口,左右雙邊,單黑魚尾。版心上鐫書名。

館藏信息： East Asian Library(Gest):Rare Books:TC85/2943

0854

基本著録： 尚論篇:四卷,卷首.尚論後篇:四卷.

子目:

尚論篇:四卷,卷首

(Shang lun pian:si juan,juan shou)

(清)喻昌著

尚論後篇:四卷

(Shang lun hou pian:si juan)

(清)喻昌著

清乾隆間(即1736—1795)本

　　　　　　　　　　兩函十二册;25 公分

相關責任者：　　　（清）喻昌（Yu Chang）,1585—1664,著

附　　注：　　　　書名據版心。

　　　　　　　　　　卷端題"尚論張仲景傷寒論重編三百九十七法"。

　　　　　　　　　　卷端又題"黎川陳守誠伯常重梓"。

　　　　　　　　　　框 18×12 公分,10 行 20 字,白口,左右雙邊,單黑魚尾。版心上鐫
　　　　　　　　　　書名,中鐫卷次及篇名簡稱。

　　　　　　　　　　與 NJPX95－B183〔有封面鐫"乾隆二十八年（1763）重鐫……"〕核
　　　　　　　　　　對,是書爲翻刻本。

館藏信息：　　　　Annex A,Forrestal:C85/2633

0855

基本著録：　　　　**傷寒纘論:〔二卷〕;緒論:〔二卷〕.**

　　　　　　　　　　（Shang han zuan lun:〔er juan〕; xu lun:〔er juan〕.）

　　　　　　　　　　清康熙丁未〔6 年,1667〕張倬本

　　　　　　　　　　兩函十八册;26 公分

相關責任者：　　　（清）張璐（Zhang Lu）,銓次;（清）張倬（Zhang Zhuo）,刻

附　　注：　　　　卷分上下。

　　　　　　　　　　清康熙六年（1667）張璐《自序》。

　　　　　　　　　　未署年張倬《跋》。

　　　　　　　　　　框 20.1×13.2 公分,9 行 20 字,白口,四周單邊,單黑魚尾。版心上
　　　　　　　　　　鐫書名,中鐫卷次及篇名。

館藏信息：　　　　East Asian Library(Gest):Rare Books:TC83/1829

0856

基本著録：　　　　**傷寒辯證:四卷**

　　　　　　　　　　（Shang han bian zheng:si juan）

　　　　　　　　　　（清）陳堯道編集

　　　　　　　　　　清康熙間（約 1679—1722）本

　　　　　　　　　　一函四册;27 公分

相關責任者：　　　（清）陳堯道（Chen Yaodao）,編集

附　　注：　　　　清康熙十八年（1679）石郎《序》。

框 20.1×14.2 公分,9 行 20 字,白口,四周單邊,單黑魚尾。版心上鐫書名,中鐫卷次。眉上鐫評。

館藏信息:　East Asian Library(Gest):Rare Books:TC85/2555

0857

基本著録:　**傷寒論翼:二卷**

(Shang han lun yi:[er juan])

(清)柯琴撰著;(清)鄭重光參訂

清康熙間(約 1716—1722)王棟本

一函四册;27 公分

相關責任者:　(清)柯琴(Ke Qin),1662—1735,撰著;(清)鄭重光(Zheng Zhong-guang),參訂;(清)王棟(Wang Dong),刻

附　　注:　卷分上下。

卷端又題"江都王棟東木重梓"。

封面鐫"柯韻伯先生傷寒論翼""秩斯堂藏板"。

清康熙五十五年(1716)鄭重光《序》。

框 18.4×13.5 公分,9 行 19 字,白口,左右雙邊,單黑魚尾。版心上鐫書名,中鐫卷次。

館藏信息:　East Asian Library(Gest):Rare Books:TC85/2543

0858

基本著録:　**傷寒論本義:十八卷,卷首,卷末**

(Shang han lun ben yi:shi ba juan,juan shou,juan mo)

(清)冀棟評定;(清)魏荔彤纂釋

清雍正乙巳[3 年,1725]魏壯徵本

兩函十册:圖;24 公分

相關責任者:　(清)冀棟(Ji Dong),評定;(清)魏荔彤(Wei Litong),生年 1671,纂釋;(清)魏壯徵(Wei Zhuangzheng),刻

附　　注:　書名據版心。

著者據卷首首葉。

不避"弘"字諱.

清康熙六十年(1721)魏荔彤《自序》。

清雍正三年(1725)魏荔彤《跋》。

卷首首葉又題"男壯徵……較刊"。

框 18.5×14 公分,9 行 21 字,白口,四週單邊,單黑魚尾。版心上鐫
"傷寒論本義",中鐫卷次。

館藏信息： East Asian Library(Gest)：Rare Books：TC85/2570

0859

基本著錄： **傷寒論後條辯：十五卷,辯傷寒論,序例**

(Shang han lun hou tiao bian：shi wu juan,bian shang han lun,xu li)

(清)程應旄條注；(清)王式鈺校

清乾隆甲子[9 年,1744]致和堂本

兩函十二冊；24 公分

相關責任者： (清)程應旄(Cheng Yingmao),條注；(清)王式鈺(Wang Shiyu),校

附　　注： 封面鐫"乾隆甲子春鐫……致和堂梓行"。

清乾隆十年(1745)李壯《叙》言書已刻成。

框 21.4×14.2 公分,10 行 19 字,白口,四周單邊,單黑魚尾。版心
上鐫書名,中鐫卷次。眉欄鐫注。

館藏信息： East Asian Library(Gest)：Rare Books：TC83/1827

0860

基本著錄： **傷寒論三註：十六卷**

(Shang han lun san zhu：shi liu juan)

(清)周揚俊注

清康熙癸亥[22 年,1683]本

兩函十二冊；24 公分

相關責任者： (清)周揚俊(Zhou Yangjun),注

附　　注： 著者據清康熙二十二年(1683)周揚俊《自序》。

《凡例》末款言"是書始於順治十七年庚子歲,成於康熙十六年丁巳
歲,梓於二十二年癸亥歲"。

框 19.1×14.1 公分,9 行 21 字,白口,四周單邊,單黑魚尾。版心上
鐫書名,中鐫卷次及篇名簡稱。

館藏信息： East Asian Library(Gest)：Rare Books：TC85/2956

0861

基本著錄： 傷寒第一書:四卷,附餘[二卷]

(Shang han di yi shu:si juan,fu yu[er juan])

(清)沈月光,(清)龔藩臣傳;(清)車宗輅,(清)胡憲豐述

清乾隆庚子—甲辰[45—49 年,1780—1784]本

六册:圖;24 公分

相關責任者： (清)沈月光(Shen Yueguang),傳;(清)龔藩臣(Gong Fanchen),傳;

(清)車宗輅(Che Zonglu),述;(清)胡憲豐(Hu Xianfeng),述

附　　注： 書又分元、亨、利、貞四集,附餘分上下。

清乾隆四十五年(1780)《傷寒第一書叙》。乾隆四十九年(1784)

《傷寒第一書附餘叙》。

内封面鐫"光緒拾壹年重鐫""浙紹奎照樓藏版"。

館藏信息： RECAP:East Asian Library use only:C85/2909

0862

基本著錄： 張仲景傷寒纂要

(Zhang Zhongjing shang han zuan yao)

(東漢)張仲景

清間(約 1644—1795)本

一函四册;28 公分

相關責任者： (東漢)張仲景(Zhang Zhongjing),168—196

附　　注： 附《明陶華節菴之說》。

不避"玄"字諱。

無框欄,8 行,字大小不等。

館藏信息： East Asian Library(Gest):Rare Books:TC85/2559

0863

基本著錄： 金匱讀本:[二卷]

(Jin gui du ben:[er juan])

(東漢)張仲景著;(清)黄元御編

清乾隆間(約 1783—1795)本

一函六册;23 公分

相關責任者: （東漢）張仲景（Zhang Zhongjing）,168—196,著;（清）黃元御（Huang Yuanyu）,編

附　　注: 卷分上下。

有該書之《欽定四庫全書總目提要》。

避"玄""曆"字諱。

框 17.4×11.5 公分,8 行 20 字,白口,左右雙邊,單黑魚尾。版心上鐫書名,中鐫卷次及篇名。

館藏信息: RECAP:East Asian Library use only:C83/2794

0864

基本著録: **丹溪先生金匱鈎玄:三卷**

（Danxi xian sheng Jin gui gou xuan:san juan）

（明）戴元禮録;（明）吴勉學校正

清間（約 1662—1795）尚德堂本

兩函一册;25 公分

相關責任者: （明）戴元禮（Tai Yuanli）,録;（明）吴勉學（Wu Mianxue）,校正;

（元）朱震亨（Zhu Zhenheng）,1281—1358,撰

附　　注: 本館《丹溪先生心法》封面鐫"……尚德堂梓行"。

疑爲清初尚德堂翻刻明萬曆間新安吴勉學《古今醫統正脈全書》本。

框 19.7×14 公分,10 行 20 字,白口,左右雙邊,單黑魚尾。版心上鐫"金匱鈎玄",中鐫卷次,下鐫"尚"。

館藏信息: RECAP:East Asian Library use only:C83/814 vol. 11—18

0865

基本著録: **金匱要畧方論本義:二十二卷**

（Jin gui yao lüe fang lun ben yi:er shi er juan）

（清）何炫,（清）冀棟評定;（清）魏荔彤釋義

清間（約 1662—1735）魏士敏、魏士説本

兩函八册;25 公分

相關責任者: （清）何炫（He Xuan）,評定;（清）冀棟（Ji Dong）,評定;（清）魏荔彤（Wei Litong）,生年 1671,釋義;（清）魏士敏（Wei Shimin）,刻;（清）

魏士説(Wei Shiyue),刻

附　　　注：　卷端又題"[魏]男士敏士説校刊"。

避"玄",不避"弘"字諱。

框 17.9×14 公分,9 行 21 字,白口,左右雙邊,單黑魚尾。版心上鐫
書名,中鐫卷次。

館藏信息：　East Asian Library(Gest):Rare Books:TC116/2784

0866

基本著録：　**新刻校定脉訣指掌病式圖説**

(Xin ke jiao ding Mai jue zhi zhang bing shi tu shuo)

(元)朱震亨著;(明)吴勉學校

清間(約 1662—1795)尚德堂本

兩函一册:圖;25 公分

相關責任者：　(元)朱震亨(Zhu Zhenheng),1281—1358,著;(明)吴勉學(Wu Mian
xue),校

附　　　注：　本館《丹溪先生心法》封面鐫"……尚德堂梓行"。

疑爲清初尚德堂翻刻明萬曆間新安吴勉學《古今醫統正脉全書》本。

框 19.5×13.6 公分,12 行 24 字,白口,左右雙邊,單黑魚尾。版心
上鐫"脉訣指掌",下鐫"尚"。

館藏信息：　RECAP:East Asian Library use only:C83/814 vol. 11—18

0867

基本著録：　**圖註脈訣辨眞:四卷. 圖註八十一難經辨眞:四卷.**

子目：

圖註脈訣辨眞:四卷

(Tu zhu mai jue bian zhen:si juan)

(晉)王叔和撰;(明)張世賢注

圖註八十一難經辨眞:四卷

(Tu zhu ba shi yi nan jing bian zhen:si juan)

(戰國)扁鵲述;(明)張世賢注

明間(約 1621—1644)懷德堂本

一函六册;25 公分

相關責任者： （晉）王叔和（Wang Shuhe），撰；（戰國）扁鵲（Bianque），述；（明）張
世賢（Zhang Shixian），注

附　注： 不避"玄"字諱。

封葉鐫"……圖註難経脈訣附瀕湖脈學驗方奇経八脈攷　懷德堂梓
行"。

框 21x 13.8 公分,9 行 20 字,白口,四周單邊,單黑魚尾。版心上鐫
"圖註脈訣",中鐫卷次。

館藏信息： RECAP：East Asian Library use only：TN7910/4200.5

0868

基本著錄： **脈訣彙編說統**

（Mai jue hui bian shuo tong）

（清）林起龍鑒定；（清）翟良纂

清康熙丁未[6 年,1667]本

一函兩冊;24 公分

相關責任者： （清）林起龍（Lin Qilong），進士 1646，鑒定；（清）翟良（Zhai
Liang），纂

附　注： 清康熙六年(1667)林起龍《序》。

框 19.8×14.1 公分,9 行 18 字,白口,左右雙邊,單黑魚尾。版心上
鐫"脈統"。

館藏信息： East Asian Library（Gest）：Rare Books：TC68/1822 vol. 1—2

0869

基本著錄： **經絡彙編**

（Jing luo hui bian）

（清）林起龍鑒定；（清）翟良纂

清康熙間（即 1662—1722）本

一函兩冊：圖;24 公分

相關責任者： （清）林起龍（Lin Qilong），進士 1646，鑒定；（清）翟良（Zhai
Liang），纂

附　注： 版本據風格。

同函《脈訣彙編說統》有清康熙六年(1667)林起龍《序》。

框 19.5×13.9 公分,10 行 20 字,白口,左右雙邊,單黑魚尾。版心上鐫書名。

館藏信息： East Asian Library(Gest)：Rare Books：TC68/1822 vol.3—4

0870

基本著錄： **扁鵲心書：[三卷],卷首. 扁鵲心書神方.**

子目：

扁鵲心書：[三卷],卷首

(Bianque xin shu：[san juan],juan shou)

(戰國)扁鵲傳；(宋)竇材重集；(清)胡珏參訂

扁鵲心書神方

(Bianque xin shu shen fang)

(戰國)扁鵲傳；(宋)竇材重集；(清)胡珏參訂

清乾隆乙酉[30 年,1765]王琦本

一函六冊；26 公分

相關責任者： (戰國)扁鵲(Bianque),傳；(宋)竇材(Dou Cai),重集；(清)胡珏
(Hu Jue),參訂；(清)王琦(Wang Qi),刻

附　　注： 卷分上中下。

書末有清乾隆三十年(1765)王琦《識語》言刻書事。

框 17.6×13,5 公分,10 行 20 字,小字雙行同,黑口,左右雙邊。版心上鐫書名,中鐫卷次。

館藏信息： East Asian Library(Gest)：Rare Books：TC83/1848

0871

基本著錄： **診家樞要**

(Zhen jia shu yao)

清間(約 1662—1795)本

一函一冊：圖；26 公分

附　　注： 避"玄"字諱。

無框欄,10 行字不等。

館藏信息： East Asian Library(Gest)：Rare Books：TC116/2752c

0872

基本著錄：	**丹溪先生心法：五卷**
	（Danxi xian sheng xin fa：wu juan）
	（明）吳中珩校
	清間（約 1662—1795）尚德堂本
	兩函十冊；25 公分
相關責任者：	（明）吳中珩（Wu Zhongheng），校
附　　注：	附《丹溪先生朱公石表辭》。
	封面鐫"重鐫丹溪心法……尚德堂梓行"。
	疑爲翻刻明萬曆間新安吳勉學《古今醫統正脈全書》本。
	框 19.2×13.6 公分，10 行 20 字，白口，左右雙邊，單黑魚尾。版心
	上鐫"丹溪心法"，中鐫卷次，下鐫"尚"。
館藏信息：	RECAP：East Asian Library use only：C83/814 vol. 1—10

0873

基本著錄：	**醫學發明**
	（Yi xue fa ming）
	（明）吳勉學校
	清間（約 1662—1795）尚德堂本
	兩函一冊；25 公分
相關責任者：	（明）吳勉學（Wu Mianxue），校
附　　注：	本館《丹溪先生心法》封面鐫"……尚德堂梓行"。
	疑爲清初尚德堂翻刻明萬曆間新安吳勉學《古今醫統正脈全書》本。
	框 19.7×13.7 公分，10 行 20 字，白口，左右雙邊，單黑魚尾。版心
	上鐫書名，下鐫"尚"。
館藏信息：	RECAP：East Asian Library use only：C83/814 vol. 11—18

0874

基本著錄：	**活法機要**
	（Huo fa ji yao）
	（明）吳中珩校正

清間(約 1662—1795)尚德堂本

兩函一册;25 公分

相關責任者: (明)吳中珩(Wu Zhongheng),校正

附　　注: 本館《丹溪先生心法》封面鐫"……尚德堂梓行"。

疑爲清初尚德堂翻刻明萬曆間新安吳勉學《古今醫統正脈全書》本。

框 19.7×13.7 公分,10 行 20 字,白口,左右雙邊,單黑魚尾。版心
上鐫書名,下鐫"尚"。

館藏信息: RECAP:East Asian Library use only:C83/814 vol.11—18

0875

基本著録: **秘傳證治要訣:十二卷**

(Mi chuan zheng zhi yao jue:shi er juan)

(明)戴元禮述;(明)余時甫校

清間(約 1662—1795)尚德堂本

兩函兩册;25 公分

相關責任者: (明)戴元禮(Dai Yuanli),述;(明)余時甫(Yu Shifu),校

附　　注: 本館《丹溪先生心法》封面鐫"……尚德堂梓行"。

疑爲清初尚德堂翻刻明萬曆間新安吳勉學《古今醫統正脈全書》本。

框 19.5×13.7 公分,10 行 20 字,白口,左右雙邊,單黑魚尾。版心
上鐫"證治要訣",中鐫卷次,下鐫"尚"。

館藏信息: RECAP:East Asian Library use only:C83/814 vol.11—18

0876

基本著録: **蒼生司命:八卷,卷首**

(Cang sheng si ming:ba juan,juan shou)

(明)虞摶輯;(明)徐開先校

清康熙丁巳[16 年,1677]李錦本

兩函八册;26 公分

相關責任者: (明)虞摶(Yu Tuan),15/16 世紀,輯;(明)徐開先(Xu Kaixian),校;
(清)李錦(Li Jin),刻

附　　注: 清康熙十六年(1677)李錦《序》言刻書事。

框 18.7×12.2 公分,8 行 20 字,白口,四周雙邊,單黑魚尾。版心中

鐫卷次及小題,下分別鐫"元""亨""利""貞"。

館藏信息: East Asian Library(Gest):Rare Books:TC83/3067

0877

基本著錄: **訂補明醫指掌:十卷.診家樞要.**

子目:

訂補明醫指掌:十卷

(Ding bu Ming yi zhi zhang:shi juan)

(明)皇甫中撰注;(明)王肯堂訂補

診家樞要

(Zhen jia shu yao)

(明)滑壽編纂;(明)邵從皋校訂

明天啟壬戌[2年,1622]唐鯉飛本

一函十二冊;25公分

相關責任者: (明)皇甫中(Huangfu Zhong),撰注;(明)王肯堂(Wang Kentang),

進士1589,訂補;(明)滑壽(Hua Shou),編纂;(明)邵從皋(Shao

Conggao),校訂;(明)唐鯉飛(Tang Lifei),刻

附　　注: 明天啟二年(1622)邵達《訂補明醫指掌自記》。

不避清諱。

卷端又題"金陵翀宇唐鯉飛梓行"。

封面鐫"乾隆甲寅年鐫……三槐堂梓行"。

框20.5×15.2公分,10行20字,白口,四周單邊,單黑魚尾。版心

上鐫"明醫指掌",中鐫類目及卷次。

館藏信息: East Asian Library(Gest):Rare Books:TC83/2557

0878

基本著錄: [赤水玄珠:三十卷].醫旨緒餘:[二卷.醫案:五卷].

子目:

[赤水玄珠:三十卷]

([Chi shui xuan zhu:san shi juan])

(明)孫一奎著;(明)[孫]泰來,(明)[孫]朋來校梓

醫旨緒餘:[二卷]

（Yi zhi xu yu：［er juan］）

（明）孫一奎著；（明）［孫］泰來，（明）［孫］朋來校梓

［醫案：五卷］

（［Yi an：wu juan］）

（明）孫一奎著；（明）［孫］泰來，（明）［孫］朋來校梓

明萬曆丙申［24 年,1596］孫泰來、孫朋來本

一函四册：圖；24 公分

本館藏本不完整：存《醫旨緒餘》。

相關責任者： （明）孫一奎（Sun Yikui），1538—1600，著；（明）孫泰來（Sun Tailai），
校梓；（明）孫朋來（Sun Penglai），校梓

附　　注： 《醫旨緒餘》卷分上下。

框 19.6×13 公分,9 行 19 字或 20 字,白口,四周單邊,單白魚尾。版
心上鐫書名,中鐫卷次。

館藏信息： East Asian Library（Gest）：Rare Books：TC83/2564

0879

基本著錄： **治法彙：八卷**

（Zhi fa hui：ba juan）

（明）張三錫纂；（明）王肯堂校

明萬曆間（即 1573—1620）王肯堂本

四函三十二册；24 公分

相關責任者： （明）張三錫（Zhang Sanxi），纂；（明）王肯堂（Wang Kentang），進士
1589,校

附　　注： 框 19.2×13.9 公分,9 行 18 字,白口,四周單邊,單黑魚尾。版心上
鐫書名及卷次,中鐫"要"。

館藏信息： East Asian Library（Gest）：Rare Books：TC83/3394

0880

基本著錄： **丹臺玉案：六卷**

（Dan tai yu an：liu juan）

（明）孫文胤參著；（清）屠壽徵較正

清順治庚子［17 年,1660］孫文胤本

兩函十二冊:圖;25 公分

相關責任者: (明)孫文胤(Sun Wenyin),參著;(清)屠壽徵(Tu Shouzheng),較正

附　　注: 不避"胤""玄"字諱。

清順治十七年(1660)孫文胤《重刊丹臺玉案自叙》。

封面鐫"⋯⋯醫學入門丹臺玉案　學餘堂藏板"。

框 21.5 × 13.8 公分,9 行 20 字,白口,四周單邊。版心上鐫書名,中鐫卷次及篇名。

館藏信息: East Asian Library(Gest):Rare Books:TC83/1823

0881

基本著錄: **新鐫雲林神彀:四卷**

(Xin juan Yunlin shen gou:si juan)

(明)龔廷賢編著

明間(約 1591—1644)福建省居仁齋本

一函四冊;24 公分

相關責任者: (明)龔廷賢(Gong Tingxian),約 1577—1593,編著

附　　注: 明萬曆十九年(1591)茅坤《序》。

卷二等卷端題"閩汀書林居仁齋刊行"。

不避"玄"字諱。

封面鐫"同治丁卯重鐫⋯⋯太醫院神彀金丹經濟堂藏板緼經堂發兌"。

框 18.1 × 12.8 公分,10 行 20 字,白口,四周單邊,單黑魚尾。版心上書名,中鐫卷次。

館藏信息: East Asian Library(Gest):Rare Books:TC125/2785

0882

基本著錄: **新刊萬病回春原本:八卷**

(Xin kan Wan bing hui chun yuan ben:ba juan)

(明)龔廷賢編;(明)周亮登校

明間(約 1615—1644)聚錦堂本

一函八冊;24 公分

相關責任者: (明)龔廷賢(Gong Tingxian),約 1577—1593,編;(明)周亮登(Zhou

Liangdeng),校

附　　注：　明萬曆四十三年(1615)龔廷賢《萬病回春原序》。

封面鐫"……萬病回春聚錦堂梓行"。

框 20.2×13.8 公分,13 行 28 字,白口,左右雙邊,單黑魚尾。版心上鐫"萬病回春原本",中鐫卷次。

館藏信息：　East Asian Library(Gest):Rare Books:TC83/1854

0883

基本著録：　**醫貫:六卷**

(Yi guan:liu juan)

(明)醫無閭子著;(清)呂醫山人評

清康熙間(即 1662—1722)本

一函六册;25 公分

相關責任者：　(清)趙獻可(Zhao Xianke),著;(清)呂留良(Lü Liuliang),1629—1683,評

附　　注：　著者據《目録》。醫無閭子即趙獻可,呂醫山人即呂留良。

避个别"玄"字諱。

封面鐫"趙氏醫貫……文英堂梓"。

框 18.1×13.5 公分,9 行 18 字,白口,四周單邊,單黑魚尾。版心上鐫"醫",中鐫卷次。

館藏信息：　East Asian Library(Gest):Rare Books:TC83/1840

0884

基本著録：　**醫鏡:四卷.[藥鏡:四卷].**

子目：

醫鏡:四卷

(Yi jing:si juan)

(明)王肯堂著;張暎垣參;(清)蔣儀較

[藥鏡:四卷]

([Yao jing:si juan])

(清)[蔣儀較]

清康熙甲辰[3 年,1664]蔣儀本

一函四册;27 公分

館藏本有殘缺:存《醫鏡》。

相關責任者: （明）王肯堂（Wang Kentang），進士 1589，著；張暎垣（Zhang Yingyuan），參；（清）蔣儀（Jiang Yi），較

附　　注: 封面鐫"……醫藥鏡駕水陳誕敷發兑"。

清康熙三年(1664)錢繼登《醫藥鏡合序》及蔣儀所作《凡例》末款言刻書事。

不避"玄"字諱。

框 20.3×14.7 公分,9 行 20 字,白口,四周單邊。版心上鐫書名,中鐫篇名,下鐫卷次。

館藏信息: East Asian Library (Gest) : Rare Books : TC83/2912

0885

基本著錄: **御纂醫宗金鑑:九十卷,卷首**

(Yu zuan Yi zong jin jian : jiu shi juan , juan shou)

（清）弘晝等纂修

清乾隆間(約 1742—1795)本

八函六十四册;25 公分

相關責任者: （清）弘晝（Hongzhou）,1712—1770,纂修

附　　注: 清乾隆七年(1742)弘晝等《奉勅纂修醫書告成表》。

避"弘"字諱。

框 19.2×14 公分,9 行 19 字,白口,左右雙邊,單黑魚尾。版心上鐫書名,中鐫卷次及篇名。

館藏信息: Annex A , Forrestal : C68/525

0886

基本著錄: **新刻醫衡:六卷**

(Xin ke yi heng : liu juan)

（清）洪正立編纂；（清）上官鉉等鑒定

清順治乙未[12 年,1655]上官氏本

一函六册;26 公分

相關責任者: （清）洪正立（Hong Zhengli）,編纂；（清）上官鉉（Shangguan Xuan），

鑒定

附　　注：　　清順治十二年(1655)上官鉉《醫衡序》言刻書事。

框 18.2×13 公分,10 行 20 字,白口,四周單邊,單黑魚尾。版心上鐫"洪參歧醫衡",中鐫卷次。

館藏信息：　　East Asian Library(Gest):Rare Books:TC83/1192

0887

基本著錄：　　**醫家心法**

（Yi jia xin fa）

（清）高鼓峰著；（清）胡珏評

清乾隆丁亥[32 年,1767]寶笏樓本

一函四册;25 公分

相關責任者：　　（清）高鼓峰(Gao Gufeng),1623—1670,著;（清）胡珏(Hu Jue),評

附　　注：　　清乾隆三十一年(1766)王琦《跋》。

框 17.8×13.5 公分,10 行 20 字,黑口,左右雙邊。版心上鐫書名。

館藏信息：　　RECAP:East Asian Library use only:C83/3908

0888

基本著錄：　　**醫學啓蒙彙編:六卷**

（Yi xue qi meng hui bian:liu juan）

（清）翟良編

清康熙丙午[5 年,1666]林起龍本

兩函十二册:圖;24 公分

相關責任者：　　（清）翟良(Zhai Liang),編;（清）林起龍(Lin Qilong),進士 1646,刻

附　　注：　　書名據版心。

著者及版本據清康熙五年(1666)林起龍《序》。

框 20.1×14.6 公分,9 行 18 字,白口,左右雙邊,單黑魚尾。版心上鐫書名,中鐫卷次。

館藏信息：　　East Asian Library(Gest):Rare Books:TC83/3068

0889

基本著錄：　　救偏瑣言:十卷

（Jiu pian suo yan：shi juan）

（清）費啓泰著；（清）［費］度等訂

清間（約 1688—1795）文盛堂本

一函六册：圖；26 公分

相關責任者： （清）費啓泰（Fei Qitai），1590—1675，著；（清）費度（Fei Du），訂

附　　注：　　有"費德對先生像"。

封面鐫"本衙藏板"。

清康熙二十七年（1688）［費］度《識語》言刻書事。

避"玄"字諱。

框 18.2×13.7 公分，9 行 20 字，白口，四周單邊。版心上鐫書名，中鐫卷次及篇名，下鐫"文盛堂"。

館藏信息：　　RECAP：East Asian Library use only：C86/2547

0890

基本著録：　　**醫要集覽：六卷**

（Yi yao ji lan：liu juan）

清康熙己卯［38 年，1699］楊世照本

一函六册；24 公分

相關責任者：　（清）楊世照（Yang Shizhao），刻

附　　注：　　封面鐫"……文盛堂藏板"。

清康熙三十八年（1699）楊世照《後序》言刻書事。

框 18.6×14.2 公分，10 行 20 字，白口，左右雙邊，單黑魚尾。版心上鐫書名，中鐫卷次及篇名。

館藏信息：　　East Asian Library（Gest）：Rare Books：TC83/2537

0891

基本著録：　　**壽世仁術：二卷**

（Shou shi ren shu：er juan）

清間（約 1662—1795）本

一函三册；29 公分

附　　注：　　避"玄"字諱。

朱筆批注。

無框欄,8 行 18 字。

館藏信息： East Asian Library(Gest):Rare Books:TC83/2802Q

0892

基本著録： **醫學心鏡録:[十一卷]**

（Yi xue xin jing lu:[shi yi juan]）

（清）唐見編輯；（清）[唐]孫華校

清雍正甲辰[2 年,1724]益生堂本

兩函二十册;26 公分

館藏本有殘缺,缺卷首、卷十一。

相關責任者： （清）唐見(Tang Jian),編輯；（清）唐孫華(Tang Sunhua),校

附　　注： 避"玄"字諱。

框 20.7×13.2 公分,10 行 24 字,白口,四周單邊,單黑魚尾。版心上鐫書名,中鐫卷次,下鐫"益生堂"。

館藏信息： East Asian Library(Gest):Rare Books:TC83/2902

0893

基本著録： **林氏活人録彙編:十四卷**

（Lin shi huo ren lu hui bian:shi si juan）

[（清）林開燧輯]；（清）張在浚重輯

清間（約 1644—1795）浙江省張在浚、張濤本

兩函十二册;26 公分

相關責任者： （清）林開燧(Lin Kaisui),輯；（清）張在浚(Zhang Zaijun),重輯；（清）張濤(Zhang Tao),刻

附　　注： 封面鐫"……天衣草堂藏板"。

未署年張在浚《序》及張濤《跋》言刻書事。

框 21.6×12.7 公分,8 行 22 字,白口,四周雙邊,單黑魚尾。版心上鐫"活人録彙編",中鐫卷次及門別。

館藏信息： East Asian Library(Gest):Rare Books:TC83/2625

0894

基本著録： **醫學源流論:[二卷]**

（Yi xue yuan liu lun：［er juan］）

（清）徐靈胎著

清乾隆間（約1757—1795）本

一函四冊；24公分

相關責任者： （清）徐大椿（Xu Dachun），1693—1771，著

附　注： 卷分上下。

清乾隆二十二年（1757）徐大椿《自叙》。

框16.6×12.5公分，9行22字，白口，左右雙邊，單黑魚尾。版心上鐫書名，中鐫卷次。

館藏信息： RECAP：East Asian Library use only：C83/1824

0895

基本著錄： **纂修醫學入門：六卷**

（Zuan xiu yi xue ru men：liu juan）

（清）系屯子著；（清）盧拱辰編輯

清乾隆乙未［40年，1775］盧思孝本

兩函十二冊；23公分

相關責任者： （清）系屯子（Xitunzi），著；（清）盧拱辰（Lu Gongchen），編輯；（清）盧思孝（Lu Sixiao），刻

附　注： 封面鐫"……新纂醫學入門　立達堂藏板"。

清乾隆四十年（1775）盧思孝《序》言刻書事。

框18.4×12.5公分，9行22字，下黑口，四周雙邊，單黑魚尾。版心上鐫書名，中鐫卷次及篇名。

館藏信息： RECAP：East Asian Library use only：C83/1846

0896

基本著錄： **羅氏會約醫鏡：二十卷**

（Luo shi hui yue yi jing：er shi juan）

（清）羅國綱著輯；（清）羅國興等校定

清乾隆己酉［54年，1789］大成堂本

一函二十冊；25公分。

相關責任者： （清）羅國綱（Luo Guogang），著輯；（清）羅國興（Luo Guoxing），校定

附　　注：	封面鐫"……乾隆五十四年鐫……大成堂梓行"。
	框20.7×12.9公分,9行24字,白口,四周單邊,單黑魚尾。版心上
	鐫"會約醫鏡",中鐫卷次及篇名簡稱。眉欄鐫注。
館藏信息：	RECAP:East Asian Library use only:C83/1847

0897

基本著錄：	**醫碥:七卷**
	(Yi bian:qi juan)
	(清)何夢瑶輯
	清乾隆辛未[16年,1751]何夢瑶樂只堂本
	兩函十四册;26公分
相關責任者：	(清)何夢瑶(He Mengyao),進士1730,輯
附　　注：	封面鐫"乾隆辛未鐫""樂只堂藏板"。
	清乾隆十六年(1751)何夢瑶書於樂只堂《自序》。
	框17.7×13.3公分,10行21字,小字雙行同,白口,四周單邊。版
	心不連,上鐫書名,中鐫卷次及篇名。
館藏信息：	East Asian Library(Gest):Rare Books:TC83/1828

0898

基本著錄：	**瘡瘍經驗全書:十三卷**
	(Chuang yang jing yan quan shu:shi san juan)
	(元)竇漢卿輯著
	清康熙丁酉[56年,1717]陳友恭浩然樓本
	一函十二册;24公分
相關責任者：	(元)竇默(Dou Mo),1196—1280,輯著;(清)陳友恭(Chen You gong),刻
附　　注：	封面鐫"康熙丁酉重鐫……竇太師全書……浩然樓藏板"。
	清康熙五十六年(1717)陳廷柱《序》言刻書事。
	框19.5×14.5公分,10行20字,白口,左右雙邊,單黑魚尾。版心
	上鐫書名,中鐫卷次,下鐫"浩然樓"。
館藏信息：	East Asian Library(Gest):Rare Books:TC92/2539

0899

基本著錄： **新鐫外科活人定本：四卷**

（Xin juan wai ke huo ren ding ben：si juan）

（清）龔居中纂著

清順治辛丑［18 年，1661］金陵周亮節本

一函八冊；28 公分

相關責任者： （清）龔居中（Gong Juzhong），卒年 1646，纂著；（清）周亮節（Zhou Liangjie），刻

附　　注： 封面鐫"……外科活人定本　醉畊堂重梓"。

清順治十八年（1661）周亮節《序》言刻書事。

框 20.5×13.8 公分，10 行 24 字，白口，四周單邊，單黑魚尾。版心上鐫"外科活人定本"，中鐫卷次。

館藏信息： East Asian Library（Gest）：Rare Books：TC92/2556

0900

基本著錄： **外科心法：十卷**

（Wai ke xin fa：shi juan）

［（明）薛己撰］

清乾隆丙申［41 年，1776］貽經堂本

一函八冊：圖；26 公分

相關責任者： （明）薛己（Xue Ji），約 1488—1558，撰

附　　注： 封面鐫"乾隆丙申年鐫崑山唐芹洲輯……貽經堂藏版"。

框 19.1×12.6 公分，9 行 20 字，白口，四周雙邊，單黑魚尾。版心上鐫書名，中鐫卷次。

館藏信息： East Asian Library（Gest）：Rare Books：TC83/1842

0901

基本著錄： **外科經效秘方**

（Wai ke jing xiao mi fang）

清間（約 1662—1722）本

一函一冊；26 公分

附　　注：　　　避"玄"字諱。

　　　　　　　　　無框欄,字不等。

館藏信息：　　　East Asian Library(Gest):Rare Books:TC116/2752b

0902

基本著錄：　　　**傅氏眼科審視瑤函:六卷,卷首,醫案**

　　　　　　　　　(Fu shi yan ke shen shi yao han:liu juan,juan shou,yi an)

　　　　　　　　　(明)傅仁宇纂輯

　　　　　　　　　清康熙丁未[6 年,1667]醉畊堂本

　　　　　　　　　一函六冊:圖;26 公分

　　　　　　　　　館藏本有殘缺:有手抄配補。

相關責任者：　　(明)傅仁宇(Fu Renyu),纂輯

附　　注：　　　清康熙六年(1667)程正揆《序》言刻書事。

　　　　　　　　　框 21×14.2 公分,9 行 20 字,白口,四周雙邊,單黑魚尾。版心上鐫

　　　　　　　　　"審視瑤函",中鐫卷次,下鐫"醉畊堂藏板"。

館藏信息：　　　East Asian Library(Gest):Rare Books:TC93/1184

0903

基本著錄：　　　**眼科秘授靈驗方**

　　　　　　　　　(Yan ke mi shou ling yan fang)

　　　　　　　　　清間(約 1662—1795)本

　　　　　　　　　一函四冊;24 公分

附　　注：　　　避"玄"字諱。

　　　　　　　　　無框欄,行字不等。

館藏信息：　　　East Asian Library(Gest):Rare Books:TC89/3901

0904

基本著錄：　　　**喉科指掌:六卷**

　　　　　　　　　(Hou ke zhi zhang:liu juan)

　　　　　　　　　(清)張宗良著

　　　　　　　　　清乾隆丁丑[22 年,1757]本

　　　　　　　　　一函兩冊:圖;24 公分

相關責任者： （清）張宗良（Zhang Zongliang），著

附　　注： 清乾隆二十二年（1757）初彭啓豐《叙》言刻書事。

封面鎸"丙辰夏鎸……合志堂藏板"。

框 18.7×11.5 公分，8 行 22 字，白口，左右雙邊，單黑魚尾。版心上鎸書名，中鎸卷次。

館藏信息： RECAP：East Asian Library use only：C88/2868

0905

基本著録： **婦人良方：二十四卷**

（Fu ren liang fang：er shi si juan）

（宋）陳自明編；（明）薛己注

明清間（約 1573—1662）本

一函十二册：圖；24 公分

相關責任者： （宋）陳自明（Chen Ziming），編；（明）薛己（Xue Ji），約 1488—1558，注

附　　注： 封面鎸"……博古堂藏板"。

不避"玄"字諱。

未署年吴琯《合刻薛氏醫案序》。

框 20.6×13.4 公分，9 行 19 字，白口，四周單邊。版心上鎸書名及卷次。

館藏信息： East Asian Library（Gest）：Rare Books：TC98/1446

0906

基本著録： **女科經綸：八卷**

（Nü ke jing lun：ba juan）

（清）蕭壎纂著

清康熙甲子［23 年，1684］燕詒堂本

兩函八册；24 公分

相關責任者： （清）蕭壎（Xiao Xun），纂著

附　　注： 封面鎸"湖郡有鴻齋梓行"。

清康熙二十三年（1684）蕭壎《自序》。

框 19.8×13 公分，9 行 24 字，白口，左右雙邊，單黑魚尾。版心上鎸

書名,中鐫卷次及篇名,下多鐫"燕詒堂"。

館藏信息： RECAP:East Asian Library use only:C90/2573

0907

基本著録： **胎産輯萃:四卷**

(Tai chan ji cui:si juan)

(清)汪嘉謨纂輯

清乾隆壬申[17 年,1752]董思恭本

兩函八册;24 公分

相關責任者： (清)汪嘉謨(Wang Jiamo),纂輯;(清)董思恭(Dong Sigong),刻

附　注： 清乾隆十七年(1752)董思恭《序》言刻書事。

封面鐫"乾隆十一年仲春鐫　薛上齊先生原本　增補儒醫婦人良方
東溪堂藏板",疑爲誤訂。

框 19.8×13.7 公分,9 行 21 字,白口,四周雙邊,單黑魚尾。版心上
鐫書名,中鐫卷次。

館藏信息： RECAP:East Asian Library use only:C98/1833

0908

基本著録： **嬰童百問:十卷**

(Ying tong bai wen:shi juan)

[(明)魯伯嗣撰]

明間(約 1573—1644)聚錦堂本

兩函十册;29 公分

相關責任者： (明)魯伯嗣(Lu Bosi),活動期 16 世紀,撰

附　注： 封面鐫"……重訂嬰童百問……聚錦堂梓行"。

框 21.1×14.6 公分,10 行 24 字,黑口,四周單邊,單白魚尾。版心
中鐫書名及卷次。

館藏信息： East Asian Library(Gest):Rare Books:TC101/1849Q

0909

基本著録： **抱乙子幼科指掌遺薹:五卷**

(Baoyizi you ke zhi zhang yi gao:wu juan)

（清）葉大本述;（清）葉其蓁編輯

清乾隆癸亥[8 年,1743]本

一函六册;26 公分

相關責任者: （清）葉大本(Ye Daben),述;（清）葉其蓁(Ye Qizhen),編輯

附　　注: 清乾隆八年(1743)李大倫《序》言刻書事。

封面鐫"抱乙子遺藥　南汇葉困菴先生編輯　幼科指掌　書業堂藏板"。

框 19×13.1 公分,9 行 18 字,白口,左右雙邊,單黑魚尾。版心上鐫"幼科",中鐫卷次。

館藏信息: East Asian Library(Gest):Rare Books:TC91/2877

0910

基本著録: **鼎鍥幼幼集成:六卷**

（Ding qie you you ji cheng:liu juan）

（清）陳復正輯訂

清乾隆庚午[15 年,1750]本

一函六册:圖;22 公分

相關責任者: （清）陳復正(Chen Fuzheng),活動期 18 世紀,輯訂

附　　注: 清乾隆十五年(1750)陳復正《小引》言刻書事。

框 16.6×12.5 公分,9 行 20 字,白口,左右雙邊,單黑魚尾。版心上鐫"幼幼集成",中鐫卷次。

館藏信息: RECAP:East Asian Library use only:C91/2551

0911

基本著録: **推拿秘書:五卷**

（Tui na mi shu:wu juan）

（清）駱潛庵著

清乾隆乙巳[50 年,1785]金陵四教堂本

一函兩册:圖;25 公分

相關責任者: （清）駱如龍(Luo Rulong),著

附　　注: 駱如龍字潛庵,或字潛庵。

著者據封面。封面鐫"乾隆乙巳秋鐫　駱潛庵手著　重刊幼科推拿

秘書　金陵四教堂梓行”。其子所作序稱“先嚴潛庵”,目錄題“歷陽駱如龍潛庵氏著”,清乾隆后版本多題“駱潛庵”。

框 17.9×12.4 公分,8 行 20 字,白口,四周單邊,單黑魚尾。版心上鐫書名,中鐫卷次。

館藏信息：　RECAP：East Asian Library use only：C91/2538

0912

基本著錄：　**痘疹心法：二十三卷**

（Dou zhen xin fa；er shi san juan）

（明）萬全著

清康熙甲戌［33 年,1694］張萬言本

一函八册；29 公分

相關責任者：　（明）萬全（Wan Quan）,1499—1582,著；（清）張萬言（Zhang Wan-yan）,刻

附注：原“隆慶戊辰”孫應鰲《序》誤作“乾隆戊辰”。此帙爲清乾隆間修補。

清康熙三十三年（1694）張萬言《序》。

封面鐫“痘疹心法金鏡錄”。鈐“掃葉山房”印。

框 21.9×14.8 公分,8 行 18 字,白口,四周單邊,單黑魚尾。版心上鐫書名,中鐫卷次。

館藏信息：　East Asian Library（Gest）；Rare Books：TC83/741Q

0913

基本著錄：　**萬氏痘疹心法**

（Wan shi Dou zhen xin fa）

［（明）萬全著］

清間（約 1662—1795）本

一函六册；24 公分

相關責任者：　（明）萬全（Wan Quan）,1499—1582,著

附　　注：　書名據《目錄》。

偶避“玄”字諱。

無框欄,9 行字不等。

館藏信息： Annex A, Forrestal: C83/757

0914

基本著録： **聶氏痘門方旨：八卷**

（Nie shi dou men fang zhi：ba juan）

（明）聶尚恒著；（清）邱生華重校；（清）酆承迨重刊

清乾隆丙辰[13 年,1748]邱生華本

兩冊；23 公分

相關責任者： （明）聶尚恒（Nie Shangheng），著；（清）邱生華（Qiu Shenghua），重校；（清）酆承迨（Feng Chengdai），重刊

附　注： 清乾隆十三年（1748）邱生華《序》。清嘉慶十五年（1810）酆承迨《序》。

封面葉題"明清江聶尚恆久吾甫著　痘門方旨　楚清瀏邱生華書田重校　板存永寧巷後梅春華刻字處"。

框 16.6×12.2 公分,9 行 21 字,白口,四周單邊。版心上鐫"痘門方旨",中鐫卷次。

館藏信息： RECAP：East Asian Library use only：C83/754

0915

基本著録： **痘疹傳心錄：十九卷**

（Dou zhen chuan xin lu：shi jiu juan）

（明）朱惠明著

清乾隆丙午[51 年,1786]程永培修教堂本

兩函十二冊；24 公分

相關責任者： （明）朱惠明（Zhu Huiming），著；（清）程永培（Cheng Yongpei），刻

附　注： 清乾隆五十一年（1786）程永培《跋》言刻書事。

框 15.5×9.8 公分,10 行 20 字,白口,左右雙邊,單黑魚尾。版心上鐫書名,中鐫卷次,下鐫"脩教堂"。

館藏信息： RECAP：East Asian Library use only：C86/3054

0916

基本著録： **痘疹類編釋意全書**

（Dou zhen lei bian shi yi quan shu）

（清）翟良輯

清乾隆癸巳［38 年,1773］致和堂本

一函六册：圖;25 公分

相關責任者： （清）翟良（Zhai Liang）,1588—1671,輯

附　　注： 附《痘科諸葯本草》。

封面鐫"乾隆癸巳年鐫　益都翟良輯　痘疹類編釋意全書　致和堂藏板"。

框 19×13.4 公分,9 行 24 字,白口,四周單邊,單黑魚尾。版心上鐫書名,中鐫卷次及篇名。

館藏信息： RECAP:East Asian Library use only:C83/743

0917

基本著録： **種痘新書：十二卷**

（Zhong dou xin shu:shi er juan）

（清）張粲編輯

清乾隆間（約 1760—1795）本

一函六册;24 公分

相關責任者： （清）張粲（Zhang Can）,編輯

附　　注： 封面鐫"……敬思堂藏版"。

清乾隆二十五年（1760）喻煒《序》。

框 19×13.4 公分,10 行 24 字,白口,四周單邊,單黑魚尾。版心上鐫書名,中鐫卷次及篇名。

館藏信息： RECAP:East Asian Library use only:C86/2542

0918

基本著録： **痘疹會通：五卷**

（Dou zhen hui tong:wu juan）

（清）曾鼎纂述;（清）曾炳,（清）曾燠校正;（清）章經綸校

清乾隆丙午［51 年 1786］曾鼎忠恕堂本

一函四册;22 公分

相關責任者： （清）曾鼎（Zeng Ding）,纂述;（清）曾炳（Zeng Bing）,校正;（清）曾

燠(Zeng Yu),校正;(清)章經綸(Zhang Jinglun),校

附　　注： 清乾隆五十一年(1786)高學濂《序》和曾鼎《自序》均提刻書事。

封面鎸"……忠恕堂藏板"。

框 17×12.4 公分,9 行 20 字,白口,左右雙邊,單黑魚尾。版心上鎸書名,中鎸卷次及篇名。

館藏信息： RECAP:East Asian Library use only:C83/742

0919

基本著録： **痘疹定論:四卷**

(Dou zhen ding lun:si juan)

(清)朱純嘏編輯;(清)朱兆粲等參校

清間(約 1767—1824)本

四册;25 公分

相關責任者： (清)朱純嘏(Zhu Chungu),編輯;(清)朱兆粲(Zhu Zhaozhong),參校

附　　注： 各卷又有集名。

清康熙五十二年(1713)朱純嘏《序》。

清乾隆三十二年(1767)王鳴盛《序》。

封面鎸"笏園姚氏藏板"。

框 16.8×12.2 公分,10 行 24 字,白口,四周雙邊,單黑魚尾。版心上鎸書名,中鎸卷次及集名。

館藏信息： RECAP:East Asian Library use only:C83/747

0920

基本著録： **天花精言:六卷**

(Tian hua jing yan:liu juan)

(清)袁句著

清乾隆丁未[52 年,1787]袁氏本

一函四册;25 公分

相關責任者： (清)袁句(Yuan Gou),進士 1745,著

附注:封面鎸"乾隆丁未重鎸　雙梧主人著　蒲亭氏藏……夫于袁氏藏板"。

框 18.6×13.1 公分,9 行 20 字,白口,四周雙邊,單黑魚尾。版心上鐫書名,中鐫卷次。

館藏信息: RECAP:East Asian Library use only:C86/2938

0921

基本著錄: **四診抉微:八卷,管窺附餘**

(Si zhen jue wei:ba juan,Guan kui fu yu)

(明)林之翰纂述

清雍正間(即 1723—1735)林之翰玉映堂本

一函九册;25 公分

相關責任者: (明)林之翰(Lin Zhihan),活動期 17 世紀,纂述

附　注: 清雍正元年(1723)林之翰書於玉映堂《序》及雍正四年(1726)夢梅居士《序》。

封面鐫"本衙藏板",内有玉映堂主人識語數十字。

框 18.5×14.6 公分,10 行 20 字,白口,四周雙邊。版心上鐫小題,中鐫卷次。

館藏信息: East Asian Library(Gest):Rare Books:TC100/2806

0922

基本著錄: **瘟疫明辨:四卷,卷末**

(Wen yi ming bian:si juan,juan mo)

(清)戴天章著

清乾隆辛未[16 年,1751]金陵汪氏本

一函四册;26 公分

相關責任者: (清)戴天章(Dai Tianzhang),著;(明)吳有性(Wu Youxing);(清)鄭奠一(Zheng Dianyi),撰

附　注: 據清乾隆十六年(1751)吳文炑《序》,是書著者爲鄭奠一。經考證是書實爲戴天章之《廣瘟疫論》。

框 19×11.3 公分,9 行 21 字,白口,左右雙邊,單黑魚尾。版心上鐫書名,中鐫卷次。

館藏信息: East Asian Library(Gest):Rare Books:TC121/2624

0923

基本著録：	松峯說疫：六卷
	（Songfeng shuo yi：liu juan）
	（清）劉奎輯著
	清乾隆間（約 1786—1795）本
	六册；24 公分
相關責任者：	（清）劉奎（Liu Kui），18—19 世紀，輯著
附　　注：	封面鐫“劉松峯先生輯著　說疫　本衙藏版”。
	清乾隆五十一年（1786）王樹孝《序》。
	框 17.7×13.6 公分，9 行 22 字，白口，四周單邊，單黑魚尾。版心上鐫書名，中鐫卷次及篇名。
館藏信息：	RECAP：East Asian Library use only：C83/1832

0924

基本著録：	傳症彙編：二十卷，問答
	（Chuan zheng hui bian：er shi juan，wen da）
	（清）熊立品編輯
	清乾隆間（約 1776—1795）熊氏本
	一函八册；23 公分
相關責任者：	（清）熊立品（Xiong Lipin），1707—約 1780，編輯
附　　注：	封面鐫“……　瘟疫傳症彙編……家塾藏板”。
	清乾隆四十一年（1776）熊立品《自序》。
	框 17.3×13.3 公分，10 行 23 字，白口，左右雙邊，單黑魚尾。版心上鐫書名，中鐫卷次。
館藏信息：	RECAP：East Asian Library use only：C121/2549

0925

基本著録：	温熱暑疫全書：四卷
	（Wen re shu yi quan shu：si juan）
	（清）周揚俊輯
	清乾隆甲戌［19 年,1754］蔣辛齊本

一函四册;27 公分

相關責任者: (清)周揚俊(Zhou Yangjun),輯;(清)蔣辛齊(Jiang Xinqi),刻

附　　注: 書名據版心及序。

卷端題"温病方論"。

清乾隆十九年(1754)趙酉《序》言刻書事。

框 19.2×14.1 公分,10 行 20 字,白口,左右雙邊,單黑魚尾。卷一首葉版心上鎸書名,中鎸卷次及"温病"。

館藏信息: RECAP:East Asian Library use only:C110/3048

0926

基本著録: **重校聖濟總録:二百卷**

(Chong jiao Sheng ji zong lu:er bai juan)

(清)汪鳴鳳,(清)汪鳴珂校

清乾隆間(約 1736—1787)黃氏燕遠堂本

十二函七十二册:圖;30 公分

原缺卷一百九十五、一百九十九、二百。

相關責任者: (清)汪鳴鳳(Wang Mingfeng),校;(清)汪鳴珂(Wang Mingke),校

附　　注: 封面鎸"平川燕遠堂開雕　政和聖濟總録　姑蘇天禄堂藏板"。

清乾隆五十二年(1787)沈初《序》言汪氏兄弟增刻事。

框 19.8×14.7 公分,9 行 19 字,白口,左右雙邊,單黑魚尾。版心上鎸書名,中鎸卷次及小題,下鎸"燕遠堂"。

館藏信息: East Asian Library(Gest):Rare Books:TC83/785Q

0927

基本著録: **類症普濟本事方:十卷**

(Lei zheng pu ji ben shi fang:shi juan)

(宋)許叔微著;(清)王陳梁校

清乾隆丁酉[42 年,1777]王陳梁本

一函四册;29 公分

相關責任者: (宋)許叔微(Xu Shuwei),1080—1154,著;(清)王陳梁(Wang Chenliang),校;[日]多紀元胤(Taki Mototane),1789—1827,識語

附　　注: 避"玄"字諱。

未署年王陳梁《本事方序》言刻書事。

佚名朱筆批校及清嘉慶二十一年(1816)日本學者多紀元胤墨筆識語。

版本參據《館藏中醫綫裝書目》(中國中醫研究院圖書館,1986)

框19.3×12.6公分,8行20字,白口,四周雙邊,單黑魚尾。版心上鐫"本事方",中鐫卷次。

有"多紀氏藏書印""□壽殿書籍記"等印記。

館藏信息: East Asian Library(Gest):Rare Books:TC103/1818Q

0928

基本著錄: **重訂駱龍吉內經拾遺方論:四卷**

(Chong ding Luo Longji nei jing shi yi fang lun:si juan)

(宋)駱龍吉著;(明)劉浴德,(明)朱練訂

清康熙庚寅[49年,1710]林儒本

一函六册;26公分

相關責任者: (宋)駱龍吉(Luo Longji),著;(明)劉浴德(Liu Yude),訂;(明)朱練(Zhu Lian),訂;(清)林儒(Lin Ru),刻

附　注: 清康熙四十九年(1710)朱元英《内經拾遺序》言林氏刻書事。

封面鐫"乾隆丙申年新鐫　宋駱龍吉先生著述……增補内經拾遺方論　武林大成齋藏板"

不避"弘"字諱。

框19.1×12.8公分,8行20字,白口,左右雙邊,單黑魚尾。版心上鐫"增補内經拾遺",中鐫卷次。

館藏信息: East Asian Library(Gest):Rare Books:TC116/2927

0929

基本著錄: **衛生寶鑑:二十四卷,補遺**

(Wei sheng bao jian:er shi si juan,bu yi)

(元)羅天益撰

清間(約1644—1795)本

兩函十六册;26公分

相關責任者: (元)羅天益(Luo Tianyi),活動期13—14世紀,撰

附　　注：	明永樂十五年(1417)蔣同文《序》。
	據風格是書當爲清初刻本。
	不避"玄"字諱。
	封面鎸"…… 文德堂藏板"。
	框25.1×14.5公分,10行20字,白口,四周單邊,單黑魚尾。版心上鎸書名,中鎸卷次。
館藏信息：	East Asian Library(Gest):Rare Books:TC83/1231

0930

基本著録：	**證治要訣類方:四卷**
	(Zheng zhi yao jue lei fang:si juan)
	(明)戴元禮輯;(明)余時甫閲;(明)吳中珩校
	清間(約1662—1795)尚德堂本
	兩函兩册;25公分
相關責任者：	(明)戴元禮(Dai Yuanli),輯;(明)余時甫(Yu Shifu),閲;(明)吳中珩(Wu Zhongheng),校
附　　注：	本館所藏《丹溪先生心法》封面鎸"…… 尚德堂梓行"。
	疑爲清初尚德堂翻刻明萬曆間新安吳勉學《古今醫統正脈全書》本。
	框19.7×14公分,10行20字,白口,左右雙邊,單黑魚尾。版心上鎸"證治要訣方",中鎸卷次,下鎸"尚"。
館藏信息：	RECAP:East Asian Library use only:C83/814 vol.11—18

0931

基本著録：	**雜病證治類方:八卷**
	(Za bing zheng zhi lei fang:ba juan)
	(明)王肯堂輯
	明萬曆壬寅—戊申[30—36年,1602—1608]本
	一函三十二册;26公分
相關責任者：	(明)王肯堂(Wang Kentang),進士1589,輯
附　　注：	框20.3×14.3公分,9行18字,白口,四周單邊,單黑魚尾。版心上鎸小題,中鎸"類方"及卷次。
館藏信息：	East Asian Library(Gest):Rare Books:TC116/3368

0932

基本著錄： 　新方八陣：二卷

　　　　　　　（Xin fang ba zhen：er juan）

　　　　　　　（明）張介賓著

　　　　　　　清康熙間（即 1662—1722）本

　　　　　　　一函一冊；25 公分

相關責任者： 　（明）張介賓（Zhang Jiebin），1563—1640，著

附　　注： 　避"玄"字諱。

　　　　　　　無框欄，10 行字不等。

館藏信息： 　East Asian Library（Gest）：Rare Books：TC116/2752a

0933

基本著錄： 　集驗良方：六卷

　　　　　　　（Ji yan liang fang：liu juan）

　　　　　　　（清）梁文科輯

　　　　　　　清乾隆辛巳［26 年，1761］維揚文盛堂本

　　　　　　　一函六冊；18 公分

相關責任者： 　（清）梁文科（Liang Wenke），活動期 1680—1723，輯

附　　注： 　書名據《目次》。

　　　　　　　著者據《原序》。

　　　　　　　封面鐫"乾隆辛巳夏鐫……維揚轅門橋文盛堂藏板"

　　　　　　　框 14.5×9.9 公分，9 行 20 字，白口，四周單邊，單黑魚尾。版心上

　　　　　　　鐫書名，中鐫篇名。

館藏信息： 　RECAP：East Asian Library use only：C116/2560

0934

基本著錄： 　絳雪園古方選註

　　　　　　　（Jiang xue yuan gu fang xuan zhu）

　　　　　　　（清）王子接注；（清）葉桂校

　　　　　　　清雍正間（約 1731—1735）本

　　　　　　　一函八冊；25 公分

相關責任者：	（清）王子接（Wang Zijie），注；（清）葉天士（Ye Tianshi），1667—
	1746，校

附　　注：　清雍正十年(1731)王子接《序》。

不避"弘"字諱。

封面鎸"…… 十三科選註介景樓藏板"。

框 17×13.3 公分，10 行 22 字，白口，左右雙邊，單黑魚尾。版心上鎸"古方選註"，中鎸小題。

館藏信息：　East Asian Library（Gest）：Rare Books：TC103/1835

0935

基本著錄：　**便元集：二卷**

（Bian yuan ji：er juan）

（清）劉兼彙梓

清乾隆癸卯［48 年，1783］廣東省劉兼本

一函六册；25 公分

相關責任者：　（清）劉兼（Liu Jian），彙梓；（清）袁京安（Yuan Jing'an），印

附　　注：　清乾隆四十八年(1783)劉兼《書意》。

卷端又題"分宜袁京安夢齋重敬刊印送"。

《目錄》題下鎸"…… 板藏廣州城滋德堂藥舖内 ……"。

乾隆五十七年(1792)袁京安書於粤東漁樵山房《序》言捐資印書事。

《目錄》末鎸"板現存學院前心簡齋刻字舖刷印"。

框 17.5×12.4 公分，9 行 24 字，白口，左右雙邊，單黑魚尾。版心上鎸書名，中鎸卷次。

館藏信息：　RECAP：East Asian Library use only：C83/2867

0936

基本著錄：　**成方切用：十二卷，卷首，卷末**

（Cheng fang qie yong：shi er juan，juan shou，juan mo）

（清）吳儀洛輯

清乾隆辛巳［26 年，1761］吳儀洛利濟堂本

兩函二十册；25 公分

相關責任者：　（清）吳儀洛（Wu Yiluo），刻

附　　注：　　與 CHLR94—64 同版，該書有封面鐫"乾隆辛巳季新鐫……硤川利
　　　　　　　濟堂藏板"。

　　　　　　　卷端題"吳氏醫學述第四種"。

　　　　　　　各卷又分上下。

　　　　　　　書名據封面及版心。

　　　　　　　清乾隆二十六年(1761)吳儀洛書於硤川利濟堂《序》。

　　　　　　　框 18.8×14 公分，9 行 19 字，小字雙行，白口，左右雙邊，單黑魚尾。

　　　　　　　版心上鐫書名及卷目簡稱，中鐫卷次。

館藏信息：　　RECAP：East Asian Library use only：C83/3497

0937

基本著録：　　**秘傳配製丸散膏丹神效方：十門**

　　　　　　　(Mi chuan pei zhi wan san gao dan shen xiao fang：shi men)

　　　　　　　清間(約 1662—1795)本

　　　　　　　兩函十冊；27 公分

附　　注：　　避"玄"字諱。

　　　　　　　無框欄，行字不等。

館藏信息：　　East Asian Library(Gest)：Rare Books：TC116/2911

0938

基本著録：　　**薛氏醫案：[一百七卷]**

　　　　　　　(Xue shi yi an：[yi bai qi juan])

　　　　　　　(明)薛己等撰；(明)吳琯輯

　　　　　　　明間(約 1573—1644)本

　　　　　　　八函四十八冊：圖；24 公分

相關責任者：　(明)薛己(Xue Ji)，約 1488—1558，撰；(明)吳琯(Wu Guan)，進士
　　　　　　　1571，輯

附　　注：　　書名據版心。

　　　　　　　封面鐫"…… 薛判官醫書卄四種　味經堂藏板"。

　　　　　　　未署年吳琯撰《序》。

　　　　　　　框(目録)19.9×14 公分，10 行 20 字，白口，左右雙邊，單黑魚尾。

　　　　　　　版心上鐫"薛氏醫案"。

館藏信息： East Asian Library(Gest)：Rare Books：TC63/522

0939

基本著錄： **臨證指南醫案：十卷**

(Lin zheng zhi nan yi an：shi juan)

(清)葉桂著；(清)華南田等較

清乾隆丙戌[31 年,1766]錫山華南田本

一函十册；26 公分

相關責任者： (清)葉天士(Ye Tianshi),1667—1746,著；(清)華南田(Hua Nan-tian),較

附　注： 清乾隆三十一年(1766)華岫雲(南田)《序》言刻書事。

有佚名朱墨筆批點。

框 19.2×13.4 公分,10 行 22 字,白口,左右雙邊,單黑魚尾。版心上鐫書名,中鐫卷次及小題。眉欄鐫注。

館藏信息： East Asian Library(Gest)：Rare Books：TC83/147

0940

基本著錄： **濟世全書：[二卷]**

(Ji shi quan shu：[er juan])

(清)汪啓賢,(清)汪啓聖選注

清康熙間(約 1698—1722)鮑復盛本

一函四册；28 公分

相關責任者： (清)汪啓賢(Wang Qixian),活動期 1662—1722,選注；(清)汪啓聖(Wang Qisheng),活動期 1662—1722,選注；(清)鮑復盛(Bao Fusheng),刻

附　注： 書名據版心。

卷分上下。上卷爲"女媧氏煉石補天",下卷爲"培補後天丹丸"。

卷端又題"通政司左堂鮑復盛克昌氏捐俸梓行"。

清康熙三十一年(1692)凌耀《序》。

框 21×13.4 公分,8 行 22 字,白口,四周雙邊,單黑魚尾。版心上鐫"濟世全書"及"補天"。

館藏信息： East Asian Library(Gest)：Rare Books：TC116/3469

0941

基本著録： 本草崇原：［三卷］

（Ben cao chong yuan：［san juan］）

（清）高世栻纂集；（清）張志聰注釋

清乾隆丁亥［32 年,1767］寶笏樓本

一函四册;24 公分

相關責任者： （清）高世栻（Gao Shishi）,活動期 17—18 世紀,纂集;（清）張志聰

（Zhang Zhicong）,1610—1695,注釋

附　　注： 清乾隆三十二年（1767）王琦《跋》。

卷分上中下。

框 17.6×13.5 公分,10 行 20 字,黑口,左右雙邊。版心中鐫書名及

卷次。

館藏信息： RECAP：East Asian Library use only：C117/2572

0942

基本著録： 本草詩箋：十卷

（Ben cao shi jian：shi juan）

（清）朱鑰著

清乾隆間（約 1757—1795）本

一函八册;24 公分

相關責任者： （清）朱鑰（Zhu Lun）,活動期 18 世紀,著

附　　注： 清乾隆二十二年（1757）汪由敦《序》。

《中國古籍總目》子部二第 545 頁著録有“乾隆二十二年（遼寧等

藏）”,“乾隆二十七年群玉山房（壬午,山東等藏）”,“光緒八年群玉

山房（壬午,天津等藏）”三種版本。經與本館所藏書影比較,這三種

爲同版。天津、山東、普大都有牌記“壬午仲冬月鄆城羣玉山房重

校鋟板”,此牌記風格與竺麐祥題簽接近,像是清光緒印書的牌記。

而書中正文有斷版,風格像是清乾隆版。如果牌記“壬午”是光緒,

那麽就不應該再著録爲乾隆壬午羣玉山房刻本;如果牌記“壬午”是

乾隆,那麽就不應該再著録光緒壬午羣玉山房刻本。此“壬午”是乾

隆還是光緒,待考。

本館藏本書名爲"竺麐祥署"。竺麐祥,光緒三十年(1904)進士,可知此本爲光緒印本。

框 15.9×13.1 公分,10 行 18 字,白口,左右雙邊。版心中鎸書名、卷次及小題。

館藏信息: RECAP:East Asian Library use only:C103/1472

0943

基本著錄: **新刊纂圖元亨療馬集:六卷. 圖像水黃牛經合併大全:二卷. 駝經.**

子目:

新刊纂圖元亨療馬集:六卷

(Xin kan zuan tu yuan heng liao ma ji:liu juan)

(清)喻本元,(清)喻本亨著

圖像水黃牛經合併大全:二卷

(tu xiang shui huang niu jing he bing da quan:er juan)

(清)喻本元,(清)喻本亨著

駝經

(tuo jing)

(清)喻本元,(清)喻本亨著

清乾隆間(即 1736—1795)本

一函四册;24 公分

相關責任者: (清)喻本元(Yu Benyuan),著;(清)喻本亨(Yu Benheng),著

附　　注: 封面鎸"元亨全圖療牛馬駝集"。

清乾隆元年(1736)許鏘《牛馬駝經序》。

框 19.3×12.5 公分,12 行 24 字,白口,四周單邊,單黑魚尾。版心上鎸"元亨療馬集",中鎸小題簡稱及卷次。

館藏信息: RECAP:East Asian Library use only:C122/3795

0944

基本著錄: **萬密齋書:[一百八卷]**

(Wan Mizhai shu:[yi bai ba juan])

(明)萬全著;(清)張伯琮校定

清康熙壬辰[51 年,1712]漢陽張坦議視履堂本

四函二十四册;25 公分

相關責任者： （明）萬全（Wan Quan），1499—1582，著；（清）張伯琮（Zhang Bo-cong），校定；（清）張任大（Zhang Renda），印；（清）張任佐（Zhang Renzuo），印；（清）張坦議（Zhang Tanyi），刻

附　　注： 書名據封面及總目。

計《養生四要》等十類，共一百八卷。

封面鐫"…… 萬密齋書　視履堂藏板"。

清康熙五十一年（1712）張坦議書於視履堂《序》言刻書事。

清乾隆四十三年（1778）張任大、張任佐《跋》言重印事。

框 19.8 × 12.6 公分，10 行 20 字，白口，四周單邊，單黑魚尾。版心上鐫子書名，中鐫簡稱，下鐫"視履堂"。

館藏信息： East Asian Library（Gest）：Rare Books：TC64/2566

0945

基本著録： ［喻氏醫書三種：十六卷］

（［Yu shi yi shu san zhong：shi liu juan］）

（清）喻昌著

清乾隆間（約 1763—1765）陳守誠本

兩函二十二册;28 公分

相關責任者： （清）喻昌（Yu Chang），1585—1664，著；（清）陳守誠（Chen Shoucheng），刻

附　　注： 《醫門法律》等均有封面，内鐫"乾隆二十八年重鐫……集思堂藏板"。

各卷端又題"黎川陳守誠伯常重梓"。

框（醫門法律）18 × 12.9 公分，8 行 16 字，白口，左右雙邊，單黑魚尾。版心上書名，中鐫卷次及小題。

館藏信息： RECAP：East Asian Library use only：C83/3828

0946

基本著録： 經驗四種：［十一卷］

（Jing yan si zhong：［shi yi juan］）

（清）年希堯編

清雍正甲辰[2年,1724]五羊年希堯本

十六册;22公分

附　　注： 書名據封面。

清雍正二年(1724)年希堯《序》言編書及刻書事。

框14.7×10公分,9行20字,白口,四周單邊,單黑魚尾。版心上鎸子書名,中鎸篇名。

館藏信息： East Asian Library(Gest);Rare Books;TC83/2353

0947

基本著錄： **醫林指月:[二十二卷]**

(Yi lin zhi yue:[er shi er juan])

清乾隆丁亥[32年,1767]寶笏樓本

四函三十二册:圖;24公分

相關責任者： (清)王琦(Wang Qi),訂較合刊

附　　注： 《總目》題"胥山老人訂較合刊"。

胥山老人即王琦。

書名據《醫林指月總目》。

著者及版本據清乾隆三十二年(1767)王琦《序》。

封面鎸"寶笏樓藏板""醫書十二種"等。

框17.5×13.4公分,10行20字,小字雙行,黑口,左右雙邊。版心中鎸子目書名。

館藏信息： RECAP;East Asian Library use only;C65/2918

0948

基本著錄： **重廣補註黃帝內經素問:二十四卷**

(Chong guang bu zhu Huangdi nei jing su wen:er shi si juan)

(唐)王冰注

明間(約1550—1620)吳勉學本

一函八册;29公分

相關責任者： (唐)王冰(Wang Bing),注;(明)吳勉學(Wu Mianxue),刻

附　　注： 《目錄》題"黃帝內經"。

明嘉靖二十九年(1550)顧從德《序》言刻書事。

王冰《序》後鐫"吳勉學重校梓"。

著者據王冰《序》。

框 22×15.2 公分,10 行 20 字,小字雙行同,白口,四周單邊,單黑魚尾。版心中鐫"内經"。

館藏信息：　East Asian Library(Gest)：Rare Books：TC83/919Q

0949

基本著録：　　脉經：十卷

(Mai jing：shi juan)

(明)袁表類校

明萬曆丁丑[5 年,1577]吳興童文舉本

一函六册;26 公分

相關責任者：　(明)袁表(Yuan Biao),舉人 1558,類校;(明)童文舉(Tong Wenju),刻

附　　注：　《目録》後有"萬曆丁丑仲夏思泉童氏梓于吳興書舍"牌記。

袁表《書脉經後》後有牌記鐫"……書林童文舉謹識"。

框 19.5×14.2 公分,9 行 18 字,白口,四周單邊,單黑魚尾。版心中鐫書名及卷次。

館藏信息：　East Asian Library(Gest)：Rare Books：TC101/2544

0950

基本著録：　　**重修政和經史證類備用本草：三十卷**

(Chong xiu Zhenghe jing shi zheng lei bei yong ben cao：san shi juan)

(宋)唐慎微續證類

明萬曆丁亥[15 年,1587]北京内府本

兩函十册：圖;36 公分

相關責任者：　(宋)唐慎微(Tang Shenwei),活動期 11—12 世紀,續證類

附　　注：　明萬曆十五年(1587)《御製重刻證類本草序》言刻書事。

框 29.5×22.7 公分,12 行 23 字,黑口,四周雙邊,雙黑魚尾。版心中鐫"本草"及卷次。

館藏信息：　East Asian Library(Gest)：Rare Books：TC103/1336Q

0951

基本著録：	**劉河間傷寒三書：〔二十卷〕**
	（Liu Hejian shang han san shu：〔er shi juan〕）
	（宋）劉守真撰集；（明）吳繼宗校刊
	明萬曆間（約 1585—1620）吳繼宗、吳起祥本
	一函八册；27 公分
相關責任者：	（宋）劉完素（Liu Wansu），撰集；（明）吳繼宗（Wu Jizong），校刊；
	（明）吳起祥（Wu Qixiang）
附　　注：	書名據封面。
	《保命集》卷分上中下。
	封面鐫"劉河間傷寒三書""宣明論原病式保命集""同德堂梓"。
	明萬曆十三年（1585）吳諫《重刻劉守真先生宣明論方序》。
	《宣明論》卷端題"繡谷吳繼宗校刊"，《原病式》則題"金谿吳起祥刊
	行"。
	框（宣明論）19.6×12.8 公分，10 行 22 字，下綫黑口，四周雙邊，單
	黑魚尾。版心上鐫"宣明論方"，中鐫卷次。
館藏信息：	East Asian Library（Gest）：Rare Books：TC83/1836

0952

基本著録：	**儒門事親：十五卷**
	（Ru men shi qin：shi wu juan）
	（宋）張子和著；（明）吳勉學校
	明萬曆辛丑〔29 年，1601〕吳勉學本
	兩函十册；25 公分
相關責任者：	（宋）張從正（Zhang Congzheng），1156—1228，著；（明）吳勉學（Wu
	Mianxue），校
附　　注：	封面鐫"敦化堂梓行"。
	佚名朱筆圈點。
	框 19.9×13.9 公分，10 行 20 字，白口，四周雙邊，單黑魚尾。版心
	上鐫書名，中鐫卷次。
館藏信息：	East Asian Library（Gest）：Rare Books：TC83/2958

0953

基本著錄： 儒門事親：十五卷

(Ru men shi qin：shi wu juan)

(宋)張子和著；(明)吳勉學校

明萬曆辛丑[29 年,1601]吳勉學本

兩函十二冊；26 公分

相關責任者： (宋)張從正(Zhang Congzheng),1156—1228,著；(清)吳勉學(Wu Mianxue),校

附　注： 封面鐫"儒門事親　張子和先生著　映旭齋藏板　步月樓梓行"。

框 20×13.5 公分,10 行 20 字,白口,四周雙邊,單黑魚尾。版心上鐫書名,中鐫卷次。

館藏信息： East Asian Library(Gest)：Rare Books：TC83/921

0954

基本著錄： 脉訣刊誤集解：[二卷],附錄

(Mai jue kan wu ji jie：[er juan],fu lu)

(元)戴起宗著；(明)汪機補訂

明嘉靖間(約 1522—1541)新安祁門樸墅本

一函四冊；26 公分

相關責任者： (元)戴起宗(Dai Qizong),著；(明)汪機(Wang Ji),1463—1539,補訂；(明)汪邦鐸(Wang Bangduo),增刻

附　注： 明崇禎六年(1633)《重鐫脉訣刊誤序》。

版本依據 CHTR03—B92。

卷端又題"嫡孫邦鐸振玉鐫"。

框 19.4×13.3 公分,9 行 20 字,白口,四周單邊,單黑魚尾。版心中鐫卷次。

館藏信息： East Asian Library(Gest)：Rare Books：TC68/1200

0955

基本著錄： 玉機微義：五十卷

(Yu ji wei yi：wu shi juan)

（明）徐用誠輯；（明）劉純續輯

明正德間（即 1506—1521）本

四函二十册；31 公分

相關責任者： （明）徐用誠（Xu Yongcheng），輯；（明）劉純（Liu Chun），活動期
1368—1398，續輯

附　　注： 著者據明正統五年（1440）王暹《書玉機微義後》。

明正德元年（1506）汪舜民《玉機微義序》。

框 24.1×16 公分，9 行 20 字，白口，四周雙邊，單黑魚尾。版心上鐫
書名，中鐫卷次，各卷首葉下鐫寫工。

館藏信息： East Asian Library（Gest）：Rare Books：TC83/752Q

0956

基本著録： 袖珍小兒方：［十卷］

（Xiu zhen xiao er fang：［shi juan］）

（明）徐用宣編集

明間（約 1522—1536）錢宏本

一函四册；24 公分

館藏本有殘缺：存卷一至六

相關責任者： （明）徐用宣（Xu Yongxuan），編集；（明）錢宏（Qian Hong），1476—
1536，刻

附　　注： 卷三卷端題“存誠藥室徐用宣編集”。

明永樂三年（1405）徐用宣言纂輯事。

據徐《序》是書分六卷，二十四門，共三百十七方。有剜改痕迹。《四
庫全書總目》著録明嘉靖十一年（1532）“贛撫錢宏重刊本”，該書爲
十卷，分爲七十二門，共六百二十四方，疑即是書。

卷端題“古杭錢宏重刊”。

框 19.9×14 公分，9 行 24 字，白口，四周單邊，單黑魚尾。版心中鐫
“袖珍方”及卷次。

“卷内有‘翰林院印’滿漢文大方印，乃四庫全書總目醫家類存目著
録之底本也。據存目，知此本爲天一閣故物。”——本館《中文善本
書志》（屈萬里，第 247 頁）。

館藏信息： East Asian Library（Gest）：Rare Books：TC101/1198

0957

基本著録： 陶節菴傷寒全生集：四卷

(Tao Jie'an shang han quan sheng ji：si juan)

（明）朱映壁訂正；（明）何爌重校

明間（約 1601—1644）薛貞本

一函八册；25 公分

館藏本有殘缺：有手抄配補。

相關責任者： （明）朱映壁（Zhu Yingbi），訂正；（明）何爌（He Kuang），重校；（明）薛貞（Xue Zhen），進士 1601，刻

附　　注： 未署年薛貞《傷寒全生集序》，有"辛丑進士"印，辛丑爲明萬曆二十九年（1601）。

封面鎸"陶節菴傷寒活人指掌全生集""養正堂藏板"。

佚名朱筆圈點。

框 21×13.8 公分，9 行 20 字，白口，四周單邊，單黑魚尾。版心上鎸"全生集"，中鎸卷次。

館藏信息： East Asian Library（Gest）：Rare Books：TC85/2621

0958

基本著録： 傷寒六書：六卷

(Shang han liu shu：liu juan)

（明）陶華述；（明）吳勉學校

明萬曆辛丑［29 年，1601］吳勉學本

一函六册；25 公分

相關責任者： （明）陶華（Tao Hua），1369—約 1450，述；（明）吳勉學（Wu Mian xue），校

附　　注： 書名取自封面。

封面鎸"傷寒六書""步月樓梓行"。

框 20×13.3 公分，10 行 20 字，白口，四周雙邊，單黑魚尾。版心上鎸子書名，中鎸卷次。

館藏信息： East Asian Library（Gest）：Rare Books：TC83/1831

0959

基本著録： **醫方選要：十卷**

（Yi fang xuan yao；shi juan）

（明）周文采編集

明嘉靖乙巳［24 年,1545］費寀本

一函十册;30 公分

相關責任者： （明）周文采（Zhou Wencai）,15—16 世紀,編集;（明）費寀（Fei Cai）,1483—1548,刻

附　　注： 明嘉靖二十三年(1544)及二十四年(1545)費寀等《選要疏》。

框 21.8×15.8 公分,10 行 21 字,黑口,四周雙邊,雙黑魚尾。版心中鎸"選要"及卷次。

館藏信息： East Asian Library（Gest）:Rare Books:TC103/1394Q

0960

基本著録： **汪石山醫學七書：[二十四卷]**

（Wang Shishan yi xue qi shu：[er shi si juan]）

（明）汪機著

明嘉靖間（約 1533—1566）本

四函二十四册;26 公分

相關責任者： （明）汪機（Wang Ji）,1463—1539,著

附　　注： 《讀素問抄》前有明嘉靖十二年(1533)程氏所作序。

書名據總目。

框 18.8×12.9 公分,9 行 18 字,小字雙行同,白口,四周單邊,單白魚尾。版心中鎸子書名。

館藏信息： East Asian Library（Gest）:Rare Books:TC83/681

0961

基本著録： **針灸問對：[三卷]**

（Zhen jiu wen dui：[san juan]）

（明）汪機編輯;（明）陳桷較正

明嘉靖壬辰［11 年,1532］本

　　　　　　　　一函三冊;29公分
相關責任者：　（明）汪機（Wang Ji），1463—1539，編輯；（明）陳桷（Chen Jue），較正；
　　　　　　　（明）黃容（Huang Rong），刻
附　　注：　卷分上中下。
　　　　　　　明嘉靖十一年（1532）程鑌《刻鍼灸問答叙》。嘉靖九年（1530）汪機
　　　　　　　《針灸問答序》。
　　　　　　　框19.4×13.2公分，白口，四周單邊，雙黑魚尾。版心中鐫"針灸"，
　　　　　　　卷上第四葉版心下鐫"黃容刊"。
　　　　　　　鈐篆文"翰林院印"滿漢兩體朱印。
館藏信息：　East Asian Library（Gest）:Rare Books:TC88/1194Q

0962

基本著錄：　**素問鈔續補正:十二卷. 滑氏診家樞要.**
　　　　　　　子目：
　　　　　　　素問鈔續補正:十二卷
　　　　　　　（Su wen chao xu bu zheng:shi er juan）
　　　　　　　（明）丁瓚補正；（明）曹質續補
　　　　　　　滑氏診家樞要
　　　　　　　（Hua shi zhen jia shu yao）
　　　　　　　（明）滑壽撰
　　　　　　　明萬曆間（約1595—1620）本
　　　　　　　一函四冊:圖;29公分
相關責任者：　（明）丁瓚（Ding Zan），補正；（明）曹質（Cao Zhi），續補；（明）滑壽
　　　　　　　（Hua Shou），撰
附　　注：　明萬曆二十三年（1595）馮夢楨《叙素問抄續補正》。
　　　　　　　佚名朱筆圈點。
　　　　　　　框21.3×12.7公分，10行20字，白口，四周單邊，單白魚尾。版心
　　　　　　　中鐫卷次。
館藏信息：　East Asian Library（Gest）:Rare Books:TC83/2945Q

0963

基本著錄：　**丹溪心法附餘:二十四卷,卷首**

（Danxi xin fa fu yu：er shi si juan，juan shou）

（明）方廣類集

明間（約 1621—1644）吳氏本

四函十六冊；25 公分

相關責任者： （明）方廣（Fang Guang），16 世紀，類集

附　　注： 卷二十四末鐫"武陽中憲大夫吳國倫精校書林吳氏梓行"。

版本據風格。

框 19×12.5 公分，11 行 24 字，小字雙行同，白口，四周單邊，單黑魚尾。版心上鐫書名，中鐫卷次。

館藏信息： East Asian Library（Gest）：Rare Books：TC83/1474

0964

基本著錄： **痘疹世醫心法：十二卷. 痘疹格致要論：[十一卷].**

子目：

痘疹世醫心法：十二卷

（Dou zhen shi yi xin fa：shi er juan）

（明）萬全著

痘疹格致要論：[十一卷]

（Dou zhen ge zhi yao lun：[shi yi juan]）

（明）萬全著

明萬曆間（即 1573—1620）本

兩函十六冊；29 公分

本館藏本不全，缺《痘疹格致要論》卷十一。

相關責任者： （明）萬全（Wan Quan），1499—1582，著

附　　注： 附《痘疹碎金賦》。

著者據明嘉靖二十八年（1549）萬全《痘疹世醫心法序》。

框 21.4×15 公分，10 行 20 字，白口，四周雙邊，單黑魚尾。版心中鐫"痘疹心要"及卷次。

館藏信息： East Asian Library（Gest）：Rare Books：TC86/3891Q

0965

基本著錄： **攝生衆妙方：十一卷. 急救良方：二卷. 元敖氏傷寒金鏡錄.**

子目：

攝生眾妙方：十一卷

(She sheng zhong miao fang：shi yi juan)

(明)芝園主人集；(明)堯崗山人校

急救良方：二卷

(Ji jiu liang fang：er juan)

(明)芝園主人集；(明)堯崗山人校

元敖氏傷寒金鏡錄

(Yuan Ao shi shang han jin jing lu)

(元)清碧學士著

明隆慶己巳[3年1569]青州衡藩本

兩函十二冊：圖；25公分

相關責任者： (明)張時徹(Zhang Shiche)，生年1504，集；(明)馬崇儒(Ma Chong-ru)，校；(元)杜本(Du Ben)，1276—1350，著

附　　注： 未署年衡王《重刊攝生眾妙方序》及明隆慶三年(1569)馬崇儒《重刊攝生眾妙方後》言刻書事，并知芝園主人即張時徹，堯崗山人即馬崇儒。

清碧學士即杜本。

框20.1×15.8公分，10行20字，白口，四周雙邊。版心中鎸書名。

館藏信息： East Asian Library(Gest)：Rare Books：TC83/930

0966

基本著錄： **編註醫學入門：七卷，卷首**

(Bian zhu yi xue ru men：qi juan，juan shou)

(明)李梴撰

明間(約1575—1644)本

一函十冊：圖；27公分

相關責任者： (明)李梴(Li Chan)，活動期1573—1619，撰

附　　注： 明萬曆三年(1575)李梴《醫學入門引》。

框22.6×14.6公分，9行19字，白口，四周雙邊，單黑魚尾。版心上鎸"醫學入門"及卷次，中鎸內容名稱。

館藏信息： East Asian Library(Gest)：Rare Books：TC83/1837

0967

基本著録：	醫方考：六卷

（Yi fang kao：liu juan）

（明）吳崐著；（明）黃基閱

明萬曆間（約 1584—1620）本

兩函十冊；26 公分

相關責任者： （明）吳崐（Wu Kun），1552—1620，著；（明）黃基（Huang Ji），閱

附　　注： 明萬曆十二年（1584）吳崐《醫方考序》。

框 21.2×13.3 公分，10 行 20 字，白口，四周單邊，單白魚尾。版心上鎸書名及門別，中鎸卷次。

館藏信息： East Asian Library（Gest）：Rare Books：TC83/1199

0968

基本著録：	傷寒論條辨：八卷

（Shang han lun tiao bian：ba juan）

（明）方有執著；（明）陳友恭較

明間（約 1599—1644）浩然樓本

一函八冊：圖；28 公分

相關責任者： （明）方有執（Fang Youzhi），生年 1522，著；（明）陳友恭（Chen You gong），較

附　　注： 附《本草抄》《傷寒論條辨或問》及《痓書》。

封面鎸"浩然樓藏板"。

明萬曆二十一年（1593）方有執《傷寒論條辨引》。

萬曆二十七年（1599）方有執《痓書跋》。

卷八末有牌記，内鎸"古歙靈山大方家梓"。

框 22×14.5 公分，10 行 20 字，白口，左右雙邊，單黑魚尾。版心上鎸書名，中鎸卷次。

館藏信息： East Asian Library（Gest）：Rare Books：TC83/1850

0969

基本著録：	新鍥雲林神彀：四卷

（Xin qie yun lin shen gou：si juan）

（明）龔廷賢編著

明萬曆辛卯［19年，1591］積慶堂本

一函四冊；28公分

相關責任者：　（明）龔廷賢（Gong Tingxian），約1577—1593，編著；（清）弘曉
　　　　　　（Hongxiao），卒年1778，收藏

附　注：　明萬曆十九年（1591）茅坤《雲林神彀序》言刻書事。
　　　　　框20.5×14.5公分，9行20字，白口，四周單邊，單黑魚尾。版心上
　　　　　鐫"雲林神彀"，中鐫卷次，下鐫"積慶堂"。
　　　　　有"明善堂賢書畫印記安樂堂藏書記"等印記。

館藏信息：　East Asian Library（Gest）：Rare Books：TC110/2839

0970

基本著錄：　**針灸大成：十卷**

（Zhen jiu da cheng：shi juan）

（明）楊繼洲著

明萬曆辛丑［29年，1601］趙文炳本

十六冊：圖；28公分

相關責任者：　（明）楊繼洲（Yang Jizhou），約1573—1619，著；（明）趙文炳（Zhao
　　　　　　Wenbing），刻

附　注：　楊繼洲取自《序》。
　　　　　王國光《衛生鍼灸玄機秘要叙》（殘）。明萬曆二十九年（1601）趙文
　　　　　炳《刻鍼灸大成序》。
　　　　　《序》中皆提刻書事。
　　　　　框21.8×15.5公分，10行22字，白口，四周雙邊。版心上鐫卷次。

館藏信息：　East Asian Library（Gest）：Rare Books：TC88/658

0971

基本著錄：　**針灸大成：十卷**

（Zhen jiu da cheng：shi juan）

（明）楊繼洲著

明萬曆辛丑［29年，1601］趙文炳本

一函十二册:圖;31 公分

相關責任者: （明）楊繼洲（Yang Jizhou），約 1573—1619，著；（明）趙文炳（Zhao Wenbing），刻

附　　注: 楊繼洲取自《序》。

明萬曆二十九年（1601）趙文炳《刻鍼灸大成序》、王國光《衛生鍼灸玄機秘要叙》。

《序》中皆提刻書事。

框 21.9×15.5 公分，10 行 22 字，白口，四周雙邊。版心上鐫卷次。

館藏信息: East Asian Library（Gest）:Rare Books:TC88/1197Q

0972

基本著錄: **新鐫藥性會元:[二卷]**

（Xin juan yao xing hui yuan:[er juan]）

（明）梅得春編集

清間（約 1662—1735）本

一函六册;27 公分

相關責任者: （明）梅得春（Mei Dechun），編輯

附　　注: 卷分上下。

明萬曆二十三年（1595）《藥性會元序》。

避"玄"字諱。

無框欄，10 行 21 字。

館藏信息: East Asian Library（Gest）:Rare Books:TC103/1193

0973

基本著錄: **證治準繩:四十四卷**

（Zheng zhi zhun sheng:si shi si juan）

（明）王肯堂輯

明萬曆壬寅—戊申[30—36 年,1602—1608]本

八函七十册;27 公分

相關責任者: （明）王肯堂（Wang Kentang），進士 1589，輯；（明）陳時泰（Chen Shi-tai），寫工

附　　注: 明萬曆三十年（1602）王肯堂《自叙》。

框 20.4×14.3 公分,9 行 18 字,白口,左右雙邊,單黑魚尾。版心上鎸內容名稱,中鎸"準繩",下偶鎸"武進陳時泰書"。

館藏信息： East Asian Library(Gest)：Rare Books：TC68/1393

0974

基本著録： 證治準繩：四十四卷

（Zheng zhi zhun sheng：si shi si juan）

（明）王肯堂輯

明萬曆壬寅—戊申［30—36 年,1602—1608］本

八函七十册；26 公分

相關責任者： （明）王肯堂(Wang Kentang)，進士 1589，輯；（明）陳時泰(Chen Shi-tai)，寫工

附　　注： 封面鎸"準繩六種""虞衙藏板"。

明萬曆三十年(1602)王肯堂《自叙》。

框 20.3×14.4 公分,9 行 18 字,白口,左右雙邊,單黑魚尾。版心上鎸內容名稱,中鎸"準繩",下偶鎸"武進陳時泰書"。

館藏信息： East Asian Library(Gest)：Rare Books：TC68/531

0975

基本著録： 傷寒證治準繩：八帙

（Shang han zheng zhi zhun sheng：ba zhi）

（明）王肯堂輯；（明）張綖校

明萬曆甲辰［32 年 1604］賀知忍本

兩函十六册；26 公分

相關責任者： （明）王肯堂(Wang Kentang)，進士 1589，輯；（明）張綖(Zhang Fu)，校；（明）賀知忍(He Zhiren)，刻

附　　注： 明萬曆三十二年(1604)王肯堂《自序》言賀知忍刻書事。

與 CHTR03—B291 同版。

框 21×13.8 公分,10 行 21 字,白口,四周單邊,單黑魚尾。版心上鎸類名,中鎸帙次。

館藏信息： East Asian Library(Gest)：Rare Books：TC85/2607

0976

基本著録： **幼科全書**：［八種十五卷］

（You ke quan shu：［ba zhong shi wu juan］）

（明）王宇泰輯

明間（約 1601—1620）本

一函六册：圖；26 公分

相關責任者： （明）王肯堂（Wang Kentang），進士 1589，輯

附　　注： 書名及編者據封面。

封面鎸"幼科全書　王宇泰先生輯　翼聖堂梓行"。

疑是書爲書商托王肯堂之名，得吳勉學《古今醫統正脉全書》殘板而
印。該書刻於明萬曆二十九年（1601）。

框 20.1×13.6 公分，10 行 21 字，白口，四周雙邊，單黑魚尾。版心
上鎸種類名，中鎸卷次。

館藏信息： East Asian Library（Gest）：Rare Books：TC83/944

0977

基本著録： **家傳太素脉秘訣**：［二卷］

（Jia chuan Tai su mai mi jue：［er juan］）

（明）張太素述；（明）劉伯詳注；（明）周文煒梓

明間（約 1600—1644）周文煒本

一函四册；26 公分

相關責任者： （明）張太素（Zhang Taisu），述；（明）劉伯詳（Liu Boxiang），注；（明）
周文煒（Zhou Wenwei），梓

附　　注： 卷分上下。

未署年龔廷賢《太素脉序》。

框 22.7×14.3 公分，10 行 22 字，白口，四周單邊。版心上鎸"太素
脉"，中鎸卷次。

館藏信息： East Asian Library（Gest）：Rare Books：TC193/2578

0978

基本著録： **申斗垣校正外科啟玄**：十二卷

（Shen Douyuan jiao zheng wai ke qi xuan：shi er juan）

（明）申斗垣撰

明萬曆間（約 1604—1620）本

兩函十二册：圖；26 公分

館藏本有殘缺：有手抄配補。

相關責任者： （明）申拱宸（Shen Gongchen），著

附　　注： 明萬曆三十二年（1604）《序》。

框 20.7×13.5 公分，10 行 20 字，白口，四周雙邊，單黑魚尾。版心上鐫"外科啟玄"，中鐫卷次。

館藏信息： East Asian Library（Gest）：Rare Books：TC88/1819

0979

基本著録： **新刊明醫秘傳濟世奇方萬疴必愈：十一卷**

（Xin kan Ming yi mi chuan ji shi qi fang wan ke bi yu：shi yi juan）

（明）沈應暘編集；（明）何爌參訂

明間（約 1621—1644）建陽詹氏本

兩函十一册；27 公分

相關責任者： （明）沈應暘（Shen Yingyang），編集；（明）何爌（He Kuang），卒年 1636，參訂；（明）詹伯禎（Zhan Bozhen），刻；（明）詹怡廷（Zhan Yiting），刻

附　　注： 卷端又題"潭陽詹伯禎祥生梓行"。

卷末有牌記鐫"書林文樹堂詹怡廷梓行"。

封面鐫"唾玉山房梓"。有"文樹堂"朱色木記。

框 21.1×12.3 公分，10 行 26 字，白口，四周單邊。版心上鐫"萬疴必愈"，中鐫卷次及内容名稱。

館藏信息： East Asian Library（Gest）：Rare Books：TC116/2780

0980

基本著録： **瘍科選粹：八卷**

（Yang ke xuan cui：ba juan）

（明）陳文治輯；（明）繆希雍參校

明崇禎戊辰［元年，1628］本

一函四冊:圖;26 公分

相關責任者: （明）陳文治（Chen Wenzhi）,輯;（明）繆希雍（Miao Xiyong）,卒年
1627,參校

附　　注: 明崇禎元年(1628)彭宗孟《瘍科秘旨叙》。

框 21.2×14.7 公分,10 行 20 字,白口,左右雙邊,單黑魚尾。版心
上鐫書名,中鐫篇名,下鐫卷次。

館藏信息: East Asian Library(Gest):Rare Books:TC92/2583

0981

基本著錄: **普門醫品:〔四十八卷〕**

（Pu men yi pin:〔si shi ba juan〕）

（明）王化貞編輯;（明）陳斌較閱

明崇禎戊辰〔元年,1628〕本

一函二十冊;26 公分

相關責任者: （明）王化貞（Wang Huazhen）,進士 1613,編輯;（明）陳斌（Chen
Bin）,較閱

附　　注: 王化貞曰:"余自幼司軒岐家言,竊有志於活人壽世之事而恨其不廣
也。請室多暇,無所用心,日鈔錄方書。得《本草綱目》於孩之高公,
取其中善方彙而集之……歷再稔而書始成,共得四十八卷,列證頗
詳,具方亦備。指示病情,开陳治法,但觧書者瞭然易辨,使人人能自
為醫,而在在可以得藥,斯則余之心也。……鋟梓之費,取給耕穫之
餘與辟纑之積。以橐饘不充,幾至中輟,賴諸公捐助而後得以
訖工。"

明崇禎元年(1628)王化貞《普門醫品自叙》。明天啓六年(1626)高
出《普門醫品叙》。

框 20.3×14.2 公分,9 行 20 字,白口,左右雙邊,無魚尾。版心上鐫
"普門醫品",中右鐫門類,下右鐫卷次。

館藏信息: East Asian Library(Gest):Rare Books:TC83/860

0982

基本著錄: **妙一齋醫學正印種子編:〔二卷〕**

（Miao yi zhai yi xue zheng yin zhong zi bian:〔er juan〕）

（明）岳甫嘉著

明崇禎丙子[9年,1636]綉谷三樂齋本

一函六册;28公分

相關責任者： （明）岳甫嘉(Yue Fujia),活動期17世紀,著

附　　注： 書分男科、女科二卷。

封面鎸"種子全編""綉谷三樂齋梓"。

明崇禎九年(1626)岳巒薫《後序》。

框22.4×15.2公分,8行20字,白口,左右雙邊,單白魚尾。版心上鎸"醫學正印",中鎸"男科"或"女科"。

館藏信息： East Asian Library(Gest):Rare Books:TC73/2586

0983

基本著録： **删補頤生微論:四卷**

(Shan bu yi sheng wei lun:si juan)

（清）李中梓著

明崇禎壬午[15年,1642]金閶傳萬堂本

一函八册:圖;30公分

相關責任者： （清）李中梓(Li Zhongzi),1588—1655,著

附　　注： 封面鎸"金閶傳萬堂梓"。

框19.5×14.2公分,10行24字,白口,四周單邊,單黑魚尾。版心上鎸書名,中鎸卷次。

館藏信息： East Asian Library(Gest):Rare Books:TC83/2558Q

0984

基本著録： **養生類纂:二十二卷**

(Yang sheng lei zuan:er shi er juan)

（宋）周守忠纂集;（明）謝潁校正

明成化甲午[10年,1474]錢塘謝潁本

兩函十二册;31公分

相關責任者： （宋）周守忠(Zhou Shouzhong),纂集;（明）謝潁(Xie Jiong),校正

附　　注： 卷一首葉誤刻作者爲周守中。

明成化十年(1474)孟秋謝潁《重刻養生延壽諸書引》言重刻事。

卷端題"鄉貢進士錢塘縣知縣樵陽謝頴校正重刊"。

框 21.6×13.3 公分,12 行 26 字,黑口,四周雙邊,雙黑魚尾。版心中鎸書名及卷次。

與《養生月覽》《三元延壽參贊書》同函。

館藏信息: East Asian Library(Gest):Rare Books:TC328/1437aQ

0985

基本著錄: **三元延壽參贊書:五卷**

(San yuan yan shou can zan shu:wu juan)

(元)李鵬飛集

明成化甲午[10 年,1474]錢塘謝頴本

一函四冊:圖;31 公分

相關責任者: (元)李鵬飛(Li Pengfei),集;(明)謝頴(Xie Jiong),刻

附　注: 著者據元至元二十八年(1291)九華老人李鵬飛《序》。

附《人說》。

是書與《養生類纂》合刻,版本參見 NJPX95–B4092。

與《養生類纂》《養生月覽》同函。

框 21.4×13.3 公分,12 行 26 字,黑口,四周雙邊,雙黑魚尾。版心中鎸"延壽書"及卷次。

館藏信息: East Asian Library(Gest):Rare Books:TC328/1437bQ

0986

基本著錄: **本草萬方鍼線:八卷. 本草藥品總目.**

子目:

本草萬方鍼線:八卷

(Ben cao wan fang zhen xian:ba juan)

(清)蔡烈先輯

本草藥品總目

(Ben cao yao pin zong mu)

(清)蔡烈先輯

清間(約 1719—1795)武林山壽堂本

一函四冊;27 公分

相關責任者:	（清）蔡烈先（Cai Liexian），活動期 17—18 世紀，輯
附　　注:	清康熙五十八年（1719）徐克祺《序》。
	封面鐫"武林山壽堂藏板"。
	框 19.8×13.6 公分，10 行字數不等，白口，左右雙邊，單黑魚尾。版心上鐫"萬方鍼線"，中鐫卷次及篇名。
館藏信息:	RECAP：East Asian Library use only：N7971/4461.02

0987

基本著錄:	**傷寒大成：[六卷]**
	（Shang han da cheng：[liu juan]）
	清間（約 1735—1820）金閶書業堂本
	一函十冊；26 公分
附　　注:	封面鐫"傷寒大成""金閶書業堂梓行"。
	框 20.2×13.2 公分，9 行 20 字，白口，四周單邊，單黑魚尾。版心上鐫子目書名，中鐫卷次及篇名。
館藏信息:	Annex A，Forrestal：7932/1316

0988

基本著錄:	**養生月覽：[二卷]**
	（Yang sheng yue lan：[er juan]）
	（宋）周守忠纂集；（明）謝潁校正
	明成化甲午[10 年，1474]錢塘謝潁本
	一函兩冊；31 公分
相關責任者:	（宋）周守忠（Zhou Shouzhong），纂集；（明）謝潁（Xie Jiong），校正
附　　注:	卷分上下。
	明嘉定十五年（1222）周守忠《養生月覽序》。
	卷端題"鄉貢進士錢塘縣知縣樵陽謝潁校正重刊"。
	是書與《養生類纂》合刻，版本參見 NJPX95–B4092。
	與《養生類纂》《三元延壽參贊書》同函。
	框 19.9×13.4 公分，12 行 26 字，黑口，四周雙邊，雙黑魚尾。版心中鐫"月覽"。
館藏信息:	East Asian Library（Gest）：Rare Books：TC328/1437cQ

0989

基本著録：　**石頑老人診宗三昧**

（Shiwanlaoren zhen zong san mei）

（清）張璐撰；（清）張倬，（清）張登編次

清間（約1735—1820）金閶書業堂本

一函兩冊；26公分

相關責任者：（清）張璐（Zhang Lu），1617—1700，撰；（清）張倬（Zhang Zhuo），編次；（清）張登（Zhang Deng），編次

附　　注：　清康熙二十三年（1689）郭琇《序》。

框20.7×13.7公分，9行20字，白口，四周雙邊，單黑魚尾。版心上鎸"診宗三昧"，中鎸篇名。

館藏信息：　Annex A，Forrestal：7930/1316

天文算法類

0990

基本著録：　**周髀算經：〔二卷〕．音義．**

子目：

周髀算經：〔二卷〕

（Zhou bi suan jing：〔er juan〕）

（漢）趙君卿注；（北周）甄鸞重述；（唐）李淳風釋

音義

（yin yi）

（漢）趙君卿注；（北周）甄鸞重述；（唐）李淳風釋

清乾隆間（約1774—1795）北京武英殿本

一函四冊：圖；27公分

相關責任者：（漢）趙君卿（Zhao Junqing），注；（北周）甄鸞（Zhen luan），重述；（唐）李淳風（Li Chunfeng），602—670，釋

附　　注：　附李籍《言義》。

卷分上下。

有清乾隆三十九年(1774)《御題武英殿聚珍版十韻》。

所附提要標題下鎸"武英殿聚珍版"。

框 19.2×12.8 公分,9 行 21 字,白口,四周雙邊,單黑魚尾。版心上鎸書名,中鎸卷次。

館藏信息: East Asian Library(Gest):Rare Books:TC133/400

0991

基本著録: 天文

(Tian wen)

明間(約 1620—1644)本

一函兩冊:圖;30 公分

附　　注: 無框欄,行字不等。

不避清諱。

館藏信息: Annex A,Forrestal:C133/1809

0992

基本著録: 緇門天盖論:[二卷]

(Zi men tian gai lun:[er juan])

(明)明源著

明間(約 1620—1644)靈建本

一函四冊:圖;31 公分

相關責任者: (明)明源(Mingyuan),著;(明)靈建(Lingjian),刻

附　　注: 卷分上下。

不避清諱。

未署年[釋]靈建《序天盖論》言倡緣刻書事。

框 22×15.8 公分,9 行 19 字,白口,四周雙邊,單黑魚尾。版心上鎸書名,中鎸卷次。

館藏信息: East Asian Library(Gest):Rare Books:TC133/1415Q

0993

基本著録: 御製曆象考成:[四十二卷]

(Yu zhi li xiang kao cheng:[si shi er juan])

（清）允禄等纂修

清間(約 1724—1742)北京武英殿本

四函四十二册:圖;28 公分

相關責任者: （清）允禄(Yunlu),1695—1767,纂修

附　　注: 計上編十六卷、下編十卷、表十六卷。

作者及版本據《職名》及 CHFR95—B69。

此書原名《御製欽若曆書》。

有清雍正元年(1723)《御製律曆淵源序》,此書當爲零種。

框 20.7×14.8 公分,9 行 20 字,白口,四周雙邊,單白魚尾。版心上

鎸書名,中鎸卷次及小題。

館藏信息: RECAP:East Asian Library use only:C133/1811a

0994

基本著録: **御製曆象考成後編:十卷**

(Yu zhi li xiang kao cheng hou bian:shi juan)

（清）允禄等纂修

清乾隆間(約 1742—1795)本

兩函八册:圖;30 公分

相關責任者: （清）允禄(Yunlu),1695—1767,纂修

附　　注: 作者及版本據《職名》。

框 20.3×14.6 公分,9 行 20 字,白口,四周雙邊,單黑魚尾。版心上

鎸書名,中鎸卷次及小題。

館藏信息: Annex A,Forrestal:C133/2040

0995

基本著録: **御製曆象考成後編:十卷**

(Yu zhi li xiang kao cheng hou bian:shi juan)

（清）允禄等纂修

清乾隆壬戌[7 年,1742]北京武英殿本

一函十册:圖;28 公分

相關責任者: （清）允禄(Yunlu),1695—1767,纂修

附　　注: 作者及版本據《職名》。

框 20.6×14.5 公分,9 行 20 字,白口,四周雙邊,單黑魚尾。版心上鐫書名,中鐫卷次及小題。

館藏信息: RECAP:East Asian Library use only:C133/1811b

0996

基本著錄: **天元曆理全書:十二卷,卷首**

（Tian yuan li li quan shu:shi er juan,juan shou）

（清）徐發著輯;（清）成愚昆鑒定

清康熙間（約 1682—1722）本

兩函二十册:圖;28 公分

相關責任者: （清）徐發（Xu Fa）,進士 1697,著輯;（清）成其範（Cheng Qifan）,進士 1679,鑒定

附　　注: 計原理六卷、考古四卷、定法二卷。

清康熙二十一年（1682）馮溥《序》。

框 19.8×14.4 公分,10 行 21 字,白口,四周單邊,單白魚尾。版心上鐫“天元曆理”,中分別鐫“原理”等及卷次。

館藏信息: East Asian Library（Gest）:Rare Books:TC133/3468

0997

基本著錄: **御製數理精蘊:[五十三卷]**

（Yu zhi shu li jing yun:[wu shi san juan]）

[（清）允祉等]

清雍正間（約 1723—1735）本

七函五十三册:圖;29 公分

相關責任者: （清）允祉（Yunzhi）,1677—1745

附　　注: 書分上編五卷、下編四十卷、表八卷。

書名據版心。

避“玄”字諱,不避“曆”字諱。

框 20.8×14.7 公分,9 行 20 字,白口,四周雙邊,單白魚尾。版心上鐫書名,中鐫卷次及小題。

館藏信息: East Asian Library（Gest）:Rare Books:TC138/1812Q

0998

基本著録： **兼濟堂纂刻梅勿菴先生曆算全書：二十九種**

（Jian ji tang zuan ke Mei Wuan xian sheng li suan quan shu：er shi jiu zhong）

（清）梅文鼎著；（清）魏荔彤輯

清雍正癸卯［元年，1723］魏荔彤本

四函三十二册：圖；24 公分

相關責任者： （清）梅文鼎（Mei Wending），1633—1721，著；（清）魏荔彤（Wei Litong），生年 1671，輯；（清）梅汝培（Mei Rupei），修補；（清）梅體萱（Mei Tixuan），進士 1836，修補

附　　注： 清雍正元年（1723）魏荔彤《輯刊梅勿菴先生曆算全書小引》言刻書事。

清乾隆十四年（1749）梅汝培《跋》言修補事。

清咸豐九年（1859）梅體萱《序》言修補事。

封面鎸"咸豐己未冬月梅氏叢書閒妙香室藏板"。是書爲清咸豐九年（1859）修補印本。

框 19.4 × 13.8 公分，11 行 24 字，白口，四周雙邊，單黑魚尾。版心上分別鎸各種書名，中鎸卷次。

館藏信息： RECAP：East Asian Library use only：C133/1318

0999

基本著録： **梅氏叢書輯要：［六十二卷］**

（Mei shi cong shu ji yao：［liu shi er juan］）

（清）梅文鼎著；（清）梅轂成重校輯

清乾隆辛巳［26 年，1761］梅轂成承學堂本

四函二十四册；25 公分

相關責任者： （清）梅文鼎（Mei Wending），1633—1721，著；（清）梅轂成（Mei Juecheng），卒年 1763，重校輯

附　　注： 清乾隆二十六年（1761）梅轂成《序》。

封面鎸"宣城梅氏曆算叢書輯要　承學堂藏板"。

梅轂成爲梅文鼎之孫，室名承學堂。

框 19.1×13.6 公分,11 行 24 字,白口,四周雙邊,單黑魚尾。版心中鎸卷次及小題。

館藏信息：　Annex A,Forrestal:C133/1795

1000

基本著錄：　**梅氏叢書輯要:[六十二卷]**

（Mei shi cong shu ji yao:[liu shi er juan]）

（清）梅文鼎著;（清）梅毅成重校輯

清乾隆辛巳[26 年,1761]梅毅成承學堂本

兩函十六冊;26 公分

相關責任者：　（清）梅文鼎（Mei Wending）,1633—1721,著;（清）梅毅成（Mei Juecheng）,卒年 1763,重校輯

附　注：　清乾隆二十六年(1761)梅毅成《序》。

梅毅成爲梅文鼎之孫,室名承學堂。

框 19.1×13.5 公分,11 行 24 字,白口,四周雙邊,單黑魚尾。版心中鎸卷次及小題。

館藏信息：　RECAP:East Asian Library use only:C138/3430

1001

基本著錄：　**九數通考:十一卷,卷首,卷末**

（Jiu shu tong kao:shi yi juan,juan shou,juan mo）

（清）屈曾發輯

清乾隆間(約 1773—1795)本

一函五冊:圖;27 公分

相關責任者：　（清）屈曾發（Qu Zengfa）,輯;（清）屈承幹（Qu Chenggan）,修補

附　注：　清乾隆三十八年(1773)戴震《序》。

清同治十一年(1872)潘欲仁《重刻九數通考引》言屈承幹修補事。

框 21.1×14.9 公分,12 行 24 字,白口,左右雙邊,單黑魚尾。版心上鎸書名,中鎸卷次及小題。

館藏信息：　Annex A,Forrestal:C138/2243

術數類

1002

基本著錄： **重刻芺元奇門遁甲句解煙波釣叟歌**

（Chong ke tian yuan qi men dun jia ju jie yan bo diao sou ge）

（宋）趙普撰歌

明清間（約 1573—1662）本

一函兩册：圖；26 公分

相關責任者： （宋）趙普（Zhao Pu），921—991，撰歌；（明）羅通（Luo Tong），遁法；

（明）池紀（Chi Ji），解編

附　　注： 卷末有池本理《識語》言明正德三年（1508）成書事。

不避"玄""曆"字諱。

卷端又題"羅通遁法　池紀解編"。

與《新編日用涓吉奇門五總龜》合刻。

框 20.5×14.8 公分，10 行 20 字，白口，四周單邊，單黑魚尾。版心

上鐫"煙波釣叟歌"。

館藏信息： East Asian Library（Gest）：Rare Books：TC188/2370 vol. 1—2

1003

基本著錄： **重刻芺元奇門遁甲句解煙波釣叟歌**

（Chong ke Tian yuan qi men dun jia ju jie yan bo diao sou ge）

（宋）趙普撰歌

明清間（約 1573—1662）本

一函兩册：圖；25 公分

相關責任者： （宋）趙普（Zhao Pu），921—991，撰歌；（明）羅通（Luo Tong），遁法；

（明）池紀（Chi Ji），解編

附　　注： 封面鐫"章貢池本理先生解編　奇門五總龜烟波釣叟歌合刻　聚盛

藏版"。

卷末有池本理《識語》言明正德三年（1508）成書事。

不避"玄""曆"字諱。

卷端又題"羅通遁法　池紀解編"。

與《新編日用涓吉奇門五總龜》合刻。

框 20.6×14.8 公分,10 行 20 字,白口,四周單邊,單黑魚尾。版心上鐫"煙波釣叟歌"。

館藏信息: East Asian Library(Gest):Rare Books:TC188/3431 vol.1—2

1004

基本著録: 翼元:十二卷

(Yi yuan:shi er juan)

(宋)張行成撰

清乾隆庚子[45 年,1780]李氏萬卷樓本

兩册;27 公分

相關責任者: (宋)張行成(Zhang Xingcheng),進士 1132,撰

附　　注: 清乾隆間綿州李氏刊《函海》本。年代取自本館藏《函海》。

框 18.7×14.6 公分,10 行 20 字,白口,左右雙邊,單黑魚尾。版心上鐫書名,中鐫卷次。

館藏信息: East Asian Library(Gest):Rare Books:TC163/1775

1005

基本著録: 皇極經世書:八卷,卷首

(Huang ji jing shi shu:ba juan,juan shou)

(清)王植輯録

清乾隆間(約 1756—1795)本

兩函十六册:圖;26 公分

相關責任者: (清)王植(Wang Zhi),進士 1721,輯録

附　　注: 清乾隆二十一年(1756)王植《書意》。

框 19×13 公分,9 行 21 字,白口,四周單邊。版心中鐫篇名。

館藏信息: RECAP:East Asian Library use only:C163/2970

1006

基本著録: 觀象玩占:四十八卷,拾遺

(Guan xiang wan zhan:si shi ba juan,shi yi)

[(唐)李淳風撰]

清間(約 1644—1795)本

十二册;28 公分

相關責任者: (唐)李淳風(Li Chunfeng),602—670,撰

附　注: 不避"玄"字諱。

無欄無邊,10 行 24 字。

館藏信息: East Asian Library(Gest):Rare Books:TC168/1043

1007

基本著録: **觀象玩占:五十卷**

(Guan xiang wan zhan:wu shi juan)

[(唐)李淳風撰]

清間(約 1644—1795)本

四函三十二册:圖;27 公分

相關責任者: (唐)李淳風(Li Chunfeng),602—670,撰

附　注: 無欄無邊,9 行 20 字。

館藏信息: East Asian Library(Gest):Rare Books:TC168/1897

1008

基本著録: **白猿風雨圖:[三卷]**

(Bai yuan feng yu tu:[san juan])

清間(約 1644—1795)本

一函三册:圖;26 公分

相關責任者: (明)劉基(Liu Ji),1311—1375

附　注: 書分上册、中册、下册。

無欄無界,6 行 18 字。

有"壽平之印""南田"印記。

有楊景臣庚申年題記。

館藏信息: East Asian Library(Gest):Rare Books:TC168/2807

1009

基本著録: **管窺輯要:八十卷**

(Guan kui ji yao:ba shi juan)

（明）黃鼎纂定；（明）黃九命等閱

清順治壬辰［9年，1652］本

十函六十册：圖；25公分

相關責任者：　（明）黃鼎（Huang Ding），活動期17世紀，纂定；（明）黃九命（Huang Jiuming），閱

附　　注：　封面鐫"天文大成輯要"。

清順治九年（1652）黃鼎《序》言刻書事。

框20.7×14.8公分，9行19字，白口，四周單邊，單黑魚尾。版心上鐫書名，中鐫卷次。

館藏信息：　East Asian Library（Gest）：Rare Books：TC168/1402

1010

基本著録：　**三才發秘：九卷**

（San cai fa mi：jiu juan）

（清）陳雯著；（清）陳昌賢編

清康熙間（約1697—1722）本

四函十八册：圖；25公分

相關責任者：　（清）陳雯（Chen Wen），著；（清）陳昌賢（Zhen Changxian），編

附　　注：　分爲天、地、人三部。

清康熙三十六年（1697）陳雯《自序》。

框19.8×13.8公分，10行21字，白口，左右雙邊，單黑魚尾。版心上鐫書名，中鐫卷次及小題。

館藏信息：　East Asian Library（Gest）：Rare Books：TC158/2919

1011

基本著録：　**重校刊官板地理玉髓真經：二十八卷，後卷**

（Chong jiao kan guan ban di li yu sui zhen jing：er shi ba juan，hou juan）

（宋）張洞玄著；（宋）劉允中注；（明）徐之鏌重校

明間（約1627—1644）陳孫賢本

四函二十册：圖；26公分

相關責任者：　（宋）張洞玄（Zhang Dongxuan），著；（宋）劉允中（Liu Yunzhong），注；

（明）徐之鏌（Xu Zhimo），重校；（明）陳孫賢（Chen Sunxian），刻

附　　注：　　封面鐫"…… 地理玉髓眞經　龍溪堂梓行"。

明天啓七年（1627）徐之鏌《序》言刻書事。

卷端又題"…… 徐之鏌重校……陳孫賢梓行"。

不避"校"字諱。

框 21.6 × 13.4 公分，10 行 28 字，白口，四周單邊，單黑魚尾。版心上鐫"官板地理玉髓眞經"，中鐫小題。

館藏信息：　　East Asian Library（Gest）；Rare Books；TC173/2926

1012

基本著錄：　　**新編秘傳堪輿類纂人天共寶：十二卷**

（Xin bian mi chuan kan yu lei zuan ren tian gong bao；shi er juan）

（明）黃慎編次；（明）許捷參訂

明清間（約 1633—1795）本

兩函十二冊；27 公分

相關責任者：　　（明）黃慎（Huang Shen），編次；（明）許捷（Xu Jie），參訂

附　　注：　　明崇禎六年（1633）黃慎《自序》。

崇禎四年（1631）吳元爵《地理人天共寶跋》言"…… 今仲脩先生且梓而行諸世矣 ……"。

是書不避清諱，但字體及紙張均有可疑之處。

框 20.9 × 14.3 公分，9 行 24 字，白口，四周單邊，單黑魚尾。版心上鐫"地理人天共寶"，中鐫卷次及小題。

館藏信息：　　East Asian Library（Gest）；Rare Books；TC173/3012

1013

基本著錄：　　**地理辨正：五卷**

（Di li bian zheng；wu juan）

（清）蔣平階補傳；（清）姜垚辨正

清康熙間（即 1662—1722）金閶書業堂本

一函四冊；23 公分

相關責任者：　　（清）蔣平階（Jiang Pingjie），補傳；（清）姜垚（Jiang Yao），辨正

附　　注：　　封面鐫"…… 金閶書業堂梓"。

未署年蔣平階《序》言刻書事。

避"玄"字諱。

框 19.3×12.2 公分,8 行 20 字,白口,四周單邊,單黑魚尾。版心上鐫書名,中鐫卷次及小題。

館藏信息： RECAP:East Asian Library use only:C173/2766

1014

基本著錄： **新編楊曾地理家傳心法捷訣一貫堪輿:四卷**

(Xin bian Yang Zeng di li jia chuan xin fa jie jue yi guan kan yu:si juan)

(明)唐世友編輯;(清)朱弘訂釋;(清)朱毅參閱

清乾隆間(即 1736—1795)本

一函六冊:圖;26 公分

相關責任者： (明)唐世友(Tang Shiyou),編輯;(清)朱弘(Zhu Hong),訂釋;(清)朱毅(Zhu Yi),參閱

附　　注： 避"弘"字諱。

無框無邊,行字不等。

館藏信息： Annex A,Forrestal:C173/2757

1015

基本著錄： **地理大成**

(Di li da cheng)

(明)葉九升輯

清康熙丙子[35 年,1696]三德堂本

四函二十四冊:圖;26 公分

相關責任者： (明)葉泰(Ye Tai),17 世紀,輯

附　　注： 清康熙三十五年(1696)葉泰《序》提刻書事。

書名、著者據封面。

框 19.8×13.8 公分,9 行 21 字,白口,左右雙邊,單黑魚尾。版心上鐫子目書名,中鐫卷次。

館藏信息： RECAP:East Asian Library use only:C173/2771

1016

基本著録： 　**增補地理直指原眞大全：[三卷]，卷首**

（Zeng bu di li zhi zhi yuan zhen da quan：[san juan]，juan shou）

（清）[釋]如玉著

清康熙丙子[35 年，1696]四明指歸庵本

一函八册：圖；25 公分

相關責任者： 　（清）釋如玉（Shi Ruyu），著

附　　注： 　卷分上中下。

封面鎸"四明徹瑩大師重定　增補訂正地理直指原眞大全……指歸

菴藏板"。

清康熙三十一年 1692）如玉書於指歸庵《自序》。末有鎸刻牌記，内

鎸"四明山指歸菴七十二老僧如玉徹瑩重增定"。

卷端題下題"康熙三十五年新增"。

框 18.3×12 公分，10 行 25 字，白口，四周單邊。版心上鎸"增補訂

正地理直指原眞"，中鎸卷次。

館藏信息： 　East Asian Library（Gest）：Rare Books：TC173/3434

1017

基本著録： 　**天玉經說：七卷**

（Tian yu jing shuo：qi juan）

（清）黄越著

清康熙辛丑[60 年，1721]本

一函七册：圖；25 公分

相關責任者： 　（清）黄越（Huang Yue），著；（清）楊益（Yang Yi）

附　　注： 　封面鎸"…… 同德堂藏板"。

清康熙六十年（1721）黄越《序》《跋》。

框 20.4×10.7 公分，6 行 20 字，白口，四周單邊。版心上鎸書名，中

鎸卷次。

館藏信息： 　RECAP：East Asian Library use only：C173/2879

1018

基本著錄： 卜築驪珠

（Bu zhu li zhu）

（清）張魯嘉撰

清間（約1733—1795）本

一函六册：圖；31公分

相關責任者： （清）張魯嘉（Zhang Lujia），撰

附 注： 著者據清雍正十一年（1733）李東旭《序》，《序》并鈐有李氏兩印。

框15.2×25.1公分，8行字不等。

館藏信息： East Asian Library（Gest）：Rare Books：TC173/1450Q

1019

基本著錄： 地理啖蔗錄：八卷

（Di li dan zhe lu：ba juan）

（清）袁守定著釋

清乾隆間（約1755—1795）本

一函八册：圖；24公分

相關責任者： （清）袁守定（Yuan Shouding），1705—1782，著釋

附 注： 清乾隆二十年（1755）袁守定《地理啖蔗錄自序》。

封面鎸“咸豐壬子重刊……同文堂梓行”。

框17×12.6公分，9行20字，白口，四周雙邊，單黑魚尾。版心上鎸

書名，中鎸卷次。

館藏信息： RECAP：East Asian Library use only：C173/2762

1020

基本著錄： 地學答問：［三卷］

（Di xue da wen：［san juan］）

（清）青江子講授

清乾隆甲子［9年，1744］汪氏本

一函四册：圖；25公分

相關責任者： （清）魏青江（Wei Qingjiang），著；（清）青江子（Qingjiangzi），講授

附　注：　卷分上、中、下册。

各册目録末鎸"甘泉存耕汪氏校刊"。

清乾隆九年(1744)甘泉樵叟《書前》言刻書事。

封面鎸"乾隆甲辰秋鎸荆門魏青江先生著……邗江夢松書屋藏板"。

框 17.4×12.5 公分,10 行 21 字,黑口,左右雙邊,單黑魚尾。版心中鎸書名及小題。

館藏信息：　RECAP：East Asian Library use only：C173/2747

1021

基本著録：　**地學答問：[三卷]**

(Di xue da wen：[san juan])

(清)青江子講授

清乾隆甲子[9 年,1744]汪氏本

一函七册：圖；25 公分

相關責任者：　(清)魏青江(Wei Qingjiang),著；(清)青江子(Qingjiangzi),講授

附　注：　卷分上、中、下册。

各册目録末鎸"甘泉存耕汪氏校刊"。

清乾隆九年(1744)甘泉樵叟《書前》言刻書事。

封面鎸"乾隆甲辰秋鎸荆門魏青江先生著……邗江夢松書屋藏板"。

框 17.4×12.5 公分,10 行 21 字,黑口,左右雙邊,單黑魚尾。版心中鎸書名及小題。

與本館另一部(NJPX95－B1685)同。

館藏信息：　RECAP：East Asian Library use only：C173/2871

1022

基本著録：　**大六壬辨課發微**

(Da liu ren bian ke fa wei)

明清間(約 1501—1661)本

兩函二十册；28 公分

相關責任者：　(西晉)凝神子(Ningshenzi),3—4 世紀；(明)楊瓚(Yang Zan),活動期 15—16 世紀

附　注：　不避清諱。

《六壬節要直講》前有明弘治十四年(1501)楊瓚序。

《大六壬專征賦》附《大六壬出兵鈔訣》《曆日表》。

框 22×14.3 公分,10 行 19 字,白口,四周單邊,單魚尾。版心中題"臥虎堂"。

館藏信息： East Asian Library(Gest)：Rare Books：TC188/3973

1023

基本著錄： **大六壬課傳集解：十二卷**

(Da liu ren ke zhuan ji jie：shi er juan)

大觀園輯

清康熙間(即 1662—1722)本

兩函十六冊；29 公分

相關責任者： 大觀園(Daguanyuan)，輯；(清)盧孟麟(Lu Menglin)，抄

附　　注： 避"玄"字諱。

卷四末題"盧孟麟抄"。

框 20×14.6 公分,11 行 24 字,白口,四周雙邊,單黑魚尾。版心上鐫干支"日",中鐫書名及卷次,下鐫地支"時"。

館藏信息： East Asian Library(Gest)：Rare Books：TC178/1436Q

1024

基本著錄： **大六壬大全：十三卷**

(Da liu ren da quan：shi san juan)

(清)郭御青較訂

清間(約 1704—1795)本

兩函十六冊；29 公分

相關責任者： (清)郭載騋(Guo Zailai)，較訂

附　　注： 書名據版心。

封面鐫"第一善本大六壬　懷慶楊衙藏板"。

清康熙四十三年(1704)郭載騋《自序》言刻書事。

《目錄》題"秘藏大六壬大全善本"。

本書係翻刻康熙四十三年(1704)徐振南刻本。

框 23.2×14.9 公分,10 行 24 字,白口,四周單邊,單黑魚尾。版心

上鎸"大六壬大全",中鎸卷次及小題。

館藏信息： East Asian Library(Gest)：Rare Books：TC178/1403Q

1025

基本著錄： **六壬經緯：六卷**

（Liu ren jing wei：liu juan）

（清）毛志道著

清雍正間（約1725—1735）本

一函四册：圖；25公分

相關責任者： （清）毛志道（Mao Zhidao），著

附　　注： 有"銕甕子畫像"。

清雍正三年(1725)馮詠《序》言成書事,毛氏《自序》言刻書事。

封面鎸"……六壬經緯大全……"。

框21.2×14.9公分,9行19字,白口,四周雙邊,單黑魚尾。版心上鎸書名,中鎸卷次。

館藏信息： East Asian Library(Gest)：Rare Books：TC178/2765

1026

基本著錄： **御定六壬直指：[二卷].御定六壬直指析疑：六卷.**

子目：

御定六壬直指：[二卷]

（Yu ding liu ren zhi zhi：[er juan]）

御定六壬直指析疑：六卷

（Yu ding liu ren zhi zhi xi yi：liu juan）

清間（約1662—1795）本

兩函十六册；26公分

附　　注： 不著撰人。

卷分上下。

避"玄"字諱。

無框無邊,行字不等。

館藏信息： Annex A,Forrestal：C178/2005

1027

基本著錄： 新編評註通玄先生張果星宗大全：十卷

（Xin bian ping zhu Tongxuan xian sheng Zhang Guo xing zong da quan：shi juan）

（明）陸位輯校

明萬曆癸巳［21 年，1593］金陵唐謙本

兩函十冊：圖；25 公分

相關責任者： （明）陸位（Lu Wei），輯校；（唐）張果（Zhang Guo），約 713—742，著；（明）唐謙（Tang Qian），刻；（明）周文光（Zhou Wenguang），印

附　　注： 卷端又題"金陵三山益軒唐謙鋟梓"。

明萬曆二十一年（1593）韓擢《張果星宗序》。

封面鐫"萬曆閼逢敦牂　張果星宗命格大全　周氏文光新梓"。萬曆閼逢敦牂即萬曆二十二年（1594）。

框 20.8×13.9 公分，12 行 24 字，白口，四周單邊，單黑魚尾。版心上鐫"張果星宗"，中鐫卷次。欄上鐫評。

館藏信息： East Asian Library（Gest）：Rare Books：TC183/2991

1028

基本著錄： 神相全編：十二卷，卷首

（Shen xiang quan bian：shi er juan，juan shou）

（宋）陳摶撰

清間（約 1644—1795）本

一函六冊；25 公分

相關責任者： （宋）陳摶（Chen Tuan），撰

附　　注： 封面鐫"…… 翠筠山房藏板"。

框 20.8×13.6 公分，10 行 22 字，白口，四周單邊，單黑魚尾。版心上鐫書名，中鐫卷次。

館藏信息： RECAP：East Asian Library use only：C183/2774

1029

基本著錄： 神相全編：十二卷，卷首

（Shen xiang quan bian：shi er juan，juan shou）

（宋）陳摶撰

清乾隆癸丑［58年，1793］芸經堂本

兩函十三册：圖；25公分

相關責任者： （宋）陳摶（Chen Tuan），撰

附　注： 封面鎸"乾隆癸丑年鎸""芸經堂藏板"。

框20.5×13.8公分，10行22字，白口，四周單邊，單黑魚尾。版心上鎸書名，中鎸卷次。

館藏信息： RECAP：East Asian Library use only：C183/2361

1030

基本著錄： 三命通會：十二卷

（San ming tong hui：shi er juan）

育吾山人著

清乾隆間（即1736—1795）金陵李氏本

四函二十四册：圖；27公分

相關責任者： （明）萬民英（Wan Minying），進士1550

附　注： 封面鎸"金陵李氏開雕"。

清雍正十三年（1735）蔣國祥《補刻三命通會叙》言修補事。

避"曆"字諱，疑爲金陵李氏翻刻明萬曆刻清雍正蔣國祥修補本。

框20.9×14.3公分，10行20字，白口，左右雙邊，單黑魚尾。版心上鎸書名，中鎸卷次。

館藏信息： RECAP：East Asian Library use only：C183/1288

1031

基本著錄： 星平大成：七卷

（Xing ping da cheng：qi juan）

（清）沈義方纂集

清康熙間（即1662—1722）懷德堂本

一函七册；25公分

相關責任者： （清）沈義方（Shen Yifang），纂集

附　注： 封面鎸"古越沈塗山先生手定　懷德堂梓行"。

避"玄"字諱,不避"眞""曆"字諱。

框 18.4×12.2 公分,9 行 24 字,白口,四周雙邊。

館藏信息： East Asian Library(Gest)：Rare Books：TC183/2763

1032

基本著錄： **乾元秘旨.餘論.**

子目：

乾元秘旨

(Qian yuan mi zhi)

(清)舒繼英

餘論

(yu lun)

(清)舒繼英

清間(約 1736—1795)本

一函兩册;23 公分

相關責任者： (清)舒繼英(Shu Jiying)

附　　注： 版本據風格。

框 17.9×13.6 公分,10 行 22 字,黑口,左右雙邊。版心中鎸書名。

館藏信息： RECAP:East Asian Library use only:C183/2761

1033

基本著錄： **太乙統宗寶鑑:二十四卷**

(Tai yi tong zong bao jian:er shi si juan)

(元)曉山老人集

清間(約 1662—1795)本

四函二十五册;24 公分

相關責任者： (元)曉山老人(Xiaoshanlaoren),集

附　　注： 避"玄"字諱。

著者據元大德七年(1303)曉山老人《序》。

無框欄,7 行 18 字。

館藏信息： East Asian Library(Gest):Rare Books:TC158/2994

1034

基本著録：　奇門大全召吉奇書秘笈合編：二十四卷

（Qi men da quan zhao ji qi shu mi ji he bian：er shi si juan）

（明）劉伯温校訂

清間（約 1644—1795）本

八函八十册；25 公分

相關責任者：　（明）劉基（Liu Ji），1311—1375，校訂

附　　注：　附陰遁九局、陽遁九局。

明洪武四年（1371）劉基《奇門遁甲秘笈總序》。

無框無邊，7 行 12 字。

館藏信息：　RECAP：East Asian Library use only：C188/1257

1035

基本著録：　新編日用涓吉奇門五總龜：四卷

（Xin bian ri yong juan ji qi men wu zong gui：si juan）

明清間（約 1573—1662）本

一函四册：圖；25 公分

相關責任者：　（明）池本理（Chi Benli），解編

附　　注：　不避"玄""曆"字諱。

與《重刻戾元奇門遁甲句解煙波釣叟歌》合刻。

此帙合刻書（NJPX95 – B4274）第一册有封面鎸"奇門五總龜""章貢池本理先生解編"。

框 20.7 × 14.4 公分，10 行 20 字，白口，四周單邊，單黑魚尾。版心上鎸"煙波釣叟歌"。

館藏信息：　East Asian Library（Gest）：Rare Books：TC188/3431 vol. 3—6

1036

基本著録：　新編日用涓吉奇門五總龜：四卷

（Xin bian ri yong juan ji qi men wu zong gui：si juan）

明清間（約 1573—1662）本

一函兩册：圖；26 公分

相關責任者： （明）池本理（Chi Benli），解編

附　　注： 不避"玄""曆"字諱。

與《重刻萴元奇門遁甲句解煙波釣叟歌》合刻。

又一部同版合刻書（NJPX95 – B4274）封面鐫"章貢池本理先生解編"。

框 20.5×14.5 公分，10 行 20 字，白口，四周單邊，單黑魚尾。版心上鐫"煙波釣叟歌"。

館藏信息： East Asian Library（Gest）：Rare Books：TC188/2370 vol. 3—4

1037

基本著錄： **新刻奇門成式全書**

（Xin ke qi men cheng shi quan shu）

（明）官應震輯

明間（約 1599—1644）本

兩函十二冊；25 公分

相關責任者： （明）官應震（Guan Yingzhen），1568—1635，輯

附　　注： 書中言及明萬曆二十七年（1599）事。

不避清諱。

框 22.2×13 公分，9 行 21 字，白口，四周單邊。版心上鐫"奇門成式"。

館藏信息： East Asian Library（Gest）：Rare Books：TC188/2672

1038

基本著錄： **陽遁**

（Yang dun）

明清間（約 1573—1661）本

一函八冊，圖；29 公分

附　　注： 不避清諱。

計七十二局，每局前有刻印圖表。

框 23×15.9 公分，8 行 18 字，白口，四周單邊，單魚尾。

館藏信息： East Asian Library（Gest）：Rare Books：TC188/2004Q

1039

基本著録： **神授遁甲天書**：〔三卷〕

（Shen shou dun jia tian shu：〔san juan〕）

明清間（約 1573—1795）本

一函三册：圖；26 公分

附　　注： 卷分上中下。

無框欄，行字不等。

館藏信息： East Asian Library（Gest）：Rare Books：TC188/3062

1040

基本著録： **遁甲奇門**：十卷

（Dun jia qi men：shi juan）

清康熙間（約 1673—1722）本

兩函十六册：圖；25 公分

相關責任者： （清）耐寒子（Naihanzi），抄

附　　注： 行字不等，有朱筆圈點。

卷端題“范陽耐寒子抄”。

不避“玄”“弘”字諱。

書中記清康熙十二年（1673）事。

館藏信息： East Asian Library（Gest）：Rare Books：TC188/2803

1041

基本著録： **遁甲專征賦**

（Dun jia zhuan zheng fu）

清間（約 1644—1795）本

兩函二十册；26 公分

附　　注： 框（陰遁一局）21.6×15.5 公分，朱絲欄，白口，四周雙邊，單紅魚尾。

館藏信息： RECAP：East Asian Library use only：C188/2691

1042

基本著録： **奇門寶鑑**：六卷

（Qi men bao jian;liu juan）

清間（約 1662—1795）本

兩函十二冊;26 公分

附　注：　避"玄"字諱。

無框無邊,9 行 18 字。

館藏信息：　Annex A,Forrestal:C188/1805

1043

基本著錄：　**奇門遁甲統宗:十二卷**

（Qi men dun jia tong zong;shi er juan）

清間（約 1662—1795）本

兩函十二冊:圖;26 公分

附　注：　不著撰人。

避"玄"字諱。

框 20×13.9 公分,9 行 18 字,白口,四周雙邊,單黑魚尾。版心上鐫
書名,中鐫卷次。

館藏信息：　RECAP:East Asian Library use only:C188/2589

1044

基本著錄：　**奇門全圖**

（Qi men quan tu）

清間（約 1644—1795）本

一函十八冊:圖;27 公分

附　注：　不分卷。

内容全爲陰陽圖。

書名據印題簽。

框 21.5×12.9 公分,白口,四周單邊。

館藏信息：　Annex A,Forrestal:C188/1799

1045

基本著錄：　**欽定協紀辨方書:三十六卷**

（Qin ding xie ji bian fang shu;san shi liu juan）

（清）允禄等纂修

清乾隆間（約 1741—1795）本

兩函十五册：圖；29 公分

相關責任者：　（清）允禄（Yunlu），1695—1767，纂修

附　　注：　著者據《職名》。

清乾隆六年（1741）《御製協紀辯方書序》。

覆乾隆六年（1741）武英殿刻本。

框 20.5×14.7 公分，9 行 20 字，白口，四周雙邊，單黑魚尾。版心上鐫書名，中鐫卷次及小題。

館藏信息：　RECAP：East Asian Library use only：C188/293

1046

基本著録：　**陰陽五要奇書：〔三十一卷〕**

（Yin yang wu yao qi shu：〔san shi yi juan〕）

清乾隆庚戌〔55 年，1790〕蘇州顧鶴庭樂真堂本

八册：圖；28 公分

相關責任者：　（明）江之棟（Jiang Zhidong），輯；（清）顧鶴庭（Gu Heting），刻

附　　注：　書名取自封面。

封面題“乾隆庚戌年鐫　板藏姑蘇胥門外樂真堂”，封面題子目。

《元經》卷端題“江之棟輯　顧鶴庭重梓”。

《陽明按索》有圖，爲朱墨套印。

框 20.1×13.8 公分，10 行 22 字，白口，左右雙邊，單黑魚尾。版心上鐫子目書名，中鐫卷次，下鐫“樂真堂”。

館藏信息：　Annex A，Forrestal：C188/1210

1047

基本著録：　**揚子太玄經：十卷**

（Yangzi tai xuan jing：shi juan）

（明）趙如源閲

明天啓丙寅〔6 年，1626〕趙世楷本

一函四册：圖；27 公分

相關責任者：　（明）趙如源（Zhao Ruyuan），閲；（明）趙世楷（Zhao Shikai），刻

附　　注：　附司馬光《說玄》。

明天啓六年（1626）張元微《太玄經序》。未署年趙世楷《凡例》。

框 19×14.5 公分,9 行 18 字,白口,四周單邊。版心上鐫書名,中鐫卷次。

館藏信息：　East Asian Library（Gest）:Rare Books:TC13/3747

1048

基本著錄：　**皇極經世觀物外篇釋義:四卷**

（Huang ji jing shi guan wu wai pian shi yi:si juan）

（明）余本著

明嘉靖乙丑［44 年,1565］增修青州杜思本

一函八册:圖;27 公分

相關責任者：　（明）余本（Yu Ben）,1482—1529,著;（明）杜思（Du Si）,進士 1556,刻

附　　注：　明嘉靖四十四年（1565）杜思《序》言刻書及補刻事。

嘉靖元年（1522）余本《序》。

框 20.6×14.5 公分,9 行 25 字,白口,四周單邊。版心上鐫"皇極經釋義",中鐫集名。

館藏信息：　East Asian Library（Gest）:Rare Books:TC163/2859

1049

基本著錄：　**西極篇:［四十八卷］**

（Xiji pian:［si shi ba juan］）

（明）文翔鳳著

明萬曆間（約 1607—1620）本

四函二十四册;27 公分

相關責任者：　（明）文翔鳳（Wen Xiangfeng）,進士 1610,著

附　　注：　明萬曆三十五年（1607）。

卷端題"西極篇第一子函"。卷四十八鐫"萬曆丁未九月幽館定"。

框 20.4×14.1 公分,9 行 20 字,白口,四周單邊,單黑魚尾。版心上鐫書名,中鐫卷次,下鐫"太微經"。

館藏信息：　East Asian Library（Gest）:Rare Books:TD33/789

1050

基本著錄： **天元玉曆祥異錄：七卷**

（Tian yuan yu li xiang yi lu：qi juan）

明間（約 1425—1644）本

一函十册：圖；28 公分

附　注： 書名據明洪熙元年（1425）《御製天元玉曆祥異錄序》。

藍格抄本。

上圖（彩繪），下文。

卷數據《目錄》。

框 21.8×13.9 公分，8 行字不等，白口，四周雙邊，單藍魚尾。

館藏信息： East Asian Library（Gest）：Rare Books：TC168/2006

1051

基本著錄： **重刊人子須知資孝地理心學統宗：三十九卷**

（Chong kan ren zi xu zhi zi xiao di li xin xue tong zong：san shi jiu juan）

（明）徐善繼，（明）徐善述著

明萬曆癸未［11 年，1583］湖北省曾璠本

四函二十四册：圖；26 公分

相關責任者： （明）徐善繼（Xu Shanji），著；（明）徐善述（Xu Shanshu），著；（明）曾璠（Zeng Fan），刻

附　注： 明萬曆十一年（1583）曾璠《重刊人子須知序》、徐善述《郢中重刻自序》均言刻書事。

框 20.5×14.9 公分，10 行 21 字，白口，左右雙邊，單黑魚尾。版心上鐫"人子須知資孝書"，中鐫内容及卷次。

館藏信息： East Asian Library（Gest）：Rare Books：TC173/1119

1052

基本著錄： **地理參贊玄機僊婆集：十三卷，目錄**

（Di li can zan xuan ji xian po ji：shi san juan，mu lu）

（明）張鳴鳳編集

明間（約 1587—1644）建陽熊體忠本

兩函十六冊:圖;27公分

相關責任者: （明）張鳴鳳（Zhang Mingfeng）,編集;（明）張希堯（Zhang Xiyao）,參
補;（明）熊體忠（Xiong Tizhong）,刻

附　　注: 卷端又題"男仁夫張希堯參補"。

明萬曆十五年（1587）呂本《僊婆集序》後鐫"閩書林雲濱熊體忠重劻
行"。

封面鐫"地理僊婆集""華文堂梓"。

框19.8×12.9公分,10行22字,白口,四周單邊,單黑魚尾。版心
上鐫"參贊玄機"及卷次。

館藏信息: East Asian Library（Gest）:Rare Books:TC173/2520

1053

基本著錄: **新刊地理紫囊書:六卷**

（Xin kan di li zi nang shu:liu juan）

（明）趙祜纂著

明萬曆間（約1615—1620）金陵舒世臣本

兩函十六冊;27公分

相關責任者: （明）趙祜（Zhao Hu）,纂著;（明）舒世臣（Shu Shichen）,刻

附　　注: 明萬曆四十年（1612）《自叙》。

萬曆四十三年（1615）畢自修《紫囊書叙》。

卷端又鐫"金陵一泉舒世臣刊行"。

框22.9×14.6公分,9行20字,白口,四周單邊。版心上鐫"地理紫
囊書"及卷次。眉欄鐫注。

館藏信息: East Asian Library（Gest）:Rare Books:TC173/3697

1054

基本著錄: **陰陽定論:三卷**

（Yin yang ding lun:san juan）

（明）周視著

明間（約1522—1572）本

一函六冊;28公分

相關責任者: （明）周視（Zhou Shi）,著

附　　注：　　無序跋。

版本據風格。

框 21.3×15.1 公分,10 行 22 字,白口,四周單邊。版心中鎸書名及卷次。

館藏信息：　　East Asian Library(Gest)：Rare Books：TC188/2480

1055

基本著録：　　**重鎸羅經頂門針簡易圖解：[二卷]**

(Chong juan luo jing ding men zhen jian yi tu jie：[er juan])

(明)徐之鏌定式；(明)朱之相圖解

明間(約 1623—1644)本

一函六册：圖；30 公分

相關責任者：　　(明)徐之鏌(Xu Zhimo),定式；(明)朱之相(Zhu Zhixiang),圖解

附　　注：　　卷分上下。

封面鎸"羅經頂門針""三樂齋藏板"。

明天啓三年(1623)徐之鏌《自叙》。

框 23.3×14.4 公分,9 行 22 字,白口,四周單邊。版心上鎸"羅經簡易圖解"。

館藏信息：　　East Asian Library(Gest)：Rare Books：TC173/3550Q

1056

基本著録：　　**焦氏易林：十六卷**

(Jiao shi yi lin：shi liu juan)

(西漢)焦贛著；(明)唐琳訂

明天啓丙寅[6 年,1626]唐氏本

兩函十册；27 公分

相關責任者：　　(西漢)焦延壽(Jiao Yanshou),活動期公元前 1 世紀,著；(明)唐琳(Tang Lin),訂

附　　注：　　明天啓六年(1626)唐瑜《刻易林畧紀》等序。

框 20.1×14.5 公分,9 行 20 字,白口,四周單邊。版心上鎸書名,中鎸卷次。

館藏信息：　　East Asian Library(Gest)：Rare Books：TC178/587

1057

基本著錄： **五刻理氣纂要詳辯三台便覽通書正宗：十八卷，卷首三卷，卷後二卷**

（Wu ke li qi zuan yao xiang bian Santai bian lan tong shu zheng zong：

shi ba juan，juan shou san juan，juan hou er juan）

（明）林紹周纂輯；（明）林維松重編

明崇禎丁丑［10 年，1637］建陽余象斗本

四函十六冊：圖；25 公分

相關責任者： （明）林紹周（Lin Shaozhou），纂輯；（明）林維松（Lin Weisong），重編；

（明）余象斗（Yu Xiangdou），刻

附　　注： 明萬曆二十六年（1598）林維松《三台通書正宗序》後鐫"崇禎丁丑三

台余象斗繡梓"。

建陽書林有刻書家余象斗。

框 21.3×13.2 分，行字不等，白口，四周雙邊間四周單邊。版心上鐫

"三台通書正宗"，中鐫卷次。

館藏信息： East Asian Library（Gest）：Rare Books：TC188/3518

藝術類

1058

基本著錄： **草字彙：[十二卷]**

（Cao zi hui：[shi er juan]）

（清）石梁集

清間（約 1787—1795）本

兩函十二冊；25 公分

相關責任者： （清）石梁（Shi Liang），集

附　　注： 以地支標卷。

清乾隆五十一年（1786）趙思道《序》提刻書事。

封面鐫"石豎莽集……敬義齋藏板"。

與 ONTG95—B237 核對，爲翻刻該本。

框 19.4×13.6 公分，字數不等，白口，四周雙邊。版心上右鐫十二

地支。

館藏信息： RECAP：East Asian Library use only：A161/1735

1059

基本著録： 乾隆御定石經

（Qianlong yu ding shi jing）

［（清）高宗弘曆敕編；（清）和坤總裁；（清）蔣衡書

編目記錄詳見《經部・ 總類》。

1060

基本著録： 晚笑堂畫傳. 明太祖功臣圖.

（Wan xiao tang hua zhuan. Ming Taizu gong chen tu. ）

編目記錄詳見《史部・傳記類》。

1061

基本著録： ［苗瑤族生活圖］

（［Miao Yao zu sheng huo tu］）

編目記錄詳見《史部・ 地理類》。

1062

基本著録： 御製耕織圖：［二卷］

（Yu zhi geng zhi tu：［er juan］）

編目記錄詳見《子部・農家類》。

1063

基本著録： 御製耕織圖：［二卷］

（Yu zhi geng zhi tu：［er juan］）

編目記錄詳見《子部・農家類》。

1064

基本著録： 廣川畫跋：六卷

（Guangchuan hua ba：liu juan）

（宋）董逌著

清乾隆間（即 1736—1795）本

一函三冊；27 公分

相關責任者： （宋）董逌（Dong You），著

附　　注： 不避"玄"字諱，避"弘"字諱。

框 15.4×11.8 公分，11 行 20 字，黑口，左右雙邊。版心中鐫書名及卷次。欄外有"虞軒精鈔本"字。

館藏信息： East Asian Library（Gest）：Rare Books：TC223/2728

1065

基本著錄： ［淳化閣法帖］

（［Chunhua ge fa tie］）

清順治丙戌［3 年，1646］關中費甲鑄本

十冊；31 公分

相關責任者： （清）費甲鑄（Fei Jiazhu）

附　　注： 《法帖》第四卷末題"萬曆四十三年乙卯歲秋八月九日草莽臣溫如玉張應召奉肅藩令旨重摹上石"。

《法帖》第八、九卷末題"順治三年丙戌長至月關中費甲鑄重摹上石"。

經摺裝。

館藏信息： RECAP：East Asian Library use only：PL2455. C43 1646q

1066

基本著錄： ［淳化閣法帖］

（［Chunhua ge fa tie］）

清順治甲午［11 年，1654］本

十冊；31 公分

附　　注： 各卷末均刻有"淳化三年壬辰歲十一月六日奉聖旨模勒上石"小篆三行，以及"萬曆四十三年乙卯歲秋八月九日，草莽臣溫如玉、張應召奉肅藩令旨重摹上石"隸書三行。卷後依次刻有肅憲王朱坤堯、明萬曆四十三（1615）張鶴鳴、蕭世子朱識鋐、明崇禎十一年（1638）王鐸等四人跋。在朱識鋐跋語後，卷十末有題"順治甲午歲張正言

正心承廣陵陳曼仙扶澤毛香林二師鉤補摹上石"字樣。

書末末筆題記"蟫叟拜觀於靜一齋"。

館藏信息： RECAP：East Asian Library use only：B347/1744

1067

基本著錄： **宜興淳化閣法帖**

（Yixing Chunhua ge fa tie）

清間（約1700—1900）宜興本

八冊；29公分

存卷一、卷 二（上半部）、卷五至十。

附　注： 卷五、七、九末題"萬曆四十三年乙卯歲秋八月九日草莽臣溫如玉張
應召奉肅潘令旨重摹上石"。

館藏信息： RECAP：East Asian Library use only：PL2455.Y56 1700

1068

基本著錄： **淳化秘閣法帖考正：十卷，附二卷.淳化閣帖釋文［二卷］.**

子目：

淳化秘閣法帖考正：十卷，附二卷

（Chunhua mi ge fa tie kao zheng：shi juan，fu er juan）

（清）王澍林著；（清）沈宗騫臨帖書版

淳化閣帖釋文［二卷］

（Chunhua ge tie shi wen［er juan］）

（清）沈宗騫較定

清乾隆戊子［33年，1768］冰壺閣本

兩函十六冊；30公分

相關責任者： （清）王澍（Wang Shu），1668—1743，著；（清）沈宗騫（Shen
Zongqian），活動期18—19世紀，臨帖書版、較定

附　注： 王澍字箬林。

清乾隆三十三年（1768）沈宗騫於冰壺閣所撰《序》言刻書事。

框21.2×14.8公分，9行18字，白口，左右雙邊。

館藏信息： RECAP：East Asian Library use only：B347/1281

1069

基本著録： **圖繪寶鑑：八卷**

（Tu hui bao jian：ba juan）

（元）夏文彥纂；（明）吳騏録；（清）馮仙湜等重訂

清康熙間（即 1662—1722）借緑草堂本

一函四册；25 公分

相關責任者： （元）夏文彥（Xia Wenyan），活動期 14 世紀，纂；（明）吳騏（Wu Qi），録；（明）藍瑛（Lan Ying），1585—1664，纂輯；（明）毛大倫（Mao Dalun），增補；（明）謝彬（Xie Bin），纂輯；（清）馮仙湜（Feng Xianshi），重訂

附　　注： 卷一至五卷端鎸"夏文彥纂"，卷六鎸"毛大倫增補"，卷七至八鎸"藍瑛謝彬纂輯"。

封面鎸"借緑草堂梓"。

避"玄"字諱。

框 20.8×14.7 公分，9 行 20 字，白口，左右雙邊，單黑魚尾。版心上鎸書名，中鎸卷次，下鎸"借緑草堂"。

館藏信息： RECAP：East Asian Library use only：C223/1879

1070

基本著録： **圖繪寶鑑：八卷**

（Tu hui bao jian：ba juan）

（元）夏文彥纂；（明）吳麒録；（清）馮仙湜等重訂

清康熙間（即 1662—1722）借緑草堂本

一函四册；26 公分

相關責任者： （元）夏文彥（Xia Wenyan），活動期 14 世紀，纂；（明）吳麒（Wu Qi），録；（清）馮仙湜（Feng Xianshi），重訂；（明）藍瑛（Lan Ying），1585—1664，纂輯

附　　注： 卷一至五爲夏文彥纂，卷六爲毛大倫增補，卷六至八爲馮仙湜等補，卷七、卷八爲藍瑛、謝彬纂輯。

書内避"玄"字諱。

框 21×14.2 公分，9 行 20 字，白口，左右雙邊，單黑魚尾。版心上鎸

書名,中鐫卷次,下鐫"借綠草堂"。

館藏信息： Marquand Library(SAX)：Rare Books：ND1043.H851

1071

基本著錄： **鐵網珊瑚：[十六卷]**

(Tie wang shan hu：[shi liu juan])

(明)朱存理集録；(明)趙琦美補

清雍正戊申[6年,1728]年希堯澄鑒堂本

兩函十六册；27公分

相關責任者： (明)朱存理(Zhu Cunli),1444—1513,集録；(明)趙琦美(Zhao Qimei),1563—1624,補；(清)年希堯(Nian Xiyao),刻

附　　注： 書名據封面及版心。

書分書品十卷、畫品六卷。

封面鐫"欣賞齋原編""澄鑒堂藏板"。

明萬曆二十八年(1600)趙琦美《跋》。

清雍正六年(1728)年希堯《跋》言刻書事。

框20.8×14.6公分,10行21字,白口,左右雙邊,單黑魚尾。版心中鐫書名、卷次及"書品"或"畫品"。

館藏信息： RECAP：East Asian Library use only：C223/4045

1072

基本著錄： **鐵網珊瑚：[十六卷]**

(Tie wang shan hu：[shi liu juan])

(明)朱存理集録；(明)趙琦美補

清雍正戊申[6年,1728年]年希堯澄鑒堂本

四函三十二册；27公分

相關責任者： (明)朱存理(Zhu Cunli),1444—1513,集録；(明)趙琦美(Zhao Qimei),1563—1624,補；(清)年希堯(Nian Xiyao),刻

附　　注： 書名據封面及版心。

書分書品十卷、畫品六卷。

封面鐫"欣賞齋原編""鐵網珊瑚""澄鑒堂藏板"。

明萬曆二十八年(1600)趙琦美《跋》言補輯事。清雍正六年(1728)

年希堯《跋》言刻書事。

框 20.7×14.5 公分,10 行 21 字,白口,左右雙邊,單黑魚尾。版心中鎸"鐵網珊瑚",卷次及"書品"或"畫品"。

館藏信息: East Asian Library(Gest):Rare Books:TC223/799

1073

基本著錄: **鐵網珊瑚:[十六卷]**

(Tie wang shan hu:[shi liu juan])

(明)朱存理集錄;(明)趙琦美補

清雍正戊申[6 年,1728]年希堯澄鑒堂本

兩函十六冊;28 公分

相關責任者: (明)朱存理(Zhu Cunli),1444—1513,集錄;(明)趙琦美(Zhao Qimei),1563—1624,補;(清)年希堯(Nian Xiyao),刻

附　　注: 書名據封面及版心。

書分書品十卷、畫品六卷。

封面鎸"欣賞齋原編"。

明萬曆二十八年(1600)趙琦美《跋》。

清雍正六年(1728)年希堯《跋》言刻書事。

框 20.7×14.3 公分,10 行 21 字,白口,左右雙邊,單黑魚尾。版心中鎸"鐵網珊瑚"、卷次及"書品"或"畫品"。

館藏信息: East Asian Library(Gest):Rare Books:TC223/875

1074

基本著錄: **佩文齋書畫譜:一百卷**

(Pei wen zhai shu hua pu:yi bai juan)

[(清)聖祖玄燁敕撰;(清)孫岳頒等奉旨纂輯]

清康熙戊子[47 年,1708]北京内府本

六函六十冊;25 公分

相關責任者: (清)聖祖玄燁(Xuanye),1654—1722,敕撰;(清)孫岳頒(Sun Yue-ban),1639—1708,纂輯

附　　注: 清康熙四十七年(1708)《御製佩文齋書畫譜序》。

纂修官職名列孫岳頒等。

《中國古籍總目》著録爲內府刻本,《清代內府刻書圖録》著録爲揚州詩局刻本。潘大禎《揚州詩局雜考》(《江蘇省圖書館學會第三次科學討論會論文選集》,1983,第 248 頁)一文稱:"《佩文齋書畫譜》……無確鑿依據能證明是詩局所刻。"

框 16.8×11.7 公分,11 行 21 字,白口,左右雙邊,單黑魚尾。版心中鎸"書畫譜"、卷次及小題。

館藏信息: Marquand Library(SAX):Rare Books:ND1043.S952

1075

基本著録: **佩文齋書畫譜:一百卷**

(Pei wen zhai shu hua pu:yi bai juan)

(清)孫岳頒等纂輯

清同治辛未[10 年,1871]印宋熾曾本

六函六十四册;25 公分

相關責任者: (清)孫岳頒(Sun Yueban),纂輯;(清)宋熾曾(Song Chiceng),印

附　　注: 溫肇炘、溫肇涵《漫談〈佩文齋書畫譜〉的靜永堂同治年重印本》(《圖書館雜志》,2003 年第 6 期,第 80 頁)稱:"友人所藏《佩文齋書畫譜》……外裝硬木箱一具,箱門板上,中刻賜版書畫譜,上面刻同治辛未年冬月","這部書是在同治辛未年(1871 年),由宋熾曾籌資印刷"。

纂修官職名列孫岳頒等。

封面題"賜板通行　欽定佩文齋書畫譜　靜永堂藏"。

清康熙四十七年(1708)《御製佩文齋書畫譜序》

《中國古籍總目》著録爲內府刻本,《清代內府刻書圖録》著録爲揚州詩局刻本。潘天禎《揚州詩局雜考》(《江蘇省圖書館學會第三次科學討論會論文選集》,1983,第 248 頁)一文稱:"《佩文齋書畫譜》……無確鑿依據能證明是詩局所刻。"

框 16.8×11.7 公分,11 行 21 字,白口,左右雙邊,單黑魚尾。版心中鎸"書畫譜"、卷次及小題。

館藏信息: Annex A,Forrestal:C223/839

1076

基本著録： 御刻三希堂石渠寶笈法帖

（Yu ke san xi tang shi qu bao ji fa tie）

［（清）梁詩正等輯］

清乾隆庚午［15 年,1750］本

三十冊;27 公分

本館存:第三、五、七、十至十二、十四、十七至二十六、二十八至三十冊。

相關責任者： （清）梁詩正（Liang Shizheng）,1697—1763,輯

附　　注： 書名據卷端,編者據《中國古籍總目》,版本據本館《中文舊籍書目》。

館藏信息： RECAP:East Asian Library use only:B347/3098

1077

基本著録： 芥子園畫傳:五卷

（Jie zi yuan hua zhuan:wu juan）

（清）李漁論定;（清）王安節摹古

清康熙間（約 1679—1722）本

一函五冊:圖;29 公分

相關責任者： （清）李漁（Li Yu）,1611—1680,論定;（清）王概（Wang Gai）,摹古

附　　注： 書名及著者據封面。王概,字安節。

封面題"李笠翁先生論定　繡水王安節摹古　芥子園畫傳　本衙藏板""畫傳二集蘭竹梅菊譜已出　三集翎毛草蟲花卉譜已出"。

清康熙十八年（1679）笠翁李漁《序》。

框 22.5×14.7 公分,9 行 20 字,白口,四周單邊,單黑魚尾。版心上鐫"芥子園畫傳",中鐫卷次。

館藏信息： Graphic Arts Collection（GAX）:2014—0016Q

1078

基本著録： 芥子園畫傳:五卷

（Jie zi yuan hua zhuan:wu juan）

（清）李笠翁論定;（清）王安節摹古

清間（約 1701—1795）本

一函五冊：圖；29 公分

相關責任者： （清）李漁（Li Yu），1611—1680，論定；（清）王概（Wang Gai），摹古

附　　注： 卷端題“青在堂畫學淺說”。

封面題“李笠翁先生論定　繡水王安節摹古　芥子園畫傳　本衙藏板”。

書名及著者據封面。

清康熙十八年（1679）笠翁李漁《序》言王概編次事。

框 22.7×14.9 公分，9 行 20 字，白口，四周單邊，單黑魚尾。版心上鐫“芥子園画傳”及卷次。

館藏信息： East Asian Library（Gest）：Rare Books：TC223/709Q vol. 1—5

1079

基本著録： ［芥子園畫傳二集］

（［Jie zi yuan hua zhuan er ji］）

（清）王概摹古

清康熙間（約 1662—1700）本

一函四冊：圖；29 公分

相關責任者： （清）王概（Wang Gai），摹古

附　　注： 《蘭譜》封面題“宇內諸名家合訂　繡水王宓艸安節司直摹古　畫傳二集蘭譜　芥子園甥館珍藏”。

清康熙四十年（1701）王概《畫傳合編序》。

框 22.1×14.3 公分，9 行 20 字，白口，四周單邊。版心上鐫小題，下鐫冊次及葉次。

館藏信息： Graphic Arts Collection（GAX）：2014—0017Q

1080

基本著録： 芥子園畫傳二集：［八卷］

（Jie zi yuan hua zhuan er ji：［ba juan］）

（清）王概等摹古

清乾隆間（約 1782—1795）本

一函四冊：圖；29 公分

相關責任者： （清）王概（Wang Gai），摹古

附　　注：　　封面鐫"芥子園畫傳二集　繡水王宓草安節司直摹古"。

書名及著者據封面。

書分梅、蘭、竹、菊譜，各上下冊。

菊譜末題鐫"乾隆壬寅仲春月金閶書業堂重鐫珍藏"。清乾隆壬寅爲 1782 年。

框 21.7×14.9 公分，9 行 20 字，白口，四周單邊。版心上鐫篇名，下鐫冊次。

館藏信息：　　East Asian Library（Gest）：Rare Books：TC223/709Q vol. 6—9

1081

基本著錄：　　［芥子園畫傳三集］

（［Jie zi yuan hua zhuan san ji］）

［（清）王概等輯］

清康熙間（約 1701—1722）本

一函四冊：圖；29 公分

相關責任者：　　（清）王概（Wang Gai），輯

附　　注：　　無全書題名，無全書内封面葉。

有清康熙四十年（1701）王蓍《草蟲花卉譜序》《翎毛花卉譜序》。

蝴蝶裝。

（《青在堂畫花卉草蟲淺說》首葉）框 21.3×15 公分，9 行 20 字，白口，四周單邊。版心上鐫小題，下鐫冊次及葉次。

館藏信息：　　Graphic Arts Collection（GAX）：2014—0018Q

1082

基本著錄：　　芥子園畫傳三集：［四卷］

（Jie zi yuan hua zhuan san ji：［si juan］）

（清）王概等編

清乾隆間（約 1782—1795）本

一函四冊：圖；29 公分

相關責任者：　　（清）王概（Wang Gai），編

附　　注：　　封面鐫"芥子園畫傳三集　繡水王宓草安節司直摹古"。

書名及著者據封面。

書分草蟲花卉、翎毛花卉譜各二卷。

目録末題鐫"乾隆壬寅仲春月金閶書業堂重鐫珍藏",清乾隆壬寅爲 1782 年。

蝴蝶裝。

框 21.3×14.5 公分,9 行 20 字,白口,四周單邊。版框在版心處 不連。

館藏信息: East Asian Library(Gest):Rare Books:TC223/709Q vol. 10—13

1083

基本著録: **草韻彙編:二十六卷**

(Cao yun hui bian:er shi liu juan)

(清)陶南望輯;(清)朱桓等纂修

編目記録詳見《經部・小學類》。

1084

基本著録: **增廣四體字法:[五卷]**

(Zeng guang si ti zi fa:[wu juan])

(清)丁庚輯述;(清)李登編輯

清乾隆己酉[54 年,1789]瑞德堂本

一函六册;22 公分

相關責任者: (清)丁庚(Ding Geng),輯述;(清)李登(Li Deng),編輯

附　　注: 書名據目次及封面。

卷分楷書、草書、隸書各一卷,篆書上下卷。

封面鐫"乾隆己酉新鐫""瑞德堂藏板"。

框 18.1×9.7 分,行字不等,白口,四周單邊。版心上鐫"四體字 法"。

館藏信息: RECAP:East Asian Library use only:A161/3495

1085

基本著録: **隸法彙纂:十卷**

(Li fa hui zuan:shi juan)

（清）項懷述編録

編目記録詳見《經部·小學類》。

1086

基本著録： 膺禔百印：[二卷]

（Ying ti bai yin：[er juan]）

（清）欽羲昚

清乾隆甲申—庚子[29—45年,1764—1780]寶鼎樓本

四册：圖,21公分

相關責任者： （清）欽羲（Qin Xi）,昚

附　　注： 卷端題"古戍欽羲右軍昚"。

有旭園雙慶題、歸安孫汝元書《膺禔百印序》,清乾隆二十九年
(1764)包全《膺禔百印序》,序末題"長白尚宗澤湘帆氏庚子重訂"。

卷分上下,每卷二册。印章内容爲"福""壽"之語。每葉A面爲印
章,朱印,B面爲印章文字,墨色。金鑲玉裝訂。

框11.5×7.8公分,版心上鎸書名,中鎸卷次,下鎸"寶鼎樓"。

館藏信息： Annex A,Forrestal：C233/1503

1087

基本著録： 德音堂琴譜：十卷

（De yin tang qin pu：shi juan）

[（清）郭用英撰]

清康熙辛未[30年,1691]汪天榮本

一函六册：圖;26公分

相關責任者： （清）郭用英（Guo Yongying）,撰;（清）汪天榮（Wang Tianrong）,輯

附　　注： 封面鎸"汪簡心輯""康熙辛丑夏新鎸""有文堂藏板"。

汪簡心即汪天榮。

清康熙三十年(1691)汪天榮《序》言郭子及刻書事。

郭用英據CHLR93—B115。

各卷校者間有不同。

框19.7×15.1公分,8行18字,小字雙行同,白口,左右雙邊,單黑
魚尾。版心上鎸書名,中鎸卷次。

| 館藏信息： | RECAP：East Asian Library use only：C228/2635 |

1088

基本著録：	**治心齋琴學練要：五卷**
	（Zhi xin zhai qin xue lian yao：wu juan）
	（清）王善編輯
	清乾隆甲子［9 年，1744］王善治心齋本
	一函八册：圖；26 公分
相關責任者：	（清）王善（Wang Shan），刻
附　　注：	封面鐫"……琴學練要　治心齋藏板"。
	清乾隆九年（1744）楊岫《序》。
	NYCP94—b23378 有乾隆四年（1739）王善書於治心齋《序》。
	框 18.5×13.3 公分，9 行 20 字，白口，四周單邊，單黑魚尾。版心上鐫"治心齋"，中鐫篇名。
館藏信息：	Annex A，Forrestal：A141/2489

1089

基本著録：	**仙機武庫：［八卷］**
	（Xian ji wu ku：［ba juan］）
	（明）陸玄宇編撰；（明）過百齡重編
	明崇禎己巳［2 年，1629］張懷玉本
	一函八册：圖；29 公分
相關責任者：	（明）陸玄宇（Lu Xuanyu），編撰；（明）過百齡（Guo Bailing），重編；（明）張懷玉（Zhang Huaiyu），刻
附　　注：	封面鐫"西陵碧雲書屋藏板"。
	不避清諱。
	明崇禎二年（1629）董中行《序》言刻書事。
	卷分金、石、絲等八卷。
	框 26.9×21.9 公分，白口，四周單邊。
館藏信息：	East Asian Library（Gest）：Rare Books：TC238/1300Q

1090

基本著錄： 官子譜：[三卷]

(Guan zi pu：[san juan])

(清)陶式玉評輯

清康熙甲戌[33 年,1694]榕城惠直堂本

一函六冊：圖;30 公分

相關責任者： (清)陶式玉(Tao Shiyu),評輯

附　　注： 卷分上中下。

清康熙三十三年(1694)存齋(陶式玉)作《凡例》言刻書事。

封面鐫"…… 惠直堂藏板"。

框(凡例)23.8×19.4公分,10 行 18 字,白口,四周單邊,單黑魚尾。

館藏信息： East Asian Library(Gest)：Rare Books：TC238/3881Q

1091

基本著錄： **新選韜略元機象棋譜：六卷**

(Xin xuan tao lüe yuan ji xiang qi pu：liu juan)

(清)王相,(清)張自文彙選;(清)張自美等纂

清康熙間(約 1707—1722)文錦堂本

一函六冊：圖;24 公分

相關責任者： (清)王相(Wang Xiang),彙選;(清)張自文(Zhang Ziwen),彙選;

(清)張自美(Zhang Zimei),纂

附　　注： 封面鐫"文錦堂梓行"。

清康熙四十六年(1707)張惠春《韜略元機序》。

框 18×13.5 公分,9 行字不等,白口,四周單邊,單黑魚尾。

館藏信息： RECAP：East Asian Library use only：C238/2432

1092

基本著錄： 賞奇軒四種合編：[四卷]

(Shang qi xuan si zhong he bian：[si juan])

清間(約 1720—1795)本

一函四冊：圖;28 公分

附　　注：　計南陵無雙譜、竹譜、官子譜、東坡遺意各一卷。

有清康熙五十九年(1720)賞奇軒《跋》。

框(無雙譜目)18.5×11.6 公分,行字不等。

館藏信息：　RECAP：East Asian Library use only：C238/3749

1093

基本著錄：　**法書要錄：八卷**

(Fa shu yao lu：ba juan)

(唐)張彥遠集

明間(約1621—1644)常熟毛晉汲古閣本

一函八册;27 公分

相關責任者：　(唐)張彥遠(Zhang Yanyuan),活動期 9 世紀,集;(清)毛晉(Mao Jin),1599—1659,刻

附　　注：　框 18.8×13.6 公分,8 行 19 字,白口,左右雙邊。版心上鎸書名,中鎸卷次,下鎸"汲古閣"。

館藏信息：　East Asian Library(Gest)：Rare Books：TC223/258

1094

基本著錄：　**歷代名畫記：十卷**

(Li dai ming hua ji：shi juan)

(唐)張彥遠撰;(清)毛晉訂

明間(約1621—1644)常熟毛晉汲古閣本

一函四册;26 公分

相關責任者：　(唐)張彥遠(Zhang Yanyuan),活動期 9 世紀,撰;(清)毛晉(Mao Jin),1599—1659,訂

附　　注：　框 19×13.7 公分,8 行 19 字,白口,左右雙邊。版心上鎸書名,中鎸卷次,下鎸"汲古閣"。

館藏信息：　East Asian Library(Gest)：Rare Books：TC223/1923

1095

基本著錄：　**墨池編：六卷**

(Mo chi bian：liu juan)

（宋）朱長文編；（明）李時成等重訂

明萬曆庚辰［8 年，1580］維揚虞德燁、秦應驄本

兩函十册；27 公分

館藏本有殘缺：缺卷六。

相關責任者： （宋）朱長文（Zhu Changwen），1039—1098，編；（明）李時成（Li Shicheng），重訂；（明）虞德燁（Yu Deye），刻；（明）秦應驄（Qin Yingcong），刻

附　　注： 卷端未題著者，重訂者及刻書者據《重刻墨池編姓氏》。

《姓氏》末有牌記，内鐫“萬曆庚辰夏孟梓於維揚瓊花觀深仁祠”。

目録卷之六題“原缺”，疑爲書賈鈐之，以充全本。

有“翰林院印”滿漢文大印（疑僞）。屈萬里先生以爲是書曾爲四庫底本。

框 20.6×14 公分，10 行 22 字，白口，四周雙邊，單黑魚尾。版心中鐫書名、卷次。

館藏信息： East Asian Library（Gest）：Rare Books：TC223/1146

1096

基本著録： 宣和畫譜：二十八卷

（Xuanhe hua pu：er shi ba juan）

明間（約 1621—1644）常熟毛晉汲古閣本

一函八册；26 公分

相關責任者： （清）毛晉（Mao Jin），1599—1659，刻

附　　注： 前有毛晉《宣和畫譜叙目》。

框 19.2×13.7 公分，8 行 19 字，白口，左右雙邊。版心上鐫書名，中鐫卷次，下鐫“汲古閣”。

館藏信息： East Asian Library（Gest）：Rare Books：TC223/1387

1097

基本著録： 圖畫聞見誌：六卷

（Tu hua wen jian zhi：liu juan）

（宋）郭若虛撰；（清）毛晉訂

明間（約 1621—1644）常熟毛晉汲古閣本

六冊;29 公分

相關責任者: (宋)郭若虛(Guo Ruoxu),撰;(清)毛晉(Mao Jin),1599—1659,訂

附　　注: 框 18.9×13.7 公分,8 行 19 字,白口,左右雙邊。版心上鐫書名,中
鐫卷次,下鐫"汲古閣"。

館藏信息: East Asian Library(Gest):Rare Books:TC223/3347Q

1098

基本著錄: **王氏畫苑:十卷. 畫苑補益:四卷.**

子目:

王氏畫苑:十卷

(Wang shi hua yuan:shi juan)

(明)王世貞編輯

畫苑補益:四卷

(Hua yuan bu yi:si juan)

(明)詹景鳳編輯

明萬曆庚寅[18 年,1590]金陵王元貞淮南書院本

兩函十二冊;25 公分

相關責任者: (明)王世貞(Wang Shizhen),1526—1590,編輯;(明)詹景鳳(Zhan
Jingfeng),編輯;(明)陳邦泰(Chen Bangtai),寫工;(明)王元貞
(Wang Yuanzhen),刻;(明)徐智(Xu Zhi),刻

附　　注: 書名據《目錄》及版心。
卷十卷末鐫"萬曆庚寅歲夏五月王氏淮南書院重刊"。
未署年王世貞《重刻古畫苑小序》及《古今名畫苑序》。
明萬曆十八年(1590)詹景鳳《畫苑補益題詞》言編輯事。
《畫苑補益》卷首有萬曆十九年(1591)陳文燭《王氏續畫苑叙》。
卷一《目錄》後鐫"金陵徐智督刊",卷二《目錄》後鐫"秣陵陳邦泰寫
徐智督刊"。
框 19.9×13.8 公分,10 行 20 字,白口,左右雙邊,單黑魚尾。版心
上鐫"王氏畫苑",中鐫卷次。

館藏信息: East Asian Library(Gest):Rare Books:TC223/2519

1099

基本著録： 畫苑補益：[四卷]

(Hua yuan bu yi：[si juan])

(明)詹景鳳編輯

明萬曆間(約 1591—1620)本

一函三册；28 公分

館藏本有殘缺：存卷一至二。

相關責任者： (明)詹景鳳(Zhan Jingfeng)，編輯；(明)王世貞(Wang Shizhen)，1526—1590，編

附　　注： 書名據《目録》及版心。

著者據明萬曆十八年(1590)詹景鳳《畫苑補益題詞》。

框 19.6×14.6 公分，10 行 20 字，白口，左右雙邊，單黑魚尾。版心上鐫書名，中鐫卷次。

館藏信息： East Asian Library(Gest)：Rare Books：TC223/2822

1100

基本著録： 劉雪湖梅譜：[二卷]

(Liu Xuehu mei pu：[er juan])

(明)劉世儒著；(明)王思任編輯

明萬曆乙未[23 年，1595]王思任本

一函四册：圖；28 公分

相關責任者： (明)劉世儒(Liu Shiru)，著；(明)王思任(Wang Siren)，1575—1646，編輯；(清)盛振英(Sheng Zhenying)，修補

附　　注： 卷首有"雪湖小像"。

卷分上下。

劉世儒號雪湖。

明萬曆二十三年(1595)徐之仁《又重刻雪湖梅譜後跋》。

封面鐫"會稽鍾式林訂""墨妙山房藏板"。

版本據 MHV001—B201。

框 23.5×16.4 公分，11 行 20 字，白口，四周雙邊，單黑魚尾。版心上鐫"雪湖梅譜"，中鐫卷次．

館藏信息： East Asian Library（Gest）：Rare Books：TC283/2448

1101

基本著録： **琴譜合璧：[二種]**

（Qin pu he bi：[er zhong]）

（明）楊掄輯

明萬曆己酉[37 年，1609]楊掄本

一函六册：圖；29 公分

相關責任者： （明）楊掄（Yang Lun），輯

附　　注： 卷首有樂器圖及楊掄像。

明萬曆三十七年（1609）俞彦《伯牙心法序》及吕蘭谷《琴跋》，均言刻書事。

佚名藍筆眉批。

框23.1×15.3公分，8 行字不等，白口，四周雙邊，單黑魚尾。版心上鎸卷名，下間或鎸小題或曲名。

館藏信息： East Asian Library（Gest）：Rare Books：TC228/2825Q

1102

基本著録： **晚笑堂畫傳. 明太祖功臣圖.**

（Wan xiao tang hua zhuan. Ming Taizu gong chen tu.）

編目記録詳見《史部・傳記類》。

1103

基本著録： **江邨銷夏録：三卷**

（Jiangcun xiao xia lu：san juan）

（清）高士奇輯

清康熙癸酉[32 年，1693]高士奇朗潤堂本

一函六册；27 公分

相關責任者： （清）高士奇（Gao Shiqi），1645—1704，輯

附　　注： 封面鎸"江邨銷夏録　朗潤堂藏"。

清康熙三十二年（1693）高士奇《序》言成書事。

框18.5 x14.2公分，9 行 18 字，粗黑口，左右雙邊，雙黑魚尾。版心

中鎸書名及卷次。

館藏信息： Marquand Library（SAX）：Rare Books：ND1043. K13

1104

基本著錄： **庚子銷夏記：八卷. 閒者軒帖考.**

子目：

庚子銷夏記：八卷

（Geng zi xiao xia ji：ba juan）

（清）孫退谷著

閒者軒帖考

（Xian zhe xuan tie kao）

（清）孫退谷著

清乾隆辛巳［26 年，1761］鮑廷博本

一函四册；28 公分

相關責任者： （清）孫承澤（Sun Chengze），1592—1676，著；（清）鮑廷博（Bao Ting-bo），1728—1814，刻

附　注： 封面鎸"北平孫退谷著　庚子銷夏記"。孫退谷即孫承澤。

清乾隆二十六年（1761）盧文弨《序》言刻書事。

框 19.1×13.6 公分，10 行 20 字，黑口，雙魚尾，左右雙邊。版心中鎸書名、卷次。

館藏信息： RECAP：Marquand Library use only：ND1043. S9514

1105

基本著錄： **無聲詩史：七卷**

（Wu sheng shi shi：qi juan）

（明）姜紹書輯

清康熙庚子［59 年，1720］李光暎觀妙齋本

四册；24 公分

相關責任者： （明）姜紹書（Jiang Shaoshu），輯；（清）李光暎（Li Guangying），刻

附　注： 封面題"觀妙齋重刻無聲詩史"

與高校古文獻資源庫中遼寧大學藏清康熙五十九年（1720）本同版。

框 13.8×10.3 公分，8 行 16 至 17 字，黑口，左右雙邊，單黑魚尾。版

心中鐫書名及卷次。

館藏信息： Marquand Library（SAX）：Rare Books：ND1043. C4223

1106

基本著錄： **書畫跋跋：三卷，續三卷**

（Shu hua ba ba：san juan，xu san juan）

（明）孫鑛著；（清）孫宗溥，（清）孫宗濂校刻

清乾隆間（約 1740—1795）孫宗溥、孫宗濂本

一函四冊；25 公分

相關責任者： （明）孫鑛（Sun Kuang），1542—1613，著；（清）孫宗溥（Sun Zongpu），

校刻；（清）孫宗濂（Sun Zonglian），校刻

附　　注： 清乾隆五年（1740）任蘭枝《序》言及孫宗溥將謀刻書事。

框 18.3×13.3 公分，11 行 21 字，白口，左右雙邊，單黑魚尾。版心

上鐫書名，中鐫卷次及篇名。

館藏信息： Marquand Library（SAX）：Rare Books：ND1043. S9516

1107

基本著錄： **圖繪宗彝：八卷**

（Tu hui zong yi：ba juan）

（明）楊爾曾輯

明萬曆丁未［35 年，1607］武林楊爾曾夷白堂本

一函五冊：圖；27 公分

相關責任者： （明）楊爾曾（Yang Erzeng），17 世紀，輯；（明）蔡汝佐（Cai Ruzuo），

繪工；（明）黄德寵（Huang Dechong），刻

附　　注： 明萬曆三十五年（1607）楊爾曾《叙圖繪宗彝》言刻書事，末題"新安

冲寰蔡汝佐繪玉林黄德寵鐫"。

卷端題"武林楊爾曾字聖魯輯"。

框 23.4×15.7 公分，10 行 24 字，白口，四周單邊，單黑魚尾。版心

上鐫書名，中鐫卷次，下鐫"夷白堂"。

館藏信息： East Asian Library（Gest）：Rare Books：TC223/31/kmenx

1108

基本著録： **新刻古今碑帖考**

（Xin ke Gu jin bei tie kao）

（宋）朱長文編輯［即考］；（明）胡文焕纂校

明萬曆間（即 1573—1620）杭州胡文焕本

一册；28 公分

相關責任者： （宋）朱長文（Zhu Changwen），1039—1098，編輯；（明）胡文焕（Hu Wenhuan），纂校

附　　注： 附《古器總説》，胡文焕輯。

卷端題"朱晨長文編輯　胡文焕德父纂校"。

朱長文爲其名，"晨"誤。

胡文焕《古今碑帖考述》提其刻書事，未署年月。

框 19.6×13.9 公分，10 行 20 字，白口，左右雙邊，雙白魚尾。版心上鎸"古今碑帖考全"。

與《新刻古今注》等同册同函。

館藏信息： East Asian Library（Gest）：Rare Books：T9100/4852 vol.7（2）

1109

基本著録： **新刻洞天清録**

（Xin ke Dong tian qing lu）

［（宋）趙希鵠撰］；（明）胡文焕校

明萬曆間（即 1573—1620）胡文焕本

一册；28 公分

相關責任者： （宋）趙希鵠（Zhao Xihu），撰；（明）胡文焕（Hu Wenhuan），校

附　　注： 趙希鵠據《四庫全書》。

卷端題"錢唐胡文焕德甫校"。

與《新刻寶貨辨疑》等同册同函。

框 19.5×14.3 公分，10 行 20 字，白口，左右雙邊，雙白魚尾。版心上鎸"洞天清録全"。

館藏信息： East Asian Library（Gest）：Rare Books：T9100/4852 vol.8（1）

1110

基本著録:	新刻格古論要:五卷
	(Xin ke Ge gu lun yao:wu juan)
	(元)曹昭著;(明)舒敬編;(明)王佐增;(明)胡文焕選
	明萬曆丙申[24年,1596]胡文焕本
	兩册;28公分
相關責任者:	(元)曹昭(Cao Zhao),活動期14世紀,著;(明)舒敬(Shu Jing),編;(明)王佐(Wang Zuo),進士1427,增;(明)胡文焕(Hu Wenhuan),選
附　　注:	卷端題"雲間曹昭明仲著　雲間舒敬志學編　吉水王佐功載增　錢唐胡文焕德父選"。
	明萬曆二十四年(1596)胡文焕《格古論要序》。明洪武二十一年(1388)曹昭《格古論要序》。
	胡文焕《序》提刻書事。
	與《新刻古今事物考》等合函。
	框20×14.6公分,10行20字,白口,左右雙邊,雙白魚尾。版心上鎸"格古論要"及卷次。
館藏信息:	East Asian Library(Gest):Rare Books:T9100/4852 vol.3—4

1111

基本著録:	湘管齋寓賞編:六卷
	(Xiang guan zhai yu shang bian:liu juan)
	(清)陳焯輯;(清)陳經重校
	清乾隆壬寅[47年,1782]聽香讀書樓本
	一函六册;18公分
相關責任者:	(清)陳焯(Chen Zhuo),輯;(清)陳經(Chen Jing),重校
附　　注:	清乾隆四十七年(1782)陳焯《序》言成書及刻書事。
	封面鎸"吳興陳氏聽畫樓重修"。
	框13×9.6公分,9行20字,小字雙行同,黑口,左右雙邊。版心中鎸書名、卷次及篇名。
館藏信息:	Marquand Library(SAX):Rare Books:ND1043.C37

海外中華古籍書志書目叢刊

普林斯頓大學圖書館
藏中文善本書目【下冊】

美國普林斯頓大學
東亞圖書館 編

國家圖書館出版社

譜録類

1115

基本著録：　　**文房肆攷圖說：八卷**

（Wen fang si kao tu shuo：ba juan）

（清）唐秉鈞纂；（清）康愷繪圖

清乾隆丙申［41 年,1776］唐秉鈞竹暎山莊本

一函八册：圖；25 公分

相關責任者：　（清）唐秉鈞（Tang Bingjun），活動期 18 世紀,纂；（清）康愷（Kang Kai），繪圖；（清）周品儒（Zhou Pinru），刻

附　　注：　　卷一卷端題“古婁姊丈馮孝壽愚亭同參　上海表兄康愷飲和參繪圖　練水唐秉鈞衡銓纂　家先生桐園公閱　冡宰地山曹大人鑒定　弟秉鉞甥馮以丙全校”。其他卷端所題鑒定、參、校人不同。

清乾隆四十年 1775）嘉定唐秉鈞書於竹暎山莊《文房肆攷圖說發凡十五則》。

乾隆四十一年（1776）汪炤《序》言刻書事。

卷一末鎸“金陵周品儒鎸店開嘉定秦殿撰第西首”。

框 18×12.8 公分,9 行 20 字,黑口,左右雙邊,單黑魚尾。版心中鎸“文房肆攷”、卷次及小題。

本館有另一部：6291/0628。

館藏信息：　　Annex A,Forrestal：C263/2656

1116

基本著録：　　**文房肆攷圖說：八卷**

（Wen fang si kao tu shuo：ba juan）

（清）唐秉鈞纂；（清）康愷繪圖

清乾隆丙申［41 年,1776］唐秉鈞竹暎山莊本

四册：圖；26 公分

相關責任者：　（清）唐秉鈞（Tang Bingjun），活動期 18 世紀,纂；（清）康愷（Kang Kai），繪圖；（清）周品儒（Zhou Pinru），刻

附　　注：　　卷一卷端題“古婁姊丈馮孝壽愚亭同參　上海表兄康愷飲和參繪圖

練水唐秉鈞衡銓纂　家先生桐園公閲　冢宰地山曹大人鑒定　弟秉鉞甥馮以丙仝校"。其他卷端所題鑒定、參、校人不同。

清乾隆四十年(1775)嘉定唐秉鈞書於竹暎山莊《文房肆攷圖說發凡十五則》。

乾隆四十一年(1776)汪炤《序》言刻書事。

卷一卷末鐫"金陵周品儒鐫店開嘉定秦殿撰第西首"。

框18.2×12.7公分,9行20字,黑口,左右雙邊。版心中鐫"文房肆攷"、卷次及小題。

館藏信息：　Annex A,Forrestal:6291/0628

1117

基本著録：　**宋淳熙敕編古玉圖譜:一百卷**

(Song Chunxi chi bian gu yu tu pu:yi bai juan)

(宋)龍大淵等編纂

編目記録詳見《史部‧金石類》。

1118

基本著録：　**曹氏墨林:[二卷]**

(Cao shi mo lin:[er juan])

(清)曹聖臣編

清康熙戊辰[27年,1688]曹氏藝粟齋本

一函四册;29公分

相關責任者：　(清)曹聖臣(Cao Shengchen),編

附　　注：　書名據版心。

卷分上下。

清康熙二十七年(1688)曹聖臣素功《墨林自序》。

封面鐫"墨林初集",并有藝粟齋曹素功告白。

框23.9×14.4公分,6行16字,白口,四周單邊。版心上鐫"曹氏墨林",下鐫卷次。

館藏信息：　RECAP:East Asian Library use only:C263/3348

1119

基本著錄： **隨園食單**

（Sui yuan shi dan）

（清）袁枚

編目記録詳見《子部・農家類》。

1120

基本著錄： **二如亭群芳譜：〔三十卷〕**

（Er ru ting Qun fang pu：〔san shi juan〕）

（明）王象晉纂輯；（明）陳繼儒等較

清康熙間（即 1662—1722）本

十六册；27 公分

相關責任者： （明）王象晉（Wang Xiangjin），進士 1604，纂輯；（明）陳繼儒（Chen Jiru），1558—1639，較

附　　注： 是書凡天譜等十二種，共三十卷。

封面鐫"沙村艸堂藏板"。

避"玄"字諱。

框 21.8×14.5 公分，8 行 18 字，白口，左右雙邊，單黑魚尾。版心上鐫"群芳譜"，中鐫卷次及小題。上下眉欄。

館藏信息： Annex A，Forrestal：C283/863

1121

基本著錄： **異魚圖贊：四卷. 異魚圖贊補：〔三卷〕. 異魚圖閏集.**

子目：

異魚圖贊：四卷

（Yi yu tu zan：si juan）

（明）楊慎撰；（清）李調元校定

異魚圖贊補：〔三卷〕

（Yi yu tu zan bu：〔san juan〕）

（清）胡式安撰

異魚圖閏集

（Yi yu tu run ji）

（清）胡式安撰

清乾隆間（即 1736—1795）李調元本

一函兩册：圖；26 公分

相關責任者： （明）楊慎（Yang Shen），1488—1559，撰；（清）李調元（Li Tiaoyuan），
1734—1803，校定；（清）胡式安（Hu Shi'an），1593—1663，撰

附　　注： 《異魚圖贊補》卷分上中下。

未署年李調元《序》言刻書事。

《異魚圖贊補》卷分上中下。

避"曆"字諱。

原索書號爲 C291/3768—3769，現把 C291/3769 包括在 C291/
3768 中。

框 19.2×14.4 公分，10 行 20 字，白口，四周雙邊，單黑魚尾。版心
上鐫書名，中鐫卷次。

館藏信息： Annex A，Forrestal：C291/3768

1122

基本著録： 綿津山人詩集：二十六卷. 楓香詞. 怪石贊. 筠廊偶筆：[二卷]. 漫堂
墨品. 緯蕭草堂詩：三卷. 雪堂墨品.

子目：

綿津山人詩集：二十六卷

（Mianjinshanren shi ji：er shi liu juan）

（清）宋犖著

楓香詞

（Feng xiang ci）

（清）宋犖著

怪石贊

（Guai shi zan）

（清）宋犖著

筠廊偶筆：[二卷]

（Yun lang ou bi：[er juan]）

（清）宋犖著

漫堂墨品

（Mantang mo pin）

（清）宋犖著

緯蕭草堂詩：三卷

（Wei xiao cao tang shi：san juan）

（清）宋至著

雪堂墨品

（Xue tang mo pin）

（清）張仁熙著

清康熙戊辰［27 年,1688］江西宋犖本

兩函十册；27 公分

相關責任者： （清）宋犖（Song Luo）,1634—1713,著；（清）宋至（Song Zhi）,1656—
1726,著；（清）張仁熙（Zhang Renxi）,著

附　　注： CHLR95—B186 有清康熙二十七年（1688）劉榛《序》言宋犖任江西
巡撫政暇刻書事。

康熙二十七年（1688）汪琬《序》。

是書陸續刻成。

框 18.4×13.6 公分,10 行 19 字,白口,四周單邊,順黑魚尾。版心
上鎸書名,中鎸卷次及篇名。

館藏信息： East Asian Library（Gest）：Rare Books：TD33/2333

1123

基本著録： **方氏墨譜：六卷**

（Fang shi mo pu：liu juan）

（明）方於魯撰

明萬曆己丑［17 年,1589］歙縣美蔭堂本

一函八册：圖；30 公分

相關責任者： （明）方於魯（Fang Yulu）,約 1570—1619,撰

附　　注： 書名取自《目錄》。

明萬曆十六年（1588）方宇《書墨譜後》。萬曆十七年（1589）王穉登
《方建元墨譜序》言刻書事。

是書係後印。《目錄》末之刻工名被剜。

版本參見 CUBO97—B796。

第八册有明泰昌元年(1620)馮珣"墨□有引"。

據《五雜組》卷十二方於魯卒於萬曆三十六年(1608)。

框 25×15.3 公分,行字不等,白口,四周單邊,單白魚尾。版心上鐫書名及小題,下鐫"美蔭堂集"。

館藏信息: East Asian Library(Gest):Rare Books:TC263/651Q

1124

基本著錄: 二如齋群芳譜:[二十八卷],卷首

(Er ru zhai Qun fang pu:[er shi ba juan],juan shou)

(明)王象晉纂輯;(明)陳繼儒等較;(明)王與胤,(明)王士和詮次

明崇禎間(約 1634—1644)本

四函二十册:圖;27 公分

相關責任者: (明)王象晉(Wang Xiangjin),進士 1604,纂輯;(明)陳繼儒(Chen Jiru),1558—1639,較;(明)王與胤(Wang Yuyin),詮次;(明)王士和(Wang Shihe),詮次

附　注: 明崇禎七年(1634)夏樹芳《序》。

是書凡天譜等十二種,共二十八卷。

框 22.1×14.5 公分,8 行 18 字,白口,左右雙邊,單黑魚尾。版心上鐫"群芳譜",中鐫卷次。

館藏信息: East Asian Library(Gest):Rare Books:TC283/718

1125

基本著錄: 麻杈棍譜

(Ma cha gun pu)

(清)山逸人造

編目記錄詳見《子部·兵家類》。

1126

基本著錄: 重修宣和博古圖錄:三十卷

(Chong xiu Xuanhe bo gu tu lu:san shi juan)

編目記錄詳見《史部·金石類》。

雜家類

1127

基本著録： **受宜堂宦游筆記：四十六卷**

(Shou yi tang huan you bi ji：si shi liu juan)

(清)納蘭常安著

清乾隆丙寅[11 年,1746]納蘭常安本

一函三冊;27 公分

館藏本有殘缺:存卷一至十四。

相關責任者： (清)納蘭常安(Nalan Chang'an),活動期 18 世紀,著;(清)甘鵬雲(Gan Pengyun),生年 1861,收藏

附　　注： 清乾隆十一年(1746)納蘭常安《序》。

框 18.3×13.7 公分,9 行 20 字,白口,左右雙邊,單黑魚尾。版心上鎸"宦游筆記",中鎸卷次及地名。

有"潛江甘鵬雲藥樵攷藏書籍章"印及甘氏題記。

館藏信息： East Asian Library(Gest)：Rare Books；TC373/1672

1128

基本著録： **聖諭像解：二十卷**

(Sheng yu xiang jie：er shi juan)

(清)梁延年編輯

清康熙辛酉[20 年,1681]梁延年承宣堂本

兩函十六冊:圖;30 公分

相關責任者： (清)梁延年(Liang Yannian),編輯

附　　注： 封面鎸"……承宣堂梓"。

清康熙二十年(1681)梁延年《序》。

框 24.1×16.1 公分,10 行 21 字,白口,四周單邊。版心上鎸書名及卷次,下鎸"承宣堂"。

館藏信息： East Asian Library(Gest)：Rare Books；TC13/3962Q

1129

基本著錄：　　　**聖諭像解：二十卷**

（Sheng yu xiang jie：er shi juan）

（清）梁延年編輯

清康熙辛酉［20 年，1681］梁延年承宣堂本

一函八冊：圖；30 公分

相關責任者：　（清）梁延年（Liang Yannian），編輯

附　　注：　　與葛思德藏本（TC13/3962，普林斯頓大學 Voyager 系統編目記錄號

碼 4076844）同版。

卷端題"江南太平府繁昌縣知縣加一級臣梁延年編輯"。

框 24×16 公分，10 行 21 字，白口，四周單邊。版心上鐫書名及卷

次，下鐫"承宣堂"。

館藏信息：　　Marquand Library（SAX）：Rare Books：ND1043. S54q

1130

基本著錄：　　　**最樂編：六卷**

（Zui le bian：liu juan）

（清）保光重訂

清乾隆乙卯［60 年，1795］惟善堂本

一函六冊；28 公分

相關責任者：　（清）保光（Bao Guang），重訂

附　　注：　　書名據版心。

封面鐫"乾隆陸十年陸月陸日鐫　長白惟善堂保豫菴輯……本衙藏

板"。

框 19.1×13.6 公分，9 行 21 字，白口，左右雙邊，單黑魚尾。版心上

鐫"最樂編"，中鐫卷次及篇名。

館藏信息：　　Annex A，Forrestal：C308/2895

1131

基本著錄：　　　**墨子：十五卷，目錄，墨子篇目考**

（Mozi：shi wu juan，mu lu，Mozi pian mu kao）

（清）畢沅校注

清乾隆甲辰［49 年,1784］畢沅靈巖山館本

一函兩冊;26 公分

相關責任者： （清）畢沅（Bi Yuan）,1730—1797,校注

附　　注： 封面鐫"乾隆甲辰閏三月開彫""靈巖山館藏版"。

框 19.8×14.8 公分,11 行 22 字,黑口,四周單邊,雙黑魚尾。版心中鐫書名及卷次。

館藏信息： RECAP:East Asian Library use only:C308/1689

1132

基本著錄： **天祿閣外史:八卷**

（Tian lu ge wai shi:ba juan）

（東漢）黃憲著;（唐）韓洎贊

清乾隆間（即 1736—1795）本

一函六冊;26 公分

相關責任者： （東漢）黃憲（Huang Xian）,75—122,著;（唐）韓洎（Han Ji）,活動期 10 世紀,贊

附　　注： 避"玄""弘"字諱。

框 19.2×14.2 公分,9 行 20 字,白口,左右雙邊,單白魚尾。版心上鐫"外史",中鐫卷次。

館藏信息： East Asian Library（Gest）:Rare Books:TC308/3878

1133

基本著錄： **白虎通:四卷**

（Bai hu tong:si juan）

（東漢）班固等撰;（清）盧文弨校

清乾隆甲辰［49 年,1784］太倉盧文弨抱經堂本

一函兩冊;24 公分

相關責任者： （東漢）班固（Ban Gu）,32—92,撰;（清）盧文弨（Lu Wenchao）,1717—1796,校

附　　注： 每卷又分上下。

封面鐫"乾隆甲辰""抱經堂雕"。

清乾隆四十九年（1784）盧文弨書於太倉州文婁東書院《序》。

框18.1×13.3公分，10行20字，小字雙行同，白口，左右雙邊，單黑魚尾。版心上鎸書名，中鎸卷次，下鎸"抱經堂校定本"。

館藏信息：　RECAP：East Asian Library use only：C313/1658

1134

基本著錄：　**容齋隨筆五集：[七十四卷]**

（Rongzhai sui bi wu ji：[qi shi si juan]）

（宋）洪邁著

明崇禎庚午[3年，1630]馬元調本

一函十四冊；25公分

相關責任者：　（宋）洪邁（Hong Mai），1123—1202，著；（明）馬元調（Ma Yuandiao），刻；（清）洪璟（Hong Jing），修補

附　　注：　書名據謝三賓《重刻容齋隨筆五集序》。

明崇禎三年（1630）馬巽甫（元調）《重刻容齋隨筆五集紀事》言刻書事。

清康熙三十九年（1700）洪璟《紀事》言修補事。

框19.1×13.8公分，9行18字，細黑口，左右雙邊。版心中鎸書名及卷次。

館藏信息：　East Asian Library（Gest）：Rare Books：TC308/2232

1135

基本著錄：　**容齋隨筆五集：[七十四卷]**

（Rongzhai sui bi wu ji：[qi shi si juan]）

（宋）洪邁

明崇禎庚午[3年，1630]馬元調本

兩函二十二冊；26公分

相關責任者：　（宋）洪邁（Hong Mai），1123—1202；（明）馬元調（Ma Yuandiao），刻

附　　注：　書名據謝三賓《重刻容齋隨筆五集序》。

明崇禎三年（1630）馬巽甫（元調）《重刻容齋隨筆五集紀事》言刻書事。

封面鎸"洪容齋五筆""洪氏藏板"。

框 19.1×13.8 公分,9 行 18 字,細黑口,左右雙邊。版心中鐫書名及卷次。

館藏信息： East Asian Library(Gest):Rare Books:TC313/809

1136

基本著錄： **容齋隨筆五集:〔七十四卷〕**

(Rongzhai sui bi wu ji:〔qi shi si juan〕)

(宋)洪邁

明崇禎庚午〔3 年,1630〕馬元調本

兩函十四冊;27 公分

相關責任者： (宋)洪邁(Hong Mai),1123—1202;(明)馬元調(Ma Yuandiao),刻

附　注： 書名據謝三賓《重刻容齋隨筆五集序》。

明崇禎三年(1630)馬巽甫(元調)《重刻容齋隨筆五集紀事》言刻書事。

封面鐫"洪容齋五筆""洪氏藏板"。

框 19.2×13.9 公分,9 行 18 字,細黑口,左右雙邊。版心中鐫書名及卷次。

館藏信息： East Asian Library(Gest):Rare Books:TC313/809x

1137

基本著錄： **通雅:五十二卷,卷首三卷**

(Tong ya:wu shi er juan,juan shou san juan)

(清)方以智輯著;(清)姚文燮較訂

清康熙丙午〔5 年,1666〕建溪姚文燮本

兩函十六冊;25 公分

相關責任者： (清)方以智(Fang Yizhi),1611—1671,輯著;(清)姚文燮(Yao Wenxie),進士 1659,較訂

附　注： 清康熙五年(1666)姚文燮《序》及《凡例》言刻書事。

框 21.4×13.6 公分,10 行 24 字,白口,四周單邊,單黑魚尾。版心上鐫書名,中鐫卷次及小題,下鐫"浮山此藏軒"。

館藏信息： East Asian Library(Gest):Rare Books:TC313/1400

1138

基本著錄： 潛邱箚記：[六卷].左汾近稾.

子目：

潛邱箚記：[六卷]

(Qianqiu zha ji：[liu juan])

(清)閻若璩著

左汾近稾

(Zuofen jin gao)

(清)閻詠遺稿；(清)程崟校梓

清乾隆甲子[9年,1744]眷西堂本

一函五册；29公分

館藏本有殘缺：缺卷一。

相關責任者： (清)閻若璩(Yan Ruoqu),1636—1704,著；(清)閻詠(Yan Yong),
進士1709,著；(清)程崟(Cheng Yin),進士1713,校梓

附　注： 避"眞"字諱。

BCUO96—B1151有清乾隆九年(1744)閻學林《序》言刻書事。

框(卷二)19.1×14.9公分,11行20字,白口,左右雙邊,單黑魚尾。

版心中鐫書名及卷次,下鐫"眷西堂"。

館藏信息： RECAP：East Asian Library use only：C308/2242

1139

基本著錄： 古今釋疑：十八卷

(Gu jin shi yi：shi ba juan)

(清)方中履撰

清康熙戊午—己未[17—18年,1678—1679]姑孰方中履汗青閣本

兩函十册；27公分

相關責任者： (清)方中履(Fang Zhonglü),1638—1686,撰

附　注： 封面鐫"楊竹菴先生鑒定　汗青閣藏板"。

清康熙十七年(1678)楊霖《古今釋疑跋》言刻書事。

《目錄》後題"男正瑗鈔錄"。

版本又據BCUO94—B4868。

框 19.6×12.8 公分,8 行 20 字,小字雙行同,白口,左右雙邊,單白
魚尾。版心上鐫書名,中鐫卷次,下鐫"汗青閣"。

館藏信息: East Asian Library(Gest):Rare Books:TC308/2707

1140

基本著錄: **管城碩記:[三十卷]**

（Guancheng shuo ji:[san shi juan]）

（清）徐文靖著

清乾隆甲子[9 年,1744]志寧堂本

一函八册;26 公分

相關責任者: （清）徐文靖(Xu Wenjing),1667—1756?,著

附　　注: 封面鐫"志寧堂藏板"。

清乾隆九年(1744)徐文靖《自序》及毛大鵬《跋》言刻書事。

框 18.2×12.6 公分,9 行 20 字,白口,左右雙邊,單黑魚尾。版心上
鐫書名,中鐫卷次,下鐫"志寧堂"。

館藏信息: RECAP:East Asian Library use only:C308/3300

1141

基本著錄: **知新錄:三十二卷**

（Zhi xin lu:san shi er juan）

（清）王棠彙訂;（清）黃晟校刊

清康熙間(約 1717—1722)王棠燕在閣本

四函三十二册;26 公分

相關責任者: （清）王棠(Wang Tang),活動期 17—18 世紀,彙訂;（清）黃晟
（Huang Sheng),校刊

附　　注: 封面鐫"燕在閣藏板"。燕在閣爲王棠之室名。

清康熙五十六年(1717)王棠《自序》。

框 18×13.1 公分,10 行 21 字,白口,四周單邊,單黑魚尾。版心上
鐫書名,中鐫卷次。

館藏信息: East Asian Library(Gest):Rare Books:TC328/3906

1142

基本著錄： 陔餘叢考：四十三卷

（Gai yu cong kao；si shi san juan）

（清）趙翼著

清乾隆庚戌［55 年，1790］湛貽堂本

四函二十冊；25 公分

相關責任者： （清）趙翼（Zhao Yi），1727—1814，著

附　　注： 封面鎸"乾隆庚戌""湛貽堂藏板"。

清乾隆五十五年（1790）趙翼《小引》言刻書事。

框 18×13.8 公分，11 行 21 字，白口，左右雙邊，單黑魚尾。版心上鎸書名，中鎸卷次。

館藏信息： RECAP：East Asian Library use only：C308/2920

1143

基本著錄： 權衡一書：四十一卷

（Quan heng yi shu；si shi yi juan）

（清）王植輯錄

清乾隆丙辰［元年，1736］王植崇德堂本

四函二十四冊；26 公分

相關責任者： （清）王植（Wang Zhi），進士 1721，輯錄

附　　注： 封面鎸"崇雅堂藏板"。

清乾隆元年（1736）王植《書意》。

版本參據 CHHR99—B137。此爲崇雅堂（亦爲王植堂號）後印本。

框 18.2×13 公分，10 行 21 字，白口，四周單邊，單黑魚尾。版心上鎸書名。

館藏信息： Annex A，Forrestal：C328/3492

1144

基本著錄： 稽古堂日鈔

（Ji gu tang ri chao）

（明）錢世昭輯；（明）錢震瀧閱

明間(約 1620—1644)本

兩函十二册;26 公分

館藏本有殘缺:《目錄》爲手抄配補。

相關責任者: (明)錢世昭(Qian Shizhao),輯;(明)錢震瀧(Qian Zhenlong),閱

附　　注: 書名據《目錄》。

是書據《說郛》板而印。

框 19.1×14.2 公分,9 行 20 字,白口,左右雙邊,單白魚尾。版心上鎸篇名。

館藏信息: East Asian Library(Gest):Rare Books:TC368/2898

1145

基本著錄: 宋周公謹雲煙過眼錄:四卷

(Song Zhou Gongjin yun yan guo yan lu:si juan)

(明)陳繼儒訂;(明)沈德先校

明萬曆間(即 1573—1620)沈氏本

一函四册;26 公分

相關責任者: (明)陳繼儒(Chen Jiru),1558—1639,訂;(明)沈德先(Shen De xian),校

附　　注: 框 20.2×12.6 公分,8 行 18 字,白口,四周單邊,單黑魚尾。版心上鎸"雲烟過眼錄",中鎸卷次。

館藏信息: East Asian Library(Gest):Rare Books:TC223/2921

1146

基本著錄: 涑水記聞:十六卷

(Sushui ji wen:shi liu juan)

(宋)司馬光撰

清乾隆間(約 1774—1795)北京武英殿本

一函八册;27 公分

相關責任者: (宋)司馬光(Sima Guang),1019—1086,撰

附　　注: 清乾隆三十九年(1774)《御製題武英殿聚珍版十韻》。

框 19.2×12.7 公分,9 行 21 字,白口,四周雙邊,單黑魚尾。版心上鎸書名,中鎸卷次。

館藏信息： East Asian Library(Gest)：Rare Books：TC373/264

1147

基本著錄： **輟耕錄：三十卷**

（Chuo geng lu：san shi juan）

（明）陶宗儀

明間(約 1621—1644)常熟毛晉汲古閣本

一函六冊；27 公分

相關責任者： （明）陶宗儀(Tao Zongyi)；（清）毛晉(Mao Jin)，1599—1659，刻

附　　注： 卷末鐫毛晉《識語》。

框 20×13.5 公分，10 行 21 字，白口，左右雙邊。版心上鐫書名，中鐫卷次。

館藏信息： East Asian Library(Gest)：Rare Books：TC373/139

1148

基本著錄： **輟耕錄：三十卷**

（Chuo geng lu：san shi juan）

（明）陶宗儀

明間(約 1621—1644)常熟毛晉汲古閣本

一函六冊；28 公分

相關責任者： （明）陶宗儀(Tao Zongyi)；（清）毛晉(Mao Jin)，1599—1659，刻

附　　注： 框 19.8×12.5 公分，10 行 21 字，白口，左右雙邊。版心上鐫書名，中鐫卷次。

館藏信息： East Asian Library(Gest)：Rare Books：T9153/7232.1

1149

基本著錄： **輟耕錄：三十卷**

（Chuo geng lu：san shi juan）

（明）陶宗儀

明間(約 1621—1644)常熟毛晉汲古閣本

一函十六冊；26 公分

相關責任者： （明）陶宗儀(Tao Zongyi)；（清）毛晉(Mao Jin)，1599—1659，刻

附　　注：　卷末鐫毛晉《識語》。

框 20×13.5 公分,10 行 21 字,白口,左右雙邊。版心上鐫書名,中鐫卷次。

館藏信息：　East Asian Library(Gest):Rare Books:TC373/246

1150

基本著錄：　**閒情偶寄:十六卷**

（Xian qing ou ji:shi liu juan）

（清）李漁著;（清）沈心友,（清）［李］將舒訂

清康熙間(約 1671—1722)本

一函八册;25 公分

相關責任者：　（清）李漁(Li Yu),1611—1680,著;（清）沈心友(Shen Xinyou),訂;（清）李將舒(Li Jiangshu),訂;（清）甘鵬雲(Gan Pengyun),生年 1861,收藏

附　　注：　清康熙十年(1671)余懷《序》。

封面鐫"笠翁秘書第一種"及《翼聖堂主人識語》六十五字。

此帙有補版,當係後印。

框 18.4×13 公分,9 行 20 字,白口,四周單邊。版心上鐫書名及卷次。

有"潛盧"印記。

館藏信息：　East Asian Library(Gest):Rare Books:TD33/2216

1151

基本著錄：　**新增格古要論:十三卷**

（Xin zeng Ge gu yao lun:shi san juan）

（明）曹昭著;（明）舒敏編校;（明）王佐校增;（明）黃正位重校

明間(約 1573—1644)黃正位本

一函六册;25 公分

相關責任者：　（明）曹昭(Cao Zhao),14 世紀,著;（明）舒敏(Shu Min),編校;（明）王佐(Wang Zuo),進士 1427,校增;（明）黃正位(Huang Zhengwei),重校;（明）吳應芝(Wu Yingzhi),刻

附　　注：　封面鐫"雲間曹昭明仲著訂　吉水王佐功載增輯　增訂格古要論

淑躬堂藏板"。

框 19.5 × 12.5 公分,10 行 20 字,白口,四周單邊,單黑魚尾。版心上鐫"格古要論",中鐫卷次,卷一首葉版心下鐫"吳應芝梓"。

館藏信息: East Asian Library (Gest) : Rare Books : TC308/1145

1152

基本著録: 子華子:［二卷］

(Zihuazi : [er juan])

(春秋)程本著

明萬曆丙子—丁丑［4—5 年,1576—1577]南京國子監本

一函兩册;28 公分

相關責任者: (春秋)程本(Cheng Ben),著

附　注: 卷分上下。

框 21.6 × 14.8 公分,10 行 21 字,白口,四周雙邊,單黑魚尾。版心上鐫"萬曆四年刊"或"萬曆五年刊",中鐫書名及卷次。

佚名朱筆圈點。

館藏信息: East Asian Library (Gest) : Rare Books : TC308/388

1153

基本著録: 子華子:十卷

(Zihuazi : shi juan)

(春秋)程本著

明崇禎庚午［3 年,1630]内丘雷鳴時本

一函四册;29 公分

相關責任者: (春秋)程本(Cheng Ben),著;(明)雷鳴時(Lei Mingshi),刻

附　注: 附《子華子傳》。

卷端又題"川南雷鳴時君令甫督刊"。

明崇禎二年(1629)金之俊《子華子叙》等序言刻書事。

清康熙十三年(1674)吳琯《跋子華子後》。清雍正五年(1727)李橄《子華子九篇序》。

框 21.2 × 13.6 公分,9 行 20 字,白口,左右雙邊,單黑魚尾。版心上鐫書名,中鐫卷次。欄上鐫評。

館藏信息： East Asian Library（Gest）：Rare Books：TC308/301Q

1154

基本著錄： **鶡冠子**

（Heguanzi）

（宋）陸佃解

明萬曆丙子—丁丑［4—5 年，1576—1577］南京國子監本

一函兩册；28 公分

相關責任者： （宋）陸佃（Lu Dian），1042—1102，解

附　　注： 版本據風格。

框 21.8×15.1 公分，10 行 21 字，白口，四周雙邊，順黑魚尾。版心上鐫“萬曆四年刊”，中鐫書名，下鐫刻工。

佚名氏朱筆圈點。

館藏信息： East Asian Library（Gest）：Rare Books：TC308/383

1155

基本著錄： **淮南鴻烈解：二十一卷**

（Huainan hong lie jie：er shi yi juan）

（東漢）高誘注；（明）茅一桂訂

明萬曆庚辰［8 年，1580］茅一桂本

兩函十六册；27 公分

相關責任者： （東漢）高誘（Gao You），活動期 205—212，注；（明）茅一桂（Mao Yigui），訂；（明）章莒（Zhang Ju），寫工；（明）鄒邦彥（Zou Bangyan），刻

附　　注： 著者劉安據高誘《叙》。

明萬曆八年（1580）茅一桂《重校淮南鴻烈解引》言刻書事。

框 19.6×12.8 公分，9 行 19 字，白口，左右雙邊，單黑魚尾。版心上鐫書名，中鐫篇名，下鐫“長洲章莒寫鄒邦彥刻”。

館藏信息： East Asian Library（Gest）：Rare Books：TC308/629

1156

基本著錄： **古言：［二卷］**

（Gu yan：[er juan]）

（明）鄭曉

明嘉靖乙丑[44 年,1565]項子長本

一函四册;30 公分

相關責任者： （明）鄭曉（Zheng Xiao）,1499—1566;（明）項篤壽（Xiang Dushou）,
1521—1586,刻

附　　注： 卷分上下。

疑爲《鄭端簡公全集》零種。

明嘉靖四十四年（1565）鄭曉《序》言項子長刻書事。

框 20.8×13.6 公分,8 行 16 字,白口,四周雙邊,單白魚尾。版心中
鐫書名及卷次。

佚名朱筆圈點。

鈐"建極藏書"印。

館藏信息： East Asian Library（Gest）:Rare Books:TC308/2819Q

1157

基本著録： **金罍子:三篇[四十四卷]**

（Jinleizi:san pian[si shi si juan]）

（明）陳絳著;（明）陶望齡閲;（明）車任遠校;（明）陳昱輯

明萬曆丙午[34 年,1606]陳昱本

兩函二十四册;30 公分

相關責任者： （明）陳絳（Chen Jiang）,進士 1544,著;（明）陶望齡（Tao Wangling）,
生年 1562,閲;（明）車任遠（Che Renyuan）,校;（明）陳昱（Chen
Yu）,輯

附　　注： 分上中下三篇,上篇二十卷,中篇十二卷,下篇十二卷。

明萬曆三十四年（1606）陶望齡《序》。

版本參據 MHV001—B273。該書有陳昱《跋》言刻書事。

框 20.5×14.2 公分,9 行 20 字,白口,四周單邊,單黑魚尾。版心上
鐫書名及篇次,中鐫卷次。

館藏信息： East Asian Library（Gest）:Rare Books:TC308/598Q

1158

基本著録：　**新刻批點金罍子：[三篇四十四卷]**

（Xin ke pi dian Jinleizi：[san pian si shi si juan]）

（明）陳絳著；（明）陶望齡編次

明萬曆庚申[48 年,1620]陶望齡本

兩函二十册；27 公分

館藏本有殘缺：上篇缺卷十七至二十。

相關責任者：　（明）陳絳（Chen Jiang），進士 1544，著；（明）陶望齡（Tao Wangling），

生年 1562，編次

附　　注：　上篇二十卷、中篇十二卷、下篇十二卷。

明萬曆四十八年（1620）徐待聘《新刻批點金罍子序》及張京元《重刻

金罍子序》言刻書事。

明泰昌元年（1620）陳永楨《跋》。

框 20.3×15 公分,9 行 20 字,白口,四周單邊。版心上鐫書名,中鐫

篇名及卷次,卷首首葉版心下鐫刻工名。眉欄鐫評。

有朱筆圈點及眉評。

館藏信息：　East Asian Library（Gest）：Rare Books：TC308/862

1159

基本著録：　**鴻苞集：四十八卷**

（Hongbao ji：si shi ba juan）

（明）屠隆著；（明）茅元儀訂；（明）李嘉言校

明萬曆庚戌[38 年,1610]茅元儀本

六函四十八册；27 公分

相關責任者：　（明）屠隆（Tu Long），1542—1605，著；（明）茅元儀（Mao Yuanyi），

1594—1640，訂；（明）李嘉言（Li Jiayan），校

附　　注：　《目錄》題"鴻苞集"。卷端原題"鴻苞"。

卷首有《鴻苞居士傳》。

明萬曆三十八年（1610）黃汝亨《序》言刻書事。

框 21.3×13.8 公分,8 行 19 字,白口,左右雙邊,單黑魚尾。版心上

鐫"鴻苞",中鐫卷次及篇名。

館藏信息： East Asian Library(Gest)：Rare Books：TC308/693

1160

基本著録： **狂夫之言：五卷．香案牘．**

子目：

狂夫之言：五卷

(Kuang fu zhi yan：wu juan)

(明)陳繼儒著

香案牘

(Xiang an du)

(明)陳繼儒著

明萬曆間(約1607—1620)沈氏本

一函四册；27公分

相關責任者： (明)陳繼儒(Chen Jiru)，1558—1639，著；(清)甘鵬雲(Gan Pengyun)，生年1861，收藏

附　　注： 明萬曆三十五年(1607)繡水陳萬言《敘》。

框20.2×12.6公分，8行18字，白口，四周單邊，單黑魚尾。版心上鐫書名，中鐫卷次。

有墨筆圈點及眉評。

鈐"潛江日甘鵬雲藥樵收藏書籍章"等印。

館藏信息： East Asian Library(Gest)：Rare Books：TC308/2220

1161

基本著録： **林子全集：七十五卷**

(Linzi quan ji：qi shi wu juan)

(明)張洪都等編輯

明崇禎間(即1628—1644)本

六函四十八册；27公分

相關責任者： (明)張洪都(Zhang Hongdu)，編輯；(明)林兆恩(Lin Zhao'en)，1517—1598

附　　注： 書名據版心。

版本據風格。

框(林子全集四書正義)20.2×13.5 公分,9 行 19 字,白口,四周單邊,單黑魚尾。版心上鑴"林子全集",中鑴篇名。

館藏信息: East Asian Library(Gest):Rare Books:TC308/1172

1162

基本著錄: **東觀餘論:[二卷],附錄**

(Dong guan yu lun:[er juan],fu lu)

(宋)黃伯思著

明間(約 1621—1644)常熟毛晉汲古閣本

一函六册;27 公分

相關責任者: (宋)黃伯思(Huang Bosi),1079—1118,著;(清)毛晉(Mao Jin),1599—1659,刻

附　注: 書名據總目。

卷分上下。

《附錄》後有毛晉《跋》。

框 18.8×13.6 公分,8 行 19 字,白口,左右雙邊。版心上鑴書名,中鑴卷次,下鑴"汲古閣"。

館藏信息: East Asian Library(Gest):Rare Books:TC308/3480

1163

基本著錄: **西溪叢語:[二卷]**

(Xi xi cong yu:[er juan])

(宋)姚寬

明萬曆間(即 1573—1620)商浚半野堂本

一函四册;26 公分

相關責任者: (宋)姚寬(Yao Kuan),1105—1162;(明)商浚(Shang Jun),刻

附　注: 卷分上下。

框 20.4×14.2 公分,9 行 20 字,白口,四周單邊,單黑魚尾。版心上鑴書名,中鑴卷次。

館藏信息: East Asian Library(Gest):Rare Books:TC308/3466

1164

基本著錄： **野客叢書：三十卷，附錄**

（Ye ke cong shu：san shi juan，fu lu）

（宋）王楙

明萬曆間（即1573—1620）商浚半野堂本

兩函十二冊；26公分

相關責任者： （宋）王楙（Wang Mao），1151—1213；（明）商浚（Shang Jun），刻

附　　注： 框21.2×14.3公分，9行20字，白口，四周單邊，單黑魚尾。版心上鐫書名，中鐫卷次。

館藏信息： East Asian Library（Gest）：Rare Books：TC308/3464

1165

基本著錄： **丹鉛總錄：二十七卷**

（Dan qian zong lu：er shi qi juan）

（明）楊慎著集；（明）梁佐校刊

明嘉靖甲寅［33年，1554］梁佐本

兩函八冊；29公分

館藏本有殘缺：有手抄配補。

相關責任者： （明）楊慎（Yang Shen），1488—1559，著集；（明）梁佐（Liang Zuo），校刊

附　　注： 明嘉靖三十三年（1554）梁佐《前序》及趙文同《後序》言刻書事。

《後序》後有墨筆書“甲子年棱伽山民觀”。

框22.1×16.4公分，11行25字，白口，四周雙邊，單黑魚尾。版心上鐫書名，中鐫卷次。

鈐“汪氏傳書樓珍庋書畫印”印記。

館藏信息： East Asian Library（Gest）：Rare Books：TC318/591Q

1166

基本著錄： **丹鉛總錄：二十七卷**

（Dan qian zong lu：er shi qi juan）

（明）楊慎著集

明隆慶間(即 1567—1572)凌雲翼、黃思近本

兩函十冊;27 公分

館藏本有殘缺;有手抄配補。

相關責任者： （明）楊慎（Yang Shen），1488—1559，著集；（明）凌雲翼（Ling Yun yi），刻；（明）黃思近（Huang Sijin），刻

附 注： 未署年楊一魁《重刻丹鉛總錄》言刻書事。

框 19.8 × 14.8 公分,10 行 20 字,白口,四周雙邊,單黑魚尾。版心上鐫書名及卷次。

佚名墨筆圈點。

館藏信息： East Asian Library(Gest);Rare Books;TC318/859

1167

基本著錄： **論衡：三十卷**

（Lun heng；san shi juan）

（東漢）王充著；（明）劉光斗評；（明）閻光表訂

明天啓丙寅[6 年,1626]閻光表本

兩函十二冊;27 公分

相關責任者： （東漢）王充（Wang Chong），27—97，著；（明）劉光斗（Liu Guang-dou），評；（明）閻光表（Yan Guangbiao），訂

附 注： 明天啓六年(1626)閻光表《序》言刻書事。

框 20.9 × 14.6 公分,9 行 20 字,白口,四周單邊,單黑魚尾。版心上鐫書名,中鐫卷次。眉欄鐫評,行間圈點。

佚名朱筆圈點,墨筆眉評。

卷首鈐"曾存上海李心菴處"印。

館藏信息： East Asian Library(Gest);Rare Books;TC318/608

1168

基本著錄： **論衡：三十卷**

（Lun heng；san shi juan）

（東漢）王充著；（明）錢震瀧閱

明間(約 1621—1644)錢震瀧本

一函四冊;27 公分

相關責任者： （東漢）王充（Wang Chong），27—97，著；（明）錢震瀧（Qian Zhen-
long），進士 1631，閱；（清）甘鵬雲（Gan Pengyun），生年 1861，收藏

附　　注： 版本據風格。

框 20×14.4 公分，9 行 20 字，白口，左右雙邊，單白魚尾。版心上鐫
書名，中鐫卷次，書內鐫圈點。

鈐"潛廬藏過"及"崇雅堂藏書"印記。

館藏信息： East Asian Library（Gest）：Rare Books：TC318/1539

1169

基本著錄： **風俗通義：十卷**

（Feng su tongyi：shi juan）

（東漢）應劭撰；（明）程榮校

明萬曆間（即 1573—1620）程榮本

一函四冊；27 公分

相關責任者： （東漢）應劭（Ying Shao），約 153—196，撰；（明）程榮（Cheng
Rong），校

附　　注： 卷首有應劭《序》言刻書事。

框 20×14.2 公分，9 行 20 字，白口，左右雙邊，單白魚尾。版心上鐫
書名，中鐫卷次，下偶鐫刻工。

館藏信息： East Asian Library（Gest）：Rare Books：TC308/3867

1170

基本著錄： **夢溪筆談：二十六卷. 補筆談：三卷. 續筆談.**

子目：

夢溪筆談：二十六卷

（Meng xi bi tan：er shi liu juan）

（宋）沈括

補筆談：三卷

（Bu bi tan：san juan）

（宋）沈括

續筆談

（Xu bi tan）

（宋）沈括

明崇禎辛未［4 年,1631］馬元調本

一函四册;25 公分

相關責任者： （宋）沈括（Shen Kuo）,1031—1095;（明）馬元調（Ma Yuandiao）,刻

附　　注： 封面鐫“三槐堂藏板”。

明崇禎四年（1631）馬元調《序》言重刻書事。

框 18.8×12.9 公分,9 行 18 字,白口,左右雙邊。版心中鐫“筆談”

及卷次。

《續筆談》有墨筆圈點。

鈐“侯官許氏味青齋藏書”“醉經窩王氏藏書”印記。

館藏信息： East Asian Library（Gest）:Rare Books:TC308/136

1171

基本著録： **墨莊漫録:十卷**

（Mo Zhuang man lu:shi juan）

（宋）張邦基著;（明）商濬校

明萬曆間（即 1573—1620）商濬半野堂本

一函四册;27 公分

相關責任者： （宋）張邦基（Zhang Bangji）,活動期 12 世紀,著;（明）商濬（Shang

Jun）,校

附　　注： 框 20×14.3 公分,9 行 20 字,白口,四周單邊,單黑魚尾。版心上鐫

書名,中鐫卷次。

館藏信息： East Asian Library（Gest）:Rare Books:TC308/3597

1172

基本著録： **螢雪叢説:［二卷］.許彥周詩話.後山居士詩話.孫公談圃:［三卷］.**

子目:

螢雪叢説:［二卷］

（Ying xue cong shuo:［er juan］）

（宋）俞成撰

許彥周詩話

（Xu Yanzhou shi hua）

（宋）許顗

後山居士詩話

（Houshanjushi shi hua）

（宋）陳師道

孫公談圃：[三卷]

（Sun gong tan pu：[san juan]）

（宋）孫升

明萬曆間（即 1573—1620）商濬半野堂本

一函四冊；26 公分.

相關責任者： （宋）俞成（Yu Cheng），撰；（宋）許顗（Xu Yi）；（宋）陳師道（Chen Shidao），1053—1102；（宋）孫升（Sun Sheng）；（明）商濬（Shang Jun），刻

附　　注： 《螢雪叢說》卷分上下，《孫公談圃》卷分上中下。

框（《螢雪叢說》）21.6×14.3 公分，9 行 20 字，白口，四周單邊，單黑魚尾。版心上鐫書名，中鐫卷次。

館藏信息： East Asian Library（Gest）：Rare Books：TC308/3465

1173

基本著錄： **燕泉何先生餘冬序錄：六十五卷**

（Yanquan He xian sheng yu dong xu lu：liu shi wu juan）

（明）黃齊賢，（明）張汝賢重刻

明萬曆甲申[12 年，1584]湖南省黃齊賢、張汝賢本

兩函十三冊；29 公分

相關責任者： （明）黃齊賢（Huang Qixian），重刻；（明）張汝賢（Zhang Ruxian），重刻；（明）何孟春（He Mengchun），1474—1536；（清）沈德壽（Shen Deshou），收藏

附　　注： 明萬曆十二年（1584）楊可大《餘冬序錄序》言刻書事。

框 20.1×14.2 公分，11 行 21 字，白口，左右雙邊，單黑魚尾。版心中鐫“序錄”及卷次。

佚名朱筆圈點。

鈐“吳興抱經樓藏”“抱經樓藏書印”“沈印德壽”等印。

館藏信息： East Asian Library（Gest）：Rare Books：TC308/656Q

1174

基本著録： 升菴外集：一百卷

（Sheng'an wai ji：yi bai juan）

（明）楊慎著；（明）焦竑編；（明）顧起元校

明萬曆丁巳［45 年，1617］顧起元、汪煇本

四函三十二册；25 公分

相關責任者： （明）楊慎（Yang Shen），1488—1559，著；（明）焦竑（Jiao Hong），

1541—1620，編；（明）顧起元（Gu Qiyuan），1565—1628，校；（明）汪

煇（Wang Hui），刻

附　　注： 《目録》前有明萬曆四十五年（1617）焦竑《識語》言刻書事。

"慎"字缺末筆。

框 20.8×15.1 公分，10 行 20 字，白口，左右雙邊，單黑魚尾。版心

上鎸"外集"及卷次，中鎸卷名。

館藏信息： East Asian Library（Gest）：Rare Books：TC348/2425

1175

基本著録： 穀山筆麈：十八卷

（Gushan bi zhu：shi ba juan）

（明）于慎行著；（明）郭應寵編次；（明）于緯校梓

明萬曆癸丑［41 年，1613］于緯本

一函十六册；25 公分

相關責任者： （明）于慎行（Yu Shenxing），1545—1608，著；（明）郭應寵（Guo Ying-

chong），編次；（明）于緯（Yu Wei），校梓

附　　注： 《目録》後明萬曆四十一年（1613）郭應寵《識語》言及刻書緣起。

框 18.4×14.3 公分，9 行 18 字，白口，四周單邊，單黑魚尾。版心上

鎸"筆麈"，中鎸卷次。

館藏信息： East Asian Library（Gest）：Rare Books：TC308/3836

1176

基本著録： 群譚採餘：十卷

（Qun tan cai yu：shi juan）

（明）倪縮纂輯；（明）孫範重訂

明萬曆壬辰［20年，1592］倪思益本

四函三十册；29公分

相關責任者： （明）倪縮（Ni Wan），纂輯；（明）孫範（Sun Fan），重訂；（明）倪思益（Ni Siyi），刻

附　　注： 未署年《群談採餘序》等序。

明萬曆二十年（1592）倪思益《跋》言刻書事。

此本與MHVO01—B272同版，但卷端爲補版（與哈佛燕京圖書館複本同）。"孫范重訂"爲後人重加。

框19.3×12.3公分，9行21字，白口，四周雙邊，單黑魚尾。版心上鐫"群談"及卷次，中鐫類名。

館藏信息： East Asian Library（Gest）：Rare Books：TC318/235Q

1177

基本著録： **詹氏性理小辨：［六十四卷］**

（Zhan shi xing li xiao bian：［liu shi si juan］）

（明）詹景鳳著；（明）朱維藩訂；（明）王元貞校

明萬曆間（約1596—1620）本

兩函十二册：圖；27公分

館藏本有殘缺：存卷十四。

相關責任者： （明）詹景鳳（Zhan Jingfeng），1519—1602，著；（明）朱維藩（Zhu Wei-fan），訂；（明）王元貞（Wang Yuanzhen），校

附　　注： 明萬曆二十四年（1596）王元貞《詹詮部小辨叙》。

框20×14.4公分，10行20字，白口，左右雙邊，單黑魚尾。版心上鐫"詹氏小辨"，中鐫卷次。

館藏信息： East Asian Library（Gest）：Rare Books：TC308/1763

1178

基本著録： **明辨類函：六十四卷**

（Ming bian lei han：liu shi si juan）

（明）詹景鳳著；（明）朱維藩訂；（明）鍾惺校

明萬曆間（約1596—1620）本

兩函二十四册;26 公分

相關責任者： （明）詹景鳳（Zhan Jingfeng），1519—1602，著；（明）朱維藩（Zhu Wei-

fan），訂；（明）鍾惺（Zhong Xing），1574—1625，校

附　　注： 明崇禎五年（1632）張溥《序》言刻書事。

是書實爲明萬曆間所刻《詹氏性理小辨》，序及卷端均經剜改。

版本參見 NJPX95 – B3568。

框 20.4 × 14.1 公分，10 行 20 字，白口，左右雙邊，單黑魚尾。版心

上鐫書名，中鐫卷次。

館藏信息： East Asian Library（Gest）：Rare Books：TC308/2924

1179

基本著録： 焦氏筆乘：六卷. 焦氏筆乘續集：八卷.

子目：

焦氏筆乘：六卷

（Jiao shi bi sheng：liu juan）

（明）焦竑輯；（明）謝與棟，（明）焦尊生校

焦氏筆乘續集：八卷

（Jiao shi bi sheng xu ji：ba juan）

（明）焦竑輯；（明）謝與棟，（明）焦尊生校

明萬曆丙午［34 年,1606］謝與棟本

兩函十册;27 公分

相關責任者： （明）焦竑（Jiao Hong），1541—1620，輯；（明）謝與棟（Xie Yudong），

校；（明）焦尊生（Jiao Zunsheng），校

附　　注： 明萬曆三十四年（1606）顧起元《澹園先生正續筆乘序》言謝氏刻

書事。

框 20.3 × 14.1 公分，9 行 19 字，白口，四周單邊，單黑魚尾。版心上

鐫書名，中鐫卷次。

佚名朱筆圈點。

館藏信息： East Asian Library（Gest）：Rare Books：TC308/2828

1180

基本著録： 千一疏：二十一卷

（Qian yi shu：er shi yi juan）

（明）程涓著

明間（約 1607—1644）本

一函六册；27 公分

相關責任者：　（明）程涓（Cheng Juan），著

附　　注：　明萬曆三十五年（1607）范槲《跋》言"…… 公將謀梓於閩 ……"。

框 20×13.7 公分，9 行 22 字，白口，四周單邊，單黑魚尾。版心上鐫書名，中鐫卷次。

佚名朱筆圈點。

館藏信息：　East Asian Library（Gest）：Rare Books：TC368/1237

1181

基本著録：　**天都載：六卷**

（Tian du zai：liu juan）

（明）馬大壯撰；（明）顧起元等校

明萬曆間（約 1611—1620）馬氏本

一函六册；28 公分

相關責任者：　（明）馬大壯（Ma Dazhuang），撰；（明）顧起元（Gu Qiyuan），1565—1628，校

附　　注：　封面鐫"顧太史天都載馬氏家藏"。

未署年馬大壯《自敍》言刻書事。

明萬曆三十九年（1611）李維楨《序》。

清道光二十九年（1849）秋九月玉澀抄補。

框 21.8×12.1 公分，8 行 20 字，白口，四周單邊，單白魚尾。版心上鐫書名，中鐫卷次。

鈐"草萱堂""孫氏珍藏"印。

館藏信息：　East Asian Library（Gest）：Rare Books：TC308/363

1182

基本著録：　**湧幢小品：三十二卷**

（Yong chuang xiao pin：san shi er juan）

（明）朱國禎輯

明天啓壬戌[2年,1622]朱國禎本

四函十六册;26公分

相關責任者： （明）朱國禎（Zhu Guozhen）,1557—1632,輯

附　　注： 原有明天啓二年（1622）朱國禎《跋》提刻書事,此本已佚。

框21×15公分,9行20字,白口,左右雙邊,單黑魚尾。版心上鎸書名,中鎸卷次。

封面鎸"朱府藏板"。

館藏信息： East Asian Library（Gest）:Rare Books:TC308/2600

1183

基本著録： **梅花渡異林:十卷**

（Mei hua du yi lin:shi juan）

（明）支允堅纂

明間（約1634—1644）本

一函十册;27公分

相關責任者： （明）支允堅（Zhi Yunjian）,纂

附　　注： 明崇禎七年（1634）支允堅《自引》言著書事。

框20.9×13.9公分,8行20字,白口,左右雙邊,單黑魚尾。版心上鎸"異林",中鎸卷次及卷名,下鎸"梅花渡"。

佚名墨筆圈點。

鈐"慈谿李氏藏書"印記。

館藏信息： East Asian Library（Gest）:Rare Books:TC318/893

1184

基本著録： **自警編:[九卷]**

（Zi jing bian:[jiu juan]）

（宋）趙善璙輯

明嘉靖乙巳[24年,1545]唐曜本

兩函十册;31公分

館藏本有殘缺:缺卷九。

相關責任者： （宋）趙善璙（Zhao Shanliao）,輯;（明）唐曜（Tang Yao）,刻

附　　注： 附《自警編名臣録》。

著者據宋嘉定十七年(1224)正月望漢國趙善璙《序》。

框22.6×14.6公分,10行21字,黑口,四周雙邊,三黑魚尾。版心中鐫書名及卷次。

館藏信息: East Asian Library(Gest):Rare Books:TC328/344Q

1185

基本著錄: **百家類纂:四十卷**

(Bai jia lei zuan:si shi juan)

(明)沈津纂輯

明隆慶丁卯[元年,1567]含山縣儒學訓導署本

六函四十冊;26公分

館藏本有殘缺:卷三爲手抄配補。

相關責任者: (明)沈津(Shen Jin),活動期16世紀,纂輯

附　注: 明隆慶元年(1567)張思忠《刻百家類纂叙》等序跋。

框19.1×14.8公分,11行22字,白口,左右雙邊,單白魚尾。版心上鐫書名,中鐫卷次。

館藏信息: East Asian Library(Gest):Rare Books:TC328/772

1186

基本著錄: **新刊翟會元全補子史論策標題會海捷要:二十九卷**

(Xin kan Zhai hui yuan quan bu zi shi lun ce biao ti hui hai jie yao:er shi jiu juan)

(明)翟景淳校補;(明)陳素蘊原編

明隆慶己巳[3年,1569]鄭子明本

四函二十四冊;28公分

相關責任者: (明)翟景淳(Zhai Jingchun),校補;(明)陳素蘊(Chen Suyun),原編;(明)鄭子明(Zheng Ziming),刻

附　注: 卷首又題"……建邑雲亭鄭子明重梓"。

卷二十九後有牌記,内鐫"皇明隆慶己巳歲仲春月穀旦書林鄭雲亭梓……"。

框17.7×12.4公分,兩節板,上節14行8字,下節14行20字,白口,四周單邊,雙黑魚尾。版心上鐫"子史標題捷要",中鐫卷名及

卷次。

朱筆圈點。

館藏信息： East Asian Library (Gest)：Rare Books：TC328/1899

1187

基本著録： **金陵新刻吳文臺警喻録：四卷**

（Jinling xin ke Wu Wentai jing yu lu：si juan）

（明）吳仕期編；（明）吳叔序校；（明）唐廷仁梓

明萬曆癸酉［元年，1573］金陵唐廷仁本

一函四册；26 公分

相關責任者： （明）吳仕期（Wu Shiqi），編；（明）吳叔序（Wu Shuxu），校；（明）唐廷仁（Tang Tingren），梓

附　注： 明萬曆元年（1573）吳仕期《小引》言著書事。

封面鐫"宛陵吳文臺批選警喻録　金陵龍泉唐廷仁梓"。

萬曆元年（1573）吳叔序《題識》。

卷四後有牌記，鐫"萬曆元年金陵龍泉梓"。

框 20.2×14.1 公分，10 行 20 字，白口，四周雙邊，單黑魚尾。版心上鐫"警喻録"，中鐫卷次，下鐫刻工。

館藏信息： East Asian Library (Gest)：Rare Books：TC328/3989

1188

基本著録： **焦氏類林：八卷**

（Jiao shi lei lin：ba juan）

（明）焦竑輯；（明）王元貞校

明萬曆丁亥［15 年，1587］王元貞本

一函十册；27 公分

相關責任者： （明）焦竑（Jiao Hong），1541—1620，輯；（明）王元貞（Wang Yuanzhen），校

附　注： BCUO94—B4602 有明萬曆十五年（1587）王元貞《焦氏類林序》言刻書事。

框 20.2×13.7 公分，10 行 20 字，白口，左右雙邊，單黑魚尾。版心上鐫書名，中鐫卷次。

墨筆圈點,眉欄有墨筆眉批。

館藏信息: East Asian Library(Gest):Rare Books:TC328/2713

1189

基本著錄: **諸子品節:五十卷**

(Zhu zi pin jie:wu shi juan)

(明)陳深撰

明萬曆間(約1591—1620)本

四函二十四册;27公分

相關責任者: (明)陳深(Chen Shen),舉人1525,撰

附　　注: 著者據明萬曆十九年(1591)陳深《序》。

框22.4×15.9公分,兩節欄,上欄字不等,下欄9行20字,白口,四周單邊,單白魚尾。版心上鐫書名,中鐫卷次。

佚名朱墨筆圈點及眉批。

館藏信息: East Asian Library(Gest):Rare Books:TC328/1202

1190

基本著錄: **諸經品節:二十卷**

(Zhu jing pin jie:er shi juan)

(明)楊起元注評

明萬曆間(約1594—1620)周宗孔本

四函二十四册;30公分

相關責任者: (明)楊起元(Yang Qiyuan),1547—1599,注評;(明)周宗孔(Zhou Zongkong),刻

附　　注: 明萬曆二十二年(1594)敖文禎《叙》言著書事。

《目錄》後題"……秣陵竹潭周宗孔校梓"。

框21.9×14.7公分,9行20字,小字雙行同,白口,四周單邊,單黑魚尾。版心上鐫篇名,中鐫卷次。眉欄鐫評。

館藏信息: East Asian Library(Gest):Rare Books:TC328/628Q

1191

基本著錄: ［新刻批評選要文錦］

（[Xin ke pi ping xuan yao wen jin]）

（明）況上進選;（明）趙廷相校

明間（約 1573—1644）本

一函十六册;27 公分

相關責任者: （明）況上進（Kuang Shangjin）,進士 1589,選;（明）趙廷相（Zhao Tingxiang）,校

附　　注: 書名本館擬定。

書分“新刻批評史記（前漢書、後漢書、戰國策、韓非子）選要文錦”等五種,各種不分卷。

框 20×13.4 公分,10 行 20 字,白口,四周單邊,單黑魚尾。版心上鐫書名。眉欄及行間鐫評語。

館藏信息: East Asian Library（Gest）:Rare Books:TC328/3930

1192

基本著録: **新刊君子亭群書摘草:五卷**

（Xin kan jun zi ting qun shu zhai cao:wu juan）

（明）王國賓纂集

明萬曆間（即 1573—1620）本

兩函十六册;26 公分

相關責任者: （明）王國賓（Wang Guobin）,纂集

附　　注: 無序跋。

版本據風格。

框 19.6×14 公分,8 行 18 字,白口,四周單邊,單白魚尾。版心上鐫“君子亭摘要”,中鐫篇名。

佚名朱墨筆圈點。

館藏信息: East Asian Library（Gest）:Rare Books:TC328/2449

1193

基本著録: **初潭記:三十卷**

（Chu tan ji:san shi juan）

（明）李贄著

明間（約 1573—1644）本

江隣幾雜志

(Jiang Linji za zhi)

(宋)江休復撰

明萬曆間(即 1573—1620)商浚半野堂本

一函四册;27 公分

館藏本有殘缺:有手抄配補。

相關責任者: (宋)郭象(Guo Tuan),12 世紀,著;(宋)趙令畤(Zhao Lingzhi),著;
(宋)陳世崇(Chen Shichong),1245—1308,著;(元)蔣正子(Jiang Zhengzi),著;(宋)江休復(Jiang Xiufu),1005—1060,撰;(明)商浚(Shang Jun),刻

附　注: 《睽車志》卷端又題"明會稽商氏半埜堂校刊"。
框 20.3×14.1 公分,9 行 20 字,小字雙行同,白口,四周單邊,單黑魚尾。版心上鐫書名,中鐫卷次。

館藏信息: East Asian Library(Gest):Rare Books:TC328/3732

1214

基本著錄: **鐵網珊瑚:二十卷**

(Tie wang shan hu:er shi juan)

(明)都穆

清乾隆戊寅[23 年,1758]都肇斌本

一函六册;24 公分

相關責任者: (明)都穆(Du Mu),1459—1525;(清)都肇斌(Du Zhaobin),刻

附　注: 清乾隆二十三年(1758)沈德潛《鐵網珊瑚序》言都肇斌刻書事。
"弘"字缺末筆。
框 16.9×13.3 公分,10 行 22 字,白口,左右雙邊,單黑魚尾。版心上鐫書名,中鐫卷次。

館藏信息: Marquand Library(SAX):Rare Books:N7340. T8

1215

基本著錄: **鐵網珊瑚:二十卷**

(Tie wang shan hu:er shi juan)

(明)都穆

清乾隆戊寅[23年,1758]都肇斌本

一函四册;25公分

相關責任者: (明)都穆(Du Mu),1459—1525;(清)都肇斌(Du Zhaobin),刻

附　　注: 清乾隆二十三年(1758)沈德潛《鐵網珊瑚序》言都肇斌刻書事。

"弘"字缺末筆。

框16.9×13.3公分,10行22字,白口,左右雙邊,單黑魚尾。版心上鐫書名,中鐫卷次。

館藏信息: Annex A,Forrestal:6137/4222

1216

基本著錄: **八行圖說**

(Ba xing tu shuo)

[(明)沈鯉輯;(清)任懋謙校定]

清康熙丁丑[36年,1697]任懋謙本

一函兩册:圖;27公分

相關責任者: (明)沈鯉(Shen Li),1531—1615,輯;(清)任懋謙(Ren Maoqian),校定

附　　注: 書不分卷,以孝、弟、忠、信、禮、義、廉、恥分爲八類。

編輯者據任懋謙《序》。

清康熙三十六年(1697)任懋謙《重刊八行圖說序》言刻書事。

框20.4×14.9公分,9行17字,白口,四周雙邊,單黑魚尾。版心上鐫書名,中鐫類名。

館藏信息: East Asian Library(Gest):Rare Books:TC308/012. zckg

1217

基本著錄: **新刻宜齋野乘**

(Xin ke Yi zhai ye cheng)

(宋)吳枋著;(明)胡文煥校

明萬曆間(即1573—1620)胡文煥本

一册;28公分

相關責任者: (宋)吳枋(Wu Fang),著;(明)胡文煥(Hu Wenhuan),校

附　　注: 卷端題"江陰吳枋著　錢唐胡文煥德甫校"。

館藏信息： East Asian Library(Gest)：Rare Books：T9100/4852 vol.5(1)

1222

基本著録： **新刻寶貨辨疑**

(Xin ke Bao huo bian yi)

(明)胡文煥校

明萬曆間(即 1573—1620)胡文煥本

一册;28 公分

相關責任者： (明)胡文煥(Hu Wenhuan),校

附　注： 卷端題"錢唐胡文煥德甫校"。

框 18.9×14.1 公分,10 行 20 字,白口,左右雙邊,雙白魚尾。版心上鎸"寶貨辨疑全"。

與《新刻洞天清錄》等同册同函。

館藏信息： East Asian Library(Gest)：Rare Books：T9100/4852 vol.8(2)

1223

基本著録： **新刻天地萬物造化論**

(Xin ke Tian di wan wu zao hua lun)

(宋)王栢撰;(宋)周顒注;(明)胡文煥校

明萬曆間(即 1573—1620)胡文煥本

一册;28 公分

相關責任者： (宋)王栢(Wang Bai),1197—1274,撰;(宋)周顒(Zhou Yong),注;(明)胡文煥(Hu Wenhuan),校

附　注： 卷端題"魯齋王栢撰　廬陵後學周顒註　錢唐胡文煥校"。

王栢,亦作王柏。

周顒《天地萬物造化論序》及吳文度《造化論跋》均未署年月。

框 19.7×14.2 公分,10 行 20 字,白口,左右雙邊,雙白魚尾。版心上鎸"造化論全"。

與《新刻事物異名》等同册同函。

館藏信息： East Asian Library(Gest)：Rare Books：T9100/4852 vol.6(1)

1224

基本著錄：　　　**新刻三餘贅筆**

（Xin ke san yu zhui bi）

（明）都卬著；（明）胡文焕校

明萬曆間（即 1573—1620）胡文焕本

一册；28 公分

相關責任者：　　（明）都卬（Du Ang），著；（明）胡文焕（Hu Wenhuan），校

附　　　注：　　卷端題"吴郡都卬著　錢唐胡文焕校"。

框 19.6×14.3 公分，10 行 20 字，白口，左右雙邊，雙白魚尾。版心

上鐫"三餘贅筆全"。

館藏信息：　　　East Asian Library（Gest）：Rare Books：T9100/4852 vol. 9（3）

1225

基本著錄：　　　**新刻袖中錦**

（Xin ke xiu zhong jin）

（宋）太平老人撰；（明）全庵道人校

明萬曆間（即 1573—1620）胡文焕本

一册；28 公分

相關責任者：　　（宋）太平老人（Taipinglaoren），撰；（明）全庵道人（Quanandaoren），

校

附　　　注：　　卷端題"太平老人撰　全菴道人校"。

框 19.6×14.1 公分，10 行 20 字，白口，左右雙邊，雙白魚尾。版心

上鐫"袖中錦"。

與《新刻洞天清錄》等同册同函。

館藏信息：　　　East Asian Library（Gest）：Rare Books：T9100/4852 vol. 8（3）

1226

基本著錄：　　　**新刻聽雨紀談**

（Xin ke Ting yu ji tan）

（明）都穆著；（明）胡文焕校

明萬曆間（即 1573—1620）胡文焕本

一册;28 公分

相關責任者: (明)都穆(Du Mu),1459—1525,著;(明)胡文焕(Hu,Wenhuan),校

附　　注: 卷端題"吴郡都穆著　錢唐胡文焕校"。

框 19.3 × 14.2 公分,10 行 20 字,白口,左右雙邊,雙白魚尾。版心上鐫"聽雨紀談全"。

與《新刻芥隱筆記》等同册同函。

館藏信息: East Asian Library(Gest):Rare Books:T9100/4852 vol.9(4)

1227

基本著録: **新刻戴氏鼠璞:[二卷]**

(Xin ke Dai shi shu pu:[er juan])

(宋)戴埴著;(明)胡文焕校

明萬曆間(即 1573—1620)胡文焕本

一册;28 公分

相關責任者: (宋)戴埴(Dai Zhi),著;(明)胡文焕(Hu Wenhuan),校

附　　注: 卷分上下。

卷端題"桃源戴埴仲培著　錢唐胡文焕德父校"。

框 19.8 × 14 公分,10 行 20 字,白口,左右雙邊,雙白魚尾。版心上鐫"戴氏鼠璞"及卷数。

與《新刻資暇集》等同册同函。

館藏信息: East Asian Library(Gest):Rare Books:T9100/4852 vol.9(3)

1228

基本著録: **新刻芥隱筆記**

(Xin ke Jie yin bi ji)

[(宋)龔頤正撰];(明)胡文焕校

明萬曆間(即 1573—1620)胡文焕本

一册;28 公分

相關責任者: (宋)龔頤正(Gong Yizheng),撰;(明)胡文焕(Hu Wenhuan),校

附　　注: 卷端題"錢唐胡文焕德甫校"。

框 19.6 × 13.8 公分,10 行 20 字,白口,左右雙邊,雙白魚尾。版心上鐫"芥隱筆記全"。

與《新刻宜齋野乘》等合函。

館藏信息： East Asian Library（Gest）：Rare Books：T9100/4852 vol. 9（1）

1229

基本著録：　**新刻香譜：［二卷］**

（Xin ke Xiang pu：［er juan］）

（宋）洪芻集；（明）胡文煥校

明萬曆間（即 1573—1620）胡文煥本

一册；28 公分

相關責任者：　（宋）洪芻（Hong Chu），進士 1094，集；（明）胡文煥（Hu Wenhuan），校

附　　注：　卷端題"洪芻集　錢唐胡文煥校"。

框 19.5×14 公分，10 行 20 字，白口，左右雙邊，雙白魚尾。版心上鐫"香譜卷上""香譜卷下"。

與《新刻洞天清録》等同册同函。

館藏信息：　East Asian Library（Gest）：Rare Books：T9100/4852 vol. 8（4）

1230

基本著録：　**庸行編：八卷**

（Yong xing bian：ba juan）

（清）史典原輯；（清）牟允中參補；（清）尚朝柱校梓

清康熙辛未［30 年，1691］澹寧堂本

一函八册；26 公分

相關責任者：　（清）史典（Shi Dian），原輯；（清）牟元中（Mou Yunzhong），參補；（清）尚朝柱（Shang Chaozhu），校梓

附　　注：　封面鐫"澹寧堂藏板"。

清康熙三十年（1691）葛震《刻庸行編叙》言刻書事。

框 20.3×14.4 公分，9 行 21 字，白口，四周單邊，單黑魚尾。版心上鐫書名，中鐫卷次及篇名，下鐫"澹寧堂"。

館藏信息：　RECAP：East Asian Library use only：C348/3545

1231

基本著錄： **增定雅俗稽言:四十卷**

(Zeng ding ya su ji yan;si shi juan)

(明)張見其著;[張斯侗等校訂]

清康熙間(即1662—1722)本

一函十二册;25公分

相關責任者： (明)張見其(Zhang Jianqi),著;張斯侗(Zhang Sitong),校訂

附　注： 框20×13.6公分,10行21字,白口,四周單邊,單黑魚尾。版心上

鐫"雅俗稽言",中鐫卷次。

與 CHHR99—B240 同版。本館藏書卷端校訂者剜掉。

館藏信息： RECAP:East Asian Library use only:C348/3026

1232

基本著錄： **分甘餘話:四卷**

(Fen gan yu hua;si juan)

(清)漁洋老人漫筆

清康熙間(約1709—1722)本

兩册;27公分

相關責任者： (清)王士禎(Wang Shizhen),1634—1711,漫筆

附　注： 卷末題"姪孫兆秉敬書"。

清康熙四十八年(1709)王士禎《序分甘餘話》。

框16.3×13.2公分,10行19字,黑口,左右雙邊,單黑魚尾。版心

中鐫書名及卷次。

館藏信息： Annex A,Forrestal:9155/1143.4

1233

基本著錄： **玉芝堂談薈:三十六卷**

(Yu zhi tang tan hui;san shi liu juan)

(明)徐應秋輯

清康熙癸未[42年,1703]補刻靳治荆本

二十册;24公分

相關責任者: （明）徐應秋（Xu Yingqiu），進士 1616，輯；（清）靳治荆（Jin Zhijing），補刻

附　　注: 徐應秋《玉芝堂談薈小序》署"徐應秋書於蕑園"。徐應秋 1616 年進士，之後在閩任職。書中序作者張燮卒於 1640 年。

清康熙四十二年（1703）靳治荆《補刻談薈叙》言刻書事"余又復得鏤本。蓋先生總藩閩省刻成是書。故其書之行自閩而始，版則仍歸於衙也"，"爰購棗梨，屬梓人照式鋟補，仍將原本誤刻之處標出"。序後有補校卷次葉碼表。

框 18.7×14.7 公分，9 行 19 字，白口，四周單邊，單黑魚尾。版心上鐫"談薈"，中鐫卷次。

館藏信息: East Asian Library（Gest）：Rare Books：TC328/1251

類書類

1234

基本著錄: 尚友錄：二十二卷，補遺

（Shang you lu：er shi er juan，bu yi）

（明）廖用賢編纂；（清）張伯琮補輯

清康熙間（約 1666—1722）本

兩函十二册；25 公分

相關責任者: （明）廖用賢（Liao Yongxian），編纂；（清）張伯琮（Zhang Bocong），補輯

附　　注: 清康熙五年（1666）陸求可《序》。

避"玄""弘"等字諱。

封面鐫"尚友錄　浙蘭五鳳樓藏板"。

卷末鐫"浙蘭林天禄齋藏板"。

框 17.3×13.8 公分，7 行 20 字，小字雙行，白口，四周單邊。版心上鐫書名，中鐫卷次及韻部名稱。

館藏信息: RECAP：East Asian Library use only：B117/864

又一部：RECAP：East Asian Library use only：T2258/0277

又一部：RECAP：East Asian Library use only：T2258/0277c. 2

1235

基本著錄： 藝文類聚：一百卷

（Yi wen lei ju；yi bai juan）

（唐）歐陽詢撰

明嘉靖丁亥—戊子［6—7 年，1527—1528］胡纘宗、陸采本

四函四十冊；29 公分

相關責任者： （唐）歐陽詢（Ouyang Xun），557—641，撰；（明）胡纘宗（Hu Zuan-zong），1480—1560，刻；（明）陸采（Lu Cai），1497—1537，刻；（明）章景華（Zhang Jinghua），刻

附　　注： 原有明嘉靖七年（1528）陸采《跋》言刻書事。

框 22.3×16 公分，14 行 28 字，白口，左右雙邊，單黑魚尾。版心中鐫"藝文"及卷次，下間鐫刻工。

館藏信息： East Asian Library（Gest）：Rare Books：TC348/289Q

1236

基本著錄： 藝文類聚：一百卷

（Yi wen lei ju；yi bai juan）

（唐）歐陽詢撰

明嘉靖己酉［28 年，1549］山西平陽府本

四函二十四冊；27 公分

相關責任者： （唐）歐陽詢（Ouyang Xun），557—641，撰

附　　注： 明嘉靖二十八年（1549）黃洪毗《重刻藝文類聚序》言刻書事。

框 22.5×15.9 公分，14 行 28 字，白口，左右雙邊，單黑魚尾。版心中鐫"藝文"及卷次。

館藏信息： East Asian Library（Gest）：Rare Books：TC348/140

1237

基本著錄： 册府元龜：一千卷

（Ce fu yuan gui；yi qian juan）

（明）李嗣京參閱；（明）文翔鳳訂正；（明）黃國琦較釋

明崇禎壬午［15 年，1642］黃國琦本

二十四函二百四十册;26 公分

相關責任者： （明）李嗣京（Li Sijing），進士 1628，參閱；（明）文翔鳳（Wen Xiang-feng），進士 1610，訂正；（明）黃國琦（Huang Guoqi），17 世紀，較釋；（清）黃九錫（Huang Jiuxi），進士 1655，重修；（宋）王欽若（Wang Qinruo），962—1025，撰修

附　注： 封面鐫"黃石公先生鑒定　册府元龜　五繡堂藏板"。

據黃國琦《册府元龜考據》，是書爲宋王欽若等奉敕撰修。

明崇禎十五年（1642）黃國琦《册府元龜序》及清康熙十一年（1672）黃九錫《後跋》言刻書及重修事。

框 19.4×14.5 公分，10 行 20 字，白口，四周單邊。版心上鐫書名及部類名稱，中鐫卷次。

館藏信息： East Asian Library（Gest）:Rare Books:TC348/615

1238

基本著錄： **册府元龜序論:三十六卷**

（Ce fu yuan gui xu lun:san shi liu juan）

（宋）王欽若，（宋）楊億著；（清）王泰徵等編

明崇禎甲申［17 年,1644］余元熹本

六函四十四册;25 公分

相關責任者： （宋）王欽若（Wang Qinruo），962—1025，著；（宋）楊億（Yang Yi），974—1020，著；（清）王泰徵（Wang Taizheng），編；（明）余元熹（Yu Yuantao），刻

附　注： 明崇禎十七年（1644）陳元綸《引》及余元熹《凡例》言刻書事。

框 21.1×12.1 公分，8 行 22 字，白口，四周單邊。版心上鐫"册府序論"，中鐫卷次及小題。

館藏信息： East Asian Library（Gest）:Rare Books:TC348/2460

1239

基本著錄： **册府元龜獨制:三十卷**

（Ce fu yuan gui du zhi:san shi juan）

（明）曹胤昌評選

明間（約 1620—1644）本

四函三十二冊;25 公分

相關責任者: (明)曹胤昌(Cao Yinchang),進士 1643,評選

附　　注: 未署年曹胤昌《序》。

版本據風格。

框 19.7×12.3 公分,9 行 22 字,白口,四周單邊。版本心上鐫書名,中鐫卷次及部類名。

館藏信息: East Asian Library(Gest):Rare Books:TC348/3763

1240

基本著錄: **玉海纂:二十二卷**

(Yu hai zuan:er shi er juan)

(明)劉鴻訓纂

清順治丁亥[4 年,1647]劉孔中本

四函三十二冊;27 公分

相關責任者: (明)劉鴻訓(Liu Hongxun),1561—1632,纂;(清)劉孔中(Liu Kong-zhong),刻;(明)王允明(Wang Yunming),梓

附　　注: 封面鐫"金閶王允明梓"。

清順治四年(1647)劉孔中《跋》言刻書事。

不避"玄"字諱。

框 21×15.2 公分,9 行 20 字,白口,四周單邊,單黑魚尾。版本心上鐫書名,中鐫卷次。

館藏信息: East Asian Library(Gest):Rare Books:TC348/3422

1241

基本著錄: **新刻重校增補圓機活法詩學全書:二十四卷**

(Xin ke chong jiao zeng bu yuan ji huo fa shi xue quan shu:er shi si juan)

(明)王世貞校正;(明)楊淙參閱;(明)唐謙校梓

明間(約 1573—1644)唐謙本

一函十四冊;27 公分

相關責任者: (明)王世貞(Wang Shizhen),1526—1590,校正;(明)楊淙(Yang Cong),參閱;(明)唐謙(Tang Qian),校梓

附　　注：　明萬曆間李衡《圓機詩學活法全書序》。

封面鎸"鬱岡山房訂　詩學圓機治法大成　玉光書屋"。

框 20.9×14.3 公分,12 行 25 字,白口,四周單邊,單黑魚尾。版心上鎸"圓機活法",中鎸門別及卷次。

館藏信息：　East Asian Library(Gest):Rare Books:TC348/1798

1242

基本著録：　**廣博物志:五十卷**

(Guang Bo wu zhi:wu shi juan)

(明)董斯張纂;(明)楊鶴訂

明萬曆間(約 1607—1620)吳興董氏高暉堂本

四函三十二册;26 公分

相關責任者：　(明)董斯張(Dong Sizhang),1586—1628,纂;(明)楊鶴(Yang He),進士 1604,訂;(明)蔣禮(Jiang Li),刻

附　　注：　封面鎸"乾隆辛巳冬鎸　高暉堂藏板"。

明萬曆三十五年(1607)《廣博物志序》。

框 20.6×15.3 公分,9 行 18 字,白口,四周單邊,單黑魚尾。版心上鎸書名,中鎸卷次,正文卷端版心下鎸"吳興蔣禮梓高暉堂"。

館藏信息：　East Asian Library(Gest):Rare Books:TC348/934

又一部:East Asian Library(Gest):Rare Books:TC348/933

1243

基本著録：　**竹香齋類書:三十七卷**

(Zhu xiang zhai lei shu:san shi qi juan)

(明)張墉摘次;(明)龔五譀參訂

明崇禎乙亥[8 年,1635]武林抱青閣本

兩函十册;26 公分

相關責任者：　(明)張墉(Zhang Yong),摘次;(明)龔五譀(Gong Wuying),參訂

附　　注：　封面鎸"乙亥新鎸""武林抱青閣梓行",并鈐"抱青閣藏板"印記。

明崇禎七年(1634)洪吉臣《叙》。

不避"玄"字諱。

框 20.4×14.8 公分,9 行 20 字,白口,四周單邊,單黑魚尾。版心中

鐫卷次及小題。

館藏信息： East Asian Library(Gest):Rare Books:TC348/2604

1244

基本著錄： 類海:十二卷

（Lei hai:shi er juan）

（明）桂啓芳彙輯;（明）姚敬等校

明崇禎間（即 1628—1644）本

兩函十二册;28 公分

相關責任者： （明）桂啓芳（Gui Qifang），進士 1631,彙輯;（明）姚敬（Yao Jing）,校

附　　注： 卷端及版心上均題"類海上"。

未署年姚敬《序》言刻書事。

避"玄"字諱。

框 21.3×13.8 公分,10 行 24 字,白口,四周單邊。版心上鐫"類海上"及卷次,下鐫小題。

館藏信息： East Asian Library(Gest):Rare Books:TC348/3421

1245

基本著錄： 欽定古今圖書集成:［一萬卷］,目錄四十卷

（Qin ding gu jin tu shu ji cheng:［yi wan juan］,mu lu si shi juan）

（清）蔣廷錫［等輯］

清雍正丙午［4 年,1726］北京内府本

五百零二函五千零二十册:圖;28 公分

相關責任者： （清）蔣廷錫（Jiang Tingxi）,1669—1732,輯

附　　注： 書名據《目錄》及原印題簽。

框 21.3×14.8 公分,9 行 20 字,白口,四周雙邊,單白魚尾。版心上鐫"古今圖書集成",中鐫内容名稱。

館藏信息： East Asian Library(Gest):Rare Books:TC348/1028Q

1246

基本著錄： 佩文韻府:一百六卷

（Pei wen yun fu:yi bai liu juan）

（清）張玉書彙閱；（清）蔡升元等纂修

清康熙間（即 1662—1722）本

二十函一百零四册；27 公分

相關責任者： （清）張玉書（Zhang Yushu），1642—1711，彙閱；（清）蔡升元（Cai Shengyuan），纂修；（清）英和（Yinghe），1771—1839，題記

附　　注： 避"玄"字諱。

朱格本。

框 23.2×16.3 公分，12 行 25 字，小字雙行同。

有清嘉慶五年（1800）英和題記。

有胡適題識一條。

鈐"樂賢堂記""煦齋新購"等印。

館藏信息： East Asian Library（Gest）：Rare Books：TA166/1091

1247

基本著錄： **佩文韻府：一百六卷**

（Pei wen yun fu：yi bai liu juan）

（清）張玉書等纂

清間（約 1711—1795）本

九十六册；22 公分

相關責任者： （清）張玉書（Zhang Yushu），1642—1711，纂

附　　注： 著者據《職名》。

清康熙五十年（1711）《御製佩文韻府序》。

是書爲翻刻内府本。

框 16.6×11.7 公分，12 行 26 字，小字雙行同，白口，四周雙邊，單黑魚尾。版心上鎸書名，中鎸卷次及韻部。

館藏信息： RECAP：East Asian Library use only：A166/1211

1248

基本著錄： **四六纂組：十卷**

（Si liu zuan zu：shi juan）

（清）胡吉豫輯述

清康熙己未［18 年，1679］西爽堂本

兩函十六冊;26 公分

相關責任者:	(清)胡吉豫(Hu Jiyu),輯述
附　　注:	封面鐫"西爽堂梓行"。

清康熙十八年(1679)胡吉豫《序》。

框 20.3×13.8 公分,9 行 22 字,白口,左右雙邊,單黑魚尾。版心上鐫書名,中鐫卷次及小題。

館藏信息:　　East Asian Library(Gest):Rare Books:TD73/3034

1249

基本著録:　　**典制類林:四卷**

(Dian zhi lei lin:si juan)

(清)唐式南編

清乾隆乙酉[30 年,1765]敬直堂本

一函四冊;25 公分

相關責任者:　　(清)唐式南(Tang Shinan),編;(清)張玉林(Zhang Yulin),刻

附　　注:　　封面鐫"乾隆乙酉鐫""敬直堂藏板"。

清乾隆三十年(1765)唐式南《序》,末鐫"江寧張玉林鐫"。

框 17.6×12.8 公分,9 行 25 字,小字雙行同,白口,左右雙邊,單黑魚尾。版心上鐫書名,中鐫卷次及小題。眉上鐫評。

館藏信息:　　RECAP:East Asian Library use only:A156/3553

1250

基本著録:　　**太史華句:八卷**

(Tai shi hua ju:ba juan)

(明)凌迪知輯;(明)[凌]稚隆校

明萬曆丁丑[5 年,1577]凌迪知本

一函六冊;25 公分

相關責任者:　　(明)凌迪知(Ling Dizhi),進士 1556,輯;(明)凌稚隆(Ling Zhi-long),校;(明)沈玄易(Shen Xuanyi),刻

附　　注:　　CHFR97—B275 明萬曆五年(1577)凌迪知《序》言刻書事。

據各家目録,知此爲《文林綺繡》零種,但本書内未找到依據。

框 18.5×13.1 公分,8 行 17 字,白口,左右雙邊,單黑魚尾。版心上

鐫書名,中鐫卷次,下鐫刻工,如《序》首葉"吳門沈玄易刻"。

館藏信息： East Asian Library(Gest)：Rare Books：TB137/573

1251

基本著録： **左國腴詞：八卷**

(Zuo Guo yu ci：ba juan)

(明)凌迪知輯；(明)閔一嵀校

明萬曆丙子[4年,1576]凌迪知本

一函四册；26公分

相關責任者： (明)凌迪知(Ling Dizhi),進士1556,輯；(明)閔一嵀(Min Yihe),16世紀,校

附　　注： 卷端題"吳興凌迪知稚哲輯　同郡閔一嵀聲甫校"。

明萬曆四年(1576)凌迪知《左國腴詞叙》提刻書事。

據各家目録,知此爲《文林綺繡》零種,但本書内未找到依據。

框19.5×12.9公分,8行17字,白口,左右雙邊,單黑魚尾。版心上鐫"左國腴詞",中鐫卷次,下書口有刻工,如卷一首葉"錢世英"。

鈐"錫山蕉綠草堂鄒氏書畫記"印記。

館藏信息： East Asian Library(Gest)：Rare Books：TB137/576

1252

基本著録： **八編類纂：二百八十五卷,卷首二卷**

(Ba bian lei zuan：er bai ba shi wu juan,juan shou er juan)

(明)陳仁錫編

明天啓間(約1626—1627)本

十函八十册：圖；26公分

本館藏本不完整：缺《序》首葉。

相關責任者： (明)陳仁錫(Chen Renxi),1581—1636,編

附　　注： 《目録》題"經世八編類纂"。

明天啓六年(1626)陳仁錫《序》。

框20.9×14.1公分,10行20字,小字雙行同,白口,四周單邊,單黑魚尾。版心上鐫書名,中鐫卷次及類別。

館藏信息： East Asian Library(Gest)：Rare Books：TC348/2942

1253

基本著錄： 初學記：三十卷

(Chu xue ji：san shi juan)

(唐)徐堅等撰

明嘉靖甲午[13年,1534]太原晉府虛益堂本

四函二十册;31公分

相關責任者： (唐)徐堅(Xu Jian),659—729,撰

附　　注： 明嘉靖十三年(1534)《晉藩重刻初學記引》書於"虛益堂"。

嘉靖十三年(1534)秦金《重刊初學記序》言刻書事。

框19.8×16.3公分,9行18字,黑口(除卷端),左右雙邊,單黑魚尾。版心上鐫"晉府重刊",中鐫書名及卷次。

館藏信息： East Asian Library(Gest)：Rare Books：TC348/558Q

1254

基本著錄： 初學記：三十卷

(Chu xue ji：san shi juan)

(唐)徐堅等撰;(明)陳大科校

明萬曆丁酉—戊戌[25—26年,1597—1598]陳大科本

一函六册;28公分

相關責任者： (唐)徐堅(Xu Jian),659—729,撰;(明)陳大科(Chen Dake),進士1571,校;(清)甘鵬雲(Gan Pengyun),生年1861,收藏

附　　注： 未署年陳大科《叙》。

《目錄》首葉第二行鐫"明萬曆丁酉長至日付梓訖工於明年上巳日……陳大科識"。丁酉爲萬曆二十五年(1597)。

框21×15.5公分,9行20字,白口,左右雙邊,單黑魚尾。版心上鐫書名,中鐫卷次。

館藏信息： East Asian Library(Gest)：Rare Books：TC348/1551

1255

基本著錄： 唐宋白孔六帖：一百卷,卷首

(Tang Song Bai Kong liu tie：yi bai juan,juan shou)

［(唐)白居易撰;(宋)孔傳續］

明嘉靖間(即 1522—1566)本

十二函七十二册;29 公分

相關責任者： (唐)白居易(Bai Juyi),772—846,撰;(宋)孔傳(Kong Chuan),續

附　　注： NJPX95 – B4537 未署年韓駒《序》,首葉版心下鐫"陸奎",奎爲明嘉靖間江南名刻工。

框 19.3×14.9 公分,10 行 18 字,小字雙行同,白口,左右雙邊,單白魚尾。版心中鐫"白孔六帖"及卷次。

館藏信息： East Asian Library(Gest):Rare Books:TC348/678Q

1256

基本著録： **唐宋白孔六帖:一百卷,卷首**

(Tang Song Bai Kong liu tie:yi bai juan,juan shou)

［(唐)白居易撰;(宋)孔傳續］

明嘉靖間(即 1522—1566)本

十函一百册;25 公分

相關責任者： (唐)白居易(Bai Juyi),772—846,撰;(宋)孔傳(Kong Chuan),續;
(明)陸奎(Lu Kui),刻

附　　注： 未署年韓駒《序》,首葉版心下鐫"陸奎",奎爲明嘉靖間江南名刻工。

框 19.2×15.3 公分,10 行 18 字,小字雙行同,白口,左右雙邊,單白魚尾。版心中鐫"白孔六帖"及卷次。

館藏信息： East Asian Library(Gest):Rare Books:TC348/1053

1257

基本著録： **事類賦:三十卷**

(Shi lei fu:san shi juan)

(宋)吳淑撰注;(明)王磐校勘

明嘉靖間(即 1522—1566)本

一函八册;31 公分

相關責任者： (宋)吳淑(Wu Shu),947—1002,撰注;(明)王磐(Wang Pan),校勘

附　　注： 無序跋。

版本據風格。

框 20×15.5 公分,12 行 20 字,白口,左右雙邊,單黑魚尾。版心中鐫書名及卷次。

館藏信息： East Asian Library(Gest):Rare Books:TC348/895Q

1258

基本著錄： **事物紀原集類:十卷**

(Shi wu ji yuan ji lei:shi juan)

(明)閻敬校正;(明)李果批點

明成化壬辰[8 年,1472]李果本

一函十二册;30 公分

相關責任者： (明)閻敬(Yan Jing),校正;(明)李果(Li Guo),批點;(清)楊守敬(Yang Shoujing),1839—1915,題記

附　注： 明成化八年(1472)李果《事物紀原序》言刻書事。

是書據明正統十二年(1447)閻敬刊本翻刻。

框 20.1×13 公分,12 行 24 字,黑口,四周雙邊,雙黑魚尾。版心中鐫"紀一"。

此帙爲《四庫全書》之底本,卷首鈐"翰林院印"滿漢文印。

有清光緒二十六年(1900)楊守敬題記及校補。

館藏信息： East Asian Library(Gest):Rare Books:TC348/323Q

1259

基本著錄： **書叙指南:二十卷**

(Shu xu zhi nan:er shi juan)

(宋)任廣編次

明嘉靖丁亥[6 年,1527]山西沈松本

兩函八册;30 公分

相關責任者： (宋)任廣(Ren Guang),編次;(明)沈松(Shen Song),進士 1517,刻

附　注： 明嘉靖六年(1527)沈松《序》言刻書事。

框 20.3×14.4 公分,10 行 20 字,小字雙行同,黑口,四周雙邊,單黑魚尾。版心中鐫書名及卷次。

館藏信息： East Asian Library(Gest):Rare Books:TC348/1149Q

1260

基本著錄：　　　**錦繡萬花谷前集：四十卷. 錦繡萬花谷後集：四十卷. 錦繡萬花谷續**
　　　　　　　　　　集：四十卷.

　　　　　　　　　子目：

　　　　　　　　　錦繡萬花谷前集：四十卷

　　　　　　　　　（Jin xiu wan hua gu qian ji：si shi juan）

　　　　　　　　　錦繡萬花谷後集：四十卷

　　　　　　　　　（Jin xiu wan hua gu hou ji：si shi juan）

　　　　　　　　　錦繡萬花谷續集：四十卷

　　　　　　　　　（Jin xiu wan hua gu xu ji：si shi juan）

　　　　　　　　　明嘉靖間（約 1536—1566）本

附　　注：　　　兩函，此書係翻刻明嘉靖十五年（1536）綉石書堂刻本。

　　　　　　　　　框 18.7×13.4 公分，12 行 21 字，白口，左右雙邊，單黑魚尾。版心
　　　　　　　　　上鐫"萬花谷"，中鐫卷次，下鐫集次。

館藏信息：　　　East Asian Library（Gest）：Rare Books：TC348/315

1261

基本著錄：　　　**記纂淵海：一百卷**

　　　　　　　　　（Ji zuan yuan hai：yi bai juan）

　　　　　　　　　（宋）潘自牧纂集；（明）王嘉賓等補遺

　　　　　　　　　明萬曆己卯［7 年，1579］王嘉賓本

　　　　　　　　　八函六十四册；26 公分

相關責任者：　　（宋）潘自牧（Pan Zimu），進士 1196，纂集；（明）王嘉賓（Wang
　　　　　　　　　Jiabin），卒年 1580，補遺

附　　注：　　　著者據《刻記纂淵海名氏》。

　　　　　　　　　明萬曆七年（1579）陳文遂《序》及胡維新《刻紀纂淵海叙》均言刻
　　　　　　　　　書事。

　　　　　　　　　明時公文紙印本。

　　　　　　　　　框 19.5×14.5 公分，12 行 22 字，小字雙行同，白口，四周雙邊，單黑
　　　　　　　　　魚尾。版心上鐫書名，中鐫卷次。

館藏信息：　　　East Asian Library（Gest）：Rare Books：TC348/560

1262

基本著錄： 新編古今事文類聚：[四集一百七十卷]. 新編古今事文類聚新集：三十六卷. 新編古今事文類聚外集：十五卷.

子目：

新編古今事文類聚：[四集一百七十卷]

（Xin bian gu jin shi wen lei ju：[si ji yi bai qi shi juan]）

（宋）祝穆編集

新編古今事文類聚新集：三十六卷

（Xin bian gu jin shi wen lei ju xin ji：san shi liu juan）

（元）富大用編

新編古今事文類聚外集：十五卷

（Xin bian gu jin shi wen lei ju wai ji：shi wu juan）

（元）富大用編

明嘉靖間（約 1559—1562）建陽鄒可張本

三十三冊；27 公分

本館藏本不完整：《前集》缺卷十至十七，《新集》缺卷二十一至三十六。

相關責任者： （宋）祝穆（Zhu Mu），13 世紀，編集；（元）富大用（Fu Dayong），編；（明）劉雙松（Liu Shuangsong），印；（明）鄒可張（Zou Kezhang），刻

附　　注： 書分前、後、續、別四集，共一百七十卷。

卷端又題"知建陽縣事南海鄒可張訂刻"。

鄒可張，明舉人，明嘉靖三十八至四十一年（1559—1562）任建陽知縣。

《外集》末有牌記鐫"萬曆歲次丁未季冬月書林安正堂劉雙松梓"。

框 19.9×13.1 公分，14 行 28 字，白口，四周單邊，順黑魚尾。版心上鐫"事文類聚"，中鐫卷次。

館藏信息： East Asian Library（Gest）：AE3. X56 1562

1263

基本著錄： 新編古今事文類聚：[四集一百七十卷]. 新編古今事文類聚新集：三十六卷. 新編古今事文類聚外集：十五卷. 新編古今事文類聚遺集：十

五卷.

子目：

新編古今事文類聚：[四集一百七十卷]

(Xin bian gu jin shi wen lei ju：[si ji yi bai qi shi juan])

(宋)祝穆編

新編古今事文類聚新集：三十六卷

(Xin bian gu jin shi wen lei ju xin ji：san shi liu juan)

(元)富大用編

新編古今事文類聚外集：十五卷

(Xin bian gu jin shi wen lei ju wai ji：shi wu juan)

(元)富大用編

新編古今事文類聚遺集：十五卷

(Xin bian gu jin shi wen lei ju yi ji：shi wu juan)

(明)祝淵編

明萬曆甲辰[32 年,1604]金陵唐富春德壽堂本

十四函一百十四册；25 公分

相關責任者：　(宋)祝穆(Zhu Mu),13 世紀,編；(元)富大用(Fu Dayong),編；(明)祝淵(Zhu Yuan),編；(明)唐富春(Tang Fuchun),刻

附　　注：　卷端題"金陵唐富春刊"。

《重刻事文類聚序》後鐫"萬曆甲辰孟春之吉金谿唐富春精校補遺重刻"。

框 21.2×14.6 公分,11 行 24 字,白口,四周單邊,單黑魚尾。版心上鐫"事文類聚"及集次,中鐫卷次,下鐫"德壽堂梓"。

館藏信息：　East Asian Library(Gest)：Rare Books：TC348/371

1264

基本著錄：　新編古今事文類聚：[四集一百七十卷].新編古今事文類聚新集：三十六卷.新編古今事文類聚外集：十五卷.新編古今事文類聚遺集：十五卷.

子目：

新編古今事文類聚：[四集一百七十卷]

(Xin bian gu jin shi wen lei ju：[si ji yi bai qi shi juan])

（宋）祝穆編

新編古今事文類聚新集：三十六卷

（Xin bian gu jin shi wen lei ju xin ji：san shi liu juan）

（元）富大用編

新編古今事文類聚外集：十五卷

（Xin bian gu jin shi wen lei ju wai ji：shi wu juan）

（元）富大用編

新編古今事文類聚遺集：十五卷

（Xin bian gu jin shi wen lei ju yi ji：shi wu juan）

（明）祝淵編

明萬曆甲辰［32 年，1604］金陵唐富春德壽堂本

六函三十一冊；24 公分

相關責任者： （宋）祝穆（Zhu Mu），13 世紀，編；（元）富大用（Fu Dayong），編；（明）
祝淵（Zhu Yuan），編；（明）唐富春（Tang Fuchun），刻；（清）甘鵬雲
（Gan Pengyun），生年 1861，題記

附　　注： 封面鐫"古今事文類聚……雲林唐積秀梓行"。

卷端題"金陵唐富春刊"。

《重刻事文類聚序》後鐫"萬曆甲辰孟春之吉金谿唐富春精校補遺重
刻"。

框 21×14.5 公分，11 行 24 字，白口，四周單邊，單黑魚尾。版心上
鐫"事文類聚"及集次，中鐫卷次，下鐫"德壽堂梓"。

有甘鵬雲朱書題記并鈐"潛江甘鵬雲藥樵收藏書籍章"印。

館藏信息： East Asian Library（Gest）：Rare Books：TC348/1639

1265

基本著錄： **新編古今事文類聚：［四集一百七十卷］．新編古今事文類聚新集：三
十六卷．新編古今事文類聚外集：十五卷．新編古今事文類聚遺集：十
五卷．**

子目：

新編古今事文類聚：［四集一百七十卷］

（Xin bian gu jin shi wen lei ju：［si ji yi bai qi shi juan］）

（宋）祝穆編

新編古今事文類聚新集：三十六卷

（Xin bian gu jin shi wen lei ju xin ji：san shi liu juan）

（元）富大用編

新編古今事文類聚外集：十五卷

（Xin bian gu jin shi wen lei ju wai ji：shi wu juan）

（元）富大用編

新編古今事文類聚遺集：十五卷

（Xin bian gu jin shi wen lei ju yi ji：shi wu juan）

（明）祝淵編

明萬曆甲辰[32 年,1604]金陵唐富春德壽堂本

八函八十四册;26 公分

相關責任者： （宋）祝穆（Zhu Mu）,13 世紀,編;（元）富大用（Fu Dayong）,編;（明）祝淵（Zhu Yuan）,編;（明）唐富春（Tang Fuchun）,刻

附　　注： 封面鎸“古今事文類聚”“雲林唐積秀梓行”。

卷端題“金陵唐富春刊”。

《重刻事文類聚序》後鎸“萬曆甲辰孟春之吉金谿唐富春精校補遺重刻”。

框 21.2×14.6 公分,11 行 24 字,白口,四周單邊,單黑魚尾。版心上鎸“事文類聚”及集次,中鎸卷次,下鎸“德壽堂梓”。

館藏信息： East Asian Library（Gest）：Rare Books：TC348/1224

1266

基本著録： **古今合璧事類備要：[五集三百六十六卷]**

（Gu jin he bi shi lei bei yao：[wu ji san bai liu shi liu juan]）

（宋）謝維新,（宋）虞載編

明嘉靖壬子—丙辰[31—35 年,1552—1556]夏相本

二十函一百二十册;26 公分

館藏本有殘缺:有手抄配補。

相關責任者： （宋）謝維新（Xie Weixin）,編;（宋）虞載（Yu Zai）,編;（明）夏相（Xia Xiang）,刻

附　　注： 分爲前集六十九卷、後集八十一卷、續集五十六卷、別集九十四卷、外集六十六卷。前集及後集題謝維新編,續集及外集題虞載編。

別本《目錄》後鐫"嘉靖壬子春正月三衢近峯夏相宋板摹刻至丙辰冬十月事竣",此本原文被挖空。

框 19.1×13.9 公分,8 行大字不等,小字雙行 24 字,白口,左右雙邊,單白魚尾。版心中鐫"合璧事類"及卷次,下鐫刻工或寫工名。

首鈐"覃溪""翁方綱"兩印,疑爲僞做。

館藏信息: East Asian Library(Gest):Rare Books:TC348/376

1267

基本著錄: **群書考索**:[二百十二卷]

(Qun shu kao suo:[er bai shi er juan])

(宋)章俊卿編輯

明正德戊辰—戊寅[3—13 年,1508—1518]建陽慎獨齋本

八函四十八册:肖像;29 公分

本館藏本不完整:缺續集、別集。

相關責任者: (宋)章如愚(Zhang Ruyu),進士 1196,編輯

附　　注: 原書分前集六十六卷、後集六十五卷、續集五十六卷、別集二十五卷。

有山堂先生真像。

CHHR98—B98 有明正德三年(1508)鄭京《山堂先生群書考索序》及"皇明正德戊辰慎獨齋刊"之牌記文。此帙鄭序及牌記被删改。

框 20×13.3 公分,14 行 28 字,黑口,四周雙邊,雙黑魚尾。版心上鐫"考索前集"或"考索後集",中鐫類名。

館藏信息: East Asian Library(Gest):Rare Books:TC348/1466Q

1268

基本著錄: **書言故事大全**:十二卷

(Shu yan gu shi da quan:shi er juan)

(宋)胡繼宗集;(明)陳玩直解

明間(約 1589—1644)本

一函六册;25 公分

相關責任者: (宋)胡繼宗(Hu Jizong),集;(明)陳玩直(Chen Wanzhi),解

附　　注: 明萬曆十七年(1589)吴懷保、程涓兩《序》均言原版刻書事,此本係

翻刻。

框 20×13 公分,9 行 20 字,小字雙行同,白口,四周單邊,單白魚尾。

版心上鐫"書言故事",中鐫卷次及類別。

館藏信息： East Asian Library(Gest)：Rare Books：TC348/1247

1269

基本著錄： **新箋決科古今源流至論[後集]：十卷**

(Xin jian jue ke gu jin yuan liu zhi lun[hou ji]：shi juan)

(宋)林駉

明間(約 1368—1521)本

一函六册；28 公分

館藏本有殘缺：有缺葉。

相關責任者： (宋)林駉(Lin Jiong)

附　　注： 無序跋。此本僅存後集十卷。原書應有前集、續集、別集各十卷。

書內題"後集"之處被割除。

框 21.7×16.5 公分,12 行 21 字,黑口,四周雙邊,雙黑魚尾。版心中鐫"至論後"及卷次。

館藏信息： East Asian Library(Gest)：Rare Books：TC328/2841

1270

基本著錄： **玉海：二百四卷,附十三種六十一卷**

(Yu hai：er bai si juan,fu shi san zhong liu shi yi juan)

(宋)王應麟

元至元庚辰一至正辛卯[至元 6 年—至正 11 年,1340—1351]鄞縣慶元路儒學本

十六函一百二十册；28 公分

相關責任者： (宋)王應麟(Wang Yinglin),1223—1296

附　　注： 書分《玉海》卷一至二百,《辭學指南》卷二百一至二百四。

元順帝至元六年(1340)薛元德《後序》。未署年李桓《序》。至正十一年(1351)阿殷圖《序》及王介《序》均言刻書事。

明正德二年(1507)戴鏞《識》言南京國子監補版事。明嘉靖補版版心上間鐫"監生"刻工姓名。

慶元路治元鄞縣,即今寧波。

框22.3×14公分,10行20字,白口,左右雙邊,補版四周雙邊,雙黑魚尾。版心上鐫字數,下鐫刻工,補版上鐫"正德嘉靖某年刊",中鐫書名及卷次。

館藏信息: East Asian Library(Gest):Rare Books:TC348/690

1271

基本著錄: **新編簪纓必用翰苑新書:[二十九卷]**

(Xin bian zan ying bi yong han yuan xin shu:[er shi jiu juan])

明萬曆辛卯[19年,1591]金陵仁壽堂本

四函三十二冊;30公分

相關責任者: (明)唐廷仁(Tang Tingren),刻;(明)周曰校(Zhou Yuejiao),刻

附　　注: 《總目》後鐫"金陵書肆龍泉唐廷仁對峰周曰校鐫行"。

封面鐫"翰苑新書""[萬]曆辛卯冬月金陵周對峰刊"。

書分前集十二卷、後集七卷、別集二卷、續集八卷。

明萬曆十九年(1591)陳文燭《序》言刻書事。

框23×15.3公分,11行22字,小字雙行同,白口,左右雙邊,單黑魚尾。版心上鐫"翰苑新書",中鐫集名及卷次,下鐫"仁壽堂刊"。

館藏信息: East Asian Library(Gest):Rare Books:TC348/379Q

1272

基本著錄: **新鐫簪纓必用增補秘笈新書:[十六卷]**

(Xin juan zan ying bi yong zeng bu mi ji xin shu:[shi liu juan])

(宋)謝叠山編次;(明)李九我增補

明間(約1609—1644)本

四函二十冊;29公分

相關責任者: (宋)謝枋得(Xie Fangde),1226—1289,編次;(明)李廷機(Li Tingji),進士1583,增補

附　　注: 書分正集十三卷、別集三卷。

明萬曆三十六年(1608)吳道南《秘笈新書弁言》。

框22.3×15公分,11行22字,小字雙行同,白口,四周雙邊,單黑魚尾。版心上鐫"補秘笈新書",中鐫卷次。

館藏信息：　　　East Asian Library(Gest)：Rare Books：TC348/686Q

1273

基本著錄：　　　**新編事文類聚翰墨大全：一百四十五卷**

（Xin bian shi wen lei ju han mo da quan：yi bai si shi wu juan）

（元）劉應李編

元間(約1307—1367)本

十函六十册；25公分

相關責任者：　（元）劉應李(Liu Yingli)，編；(清)允禮(Yunli)，1697—1738，收藏

附　　注：　　有元大德十一年(1307)熊禾《序》。

框15.6×10.5公分，12行或14行24字，小字雙行同，黑口，四周雙邊，順黑魚尾。版心中鐫"啟甲"及卷次。

有"果親王府圖書記"印記。

館藏信息：　　　East Asian Library(Gest)：Rare Books：TC348/1447

1274

基本著錄：　　　**聯新事備詩學大成：三十卷**

（Lian xin shi bei shi xue da cheng：san shi juan）

（元）林楨編集

明間(約1436—1566)北京司禮監本

四函二十册；34公分

相關責任者：　（元）林楨(Lin Zhen)，編集

附　　注：　　有毛直方《引》。

框25.2×16.3公分，8行，大字不等，小字雙行25字，黑口，四周雙邊，雙黑魚尾。版心中鐫"詩學大成"及卷次。

館藏信息：　　　East Asian Library(Gest)：Rare Books：TC348/2408Q

1275

基本著錄：　　　**永樂大典：[二萬二千八百七十七卷]**

（Yongle da dian：[er wan er qian ba bai qi shi qi juan]）

[(明)解縉等輯]

明間(約1562—1567)本

一函兩冊;50 公分

館藏本有殘缺:存卷一萬四千九百四十九和二萬三百七十三。

相關責任者:	(明)解縉(Xie Jin),1369—1415,輯
附　　注:	此書係明嘉靖四十一年(1562)至明隆慶元年(1567)內府重寫本。

僅存卷一萬四千九百四十九,即"六暮"韻,爲"婦"字,又卷二萬三百七十三(原"三"字被後人改作"五",卷端、卷尾及版心誤題爲"二萬五百七十三"),即"二質"韻,爲"積"字。前者爲十三葉,後者爲十九葉。

框 35.6×23.9 公分,8 行大小字不等,朱口,四周雙邊。

館藏信息:	Rare Books:South East(East Asian):TC348/2328

1276

基本著錄:	**對類:二十卷,習對發蒙格式**

(Dui lei:er shi juan,Xi dui fa meng ge shi)

明正統丁卯[12 年,1447]北京司禮監本

二十四冊:圖;29 公分

附　　注:	此本無序跋。別本有牌記題"正統十二年五月初日司禮監新刊"。

框 23.2×16.3 公分,12 行字不等,黑口,四周雙邊,雙順黑魚尾。版心中鐫書名及卷次。

館藏信息:	East Asian Library(Gest):Rare Books:TC348/730Q

1277

基本著錄:	**對類:二十卷**

(Dui lei:er shi juan)

明萬曆間(即 1573—1620)本

兩函二十冊;26 公分

附　　注:	疑爲翻刻明萬曆間吳勉學刻本。

框 22×15 公分,12 行 24 字,小字雙行同,白口,左右雙邊,單黑魚尾。版心上鐫書名,中鐫卷次。

館藏信息:	East Asian Library(Gest):Rare Books:TC348/2692

1278

基本著録：　　　**策學輯略：十二卷，曆代序略**

（Ce xue ji lüe：shi er juan，Li dai xu lüe）

（明）黃溥編輯

明弘治間（約 1490—1505）本

一函八册；28 公分

相關責任者：　（明）黃溥（Huang Pu），進士 1448，編輯

附　　　注：　著者據《目錄》。

明弘治三年（1490）陳瑤《序》及同年韓文《後序》。

框 23.2×13.2 公分，10 行 22 字，黑口，四周雙邊，雙黑魚尾。版心中鐫“策學”及卷次。眉欄鐫注。

館藏信息：　East Asian Library（Gest）：Rare Books：TC348/943

1279

基本著録：　　　**群書集事淵海：四十七卷**

（Qun shu ji shi yuan hai：si shi qi juan）

明正德癸酉［8 年，1513］建陽慎獨齋本

八函五十六册；27 公分

附　　　注：　CUBO97—B718 有牌記鐫“皇明正德癸酉五月慎獨齋刊”。

明弘治十八年（1505）劉健《序》言原版刻書事。

框 19.5×13.4 公分，12 行 24 字，黑口，四周雙邊，雙黑魚尾。版心中鐫“集事”及卷次。

館藏信息：　East Asian Library（Gest）：Rare Books：TC348/578

1280

基本著録：　　　**修辭指南：二十卷**

（Xiu ci zhi nan：er shi juan）

（明）浦南金編次

明嘉靖丁巳［36 年，1557］浦南金五樂堂本

一函八册；27 公分

相關責任者：　（明）浦南金（Pu Nanjin），舉人 1522，編次；（明）唐誥（Tang Gao），

刻;(明)吳曜(Wu Yao),寫工

附　　注：　　明嘉靖三十六年(1557)劉麟《序》言刻書事。

卷末鐫"丁巳歲仲冬朔吉吳曜寫完唐誥刻"。

框18.7×13.3公分,9行18字,小字雙行同,白口,左右雙邊,單黑魚尾。版心中鐫書名及卷次,下鐫"五樂堂"。

館藏信息：　　East Asian Library(Gest):Rare Books:TC348/355

1281

基本著錄：　　**左粹類纂:十二卷**

(Zuo cui lei zuan:shi er juan)

(明)施仁編集;(明)孫應鰲批點;(明)任養心校閱

明萬曆癸未[11年,1583]任養心本

兩函十册;28公分

相關責任者：　　(明)施仁(Shi Ren),舉人1528,編集;(明)孫應鰲(Sun Ying'ao),進士1553,批點;(明)任養心(Ren Yangxin),進士1574,校閱

附　　注：　　與湖北省圖書館藏本(OCLC960480570)同版,該書有明萬曆十一年(1583)任養心《序》言刻書事。

框19.9×14.5公分,10行21字,白口,四周雙邊,單黑魚尾。版心上鐫卷次,中鐫篇名。

館藏信息：　　East Asian Library(Gest):Rare Books:TC348/1519

1282

基本著錄：　　**記事珠**

(Ji shi zhu)

(明)劉國翰編集

明嘉靖丙申[15年,1536]開封周藩本

兩函十册;26公分

館藏本有殘缺:有缺葉。

相關責任者：　　(明)劉國翰(Liu Guohan),編集

附　　注：　　著者及版本據明嘉靖十五年(1536)安濆《跋》。

是書分十四門,未分卷。

框20.5×12.7公分,8行字不等,黑口,四周雙邊,三黑魚尾。版心

中鐫"南極"及門類。

館藏信息：　East Asian Library(Gest)：Rare Books：TC348/1112

1283

基本著録：　**啓蒙對偶續編：四卷**

（Qi meng dui ou xu bian：si juan）

（明）孟紱編次

明嘉靖甲辰［23年，1544］本

一函四册；27公分

相關責任者：　（明）孟紱（Meng Fu），編次；（明）王朔（Wang Shuo），重校；（明）殷廷舉（Yin Tingju），校正

附　　注：　明嘉靖二十三年(1544)殷廷舉《叙》提刻書事。

卷端又鐫"殷廷舉校正王朔重校"，疑爲王朔重修後印也。

框20×15.3公分，9行17字，白口，四周雙邊，單黑魚尾。版心中鐫卷次。

館藏信息：　East Asian Library(Gest)：Rare Books：TD128/397

1284

基本著録：　**事物考：八卷**

（Shi wu gao：ba juan）

（明）王三聘輯

明嘉靖癸亥［42年，1563］何起鳴本

一函八册；25公分

相關責任者：　（明）王三聘（Wang Sanpin），進士1541，輯；（明）何起鳴（He Qiming），進士1559，刻

附　　注：　明嘉靖四十二年(1563)趙忻《序》言刻書事。

著者據《序》後《題識》。

框18.8×14.2公分，10行20字，白口，四周單邊。版心中鐫卷次。

館藏信息：　East Asian Library(Gest)：Rare Books：TC348/918

1285

基本著録：　**哲匠金桴：五卷**

(Zhe jiang jin fu：wu juan)

（明）楊慎著；（明）焦竑校

明間（約 1568—1620）本

一函五冊；27 公分

相關責任者：　（明）楊慎（Yang Shen），1488—1559，著；（明）焦竑（Jiao Hong），
1541—1620，校

附　　注：　明隆慶二年（1568）朱茹《叙》。

框 20.9×14.3 公分，10 行 20 字，白口，四周單邊，單黑魚尾。版心
上鐫書名，中鐫卷次。

館藏信息：　East Asian Library（Gest）：Rare Books：TC348/1144

1286

基本著録：　**類雋：三十卷**

（Lei juan：san shi juan）

（明）鄭若庸纂輯；（明）鍾毅校閲；（明）王用楨［等］閲；（明）李元齡
重校；（明）汪珙校梓

明萬曆戊寅［6 年，1578］清源汪珙本

六函二十六冊；30 公分

相關責任者：　（明）鄭若庸（Zheng Ruoyong），卒年約 1574，纂輯；（明）鍾毅（Zhong
Gu），校閲；（明）王用楨（Wang Yongzhen），閲；（明）李元齡（Li Yuan-
ling），重校；（明）汪珙（Wang Gong），校梓；（明）韓宜（Han Yi），刻

附　　注：　與 MHVO—01B302 同版，但每卷首葉均係重刻。

明萬曆六年（1578）孟夏汪珙《識》及同年十二月李元齡《後跋》均言
刻書事。

框 20.1×14.3 公分，9 行 18 字，白口，左右雙邊，單黑魚尾。版心中
鐫書名及卷次，下鐫刻工，如"韓宜"。

館藏信息：　East Asian Library（Gest）：Rare Books：TC348/357Q

1287

基本著録：　**新刊唐荊川先生稗編：一百二十卷，目録：［三卷］**

（Xin kan Tang Jingchuan xian sheng bai bian：yi bai er shi juan，mu lu：
［san juan］）

（明）左炁考校

明萬曆辛巳［9年,1581］茅一相文霞閣本

八函四十八册:圖;28公分

館藏本有殘缺:某些卷、葉爲手抄配補。

相關責任者： （明）左炁（Zuo Zheng）,考校;（明）茅一相（Mao Yixiang）,刻

附　　注： 明萬曆九年（1581）茅坤《序》及同年茅一相《文霞閣刻稗編引》言刻書事。

《目錄》分上中下三卷。

框20.1×14公分,10行20字,白口,四周雙邊,單白魚尾。版心上鐫"荆川稗編",中鐫卷次。

館藏信息： East Asian Library（Gest）:Rare Books:TC348/2903

1288

基本著録： **楚騷綺語:六卷**

（Chu Sao qi yu:liu juan）

（明）張之象輯;（明）凌迪知訂

明萬曆丙子［4年,1576］凌迪知本

一函六册;26公分

相關責任者： （明）張之象（Zhang Zhixiang）,1507—1587,輯;（明）凌迪知（Ling Dizhi）,進士1556,訂

附　　注： 明萬曆四年（1567）凌迪知《楚騷綺語叙》提刻書事。

據各家書目,此爲《文林綺繡》零種,但未在本書內查到依據。

卷端題"雲間張之象玄超輯　吳興凌迪知稺哲訂"。

框18.5×13公分,8行17字,小字雙行字數同,白口,左右雙邊,單黑魚尾。版心中鐫"楚語"及卷次,下書口有刻工,如卷一首葉"吳郡錢世桀寫王伯才刻"。

館藏信息： East Asian Library（Gest）:Rare Books:TC348/575

1289

基本著録： **文選錦字錄:二十一卷**

（Wen xuan jin zi lu:er shi yi juan）

（明）凌迪知輯;（明）［凌］稚隆校

明萬曆丁丑[5年,1577]凌迪知桂芝館本

兩函十册;28公分

相關責任者: （明）凌迪知（Ling Dizhi）,進士1556,輯;（明）凌稚隆（Ling Zhi-
long）,校;（明）徐軒（Xu Xuan）,刻;（明）顧樏（Gu Xuan）,寫工

附　注: 明萬曆五年（1577）凌迪知《文選錦字叙》言刻書事。

卷端題"吳興凌迪知稚哲輯　弟稚隆以棟校"。

據各家目録,知此爲《文林綺繡》零種。

框18.8×13公分,8行17字,白口,左右雙邊,單黑魚尾。版心上鐫
書名,中鐫卷數,下鐫寫工及刻工,如卷一首葉"長洲顧樏寫徐軒
刻"。

與NJPX90－B2632同版,該書有刊記鐫"萬曆丁丑春仲吳興凌氏桂
芝舘梓行"。

館藏信息: East Asian Library（Gest）:Rare Books:TC348/262

1290

基本著録: **文選錦字録:二十一卷**

（Wen xuan jin zi lu:er shi yi juan）

（明）凌迪知輯;（明）[凌]稚隆校

明萬曆丁丑[5年,1577]凌迪知桂芝館本

兩函二十二册;25公分

相關責任者: （明）凌迪知（Ling Dizhi）,進士1556,輯;（明）凌稚隆（Ling Zhi-
long）,校;（明）徐軒（Xu Xuan）,刻;（明）顧□（Gu Xuan）,寫工

附　注: 卷端題"吳興凌迪知稚哲輯　弟稚隆以棟校"。

無序跋。

《目録》後鐫"萬曆丁丑春仲吳興凌氏桂芝舘梓行"。

框19×13公分,8行17字,白口,左右雙邊,單黑魚尾。版心上鐫書
名,中鐫卷次,下鐫刻工,如卷一首葉"長洲顧□寫徐軒刻"。

與館藏《文選錦字録》NJPX90－B2633同版。

館藏信息: East Asian Library（Gest）:Rare Books:TC348/572

1291

基本著録: 古今萬姓統譜:一百四十卷. 歷代帝王姓系統譜:六卷. 氏族博攷:十

四卷.

子目：

古今萬姓統譜：一百四十卷

（Gu jin wan xing tong pu：yi bai si shi juan）

（明）凌迪知編；（明）凌述知校

歷代帝王姓系統譜：六卷

（Li dai di wang xing xi tong pu：liu juan）

（明）凌迪知輯；（明）吳京校

氏族博攷：十四卷

（Shi zu bo kao：shi si juan）

（明）凌迪知輯；（明）吳京校

明萬曆己卯[7年,1579]吳興凌迪知本

四函四十册；26公分

相關責任者： （明）凌迪知（Ling Dizhi），進士1565，編、輯；（明）凌述知（Ling Shuzhi），校；（明）吳京（Wu Jing），校

附　　注： 明萬曆七年（1579）凌迪知《叙》。

封面鐫"凌稚哲先生原本""汲古閣藏板"。

框19×14公分,9行20字,大小字不等,小字雙行,白口,四周單邊,單黑魚尾。版心上鐫"萬姓統譜""帝王姓系""氏族博攷",中鐫卷次,下鐫刻工。

館藏信息： East Asian Library（Gest）；Rare Books；TC348/2521

1292

基本著録： **卓氏藻林：八卷**

（Zhuo shi zao lin：ba juan）

（明）卓明卿編輯；（明）王世懋校正

明萬曆間（約1581—1620）潭城楊發吾、余文台本

一函八册；29公分

相關責任者： （明）卓明卿（Zhuo Mingqing），編輯；（明）王世懋（Wang Shimao），1536—1588,校正；（明）楊發吾（Yang Fawu），刻；（明）余文台（Yu Wentai），刻

附　　注： 明萬曆九年（1581）皇浦汸《序》。

封面鐫"新鐫官板卓氏藻林""潭城書林楊發吾余文台梓"。

框 20.2×14.3 公分,10 行 20 字,小字雙行同,白口,四周單邊,單黑魚尾。版心上鐫書名及卷次,中鐫類名。

館藏信息: East Asian Library(Gest):Rare Books:TC348/1252Q

1293

基本著錄: **新選古今類腴:十八卷**

(Xin xuan gu jin lei yu:shi ba juan)

[(明)陳世寶等總定]

明萬曆間(約 1581—1620)本

四函十六冊;28 公分

相關責任者: (明)陳世寶(Chen Shibao),總定

附　　注: 著者據《刻新選古今類腴名氏》。

明萬曆九年(1581)王宗載《序》。

框 20.8×14.2 公分,9 行 20 字,白口,四周雙邊,單白魚尾。版心上鐫"古今類腴",中鐫卷次,下鐫刻工。

館藏信息: East Asian Library(Gest):Rare Books:TC348/2530

1294

基本著錄: **山堂肆考:二百二十八卷,補遺十二卷**

(Shan tang si kao:er bai er shi ba juan,bu yi shi er juan)

(明)彭大翼編著

明萬曆乙未[23 年,1595]維揚彭氏本

十函八十冊;28 公分

相關責任者: (明)彭大翼(Peng Dayi),活動期 16 世紀,編著

附　　注: 明萬曆二十三年(1595)彭大翼《自序》等序。

框 19.9×12.9 公分,11 行 22 字,白口,四周單邊,單白魚尾間單黑魚尾。版心上鐫書名,中鐫集名及卷次。眉欄鐫注。

館藏信息: East Asian Library(Gest):Rare Books:TC348/691

1295

基本著錄: **古雋考略:六卷**

（Gu jun kao lüe：liu juan）

（明）顧充輯

明萬曆己亥［27年,1599］李楨、蕭大亨本

兩函十二册;28公分

相關責任者： （明）顧充（Gu Chong），舉人1567,輯;（明）李楨（Li Zhen），進士
1571,刻;（明）蕭大亨（Xiao Daheng）,1532—1612,刻

附　　注： 明萬曆二十七年(1599)蕭大亨《序》等四序。

《重刻古雋小語》言刻書事。

框17.7×12.8公分,7行12字,小字雙行24字,白口,左右雙邊,三
順白魚尾。版心上鐫書名,中鐫類名。

館藏信息： East Asian Library（Gest）:Rare Books:TC348/735

1296

基本著録： **唐類函:二百卷**

（Tang lei han：er bai juan）

（明）俞安期彙纂;（明）徐顯卿校訂

明萬曆癸卯［31年,1603］俞安期本

六函四十册;28公分

相關責任者： （明）俞安期（Yu Anqi）,彙纂;（明）徐顯卿（Xu Xianqing）,校訂

附　　注： 明萬曆三十一年(1603)申時行《刻唐類函序》言刻書事。

框21×14.7公分,10行20字,白口,四周單邊,單黑魚尾。版心上
鐫部類名稱,中鐫卷次。

館藏信息： East Asian Library（Gest）:Rare Books:TC348/679

1297

基本著録： **三才圖會:［一百六卷］**

（San cai tu hui：［yi bai liu juan］）

（明）王圻纂集;（明）王思義續集

明萬曆己酉［37年,1609］本

十函一百册:圖;25公分

相關責任者： （明）王圻（Wang Qi）,進士1565,纂集;（明）王思義（Wang Siyi）,
續集

附　注：　　分十四部類。

天文、地理、人物部題"雲間元翰父王圻纂集　男思義校正"。其他題"雲間允明王思義續集"。

明萬曆三十七年(1609)周孔教《序》。

本書册次、函次號相連，但内容有殘缺。

框20.9×13.5公分，9行22字，白口，四周單邊。版心上鐫書名及卷次，中鐫部類名稱。

館藏信息：　　East Asian Library(Gest)：Rare Books：TC348/680

1298

基本著録：　　**三才圖會：[一百六卷]**

(San cai tu hui：[yi bai liu juan])

(明)王圻纂輯；(明)王思義續集；(清)王爾賓補集重校

明萬曆己酉[37年，1609]本

一百二十册：圖；28公分

本書有手寫配補葉。

相關責任者：　　(明)王圻(Wang Qi)，進士1565，纂輯；(明)王思義(Wang Siyi)，續集；(清)王爾賓(Wang Erbin)，補集重校；(明)吳云軒(Wu Yun xuan)，刻

附　注：　　分十四部類。

與BCU094—B4847同板，天文部題"雲間元翰父王圻纂集　曾孫爾賓重校"。"儀制部"題"雲間于門王爾賓補集"。

明萬曆三十七年(1609)周孔教《三才圖會序》。

顧秉謙《序》版心下鐫"金陵吳云軒刻"。

框28.1×13.6公分，9行22字，白口，四周單邊，單黑魚尾或無魚尾。版心上鐫書名，中鐫部類名稱及卷次。

館藏信息：　　RECAP：East Asian Library use only：T9299/1142

1299

基本著録：　　**劉氏鴻書：一百八卷**

(Liu shi hong shu：yi bai ba juan)

(明)劉仲達纂輯；(明)湯賓尹删正

明萬曆間(約1611—1620)本

四函二十册;26公分

相關責任者： (明)劉仲達(Liu Zhongda),纂輯;(明)湯賓尹(Tang Binyin),生年 1568,删正

附　　注： 明萬曆三十九年(1611)湯賓尹《叙》等序。

框21.3×14.7公分,10行21字,白口,四周單邊,單黑魚尾。版心上鎸"鴻書",中鎸卷次,下鎸部類名稱。

館藏信息： East Asian Library(Gest):Rare Books:TC348/727

1300

基本著録： **喻林:八十卷,卷首**

(Yu lin:ba shi juan,juan shou)

(明)華陽子輯

明萬曆己丑[17年,1589]中州何氏本

八函八十册;32公分

相關責任者： (明)徐元太(Xu Yuantai),進士1565,輯

附　　注： 明萬曆十七年(1589)徐元太《自序》。

未署年子韋《序》言侍中州何公刻書事。

框22.9×16公分,11行24字,白口,四周雙邊。版心上鎸書名,中鎸卷次。

有"德鈞圖書""求實齋藏"等印記。

館藏信息： East Asian Library(Gest):Rare Books:TC348/2416Q

1301

基本著録： **類林探賾:一百十卷**

(Lei lin tan ze:yi bai shi juan)

(明)江一夔纂;(明)盧純學校

明萬曆間(約1598—1620)本

兩函十六册;27公分

相關責任者： (明)江一夔(Jiang Yikui),纂;(明)盧純學(Lu Chunxue),校

附　　注： 明萬曆二十六年(1598)廖自伸《序》。

框20.4×14.1公分,10行20字,小字雙行同,白口,四周單邊,單黑

魚尾。版心上鐫書名,中鐫卷次。

館藏信息:　East Asian Library(Gest):Rare Books:TC348/2497

1302

基本著錄:　詞林海錯:十六卷

　　　　　　（Ci lin hai cuo:shi liu juan）

　　　　　　（明）夏樹芳輯;（明）陳繼儒校

　　　　　　明萬曆間（約 1600—1620）本

　　　　　　兩函二十四冊;26 公分

　　　　　　館藏本有殘缺:存卷一至十二。

相關責任者:　（明）夏樹芳（Xia Shufang）,16/17 世紀,輯;（明）陳繼儒（Chen Ji-ru）,1558—1639,校

附　　注:　框 19.1×12.5 公分,7 行 16 字,白口,四周單邊,單黑魚尾。版心上鐫書名,中鐫卷次。

館藏信息:　East Asian Library(Gest):Rare Books:TA166/3944

1303

基本著錄:　管涔子:九卷

　　　　　　（Guan cen zi:jiu juan）

　　　　　　（明）周循著集

　　　　　　明萬曆己亥［27 年,1599］成伯龍本

　　　　　　兩函九冊;28 公分

相關責任者:　（明）周循（Zhou Xun）,著集;（明）成伯龍（Cheng Bolong）,刻

附　　注:　明萬曆二十七年（1599）成伯龍《序》言刻書事。

　　　　　　何起升《管涔子集序》。

　　　　　　框 20.6×14.4 公分,9 行 18 字,白口,四周雙邊,無直格,單黑魚尾。版心上鐫書名,中鐫類名,下鐫刻工。

館藏信息:　East Asian Library(Gest):Rare Books:TC328/3517

1304

基本著錄:　天中記:六十卷

　　　　　　（Tian zhong ji:liu shi juan）

（明）陳耀文纂;（明）屠隆校

明萬曆間（約 1595—1620）本

十函六十册;28 公分

相關責任者： （明）陳耀文（Chen Yaowen）,進士 1550,纂;（明）屠隆（Tu Long）,
1542—1605,校

附　　注： 明萬曆二十三年（1595）屠隆《序》。

框 18.9×13.5 公分,11 行 21 字,白口,左右雙邊,單黑魚尾。版心
上鐫書名,中鐫卷次。

館藏信息： East Asian Library（Gest）:Rare Books:TC348/370

1305

基本著録： **彙苑詳註:三十六卷**

（Hui yuan xiang zhu:san shi liu juan）

（明）王鳳洲輯

明萬曆乙未[23 年,1595]鄒道元本

四函二十四册;27 公分

相關責任者： （明）王世貞（Wang Shizhen）,1526—1590,輯;（明）鄒道元（Zou
Daoyuan）,刻

附　　注： 著者據封面及《序》。

有明萬曆二十三年（1595）車大任、黃鳳翔《序》言刻書事。

封面鐫"王鳳洲彙苑詳註　金閶世裕堂梓行"。

據《四庫全書總目題要》,是書托王世貞之名。

框 21.2×14.4 公分,10 行 20 字,小字雙行同,白口,左右雙邊,單黑
魚尾。版心上鐫書名,中鐫卷次。

館藏信息： East Asian Library（Gest）:Rare Books:TC348/1233

1306

基本著録： **彙書詳註:三十六卷,卷首**

（Hui shu xiang zhu:san shi liu juan,juan shou）

（明）鄒善長訂輯

明萬曆乙未[23 年,1595]鄒道元本

六函五十六册;26 公分

館藏本有殘缺：卷一缺第一葉。

相關責任者： （明）鄒道元（Zou Daoyuan），訂輯；（明）王世貞（Wang Shizhen），
1526—1590，訂輯

附　　注： 書名據版心。

輯者據封面。封面鐫"鄒善長先生訂輯　彙書纂要詳註　尚德堂藏
板"。

版本據明萬曆二十三年（1595）車大任、黃鳳翔《序》。

框 21.3×14.3 公分，10 行 20 字，白口，左右雙邊，單黑魚尾。版心
上鐫書名，中鐫卷次。

是書與 NJPX95－B5820 同板，將其書名《彙苑詳註》改爲《彙書詳
註》，爲王世貞訂輯。

館藏信息： East Asian Library（Gest）：Rare Books：TC348/3887

1307

基本著錄： **文苑彙雋：二十四卷**

（Wen yuan hui jun：er shi si juan）

（明）孫丕顯彙纂；（明）屠隆參定；（明）劉朝箴校閱

明萬曆戊申［36 年，1608］劉朝箴本

兩函十冊；29 公分

相關責任者： （明）孫丕顯（Sun Pixian），彙纂；（明）屠隆（Tu Long），1542—1605，
參定；（明）劉朝箴（Liu Chaozhen），校閱

附　　注： 明萬曆三十六年（1608）劉朝箴《序》言刻書事。

框 18.3×15.3 公分，11 行 21 字，小字雙行同，白口，四周單邊，單黑
魚尾。版心上鐫書名及卷次，中鐫類名及細目。眉欄鐫注。

館藏信息： East Asian Library（Gest）：Rare Books：TC348/2507Q

1308

基本著錄： **容窗餘錄詩林玉屑：二十二卷，卷首**

（Rong chuang yu lu shi lin yu xie：er shi er juan，juan shou）

（明）王光裕集

明萬曆間（即 1573—1620）本

四函三十二冊；28 公分

相關責任者： （明）王光裕（Wang Guangyu），集

附　　注： 版本據風格。

框 22.7×15 公分,9 行大小字不等,白口,四周雙邊,單黑魚尾。版心上鐫"容窻餘錄",中鐫卷次。

館藏信息： East Asian Library（Gest）:Rare Books:TC348/3698

1309

基本著錄： **書囊捷徑:〔二卷〕**

（Shu nang jie jing:〔er juan〕）

（明）黃應乾集

明萬曆間（約 1599—1620）本

一函八册;25 公分

相關責任者： （明）黃應乾（Huang Yingqian）,集

附　　注： 卷分上下。

明萬曆二十七年(1599)余孟麟《序》。

框 22.2×12.3 公分,9 行 20 字,小字雙行同,白口,四周單邊,順黑魚尾。版心中鐫卷次。眉欄鐫類名。

館藏信息： East Asian Library（Gest）:Rare Books:TC348/3844

1310

基本著錄： **經濟類編:一百卷**

（Jing ji lei bian:yi bai juan）

（明）馮琦纂;（明）周家棟等校

明萬曆甲辰〔32 年,1604〕虎林周家棟本

十函一百册;26 公分

相關責任者： （明）馮琦（Feng Qi）,1558—1603,纂;（明）周家棟（Zhou Jiadong）,校

附　　注： 版本據明萬曆三十二年(1604)馮夢禎、周家棟等《序》。

萬曆三十二年(1604)《校刻姓氏》後題識"校刻於虎林郡南屏山"。

與 MHV001—B288 同版。

框 21.6×15.1 公分,10 行 20 字,白口,四周單邊。版心上鐫書名及卷次,下鐫篇名。

有"正誼堂藏書"印。

館藏信息： East Asian Library（Gest）：Rare Books：TC348/548

1311

基本著錄： **劉氏類山：十卷**

（Liu shi lei shan：shi juan）

（明）劉胤昌編纂；（明）朱國琦等校

明萬曆乙巳［33 年，1605］江西劉胤昌本

一函十冊；31 公分

相關責任者： （明）劉胤昌（Liu Yinchang），進士 1604，編纂；（明）朱國琦（Zhu Guo-qi），校；（明）胡志遠（Hu Zhiyuan），刻；（明）鄒道（Zou Dao），寫工

附　　注： 明萬曆三十三年（1605）李希哲《序》及劉氏《自序》。

框 20.4×14.8 公分，8 行 16 字，小字雙行同，白口，四周單邊，單黑魚尾。版心上鐫書名，中鐫卷次，下鐫寫工及刻工。

館藏信息： East Asian Library（Gest）：Rare Books：TC348/542Q

1312

基本著錄： **群書備考：六卷．續二三場群書備考：［三卷］．**

子目：

群書備考：六卷

（Qun shu bei kao：liu juan）

（明）袁黃著；（明）袁儼注釋

續二三場群書備考：［三卷］

（Xu er san chang Qun shu bei kao：［san juan］）

（明）袁儼著

明萬曆間（約 1610—1620）本

一函八冊；24 公分

相關責任者： （明）袁黃（Yuan Huang），1533—1606，著；（明）袁儼（Yuan Yan），1581—1627，注釋、著

附　　注： 有明萬曆三十八年（1610）沈正宗《序》。

框 20.6×12.2 公分，8 行 21 字，白口，四周單邊，單白魚尾。版心上鐫書名，中鐫卷次。

館藏信息： East Asian Library(Gest)：Rare Books：TC348/1143

1313

基本著録： **新鍥袁中郎校訂旁訓古事鏡：十二卷**

（Xin qie Yuan zhong lang jiao ding pang xun gu shi jing：shi er juan）

（明）鄧志謨著

明萬曆乙卯［43 年,1615］金陵鄭大經四德堂本

一函四册；28 公分

相關責任者： （明）鄧志謨（Deng Zhimo），活動期 16 至 17 世紀,著；（明）鄭大經（Zheng Dajing），刻

附　　注： 鄭大經字思鳴。

卷端又題"書林四德堂鄭大經梓"。

封面有明萬曆四十三年(1615)金陵鄭思鳴刻書告白。

框 21.5×13.3 公分,8 行 18 字,小字雙行字不同,白口,四周單邊,單黑魚尾。版心上鐫"古事鏡",中鐫卷次。

館藏信息： East Asian Library(Gest)：Rare Books：TC308/2528

1314

基本著録： **鍥旁註事類捷録：十五卷**

（Qie pang zhu shi lei jie lu：shi wu juan）

（明）鄧志謨著；（明）［鄧］士龍校

明萬曆間(約 1603—1620)建陽余彰德萃慶堂本

一函十二册；25 公分

相關責任者： （明）鄧志謨（Deng Zhimo），活動期 16 至 17 世紀,著；（明）鄧士龍（Deng Shilong），校；（明）余彰德（Yu Zhangde），刻

附　　注： 明萬曆三十一年(1603)鄧志謨《自叙》。

卷端又題"書林萃慶堂余彰德梓"。

建陽書林有余氏萃慶堂。

框 20.2×12.3 公分,10 行 18 字,小字雙行字不等,白口,四周單邊,單黑魚尾。版心上鐫"事類捷録",中鐫類名及卷次。眉欄鐫注。

館藏信息： East Asian Library(Gest)：Rare Books：TC348/3696

1315

基本著録： **新刻註釋故事白眉：十卷**

（Xin ke zhu shi gu shi bai mei：shi juan）

（明）許以忠集；（明）鄧志謨校

明間（約 1621—1644）傅繼山版築居本

一函十册；27 公分

相關責任者： （明）許以忠（Xu Yizhong），集；（明）鄧志謨（Deng Zhimo），活動期 16
至 17 世紀，校；（明）傅繼山（Fu Jishan），刻

附　　注： 未署年鄧志謨《序》。

卷端又題"書林版築居梓"。

封面鐫"故事白眉""版築居傅繼山梓行"。

框 21.8 × 14.5 公分，10 行 20 字，小字雙行同，白口，四周單邊。版
心上鐫"白眉"，中鐫卷次。眉欄鐫注。

館藏信息： East Asian Library（Gest）：Rare Books：TC348/2930

1316

基本著録： **新纂事詞類奇：三十卷**

（Xin zuan shi ci lei qi：san shi juan）

（明）徐常吉輯；（明）焦竑訂；（明）陸伯元次；（明）周曰校勒

明萬曆間（約 1593—1620）本

四函二十四册；30 公分

相關責任者： （明）徐常吉（Xu Changji），進士 1583，輯；（明）焦竑（Jiao Hong），
1541—1620，訂；（明）陸伯元（Lu Boyuan），次；（明）周曰校（Zhou
Yuejiao），勒

附　　注： 未署年徐常吉《自序》。

此書疑爲翻刻周曰校原版。

版本參見 MHV001—B312。

框 20.3 × 14.3 公分，10 行 20 字，白口，四周單邊，單黑魚尾。版心
中鐫"事詞類奇"及卷次。

館藏信息： East Asian Library（Gest）：Rare Books：TC348/1153Q

1317

基本著録：　五車韻瑞：一百六十卷

（Wu che yun rui：yi bai liu shi juan）

（明）凌稚隆編輯

明萬曆間（即 1573—1620）金閶葉瑤池本

四函三十二冊；27 公分

相關責任者：　（明）凌稚隆（Ling Zhilong），編輯；（明）葉瑤池（Ye Yaochi），刻

附　　注：　未署年謝肇淛《序》。

封面鎸"吳興凌以棟先生纂輯""金閶葉瑤池梓行"，并鈐"十乘樓"大方印。

框 23.3×15.5 公分，10 行 20 字，白口，四周單邊，單黑魚尾。版心上鎸書名及卷次，中鎸韻部。

館藏信息：　East Asian Library（Gest）：Rare Books：TC348/1232

1318

基本著録：　新刻翰林劉先生彙纂時文助博分類古奇字句聯珍：十卷

（Xin ke han lin Liu xian sheng hui zuan shi wen zhu bo fen lei gu qi zi ju lian zhen：shi juan）

（明）劉曰寧彙纂；（明）余尚勛繡鍥

明間（約 1573—1644）余尚勛本

一函十二冊；28 公分

館藏本有殘缺；《序》有缺葉。

相關責任者：　（明）劉曰寧（Liu Yuening），進士 1589，彙纂；（明）余尚勛（Yu Shang xun），繡鍥

附　　注：　未署年《序》。

框 19.8×12.6 公分，9 行 25 字，小字雙行同，白口，四周單邊，單黑魚尾。版心上鎸"分類字句"，中鎸卷次。

館藏信息：　East Asian Library（Gest）：Rare Books：TC348/3470

1319

基本著録：　麗句集：六卷

（Li ju ji：liu juan）

（明）許之吉選

明間（約1625—1644）本

十二册；26公分

相關責任者： （明）許之吉（Xu Zhiji），選

附　　注： 未署年謝於教《序》。

與MHV001—B435異版。

框20.5×13.9公分，9行19字，白口，四周單邊。版心上鐫書名，中鐫類名。

佚名朱藍筆圈點。

館藏信息： East Asian Library（Gest）：Rare Books：TC348/366

1320

基本著錄： **喻林髓：二十四卷**

（Yu lin sui：er shi si juan）

（明）徐元太編輯；（明）鄒道元删校

明天啓壬戌[2年，1622]鄒道元本

兩函十六册；26公分

相關責任者： （明）徐元太（Xu Yuantai），進士1565，編輯；（明）鄒道元（Zou Daoyuan），删校

附　　注： 明天啓二年（1622）鄒道元《序》言刻書事。

框23.1×14.9公分，9行18字，小字雙行同，白口，四周單邊。版心上鐫書名及卷次。

館藏信息： East Asian Library（Gest）：Rare Books：TC348/2905

1321

基本著錄： **急覽類編：十卷**

（Ji lan lei bian：shi juan）

（明）施澤深纂述；（明）陳台閲正

明天啓間（約1622—1627）本

兩函十册；26公分

相關責任者： （明）施澤深（Shi Zeshen），纂述；（明）陳台（Chen Tai），閲正

附　　注：	避"校"字諱。

未署年施澤深《自序》開首曰"壬戌之春",壬戌爲明天啓二年（1622）。

框21.1×13.3公分,9行20字,白口,四周單邊。版心上鐫書名及卷次。

佚名朱筆圈點。

館藏信息：　East Asian Library(Gest)：Rare Books：TC348/1270

1322

基本著録：　**新鐫陳太史子史經濟言：十二卷**

（Xin juan Chen tai shi zi shi jing ji yan：shi er juan）

（清）陳子壯纂

明天啓間（約1625—1627）本

一函六册；27公分

相關責任者：　（清）陳子壯（Chen Zizhuang）,卒年1647,纂

附　　注：　明天啓五年（1625）陳子壯《序》。

框22.4×14.2公分,10行20字,白口,四周單邊。版心上鐫"經濟言",中鐫卷次。眉上鐫注。

館藏信息：　East Asian Library(Gest)：Rare Books：TC328/3824

1323

基本著録：　**車書樓選註名公新語滿紙千金：八卷**

（Che shu lou xuan zhu ming gong xin yu man zhi qian jin：ba juan）

（明）李自榮選輯；（明）王世茂較注

明間（約1627—1644）本

一函八册；25公分

相關責任者：　（明）李自榮（Li Zirong）,進士1610,選輯；（明）王世茂（Wang Shimao）,較注

附　　注：　明天啓七年（1627）王在晉《序》。

框25×14.1公分,9行20字,小字雙行同,白口,四周單邊。版心上鐫"滿紙千金",中鐫卷次。

館藏信息：　East Asian Library(Gest)：Rare Books：TC348/3791

1324

基本著録： 　**新刻大千生鑑聖賢年譜萬壽全書：六卷**

　　　　　　（Xin ke Daqiansheng jian sheng xian nian pu wan shou quan shu：liu juan）

　　　　　　（明）聶文麟考正；（明）劉維詔搜輯；（明）徐選，（明）徐標參閱；（明）黃之芳，（明）王世茂編次

　　　　　　明間（約1621—1644）本

　　　　　　一函六冊；26公分

相關責任者： 　（明）聶文麟（Nie Wenlin），進士1622，考正；（明）劉維詔（Liu Weizhao），搜輯；（明）徐選（Xu Xuan），參閱；（明）徐標（Xu Biao），進士1625，參閱；（明）黃之芳（Huang Zhifang），編次；（明）王世茂（Wang Shimao），編次

附　　注： 　封面題"古今萬壽全書"。卷二至五卷端題"新刻蒐集羣書紀載大千生鑑"。

　　　　　　卷一卷端題"南司馬尚書職方司郎中蘇門聶文麟考正　青藜閣四素劉維詔蒐輯　丹筆齋賓野徐選青雲閣鶴洲徐標參閱　筆花舘雪舸黃之芳車書樓養恬王世茂編次"。

　　　　　　《叙萬壽全書》殘。

　　　　　　框21.5×14公分，11行22字，白口，四周單邊，單黑魚尾。版心上鐫"大千生鑑"，中鐫歲數及卷次。

館藏信息： 　East Asian Library（Gest）：Rare Books：TB117/2983

1325

基本著録： 　**潛確居類書：一百二十卷，卷首**

　　　　　　（Qian que ju lei shu：yi bai er shi juan，juan shou）

　　　　　　（明）陳仁錫纂輯

　　　　　　明崇禎庚午—壬申［3—5年，1630—1632］吳門徐觀我大觀堂本

　　　　　　八函四十八冊；26公分

相關責任者： 　（明）陳仁錫（Chen Renxi），1581—1636，纂輯；（明）徐觀我（Xu Guanwo），刻

附　　注： 　版本據未署年陳氏《自序》及《類書臠旨》末款。

封面鐫"潛確類書""本衙藏板",鈐"裕滋堂"朱印。

框 21×14.8 公分,10 行 20 字,小字雙行同,白口,四周單邊,單黑魚尾。版心上鐫"潛確類書",中鐫卷次及類目,下鐫小題。

館藏信息: East Asian Library(Gest):Rare Books:TC348/627

1326

基本著録: **博物典彙:二十卷**

（Bo wu dian hui:er shi juan）

（明）黃道周纂

明間（約 1635—1644）本

兩函二十册:圖;26 公分

相關責任者: （明）黃道周（Huang Daozhou）,1585—1646,纂

附　　注: 有明崇禎八年(1635)蔣德璟《序》。

框 20×13.9 公分,9 行 19 字,白口,左右雙邊。版心上鐫書名,中鐫卷次及篇名。

館藏信息: East Asian Library(Gest):Rare Books:TC348/643

1327

基本著録: **彙書奧窔:十卷**

（Hui shu ao cheng:shi juan）

（明）徐茂中彙輯

明間（約 1621—1644）廓暉堂本

一函十册;27 公分

相關責任者: （明）徐茂中（Xu Maozhong）,彙輯

附　　注: 未署年徐氏《自序》。

框 21.1×12.1 公分,9 行 24 字,小字雙行同,無行格,白口,四周單邊。版心上鐫書名,中鐫卷次及小題,下鐫"廓暉堂"。

館藏信息: East Asian Library(Gest):Rare Books:TC328/3028

1328

基本著録: **茹古畧集:三十卷,卷首**

（Ru gu lüe ji:san shi juan,juan shou）

（明）程良孺著

明崇禎間（約 1631—1644）韻樓本

二十四册;27 公分

相關責任者:　（明）程良孺（Cheng Liangru）,著

附　　注:　明崇禎四年（1631）程氏《自叙》言"…… 爰是授之梓人 ……"。

框 21.3×14.1 公分,9 行 20 字,小字雙行同,白口,四周單邊,單白魚尾。版心上鐫書名,中鐫卷次,下鐫"韻樓藏板"。

館藏信息:　East Asian Library（Gest）:Rare Books:TC348/3417

1329

基本著錄:　**四六霞肆:十六卷**

（Si liu xia si;shi liu juan）

（明）丁大任參閱;（明）何偉然彙纂;（明）胡正言較梓

明間（約 1621—1644）胡正言十竹齋本

四函二十册;26 公分

相關責任者:　（明）丁大任（Ding Daren）,參閱;（明）何偉然（He Weiran）,彙纂;（明）胡正言（Hu Zhengyan）,約 1582—1671,較梓

附　　注:　未署年王錫袞《序》。

框 22×14.2 公分,8 行 18 字,小字雙行同,白口,四周單邊,單白魚尾。版心上鐫書名,中鐫卷次及類別,下鐫"十竹齋"。

館藏信息:　East Asian Library（Gest）:Rare Books:TC348/3372

1330

基本著錄:　**古學彙纂:十卷**

（Gu xue hui zuan;shi juan）

（明）周嗜雍手輯;（明）周詩雅較正

明崇禎間（約 1642—1644）愛日齋本

六函五十二册;25 公分

相關責任者:　（明）周嗜雍（Zhou Shiyong）,手輯;（明）周詩雅（Zhou Shiya）,進士 1620,較正

附　　注:　明崇禎十五年（1642）顧錫疇《序》。

框 22×12.4 公分,9 行 26 字,無行格,白口,四周單邊。版心上鐫書

名,中鐫卷次及類別,下鐫"愛日齋"。眉上鐫注。

館藏信息： East Asian Library(Gest)：Rare Books：TC328/3845

1331

基本著録： **墨園勝奚囊集：一百十卷**

（Mo yuan sheng xi nang ji：yi bai shi juan）

（清）呂錫編

清康熙戊申—丁巳[7—16 年,1668—1677]本

四函三十二册：圖；28 公分

相關責任者： （清）呂錫（Lü Xi）,編

附　　注： 有清康熙十六年(1677)《自序》及《跋》。

版框及朱圈爲刻印。

框 18.6×11.5 公分,8 行 20 字,小字雙行同,白口,四周雙邊。

鈐"呂錫""琴丘"等印記。

館藏信息： East Asian Library(Gest)：Rare Books：TC348/243

1332

基本著録： **新鋟李先生類纂音釋捷用雲箋：五卷**

（Xin qin Li xian sheng lei zuan yin shi jie yong yun jian：wu juan）

（明）李光祚[纂]；(明)詹伯元[梓]

明間(約 1621—1644)建陽詹伯元本

一函六册；26 公分.

相關責任者： （明）李光祚（Li Guangzuo）,纂;（明）詹伯元（Zhan Boyuan）,梓

附　　注： 卷端題"書林仁廷詹伯元"。

版本又據風格。

框 21.2×12.4 公分,10 行 27 字,白口,四周單邊。版心上鐫"捷用雲箋",中鐫卷次。

館藏信息： East Asian Library(Gest)：Rare Books：TD43/2900

1333

基本著録： **仰止子詳考古今名家潤色詩林正宗：[十二卷. 韻林正宗：六卷].**

子目：

仰止子詳考古今名家潤色詩林正宗：［十二卷］

（Yangzhizi xiang kao gu jin ming jia run se shi lin zheng zong：［shi er juan］）

（明）余象斗編輯；（明）李廷機校正

［韻林正宗：六卷］

（［Yun lin zheng zong：liu juan］）

（明）余象斗編輯；（明）李廷機校正

明萬曆庚子［28 年，1600］建陽余象斗雙峰堂本

一函四冊；25 公分

館藏本有殘缺：存卷一至八。

相關責任者： （明）余象斗（Yu Xiangdou），編輯；（明）李廷機（Li Tingji），進士 1583，校正

附　　注： 明萬曆二十八年（1600）三台人仰止余象斗《刻三台學韻詩林正宗序》。

卷端又題"書林雙峯堂文台余氏刊行"。

建陽書林有余象斗雙峰堂。

此書原目錄題《三台詩林》卷一至十二、《三台韻林》卷十三至十八。

框 20.6×12.4 公分，11 行大字不等，小字雙行 32 字，白口，四周雙邊。版心上鐫"三台詩學正宗"，中鐫部門及卷次。

館藏信息： East Asian Library（Gest）：Rare Books：T5237.07/8923

1334

基本著錄： **新增說文韻府羣玉：二十卷**

（Xin zeng shuo wen yun fu qun yu：er shi juan）

（元）陰時夫編輯；（元）陰中夫編注；（明）王元貞校正

明萬曆間（約 1590—1620）本

一函十冊；26 公分

相關責任者： （元）陰時夫（Yin Shifu），編輯；（元）陰中夫（Yin Zhongfu），編注；（明）王元貞（Wang Yuanzhen），校正

附　　注： 《韻府羣玉凡例》末鐫"金陵徐智督刻"。

卷前有元延祐元年（1314）陰中夫復春《自序》及陰時夫勁弦《自序》。

與 MHV001—B439 同版，該書有明萬曆十八年（1590）陳文燭《序》。

此本疑爲翻刻萬曆十八年(1590)王元貞校刊本。

框 21.3×14.3 公分,11 行 22 字,小字雙行同,白口,左右雙邊,單黑魚尾。版心上鐫"韻府羣玉",中鐫卷數。

館藏信息: East Asian Library(Gest):Rare Books:T9304/7365

1335

基本著錄: **新刻古今事物考:八卷**

(Xin ke Gu jin shi wu kao:ba juan)

(明)王三聘輯;(明)胡文煥校

明萬曆間(即 1573—1620)胡文煥本

兩册;28 公分

相關責任者: (明)王三聘(Wang Sanpin),輯;(明)胡文煥(Hu Wenhuan),校

附　注: 未署年王三聘《古今事物考序》。

框 19.2×13.6 公分,10 行 20 字,白口,左右雙邊,雙白魚尾。版心上鐫"古今事物考"及卷次。

與《格古論要》等合函。

館藏信息: East Asian Library(Gest):Rare Books:T9100/4852 vol.1—2

1336

基本著錄: **新刻事物異名:[二卷]**

(Xin ke Shi wu yi ming:[er juan])

(明)余庭璧編;(明)胡文煥校

明萬曆間(即 1573—1620)胡文煥本

一册;28 公分

相關責任者: (明)余庭璧(Yu Tingbi),編;(明)胡文煥(Hu Wenhuan),校

附　注: 卷分上下。

卷端題"餘姚懶云余庭璧國用編　錢唐全菴胡文煥德父校"。

框 19.4×13.8 公分,10 行 20 字,白口,左右雙邊,雙白魚尾。版心上鐫"事物異名"及卷次。

與《新刻天地萬物造化論》同册同函。

館藏信息: East Asian Library(Gest):Rare Books:T9100/4852 vol.6(2)

1337

基本著録： 三才藻異：三十三卷

（San cai zao yi：san shi san juan）

（清）屠粹忠著；（清）余吉校

清間（約 1689—1795）本

十六册；25 公分

相關責任者： （清）屠粹忠（Tu Cuizhong），進士 1658，著；（清）余吉（Yu Ji），校

附　　注： 清康熙二十八年（1689）屠粹忠書於栩栩園《自序》。此本爲後刻。

框 20.6×14.6 公分，8 行 19 字，小字雙行同，白口，四周雙邊，單黑魚尾。版心上鐫書名，中鐫卷次，下鐫"栩園"。

館藏信息： East Asian Library（Gest）：Rare Books：TC348/1134

1338

基本著録： 淵鑑類函：四百五十卷，目錄：四卷

（Yuan jian lei han：si bai wu shi juan，mu lu：si juan）

（清）張英等纂

清康熙庚寅［49 年，1710］北京内府本

二十函一百四十册；26 公分

相關責任者： （清）張英（Zhang Ying），1638—1708，纂

附　　注： 輯者據《纂脩校刊職官表》。

清康熙四十九年（1710）《御製序》。

框 17.2×11.7 公分，10 行 21 字，小字雙行同，黑口，四周雙邊，順黑魚尾。版心上鐫部名，中鐫書名、卷次及類目。

館藏信息： Annex A，Forrestal：C348/1654

1339

基本著録： 喻林一葉：二十四卷

（Yu lin yi ye：er shi si juan）

［（明）徐元太纂；（清）王蘇删］

清間（約 1662—1795）本

兩函八册；28 公分

相關責任者：	（明）徐元太（Xu Yuantai），進士 1565，纂；（清）王蘇（Wang Su），17/18 世紀，删
附　　注：	書内避"玄"字諱。
	框 19.9×14.2 公分，8 行 18 字，白口，四周雙邊，單黑魚尾。版心上鐫書名及卷次。
館藏信息：	RECAP：East Asian Library use only：C348/2471

1340

基本著録：	**格致鏡原：一百卷**
	（Ge zhi jing yuan：yi bai juan）
	（清）陳元龍輯
	清康熙丁酉［56 年，1717］廣東陳元龍本
	兩函二十四册；24 公分
相關責任者：	（清）陳元龍（Chen Yuanlong），1652—1736，刻
附　　注：	清康熙五十六年（1717）陳元龍《凡例》言撫粤刻書事。
	清雍正十三年（1735）陳元龍《格致鏡原序》言康熙間撫粤時刻書及雍正十三年（1735）補序事。
	諱"弘"及"玄"。
	與 NYCP94—B16292 同版。
	框 17.2×11.4 公分，11 行 21 字，黑口，左右雙邊，雙黑魚尾。版心中鐫書名、卷次及類目名稱。
館藏信息：	RECAP：East Asian Library use only：C348/154

1341

基本著録：	**格致鏡原：一百卷**
	（Ge zhi jing yuan：yi bai juan）
	（清）陳元龍
	清康熙丁酉［56 年，1717］廣東陳元龍本
	三函十二册；26 公分
相關責任者：	（清）陳元龍（Chen Yuanlong），1652—1736，刻
附　　注：	輯者名據《序》及《凡例》。
	清康熙五十六年（1717）陳元龍《凡例》言刻書事。

清雍正十三年(1735)陳元龍《序》言刻書於粵及印書事。

框 16.8 × 11.2 公分,11 行 21 字,黑口,左右雙邊,雙黑魚尾。版心中鐫書名、卷次及類目名稱。

館藏信息：　RECAP:East Asian Library use only:C348/1674

1342

基本著録：　**分類字錦:六十四卷**

（Fen lei zi jin:liu shi si juan）

（清）何焯等編纂

清間(約 1722—1795)本

一函六十册;27 公分

相關責任者：　（清）何焯(He Zhuo),1661—1722,編纂

附　　注：　清康熙六十一年(1722)《御製序》。

此本係翻刻清康熙六十一年(1722)內府刻本。

與 ILC004—B16972 異版。

框 18.2×12.6 公分,8 行 24 字,小字雙行同,白口,四周雙邊,單黑魚尾。版心上鐫書名,中鐫卷次及部類。

館藏信息：　Annex A,Forrestal:C348/900

1343

基本著録：　**子史精華:一百六十卷**

（Zi shi jing hua:yi bai liu shi juan）

（清）允禄等監修;（清）吴襄等纂修

清雍正丁未[5 年,1727]北京武英殿本

四函三十二册;25 公分

相關責任者：　（清）允禄(Yunlu),1695—1767,監修;（清）吴襄(Wu Xiang),1661—1735,纂修

附　　注：　輯者據清雍正五年(1727)《職名》。

框 18.1×12.5 公分,8 行 24 字,小字雙行,白口,四周雙邊,單黑魚尾。版心上鐫書名,中鐫卷次及部類。

館藏信息：　Annex A,Forrestal:C348/291

1344

基本著録： **事物異名錄：四十卷**

（Shi wu yi ming lu：si shi juan）

（清）厲荃原輯；（清）關槐增纂

清乾隆戊申［53 年,1788］本

四函二十四册;24 公分

相關責任者： （清）厲荃（Li Quan）,活動期 18 世紀,原輯；（清）關槐（Guan Huai）,
增纂

附　　注： 封面鐫"乾隆戊申年鐫　本衙藏板"。

框 16.8×11.5 公分,11 行 21 字,白口,左右雙邊,單黑魚尾。版心
上鐫書名,中鐫卷次。

館藏信息： Annex A,Forrestal：C348/1124

1345

基本著録： **御定駢字類編：二百四十卷**

（Yu ding pian zi lei bian：er bai si shi juan）

（清）張廷玉等纂輯

清雍正戊申［6 年,1728］北京内府本

二十函一百二十册;23 公分

相關責任者： （清）張廷玉（Zhang Tingyu）,1672—1755,纂輯

附　　注： 清雍正四年（1726）《御製駢字類編序》。

此本無雍正六年（1728）纂修《職名》。

框 17.2×11.7 公分,10 行 21 字,小字雙行同,黑口,四周雙邊,順黑
魚尾。版心上鐫門類,中鐫"駢字類編"卷次及小題。

館藏信息： Annex A,Forrestal：C348/815

1346

基本著録： **新鍥四民便用不求人萬斛明珠：廿二卷**

（Xin qin si min bian yong bu qiu ren wan hu ming zhu：nian er juan）

（清）李笠翁纂輯；（清）徐心魯精輯

清康熙戊戌［57 年,1718］熊氏聚德堂本

一函六册:圖;22 公分

相關責任者： （清）李漁（Li Yu），1611—1680，纂輯；（清）徐心魯（Xu Xinlu），精輯

附　　注： 内封面鐫"康熙戊戌年新鐫　李笠翁先生纂輯　增補萬寶全書定本
　　　　　　書林聚德堂藏板"。卷末牌記題"龍飛戊戌歲仲冬月書林聚德堂
　　　　　　重梓行"。

　　　　　　卷端題"豫撫金徐心魯精輯　聚德堂熊氏梓"。

　　　　　　兩節版，框 17.7×12 公分，行字不等，白口，四周單邊。版心上鐫"不
　　　　　　求人"，中鐫門類名及卷次。

館藏信息： Cotsen Children's Library（CTSN）:12171

1347

基本著錄： **小學紺珠:十卷**

（Xiao xue gan zhu:shi juan）

（元）王應麟輯

清間（約 1644—1795）本

兩函十六册;26 公分

相關責任者： （元）王應麟（Wang Yinglin），1223—1296，輯

館藏信息： RECAP:East Asian Library use only:C348/1132

1348

基本著錄： **類林新咏:三十六卷**

（Lei lin xin yong:san shi liu juan）

（清）姚之駰

清康熙戊子［47 年,1708］本

十六册;25 公分

相關責任者： （清）姚之駰（Yao Zhiyin），進士 1721

附　　注： 封面題"進呈原本錢唐姚之駰注　類林新咏　文映書屋藏板"。

　　　　　　清康熙四十七年（1708）毛奇齡《類林新咏序》、彭始搏《類林新咏
　　　　　　序》。康熙四十六年（1707）姚之駰《奏稿》。

　　　　　　姚之駰《奏稿》及彭始搏《序》言刻書事。

　　　　　　框 19.3×14.4 公分,10 行 20 字,小字雙行同,白口,左右雙邊,單黑
　　　　　　魚尾。版心上鐫書名,中鐫卷次。

館藏信息： Annex A, Forrestal : 9301/4137

1349

基本著録： 類書纂要：四十卷

（Lei shu zuan yao：si shi juan）

（清）周南林纂

清康熙甲辰—乾隆甲寅［康熙 3 年—乾隆 59 年,1664—1795］本

八函四十八册；26 公分

相關責任者： （清）周魯（Zhou Lu）,纂

附　　注： 卷端未題著者,著者據封面。

封面鐫"周南林手纂類書纂要""無錫天和堂藏板"。

有清康熙三年(1664)黃機《序》。

不避"玄"字,如卷三十七第 121 葉 A 面倒數第 2 行正數第 2 字。

版本與 CHRR03—B7 卷數、行款皆不同,但均題"天和堂藏板"。

框 21×14.5 公分,10 行 20 字,小字雙行,白口,左右雙邊,單黑魚

尾。版心上鐫書名,中鐫卷次。

館藏信息： RECAP：East Asian Library use only：C348/2688

1350

基本著録： 增訂廣集雜字大全

（Zeng ding guang ji za zi da quan）

明崇禎癸酉［6 年,1633］本

附　　注： 封面鐫"癸酉孟春新鐫　增訂廣集雜字大全　明儉堂藏板"。

兩節版,框 22×13 公分,12 行 24 字,白口,四周單邊,單黑魚尾。版

心上鐫"增訂雜字",下鐫葉碼。

版本年依據介紹本收藏文章,英文原文章見"Princeton University Li-

brary Chronicle"（Volume LXII 2000—2001,第 127 頁）。

館藏信息： Cotsen Children's Library（CTSN）：N—000031

1351

基本著録： 新刊魁本對相四言

（Xin kan kui ben dui xiang si yan）

明清間(約 1600—1650)李毅貽本

相關責任者：　（明）李毅貽(Li Guyi),刻

附　　注：　卷端題"李毅貽梓行"。

版本年依據介紹本收藏文章,英文原文章見"Princeton University Library Chronicle"(Volume LXII 2000—2001,第 127 頁)。

框 14.3×10.2 公分,6 行 8 字,四周單邊。

館藏信息：　Cotsen Children's Library(CTSN):N—000031

小説家類

1352

基本著録：　**秋燈叢話:十八卷**

(Qiu deng cong hua:shi ba juan)

（清）王椷著

清乾隆間(約 1778—1795)本

兩函十二冊;25 公分

館藏本有殘缺:缺卷十六至十八。

相關責任者：　（清）王椷(Wang Jian),舉人 1736,著

附　　注：　清乾隆四十三年(1778)王嵩高《序》。

框 17.8×12.8 公分,9 行 17 字,白口,四周雙邊,單黑魚尾。版心上鐫書名,中鐫卷次。

館藏信息：　Annex A,Forrestal:C308/3863

1353

基本著録：　**穆天子傳:六卷**

(Mu tian zi zhuan:liu juan)

（東晉）郭璞注;（清）鄭濂校

清康熙間(約 1710—1722)本

一函一冊;26 公分

相關責任者：　（東晉）郭璞(Guo Pu),276—324,注;（清）鄭濂(Zheng Lian),校

附　　注：　元至正十年(1350)王漸《序》。

避"玄"字諱。

疑爲叢書零種。

框 19.2×14.4 公分,9 行 20 字,小字雙行同,白口,左右雙邊,單白魚尾。版心上鐫書名,中鐫卷次。

館藏信息: RECAP:East Asian Library use only:C368/1987

1354

基本著錄: **太平廣記:五百卷**

(Taiping guang ji:wu bai juan)

(宋)李昉等輯

清乾隆癸酉[18 年,1753]黃晟本

八函六十四册;17 公分

相關責任者: (宋)李昉(Li Fang),925—996,輯;(清)黃晟(Huang Sheng),刻

附　　注: 著者據表。

清乾隆十八年(1753)黃晟作於槐蔭草堂《重刻太平廣記序》。

卷端題下鐫"天都黃晟曉峰氏校刊"。

封面鐫"姑蘇聚文堂藏板"。

框 11.7×9.1 公分,12 行 22 字,白口,四周雙邊,單黑魚尾。版心上鐫書名,中鐫卷次。

館藏信息: Annex A,Forrestal:C378/1048

1355

基本著錄: **綿津山人詩集:二十六卷. 楓香詞. 怪石贊. 筠廊偶筆:[二卷]. 漫堂墨品. 緯蕭草堂詩:三卷. 雪堂墨品.**

(Mianjinshanren shi ji:er shi liu juan. Feng xiang ci. Guai shi zan. Yun lang ou bi:[er juan]. Mantang mo pin. Wei xiao cao tang shi:san juan. Xue tang mo pin.)

編目記錄詳見《子部·譜錄類》。

1356

基本著錄: **螢雪叢說:[二卷]. 許彥周詩話. 後山居士詩話. 孫公談圃:[三卷].**

(Ying xue cong shuo:[er juan]. Xu Yanzhou shi hua. Houshanjushi shi hua. Sun gong tan pu：[san juan].）

編目記録詳見《子部·雜家類》。

1357

基本著録： **魏晉小説：十二卷**

（Wei Jin xiao shuo：shi er juan）

苕上野客輯

明間（約 1621—1644）本

兩函十六册；24 公分

相關責任者： 苕上野客（Tiaoshangyeke），輯

附　　注： 書名據《序》及《目録》。

著者據未署年苕上野客《序》。

框 19×14.3 公分，9 行 20 字，白口，左右雙邊，單白魚尾。版心上鐫

篇名。

館藏信息： East Asian Library（Gest）：Rare Books：TC328/3606

1358

基本著録： **唐人百家小説**

（Tang ren bai jia xiao shuo）

（明）桃園居士編

明間（約 1621—1644）本

四函二十四册；28 公分

相關責任者： （明）桃園居士（Taoyuanjushi），編

附　　注： 不分卷。

未署年桃園居士《序》言編書事。

版本據風格。

框 19.2×14.2 公分，9 行 20 字，白口，左右雙邊，單白魚尾。版心上

鐫篇名。

館藏信息： East Asian Library（Gest）：Rare Books：TC368/2729

1359

基本著録： **宋朝小説**

（Song chao xiao shuo）

明間（約 1621—1644）本

四函二十四册;25 公分

附　　注：書名據《目錄》。

版本據風格。

框（《錢氏私誌》）19.4×14.5 公分,9 行 20 字,白口,左右雙邊,單白
魚尾。版心上鎸書名。

館藏信息：East Asian Library（Gest）:Rare Books:TC328/2705

1360

基本著錄：山海經:十八卷

（Shan hai jing:shi ba juan）

（東晉）郭璞傳;（明）吳琯校

明萬曆乙酉[13 年,1585]吳琯本

一函四册;28 公分

相關責任者：（東晉）郭璞（Guo Pu）,276—324,傳;（明）吳琯（Wu Guan）,16 世
紀,校

附　　注：版本及刻者據 ONTG94—B8031。該書有方沅撰《合刻山海經水經
序》及明萬曆十三年（1585）王世懋《序》。

框 20.1×13.8 公分,10 行 20 字,小字雙行同,白口,左右雙邊,單黑
魚尾。版心上鎸書名,中鎸卷次。

館藏信息：East Asian Library（Gest）:Rare Books:TC368/1497

1361

基本著錄：太平廣記鈔:八十卷

（Taiping guang ji chao:ba shi juan）

（明）馮夢龍評纂

明天啓丙寅[6 年,1626]沈飛仲本

四函四十册;27 公分

相關責任者：（明）馮夢龍（Feng Menglong）,1574—1646,評纂;（明）沈飛仲（Shen
Feizhong）,刻

附　　注：明天啓六年（1626）李長庚《序》。

未署年馮夢龍《小引》言沈氏刻書事。

框 22.2×14.3 公分,10 行 22 字,小字雙行同,白口,左右雙邊,單白魚尾。版心上鐫書名,中鐫卷次。眉上鐫注。

館藏信息: East Asian Library(Gest):Rare Books:TC368/3816

1362

基本著錄: **睽車志:六卷. 侯鯖錄:四卷. 隨隱漫錄:五卷. 山房隨筆. 江鄰幾雜志.**

(Kui che zhi:liu juan. Hou qing lu:si juan. Suiyin man lu:wu juan. Shan fang sui bi. Jiang Linji za zhi.)

編目記錄詳見《子部・雜家類》。

1363

基本著錄: **增修埤雅廣要:四十二卷**

(Zeng xiu Pi ya guang yao:si shi er juan)

(宋)陸佃撰;(明)牛衷增修

編目記錄詳見《經部・小學類》。

1364

基本著錄: **小窗自紀:四卷. 小窗別紀:四卷. 小窗艷紀:十四卷. 小窗清紀.**

子目:

小窗自紀:四卷

(Xiao chuang zi ji:si juan)

(明)吳從先著

小窗別紀:四卷

(Xiao chuang bie ji:si juan)

(明)吳從先選評

小窗艷紀:十四卷

(Xiao chuang yan ji:shi si juan)

(明)吳從先選評

小窗清紀

(Xiao chuan qing ji)

(明)吳從先選輯

明萬曆間(約 1614—1620)本

四函二十四册;26 公分

相關責任者: (明)吳從先(Wu Congxian),著、選評、選輯

附　　注: 有明萬曆四十二年(1614)焦竑《序》等序。

框 21.4×13.6 公分,8 行 18 字,白口,四周單邊,無行格。版心上分別鐫"自紀""別紀""清紀""艷紀",中鐫類名。

館藏信息: East Asian Library(Gest):Rare Books:TC368/2529

1365

基本著錄: **小窗自紀:四卷. 小窗別紀:四卷. 小窗艷紀:十四卷.**

子目:

小窗自紀:四卷

(Xiao chuang zi ji:si juan)

(明)吳從先著

小窗別紀:四卷

(Xiao chuang bie ji:si juan)

(明)吳從先選評

小窗艷紀:十四卷

(Xiao chuang yan ji:shi si juan)

(明)吳從先選評

明萬曆間(約 1614—1620)本

四函三十二册;27 公分

相關責任者: (明)吳從先(Wu Congxian),著、選評

附　　注: 有明萬曆四十二年(1614)焦竑《序》等序。

框 21.4×13.8 公分,8 行 18 字,白口,四周單邊,無行格。版心上鐫分別鐫"自紀""別紀""艷紀",中鐫類名。

館藏信息: East Asian Library(Gest):Rare Books:TC368/2676

1366

基本著錄: **梨雲館廣清紀:四卷**

(Li yun guan guang qing ji:si juan)

(明)吳從先,(明)王緣督纂;(明)何偉然,(明)郭化參閱

明間(約1621—1644)本

一函八册;31公分

相關責任者:　(明)吳從先(Wu Congxian),纂;(明)王緣督(Wang Yuandu),纂;

(明)何偉然(He Weiran),參閲;(明)郭化(Guo Hua),參閲

附　　注:　版本據風格。

與MHVO01—B412同版。

框21×14.5公分,8行18字,無行格,白口,四周單邊。版心上鐫"廣清紀",中鐫卷次。

館藏信息:　East Asian Library(Gest):Rare Books:TC383/1136Q

1367

基本著録:　**山海經廣注:十八卷. 山海經圖:五卷.**

子目:

山海經廣注:十八卷

(Shan hai jing guang zhu:shi ba juan)

(清)吳任臣注

山海經圖:五卷

(Shan hai jing tu:wu juan)

清康熙間(約1667—1722)本

一函六册:圖;25公分

相關責任者:　(清)吳任臣(Wu Renchen),1628—1689,注

附　　注:　前有《雜述》。

清康熙六年(1667)柴紹炳《序》、吳任臣《跋》。

封面鐫"乾隆五十一年夏鐫""增補繪像山海經廣註""金閶書業堂藏板"等。

避"玄",不避"眞",挖改"弘"字。

框19.1×13.4公分,9行22字,白口,左右雙邊。版心上鐫書名,中鐫卷次。

館藏信息:　East Asian Library(Gest):Rare Books:TC368/46. zggk

釋家類

1368

基本著録：　　**道行般若波羅蜜經：十卷**

（Dao xing bo re bo luo mi jing：shi juan）

（東漢）支婁迦讖譯

明萬曆丁未［35 年，1607］杭州寂照庵本

一函八冊：圖；31 公分

相關責任者：　（東漢）支婁迦讖（Zhiloujiachen），譯

附　　注：　　卷首有佛像扉畫，題"般若堂刻"。

各卷末均有牌記内鑴"萬曆丁未孟夏月徑山寂照庵識"。

框 24×16.3 公分，10 行 20 字，白口，四周雙邊。版心中鑴書名及

卷次。

館藏信息：　East Asian Library（Gest）：Rare Books：TC513/3831Q

1369

基本著録：　　**小品般若波羅蜜經：十卷**

（Xiao pin bo re bo luo mi jing：shi juan）

（後秦）鳩摩羅什譯

明萬曆辛丑—壬寅［29—30 年，1601—1602］杭州寂照庵本

一函八冊：圖；31 公分

相關責任者：　（後秦）鳩摩羅什（Jiumoluoshi），344—413，譯

附　　注：　　卷首有佛像扉畫，題"般若堂刻"。

卷一及卷二牌記内鑴"……明萬曆辛丑冬十一月徑山寂照庵識"，卷

三至卷十牌記内鑴"……明萬曆壬寅……徑山寂照庵識"．

框 23.7×15.8 公分，10 行 20 字，白口，四周雙邊。版心中鑴書名及

卷次。

館藏信息：　East Asian Library（Gest）：Rare Books：TC513/3830Q

1370

基本著録：　　**金剛般若波羅蜜經**

(Jin gang bo re bo luo mi jing)

(後秦)鳩摩羅什譯

明間(約 1522—1644)本

一册:圖;33 公分

相關責任者: (後秦)鳩摩羅什(Jiumoluoshi),344—413,譯

附　　注: 有扉畫。

經摺裝。

框高 25.2 公分,4 行 11 字,上下雙邊。

館藏信息: Rare Books:South East(East Asian):TC513/2201x(6)

1371

基本著録: **金剛般若波羅蜜經**

(Jin gang bo re bo luo mi jing)

(後秦)鳩摩羅什譯;(宋)道肯集篆

清間(約 1644—1795)本

一函兩册:圖;33 公分

相關責任者: (後秦)鳩摩羅什(Jiumoluoshi),344—413,譯;(宋)道肯(Daoken),集篆

附　　注: 卷首及卷末皆有佛像扉畫。

本書爲玉筋等三十二體篆文本。

框 24.8×18.8 公分,5 行 7 字,白口,四周單邊。版心上鎸"金剛經"。

館藏信息: East Asian Library(Gest):Rare Books:TC513/3631Q

1372

基本著録: **妙法蓮華經:八卷**

(Miao fa lian hua jing:ba juan)

(隋)闍那崛多,(隋)達摩笈多譯

明萬曆戊申[36 年,1608]杭州徑山寂照庵本

一函八册:圖;31 公分

相關責任者: (隋)闍那崛多(Du'najueduo),譯;(隋)達摩笈多(Damojiduo),譯

附　　注: 卷首有佛像扉畫,題"般若堂刻"。

版本據各卷末牌記。

框 24×16.5 公分,10 行 20 字,白口,四周雙邊。版心中鐫"添品妙法蓮華經"及卷次.

館藏信息： East Asian Library(Gest):Rare Books:TC513/3966Q

1373

基本著録： **妙法蓮華經:七卷**

（Miao fa Lian hua jing:qi juan）

（後秦）鳩摩羅什譯;（明）一如集注

明崇禎癸酉［6 年,1633］本

一函七冊:圖;28 公分

相關責任者： （後秦）鳩摩羅什（Jiumoluoshi）,344—413,譯;（明）一如（Yiru）,1352—1425,集注

附　　注： 卷一前"妙法蓮華經"原題"一如集註"。

卷首有佛像扉畫,左下角鐫"弟子本禮助刻薦父王文有母梅氏弟希員"。

明崇禎六年（1633）大賢《刻法華科註序》及如六《跋》皆言刻書事。

卷七後鐫"板藏西方庵流通"。

框 22.7×14.7 公分,18 行 20 字,白口,四周單邊,單白魚尾。版心中鐫"科註"及卷次。

鈐"迪莊所藏"等印記。

館藏信息： East Asian Library(Gest):Rare Books:TC513/3400

1374

基本著録： **妙法蓮華經:七卷**

（Miao fa lian hua jing:qi juan）

（後秦）鳩摩羅什譯

明崇禎戊午［11 年,1638］杭州鄒智鳳本

一函七冊:圖;36 公分

相關責任者： （後秦）鳩摩羅什（Jiumoluosi）,344—413,譯;（明）慧空（Huikong）,印造;（明）鄒智鳳（Zou Zhifeng）,刻

附　　注： 卷一卷端下題"吉安府泰和縣信士康獻庭簫魁爵助刻板面祈保吉祥

者"。

卷一末有明崇禎十一年(1638)鄒智鳳《識言》言刻經事。

卷七有佛像扉畫,右下角鐫"佛弟子鄒智鳳法名行樂捐資奉刻"。

卷末有崇禎九年(1636)慧空《識言》。

經摺裝。

框高 26 公分,5 行 15 字,上下雙邊。

本館有另一部(048)。

館藏信息: Rare Books:South East(East Asian):TC513/2200x case 047

1375

基本著錄: **妙法蓮華經:七卷**

(Miao fa lian hua jing:qi juan)

(後秦)鳩摩羅什譯

明間(約1595—1644)本

一函一冊:圖;35 公分

相關責任者: (後秦)鳩摩羅什(Jiumoluoshi),344—413,譯

附　　注: 卷一(c1)末鐫"大明崇禎戊寅"。卷二(c2)末前鐫"慈谿圓梵比丘實受損貲刻法一卷"。卷二(c2)末鐫"江南布政司對過經房姜文甫造"。卷三末鐫"昭慶寺貝葉齋沙門覺行仝孫元復刊此……崇禎丁丑"。卷七末用毛筆寫"萬曆乙未年……"。

有扉畫。

經摺裝

框高 25.6 公分,5 行 15 字,上下雙邊。

卷一至四分別有兩個:卷一 c1 與第 047 函同版,c2 爲手抄;卷二 c1 與第 047 函同版,c2 異版;卷三與第 047 函同版;卷四 c1 與第 047 函同版,c2 與第 050 函同版。

本書號其他函中也有此書的同版:第 047 函卷一至四,第 050 函卷四。

館藏信息: Rare Books:South East(East Asian):TC513/2200x case 048

1376

基本著錄: **妙法蓮華經:七卷**

（Miao fa lian hua jing：qi juan）

（後秦）鳩摩羅什譯

明間（約 1573—1644）本

一函七册：圖；37 公分

館藏本有殘缺：缺卷二至三。

相關責任者： （後秦）鳩摩羅什（Jiumoluoshi），344—413，譯

附　　注： 卷七（c1）末鐫"萬曆丙辰孟冬朔日弟子倪桂等歡眾施財發心重刊於北京海大門裏單牌樓觀音寺衚衕"。

有扉畫。

經摺裝

框高 35.5 公分，5 行 15 字，上下雙邊。

此套包括至少三种明版別本书

有兩個卷五同版，兩個卷七異版。

館藏信息： Rare Books：South East（East Asian）：TC513/2200x case 049

1377

基本著録： **妙法蓮華經：七卷**

（Miao fa lian hua jing：qi juan）

（後秦）鳩摩羅什譯

明清間（約 1403—1800）本

兩函十六册：圖；35 公分

相關責任者： （後秦）鳩摩羅什（Jiumoluoshi），344—413，譯

附　　注： 卷一（c1）扉畫後鐫"永樂十七年"。卷一（c2）扉畫後鐫"萬曆五年孟秋吉日重刊"。卷一（c4）扉畫後鐫"萬曆丁酉季秋重刊"。

經摺裝

框高 25.6 公分，5 行 15 字，上下雙邊。

此套包括至少四种明版別本，并配有明清抄本。

卷一有四個不同刻本，兩個抄本；卷二有一刻本一抄本；卷三有兩個不同刻本；卷四與第 048 函 copy2 同版；卷五有一刻本，一抄本；卷六有兩個抄本；卷七以抄本補刻本之缺葉。

館藏信息： Rare Books：South East（East Asian）：TC513/2200x case 050—051

1378

基本著錄： **妙法蓮華經大成：九卷，卷首[十三卷]．法華大成音義：九卷．**

子目：

妙法蓮華經大成：九卷，卷首[十三卷]

(Miao fa lian hua jing da cheng：jiu juan，juan shou[shi san juan])

（清）大義集

法華大成音義：九卷

(Fa hua da cheng yin yi：jiu juan)

（清）净昇集

清康熙乙亥一己丑[34—48 年，1695—1709]本

四函二十四册：圖；28 公分

相關責任者： （清）大義(Dayi)，集；（清）净昇(Jingsheng)，集；（清）江茂源(Jiang Maoyuan)，刻

附　　注： 卷首有扉畫。

卷首附《提綱》《懸談》《經題》《弘傳序》各一卷，《科文》九卷。

清康熙三十四年(1695)大義《編集始末》言刻書事。

《科文》後鎸"康熙四十八年識""江寧弟子王茂源刊"。

《法華大成音義》前有《法華大成懸談音義》十七葉。

框 20.6×14.1 公分，10 行 21 字，白口，四周雙邊，單黑魚尾。版心上鎸"法華大成"或"大成音義"，中鎸篇名及卷次。

館藏信息： RECAP：East Asian Library use only：C581/808

1379

基本著錄： **大乘大集地藏十輪經：五卷**

(Da cheng da ji di zang shi lun jing：wu juan)

（唐）玄奘譯

明萬曆戊子[16 年，1588]本

一函四册：圖；31 公分

相關責任者： （唐）玄奘(Xuanzang)，譯

附　　注： 卷首有佛像扉畫，題"般若堂刻"。

各卷末有牌記，内鎸"……戊子年……識"。

框 22.8×15.5 公分,10 行 20 字,白口,四周雙邊,單黑魚尾。版心中鐫書名及卷次。

館藏信息： East Asian Library(Gest)：Rare Books：TC513/3849Q

1380

基本著錄： **大方等陀羅尼經：四卷**

(Da fang deng tuo luo ni jing：si juan)

(北涼)法衆譯

清順治乙未[12 年,1655]嘉興楞嚴寺本

四册：圖;31 公分

相關責任者： (北涼)法衆(Fazhong),譯

附　注： 卷首有佛像扉畫,題"般若堂刻"。

各卷末有牌記鐫"浙江嘉興府平湖縣……刻此……順治乙未仲秋竺陽氏馮洪業曙升子鄒煒較"。

框 22.5×15.5 公分,10 行 20 字,白口,四周雙邊。版心中鐫書名及卷次。

館藏信息： East Asian Library(Gest)：Rare Books：TC513/3851Q

1381

基本著錄： **大方便佛報恩經：七卷**

(Da fang bian fo bao en jing：qi juan)

明萬曆丁酉[25 年,1597]本

一函七册：圖;35 公分

附　注： 有扉畫。

扉畫後有牌記鐫"萬曆丁酉季秋重刊"。

卷末有牌記題"內府奉佛造經弟子司設監信官王禮發心自捐命工印造報恩經十二部安置廣化寺流通吉祥如意萬曆二十五年歲次六月初八日謹施"。

經摺裝。

框高 26.7 公分,5 行 15 字,上下雙邊。

本館有另一部(第 043 函)。

本館有另一部同版,但扉畫後牌記無"萬曆丁酉重刊",該帙亦有王

禮題記。

館藏信息：　Rare Books：South East（East Asian）：TC513/2200x case 040

1382

基本著録：　**大方便佛報恩經：七卷**

（Da fang bian fo bao en jing：qi juan）

明萬曆戊戌［26 年，1598］杭州寂照庵本

一函四冊：圖；27 公分

附　　注：　卷首有佛像扉畫，題"般若堂刻"。

各卷末有牌記，内鐫"……萬曆戊戌……徑山寂照庵識"。

框 23.5×15.8 公分，10 行 20 字，白口，四周雙邊。版心中鐫書名及卷次。

館藏信息：　East Asian Library（Gest）：Rare Books：TC513/2389

1383

基本著録：　**大方便佛報恩經：七卷**

（Da fang bian fo bao en jing：qi juan）

明間（約 1621—1644）海道本

一函四冊：圖；37 公分

館藏本有殘缺：缺卷四至六。

相關責任者：　（明）海道（Haidao），刻

附　　注：　卷一卷端下鐫"天目山幻住菴比丘方省助資貳両刻報恩経上報父周貴母童氏早生淨土"。

卷一末有牌記鐫"江南寧國縣十八都琴橋山比丘海道刻報恩経上報佛恩下及三有累刧寃親現世先父湯長七母丁氏佑娘早生西方淨土"。

卷一末鐫"板存瑪瑙寺梅石房流"。

卷二小題下鐫"寧國縣萬福村信士婁廷誥助銀貳兩刻板願報四恩保福平安"。

經摺裝。

卷三與七配補異版。

框高 25.8 公分，5 行 15 字，上下雙邊。

館藏信息： Rare Books：South East（East Asian）：TC513/2200x case 041

1384

基本著錄： **大方便佛報恩經：七卷**

（Da fang bian fo bao en jing：qi juan）

明間（約 1621—1644）本

一函七册：圖；34 公分

館藏本有殘缺：缺卷六。

附　　注： 經摺裝。

卷七末毛筆寫"内府信心弟子劉三才發心印造……崇禎四年"。

卷二有兩個（c1、c2 異版），c2 與第 040 函、第 043 函同版。

框高 26.5 公分，5 行 15 字，上下雙邊。

本書號其他函中也有此書的同版：第 040 函卷二、五、七，第 041 函卷

七，第 043 函卷一至二、五、七。

包括至少兩種明異版。

館藏信息： Rare Books：South East（East Asian）：TC513/2200x case 042

1385

基本著錄： **無所有菩薩經：四卷**

（Wu suo you pu sa jing：si juan）

(隋)闍那崛多等譯

清順治間（即 1644—1661）嘉興楞嚴寺本

一函四册：圖；31 公分

相關責任者： (隋)闍那崛多（Du'najueduo），譯

附　　注： 卷首有佛像扉畫。

卷末有牌記鐫"當湖馮洪業募貲續鐫"。清順治間馮氏亦助刻方册

經，見 NJPX95 – B3015。

框 22.5×15.4 公分，10 行 20 字，白口，四周雙邊。版心中鐫書名及

卷次。

館藏信息： East Asian Library（Gest）：Rare Books：TC513/3848Q

1386

基本著錄： 菩薩處胎經：五卷

（Pusa Chu tai jing：wu juan）

（後秦）竺佛念譯

清順治間（即 1644—1661）嘉興楞嚴寺本

一函五冊：圖；27 公分

相關責任者： （後秦）竺佛念（Zhufonian），譯

附 注： 卷首有佛像扉畫，題"般若堂刻"。

卷三末有牌記鐫"當湖馮洪業續鐫"。清順治間馮氏亦助刻方冊經，
見 NJPX95 – B3015。

框 22.7 × 15.4 公分，10 行 20 字，白口，四周雙邊。版心中鐫書名及
卷次。

館藏信息： East Asian Library（Gest）：Rare Books：TC513/3880

1387

基本著錄： 大薩遮尼乾子受記經：十卷

（Da sa zhe ni qian zi shou ji jing：shi juan）

（北魏）菩提留支譯

明崇禎戊辰—己巳［1—2 年，1628—1629］杭州化城寺本

一函五冊：圖；31 公分

相關責任者： （北魏）菩提留支（Putiliuzhi），譯

附 注： 卷末有佛像扉畫，題"般若堂刻"。

卷一等卷末牌記鐫"…… 崇禎元年……徑山化城寺識"，卷九末牌記
鐫"…… 崇禎二年……徑山化城寺識"。

框 24.4 × 15.8 公分，10 行 20 字，白口，四周雙邊。版心中鐫書名及
卷次。

館藏信息： East Asian Library（Gest）：Rare Books：TC513/3963Q

1388

基本著錄： 五千五百佛名神咒除障滅罪經：八卷

（Wu qian wu bai fo ming shen zhou chu zhang mie zui jing：ba juan）

（隋）闍那崛多等譯

明萬曆庚戌［38 年,1610］本

一函六册:圖;31 公分

相關責任者: （隋）闍那崛多(Du'najueduo),譯

附　　注: 卷末有佛像扉畫,題"般若堂刻"。

各卷末牌記內鐫"…… 萬曆庚戌 ……"。

框 23.5×15.5 公分,10 行 20 字,白口,四周雙邊。版心中鐫"五千五百佛名神咒滅罪經"及卷次。

館藏信息: East Asian Library(Gest):Rare Books:TC513/3967Q

1389

基本著録: **大乘本生心地觀經淺註:八卷. 大乘本生心地觀經:八卷.**

子目:

大乘本生心地觀經淺註:八卷

(Da cheng ben sheng xin di guan jing qian zhu:ba juan)

（清）來舟淺注

大乘本生心地觀經:八卷

(Da cheng ben sheng xin di guan jing:ba juan)

（唐）般若等譯

清康熙丙子［35 年,1696］京都栴檀寺本

四函二十四册;26 公分

相關責任者: （清）來舟(Laizhou),淺注;（唐）般若(Bore),譯

附　　注: 清康熙三十五年(1696)惠王《序》言刻書事。

《淺註》卷八後有牌記鐫"板存京都紅蘿廠後外栴檀寺",另有牌記鐫"佛弟子安門劉氏虔印 ……".

附懸示一卷、科一卷。

框 22.5×16.4 公分,10 行 20 字,白口,四周雙邊,單黑魚尾。版心上鐫書名,中鐫卷次及篇名。

館藏信息: Annex A,Forrestal:C513/3459

1390

基本著録: **大乘瑜伽金剛性海曼殊室利千臂千鉢大教王經:十卷**

（Da cheng yu jia jin gang xing hai Manshushili qian bi qian bo da jiao wang jing；shi juan）

（唐）不空譯

清乾隆間（即 1736—1795）北京武英殿本

一函四冊：圖；28 公分

相關責任者： （唐）不空（Bukong），705—774，譯

附　　注： 卷首及卷末皆有佛像扉畫。

避"玄""弘"字諱。

卷首有牌記鎸"……雍正十三年（1735）五月初一日"。

框 20.1×14.1 公分，10 行 20 字，白口，四周單邊，單黑魚尾。版心上鎸"千鉢大教王經"，中鎸卷次。

館藏信息： Annex A，Forrestal：C513/3001

1391

基本著錄： **起世經：十卷**

（Qi shi jing；shi juan）

（隋）闍那崛多等譯

明清間（約 1642—1645）吳江接待寺本

一函五冊：圖；27 公分

相關責任者： （隋）闍那崛多（Du'najueduo），譯

附　　注： 卷首有佛像扉畫，題"般若堂刻"。

卷四末鎸"己亥年寂照庵重刻"，己亥年即清順治十六年（1659）。

版本據各卷末牌記。

框 22×15.5 公分，10 行 20 字，白口，四周雙邊。版心上鎸"經"，偶鎸"印度著集"，版心中鎸書名及卷次。

館藏信息： East Asian Library（Gest）：Rare Books：TC513/3486

1392

基本著錄： **修行道地經：八卷**

（Xiu xing dao di jing；ba juan）

（晉）竺法護譯

明崇禎辛未［4 年，1631］杭州化城寺本

一函四册:圖;27 公分

相關責任者: (晉)竺法護(Zhufahu),譯

附　　注: 卷首有佛像扉畫,題"般若堂刻"。

各卷末有牌記,内鎸"……崇禎四年……徑山化城寺識"。

框 22.6×15.7 公分,10 行 22 字,白口,四周雙邊。版心中鎸書名及卷次。

館藏信息: East Asian Library(Gest):Rare Books:TC513/3487

1393

基本著録: **海意菩薩所問淨印法門經:九卷**

(Haiyi pu sa suo wen jing yin fa men jing:jiu juan)

(宋)惟净,(宋)法護譯

明萬曆間(約 1608—1620)寒山化城庵本

一函七册:圖;31 公分

相關責任者: (宋)惟净(Weijing),譯;(宋)法護(Fahu),963—1058,譯

附　　注: 卷首有佛像扉畫,題"般若堂刻"。

卷一、二、五、六、八、九後有刊記鎸"海虞信官嚴澂助刻於寒山化城菴"。

框 22.8×15.7 公分,10 行 20 字,白口,四周雙邊。版心中鎸書名及卷次,下鎸"南澄北似"。

與《佛說如幻三摩地無量印法門經》(NJPX95 – B6114)合刻,該書有明萬曆三十六年(1608)嚴澂序。

館藏信息: East Asian Library(Gest):Rare Books:TC513/3968aQ

1394

基本著録: **佛說如幻三摩地無量印法門經:[三卷]**

(Fo shuo ru huan san mo di wu liang yin fa men jing:[san juan])

(宋)施護譯

明萬曆間(約 1608—1620)寒山化城庵本

一函一册;31 公分

相關責任者: (宋)施護(Shi Hu),卒年 1018,譯

附　　注: 卷分上中下。

明萬曆三十六年(1608)嚴澂序。

框23.1×15.7公分,10行20字,白口,四周雙邊。版心中鐫書名及卷次,下鐫"南澄北似"。

與《海意菩薩所問淨印法門經》(NJPX95－B6112)合刻,該書有刊記鐫"海虞信官嚴澂助刻於寒山化城菴"。

館藏信息: East Asian Library(Gest):Rare Books:TC513/3968bQ

1395

基本著錄: **優婆塞戒經:七卷**

(You po sai jie jing:qi juan)

(東晉)曇無讖譯

明間(約1573—1644)本

一函六冊:圖;31公分

相關責任者: 曇無讖(Tanwuchen),385—433,譯

附　注: 卷首有佛像扉畫,題"般若堂刻"。

版本據風格。

框22.4×15.1公分,10行20字,白口,四周雙邊。版心中鐫書名及卷次。

館藏信息: East Asian Library(Gest):Rare Books:TC513/3964Q

1396

基本著錄: **曇無德部四分律刪補隨機羯磨會釋:十四卷**

(Tan wu de bu si fen lü shan bu sui ji jie mo hui shi:shi si juan)

(唐)道宣撰集;(清)德基會釋

清康熙戊戌[57年,1718]本

兩函十四冊;23公分

相關責任者: (唐)道宣(Daoxuan),596—667,撰集;(清)德基(Deji),1634—1700,會釋

附　注: 卷末鐫"旹維康熙五十七年歲次戊戌九月朔日敬梓……".

框22.4×15.7公分,10行20字,白口,四周雙邊。版心中鐫"羯磨會釋"及卷次。

館藏信息: East Asian Library(Gest):Rare Books:TC521/1278

1397

基本著録： 　四分律藏：六十卷

　　　　　　　（Si fen lü zang：liu shi juan）

　　　　　　　（後秦）佛陀耶舍，（後秦）竺佛念譯

　　　　　　　明崇禎乙亥—丁丑[8—10 年，1635—1637]杭州化城寺本

　　　　　　　兩函十二册：圖；28 公分

相關責任者： （後秦）佛陀耶舍（Fotuoyeshe），譯；（後秦）竺佛念（Zhufonian），譯

附　　注： 　卷首有佛像扉畫，題"般若堂刻"。

　　　　　　　版本據各卷末牌記。

　　　　　　　框 22.3×15.6 公分，10 行 20 字，白口，四周雙邊。版心中鐫書名及

　　　　　　　卷次。

館藏信息： 　East Asian Library（Gest）：Rare Books：TC521/297

1398

基本著録： 　薩婆多毗尼毗婆沙：九卷

　　　　　　　（Sa po duo pi ni pi po sha：jiu juan）

　　　　　　　明間（約 1573—1644）本

　　　　　　　一函六册：圖；27 公分

附　　注： 　卷首有佛像扉畫，題"般若堂刻"。

　　　　　　　卷九爲"續薩婆多毗尼毗婆沙"。

　　　　　　　版本據風格。

　　　　　　　框 22.5×15.6 公分，10 行 20 字，白口，四周雙邊。版心中鐫書名及

　　　　　　　卷次。

館藏信息： 　East Asian Library（Gest）：Rare Books：TC513/3485

1399

基本著録： 　毗尼母論：八卷

　　　　　　　（Pi ni mu lun：ba juan）

　　　　　　　明間（約 1573—1644）本

　　　　　　　一函六册：圖；27 公分

　　　　　　　館藏本有殘缺：卷六、七有缺葉。

附　　注：　　卷首有佛像扉畫,題"般若堂刻"。

版本據風格。

框 22.4×15.6 公分,10 行 20 字,白口,四周雙邊。版心中鐫書名及卷次。

館藏信息：　　East Asian Library(Gest)：Rare Books：TC513/3815

1400

基本著録：　　**根本說一切有部毗奈耶：五十卷**

(Gen ben shuo yi qie you bu pi nai ye：wu shi juan)

(唐)義净譯

明崇禎庚午—癸酉[3—6 年,1630—1633]嘉興楞嚴寺本

兩函二十册：圖;27 公分

相關責任者：　(唐)義净(Yijing),635—713,譯

附　　注：　　卷首有扉畫,題"般若堂刻"。

各卷末牌記鐫"嘉興府楞嚴寺般若堂經坊板頭銀刻此……崇禎庚午[至癸酉]金沙顧龍山識"。

框 22.8×15.6 公分,10 行 20 字,白口,四周雙邊。版心中鐫書名及卷次。

鈐"勅賜萬安山法海禪寺記"印記。

館藏信息：　　East Asian Library(Gest)：Rare Books：TC581/688

1401

基本著録：　　**大方廣佛新華嚴經合論：一百二十卷**

(Da fang guang fo xin hua yan jing he lun：yi bai er shi juan)

(唐)實叉難陀譯經;(唐)李通玄造論;(唐)志寧釐經合論

明萬曆辛卯[19 年,1591]五臺山妙德禪院本

四函二十四册：圖;28 公分

相關責任者：　(唐)實叉難陀(Shicha'nantuo),譯經;(唐)李通玄(Li Tongxuan),635—730,造論;(唐)志寧(Zhining),釐經合論

附　　注：　　卷首有佛像扉畫,題"般若堂刻"。

卷首有"釋大方廣佛新華嚴經合論主李長者事迹"。

卷末有牌記,内鐫"……明萬曆辛卯仲夏五臺山妙德禪院識"。

框 24.2×16.1 公分,10 行 20 字,白口,左右雙邊。版心上題"支那撰述",中鎸"華嚴經合論"及卷次。

館藏信息: East Asian Library(Gest):Rare Books:TC581/684

1402

基本著録: **大方廣佛華嚴經綱要:八十卷**

(Da fang guang fo hua yan jing gang yao:ba shi juan)

(唐)實叉難陀譯經;(唐)澄觀疏義

明天啓丙寅[6 年,1626]嘉興楞嚴寺本

六函三十六册;27 公分

相關責任者: (唐)實叉難陀(Shicha'nantuo),652—710,譯經;(唐)澄觀(Chengguan),738—839,疏義

附　注: 卷首鈐"趙州古觀音院嗣祖沙門超祥"印。

卷一末有牌記,内鎸"休寧縣佛弟子……助貲刻此……天啓丙寅海陽清淨禪林識"。

卷四末有牌記,内鎸"康熙庚申歲四月八日印造",庚申即清康熙十九年(1680)。

卷末鎸"板存嘉興府楞嚴寺經坊流通"。

框 22.9×15.3 公分,10 行 20 字,白口,四周雙邊。版心中鎸"華嚴綱要"及卷次。

館藏信息: East Asian Library(Gest):Rare Books:TC513/2602

1403

基本著録: **大方廣佛華嚴經疏序演義鈔:八卷**

(Da fang guang fo hua yan jing shu xu yan yi chao:ba juan)

(唐)澄觀撰述

明間(約 1621—1644)本

兩函十六册:圖;27 公分

相關責任者: (唐)澄觀(Chengguan),738—839,撰述

附　注: 前附《清涼國師疏鈔緣起》《大方廣佛華嚴經隨疏演義鈔序》。

卷五末有"……天啓改元……"字樣。

有清涼國師像。

不避"玄"字諱。

框 22.2×15.3 公分,10 行 20 字,白口,四周雙邊。版心中鎸"華嚴玄談"及卷次。

館藏信息： East Asian Library(Gest)：Rare Books：TC513/3570

1404

基本著錄： **華嚴法界玄境：[二卷]**

(Hua yan fa jie xuan jing：[er juan])

(唐)澄觀述

明間(約 1573—1644)本

一函兩册；27 公分

相關責任者： (唐)澄觀(Chengguan)，738—839，述

附　　注： 卷分上下。

版本據風格。

框 22.6×15.3 公分,10 行 20 字,白口,四周雙邊。版心中鎸書名及卷次。

館藏信息： East Asian Library(Gest)：Rare Books：TC513/3951h

1405

基本著錄： **華嚴經旨歸**

(Hua yan jing zhi gui)

(唐)法藏述

清康熙甲辰[3 年,1664]嘉興楞嚴寺本

一函一册；27 公分

相關責任者： (唐)法藏(Fazang)，643—712，述

附　　注： 卷末牌記內鎸"浙江嘉興府楞嚴寺本年坊賞刻……康熙三年般若堂識"。

框 22.2×16.4 公分,10 行 20 字,白口,四周雙邊。版心中鎸書名。

館藏信息： East Asian Library(Gest)：Rare Books：TC513/3951e

1406

基本著錄： **華嚴經明法品內立三寶章：[二卷]**

（Hua yan jing ming fa pin nei li san bao zhang：［er juan］）

（唐）法藏述

清康熙癸卯［2 年,1663］嘉興楞嚴寺本

一函兩册;27 公分

相關責任者： （唐）法藏（Fazang）,643—712,述

附　　注： 卷分上下。

各卷末牌記鐫"浙江嘉興府楞嚴寺般若堂坊貲刻此……康熙二年"。

框 21.9×15.3 公分,10 行 22 字,白口,四周雙邊。版心中鐫書名及卷次。

館藏信息： East Asian Library（Gest）:Rare Books:TC513/3951b

1407

基本著録：　**修華嚴奥旨妄盡還源觀**

（Xiu hua yan ao zhi wang jin huan yuan guan）

（唐）法藏述

明萬曆丙午［34 年,1606］杭州寂照庵本

一函一册;27 公分

相關責任者： （唐）法藏（Fazang）,643—712,述

附　　注： 卷末牌記内鐫"萬曆丙午季秋徑山寂照庵識"。

框 24×16.4 公分,10 行 20 字,白口,四周雙邊。版心中鐫書名。

館藏信息： East Asian Library（Gest）:Rare Books:TC513/3951c

1408

基本著録：　**華嚴一乘教義分齊章:四卷**

（Hua yan yi cheng jiao yi fen qi zhang:si juan）

（唐）法藏述

清康熙癸卯—甲辰［2—3 年,1663—1664］嘉興楞嚴寺本

一函四册:圖;27 公分

相關責任者： （唐）法藏（Fazang）,643—712,述

附　　注： 各卷末牌記鐫"浙江嘉興府楞嚴寺般若堂本年貲刻此……康熙二［或］三年"。

卷首有佛像扉畫,題"徑山化城恒□□"。

框 22.2×15.3 公分,10 行 20 字,白口,四周雙邊。版心中鎸書名及卷次。

館藏信息：　East Asian Library(Gest)：Rare Books：TC513/3951a

1409

基本著録：　**注華嚴法界觀門**

（Zhu Hua yan fa jie guan men）

（唐）宗密注

明間（約 1573—1644）本

一函一册；27 公分

相關責任者：　（唐）宗密(Zongmi)，780—841，注

附　　注：　版本據風格。

框 23.1×15.4 公分,10 行 20 字,白口,四周雙邊。版心中鎸書名。

館藏信息：　East Asian Library(Gest)：Rare Books：TC513/3951f

1410

基本著録：　**華嚴懸談會玄記：二十卷**

（Hua yan xuan tan hui xuan ji：er shi juan）

（元）普瑞集

明崇禎戊辰—庚午[1—3 年,1628—1630]杭州化城寺本

兩函十二册：圖；27 公分

相關責任者：　（元）普瑞(Purui)，集

附　　注：　卷首有佛像扉畫,題"徑山化城恒□梓"。

版本據各卷末牌記。

框 22.2×15.6 公分,10 行 20 字,白口,四周雙邊。版心上鎸"支那撰述",中鎸書名及卷次。

館藏信息：　East Asian Library(Gest)：Rare Books：TC513/3504

1411

基本著録：　**佛說阿彌陀經疏**

（Fo shuo Emituo jing shu）

（唐）元曉述

明萬曆壬辰[20 年,1592]清涼山妙德禪院本

一函一册;27 公分

相關責任者: (唐)元曉(Yuanxiao),述

附　　注: 卷末有牌記,内鎸"萬曆壬辰春清涼山鈔德禪院識"。

框 25×15.7 公分,10 行 20 字,白口,四周雙邊。版心中鎸書名。

館藏信息: East Asian Library(Gest):Rare Books:TC513/3951m

1412

基本著録: **佛說阿彌陀經要解**

(Fo shuo Emituo jing yao jie)

(後秦)鳩摩羅什譯;(清)智旭解

清乾隆庚戌[55 年,1790]京都廣通寺本

一函兩册;28 公分

相關責任者: (後秦)鳩摩羅什(Jiumoluoshi),344—413,譯;(清)智旭(Zhixu), 1599—1655,解

附　　注: 卷後鎸"乾隆庚戌重刻""板存京都西直門外廣通寺"。

框 20.4×14.5 公分,9 行 20 字,白口,四周單邊,單黑魚尾。版心中 鎸"彌陀要解"。

館藏信息: RECAP:East Asian Library use only:C513/3877b

1413

基本著録: **佛說阿彌陀經疏鈔:四卷**

(Fo shou Emituo jing shu chao:si juan)

(明)袾宏述;(明)程應衢校

明萬曆丁酉[25 年,1597]本

一函十二册:圖;26 公分

相關責任者: (明)袾宏(Zhuhong),1535—1615,述;(明)程應衢(Cheng Yingqu), 校;(清)來琳(Lailin),重修;(明)趙文奎(Zhao Wenkui),刻

附　　注: 所附《彌陀經圖》後有牌記鎸"大明萬曆二十五年歲次丁酉十一月十 七日刊成 ……"及"大清乾隆十四年冬月潭柘監院比丘來琳重修板 存翊教寺"。

框 19.3×12.7 公分,10 行 20 字,白口,四周單邊,雙黑順魚尾。版

心中鎸"彌陀經疏鈔"及卷次,卷一首葉下鎸"趙文奎刻"。

館藏信息: East Asian Library(Gest):Rare Books:TC513/3578

1414

基本著錄: **彌陀經疏鈔演義定本:四卷**

(Mituo jing shu chao yan yi ding ben:si juan)

(明)古德演義;(明)慈帆定本

清乾隆壬申[17年,1752]京都惟誠本

一函八冊:圖;26公分

相關責任者: (明)古德(Gude),演義;(明)慈帆(Cifan),定本;(清)惟誠
(Weicheng),重刻

附　注: 清乾隆十七年(1752)惟誠《重刻阿彌陀經疏鈔演義序》。

卷四後鎸"板存京都慈因寺"。

框 19.1×12.6 公分,10 行 20 字,白口,四周單邊。版心上鎸"鈔演
定本",中鎸卷次。

館藏信息: East Asian Library(Gest):Rare Books:TC513/3868

1415

基本著錄: **般若波羅蜜多心經略疏**

(Bo re bo luo mi duo xin jing lüe shu)

(唐)法藏述

明間(約 1573—1644)本

一函一冊;27 公分

相關責任者: (唐)法藏(Fazang),643—712,述

附　注: 版本據風格。

框 22.4×15.2 公分,10 行 20 字,白口,四周雙邊。版心中鎸書名。

館藏信息: East Asian Library(Gest):Rare Books:TC513/3951i

1416

基本著錄: **般若心經略疏連珠記:[二卷]**

(Bo re xin jing lüe shu lian zhu ji:[er juan])

(宋)師會述

清順治辛丑[18 年,1661]嘉興楞嚴寺本

一函兩册;27 公分

相關責任者： (宋)師會(Shihui),述

附　　注： 卷分上下。

各卷末有牌記,内鎸"浙江嘉興府楞嚴寺般若堂庚子年餘貲刻此……順治十八年徑山比丘徹微印開識"。

框 22.5×15.3 公分,10 行 20 字,白口,四周雙邊。版心中鎸書名及卷次。

館藏信息： East Asian Library(Gest):Rare Books:TC513/3951j

1417

基本著録： **摩訶般若波羅蜜多心經平等解**

(Mo he bo re bo luo mi duo xin jing ping deng jie)

(明)如是道人注解;(明)虞世璯校

清順治壬辰[9 年,1652]海寬、海印本

一函一册;31 公分

相關責任者： (明)如是道人(Rushidaoren),注解;(明)虞世璯(Yu Shiying),校;(明)海寬(Haikuan),刻;(明)海印(Haiyin),刻

附　　注： 清順治九年(1652)虞世璯《刻心經平等解緣起》言刻書事。

附李贄著《摩訶般若波羅蜜多心經提綱》。

框 22.5×15.5 公分,10 行 20 字,白口,四周雙邊。版心中鎸書名。

館藏信息： East Asian Library(Gest):Rare Books:TC513/3965Q vol.1

1418

基本著録： **金剛經如是解**

(Jin gang jing ru shi jie)

(明)無是道人注解

明間(約 1573—1644)本

一函四册;31 公分

相關責任者： (明)無是道人(Wushidaoren),注解

附　　注： 版本據風格。

北海老人《跋》。

框 22.7×15.5 公分,10 行 20 字,白口,四周雙邊。版心中鐫"金剛如是解"。欄上鐫評。

將原索書號 TC513/3965b 改變

館藏信息: East Asian Library(Gest):Rare Books:TC513/3965Q vol.2—5

1419

基本著錄: **金剛經偈合釋**

(Jin gang jing ji he shi)

清乾隆乙酉[30 年,1765]北京了彙本

一函六册;28 公分

相關責任者: (清)了彙(Liaohui),刻

附　注: 書名據版心。

《金剛般若經偈會本》附《通敘大意》。

清乾隆三十年(1765)通理《金剛般若經偈會本叙》言刻書事。

《懸示》及《合釋》卷端題"京西山萬壽戒壇寺嗣祖沙門了彙敬刊"。

框 18×14.1 公分,9 行 18 字,白口,四周雙邊,單黑魚尾。版心上鐫"金剛經偈合釋"。

館藏信息: RECAP:East Asian Library use only:C513/3489

1420

基本著錄: **法華指掌疏:七卷,卷首**

(Fa hua zhi zhang shu:qi juan,juan shou)

(清)通理述;(清)明遠校

清乾隆己巳[14 年,1749]北京來琳本

四函二十六册;28 公分

相關責任者: (清)通理(Tongli),1700—1782 或 1701—1782,述;(清)明遠(Mingyuan),校;(清)來琳(Lailin),刻

附　注: 清乾隆十四年(1749)性安《法華指掌疏事義序》言合刻書事。

卷端題"京西潭柘山岫雲寺監院比丘來琳督刊"。

卷首附《事義》《懸示》《科判》各一卷。

框 21.7×14.7 公分,10 行 20 字,白口,四周雙邊,單黑魚尾。版心上鐫書名,中鐫卷次。

館藏信息：　　　　Annex A , Forrestal : C513/3580

1421

基本著錄：　　　　**首楞嚴經義海：三十卷**

（Shou leng yan jing yi hai : san shi juan）

（唐）般剌蜜諦譯經；（唐）彌伽釋迦譯語

明清間（約 1621—1661）本

兩函十二册；28 公分

相關責任者：　　　（唐）般剌蜜諦（Bolamidi），譯經；（唐）彌伽釋迦（Miqieshijia），譯語

附　　　注：　　　框 23×15.7 公分，10 行 16 字，小字雙行同，白口，四周雙邊。版心中鐫書名及卷次。眉欄鐫注。

館藏信息：　　　　East Asian Library（Gest）: Rare Books : TC513/2381

1422

基本著錄：　　　　**大佛頂如來密因修正了義諸菩薩萬行首楞嚴經：十卷**

（Da fo ding Rulai mi yin xiu zheng liao yi zhu pu sa wan xing shou leng yan jing : shi juan）

（唐）般剌蜜諦譯；（明）惟則會解

明間（即 1368—1644）本

一函十册：圖；27 公分

相關責任者：　　　（唐）般剌蜜諦（Bolamidi），譯；（明）惟則（Weize），1298—1368，會解

附　　　注：　　　卷首有佛像扉畫。

惟則《大佛頂首楞嚴經會解叙》。

版本據風格。

框 19.9×15.9 公分，14 行 24 字，黑口，四周雙邊，雙黑魚尾。版心中鐫"楞嚴會解"及卷次。

館藏信息：　　　　East Asian Library（Gest）: Rare Books : TC513/2816

1423

基本著錄：　　　　**大佛頂如來密因修正了義諸菩薩萬行首楞嚴經：十卷**

（Da fo ding Rulai mi yin xiu zheng liao yi zhu pu sa wan xing shou leng yan jing : shi juan）

（唐）般刺蜜諦譯；（唐）彌伽釋伽譯語

明間（約 1621—1644）凌毓楠本

十冊：圖；31 公分

相關責任者： （唐）般刺蜜諦（Bolamidi），譯；（唐）彌伽釋迦（Miqieshijia），譯語；
（明）凌毓楠（Ling Yu'nan），刻；（明）錢穀（Qian Gu），1508—約
1578，繪

附　　注： 卷首有佛像扉畫，題"隆慶壬申中秋錢穀寫"。

卷十末題"覺于居士凌毓栯謹校"。

框 20.1×14.3 公分，8 行 18 字，無行格，四周單邊。版心上鐫"楞嚴
經"及卷次。

館藏信息： East Asian Library（Gest）：Rare Books：TC513/3351Q

1424

基本著錄： **大佛頂首楞嚴經正脈疏：十卷**

（Da fo ding shou leng yan jing zheng mai shu：shi juan）

（明）交光述；（明）妙峰校；（明）智旨刊

明萬曆庚子[28 年，1600]山西智旨本

四函三十二冊；26 公分

相關責任者： （明）交光（Jiaoguang），述；（明）妙峰（Miaofeng），校；（明）智旨
（Zhizhi），刊

附　　注： 明萬曆二十八年（1600）真鑒《刊楞嚴正脉後跋》。

附《懸示》。

扉葉有墨筆《己巳秋三日龍安化樞記》，并鈐"化樞之印"及"申郭
原"印。

框 19.5×13.9 公分，10 行 22 字，白口，四周單邊，單黑魚尾。版心
上鐫"楞嚴正脈"，中鐫卷次，下鐫"智旨明通刊"。

館藏信息： East Asian Library（Gest）：Rare Books：TC513/3499

1425

基本著錄： **大佛頂如來密因修證了義諸菩薩萬行首楞嚴經直指：十卷**

（Da fo ding Rulai mi yin xiu zheng liao yi zhu pu sa wan xing shou leng
yan jing zhi zhi：shi juan）

（唐）般剌蜜諦譯；（清）今釋閱；（清）今辯較

清間（約 1644—1680）傅弘烈本

一函五册；28 公分

相關責任者： （唐）般剌蜜諦（Bolamidi），譯；（清）今釋（Jinshi），1614—1680，閱；

（清）今辯（Jinbian），卒年 1697，較；（清）傅弘烈（Fu Honglie），卒年

1680，刻

附　　注： 卷十後附《首楞嚴經直指科文》。

未署年今釋《首楞嚴直指叙》。

有牌記鐫“……　進賢傅弘烈捐資全刻”。

框 21.9×16.2 公分，9 行 20 字，白口，四周雙邊。版心中鐫“首楞嚴

直指”及卷次。

館藏信息： East Asian Library（Gest）：Rare Books：TC513/3041b

1426

基本著録： **大佛頂首楞嚴經疏解蒙鈔卷末五録：五卷**

（Da fo ding shou leng yan jing shu jie meng chao juan mo wu lu：wu

juan）

（清）錢謙益集

明清間（約 1621—1661）蕭孟昉本

一函四册：圖；28 公分

相關責任者： （清）錢謙益（Qian Qianyi），1582—1664，集；（清）蕭孟昉（Xiao Meng-

fang），刻

附　　注： 版本據風格。

自卷二起，各卷末鐫“佛弟子泰和蕭孟昉開板”。

各卷有不同名稱。

框 21.1×15.3 公分，10 行 20 字，白口，左右雙邊，雙黑魚尾。版心

中鐫卷名及卷次。

館藏信息： East Asian Library（Gest）：Rare Books：TC521/1324

1427

基本著録： **大佛頂首楞嚴經寶鏡疏：十卷. 大佛頂首楞嚴經疏懸談.**

子目：

大佛頂首楞嚴經寶鏡疏：十卷

(Da fo ding shou leng yan jing bao jing shu：shi juan)

(清)溥畹述

大佛頂首楞嚴經疏懸談

(Da fo ding shou leng yan jing shu xuan tan)

(清)溥畹述

清間(約 1644—1795)京都傳經院本

一函十冊；29 公分

相關責任者： (清)溥畹(Puwan),述

附　　注： 封面鐫"楞嚴寶鏡　京都傳院經藏板"。

京都首葉第一行下有墨筆書寫"彌勒院量周記"。

框 23.4 × 16.1 公分,10 行 20 字,下黑口,四周雙邊,單黑魚尾。版心上鐫"楞嚴",中鐫"寶鏡疏"及卷次。

館藏信息： East Asian Library(Gest)：Rare Books：TC513/2331Q

1428

基本著錄： 佛遺教經論疏節要

(Fo yi jiao jing lun shu jie yao)

(後秦)鳩摩羅什譯；(宋)净源節要；(明)袾宏補注

明萬曆壬子[40 年,1612]杭州化城寺本

兩函兩冊；27 公分

相關責任者： (後秦)鳩摩羅什(Jiumoluoshi),344—413,譯；(宋)净源(Jingyuan),1011—1083,節要；(明)袾宏(Zhuhong),1535—1615,補注

附　　注： 卷末牌記鐫"寂照庵化城接待寺自刻……萬曆壬子徑山化城識"。

框 23.7 × 16.2 公分,10 行 20 字,白口,四周雙邊。版心中鐫書名。

館藏信息： East Asian Library(Gest)：Rare Books：TC513/3951g

1429

基本著錄： 佛說觀無量壽佛經疏：[二卷]．觀無量壽佛經疏妙宗鈔：六卷．

子目：

佛說觀無量壽佛經疏：[二卷]

(Fo shuo guan wu liang shou fo jing shu：[er juan])

（南朝宋）畺良耶舍譯；［（隋）智顗疏］

觀無量壽佛經疏妙宗鈔：六卷

（Guan wu liang shou fo jing shu miao zong chao：liu juan）

（宋）知禮述

明萬曆間（約1581—1620）本

一函四册：圖；27公分

相關責任者： （南朝宋）畺良耶舍（Jiangliangyeshe），譯；（隋）智顗（Zhiyi），538—597，疏；（宋）知禮（Zhili），960—1028，述

附　　注： 《佛説觀無量壽佛經疏》分上下卷，前有佛像扉畫。附《科文》，後鎸"大明萬曆九年七月中澣日"。

智顗據《大正新修大藏經》。

框19.8×15公分，14行24字，黑口，四周雙邊，雙黑魚尾。版心中鎸書名及卷次。《觀無量壽佛經疏妙宗鈔》版心中鎸"妙宗鈔"及卷次。

館藏信息： East Asian Library（Gest）：Rare Books：TC513/2438

1430

基本著録： **佛説觀無量壽佛經疏：［二卷］．觀無量壽佛經疏妙宗鈔：六卷．**

子目：

佛説觀無量壽佛經疏：［二卷］

（Fo shuo guan wu liang shou fo jing shu：［er juan］）

（南朝宋）畺良耶舍譯；［（隋）智顗疏］

觀無量壽佛經疏妙宗鈔：六卷

（Guan wu liang shou fo jing shu miao zong chao：liu juan）

（宋）知禮述

明萬曆間（約1581—1644）本

一函三册；27公分

相關責任者： （南朝宋）畺良耶舍（Jiangliangyeshe），譯；（隋）智顗（Zhiyi），538—597，疏；（宋）知禮（Zhili），960—1028，述

附　　注： 《佛説觀無量壽佛經疏》分上下卷。

智顗據《大正新修大藏經》。

NJPX95 – B6385 前有佛像扉畫。又附《科文》，後鎸"大明萬曆九年

七月中澣日”。

框 19.9×14.8,14 行 24 字,黑口,四周雙邊,雙黑魚尾。版心中鐫
“觀無量壽經疏”及卷次。《觀無量壽佛經疏妙宗鈔》版心中鐫“妙宗
鈔”及卷次。

館藏信息： East Asian Library(Gest)：Rare Books：TC513/2932

1431

基本著録： **地藏菩薩本願經開蒙：[三卷]**

(Di zang pu sa ben yuan jing kai meng：[san juan])

(清)品玕集

清雍正間(即 1723—1735)本

一函六册;32 公分

相關責任者： (清)品玕(Pin'an),集

附　注： 卷分上中下。

附《懸示》。

卷下後有“…… 雍正元年……請刊布之流世……”。

框 20.2×14.5 公分,10 行 21 字,白口,四周雙邊,單黑魚尾。版心
上鐫“地藏開藏”,中鐫卷次。

館藏信息： Annex A,Forrestal：C513/2399

1432

基本著録： **地藏菩薩本原經開蒙：[三卷],品題,科判**

(Di zang pu sa ben yuan jing kai meng：[san juan],pin ti,ke pan)

(清)品玕集

清雍正癸卯[元年,1723]京都拈花寺本

一函四册:肖像;27 公分

相關責任者： (清)品玕(Pin'an),集

附　注： 此帙爲清宣統二年(1910)續印六十部之一。

卷末鐫“板存京都德勝門内拈花寺”。

《品題》《科判》後鐫“乾隆甲子……[續]刻”。

《地藏開蒙註解》及版本據宣統二年(1910)《序》。

卷首有連城大師圖。

框 20×14.4 公分,10 行 21 字,白口,四周雙邊,單黑魚尾。版心上鎸"地藏開蒙",中鎸卷次。

館藏信息： Annex A,Forrestal：C513/3306

1433

基本著録： **楞伽阿跋多羅寶經心印：[二卷]**

（Leng qie e ba duo luo bao jing xin yin：[er juan]）

（南朝宋）求那跋陀羅譯；（明）乘旹講録

明天啓壬申[2 年,1622]汪益源本

一函四册;26 公分

相關責任者： （南朝宋）求那跋陀羅（Qiunabatuoluo）,譯；（明）乘旹（Chengshi）,講録；（明）汪益源（Wang Yiyuan）,刻

附　注： 各卷又分上下。

明天啓二年（1622）孫朝肅《楞伽講録序》。

卷端又題"…… 汪益源校梓"。

框 23.3×14.5 公分,兩節版,下欄 8 行 13 字,白口,四周單邊。版心上鎸"楞伽講録"。

館藏信息： East Asian Library（Gest）：Rare Books：TC513/2336

1434

基本著録： **楞伽阿跋多羅寶經心印：四卷**

（Leng qie e ba duo luo bao jing xin yin：si juan）

（唐）求那跋陀羅譯；（清）函昰疏

清康熙間（約 1664—1722）本

一函四册;28 公分

相關責任者： （唐）求那跋陀羅（Qiunabatuoluo）,譯；（清）天然和尚（Tian ranheshang）,1608—1685,疏

附　注： 卷首附《楞伽阿跋多羅寶經心印科文》。

天然和尚,名函昰。

清康熙三年（1664）今無述《楞伽心印緣起》。

框 22.1×16.3 公分,9 行 20 字,白口,四周雙邊。版心中鎸"楞伽經心印"及卷次。

館藏信息： East Asian Library(Gest)：Rare Books：TC513/3041a

1435

基本著錄： 佛說盂蘭盆經疏：[三卷]

(Fo shuo yu lan pen jing shu：[san juan])

(唐)宗密述

明崇禎甲申[17 年,1644]本

一函一冊;27 公分

相關責任者： (唐)宗密(Zongmi),780—841,述

附　注： 卷分上中下。

前附《佛說盂蘭盆經》。

卷末有牌記,内鐫"…… 崇禎甲申孟夏松江弘法會貴州赤水釋繼慶
較識"。

框 22.8×15.6 公分,10 行 20 字,白口,四周雙邊。版心中鐫書名及
卷次。

館藏信息： East Asian Library(Gest)：Rare Books：TC513/3951k

1436

基本著錄： 羯磨指南：十四卷

(Jie mo zhi nan：shi si juan)

(清)炤明輯

清間(約 1682—1735)本

一函十二冊;27 公分

相關責任者： (清)炤明(Zhaoming),輯

附　注： 清康熙二十一年(1682)椠譚序。

不避"弘"字諱。

框 22.1×15.5 公分,10 行 20 字,白口,四周雙邊。版心右上鐫"羯
磨",左上鐫"指南",中鐫卷次及篇名。

館藏信息： East Asian Library(Gest)：Rare Books：TC513/3467

1437

基本著錄： 原人論

（Yuan ren lun）

（唐）宗密述

明萬曆乙未［23 年,1595］杭州興聖萬壽禪寺本

一函一册;27 公分

相關責任者： （唐）宗密（Zongmi）,780—841,述

附　　注： 卷末牌記內鎸"……萬曆乙未孟秋徑山興聖萬壽禪寺識"。

框 23.8×16.1 公分,10 行 20 字,白口,四周雙邊。版心中鎸書名。

館藏信息： East Asian Library（Gest）:Rare Books:TC513/3951d

1438

基本著錄： **西方合論**

（Xi fang he lun）

（明）袁宏道撰述

清乾隆己酉［54 年,1789］京都廣通寺本

一函四册;28 公分

相關責任者： （明）袁宏道（Yuan Hongdao）,1568—1610,撰述

附　　注： 卷後張珩《識語》言"乾隆己酉夏六月……板存京都廣通寺"。

明萬曆二十八年（1600）袁宗道《評點西方合論序》。

附《紀夢》。

框 20.8×14.1 公分,9 行 20 字,白口,四周單邊,單黑魚尾。版心中鎸書名。

館藏信息： RECAP:East Asian Library use only:C513/3877a

1439

基本著錄： **金師子章雲間類解**

（Jin shi zi zhang yun jian lei jie）

（宋）净源述

明萬曆壬辰［20 年,1592］清凉山妙德禪院本

一函一册;27 公分

相關責任者： （宋）净源（Jingyuan）,1011—1083,述

附　　注： 卷末有牌記,內鎸"……萬曆壬辰春清凉山紗德禪院識"。

框 25×15.8 公分,10 行 20 字,白口,四周雙邊。版心中鎸書名。

館藏信息： East Asian Library(Gest)：Rare Books：TC513/3951l

1440

基本著錄： **大明三藏法數：五十卷**

（Da Ming san zang fa shu：wu shi juan）

（明）一如等集注

明萬曆癸巳—乙未［21—23 年，1593—1595］杭州徑山興聖萬壽禪寺本

兩函十冊：圖；27 公分

相關責任者： （明）一如（Yiru），1352—1425，集注

附　　注： 著者據卷四首葉。

各卷末有牌記，內鐫"…… 萬曆癸巳（至乙未）徑山興聖萬壽禪寺識"。

框 23.5×16.1 公分，10 行 20 字，白口，四周雙邊。版心中鐫書名及卷次。

館藏信息： East Asian Library(Gest)：Rare Books：TC513/2684

1441

基本著錄： **重訂教乘法數：十二卷**

（Chong ding jiao cheng fa shu：shi er juan）

清乾隆間（即 1736—1795）本

一函六冊；28 公分

附　　注： 避"玄""弘"字諱，不避"真"字諱。

框 19.7×14.1 公分，行字不等，白口，四周單邊，單黑魚尾。版心上鐫書名，中右鐫卷次。

館藏信息： RECAP：East Asian Library use only：C581/1927

1442

基本著錄： **大乘止觀法門釋要：四卷**

（Da cheng zhi guan fa men shi yao：si juan）

（明）智旭述

明崇禎甲申［17 年，1644］李石蘭、張孺含本

一函六册;28 公分

相關責任者：　（明）智旭（Zhixu），1599—1655，述；（明）李石蘭（Li Shilan），刻；

（明）張孺含（Zhang Ruhan），刻

附　　注：　明崇禎十七年(1644)智旭《序》言刻書事。

框 21.1×14.8 公分,9 行 20 字,白口,四周單邊,單黑魚尾間單白魚

尾。版心中鐫"大乘止觀釋要"及卷次。

館藏信息：　East Asian Library（Gest）:Rare Books:TC513/3934

1443

基本著録：　**寶王三昧念佛直指:[二卷]**

（Bao wang san mei nian fo zhi zhi:[er juan]）

（明）妙叶集

清乾隆戊申[53 年,1788]北京廣通寺本

一函四册;28 公分

相關責任者：　（明）妙叶（Miaoxie），集

附　　注：　卷分上下。

附《破妄念佛說》（一名《直指心要》）。

書後鐫"乾隆戊申冬重刻板存西直門外廣通寺"。

避"弘"字諱。

框 21×14.4 公分,9 行 20 字,白口,四周單邊,單黑魚尾。版心中鐫

"念佛直指"及卷次。

館藏信息：　RECAP:East Asian Library use only:C513/3877c

1444

基本著録：　**御製揀魔辨異錄:八卷**

（Yu zhi jian mo bian yi lu:ba juan）

（清）世宗胤禛著

清雍正間（約 1733—1735）北京內府本

一函六册;26 公分

相關責任者：　（清）世宗胤禛（Yinzhen），1677—1735，著

附　　注：　撰者據清雍正十一年(1733)《上諭》。

不避"真"字諱。

框 17.3 × 13 公分,10 行 20 字,白口,四周單邊,單黑魚尾。版心上鎸"揀魔辨異錄",中鎸卷次。

館藏信息:　Annex A,Forrestal:C513/3541

1445

基本著録:　**三壇傳戒正範:四卷**

（San tan chuan jie zheng fan:si juan）

（清）讀體撰

清間（約 1660—1735）本

一函六册;26 公分

館藏本有殘缺:卷一第一葉爲手抄配補。

相關責任者:　（清）讀體（Duti）,1602—1679,撰

附　　注:　清順治十七年（1660）戒顯《傳戒正範序》言撰書事。

卷四末鎸"板藏華山律堂"。

不避"弘"字諱。

框 20 × 14.2 公分,8 行大小字不等,白口,四周雙邊。版心上鎸卷名簡稱。

館藏信息:　East Asian Library(Gest):Rare Books:TC513/2437

1446

基本著録:　**子遊眼三藏取經解懺理:六卷**

（Ziyou yan san zang qu jing jie chan li:liu juan）

（清）無夢道人撰

清康熙癸亥［22 年,1683］本

兩函十二册;27 公分

相關責任者:　（清）無夢道人（Wumengdaoren）,撰

附　　注:　著者及版本據清康熙二十二年（1683）無夢道人《序》。

避"玄"字諱。

框 21.2 × 14.3 公分,9 行 20 字,白口,四周雙邊,單黑魚尾。版心上鎸"子遊",中鎸卷次。

館藏信息:　RECAP:East Asian Library use only:C513/3503

1447

基本著録： **賢首五教儀開蒙增註：五卷**

（Xian shou wu jiao yi kai meng zeng zhu；wu juan）

（清）通理述；（清）心興較訂

清乾隆癸丑［58 年，1793］拈花寺本

一函十二册；28 公分

相關責任者： （清）通理（Tongli），1700—1782 或 1701—1782，述；（清）心興（Xin xing），較訂

附　　注： 心興《教儀開蒙跋》言集書事。

避"玄""弘"字諱，不避"眞"字諱。

清乾隆五十八年（1793）通申《敬刻教義略本增註序》言刻書事。

附《引論》及《華嚴經品會大義》各一卷，後者卷末鎸"板存拈花本寺"。

框 20.7×15.1 公分，10 行 20 字，白口，四周雙邊，單黑魚尾。版心上鎸"教儀開蒙增註"，中鎸卷次。

館藏信息： Annex A，Forrestal：C513/3490

1448

基本著録： **最上一乘慧命經**

（Zui shang yi cheng hui ming jing）

（清）柳華陽撰注

清乾隆間（約 1794—1795）本

一函兩册：圖；26 公分

相關責任者： （清）柳華陽（Liu Huayang），撰注

附　　注： 清乾隆五十九年（1794）柳華陽《慧命經自序》言撰經事及同年孫廷璧《叙》。

避"玄"字諱。

此書不分卷，内容分十四段，一至八爲圖，九至十四爲正文。

有朱墨筆批校。

無框欄，9 行 20 字。

館藏信息： East Asian Library（Gest）：Rare Books：TC513/2436

1449

基本著錄： 　雲菴眞淨禪師語錄：六卷

　　　　　　　（Yun an Zhenjing chan shi yu lu：liu juan）

　　　　　　　（宋）福深錄

　　　　　　　明萬曆壬辰［20 年，1592］清凉山妙德庵本

　　　　　　　一函五册；27 公分

相關責任者： （宋）福深（Fushen），錄

附　　注： 有德洪所撰《附錄》。

　　　　　　　卷一末有牌記，内題"…… 萬曆壬辰春清凉山鈔惪庵識"。

　　　　　　　框 24.2×15.3 公分，10 行 20 字，白口，四周雙邊。版心中鐫"眞淨

　　　　　　　禪師語錄"及卷次。

館藏信息： 　East Asian Library（Gest）：Rare Books：TC513/3952f

1450

基本著錄： 　虎丘隆和尚語錄

　　　　　　　（Huqiu Long he shang yu lu）

　　　　　　　（宋）紹隆著；（宋）嗣端等編

　　　　　　　明萬曆壬辰［20 年，1592］五臺山妙德庵本

　　　　　　　一册；27 公分

相關責任者： （宋）紹隆（Shaolong），1077—1136，著；（宋）嗣端（Siduan），編

附　　注： 虎丘隆和尚是紹隆。

　　　　　　　卷末有牌記，内題"…… 萬曆壬辰春五臺山鈔德庵識"。

　　　　　　　框 24.2×15.2 公分，10 行 20 字，白口，四周雙邊。版心中鐫書名及

　　　　　　　卷次。

館藏信息： 　East Asian Library（Gest）：Rare Books：TC513/3952e

1451

基本著錄： 　應菴和尚語錄：十卷

　　　　　　　（Ying'an he shang yu lu：shi juan）

　　　　　　　（宋）守詮等編

　　　　　　　明萬曆壬辰［20 年，1592］清凉山妙德庵本

一函五册;27 公分

| 相關責任者: | （宋）守詮(Shouquan)，編 |
| 附　注: | 卷十末有牌記，内題"……萬曆壬辰夏清凉山妙德庵識"。 |

框 24.1×15.7 公分，10 行 20 字，白口，四周雙邊。版心中鐫書名及卷次。

館藏信息:　East Asian Library(Gest):Rare Books:TC513/3952d

1452

基本著録:　**白雲守端禪師語錄:[二卷]**

（Bai yun Shouduan chan shi yu lu:[er juan]）

清康熙丁未[6 年,1667]嘉興楞嚴寺本

一函兩册;27 公分

附　注:　卷分上下。

卷下末有牌記，内題"浙江嘉興府楞嚴寺般若堂本年資刻……康熙六年十一月"，又一葉鐫"印造大藏經於瑞應寺……康熙五十二年三月"。

框 23.4×15.7 公分，10 行 20 字，白口，四周雙邊。版心中鐫書名及卷次。

館藏信息:　East Asian Library(Gest):Rare Books:TC513/3952c

1453

基本著録:　**南堂了菴禪師語錄:二十二卷**

（Nantang Liao'an chan shi yu lu:er shi er juan）

（元）一志等編

明崇禎乙亥[8 年,1635]本

一函七册;27 公分

館藏本有殘缺:缺卷一至三。

相關責任者:　（元）一志(Yizhi)，編

附　注:　各卷末有牌記，内題"……崇禎八年……姑蘇兜率園謹識"。

框 21.9×15.5 公分，10 行 20 字，白口，四周雙邊。版心中鐫"南堂禪師語錄"及卷次，卷四第一葉版心上鐫"支那撰述"。

館藏信息:　East Asian Library(Gest):Rare Books:TC513/3488

1454

基本著録： **呆庵莊禪師語録：八卷**

（Dai'an Zhuang chan shi yu lu：ba juan）

（明）慧啓等編

明崇禎庚午［3 年,1630］本

一函四冊;31 公分

相關責任者： （明）慧啓（Huiqi）,編

附　　注： 卷一末有牌記,内題"……崇禎三年……姑蘇兜率園謹識"。

框 21.9×15.7 公分,10 行 20 字,白口,四周雙邊。版心中鎸"呆庵語録"及卷次。

館藏信息： East Asian Library（Gest）：Rare Books：TC513/3850Q

1455

基本著録： **密菴和尚語録：［二卷］**

（Mi'an he shang yu lu：［er juan］）

（宋）圓悟編

明崇禎己卯［12 年,1639］嘉興楞嚴寺本

一函三冊;27 公分

相關責任者： （宋）圓悟（Yuanwu）,1063—1135,編

附　　注： 卷分上下。

卷下末有牌記,内題"……崇禎己卯佛浴日識板存本郡楞嚴寺"。

框 22.3×15.4 公分,10 行 20 字,白口,四周雙邊。版心中鎸書名及卷次。

館藏信息： East Asian Library（Gest）：Rare Books：TC513/3952b

1456

基本著録： **天隱和尚語録：十五卷**

（Tianyin he shang yu lu：shi wu juan）

（清）通問等編

明崇禎間（約 1633—1644）本

一函八冊;27 公分

相關責任者： （清）通問（Tongwen），編

附　　注： 明崇禎六年（1633）黄毓祺《序》。

與《明版嘉興大藏經：徑山藏版》1987 年中國臺灣新文豐出版公司影印本核對，版相同，但影印本版心上方無"支那撰述"。

框 23.4×15.7 公分，10 行 20 字，白口，四周雙邊。版心上鎸"支那撰述"，中鎸書名及卷次。

館藏信息： East Asian Library（Gest）：Rare Books：TC513/3952a

1457

基本著録： **牧雲和尚語録：二十卷**

（Muyun he shang yu lu：er shi juan）

（清）通門著；（清）行瑋等編

清間（約 1644—1722）姑蘇西華山本

一函八册；27 公分

相關責任者： （清）通門（Tongmen），1599—1671，著；（清）行瑋（Xingwei），1610—1676，編

附　　注： 通門即牧雲和尚。

未署年朱一是《序》。

框 23.4×15.5 公分，10 行 20 字，白口，四周雙邊。版心中鎸書名及卷次。

館藏信息： East Asian Library（Gest）：Rare Books：TC513/3045b

1458

基本著録： **天岸昇禪師語録：二十卷**

（Tian'an Sheng chan shi yu lu：er shi juan）

（清）元玉記録

清康熙間（即 1662—1722）青州大覺禪院本

一函八册；27 公分

相關責任者： （清）元玉（Yuanyu），記録

附　　注： 各卷記録者不同。

未署年張立廉《序》。

書中言及清順治間事。

框 23.1×15.7 公分,10 行 20 字,白口,四周雙邊。版心中鐫"天岸禪師語錄"及卷次。

館藏信息： East Asian Library(Gest)：Rare Books：TC513/3045a

1459

基本著錄： 御選語錄：十九卷

（Yu xuan yu lu：shi jiu juan）

（清）世宗胤禛選

清乾隆間（即 1736—1795）北京武英殿本

兩函十四冊；26 公分

相關責任者： （清）世宗胤禛（Yinzhen），1677—1735，選

附 注： 清雍正十一年(1733)《御製序》言成書事。

不避"真"字諱。

框 19.2×14.1 公分,10 行 21 字,白口,四周單邊,單黑魚尾。版心上鐫書名,中鐫卷次及卷名。

館藏信息： RECAP：East Asian Library use only：C581/791

1460

基本著錄： 釋迦譜：十卷

（Shijia pu：shi juan）

（南朝）僧祐撰

明崇禎壬申［5 年,1632］杭州化城寺本

兩函十冊：圖；30 公分

相關責任者： （南朝）僧祐（Sengyou），445—518，撰

附 注： 卷首有佛像扉畫,題"般若堂刻"。

卷十末有牌記,内題"……崇禎五年孟春月徑山化城寺識"。

框 22.8×15.7 公分,10 行 20 字,白口,四周雙邊。版心中鐫書名及卷次。

館藏信息： East Asian Library(Gest)：Rare Books：TC513/2505Q

1461

基本著錄： 禪林僧寶傳：三十卷,目錄［三卷］

（Chan lin seng bao zhuan；san shi juan，mu lu［san juan］）

（宋）惠洪撰

清順治間（約 1647—1661）本

一函八册；27 公分

相關責任者：　（宋）惠洪（Huihong），1071—1128，撰

附　　注：　《目錄》分上中下。

卷三十末附《補禪林僧寶》（慶老撰）及《臨濟宗旨》（惠洪撰）。

清順治四年（1647）張宏《序》。

未避"玄"字諱。

框 19.9×13.3 公分，10 行 19 字，綫黑口，左右雙邊，花魚尾。版心

中鐫"僧寶傳"及卷次。

館藏信息：　East Asian Library（Gest）：Rare Books：TC513/2961

1462

基本著錄：　**列祖提綱錄：四十二卷**

（Lie zu ti gang lu；si shi er juan）

（清）行悦集

清康熙丙午［5 年，1666］雄州微笑堂本

兩函十六册；28 公分

相關責任者：　（清）行悦（Xingyue），1619—1684，集

附　　注：　附《凡例》。

清康熙五年（1666）婁東《緣起》言刻書事。

各卷末有牌記鐫"……康熙丙午冬雄州微笑堂識"。

卷四十二末鐫"板存杭州理安寺"。

框 21.8×15.6 公分，10 行 20 字，白口，四周雙邊。版心中鐫書名、

卷次及篇名。

朱筆圈點。

館藏信息：　RECAP：East Asian Library use only：C513/2889

1463

基本著錄：　**異方便净土傳燈歸元鏡三祖實錄：［二卷］**

（Yi fang bian jing tu chuan deng gui yuan jing san zu shi lu：［er juan］）

（明）智達拈頌；（清）德日閲録

清乾隆甲辰［49 年，1784］北京龍王廟本

一函四册：圖；27 公分

相關責任者： （明）智達（Zhida），拈頌；（清）德日（Deri），閲録

附　注： 卷分上下。

卷末題“乾隆甲辰重刊板存西直門内龍王廟流通”。

框 20.5×14.6 公分，10 行 20 字，白口，四周單邊，單黑魚尾。版心上鐫“歸元鏡”，中鐫卷次。

館藏信息： Annex A，Forrestal：C513/2880

1464

基本著録： **紹興重雕大藏音：［三卷］**

（Shaoxing chong diao Da zang yin：［san juan］）

（宋）處觀集

清順治辛丑［18 年，1661］嘉興楞嚴寺本

一函四册；27 公分

相關責任者： （宋）處觀（Chuguan），集

附　注： 卷分上中下。

各卷末有牌記，内鐫“浙江嘉興府楞嚴寺般若堂庚子年餘資刻此……順治十八年徑山比丘徹微印開識”。

框 22.6×15.3 公分，10 行字不等，白口，四周雙邊。版心中鐫書名及卷次。

館藏信息： East Asian Library（Gest）：Rare Books：TC513/3951n

1465

基本著録： **雲棲法彙：三十三卷**

（Yunqi fa hui：san shi san juan）

（明）袾宏述

明崇禎丁丑—戊寅［10—11 年，1637—1638］杭州錢士貴本

兩函十四册：圖，肖像；24 公分

相關責任者： （明）袾宏（Zhuhong），1535—1615，述；（明）錢士貴（Qian Shigui），刻

附　注： 《摸象記》後有牌記鐫“崇禎歲次丁丑……識”。

《山房雜錄》後有牌記鐫"崇禎歲次戊寅……識"。

附雲棲大師小像,雲棲大師即袾宏。

書名及作者據錢士貴《新刻雲棲法彙叙》。

卷首附《凡例》,卷末附大師塔銘、行略、祭文各一卷。

框 22.4×15.1 公分,10 行 20 字,白口,四周雙邊。版心中鐫書名及卷名。

館藏信息: East Asian Library(Gest):Rare Books:TC513/2906

1466

基本著錄: **天地冥陽水陸儀文:[三卷]. 天地冥陽水陸雜文:[二卷]. 天地冥陽水陸壇場式.**

子目:

天地冥陽水陸儀文:[三卷]

(Tian di ming yang shui lu yi wen:[san juan])

蕭武著

天地冥陽水陸雜文:[二卷]

(Tian di ming yang shui lu za wen:[er juan])

天地冥陽水陸壇場式

(Tian di ming yang shui lu tan chang shi)

明間(約 1520—1620)本

一函六冊:圖;36 公分

相關責任者: 蕭武(Xiao Wu),著

附　　注: 《天地冥陽水陸儀文》卷分上中下。《天地冥陽水陸雜文》分《雜文》及《雜文續集》。

著者據元大德七年(1303)惟大《天地冥陽水陸雜文序》。

卷首有佛像扉畫。

框 26.1×24.7 公分,12 行 16 字或 15 行 22 字,四周雙邊。

館藏信息: East Asian Library(Gest):Rare Books:TC513/3780Q

1467

基本著錄: **[二十八經同函]:一百四十五卷**

([Er shi ba jing tong han]:yi bai si shi wu juan)

清乾隆間(即 1736—1795)北京武英殿本

四函三十六册:圖;28 公分

附　　注:　卷首佛像扉畫後有牌記鎸"大清雍正十三年五月初一日"。

避"弘""曆"字諱,不避"真"字諱。

框 20.6×14 公分,10 行 20 字,四周單邊,單黑魚尾。版心上鎸各經名,中鎸卷次。

館藏信息:　East Asian Library(Gest);Rare Books;TC521/1181

1468

基本著録:　**放光般若波羅蜜經**:[三十卷]

(Fang guang bo re bo luo mi jing:[san shi juan])

[(晉)無叉羅,(晉)竺叔蘭譯]

唐間(即 618—907)本

一册;26 公分

館藏本有殘缺:存卷十,有缺葉。

相關責任者:　(晉)無叉羅(Wuchaluo),譯;(晉)竺叔蘭(Zhushulan),譯

附　　注:　書名據卷尾題"放光般若波羅蜜經卷第十"。

參見屈萬里編著《普林斯敦大學葛思德東方圖書館中文善本書志》。

此殘卷內容分《摩訶般若波羅蜜放光經供養品第卅四》"(425 字,有缺字)、《摩訶般若波羅蜜放光經持品第卅五》"(1253 字)、《摩訶般若波羅蜜放光經遣異道士品第卅六》(1028 字)、《摩訶般若波羅蜜放光經无二品第卅七》(1550 字)。

是卷疑爲出敦煌石窟。

卷子裝,共十紙,每張約五十公分,首張及末張均殘。

原 Gillis 索書號 TC513/66/.dcde,與索書號 DS797.28.D864P85 一起排架。

框內高 19.3 公分,每行 17 字。

卷末鈐"瓜沙州六聖印"朱文印。

館藏信息:　East Asian Library(Gest);Rare Books;DS797.28.D864 P85

1469

基本著録:　[葛思德圖書館佛經零種]

（［Geside tu shu guan fo jing ling zhong］）

明清間（約 1403—1800）本

六十三函五百零七册：圖；25—38 公分

附　　注：　書名本館自拟。

經摺裝。

此佛經零種爲義理壽（I. V. Gillis）爲葛思德圖書館購入，書名、版本、複本分散在各函，無次序。館藏縮微膠卷與原書索書號不同，外函套與内函套編號不同。部分零種細節可參見 TC513/2200x 下另做的 33 個分析編目記録。此 63 函未包括的其他佛經零種，請見 TC513/2201x。

館藏信息：　Rare Books：South East（East Asian）：TC513/2200x

1470

基本著録：　［葛思德圖書館佛經零種. 第二部分］.

（［Geside tu shu guan fo jing ling zhong. di er bu fen］. ）

明清間（約 1403—1800）本

一函二十四册：圖；28—38 公分

附　　注：　經摺裝。

此佛經零種爲義理壽（I. V. Gillis）爲葛思德圖書館購入，書名、版本無次序。本館 1993 年—2002 年整理時標號 1—23。其中 1—13 可見 TC513/2201x 下分析編目記録。14—19 未另做編目，20—23 在 2015 年整理時放入 TC513/2200x 原爲空盒的第 59—60 函中。

書名本館自拟。

館藏信息：　Rare Books：South East（East Asian）：TC513/2201x

1471

基本著録：　［葛思德圖書館佛經零種：第三部分］

（［Geside tu shu guan fo jing ling zhong：di san bu fen］）

元間（約 1277—1290）杭州大普寧寺本

一函六册；28 公分

附　　注：　書名本館自拟。

1 至 5 册爲殘葉。

版本由方廣錩先生幫助鑒定。

框(第6册)高25公分,6行17字。偶鐫刻工名。

館藏信息： East Asian Library(Gest)：Rare Books：BQ1280. G43 1277

1472

基本著録： **大方廣佛華嚴經**：[八十卷]

(Da fang guang fo Hua yan jing：[ba shi juan])

(唐)實叉難陀譯

明間(約1419—1620)本

八函七十六册：圖；35公分

館藏本有殘缺：缺卷二、三十九、四十五、五十六。

相關責任者： (唐)實叉難陀(Shicha'nantuo),652—710,譯

附　　注： 卷首有《華嚴綸貫》及明永樂十年(1412)《御製華嚴經序》。

此套配以明異版别本及舊抄本。

經摺裝。

卷一卷末鐫"永樂十七年十二月十三日奉佛弟子福賢發心書寫鋟梓

謹施"。

有扉畫。

框高27公分,5行15字,上下雙邊。

館藏信息： Rare Books：South East(East Asian)：TC513/2200x case 001—008

1473

基本著録： **大方廣佛華嚴經**：[八十卷]

(Da fang guang fo Hua yan jing：[ba shi juan])

(唐)實叉難陀譯

明永樂—萬曆間(即1403—1620)本

六函五十七册：圖；36公分

館藏本有殘缺：缺卷六、七、二十二、二十三、二十五、二十七、二十九、

三十二、三十五、三十七、三十九、四十一、四十三、四十五、四十七至

四十九、五十六、五十七、五十九、六十、六十七、六十九。

相關責任者： (唐)實叉難陀(Shicha'nantuo),652—710,譯

附　　注： 卷一扉畫末鐫"萬曆丁酉季秋重刊"。卷十一末鐫"嘉靖三十四年孟

秋吉日重刊　永樂十七年十二月十三日　奉佛弟子福賢發心書寫鋟

梓謹施"。

有扉畫。

經摺裝。

框高 26 公分,5 行 15 字,上下雙邊。

此套包括至少五種明異版別本及舊抄本。

館藏信息:　Rare Books:South East(East Asian):TC513/2200x case 009—014

1474

基本著錄:　**大方廣佛華嚴經**:[八十卷]

(Da fang guang fo Hua yan jing:[ba shi juan])

(唐)實叉難陀譯

明間(約 1621—1644)本

四函四十一冊:圖;36 公分

館藏本有殘缺:缺卷六、十四至十六、二十一、二十三、二十五、三十二

至三十六、三十九至四十一、四十四、四十五、四十八、五十一、五十

二、五十五至五十八、六十三、六十六至六十七、六十九至八十。

相關責任者:　(唐)實叉難陀(Shicha'nantuo),652—710,譯

附　注:　有扉畫。

經摺裝。

明抄本。卷四十二以明宣德刻本配補。

框高 26.9 公分,5 行 15 字,上下雙邊。

館藏信息:　Rare Books:South East(East Asian):TC513/2200x case 015—018

1475

基本著錄:　**大方廣佛華嚴經**:[八十卷]

(Da fang guang fo Hua yan jing:[ba shi juan])

(唐)實叉難陀譯

明永樂—天啓間(即 1403—1627)本

一函十冊:圖;35 公分

館藏本有殘缺:存卷一、四至八、十、十一、六十一、七十一至七十四,

其中卷十一、七十三、七十四爲手抄配補。

相關責任者:	（唐）實叉難陀（Shicha'nantuo）,652—710,譯
附　　注:	有扉畫。

經摺裝。

卷一末鐫"天順二年……重刊"，卷四末鐫"萬曆戊申……徐友槐印行"，卷八、七十一、七十二末鐫"永樂十七年…… 福賢發心書寫鋟梓"，卷六十一扉畫末鐫"正德十六年"。

框高 26.9 公分,5 行 15 字,上下雙邊。

此套包括至少五種明異版別本及舊抄本。

館藏信息:	Rare Books:South East(East Asian):TC513/2200x case 019—020

1476

基本著錄:	**大方廣佛華嚴經**:［八十卷］

（Da fang guang fo Hua yan jing:［ba shi juan］）

（唐）實叉難陀譯

明間(約 1403—1627)本

兩函十七冊:圖;34 公分

館藏本有殘缺。

相關責任者:	（唐）實叉難陀（Shicha'nantuo）,652—710,譯
附　　注:	有扉畫。

經摺裝。

卷十二末鐫"徐友槐經房印行"，毛筆字寫"天啓六年"，卷十七、十九末鐫"永樂十七年……福賢發心書寫鋟梓"。

框高 26.6 公分,5 行 15 字,上下雙邊。

此套包括至少四種明異版別本及舊抄本。

館藏信息:	Rare Books:South East(East Asian):TC513/2200x case 021—022

1477

基本著錄:	**大方廣佛華嚴經**:［八十卷］

（Da fang guang fo Hua yan jing:［ba shi juan］）

（唐）實叉難陀譯

明永樂—萬曆間(即 1403—1620)本

一函六冊:圖;36 公分

館藏本有殘缺:存卷一、十、十七、三十四、六十一、七十一。

相關責任者: （唐）實叉難陀（Shicha'nantuo）,652—710,譯

附　注: 有扉畫。

經摺裝。

卷十七末鐫"永樂十七年…… 福賢發心書寫鋟梓",卷七十一末鐫"大明萬曆癸巳 ……"。

框高 27.5 公分,5 行 15 字,上下雙邊。

此套包括至少兩種明異版別本。

館藏信息: Rare Books:South East（East Asian）:TC513/2200x case 023

1478

基本著錄: **大方廣佛華嚴經:[八十卷]**

（Da fang guang fo Hua yan jing:[ba shi juan]）

（唐）般若,（唐）實叉難陀譯

明天啓壬戌[2 年,1622]本

四函三十九册:圖;38 公分

館藏本有殘缺:僅存卷一至五、十一、十六、十七、十九、二十、二十六至三十、三十一至三十五、四十一至四十三、五十一至五十五、六十六至七十三、七十五、七十六、八十一,共三十九卷。

相關責任者: （唐）般若（Bore）,譯;（唐）實叉難陀（Shicha'nantuo）,652—710,譯

附　注: 每卷有扉畫。

卷八十一爲《附錄》（般若譯《大方廣佛華嚴經普賢行願品》）。

經摺裝。

卷二十末有牌記手寫"弟子郭登名虔請順治玖年葵月望日吉旦"。

卷末鐫"萬曆丁巳始事　天啟壬戌畢功"。

框高 27.3 公分,5 行 15 字,上下雙邊。

館藏信息: Rare Books:South East（East Asian）:TC513/2200x case 024—027

1479

基本著錄: **大方廣佛華嚴經:[八十卷]**

（Da fang guang fo Hua yan jing:[ba shi juan]）

（唐）實叉難陀譯

明間(約 1426—1615)本

兩函二十冊:圖;38 公分

館藏本有殘缺:僅存卷四、十一、十四、十五、二十六、四十六至四十九、五十一、五十二、五十四、五十五、五十七、五十八、六十六、七十一至七十三、八十,共二十卷。

相關責任者: (唐)實叉難陀(Shicha'nantuo),652—710,譯;(明)徐友槐(Xu You-huai),印

附　　注: 有扉畫。

卷四十六後鎸"宣德元年二月初九日印施"。

卷末有牌記手寫題"佛弟子郭登名男天球等請經一部萬曆四十三年菊月立",牌外鎸"南京聚寶門裏經鋪徐友槐印造"。

經摺裝。

框高 26.8 公分,5 行 15 字,上下雙邊。

館藏信息: Rare Books:South East(East Asian):TC513/2200x case 028—029

1480

基本著錄: 慈悲道塲懺法:十卷

(Ci bei dao chang chan fa:shi juan)

明萬曆壬寅[30 年,1602]本

一函十冊:圖;34 公分

附　　注: 有扉畫。

校正重刊序末鎸"大明萬曆歲次壬寅……重刻"。

經摺裝。

框高 25.9 公分,5 行 15 字,小字雙行,上下雙邊。

館藏信息: Rare Books:South East(East Asian):TC513/2200x case 030

1481

基本著錄: 慈悲道塲懺法:十卷

(Ci bei dao chang chan fa:[shi juan])

明清間(約 1621—1722)杭州昭慶寺本

一函八冊:圖;37 公分

館藏本有殘缺:缺卷三、十。

相關責任者：	（明）慧空（Huikong），印造
附　　注：	扉畫鐫有"杭州昭慶寺東經房慧空印造"。
	經摺裝。
	框高 25 公分，5 行 13 字，小字雙行，上下雙邊。
館藏信息：	Rare Books：South East（East Asian）：TC513/2200x case 035

1482

基本著錄：	**慈悲道塲懺法：〔十卷〕**
	（Ci bei dao chang chan fa：〔shi juan〕）
	明間（約 1573—1644）本
	一函九冊：圖；34 公分
	館藏本有殘缺：存卷一至九。
附　　注：	有扉畫。
	經摺裝。
	卷一序末鐫"大明萬曆歲次壬寅孟春吉旦重刻"。
	框高 25.9 公分，5 行 15 字，小字雙行，上下雙邊。
	本書號其他函中也有此書的同版：第 30 函 30 卷一、三、六至九，第 32 函卷一、三、六至八，第 33 函卷一、六至九，第 34 函卷七、八，第 35 函卷五，第 36 函卷五。
	此套包括至少三種明版異本。
館藏信息：	Rare Books：South East（East Asian）：TC513/2200x case 031

1483

基本著錄：	**慈悲道塲懺法：〔十卷〕**
	（Ci bei dao chang chan fa：〔shi juan〕）
	明間（即 1368—1644）本
	一函十冊：圖；32 公分
	館藏本有殘缺：存卷一、三、五、六、八、九。
附　　注：	有扉畫。
	經摺裝。
	卷一、卷五、卷六（c1、c2）末鐫"板存瑪緇寺梅石房流通"。
	有三個卷五（c1、c2、c3 同版），有三個卷六（c1、c2 同版，c3 異版）。

框高 25.5 公分,5 行 13 字,上下雙邊。

此套包括至少兩種明版異本。

館藏信息: Rare Books:South East(East Asian):TC513/2200x case 037

1484

基本著錄: **大般涅槃經:四十卷.大般涅槃經後分:[二卷].**

子目:

大般涅槃經:四十卷

(Da bo nie pan jing:si shi juan)

(東晉)曇無讖譯

大般涅槃經後分:[二卷]

(Da bo nie pan jing hou fen:[er juan])

(唐)若那跋陀羅,(唐)會寧譯

明萬曆甲午[22 年,1594]本

一函十九册:圖;28 公分

館藏本有殘缺:缺卷一、五、六、八、十一至十五、二十一至二十七、三十二至三十六、三十八、四十。

相關責任者: (東晉)曇無讖(Tanwuchan),譯;(唐)若那跋陀羅(Ruonabatuoluo),譯;(唐)會寧(Huining),譯

附 注: 《後分》卷分上下卷,爲總卷四十一至四十二。

卷十六扉畫後有牌記鐫"萬曆丁酉季秋重刊"。

《後分》卷下末鐫"大明萬曆甲午佛日"。

經摺裝。

框高 26.5 公分,5 行 15 字,上下雙邊。

館藏信息: Rare Books:South East(East Asian):TC513/2200x case 038—039

1485

基本著錄: **佛說佛名經:十二卷**

(Fo shuo fo ming jing:shi er juan)

(北魏)菩提流支譯

明清間(約 1621—1722)本

一函十册:圖;37 公分

館藏本有殘缺:缺卷十二。

相關責任者: （唐）菩提流支（Putiliuzhi），譯；（明）慧空（Huikong），印造

附　　注: 有扉畫。

卷末鎸"昭慶寺仙橋東首大字経房慧空印造"。

經摺裝。

框高 25.6 公分,5 行 18 字,上下雙邊。

館藏信息: Rare Books:South East(East Asian):TC513/2200x case 044—045

1486

基本著録: **大乘本生心地觀經:[八卷]**

(Da cheng ben sheng xin di guan jing:[ba juan])

（唐）般若等譯

明萬曆乙未[23 年,1595]本

一函七册:圖;34 公分

館藏本有殘缺:缺卷一,卷二配以別本。

相關責任者: （唐）般若（Bore），譯

附　　注: 卷末有圖并鎸"大明萬曆乙未年孟夏吉日"。

經摺裝。

框高 26.4 公分,5 行 15 字,上下雙邊。

館藏信息: Rare Books:South East(East Asian):TC513/2200x case 052

1487

基本著録: **大佛頂如來密因修證了義諸菩薩萬行首楞嚴經:十卷**

(Da fo ding ru lai mi yin xiu zheng liao yi zhu pu sa wan xing shou leng
yan jing:shi juan)

（唐）般剌蜜諦譯；（唐）彌伽釋迦譯語；（唐）房融筆授

清康熙壬戌[21 年,1682]京都南觀音寺本

一函五册:圖;35 公分

館藏本有殘缺:存卷三、五、六、九、十。

相關責任者: （唐）般剌蜜諦（Bolamidi），譯；（唐）彌伽釋迦（Miqieshijia），譯語；
（唐）房融（Fang Rong），筆授

附　　注: 卷十末鎸有牌記題"比丘照曜常岫海壽海印共施銀伍両伍錢刻此大

佛頂首楞嚴經第三卷……康熙壬戌歲京都南觀音寺識"。

卷五末鐫有牌記題"優婆塞王應學燕冬伊守聘張守義共施銀貳拾肆伍両刻此大佛頂首楞嚴經第五卷……康熙壬戌歲京都南觀音寺識"。

卷六末鐫有牌記題"信弟子羅大發張仲才王興涵李寂忍張福果共施銀拾貳両刻此大佛頂首楞嚴經第六卷……康熙壬戌歲京都南觀音寺識"。

卷九末鐫有牌記題"信弟子丁克智等施銀拾両刻此大佛頂首楞嚴經第九卷……康熙壬戌歲京都南觀音寺識"。

卷十末鐫有牌記題"比丘智弘施銀拾両刻此大佛頂首楞嚴經第十卷……康熙壬戌歲京都南觀音寺識"。

經摺裝。

框高 26.1 公分,5 行 15 字,上下雙邊。

館藏信息：　Rare Books:South East(East Asian):TC513/2200x case 053

1488

基本著錄：　**慈悲蘭盆目連懺法道場:[三卷]**

（Ci bei lan pen mu lian chan fa dao chang:[san juan]）

明萬曆甲寅[42 年,1614]本

三冊;35 公分

附　　注：　卷分上中下。

卷下末有牌記題"大明瑞安長公主謹誠心印造 …萬曆四十二年十月吉日造"。

經摺裝。

框高 26.4 公分,5 行 15 字,上下雙邊。

館藏信息：　Rare Books:South East(East Asian):TC513/2200x case 054

又一部:Rare Books:South East(East Asian):TC513/2200x case 054

1489

基本著錄：　**佛說觀世音菩薩救苦經**

（Fo shuo Guan shi yin pu sa jiu ku jing）

明萬曆甲寅[42 年,1614]本

一函一册：圖；25 公分

附　　注：　附《廣大靈感十六句觀音經》《佛說護身咒》《觀世音菩薩救諸難咒》
《大寶樓閣根本咒》。

經摺裝。

卷末牌記鎸"萬曆四十二年……造"。

框高 19 公分，4 行 11 字，上下雙邊。

館藏信息：　Rare Books：South East（East Asian）：TC513/2200x case 055

1490

基本著錄：　**觀世音菩薩救諸難呪**

（Guan shi yin pu sa jiu zhu nan zhou）

明隆慶壬申［5 年，1572］本

一册：ill.；25 公分

附　　注：　書末有牌記鎸"隆慶五年二月庚申日圓秀發心...印一百本..."。

框高 19.3 公分，4 行 14 字，上下雙邊。

館藏信息：　Rare Books：South East（East Asian）：TC513/2200x case 060 pt. 1

1491

基本著錄：　**佛說金輪佛頂大威德熾盛光如來陀羅尼經**

（Fo shuo jin lun fo ding da wei de chi sheng guang rulai tuo luo ni jing）

明間（約 1522—1610）本

一函一册：圖；34 公分

附　　注：　卷末有牌記鎸"萬曆三十八年……印造"。

經摺裝。

有扉畫。

框高 26.3 公分，4 行 11 字，上下雙邊。

Jan. 26，2015 將原索書號 TC513/2196 改變

館藏信息：　Rare Books：South East（East Asian）：TC513/2200x case 055

1492

基本著錄：　**佛說四十二章經. 佛遺教經.**

子目：

佛說四十二章經

(Fo shuo si shi er zhang jing)

(東漢)迦葉摩騰,(東漢)竺法蘭詔譯

佛遺教經

(Fo yi jiao jing)

(後秦)鳩摩羅什譯

明萬曆癸丑[41年,1613]長安于繼鰌本

一函一冊:圖;27公分

相關責任者: (東漢)迦葉摩騰(Jiayemoteng),譯;(東漢)竺法蘭(Zhufalan),譯;(後秦)鳩摩羅什(Jiumoluoshi),344—413,譯;;(明)于繼鰌(Yu Jiqiu),刻

附　注: 卷末鐫"長安弟子于繼鰌刻施"。

經摺裝。

明萬曆四十一年(1613)陶奭齡《合刻四十二章經遺教經緣起》提刻書事。

框高15.4公分,6行16字,上下單邊。

Jan. 26,2015 將原索書號 TC513/2195 改變

館藏信息: Rare Books:South East(East Asian):TC513/2200x case 055

1493

基本著錄: **佛說四十二章經**

(Fo shuo si shi er zhang jing)

(東漢)迦葉摩騰,(東漢)竺法蘭詔譯

清康熙間(約1662—1697)李文魁、鄧延儒本

一函一冊:圖;34公分

相關責任者: (東漢)迦葉摩騰(Jiayemoteng),譯;(東漢)竺法蘭(Zhufalan),譯;(東漢)安世高(An Shigao),約148—170,譯;(清)李文魁(Li Wenkui),刻;(清)鄧延儒(Deng Yanru),刻;(清)劉駿揚(Liu Junyang),畫工

附　注: 有扉畫鐫"弟子劉駿揚寫"。

卷末鐫"文魁李公延儒鄧公捐資敬刻",又有牌記補刻"高公菴魁誠造四十二章經五十部……康熙三十六年臘八日造"。

經摺裝。

框高 25.6 公分,4 行 11 字,上下雙邊。

避"玄"字諱。

附安世高譯《八大人覺經》。

館藏四部同版:一部缺扉畫,一部缺卷末。

館藏信息: Rare Books:South East(East Asian):TC513/2200x case 058

1494

基本著錄: **文殊師利所說般若波羅蜜經**

(Wenshushili suo shuo bo re bo luo mi jing)

(南朝)僧伽婆羅譯

清康熙壬申[31 年,1692]張有德本

一函一冊:圖;35 公分

相關責任者: (南朝)僧伽婆羅(Sengjiapoluo),譯;(清)張有德(Zhang Youde),刻

附　注: 卷末有牌記鐫"康熙三十一年……佛弟子張有德發心重刻"。

有扉畫。

經摺裝。

框高 26.3 公分,4 行 11 字,上下雙邊。

Jan.26,2015 將原索書號 TC513/2188 改變

館藏信息: Rare Books:South East(East Asian):TC513/2200x case 055

1495

基本著錄: **金光明最勝王經:十卷**

(Jin guang ming zui sheng wang jing:shi juan)

明間(約 1621—1644)本

一函四冊;34 公分

附　注: 經摺裝。

版本據風格。

框高 26.5 公分,5 行 15 字,上下雙邊。

卷八兩個異版。

館藏信息: Rare Books:South East(East Asian):TC513/2200x case 056

1496

基本著錄：　　　**菩提心戒儀**

（Pu ti xin jie yi）

（唐）不空譯

明間（約 1620—1644）本

一函一冊：圖；29 公分

相關責任者：　（唐）不空（Bukong），705—744，譯

附　　注：　　經摺裝。

有扉畫。

框高 22.5 公分，4 行 15 字，上下雙邊。

館藏十部同版：一部缺扉畫，一部缺卷末。

館藏信息：　　Rare Books：South East（East Asian）：TC513/2200x case 057

1497

基本著錄：　　　**地藏菩薩本願經**：[三卷]

（Dizang pu sa ben yuan jing：[san juan]）

法燈譯

明間（約 1573—1644）本

一函三冊：圖；35 公分

相關責任者：　法燈（Fadeng），譯

附　　注：　　卷分上中下。

有扉畫。

著者據卷中下之卷端。

經摺裝。

框高 26.3 公分，5 行 15 字，上下雙邊。

館藏信息：　　Rare Books：South East（East Asian）：TC513/2200x case 061

1498

基本著錄：　　　**地藏菩薩本願經**：[三卷]

（Di zang pu sa ben yuan jing：[san juan]）

法燈譯

清康熙甲午[53 年,1714]莊府本

三册:圖;33 公分

相關責任者: 法燈(Fadeng),譯;(清)湛祥(Zhanxiang),印

附 注: 有手寫牌記"乾隆九年……比丘湛祥發心印造……一百部 ……"。

卷分上中下。

卷末鎸"時康熙甲午歲孟春吉日莊府敬刻"。

經摺裝。

有扉畫。

框高 25.8 公分,5 行 15 字,上下雙邊。

曾誤入 TC513/2200x 第 61 函,2015 年 2 月 2 日改正,原索書號 TC513/2192 改變。

館藏信息: Rare Books:South East(East Asian):TC513/2201x(1)

1499

基本著錄: **華嚴寶懺法:[三卷]**

(Hua yan bao chan fa:[san juan])

(唐)般若譯

清康熙己卯[38 年,1699]本瑞悟心本

一函三册:圖;33 公分

相關責任者: (唐)般若(Bore),譯;(清)本瑞(Benrui),刻;(清)悟心(Wuxin),刻

附 注: 卷分上中下。

卷末鎸"大清康熙己卯年季夏吉旦善果西靜室比丘本瑞同弟子悟心重刊"。

卷末牌記鎸"信女弟子劉門楊氏發心印造華嚴寶懺六十部道光二十一年七月佛歡喜日印"。

經摺裝。

框高 24.7 公分,4 行 13 字,上下雙邊。

館藏信息: Rare Books:South East(East Asian):TC513/2200x case 062

1500

基本著錄: **佛說除一切疾病陀羅尼經**

(Fo shuo chu yi qie ji bing tuo luo ni jing)

（唐）不空譯

明間（約 1403—1598）本

一冊：圖；35 公分

相關責任者： （唐）不空（Bukong），譯

附　　注： 有扉畫。

卷末有牌記鐫"大明萬曆戊戌歲瑞安長公主為次男萬壽印施"。

經摺裝。

框高 26.3 公分，4 行 14 字，上下雙邊。

館藏信息： Rare Books：South East（East Asian）：TC513/2201x（2）

1501

基本著録： **禮佛名經事儀**

（Li fo ming jing shi yi）

明心集

明清間（約 1621—1722）杭州昭慶寺經坊本

一冊；36 公分

相關責任者： 明心（Mingxin），集

附　　注： 卷末有牌記鐫"昭慶寺仙橋東首大字經坊慧空印造"。

經摺裝。

框高 25.6 公分，5 行 17 字，上下雙邊。

館藏信息： Rare Books：South East（East Asian）：TC513/2201x（3）

1502

基本著録： **佛說消災吉祥陀羅尼經**

（Fo shuo xiao zai ji xiang tuo luo ni jing）

明間（約 1522—1614）本

一冊：圖；34 公分

附　　注： 有扉畫。

書名取自尾題。

卷末有牌記鐫"萬曆四十二年……印造"。

附其他陀羅尼咒文。

經摺裝。

框高 26 公分,4 行字不等,上下雙邊。

館藏信息: Rare Books:South East(East Asian):TC513/2201x(4)

1503

基本著録: **佛說准提菩薩佛母大明陀羅尼經**

(Fo shuo zhun ti pu sa fo mu da ming tuo luo ni jing)

(唐)金剛智譯

明萬曆癸巳[21 年,1593]本

一册:圖;35 公分

相關責任者: (唐)金剛智(Jinggangzhi),669—741,譯

附　　注: 有扉畫。

卷末有牌記鎸"大明萬曆癸巳御製印造"。

經摺裝。

框高 27.3 公分,5 行 17 字,上下雙邊。

館藏信息: Rare Books:South East(East Asian):TC513/2201x(5)

1504

基本著録: **佛說離山寶卷**

(Fo shuo li shan bao juan)

明清間(約 1621—1722)本

一册;33 公分

附　　注: 未避"玄"字。

框高 25.6 公分,5 行 17 字,上下雙邊。

館藏信息: Rare Books:South East(East Asian):TC513/2201x(7)

1505

基本著録: **六祖大師法寶壇經**

(Liu zu da shi fa bao tan jing)

(唐)慧能著

明萬曆丁未[35 年,1607]本

一函兩册:圖;29 公分

相關責任者: (唐)慧能(Huineng),638—713,著

附　注：　明萬曆三十五年(1607)《跋》言刻書事。

經摺裝。

框高 23.4 公分,6 行 18 字,上下雙邊。

館藏信息：　Rare Books:South East(East Asian):TC513/2201x(8)

1506

基本著錄：　**佛說銷釋保安寶卷**:[二卷]

(Fo shuo xiao shi bao an bao juan:[er juan])

清康熙間(即 1662—1722)本

兩册:圖;38 公分

附　注：　卷分上下。

避"玄"字諱。

框高 28.1 公分,4 行 15 字,上下雙邊。

將原索書號 TC513/2187 改變。

館藏信息：　Rare Books:South East(East Asian):TC513/2201x(9)

1507

基本著錄：　**救苦忠孝藥王寶卷**:[二卷]

(Jiu ku zhong xiao yao wang bao juan:[er juan])

清間(約 1644—1678)本

一册;39 公分

館藏本有殘缺:僅存卷下。

附　注：　卷數據《寶卷綜錄》。

不避"玄"字諱。

卷末有牌記手寫題"大清康熙十七年……請經"。

框高 27.1 公分,4 行 15 字,上下雙邊。

將原索書號 TC513/2186 改變

館藏信息：　Rare Books:South East(East Asian):TC513/2201x(10)

1508

基本著錄：　**過去莊嚴劫千佛名經**

(Guo qu zhuang yan jie qian fo ming jing)

明間(約 1368—1636)本

一册:圖;36 公分

相關責任者: (南朝宋)畺良耶舍(Jiangliangyeshe),譯

附　　注: 有扉畫。

卷首附畺良耶舍譯《三劫三千佛緣起》。

卷末有牌記手寫題"崇禎玖年……",牌外鐫"姑蘇閶門内皋橋中街路口朝南經坊陳奉泉印行"。

經摺裝。

框高 26.8 公分,5 行 15 字,上下雙邊。

將原索書號 TC513/2185a 改變

館藏信息: Rare Books:South East(East Asian):TC513/2201x(11)

1509

基本著錄: **現在賢劫千佛名經**

(Xian zai xian jie qian fo ming jing)

明清間(約 1621—1722)本

一册;34 公分

附　　注: 經摺裝。

框高 26.4 公分,5 行 15 字,上下雙邊。

將原索書號 TC513/2185b 改變

館藏信息: Rare Books:South East(East Asian):TC513/2201x(12)

1510

基本著錄: **未來星宿劫千佛名經**

(Wei lai xing su jie qian fo ming jing)

明清間(約 1621—1666)本

兩册:ill. ;34cm

附　　注: 卷末有圖。

第 1 册與哥倫比亞大學藏同版,哥大藏本卷末有牌記,題清康熙五年(1666);第 2 册爲本館 2017 年 1 月 31 日員工退休整理資料時發現而補入。

框高 26.2 公分,5 行 15 字,上下雙邊。

經摺裝。

第 1 册原爲 TC513/2185c。

館藏信息： Rare Books：South East（East Asian）：TC513/2201x（13）

1511

基本著錄： 梵網經心地品菩薩戒義疏發隱：五卷

（Fan wang jing xin di pin pu sa jie yi shu fa yin：wu juan）

（明）袾宏發隱；（明）程應衢校梓

明萬曆壬寅［30 年，1602］程應衢本

兩函八册；26 公分

相關責任者： （明）袾宏（Zhuhong），1535—1615，發隱；（明）程應衢（Cheng Yingqu），校梓

附　　注： 明萬曆三十年（1602）釋真可《重刻梵網經義疏發隱後序》。

框 19.6×12.6 公分，10 行 20 字，白口，左右雙邊，順黑魚尾。版心上鎸“瑞像庵”，中鎸“戒疏發隱”，下偶鎸刻工。

館藏信息： East Asian Library（Gest）：Rare Books：TC513/2482

1512

基本著錄： 妙法蓮華經文句：十卷

（Miao fa lian hua jing wen ju：shi juan）

（隋）智顗説

明間（約 1573—1644）本

兩函二十册；27 公分

相關責任者： （隋）智顗（Zhiyi），538—597，説

附　　注： 各卷又分上下。

卷端題“天台智者大師説”。

版本據風格。

與 MHV001—B388 同版。

框 21.5×14.4 公分，10 行 20 字，白口，四周單邊，單黑魚尾。版心中鎸“法華文句”及卷次。

館藏信息： East Asian Library（Gest）：Rare Books：TC513/3949

1513

基本著錄： 萬僧問答景德傳燈全錄：[三十卷]

(Wan seng wen da Jingde chuan deng quan lu：[san shi juan])

(宋)道原纂集；(明)汪士賢校

明萬曆間(即 1573—1620)汪士賢本

兩函十六册；28 公分

館藏本有殘缺：存卷一至十六。

相關責任者： (宋)道原(Daoyuan)，纂集；(明)汪士賢(Wang Shixian)，活動期

16—17 世紀，校

附　注： 未署年楊億《重刻景德傳燈錄序》。

版本據風格。

框 19.9×14 公分，9 行 20 字，白口，左右雙邊，單白魚尾。版心上鎸

"傳燈錄"，中鎸卷次。

館藏信息： East Asian Library(Gest)：Rare Books：TC513/2615

1514

基本著錄： 宗鏡錄：[一百卷]

(Zong jing lu：yi bai juan)

(宋)延壽集；(元)慧元重校

元間(即 1279—1368)徑山興聖萬壽禪寺本

一函兩册；27 公分

本館藏本不完整：存卷四十五、四十七。

相關責任者： (宋)延壽(Yanshou)，904—975，集；(元)慧元(Huiyuan)，重校

附　注： 版本信息取自購書單(number 2a,2b)："Revised ed.，Hangchou,

1287"。

經摺裝。

卷端題"慧日永明寺主智覺禪師延壽集"，卷末題"徑山興聖萬壽禪

寺首座沙門慧元重校"。

沈津《美國所藏宋元刻佛經經眼錄》之《宗鏡錄》記載："此《宗鏡錄》

似單刻，不見各家書目著錄"；"月明莊為日人反町茂雄所用印"。

卷四十五編號爲"綺五"，卷四十七編號爲"綺七"。

框高 24.7 公分,6 行 17 字,上下單邊。每紙 30 行,卷四十五共 16 紙,有刻工署名:俞明圓、圓鑒、鑒刀、俞;卷四十七共 18 紙,有刻工署名:徐榮祖、榮祖、徐。

有"魯德福印""月明莊"印記。

館藏信息: East Asian Library(Gest):Rare Books:BQ4140. Y46 1279

1515

基本著錄: 宗鏡錄:一百卷

(Zong jing lu:yi bai juan)

(宋)延壽集;(明)屠繩德校梓

明萬曆甲辰[32 年,1604]屠繩德蘭暉堂本

六函四十八冊;28 公分

相關責任者: (宋)延壽(Yanshou),904—975,集;(明)屠繩德(Tu Shengde),校梓

附　注: 明萬曆三十二年(1604)屠繩德書於蘭暉堂《題宗鏡錄》。

框 18.4×13 公分,9 行 18 字,白口,左右雙邊,單黑魚尾。版心上鎸書名,中鎸卷次,下鎸"蘭暉堂"。

館藏信息: East Asian Library(Gest):Rare Books:TC581/373

1516

基本著錄: 宗鏡錄:一百卷

(Zong jing lu:yi bai juan)

(宋)延壽集

清雍正乙卯[13 年,1735]北京內府本

四函二十冊;25 公分

相關責任者: (宋)延壽(Yanshou),904—975,集

附　注: 清雍正十二年(1734)《御製重刊宗鏡錄序》言刻書事,雍正十三年(1735)超海《奉勅重刊宗鏡錄後跋》。

框 17.5×13 公分,10 行 20 字,白口,四周單邊,單黑魚尾。版心上鎸書名,中鎸卷次。

館藏信息: East Asian Library(Gest):Rare Books:TC581/373x

1517

基本著錄：   **五燈會元：二十卷**

        （Wu deng hui yuan：er shi juan）

        （南宋）普濟編集

        明崇禎間（約 1634—1644）本

        四函四十册；27 公分

相關責任者：   （宋）普濟（Puji），1179—1253，編集

附　　注：   明崇禎七年（1634）釋通容《序》。

        框 21.3 × 14.3 公分，10 行 20 字，白口，左右雙邊，單黑魚尾。版心上鐫"會元"及卷次，中鐫内容名稱。

館藏信息：   East Asian Library（Gest）：Rare Books：TC513/806

1518

基本著錄：   **諸佛世尊如來菩薩尊者神僧名經**

        （Zhu fo shi zun Rulai pu sa zun zhe shen seng ming jing）

        （明）成祖朱棣製

        明永樂間（約 1417—1424）北京内府本

        兩函十二册：圖；42 公分

相關責任者：   （明）成祖朱棣（Zhu Di），1360—1424，製

附　　注：   著者及版本據明永樂十五年（1417）御製《序》。

        框 29.7 × 19.5 公分，16 行 20 字，黑口，四周雙邊，雙黑魚尾。版心中鐫"經"。

館藏信息：   East Asian Library（Gest）：Rare Books：TC581/1980Q

1519

基本著錄：   **諸佛世尊如來菩薩尊者名稱歌曲**

        （Zhu fo shi zun Rulai pu sa zun zhe ming cheng ge qu）

        （明）成祖朱棣製

        明永樂間（約 1420—1424）北京内府本

        兩函十册：圖；42 公分

相關責任者：   （明）成祖朱棣（Zhu Di），1360—1424，製

附　　注：　著者及版本據明永樂十八年(1420)《御製諸佛世尊如來菩薩尊者名
稱歌曲後序》等序。

框 29.5×19.4 公分,16 行 31 字,黑口,四周雙邊,雙黑魚尾。版心
中鎸"曲"。

館藏信息：　East Asian Library(Gest)：Rare Books：TC581/1901Q

1520

基本著錄：　**大藏一覽集：十卷**

(Da zang yi lan ji：shi juan)

(明)陳實編

明永樂—宣德間(約 1418—1430)北京大慶壽禪寺本

兩函十册；28 公分

相關責任者：　(明)陳實(Chen Shi)，編

附　　注：　明宣德五年(1430)沙門大旺《重刊大藏一覽集序》言刻書事。

卷十末鎸"信人王性海助刊此卷……永樂戊戌孟冬"。

門目總類後鎸"[隆慶]辛未年季秋吉旦京都阜城関外衍法寺比丘本
讚發心□□"。

框 18.9×13.2 公分,11 行 21 字,黑口,左右雙邊,雙黑魚尾。版心
中鎸"覽"及卷次。

館藏信息：　East Asian Library(Gest)：Rare Books：TC513/3514

1521

基本著錄：　**禪宗永嘉集：[二卷]**

(Chan zong Yongjia ji：[er juan])

(唐)玄覺撰；(明)鎮澄注

明萬曆壬辰[20 年,1592]本

一函四册；27 公分

相關責任者：　(唐)玄覺(Xuanjue)，卒年 713，撰；(明)鎮澄(Zhencheng)，1547—
1617，注

附　　注：　卷末題"萬曆二十年十二月佛成道日刊"。

卷分上下。

框 21.1×15.1 公分,10 行 20 字,白口,四周單邊,單黑魚尾。版心

中鎸"永嘉集解"及卷次。

館藏信息： East Asian Library（Gest）：Rare Books：TC513/3073

1522

基本著錄： 水月齋指月錄：三十二卷

（Shui yue zhai Zhi yue lu：san shi er juan）

（明）瞿汝稷集；（明）嚴澂校

明萬曆壬寅［30 年，1602］嚴澂本

四函十六册；28 公分

館藏本有殘缺：缺末葉。

相關責任者： （明）瞿汝稷（Qu Ruji），1548—1610，集；（明）嚴澂（Yan Cheng），校

附　　注： 明萬曆三十年（1602）瞿汝稷《序》言刻書事。

框 22.5×15.2 公分，11 行 21 字，小字雙行，白口，四周單邊，單黑魚尾。版心上鎸"指月錄"，中鎸卷次。

館藏信息： East Asian Library（Gest）：Rare Books：TC513/694

1523

基本著錄： 指月錄：三十二卷

（Zhi yue lu：san shi er juan）

（明）瞿汝稷集；（明）嚴澂校

明崇禎庚午［3 年，1630］海明本

兩函十六册；26 公分

相關責任者： （明）瞿汝稷（Qu Ruji），1548—1610，集；（明）嚴澂（Yan Cheng）校；（明）海明（Haiming），刻

附　　注： 卷端題"破山釋海明重梓"。

明崇禎三年（1630）孫弘祚《重梓指月錄叙》言刻書事。

框 21×15.1 公分，11 行 21 字，白口，四周單邊，單黑魚尾。版心上鎸書名，中鎸卷次。

館藏信息： East Asian Library（Gest）：Rare Books：TC581/145

1524

基本著錄： 維摩詰所說經折衷疏：［三卷］

（Weimojie suo shuo jing zhe zhong shu：[san juan]）

（明）大賢疏；（明）蔡善道，（明）智授校

明崇禎間（約 1630—1644）本

一函六册：圖；27 公分

相關責任者： （明）大賢（Daxian），疏；（明）蔡善道（Cai Shandao），校；（明）智授

（Zhishou），校；（明）劉啓明（Liu Qiming），刻

附　　注： 卷分上中下。

明崇禎三年（1630）大舟義《維摩詰折衷疏序》。

卷末題"旌邑劉啓明鐫"。

框 19.4×11.8 公分，8 行 17 字，白口，四周單邊。版心中鐫"維摩疏"及卷次。

館藏信息： East Asian Library（Gest）：Rare Books：TC513/2723

1525

基本著錄： ［磧砂大藏經：六千三百六十二卷］

（［Qisha Da zang jing：liu qian san bai liu shi er juan］）

［（南宋）法忠等］

宋元間（約 1231—1322）平江府磧砂延聖院本

五千三百五十九册：圖；30 公分

相關責任者： （南宋）法忠（Fazhong）

附　　注： 經摺裝。

藏本不完整，存 1479 種，6014 卷，561 函。

以補版本、異版本及抄本配補。

框高 25 公分，6 行 17 字，上下單邊。

附錄共 3 件：第 1 件爲 I. V. Gillis 等製表 1 册，有胡适、屈萬里等手記，34 公分；第 2 件依照《影印宋磧砂版大藏經目錄》與館藏子目核對，1 册，有屈萬里 1965 年手記，29 公分；第 3 件館藏有圖及年代記錄，在文件夾中，14 頁，30 公分。

館藏信息： Rare Books：South East（East Asian）：TC513/2198

1526

基本著錄： ［北藏：六千三百六十一卷，續四百十卷］

（［Bei zang:liu qian san bai liu shi yi juan,xu si bai shi juan］）

明永樂庚寅—正統庚申［永樂 8 年—正統 5 年,1410—1440］北京內府本

四百五十八函三千七百五十七冊:圖;37 公分

館藏本有殘缺:卷十二第四葉之後缺。

相關責任者: （清）萬煒（Wan Wei）,卒年 1664,收藏

附　　注: 經摺裝。

有明萬曆間《皇帝勅諭》及《御製序》,其末均鈐“慈聖宣文明肅皇太后之寶”大方印。

有明天啓五年（1625）萬煒多題記及“萬煒之印”“太傅之章”兩印記。

框高 27.7 公分,5 行 17 字,上下雙邊。

本館存《明北藏存缺表》。

館藏信息: Rare Books:South East（East Asian）:TC513/41x

1527

基本著錄: **佛說大集會正法經:五卷**

（Fo shuo da ji hui zheng fa jing:wu juan）

（宋）施護譯

明清間（約 1573—1667）本

五冊:圖;38 公分

相關責任者: （宋）施護（Shi Hu）,卒年 1018,譯;（清）李可進（Li Kejin）,印

附　　注: 卷末手寫題記曰“…… 李可進……印造大集會正法經……康熙七年十一月吉日”。

經摺裝。

框高 28.1 公分,5 行 17 字,上下雙邊。

館藏信息: East Asian Library（Gest）:Rare Books:TC513/009 egzgQ

1528

基本著錄: **佛說觀普賢菩薩行法經**

（Fo shuo guan Puxian pu sa xing fa jing）

（宋）曇摩蜜多譯

元間（即 1279—1368）本

一函一冊;29 公分

相關責任者： （宋）曇摩蜜多（Tanmomiduo）,譯;（元）蔣成（Jiang Cheng）,刻;（元）
　　　　　　王迪（Wang Di）,刻;（元）王祖（Wang Zu）,刻

附　　注： 函套書簽手寫"元刊本　尾羽寺舊藏"。

此卷爲大藏經千字文"得"字編號第"八",卷端書名後爲"八",卷端
首行下爲"得",不確定是否爲"普寧藏"。

經摺裝。

卷端題"宋罽賓三藏法師曇摩密多於揚州譯"。

有手寫配補葉。末葉有"下野國尾羽寺"墨印。

框 24.7×11.3 公分,6 行 17 字,上下單邊。5 葉 1 紙,版中未題字,
兩紙接縫處偶有刻工,如:王迪、王祖、蔣成。

館藏信息： East Asian Library（Gest）:Rare Books:BQ2053. C5 G83 1279

1529

基本著錄： **大般若波羅蜜多經:卷第四十、四十三**

（Da bo re bo luo mi duo jing:juan di si shi、si shi san）

（唐）玄奘譯

宋元間（約 1268—1305）泉州開元寺本

兩冊;27 公分

相關責任者： （唐）玄奘（Xuanzang）,約 596—664,譯

附　　注： 卷端題"三藏法師玄奘奉詔譯"。

卷四十首題"福州開元禪寺住持傳法沙門文迪議募十方檀信刊捕大
藏經印板一副恭爲今上皇帝祝延聖壽　文武官僚同資祿位　雕造毗
盧大藏經印板一副計五百餘函　時政和乙未歲九月日勸緣沙門行崇
謹題"。

卷四十首又題"泉州開元寺刊華嚴演義鈔餘利共雕五十板各符施主
願心者"。卷四十第三葉題"咸淳戊辰"。

卷四十三首題"福州眾緣寄開元寺雕經都會蔡俊臣陳詢陳靖劉漸與
證會住持沙門本明恭爲今上皇帝祝延聖壽　文武官僚同資祿位　雕
造毗盧大藏經印板一副計五百余函　時政和乙未歲六月日勸緣沙門
行崇謹題"。

卷四十三第二葉題"大德乙巳"。

《毗盧大藏》原爲宋福州開元寺刻,此二册爲宋元泉州開元寺補刻毗盧大藏本。

卷四十框高 24.8 公分,卷四十三框高 24.8 公分。原 6 行(11 公分) 17 字,上下單邊。日本重新裝訂爲 5 行(9 公分)。書高 27 公分。版中卷鎸函號、卷次、葉次,偶題刻板年、施捨者及刻工。

框高 23.8 公分,6 行 17 字,上下單邊。

館藏信息:　East Asian Library(Gest):Rare Books:BQ1883. C5 X82

1530

基本著録:　**大般若波羅蜜多經:卷第四百二十九**

(Da bo re bo luo mi duo jing:juan di si bai er shi jiu)

(唐)玄奘譯

宋政和丁酉[7 年,1117]福州開元寺本

一函一册;29 公分

相關責任者:　(唐)玄奘(Xuanzang),約 596—664,譯

附　注:　卷端題"三藏法師玄奘奉詔譯"。

本册卷第四百二十九,"麗"字函第九卷。

書首題"今上皇帝祝延聖壽　文武官僚同資禄位　雕造毗盧大藏經印板一副　計五百餘函　時政和丁酉歲九月勸緣沙門行崇謹題"。版本參據沈津《美國所藏宋元刻佛經經眼録》。

框高 23.5 公分,6 行(11 公分)17 字,上下單邊。版中卷鎸函號、卷次、葉次,偶題刻工。

卷末有"陳和造"小黑印記。

館藏信息:　Rare Books:William H. Scheide Library(WHS):3.1.16

1531

基本著録:　**[阿毗達磨大毗婆沙論:二百卷:卷一百四十四]**

([E pi da mo da pi po sha lun:er bai juan:juan yi bai si shi si])

[(唐)玄奘譯]

北宋間(約 1101—1127)福州崇寧寺本

相關責任者:　(唐)玄奘(Xuanzang),約 596—664,譯

附　注:　書名本館擬定。

框高 25 公分,6 行 17 字,上下單邊。版心中鎸"四卷 九[太?]"。

編目時請教了方廣錩教授。方教授電子郵件中説:"寄來的藏經殘葉,是屬北宋福州藏。福州藏有《崇寧藏》《毗盧藏》兩副版片,雖爲不同寺院所刻,但時間相同、地點相同。千字文函號相同,風格亦頗多相同之處。一般依據卷首題跋、刻工、印章來加以區別。殘葉無卷首,"九"下似有一刻工名,但照片不清,無印章。不過,從紙張、風格,大體上可判定爲《崇寧藏》。雖然蟲蛀嚴重(看來該殘片來自日本),但感覺紙張應該比較厚實、挺括。"

此葉經文内容爲:"論. 答欲止他宗顯己義故. 謂譬喻者說. 離思無異熟因. 離受無異熟果. 為遮彼說顯異熟因及異熟果俱通五蘊. 飲光部說. 諸異熟因. 異熟未生彼因有體. 異熟生已彼因便失. 如芽未生種猶有體. 芽既生已種體便無. 欲止彼意顯因恒有. 復有外道. 執善惡業無果異熟. 亦遮彼意顯善惡業有果異熟. 故作斯論 此二十二根. 幾有異熟. 幾無異熟. 答一有異熟. 十一無異熟. 十應分別. 一有異熟者. 謂憂根. 十一無異熟者. 謂七色命三無漏根. 十應分別者. 謂意四受信等五根. 此復云何. 謂意根. 或有異熟. 或無異熟. 云何有異熟. 謂不善. "

據電子版《大藏經 CBETA》,此葉内容爲《阿毗達磨大毗婆沙論論》卷第一百四十四根蘊第六中根納息第一之三。

附英文介紹一頁:"12 Century Chinese printing from the Sung Tripitaka,three and a half centuries before Gutenberg⋯⋯block book printed by the Fuchow officials,in honor of the birthday of the Emperor Hwei—tsung,in January of the first year of his reign(1101 A. D.)。"

館藏信息:　　　East Asian Library(Gest):Rare Books:T1803/3411

道家類

1532

基本著録:　　　道德寶章

(Dao de bao zhang)

(南宋)白玉蟾注

清康熙間(即 1662—1722)北京内府本

一函一册;37 公分

相關責任者： (南宋)白玉蟾(Bai Yuchan),注

附　　注： 與《清代内府刻書圖録》第 50 頁圖、第 42 頁文比較,兩書均爲藍綾封面、淺黄綾手書簽、開花紙,版框、行款、開本同。但卷一首葉本館藏本右下版框有缺口,第 4 行第 3 小字"而"模糊。此兩處不同需再考。

《四庫全書總目》中《道德寶章》條目下注明"内府藏本","此本爲元趙孟頫手書,鉤摹雕版,字畫皆爲精楷"。由此推斷,四庫所據内府刻本爲底本,刊刻年當在清乾隆四十七年(1782)之前,即《四庫全書總目》編成之前。書中避"玄"字諱。

框 28.5×19.5 公分,6 行 12 字,小字雙行,黑口,雙黑魚尾,四周雙邊。版心中鎸葉碼。

有"潛江甘鵬雲菊樵校藏書籍章"。

館藏信息： East Asian Library(Gest):Rare Books:TC735/1544Q

1533

基本著録： **南華經:十六卷**

(Nanhua jing:shi liu juan)

(西晉)郭象注;(宋)林鬳斋口義;(元)劉須溪點校;(明)王鳳洲評點;(明)陳明卿批注

明間(約 1605—1644)本

一函十二册;31 公分

相關責任者： (西晉)郭象(Guo Xiang),252—312,注;(宋)林希逸(Li Xiyi),進士 1235,口義;(元)劉辰翁(Liu Chenweng),1232—1297,點校;(明)王世貞(Wang Shizhen),1526—1590,評點;(明)陳仁錫(Chen Renxi),1581—1636,批注

附　　注： 明萬曆三十三年(1605)馮夢楨《序》。

框 20.4×14.6 公分,8 行 18 字,小行雙行同,白口,四周單邊。版心上鎸書名及卷次。眉上及行間鎸評語及圈點。

館藏信息： East Asian Library(Gest):Rare Books:TC735/250Q

1534

基本著錄： **南華全經分章句解：四卷**

（Nanhua quan jing fen zhang ju jie si juan）

（清）陳榮選著

清乾隆戊午［3 年，1738］陳廷信、陳廷尹本

一函八冊；25 公分

相關責任者： （清）陳榮（Chen Rong），選著；（清）陳廷信（Chen Tingxin），刻；（清）
陳廷尹（Chen Tingyin），刻

附　　注： 《目錄》題"莊子南華全經句解"。

卷端又題"七世孫廷信藩伯廷尹達伯重梓"。

封面鎸"輪山鰲海陳先生著　南華經句解　乾隆三年重鎸　饒青軒
藏板"。

清乾隆二年（1737）陳廷信及陳廷尹《序》。

框 20.8 × 12.8 公分，10 行 23 字，白口，四周雙邊。版心中鎸卷次。
眉欄鎸評。

館藏信息： RECAP：East Asian Library use only：C731/3914

1535

基本著錄： **金丹正理大全周易參同契解：［三卷］**

（Jin dan zheng li da quan zhou yi can tong qi jie：［san juan］）

（宋）陳顯微注解；（明）紫霞山人編輯

明間（約 1522—1620）本

一函兩冊；26 公分

相關責任者： （宋）陳顯微（Chen Xianwei），活動期 1234—1254，注解；（明）紫霞山
人（Zixiashanren），編輯

附　　注： 卷分上中下。

卷端題"抱一子陳顯微宗道註解"。

版本據風格。

框 20.1 × 13.6 公分，10 行 21 字，黑口，四周雙邊，四黑魚尾。版心
中鎸"抱一子註參同契"及卷次。

館藏信息： East Asian Library（Gest）：Rare Books：TC731/2838

1536

基本著錄： 金丹正理大全諸真玄奧集成：六卷

（Jin dan zheng li da quan zhu zhen xuan ao ji cheng：liu juan）

（宋）張平叔撰；（宋）黃自如注

明間（約 1573—1644）本

一函四冊：圖；25 公分

相關責任者： （宋）張平叔（Zhang Pingshu），撰；（宋）黃自如（Huang Ziru），注

附　　注： 不避清諱。

框 20.2×13.9 公分，10 行 21 字，黑口，四周雙邊，四黑魚尾。版心中鐫"諸真玄奧集"，下鐫卷次。

館藏信息： East Asian Library（Gest）：Rare Books：TC731/248

1537

基本著錄： 初刻萬法歸宗：五卷

（Chu ke wan fa gui zong：wu juan）

明清間（約 1621—1722）本

一函六冊；24 公分

附　　注： 不著撰人。

《目錄》題"初刻秘傳萬法歸宗"。

不避清諱。

抄寫時間據風格。

10 行 24 字，小字雙行同。

館藏信息： East Asian Library（Gest）：Rare Books：TC118/2768

1538

基本著錄： 性命雙修萬神圭旨：［四卷］

（Xing ming shuang xiu wan shen gui zhi：［si juan］）

尹真人

清康熙己酉［8 年，1669］潘永臣本

一函四冊：圖；31 公分

相關責任者： 尹真人（Yinzhenren）；（清）潘永臣（Pan Yongchen），刻

附　　注：　書名取自《目錄》。

卷分元、亨、利、貞。

封面鐫"尹眞人秘授性命圭旨　三槐堂藏板"。

清康熙八年（1669）尤侗《序》。

框22×20.6公分，11行18字，白口，四周單邊。

館藏信息：　East Asian Library（Gest）:Rare Books:TC831/1469Q

1539

基本著錄：　**繡像文昌化書:四卷**

（Xiu xiang Wenchang hua shu:si juan）

（清）張星樞重修；（清）游士鳳繪圖；（文昌化書籤:［二卷］）（清）王
轂敬輯；（清）顧永治較閱

清乾隆壬申［17年,1752］維揚張星樞本

一函四册:圖;26公分

相關責任者：　（清）張星樞（Zhang Xingshu），重修；（清）游士鳳（You Shifeng），繪
圖；（清）王轂（Wang Gu），輯；（清）顧永治（Gu Yongzhi），較閱

附　　注：　卷端又題"涂陽張星樞紫宸氏重刊"。

《文昌化書籤》分上下卷。

封面鐫"乾隆十七年刻　涂陽張氏重刊　繡像文昌化書全集　光兆
堂藏板"。

清乾隆十七年（1752）張星樞書於維揚《新修文昌化書叙》言重修及
刻書事。

框18.9×13.4公分，9行19字，白口，四周雙邊，單黑魚尾。版心上
鐫"文昌化書"，中鐫卷次。

館藏信息：　Annex A,Forrestal:C368/3938

1540

基本著錄：　**敬信錄:四卷**

（Jing xin lu:si juan）

（清）周鼎臣輯

清乾隆庚戌［55年,1790］李奉翰本

一函四册;29公分

相關責任者： （清）周鼎臣（Zhou Dingchen），輯；（清）李奉翰（Li Fenghan），刻

附　　注： 書名據《凡例》及李奉翰《跋》。

清乾隆五十五年（1790）李奉翰《跋》言刻書事。《跋》後鎸"甲辰進士顧禮琥恭校山陰鈕如謙敬錄"。

框 22.5×16 公分，9 行 19 字，白口，四周雙邊，單黑魚尾。版心上鎸篇名，中鎸卷次。

館藏信息： Annex A，Forrestal：C731/3559

1541

基本著錄： **歷代神仙通鑑：三集［二十二卷］，圖**

（Li dai shen xian tong jian：san ji［er shi er juan］，tu）

（明）徐道述；（明）程毓奇續

清間（約 1712—1795）本

四函二十四册：圖；25 公分

相關責任者： （明）徐道（Xu Dao），述；（明）程毓奇（Cheng Yuqi），續

附　　注： 書名據封面。

計神仙通鑑首集《仙真衍派》八卷、神仙通鑑二集《佛祖傳燈》八卷、神仙通鑑三集《聖賢貫脈》六卷。

封面鎸"歷代神仙通鑑"。

卷一至十七卷端題"徐道述李理贊"，卷十八至二十二題"程毓奇續王大素贊"。

框 18.6×13.3 公分，10 行 22 字，白口，左右雙邊，單黑魚尾。版心上分別鎸子書名，中鎸卷次及節次，下鎸"華藏"。

與 NJPX94－B4304 同版，此帙係後印。

館藏信息： RECAP：East Asian Library use only：C731/3607

1542

基本著錄： **歷代神仙通鑑：三集［二十二卷］，圖**

（Li dai shen xian tong jian：san ji［er shi er juan］，tu）

（明）徐道述；（明）程毓奇續

清間（約 1712—1795）本

六函四十七册：圖；25 公分

相關責任者：　（明）徐道（Xu Dao），述；（明）程毓奇（Cheng Yuqi），續

附　　注：　書名據封面。

計神仙通鑑首集《仙眞衍派》八卷、神仙通鑑二集《佛祖傳燈》八卷、神仙通鑑三集《聖賢貫脈》六卷。

封面鐫"歷代神仙通鑑"。

卷一至十七卷端題"徐道述李理贊"，卷十八至二十二題"程毓奇續王大素贊"。

清康熙五十一年（1712）心明繹堂《序》等序。

框 18.3×13.6 公分，10 行 22 字，白口，左右雙邊，單黑魚尾。版心上分別鐫子書名，中鐫卷次及節次，下鐫"華藏"。

館藏信息：　RECAP：East Asian Library use only：C731/1068

1543

基本著録：　歷代仙史：八卷

（Li dai xian shi：ba juan）

（清）王建章纂輯

清乾隆間（即 1736—1795）本

一函十二册；24 公分

相關責任者：　（清）王建章（Wang Jianzhang），1645—1718，纂輯

附　　注：　版本據風格。

框 19×13.1 公分，9 行 20 字，白口，左右雙邊，單黑魚尾。版心上鐫"仙史"，中鐫卷次。

館藏信息：　Annex A，Forrestal：C731/3686

1544

基本著録：　商子：五卷. 司馬子.

（Shangzi：wu juan. Simazi. ）

（唐）［司馬承禎撰］；（明）吴勉學校

編目記録詳見《子部 ·法家類》。

1545

基本著録：　老子翼：三卷. 莊子翼：八卷.

子目：

老子翼：三卷

（Laozi yi：san juan）

（明）焦竑輯；（明）王元貞校

莊子翼：八卷

（Zhuangzi yi：ba juan）

（明）焦竑輯；（明）王元貞校

明萬曆戊子[16 年,1588]金陵王元貞本

四函十二冊；27 公分

相關責任者： （明）焦竑（Jiao Hong），1541—1620，輯；（明）王元貞（Wang Yuanzhen），校；（明）陳長卿（Chen Changqing），重修；（明）徐智（Xu Zhi），刻

附　注： 封面鐫"老莊翼　老子道德經　莊子南華經　古吳陳長卿梓"。

《老子翼序》後鐫"金陵徐智刻"。

明萬曆十六年（1588）王元貞《老子翼序》及《莊子翼序》皆言刻書事。

框 20.1×13.6 公分,10 行 20 字,小字雙行,白口,左右雙邊,單黑魚尾。版心上鐫書名,中鐫卷次。

館藏信息： East Asian Library（Gest）：Rare Books：TC735/683

1546

基本著錄： **關尹子**

（Guanyinzi）

（春秋）尹喜

明萬曆丙子[4 年,1576]南京國子監本

一函一冊；27 公分

相關責任者： （春秋）尹喜（Yin Xi），公元前 6 世紀

附　注： 書末鐫"子彙"。

朱墨筆圈點眉批,并鈐"星叟農祥之章"。

框 21.8×15.1 公分,10 行 21 字,白口,四周雙邊,順黑魚尾。版心上鐫"萬曆四年刊",中鐫書名,下鐫刻工名。

館藏信息： East Asian Library（Gest）：Rare Books：TC731/2001

1547

基本著錄：　　　**南華真經副墨：八卷**

（Nanhua zhen jing fu mo：ba juan）

（明）陸西星述；（明）凌蒞初等校

明萬曆戊寅［6 年,1578］李齊芳本

四函二十四册；30 公分

相關責任者：　　（明）陸西星（Lu Xixing）,述；（明）凌蒞初（Ling Lichu）,校；（明）李
齊芳（Li Qifang）,刻

附　　注：　　　卷首有《讀南華經雜說》。

各卷皆分上下。

明萬曆六年（1578）李齊芳《南華真經副墨序》言刻書事。

初印本題"李齊芳……同校"。此帙疑爲凌蒞初重印者。

框 21×13 公分,9 行 18 字,白口,四周單邊,單黑魚尾。版心上鐫篇
名,中鐫"南華經"及卷次,下偶鐫刻工。

館藏信息：　　　East Asian Library（Gest）：Rare Books：TC735/663Q

1548

基本著錄：　　　**莊義要刪：十卷**

（Zhuang yi yao shan：shi juan）

（明）孫應鰲編校；（明）王篆校錄；（明）劉維校正

明萬曆間（即 1573—1620）云南省陶幼學本

兩函二十三册；27 公分

相關責任者：　　（明）孫應鰲（Sun Ying'ao）,進士 1553,編校；（明）王篆（Wang
Zhuan）,進士 1562,校錄；（明）劉維（Liu Wei）,校正；（明）陶幼學
（Tao Youxue）,刻

附　　注：　　　卷一至四爲内篇,卷五至十爲外篇。

版本據風格及《校刊姓氏》。

框 20.6×14.9 公分,10 行 21 字,白口,四周雙邊,單黑魚尾。版心
上鐫書名"内篇"或"外篇"及卷次,下鐫刻工。

館藏信息：　　　East Asian Library（Gest）：Rare Books：TC731/698

1549

基本著錄： **南華眞經旁注：五卷**

（Nanhua zhen jing pang zhu：wu juan）

（明）方虛名輯注；（明）孫平仲音校

明萬曆間（約 1594—1620）金陵唐氏世德堂本

一函十册；27 公分

相關責任者： （明）方虛名（Fang Xuming），輯注；（明）孫平仲（Sun Pingzhong），

音校

附　　注： 明萬曆二十二年（1594）方虛名《序》等序。

封面鐫“南華眞經旁注評林”“金陵唐氏世德堂繡梓”。

框 23.3×14.9 公分，6 行 17 字，白口，左右雙邊，單黑魚尾。版心上

鐫篇名，中鐫“南華眞經”及卷次。眉欄鐫評注。

館藏信息： East Asian Library（Gest）；Rare Books；TC731/3649

1550

基本著錄： **南華真經評注：五卷**

（Nanhua zhen jing ping zhu：wu juan）

（西晉）郭象評；（西晉）向秀注；（宋）孫平仲音校；（明）方虛名輯注

清康熙間（即 1662—1722）大德堂本

一函十册；29 公分

相關責任者： （西晉）郭象（Guo Xiang），252—312，評；（西晉）向秀（Xiang Xiu），約

221—約 300，注；（宋）孫平仲（Sun Pingzhong），音校；（明）方虛名

（Fang Xuming），輯注

附　　注： 書分上下雙欄，上欄刻校注，正文大字行格間有小字注釋并圈點。

卷一、二、四、五卷端題“周蒙漆園史莊周著　晉竹林賢士向秀註”。

卷三卷端題“南華眞經旁注　歙浦方虛名浮惰輯注　海陽孫平仲公

次音校”。

内封面鐫“晉郭子元向子明二先生評註　莊子南華經　大德堂梓

行”，左側有五行注文。

《南華真經序》題“晉郭象子玄甫撰”，“玄”字不避諱；内封面題“郭

子元”，避“玄”字諱；卷一、二、四、五卷端題上欄題“晉郭象子玄

評"，"玄"字缺末筆，據此推測，此本不是明刻本，當是清康熙刻本。
框 23.3×14.9 公分，6 行 17 字，白口，左右雙邊，單白魚尾。版心上
鎸篇名，中鎸"南華眞經"及卷次。眉欄鎸評注。

館藏信息： East Asian Library(Gest)；Rare Books；BL1900. C576 G86 1662

1551

基本著録： 丈荷齋南華日抄：四卷，附録

(Zhang he zhai Nanhua ri chao；si juan，fu lu)

（明）徐曉明手輯；（明）徐鑛正梓

明崇禎丁丑[10 年，1637]徐鑛本

兩函八册；27 公分

相關責任者： （明）徐曉明（Xu Xiaoming），手輯；（明）徐鑛（Xu Kuang），正梓；
（明）魏國祚（Wei Guozuo），刻；（明）張春（Zhang Chun），刻

附　　注： 明崇禎十年（1637）劉侗《徐曙庵先生南華日抄序》。
《目録》末題"京都刻字張春魏國祚梓"。
框 22.7×14.6 公分，兩節板，下欄 7 行 14 字，白口，四周單邊。版心
上鎸"南華日抄"，中鎸篇名及卷次。欄下鎸注。

館藏信息： East Asian Library(Gest)；Rare Books；TC731/3612

1552

基本著録： 藏雲山房南華經大意解懸參註：五卷

(Cang yun shan fang Nanhua jing da yi jie xuan can zhu；wu juan)

清間（約 1662—1795）本

一函五册；25 公分

附　　注： 避"玄"字諱。
8 行 20 字，小字雙行同。書眉有評注。

館藏信息： East Asian Library(Gest)；Rare Books；TC731/2820

1553

基本著録： 文子：十二卷

(Wenzi；shi er juan)

（明）孫鑛評；（明）徐靈府注；（明）梁杰閲

明天啓間(約 1625—1627)本

一函四册;30 公分

相關責任者： (明)孫鑛(Sun Kuang),1542—1613,評;(明)徐靈府(Xu Lingfu),注;(明)梁杰(Liang Jie),閱;(明)段景亭(Duan Jingting),發行

附　　注： 《目錄》題"默希子徐靈府……合註"。

未署年黄鳴喬《序》言"…… 乙丑臘月 ……",當爲明天啓五年(1625)。

封面鎸"辛鈃文子""泰和堂藏板",并鈐"武林段景亭發行"印。

框 21.2×14.9 公分,9 行 20 字,白口,四周單邊。版心上鎸書名,中鎸卷次。

館藏信息： East Asian Library(Gest):Rare Books:TC731/3345Q

1554

基本著録： 新鍥抱朴子:[八卷]

(Xin qin Baopuzi:[ba juan])

(明)慎懋官校

明萬曆甲申[12 年,1584]慎懋官本

一函八册;29 公分

相關責任者： (東晉)葛洪(Ge Hong),284—364;(明)慎懋官(Shen Maoguan),校

附　　注： 内、外篇各四卷。

明萬曆十二年(1584)王文禄《序》。

框 21.2×14.7 公分,10 行 20 字,白口,左右雙邊,單黑魚尾。版心上鎸"抱朴子",中鎸卷次。

館藏信息： East Asian Library(Gest):Rare Books:TC731/375Q

1555

基本著録： 雲笈七籤:一百二十二卷

(Yun ji qi qian:yi bai er shi er juan)

(宋)張君房輯;(明)張萱訂

明萬曆間(即 1573—1620)張萱清真館本

八函四十八册;27 公分

相關責任者： (宋)張君房(Zhang Junfang),活動期 11 世紀,輯;(明)張萱(Zhang

Xuan),1558—1641,訂

附　注：	封面鎸"六經堂藏板"。
	《目錄》題"明清眞居士張萱補"。
	框 19.8×13.8 公分,9 行 20 字,白口,四周單邊,單黑魚尾。版心上鎸"清眞舘雲笈七籤",中鎸卷次。
館藏信息：	East Asian Library(Gest):Rare Books:TC831/797

1556

基本著録：	**悟眞篇四註:四卷**
	(Wu zhen pian si zhu:si juan)
	(宋)張伯端著;(宋)薛道光等注;(明)程大約校正
	明萬曆己亥[27 年,1599]吳文龍本
	一函四册;25 公分
相關責任者：	(宋)張伯端(Zhang Boduan),活動期 10—11 世紀,著;(宋)薛道光(Xue Daoguang),注;(明)程大約(Cheng Dayue),校正;(明)吳文龍(Wu Wenlong),刻
附　注：	明萬曆二十七年(1599)吳文龍《悟眞篇補註序》末題"新安門生吳文龍手錄登梓"。
	框 20.7×14 公分,9 行 20 字,白口,四周單邊。版心上鎸"悟眞篇",中鎸卷次。
館藏信息：	East Asian Library(Gest):Rare Books:TC731/2883

1557

基本著録：	**上清靈寶濟度大成金書:[十集]四十卷**
	(Shang qing ling bao ji du da cheng jin shu:[shi ji]si shi juan)
	(明)周思德重集
	明宣德壬子[7 年,1432]楊震宗本
	八函四十一册;30 公分
相關責任者：	(明)周思德(Zhou Side),重集;(明)方矗(Fang Zhe),刻;(明)楊震宗(Yang Zhenzong),刻
附　注：	以天干標集。
	未署年澹然《靈寶濟度大成金書序》。

明宣德七年(1432)周氏《自序》言刻書事。

《目錄》末鎸"雲間方矗刊"。

框 23.4×15 公分,12 行 25 字,黑口,四周雙邊,雙黑魚尾。版心中鎸集次。

館藏信息： East Asian Library(Gest)：Rare Books：TC731/1195Q

1558

基本著録： **道言内外秘訣全書：[六卷]**

(Dao yan nei wai mi jue quan shu：[liu juan])

(明)彭好古編；(明)黄之寀校刻

明萬曆間(約 1597—1620)黄之寀本

四函二十册；24 公分

相關責任者： (明)彭好古(Peng Haogu)，編；(明)黄之寀(Huang Zhicai)，校刻

附　注： 書名據封面,封面鎸"道言内外秘訣全書"。

内集五卷,以類分卷,外集一卷。

明萬曆二十五年(1597)彭好古《集道言内外序》。

框 19×14.2 公分,9 行 18 字,小字雙行同,白口,左右雙邊,單黑魚尾。版心上鎸"道言内"或"道言外",中鎸篇名。

館藏信息： East Asian Library(Gest)：Rare Books：TC731/1219

1559

基本著録： **玉堂校傳如崗陳先生二經精解全編：九卷**

(Yu tang jiao zhuan Rugang Chen xian sheng er jing jing jie quan bian：jiu juan)

(明)陳懿典述著；(明)焦竑考定

明間(約 1594—1644)本

兩函十册；29 公分

相關責任者： (明)陳懿典(Chen Yidian)，進士 1592,述著；(明)焦竑(Jiao Hong)，考定

附　注： 《中國古籍善本書目》收録明萬曆二十二年(1594)原刻本。

卷五至九卷端增題"楊九經參訂"。

卷一爲《老子道德經》,内分上下篇;卷二至九爲《莊子南華真經》。

框 22.4×14.2 公分,10 行 20 字,小字雙行,白口,四周單邊,單黑魚尾。版心上鐫"二經精解",中鐫内容名稱。

館藏信息: East Asian Library(Gest):Rare Books:TC731/2372

1560

基本著録: 老莊合刻:[六卷]

(Lao Zhuang he ke:[liu juan])

(明)孫鑛評閱

明萬曆間(約 1606—1620)本

一函十二册;36 公分

相關責任者: (明)孫鑛(Sun Kuang),1542—1613,評閱

附　注: 計老子道德經上、下篇,莊子南華經内、外、雜篇及古今本考證。

《莊子》前有明萬曆三十三年(1606)馮夢禎《序》。

書名據鍾惺《序》。

框 21×12.4 公分,9 行 25 字,白口,四周單邊。版心上鐫"老子"或"莊子",中鐫卷次。

館藏信息: East Asian Library(Gest):Rare Books:TC731/3956

1561

基本著録: 道範正宗四書大全

(Dao fan zheng zong si shu da quan)

明間(約 1488—1620)本

兩函十二册;29 公分

本館藏本不完整:存《金丹大要妙用》卷三至八、卷十,《仙佛同源》卷三。

附　注: 無序跋。

版本據風格。

框 18.5×12.2 公分,12 行 25 字,黑口,四周雙邊,雙黑魚尾。版心中鐫子書名及卷次。

館藏信息: East Asian Library(Gest):Rare Books:TC731/3955Q

1562

基本著録： 南華眞經：十卷

（Nanhua zhen jing；shi juan）

（西晉）郭象注；（唐）陸德明音義

明間（約 1533—1620）桐陰書屋本

一函一册；26 公分

相關責任者： （西晉）郭象（Guo Xiang），252—312，注；（唐）陸德明（Lu Deming），556—627，音義

附　　注： 框 19.6×14.1 公分，8 行 17 字，白口，四周雙邊，單白魚尾。版心中鐫書名及卷次。

與 NJPX94－B5106 同版。

館藏信息： East Asian Library（Gest）；Rare Books；TC328/339x

1563

基本著録： 有象列仙全傳：九卷

（You xiang lie xian quan zhuan；jiu juan）

（明）王世貞輯次；（明）汪雲鵬校梓

明萬曆間（約 1600—1620）新都汪雲鵬玩虎軒本

一函四册：圖；27 公分

相關責任者： （明）王世貞（Wang Shizhen），1526—1590，輯次；（明）汪雲鵬（Wang Yunpeng），校梓；（明）黄一木（Huang Yimu），1586—1641，刻

附　　注： 李樊龍《列仙全傳序》，末鐫"黄一木鐫"。

封面題"新都玩虎軒"。

框 20.7×13 公分，11 行 22 字，白口，四周單邊。版心上鐫"列仙全傳"及卷次。

館藏信息： East Asian Library（Gest）；Rare Books；TC731/.74/.bfdc

1564

基本著録： 許真君仙傳：殘葉

（Xu zhen jun xian zhuan；can ye）

宋元間（即 960—1368）本

相關責任者：　（東晉）許遜（Xu Xun），239—374

附　　注：　書名本館擬定。

殘存一整葉。上圖下文。

本葉文字："神惠曾真君名亨字興國泗水人博學多能師事真君要道靈符神方秘訣無不備悉後膠龍車同時昇舉今富州真陽觀是其遺迹"；"正特陳真君名[勳]字孝[舉]蜀川人博學洽聞真君任旌陽日付以吏職後引為門弟子託以腹心典經籍守丹鑪真君沖舉日命執策前導焉"；"和靖吁真君名烈字道微少孤事母孝母乃真君孟姊也真君以嬬居築室于宅西居之母子得道並受韶命部從真君仙眷四十二口上昇"；"沖道黃真君名仁覽字紫庭高安人任青州事真君以子妻之父輔字萬石舉孝廉任御史同師事真君得道舉家三十二口從真君上昇"；"普惠鍾離真君名嘉字公陽真君仲妹之子少喪父母真君授以至道寧康二年十月十五日奉天詔沖昇今新建縣象牙山丹陵觀是其[故址]"；"洞真胡天師名[惠]超字[拔俗]不知何代人居豫章西山洪井真君授以三元九紀之道唐長安三年[二]月望沖昇今[龍興玄妙]觀是其伐樟樹精去處。"

本葉文字內容與《正統道藏電子文字資料庫》洞玄部譜錄類（CH0205）《許真君仙傳》中的部分內容大體相同。

整葉版框24.5×34.5公分，半葉版框24.5×17.5公分，半葉12行15字，白口，左右雙邊，下黑口。版心下鎸葉次"五四"。

書夾有"富維德印"，似由中國臺灣臺北富維德印刷設計公司製作，印有"Chinese block printing Sung or Yuan Dynasty，960—1368 A. D."。

館藏信息：　Rare Books：William H. Scheide Library（WHS）；3.1.17

1565

基本著錄：　**文昌帝君陰騭文**

（Wenchang di jun yin zhi wen）

（清）田重玉，（清）張芬林校

清乾隆甲午[39年，1774]印漢口張芬林本

三冊：圖；25公分

相關責任者：　（清）田重玉（Tian Chongyu），校；（清）張芬林（Zhang Fenlin），校

附　　注：	内封面鎸"陰騭文圖說　乾隆癸巳年敬刊培原集""板藏漢口培德堂好善君子印施者自備紙墨請板印送廣爲流傳功德無量"。
	清乾隆三十九年(1774)張德培芬林《復印培原集序》提印造事。
	有前收藏者印"陳□聲印"。
	框 21.1×14.5 公分,9 行 22 字,白口,四周雙邊,單黑魚尾。版心上鎸"陰騭文圖說",中鎸小題。
館藏信息：	Cotsen Children's Library(CTSN):N—000698

耶教類

1566

基本著録：	**彌撒經典** ＝ Missale romanvm
	(Misa jing dian ＝ Missale romanvm)
	〔意〕利類思譯;〔葡〕安文思等訂;〔比〕南懷仁准
	清康熙庚戌[9 年,1670]北京耶穌會公學本
	一册;31 公分
相關責任者：	〔意〕利類思,1606—1682,譯;〔葡〕安文思,1609—1677,訂;〔比〕南懷仁,1623—1688,准
附　　注：	Title page in Latin:"Missale Romanvm auctoritate Pauli V. Pont. M. Sinice? redditum a P. Ludovico Buglio Soc. Iesu Panormitano. Pekim:In Collegio eiusd. Soc. An. M. DC. LXX."
	which means:"Roman Missal, authorized by Pope Paul V., translated into Chinese by Father Ludovico Buglio(1606—1682), Jesuit of Palermo. [published at] Peking, in the College of the same [Jesuit] Society,1670."
	拉丁文書名頁大意爲:"彌撒經典　教宗保羅五世欽准　耶穌會利類思神甫漢譯　北京耶穌會公學 1670 年。"
	書中第七葉《歷年移動瞻禮表》日曆始於清康熙十五年(1676)。
	中文書名葉背面題"極西耶穌會士利類思譯;安文思,恩理格,柏應理,魯日滿,聶仲遷訂;值會南懷仁准"。
	洋裝,云龍圖案綾封面,帶有兩個小銅鎖。

框 23.3×15.5 公分,14 行 24 字,白口,四周雙邊,單黑魚尾。版心上鐫小題。

館藏信息: Rare Books:William H. Scheide Library(WHS):30.6.21

集　部

楚辭類

1567

基本著錄： 　**楚辭集註**：八卷,總評

（Chu ci ji zhu：ba juan，zong ping）

（宋）朱熹集注

清乾隆戊申［53 年,1788］聽雨齋本

一函七册；26 公分

相關責任者： （宋）朱熹（Zhu Xi）,1130—1200,集注；（清）甘鵬雲（Gan Pengyun）,

生年 1861,收藏

附　　注： 　附《屈原列傳》《屈原外傳》。

封面鎸“八十四家評點朱文公楚辭集註　寳仁堂藏板”。

卷末等處鎸“聽雨齋開雕”。

版本參據 CHTR01—B60。

避“玄”字諱。

框 19.5×12.8 公分,8 行 22 字,左右雙邊,白口,單黑魚尾。版心上

鎸書名,中鎸卷次和卷名。

鈐“潛江甘氏崇雅堂藏書記”等印記。

館藏信息： East Asian Library（Gest）：Rare Books：TD14/2239

1568

基本著錄： 　**楚辭集註**：八卷. 楚辭辯證：［二卷］. 楚辭後語：六卷. 反離騷.

子目：

楚辭集註：八卷

（Chu ci ji zhu：ba juan）

[（宋）朱熹集注]

楚辭辯證：[二卷]

（Chu ci bian zheng：[er juan]）

[（宋）朱熹撰]

楚辭後語：六卷

（Chu ci hou yu：liu juan）

[（宋）朱熹撰]

反離騷

（Fan Li sao）

（西漢）楊雄撰

明嘉靖乙未[14 年，1535]袁褧本

兩函十册；29 公分

相關責任者： （西漢）楊雄（Yang Xiong），撰；（宋）朱熹（Zhu Xi），1130—1200，集注、撰；（明）袁褧（Yuan Jiong），1495—1560，刻；（清）繆荃孫（Miao Quansun），1844—1919，收藏

附　　注： 卷端題"楚辭"及卷次，下又題"集註"。

無序跋。《後語》末原鐫"嘉靖乙未汝南袁氏校刊"一行，此本缺。

框 20×15.4 公分，10 行 18 字，小字雙行同，白口，左右雙邊，雙黑魚尾。版心中鐫"楚辭"。

有"藝風堂藏書""荃孫"印記。

館藏信息： East Asian Library（Gest）：Rare Books：TD14/580Q

1569

基本著録： 楚辭：十九卷. 讀楚辭語. 楚辭雜論.

子目：

楚辭：十九卷

（Chu ci：shi jiu juan）

（明）陸時雍疏

讀楚辭語

（Du Chu ci yu）

（明）陸時雍疏

楚辭雜論

（Chu ci za lun）

（明）陸時雍疏

明間（約 1621—1644）緝柳齋本

一函六冊;28 公分

相關責任者： （明）陸時雍（Lu Shiyong）,活動期 17 世紀,疏

附 注： 附《屈原傳》。

封面鐫"康熙乙酉重鐫 七十二家評註楚辭 有文堂藏板",并鈐
"有文堂"印。

版本據風格。

框 20.6×14.7 公分,9 行 20 字,白口,四周單邊。版心上鐫書名,中
鐫卷次及小題,各卷首葉版心下鐫"緝柳齋藏板"。欄上鐫評。

館藏信息： East Asian Library（Gest）:Rare Books:TD14/3751

1570

基本著錄： **詞律:二十卷**

（Ci lü:er shi juan）

（明）萬樹論次

清康熙丁卯［26 年,1687］萬樹本

一函八冊;25 公分

相關責任者： （明）萬樹（Wan Shu）,活動期 17 世紀,論次

附 注： 清康熙二十六年（1687）吳興祚《詞律序》、嚴繩孫《序》、萬樹《詞律
自叙》。出版年據康熙二十六年（1687）吳興祚刻書序。

卷端題"古越吳大司馬畾村先生鑒定 陽羨萬紅友論次..."

內封面鐫"萬紅友論次 詞律 堆絮園藏板",鈐"陽羨萬氏圖書"
"堆絮園談詞客"朱印。

框 18×14 公分,7 行 21 字,白口,左右雙邊,單黑魚尾。版心上鐫
"詞律",中鐫卷數,下鐫"堆絮園"。

館藏信息： East Asian Library（Gest）:Rare Books:PL2548. W33 1687

別集類

1571

基本著録：	**莊渠先生遺書：十卷**
	（Zhuangqu xian sheng yi shu：shi juan）
	（明）王道行梓
	明間（約 1561—1644）魏中甫本
	兩函十六册；26 公分
相關責任者：	（明）魏校（Wei Jiao），1483—1543，撰；（明）王道行（Wang Daoxing）， 進士 1550，梓；（明）魏中甫（Wei Zhongfu），刻
附　　注：	卷端大題連小題，如"莊渠先生遺書大學指歸"。
	安希堯《續刻莊渠公遺稿後跋》言刻書事。
	框 20.2×14 公分，10 行 21 字，白口，左右雙邊，單黑魚尾。版心中 鎸卷名、卷次。
館藏信息：	East Asian Library（Gest）：Rare Books：TD43/707

1572

基本著録：	**有懷堂文集. 有懷堂詩集.**
	子目：
	有懷堂文集
	（You huai tang wen ji）
	（清）田肇麗著
	有懷堂詩集
	（You huai tang shi ji）
	（清）田肇麗著
	清乾隆壬戌[7 年，1742]本
	一函一册；28 公分
相關責任者：	（清）田肇麗（Tian Zhaoli），約 1662—1735，著；（清）甘鵬雲（Gan Pengyun），生年 1861，收藏
附　　注：	清乾隆七年（1742）羅克昌《有懷堂集序》。
	框 16×12.3 公分，9 行 19 字，白口，左右雙邊，單黑魚尾。版心中鎸

書名。

有甘鵬雲藏書印記。

館藏信息： East Asian Library（Gest）：Rare Books：TD38/1620 vol. 11

1573

基本著録： **榕村語録：三十卷**

（Rongcun yu lu：san shi juan）

（清）徐用錫纂輯

編目記録詳見《子部·儒家類》。

1574

基本著録： **癸辛雜識：前集，後集，續集［二卷］，別集［二卷］**

（Gui xin za shi：qian ji，hou ji，xu ji［er juan］，bie ji［er juan］）

（宋）周密撰

明清間（約 1573—1795）本

一函六册；26 公分

相關責任者： （宋）周密（Zhou Mi），1232—1308，撰

附　注： 卷端題"宋弁陽老人周密"。

昌彼得編本館《中文舊籍書目》著録爲"明刊清修補稗海本"；《中國古籍總目》子41120209，著録本書稗海本爲"萬曆刻、康熙補刻、乾隆修補"。

館藏信息： Annex A，Forrestal：C368/2992

1575

基本著録： **蔡中郎集：二卷**

（Cai zhong lang ji：er juan）

（東漢）蔡邕著；（明）張溥評

明間（約 1620—1641）張溥本

一函四册；27 公分

相關責任者： （東漢）蔡邕（Cai Yong），133—192，著；（明）張溥（Zhang Pu），1602—1641，評

附　注： 未署年張溥《題詞》。

框 20.3×14.2 公分,9 行 18 字,白口,左右雙邊,單白魚尾。版心上
鐫書名,中鐫卷次。

館藏信息： East Asian Library(Gest)：Rare Books：TD33/283

1576

基本著録： **徐孝穆全集：六卷**

(Xu Xiaomu quan ji：liu juan)

(隋)徐陵著；(清)吳兆宜箋注

清間(約 1644—1693)本

一函四冊；26 公分

相關責任者： (隋)徐陵(Xu Ling),507—583,著；(清)吳兆宜(Wu Zhaoyi),箋注；

(清)阮學浚(Ruan Xuejun),進士 1733,修補

附　　注： 未署年陳鋭《徐孝穆集後跋》。

清康熙三十三年(1694)阮學浚《後跋》言修補事。

不避"弘"字諱。

框 18.8×14.1 公分,10 行 20 字,白口,左右雙邊,單黑魚尾。版心
中鐫"徐箋"及卷次。

館藏信息： RECAP：East Asian Library use only：D33/199 vol. 1－4

1577

基本著録： **庾開府集：二卷**

(Yu kai fu ji：er juan)

(南朝梁)庾信著；(明)張溥閱

明間(約 1620—1641)張溥本

一函六冊；27 公分

相關責任者： (南朝梁)庾信(Yu Xin),513—581,著；(明)張溥(Zhang Pu),

1602—1641,閱

附　　注： 未署年張溥《題詞》。

框 20×14.3 公分,9 行 18 字,白口,左右雙邊,單白魚尾。版心上鐫
書名,中鐫卷次。

館藏信息： East Asian Library(Gest)：Rare Books：TD33/300

1578

基本著録：　　庚子山全集：十卷

（Yu Zishan quan ji：shi juan）

（南朝梁）庚信著；（清）吳兆宜箋注

清間（約 1644—1693）本

一函六册；26 公分

相關責任者：　（南朝梁）庚信（Yu Xin），513—581，著；（清）吳兆宜（Wu Zhaoyi），箋
注；（清）阮學浚（Ruan Xuejun），進士 1733，修補

附　　注：　同函《徐孝穆全集》有阮學浚《後跋》，言及修補事。

框 18.9×14.4 公分，10 行 20 字，小字雙行同，白口，左右雙邊，單黑
魚尾。版心中鐫"庚箋"及卷次。

館藏信息：　RECAP：East Asian Library use only：D33/199 vol. 5 – 10

1579

基本著録：　　庚子山集：十六卷，總釋，年譜

（Yu Zishan ji：shi liu juan，zong shi，nian pu）

（南朝梁）庚信著；（清）倪璠注釋

清康熙丁卯［26 年，1687］崇岫堂本

一函十二册；27 公分

相關責任者：　（南朝梁）庚信（Yu Xin），513—581，著；（清）倪璠（Ni Fan），舉人
1705，注釋

附　　注：　封面鐫"庚開府全集""崇岫堂藏板"。

框 20.5×14.4 公分，10 行 20 字，白口，左右雙邊，單黑魚尾。版心
上鐫書名，中鐫卷次及文體名。

館藏信息：　RECAP：East Asian Library use only：D33/198

1580

基本著録：　　讀書堂杜工部詩集註解：二十卷. 讀書堂杜工部文集註解：二卷.

子目：

讀書堂杜工部詩集註解：二十卷

（Du shu tang Du gong bu shi ji zhu jie：er shi juan）

（清）張溍評注；（清）張榕端等校訂

讀書堂杜工部文集註解：二卷

（Du shu tang Du gong bu wen ji zhu jie：er juan）

（清）張溍評注；（清）張榕端等校訂

清康熙戊寅［37 年,1698］張榕端讀書堂本

兩函十二冊;28 公分

相關責任者： （清）張溍（Zhang Jin）,1621—1678,評注；（清）張榕端（Zhang Rong duan）,進士 1676,校訂

附　注： 封面鐫"杜詩註解　讀書堂藏板"。

附《杜工部編年詩史譜目》。

清康熙三十七年（1698）宋犖《序》言刻書事。

框 18.4×14.1 公分,9 行 22 字,小字雙行同,黑口,左右雙邊,單黑魚尾。版心中鐫"杜詩註解"或"杜文註解"及卷次,下鐫"讀書堂"。

館藏信息： Annex A,Forrestal：D33/2017

1581

基本著錄： **杜律啟蒙：十二卷,年譜,銘**

（Du lü qi meng：shi er juan,nian pu,ming）

（清）邊連寶集注

清乾隆丁酉［42 年,1777］本

一函十二冊;25 公分

相關責任者： （清）邊連寶（Bian Lianbao）,1699—1768,集注

附　注： 封面鐫"乾隆丁酉初刻"。

框 18.4×14.3 公分,9 行 19 字,小字雙行同,白口,左右雙邊,單黑魚尾。版心上鐫書名,中鐫卷次。

館藏信息： RECAP：East Asian Library use only：D38/3462

1582

基本著錄： **韓文起：十卷**

（Han wen qi：shi juan）

（清）林雲銘評注

清間（約 1692—1722）本

兩函十册;26 公分

相關責任者： （唐）韓愈(Han Yu),768—824,著;(清)林雲銘(Lin Yunming),進士 1658,評注

附　　注： 附《新校定韓文公年譜》。

清康熙三十一年(1692)林雲銘《序》。

框 19.5×13.8 公分,9 行 23 字,白口,左右雙邊,單黑魚尾。版心上 鐫書名,中鐫卷次。

館藏信息： RECAP:East Asian Library use only:D43/2598

1583

基本著録： 韓子文鈔:十卷

(Hanzi wen chao:shi juan)

（清）林明倫注

清乾隆丙子[21 年,1756]衢州林明倫本

一函八册;25 公分

相關責任者： （唐）韓愈(Han Yu),768—824,著;（清）林明倫(Lin Minglun), 1723—1757,注;（清）湯瑞華(Tang Ruihua),刻

附　　注： 清乾隆二十一年(1756)林明倫《序》言注書及刻書事。

末葉鐫"浙杭錢塘門外直街湯瑞華鐫印裝訂"。

避"玄""弘"字諱。

框 18.2×12.8 公分,9 行 22 字,白口,左右雙邊,單黑魚尾。版心上 鐫書名,中鐫卷次及卷名。

館藏信息： East Asian Library(Gest):Rare Books:TD43/2675

1584

基本著録： 韓子粹言

(Hanzi cui yan)

（清）李光地批選

清康熙間(約 1713—1722)本

一函四册;27 公分

相關責任者： （唐）韓愈(Han Yu),768—824,著;（清）李光地(Li Guangdi), 1642—1718,批選

附　　注： 書名據《目錄》及版心。

著者據清康熙五十二年(1713)李光地《序》。

不避"胤""弘"字諱。

框 18×12.1 公分,8 行 22 字,白口,四周雙邊,板框在版心處不連接。版心上鐫書名。欄上及行間鐫評。

館藏信息： RECAP:East Asian Library use only:D43/2884

1585

基本著録： 白香山詩長慶集:[四十卷]

(Bai Xiangshan shi Changqing ji:[si shi juan])

(清)汪立名編訂

清康熙壬午—癸未[41—42 年,1702—1703]汪立名一隅草堂本

兩函八册;27 公分

相關責任者： (唐)白居易(Bai Juyi),772—846,著;(清)汪立名(Wang Liming),活動期 17—18 世紀,編訂

附　　注： 白居易自稱香山居士。

計長慶集二十卷、後集十七卷、別集一卷、補遺二卷。

附《白香山年譜》(汪立名撰)及《白香山年譜舊本》(陳振孫撰)。

清康熙四十二年(1703)宋犖《序》言刻書事。

封面鐫"白香山詩集""一隅草堂藏板"。

框 18.5×14.7 公分,12 行 21 字,白口,四周單邊,單黑魚尾。版心中鐫書名及卷次,下鐫"一隅草堂"。

館藏信息： RECAP:East Asian Library use only:D38/1481

1586

基本著録： 白香山詩長慶集:[四十卷]

(Bai xiang shan shi chang qing ji:[si shi juan])

(清)汪立名編訂

清康熙壬午—癸未[41—42 年,1702—1703]汪立名一隅草堂本

一函十二册;26 公分

相關責任者： (唐)白居易(Bai Juyi),772—846,著;(清)汪立名(Wang Liming),活動期 17—18 世紀,編訂

附　　注：	計長慶集二十卷、後集十七卷、別集一卷、補遺二卷。
	卷前有《白香山年譜舊本》(陳振孫撰)及《白香山年譜》(汪立名撰)。
	清康熙四十二年(1703)宋犖《序》言刻書事。
	内封面鐫"古歙汪西亭編訂　白香山詩集長慶集後集別集白集補遺 一隅草堂藏板"。
	框 18.5×14.7 公分,12 行 21 字,白口,左右雙邊,單黑魚尾。版心中鐫書名及卷次,下鐫"一隅草堂"。
館藏信息：	East Asian Library(Gest):Rare Books:PL2674. A1 1702

1587

基本著録：	**樊南文集箋註:八卷**
	(Fannan wen ji jian zhu:ba juan)
	(清)馮浩重訂;(清)朱天鎬參校
	清乾隆乙酉[30 年,1765]本
	一函四册;27 公分
相關責任者：	(唐)李商隱(Li Shangyin),812—858,著;(清)馮浩(Feng Hao),1719—1801,重訂;(清)朱天鎬(Zhu Tianhao),參校
附　　注：	清乾隆三十年(1765)錢維城《序》。
	框 18×13.9 公分,11 行 25 字,小字雙行 33 字,白口,左右雙邊,單黑魚尾。版心上鐫書名,中鐫卷次。
館藏信息：	RECAP:East Asian Library use only:D43/1166

1588

基本著録：	**玉谿生詩詳註:三卷,卷首. 樊南文集詳註:八卷.**
	子目:
	玉谿生詩詳註:三卷,卷首
	(Yuxisheng shi xiang zhu:san juan,juan shou)
	(清)馮浩編訂;(清)胡重等參校
	樊南文集詳註:八卷
	(Fannan wen ji xiang zhu:ba juan)
	(清)馮浩編訂;(清)朱天鎬參校

清乾隆庚子［45 年,1780］刻清嘉慶丙辰［元年,1796］增刻德聚堂本

八册;30 公分

相關責任者： （唐）李商隱（Li Shangyin）,813—858,著;（清）馮浩（Feng Hao）,

1719—1801,編訂;（清）胡重（Hu Zhong）,參校;（清）朱天鎬（Zhu

Tianhao）,參校

附　　注： 封面葉分別題"玉谿生詩詳註重校本　德聚堂藏板""樊南文集詳註

重校本　德聚堂藏板"。

清乾隆三十六年（1767）王鳴盛序,題爲《李義山詩文集詳註序》。

"大清乾隆二十八年癸未春日桐鄉馮浩書"序後題"乾隆四十五年庚

子秋日重校付梓不更序"。

卷首有清嘉慶元年（1796）馮浩《識語》,言刻印書事。

有清同治七年（1868）《跋》。

本版別本卷一卷端題"玉谿生詩箋註",本館藏本將"箋"字剜掉,改

成"詳"。

框 18.9×14.4 公分,11 行 25 字,小字雙行 33 字,白口,左右雙邊,單

黑魚尾。版心上鎸"玉谿生詩詳註",中鎸小題及卷次。

館藏信息： RECAP:East Asian Library use only:D33/1162

1589

基本著録： **宋王黄州小畜集:三十卷**

（Song Wang Huangzhou xiao chu ji:san shi juan）

（清）趙熟典重校

清乾隆丁丑—庚辰［22—25 年,1757—1760］太平趙熟典愛日堂本

兩函十六册;30 公分

相關責任者： （宋）王禹偁（Wang Yucheng）,954—1001,著;（清）趙熟典（Zhao

Shudian）,重校

附　　注： 封面鎸"乾隆丁丑重校""愛日堂藏板"。

《總目》題"太平趙熟典厚五重校"。

清乾隆二十五年（1760）趙熟典《重校宋王黄州小畜集序》言刻書事。

框 21.5×16.5 公分,11 行 22 字,黑口,四周雙邊,雙黑魚尾。版心

中鎸書名及卷次。

館藏信息： Annex A,Forrestal:D33/3280

1590

基本著録：　　景文集：六十二卷

（Jingwen ji：liu shi er juan）

（宋）宋祁撰

清乾隆間（約 1774—1795）北京武英殿本

四函二十四册；26 公分

相關責任者：　（宋）宋祁（Song Qi），998—1061，撰

附　　注：　清乾隆三十九年（1774）《御製題武英殿聚珍版十韻》。

《目錄》題下鎸"武英殿聚珍版"。

框 19.5×12.7 公分，9 行 21 字，白口，四周雙邊，單黑魚尾。版心上鎸書名，中鎸卷次，下鎸校者。

館藏信息：　East Asian Library（Gest）：Rare Books：TD33/800

1591

基本著録：　　文恭集：四十卷

（Wen'gong ji：si shi juan）

（宋）胡宿撰

清乾隆間（約 1777—1795）杭州府本

一函十二册；20 公分

相關責任者：　（宋）胡宿（Hu Su），996—1067，撰

附　　注：　清乾隆四十年（1775）《御製題胡宿文恭集》。

《目錄》題下鎸"武英殿聚珍版"。

是書爲翻刻武英殿聚珍本。

框 12.6×9.7 公分，9 行 21 字，白口，左右雙邊，單黑魚尾。版心上鎸書名，中鎸卷次。

館藏信息：　Annex A，Forrestal：D33/3619

1592

基本著録：　　安陽集：五十卷. 忠獻韓魏王別錄：［三卷］. 忠獻韓魏王遺事. 忠獻韓魏王家傳：十卷.

子目：

安陽集：五十卷

（Anyang ji：wu shi juan）

（明）郭朴校

忠獻韓魏王別錄：［三卷］

（Zhongxian Han Wei wang bie lu：［san juan］）

［（宋）王巖叟撰］

忠獻韓魏王遺事

（Zhongxian Han Wei wang yi shi）

（宋）强至編次

忠獻韓魏王家傳：十卷

（Zhongxian Han Wei wang jia zhuan：shi juan）

明萬曆丁亥［15 年，1587］本

四函十六册；27 公分

相關責任者： （明）郭朴（Guo Pu），1511—1593，校；（宋）王巖叟（Wang Yansou），撰；（宋）强至（Qiang Zhi），1022—1076，編次；（宋）韓琦（Han Qi），1008—1075

附　　注： 《別錄》卷分上中下。

明萬曆十五年（1587）郭朴《安陽集重刻序》言刻書事。

框 17.9×14.1 公分，10 行 18 字，白口，左右雙邊，單黑魚尾。版心中鎸書名及卷次。

館藏信息： East Asian Library（Gest）：Rare Books：TD33/600

1593

基本著錄： **安陽集：五十卷，附錄. 忠獻韓魏王別錄：［三卷］. 忠獻韓魏王遺事.**

忠獻韓魏王家傳：十卷.

子目：

安陽集：五十卷，附錄

（Anyang ji：wu shi juan，fu lu）

（宋）韓琦著；（清）黄邦寧重修

忠獻韓魏王別錄：［三卷］

（Zhongxian Han Wei wang bie lu：［san juan］）

（宋）王巖叟撰

忠獻韓魏王遺事

（Zhongxian Han Wei wang yi shi）

（宋）强至撰

忠獻韓魏王家傳：十卷

（Zhongxian Han Wei wang jia zhuan：shi juan）

清乾隆己未［4 年，1739］安陽陳錫輅本

八册；27 公分

相關責任者： （宋）韓琦（Han Qi），1008—1075，著；（清）黄邦寧（Huang Bang ning），重修；（宋）王巖叟（Wang Yansou），撰；（宋）强至（Qiang Zhi），1022—1076，撰；（清）陳錫輅（Chen Xilu），刻

附　注： 《别録》著者據《序》。《别録》分爲上中下三卷。

封面鎸"忠獻韓魏王安陽集""書錦堂藏板"。

版本據清乾隆四年（1739）陳錫輅《序》及乾隆三十七年（1772）譚尚忠《重刻安陽集序》。

框 17.7×14.6 公分，10 行 21 字，黑口，左右雙邊，雙黑魚尾。版心中鎸書名、卷次及篇名。

館藏信息： Annex A，Forrestal：D33/1591

1594

基本著録： **韓魏公集：三十八卷．忠獻韓魏王家傳：十卷．**

子目：

韓魏公集：三十八卷

（Han Wei gong ji：san shi ba juan）

（宋）韓琦著；（明）康丕揚校

忠獻韓魏王家傳：十卷

（Zhongxian Han Wei wang jia zhuan：shi juan）

明萬曆己酉［37 年，1609］維揚康丕揚本

四函二十册；27 公分

相關責任者： （宋）韓琦（Han Qi），1008—1075，著；（明）康丕揚（Kang Piyang），進士 1592，校

附　注： 附《别録》《遺事》等。

明萬曆三十六年（1608）康丕揚《韓范兩集合刻序》及萬曆三十七年

（1609）姚祚端《跋韓魏公安陽文集》皆言刻書事。

框 19.7×13.9 公分,9 行 19 字,白口,四周單邊,單黑魚尾。版心上鐫書名,中鐫卷次。

館藏信息: East Asian Library(Gest):Rare Books:TD33/647

1595

基本著錄: **司馬文正公傳家集:八十卷,目錄二卷**

（Sima Wenzheng gong chuan jia ji:ba shi juan,mu lu er juan）

（清）陳弘謀重訂

清乾隆辛酉[6 年,1741]陳弘謀培遠堂本

兩函二十四册;27 公分

相關責任者: （宋）司馬光（Sima Guang）,1019—1086,著;（清）陳弘謀（Chen Hongmou）,1696—1771,重訂

附　　注: 有陳弘謀所輯《附錄》及《年譜》。

清乾隆六年（1741）陳弘謀《序》及次年《進書奏摺》言刻書事。

封面鐫"乾隆六年重校刊""培遠堂藏版"。

"弘"字缺末筆。

框 19.2×14 公分,11 行 21 字,黑口,左右雙邊,單黑魚尾。版心中鐫"傳家集"、卷次及卷名。

館藏信息: Annex A,Forrestal:D33/3737

1596

基本著錄: **司馬文正公集:八十二卷,卷首**

（Sima Wenzheng gong ji:ba shi er juan,juan shou）

（清）喬人傑等重訂

清乾隆甲子[9 年,1744]劉組曾本

兩函十六册;25 公分

相關責任者: （宋）司馬光（Sima Guang）,1019—1086,著;（清）喬人傑（Qiao Renjie）,重訂;（清）劉組曾（Liu Zuzeng）,刻

附　　注: 清乾隆五十五年（1790）喬人傑《重訂司馬文正公全集序》言重訂修補事。

封面鐫"乾隆甲子重鐫""百禄堂藏版"。

版本參據 CHTR01—B10.

框 18.4×13.5 公分,9 行 22 字,白口,左右雙邊,單黑魚尾。版心上
鐫書名,中鐫卷次及卷名。

館藏信息: RECAP:East Asian Library use only:D33/1169

1597

基本著錄: **曾文定公全集:二十卷,卷首,卷末**

（Zeng Wending gong quan ji:er shi juan,juan shou,juan mo）

（清）彭期編訂

清康熙壬申［31 年,1692］七業堂本

兩函八冊;26 公分

相關責任者: （宋）曾鞏（Zeng Gong）,1019—1083,著;（清）彭期（Peng Qi）,進士
1667,編訂

附　　注: 封面鐫"康熙壬申年新鐫　宋曾文定公全集　七業堂校梓"。

清康熙三十二年(1693)王謙《曾南豐先生文集序》言刻書事。

框 20.2×13.2 公分,9 行 20 字,白口,左右雙邊,單黑魚尾。版心上
鐫"曾文定公集",中鐫卷次及文類。

館藏信息: RECAP:East Asian Library use only:D33/1561

1598

基本著錄: **節孝先生集:三十二卷**

（Jiexiao xian sheng ji:san shi er juan）

（宋）徐積撰

清康熙丙子［35 年,1696］丘如升本

一函八冊;25 公分

相關責任者: （宋）徐積（Xu Ji）,1028—1103,撰;（清）丘如升（Qiu Rusheng）,刻

附　　注: 徐積謚節孝。

卷端未題著者。

附《事實》一卷。

清康熙三十五年(1696)丘象隨《重刻節孝先生集序》。

《目錄》末鐫"康熙丙子……丘如升丘邁丘迴同重編次校定"。

框 19.2×13.5 公分,10 行 20 字,白口,左右雙邊,單黑魚尾。版心

上鐫書名,中鐫卷次。

館藏信息: Annex A,Forrestal:D33/1046

1599

基本著錄: **歐陽文忠公詩集:十二卷**

(Ouyang wenzhong gong shi ji:shi er juan)

(清)胡芬訂正

清康熙戊辰[27 年,1688]世綵堂本

兩函十二冊:圖;26 公分

相關責任者: (宋)歐陽修(Ouyang Xiu),1007—1072,著;(清)胡芬(Hu Fen),

訂正

附　　注: 有六一先生像。

版本參據 CHTR00—B4。

不避"玄"字諱。

框 19.6×14.2 公分,9 行 19 字,白口,四周單邊。版心上鐫"廬陵詩

集",中鐫卷次,下鐫"世綵堂"。

館藏信息: East Asian Library(Gest):Rare Books:TD38/1291

1600

基本著錄: **歐陽文忠公居士集:一百五卷**

(Ouyang Wenzhong gong ju shi ji:yi bai wu juan)

(宋)歐陽修撰

清康熙壬子[11 年,1672]曾弘本

四函二十四冊;28 公分

相關責任者: (宋)歐陽修(Ouyang Xiu),1007—1072,撰;(清)曾弘(Zeng

Hong),刻

附　　注: 附《年譜》。

封面鐫"廬陵歐陽文忠公全集　焉文堂重梓"。

清康熙十一年(1672)曾弘《小引》言刻書事。

框 19.6×13 公分,10 行 20 字,白口,四周單邊,單黑魚尾。版心上

鐫"居士集"及卷次。

館藏信息: Annex A,Forrestal:D33/3072

1601

基本著錄：　　　**歐陽文忠公集：一百三十卷,附錄四卷,目錄十二卷**

（Ouyang Wenzhong gong ji：yi bai san shi juan,fu lu si juan,mu lu shi er juan）

（宋）歐陽修撰

明萬曆乙卯［43 年,1615］王鳳翔本

六函三十冊;27 公分

相關責任者：　　（宋）歐陽修（Ouyang Xiu）,1007—1072,撰;（明）王鳳翔（Wang Fengxiang）,刻

附　　注：　　　著者據書名。

明萬曆四十年（1612）陳於王《重刻歐陽文忠公集序》。

框 22.1×15 公分,10 行 20 字,白口,四周單邊,單黑魚尾。版心上鐫書名,中鐫卷次,下鐫刻工。

館藏信息：　　　East Asian Library（Gest）：Rare Books：TD33/706

1602

基本著錄：　　　**歐陽文忠公全集：一百五卷**

（Ouyang Wenzhong gong quan ji：yi bai wu juan）

（宋）歐陽修著

清康熙壬子［11 年,1672］曾弘本

四函三十二冊：肖像;29 公分

相關責任者：　　（宋）歐陽修（Ouyang Xiu）,1007—1072,著;（宋）胡柯（Hu Ke）;

（明）曾弘（Zeng Hong）,17 世紀,小引

附　　注：　　　卷端題“吉水後學曾弘重梓”。

卷前有《廬陵歐陽文忠公年譜》,胡柯取自《年譜》末。

清康熙十一年（1672）張貞生《重刻歐陽文忠公全集序》、曾弘《小引》。卷前有蘇軾《居士集序》。

曾弘《小引》提刻書事。

框 19.5×12.7 公分,10 行 20 字,小字雙行字數同,白口,四周單邊,單黑魚尾。卷一至二十五版心上鐫“居士集”,卷二十六至一百五版心上鐫“歐集”,中鐫卷次。

館藏信息： RECAP：East Asian Library use only：N5338.1/8613

1603

基本著錄： **歐陽文忠公全集：一百五十三卷，附錄五卷，年譜**

（Ouyang Wenzhong gong quan ji：yi bai wu shi san juan，fu lu wu juan，

nian pu）

（宋）歐陽修著

清乾隆丙寅［11 年，1746］孝思堂本

四函二十四冊：肖像；27 公分

相關責任者： （宋）歐陽修（Ouyang Xiu），1007—1072，著

附　　注： 有宋文忠公小影。

書名據版心。

NJPX95－B2351 封面鎸"乾隆丙寅重梓　唐書并五代史另刊　廬陵

歐陽文忠公全集　孝思堂藏板"。

框 22×16.7 公分，9 行 20 字，白口，左右雙邊，單黑魚尾。版心上鎸

"歐陽文忠公全集"，中鎸卷次。

館藏信息： Annex A，Forrestal：D33/838

1604

基本著錄： **歐陽文忠公全集：一百五十三卷，附錄五卷，年譜**

（Ouyang Wenzhong gong quan ji：yi bai wu shi san juan，fu lu wu juan，

nian pu）

（宋）歐陽修著

清乾隆丙寅［11 年，1746］孝思堂本

四函二十四冊：肖像；30 公分

相關責任者： （宋）歐陽修（Ouyang Xiu），1007—1072，著

附　　注： 有宋文忠公小影。

書名據版心。

封面鎸"乾隆丙寅重梓　唐書并五代史另刊　廬陵歐陽文忠公全集

孝思堂藏板"。

清乾隆十二年（1747）彭家屏《新刻歐陽文忠公集序》。

框 22.1×16.6 公分，9 行 20 字，白口，左右雙邊，單黑魚尾。版心上

鐫"歐陽文忠公全集",中鐫卷次。

有"崇雅堂藏書"印記。

館藏信息： Annex A,Forrestal:D33/1558

1605

基本著錄： **范忠宣公集:二十卷,奏議二卷,遺文,附錄,補編**

（Fan Zhongxuan gong ji:er shi juan,zou yi er juan,yi wen,fu lu,bu bian）

(宋)范純仁撰;(清)范能浚增補

清康熙丁亥[46 年,1707]范時崇葳寒堂本

一函六册;28 公分

相關責任者： （宋）范純仁（Fan Chunren）,1027—1101,撰;（清）范能浚（Fan Nengjun）,增補;（清）范時崇（Fan Shichong）,1663—1721,刻

附　注： 范純仁據《范忠宣公集目錄》。

清康熙四十六年(1707)范能浚《序》及范時崇《重刻後序》言增補及刻書事。

此帙爲《范文正公忠宣公全集》之零種。

框 18.5×14.4 公分,11 行 21 字,白口,左右雙邊,單黑魚尾。版心中鐫書名及卷次,下鐫"葳寒堂"。

館藏信息： RECAP:East Asian Library use only:D33/1625

1606

基本著錄： **施註蘇詩:四十二卷,卷首.蘇詩續補遺:[二卷].**

子目：

施註蘇詩:四十二卷,卷首

（Shi zhu Su shi:si shi er juan,juan shou）

(宋)施元之原注;(清)宋犖,(清)張榕端閲定;(清)顧嗣立等删補

蘇詩續補遺:[二卷]

（Su shi xu bu yi:[er juan]）

(清)馮景補注

清康熙己卯[38 年,1699]宋犖本

兩函十六册:肖像;26 公分

相關責任者： （宋）蘇軾（Su Shi），1037—1101，著；（宋）施元之（Shi Yuanzhi），進士 1154，原注；（清）宋犖（Song Luo），1634—1714，閱定；（清）張榕端 （Zhang Rongduan），進士 1676，閱定；（清）顧嗣立（Gu Sili），進士 1712，删補；（清）馮景（Feng Jing），1652—1715，補注

附　　注： 附《王註正譌》《東坡先生年譜》。

《續補遺》分上下。

清康熙三十八年（1699）宋犖《序》。

框 18.5×14.3 公分，10 行 21 字，黑口，四周單邊，單黑魚尾。版心 中鎸書名及卷次。

館藏信息： Annex A，Forrestal：D38/2412

1607

基本著錄： **施註蘇詩：四十二卷，卷首．蘇詩續補遺：［二卷］．**

子目：

施註蘇詩：四十二卷，卷首

（Shi zhu Su shi：si shi er juan，juan shou）

（宋）施元之原注；（清）宋犖，（清）張榕端閱定；（清）顧嗣立等删補

蘇詩續補遺：［二卷］

（Su shi xu bu yi：［er juan］）

（清）馮景補注

清康熙己卯［38 年，1699］宋犖本

兩函十二册：肖像；26 公分

相關責任者： （宋）蘇軾（Su Shi），1037—1101，著；（宋）施元之（Shi Yuanzhi），進士 1154，原注；（清）宋犖（Song Luo），1634—1714，閱定；（清）張榕端 （Zhang Rongduan），進士 1676，閱定；（清）顧嗣立（Gu Sili），進士 1712，删補；（清）馮景（Feng Jing），1652—1715，補注；（清）甘鵬雲 （Gan Pengyun），生年 1861，收藏

附　　注： 附《王註正譌》《東坡先生年譜》。

《續補遺》分上下。

清康熙三十八年（1699）宋犖《序》。

框 18.5×14.4 公分，10 行 21 字，黑口，四周單邊，單黑魚尾。版心 中鎸書名及卷次。

鈐"崇雅堂藏書"等印記。

館藏信息： Annex A,Forrestal:D38/2018

1608

基本著錄： **古香齋鑒賞袖珍施註蘇詩:四十二卷,王註正譌,卷首. 古香齋鑒賞袖珍蘇詩續補遺:[二卷].**

子目：

古香齋鑒賞袖珍施註蘇詩:四十二卷,王註正譌,卷首

(Gu xiang zhai jian shang xiu zhen Shi zhu Su shi:si shi er juan,Wang zhu zheng e,juan shou)

(宋)施元之注;(清)宋犖,(清)張榕端閱定;(清)顧嗣立等删補

古香齋鑒賞袖珍蘇詩續補遺:[二卷]

(Gu xiang zhai jian shang xiu zhen Su shi xu bu yi:[er juan])

(清)馮景補注

清乾隆間(即 1736—1795)北京內府本

兩函十八册:圖;15 公分

相關責任者： (宋)蘇軾(Su Shi),1037—1101,著;(宋)施元之(Shi Yuanzhi),進士 1154,注;(清)宋犖(Song Luo),1634—1713,閱定;(清)張榕端 (Zhang Rongduan),進士 1676,閱定;(清)顧嗣立(Gu Sili),進士 1712,删補;(清)馮景(Feng Jing),1652—1715,補注

附　　注： 施元之據張榕端《序》。

書内附《古香齋袖珍蘓詩續補遺》。

書中諱"弘"字。

框 10.2×8.1 公分,10 行 21 字,白口,四周雙邊,單黑魚尾。版心上鐫"古香齋施註蘇詩",中鐫卷次。

館藏信息： RECAP:East Asian Library use only:D38/2224

1609

基本著錄： **東坡先生編年詩:五十卷**

(Dongpo xian sheng bian nian shi:wu shi juan)

(清)查慎行補注

清乾隆辛巳[26 年,1761]廣陵查開香雨齋本

四函十六册;26 公分

相關責任者： （宋）蘇軾（Su Shi），1037—1101，著；（清）查慎行（Zha Shenxing），
1650—1727，補注；（清）查開（Zha Kai），刻

附　　注： 附《年表》。

清乾隆二十六年（1761）查開《後跋》言刻書事。

封面鐫"乾隆辛巳小春鐫　初白庵蘇詩補註　香雨齋藏板"。

"香雨齋"爲查開之堂號。

框 18.1×14.1 公分，10 行 21 字，白口，左右雙邊，單黑魚尾。版心
中鐫"蘇詩補註"及卷次，下鐫"香雨齋"。

館藏信息： East Asian Library（Gest）：Rare Books：TD38/3586

1610

基本著録： 蘇文忠詩合註：五十卷

（Su Wenzhong shi he zhu；wu shi juan）

（清）馮應榴輯訂

清乾隆癸丑［58 年，1793］馮應榴踵息齋本

兩函二十册：圖；26 公分

相關責任者： （宋）蘇軾（Su Shi），1037—1101，著；（清）馮應榴（Feng Yingliu），
1740—1800，輯訂

附　　注： 有蘇軾像。

封面鐫"踵自齋藏版"。

清乾隆五十八年（1793）馮集梧《跋》言刻書事。

乾隆六十年（1795）錢大昕《蘇文忠公詩合註序》。

清同治九年（1870）馮寶圻《新修補蘇文忠公詩合註序》言家藏舊板
及修補重印事。

框 19.5×14.3 公分，11 行 26 字，小字雙行 34 字，白口，左右雙邊，單
黑魚尾。版心上鐫書名，中鐫卷次。

館藏信息： Annex A，Forrestal：D38/3374

1611

基本著録： 宋黄文節公文集：三十二卷. 宋黄文節公文集外集：二十四卷，卷首四
卷. 宋黄文節公文集别集：十九卷. 黄青社先生伐檀集：［二卷］.

子目：

宋黄文節公文集：三十二卷

（Song Huang Wenjie gong wen ji：san shi er juan）

（清）宋調元等重修

宋黄文節公文集外集：二十四卷，卷首四卷

（Song Huang Wenjie gong wen ji wai ji：er shi si juan，juan shou si juan）

（清）宋調元等重修

宋黄文節公文集別集：十九卷

（Song Huang Wenjie gong wen ji bie ji：shi jiu juan）

（清）宋調元等重修

黄青社先生伐檀集：［二卷］

（Huang Qingshe xian sheng fa tan ji：［er juan］）

（宋）黄庶撰

清乾隆乙酉［30 年，1765］江西寧州緝香堂本

兩函十六册：圖；28 公分

相關責任者： （宋）黄庭堅（Huang Tingjian），1045—1106，撰；（宋）黄庶（Huang Shu），進士 1042，撰；（清）宋調元（Song Diaoyuan），重修

附　　注： 《伐檀集》卷分上下。

封面鐫"乾隆乙酉歲重鐫　宋黄山谷先生全集　江西寧州緝香堂藏版"。

框 21.8×16 公分，9 行 20 字，白口，左右雙邊，單黑魚尾。版心上鐫"山谷全書"，中鐫卷次及詩體名稱，下鐫集次。

館藏信息： East Asian Library（Gest）：Rare Books：TD33/2034

1612

基本著録： 宋黄文節公文集：三十二卷. 宋黄文節公文集外集：二十四卷. 宋黄文節公文集別集：十九卷，卷首：四卷.

子目：

宋黄文節公文集：三十二卷

（Song Huang Wenjie gong wen ji：san shi er juan）

（清）宋調元等重修

宋黃文節公文集外集：二十四卷

（Song Huang Wenjie gong wen ji wai ji：er shi si juan）

（清）宋調元等重修

宋黃文節公文集別集：十九卷，卷首四卷

（Song Huang Wenjie gong wen ji bie ji：shi jiu juan，juan shou si juan）

（清）宋調元等重修

清乾隆乙酉［30 年，1765］江西寧州宋調元緝香堂本

兩函十六册；28 公分

本館藏本不完整：缺《伐檀集》。

相關責任者： （宋）黃庭堅（Huang Tingjian），1045—1106，著；（清）宋調元（Song Diaoyuan），重修

附　　注： 清乾隆三十年（1765）宋調元《重刊黃文節公全集序》言重修及刻書事。

框 21.7×16 公分，9 行 20 字，白口，左右雙邊，單黑魚尾。版心上鎸"山谷全書"，中鎸卷次及卷名。

館藏信息： RECAP：East Asian Library use only：D33/925

1613

基本著錄： **游廌山先生集：［六卷］，卷首．游廌山先生外集．**

子目：

游廌山先生集：［六卷］，卷首

（You Zhishan xian sheng ji：［liu juan］，juan shou）

（宋）游酢著

游廌山先生外集

（You Zhishan xian sheng wai ji）

（宋）游酢著

清乾隆間（約 1746—1795）游文遠本

一函八册：圖；25 公分

館藏本有殘缺：有缺葉。

相關責任者： （宋）游酢（You Zuo），1053—1123，著；（清）游文遠（You Wenyuan），刻

附　　注： 卷分前集一卷、後集五卷。

《總目》卷端又題"裔孫文遠偕男端栢孫上衢刊"。

封面鎸"乾隆壬辰冬重鎸　宋文肅鳶山游先生集　書院藏板"。

清乾隆十一年(1746)游端栢《跋》言刻書事。

《游鳶山先生外集》版心中鎸"卷末"。

疑是書爲乾隆十一年(1746)刻而後印本。

框 19.3×13.4 公分,9 行 20 字,白口,左右雙邊,單黑魚尾。版心上鎸書名,中鎸卷次。

館藏信息：　Annex A,Forrestal:D43/3582

1614

基本著録：　**西臺集：二十卷**

（Xitai ji:er shi juan）

（宋）畢仲游撰

清乾隆間(約 1774—1795)本

一函七册;28 公分

相關責任者：　（宋）畢仲游(Bi Zhongyou),1047—1121,撰

附　　注：　爲翻刻武英殿聚珍版書。

框 19.1×12.7 公分,9 行 21 字,白口,四周雙邊,單黑魚尾。版心上鎸書名,中鎸卷次。

館藏信息：　RECAP:East Asian Library use only:D33/2169

1615

基本著録：　**宋李忠定公奏議選：十五卷. 宋李忠定公文集選：二十九卷,卷首[四卷].**

子目：

宋李忠定公奏議選：十五卷

（Song Li Zhongding gong zou yi xuan:shi wu juan）

（宋）李綱著;（明）左光先選;（明）李春熙輯;（明）李嗣玄評定

宋李忠定公文集選：二十九卷,卷首[四卷]

（Song Li Zhongding gong wen ji xuan:er shi jiu juan,juan shou[si juan]）

（宋）李綱著;（明）左光先選;（明）李春熙輯;（明）李嗣玄評定

明崇禎己卯[12 年,1639]李嗣玄本

兩函十冊;27 公分

相關責任者： （宋）李綱（Li Gang）,1083—1140,著;（明）左光先（Zuo Guangxian）, 選;（明）李春熙（Li Chunxi）,1563—1620,輯;（明）李嗣玄（Li Sixuan）,評定

附　　注： 卷首爲《本傳》一卷、《行狀》三卷。

版本參見 CHRR98—B248。

封面鐫"宋李忠定公集選"。

避"玄"字諱。

框 20.5×14.3 公分,10 行 20 字,白口,四周單邊,單白魚尾。版心 上鐫"李忠定公文集",中鐫卷次。

館藏信息： East Asian Library（Gest）:Rare Books:TD33/776

1616

基本著錄： **晦庵先生朱文公文集:一百卷,目錄二卷**

（Hui'an xian sheng Zhu Wen'gong wen ji:yi bai juan,mu lu er juan）

（宋）朱熹撰

明嘉靖壬辰[11 年,1532]福建省張大輪本

四函三十二冊;27 公分

相關責任者： （宋）朱熹（Zhu Xi）,1130—1200,撰;（明）張大輪（Zhang Dalun）,進 士 1514,刻;（清）甘鵬雲（Gan Pengyun）,生年 1861,收藏

附　　注： 著者據書名。

明嘉靖十一年（1532）蘇信《重刊晦庵先生文集序》。

框 19.2×13.3 公分,12 行 22 字,白口,四周單邊。版心中鐫"文集" 及卷次,下鐫刻工。

有"崇雅堂藏書"等印記。

館藏信息： East Asian Library（Gest）:Rare Books:TD33/1598

1617

基本著錄： **晦庵先生朱文公文集:一百卷,目錄[二卷]**

（Hui'an xian sheng Zhu Wen'gong wen ji:yi bai juan,mu lu[er juan]）

（清）臧眉錫,（清）蔡方炳訂定

清康熙戊辰［27 年,1688］臧眉錫、蔡方炳本

三函十八冊:圖;24 公分

館藏本有殘缺:存卷一至五十五。

相關責任者: （宋）朱熹（Zhu Xi）,1130—1200,著;（清）臧眉錫（Zang Meixi）,進士 1667,訂定;（清）蔡方炳（Cai Fangbing）,訂定

附　注: 《目錄》卷分上下。

封面鐫"朱子大全集　悉遵元本較正重刊　寶翰樓"。

清康熙二十七年（1688）臧眉錫《序》及未署年蔡方炳《新刻朱子大全文集書後》言刻書事。

框 19.6×14.5 公分,12 行 24 字,下黑口,四周單邊,雙黑魚尾。版心上鐫"朱子大全",中鐫"文集"及卷次。

館藏信息: RECAP:East Asian Library use only:D33/1327a

1618

基本著錄: **朱文公問答全集:三十五卷. 朱文公雜著:十五卷. 朱文公序文全集: 二十一卷.**

子目:

朱文公問答全集:三十五卷

（Zhu Wen'gong wen da quan ji:san shi wu juan）

（宋）朱熹撰

朱文公雜著:十五卷

（Zhu Wen'gong za zhu:shi wu juan）

（宋）朱熹撰

朱文公序文全集:二十一卷

（Zhu Wen'gong xu wen quan ji:er shi yi juan）

（宋）朱熹撰

清間（約 1662—1795）本

三函十八冊;24 公分

館藏本有殘缺:缺《朱文公問答全集》卷一至二十五。

相關責任者: （宋）朱熹（Zhu Xi）,1130—1200,撰

附　注: 附《家訓》《童蒙須知》等。

《朱文公雜著》封面鐫"朱子文集大全類編""考亭書院藏板"。

《朱文公序文全集》前有朱玉《叙》。

框(朱文公問答全集卷二十六)19.3×14.7公分,12行24字,黑口,四周單邊,單黑魚尾。版心中鎸卷次。

館藏信息: RECAP:East Asian Library use only:D33/1327b

1619

基本著録: **劍南詩彙:八十五卷**

(Jiannan shi gao:ba shi wu juan)

(宋)陸游著

明間(約1621—1644)常熟毛晉汲古閣本

一函六册;24公分

館藏本有殘缺:存卷一至十二。

相關責任者: (宋)陸游(Lu You),1125—1210,著;(清)毛晉(Mao Jin),1599—1659,刻;(清)甘鵬雲(Gan Pengyun),生年1861,收藏

附　　注: 框18.1×14.1公分,8行18字,白口,左右雙邊,單黑魚尾。版心上鎸書名,中鎸卷次,下鎸"汲古閣"。

有甘鵬雲題識,并鈐"潛江甘鵬雲藥樵收藏書籍章"印記。

館藏信息: RECAP:East Asian Library use only:D38/2108

1620

基本著録: **劍南詩鈔**

(Jiannan shi chao)

(宋)陸游著;(清)楊大鶴選

清康熙間(約1685—1722)本

一函六册;23公分

相關責任者: (宋)陸游(Lu You),1125—1210,著;(清)楊大鶴(Yang Dahe),進士1679,選

附　　注: 清康熙二十四年(1685)楊大鶴《序》言刻書事,此書係翻刻楊大鶴刻本。

框16.4×13.3公分,10行18字,白口,左右雙邊,單黑魚尾。版心中鎸書名及詩體名。

館藏信息: RECAP:East Asian Library use only:D38/3132

1621

基本著錄： **元遺山詩集：八卷**

(Yuan Yishan shi ji：ba juan)

(宋)元好問著

清乾隆戊戌[43 年,1778]萬廷蘭本

一函兩册;29 公分

相關責任者： (宋)元好問(Yuan Haowen),1190—1257,著;(清)萬廷蘭(Wan Ting lan),1719—1807,刻

附　　注： 卷端未題著者,書前有《傳》。

《金史・文藝傳》末鎸"按遺山詩久無專刻兹於全集中錄出校訂而付之梓時乾隆戊戌夏五南昌萬廷蘭謹識"。

框 18.9×13.8 公分,12 行 23 字,白口,四周單邊,單黑魚尾。版心上鎸"遺山詩集",中鎸卷名。

館藏信息： Annex A,Forrestal:D38/212

1622

基本著錄： **郝文忠公陵川文集：三十九卷,附錄**

(Hao Wenzhong gong Lingchuan wen ji：san shi jiu juan,fu lu)

(元)郝經著;(清)王鏐編訂

清乾隆戊午[3 年,1738]王鏐本

一函七册;28 公分

相關責任者： (元)郝經(Hao Jing),1223—1275,著;(清)王鏐(Wang Liu),編訂;(清)甘鵬雲(Gan Pengyun),生年 1861,收藏

附　　注： 附王汝楫等編《郝文忠公年譜》。

封面鎸"本祠藏板"。

清乾隆三年(1738)朱樟《序》言刻書事。

清道光十一年(1831)謝照《郝文忠公年譜跋》。道光十六年(1836)楊豫成《跋》。

框 18.7×12.9 公分,10 行 22 字,白口,左右雙邊,單黑魚尾。版心上鎸"郝文忠公集",中鎸卷次。

有"潛江甘鵬雲藥樵收藏書籍章"等印記。

館藏信息： Annex A，Forrestal：D33/1613

1623

基本著録： **松雪齋集：十卷**

（Song xue zhai ji：shi juan）

（元）趙孟頫撰

清康熙間（即1662—1722）清德堂本

一函十册；26公分

相關責任者： （元）趙孟頫（Zhao Mengfu），1254—1322，撰

附　注： 著者據《序》。

附《行狀》《謚文》。

避"玄"字諱，不避"眞""弘"字諱。

CHLR97—b3封面鎸"清德堂重刻"。

框17.3×12.7公分，10行19字，白口，左右雙邊，單黑魚尾。版心中鎸書名及卷次。

館藏信息： East Asian Library（Gest）：Rare Books：TD33/242

1624

基本著録： **重刻吳淵穎集：十二卷，附録**

（Chong ke Wu Yuanying ji：shi er juan，fu lu）

（元）吳萊著

清康熙庚寅［49年，1710］豹文堂本

一函八册；25公分

相關責任者： （元）吳萊（Wu Lai），1297—1340，著；（清）吳漣（Wu Lian），增刻；（清）甘鵬雲（Gan Pengyun），生年1861，收藏

附　注： 各卷末鎸"豹文堂藏板"，并間鎸刻工名。

封面鎸"吳淵穎先生文集""豹文堂重鎸"。

清康熙四十九年（1710）查遴《序》言刻書事。

清雍正元年（1723）吳漣《重刊校正集跋》言校訂增補事。

框19.7×14公分，11行24字，白口，左右雙邊，單黑魚尾。版心上鎸"吳淵穎集"，中鎸卷次，下鎸"豹文堂藏板"。

鈐"潛盧藏過"等印記。

館藏信息： East Asian Library(Gest)：Rare Books：TD43/2080

1625

基本著録： **虞道園集**

（Yu Daoyuan ji）

（元）虞集著

清康熙庚寅［49 年,1710］本

一函八册;27 公分

相關責任者： （元）虞集(Yu Ji),1272—1348,著

附　　注： 有補板。字體爲清代乾嘉風格。

封面鎸"崇仁虞佰生著　虞道園全集　本家藏板"。

避"玄"字諱,不避"弘"字諱。

除首葉,它處均題"道園學古録"。

框 19.3×13.9 公分,9 行 20 字,白口,左右雙邊,單黑魚尾。版心上鎸"道園集",中鎸篇名。

館藏信息： Annex A,Forrestal：D43/213

1626

基本著録： **鴈門集：六卷**

（Yan men ji：liu juan）

（元）薩都剌著

清康熙庚申［19 年,1680］福建薩希亮本

一函六册;26 公分

相關責任者： （元）薩都剌(Sa Dula),1272—1355,著;（清）薩希亮(Sa Xiliang),刻

附　　注： 清康熙十九年(1680)薩希亮《跋》言刻書事。

框 18.8×14.1 公分,9 行 19 字,白口,左右雙邊。版心上鎸書名,中鎸卷次。

館藏信息： East Asian Library(Gest)：Rare Books：TD38/296

1627

基本著録： **鐵厓樂府註：十卷. 鐵厓咏史註：八卷. 鐵厓逸編註：八卷.**

子目：

鐵厓樂府註:十卷

(Tieya yue fu zhu:shi juan)

(元)楊維禎著;(元)吳復編;(清)樓卜瀍注;(清)楊惟信訂

鐵厓咏史註:八卷

(Tieya yong shi zhu:ba juan)

(元)楊維禎著;(元)吳復編;(清)樓卜瀍注;(清)楊惟信訂

鐵厓逸編註:八卷

(Tieya yi bian zhu:ba juan)

(元)楊維禎著;(元)吳復編;(清)樓卜瀍注;(清)楊惟信訂

清乾隆甲午[39 年,1774]聯桂堂本

一函六册;26 公分

相關責任者: (元)楊維禎(Yang Weizhen),1296—1370,著;(元)吳復(Wu Fu),編;(清)樓卜瀍(Lou Buchan),注;(清)楊惟信(Yang Weixin),訂

附 注: 封面鎸"乾隆甲午年鎸""聯桂堂藏板"。

框 18.6×13.7 公分,10 行 22 字,白口,四周雙邊,單黑魚尾。版心上鎸書名,中鎸卷次。

館藏信息: RECAP:East Asian Library use only:D38/214

1628

基本著錄: 王忠文公集:二十五卷

(Wang Zhongwen gong ji:er shi wu juan)

(明)王禕著;(明)劉傑編

清康熙辛未[30 年,1691]義烏王廷曾本

四函二十册;27 公分

相關責任者: (明)王禕(Wang Yi),1323—1374,著;(明)劉傑(Liu Jie),編;(清)王廷曾(Wang Tingzeng),貢生 1672,刻

附 注: 清康熙三十年(1691)《重刻王忠文公文集序》。

框 20.6×14.6 公分,10 行 20 字,白口,四周雙邊,單黑魚尾。版心上鎸書名,中鎸卷次。

鈐"瑯琊王宸垣藏書之印"印記。

館藏信息: RECAP:East Asian Library use only:D33/2996

1629

基本著錄： 劉坦齋先生文集：十五卷，補編

（Liu Tanzhai xian sheng wen ji：shi wu juan，bu bian）

（清）劉維翔，（清）劉維翰編次

清乾隆戊寅［23年，1758］石溪劉氏本

一函三冊；26公分

相關責任者： （明）劉三吾（Liu Sanwu），生年1312，著；（清）劉維翔（Liu Wei xiang），編次；（清）劉維翰（Liu Weihan），編次；（清）甘鵬雲（Gan Pengyun），生年1861，收藏

附　　注： 卷端未題著者。

劉維翔等據《目錄》。

清乾隆二十三年(1758)劉映藜、劉汝輝《重修坦齋公文集序》。

封面鐫"道光丁亥七年補刊""石溪留畊堂藏板"。

框20×12.8公分，10行20字，白口，左右雙邊，單黑魚尾。版心上鐫書名，中鐫卷次。

有甘鵬雲題記及"潛江甘氏崇雅堂藏書記"印記。

館藏信息： RECAP：East Asian Library use only：D33/1692

1630

基本著錄： 解文毅公集：十六卷，附錄．解文毅公後集：六卷．

子目：

解文毅公集：十六卷，附錄

（Xie Wenyi gong ji：shi liu juan，fu lu）

解文毅公後集：六卷

（Xie Wenyi gong hou ji：liu juan）

（明）解縉著；（清）解韜等重梓

清乾隆丁亥［32年，1767］解韜本

一函六冊：肖像；23公分

相關責任者： （明）解縉（Xie Jin），1369—1415，著；（清）解韜（Xie Tao），進士1730，刻；（清）甘鵬雲（Gan Pengyun），生年1861，題識

附　　注： 卷端未題著者，解縉人稱文毅公。

封面鐫"敦仁堂藏版"。

BCUO94—B3044 有清乾隆三十二年(1767)解韜《後跋》言刻書事。

《後集》卷端題"十一世孫建鉅韜文明廣明重梓 ……"。

框 16×13.1 公分,10 行 19 字,白口,左右雙邊,單黑魚尾。版心上鐫書名,中鐫卷次。

有甘鵬雲題記。

館藏信息:　Annex A,Forrestal:D33/2205

1631

基本著錄:　**方正學先生遜志齋集:二十四卷,拾補,外紀**

(Fang Zhengxue xian sheng Xun zhi zhai ji:er shi si juan,shi bu,wai ji)

(明)張紹謙纂定;(清)俞化鵬重纂

清康熙戊寅[37 年,1698]寧海俞化鵬本

兩函十五冊:圖;26 公分

相關責任者:　(明)張紹謙(Zhang Shaoqian),纂定;(清)俞化鵬(Yu Huapeng),進士 1691,重纂;(明)方孝孺(Fang Xiaoru),1357—1402;(清)甘鵬雲(Gan Pengyun),生年 1861,題記

附　　注:　清康熙三十七年(1698)俞化鵬《重輯方正學先生文集序》言刻書事。與 ONTG95—B6203 同板,但該書卷端第五行爲"雜著",是書爲"薊門後學趙予信聲浦重纂 ……"。

框 20.9×15 公分,10 行 20 字,白口,四周單邊,單黑魚尾。版心上鐫"遜志齋集",中鐫卷次。

館藏兩部:D33/2032 及 D33/2032x。

D33/2032x 爲 Colby 號碼 21,共 16 冊,《序》及《目錄》爲手抄配補。

有甘鵬雲題記及"崇雅堂藏書"印記。

館藏信息:　RECAP:East Asian Library use only:D33/2032

又一部:RECAP:East Asian Library use only:D33/2032x

1632

基本著錄:　**文清公薛先生文集:二十四卷**

(Wenqing gong Xue xian sheng wen ji:er shi si juan)

(明)張鼎校正、編輯

明萬曆甲寅［42 年,1614］真寧薛士弘本

一函六册:肖像;26 公分

相關責任者: (明)張鼎(Zhang Ding),1431—1495,校正、編輯;(明)薛士弘(Xue Shihong),刻;(清)甘鵬雲(Gan Pengyun),生年 1861,題識

附　　注: 明萬曆四十二年(1614)薛士弘《重刻薛文清公文集跋後》言刻書事。

有書葉鐫"萬曆甲寅……薛士弘重刊於真寧署中雍正甲寅之秋合族重刊",并鐫有薛氏首事人及刻工名。

不避"玄"字諱。

附薛文清公像。

框 20.1×13.5 公分,10 行 20 字,白口,四周雙邊,單黑魚尾。版心上鐫文集及卷次。

有甘鵬雲氏手書題識及"甘印鵬雲"印記。

館藏信息: RECAP:East Asian Library use only:D33/1652

1633

基本著錄: **小山類藁選:二十卷,附錄**

(Xiao shan lei gao xuan:er shi juan,fu lu)

(明)張岳

明萬曆丁亥［15 年,1587］廣東省吳文華本

一函六册:圖;26 公分

相關責任者: (明)張岳(Zhang Yue),1492—1553;(明)吳文華(Wu Wenhua),1521—1598,刻

附　　注: 《附錄》一卷爲"張襄惠公輯略"。版心上鐫"小山類藁附",中鐫"輯略"。

卷十八卷端題"温陵張岳著"。

著者據明萬曆十五年(1587)吳文華《蒼梧重刻集選序》,該《序》并言刻書事。

正文前有明天啓元年(1621)何喬遠像贊。

多次補版,字體不一。

框 21×13.3 公分,9 行 20 字,白口,四周雙邊,單黑魚尾。版心上鐫"小山類藁選",下偶鐫刻工。

館藏信息: East Asian Library(Gest):Rare Books:TD33/1275

1634

基本著録： **慕蓼王先生樗全集：八卷**

（Muliao Wang xian sheng chu quan ji：ba juan）

（明）王畿撰

清乾隆己卯［24 年，1759］王宗敏本

一函八册；27 公分

相關責任者： （明）王畿（Wang Ji），1549—1633，撰；（清）王宗敏（Wang Zongmin），刻

附　　注： 著者據卷前《墓誌銘》。

封面鎸"乾隆己卯重鎸　晉江王慕蓼先生原稿樗全集　東皋藏板"。

清乾隆二十四年（1759）郭賡武《重刻慕蓼王先生樗全集序》言刻書事。

卷端鎸"六世孫宗敏爾博重刊"。

框 21.5 × 13.2 公分，8 行 19 字，白口，四周單邊。版心上鎸"樗全集"及文類簡稱，中鎸卷次。

館藏信息： RECAP：East Asian Library use only：D33/2238

1635

基本著録： **張龍湖先生文集：十五卷**

（Zhang Longhu xian sheng wen ji：shi wu juan）

（清）彭思耆編輯

清雍正丙午［4 年，1726］彭思耆本

一函六册；25 公分

相關責任者： （清）彭思耆（Peng Sijuan），編輯

附　　注： 卷端未題著者，《目錄》題"同里後學彭思耆鶴田編輯　男維銘新鋭校"。

清雍正四年（1726）彭思耆《序》言刻書事。

框 19.8 × 12.9 公分，10 行 20 字，白口，單黑魚尾，左右雙邊。版心上鎸書名，中鎸卷次。

館藏信息： East Asian Library（Gest）：Rare Books：TD33/824

1636

基本著録： **張龍湖先生文集：十五卷**

（Zhang Longhu xian sheng wen ji：shi wu juan）

（清）彭思眷編輯

清雍正丙午［4 年，1726］彭思眷本

一函四冊；25 公分

相關責任者： （清）彭思眷（Peng Sijuan），編輯；（清）甘鵬雲（Gan Pengyun），生年 1861，收藏

附　　注： 卷端未題著者，《目錄》題"同里後學彭思眷鶴田編輯　男維銘新鋭校"。

清雍正四年（1726）彭思眷《序》言刻書事。

框 19.7×13 公分，10 行 20 字，白口，單黑魚尾，左右雙邊。版心上鐫書名，中鐫卷次。

有甘鵬雲藏書印記。

館藏信息： East Asian Library（Gest）：Rare Books：TD33/2102

1637

基本著録： **歸太僕公文定：四卷**

（Gui tai pu gong wen ding：si juan）

（清）崔徵麟評選

清間（約 1662—1735）本

一函四冊；24 公分

相關責任者： （清）崔徵麟（Cui Zhenglin），評選；（明）歸有光（Gui Youguang），1507—1571

附　　注： 避"玄"字諱，不避"弘"字諱。

框 18.9×13.9 公分，10 行 22 字，黑口，左右雙邊，雙黑魚尾。版心中鐫"歸文定"及卷次。

館藏信息： RECAP：East Asian Library use only：D43/2595

1638

基本著録： **玉茗堂全集：［四十六卷］**

（Yu ming tang quan ji：［si shi liu juan］）

（明）湯顯祖著

清康熙甲戌［33 年，1694］阮峴、阮嵩本

兩函二十冊；26 公分

相關責任者： （明）湯顯祖（Tang Xianzu），1550—1616，著；（清）阮峴（Ruan Xian），刻；（清）阮嵩（Ruan Song），刻

附　　注： 文十六卷、詩十八卷、賦六卷、尺牘六卷。

清康熙三十三年（1694）阮峴、阮嵩《小引》等均言刻書事。

框 21.2 × 13 公分，7 行 18 字，白口，四周單邊。版心上鎸文體，下鎸卷次。

館藏信息： East Asian Library（Gest）：Rare Books：TD33/2099

1639

基本著録： **玉茗堂全集：［四十六卷］**

（Yu ming tang quan ji：［si shi liu juan］）

（明）湯顯祖著

清康熙甲戌［33 年，1694］阮峴、阮嵩本

四函三十二冊；26 公分

相關責任者： （明）湯顯祖（Tang Xianzu），1550—1616，著；（清）阮峴（Ruan Xian），刻；（清）阮嵩（Ruan Song），刻

附　　注： 文十六卷、詩十八卷、賦六卷、尺牘四卷。

清康熙三十三年（1694）阮峴、阮嵩《小引》等均言刻書事。

封面鎸“竹林堂梓行”。

框 21.2 × 13.2 公分，7 行 18 字，白口，四周單邊。版心上鎸子目文體名，下鎸卷次。

館藏信息： RECAP：East Asian Library use only：D33/2617

1640

基本著録： **明德先生文集：二十六卷**

（Mingde xian sheng wen ji：er shi liu juan）

（明）吕維祺

清康熙癸卯［2 年，1663］吕兆璜本

兩函八册;27 公分

相關責任者：　（明）呂維祺（Lü Weiqi），進士 1613；（明）呂兆璜（Lü Zhaoheng），刻；
（明）呂溥（Lü Pu），印；（清）甘鵬雲（Gan Pengyun），生年 1861，收藏

附　　注：　附《新安定變全城記》及《製藝》三篇。

著者據卷一《進孝經表》。

清康熙二年（1663）呂兆璜《刻慎獨堂文集後跋》。

《跋》後鐫清乾隆四十八年（1783）呂溥《誌》言因修《四庫全書》奉命
抽毁板片事。

框 18.3×14.2 公分，10 行 21 字，白口，左右雙邊，單黑魚尾。版心
上鐫書名。

有"崇雅堂藏書""潛廬藏過"印記。

館藏信息：　East Asian Library（Gest）:Rare Books:TD33/1601

1641

基本著録：　**瑞陽阿集:十卷,卷首**

（Rui yang e ji:shi juan,juan shou）

[（明）江東之撰]

清乾隆癸亥[8 年,1743]江洪本

一函八册:肖像;27 公分

相關責任者：　（明）江東之（Jiang Dongzhi），進士 1577，撰；（清）江洪（Jiang
Hong），刻

附　　注：　書名據《目錄》。

清乾隆八年（1743）江洪等《識語》言刻書事。

框 20×14 公分，10 行 21 字，白口，四周雙邊，單黑魚尾。版心中鐫
書名及卷次。

館藏信息：　East Asian Library（Gest）:Rare Books:TD43/1164

1642

基本著録：　**御製文第四集:三十六卷**

（Yu zhi wen di si ji:san shi liu juan）

（清）允禄等編録

清雍正間（約 1733—1735）北京內府本

一函六册;29 公分

相關責任者: （清）允禄（Yunlu）,1695—1767,編録;（清）甘鵬雲（Gan Pengyun）,生年 1861,收藏

附　　注: 允禄據清雍正十年（1733）《編校名銜》。

框 18.4×13.2 公分,6 行 16 字,白口,四周雙邊,單黑魚尾。版心中鑴卷名及卷次。

有甘鵬雲藏書印記。

館藏信息: Annex A,Forrestal:D33/2111

1643

基本著録: 御製避暑山莊詩:［二卷］

（Yu zhi Bi shu shan zhuang shi:［er juan］）

（清）揆叙等注

清康熙壬辰［51 年,1712］北京武英殿本

四册:圖;30 公分

相關責任者: （清）揆叙（Kuixu）,卒年 1717,注;（清）梅裕鳳（Mei Yufeng）,刻;（清）沈喻（Shen Yu）,畫工;（清）朱圭（Zhu Gui）,刻

附　　注: 卷分上下。

書名據《目録》。

有圖三十六幅。末圖鑴有"内務府……沈喻恭畫……朱圭梅裕鳳仝恭鑴"小字三行。

著者及版本據清康熙五十一年（1712）揆叙等人《跋》。《跋》後有"武英殿總監造"職名。

框 19.9×13.5 公分,6 行 16 字,小字雙行 20 字,白口,四周雙邊,單黑魚尾。版心上鑴"御製詩",中鑴篇目及詩體名稱。

館藏信息: East Asian Library（Gest）:Rare Books:TD38/1515Q

1644

基本著録: 世宗憲皇帝御製文集:三十卷,總目四卷

（Shizong Xian huang di yu zhi wen ji:san shi juan,zong mu si juan）

（清）世宗胤禛

清乾隆戊午［3 年,1738］北京武英殿本

四函十六册;26 公分

相關責任者: （清）世宗胤禛（Yinzhen）,1678—1735

附　注: 著者據書名。

框 18.5×13.4 公分,6 行 16 字,白口,四周雙邊,單黑魚尾。版心上
鐫書名,中鐫卷次及卷名。

館藏信息: Annex A,Forrestal:D33/1919

1645

基本著錄: **樂善堂全集:四十卷**

（Le shan tang quan ji:si shi juan）

（清）高宗弘曆

清乾隆間（約 1737—1795）慶復本

四函二十四册;26 公分

相關責任者: （清）高宗弘曆（Hongli）,1711—1799;（清）慶復（Qingfu）,刻

附　注: 清乾隆二年(1737)《御製序》。

書末有《恭刊諸臣職名》,據《職名》知承刊者爲慶復等,是書當爲翻
刻武英殿本。

框 19×13.9 公分,7 行 18 字,白口,四周雙邊,單黑魚尾。版心上鐫
書名,中鐫卷次及文體名。

館藏信息: Annex A,Forrestal:D33/636

1646

基本著錄: **樂善堂全集:四十卷**

（Le shan tang quan ji:si shi juan）

（清）高宗弘曆

清乾隆間（約 1737—1795）慶復本

兩函十四册;26 公分

相關責任者: （清）高宗弘曆（Hongli）,1711—1799;（清）慶復（Qingfu）,刻

附　注: 清乾隆二年(1737)《御製序》。

書末有《恭刊諸臣職名》,據《職名》知承刊者爲慶復等,是書當爲翻
刻武英殿本。

框 18.9×14.1 公分,7 行 18 字,白口,四周雙邊,單黑魚尾。版心上

鐫書名,中鐫卷次及文體名。

館藏信息: RECAP:East Asian Library use only:D33/2230 vol. 1—14

1647

基本著錄: **御製文二集:四十四卷,目錄二卷**

(Yu zhi wen er ji:si shi si juan,mu lu er juan)

[(清)高宗弘曆撰]

清乾隆丙午—乙卯[51—60 年,1786—1795)]江蘇本

兩函八册;23 公分

相關責任者: (清)高宗弘曆(Hongli),1711—1799,撰;(清)梁國治(Liang Guozhi),進士 1748,編

附 注: 昌彼得先生編本館《中文舊籍書目》著錄爲清乾隆間江蘇翻刻武英殿本。

有清乾隆五十一年(1786)梁治國、董誥《奏文》。

著者據內容。

框 14.8×10 公分,7 行 17 字,白口,四周雙邊,單黑魚尾。版心上鐫書名,中鐫卷次及篇名。

館藏信息: Annex A,Forrestal:D43/2043

1648

基本著錄: **御製新樂府:[二卷]**

(Yu zhi xin yue fu:[er juan])

[(清)高宗弘曆撰]

清乾隆間(約 1757—1795)北京武英殿本

一函兩册;32 公分

相關責任者: (清)高宗弘曆(Hongli),1711—1799,撰

附 注: 書名據版心。卷首第一葉題"御製用白居易新樂府成五十章并效其體"。

書分一、二册。

未署年彭元瑞《跋》,彭爲清乾隆二十二年(1757)進士。

框 23.5×14.7 公分,7 行 16 字,白口,四周雙邊,單黑魚尾。版心上鐫"御製新樂府",中鐫卷次。

館藏信息： Annex A，Forrestal：D38/1502

1649

基本著録： **牧齋初學集詩註：二十卷. 牧齋有學集詩註：十四卷.**

子目：

牧齋初學集詩註：二十卷

（Muzhai chu xue ji shi zhu：er shi juan）

（明）錢謙益著；（清）錢曾箋注

牧齋有學集詩註：十四卷

（Muzhai you xue ji shi zhu：shi si juan）

（明）錢謙益著；（清）錢曾箋注

清康熙庚寅［49 年，1710］玉詔堂本

一函十册；26 公分

相關責任者： （明）錢謙益（Qian Qianyi），1582—1664，著；（清）錢曾（Qian Zeng），

1629—1701，箋注

附　注： 《有學集》封面鐫"有學集箋註""玉詔堂藏板"。

避"玄"字諱。

版本參據 CHRR97—B411.

《初學集》卷端有墨釘，是書爲後印。

框 18.1×14 公分，10 行 20 字，下黑口，四周單邊，單黑魚尾。版心

上鐫"初學集詩註"或"有學集詩註"，中鐫卷次。

館藏信息： East Asian Library（Gest）：Rare Books：T5432. 3/8586

1650

基本著録： **牧齋初學集詩註：二十卷. 牧齋有學集詩註：十四卷.**

子目：

牧齋初學集詩註：二十卷

（Muzhai chu xue ji shi zhu：er shi juan）

（清）錢曾箋注

牧齋有學集詩註：十四卷

（Muzhai you xue ji shi zhu：shi si juan）

（清）錢曾箋注

清康熙間(約 1711—1722)本

兩函十六册;26 公分

相關責任者: (清)錢曾(Qian Zeng),1629—1701,箋注;(清)錢謙益(Qian Qian yi),1582—1664

附　　注: 將原索書號 TD38/3676—7 改變。

封面鐫"初學集箋註　玉詔堂藏板"。

封面鐫"有學集箋註　玉詔堂藏板"。

避"玄""弘"字諱。

是書爲翻刻玉詔堂本。

框 17.6×14 公分,10 行 20 字,小字雙行同,下黑口,四周單邊,單黑魚尾。版心上鐫"初學集詩註"或"有學集詩註",中鐫卷次。

館藏信息: East Asian Library(Gest):Rare Books:TD38/3676

1651

基本著錄: **平山堂詩集:四卷**

(Ping shan tang shi ji:si juan)

(明)劉應賓著;(清)李明睿等評

清順治間(即 1644—1661)本

兩函八册;30 公分

相關責任者: (明)劉應賓(Liu Yingbin),進士 1613,著;(清)李明睿(Li Mingrui),進士 1662,評

附　　注: 詩紀事訖清順治十二年(1655)。

卷端題"沂水劉應賓思皇甫著　南州李明睿太虛甫西蜀柳寅東鳳詹甫河濱李楷叔則甫仝評"。

李明睿《劉思皇先生詩集序》。順治三年(1646)方拱乾《題記》等。

李明睿《序》提刻書事。

框 21.7×14.3 公分,9 行 19 字,白口,四周雙邊。版心上鐫"平山堂詩集"。

館藏信息: East Asian Library(Gest):Rare Books:TD38/329Q

1652

基本著錄: **南雷文定:十一卷,附錄**

（Nanlei wen ding；shi yi juan，fu lu）

（清）靳治荊較訂

清康熙戊辰［27 年，1688］靳治荊本

一函八册；26 公分

相關責任者： （清）靳治荊（Jin Zhijing），較訂；（明）黄宗羲（Huang Zongxi），
1610—1695

附　注： 清康熙二十七年（1688）靳治荊《序》言刻書事。

框 19.4×14 公分，10 行 20 字，黑口，四周單邊，雙黑魚尾。版心中
鐫書名及卷次。

館藏信息： East Asian Library（Gest）：Rare Books：TD43/3679

1653

基本著録： **于清端公政書：八卷. 于清端公政書外集.**

（Yu Qingduan gong zheng shu：ba juan. Yu Qingduan gong zheng shu
wai ji.）

編目記録詳見《史部·政書類》。

1654

基本著録： **施愚山先生全集：［九十六卷］**

（Shi Yushan xian sheng quan ji：［jiu shi liu juan］）

（清）施閏章

清康熙戊子［47 年，1708］曹寅本

四函二十四册；27 公分

相關責任者： （清）施閏章（Shi Runzhang），1619—1683；（清）曹寅（Cao Yin），
1658—1712，刻；（清）施念曾（Shi Nianzeng），續刻

附　注： 書名據封面，封面鐫"施愚山先生全集"。

框 17.7×14 公分，11 行 21 字，白口，四周雙邊，單黑魚尾。版心上
鐫子書名，中鐫卷次。

館藏信息： Annex A，Forrestal：D33/1176

1655

基本著録： **託素齋文集：六卷**

（Tuo su zhai wen ji：liu juan）

（清）黎士弘著

清雍正甲辰［2 年，1724］黎致遠本

兩函十冊；27 公分

相關責任者： （清）黎士弘（Li Shihong），1618—1697，著；（清）黎致遠（Li Zhiyuan），1676—1731，刻

附　注： 封面鐫"本衙藏板"。

清康熙二十八年（1689）黎士弘《自序》。

不避"弘"字諱。

框 18.8×14 公分，9 行 21 字，黑口，左右雙邊，單黑魚尾。版心中鐫卷次，下鐫刻工。

館藏信息： RECAP：East Asian Library use only：D43/1410

1656

基本著錄： **託素齋詩集：四卷**

（Tuo su zhai shi ji：si juan）

（清）黎士弘著

清雍正甲辰［2 年，1724］黎致遠本

一函八冊；27 公分

相關責任者： （清）黎士弘（Li Shihong），1618—1697，著；（清）黎致遠（Li Zhiyuan），1676—1731，刻

附　注： 未署年黎士弘《自序》。

框 18.7×13.8 公分，9 行 21 字，上黑口，左右雙邊，單黑魚尾。版心中鐫卷次及詩體名，下鐫刻工。

館藏信息： East Asian Library（Gest）：Rare Books：TD38/1880

1657

基本著錄： **溉堂前集：九卷．溉堂後集：六卷．溉堂續集：六卷．溉堂文集：五卷．溉堂詩餘：二卷．**

子目：

溉堂前集：九卷

（Gaitang qian ji：jiu juan）

（清）孫枝蔚著

溉堂後集：六卷

（Gaitang hou ji：liu juan）

（清）孫枝蔚著

溉堂續集：六卷

（Gaitang xu ji：liu juan）

（清）孫枝蔚著

溉堂文集：五卷

（Gaitang wen ji：wu juan）

（清）孫枝蔚著

溉堂詩餘：二卷

（Gaitang shi yu：er juan）

（清）孫枝蔚著

清康熙間（約1679—1699）北京趙玉峰本

兩函十六册；29公分

相關責任者： （清）孫枝蔚（Sun Zhiwei），1620—1687，著；（清）趙士麟（Zhao Shi
lin），1629—1699，刻；（清）孫居貞（Sun Juzhen），續刻

附　　注： 趙玉峰即趙士麟。

《溉堂後集》前有清康熙六十年（1721）孫匡《序》言刻書事。

框18.6×13.9公分，11行21字，白口，四周單邊，單黑魚尾。版心
上鐫書名，中鐫卷次。

館藏信息： Annex A，Forrestal：D33/3525

1658

基本著録： **白茅堂集：四十六卷. 耳提録.**

子目：

白茅堂集：四十六卷

（Bai mao tang ji：si shi liu juan）

（清）顧景星著；（清）［顧］昌校輯

耳提録

（Er ti lu）

（清）顧景星緒論；（清）［顧］昌述

清康熙甲申[43 年,1704]曹寅本

三函二十冊:肖像;25 公分

相關責任者: （清）顧景星（Gu Jingxing）,1621—1687,著、緒論;（清）顧昌（Gu Chang）,校輯、述;（清）曹寅（Cao Yin）,1658—1712,刻;（清）顧湛露（Gu Zhanlu）,補刻

附　　注: 封面鐫"白茅堂詩文全集"。

《耳提錄》封面鐫"耳提錄全集""白茅堂藏板"。

喻成龍《白茅堂文集序》言著書事。

清乾隆二十年（1755）[顧]湛露《顧公培山府君行略》提"曹公諱寅,……捐千金代梓白茅堂全集,府君一手較正,歷癸未甲申剞劂告成"。

清光緒二十八年（1902）凌兆熊《跋》言曹公康熙甲申（四十三年,1704）刻書、湛露續刻於乾隆乙亥（二十年,1755）事,提印書之事。

是書爲光緒二十八年（1902）印本。

框 18×13.9 公分,11 行 21 字,白口,四周雙邊,單黑魚尾。版心上鐫書名,中鐫卷次及篇名。

館藏信息: RECAP:East Asian Library use only;D33/1716

1659

基本著錄: 渠亭山人半部槀

（Qutingshanren ban bu gao）

（清）張貞刻

清康熙間（約 1689—1722）張貞本

兩函十二冊:圖;25 公分

相關責任者: （清）張貞（Zhang Zhen）,拔貢生 1672,刻

附　　注: 不分卷,分"渠亭文槀""或語""潛州集""娛老集""遺稿"等五類。

清康熙三十年（1691）王士禛《半部槀序》。

框 18.3×13.9 公分,9 行 19 字,黑口,左右雙邊,雙黑魚尾。版心中分別鐫"渠亭文槀"等。

館藏信息: Annex A,Forrestal;D43/2990

1660

基本著録：　　　　**清風堂文集：二十三卷**

（Qing feng tang wen ji：er shi san juan）

（清）曾王孫著；（清）[曾]安世編

清康熙丙戌[45 年,1706]曾安世本

兩函十二冊;25 公分

相關責任者：　　　（清）曾王孫(Zeng Wangsun),進士 1658,著；（清）曾安世(Zeng An-shi),編

附　　注：　　　　著者據總目所題。

清康熙四十五年(1706)計默《序》言刻書事。

封面鎸"曾道扶先生清風堂文集"。

框 18.4×13.6 公分,10 行 23 字,左右雙邊,黑口,雙黑魚尾。版心中鎸書名、卷次及文體名。

館藏信息：　　　　RECAP：East Asian Library use only：D33/1266

1661

基本著録：　　　　**繡虎軒尺牘：八卷. 繡虎軒尺牘二集：八卷. 繡虎軒尺牘三集：八卷.**

子目：

繡虎軒尺牘：八卷

（Xiu hu xuan chi du：ba juan）

（清）曹煜著；（清）許旭,（清）唐孫華校定

繡虎軒尺牘二集：八卷

（Xiu hu xuan chi du er ji：ba juan）

（清）曹煜著；（清）許旭,（清）唐孫華校定

繡虎軒尺牘三集：八卷

（Xiu hu xuan chi du san ji：ba juan）

（清）曹煜著；（清）許旭,（清）唐孫華校定

清康熙間（約 1690—1722）傳萬堂本

四函二十四冊;28 公分

相關責任者：　　　（清）曹煜(Cao Yu),著；（清）許旭(Xu Xu),校定；（清）唐孫華(Tang Sunhua),校定

附　　注：　　　封面鐫"傳萬堂梓行"。

清康熙十七年(1678)繆彤《序》,康熙二十九年(1690)李敬之《繡虎軒尺牘三集跋言》。

框 19.1×14.5 公分,9 行 18 字,白口,左右雙邊,單黑魚尾。版心上鐫"尺牘",中鐫卷次。

館藏信息：　　RECAP：East Asian Library use only：D43/3950

1662

基本著錄：　　**恥躬堂文集：二十卷**

(Chi gong tang wen ji：er shi juan)

(清)王命岳著；(清)李光地輯定

清康熙甲子[23 年,1684]王吉人本

一函四冊；26 公分

相關責任者：　(清)王命岳(Wang Mingyue),進士 1655,著；(清)李光地(Li Guang-di),1642—1718,輯定；(清)王吉人(Wang Jiren),刻；(清)甘鵬雲(Gan Pengyun),生年 1861,收藏

附　　注：　　　清康熙二十三年(1684)[王]錫度《附述先事》及李光地《序》言刻書事。

清康熙三十年(1691)陳肇昌《序》。

框 20.5×14.2 公分,9 行 20 字,白口,四周雙邊,單黑魚尾。版心上鐫書名,中鐫卷次及文類簡稱。

鈐"甘印鵬雲"等印記。

館藏信息：　　East Asian Library(Gest)：Rare Books：TD33/1677

1663

基本著錄：　　**陳檢討集：二十卷**

(Chen jian tao ji：er shi juan)

(清)陳維崧撰；(清)程師恭注

清康熙間(約 1693—1722)本

一函八冊；25 公分

相關責任者：　(清)陳維崧(Chen Weisong),1626—1682,撰；(清)程師恭(Cheng Shigong),注

附　　注： 封面鎸"陳檢討四六""素位堂梓"。

清康熙三十二年(1693)張英《序》。

是書爲後印本,部分板葉爲重修。

框 18.2×14.2 公分,10 行 22 字,白口、大黑口相間,左右雙邊,單黑魚尾。版心中鎸書名及卷次。

館藏信息： Annex A,Forrestal:D43/1306

1664

基本著録： **湖海樓全集:[五十一卷]**

(Hu hai lou quan ji:[wu shi yi juan])

(清)陳維崧著;(清)[陳]淮等編校

清乾隆乙卯[60 年,1795]浩然堂本

兩函二十册;26 公分

相關責任者： (清)陳維崧(Chen Weisong),1626—1682,著;(清)陳淮(Chen Huai),編校

附　　注： 凡湖海樓詩集十二集、補遺一卷、詞集二十卷、文集六卷、儷體文集十二卷。

書名據目次、封面。

封面鎸"乾隆乙卯新鎸""湖海樓全集""浩然堂藏板"。

清乾隆六十年(1795)[陳]淮《序文》。

框 18.5×13.5 公分,10 行 21 字,白口,左右雙邊,單黑魚尾。版心中分別鎸"湖海樓詩集"等以及卷次、詩體名稱。

館藏信息： RECAP:East Asian Library use only:D33/3511

1665

基本著録： **逸德軒文稿:四卷. 逸德軒遺稿:四卷. 逸德軒偶次. 簀山田先生逸德軒詩. 逸德軒詩集:[三卷]. 逸德軒遺詩:[二卷].**

子目：

逸德軒文稿:四卷

(Yi de xuan wen gao:si juan)

(清)田蘭芳著

逸德軒遺稿:四卷

（Yi de xuan yi gao：si juan）

（清）田蘭芳著

逸德軒偶次

（Yi de xuan ou ci）

（清）鄭廉評；（清）王式穀較

簣山田先生逸德軒詩

（Kuishan Tian xian sheng yi de xuan shi）

（清）鄭廉評；（清）王式穀較

逸德軒詩集：［三卷］

（Yi de xuan shi ji：［san juan］）

（清）田蘭芳訂；（清）劉榛評點

逸德軒遺詩：［二卷］

（Yi de xuan yi shi：［er juan］）

（清）田蘭芳著；（清）計默較

清康熙壬申至甲申［31—43 年,1692—1704］睢州袁鍾彪本

四函三十二册;26 公分

相關責任者： （清）田蘭芳（Tian Lanfang）,卒年 1701,著、訂；（清）鄭廉（Zheng
Lian）,評；（清）王式穀（Wang Shigu）,較；（清）劉榛（Liu Zhen）,17/
18 世紀,評點；（清）計默（Ji Mo）,較；（清）袁鍾彪（Yuan Zhong
biao）,刻

附　　注： 清康熙三十一年（1692）袁鍾彪《序》言刻書事。

康熙四十二年（1703）余銛《序》言刻書事。

康熙四十三年（1704）宋生《序》言胡范刻《遺詩》事。

框 17.2×13.2 公分,10 行 19 字,黑口,四周單邊,雙黑魚尾。版心
中鐫書名。

館藏信息： East Asian Library（Gest）：Rare Books：TD63/3945

1666

基本著録： **牧愛堂編：十二卷**

（Mu ai tang bian：shi er juan）

（清）趙吉士著

清康熙間（約 1673—1722）山西省本

一函兩冊;27 公分

館藏本有殘缺:存《藝文》四卷。

相關責任者: (清)趙吉士(Zhao Jishi),1628—1706,著

附　注: 著者及卷數據總目。

清康熙十二年(1673)李文纘《叙言》。

框 19.2×13 公分,8 行 20 字,白口,四周單邊,單黑魚尾。版心上鐫
書名。

館藏信息: RECAP;East Asian Library use only;D43/2252

1667

基本著錄: 綿津山人詩集:二十六卷. 楓香詞. 怪石贊. 筠廊偶筆:[二卷]. 漫堂
墨品. 緯蕭草堂詩:三卷. 雪堂墨品.

(Mianjinshanren shi ji;er shi liu juan. Feng xiang ci. Guai shi zan. Yun
lang ou bi;[er juan]. Mantang mo pin. Wei xiao cao tang shi;san juan.
Xue tang mo pin.)

編目記錄詳見《子部·譜錄類》。

1668

基本著錄: 帶經堂集:九十二卷

(Dai jing tang ji;jiu shi er juan)

(清)王士禎[撰];(清)程哲校編

清康熙辛卯[50 年,1711]程哲七略書堂本

四函三十四冊:肖像;26 公分

相關責任者: (清)王士禎(Wang Shizhen),1634—1711,撰;(清)程哲(Cheng
Zhe),校編;(清)黃晟(Huang Sheng),重修

附　注: 書分《漁洋集》五十二卷及《蠶尾集》四十卷,總目題"九十二卷"。

卷數及版本據程哲《序》。

封面鐫"王阮亭先生著""七略書堂校刊"。

卷首有漁洋先生遺像。

清乾隆十二年(1747)黃晟《帶經堂全集序》提修補事。

框 18.5×14.5 公分,10 行 19 字,白口,左右雙邊,單黑魚尾。版心
中鐫小題及卷次。

館藏信息： RECAP:East Asian Library use only:D33/937

1669

基本著錄： **漁洋山人精華錄訓纂:十卷,總目[二卷]**

（Yuyangshanren jing hua lu xun zuan:shi juan,zong mu[er juan]）

（清）惠棟撰

清間（約 1732—1795）惠氏紅豆齋本

兩函十二册;28 公分

相關責任者： （清）惠棟（Hui Dong），1697—1758，撰；（清）王士禛（Wang Shizhen），1634—1711

附　　注： 附惠棟注補《漁洋山人自撰年譜》上下卷及惠棟撰《金氏精華錄箋註辨訛》。

書中出現最晚年代爲清雍正九年（1731）。

封面鐫"紅豆齋藏板"。

避"弘"字諱。

框 19.6×14.9 公分,10 行 21 字,白口,四周雙邊,單黑魚尾。版心上鐫"精華錄訓纂",中鐫卷次,下鐫"紅豆齋"。

館藏信息： RECAP:East Asian Library use only:D38/3308

1670

基本著錄： **漁洋山人精華錄訓纂:十卷,總目[二卷]**

（Yuyangshanren jing hua lu xun zuan:shi juan,zong mu[er juan]）

（清）惠棟撰

清間（約 1732—1795）惠氏紅豆齋本

十二册;28 公分

相關責任者： （清）惠棟（Hui Dong），1697—1758，撰；（清）王士禛（Wang Shizhen），1634—1711

附　　注： 同上一條。

館藏信息： Annex A,Forrestal:D33/1180

1671

基本著錄： **漁洋山人精華錄箋注:十二卷**

(Yuyangshanren jing hua lu jian zhu:shi er juan)

(清)金榮箋注;(清)徐淮纂輯

清乾隆間(約 1738—1795)本

一函六册:圖;27 公分

相關責任者: (清)金榮(Jin Rong),活動期 17 至 18 世紀,箋注;(清)徐淮(Xu
Huai),纂輯

附　　注: 封面鐫"鳳翮堂藏板"。

是書爲翻刻鳳翮堂本。

框 18×14.8 公分,11 行 20 字,小字雙行 30 字,白口,左右雙邊,單黑
魚尾。版心中鐫"精華錄箋注"及卷次。

館藏信息: RECAP:East Asian Library use only:D38/1209

1672

基本著録: 古歡堂集:[三十六卷]

(Gu huan tang ji:[san shi liu juan])

(清)田雯

清康熙間(約 1662—1722)本

一函八册;28 公分

相關責任者: (清)田雯(Tian Wen),1635—1704;(清)甘鵬雲(Gan Pengyun),生
年 1861,收藏

附　　注: 避"玄"字諱。

框 19.6×14.5 公分,11 行 21 字,黑口,左右雙邊,單黑魚尾。版心
中鐫文類及卷次。

有"潛廬藏過"印記。

館藏信息: East Asian Library(Gest):Rare Books:TD38/1620 vol.1—8

1673

基本著録: 陶菴詩集:[三卷]

(Tao an shi ji:[san juan])

(清)李淶撰;(清)王士禎選

清康熙間(即 1662—1722)本

一函一册;24 公分

相關責任者：　　（清）李淶（Li Jia），進士 1646，撰；（清）王士禎（Wang Shizhen），
　　　　　　　　1634—1711，選；（清）甘鵬雲（Gan Pengyun），生年 1861，收藏
附　　注：　　卷分上中下。

避"玄"字諱。

未署年潘耒《陶菴詩序》。

框 17.1×13.5 公分，10 行 19 字，黑口，四周單邊，單黑魚尾。版心
上鐫書名及卷次。

有"潛江甘鵬雲藥樵收藏書籍章"等印記。

館藏信息：　　East Asian Library（Gest）：Rare Books：TD38/1570

1674

基本著錄：　　[張文端集：五十九卷]

　　　　　　　　（[Zhang Wenduan ji：wu shi jiu juan]）

　　　　　　　　（清）張英著

　　　　　　　　清康熙間（約 1682—1722）本

　　　　　　　　兩函十六冊；28 公分

相關責任者：　　（清）張英（Zhang Ying），1638—1708，著
附　　注：　　避"弘"字諱。

《篤素堂文集》前有清康熙四十年（1701）陳廷敬《序》。

《易經衷論》前有康熙二十一年（1682）張英《自序》。

《存誠堂詩集》前有康熙四十三年（1704）張英《自序》。

框 17.6×13.7 公分，10 行 19 字，黑口，四周雙邊，雙黑魚尾。版心
中鐫書名及卷次。

館藏信息：　　RECAP：East Asian Library use only：D33/1258

1675

基本著錄：　　三魚堂文集：十二卷. 三魚堂外集：六卷，附錄.

　　　　　　　　子目：

　　　　　　　　三魚堂文集：十二卷

　　　　　　　　（San yu tang wen ji：shi er juan）

　　　　　　　　（清）陸隴其著；（清）席永恂，（清）王前席校

　　　　　　　　三魚堂外集：六卷，附錄

（San yu tang wai ji:liu juan,fu lu）

（清）陸隴其著;（清）席永恂,（清）王前席校

清康熙辛巳［40 年,1701］陸禮徵本

一函五册;23 公分

相關責任者： （清）陸隴其（Lu Longqi）,1630—1693,著;（清）席永恂（Xi Yong xun）,校;（清）王前席（Wang Qianxi）,校;（清）陸禮徵（Lu Lizheng）,刻;（清）甘鵬雲（Gan Pengyun）,生年 1861,收藏

附　　注： 版本參據 CHAO96—B21。

框 17.9×13.9 公分,9 行 20 字,白口,左右雙邊。版心上鎸書名及卷次。

有"藥樵"印記。

館藏信息： RECAP:East Asian Library use only:D33/2201

1676

基本著錄： **有懷堂詩藁:六卷. 有懷堂文藁:二十二卷.**

子目：

有懷堂詩藁:六卷

（You huai tang shi gao:liu juan）

（清）韓菼

有懷堂文藁:二十二卷

（You huai tang wen gao:er shi er juan）

（清）韓菼

清康熙癸未［42 年,1703］本

兩函十二册;26 公分

相關責任者： （清）韓菼（Han Tan）,1637—1704

附　　注： 著者據清康熙四十二年（1703）韓菼《序》。

CHRR97—B581 有封面鎸"康熙四十二年鎸　有懷堂詩文集　本衙藏板"。

框 19.4×13.7 公分,11 行 21 字,白口,四周單邊,單黑魚尾。版心上鎸書名,中鎸卷次。

館藏信息： Annex A,Forrestal:D33/2462

1677

基本著録： 空明子詩集：十卷. 空明子詩餘：[二卷].

子目：

空明子詩集：十卷

(Kongmingzi shi ji：shi juan)

(清)張榮著

空明子詩餘：[二卷]

(Kongmingzi shi yu：[er juan])

(清)張榮著

清康熙丙申[55年,1716]張氏本

一函六冊；25公分

相關責任者： (清)張榮(Zhang Rong),著

附　　注： 《詩餘》分上下。

封面鐫"謙益堂藏板"。

清康熙五十五年(1716)空明子《自序》言刻書事。

框16.9×11.6公分,11行21字,黑口,左右雙邊,雙黑魚尾。版心中鐫書名及卷次。

館藏信息： East Asian Library(Gest)：Rare Books：TD38/1178

1678

基本著録： 懷清堂集：二十卷,卷首

(Huai qing tang ji：er shi juan,juan shou)

(清)湯右曾

清乾隆丙寅[11年,1746]湯氏懷清堂本

一函八冊；28公分

相關責任者： (清)湯右曾(Tang Youzeng),1656—1722

附　　注： 封面鈐"御賜懷清堂""本府藏板"兩印。

清乾隆十一年(1746)吳趨繆《跋》言刻書事。

框19.3×14公分,10行21字,白口,左右雙邊,單黑魚尾。版心上鐫書名,中鐫卷次。

館藏信息： East Asian Library(Gest)：Rare Books：TD38/3523

1679

基本著録： **篷窩雜稿**

（Peng wo za gao）

（清）温棐忱

清康熙間（約 1696—1722）本

一函一册；28 公分

相關責任者： （清）温棐忱（Wen Feichen）；（清）甘鵬雲（Gan Pengyun），生年 1861，

收藏

附　　注： 無序跋。

書中有"康熙丙子"字樣，康熙丙子即清康熙三十五年（1696）。

疑爲叢書零種。

框 19.4×14.8 公分，9 行 22 字，黑口，四周雙邊，雙黑魚尾。版心中

鐫書名及篇名簡稱。

鈐"潛江甘氏崇雅堂藏書記"印記。

館藏信息： RECAP：East Asian Library use only：D43/2305

1680

基本著録： **寒村息尚編：四卷**

（Hancun xi shang bian：si juan）

（清）鄭風撰

清間（約 1713—1735）本

一函四册；26 公分

相關責任者： （清）鄭風（Zheng Feng），撰

附　　注： 著者據《目錄》。

卷四收有清康熙五十二年（1713）鄭氏所作《范華山先生墓誌銘》。

不避"弘"字諱。

框 18.7×14.1 公分，9 行 20 字，黑口，左右雙邊，雙黑魚尾。版心中

鐫書名。

館藏信息： RECAP：East Asian Library use only：D33/1323

1681

基本著録： 鳳池園文集：八卷

(Feng chi yuan wen ji：ba juan)

(清)顧汧著

清康熙壬辰[51 年,1712]本

一函八册;28 公分

相關責任者： (清)顧汧(Gu Qian),1646—1712,著

附　　注： 清康熙五十一年(1712)楊大鶴《序》言刻書事。

框 17.9×13.8 公分,9 行 19 字,白口,左右雙邊,單黑魚尾。版心中

鐫書名及卷次。

館藏信息： RECAP：East Asian Library use only：D43/1160

1682

基本著録： 敬業堂詩集：五十卷

(Jing ye tang shi ji：wu shi juan)

(清)查慎行

清康熙己亥[58 年,1719]查氏本

兩函十二册;26 公分

相關責任者： (清)查慎行(Zha Shenxing),1650—1727

附　　注： BCUO95—B7125 有清康熙五十八年(1719)許汝霖《序》。

版本又見 CHRR97—B626。

框 17.6×13.1 公分,11 行 21 字,白口,左右雙邊,單黑魚尾。版心

中鐫書名及卷次。

館藏信息： Annex A,Forrestal：D38/1161

1683

基本著録： 道榮堂文集：[六卷],卷首

(Dao rong tang wen ji：[liu juan],juan shou)

(清)陳鵬年著

清乾隆壬午[27 年,1762]本

兩函六册;26 公分

館藏本有殘缺:缺卷六。

相關責任者： (清)陳鵬年(Chen Pengnian),1663—1723,著

附　　注： 封面題"乾隆壬午年鐫"。

框 16.2×13.1 公分,10 行 19 字,白口,左右雙邊,單黑魚尾。版心上鐫書名,中鐫卷次。

館藏信息： Annex A,Forrestal:D43/1602

1684

基本著録： **志寧堂稿**

(Zhi ning tang gao)

(清)徐文靖著;(清)[徐]慎樞注

清間(約 1735—1795)志寧堂本

一函四册;25 公分

相關責任者： (清)徐文靖(Xu Wenjing),1667—約 1756,著;(清)徐慎樞(Xu Shenshu),注

附　　注： 封面鐫"當塗徐位山手輯　詩賦全集　志寧堂藏板"。

清雍正十三年(1735)盧秉純《序》。

框 17.5×13 公分,9 行 20 字,白口,四周雙邊,單黑魚尾。版心上鐫書名。

館藏信息： Annex A,Forrestal:D38/1267

1685

基本著録： **燕臺草:[二卷]**

(Yantai cao:[er juan])

(清)張體乾著

清乾隆間(約 1774—1795)燕臺本

一函四册;24 公分

相關責任者： (清)張體乾(Zhang Tiqian),著

附　　注： 附《梅花咏》《閨怨》《扈從恭紀》。

卷分上下。

清乾隆三十九年(1774)朱文潮書於燕臺客寓《序》。

框 17.1×12.1 公分,8 行 18 字,白口,四周雙邊,單黑魚尾。版心上

鎸書名,中鎸卷次。

館藏信息： RECAP：East Asian Library use only：D38/2743

1686

基本著錄： **唐堂集：五十卷**

（Wutang ji：wu shi juan）

（清）黄之雋

清乾隆辛酉[6 年,1741]當湖黄法本

一函七册;25 公分

相關責任者： （清）黄之雋（Huang Zhijun）,1668—1748;（清）黄法（Huang Fa）,刻

附　注： 《總目》後王永祺《識語》言黄之雋清乾隆十三年(1748)卒後事。

封面鎸"唐堂集　雲間今吾堂藏板"。

清乾隆六年(1741)黄之雋《自序》言當湖從子法請刻書事。

框 18.8×12.9 公分,10 行 21 字,白口,左右雙邊,單黑魚尾。版心上鎸書名,中鎸卷次及文體名。

館藏信息： RECAP：East Asian Library use only：D33/1554

1687

基本著錄： **綠蘿山莊文集：二十四卷. 綠蘿山莊詩集：三十三卷.**

子目：

綠蘿山莊文集：二十四卷

（Lü luo shan zhuang wen ji：er shi si juan）

（清）胡浚撰注

綠蘿山莊詩集：三十三卷

（Lü luo shan zhuang shi ji：san shi san juan）

（清）胡浚撰注

清乾隆丙子[21 年,1756]綠蘿山莊本

兩函三十册;26 公分

本館藏本不完整:缺《文集》卷二十一至二十四、《詩集》卷十九至三十、三十三。

相關責任者： （清）胡浚（Hu Jun）,舉人 1720,撰注

附　注： 封面鎸"綠蘿山莊四六全集""乾隆丙子年鎸"。

CHRR98—B173《詩集》有封面鐫"乾隆壬午年鐫"。

框 19.8×14 公分,10 行 22 字,白口,四周雙邊,單黑魚尾。版心上鐫"綠蘿山莊",中鐫卷次及篇名,下鐫"竹巖胡浚撰注"。

館藏信息: RECAP:East Asian Library use only:D38/225

1688

基本著錄: **笠翁文集:[十六卷]**

(Liweng wen ji:[shi liu juan])

(清)李漁著;(清)沈心友,(清)[沈]將舒訂

清間(約1730—1795)世德堂本

兩函十六冊:圖;23 公分

相關責任者: (清)李漁(Li Yu),1611—1680,著;(清)沈心友(Shen Xinyou),訂;

(清)沈將舒(Shen Jiangshu),訂

附　　注: 計文集四卷,詩集三卷,餘集、別集二卷,偶集六卷。前四種卷次相連。

封面鐫"笠翁一家言全集　世德堂梓行"。

清雍正八年(1730)芥子園主人《弁言》。

疑爲翻刻芥子園本。

框 19.6×13 公分,9 行 20 字,白口,四周單邊,單黑魚尾。版心上鐫書名,中鐫卷次,下鐫"芥子園藏板"。

館藏信息: East Asian Library(Gest):Rare Books:TD33/2339

1689

基本著錄: **曉亭詩鈔:四卷. 鶴鳴集.**

子目:

曉亭詩鈔:四卷

(Xiaoting shi chao:si juan)

(清)塞爾赫[撰];(清)鄂洛順校編

鶴鳴集

(He ming ji)

(清)伊都禮[撰];(清)鄂洛順校

清乾隆己巳[14 年,1749]鄂洛順本

一函六册;26 公分

相關責任者: (清)塞爾赫(Saierhe),1677—1747,撰;(清)鄂洛順(Eluoshun),校
編、校;(清)伊都禮(Yiduli),撰

附 注: 清乾隆十四年(1749)允祁《序》及未署年鄂洛順《跋》言刻書事。
框 18.8×14 公分,10 行 19 字,白口,左右雙邊,單黑魚尾。版心中
鐫書名、卷次及篇名。

館藏信息: RECAP:East Asian Library use only:D68/1131

1690

基本著錄: **鹿洲初集:二十卷,卷首**
(Luzhou chu ji:er shi juan,juan shou)
(清)藍鼎元著;(清)曠敏本評
清雍正間(約 1732—1735)本
兩函十册:圖;30 公分

相關責任者: (清)藍鼎元(Lan Dingyuan),1680—1733,著;(清)曠敏本(Kuang
Minben),評;(清)甘鵬雲(Gan Pengyun),生年 1861,收藏

附 注: 有鹿洲小圖。
卷首爲《行述》。
清雍正十年(1732)曠敏本《序》。
框 18.5×14 公分,9 行 20 字,白口,左右雙邊,單黑魚尾。版心中鐫
書名、卷次及小題,下鐫刻工。
鈐"潛江甘鵬雲藥樵攷藏書籍章"印。

館藏信息: East Asian Library(Gest):Rare Books;TD43/2039Q

1691

基本著錄: **香樹齋詩集:十八卷**
(Xiang shu zhai shi ji:shi ba juan)
(清)錢陳群
清乾隆間(約 1751—1795)本
一函六册;28 公分

相關責任者: (清)錢陳群(Qian Chenqun),1686—1744;(清)甘鵬雲(Gan
Pengyun),生年 1861,收藏

附　　注：　清乾隆十六年(1751)宋弼《後序》等序。

詩集目錄末鐫"男汝誠汝恭校字"。

框 18.1×13.4 公分,10 行 19 字,白口,左右雙邊,單黑魚尾。版心上鐫書名,中鐫卷次。

有"崇雅堂藏書"印記。

館藏信息：　RECAP：East Asian Library use only：D38/1565

1692

基本著録：　**睫巢後集**

(Jie chao hou ji)

(清)李鍇

清乾隆乙丑[10 年,1745]通州杜甲本

一函一册;26 公分

相關責任者：　(清)李鍇(Li Kai),1686—1755;(清)杜甲(Du Jia),刻;(清)甘鵬雲(Gan Pengyun),生年 1861,收藏

附　　注：　清乾隆九年(1744)秦蕙田《序》及乾隆十年(1745)杜甲《跋》皆言刻書事。

框 19.5×14 公分,10 行 21 字,白口,左右雙邊,單黑魚尾。版心中鐫書名。

鈐"潛江甘鵬雲藥樵收藏書籍章"印記。

館藏信息：　Annex A,Forrestal：D38/2306

1693

基本著録：　**思綺堂文集：十卷**

(Si qi tang wen ji：shi juan)

(清)章藻功

清康熙壬寅[61 年,1722]章藻功本

兩函十册:圖;27 公分

相關責任者：　(清)章藻功(Zhang Zaogong),進士 1703,刻

附　　注：　有章氏像。

著者據《目錄》。

封面鐫"康熙再壬寅竣工""本衙藏板""註釋思綺堂四六全集"。

清康熙六十一年(1722)[章]豈績《註釋思綺堂文集凡例》,豈績即
章藻功。

框20×14.7公分,10行22字,小字雙行,白口,四周單邊,單黑魚
尾。版心中鐫書名及卷次。

館藏信息： RECAP:East Asian Library use only:D43/2015

1694

基本著錄： **弢甫五岳集:二十卷**

(Taofu wu yue ji:er shi juan)

(清)桑調元

清乾隆間(約1756—1795)桑調元修汲堂本

一函十二冊;26公分

相關責任者： (清)桑調元(Sang Tiaoyuan),1695—1771,刻;(清)梁日源(Liang
Riyuan),寫工

附　注： 書名據《目錄》及封面。

封面鐫"弢甫五岳集　脩汲堂藏板"。

有清乾隆二十一年(1756)桑調元《五岳集總序》。

卷末均題"門人梁日源謄寫"。

框18.9×14.1公分,11行20字,白口,左右雙邊,單黑魚尾。版心
中鐫集名及卷次,下鐫"修汲堂"。

館藏信息： RECAP:East Asian Library use only:D38/279

1695

基本著錄： **半舫齋古文:八卷**

(Ban fang zhai gu wen:ba juan)

(清)夏之蓉著;(清)戴祖啓批點

清乾隆間(約1771—1795)本

一函三冊;24公分

相關責任者： (清)夏之蓉(Xia Zhirong),進士1733,著;(清)戴祖啓(Dai Zuqi),
進士1778,批點;(清)甘鵬雲(Gan Pengyun),生年1861,收藏

附　注： 封面鐫"夏醴谷半舫齋古文"。

《目錄》後有清乾隆三十六年(1771)戴祖啓《識語》。

框 16.3×11.8 公分,10 行 21 字,黑口,左右雙邊,單黑魚尾。版心中鐫"古文"及卷次。

有"潛廬"等印記。

館藏信息： RECAP：East Asian Library use only：D43/2084

1696

基本著録： **秋塍三州詩鈔：四卷**

（Qiucheng san zhou shi chao：si juan）

（清）魯曾煜

清乾隆間（約 1746—1795）本

一函四册；27 公分

相關責任者： （清）魯曾煜（Lu Zengyu），進士 1721

附　　注： 清乾隆十一年(1746)魯曾煜《三州詩鈔序》。

框 19.3×13.7 公分,10 行 19 字,白口,左右雙邊,單黑魚尾。版心上鐫"三州詩鈔",中鐫卷次。

館藏信息： RECAP：East Asian Library use only：D38/184

1697

基本著録： **漱芳居文鈔：八卷**

（Shu fang ju wen chao：ba juan）

（清）趙青藜

清乾隆間（即 1736—1795）本

一函兩册；26 公分

相關責任者： （清）趙青藜（Zhao Qingli），1701—1782

附　　注： 卷首有洪亮吉撰《誥授奉政大夫山東道監察御史趙先生墓誌銘》。《墓誌銘》提著者生卒年。

框 18.8×14.6 公分,11 行 21 字,白口,左右雙邊,單黑魚尾。版心上鐫"文鈔",下鐫"漱芳居",或版心上鐫書名。

有"崇雅堂藏書"印記。

館藏信息： RECAP：East Asian Library use only：D43/2270

1698

基本著錄： 緝齋詩稿:八卷,卷首. 緝齋文集:八卷,卷首,附錄[二卷].

子目：

緝齋詩稿:八卷,卷首

(Jizhai shi gao:ba juan,juan shou)

(清)蔡新

緝齋文集:八卷,卷首,附錄[二卷]

(Jizhai wen ji:ba juan,juan shou,fu lu[er juan])

(清)蔡新

清乾隆間(約 1785—1795)本

一函六冊;28 公分

相關責任者： (清)蔡新(Cai Xin),1707—1799;(清)甘鵬雲(Gan Pengyun),生年 1861,收藏

附　　注： 《附錄》分爲上下。

清乾隆五十年(1785)朱珪《序》。

框 19.5×13.2 公分,9 行 21 字,白口,四周雙邊,單黑魚尾。版心上鐫書名,中鐫卷次。

有"潛江甘鵬雲藥樵收藏書籍章"等印記。

館藏信息： RECAP:East Asian Library use only:D38/2053

1699

基本著錄： 侯鯖集:十卷

(Hou qing ji:shi juan)

(清)李友棠

清乾隆間(約 1772—1795)静香閣本

一函五冊;29 公分

相關責任者： (清)李友棠(Li Youtang),卒年 1798

附　　注： 第一册爲懿文齋朱絲欄手抄目録。

封面鐫"適園集句侯鯖集　静香閣刊行"。

未署年裘日修《序》等序。

書中收有清乾隆三十七年(1772)詩作。

框 18.2×14 公分,10 行 21 字,黑口,四周單邊,單黑魚尾。版心中鑴書名及卷次。

館藏信息: RECAP:East Asian Library use only:D38/3343

1700

基本著錄: 舊雨草堂詩:八卷,詩餘

(Jiu yu cao tang shi:ba juan,shi yu)

(清)董元度

清乾隆戊戌[43 年,1778]萬廷蘭本

四冊;25 公分

相關責任者: (清)董元度(Dong Yuandu),進士 1752;(清)萬廷蘭(Wan Tinglan),1719—1807,刻

附 注: 與 BCUO95—B1576 同板,該書有清乾隆四十三年(1778)萬廷蘭《後序》言刻書事。

框 18.1×13.4 公分,9 行 21 字,白口,四周雙邊,單黑魚尾。版心上鑴書名,中鑴卷次。

館藏信息: RECAP:East Asian Library use only:D38/1188

1701

基本著錄: 小倉山房詩集:三十六卷,補遺二卷

(Xiao cang shan fang shi ji:san shi liu juan,bu yi er juan)

(清)袁枚

清間(約 1736—1820)本

一函六冊;26 公分

相關責任者: (清)袁枚(Yuan Mei),1716—1798;(清)甘鵬雲(Gan Pengyun),生年 1861,收藏

附 注: 各卷端題下題詩作時間,如卷一題下題"丙辰丁巳",丙辰丁巳即清乾隆元年至二年(1736—1737)。

《補遺》卷端題下鑴"癸丑至丙午删餘改剩之作",丙午當爲戊午,即清嘉慶三年(1798)。

是書爲乾隆、嘉慶間遞刻本。

框 18.6×14.5 公分,11 行 21 字,白口,左右雙邊,單黑魚尾。版心

上鐫"小倉山房",中鐫卷次。

有"潛江甘鵬雲藥樵收藏書籍章"等印記。

館藏信息： RECAP：East Asian Library use only：D38/1656

1702

基本著録： **稽古齋全集：八卷**

（Ji gu zhai quan ji：ba juan）

（清）弘晝

清乾隆丙寅[11 年,1746]北京内府本

兩函十二册;27 公分

相關責任者： （清）弘晝（Hongzhou），1712—1770

附　注： 著者及版本據清乾隆十一年（1746）《御製序》。

框 18.4×13.9 公分,8 行 18 字,白口,四周雙邊,單黑魚尾。版心上

鐫書名,中鐫卷次。

館藏信息： East Asian Library（Gest）：Rare Books：TD33/1406

1703

基本著録： **敬齋文集：十二卷**

（Jingzhai wen ji：shi er juan）

（清）吳高增

清乾隆間（約 1756—1795）沈儀庭本

一函六册：圖;26 公分

相關責任者： （清）吳高增（Wu Gaozeng）;（清）沈儀庭（Shen Yiting）,刻

附　注： 封面鐫"敬齋集　凝秀堂藏板"。

《目録》後鐫"沈儀庭……敬刊"。

清乾隆十年（1745）桑調元題《松門圖》。

紀事至乾隆二十一年（1756）。

框 18.3×12.8 公分,9 行 20 字,白口,左右雙邊,單黑魚尾。版心上

鐫"敬齋集",中鐫卷次。

館藏信息： RECAP：East Asian Library use only：D43/1268

1704

基本著録： **補瓢存稿：六卷**

（Bupiao cun gao：liu juan）

（清）沈歸愚鑒定；（清）韓騏著

清乾隆戊寅［23 年，1758］韓氏南蔭書屋本

一函六册；27 公分

相關責任者： （清）沈歸愚（Shen Guiyu），鑒定；（清）韓騏（Han Qi），1694—

1754，著

附　　注： 清乾隆二十三年（1758）顧文烱《序》言韓氏後代刻書事。

框 16.8×12.5 公分，8 行 18 字，白口，左右雙邊，單黑魚尾。版心上

鐫書名，中鐫卷次，下鐫"南蔭書屋"。

館藏信息： RECAP：East Asian Library use only：D33/1182

1705

基本著録： **善卷堂四六：十卷**

（Shan juan tang si liu：shi juan）

（清）陸繁弨撰；（清）吳自高注；（清）陳明善校閲

清乾隆庚寅［35 年，1770］亦園本

一函四册；25 公分.

相關責任者： （清）陸繁弨（Lu Fanchao），卒年 1684，撰；（清）吳自高（Wu Zigao），

注；（清）陳明善（Chen Mingshan），校閲；（清）甘鵬雲（Gan

Pengyun），生年 1861，收藏

附　　注： 封面鐫"乾隆庚寅年新鐫　善卷堂四六　亦園藏板"。

框 15.1×11.4 公分，9 行 21 字，小字雙行同，白口，左右雙邊，單黑

魚尾。版心上鐫書名，中鐫卷次。

有"潛廬"印記。

館藏信息： RECAP：East Asian Library use only：D43/1694

1706

基本著録： **白華前稿：六十卷**

（Baihua qian gao：liu shi juan）

（清）吳省欽

清乾隆癸卯［48 年，1783］武昌吳省欽本

一函十册；24 公分

相關責任者： （清）吳省欽（Wu Xingqin），1729—1803，刻

附　　注： 清乾隆四十八年（1783）吳省欽《自序》。

框 17.6×12.9 公分，10 行 21 字，白口，左右雙邊，單黑魚尾。版心上鎸書名，中鎸卷次。

館藏信息： RECAP：East Asian Library use only：D33/3378

1707

基本著錄： **六湖先生遺集：十二卷**

（Liuhu xian sheng yi ji：shi er juan）

（清）張文瑞著

清乾隆甲子［9 年，1744］孝友堂本

一函四册；26 公分

相關責任者： （清）張文瑞（Zhang Wenrui），著

附　　注： 封面鎸"乾隆九年春鎸　張六湖先生遺集　孝友堂藏板"。

卷十二末鎸"大清乾隆九年歲次甲子春月男學懋盥手恭謄寫　後學韓棟頓首塡諱"。

框 18.6×14 公分，10 行 19 字，白口，左右雙邊，單黑魚尾。版心上鎸書名，中鎸卷次及篇名。

館藏信息： East Asian Library（Gest）：Rare Books：TD38/1265

1708

基本著錄： **方望溪先生全集：十六種**

（Fang Wangxi xian sheng quan ji：shi liu zhong）

（清）方苞

清間（約 1720—1795）抗希堂本

八函六十四册；26 公分

相關責任者： （清）方苞（Fang Bao），1668—1749

附　　注： 書名取自封面。封面題"方望溪先生全集　抗希堂十六種 …… 本衙藏板"。

清康熙五十九年(1720)方苞《序》。

框 20.6×14.5 公分,9 行 24 字,白口,四周雙邊,單黑魚尾。版心上鐫子目書名,中鐫卷次及小題。

館藏信息: RECAP:East Asian Library use only:D43/2687

1709

基本著録: **戴氏遺書:[十五種六十卷]**

(Dai shi yi shu:[shi wu zhong liu shi juan])

[(清)戴震]

清乾隆間(約 1777—1795)微波榭本

四函二十七册;30 公分

相關責任者: (清)戴震(Dai Zhen),1724—1777

附　注: 書名據版心。

《遺書》中《毛鄭詩考正》等五種書刻於清乾隆四十二年(1777)。

框 18.5×14 公分,10 行 21 字,白口,四周雙邊,單黑魚尾。版心上鐫篇名,中鐫"戴氏遺書"及卷次,下鐫"微波榭刻"。

館藏信息: Annex A,Forrestal:D43/3017

1710

基本著録: **東坡奏議:十五卷. 東坡内制集:十卷,樂語. 東坡外制集:[三卷].**

子目:

東坡奏議:十五卷

(Dongpo zou yi:shi wu juan)

(宋)蘇軾

東坡内制集:十卷,樂語

(Dongpo nei zhi ji:shi juan,Yue yu)

(宋)蘇軾

東坡外制集:[三卷]

(Dongpo wei zhi ji:[san juan])

(宋)蘇軾

明嘉靖甲午[13 年,1534]江西布政司本

兩函八册;26 公分

相關責任者： （宋）蘇軾（Su Shi），1037—1101

附　　注： 著者據書名。

《東坡外制集》卷分上中下。

《東坡內制集》末有牌記"嘉靖十三年江西布政司重刊……"。

框 20×13 公分，10 行 20 字，白口，四周雙邊，雙黑魚尾。版心上鐫書名及卷次。

館藏信息： East Asian Library（Gest）：Rare Books：TD43/3819

1711

基本著錄： **曹子建集：十卷，曹集疑字音釋**

（Cao Zijian ji：shi juan，Cao ji yi zi yin shi）

（三國）曹植撰

清間（約 1644—1795）本

一函四冊；29 公分

相關責任者： （三國）曹植（Cao Zhi），192—232

附　　注： 曹植，字子建。

未署年徐伯虬《刻曹子建集序》。

是書爲影抄明嘉靖二十一年（1542）郭雲鵬刻本。

框 19.7×14.4 公分，9 行 17 字，白口，左右雙邊，單白魚尾。版心中鐫"曹集"及卷次。

館藏信息： East Asian Library（Gest）：Rare Books：TD33/238

1712

基本著錄： **陶靖節集：十卷，總論**

（Tao Jingjie ji：shi juan，zong lun）

（東晉）陶潛

明萬曆間（約 1587—1620）本

一函四冊；28 公分

相關責任者： （東晉）陶潛（Tao Qian），約 372—427

附　　注： 陶潛世稱靖節先生。

《書靖節先生集後》末鐫"萬曆丁亥休陽程氏梓"。

此書爲翻刻程氏原本。

框 19.3×13.1 公分,9 行 18 字,白口,左右雙邊,單白魚尾。版心上鐫"陶集",中鐫卷次。

館藏信息: East Asian Library(Gest):Rare Books:TD33/1163

1713

基本著錄: **沈休文集:五集**

(Shen Xiuwen ji:wu ji)

(南朝梁)沈約著;(明)程榮校

明萬曆間(約 1585—1620)本

一函六册;30 公分

相關責任者: (南朝梁)沈約(Shen Yue),441—513,著;(明)程榮(Cheng Rong),校

附　注: 明萬曆十三年(1585)張之象《沈休文集序》。

框 19.9×15 公分,9 行 20 字,白口,左右雙邊,單白魚尾。版心上鐫書名,中鐫卷次。

館藏信息: East Asian Library(Gest):Rare Books:TD33/3000Q

1714

基本著錄: **王子安集:十六卷**

(Wang Zian ji:shi liu juan)

(唐)王勃著;(明)張燮纂

明崇禎庚辰[13 年,1640]張燮本

一函四册;26 公分

相關責任者: (唐)王勃(Wang Bo),650—675,著;(明)張燮(Zhang Xie),1574—1640,纂;(明)曹荃(Cao Quan),刻

附　注: 版本據風格。

框 20.3×14.5 公分,9 行 18 字,白口,左右雙邊,單黑魚尾。版心上鐫書名,中鐫卷次。

館藏信息: East Asian Library(Gest):Rare Books:TD33/207

1715

基本著錄: **唐駱先生集:八卷,附錄**

（Tang Luo xian sheng ji：ba juan，fu lu）

（明）王衡批釋

明間（約 1615—1627）凌毓楠本

一函四册；30 公分

相關責任者： （明）王衡（Wang Heng），1561—1609，批釋；（明）凌毓楠（Ling Yu-nan），刻；（唐）駱賓王（Luo Binwang），約 638—684

附　　注： 《總目》題"西吳凌毓柟殿卿父校"。

CHLR94—B351 有明萬曆四十三年（1615）湯賓尹《駱侍御文集序》。

框 19.3×14.8 公分，8 行 18 字，白口，四周單邊。版心上鐫"駱集"及卷次。有眉評及圈點。

館藏信息： East Asian Library（Gest）：Rare Books：TD33/332Q

1716

基本著録： **靈隱子：六卷**

（Lingyinzi：liu juan）

（唐）駱賓王

明萬曆丙申［24 年，1596］陳大科本

一函六册；27 公分

相關責任者： （唐）駱賓王（Luo Binwang），約 638—684；（明）陳大科（Chen Dake），進士 1571，刻；（明）陳魁士（Chen Kuishi），注；（明）宮紫陽（Gong Ziyang），重較；（明）劉雲承（Liu Yuncheng），刻

附　　注： 明萬曆二十四年（1596）陳大科《刻靈隱子叙》。是書爲陳魁士注，并言及刻書事。

封面鐫"諸名家評註　宮紫陽先生重較駱賓王先生全集　崇川陳氏原本　吳陵宮氏補遺"。

部分葉爲後補刻，但不諱"玄""弘"。

框 20.1×14.4 公分，10 行 20 字，白口，四周雙邊，單黑魚尾。版心上鐫書名，中鐫卷次，下鐫刻工。

佚名珠筆圈點。

館藏信息： East Asian Library（Gest）：Rare Books：TD33/1225

1717

基本著錄： **類選註釋駱丞全集：四卷**

(Lei xuan zhu shi Luo cheng quan ji：si juan)

(明)顧從敬類選；(明)陳繼儒注釋；(明)陳仁錫參訂

明間(約1600—1620)本

一函八冊；28公分

相關責任者： (明)顧從敬(Gu Congjing)，類選；(明)陳繼儒(Chen Jiru)，1558—1639，注釋；(明)陳仁錫(Chen Renxi)，1579—1634，參訂

附　　注： 附《記駱賓王遺事》。

未署年湯賓尹《駱侍御文集補註》。

版本據風格。

框21.7×14公分，9行20字，白口，四周單邊，單黑魚尾。版心上鐫"駱丞集註"，中鐫卷次。

館藏信息： East Asian Library(Gest)：Rare Books：TD33/3873

1718

基本著錄： **唐丞相曲江張先生文集：十二卷，附錄**

(Tang Cheng xiang Qujiang Zhang xian sheng wen ji：shi er juan，fu lu)

(唐)張九齡撰

明萬曆間(即1573—1620)本

兩函八冊：圖；29公分

相關責任者： (唐)張九齡(Zhang Jiuling)，678—740，撰

附　　注： 卷首有張九齡像。

卷端未題著者。

框20.8×16.2公分，10行20字，白口，四周雙邊，單黑魚尾。版心中鐫"曲江集"及卷次。

館藏信息： East Asian Library(Gest)：Rare Books：TD33/341Q

1719

基本著錄： **李翰林全集：四十二卷**

(Li han lin quan ji：si shi er juan)

（唐）李白撰

明萬曆壬子［40 年，1612］劉世教本

兩函十冊；28 公分

相關責任者： （唐）李白（Li Bai），701—762，撰；（明）劉世教（Liu Shijiao），刻

附 注： 附《年譜》。

明萬曆四十年（1612）劉世教《合刻分體李杜全集序》。

框 20.2 × 14.8 公分，9 行 18 字，白口，左右雙邊，單白魚尾。版心中鎸"李集"及卷次。

館藏信息： East Asian Library（Gest）：Rare Books：TD33/586

1720

基本著錄： **分類補註李太白詩：二十五卷. 分類編次李太白文：［五卷］.**

子目：

分類補註李太白詩：二十五卷

（Fen lei bu zhu Li Taibai shi：er shi wu juan）

（宋）楊齊賢集注；（元）蕭士贇補注

分類編次李太白文：［五卷］

（Fen lei bian ci Li Taibai wen：［wu juan］）

（明）郭雲鵬編次

明嘉靖癸卯［22 年，1543］郭雲鵬寶善堂本

一函十八冊；28 公分

相關責任者： （宋）楊齊賢（Yang Qixian），集注；（元）蕭士贇（Xiao Shiyun），補注；（明）郭雲鵬（Guo Yunpeng），編次

附 注： 卷二十六至三十爲《分類編次李太白文》。

卷端又題"吳會後學郭雲鵬校刊"。

明嘉靖二十二年（1543）郭雲鵬《重刻李翰林集後跋》言刻書事，并有牌記鎸"嘉靖癸卯春元日寶善堂梓行"。

框 20 × 14 公分，8 行 17 字，白口，左右雙邊，單綫魚尾。版心中鎸"李集"及卷次。

館藏信息： East Asian Library（Gest）：Rare Books：TD33/236Q

1721

基本著録： **分類補註李太白詩：二十五卷,年譜**

（Fen lei bu zhu Li Taibai shi：er shi wu juan,nian pu）

（宋）楊齊賢集注；（元）蕭士贇補注；（明）許自昌校

明萬曆間（約 1602—1620）建陽余泗泉本

兩函十六册；28 公分

相關責任者： （宋）楊齊賢（Yang Qixian）,集注；（元）蕭士贇（Xiao Shiyun）,補注；

（明）許自昌（Xu Zichang）,校；（明）余彰德（Yu Zhangde）,刻

附　注： 附《唐翰林李太白年譜》。

封面鐫"重訂正合刻李杜詩全集""余泗泉梓行"。建陽書坊余彰德

字泗泉。

是書爲翻刻明萬曆三十年（1602）許自昌刻本。

框 21.8×14.7 公分,9 行 20 字,白口,左右雙邊,單黑魚尾。版心上

鐫"李詩補註",中鐫卷次。

館藏信息： East Asian Library（Gest）：Rare Books：TD38/1221a

1722

基本著録： **集千家註批點補遺杜工部詩集：二十卷**

（Ji qian jia zhu pi dian bu yi Du gong bu shi ji：er shi juan）

（宋）劉會孟評點

明萬曆間（約 1581—1620）本

一函十册；24 公分

相關責任者： （宋）劉辰翁（Liu Chenweng）,1232—1297,評點

附　注： 《重刊杜詩序》缺序尾,序文與另一本的明萬曆九年（1581）黃芳

《序》完全相同,參見 NJPX95 – B3511。

框 19.7×12.4 公分,10 行 23 字,黑口,四周雙邊,雙順黑魚尾。版

心中鐫"杜工部詩"及卷次。

有"于氏小謨觴館藏本"等印記。

館藏信息： East Asian Library（Gest）：Rare Books：TD38/237

1723

基本著錄： 集千家註杜工部詩集：二十卷. 集千家註杜工部文集：二卷.

子目：

集千家註杜工部詩集：二十卷

(Ji qian jia zhu Du gong bu shi ji：er shi juan)

(唐)杜甫著

集千家註杜工部文集：二卷

(Ji qian jia zhu Du gong bu wen ji：er juan)

(唐)杜甫著

明嘉靖丙申[15 年,1536]玉几山人本

四函二十三冊;29 公分

相關責任者： (唐)杜甫(Du Fu),712—770,著;(明)玉几山人(Yujishanren),校刻;(明)李燿(Li Yao),刻

附　注： 《詩集》卷一卷端題"大明嘉靖丙申玉几山人校刻"。

《附錄》一卷。

框 22.2×14.1 公分,8 行 17 字,小字雙行同,白口,四周雙邊,雙白魚尾。版心鐫"杜集""杜文集""杜集附錄"及卷次。卷一首二葉版心下右鐫"信",卷二首葉鐫"李燿";文集卷一第三、四葉版心下右鐫"信",卷二首葉鐫"用",五、六葉鐫"仁";附錄一至三葉版心下右鐫"信"。

館藏信息： East Asian Library(Gest)：Rare Books：TD33/1226xQ

1724

基本著錄： 集千家註杜工部詩集：二十卷. 杜工部文集：二卷.

子目：

集千家註杜工部詩集：二十卷

(Ji qian jia zhu Du gong bu shi ji：er shi juan)

(明)許自昌校

杜工部文集：二卷

(Du gong bu wen ji：er juan)

(明)許自昌校

明萬曆壬寅[30 年,1602]許自昌本

十二册;28 公分

相關責任者： (明)許自昌(Xu Zichang),校

附　注： 框 21.7×14.5 公分,9 行 20 字,小字雙行同,白口,左右雙邊,單黑
魚尾。版心上鐫"杜詩集注"或"杜文集",中鐫卷次。

館藏信息： East Asian Library(Gest):Rare Books:TD33/1221b

1725

基本著錄： **集千家註杜工部詩集:二十卷. 杜工部文集:二卷.**

子目：

集千家註杜工部詩集:二十卷

(Ji qian jia zhu Du gong bu shi ji:er shi juan)

(明)許自昌校

杜工部文集:二卷

(Du Gong bu wen ji:er juan)

(明)許自昌校

明萬曆壬寅[30 年,1602]許自昌本

一函八册;28 公分

相關責任者： (明)許自昌(Xu Zichang),校;(清)初彭齡(Chu Pengling),進士
1780,收藏

附　注： 框 21.8×14.5 公分,9 行 20 字,小字雙行同,白口,左右雙邊,單黑
魚尾。版心上鐫"杜詩集注"或"杜文集",中鐫卷次,下偶鐫刻工。
有"乾隆五十有七年遂初堂初氏記"印記。

館藏信息： East Asian Library(Gest):Rare Books:TD33/1226

1726

基本著錄： **集千家註杜工部詩集:二十卷. 杜工部文集:二卷.**

子目：

集千家註杜工部詩集:二十卷

(Ji qian jia zhu Du gong bu shi ji:er shi juan)

(唐)杜甫著

杜工部文集:二卷

（Du gong bu wen ji：er juan）

（唐）杜甫著

明萬曆壬寅［30 年，1602］許自昌本

一冊；27 公分

相關責任者：	（唐）杜甫（Du Fu），712—770，著；（明）許自昌（Xu Zichang），校刻
附　　注：	卷一卷端題"明長洲許自昌玄祐甫校"，卷二卷端題"明長洲許自昌玄祐校刻"。

明萬曆三十年（1602）許自昌《刻李杜全集小引》言刻書事。

框 22×14.7 公分，9 行 20 字，小字雙行字數同，白口，左右雙邊，單黑魚尾。版心上鐫"杜詩集注"，中鐫卷次，下鐫刻工及字數，如卷一首葉"唐五百四十五字"。

與 NJPX95－B3536 同版。

館藏信息：	East Asian Library（Gest）：Rare Books：T5299.3/0426

1727

基本著錄：	**集千家註杜工部詩集：二十卷.杜工部文集：二卷.**

子目：

集千家註杜工部詩集：二十卷

（Ji qian jia zhu Du gong bu shi ji：er shi juan）

（明）黃陞校

杜工部文集：二卷

（Du gong bu wen ji：er juan）

明萬曆間（約 1605—1620）三原黃陞本

兩函十二冊；27 公分

相關責任者：	（明）黃陞（Huang Sheng），進士 1598，校刻
附　　注：	附《年譜》。

未署年黃陞《重刻杜工部全集叙》言刻書事，并言"…… 三原令吳江沈琦臨晉李棲鳳助工 ……"。據《三原縣志》，沈於明萬曆二十七年（1599）任三原令，李於萬曆三十三年（1605）任三原令。

框 21.9×14.5 公分，8 行 17 字，白口，左右雙邊，單白魚尾。版心中鐫"杜集"及卷次，下鐫刻工及寫工。

館藏信息：	East Asian Library（Gest）：Rare Books：TD33/850

1728

基本著録 : **杜詩分類 : 五卷**

（Du shi fen lei : wu juan）

（明）傅振商重輯

明萬曆間（約 1613—1620）周光夑本

兩函十二冊 ; 32 公分

相關責任者 : （明）傅振商（Fu Zhenshang）, 進士 1607, 重輯 ; （明）周光夑（Zhou Guangxie）, 刻 ; （明）陳志（Chen Zhi）, 刻

附　　注 : 明萬曆四十一年（1613）傅振商《杜詩分類叙》。

周光夑《跋》言刻書事。

框 23.6 × 17.3, 10 行 20 字, 白口, 四周雙邊, 單黑魚尾。版心上鎸書名, 中鎸卷次, 下鎸刻工, 如 "陳志刊"。

館藏信息 : East Asian Library（Gest）: Rare Books : TD38/3516Q

1729

基本著録 : **類箋唐王右丞詩集 : 十卷. 唐王右丞文集 : 四卷. 唐王右丞集外編.**

子目 :

類箋唐王右丞詩集 : 十卷

（Lei jian Tang Wang you cheng shi ji : shi juan）

（唐）王維撰 ; （宋）劉辰翁評 ; （明）顧起經注

唐王右丞文集 : 四卷

（Tang Wang you cheng wen ji : si juan）

（唐）王維撰 ; （明）顧起經編

唐王右丞集外編

（Tang Wang you cheng ji wai bian）

（唐）王維撰 ; （明）顧起經輯

明嘉靖丙辰［35 年, 1556］顧起經奇字齋本

一函六冊 ; 29 公分

相關責任者 : （唐）王維（Wang Wei）, 701—761, 撰 ; （宋）劉辰翁（Liu Chenweng）, 1232—1279, 評 ; （明）顧起經（Gu Qijing）, 1515—1569, 注、編、輯 ;（明）吳應龍（Wu Yinglong）, 寫工

附　　注：　附《王右丞年譜》等。

未署年顧起經《題王右丞詩箋小引》末鐫"嘉靖卅四年涂月白分錫武陵家墅刻"。

《外編》末鐫"丙辰挾月刻"。

《年譜》末有牌記，內鐫"丙辰孟陬月得章日錫山"，丙辰當爲明嘉靖三十五年(1556)。

框 20.5×15.3 公分，9 行 18 字，小字雙行同，細黑口，左右雙邊，單黑魚尾。版心上鐫"奇字齋"，中鐫"王集"及卷次，下鐫寫刻工名，如"吳應龍書"。

館藏信息：　East Asian Library(Gest)：Rare Books：TD38/200Q

1730

基本著録：　**類箋唐王右丞詩集：十卷**

(Lei jian Tang Wang you cheng shi ji：shi juan)

(唐)王維撰；(宋)劉辰翁評；(明)顧起經注

明嘉靖丙辰[35 年，1556]顧起經奇字齋本

兩函十冊；29 公分

相關責任者：　(唐)王維(Wang Wei)，701—761，撰；(宋)劉辰翁(Liu Chenweng)，1232—1297，評；(明)顧起經(Gu Qijing)，1515—1569，注；(明)吳應龍(Wu Yinglong)，寫工

附　　注：　附《歷朝諸家評王右丞詩畫鈔》。

《目錄》末鐫"歲丙辰中春上旬顧氏奇石清漣山院栞"，丙辰當爲明嘉靖三十五年(1556)。

前有佚名抄錄《四庫提要》。

框 20.2 X 15.2 公分，9 行 18 字，小字雙行同，細黑口，左右雙邊，單黑魚尾。版心上鐫"奇字齋"，中鐫"王集"及卷次，下鐫寫刻工名，如"吳應龍書"。

佚名朱筆批校。

館藏信息：　East Asian Library(Gest)：Rare Books：TD33/340Q

1731

基本著録：　**元次山集選**

（Yuan Cishan ji xuan）

（唐）元結著；（明）陳應元選

明崇禎間（約 1635—1644）本

一函四册；27 公分

相關責任者：　　（唐）元結（Yuan Jie），719—772，著；（明）陳應元（Chen Yingyuan），選

附　　注：　　書名據陳應元《序》等序。

《目錄》題“唐元次山集選”。

著者據《詩》卷端所題。

明崇禎八年（1635）陳應元《元次山集選序》言選編事。

框 18.6×14.3 公分，7 行 17 字，白口，四周單邊。版心上鐫書名。

館藏信息：　　East Asian Library（Gest）：Rare Books：TD33/3785

1732

基本著録：　**顔文忠魯公文蹟：十卷**

（Yan Wenzhong Lu gong wen ji：shi juan）

（明）顔思端，（明）顔思正重纂

明嘉靖間（約 1561—1566）本

一函六册；29 公分

相關責任者：　（明）顔思端（Yan Siduan），重纂；（明）顔思正（Yan Sizheng），重纂；

（唐）顔真卿（Yan Zhenqing），709—785

附　　注：　　明嘉靖四十年（1561）劉麟《序》。

框 19.7×14.5 公分，10 行 21 字，白口，四周雙邊，單黑魚尾。版心中鐫“魯公文蹟”及卷次。

館藏信息：　　East Asian Library（Gest）：Rare Books：TD33/307Q

1733

基本著録：　**顧華陽集：［三卷］，附，補遺**

（Gu Huayang ji：［san juan］，fu，bu yi）

（明）［顧］名佐等重校正

明萬曆壬戌［41 年，1613］顧氏本

一函三册；29 公分

相關責任者： （明）顧名佐（Gu Mingzuo），重校正；（唐）顧況（Gu Kang），進士 757

附　　注： 《附》爲顧非熊詩。

卷分上中下。

卷端所題"二十四世裔孫名佐 ……"及《目錄》中《補遺》爲剜改補刻，似爲清初所爲。

未署年姚士麟撰《顧氏傳》。

《補遺》僅見於《目錄》中。

框 20.5×13 公分，9 行 20 字，白口，四周雙邊。版心上鐫書名，中鐫卷次。

館藏信息： East Asian Library（Gest）：Rare Books：TD33/240Q

1734

基本著録： **唐陸宣公翰苑集：[二十四卷]**

（Tang Lu Xuan gong Han yuan ji：[er shi si juan]）

（唐）陸贄

編目記録詳見《史部·詔令奏議類》。

1735

基本著録： **唐陸宣公集：二十二卷**

（Tang Lu Xuan gong ji：er shi er juan）

（明）吳繼武校刊

編目記録詳見《史部·詔令奏議類》。

1736

基本著録： **朱文公校昌黎先生文集：二十卷**

（Zhu Wen'gong jiao Changli xian sheng wen ji：er shi juan）

（宋）朱[熹]考異；（宋）王[伯大]音釋

明弘治壬戌[15 年，1502]王氏善敬書堂本

兩函八册；28 公分

相關責任者： （宋）朱熹（Zhu Xi），1130—1200，考異；（宋）王伯大（Wang Boda），卒年 1253，音釋

附　　注： 有《外集》《遺文》《傳》。

卷端題"晦庵朱先生考異　畾畊王先生音釋"。

王伯大,取自《序》。

與中國科學院館藏本同版,該書有刻書牌記。

框 19.9×13.3 公分,13 行 26 字,小字雙行同,黑口,四周雙邊,雙黑魚尾。版心中鐫"昌文"及卷次。

館藏信息: East Asian Library(Gest):Rare Books:TD33/259

1737

基本著錄: **朱文公校昌黎先生文集:四十卷. 朱文公校昌黎先生外集:十卷.**

子目:

朱文公校昌黎先生文集:四十卷

(Zhu Wen'gong jiao Changli xian sheng wen ji:si shi juan)

(宋)朱熹校正;(宋)王伯大音釋

朱文公校昌黎先生外集:十卷

(Zhu Wen'gong jiao Changli xian sheng wai ji:shi juan)

(宋)朱熹校正;(宋)王伯大音釋

明萬曆乙巳[33 年,1605]朱崇沐本

一函十册;26 公分

相關責任者: (宋)朱熹(Zhu Xi),1130—1200,校正;(宋)王伯大(Wang Boda),卒年 1253,音釋;(明)朱吾弼(Zhu Wubi),進士 1589,重編;(明)朱崇沐(Zhu Chongmu),17 世紀,刻

附　注: 封面葉題 "朱文公校正昌黎先生全集考異宋本重刊"。

卷一卷端題"宗後學監察御史高安朱吾弼重編　禮部儀制司郎中婺源汪國楠……仝校……文公裔孫庠生朱崇沐訂梓",其他卷端未題著者。《目錄》前列"昌黎先生集諸家姓氏""晦庵朱氏熹撰考異畾畊王氏伯大著音釋"。

朱熹取自封面葉,王伯大取自《姓氏》。

明萬曆三十三年(1605)朱吾弼《韓文考異序》提刻書事。

與 CHLR94—B356 核對,是書爲修補本。

框 21.9×15 公分,9 行 18 字,小字雙行字數同,白口,四周雙邊。版心上鐫"韓文考異",中鐫卷次。

館藏信息: East Asian Library(Gest):Rare Books:T5308.1/2943

1738

基本著録： **昌黎先生集：四十卷. 昌黎先生外集：十卷. 昌黎先生集遺文.**

子目：

昌黎先生集：四十卷

（Changli xian sheng ji：si shi juan）

（唐）韓愈

昌黎先生外集：十卷

（Changli xian sheng wai ji：shi juan）

（唐）韓愈

昌黎先生集遺文

（Changli xian sheng ji yi wen）

（唐）韓愈

明萬曆間（即 1573—1620）東吳徐氏東雅堂本

四函三十册；26 公分

相關責任者： （唐）韓愈（Han Yu），768—824

附　　注： 《昌黎集叙說》及《遺文》等有牌記鑴"東吳徐氏刻梓家塾"。

框 20.7×13.5 公分，9 行 17 字，白口，四周雙邊，雙黑魚尾。版心中鑴"昌黎"及卷次，下鑴"東雅堂"及刻工。

館藏信息： East Asian Library（Gest）：Rare Books：TD33/832

又一部：East Asian Library（Gest）：Rare Books：TD33/1548

又一部：East Asian Library（Gest）：D33/832x

又一部：East Asian Library（Gest）：D33/832xx

1739

基本著録： **昌黎文式：四卷**

（Changli wen shi：si juan）

（元）程端禮批點

清間（即 1644—1911）本

一函四册；28 公分

相關責任者： （元）程端禮（Cheng Duanli），批點

附　　注： 元至順三年（1332）程端禮《序》。

有未署年黄淳耀《題識》言"歲在丁酉吾應試於京師,見友人家藏此
書……越三四年,偶於書肆中遇此書,不惜多金,遂購之 ……",并鈐
"淳耀珍藏"等印記(疑僞)。

不避清諱。

四色點校。

10 行 21 字。

館藏信息: East Asian Library(Gest):Rare Books:TD43/3893

1740

基本著録: **柳文:四十三卷. 柳文別集:[二卷]. 柳文外集:[二卷].**

子目:

柳文:四十三卷

(Liu wen:si shi san juan)

(明)莫如士重校

柳文別集:[二卷]

(Liu wen bie ji:[er juan])

(明)莫如士重校

柳文外集:[二卷]

(Liu wen wai ji:[er juan])

(明)莫如士重校

明嘉靖丙辰[35 年,1556]莫如士本

兩函十六册;27 公分

相關責任者: (明)莫如士(Mo Rushi),進士 1547,重校;(唐)柳宗元(Liu
Zongyuan),773—819

附　　注: 《別集》及《外集》各分上下卷。

《目録》題"夔州刺史劉禹錫編"。

是書印時將卷端之"明巡按直隷監察御史"覆蓋。

框 18.2×13.5 公分,11 行 22 字,白口,左右雙邊,順白魚尾。版心
上鐫書名,中鐫卷次。

館藏信息: East Asian Library(Gest):Rare Books:TD33/570

1741

基本著録： **李文饒文集：二十卷.李文饒別集：十卷.李文饒外集：四卷.**

子目：

李文饒文集：二十卷

（Li Wenrao wen ji：er shi juan）

（明）韓敬評點；（明）茅兆河詮定

李文饒別集：十卷

（Li Wenrao bie ji：shi juan）

（明）韓敬評點；（明）茅兆河詮定

李文饒外集：四卷

（Li Wenrao wai ji：si juan）

（明）韓敬評點；（明）茅兆河詮定

明天啓甲子［4 年,1624］茅師山本

一函十二册；27 公分

相關責任者： （明）韓敬（Han Jing）,進士 1610,評點；（明）茅兆河（Mao Zhaohe）, 詮定；（明）茅師山（Mao Shishan）,刻；（唐）李德裕（Li Deyu）, 787—849

附　注： 卷端第一行下鐫"會昌一品制集"。

明天啓四年（1624）韓敬《李文饒集序》言刻書事。

框 21×14.5 公分,9 行 19 字,白口,四周單邊。版心上鐫"李衛公文 集",中鐫卷次。

館藏信息： East Asian Library（Gest）：Rare Books：TD33/241

1742

基本著録： **范文正公集：十二卷.范文正公褒賢祠録：［二卷］.**

子目：

范文正公集：十二卷

（Fan Wenzheng gong ji：shi er juan）

（明）毛一鷺彙編

范文正公褒賢祠録：［二卷］

（Fan Wenzheng gong bao xian ci lu：［er juan］）

（明）毛一鷺彙編

明萬曆戊申［36 年，1608］松江毛一鷺本

一函五冊;28 公分

相關責任者: （明）毛一鷺（Mao Yilu），進士 1604，彙編;（宋）范仲淹（Fan Zhong yan），989—1052;（清）甘鵬雲（Gan Pengyun），生年 1861，收藏

附　　注: 《褒賢祠錄》卷分上下。

附樓鑰所編《范文正公年譜》及毛一鷺所編《范文正公年譜補遺》。

明萬曆三十六年（1608）蔡獻臣《合刻范文正公忠宣公全集序》及楊廷筠《序》等序言刻書事。

框 22.4×14.9 公分,9 行 20 字,白口,四周單邊,單黑魚尾。版心上鐫書名,中鐫卷次,下鐫刻工。

有“潛江甘鵬雲藥樵攷藏書籍章”等印記。

館藏信息: East Asian Library（Gest）:Rare Books:TD33/1589

1743

基本著錄: 范文正公集:二十四卷

（Fan Wenzheng gong ji:er shi si juan）

（宋）范仲淹著;（明）康丕揚校

明萬曆己酉［37 年,1609］康丕揚本

一函六冊;27 公分

相關責任者: （宋）范仲淹（Fan Zhongyan），989—1052，著;（明）康丕揚（Kang Pi yang），進士 1592，校;（清）甘鵬雲（Gan Pengyun），生年 1861，收藏

附　　注: 附《年譜》《年譜補遺》《遺事》等。

框 19.5×14.1 公分,9 行 19 字,白口,四周單邊,單黑魚尾。版心上鐫“文正公集”,中鐫卷次。

有“崇雅堂藏書”印記。

館藏信息: East Asian Library（Gest）:Rare Books:TD33/1579

1744

基本著錄: 范文正公集:二十四卷

（Fan Wenzheng gong ji:er shi si juan）

（宋）范仲淹著;（明）康丕揚校

明萬曆己酉[37 年,1609]康丕揚本

兩函十六冊;27 公分

相關責任者:　(宋)范仲淹(Fan Zhongyan),989—1052,著;(明)康丕揚(Kang Pi yang),進士 1592,校

附　　注:　附《年譜》《年譜補遺》《遺事》等。

明萬曆三十七年(1609)毛九苞《序》。

框 19.5×14.1 公分,9 行 19 字,白口,四周單邊,單黑魚尾。版心上鐫"文正公集",中鐫卷次。

館藏信息:　East Asian Library(Gest):Rare Books:TD33/644

1745

基本著錄:　蔡忠惠詩集全編:[二卷]

(Cai Zhonghui shi ji quan bian:[er juan])

(宋)蔡襄著;(明)宋玨編輯;(明)顏繼祖較訂

明天啓壬戌[2 年,1622]顏繼祖本

一函六冊;27 公分

相關責任者:　(宋)蔡襄(Cai Xiang),1012—1067,著;(明)宋玨(Song Jue),編輯;(明)顏繼祖(Yan Jizu),進士 1619,較訂

附　　注:　卷分上下。

附《本傳》《墓誌》等。

明天啓二年(1622)顏繼祖《合刻蔡忠惠詩集別紀序》言刻書事。

框 21.1×14.1 公分,9 行 19 字,四周單邊,單黑魚尾。版心上鐫"蔡忠惠詩集",中鐫卷次,下偶鐫刻工。

館藏信息:　East Asian Library(Gest):Rare Books:TD38/1473

1746

基本著錄:　宋大家曾文定公文鈔:十卷

(Song da jia Zeng Wending gong wen chao:shi juan)

(明)茅坤批評

明萬曆己卯[7 年,1579]茅一桂本

一函五冊;28 公分

相關責任者:　(明)茅坤(Mao Kun),1512—1601,批評;(明)茅一桂(Mao Yigui),

刻;(宋)曾鞏(Zeng Gong),1019—1083

附　　注：　　　未署年茅坤《曾文定公文鈔引》,《引》末題"姪茅一桂校刊"。

框 20.6×14.4 公分,9 行 19 字,白口,左右雙邊,單白魚尾。版心中鐫"曾文"及卷次。

館藏信息：　　East Asian Library(Gest):Rare Books:TD43/1299

1747

基本著錄：　　**宛陵先生文集:六十卷,拾遺**

(Wanling xian sheng wen ji:liu shi juan,shi yi)

(宋)梅堯臣著

明萬曆丙子[4 年,1576]宣城姜奇方本

四函二十四冊;26 公分

相關責任者：　(宋)梅堯臣(Mei Yaochen),1002—1060,著;(明)姜奇方(Jiang Qi-fang),進士 1571,刻

附　　注：　　　明萬曆四年(1576)宋儀望《重刻宛陵梅聖俞詩集序》言萬曆間刻書事。

框 19.2×14.4 公分,9 行 18 字,白口,左右雙邊,單黑魚尾。版心上鐫"梅詩",中鐫卷次,下鐫刻工。

館藏信息：　　East Asian Library(Gest):Rare Books:TD38/1173

1748

基本著錄：　　**宛陵先生文集:六十卷,拾遺,附錄**

(Wanling xian sheng wen ji:liu shi juan,shi yi,fu lu)

(宋)梅堯臣著

明萬曆丙子[4 年,1576]宣城姜奇方本

兩函十六冊;26 公分

相關責任者：　(宋)梅堯臣(Mei Yaochen),1002—1060,著;(明)姜奇方(Jiang Qi-fang),進士 1571,刻

附　　注：　　　明萬曆四年(1576)宋儀望《重刻宛陵梅聖俞詩集序》言萬曆間刻書事。

框 19.3×14.3 公分,9 行 18 字,白口,左右雙邊,單黑魚尾。版心上鐫"梅詩",中鐫卷次,下鐫刻工。

館藏信息： East Asian Library (Gest)：Rare Books：TD38/2842

1749

基本著録： **伊川擊壤集：二十卷**

（Yichuan ji rang ji：er shi juan）

（宋）邵雍

明萬曆間（即 1573—1620）文靖書院本

一函八册；25 公分

相關責任者： （宋）邵雍（Shao Yong），1011—1077

附　　注： 卷端題"伊川邵堯夫"。

版本據 CHLR95—B87。

框 20.7×14.7 公分，10 行 20 字，白口，四周雙邊。版心中鐫"擊壤集"及卷次。

館藏信息： East Asian Library (Gest)：Rare Books：TD38/1263

1750

基本著録： **蘇老泉先生全集：十六卷**

（Su Laoquan xian sheng quan ji：shi liu juan）

（宋）蘇洵著

明萬曆間（即 1573—1620）本

一函八册；27 公分

相關責任者： （宋）蘇洵（Su Xun），1009—1066，著

附　　注： 無序跋。

版本據風格。

框 21.2×14.7 公分，10 行 19 字，白口，四周單邊，單黑魚尾。版心上鐫"蘇老泉全集"，中鐫卷次。

館藏信息： East Asian Library (Gest)：Rare Books：TD33/3482

1751

基本著録： **臨川先生文集：一百卷，目錄［二卷］**

（Linchuan xian sheng wen ji：yi bai juan，mu lu［er juan］）

（宋）王安石

明嘉靖庚申［39 年,1560］撫州何吉陽本

四函四十册;30 公分

相關責任者: （宋）王安石（Wang Anshi）,1021—1086;（明）何遷（He Qian）,

1501—1574,刻

附　　注: 《目錄》分上下二卷。

明嘉靖三十九年(1560)王宗沐《臨川文集序》言何氏刻書事。

框 20.2×16.1 公分,12 行 20 字,白口,左右雙邊,單白魚尾。版心

中鎸"臨川集"及卷次。

館藏信息: East Asian Library（Gest）:Rare Books:TD33/393Q

1752

基本著錄: **臨川先生文集:一百卷**

（Linchuan xian sheng wen ji:yi bai juan）

（宋）王安石

明嘉靖庚申［39 年,1560］江西何吉陽本

四函十六册;26 公分

相關責任者: （宋）王安石（Wang Anshi）,1021—1086;（明）何遷（He Qian）,

1501—1574,刻;（清）甘鵬雲（Gan Pengyun）,生年 1861,收藏

附　　注: 框 20.2×16 公分,12 行 20 字,白口,左右雙邊,單白魚尾。版心中

鎸"臨川集"及卷次。

本館另一部（NJPX95 – B6676）明嘉靖三十九年(1560)王宗沐《臨川

文集序》言何氏刻書事。

有補板。

有甘鵬雲藏書印記。

館藏信息: East Asian Library（Gest）:Rare Books:TD33/1550

1753

基本著錄: **宋大家王文公文鈔:十六卷**

（Song da jia Wang Wen gong wen chao:shi liu juan）

（明）茅坤批評

明萬曆己卯［7 年,1579］茅一桂本

兩函八册;27 公分

相關責任者： （明）茅坤（Mao Kun），1512—1601，批評；（明）茅一桂（Mao Yigui），刻

附　　注： 未署年茅坤《王文公文鈔引》後題"姪茅一桂校刊"。

框 20.2×14.1 公分，9 行 19 字，白口，左右雙邊，單白魚尾。版心中鐫"王文"及卷次。

館藏信息： East Asian Library（Gest）：Rare Books：TD43/790

1754

基本著錄： **東坡全集：〔一百十五卷，目錄七卷〕**

（Dongpo quan ji：〔yi bai shi wu juan，mu lu qi juan〕）

（宋）蘇軾著

明萬曆間（即 1573—1620）本

兩函十四册；26 公分

館藏本有殘缺：缺卷一至七、六十至六十五、八十至八十五、九十六至一百二。

相關責任者： （宋）蘇軾（Su Shi），1037—1101，著

附　　注： 與 CHRR97—B657 同版。

框 20.8×14.8 公分，10 行 19 字，白口，四周單邊，單黑魚尾。版心上鐫書名，中鐫卷次.

館藏信息： East Asian Library（Gest）：Rare Books：PL2685. A1 1620

1755

基本著錄： **東坡全集：一百十五卷，目錄七卷**

（Dongpo quan ji：yi bai shi wu juan，mu lu qi juan）

（宋）蘇軾

明間（約 1621—1644）本

四函三十二册；27 公分

相關責任者： （宋）蘇軾（Su Shi），1037—1101

附　　注： 附《東坡墓志銘》及《東坡年譜》等。

宋乾道九年（1173）蘇嶠《序》。

與 CHLR95—B191 同版。

框 21×14.8 公分，10 行 19 字，白口，四周單邊，單黑魚尾。版心上

鐫書名,中鐫卷次。

館藏信息: East Asian Library(Gest):Rare Books:TD33/652

1756

基本著錄: **東坡先生詩集註:三十二卷**

(Dongpo xian sheng shi ji zhu:san shi er juan)

(宋)蘇軾著;(宋)王十朋纂;(明)王永積閱

明萬曆間(約 1590—1620)茅維本

四函二十冊;28 公分

相關責任者: (宋)蘇軾(Su Shi),1037—1101,著;(宋)王十朋(Wang Shipeng),1112—1171,纂;(明)王永積(Wang Yongji),進士 1634,閱;(明)茅維(Mao Wei),刻

附　　注: 與 CHLR95—B210 同板。

王永積爲明崇禎七年(1634)進士。

框 20.4×14.7 公分,10 行 21 字,白口,左右雙邊。版心上鐫"東坡詩集註"及卷次,下鐫類名。

館藏信息: East Asian Library(Gest):Rare Books:TD38/1165

1757

基本著錄: **東坡集選:五十卷. 蘇文忠公外紀:[二卷].**

子目:

東坡集選:五十卷

(Dongpo ji xuan:wu shi juan)

(宋)蘇軾撰;(明)陳繼儒定

蘇文忠公外紀:[二卷]

(Su Wenzhong gong wai ji:[er juan])

(明)王世貞編

明間(約 1573—1644)本

兩函十二冊;28 公分

相關責任者: (宋)蘇軾(Su Shi),1037—1101,撰;(明)陳繼儒(Chen Jiru),1558—1639,定;(明)王世貞(Wang Shizhen),1526—1590,編

附　　注: 附《年譜》《集餘》等,《外紀》附璙之璞所編《外紀逸編》。

著者據書名及《目錄》。

《外紀》分上下卷。

未署年陳繼儒《序》。

框 22.1 × 14.3 公分,9 行 19 字,白口,四周單邊,單白魚尾。版心上鐫書名,中鐫卷次。

館藏信息: East Asian Library(Gest):Rare Books:TD33/1064

1758

基本著錄: **東坡集選:五十卷. 蘇文忠公外紀:[二卷].**

子目:

東坡集選:五十卷

(Dongpo ji xuan:wu shi juan)

(宋)蘇軾撰;(明)陳繼儒定

蘇文忠公外紀:[二卷]

(Su Wenzhong gong wai ji:[er juan])

(明)王世貞編

明間(約 1573—1644)本

四函三十二冊;27 公分

相關責任者: (宋)蘇軾(Su Shi),1037—1101,撰;(明)陳繼儒(Chen Jiru),1558—1639,定;(明)王世貞(Wang Shizhen),1526—1590,編

附　　注: 附《年譜》《集餘》等,《外紀》附璩之璞所編《外紀逸編》。

著者據書名及《目錄》。

《外紀》分上下卷。

未署年陳繼儒《序》。

框 22.2 × 14.2 公分,9 行 19 字,白口,四周單邊,單白魚尾。版心上鐫書名,中鐫卷次。

館藏信息: East Asian Library(Gest):Rare Books:TD33/3463

1759

基本著錄: **訂補坡仙集鈔:三十八卷**

(Ding bu Po xian ji chao:san shi ba juan)

(宋)蘇軾撰;(明)李贄選;(明)陳繼儒訂補

明萬曆間(約 1600—1620)本

兩函二十册;27 公分

相關責任者: （宋）蘇軾（Su Shi）,1037—1101,撰；（明）李贄（Li Zhi）,1527—
1602,選；（明）陳繼儒（Chen Jiru）,1558—1639,訂補

附　　注: 著者據未署年陳繼儒《序》。

明萬曆二十八年(1600)焦竑《坡仙集舊叙》。

封面鐫"[陳]眉公訂補坡仙集真本""高齋藏板閶門發兑"。

《目錄》題"陳眉公訂補坡仙集"。

框 21.6×14.3 公分,10 行 20 字,白口,四周單邊,單黑魚尾。版心
上鐫"訂補坡仙集",中鐫卷次。

館藏信息: East Asian Library(Gest):Rare Books:TD33/632

1760

基本著録: **蘇長公文選:六卷**

(Su zhang gong wen xuan:liu juan)

（明）葉秉敬選輯

明萬曆辛亥[39 年,1611]葉秉敬本

一函六册;26 公分

相關責任者: （明）葉秉敬（Ye Bingjing）,進士 1601,選輯

附　　注: 明萬曆三十九年(1611)葉秉敬《序》言刻書事。

框 21.4×13.7 公分,9 行 18 字,白口,四周雙邊,單黑魚尾。版心上
鐫書名,中鐫卷次。

館藏信息: East Asian Library(Gest):Rare Books:TD33/3648

1761

基本著録: **東坡詩選:十二卷**

(Dongpo shi xuan:shi er juan)

（明）袁宏道閱；（明）譚元春選

明天啓辛酉[元年,1621]本

一函六册;26 公分

相關責任者: （明）袁宏道（Yuan Hongdao）,1568—1610,閱；（明）譚元春（Tan
Yuanchun）,1586—1631,選

附　　注：　卷端題"公安袁宏道中郎閱　景陵譚元春友夏選"。

明天啓元年(1621)譚元春《東坡詩選序》。

框 19×14.5 公分,8 行 17 字,白口,四周單邊,無直格。版心上鐫
"東坡詩選"及卷次。

館藏信息：　East Asian Library(Gest):Rare Books:TD38/3779

1762

基本著錄：　**欒城集:五十卷. 欒城後集:二十四卷. 欒城第三集:十卷. 欒城應詔
集:十二卷.**

子目：

欒城集:五十卷

(Luancheng ji:wu shi juan)

(宋)蘇轍著;(明)王執禮,(明)顧天叙校

欒城後集:二十四卷

(Luancheng hou ji:er shi si juan)

(宋)蘇轍著;(明)王執禮,(明)顧天叙校

欒城第三集:十卷

(Luancheng di san ji:shi juan)

(宋)蘇轍著;(明)王執禮,(明)顧天叙校

欒城應詔集:十二卷

(Luancheng ying zhao ji:shi er juan)

(宋)蘇轍著;(明)王執禮,(明)顧天叙校

明萬曆間(即 1573—1620)清夢軒本

四函三十二册;28 公分

相關責任者：　(宋)蘇轍(Su Che),1039—1112,著;(明)王執禮(Wang Zhili),進士
1565,校;(明)顧天叙(Gu Tianxu),校;(明)施世名(Shi Shiming),
寫工

附　　注：　附《蘇文定公本傳》等。

《目錄》末鐫"清夢軒藏板"。

版本據風格。

框 21.6×15.2 公分,10 行 20 字,白口,左右雙邊,單黑魚尾。版心
上鐫書名,中鐫卷次,下偶鐫"施世名書"。

館藏信息： East Asian Library(Gest)：Rare Books：TD33/702

1763

基本著錄： **重刻黃文節山谷先生文集：三十卷**

（Chong ke Huang Wenjie Shan'gu xian sheng wen ji：san shi juan）

（宋）黃庭堅著；（明）方沆校；（明）王鳳翔梓

明萬曆間（約1603—1620）金陵王鳳翔光啓堂本

一函六册；26公分

相關責任者： （宋）黃庭堅（Huang Tingjian），1045—1105，著；（明）方沆（Fang Hang），1542—1608，校；（明）王鳳翔（Wang Fengxiang），梓

附　　注： 卷端題"光啓堂荊岑王鳳翔梓"。金陵書林有王氏光啓堂。

未署年徐岱《山谷先生全集序》。

框21.4×14.7公分，10行20字，白口，四周單邊，單黑魚尾。版心上鐫"山谷文集"，中鐫卷次。

館藏信息： East Asian Library(Gest)：Rare Books：TD33/3097

1764

基本著錄： **山谷老人刀筆：二十卷**

（Shan'gulaoren dao bi：er shi juan）

（宋）黃庭堅撰

明萬曆己卯[7年，1579]江西省江西布政司本

十册；30公分

相關責任者： （宋）黃庭堅（Huang Tingjian），1045—1105，撰

附　　注： 著者據書名，黃庭堅自號山谷道人。

卷末鐫"萬曆己卯陽月江西布政司重刊"及校寫者名。

框20.3×14.5公分，10行20字，白口，四周雙邊，單黑魚尾。版心上鐫"山谷刀筆"，中鐫卷次，下鐫寫刻工名。

館藏信息： East Asian Library(Gest)：Rare Books：TD43/2976Q

1765

基本著錄： **淮海集：四十卷. 淮海後集：六卷.**

子目：

淮海集:四十卷

(Huaihai ji:si shi juan)

(宋)秦觀

淮海後集:六卷

(Huaihai hou ji:liu juan)

(宋)秦觀

明嘉靖間(約1522—1565)華州公署本

一函八册;27公分

相關責任者: (宋)秦觀(Qin Guan),1049—1100;(明)張光孝(Zhang Guangxiao),修補

附 注: 明嘉靖四十四年(1565)張光孝《淮海文集序》言補刻華州公署本事。明萬曆四十七年(1619)馮甲等《跋續鍥秦淮海集後》,又查字體前後不一,當爲嘉靖萬曆間遞修補本。

框20.6×14.4公分,10行21字,白口,上下雙邊,單黑魚尾。版心中鐫"秦"及卷次。

館藏信息: East Asian Library(Gest):Rare Books:TD33/557

1766

基本著錄: 浮溪文粹:[十五卷]

(Fu xi wen cui:[shi wu juan])

[(宋)汪藻撰]

明正德丙寅[元年,1506]馬金本

一函兩册;30公分

館藏本有殘缺:存卷一至九,有手抄配補。

相關責任者: (宋)汪藻(Wang Zao),1079—1154,撰;(明)馬金(Ma Jin),刻

附 注: 框19.9×13.4公分,10行22字,白口,四周雙邊,順黑魚尾。版心中鐫"文粹"及卷次。

館藏信息: East Asian Library(Gest):Rare Books:TD43/343Q

1767

基本著錄: 豫章羅先生文集:十三卷,附錄

(Yuzhang Luo xian sheng wen ji:shi san juan,fu lu)

（宋）羅從彥撰

明萬曆己酉［37 年,1609］福建熊尚文本

一函四册;28 公分

相關責任者：　（宋）羅從彥（Luo Congyan）,1072—1135,撰;（明）熊尚文（Xiong Shangwen）,進士 1595,刻

附　　注：　著者據《年譜》及《序》。

明萬曆三十七年（1609）熊尚文《重刻羅豫章先生遵堯錄序》言刻書事。

框 22.2×15.6 公分,10 行 22 字,白口,四周單邊。版心上鑴"豫章先生集",下鑴卷次。

館藏信息：　East Asian Library（Gest）:Rare Books:TD33/3074

1768

基本著錄：　**晦庵先生朱文公文集:八十八卷.晦庵先生朱文公續集:十一卷.晦庵先生朱文公別集:十卷.**

子目：

晦庵先生朱文公文集:八十八卷

（Hui'an xian sheng Zhu Wen'gong wen ji:ba shi ba juan）

（明）朱吾弼重編

晦庵先生朱文公續集:十一卷

（Hui'an xian sheng Zhu Wen'gong xu ji:shi yi juan）

晦庵先生朱文公別集:十卷

（Hui'an xian sheng Zhu Wen'gong bie ji:shi juan）

明萬曆乙巳［33 年,1605］朱崇沐本

六函四十八册;28 公分

相關責任者：　（明）朱吾弼（Zhu Wubi）,進士 1589,重編;（明）朱崇沐（Zhu Chongmu）,刻

附　　注：　卷端又題"……朱崇沐訂梓"。

明萬曆己巳劉洪謨《叙朱子文集大全》,己巳爲乙巳之誤。

未署年劉曰寧《刻朱文公全集序》。

框 20.2×14.2 公分,12 行 23 字,白口,四周單邊,單白魚尾。版心上鑴"朱子大全",中鑴卷次。

館藏信息： East Asian Library(Gest)：Rare Books：TD33/728

1769

基本著錄： **晦庵先生五言詩抄**

(Hui'an xian sheng wu yan shi chao)

(宋)朱熹撰；(明)吳訥選編

明宣德乙卯[10年,1435]錢宣本

一函兩冊；30公分

相關責任者： (宋)朱熹(Zhu Xi),1130—1200,撰；(明)吳訥(Wu Na),1372—1457,選編；(明)錢宣(Qian Xuan),刻

附　　注： 明宣德十年(1435)吳訥《晦庵詩抄序》及陳敬宗《後序》言刻書事。

框20.8×12.5公分,9行21字,黑口,四周雙邊,單黑魚尾。版心中鐫"詩"。

館藏信息： East Asian Library(Gest)：Rare Books：TD38/284Q

1770

基本著錄： **晦庵文抄:[十卷]**

(Hui'an wen chao：[shi juan])

(明)吳訥,(明)崔銑選編；(明)張光祖會集

明嘉靖庚子[19年,1540]陝西布政司本

一函八冊；29公分

相關責任者： (明)吳訥(Wu Na),1372—1457,選編；(明)崔銑(Cui Xian),進士1505,選編；(明)張光祖(Zhang Guangzu),進士1532,會集

附　　注： 著者據書名及卷一卷端。

自卷七起,卷端題"晦庵文抄續集"。

明嘉靖十九年(1540)呂楠《晦菴朱子文鈔序》言刻書事。

框19.3×13.7公分,9行18字,白口,左右雙邊,單白魚尾。版心中鐫書名及卷次,卷七至十版心中鐫"晦菴文鈔續"及卷次(一至四)。

館藏信息： East Asian Library(Gest)：Rare Books：TD43/1228Q

1771

基本著錄： **新刊止齋先生奧論:十卷. 新增止齋文錄:十一卷.**

子目:

新刊止齋先生奧論:十卷

(Xin kan Zhizhai xian sheng ao lun;shi juan)

新增止齋文錄:十一卷

(Xin zeng Zhizhai wen lu;shi yi juan)

(明)愧巖子增輯

明嘉靖壬辰[11 年,1532]三槐堂本

兩函十一册;28 公分

相關責任者: (明)愧巖子(Kuiyanzi),增輯;(宋)陳傅良(Chen Fuliang),
1137—1203

附　　注: 卷三、四、六至十題"新刊止齋先生文範"。

明嘉靖十一年(1532)愧巖子《觀止齋文範序》。

卷末牌記内鎸"嘉靖壬辰冬月三槐堂刊"。

框 20.5×12.7 公分,兩節板,上欄爲"新增止齋文錄",下欄爲"新刊
止齋先生奧論",下欄 10 行 18 字,上欄 16 行 10 字,下黑口,四周雙
邊,順黑魚尾。

館藏信息: East Asian Library(Gest);Rare Books;TD43/2007

1772

基本著録: **渭南文集:五十卷. 劍南詩藁:八十五卷. 放翁逸藁:[二卷]. 南唐書:
十八卷.**

子目:

渭南文集:五十卷

(Weinan wen ji;wu shi juan)

(宋)陸游

劍南詩藁:八十五卷

(Jiannan shi gao;ba shi wu juan)

(宋)陸游

放翁逸藁:[二卷]

(Fangweng yi gao;[er juan])

(宋)陸游

南唐書:十八卷

（Nan Tang shu：shi ba juan）

（宋）陸游

明崇禎間（約 1630—1644）常熟毛氏汲古閣本

六函六十册；27 公分

相關責任者： （宋）陸游（Lu You），1125—1210

附　　注： 附《南唐書音釋》《家世舊聞》《齋居紀事》。

《放翁逸稾》卷分上下。

《渭南文集》等卷末有毛晉跋，《放翁逸稾》末有毛扆跋。

框 19.1 × 14.2 公分，8 行 18 字，白口，左右雙邊。版心上鎸書名，中鎸卷次，下鎸"汲古閣"。

館藏信息： East Asian Library（Gest）：Rare Books：TD33/611

1773

基本著録： 渭南文集：五十卷

（Weinan wen ji：wu shi juan）

（宋）陸游

明間（約 1621—1644）常熟毛晉汲古閣本

一函八册；26 公分

相關責任者： （宋）陸游（Lu You），1125—1210；（明）毛晉（Mao Jin），1599—1659，刻；（清）甘鵬雲（Gan Pengyun），生年 1861，收藏

附　　注： 未署年毛晉《跋》。

框 18.3 × 14.4 公分，8 行 18 字，白口，左右雙邊。版心上鎸書名，中鎸卷次，下鎸"汲古閣"。

有"潛江甘鵬雲藥樵收藏書籍章"等印記。

館藏信息： East Asian Library（Gest）：Rare Books：TD33/1641

1774

基本著録： 校注橘山四六：二十卷

（Jiao zhu Jushan si liu：er shi juan）

（宋）李廷忠著；（明）孫雲翼注

明萬曆間（約 1607—1620）本

一函八册；26 公分

相關責任者： （宋）李廷忠（Li Tingzhong），進士 1181，著；（明）孫雲翼（Sun Yun yi），舉人 1591，注

附　　注： 明萬曆三十五年（1607）孫雲翼《橘山四六引》。

框 20.3 × 15.1 公分，10 行 21 字，白口，左右雙邊，單黑魚尾。版心上鎸書名，中鎸卷次，下間鎸刻工。

館藏信息： East Asian Library（Gest）：Rare Books：TD43/2966

1775

基本著録： **陳同甫集：三十卷**

（Chen Tongfu ji：san shi juan）

（宋）陳亮撰

清康熙間（即 1662—1722）本

一函十二册；31 公分

相關責任者： （宋）陳亮（Chen Liang），1143—1194

附　　注： 著者據書名。

避"玄"字諱。

框 23.7 × 15.7 公分，10 行 21 字，白口，四周雙邊，單黑魚尾。版心上鎸書名及卷次。

館藏信息： East Asian Library（Gest）：Rare Books：TD43/1118Q

1776

基本著録： **重刻西山眞文忠公文集：五十五卷，目録［二卷］**

（Chong ke Xishan Zhen Wenzhong gong wen ji：wu shi wu juan，mu lu［er juan］）

（宋）真德秀撰

明萬曆戊戌［26 年，1598］福建金學曾景賢堂本

四函二十八册；27 公分

相關責任者： （宋）真德秀（Zhen Dexiu），1178—1235，撰；（明）金學曾（Jin Xue zeng），刻

附　　注： 真德秀謚文忠，人稱西山先生。

《目録》分上下卷。

著者據書名。

卷末有刊記題"萬曆丁酉歲季冬月重梓於景賢堂"。

版本又據明萬曆二十六年(1598)金學曾《眞文忠公全集敘》及《刊校姓氏》。

框 19.5×14.1 公分,10 行 20 字,白口,四周雙邊,單黑魚尾。版心中鐫"眞西山文集"及卷次。

館藏信息： East Asian Library(Gest)：Rare Books：TD33/1177

1777

基本著錄： **箋釋梅亭先生四六標準：四十卷**

(Jian shi Meiting xian sheng si liu biao zhun：si shi juan)

(宋)李劉著；(明)孫雲翼箋

明萬曆丙辰[44 年,1616]金陵唐鯉飛本

兩函二十冊；25 公分

相關責任者： (宋)李劉(Li Liu),著；(明)孫雲翼(Sun Yunyi),舉人 1591,箋；(明)陳長卿(Chen Changqing),梓；(明)唐鯉飛(Tang Lifei),校

附　　注： 明萬曆四十四年(1616)孫雲翼《四六標準箋引》言刻書事。

封面鐫"箋釋細註宋李梅亭先生四六標準　古吳陳長卿梓"。

各卷校者不同,卷一卷端題"金陵唐鯉飛季龍校"。

框 20.6×14.2 公分,10 行 21 字,白口,左右雙邊,單黑魚尾。版心上鐫"箋釋四六標準",中鐫卷次。

館藏信息： East Asian Library(Gest)：Rare Books：TD43/920

1778

基本著錄： **秋崖先生小藁：[八十三卷]**

(Qiuya xian sheng xiao gao：[ba shi san juan])

(宋)方岳

明嘉靖丙戌[5 年,1526]方謙本

兩函十六冊；27 公分

相關責任者： (宋)方岳(Fang Yue),1199—1262；(明)方謙(Fang Qian),刻

附　　注： 計文集四十五卷、詩集三十八卷。

明嘉靖五年(1526)方謙《秋崖先生集序》言刻書事。

封面鐫"秋崖小藁""工部草堂藏板"。

有補版,當爲後印本。

框 18.6×12.5 公分,11 行 19 字或 12 行 20 字,白口,四周單邊,順黑魚尾。版心中鐫卷次,下鐫刻工。

館藏信息: East Asian Library(Gest):Rare Books:TD43/2511

1779

基本著錄: **宋文文山先生全集:二十一卷**

(Song Wen Wenshan xian sheng quan ji:er shi yi juan)

(元)文天祥著;(明)鍾越評閱

明崇禎己巳[2 年,1629]鍾越本

兩函十六册;28 公分

相關責任者: (元)文天祥(Wen Tianxiang),1236—1283,著;(明)鍾越(Zhong Yue),評閱

附　　注: 卷十九至二十一爲附錄。

明崇禎二年(1629)鍾越《重刻文信公全集序》及李之藻《刻文文山先生集序》皆言刻書事。

框 20.5×15.1 公分,10 行 21 字,白口,四周單邊,單白魚尾。版心上鐫"文山全集",中鐫卷次。眉上鐫評。

館藏信息: East Asian Library(Gest):Rare Books:TD33/705

1780

基本著錄: **魯齋遺書:十四卷**

(Luzhai yi shu:shi si juan)

(元)許衡

明萬曆壬辰—乙未[20—23 年,1592—1595]怡愉本

一函八册;28 公分

相關責任者: (元)許衡(Xu Heng),1209—1281;(明)怡愉(Yi Yu),進士 1592,編輯

附　　注: 著者據書名及《序》。

明萬曆二十四年(1596)怡愉《許魯齋先生文集序》言刻書事。

卷十四有"康熙四十七年"字樣。

框 22.3×15.1 公分,10 行 22 字,白口,四周雙邊,單黑魚尾。版心

上鐫書名,中鐫卷次。

館藏信息:　East Asian Library(Gest):Rare Books:TD33/692

1781

基本著錄:　**存心堂遺集:[十二卷]**

（Cun xin tang yi ji:[shi er juan]）

(元)吳萊著;(元)宋濂編

明萬曆辛亥[39 年,1611]吳邦彥本

一函三册;28 公分

館藏本有殘缺:存卷三至五。

相關責任者:　(元)吳萊(Wu Lai),1297—1340,著;(元)宋濂(Song Lian),編;

(明)吳邦彥(Wu Bangyan),刻

附　注:　書分上中下。

是書實爲明萬曆三十九年(1611)吳邦彥所刻十二卷本中之三卷(三至五),書商將該卷三、四、五改爲上中下,以充全書。

框 21×13.9 公分,10 行 22 字,白口,四周單邊,單黑魚尾。版心上鐫書名,中鐫卷次。

館藏信息:　East Asian Library(Gest):Rare Books:TD33/314

1782

基本著錄:　**高皇帝御製文集:二十卷**

（Gao huang di yu zhi wen ji:er shi juan）

(明)太祖朱元璋

明嘉靖乙未[14 年,1535]徐九皋、王惟賢本

一函十册;30 公分

館藏本有殘缺:卷一、三爲手抄配補。

相關責任者:　(明)太祖朱元璋(Zhu Yuanzhang),1328—1398;(明)徐九皋(Xu Jiu gao),刻;(明)王惟賢(Wang Weixian),刻

附　注:　明嘉靖十四年(1535)徐九皋《恭題高皇帝御製文集後》言刻書事。

框 20.3×14.9 公分,10 行 20 字,白口,四周雙邊。版心上鐫"御製文集"。

館藏信息:　East Asian Library(Gest):Rare Books:TD33/896Q

1783

基本著録:	新刊宋學士全集:三十三卷
	(Xin kan Song xue shi quan ji:san shi san juan)
	(明)韓叔陽彙集;(明)周日燦修補
	明嘉靖庚戌[29年,1550]韓叔陽本
	四函二十四冊;28公分
相關責任者:	(明)韓叔陽(Han Shuyang),進士1547,彙集;(明)周日燦(Zhou Rican),修補;(明)宋濂(Song Lian),1310—1381
附　注:	雷禮《序》及陳元珂《序》皆提刻書事。
	據《明別集版本志》,卷三十三後應有清順治九年(1652)張應廣《識記》提補修事,此本無。
	明嘉靖三十年(1551)陳元珂《序》。嘉靖二十九年(1550)雷禮《新刊宋學士全集序》。
	框20.2×14.2公分,11行24字,白口,左右雙邊,單白魚尾。版心上鐫"宋學士全集"及卷次。
館藏信息:	East Asian Library(Gest):Rare Books:TD33/699

1784

基本著録:	太師誠意伯劉文成公集:十八卷
	(Tai shi Cheng yi bo Liu Wencheng gong ji:shi ba juan)
	(明)樊獻科編次
	明嘉靖丙辰[35年,1556]于德昌本
	四函二十四冊;30公分
相關責任者:	(明)樊獻科(Fan Xianke),進士1547,編次;(明)于德昌(Yu Dechang),進士1541,刻;(明)劉基(Liu Ji),1311—1375
附　注:	明嘉靖三十五年(1556)李本《重刻誠意伯文集序》、樊獻科《刻誠意伯文集引》,言刻書事。
	《凡例》題"直隸真定府知府成都于德昌梓行"。
	框21.3×14.5公分,10行23字,白口,四周雙邊。版心上鐫"誠意伯文集",中鐫卷次,下鐫刻工。
館藏信息:	East Asian Library(Gest):Rare Books:TD33/338Q

1785

基本著録： **太師誠意伯劉文成公集：二十卷**

(Tai shi Chengyi bo Liu Wencheng gong ji：er shi juan)

(明)何鐘編校

明隆慶壬申[6年,1572]謝廷傑、陳烈本

四函十六册;29公分

相關責任者： (明)何鐘(He Tang),進士1547,編校;(明)謝廷傑(Xie Tingjie),進士1559,刻;(明)陳烈(Chen Lie),進士1562,刻

附　　注： 卷一至十八卷端題"後學麗水何鐘編校"。

明隆慶六年(1572)謝廷傑《誠意伯劉文成公文集序》、何鐘《刻誠意伯文集引》皆言刻書事。

框20.3×14.5公分,10行23字,白口,四周雙邊。版心上鐫"誠意伯文集",下鐫刻工。

館藏信息： East Asian Library(Gest)：Rare Books：TD33/277Q

1786

基本著録： **遜志齋集：二十四卷,附録**

(Xun zhi zhai ji：er shi si juan,fu lu)

(明)范惟一編輯;(明)唐堯臣校訂;(明)王可大校刊

明嘉靖辛酉[40年,1561]浙江范惟一本

四函二十四册;26公分

相關責任者： (明)范惟一(Fan Weiyi),1510—1584,編輯;(明)唐堯臣(Tang Yaochen),16世紀,校訂;(明)王可大(Wang Keda),進士1553,校刊;(明)方孝孺(Fang Xiaoru),1357—1402

附　　注： 明嘉靖四十年(1561)范惟一《重刻遜志齋集序》及王可大《重刻正學方先生文集叙》。

王可大《叙》提刻書事。

框20.1×14.5公分,10行20字,白口,左右雙邊,單黑魚尾。版心中鐫卷次。

有"王印登賢""其秀"等印記。

館藏信息： East Asian Library(Gest)：Rare Books：TD33/1979

1787

基本著録： 敬軒薛先生文集：二十四卷

（Jingxuan Xue xian sheng wen ji：er shi si juan）

（明）張鼎校正、編輯；（明）張銓重校梓

明萬曆間（約 1607—1620）張銓本

一函十册；26 公分

相關責任者： （明）張鼎（Zhang Ding），1431—1495，校正、編輯；（明）張銓（Zhang Quan），進士 1604，重校梓；（明）薛瑄（Xue Xuan），1392—1464

附　注： 明弘治二年（1489）張鼎《敬軒薛先生文集序》。明正德六年（1511）喬宇《薛文清公行實序》。

它館藏本有明萬曆三十五年（1607）楊鶴《題識》。

框 21.7×15 公分，10 行 20 字，白口，四周雙邊，單黑魚尾。版心下鐫“文集”及卷次。

館藏信息： East Asian Library（Gest）：Rare Books：TD33/695

1788

基本著録： 于忠肅公集：十二卷，附錄四卷

（Yu Zhongsu gong ji：shi er juan，fu lu si juan）

（明）于謙著

明天啓辛酉［元年，1621］杭州孫昌裔本

兩函十二册；28 公分

相關責任者： （明）于謙（Yu Qian），1398—1457，著；（明）孫昌裔（Sun Changyi），進士 1610，刻

附　注： 明天啓元年（1621）李之藻《合刻于忠肅公集序》、孫昌裔《于忠肅公文集序》皆言刻書事。

框 21.9×14.6 公分，9 行 20 字，白口，左右雙邊，單黑魚尾。卷一至十版心上鐫“奏議”，卷十一、十二鐫“詩集”，《附錄》鐫“附錄”，中鐫卷次。

館藏信息： East Asian Library（Gest）：Rare Books：TD33/1171

1789

基本著録： 白沙子全集：九卷，附錄

（Baishazi quan ji：jiu juan，fu lu）

（明）陳獻章

明萬曆壬子［40 年，1612］何上新本

兩函十八册；25 公分

相關責任者： （明）陳獻章（Chen Xianzhang），1428—1500；（明）何上新（He Shang xin），刻

附　　注： 版本參據 CHFR96—B144。

陳獻章，門人稱白沙先生。

框 19.2×13.6 公分，9 行 18 字，白口，四周單邊，單黑魚尾。版心上鐫書名。

有"萊陽張氏桐生藏書之印"印記。

館藏信息： East Asian Library（Gest）：Rare Books：TD33/700

1790

基本著録： 白沙子全集：九卷，附錄

（Baishazi quan ji：jiu juan，fu lu）

（明）陳獻章

明萬曆壬子［40 年，1612］何上新本

兩函十六册；24 公分

相關責任者： （明）陳獻章（Chen Xianzhang），1428—1500；（明）何上新（He Shang xin），刻

附　　注： 陳獻章，門人稱白沙先生。

明萬曆四十年（1612）何熊祥《重刻白沙子全集序》、黄淳《重刻白沙子序》及若干舊序。

何熊祥、黄淳《序》提刻書事。

框 19.8×12.9 公分，9 行 18 字，白口，四周單邊，單黑魚尾。版心上鐫書名，中鐫卷次。

館藏信息： East Asian Library（Gest）：Rare Books：TD33/1236

1791

基本著録：　　　**白沙子全集：十卷，卷首，卷末**

（Baishazi quan ji：shi juan，juan shou，juan mo）

（明）陳獻章著

清乾隆辛卯［36 年，1771］碧玉樓本

一函十册：肖像；27 公分

相關責任者：　　（明）陳獻章（Chen Xianzhang），1428—1500，著；（明）湛若水（Zhan Ruoshui），1466—1560，注

附　　注：　　附湛若水《白沙子古詩教解》二卷。

陳獻章，學者稱白沙先生。

封面鐫"乾隆辛卯重鐫""碧玉樓藏板"。

框 19.3 x13.3 公分，10 行 21 字，白口，四周雙邊，單黑魚尾。版心上鐫卷次及文類名。

館藏信息：　　East Asian Library（Gest）：Rare Books：T5409/7920.2

1792

基本著録：　　　**瓊臺詩文會稿重編：二十四卷**

（Qiongtai shi wen hui gao chong bian：er shi si juan）

（明）丘濬著

明天啓辛酉［元年，1621］丘爾穀本

兩函十六册；27 公分

相關責任者：　　（明）丘濬（Qiu Jun），1421—1495，著；（明）丘爾穀（Qiu Ergu），17 世紀，刻

附　　注：　　卷端題"大學士諡文莊瓊山丘濬仲深甫著"。

各卷末鐫"弘治三年春三月望日男敦編次天啟元年仲春望日七代宗孫爾穀重編爾懿同編穀男兆昌復昌校訂"。

明天啓元年（1621）丘爾穀《重編瓊臺會稿乞言引》提刻書事。

框 20.1×14.1 公分，9 行 20 字，白口，四周單邊，單黑魚尾。版心上鐫"會稿重編"。

館藏信息：　　East Asian Library（Gest）：Rare Books：TD33/2514

1793

基本著錄： 思玄集：十六卷

（Sixuan ji：shi liu juan）

（明）桑悦著；（明）計宗道校

明萬曆甲戌［2 年，1574］桑大協本

一函八册；30 公分

相關責任者： （明）桑悦（Sang Yue），1447—1503，著；（明）計宗道（Ji Zongdao），進
士 1499，校；（明）桑大協（Sang Daxie），刻

附　　注： 無序跋。

框 19.9×13.3 公分，10 行 21 字，白口，四周單邊，雙黑魚尾。版心
上鐫書名，中鐫卷次。

館藏信息： East Asian Library（Gest）：Rare Books：TD33/294Q

1794

基本著錄： 王文恪公集：［三十六卷］

（Wang Wenke gong ji：［san shi liu juan］）

（明）王鏊著；（明）朱國楨訂；（明）董其昌閲

明萬曆間（約 1599—1620）三槐堂本

五册；27 公分

館藏本有殘缺：有手抄配補，卷十二第四葉之後缺。

相關責任者： （明）王鏊（Wang Ao），1450—1524，著；（明）朱國楨（Zhu Guozhen），
1557—1632，訂；（明）董其昌（Dong Qichang），1555—1636，閲

附　　注： 卷數及版本參據 CHFR96—B154。

框 22×14.1 公分，9 行 20 字，白口，四周單邊，單白魚尾。版心上鐫
“文恪公集”，中鐫文體及卷次，下鐫“三槐堂”。

有“王文恪公十二世孫”等印記。

館藏信息： East Asian Library（Gest）：Rare Books：TD33/2244

1795

基本著錄： 馬東田漫稿：六卷

（Ma Dongtian man gao：liu juan）

（明）馬中錫著；（明）孫緒評；（明）文三畏校

明嘉靖戊戌［17 年,1538］文三畏本

一函八册;26 公分

相關責任者： （明）馬中錫（Ma Zhongxi）,1446—1512,著;（明）孫緒（Sun Xu）,進
士 1499,評;（明）文三畏（Wen Sanwei）,16 世紀,校

附　　注： 明嘉靖十七年(1538)王崇慶《序馬東田漫稿》言刻書事。

框 17.8×13.4 公分,10 行 17 字,白口,四周雙邊。版心上鐫"東田
漫稿",中鐫卷次。

館藏信息： East Asian Library（Gest）:Rare Books:TD38/589

1796

基本著録： **空同集:六十三卷**

（Kongtong ji:liu shi san juan）

（明）李夢陽撰

明嘉靖辛卯［10 年,1531］鳳陽曹嘉本

四函二十八册;28 公分

相關責任者： （明）李夢陽（Li Mengyang）,1472—1529,撰;（明）曹嘉（Cao Jia）,
刻;（明）朱睦㮮（Zhu Muxie）,增修

附　　注： 明嘉靖十一年(1532)吕楠《空同李子集後序》言刻書事。《序》後鐫
嘉靖三十一年(1552)朱睦㮮《識語》言增修事。

版本見 CHAO99—B200。

框 18.3×14 公分,11 行 20 字,白口,左右雙邊。版心中鐫書名及
卷次。

館藏信息： East Asian Library（Gest）:Rare Books:TD33/1533

1797

基本著録： **空同子集:六十六卷,目録三卷,附録二卷**

（Kongtongzi ji:liu shi liu juan,mu lu san juan,fu lu er juan）

（明）李夢陽撰;（明）鄧雲霄,（明）潘之恒搜校

明萬曆壬寅—癸卯［30—31 年,1602—1603］長洲鄧雲霄本

四函二十四册;27 公分

相關責任者： （明）李夢陽（Li Mengyang）,1472—1529,撰;（明）鄧雲霄（Deng

Yunxiao)，進士 1598，搜校；(明)潘之恒(Pan Zhiheng)，搜校

附　　注：　卷六十七至六十八爲《附錄》。

明萬曆三十年(1602)鄧雲霄《重刻空同先生集叙》等序皆言刻書事。

卷一末鎸"萬曆壬寅孟夏日長洲歸隆裔閱梓"。卷五十一後有潘之恒箋，題"萬曆壬寅長洲鄧玄度明府復校梓之"。卷六十八末鎸"癸卯孟夏南昌劉一燦參閱"。

框 20.8×15 公分，10 行 20 字，白口，左右雙邊，單綫魚尾。版心上鎸"空同集"。

館藏信息：　East Asian Library(Gest)：Rare Books：TD33/550

1798

基本著錄：　**渼陂集：十六卷**

（Meipo ji：shi liu juan）

（明）王九思

明嘉靖癸巳[12 年，1533]王獻本

一函八冊；28 公分

相關責任者：　（明）王九思（Wang Jiusi），1468—1551；（明）王獻（Wang Xian），1487—1547，刻

附　　注：　明嘉靖十二年(1533)王獻《跋》言刻書事。

框 17.8×13.5 公分，10 行 21 字，白口，四周單邊。版心中鎸書名及卷次。

館藏信息：　East Asian Library(Gest)：Rare Books：TD33/731

1799

基本著錄：　**袁中郎先生批評唐伯虎彙集：四卷. 唐六如先生畫譜：三卷.**

子目：

袁中郎先生批評唐伯虎彙集：四卷

（Yuan Zhonglang xian sheng pi ping Tang Bohu hui ji：si juan）

（明）唐寅著；（明）袁宏道評

唐六如先生畫譜：三卷

（Tang Liuru xian sheng hua pu：san juan）

（明）唐寅輯；（明）何大成校

明間(約 1573—1644)本

一函六册;26 公分

相關責任者： (明)唐寅(Tang Yin),1470—1524,著、輯;(明)袁宏道(Yuan Hong-dao),1568—1610,評;(明)何大成(He Dacheng),校

附　　注： 袁中道《序唐子畏集》未署年月。

封面題"袁中郎先生批評唐伯虎全集後附畫譜紀事　四美堂藏板"。

有"四美堂藏板"篆文朱印。

有《外集》《紀事》《傳贊》各一卷。

框 20.5×14 公分,9 行 20 字,白口,四周單邊,單黑魚尾。版心上分別鐫"唐伯虎彙集""唐伯虎畫譜""唐伯虎外集""唐伯虎紀事""唐伯虎傳贊"。

館藏信息： East Asian Library(Gest):Rare Books:TD33/2212

1800

基本著録： **何文定公文集:十一卷**

(He Wending gong wen ji:shi yi juan)

(明)何瑭

明萬曆丙子[4 年,1576]賈待問本

一函十册;25 公分

相關責任者： (明)何瑭(He Tang),1474—1543;(明)賈待問(Jia Daiwen),1533—1602,刻

附　　注： 何瑭,謚文定。

中國科學院文獻情報中心藏本有明萬曆四年(1576)賈待問《重刻何文定公全集序》。

據書前各序知是書又被稱爲《栢齋文集》《栢齋先生文集》。

框 20×13 公分,10 行 21 字,白口,左右雙邊。版心上鐫書名及卷次。

館藏信息： East Asian Library(Gest):Rare Books:TD33/769

1801

基本著録： **大復集:三十七卷**

(Dafu ji:san shi qi juan)

[（明）何景明撰］

明嘉靖乙卯［34 年,1555］袁璨本

兩函十六册;31 公分

館藏本有殘缺:卷四至七、二十至二十二爲手抄配補。

相關責任者：　（明）何景明（He Jingming）,1483—1521,撰;（明）袁璨（Yuan Can）,刻

附　　注：　卷端未題著者。

有王廷相等《序》及明嘉靖三十四年（1555）鄒察《跋何大復先生文集》言刻書事。

卷端題"都指揮婿袁璨刊"。

框 17×13.3 公分,10 行 18 字,白口,四周雙邊,雙黑魚尾。版心上鐫卷次及文類。

館藏信息：　East Asian Library（Gest）:Rare Books:TD33/787Q

1802

基本著録：　**洹詞:十二卷**

（Huan ci:shi er juan）

（明）崔銑著

明嘉靖間（約 1522—1560）彰德趙府味經堂本

兩函十一册;27 公分

相關責任者：　（明）崔銑（Cui Xian）,1478—1541,著

附　　注：　版本據風格。此本係後印。

框 20.7×14 公分,10 行 20 字,綫黑口,四周雙邊。版心上鐫"趙府味經堂",中鐫書名及卷次。

館藏信息：　East Asian Library（Gest）:Rare Books:TD43/929

1803

基本著録：　**湛甘泉先生文集:三十五卷**

（Zhan Ganquan xian sheng wen ji:san shi wu juan）

（明）湛若水

明萬曆己卯［7 年,1579］吳瀹本

四函二十四册;29 公分

相關責任者： （明）湛若水（Zhan Ruoshui），1466—1560；（明）吳瀹（Wu Yue），16
世紀，刻

附　　注： 明萬曆八年（1580）李春芳《甘泉湛先生文集叙》。萬曆六年（1578）
汪尚寧《湛甘泉先生文集叙》。萬曆七年（1579）洪垣《湛甘泉先生文
集序》。

卷端題“後學吳瀹校梓”。

洪垣《序》提刻書事。

框 20.6 × 13.9 公分，10 行 21 字，白口，四周雙邊，單黑魚尾。版心
上鐫“甘泉文集”及卷次。

館藏信息： East Asian Library（Gest）：Rare Books：TD33/1525Q

1804

基本著録： **鳥鼠山人小集：[十六卷]**

（Niaoshushanren xiao ji：[shi liu juan]）

（明）馬驥等校

明嘉靖間（約 1536—1566）本

兩函十二册；27 公分

相關責任者： （明）馬驥（Ma Ji），校；（明）胡纘宗（Hu Zuanzong），1480—1560

附　　注： 胡纘宗，自號鳥鼠山人。

各卷端所題編校者不盡一致。卷一卷端題“國子生吳郡馬驥校　國
子生江陰徐中孚校　國子生門人長洲歸仁編”。

計正德集四卷、嘉靖集四卷、鳥鼠集八卷。

明嘉靖十五年（1536）崔銑《可泉集序》、袁褒《胡蘇州集序》。嘉靖
七年（1528）伍餘福《鳥鼠山人小集序》。嘉靖十六年（1537）王慎中
《鳥鼠山人小集序》、顧夢圭《鳥鼠山人小集序》。嘉靖十八年
（1539）李濂《胡可泉集序》。嘉靖三年（1524）邵寶《胡蘇州集序》。
嘉靖四年（1525）都穆《可泉辛巳集後序》。嘉靖十七年（1538）韓邦
奇《書可泉詩集後》。

崔銑《序》提及刻書。

框 17.1 × 13.8 公分，11 行 20 字，白口，單黑魚尾，四周單邊。版心
中鐫卷次，卷一至四鐫“正德集”，卷五至七鐫“嘉靖集”，卷八至十六
鐫“鳥鼠集”。

館藏信息： East Asian Library(Gest)：Rare Books：TD33/1407

1805

基本著錄： 可泉擬涯翁擬古樂府：二卷

(Kequan ni Ya weng ni gu yue fu：er juan)

(明)張光孝評；(明)胡統宗注

明嘉靖丁巳[36 年,1557]汪瀚本

一函兩册；27 公分

相關責任者： (明)張光孝(Zhang Guangxiao),16 世紀,評；(明)胡統宗(Hu Tong-zong),16 世紀,注；(明)汪瀚(Wang Han),16 世紀,刻；(明)胡纘宗(Hu Zuanzong),1480—1560

附　注： 有《擬古樂府序》,據中國科學院文獻情報中心著錄,此序乃明嘉靖三十六年(1557)馮惟訥所作,序中提汪瀚刻書事。

框 16.9×14.4 公分,10 行 19 字,白口,四周單邊。版心上鐫"擬古樂府"。

與《擬漢樂府》同函。

館藏信息： East Asian Library(Gest)：Rare Books：TD38/1259a

1806

基本著錄： 擬漢樂府：八卷,補遺,附錄二卷

(Ni Han yue fu：ba juan,bu yi,fu lu er juan)

(明)谷繼宗輯解；(明)鄒頤賢評校

明嘉靖己亥[18 年,1539]楊祜、李人龍本

一函四册；27 公分

相關責任者： (明)谷繼宗(Gu Jizong),進士 1526,輯解；(明)鄒頤賢(Zou Yi xian),16 世紀,評校；(明)楊祜(Yang Hu),進士 1535,刻；(明)李人龍(Li Renlong),1504—1582,刻；(明)胡纘宗(Hu Zuanzong),1480—1560

附　注： 明嘉靖十八年(1539)李人龍《序》言刻書事。

框 17×13.7 公分,10 行 19 字,白口,四周單邊。版心上鐫書名及卷次。

與《擬古樂府》同函。

館藏信息： East Asian Library(Gest)：Rare Books：TD38/1259b

1807

基本著錄： **苑洛集：二十二卷**

（Yuanluo ji：er shi er juan）

（明）韓邦奇

明嘉靖壬子［31 年,1552］陝西省賈應春本

四函二十四册；27 公分

相關責任者： （明）韓邦奇（Han Bangqi）,1479—1555；（明）賈應春（Jia Yingchun）,

進士 1523,刻

附 注： 著者據書名及《序》。人稱韓邦奇爲苑洛先生。

明嘉靖三十一年(1552)孔天胤《口刻苑洛先生文集叙》言刻書事。

框 17.7×13.3 公分,10 行 20 字,白口,四周單邊。版心上鐫卷次。

館藏信息： East Asian Library(Gest)：Rare Books：TD33/935

1808

基本著錄： **洪芳洲先生摘稿：四卷**

（Hong Fangzhou xian sheng zhai gao：si juan）

（明）鄒夢桂校正；（明）華復誠編次

明嘉靖辛酉［40 年,1561］華復初本

兩册；28 公分

相關責任者： （明）鄒夢桂（Zou Menggui）,16 世紀,校正；（明）華復誠（Hua

Fucheng）,16 世紀,編次；（明）華復初（Hua Fuchu）,16 世紀,刻；

（明）洪朝選（Hong Zhaoxuan）,1516—1582

附 注： 卷端題"勾吳後學鄒夢桂汝丹校正 年家華復誠存叔編次"。

明嘉靖四十年(1561)華復初《序》、陸光祖《題洪芳洲先生摘稿後》。

華《序》提刻書事。

框 18.6×14.3 公分,11 行 21 字,白口,左右雙邊,單黑魚尾。版心

上鐫"芳洲稿"。

有"晉安徐興公家藏書""戴氏伯平""上元戴氏敬勝堂珍藏書畫印"

等印記。

館藏信息： East Asian Library(Gest)：Rare Books：TD33/382

1809

基本著錄：　孔文谷續集：四卷

（Kong Wengu xu ji：si juan）

（明）孔天胤

明萬曆間（約 1576—1620）本

一函兩冊；27 公分

相關責任者：（明）孔天胤（Kong Tianyin），進士 1532；（明）章松（Zhang Song），刻

附　　注：著者據書名，孔天胤號文谷。

卷四內出現"萬曆四年"字樣。

版本據風格。

框 20.2×14.1 公分，10 行 20 字，白口，四周雙邊，單黑魚尾。版心上鐫"文谷續集"，中鐫卷次，下偶鐫刻工章松名。

館藏信息：East Asian Library（Gest）：Rare Books：TD43/1157

1810

基本著錄：　太史升菴全集：八十一卷，目錄二卷

（Tai shi Sheng'an quan ji：ba shi yi juan，mu lu er juan）

（明）楊慎著；（明）［楊］有仁錄

明萬曆間（約 1594—1620）陳大科本

六函三十二冊；27 公分

相關責任者：（明）楊慎（Yang Shen），1488—1559，著；（明）楊有仁（Yang Youren），錄；（明）陳大科（Chen Dake），進士 1571，刻

附　　注：未署年陳大科《刻太史楊升菴全集叙》言刻書事，署銜"明資善大夫都御史"，據此推斷刻書年。

框 20.2×14 公分，9 行 19 字，白口，四周雙邊，單黑魚尾。版心上鐫"楊升菴"。

館藏信息：East Asian Library（Gest）：Rare Books：TD33/577

1811

基本著錄：　姜鳳阿文集：三十八卷

（Jiang Feng'e wen ji：san shi ba juan）

（明）張治具編次；（明）林一材等校正

明萬曆間（即 1573—1620）本

兩函十六册；27 公分

相關責任者： （明）張治具（Zhang Zhiju），1529—1601，編次；（明）林一材（Lin Yi cai），校正；（明）劉仁（Liu Ren），刻；（明）姜寶（Jiang Bao），1514—1593

附　　注： 卷端題"門人晉江張治具編次　同安林一材校正"。各卷題校正者不同。

明萬曆十三年（1585）汪道昆《序》、王世貞《姜鳳阿先生文集序》。

框 20.2×14.9 公分，10 行 22 字，白口，四周雙邊，單黑魚尾。版心上鐫"姜鳳阿文集"，中鐫卷次，下鐫刻工，如卷二十八首葉"劉仁"。

有"大興徐氏藏圖籍印""星伯藏書印記"等印記。

館藏信息： East Asian Library（Gest）：Rare Books：TD43/365

1812

基本著録： **修詞草：四卷. 續修詞草，四卷.**

子目：

修詞草：四卷

（Xiu ci cao：si juan）

（明）程世奇著

續修詞草，四卷

（Xu xiu ci cao，si juan）

（明）程世奇著

明萬曆丁酉—壬寅［25—30 年，1597—1602］程世奇本

一函八册；27 公分

相關責任者： （明）程世奇（Cheng Shiqi），著

附　　注： 明萬曆二十五年（1597）程世奇《修詞草後序》、萬曆三十年（1602）程世奇《續修詞草後序》，提刻書事。

框 21.1×14.6 公分，10 行 20 字，白口，四周雙邊，雙黑魚尾。版心上鐫書名。

館藏信息： East Asian Library（Gest）：Rare Books：TD43/1254

1813

基本著録： 梓溪文鈔內集：八卷. 梓溪文鈔外集：十卷.

子目：

梓溪文鈔內集：八卷

(Zixi wen chao nei ji：ba juan)

（明）舒芬著

梓溪文鈔外集：十卷

(Zixi wen chao wai ji：shi juan)

（明）舒芬著

明萬曆庚申［48 年, 1620］鄭州舒琭本

兩函二十四册；26 公分

相關責任者： （明）舒芬(Shu Fen)，1484—1527，著；（明）舒琭(Shu Li)，刻

附　　注： 封面鐫"萬曆庚申六月朔鐫　舒文節公全集　本衙藏板"。

《內集》卷端題"明舒芬國裳甫著　孫琭伯獻甫琭季琰甫輯"。

漆彬《舒梓溪先生文鈔序》。明萬曆四十八年（1620）舒琭《識記》提

刻書事。

刻書地參據 chao99—B46。

框 20.7×14.6 公分, 9 行 18 字, 白口, 四周雙邊, 單黑魚尾。版心上

分別鐫"梓溪內集""梓溪外集"。

有"江陽陳氏孟孚收藏書畫金石印章"。

館藏信息： East Asian Library(Gest)：Rare Books：TD33/3562

1814

基本著録： 夏桂洲先生文集：十八卷, 卷首

(Xia Guizhou xian sheng wen ji：shi ba juan, juan shou)

（明）林日瑞彙編；（明）鄭大璟訂閱；（明）吳一璘較刊

明崇禎戊寅［11 年, 1638］吳一璘本

四函三十二册；27 公分

相關責任者： （明）林日瑞(Lin Rirui)，彙編；（明）鄭大璟(Zheng Dajing)，訂閱；

（明）吳一璘(Wu Yilin)，17 世紀，較刊；（明）夏言(Xia Yan)，

1482—1548

附　　注：	明崇禎十一年(1638)林日瑞《重刻文愍公集序》,總目録第四葉左鑴

附　　注：　　明崇禎十一年(1638)林日瑞《重刻文愍公集序》,總目録第四葉左鑴
"崇禎十一年吳一璘記"。

林日瑞《序》、吳一璘《記》言刻書事。

框 20.1×14.3 公分,10 行 19 字,白口,四周單邊。版心上鑴"桂州
文集",中鑴卷次。

館藏信息：　East Asian Library(Gest):Rare Books:TD33/1035

1815

基本著録：　　**葛端肅公文集:十八卷**

（Ge Duansu gong wen ji:shi ba juan）

（明）葛守禮

明萬曆壬午[10 年,1582]濟南趙賢本

一函八册;28 公分

館藏本有殘缺:存卷一至十四。

相關責任者：　（明）葛守禮（Ge Shouli）,1505—1578;（明）趙賢（Zhao Xian）,
1536—1606,刻

附　　注：　　明萬曆十年(1582)《序》言山東巡撫趙公刻書郡庠事。

框 19.6×13.4 公分,9 行 20 字,白口,四周雙邊,雙黑魚尾。版心上
鑴"端肅公文集",中鑴卷次。

館藏信息：　East Asian Library(Gest):Rare Books:TD43/1179

1816

基本著録：　　**自知堂集:二十四卷**

（Zi zhi tang ji:er shi si juan）

（明）蔡汝楠著

明嘉靖戊午[37 年,1558]胡定本

兩函十二册;28 公分

相關責任者：　（明）蔡汝楠（Cai Runan）,1516—1565,著;（明）胡定（Hu Ding）,刻

附　　注：　　卷端題"德清蔡汝楠子木著　衡陽門人朱炳如校"。

明嘉靖三十七年(1558)胡定《自知堂集叙》提刻書事。

此本"衡陽門人朱炳如校"一行係嵌補,當係後印時所爲。"四十三
年朱炳如校訂本"乃另一本,七卷,九行十九字。

框 19×13.9 公分,10 行 20 字,白口,左右雙邊,單綫魚尾。版心上鐫"自知堂"。

館藏信息： East Asian Library(Gest)：Rare Books：TD33/739

1817

基本著錄： **龍溪王先生全集：二十卷**

(Longxi Wang xian sheng quan ji：er shi juan)

(明)周怡編輯;(明)查鐸等校閱

明萬曆丁亥[15 年,1587]蕭良幹本

四函二十四册;29 公分

相關責任者： (明)周怡(Zhou Yi),1506—1569,編輯;(明)查鐸(Zha Duo),1516—1589,校閱;(明)蕭良幹(Xiao Lianggan),1534—1602,刻;(明)王畿(Wang Ji),1498—1583

附　　注： 各卷輯校人不同。

明萬曆十五年(1587)蕭良幹《龍溪先生文集序》。萬曆十六年(1588)王宗沐《龍溪王先生全集序》。

框 19.6×12.6 公分,9 行 19 字,白口,四周單邊,單黑魚尾。版心上鐫"龍谿先生全集",中鐫卷次。

館藏信息： East Asian Library(Gest)：Rare Books：TD33/617Q

1818

基本著錄： **靳兩城先生集：二十卷**

(Jin Liangcheng xian sheng ji：er shi juan)

(明)靳學顏著

明萬曆己丑[17 年,1589]靳雷本

兩函十二册;28 公分

相關責任者： (明)靳學顏(Jin Xueyan),1514—1571,著;(明)靳雷(Jin Lei),刻

附　　注： 明萬曆十三年(1585)王坼《刻靳兩城先生集序》。萬曆十七年(1589)于若瀛《兩城先生全集序》。

于若瀛《序》提刻書事。

框 19.9×13.8 公分,9 行 18 字,白口,四周雙邊,雙黑魚尾。版心上鐫書名,中鐫卷次。

館藏信息： East Asian Library（Gest）：Rare Books：TD33/266

1819

基本著錄： **滄溟先生集：三十卷，附錄**

（Cangming xian sheng ji：san shi juan，fu lu）

（明）李攀龍撰

明萬曆間（即 1573—1620）本

兩函十册；27 公分

相關責任者： （明）李攀龍（Li Panlong），1514—1570，撰

附　　注： 明隆慶六年（1572）張佳胤《李滄溟先生集序》。

框 19.3×14.6 公分，10 行 20 字，白口，左右雙邊，單黑魚尾。版心上鐫"滄溟集"，中鐫卷次。

館藏信息： East Asian Library（Gest）：Rare Books：TD33/555

1820

基本著錄： **滄溟先生集：三十卷，附錄**

（Cangming xian sheng ji：san shi juan，fu lu）

（明）李攀龍撰；（明）張弘道，（明）陳廷策校

明萬曆間（即 1573—1620）本

兩函十六册；26 公分

相關責任者： （明）李攀龍（Li Panlong），1514—1570，撰；（明）張弘道（Zhang Hong-dao），校；（明）陳廷策（Chen Tingce），校

附　　注： 卷端題"濟南李攀龍于鱗撰　晉陵張弘道成孺校"，其他單數卷同。卷二卷端題"濟南李攀龍于鱗撰　晉陵陳廷策元直校"，其他雙數卷同。

明隆慶六年（1572）張佳胤《李滄溟先生集》。

框 22.5×15 公分，10 行 20 字，白口，左右雙邊，單黑魚尾。版心上鐫"滄溟集"，中鐫卷次。

有"新安汪氏""啓淑信印"等印記。

館藏信息： East Asian Library（Gest）：Rare Books：TD33/912

1821

基本著錄：	**太岳集書牘：十五卷**
	（Taiyue ji shu du：shi wu juan）
	（明）張居正著
	明萬曆間（即 1573—1620）本
	十册；27 公分
相關責任者：	（明）張居正（Zhang Juzheng），1525—1582，著
附　　注：	卷端題"江陵叔大張居正著"。
	框 20×13.7 公分，9 行 18 字，白口，四周單邊，單白魚尾。版心上鐫
	"書牘"。
	有"崇雅堂藏書""甘印鵬雲"等印記。
館藏信息：	East Asian Library（Gest）：Rare Books：TD43/1596

1822

基本著錄：	**茅鹿門先生文集：三十六卷**
	（Mao Lumen xian sheng wen ji：san shi liu juan）
	（明）茅坤著
	明萬曆間（約 1588—1620）本
	四函二十册；29 公分
相關責任者：	（明）茅坤（Mao Kun），1512—1601
附　　注：	CSU097—B2372 有明萬曆十六年（1588）陳文燭《序》。
	框 20.8×15.1 公分，10 行 19 字，白口，左右雙邊，單黑魚尾。版心
	上鐫文類，下鐫刻工。
	有"臣植之印"等印。
館藏信息：	East Asian Library（Gest）：Rare Books：TD43/642Q

1823

基本著錄：	**天隱子遺稿：十七卷**
	（Tianyinzi yi gao：shi qi juan）
	（明）嚴果著；（明）陳繼儒閱
	明間（約 1621—1644）悟澹齋本

兩函十二冊;26公分

館藏本有殘缺:存卷一至十四。

相關責任者: （明）嚴果（Yan Guo），著；（明）陳繼儒（Chen Jiru），1558—1639，閱

附　　注: 卷端題"震澤嚴果毅之著　華亭陳継儒仲醇閲　同里葛一龍震甫參　靈巖朱廷佐南仲訂".

王思任《天隱子遺稿序》言刻書事。

框20×13.5公分,8行18字,白口,四周單邊。版心上欄不相連,上鐫書名,下鐫"悟澹齋"。

館藏信息: East Asian Library（Gest）:Rare Books:TD33/364

1824

基本著録: **弇州山人四部稿:一百八十卷,目録十二卷**

（Yanzhoushanren si bu gao:yi bai ba shi juan,mu lu shi er juan）

（明）王世貞著

明萬曆丁丑[5年,1577]世經堂本

八函六十四冊;29公分

館藏本有殘缺:《序》爲手抄配補。

相關責任者: （明）王世貞（Wang Shizhen），1526—1590，著；（明）唐尹（Tang Yin），刻

附　　注: 明萬曆五年（1577）汪道昆《弇州山人四部稿序》,末鐫"唐尹刻"。

框20.6×15.7公分,10行20字,白口,四周雙邊,單黑魚尾。版心上鐫"弇州山人稿",下鐫"世經堂刻"。

有"鄧瀛印""介槎""心茂之印"等印記。

館藏信息: East Asian Library（Gest）:Rare Books:TD33/244Q

1825

基本著録: **弇州山人讀書後:八卷**

（Yanzhoushanren du shu hou:ba juan）

（明）王世貞撰

明間（約1620—1644）本

一函六冊;27公分

相關責任者: （明）王世貞（Wang Shizhen），1526—1590，撰

附　　注：　　卷端題"瑯琊王世貞元美撰　姪士騄校正　華亭陳繼儒仲醇定　長
洲許恭訂"。

陳繼儒《新刻弇州讀書後序》、徐亮《跋語》、王士騄《跋先世父弇州
公讀書後》。

框 21.9×15.1 公分,8 行 18 字,白口,四周單邊,單綫魚尾。版心上
鐫"讀書後"。

館藏信息：　　East Asian Library(Gest)：Rare Books：TD43/2522

1826

基本著録：　　**太函集：一百二十卷,目錄六卷**

(Taihan ji：yi bai er shi juan,mu lu liu juan)

(明)汪道昆著

明萬曆間(約 1591—1620)本

兩函二十册;29 公分

相關責任者：　　(明)汪道昆(Wang Daokun),1525—1593,著;(清)甘鵬雲(Gan
Pengyun),生年 1861,收藏

附　　注：　　卷端題"新都汪道昆伯玉著"。

明萬曆十九年(1591)汪道昆《太函集自序》。

框 19.5×14.1 公分,10 行 20 字,白口,左右雙邊,單黑魚尾。版心
上鐫書名,中鐫卷次。

有"潛廬"等印記。

館藏信息：　　East Asian Library(Gest)：Rare Books：TD33/1594Q

1827

基本著録：　　**天目先生集：二十一卷,附錄**

(Tianmu xian sheng ji：er shi yi juan,fu lu)

(明)徐中行著

明萬曆甲申[12 年,1584]浙江張佳胤、黎芳本

兩函十册;28 公分

館藏本有殘缺：卷二爲手抄配補。

相關責任者：　　(明)徐中行(Xu Zhongxing),1517—1578,著;(明)張佳胤(Zhang
Jiayin),1527—1588,刻;(明)黎芳(Li Fang),刻

附　　注：	書名取自卷三卷端。
	明萬曆十二年(1584)張佳胤《徐子與先生集序》言撫浙時刻書事。
	框 20×15.5 公分,9 行 18 字,白口,左右雙邊,單黑魚尾。版心上鐫書名。
館藏信息：	East Asian Library(Gest):Rare Books:TD33/2981

1828

基本著錄：	**青蘿館詩前集:四卷**
	(Qing luo guan shi qian ji:si juan)
	(明)徐中行著;(明)汪時元校
	明萬曆間(即 1573—1620)本
	兩冊;27 公分
相關責任者：	(明)徐中行(Xu Zhongxing),1517—1578,著;(明)汪時元(Wang Shiyuan),16 世紀,校
附　　注：	卷端題"吳興徐中行著　門人新都汪時元校"。
	明隆慶四年(1570)汪道昆《青蘿館詩集序》。
	此版本應有續集二卷。
	框 20.1×14.5 公分,9 行 18 字,白口,四周單邊,單黑魚尾。版心上鐫"青蘿館詩前集"。
	與《青蘿館詩》同函。
館藏信息：	East Asian Library(Gest):Rare Books:TD38/592 vol.1—2

1829

基本著錄：	**甔甀洞藁:五十四卷,目錄二卷**
	(Dan zhui dong gao:wu shi si juan,mu lu er juan)
	(明)吳國倫著;(明)張鳴鳳,(明)方尚贇校
	明萬曆間(約 1584—1620)本
	兩函三十二冊;28 公分
相關責任者：	(明)吳國倫(Wu Guolun),1524—1593,著;(明)張鳴鳳(Zhang Mingfeng),校;(明)方尚贇(Fang Shangyun),校
附　　注：	明萬曆十二年(1584)許國《吳明卿序》、王世貞《吳明卿先生集序》。
	萬曆十一年(1583)張鳴鳳《吳明卿先生詩集叙》。

框 20.4×14.7 公分,10 行 20 字,白口,四周單邊,單黑魚尾。版心上鐫"瓴甋洞稿",卷一首葉版心下鐫"長洲徐普書吉水郭才刊"。

館藏信息: East Asian Library(Gest):Rare Books:TD33/1201

1830

基本著錄: **徐文長文集:三十卷. 徐文長四聲猿.**

子目:

徐文長文集:三十卷

(Xu Wenchang wen ji:san shi juan)

(明)袁宏道評點

徐文長四聲猿

(Xu Wenchang Si sheng yuan)

(明)袁宏道評點

明萬曆甲寅[42 年,1614]鍾人傑本

一函八冊;26 公分

相關責任者: (明)袁宏道(Yuan Hongdao),1568—1610,評點;(明)鍾人傑(Zhong Renjie),刻;(明)徐渭(Xu Wei),1521—1593

附　注: 卷一卷端題"公安袁宏道中郎評點　門人閔德美子善校訂",卷五卷端題"公安袁宏道中郎評點　古歙郝之璧子荊校訂"。

明萬曆四十二年(1614)虞淳熙《徐文長集序》、黃汝亨《徐文長集序》。陶望齡撰《徐文長傳》,袁宏道撰《徐文長傳》,鍾人傑撰《四聲猿引》。

黃汝亨《序》曰:"世安可無異人如文長者也,鍾生瑞先嗜異人,常三復其集,因得中郎帳中本,遂喜而校刻之。"

框 21.5×14.9 公分,9 行 20 字,小字雙行字同,白口,四周單邊,單白魚尾。版心上鐫書名,中鐫卷次。

館藏信息: East Asian Library(Gest):Rare Books:TD33/1245

1831

基本著錄: **王文端公尺牘:八卷**

(Wang Wenduan gong chi du:ba juan)

(明)王家屏著;(明)傅新德校

明萬曆丁巳［45 年,1617］本

一函四册;27 公分

相關責任者:　（明）王家屏（Wang Jiaping）,1537—1604,著;（明）傅新德（Fu Xinde）,1569—1611,校

附　　注:　明萬曆四十五年(1617)韓爌《敘言》言刻書事。

框 20×14.9 公分,10 行 20 字,白口,四周雙邊,單黑魚尾。版心上鑴"尺牘",中鑴卷次。

館藏信息:　East Asian Library（Gest）:Rare Books:TD43/1552

1832

基本著録:　**王文肅公牘草:二十三卷. 王文肅公奏草:十八卷.**

子目:

王文肅公牘草:二十三卷

（Wang Wensu gong du cao:er shi san juan）

（明）王錫爵著;（清）［王］時敏校梓

王文肅公奏草:十八卷

（Wang Wensu gong zou cao:shi ba juan）

（明）王錫爵著;（明）［王］衡彙輯;（清）［王］時敏校梓

明間(約 1622—1644)王時敏本

八函五十六册;31 公分

相關責任者:　（明）王錫爵（Wang Xijue）,1534—1610,著;（清）王時敏（Wang Shimin）,1592—1680,校梓;（明）王衡（Wang Heng）,1561—1609,彙輯

附　　注:　明天啓二年(1622)喬遠《王文肅公奏草序》等。

框 23.2×14.8 公分,9 行 18 字,白口,四周單邊,單黑魚尾。版心上鑴子目書名,中鑴卷次。

館藏信息:　East Asian Library（Gest）:Rare Books:TD43/3770Q

1833

基本著録:　**衛陽先生集:十四卷**

（Weiyang xian sheng ji:shi si juan）

（明）周世選著

明崇禎壬申[5 年,1632]周承芳本

一函四册;27 公分

相關責任者: （明）周世選（Zhou Shixuan）,1532—1606,著;（明）周承芳（Zhou Chengfang）,17 世紀,刻

附 注: 封面題"大司馬周衛陽先生全集"。

卷端題"甘陵周世選文賢父著　武林後學沈獅同邑後學沈嘉較正孫男承芳編次付梓"。

盧世㴉《跋》。按盧世㴉,明天啓五年進士,壬申,當是崇禎壬申五年（1632）。

盧世㴉《跋》言刻書事。

框 21.2×14.4 公分,9 行 19 字,白口,四周單邊,無魚尾。版心上鑴"衛陽先生集"。

館藏信息: East Asian Library（Gest）:Rare Books:TD43/1588

1834

基本著録: **余文敏公文集:十二卷**

（Yu Wenmin gong wen ji:shi er juan）

（明）余有丁

明萬曆壬辰[20 年,1592]本

一函八册;26 公分

相關責任者: （明）余有丁（Yu Youding）,1527—1584

附 注: 《目録》前題"光禄大夫少傅兼太子太傅戶部尚書建極殿大學士贈太保諡文敏同麓余有丁撰"。

汪鏜《余文敏公文集序》。明萬曆二十年（1592）沈一貫《余文敏公文集》。

沈一貫《序》提刻書事。

框 20.1×14.5 公分,9 行 18 字,白口,四周單邊,單黑魚尾。版心上鑴"余文敏公集",卷一首葉版心下鑴"馮"。

館藏信息: East Asian Library（Gest）:Rare Books:TD33/732

1835

基本著録: **蟻蟏集:五卷**

（Mie meng ji；wu juan）

（明）盧楠著；（明）孟華平校；（明）張其忠梓

明萬曆壬寅［30 年,1602］浚縣張其忠本

一函六册；27 公分

相關責任者：　（明）盧楠（Lu Nan），活動期 16 世紀,著；（明）孟華平（Meng Hua-ping），16 世紀,校；（明）張其忠（Zhang Qizhong），進士 1595,刻

附　　注：　明萬曆三十年（1602）張其忠《重刻蠛蠓集引》言在浚縣刻書事。

框 21.6×15 公分,9 行 18 字,白口,四周雙邊,單黑魚尾。版心上鐫書名,中鐫卷次。

館藏信息：　East Asian Library（Gest）；Rare Books；TD33/640

1836

基本著録：　**豐對樓詩選：四十三卷**

（Feng dui lou shi xuan；si shi san juan）

（明）沈明臣著；（明）沈九疇選

明萬曆丙申［24 年,1596］陳大科、陳堯佐本

四函二十四册；26 公分

相關責任者：　（明）沈明臣（Shen Mingchen），16 世紀,著；（明）沈九疇（Shen Jiuchou），進士 1577,選；（明）陳大科（Chen Dake），進士 1571,刻；（明）陳堯佐（Chen Yaozuo），16 世紀,刻

附　　注：　卷端題“甬句東沈明臣嘉則父著　從子沈九疇箕仲氏選”。

明萬曆二十四年（1596）陳大科《序》言刻書事。

框 19.9×14.4 公分,10 行 20 字,白口,四周雙邊,單黑魚尾。版心上鐫“豐對樓詩選”,下鐫刻工。

有“周雪客家藏書”“周亮工印”等印記。

館藏信息：　East Asian Library（Gest）；Rare Books；TD38/1207

1837

基本著録：　晋陵集：［二卷］．金昌集：四卷．燕市集：［二卷］．青雀集：［二卷］．客越志：［二卷］．明月篇：［二卷］．

子目：

晋陵集：［二卷］

（Jin ling ji：［er juan］）

（明）王穉登撰

金昌集：四卷

（Jin chang ji：si juan）

（明）王穉登撰

燕市集：［二卷］

（Yan shi ji：［er juan］）

（明）王穉登撰

青雀集：［二卷］

（Qing que ji：［er juan］）

（明）王穉登撰

客越志：［二卷］

（Ke yue ji：［er juan］）

（明）王穉登撰

明月篇：［二卷］

（Ming yue pian：［er juan］）

（明）王穉登撰

明間（約 1522—1620）本

兩函十二册；26 公分

相關責任者： （明）王穉登（Wang Zhideng），1535—1612，撰

附　　注： 《晋陵集》，太原王穉登撰，明嘉靖四十三年（1564）吳履謙刻本。10
行 18 字，白口，左右雙邊，單黑魚尾。版心中鐫"晋陵集"及"卷上"
"卷下"，下書口有刻工，如序首葉"張甫言"、卷下四葉"章右之刻"。
卷前有嘉靖四十二年（1563）陳崇慶《晋陵集序》，嘉靖四十三年
（1564）吳履謙《晋陵集序》。吳履謙曰："今年春，百穀以射策北上，
余益惜其遠別，請於家君太僕及廣西僉憲陳公編次其言兩卷，刻為晋
陵集。"全書末行"毘陵吳氏春雨廊刊"。

《金昌集》，明刻本。框 17.8×13.3 公分，下書口有刻工，如卷一首
葉"章甫言刻"、三葉"章右之"。卷前有沈堯俞《金昌集序》、黄姬水
《金昌集序》，未署年月，未提刻書之事。

《燕市集》，明隆慶四年（1570）朱察卿刻本。框 19.3×13.8 公分，下
書口間有刻工，如卷上六葉"右之"、十二葉"章右之"，卷下三十葉

"章按"。卷前有王穉登《燕市集序》、朱察卿《燕市集序》,未署年月。卷上、下末分別鎸"隆慶庚午三月靖江縣朱宅快閣雕本"。

《青雀集》,明隆慶四年(1570)朱察卿刻本。框 19.7×16.3 公分,卷前有王世懋《青雀集序》、毛文煒《青雀集序》,未署年月。卷上、下末分別鎸"隆慶庚午仲夏靖江朱宅快閣雕本"。

《客越志》,姬吳王穉登撰,明隆慶元年(1567)刻本。框 17.8×13.1 公分。卷前有隆慶元年(1567)秋七月瑯琊王世貞元美《客越志序》,隆慶改元上巳日渤海童珮《客越志序》、沛國朱察卿《客越志叙》。王世貞曰:"百穀所由嘉禾、武林、蕭山、山陰以至四明,為里几九百有奇,得志一首,祭文一首,詩八十五首。……諸學士大夫誦百穀言益慕好之,偉說其事,為刻成帙,而問序於不佞。"卷上、下末分別題"延陵吳氏蕭踈齋雕"。

《明月篇》,明萬曆五年(1577)朱氏快閣刻本。框 19.5×13.9 公分,10 行 19 字。萬曆五年(1577)九月王穉登《明月篇序》曰:"游馬馱沙之月詩,凡三十餘,朱君在明題為明月篇,而曰俟子記之,成也,當鏤之快閣。"

館藏信息:　　　　East Asian Library(Gest):Rare Books:TD33/1150

1838

基本著録:　　　　**王百穀全集:十二種**

（Wang Baigu quan ji:shi er zhong）

(明)王穉登撰

明萬曆間(即 1573—1620)葉應祖本

一函六册;30 公分

館藏本有殘缺。

相關責任者:　　(明)王穉登(Wang Zhideng),1535—1612,撰;(明)葉應祖(Ye Ying-zu),刻

附　　注:　　　書名據封面。封面題"前後十二部王百穀全集　聚星舘葉均字梓"。《燕市集序》前題"東海朱察卿訂撰　書林葉應祖刊行"。

10 行 20 字,白口,四周單邊。版心上鎸子集書名。

館藏信息:　　　　East Asian Library(Gest):Rare Books:TD33/3411Q

1839

基本著録：   **馮元成選集**

            （Feng Yuancheng xuan ji）

            （明）馮時可著

            明間（即 1368—1644）本

            四函二十四册；27 公分

            館藏本有殘缺：存二十三卷。

相關責任者：   （明）馮時可（Feng Shike），進士 1571，著

附　　注：   本書不分卷次。

            卷端題"吳郡馮時可元成甫著"。

            框 21.3×14.3 公分，9 行 18 字，白口，四周單邊，單黑魚尾。版心上鎸"馮元成選集"。

館藏信息：   East Asian Library（Gest）：Rare Books：TD33/605

1840

基本著録：   **陸學士先生遺稿：十六卷**

            （Lu xue shi xian sheng yi gao：shi liu juan）

            （明）陸可教著；（明）劉曰寧校正；（明）郭一鶚等校

            明萬曆己酉［37 年，1609］龍遇奇本

            兩函十册；27 公分

相關責任者：   （明）陸可教（Lu Kejiao），進士 1577，著；（明）劉曰寧（Liu Yuening），進士 1583，校正；（明）郭一鶚（Guo Yi'e），進士 1601，校；（明）龍遇奇（Long Yuqi），進士 1601，刻

附　　注：   卷端題"澱水陸可教敬承父著　門人豫章劉曰寧校正　吉州郭一鶚淮南吳光義吉州龍遇奇仝校"。

            明萬曆三十七年（1609）盧洪春《陸葵日先生集選序》。萬曆三十六年（1608）龍遇奇《陸葵日先生集選叙言》。

            盧洪春、龍遇奇《序》提刻書事。

            框 22.3×15.1 公分，10 行 20 字，白口，四周單邊，單黑魚尾。版心上鎸書名，中鎸卷次。

館藏信息：   East Asian Library（Gest）：Rare Books：TD33/3564

1841

基本著錄： 馮琢庵先生北海集：五十八卷

(Feng Zhuoan xian sheng bei hai ji：wu shi ba juan)

(明)馮琦著

明萬曆己酉[37年,1609]本

四函三十六册;26公分

相關責任者： (明)馮琦(Feng Qi),1558—1603,著

附　注： 明萬曆三十七年(1609)陳一元《重刻北海集序》提刻書事。

框20.6×14.6公分,10行20字,白口,左右雙邊,單黑魚尾。版心上鎸"北海集",卷一首葉版心下鎸"章柏水"。

館藏信息： East Asian Library(Gest)：Rare Books：TD33/267

1842

基本著錄： 白榆集：[二十八卷]

(Bai yu ji：[er shi ba juan])

(明)屠隆著;(明)龔堯惠梓行

明萬曆間(約1600—1620)龔堯惠本

兩函十二册;28公分

相關責任者： (明)屠隆(Tu Long),1542—1605,著;(明)龔堯惠(Gong Yaohui),梓行

附　注： 詩八卷、文二十卷。

卷一卷端題"東海屠隆緯真著　太末龔堯惠梓行"。"太末龔堯惠梓行"一行係嵌補,他卷皆爲"東海屠隆緯真著"。

明萬曆二十八年(1600)丁應泰《屠赤水白榆集序》。

框20.4×14.2公分,9行20字,白口,四周單邊,單黑魚尾。版心上鎸書名,中鎸卷次。

館藏信息： East Asian Library(Gest)：Rare Books：TD33/604

1843

基本著錄： 蒼霞餘草：十四卷

(Cang xia yu cao：shi si juan)

（明）葉向高著

明天啓間（即1621—1627）本

一函八册;26公分

相關責任者： （明）葉向高（Ye Xianggao）,1559—1627,著

附　　注： 卷端題"福清葉向高進卿甫著"。

葉向高《叙》提刻書事。

框20.8×14.3公分,10行19字,白口,左右雙邊,單黑魚尾。版心上鐫"蒼霞餘草"。

館藏信息： East Asian Library（Gest）:Rare Books:TC328/1142

1844

基本著録： **鸎鳩小啓:十七卷**

（Xue jiu xiao qi:shi qi juan）

（明）連繼芳著;（明）童維坤等注;（明）伍啓元校

明萬曆間（約1609—1620）本

兩函二十三册;28公分

館藏本有殘缺:卷一缺一至十五葉。

相關責任者： （明）連繼芳（Lian Jifang）,進士1592,著;（明）童維坤（Tong Weikun）,注;（明）伍啓元（Wu Qiyuan）,校

附　　注： 明萬曆三十年（1602）龍華敦《叙鸎鳩小紀》、張一棟《鍥鸎鳩小啓序》、沈肇元《鸎鳩小啓序》、許令典《鸎鳩小啓序》、陳朝策《鸎鳩小啓後序》、張垣《鸎鳩小啓後序》。萬曆三十一年（1603）張文熙《鸎鳩小啓序》、舒應龍《序鸎鳩小啓》、林梓《鸎鳩小啓叙》、許國瓚《鸎鳩小啓序》、駱日昇《鸎鳩小啓序》。萬曆三十七年（1609）顧憲成《鸎鳩小啓序》、薛敷教《鸎鳩小啓序》、曠鳴鸞《鸎鳩小啓序》。

卷二卷端下題"閩龍巖連繼芳著　浙門人童維坤註　粵門人伍啓元校"。各卷注者、校者題名不同。

框22.1×15.5公分,9行18字,小字雙行同,白口,單黑魚尾,四周雙邊。

館藏信息： East Asian Library（Gest）:Rare Books:TD43/2978

1845

基本著録： **寓林集：三十二卷. 寓林集詩：六卷.**

子目：

寓林集：三十二卷

（Yu lin ji：san shi er juan）

（明）黄汝亨著

寓林集詩：六卷

（Yu lin ji shi：liu juan）

（明）黄汝亨著

明天啓甲子[4 年，1624]吴敬本

六函三十六册；27 公分

相關責任者： （明）黄汝亨（Huang Ruheng），1558—1626，著；（明）吴敬（Wu Jing），刻

附　　注： 《寓林集校文姓氏》中列"門人吴敬等校刻"。

明天啓四年（1624）黄汝亨《寓林集自序》言刻書事。

框 21.4×14.8 公分，9 行 20 字，白口，左右雙邊，單黑魚尾。版心上鎸書名，中鎸卷次。

館藏信息： East Asian Library（Gest）：Rare Books：TD33/588

1846

基本著録： **酉陽山人編蓬集：十卷. 編蓬後集：十五卷.**

子目：

酉陽山人編蓬集：十卷

（Youyangshanren bian peng ji：shi juan）

（明）唐汝詢著

編蓬後集：十五卷

（bian peng hou ji：shi wu juan）

（明）唐汝詢著

明萬曆間（即 1573—1620）本

一函五册；26 公分

相關責任者： （明）唐汝詢（Tang Ruxun），著；（清）唐元素（Tang Yuansu），補修

附　　注： 封面題"編蓬集　唐西陽山人著　六世從孫元素重訂　念勤堂藏

板"。

卷端題"雲間唐汝詢仲言父著　友人張希曾唯卿父校"。

清乾隆二十四年(1759)唐元素《重訂編蓬集略》提刻書事。

框21×14.9公分,9行20字,白口,四周單邊,單黑魚尾。版心上分別鎸"編蓬集""編蓬後集"。

館藏信息：　　　East Asian Library(Gest)：Rare Books：TD33/1140

1847

基本著錄：　　　歇菴集：十六卷

(Xiean ji：shi liu juan)

(明)陶望齡著；(明)王應遴校

明萬曆庚戌[38年,1610]王應遴本

兩函十六册；28公分

相關責任者：　　(明)陶望齡(Tao Wangling),生年1562,著；(明)王應遴(Wang Ying-lin),16—17世紀,校

附　　注：　　　明萬曆三十八年(1610)王應遴《跋》,萬曆三十九年(1611)余懋孳《序》均言刻書事。

框21.5×15.5公分,9行19字,白口,四周雙邊。版心上鎸書名,中鎸卷次。

館藏信息：　　　East Asian Library(Gest)：Rare Books：TD33/737

1848

基本著錄：　　　解脱集：[四卷].瓶史.

子目：

解脱集：[四卷]

(Jie tuo ji：[si juan])

(明)袁宏道撰

瓶史

(Ping shi)

(明)袁宏道撰

明間(約1610—1644)本

一函兩册；29公分

相關責任者：	（明）袁宏道（Yuan Hongdao），1568—1610，撰；（清）甘鵬雲（Gan Pengyun），生年1861，收藏
附　　注：	卷端題"柞林袁宏道中郎撰　綠籬江盈科進之校"。卷四末題"句吳袁叔度無涯動校於維室"。

（《解脫集》）框19.8×13.7公分，9行18字，白口，左右雙邊，單黑魚尾間單綫魚尾或無魚尾（卷二第十三葉）。

（《瓶史》）框19.1×12.2公分，8行18字，白口，四周單邊，單黑魚尾。版心鎸"瓶史"。

鈐"潛江甘鵬雲藥樵收藏書籍章"。

館藏信息：	East Asian Library（Gest）：Rare Books：TD33/1660Q

1849

基本著録：	**解脫集：〔四卷〕**

（Jie tuo ji：〔si juan〕）

（明）袁宏道撰

明間（即1368—1644）本

一函四册；25公分

相關責任者：	（明）袁宏道（Yuan Hongdao），1568—1610，撰
附　　注：	卷端題"柞林袁宏道中郎撰　綠籬江盈科進之校"。卷四末題"句吳袁叔度無涯動校於維室"。

明萬曆三十一年（1603）江盈科《解脫集序》（行草題太原王穉登書）、江盈科《解脫集序》（行草題范善慶書）。

框19.8×13.8公分，9行18字，白口，左右雙邊，單黑魚尾間單綫魚尾或無魚尾（卷二第十三葉）。

館藏信息：	East Asian Library（Gest）：Rare Books：TD33/3412

1850

基本著録：	**瀟碧堂集：二十卷**

（Xiao bi tang ji：er shi juan）

（明）袁宏道撰；（明）李長庚閱

明萬曆戊申〔36年，1608〕勾吳袁氏書種堂本

一函六册；26公分

相關責任者： （明）袁宏道（Yuan Hongdao），1568—1610，撰；（明）李長庚（Li Changgeng），閱；（明）張鏞（Zhang Yong），刻

附　　注： 雷思霈《口石公瀟碧堂集序》言刻書事，《序》後鐫"吳郡章鏞刻"。

總目後鐫"萬曆戊申秋勾吳袁氏書種堂校梓"。

框 20.7×14.4 公分，9 行 18 字，白口，四周單邊，單白魚尾。版心上鐫書名，中鐫卷次。

有"劉爍""楊逴之印"等印記。

館藏信息： East Asian Library（Gest）：Rare Books：TD33/2849

1851

基本著錄： 瀟碧堂集：二十卷

（Xiao bi tang ji：er shi juan）

（明）袁宏道撰；（明）李長庚閱

明間（約 1608—1644）本

一函七冊；28 公分

相關責任者： （明）袁宏道（Yuan Hongdao），1568—1610，撰；（明）李長庚（Li Changgeng），閱

附　　注： 封面鐫"袁石公先生著　瀟碧堂集無涯氏校梓"。

曾可前《瀟碧堂集叙》。

總目後鐫"萬曆戊申秋日勾吳袁氏書種堂校梓"。此本係據明萬曆三十六年（1608）勾吳袁氏書種堂刻本翻刻。

框 21.1×14.3 公分，9 行 18 字，白口，四周單邊，單白魚尾。版心上鐫書名，中鐫卷次。

館藏信息： East Asian Library（Gest）：Rare Books：TD33/3413 vol. 1—7

1852

基本著錄： 瀟碧堂續集：十卷

（Xiao bi tang xu ji：shi juan）

（明）袁宏道撰

明間（約 1608—1644）本

一函三冊；28 公分

相關責任者： （明）袁宏道（Yuan Hongdao），1568—1610，撰

附　　注：　　框 20.6 × 14.2 公分, 9 行 18 字, 白口, 四周單邊, 單黑魚尾。版心上
鐫書名。

版本參見 NJPX98 – B7300。

館藏信息：　　East Asian Library (Gest) : Rare Books : TD33/3413 vol. 8—10

1853

基本著録：　　**鄒南臯集選：七卷**

（Zou Nan'gao ji xuan : qi juan）

（明）鄒元標撰

明間（約 1607—1644）錢省吾本

一函六冊；28 公分

相關責任者：　　（明）鄒元標（Zou Yuanbiao）, 1551—1624, 撰；（明）錢省吾（Qian
Xingwu）, 刻

附　　注：　　封面鐫"刻豫章鄒南臯先生文集　本衙發刻錢省吾梓行"。

明萬曆三十五年（1607）黃鳳翔《鄒南臯先生集選序》、吳達可《題鄒
南臯先生集選序》等。

框 23.1 × 14.6 公分, 9 行 20 字, 白口, 四周雙邊, 單黑魚尾。版心上
鐫"南臯集選"。

館藏信息：　　East Asian Library (Gest) : Rare Books : TD43/2851

1854

基本著録：　　**緱山先生集：二十七卷**

（Goushan xian sheng ji : er shi qi juan）

（明）王衡著；（明）王時敏校

明萬曆間（約 1616—1620）唐時升本

兩函十六冊；27 公分

相關責任者：　　（明）王衡（Wang Heng）, 1561—1609, 著；（明）王時敏（Wang
Shimin）, 1592—1680, 校；（明）唐時升（Tang Shisheng）, 1551—
1636, 刻

附　　注：　　有明萬曆四十四年（1616）婁堅《序》及未署年唐時升《序》言刻書事。

框 21.8 × 14.1 公分, 9 行 18 字, 白口, 四周單邊, 單黑魚尾。版心上
鐫書名, 中鐫卷次。

館藏信息： East Asian Library(Gest)：Rare Books：TD33/631

1855

基本著錄： **吳歈小草：十卷**

（Wu yu xiao cao：shi juan）

（明）婁堅著；（清）陸廷燦重校

明崇禎庚午[3 年，1630]嘉定謝三賓本

一函八册；25 公分

相關責任者： （明）婁堅(Lou Jian)，1567—1631，著；（清）陸廷燦(Lu Tingcan)，活動期 18 世紀，重校

附 注： CHFR96—B93 有清康熙三十三年(1694)宋犖《序》，述明崇禎初謝三賓刻《嘉定四先生集》及康熙三十三年(1694)陸廷燦重刻事。

框 19.2×13 公分，9 行 18 字，綫黑口。版心中鎸書名、卷次及詩體。

館藏信息： East Asian Library(Gest)：Rare Books：TD38/3680

1856

基本著錄： **許鍾斗文集：五卷**

（Xu Zhongdou wen ji：wu juan）

（明）許獬著；（明）許鸞校刻

明萬曆辛亥[39 年，1611]李光縉本

一函四册；27 公分

相關責任者： （明）許獬(Xu Xie)，進士 1601，著；（明）許鸞(Xu Luan)，校刻；（明）李光縉(Li Guangjin)，17 世紀，刻

附 注： 封面鎸"刻温陵太史許鍾斗先生文集　李衷一校刻　聚奎樓藏板"。明萬曆三十九年(1611)李光縉《序》言刻書事，并題"温陵衷一李光縉"。

框 22.3×14.8 公分，10 行 20 字，白口，四周單邊，單黑魚尾。版心上鎸"鍾斗文稿"，中鎸卷次。

館藏信息： East Asian Library(Gest)：Rare Books：TD33/549

1857

基本著錄： **韓文恪公文集：二十一卷，卷首，卷末. 韓文恪公詩集：十卷.**

子目：

韓文恪公文集：二十一卷，卷首，卷末

（Han Wenke gong wen ji：er shi yi juan，juan shou，juan mo）

（明）韓日纘著

韓文恪公詩集：十卷

（Han Wenke gong shi ji：shi juan）

（明）韓日纘著

明崇禎間（即 1628—1644）本

兩函十四册；27 公分

相關責任者： （明）韓日纘（Han Rizuan），1578—1636，著

附　　注： 《文集》卷端題"男宗騄編次"，《詩集》卷端題"壻選起鼻父編次"。

框 20.4×14.9 公分，9 行 19 字，白口，四周單邊，單黑魚尾。版心上
鐫"韓文恪集"。

館藏信息： East Asian Library（Gest）：Rare Books：TD33/890

1858

基本著錄： **快雪堂集：六十四卷**

（Kuai xue tang ji：liu shi si juan）

（明）馮夢禎著

明萬曆丙辰［44 年，1616］南京黄汝亨、朱之蕃本

六函三十六册；27 公分

相關責任者： （明）馮夢禎（Feng Mengzhen），1546—1605，著；（明）黄汝亨（Huang
Ruheng），1558—1626，刻；（明）朱之蕃（Zhu Zhifan），生年 1564，刻

附　　注： 明萬曆四十四年（1616）焦竑《大司成馮公具區集序》。

刻書地參據 CHAO99—B50。

框 20.6×14 公分，9 行 18 字，白口，四周單邊，單黑魚尾。版心上鐫
書名。

館藏信息： East Asian Library（Gest）：Rare Books：TD33/1170

1859

基本著錄： **皇極篇：二十七卷，目錄三卷**

（Huang ji pian：er shi qi juan，mu lu san juan）

（明）文翔鳳著

明萬曆丙辰—丁巳［45—46 年,1616—1617］金陵文翔鳳本

一函十九册;27 公分

相關責任者： （明）文翔鳳(Wen Xiangfeng),進士 1610,刻

附　注： 明萬曆四十七年(1619)畢懋康《皇極篇序》,萬曆四十五年(1617)
《皇極篇自序》言刻書事。

框 20.5×14.1 公分,9 行 20 字,白口,四周單邊,單黑魚尾。版心上
鐫書名,下鐫小題,如卷一至四"伊川草"。

館藏信息： East Asian Library(Gest):Rare Books:TD33/724a

1860

基本著錄： **南極篇:二十二卷**

(Nanji pian:er shi er juan)

（明）文翔鳳著

明萬曆間(約 1616—1620)本

一函十三册;27 公分

相關責任者： （明）文翔鳳(Wen Xiangfeng),進士 1610,著

附　注： 黃國琦《南極篇題辭》。

框 20×14.2 公分,9 行 20 字,白口,四周單邊,單黑魚尾。版心上鐫
"南極篇",下鐫小題,如卷一、二"鳳臺吟"。

館藏信息： East Asian Library(Gest):Rare Books:TD33/724b

1861

基本著錄： **雙鶴軒類稿:二十六卷**

(Shuang he xuan lei gao:er shi liu juan)

（明）魏應嘉著;（明）魏應龍校

明間(約 1618—1630)本

一函八册;29 公分

相關責任者： （明）魏應嘉(Wei Yingjia),進士 1604,著;（明）魏應龍(Wei Ying
long),校;（明）劉鳳(Liu Feng),刻

附　注： 卷端題"廣陵魏應嘉示周甫著　弟應龍有翼甫校",他卷校人各異。
明萬曆四十六年(1618)《自序》言刻書事。

《田居稿》中有"庚午中秋"詩,庚午即明崇禎三年(1630)。

框 22×14.8 公分,9 行 20 字,白口,四周雙邊。版心上鐫書名及卷次,中鐫卷名及葉碼,卷一首葉版心下鐫"南京劉鳳刊"。

館藏信息: East Asian Library(Gest):Rare Books:TD38/1156Q

1862

基本著錄: **青來閣初集:十卷,二集十卷,三集十五卷**

(Qing lai ge chu ji:shi juan,er ji shi juan,san ji shi wu juan)

(明)方應祥著

明萬曆丁巳—清順治壬辰[萬曆 45 年—順治 9 年,1617—1652]易道暹本

四函二十册;27 公分

相關責任者: (明)方應祥(Fang Yingxiang),進士 1616,著;(明)方有章(Fang Youzhang),刻;(明)易道暹(Yi Daoxian),刻

附 注: 初集有明萬曆四十五年(1617)應梟《序》,二集有明天啓四年(1624)艾南英《青來閣二集序》,三集有清順治九年(1652)唐振芳《青來閣三集叙》,均提刻書事。

框 20.1×14 公分,9 行 18 字,白口,左右雙邊,單黑魚尾。版心上鐫書名。

館藏信息: East Asian Library(Gest):Rare Books:TD43/1154

1863

基本著錄: **王惺所先生文集:十卷**

(Wang Xingsuo xian sheng wen ji:shi juan)

(明)王以悟著

明天啓壬戌[2 年,1622]王氏本

一函六册;27 公分

相關責任者: (明)王以悟(Wang Yiwu),進士 1604,著;(明)張而訥(Zhang Er-na),輯錄

附 注: 《目錄》後鐫"分陝門人張而訥輯錄 ……"。

王以悟字惺所。

王毓宗《常惺惺所稿序》。明天啓三年(1623)夏禹英《常惺惺所稿

序》、李虞夔《常惺惺所稿序》。天啓二年(1622)高維嶽《書惺所王先生詩集後》。

高維嶽《書後》提刻書事。

框 20.6×14.5 公分,9 行 20 字,白口,四周雙邊,單黑魚尾。版心中鐫卷次。

館藏信息： East Asian Library(Gest):Rare Books:TC308/689

1864

基本著錄： **蒼雪軒全集：[二十卷]**

(Cang xue xuan quan ji:[er shi juan])

(明)趙用光著

明崇禎間(約 1634—1644)本

一函八册;28 公分

相關責任者： (明)趙用光(Zhao Yongguang),進士 1595,著

附　　注： 明天啓四年(1624)李日宣《蒼雪軒全集序》。

卷一卷端題"龍門趙用光哲臣著"。

與 MHV001—B811 同版。該書有明崇禎七年(1634)傅冠《序》及編選者姓氏。

框 21×15.4 公分,9 行 19 字,白口,四周單邊,單黑魚尾。版心上鐫書名,卷一首二葉魚尾有陰文"＋"。

館藏信息： East Asian Library(Gest):Rare Books:TD33/894

1865

基本著錄： **金正希先生文集輯略：九卷**

(Jin Zhengxi xian sheng wen ji ji lüe:jiu juan)

(清)金聲

清間(約 1644—1722)本

一函十二册;27 公分

相關責任者： (清)金聲(Jin Sheng),1598—1645

附　　注： 著者據書名,書名據《目錄》。

封面題"熊魚山張受先兩先生鑒定　金正希先生文集　尚志堂藏板"。

明崇禎十七年（1644）熊開元《金太史文集序》、邵鵬程《輯畧引》。

框 19.9×13.2 公分,9 行 20 字,白口,四周單邊,單綫魚尾。版心上鎸“金太史集”,總目首葉版心下鎸“程定之刻”。

館藏信息： East Asian Library（Gest）:Rare Books:TD43/3778

1866

基本著錄： **絶餘編:四卷**

（Jue yu bian:si juan）

（明）智旭著;（明）圓果録

明崇禎間（即 1628—1644）普滋本

一函三册;27 公分

相關責任者： （明）智旭（Zhixu）,1599—1655,著;（明）圓果（Yuanguo）,17 世紀,録;（明）普滋（Puzi）,17 世紀,刻

附　　注： 卷端題“藕益道人智旭著　門人圓果録”。

明崇禎十五年（1642）智旭《絶餘編序》。

卷二末鎸“弟子普滋捐貲刻此絶餘編兩卷”。

框 20.9×13.9 公分,白口,四周單邊,單黑魚尾。版心上鎸“絶餘編”。

館藏信息： East Asian Library（Gest）:Rare Books:TC513/3065

1867

基本著錄： **牧齋初學集:一百十卷,目録［二卷］**

（Muzhai chu xue ji:yi bai shi juan,mu lu［er juan］）

（明）錢牧齋撰

明崇禎癸未［16 年,1643］瞿式耜本

六函三十六册;25 公分

相關責任者： （明）錢謙益（Qian Qianyi）,1582—1664,撰;（清）瞿式耜（Qu Shisi）,1590—1651,刻

附　　注： 著者據《序》。

《目録》分上下二卷。

明崇禎十六年（1643）瞿式耜《牧齋先生初學集目録後序》。

書中有“崇禎甲申春月”字樣,甲申爲 1644 年。

CHLR97—B224 有封面鐫"崇禎癸未歲刊行"。

框 21.3×14.5 公分,10 行 18 字,小字雙行同,白口,四周單邊,單黑魚尾。版心中鐫"牧齋集"及卷次。

館藏信息： East Asian Library(Gest)：Rare Books：TD33/653

1868

基本著録： **唐詩正聲：二十二卷. 高季迪姑蘇襍詠：[二卷].**

子目：

唐詩正聲：二十二卷

(Tang shi zheng sheng：er shi er juan)

(明)高棅編選

高季迪姑蘇襍詠：[二卷]

(Gao Jidi Gusu za yong：[er juan])

(明)衛拱宸編輯

明萬曆間(即 1573—1620)本

兩函十册；23 公分

相關責任者： (明)高棅(Gao Bing),1350—1420,編選；(明)高啓(Gao Qi),

1336—1374,著；(明)衛拱宸(Wei Gongchen),編輯

附　　注： 《姑蘇襍詠》分上下卷。

封面鐫"新寧高廷禮先生輯　唐詩正聲　吳郡寶翰樓"。

框 19.1×14 公分,9 行 18 字,白口,左右雙邊,單綫魚尾。版心上鐫書名。

館藏信息： East Asian Library(Gest)：Rare Books：TD68/1262

1869

基本著録： **唐詩近體集韻：三十卷**

(Tang shi jin ti ji yun：san shi juan)

(明)施重光選

明天啓癸亥[3 年,1623]本

一函八册；27 公分

相關責任者： (明)施重光(Shi Chongguang),進士 1601,選

附　　注： 明天啓三年(1623)宋啓明《唐詩集韻叙》。

框 21.2×14.5 公分,9 行 20 字,白口,四周單邊。版心上鐫書名,中鐫卷次,下偶鐫刻工。

館藏信息： East Asian Library(Gest)：Rare Books：TD68/2470

1870

基本著錄： **雅趣藏書**

（Ya qu cang shu）

（清）錢書訂

清康熙癸未［42 年,1703］四德堂本

一函四冊：圖；24 公分

相關責任者： （清）錢書（Qian Shu）,訂

附　　注： 封面鐫"石城錢酉山訂　雅趣藏書　四德堂"。

清康熙四十二年(1703)錢書《自序》。

框 20.8×13.2 公分,9 行 25 字,白口,四周單邊。版心上鐫書名。

館藏信息： Marquand Library(SAX)：Rare Books：ND1043.C43

1871

基本著錄： 青邱高季迪先生詩集：十八卷.青邱高季迪先生鳧藻集：五卷.青邱高季迪先生扣舷集.青邱高季迪先生遺詩.

子目：

青邱高季迪先生詩集：十八卷

（Qingqiu Gao Jidi xian sheng shi ji：shi ba juan）

（清）金檀輯注

青邱高季迪先生鳧藻集：五卷

（Qingqiu Gao Jidi xian sheng fu zao ji：wu juan）

（清）金檀輯注

青邱高季迪先生扣舷集

（Qingqiu Gao Jidi xian sheng kou xuan ji）

（清）金檀輯注

青邱高季迪先生遺詩

（Qingqiu Gao Jidi xian sheng yi shi）

清雍正戊申［6 年,1728］金氏文瑞樓本

一函十册:肖像;28 公分

相關責任者:　（明）高啓（Gao Qi），1336—1374，著；（清）金檀（Jin Tan），活動期 17—18 世紀，輯注；（清）莫友芝（Mo Youzhi），1811—1871，收藏

附　注:　《詩集》封面鎸"高青邱詩集注""文瑞樓藏板"。《凫藻集》封面鎸"高青邱凫藻集""文瑞樓藏板"。

避"玄"字諱。

框 17.9×14.6 公分，11 行 22 字，白口，左右雙邊，單黑魚尾。版心中分别鎸"青邱詩集""凫藻集""青邱扣舷集"及"青邱遺詩"，下鎸"文瑞樓"。

鈐莫友芝藏書印。

館藏信息:　East Asian Library（Gest）:Rare Books:TD33/.174.zezcx

1872

基本著録:　**昌黎先生全集:四十卷,遺文,外集:十卷**

（Changli xian sheng quan ji:si shi juan,yi wen,wai ji:shi juan）

（唐）韓愈著；（唐）李漢編；（明）葛鼐校

明間（約 1621—1644）永懷堂本

兩函十二册;26 公分

相關責任者:　（唐）韓愈（Han Yu），768—842，著；（唐）李漢（Li Han），8—9 世紀，編；（明）葛鼐（Ge Zi），校

附　注:　框 20×11.7 公分，9 行 26 字，白口，四周單邊，單黑魚尾。版心上鎸"昌黎全集"，下鎸"永懷堂"。

館藏信息:　East Asian Library（Gest）:D33/210x

1873

基本著録:　**柳塘詩集:十二卷**

（Liutang shi ji:shi er juan）

（清）吳祖修撰

清康熙乙酉［44 年,1705］吳大庚本

一函四册;27 公分

館藏本有殘缺:卷十二第四葉之後缺。

相關責任者:　（清）吳祖修（Wu Zuxiu），卒年 1694，撰；（清）吳大庚（Wu

Dageng)，刻

附 注：	著者據吳祖修《自序》。

清康熙三十八年(1699)張大受《柳塘吳慎思先生詩集序》。康熙四
十一年(1702)周龍藻《柳塘先生詩集序》。

CHAO97—B108 有康熙四十四年(1705)吳大庚《跋》言刻父書事。

避"玄"字諱。

框 19.2×15 公分，11 行 22 字，白口，單黑魚尾，左右雙邊。版心中
鎸書名及卷次。

館藏信息： Annex A，Forrestal：D38/75 ejfdx

1874

基本著錄： **何大復先生集：三十八卷，附錄**

(He Dafu xian sheng ji：san shi ba juan，fu lu)

(明)何景明著

明間(約 1578—1644)本

四函十六冊；29 公分

相關責任者： (明)何景明(He Jingming)，1483—1521，著

附 注： 明嘉靖十六年(1537)王廷相《大復集序》。嘉靖三年(1524)唐龍
《大復集序》、康海《大復集序》。嘉靖三十七年(1558)王世貞《何大
復集序》。

此本係據明萬曆五年(1577)陳堂、胡秉性刻本翻刻。萬曆五年
(1577)康海《序》後鎸"萬曆丁丑周子義志"。

框 18.4×13.5 公分，10 行 20 字，白口，四周單邊，單黑魚尾。版心
中鎸"大復集"，下偶鎸刻工名。

館藏信息： East Asian Library(Gest)：D33/787x

1875

基本著錄： **王文成公全書：三十八卷**

(Wang Wencheng gong quan shu：san shi ba juan)

(明)王守仁著；(明)徐愛傳習；(明)薛侃葺録；(明)錢德洪編次；
(明)王畿增葺；(明)唐堯臣校閱

明萬曆乙未[23 年，1595]浙江省郭朝賓本

四函二十四册;29 公分

相關責任者： （明）王陽明（Wang Yangming），1472—1529，著；（明）徐愛（Xu Ai），1487—1517，傳習；（明）薛侃（Xue Kan），卒年 1545，葺錄；（明）錢德洪（Qian Dehong），1497—1574，編次；（明）王畿（Wang Ji），1498—1583，增葺；（明）唐堯臣（Tang Yaochen），校閱；（明）郭朝賓（Guo Chaobin），1513—1585，刻

附　　注： 明万历二十三年(1595)《刻文錄叙說》。

《刻王文成公全書姓氏總目》列浙江巡撫郭朝賓等三十幾人。

框 19.7×14.2 公分，9 行 19 字，各卷首葉 8 行 20 字，白口，四周雙邊間左右雙邊，單白魚尾間單黑魚尾。版心上鐫"全書"及卷次。

館藏信息： East Asian Library（Gest）：Rare Books：TD33/405xQ

1876

基本著錄： **青蘿館詩：[六卷]**

（Qing luo guan shi：[liu juan]）

（明）徐中行著

明隆慶辛未[5 年，1571]汪時元本

兩册;27 公分

館藏本有殘缺：存卷一至三。

相關責任者： （明）徐中行（Xu Zhongxing），1517—1578，著；（明）汪時元（Wang Shiyuan），16 世紀，校刻

附　　注： 卷端題"吳興徐中行著　門人新都汪時元校刻"。

明隆慶四年(1570)陳有守《青蘿館詩集序》。隆慶五年(1571)俞允文《青蘿館詩序》。

俞允文《序》提刻書事。

框 20.3×14.4 公分，9 行 18 字，白口，四周單邊，單綫魚尾。版心上鐫"青蘿館詩"。

與《青蘿館詩前集》合函。

館藏信息： East Asian Library（Gest）：Rare Books：TD38/592 vol.3—4

1877

基本著錄： **廬陵宋丞相信國公文忠烈先生全集：十六卷**

（Luling Song cheng xiang Xin'guo gong Wen Zhonglie xian sheng quan ji：shi liu juan）

（南宋）文天祥著；（清）文有焕等編輯

清雍正乙巳［3 年,1725］文氏五桂堂本

兩函八册：肖像；31 公分

相關責任者： （南宋）文天祥（Wen Tianxiang）,1236—1283,著；（清）文有焕（Wen Youhuan）,編輯

附　　注： 附《文忠烈公從祀原案錄》。

封面鎸“雍正三年　廬陵文丞相文山先生全集　五桂堂藏版”,并鈐“文五桂堂世傳原版”印。

清雍正三年（1725）沈翼機《文山先生文集序》、塗宗震《鼎鎸文文山先生文集序》。

清乾隆二年（1737）《御製宋文信國公文》及乾隆四十六年（1781）翁方綱《遺像附詩記》。

清道光二十三年（1843）江西巡撫吳文鎔《奏摺》等。

框 22.6×15.5 公分,10 行 20 字,白口,四周單邊,單黑魚尾。版心上鎸“廬陵文丞相全集”,中鎸卷次。

館藏信息： East Asian Library（Gest）：Rare Books：TD33/705xQ

1878

基本著錄： **河東重刻陽明先生文集：［二十四卷］**

（Hedong chong ke Yangming xian sheng wen ji：［er shi si juan］）

（明）王陽明著

明嘉靖癸丑［32 年,1553］宋儀望本

兩函十册；29 公分

相關責任者： （明）王陽明（Wang Yangming）,1472—1529,著；（明）宋儀望（Song Yiwang）,刻

附　　注： 書名及版刻據明嘉靖三十二年（1553）宋儀望《河東重刻陽明先生文集序》。

框 19.2×14.8 公分,10 行 20 字,白口,左右雙邊,單緣魚尾。版心中分別鎸“陽明文錄”“陽明文錄外集”“陽明別錄”及卷次。

館藏信息： East Asian Library（Gest）：Rare Books：TD33/405xaQ

1879

基本著録： 白氏長慶集：七十一卷，目録二卷

（Bai shi Changqing ji：qi shi yi juan，mu lu er juan）

（唐）白居易著；（清）馬元調校

明萬曆丙午［34 年，1606］馬元調本

兩册；27 公分

相關責任者： （唐）白居易（Bai Juyi），772—846，著；（清）馬元調（Ma Yuandiao），

1576—1687，校

附　　注： 明萬曆三十四年（1606）婁堅《重刻白氏長慶集序》言刻書事。

框 20.5×14.4 公分，10 行 21 字，白口，左右雙邊，單黑魚尾。版心

上鎸“白集”，中鎸卷次。

“黄石翁”等印記。

館藏信息： East Asian Library（Gest）：Rare Books：T5314/7211

1880

基本著録： 蘇文：六卷

（Su wen：liu juan）

（宋）蘇軾著

明天啓間（即 1621—1627）閔爾容本

一册；28 公分

相關責任者： （宋）蘇軾（Su Shi），1037—1101，著；（明）閔爾容（Min Errong），刻

附　　注： 眉欄鎸茅鹿門等評語。

沈閶章《蘇文忠公文選序》言刻書事。

洋裝。

框 20.2×14.1 公分，9 行 19 字，白口，四周單邊。版心上鎸“東坡”，

中鎸卷次。眉欄鎸評。

館藏信息： East Asian Library（Gest）：Rare Books：T5345.4/7413

1881

基本著録： 西河合集：［一百十七種四百九十三卷］

（Xihe he ji：［yi bai shi qi zhong si bai jiu shi san juan］）

（清）毛奇齡著

清間（約 1720—1795）本

十二函一百零六冊;27 公分

相關責任者: （清）毛奇齡（Mao Qiling）,1623—1716,著

附　　注: 書名取自《目錄》。

封面題"凡經集五函合五十一種共二百三十六卷文集五函合六十六

種共二百五十七卷毛西河先生全集……蕭山陸凝瑞堂藏板"。

毛奇齡,學者稱其西河先生。

《總目》後有清康熙五十九年（1720）蔣樞《識語》,提刻書事。

清乾隆三十五年（1770）陶杏秀《藏毛西河全集原版序》。

框 20.2 × 14.2 公分,10 行 20 字,白口,四周單邊。版心中鐫子目

書名。

館藏信息: Annex A,Forrestal:C338/15

1882

基本著錄: **李太白文集:三十六卷**

（Li Taibai wen ji:san shi liu juan）

（清）王琦輯注

清乾隆戊寅[23 年,1758]寶笏樓本

三函十二冊;25 公分

相關責任者: （唐）李白（Li Bai）,701—762,著;（清）王琦（Wang Qi）,輯注

附　　注: 卷一卷端題"錢塘王琦琢崖輯注　緢端臣思謙蘊山較",其他卷端所

題校者不同。

清乾隆二十四年（1759）齊召南《李太白集輯注序》、杭世駿《序》、趙

信《序》、王琦《跋》。乾隆二十三年（1758）王琦《序》。

框 17.7 × 13.2 公分,10 行 20 字,小字雙行同,白口,左右雙邊,單黑

魚尾。版心上鐫書名,中鐫卷次。

與館藏乾隆本《李太白文集》（NJPX90 – B3515）比對,此本新增卷三

十三至三十六內容。

館藏信息: RECAP:East Asian Library use only:N5298.6/1112.1

1883

基本著錄： **李太白文集：三十二卷**

（Li Taibai wen ji：san shi er juan）

（清）王琦輯注

清乾隆戊寅［23 年,1758］寶笏樓本

十六冊；26 公分

相關責任者： （唐）李白(Li Bai),701—762,著;（清）王琦(Wang Qi),輯注

附　　注： 清乾隆二十三年(1758)王琦《序》。

卷端題"錢塘王琦琢崖輯註　緝端臣思謙蘊山較",其他卷端所題校
者不同。

封面葉鐫"李青蓮全集輯註　寶笏樓藏板。"

框 17.7×13.6 公分,10 行 20 字,小字雙行同,白口,左右雙邊,單黑
魚尾。版心上鐫"李太白文集",中鐫卷次。

館藏信息： East Asian Library(Gest)：Rare Books：PL2671. A1 1758

1884

基本著錄： **李太白文集：三十二卷**

（Li tai bai wen ji：san shi er juan）

（清）王琦輯注

清乾隆戊寅［23 年,1758］寶笏樓本

兩冊；25 公分

相關責任者： （唐）李白(Li Bai),701—762,著;（清）王琦(Wang Qi),輯注

附　　注： 封面葉鐫"李青蓮全集輯注　寶笏樓藏板"。

卷端題"錢塘王琦琢崖輯注　緝端臣思謙蘊山較",其他卷端所題校
者不同。

清乾隆二十三年(1758)王琦《序》。

框 17.7×13.5 公分,10 行 20 字,小字雙行同,白口,左右雙邊,單黑
魚尾。版心上鐫"李太白文集",中鐫卷次。

"埽塵齋讀書記"印記。

館藏信息： RECAP：East Asian Library use only：N5298.6/1112.2

1885

基本著録：　　　　**百末詞:六卷. 性理吟. 後性理吟.**

　　　　　　　　　子目：

　　　　　　　　　百末詞:六卷

　　　　　　　　　(Bai mo ci ; liu juan)

　　　　　　　　　(清)尤侗著

　　　　　　　　　性理吟

　　　　　　　　　(Xing li yin)

　　　　　　　　　(宋)朱熹著

　　　　　　　　　後性理吟

　　　　　　　　　(Hou Xing li yin)

　　　　　　　　　(清)尤侗著

　　　　　　　　　清間(即 1644—1911)本

　　　　　　　　　一册;26 公分

相關責任者：　　　(清)尤侗(You Tong),1618—1704,著;(宋)朱熹(Zhu Xi),1130—
　　　　　　　　　1200,著

附　　注：　　　　《百末詞》卷端題 “長洲尤侗”,《性理吟》卷端題 “宋朱熹晦菴”,《後
　　　　　　　　　性理吟》卷端題 “長洲尤侗悔菴”。

　　　　　　　　　《百末詞》有清康熙四年(1665)曹爾堪《序》。

　　　　　　　　　框 17.8 × 13.7 公分,10 行 21 字,白口,四周單邊,單黑魚尾。版心
　　　　　　　　　上鎸“百末詞”等。

館藏信息：　　　　RECAP:East Asian Library use only;N5636.9/4122

1886

基本著録：　　　　**燕遊草**

　　　　　　　　　(Yan you cao)

　　　　　　　　　(清)李灝稿

　　　　　　　　　清乾隆甲寅[59 年,1794]本

　　　　　　　　　一函一册;26 公分

相關責任者：　　　(清)李灝(Li Hao),18 世紀,稿

附　　注：　　　　卷端題 “三原李灝漫亭甫稿”。

清乾隆五十九年(1794)李灝《序》提刻書事。

框 16.8×11.7 公分,8 行 18 字,白口,四周雙邊,單黑魚尾。上書口鐫"燕遊草"。

館藏信息: RECAP:East Asian Library use only:N5500.3/4438

1887

基本著錄: **望溪先生文**

(Wangxi xian sheng wen)

(清)方苞著;(清)王兆符,(清)程崟輯

清乾隆丙寅[11 年,1746]程崟本

一函四冊;25 公分

館藏本有殘缺:存《頌》《墓表》等。

相關責任者: (清)方苞(Fang Bao),1668—1749,著;(清)王兆符(Wang Zhaofu),1681—1723,輯;(清)程崟(Cheng Yin),進士 1713,輯

附　　注: 未分卷。

卷端題"望溪先生文",又小字"偶抄"。

封面鐫"望溪先生文偶抄"。

《目錄》首題 "受業大興王兆符歙縣程崟輯"。

清乾隆十一年(1746)程崟《序》。乾隆五年(1740)顧琮《序》。

程崟《序》提刻書事。

框 20.6×14.1 公分,9 行 19 字,白口,左右雙邊,單黑魚尾。版心上鐫"望溪集"及小題。

館藏信息: RECAP:East Asian Library use only:N5467.4/1138

1888

基本著錄: **西河文選:十一卷**

(Xihe wen xuan:shi yi juan)

(清)毛奇齡著;(清)汪霦等選評

清康熙丙子[35 年,1696]汪霦本

一函六冊;25 公分

相關責任者: (清)毛奇齡(Mao Qiling),1623—1716,著;(清)汪霦(Wang Bin),進士 1676,選評;(清)李天馥(Li Tianfu),進士 1658,選評;(清)陸葇

(Lu Rou),進士1667,選評;(清)龐塏(Pang Kai),進士1679,選評;
(清)袁佑(Yuan You),進士1679,選評

附　　注： 毛奇齡,學者稱其西河先生。

卷端未題著者,題"徐氏受業本"。《目錄》題"錢唐汪霦東川平湖
陸棻義山東明袁佑杜少任丘龐塏雪崖選評"。

清康熙三十五年(1696)李天馥《序》提刻書事。

框19.3×12.4公分,9行26字,白口,左右雙邊。版心上鎸"西河文
選",中鎸卷次。

館藏信息： RECAP:East Asian Library use only:N5450.4/1112

1889

基本著錄： **河東先生集:四十五卷,河東先生外集:二卷,河東先生龍城錄:［二
卷］**

子目:

河東先生集:四十五卷

(He dong xian sheng ji:si shi wu juan)

(唐)柳宗元著;(宋)廖瑩中校正

河東先生外集:二卷

(He dong xian sheng wai ji:er juan)

(唐)柳宗元著;(宋)廖瑩中校正

河東先生龍城錄:［二卷］

(He dong xian sheng long cheng lu:［er juan］)

(唐)柳宗元著;(宋)廖瑩中校正

明嘉靖間(即1522—1566)郭雲鵬濟美堂本

兩函十六冊;27公分

相關責任者： (唐)柳宗元(Liu Zongyuan),773—819,著;(宋)廖瑩中(Liao Ying-
zhong),校正;(明)郭雲鵬(Guo Yunpeng),刻;(明)章甫言(Zhang
Fuyan),刻

附　　注： 有附錄二卷及集傳。

《龍城錄》分上下卷。

《序》《目錄》及每卷末皆有牌記鎸"東吳郭雲鵬校壽梓"。

框20.3×13.5公分,9行17字,白口,四周雙邊,雙黑魚尾。版心中

鐫"河東"或"河東龍城錄"及卷次,下鐫"濟美堂"及刻工。

Colby 號碼 11。

館藏信息: East Asian Library(Gest):PL2673. A1 1522

1890

基本著録: **沈隱侯集:二卷**

(Shen Yinhou ji:er juan)

(南朝梁)沈約著;(明)張溥閱

清間(約 1723—1850)本

一函六册;26 公分

相關責任者: (南朝梁)沈約(Shen Yue),441—505,著;(明)張溥(Zhang Pu),
1602—1641,閱

附　　注: 未署年張溥《題詞》。

框 20×14.3 公分,9 行 18 字,白口,左右雙邊,單白魚尾。版心上鐫
書名,中鐫卷次。

館藏信息: RECAP:East Asian Library use only:D33/3447

1891

基本著録: **甌北集:五十三卷**

(Oubei ji:wu shi san juan)

(清)趙翼撰

清乾隆庚戌—嘉慶壬申[乾隆 55 年—嘉慶 17 年,1790—1812]本

八函六十四册;24 公分

館藏本有殘缺:缺《陔餘叢考》卷六至七。

相關責任者: (清)趙翼(Zhao Yi),1727—1814,撰

附　　注: 清乾隆五十五年(1790)錢大昕《序》。

有分析編目記録。

框 17.5×13.9 公分,11 行 21 字,白口,左右雙邊,單黑魚尾。版心
上鐫書名,中鐫卷次。

館藏信息: RECAP:East Asian Library use only:D33/464

總集類

1892

基本著錄： **范文正公忠宣公全集：[七十三卷]**

（Fan Wenzheng gong Zhongxuan gong quan ji：[qi shi san juan]）

（宋）范仲淹撰；（宋）范崇仁撰

清康熙丁亥[46 年,1707]范時崇歲寒堂本

四函三十二册;26 公分

相關責任者： （宋）范仲淹（Fan Zhongyan）,989—1052,撰；（宋）范崇仁（Fan Chong
ren）,1027—1101,撰；（清）范時崇（Fan Shichong）,1663—1721,刻

附　　注： 書名據封面。封面鐫"范文正公忠宣公全集　歲寒堂藏板"。

著者據書名。

清康熙四十六年（1707）范能浚《序》及范時崇《重刻後序》言增補及
刻書事。

框 18.3×14.2 公分,11 行 21 字,白口,左右雙邊,單黑魚尾。版心
中鐫"范文正公集"或"范忠宣公集"及卷次,下鐫"歲寒堂"。

館藏信息： Annex A,Forrestal：D33/773

1893

基本著錄： **文選：六十卷**

（Wen xuan：liu shi juan）

（南朝梁）蕭統選；（唐）李善注

明嘉靖乙酉[4 年,1525]山西晉府養德書院本

六函三十六册;30 公分

相關責任者： （南朝梁）蕭統（Xiao Tong）,501—531,選；（唐）李善（Li Shan）,卒年
689,注

附　　注： 卷端題"晉府勅賜養德書院校正重刊"。

明嘉靖四年（1525）周宣《晉藩重刻文選序》等序言刻書事。

框 22.8×15.3 公分,10 行 22 字,小字雙行,黑口,四周雙邊,雙黑魚
尾。版心中鐫"文選"及卷次。

"小瓏瓏山館收藏書畫印"印記。

館藏信息： East Asian Library(Gest):Rare Books:TD63/263Q

1894

基本著録： **文選:六十卷**

（Wen xuan:liu shi juan）

（唐）李善注;（清）葉樹藩參訂;（清）何焯評點

清乾隆壬辰[37 年,1772]長洲葉樹藩海録軒本

四函二十四册;30 公分

相關責任者： （南朝梁）蕭統（Xiao Tong）,501—531,選;（唐）李善（Li Shan）,卒年
689,注;（清）葉樹藩（Ye Shufan）,1740—1784,參訂;（清）何焯（He
Zhuo）,1661—1722,評點

附　　注： 封面鎸"何義門先生評點　長洲葉涵峯參訂　重刻昭明文選　李善
註　海録軒藏板"。

卷端鎸"梁昭明太子撰　文林郎守太子右内率府録事參軍事崇賢館
直學士臣李善注上長洲葉樹藩星衛氏參訂"。

《凡例》鎸"是書校刻始於己丑秋仲,藏事於壬辰冬季",己丑爲清乾
隆三十四年(1769),壬辰爲乾隆三十七年(1772)。

刻書地據《自序》。

卷一首葉等爲補版。

框 19.6×15 公分,12 行 25 字,小字雙行 37 字,白口,左右雙邊,單黑
魚尾。版心中鎸書名及卷次,下鎸"海録軒"。眉上鎸評。

原鈐"海録軒長洲葉氏圖書"印。

館藏信息： East Asian Library(Gest):Rare Books:TD63/1074Q

1895

基本著録： **文選:十二卷**

（Wen xuan:shi er juan）

（南朝梁）蕭統選;（明）張鳳翼纂注

明萬曆庚辰[8 年,1580]本

四函二十四册;25 公分

相關責任者： （南朝梁）蕭統（Xiao Tong）,501—531,選;（明）張鳳翼（Zhang
Fengyi）,1527—1613,纂注

附　　注：　明萬曆八年(1580)張鳳翼《文選纂註序》言刻書事。

框 18.8×12.9 公分,11 行 22 字,白口,左右雙邊,單白魚尾。版心中鎸"文選"及卷次。

館藏信息：　East Asian Library(Gest)：Rare Books：TD63/1330

1896

基本著録：　**六家文選：六十卷**

(Liu jia Wen xuan：liu shi juan)

(南朝梁)蕭統選；(唐)李善等注

明間(即 1368—1644)本

四函二十册；28 公分

相關責任者：　(南朝梁)蕭統(Xiao Tong),501—531,選；(唐)李善(Li Shan),卒年689,注

附　　注：　卷端題"梁昭明太子蕭統撰　唐李善呂延濟劉良張銑李周翰呂向註　皇明[……]重刊"。

昭明太子《文選序》。唐顯慶三年(658)李善《上文選注表》。唐開元六年(718)呂延祚《進集注文選表》。

此版似據明嘉靖袁氏嘉趣堂本重刻。

框 23.5×16.3 公分,10 行 18 字,小字雙行 26 字,白口,四周單邊。版心中鎸"文選"及卷次,下鎸刻工,如卷一首葉"楊久安"。

鈐"緼眞閣""留耕草堂""桐露堂鑒賞""龍丘南巷余氏藏書印""删瑚閣珍藏印"等印記。

館藏信息：　East Asian Library(Gest)：Rare Books：TD63/1031

1897

基本著録：　**六臣註文選：六十卷**

(Liu chen zhu Wen xuan：liu shi juan)

(南朝梁)蕭統撰；(唐)李善等注

明萬曆間(即 1573—1620)本

六函六十册；27 公分

相關責任者：　(南朝梁)蕭統(Xiao Tong),501—531,撰；(唐)李善(Li Shan),卒年689,注

附　　注：	卷端題"梁昭明太子蕭統撰　唐李善呂延濟劉良張銑李周翰呂向註"。卷六十末題"冰玉堂重校"。卷六十末書名"六臣文選"。
	唐開元六年(718)呂延祚《進五臣集註文選表》。唐顯慶三年(658)李善《上文選註表》。
	字體似明萬曆。
	框20.2×14.8公分,10行18字,小字雙行,白口,四周雙邊,單白魚尾。版心中鎸"文選"及卷次。
	"汲古閣"印記。
館藏信息：	East Asian Library(Gest)：Rare Books：TD63/396

1898

基本著錄：	文選瀹註：三十卷
	(Wen xuan yue zhu：san shi juan)
	(明)孫月峰評閱;(明)閔赤如瀹注;(清)柯維楨重訂
	明崇禎間(約1634—1644)閔氏本
	四函二十四册;30公分
	館藏本有殘缺:有手抄配補。
相關責任者：	(明)孫鑛(Sun Kuang),1542—1613,評閱;(明)閔齊華(Min Qi-hua),瀹注;(清)柯維楨(Ke Weizhen),重訂
附　　注：	BCUO95—B5160有明崇禎七年(1634)錢謙益《序》。
	清康熙二十年(1681)柯維楨《序》。
	閔齊華,字赤如。
	框21×15.2公分,9行19字,白口,四周單邊。版心上鎸書名及卷次,中鎸卷名及篇名。
館藏信息：	East Asian Library(Gest)：Rare Books：TD63/1900Q

1899

基本著錄：	梁昭明文選越裁：十一卷
	(Liang Zhaoming wen xuan yue cai：shi yi juan)
	(清)洪若皋評定
	清康熙甲寅—壬寅[13—61年,1674—1722]本
	四函二十四册;25公分

相關責任者： （清）洪若皋（Hong Ruogao），進士 1655，評定

附　　注： 清康熙十三年（1674）洪氏《自序》。

框 18.6×14 公分，9 行 20 字，白口，四周雙邊，單黑魚尾。版心上鐫
"文選越裁"，中鐫卷次。眉上鐫注。

館藏信息： RECAP：East Asian Library use only：D63/3983

1900

基本著錄： **昭明文選集成：六十卷，卷首**

（Zhaoming wen xuan ji cheng：liu shi juan，juan shou）

（清）方廷珪評點

清乾隆乙酉—乙卯［30—60 年，1765—1795］福建倣范軒本

四函二十四册；26 公分

相關責任者： （清）方廷珪（Fang Tinggui），評點

附　　注： 清乾隆三十年（1765）方廷珪《序》。

卷端又題"男輝祖叔景校刻"。

框 20.9×14.7 公分，9 行 24 字，白口，四周單邊，單黑魚尾。版心上
鐫書名，中鐫卷次，下鐫"倣范軒"。

館藏信息： Annex A，Forrestal：D63/3555

1901

基本著錄： **文選纂註評苑：二十六卷**

（Wen xuan zuan zhu ping yuan：er shi liu juan）

（南朝梁）蕭統選；（明）王世懋刪定；（明）張鳳翼纂注；（明）陸弘祚
輯訂

明萬曆間（約 1596—1620）本

四函二十八册；29 公分

相關責任者： （南朝梁）蕭統（Xiao Tong），501—531，選；（明）王世懋（Wang Shi-
mao），1536—1588，刪定；（明）張鳳翼（Zhang Fengyi），1527—1613，
纂注；（明）陸弘祚（Lu Hongzuo），輯訂

附　　注： 明萬曆二十四年（1596）沈一貫《序》。

與 MHVO01—B720 同版。該書有牌記鐫"克勤齋余碧泉新刊"。

框 22.4×13.8 公分，9 行 18 字，小字雙行同，白口，四周單邊，單黑

魚尾。版心上鎸書名,中鎸卷次。眉欄鎸評。

館藏信息: East Asian Library(Gest):Rare Books:TD63/2451Q

1902

基本著録: **文選纂註評林:十二卷,卷首**

(Wen xuan zuan zhu ping lin:shi er juan,juan shou)

(南朝梁)蕭統選;(明)張鳳翼纂注

明間(約 1580—1644)本

兩函二十四册;28 公分

相關責任者: (南朝梁)蕭統(Xiao Tong),501—531,選;(明)張鳳翼(Zhang Fengyi),1527—1613,纂注

附　　注: 書名據版心及《目録》。

明萬曆八年(1580)張鳳翼《序》。

框 23.3×15.4 公分,11 行 22 字,小字雙行同,白口,四周單邊,單黑魚尾。版心上鎸書名,中鎸卷次。眉欄鎸注。

館藏信息: East Asian Library(Gest):Rare Books:TD63/2804

1903

基本著録: **新刻選文選:二十四卷**

(Xin ke xuan wen xuan:er shi si juan)

(南朝梁)蕭統選;(明)李淳删定、批點

明萬曆丁酉[25 年,1597]本

兩函二十四册;26 公分

相關責任者: (南朝梁)蕭統(Xiao Tong),501—531,選;(明)李淳(Li Chun),删定、批點

附　　注: 附《李衆白先生選文選音注》。

明萬曆二十五年(1597)陳震《序》及胡傅《跋》。

框 22.4×13.7 公分,10 行 20 字,小字雙行同,白口,四周單邊,單黑魚尾。版心上鎸"選文選",中鎸卷次。眉欄鎸注。

館藏信息: East Asian Library(Gest):Rare Books:TD63/3790

1904

基本著録： **文選章句：二十八卷，卷首二卷**

（Wen xuan zhang ju：er shi ba juan，juan shou er juan）

（南朝梁）蕭統撰；（唐）李善注；（明）陳與郊編

明萬曆丁酉［25 年，1597］本

四函三十六册；26 公分

相關責任者： （南朝梁）蕭統（Xiao Tong），501—531，撰；（唐）李善（Li Shan），卒年
689，注；（明）陳與郊（Chen Yujiao），進士 1574，編

附　注： 明萬曆二十五年（1597）陳與郊《序》。

框 20.1×13.7 公分，10 行 20 字，小字雙行同，白口，左右雙邊，單白
魚尾。版心上鎸書名，中鎸卷次。

館藏信息： East Asian Library（Gest）：Rare Books：TD63/3789

1905

基本著録： **新刊文選批評：十四卷**

（Xin kan wen xuan pi ping：shi si juan）

（南朝梁）蕭統選；（明）郭正域批評

明萬曆壬寅［30 年，1602］博古堂本

四函二十六册；28 公分

相關責任者： （南朝梁）蕭統（Xiao Tong），501—531，選；（明）郭正域（Guo
Zhengyu），1554—1612，批評

附　注： 附《新刊文選前集列卷音釋》。

封面鎸"明龍郭先生批評文選考註　壬寅春博古堂刊"，壬寅爲明萬
曆三十年（1602）。

框 21.8×14.1 公分，9 行 18 字，白口，四周單邊，單黑魚尾。版心上
鎸"文選批評"，中鎸"前集"及卷次。眉欄鎸評。

館藏信息： East Asian Library（Gest）：Rare Books：TD63/2477

1906

基本著録： **選賦：六卷**

（Xuan fu：liu juan）

（南朝梁）蕭統選；[（明）郭正域評點]

明間（約 1621—1644）吳興凌氏鳳笙閣本

兩函十册；28 公分

相關責任者： （南朝梁）蕭統（Xiao Tong），501—531，選；（明）郭正域（Guo Zhengyu），1554—1612，評點

附　　注： 無序跋。

此帙缺《名人世次爵里》一卷。

框 20.3×14.7 公分，8 行 18 字，白口，四周單邊。版心上鐫書名，中鐫卷次。眉欄鐫朱墨評語。

館藏信息： East Asian Library（Gest）：Rare Books：TD68/2737

1907

基本著録： 文選删註：十二卷

（Wen xuan shan zhu：shi er juan）

（明）王象乾删訂；（明）余國賓總閲

明萬曆間（即 1573—1620）本

兩函二十四册；29 公分

相關責任者： （明）王象乾（Wang Xiangqian），卒年 1630，删訂；（明）余國賓（Yu Guobin），進士 1574，總閲

附　　注： 書分三節，上欄爲注，中欄爲正文，下欄爲注音。

未署年蕭統《序》。

版本據風格。

框 24.1×15.7 公分，9 行 16 字，白口，四周雙邊，雙黑魚尾。版心上鐫書名，中鐫卷次。

館藏信息： East Asian Library（Gest）：Rare Books：TD63/2418Q

1908

基本著録： 文選尤：十四卷

（Wen xuan you：shi si juan）

（南朝梁）蕭統選；（明）鄒思明評閲；（明）鄒德延校

明天啓壬戌[2 年,1622]本

兩函十四册；26 公分

相關責任者： （南朝梁）蕭統（Xiao Tong），501—531，選；（明）鄒思明（Zou Si-
ming），舉人 1564，評閱；（明）鄒德延（Zou Deyan），校

附　　注： 明天啓二年（1622）鄒思明《叙》言刻書事。

框 19.9×14.7 公分，8 行 18 字，無行格，白口，四周單邊。版心上鐫
書名及卷次。眉上鐫評。

館藏信息： East Asian Library（Gest）：Rare Books：TD63/3636

1909

基本著録： 文選删：十二卷，卷首

（Wen xuan shan：shi er juan，juan shou）

（明）張溥删閱

明崇禎間（約 1631—1644）本

兩函十六册；27 公分

相關責任者： （明）張溥（Zhang Pu），1602—1641，删閱；（明）李一能（Li
Yineng），刻

附　　注： 未署年張溥《古文五删總序》及《文選删序》。

《序》後鐫"金陵李一能刻"。

框 20.1×14.2 公分，9 行 19 字，白口，左右雙邊，單黑魚尾。版心上
鐫書名，中鐫卷次。眉上鐫注。

館藏信息： East Asian Library（Gest）：Rare Books：TD63/3981

1910

基本著録： 玉臺新詠：十卷

（Yu tai xin yong：shi juan）

（隋）徐陵編；（清）吴兆宜原注；（清）程琰删補

清乾隆甲午[39 年，1774]程琰本

一函四册；26 公分

相關責任者： （隋）徐陵（Xu Ling），507—583，編；（清）吴兆宜（Wu Zhaoyi），原注；

（清）程琰（Cheng Yan），進士 1780，删補

附　　注： 封面鐫"玉臺新詠箋註"。

牌記鐫"光緒巳卯宏達坐開雕"。

清乾隆三十九年（1774）程琰《跋》言刻書事。

框 17.6×13.4 公分,10 行 21 字,小字雙行同,白口,四周雙邊,單黑魚尾。版心上鐫書名及卷次。

館藏信息: Annex A,Forrestal:D68/194

1911

基本著錄: 文苑英華:一千卷

(Wen yuan ying hua:yi qian juan)

(宋)李昉,(宋)宋白輯次

明隆慶丁卯[元年,1567]福建胡維新本

二十函一百零一册;28 公分

相關責任者: (宋)李昉(Li Fang),925—996,輯次;(宋)宋白(Song Bai),936—1012,輯次;(明)胡維新(Hu Weixin),進士 1559,刻;(明)劉亨(Liu Heng),刻

附　注: 明隆慶元年(1567)塗澤民《刻文苑英華序》及胡維新《刻文苑英華序》言刻書事。

著者據《目錄》及卷端題。

框 21×15.2 公分,11 行 22 字,白口,四周單邊,單白魚尾。版心上鐫"文苑英華",中鐫卷次,下鐫刻工,如卷一首葉"劉亨"。

與館藏《文苑英華》(TD63/1526)(NJPX92 – B1559)同版。

"江西汪石琴家藏本"印記。

館藏信息: East Asian Library(Gest):Rare Books:TD63/602

1912

基本著錄: 文苑英華:一千卷

(Wen yuan ying hua:yi qian juan)

(宋)李昉,(宋)宋白輯次

明隆慶丁卯[元年,1567]福建胡維新本

二十函一百二十册;27 公分

相關責任者: (宋)李昉(Li Fang),925—996,輯次;(宋)宋白(Song Bai),936—1012,輯次;(明)胡維新(Hu Weixin),進士 1559,刻;(明)劉亨(Liu Heng),刻;(明)塗澤民(Tu Zemin),進士 1544,刻

附　注: 著者據《目錄》及卷端題。

明隆慶元年(1567)塗澤民《刻文苑英華序》及胡維新《刻文苑英華序》言刻書事。

框21.3×15.6公分,11行22字,白口,四周單邊,單白魚尾。版心上鎸"文苑英華",中鎸卷次,下鎸刻工,如卷一首葉"劉亨"。

與館藏《文苑英華》(TD63/602)(NJPX92-B1565)同版。

館藏信息: East Asian Library(Gest):Rare Books:TD63/1526

1913

基本著錄: **文苑英華選:六十卷**

(Wen yuan ying hua xuan:liu shi juan)

(清)宮夢仁訂

清康熙壬午[41年,1702]本

四函二十四册;28公分

相關責任者: (清)宮夢仁(Gong Mengren),進士1673,訂

附　　注: 版刻據《例言》。

清康熙四十三年(1704)宋犖《序》言"瀛洲宮定山先生删選文苑英華為六十卷付剞劂氏既成問序扵余……"。

框18.8×11.3公分,9行24字,白口,左右雙邊,雙黑魚尾。版心上鎸書名,中鎸卷次及文體名。

館藏信息: RECAP:East Asian Library use only:D63/3598

1914

基本著錄: **文苑英華選:六十卷**

(Wen yuan ying hua xuan:liu shi juan)

(清)宮夢仁訂

清康熙壬午[41年,1702]本

三函二十册;26公分

相關責任者: (清)宮夢仁(Gong Mengren),進士1673,訂

附　　注: 封面鎸"瀛州宮定山輯""思敬堂藏板"。是書爲後印本。

版刻據《例言》。

清康熙四十三年(1704)宋犖《序》言"瀛洲宮定山先生删選文苑英華為六十卷付剞劂氏既成問序扵余……"。

框 18.1 × 11.3 公分, 9 行 24 字, 白口, 左右雙邊, 雙黑魚尾。版心上鐫書名, 中鐫卷次及文體名。

館藏信息: Annex A, Forrestal: D63/169

1915

基本著錄: 文苑英華鈔: 十卷

(Wen yuan ying hua chao: shi juan)

(明)周詩雅輯訂

清順治庚子[17 年, 1660]本

兩函十冊; 27 公分

本館藏本不完整: 末葉爲手抄配補。

相關責任者: (明)周詩雅(Zhou Shiya), 進士 1619, 輯訂

附　注: 明崇禎二年(1629)周詩雅《序》言成書事。

CHRR97—B78 有清順治十七年(1660)周起岐《序》言刻書事。

框 21.1 × 15.5 公分, 9 行 21 字, 白口, 四周單邊。版心上鐫書名及卷次, 中鐫文體。

館藏信息: East Asian Library(Gest): Rare Books: TD63/1067

1916

基本著錄: 文苑英華選雋: 二十八卷

(Wen yuan ying hua xuan juan: er shi ba juan)

(明)傅振商選; (明)劉定國訂

明崇禎癸酉[6 年, 1633]本

八函九十六冊; 28 公分

相關責任者: (明)傅振商(Fu Zhenshang), 選; (明)劉定國(Liu Dingguo), 訂

附　注: 書名據《目錄》。正文卷端題"英華賦選"。

明崇禎六年(1633)劉定國《文苑英華選雋題詞》。

框 21.2 × 14.8 公分, 9 行 18 字, 白口, 四周單邊, 單黑魚尾。版心上鐫"英華選雋", 中鐫卷次。

館藏信息: East Asian Library(Gest): Rare Books: TD63/3748

1917

基本著錄：	回文類聚:四卷,織錦圖.回文類聚續編:十卷.
	子目：
	回文類聚:四卷,織錦圖
	(Hui wen lei ju:si juan,zhi jin tu)
	(宋)桑世昌纂次
	回文類聚續編:十卷
	(Hui wen lei ju xu bian:shi juan)
	(清)朱象賢集
	清康熙間(即 1662—1722)本
	一函八冊:圖;25 公分

相關責任者： (宋)桑世昌(Sang Shichang),纂次;(清)朱象賢(Zhu Xiangxian),活動期 17 世紀,集;(清)鄭炳元(Zheng Bingyuan),刻

附　注： 有"蘇蕙小像",并鐫"鄭炳元鐫"。

封面鐫"正續合鐫回文類聚　麟玉堂藏版"。

避"玄"字諱。

框 17.3×13.2 公分,10 行 19 字,綫黑口,左右雙邊,雙黑魚尾。版心中鐫書名及卷次。

館藏信息： Annex A,Forrestal:D68/2940

1918

基本著錄： 文選補遺:四十卷

(Wen xuan bu yi:si shi juan)

(宋)陳仁子輯誦;(宋)譚紹烈纂類

清乾隆丁巳[2 年,1737]湖南省陳文煜本

兩函十六冊;28 公分

相關責任者： (宋)陳仁子(Chen Renzi),輯誦;(宋)譚紹烈(Tan Shaolie),纂類;(清)陳文煜(Chen Wenyu),刻

附　注： 封面鐫"乾隆貳年仲秋""十五世孫文煜重梓餘慶堂藏版"。

《目錄》末有牌記,内鐫"茶陵東山書院刊行"。

清乾隆二年(1737)陳文煜《跋》言重刻書事。

乾隆六年(1741)倪國璉《序》。

明成化十四年(1478)附前明何方伯原牌。

框20.9×14.5公分,10行18字,小字雙行字不同,白口,四周單邊,單黑魚尾。版心中鐫"文補"及卷次。

館藏信息： East Asian Library(Gest)：Rare Books：TD63/302

1919

基本著錄： **詩苑天聲**：[二十二卷]

(Shi yuan tian sheng：[er shi er juan])

(清)范與良評選

清順治庚子[17年,1660]旋采堂本

兩函十二冊;26公分

相關責任者： (清)范與良(Fan Yuliang),評選

附 注： 封面鐫"旋采堂藏[板]"。

清順治十六年(1659)范與良《序》。順治十七年(1660)錢謙益《序》。

分五集,計應制集四卷、館課集六卷、朝堂集七卷、應試集三卷、歷代樂章二卷。

框19.1×14.4公分,10行22字,白口,左右雙邊,單黑魚尾。版心中鐫書名及集名。

館藏信息： East Asian Library(Gest)：Rare Books：TD38/2400

1920

基本著錄： **聽嚶堂選四六新書廣集**：八卷

(Ting ying tang xuan si liu xin shu guang ji：ba juan)

(清)黃始選評;(清)何棟輯

清康熙間(約1670—1722)金陵文治堂本

四函二十四冊;24公分

相關責任者： (清)黃始(Huang Shi),選評;(清)何棟(He Dong),輯;(清)葉華生(Ye Huasheng),刻

附 注： 清康熙九年(1670)黃始書於聽嚶堂《序》。

封面鐫"黃靜御先生選輯 聽嚶堂四六新書廣集",框外鐫"金陵文

治堂金閶葉華生梓行"。

有文治堂龍溪堂告白。

框 19.5×12.1 公分,9 行 24 字,白口,左右雙邊。版心上鐫"四六新書廣集",中鐫卷次及篇名,下鐫"聰嚶堂"。

館藏信息: East Asian Library(Gest):Rare Books:TD73/3577

1921

基本著錄: **奎壁齋選訂詳註古文初集:六卷**

(Kui bi zhai xuan ding xiang zhu gu wen chu ji:liu juan)

(清)王相選注;(清)鄭漢較梓

清康熙丙寅[25 年,1686]金陵鄭漢本

兩函十二冊;24 公分

相關責任者: (清)王相(Wang Xiang),選注;(清)鄭漢(Zheng Han),較梓;(清)鄭元美(Zheng Yuanmei),梓行

附　注: 清康熙二十五年(1686)王相《奎壁古文初集序》。

封面鐫"奎壁古文初集　金陵鄭元美梓行",并鈐"奎壁齋藏版"印。

卷末鐫"金陵奎壁齋訂本　莆陽鄭氏較梓",鈐"戊寅""鄭漢"印記。

框 18.8×13 公分,10 行 21 字,小字雙行同,白口,左右雙邊。版心上鐫"奎壁古文初集",下鐫卷次。

館藏信息: RECAP:East Asian Library use only:D73/3982

1922

基本著錄: **御定歷代賦彙:一百四十卷,外集二十卷,附逸句二卷,補遺二十二卷**

(Yu ding li dai fu hui:yi bai si shi juan,wai ji er shi juan,fu yi ju er juan,bu yi er shi er juan)

(清)陳元龍編輯

清康熙丙戌[45 年,1706]北京内府本

四函五十冊;26 公分

相關責任者: (清)陳元龍(Zhen Yuanlong),1652—1736,編輯

附　注: 清康熙四十五年(1706)《御製序》。

框 18.8×14.1 公分,11 行 21 字,黑口,左右雙邊,單黑魚尾。版心中鐫"歷代賦彙"、卷次及小題。

館藏信息： RECAP：East Asian Library use only：D68/2066

1923

基本著錄： **御定歷代賦彙：一百四十卷，外集二十卷，附逸句二卷，補遺二十二卷**

（Yu ding li dai fu hui：yi bai si shi juan，wai ji er shi juan，fu yi ju er juan，bu yi er shi er juan）

（清）陳元龍編輯

清康熙丙戌[45 年，1706]北京内府本

八函六十四册；26 公分

相關責任者： （清）陳元龍（Zhen Yuanlong），1652—1736，編輯；（清）甘鵬雲（Gan Pengyun），生年 1861，收藏

附　　注： 清康熙四十五年（1706）《御製序》。

有抄配。

框 18.8×14.1 公分，11 行 21 字，黑口，左右雙邊，單黑魚尾。版心中鐫"歷代賦彙"、卷次及小題。

有"潛江甘鵬雲藥樵收藏書籍章"等印記。

館藏信息： East Asian Library（Gest）：TD68/842

1924

基本著錄： **御定歷代題畫詩類：一百二十卷**

（Yu ding li dai ti hua shi lei：yi bai er shi juan）

（清）陳邦彥校刊

清康熙丁亥[46 年，1707]揚州詩局本

六函四十八册；25 公分

相關責任者： （清）陳邦彥（Chen Bangyan），1678—1752，校刊

附　　注： 清康熙四十六年（1707）《御製序》言刻書事。

框 18.5×12.9 公分，11 行 23 字，黑口，左右雙邊，單黑魚尾。版心中鐫"歷代題畫詩類"、卷次及類名。

館藏信息： Annex A，Forrestal：D68/3694

1925

基本著錄： **佩文齋詠物詩選：[四百八十六卷]**

（Pei wen zhai yong wu shi xuan：［si bai ba shi liu］）

（清）張玉書等彙閱；（清）汪霦等編輯

清康熙丁亥［46 年,1707］揚州詩局本

四函二十四册;24 公分

相關責任者： （清）張玉書（Zhang Yushu）,1642—1711,彙閱；（清）汪霦（Wang Bin）,進士 1676,編輯；（清）甘鵬雲（Gan Pengyun）,生年 1861,收藏

附　　注： 書共四百八十六類。

著者據《職名表》。

清康熙四十六年（1707）高興《御定佩文齋詠物詩選告成進呈表》言刻書事。

框 16.7 × 11.5 公分,11 行 21 字,白口,左右雙邊,雙黑魚尾。版心上鐫類名,中鐫書名。

鈐“崇雅堂藏書”印記。

館藏信息： Annex A,Forrestal：D68/1571

1926

基本著錄： **讀書堂精選古文晨書：十二卷**

（Du shu tang jing xuan gu wen chen shu：shi er juan）

（清）徐陳發,（清）宋景琛評選

清康熙間（約 1692—1722）徐陳發讀書堂本

一函六册;26 公分

相關責任者： （清）徐陳發（Xu Zhenfa）,評選；（清）宋景琛（Song Jingchen）,評選

附　　注： 清康熙三十一年（1692）尤侗《序》。

徐陳發書於讀書堂《自序》。

封面鐫“古文晨書”“讀書堂藏板”,鈐“石經樓圖書”印。

框 19 × 13.8 公分,9 行 21 字,小字雙行同,黑口,四周單邊,單黑魚尾。版心上鐫“古文晨書”,中鐫卷次及所選書名。

館藏信息： RECAP：East Asian Library use only：D73/2985

1927

基本著錄： **唐宋八大家文分體讀本：［二十五卷］**

（Tang Song ba da jia wen fen ti du ben：［er shi wu juan］）

（清）汪份定

清康熙己亥［58 年,1719］姑蘇遜喜齋本

六函六十六册;28 公分

相關責任者： （清）汪份（Wang Fen）,1655—1721,定

附　　注： 第一集八卷、第二集八卷、第三集八卷、別附一卷。

封面鐫"康熙五十八年新鐫",鈐"姑蘇閶門内大街中街路西首數家退思堂發兑"印。

清康熙五十八年(1719)汪份《序》。

框 20.3×11.6 公分,8 行 24 字,白口,左右雙邊,單黑魚尾。版心中鐫"八家文讀本"及集次,下鐫"遜喜齋"。

館藏信息： Annex A,Forrestal:D63/3888

1928

基本著録： **近光集:二十八卷**

（Jin guang ji:er shi ba juan）

（清）汪士鋐編纂;（清）徐修仁參注

清康熙己亥［58 年,1719］本

一函八册;27 公分

相關責任者： （清）汪士鋐（Wang Shihong）,編纂;（清）徐修仁（Xu Xiuren）,參注

附　　注： 清康熙五十八年(1719)汪士鋐《序》。

框 16.4×12.8 公分,9 行 19 字,下黑口,左右雙邊,單黑魚尾。版心上鐫書名,中鐫卷次及類名。

館藏信息： RECAP:East Asian Library use only:D68/1371

1929

基本著録： **詩林韶濩選:二十卷**

（Shi lin shao hu xuan:er shi juan）

（清）顧嗣立原本;（清）周煌重選

清乾隆甲申—乙卯［29—60 年,1764—1795］本

一函四册;26 公分

館藏本有殘缺:存卷一至六。

相關責任者： （清）顧嗣立（Gu Sili）,進士 1712,原本;（清）周煌（Zhou Huang）,卒

年 1784,重選

附　注：　　清乾隆二十九年(1764)周煌《叙》。

框 19.4×13.5 公分,10 行 24 字,白口,單黑魚尾,左右雙邊。版心
上鐫書名,中鐫卷次及類目。

館藏信息：　　Annex A,Forrestal:D68/3367

1930

基本著録：　　**八代詩挨:五卷,補遺**

（Ba dai shi kui:wu juan,bu yi）

(清)陸奎勳選;(清)張逢年重校

清康熙壬辰[51 年,1712]陸奎勳本

一函兩册;28 公分

相關責任者：　　(清)陸奎勳(Lu Kuixun),1663—1738,選;(清)張逢年(Zhang Pang-
nian),重校

附　注：　　卷五末清康熙五十一年(1712)陸奎勳《識語》。

清乾隆十八年(1753)張逢年《跋》言修補事。

封面鐫"乾隆癸酉重鐫　懷永堂藏板"。

懷永堂爲張逢年室名。

佚名朱筆批校,鈐"許氏味青珍藏書畫金石文字之印"印。

框 18.9×14.3 公分,11 行 21 字,白口,左右雙邊,單黑魚尾。版心
中鐫書名及卷次。

館藏信息：　　Annex A,Forrestal:D68/192

1931

基本著録：　　**古文雅正:十四卷**

（Gu wen ya zheng:shi si juan）

(清)蔡世遠選評

清雍正乙巳[3 年,1725]長洲朱可亭本

一函八册;24 公分

相關責任者：　　(清)蔡世遠(Cai Shiyuan),選評;(清)朱軾(Zhu Shi),刻

附　注：　　清雍正三年(1725)蔡世遠《序》言刻書事。

封面鐫"念修堂藏版"。

框 20.1×11.7 公分,8 行 24 字,白口,左右雙邊,單黑魚尾。版心上鐫書名,中鐫卷次。

館藏信息： RECAP:East Asian Library use only:D73/3255

1932

基本著録： 古文約選

（Gu wen yue xuan）

（清）允禮選

清雍正癸丑[11 年,1733]北京果親王府本

四函二十四册;30 公分

相關責任者： （清）允禮（Yunli）,1697—1738,選

附　　注： 書名、著者及版本據清雍正十一年（1733）《序》。

正文卷端第一行上鐫篇名,下鐫"果親王府選刻"。

未避"弘"字諱。

不分卷。

框 21.2×13.9 公分,9 行 19 字,白口,四周雙邊,單黑魚尾。版心上鐫篇名,中鐫文章作者名。

館藏信息： East Asian Library（Gest）:Rare Books:TD73/3344Q

1933

基本著録： 古文約選

（Gu wen yue xuan）

（清）允禮選

清雍正間（約 1733—1735）本

四函二十四册;27 公分

相關責任者： （清）允禮（Yunli）,1697—1738,選

附　　注： 書名、版本及著者據清雍正十一年（1733）《序》。

正文卷端第一行上鐫篇名,下鐫"果親王府選刻"。

未避"弘"字諱。

疑爲翻刻雍正十一年（1733）原本。

框 17.2×13.5 公分,9 行 19 字,白口,四周雙邊,單黑魚尾。版心上鐫篇名,中鐫文章作者名。

館藏信息： East Asian Library(Gest):Rare Books:TD73/843

1934

基本著録： 古文眉詮:七十九卷

（Gu wen mei quan:qi shi jiu juan）

（清）浦起龍論次

清乾隆辛酉—甲子[6—9 年,1741—1744]三吳書院本

四函三十二册;29 公分

相關責任者： （清）浦起龍（Pu Qilong）,1679—約 1762,論次

附　　注： 共計二十七抄,七十九卷,八百有七篇文。

清乾隆九年（1744）浦起龍《緣起》言刻書事。

框 22.4×13.9 公分,9 行 22 字,白口,左右雙邊。版心上鎸書名及卷次,中鎸抄目,下鎸"三吳書院"。眉欄鎸評注。

館藏信息： RECAP:East Asian Library use only:D93/3512

1935

基本著録： 羣芳詩鈔:八卷

（Qun fang shi chao:ba juan）

（明）王象晉輯;（清）俞鵬程增選;（清）郝璋參閱

清乾隆辛巳[26 年,1761]郝璋本

一函八册;24 公分

相關責任者： （明）王象晉（Wang Xiangjin）,進士 1604,輯;（清）俞鵬程（Yu Pengcheng）,增選;（清）郝璋（Hao Zhang）,參閱

附　　注： 清乾隆二十六年（1761）郝璋《叙》言刻書事。

框 17.8×13.5 公分,10 行 18 字,白口,左右雙邊,單黑魚尾。版心上鎸書名,中鎸卷次。

館藏信息： RECAP:East Asian Library use only:D68/3455

1936

基本著録： 斯文精萃

（Si wen jing cui）

[（清）尹繼善輯]

清乾隆間(約1764—1795)本

一函十一冊;23公分

相關責任者: (清)尹繼善(Yin Jishan),1696—1771,輯

附　注: ONTG95—B8742有清乾隆二十九年(1764)尹繼善《序》。

版本據風格。

框18.3×12.4公分,8行21字,白口,左右雙邊或四周單邊。版心上鐫書名,中鐫類名。

館藏信息: Annex A,Forrestal:D63/3295

1937

基本著錄: **切問齋文鈔:三十卷**

(Qie wen zhai wen chao:san shi juan)

(清)陸耀輯

清乾隆乙未[40年,1775]本

一函四冊;28公分

館藏本有殘缺:存卷十三、十四、二十二至三十。

相關責任者: (清)陸耀(Lu Yao),1723—1785,輯

附　注: (卷十三)框18.6×14.6公分,12行25字,白口,左右雙邊,單黑魚尾。版心中鐫書名及卷次。

館藏信息: RECAP:East Asian Library use only:C328/018. bhcz

1938

基本著錄: **兩漢文刪:二十四卷**

(Liang Han wen shan:er shi si juan)

(清)宗元豫選;(清)吳榮芝參

清康熙間(約1676—1722)宛委山房本

兩函二十五冊;27公分

相關責任者: (清)宗元豫(Zong Yuanyu),選;(清)吳榮芝(Wu Rongzhi),參

附　注: 清康熙十五年(1676)汪琬《序》等序。

封面鐫"宛委山房藏板",鈐"宛委山房圖書"印記。

框19.7×14.4公分,9行20字,白口,左右雙邊,單白魚尾。版心上鐫書名,中鐫卷次及卷名。

館藏信息： RECAP：East Asian Library use only：B137/3774

1939

基本著錄： **唐詩類苑：二百卷**

（Tang shi lei yuan：er bai juan）

（明）張之象纂輯；（明）趙應元編次

明間（約 1601—1644）本

八函四十八册；26 公分

相關責任者： （明）張之象（Zhang Zhixiang），1507—1587，纂輯；（明）趙應元（Zhao Yingyuan），編次；（明）毛晉（Mao Jin），1599—1659，補訂；（明）曹仁孫（Cao Rensun），校正；（清）吳榮芝（Wu Rongzhi），重輯

附　注： 明萬曆二十九年（1601）趙應元《刻唐詩類苑序》。

正文卷端又題“毛晉補訂　曹仁孫校正　吳榮芝重輯”。

補版避“玄”字諱。

框 21×13.8 公分，10 行 20 字，白口，四周雙邊，單黑魚尾。版心上鐫書名，中鐫卷次。

館藏信息： East Asian Library（Gest）：Rare Books：TD68/782

1940

基本著錄： **唐詩類苑：二百卷**

（Tang shi lei yuan：er bai juan）

（明）張之象纂輯；（明）趙應元編次

明間（約 1601—1644）本

五函四十册；26 公分

相關責任者： （明）張之象（Zhang Zhixiang），1507—1587，纂輯；（明）趙應元（Zhao Yingyuan），編次；（清）毛晉（Mao Jin），1599—1659，補訂；（明）曹仁孫（Cao Rensun），校正；（清）吳榮芝（Wu Rongzhi），重輯

附　注： 明萬曆二十九年（1601）趙應元《刻唐詩類苑序》。

正文卷端又題“毛晉補訂　曹仁孫校正　吳榮芝重輯”。

補版避“玄”字諱。

框 21×13.8 公分，10 行 20 字，白口，四周雙邊，單黑魚尾。版心上鐫書名，中鐫卷次。

館藏信息： Annex A , Forrestal : D68／854

1941

基本著錄： 唐人選唐詩：八種［二十三卷］

（Tang ren xuan Tang shi：ba zhong［er shi san juan］）

（清）毛晉輯

清康熙癸酉［32 年,1693］黃虞學稼草堂本

四函二十四冊;26 公分

相關責任者： （清）毛晉（Mao Jin）,1599—1659,輯;（清）黃虞（Huang Yu）,刻

附　　注： 書名及著者據明崇禎元年（1628）魏浣初《唐人選唐詩序》。

清康熙三十二年（1693）黃虞識於學稼草堂《自識》言刻書事。

框 18.6×13.6 公分,8 行 19 字,白口,左右雙邊。卷端版心上鐫“御

覽詩”,下鐫“學稼草堂”。

館藏信息： RECAP：East Asian Library use only：D68／2488

1942

基本著錄： 全唐詩：［九百卷,目錄十二卷］

（Quan Tang shi：［jiu bai juan,mu lu shi er juan］）

［（清）曹寅等輯］

清康熙丁亥［46 年,1707］揚州詩局本

十二函一百二十冊;24 公分

相關責任者： （清）曹寅（Cao Yin）,1658—1712,輯

附　　注： 清康熙四十六年（1707）《御製全唐詩序》。

“弘”諱作“宏”。

框 16.6×11.7 公分,11 行 21 字,綫黑口,左右雙邊,雙黑魚尾。版

心中鐫書名及小題。

館藏信息： Annex A , Forrestal : D68／537

1943

基本著錄： 全唐詩：［九百卷,目錄十二卷］

（Quan Tang shi：［jiu bai juan,mu lu shi er juan］）

［（清）曹寅等輯］

清康熙丁亥［46 年,1707］揚州詩局本

十二函一百十七册;24 公分

館藏本有殘缺:配兩部書,未完全。

相關責任者: (清)曹寅(Cao Yin),1658—1712,輯;(清)彭年(Peng Nian),重修

附　　注: 清康熙四十六年(1707)《御製全唐詩序》。

"弘"諱作"宏"。

《校閲刊刻官職名表》末鎸"道光十年……彭年重修"。

框 17.1×11.7 公分,11 行 21 字,綫黑口,左右雙邊,雙黑魚尾。版心中鎸書名及小題。

此帙配清道光十年(1830)彭年刻本。

館藏信息: Annex A,Forrestal:D68/2222

1944

基本著録: **御選唐詩:三十二卷,目録［三卷］**

(Yu xuan Tang shi;san shi er juan,mu lu［san juan］)

清康熙癸巳［52 年,1713］北京武英殿本

十五册;28 公分

附　　注: 清康熙五十二年(1713)《御選唐詩序》。

卷三十二有補編。

有武英殿監造官名單。

框 19×12.6 公分,7 行 17 字,小字雙行字不等,白口,四周雙邊,單黑魚尾。版心上鎸書名,中鎸卷次。

館藏信息: RECAP:East Asian Library use only:D68/888

1945

基本著録: **御選唐詩:三十二卷,目録［三卷］**

(Yu xuan Tang shi;san shi er juan,mu lu［san juan］)

清康熙癸巳［52 年,1713］北京武英殿本

十六册;28 公分

附　　注: 清康熙五十二年(1713)《御選唐詩序》。

卷三十二有補編。

有武英殿監造官名單。

框 19×12.6 公分,7 行 17 字,小字雙行字不等,白口,四周雙邊,單黑魚尾。版心上鎸書名,中鎸卷次。

館藏信息： RECAP：East Asian Library use only：D68/801

又一部：RECAP：East Asian Library use only：D68/888x

1946

基本著錄： **而菴說唐詩：二十二卷**

（Er'an shuo Tang shi：er shi er juan）

（明）徐增述

清康熙間（即 1662—1722）九誥堂本

兩函十二冊；26 公分

相關責任者： （明）徐增（Xu Zeng），17 世紀，述

附　　注： 封面鎸"說唐詩""九誥堂"。

清康熙元年（1662）徐增《自序》。

避"玄"字諱。

框 20.4×13.8 公分,9 行 19 字,白口,左右雙邊,單黑魚尾。版心上鎸書名,中鎸卷次及詩體名,下鎸"九誥堂"。

館藏信息： RECAP：East Asian Library use only：D68/3746

1947

基本著錄： **唐賢三昧集：[三卷]**

（Tang xian san mei ji：[san juan]）

（清）王士禎選

清乾隆丁未[52 年,1787]吳煊聽雨齋本

一函三冊；25 公分

相關責任者： （清）王士禎（Wang Shizhen），1634—1711，選；（清）吳煊（Wu Xuan），刻

附　　注： 卷分上中下。

封面鎸"王阮亭先生選本　唐賢三昧集箋註　聽雨齋雕"。

清乾隆五十二年（1787）吳煊書於聽雨齋《序》。

框 17.5×13.9 公分,10 行 21 字,白口,左右雙邊,單黑魚尾。版心上鎸"三昧集箋註",中鎸卷次,下鎸"聽雨齋"。

館藏信息： Annex A, Forrestal：D68/1500

1948

基本著録： **删定唐詩解：二十四卷**

（Shan ding Tang shi jie：er shi si juan）

（明）唐汝詢選釋；（清）吳昌祺評定；（清）陳文照，（清）李九錫參校

清康熙辛巳［40 年，1701］陳修夏本

兩函十四册；26 公分

相關責任者： （明）唐汝詢（Tang Ruxun），選釋；（清）吳昌祺（Wu Changqi），評定；

（清）陳文照（Chen Wenzhao），參校；（清）李九錫（Li Jiuxi），參校；

（清）陳修夏（Chen Xiuxia），刻

附　　注： 清康熙四十年（1701）吳昌祺《自序》言刻書事。

封面鐫“誦懿堂藏板”。

框 22.3×14.6 公分，9 行 21 字，白口，左右雙邊，單黑魚尾。版心上

鐫書名，中鐫卷次。

館藏信息： RECAP：East Asian Library use only：D68/3556

1949

基本著録： **唐詩百名家全集：［三百三十一卷］**

（Tang shi bai ming jia quan ji：［san bai san shi yi juan］）

（清）席啓寓編

清康熙壬子—壬午［11—41 年，1672—1702］席氏琴川書屋本

八函六十四册；25 公分

相關責任者： （清）席啓寓（Xi Qiyu），卒年 1703，編

附　　注： 書名據《總目》。

封面題書名及“琴川書屋校刊”。

清康熙四十一年（1702）席氏《自序》曰：“凡閲三十餘年而百家之刻

始成。”

框 16.7×13.5 公分，10 行 18 字，白口，左右雙邊，單黑魚尾。版心

中鐫集名。

館藏信息： Annex A, Forrestal：D68/2702

1950

基本著録:	**唐詩百名家全集:三百三十一卷**

（Tang shi bai ming jia quan ji:san bai san shi yi juan）

（清）席啓寓編

清康熙間（約1672—1702）席氏琴川書屋本

一函六册;31公分

館藏本有殘缺:存五種。

相關責任者: （清）席啓寓（Xi Qiyu），卒年1702,編;（唐）項斯（Xiang Si）;（唐）杜荀鶴（Du Xunhe）,846—907;（唐）錢起（Qian Qi）;（唐）顧非熊（Gu Feixiong）,8/9世紀;（唐）儲嗣宗（Chu Sizong）;（清）何焯（He Zhuo）,1661—1722,題識

附　　注: 《項斯詩集》,版心中鐫"項斯詩集",卷端不題撰人名氏。卷末有何焯《題識》,曰:"康熙丙戌得毛豹孫宋刻影鈔本校過。席氏所刻唐詩,此集最善。"框17×13.2公分。

《杜荀鶴文集》,版心中鐫"荀鶴詩",大題下鐫"唐風集"。卷三末有何焯《題識》,曰:"康熙壬申十二月二十六日對默庵馮先生鈔本校一過。無勇。"又曰:"此刻獨照北宋本,默庵所有鈔本不如也。間有一、二宋本誤處或當商論,卻不可反以近人所見疑之。校後二十一年壬辰二月焯又記。"

《錢考功詩集》,版心中鐫"考功詩""考功補遺詩",卷端題"尚書考功郎中吳興錢起"。框16.5×13.3公分。有何氏朱筆批校。

《顧非熊詩集》,版心中鐫"非熊集"。大題下小字雙行注"顧況之子大中盱眙簿棄官隱茅山"。卷末（第十四葉左）鐫"東山席氏悉從宋本刊於琴川書屋",長方形四周雙邊篆文木記。框17×13.3公分。

《儲嗣宗詩集》,版心中鐫"儲嗣宗集"。卷末有何焯《題識》,曰:"康熙丙戌秋日得毛仲章宋刻影鈔本校過。"框17×13.3公分。

總集名、卷數、編輯人、版本參據館藏D—68/2702。

10行18字,白口,左右雙邊,單黑魚尾。版心中鐫子集書名及卷次。

清何焯校并題識。

館藏信息: East Asian Library（Gest）:Rare Books:TD68/2702xQ

1951

基本著錄:	唐詩貫珠:六十卷
	(Tang shi guan zhu:liu shi juan)
	(清)胡以梅箋;(清)胡之熾校訂
	清康熙間(約 1715—1722)胡氏素心堂本
	三函四十册;27 公分
相關責任者:	(清)胡以梅(Hu Yimei),箋;(清)胡之熾(Hu Zhichi),校訂
附　　注:	封面鎸"唐詩貫珠箋釋　本衙藏板翻刻必究"。
	清康熙五十四年(1715)胡以梅《唐詩貫珠箋》。
	框 20×14.3 公分,9 行 23 字,白口,左右雙邊,單黑魚尾。版心中鎸
	書名、卷次及卷名,下鎸"素心堂"。
館藏信息:	RECAP:East Asian Library use only:D68/3814

1952

基本著錄:	十三唐人詩:十五卷. 八劉唐人詩:八卷.
	子目:
	十三唐人詩:十五卷
	(Shi san Tang ren shi:shi wu juan)
	(清)劉云份輯
	八劉唐人詩:八卷
	(Ba Liu Tang ren shi:ba juan)
	(清)劉云份輯
	清康熙癸未[42 年,1703]本
	兩函十二册;27 公分
相關責任者:	(清)劉云份(Liu Yunfen),輯
附　　注:	書名據《目錄》。
	著者據劉云份未署年《叙》。
	清康熙四十二年(1703)李翰熙《序》言刻書事。
	框 18.5×14.4 公分,9 行 19 字,白口,左右雙邊。版心上鎸"中唐
	詩"或"晚唐詩"及卷名,下鎸"野香堂"。
館藏信息:	East Asian Library(Gest):Rare Books:TD68/1033

1953

基本著錄：　　　［宋人二十家題跋：七十六卷］

（［Song ren er shi jia ti ba：qi shi liu juan］）

（清）毛晉訂

明崇禎間（即 1628—1644）常熟毛氏汲古閣本

八函六十四册；27 公分

相關責任者：　（清）毛晉（Mao Jin），1599—1659，訂

附　　　注：　《目錄》爲手抄配補。

題目據手寫《目錄》，疑爲後人自擬。

各篇後皆有毛晉《識語》。

框 19×13.7 公分，8 行 19 字，白口，左右雙邊。版心中鐫篇名、卷

次，下鐫“汲古閣”。

館藏信息：　　East Asian Library（Gest）：Rare Books：TD63/551

1954

基本著錄：　　　宋詩鈔：［四集九十五卷］

（Song shi chao：［si ji jiu shi wu juan］）

（清）吕留良等輯

清康熙辛亥［10 年，1671］吴之振鑒古堂本

五函三十册；26 公分

相關責任者：　（清）吕留良（Lü Liuliang），1629—1683，輯；（清）吴之振（Wu

Zhizhen），1640—1717，刻

附　　　注：　書名據《目錄》，分爲初集、二集、三集、四集。《中國叢書綜録》合

著録爲《宋詩鈔初集》。

清康熙十年（1671）吴之振書於鑒古堂《序》言刻書事。

框 17.5×13.8 公分，12 行 22 字，黑口，左右雙邊，雙黑魚尾。版心

中鐫子書名。

館藏信息：　　East Asian Library（Gest）：Rare Books：TD68/160

1955

基本著錄：　　　宋詩鈔：［四集九十五卷］

（Song shi chao：［si ji jiu shi wu juan］）

（清）吕留良等輯

清康熙辛亥［10 年,1671］吴之振鑒古堂本

四函二十四册;26 公分

相關責任者： （清）吕留良（Lü Liuliang）,1629—1683,輯；（清）吴之振（Wu Zhizhen）,1640—1717,刻

附　　注： 書名據《目録》,分爲初集、二集、三集、四集。《中國叢書綜録》合著録爲《宋詩鈔初集》。

封面鎸"吕晚村吴孟舉吴自村同選　宋詩鈔初集　州錢吴氏鑒古堂藏"。

清康熙十年(1671)吴之振書於鑒古堂《序》及《凡例》言刻書事。

框 17.5×13.8 公分,12 行 22 字,黑口,左右雙邊,雙黑魚尾。版心中鎸子書名。

館藏信息： East Asian Library（Gest）：Rare Books：TD68/768

1956

基本著録： 宋十五家詩選：［十六卷］

（Song shi wu jia shi xuan：［shi liu juan］）

（清）陳訏輯

清康熙癸酉［32 年,1693］東吴陳訏師簡堂本

四函二十四册;26 公分

相關責任者： （清）陳訏（Chen Xu）,1650—1722,輯

附　　注： 封面鎸"宋十五家詩",鈐"師簡堂"及"東吴文獻世家"印。

清康熙三十二年(1693)陳訏書於師簡堂《叙》。

框 19.6×14.1 公分,11 行 22 字,小字雙行同,黑口,左右雙邊,雙黑魚尾。版心中鎸卷名。

館藏信息： RECAP：East Asian Library use only：D68/2922

1957

基本著録： 宋十五家詩選：［十六卷］

（Song shi wu jia shi xuan：［shi liu juan］）

（清）陳訏輯

清康熙癸酉[32 年,1693]東吳陳訏師簡堂本

兩函十二冊;27 公分

相關責任者: (清)陳訏(Chen Xu),輯

附　　注: 封面鎸"宋十五家詩",鈐"師簡堂"及"東吳文獻世家"印。

清康熙三十二年(1693)陳訏書於師簡堂《叙》。

框 19.6×14.1 公分,11 行 22 字,小字雙行同,黑口,左右雙邊,雙黑魚尾。版心中鎸卷名。

館藏信息: RECAP:East Asian Library use only:D68/3078

1958

基本著録: [宋百家詩存:二十卷]

([Song bai jia shi cun:er shi juan])

[(清)曹庭棟選]

清乾隆辛酉[6 年,1741]曹庭棟二六書堂本

一函四冊;25 公分

館藏本有殘缺:存 8 種。

相關責任者: (清)曹庭棟(Cao Tingdong),1699—1785,選

附　　注: 各子目前附著者小傳。

書名、著者及版本據 NYCP92—B1289。

框(《穆參軍集》)17.7×13 公分,11 行 21 字,白口,左右雙邊,單黑魚尾。版心中鎸子目書名。

館藏信息: Annex A,Forrestal:D68/3265

1959

基本著録: 元詩選:[三集二十六卷]

(Yuan shi xuan:[san ji er shi liu juan])

(清)顧嗣立集

清康熙甲戌—庚子[33—59 年,1694—1720]顧嗣立秀野草堂本

六函四十二冊;25 公分

相關責任者: (清)顧嗣立(Gu Sili),進士 1712,集

附　　注: 初集計甲至壬九集,二集計甲至丙、戊至壬八集,三集計甲至丙、戊至壬八集。

二集、三集封面分別題"秀野草堂藏版"。

初集卷端題"長洲顧嗣立俠君集"。二集、三集卷端未題著者。

初集有清康熙三十二年(1693)宋犖《序》,康熙三十三年(1694)顧嗣立《凡例》。二集有康熙四十一年(1702)顧嗣立《序》。三集有康熙五十九年(1720)顧嗣立《序》。

《序》及《凡例》提刻書事。

(初集)框 19.5×14.7 公分,(二集)框 18.5×15 公分,(三集)框 18.9×15 公分,13 行 23 字,白口,左右雙邊,順黑魚尾。版心中鎸書名及小題,下鎸"秀野草堂"。

"皖南張氏師亮之印""養雲石山房珍藏書籍"印記。

館藏信息：　Annex A, Forrestal : D68/1055

1960

基本著録：　**元詩選:〔十卷〕,卷首**

(Yuan shi xuan:〔shi juan〕,juan shou)

(清)顧嗣立集

清康熙甲戌〔33 年,1694〕顧嗣立秀野草堂本

四函三十二册;26 公分

相關責任者：　(清)顧嗣立(Gu Sili),進士 1712,集

附　　注：　以天干分集,癸集未刻。《目錄》中癸集後注"續出"。

封面題"長洲顧俠君選元百家詩集　秀埜艸堂藏版"。

清康熙三十二年(1693)宋犖《序》。康熙三十三年(1694)顧嗣立《凡例》。

《序》及《凡例》均提刻書事。

框 19.2×14.5 公分,13 行 23 字,白口,左右雙邊,順黑魚尾。版心中鎸書名及小題,下鎸"秀野草堂"。

館藏信息：　RECAP: East Asian Library use only : D68/780

1961

基本著録：　**九大家詩選:十二卷**

(Jiu da jia shi xuan:shi er juan)

(清)陳英,(清)李昂枝評選

清順治庚子[17年,1660]古吳李德舜服古堂本

兩函十二冊;25公分

相關責任者: (清)陳莢(Chen Jia),評選;(清)李昂枝(Li Angzhi),評選;(清)李
德舜(Li Deshun),刻

附　　注: 《目錄》卷一《古樂府》下鐫"古吳李德舜繡鐫",版心下鐫"服古堂"。
清順治十七年(1660)李昂枝《序》及未署年陳莢《序》皆言集書事。
附《凡例》。

框18.9×14.3公分,9行19字,白口,四周雙邊。版心上鐫書名及
卷次,下鐫詩體。

館藏信息: East Asian Library(Gest):Rare Books:TD68/3865

1962

基本著錄: **四傑詩選**

(Si jie shi xuan)

(清)姚佺,(清)孫枝蔚選

清間(約1651—1662)本

兩函十六冊;26公分

相關責任者: (清)姚佺(Yao Quan),選;(清)孫枝蔚(Sun Zhiwei),1620—1687,選

附　　注: 書名據版心。

不諱"玄""弘"。

《凡例》言"……辛卯春卒業……",辛卯當爲清順治八年(1651)。

框18.5×13.3公分,8行20字,小字雙行同,白口,左右雙邊,單黑
魚尾。版心上鐫"四傑詩選",中鐫子目。

館藏信息: East Asian Library(Gest):Rare Books:TD68/2590

1963

基本著錄: **賴古堂名賢尺牘新鈔:十二卷**

(Lai gu tang ming xian chi du xin chao:shi er juan)

(清)周亮工輯

清康熙間(即1662—1722)賴古堂本

一函六冊;25公分

相關責任者: (清)周亮工(Zhou Lianggong),1612—1672,輯

附　注：　清康熙元年(1662)賴古堂《尺牘新鈔選例》。

賴古堂爲周亮工之堂號。

《目錄》未避"玄"字諱。

框20×13.6公分,9行20字,綫黑口,四周單邊,單白魚尾。版心上鎸"尺牘新鈔",中鎸卷次,下分別鎸"賴古堂訂"。

館藏信息：　East Asian Library(Gest);Rare Books;TD73/3678

1964

基本著錄：　賴古堂名賢尺牘新鈔:十二卷. 二選藏弆集:十六卷. 三選結隣集:十六卷.

子目：

賴古堂名賢尺牘新鈔:十二卷

(Lai gu tang ming xian chi du xin chao;shi er juan)

［(清)周亮工輯］;(清)高阜等選;(清)周在浚等抄

二選藏弆集:十六卷

(Er xuan cang ju ji;shi liu juan)

［(清)周亮工輯］;(清)高阜等選;(清)周在浚等抄

三選結隣集:十六卷

(San xuan jie lin ji;shi liu juan)

［(清)周亮工輯］;(清)高阜等選;(清)周在浚等抄

清康熙間(即1662—1722)賴古堂本

一函十一册;23公分

館藏本有殘缺:《新鈔》缺卷七至八,《藏弆集》缺卷二至五、九至十一,《結隣集》缺卷一至五、卷十一至十六。

相關責任者：　(清)周亮工(Zhou Lianggong),1612—1672,輯;(清)高阜(Gao Fu),選;(清)周在浚(Zhou Zaijun),生年1640,抄

附　注：　卷端題"昇州高阜康生羅燿星子選　豫儀周在浚雪客周在梁園客鈔"。《藏弆集》卷端題"豫儀周在梁園客周在浚雪客周在延津客鈔"。

清康熙元年(1662)賴古堂《尺牘新鈔選例》言刻書事。

賴古堂爲周亮工之堂號。

《目錄》避"玄"字諱。

框 19.5×13.5 公分,9 行 20 字,綫黑口,四周單邊,單白魚尾。版心上鐫"尺牘新鈔",中鐫卷次,下分別鐫"賴古堂訂""賴古堂二刻"。

館藏信息: East Asian Library(Gest):Rare Books:TD73/3678x

1965

基本著録: **二家詩選:[二卷]**

(Er jia shi xuan:[er juan])

(明)高叔嗣,(明)徐禎卿著;(清)王士禎編

清康熙己卯[38 年,1699]京師王士禎本

一函一冊;27 公分

相關責任者: (明)高叔嗣(Gao Shusi),1502—1538,著;(明)徐禎卿(Xu Zhenqing),1479—1511,著;(清)王士禎(Wang Shizhen),1634—1711,編;(清)甘鵬雲(Gan Pengyun),生年 1861,收藏

附 注: 書名、著者及版本據王士禎《二家詩選序》。

框 17.5×13.8 公分,10 行 19 字,黑口,左右雙邊,順黑魚尾。版心中鐫"迪功集選"或"蘇門集選"。

有"甘印鵬雲"等印記。

館藏信息: East Asian Library(Gest):Rare Books:TD68/1700a

1966

基本著録: **明文在:一百卷**

(Ming wen zai:yi bai juan)

(清)薛熙纂

清康熙癸酉[32 年,1693]錢大鏞本

四函二十冊;27 公分

相關責任者: (清)薛熙(Xue Xi),纂;(清)錢大鏞(Qian Dayong),刻

附 注: 清康熙三十二年(1693)錢大鏞《序》言刻書事。

框 20.8×14.5 公分,12 行 25 字,黑口,左右雙邊,單黑魚尾。版心中鐫書名及卷次。

館藏信息: Annex A,Forrestal:D63/3331

1967

基本著録：　　　**明詩綜：一百卷**

（Ming shi zong：yi bai juan）

（清）朱彝尊録；（清）汪森緝評

清康熙間（約1705—1722）六峰閣本

四函三十册；26公分

相關責任者：　（清）朱彝尊（Zhu Yizun），1629—1709，録；（清）汪森（Wang Sen），
1653—1726，緝評

附　　注：　　與DCFO94—B688同版，該書有封面鐫"六峰閣藏版"。

清康熙四十四年（1705）朱彝尊《序》。

"玄"字避諱，"禎""弘""曆"等字未諱。

框18.9×14.4公分，11行21字，白口，左右雙邊，單黑魚尾。版心中
鐫書名及卷次。

館藏信息：　　Annex A，Forrestal：D68/181

1968

基本著録：　　　**明詩綜：一百卷**

（Ming shi zong：yi bai juan）

（清）朱彝尊録；（清）汪森緝評

清康熙間（約1705—1722）六峰閣本

四函二十八册；24公分

相關責任者：　（清）朱彝尊（Zhu Yizun），1629—1709，録；（清）汪森（Wang Sen），
1653—1726，緝評

附　　注：　　與DCFO94—B688同版，該書有封面鐫"六峰閣藏版"。

清康熙四十四年（1705）朱彝尊《序》。

此帙爲清乾隆間印，卷首增刊入《欽定四庫全書提要》，書内"錢謙
益"被挖空。

"玄"字避諱，"禎""弘""曆"等字未諱。

框18.8×11公分，11行21字，白口，左右雙邊，單黑魚尾。版心中
鐫書名及卷次。

館藏信息：　　Annex A，Forrestal：D68/936

1969

基本著録：	明詩別裁集：十二卷
	（Ming shi bie cai ji：shi er juan）
	（清）沈德潛，（清）周準輯
	清乾隆間（約 1739—1795）本
	一函六册；28 公分
相關責任者：	（清）沈德潛（Shen Deqian），1673—1769，輯；（清）周準（Zhou Zhun），輯
附　　注：	清乾隆四年（1739）蔣重光《明詩別裁集序》。
	避"弘"字諱。
	框 17.3×13.7 公分，10 行 19 字，小字雙行 28 字，白口，左右雙邊，單黑魚尾。版心中鐫書名及卷次。
館藏信息：	Annex A，Forrestal：D68/2614

1970

基本著録：	明文鈔
	（Ming wen chao）
	（清）高塘輯
	清乾隆丙午［51 年，1786］本
	兩函十六册；26 公分
相關責任者：	（清）高塘（Gao Tang），輯
附　　注：	據版心該書分爲大學、上論、下論、中庸、上孟、下孟六篇。
	著者據清乾隆五十一年（1786）高塘《序》。
	封面鐫"乾隆五十一年訂明文鈔初編"，鈐"廣郡永邑培元堂楊藏板"。
	框 19.6×15.2 公分，9 行 25 字，白口，四周雙邊，單黑魚尾。版心上鐫書名，中鐫各編名，下偶鐫篇名。
館藏信息：	Annex A，Forrestal：D73/3282

1971

基本著録：	國朝三家文鈔：［三十二卷］

（Guo chao san jia wen chao：［san shi er juan］）

（清）宋犖，（清）許汝霖選

清康熙甲戌［33 年，1694］宋犖本

兩函十六冊；26 公分

相關責任者： （清）宋犖（Song Luo），1636—1713，選；（清）許汝霖（Xu Rulin），選

附　　注： 書名據封面。

著者據《目錄》所題。

清康熙三十三年（1694）許汝霖《序》言刻書事。

框 18.4 × 14.1 公分，12 行 23 字，黑口，左右雙邊，單黑魚尾。版心中鐫子目書名及卷次。

館藏信息： RECAP：East Asian Library use only：D73/1187

1972

基本著錄： 二家詩鈔：［二十卷］

（Er jia shi chao：［er shi juan］）

（清）邵長蘅輯

清康熙乙亥［34 年，1695］邵長蘅本

一函十冊；26 公分

相關責任者： （清）邵長蘅（Shao Changheng），1637—1704，輯

附　　注： 書名據封面及《序》。

著者及版本據邵長蘅清康熙三十四年（1695）《二家詩鈔序》。

框 17.7 × 13.5 公分，10 行 21 字，黑口，四周單邊，單黑魚尾。版心中鐫子目書名及卷次。

館藏信息： Annex A，Forrestal：D68/3375

1973

基本著錄： 欽定本朝四書文

（Qin ding Ben chao si shu wen）

［（清）方苞等編］

清乾隆庚申［5 年，1740］北京武英殿本

兩函二十冊；31 公分

相關責任者： （清）方苞（Fang Bao），1668—1749，編

附　　注：　　書名據《目錄》及版心。

框 22.2×15.7 公分,9 行 25 字,白口,四周雙邊,單黑魚尾。版心上鐫書名,中分別鐫四書名及篇名。

館藏信息：　　RECAP：East Asian Library use only：A131/3885

1974

基本著錄：　　**皇清文穎:一百卷,卷首二十四卷,目錄六卷**

（Huang Qing wen ying：yi bai juan,juan shou er shi si juan,mu lu liu juan）

（清）張廷玉等輯

清乾隆丁卯[12 年,1747]北京武英殿本

三函十八冊;25 公分

館藏本有殘缺:缺《目錄》卷三至四,正文卷三至十、十三、二十五、三十四、三十五、三十九至五十。

相關責任者：　　（清）張廷玉（Zhang Tingyu）,1672—1755,輯

附　　注：　　著者及版本據清乾隆十二年(1747)張廷玉《進表》。

遼寧藏本（OCLC145437519）書前"皇清文穎館總裁官銜名"有"武英殿監造"字樣。

框 18.9×14 公分,8 行 20 字,白口,四周雙邊,單黑魚尾。版心上鐫書名,中鐫卷次及文體名。

館藏信息：　　RECAP：East Asian Library use only：D63/1646

1975

基本著錄：　　**本朝應制和聲集:六卷,卷首三卷. 本朝應制和聲二集:三卷,卷首,補編.**

子目：

本朝應制和聲集:六卷,卷首三卷

（Ben chao ying zhi he sheng ji：liu juan,juan shou san juan）

（清）沈德潛,（清）王居正評定;（清）劉鳴珂校

本朝應制和聲二集:三卷,卷首,補編

（Ben chao ying zhi he sheng er ji：san juan,juan shou,bu bian）

（清）沈德潛,（清）王居正評定;（清）劉鳴珂校

清乾隆己卯［24 年,1759］北京鴻遠堂本

一函十二册;25 公分

相關責任者：　（清）沈德潛（Shen Deqian）,1673—1769,評定；（清）王居正（Wang Juzheng）,評定；（清）劉鳴珂（Liu Mingke）,校

附　注：　封面鐫"乾隆二十四年新鐫""瑠璃廠内鴻遠堂梓"。

框 16.1×13.5 公分,10 行 19 字,白口,四周單邊,單黑魚尾。版心上鐫"和聲集",中鐫卷次。

館藏信息：　Annex A,Forrestal:D33/3287

1976

基本著録：　**國朝詩選:十四卷**

（Guo chao shi xuan:shi si juan）

（清）彭廷梅選

清乾隆己巳［14 年,1749］金陵據經樓本

兩函十四册;26 公分

相關責任者：　（清）彭廷梅（Peng Tingmei）,選

附　注：　有清乾隆十四年（1749）彭廷梅《序》。

封面鐫"乾隆十四年新鐫""二編續出""金陵書坊梓行"。

框 18.7×14 公分,9 行 18 字,白口,四周單邊,單黑魚尾。版心上鐫書名,中鐫卷次及詩體名,下鐫"據經樓"。

館藏信息：　RECAP:East Asian Library use only:D68/3458

1977

基本著録：　**國朝六家詩鈔:八卷**

（Guo chao liu jia shi chao:ba juan）

（清）劉執玉選

清乾隆丁亥［32 年,1767］詒燕樓本

一函四册;25 公分

相關責任者：　（清）劉執玉（Liu Zhiyu）,1709—1776,選；（清）甘鵬雲（Gan Pengyun）,生年 1861,收藏

附　注：　封面鐫"乾隆丁亥新鐫""詒燕樓藏板"。

框 17.9×13.3 公分,10 行 21 字,白口,左右雙邊,單黑魚尾。版心

上鐫書名,中鐫作者名。

有"崇雅堂藏書"等印記。

館藏信息: East Asian Library(Gest):Rare Books:TD68/2059

1978

基本著錄: **國朝六家詩鈔:八卷**

（Guo chao liu jia shi chao:ba juan）

（清）劉執玉選

清乾隆丁亥［32 年,1767］詒燕樓本

一函八冊;25 公分

相關責任者: （清）劉執玉（Liu Zhiyu）,1709—1776,選

附　注: 封面鐫"乾隆丁亥新鐫""詒燕樓藏板"。

框 18.1×13.4 公分,10 行 21 字,白口,左右雙邊,單黑魚尾。版心上鐫書名,中鐫作者名。

館藏信息: Annex A,Forrestal:D68/3977

1979

基本著錄: **國朝六家詩鈔:八卷**

（Guo chao liu jia shi chao:ba juan）

（清）劉執玉選

清乾隆丁亥［32 年,1767］詒燕樓本

一函六冊;26 公分

相關責任者: （清）劉執玉（Liu Zhiyu）,1709—1776,選

附　注: 封面鐫"乾隆丁亥新鐫""詒燕樓藏板"。

框 18.1×13.3 公分,10 行 21 字,白口,左右雙邊,單黑魚尾。版心上鐫書名,中鐫作者名。

館藏信息: RECAP:East Asian Library use only:D68/182

1980

基本著錄: **三賢文集:［十二卷］**

（San xian wen ji:[shi er juan]）

（清）張斐然,（清）楊灝輯

清康熙己未［18 年,1679］容城張斐然、楊豜本

一函十二册:肖像;26 公分

相關責任者: （元）劉因（Liu Yin）,1249—1293,著;（明）楊繼盛（Yang Jisheng）,1516—1555,著;（清）孫奇逢（Sun Qifeng）,1585—1675,著;（清）張斐然（Zhang Feiran）,輯;（清）楊豜（Yang □□）,輯

附　注: 著者據《合刻三賢集姓氏》。

書名據封面及版心。

清康熙十八年（1679）崔蔚林《合刻三賢文集序》言刻書事。

封面鑴“道光丙申年重刊　容城縣三賢文集　正義書院藏板”。

框 19.3×14.4 公分,10 行 20 字,白口,四周雙邊,單黑魚尾。版心上鑴書名,中鑴卷名及卷次。

館藏信息: RECAP:East Asian Library use only:D63/1158

1981

基本著録: **三賢文集:**［十二卷］

（San xian wen ji:［shi er juan］）

（清）張斐然,（清）楊豜輯

清康熙己未［18 年,1679］容城張斐然、楊豜本

兩函十二册:肖像;27 公分

相關責任者: （元）劉因（Liu Yin）,1249—1293,著;（明）楊繼盛（Yang Jisheng）,1516—1555,著;（清）孫奇逢（Sun Qifeng）,1585—1675,著;（清）張斐然（Zhang Feiran）,輯;（清）楊豜（Yang □□）,輯

附　注: 書名據版心。

著者及版本據清康熙十八年（1679）崔蔚林《合刻三賢文集序》。

清道光十五年（1835）杜塏《重刻三賢集序》及道光十六年（1836）劉景仁《重修三賢集跋》。

框 19×14.7 公分,10 行 20 字,白口,四周雙邊,單黑魚尾。版心上鑴書名,中鑴卷名及卷次。

本館另一部（NJPX94－B6084）封面鑴“道光丙申年重刊　容城縣三賢文集　正義書院藏板”。

館藏信息: Annex A,Forrestal:D63/2109

1982

基本著錄：	三賢文集：［十二卷］
	(San xian wen ji：[shi er juan])
	(清)張斐然,(清)楊鼇輯
	清康熙己未[18 年,1679]容城張斐然、楊鼇本
	一函十二冊：肖像；27 公分
相關責任者：	(元)劉因(Liu Yin),1249—1293,著；(明)楊繼盛(Yang Jisheng), 1516—1555,著；(清)孫奇逢(Sun Qifeng),1585—1675,著；(清)張 斐然(Zhang Feiran),輯；(清)楊鼇(Yang □□),輯；(清)甘鵬雲 (Gan Pengyun),生年 1861,收藏
附　　注：	著者據《合刻三賢集姓氏》。
	書名據封面及版心。
	版本據清康熙十八年(1679)崔蔚林《合刻三賢文集序》。崔《序》言 刻書事。
	封面鎸"道光丙申年重刊　容城縣三賢文集　正義書院藏板"。
	框 19×14.7 公分,10 行 20 字,白口,四周雙邊,單黑魚尾。版心上 鎸書名,中鎸卷名及卷次。
	鈐"潛廬藏過"等印記。
館藏信息：	RECAP：East Asian Library use only：D63/2203

1983

基本著錄：	嶺南三大家詩選：［二十四卷］
	(Lingnan san da jia shi xuan：[er shi si juan])
	(清)王隼撰
	清康熙間(約 1692—1722)本
	一函四冊；26 公分
相關責任者：	(清)陳恭尹(Chen Gongyin),1631—1700,著；(清)梁佩蘭(Liang Peilan),1629—1705,著；(清)屈大均(Qu Dajun),1630—1696,著； (清)王隼(Wang Sun),撰
附　　注：	王煐《序》言"…… 壬申季秋 ……",壬申爲清康熙三十一年 (1692)。

框 17.6×13.6 公分,10 行 19 字,黑口,左右雙邊,單黑魚尾。版心中鐫書名、卷次及子目名。

館藏信息： East Asian Library(Gest):Rare Books:TD68/187

1984

基本著錄： 金華文略:二十卷

（Jinhua wen lüe:er shi juan）

（清）王崇炳撰録；（清）唐正位等校輯

清康熙己丑［48 年,1709］金華唐氏本

四函三十冊;25 公分

相關責任者： （清）王崇炳（Wang Chongbing）,撰録；（清）唐正位（Tang Zhengwei）,校輯；（清）夏之正（Xia Zhizheng）,重修

附　注： 封面鐫"夏衙藏板"。

卷端所題"金華夏之正聖善重梓"爲重修時所加。

清乾隆七年(1742)曹成玉《序》言唐氏刻書及夏氏重修事。

框 19.8×14 公分,10 行 22 字,四周單邊,白口,單黑魚尾。版心上鐫書名,中鐫卷次,下鐫篇名。

館藏信息： East Asian Library(Gest):Rare Books:TD73/2847

1985

基本著錄： 松風餘韻:五十卷,卷末

（Song feng yu yun:wu shi juan,juan mo）

（清）姚弘緒編次

清乾隆癸亥［8 年,1743］姚氏寶善堂本

四函二十四冊;27 公分

相關責任者： （清）姚弘緒（Yao Hongxu）,進士 1691,編次

附　注： 清乾隆九年(1744)姚培謙《跋》言"…… 今剞劂告成 ……"。

封面鐫"乾隆癸亥年鐫　寶善堂藏板"。

框 18.3×14.4 公分,11 行 21 字,左右雙邊,白口,單黑魚尾。版心中鐫書名、卷次及朝代名稱。

館藏信息： East Asian Library(Gest):Rare Books:TD68/2403

1986

基本著録： 　**國朝山左詩鈔：六十卷**

（Guo chao Shan zuo shi chao：liu shi juan）

（清）盧見曾纂

清乾隆戊寅［23 年,1758］揚州盧見曾雅雨堂本

兩函十六冊；25 公分

相關責任者： （清）盧見曾（Lu Jianzeng）,1690—1768,纂

附　　注： 封面鐫“乾隆戊寅鐫”“雅雨堂藏板”。

框 18.9 × 14.4 公分,10 行 21 字,白口,四周單邊,單黑魚尾。版心

上鐫書名,中鐫卷次,下鐫“雅雨堂”。

館藏信息： RECAP：East Asian Library use only：D68/183

1987

基本著録： 　**金華詩録：六十卷,外集六卷,別集四卷,書後**

（Jinhua shi lu：liu shi juan,wai ji liu juan,bie ji si juan,shu hou）

（清）朱琰編輯

清乾隆癸巳［38 年,1773］金華府學本

四函二十四冊；25 公分

相關責任者： （清）朱琰（Zhu Yan）,進士 1766,編輯；（清）方功惠（Fang Gonghui）,

收藏

附　　注： 清乾隆三十八年（1773）朱琰《序》言輯書事。

封面鐫“乾隆癸巳年鐫　金華詩録　金華府學藏板”。

框 17.1 × 13.4 公分,10 行 21 字,左右雙邊,白口,單黑魚尾。版心

上鐫朝代名,中鐫書名、卷次。

有“方功惠藏書印”等印記。

館藏信息： East Asian Library（Gest）：Rare Books：TD68/3337

1988

基本著録： 　**千叟宴詩：三十四卷,卷首二卷**

（Qian sou yan shi：san shi si juan,juan shou er juan）

［（清）高宗弘曆等撰］

清嘉慶丙辰[元年,1796]北京武英殿本

六函三十六册;32 公分

相關責任者: （清）高宗弘曆(Hongli),1711—1799,撰

附　注: 各卷卷端書名下均鐫"乾隆六十一年",即清嘉慶元年(1796)。

框 22×17 公分,11 行 25 字,小字雙行,白口,四周雙邊,單黑魚尾。

版心上鐫書名,中鐫卷次。

館藏信息: East Asian Library(Gest):Rare Books:TD68/866Q

1989

基本著録: **載書圖詩**

(Zai shu tu shi)

（清）王士禛編

清康熙間(約 1701—1722)本

一函一册:圖;27 公分

相關責任者: （清）王士禛(Wang Shizhen),1634—1711,編;（清）禹之鼎(Yu Zhiding),1649—1702,繪;（清）甘鵬雲(Gan Pengyun),生年 1861,收藏

附　注: 書名據版心。

卷首有禹之鼎清康熙四十年(1701)題"載書圖"。

框 16.6×13.3 公分,10 行 19 字,白口,左右雙邊,單黑魚尾。版心中鐫"載書圖詩"。

有"甘印鵬雲"印記。

館藏信息: East Asian Library(Gest):Rare Books:TD68/1700b

1990

基本著録: **孝義贈言**

(Xiao yi zeng yan)

清乾隆癸亥[8 年,1743]本

一函四册;26 公分

相關責任者: （清）雷顯宗(Lei Xianzong)

附　注: 是書輯時人贈雷顯宗之詩文。

清乾隆八年(1743)劉誠《叙》。

框 17.7×13.7 公分,10 行 19 字,白口,左右雙邊,單黑魚尾。版心

上鎸"贈言"。

館藏信息： RECAP：East Asian Library use only：D63/3632

1991

基本著録： **皇明經濟文録：[四十一卷]**

（Huang Ming jing ji wen lu：[si shi yi juan]）

（明）萬表輯

編目記録詳見《史部·詔令奏議類》。

1992

基本著録： **李卓吾先生批選張文忠公奏對稿：[二卷]．李卓吾先生批選趙文肅公文集：[二卷]．**

子目：

李卓吾先生批選張文忠公奏對稿：[二卷]

（Li Zhuowu xian sheng pi xuan Zhang Wenzhong gong zou dui gao：[er juan]）

（明）張居正著

李卓吾先生批選趙文肅公文集：[二卷]

（Li Zhuowu xian sheng pi xuan Zhao Wensu gong wen ji：[er juan]）

（明）張居正著

明間（約 1567—1644）本

一函四册；28 公分

相關責任者： （明）張居正（Zhang Juzheng），1525—1582，著；（明）趙貞吉（Zhao Zhenji），1508—1576，著；（明）李贄（Li Zhi），1527—1602，批選

附　注： 張居正，謚文忠。趙貞吉，謚文肅。

框 20.4×14.7 公分，9 行 18 字，白口，左右雙邊，單綫魚尾，無直格。

版心上鎸"張文忠公集"或"趙文肅公集"，中鎸卷次。

館藏信息： East Asian Library（Gest）：Rare Books：TD43/285

1993

基本著録： **助道微機：六卷**

（Zhu dao wei ji：liu juan）

（明）周汝登輯

明萬曆間（約 1619—1620）本

兩函十二册；27 公分

相關責任者： （明）周汝登（Zhou Rudeng），1547—1629，輯

附　　注： 各卷又分上下。

著者據明萬曆四十七年（1619）方如騏《助道微機或問紀》。

框 20.5×14.8 公分，9 行 18 字，白口，四周單邊，單黑魚尾。版心上鐫書名，中鐫卷次及篇名。

館藏信息： East Asian Library（Gest）：Rare Books：TC328/3835

1994

基本著録： **陸士衡集：十卷. 陸士龍文集：十卷.**

子目：

陸士衡集：十卷

（Lu Shiheng ji：shi juan）

（西晉）陸機著；（明）汪士賢校

陸士龍文集：十卷

（Lu Shilong wen ji：shi juan）

（西晉）陸雲著；（明）汪士賢校

明萬曆間（約 1573—1583）汪士賢本

一函三册；26 公分

相關責任者： （西晉）陸機（Lu Ji），261—303，著；（西晉）陸雲（Lu Yun），262—303，著；（明）汪士賢（Wang Shixian），活動期 16—17 世紀，校；（明）郭志學（Guo Zhixue），寫工

附　　注： 南宋慶元六年（1200）徐民瞻《晉二俊文集叙》。

《陸士龍文集》卷十末鐫"錢塘郭志學寫"。

版本據 CHTR01—B226。此書有 1583 年翻刻本。

框 19.9×14.2 公分，9 行 20 字，白口，左右雙邊，單白魚尾。版心上鐫書名，中鐫卷次。

館藏信息： East Asian Library（Gest）：Rare Books：TD33/2965

1995

基本著錄： 元白長慶集：[一百三十九卷]

(Yuan Bai Changqing ji：[yi bai san shi jiu juan])

(唐)元稹,(唐)白居易撰;(明)馬元調校

明萬曆甲辰—丙午[32—34 年,1604—1606]馬元調魚樂軒本

六函三十四册;26 公分

相關責任者： (唐)元稹(Yuan Zhen),779—831,撰;(唐)白居易(Bai Juyi),772—

846,撰;(明)馬元調(Ma Yuandiao),校

附　　注： 明萬曆三十二年(1604)及三十四年(1606)婁堅《序》言刻書事。

《重刻元氏長慶集凡例》後鐫"魚樂軒藏板"。

框 21.2×14.6 公分,10 行 21 字,白口,左右雙邊,單黑魚尾。版心

上鐫"元集"或"白集",中鐫卷次。

館藏信息： East Asian Library(Gest)：Rare Books：TD33/275

1996

基本著錄： 苑詩類選：三十卷

(Yuan shi lei xuan：san shi juan)

(明)包節輯;(明)王交校

明嘉靖丙午[25 年,1546]鄂州何月梧本

兩函二十册;29 公分

相關責任者： (明)包節(Bao Jie),1506—1556,輯;(明)王交(Wang Jiao),進士

1541,校;(明)何城(He Cheng),刻;(明)鄭宜(Zheng Yi),刻

附　　注： 明嘉靖二十五年(1546)戴金《序》言刻書事。

《北京圖書館古籍善本書目》有嘉靖二十五年(1546)何城刻本,行款

同,疑何月梧即何城。

框 18.8×13.7 公分,10 行 21 字,白口,四周單邊,單黑魚尾。版心

上鐫類名,中鐫卷次,下鐫"匠鄭宜"。

館藏信息： East Asian Library(Gest)：Rare Books：TD68/234Q

1997

基本著錄： 唐文粹：一百卷

（Tang wen cui：yi bai juan）

（宋）姚鉉纂

明嘉靖戊子［7 年，1528］山西省晉藩養德書院本

六函四十册；30 公分

相關責任者：　（宋）姚鉉（Yao Xuan），968—1020，纂

附　　注：　明嘉靖五年（1526）《序》及嘉靖七年（1528）《後序》。

框 21.1×14.7 公分，13 行 21 字，白口，四周單邊。版心中鎸"文粹"

及卷次，下間鎸刻工。

館藏信息：　East Asian Library（Gest）：Rare Books：TD63/367Q

1998

基本著録：　**唐文粹：一百卷**

（Tang wen cui：yi bai juan）

（宋）姚鉉纂

明嘉靖戊子［7 年，1528］山西省晉藩養德書院本

四函二十四册；28 公分

相關責任者：　（宋）姚鉉（Yao Xuan），968—1020，纂

附　　注：　明嘉靖五年（1526）《序》。

NJPX95 – B6972 有嘉靖七年（1528）《序》。

框 21.5×14.8 公分，13 行 21 字，白口，四周單邊。版心中鎸"文粹"

及卷次，下間鎸刻工。

館藏信息：　East Asian Library（Gest）：Rare Books：TD63/856

1999

基本著録：　**新刊迂齋先生標註崇古文訣：三十五卷**

（Xin kan Yuzhai xian sheng biao zhu chong gu wen jue：san shi wu

juan）

（明）吳邦楨，（明）吳邦傑校正

明間（約 1522—1620）本

兩函十二册；26 公分

相關責任者：　（明）吳邦楨（Wu Bangzhen），校正；（明）吳邦傑（Wu Bangjie），校正

附　　注：　南宋寶慶三年（1227）姚瑤《迂齋先生崇古文訣序》。

版本據風格。

框 20.7×14.3 公分,9 行 19 字,白口,左右雙邊,單白魚尾。版心中
鎸"文訣"及卷次,行間鎸注。

館藏信息: East Asian Library(Gest):Rare Books:TD63/884

又一部:East Asian Library(Gest):Rare Books:TD63/884x

2000

基本著錄: **迂齋先生標註崇古文訣:三十五卷**

(Yuzhai xian sheng biao zhu chong gu wen jue:san shi wu juan)

(宋)樓昉

明嘉靖癸巳[12 年,1533]王鴻漸本

兩函十六冊;27 公分

相關責任者: (宋)樓昉(Lou Fang),13 世紀;(明)王鴻漸(Wang Hongjian),刻;胡
仁壽(Hu Renshou),題識

附　　注: 著者據書名。

有 1919 年胡仁壽《題識》。

框 18.8×13.8 公分,10 行 21 字,白口,左右雙邊,單黑魚尾。版心
中鎸"文訣"及卷次,行間鎸注。

館藏信息: East Asian Library(Gest):Rare Books:TD63/561

2001

基本著錄: **集錄眞西山文章正宗:三十卷**

(Ji lu Zhen Xishan wen zhang zheng zong:san shi juan)

(宋)真德秀

明間(約 1573—1644)本

六函三十二冊;26 公分

相關責任者: (宋)真德秀(Zhen Dexiu),1178—1235

附　　注: 著者據《序》及書名。

框 21×15.5 公分,9 行 18 字,小字雙行同,白口,左右雙邊,單黑魚
尾。版心中鎸"文章正宗"及卷次。

館藏信息: East Asian Library(Gest):Rare Books:TD63/582Q

2002

基本著録： 集錄眞西山文章正宗：三十卷. 西山先生眞文忠公續文章正宗：二十
卷，卷首.

子目：

集錄眞西山文章正宗：三十卷

（Ji lu Zhen Xishan wen zhang zheng zong：san shi juan）

（宋）眞德秀輯

西山先生眞文忠公續文章正宗：二十卷，卷首

（Xishan xian sheng Zhen Wenzhong gong xu wen zhang zheng zong：er
shi juan，juan shou）

（宋）眞德秀輯

明嘉靖甲辰［23 年，1544］浙江省孔天胤本

三函十八册；30 公分

相關責任者： （宋）眞德秀（Zhen Dexiu），1178—1235，輯；（明）孔天胤（Kong Tian
yin），進士 1532，刻；（清）甘鵬雲（Gan Pengyun），生年 1861，收藏

附　　注： 著者據《序》及書名。

孔天胤《自序》後有校者姓氏。

明嘉靖二十三年(1544)孔天胤《自序》言刻書事。

《續文章正宗》非孔氏所刻。

框 19×15.5 公分，9 行 18 字，小字雙行同，白口，左右雙邊，單黑魚
尾。版心中鎸"文章正宗"及卷次，下鎸刻工。

有"鵬雲之章"等印記。

館藏信息： East Asian Library（Gest）：Rare Books：TD63/1540Q

2003

基本著録： 眞文忠公續文章正宗：二十卷

（Zhen Wenzhong gong xu wen zhang zheng zong：er shi juan）

（宋）眞德秀

明嘉靖壬寅［21 年，1542］山西省胡松本

一函八册；28 公分

相關責任者： （宋）眞德秀（Zhen Dexiu），1178—1235；（明）胡松（Hu Song），

1503—1566,刻

附　　注：　著者據書名。

明嘉靖二十一年(1542)胡松《刻續文章正宗叙》。

框 19×13.3 公分,10 行 21 字,小字雙行同,白口,四周單邊。版心中鐫"續正宗",下間鐫刻工,行間鐫注。

館藏信息：　East Asian Library(Gest)：Rare Books：TD63/599

2004

基本著録：　**文章正宗鈔：四卷**

(Wen zhang zheng zong chao：si juan)

(宋)真德秀輯；(明)胡汝嘉選輯

明萬曆乙亥[3 年,1575]河南歸德府署本

兩函十二册；31 公分

相關責任者：　(宋)真德秀(Zhen Dexiu),1178—1235,輯；(明)胡汝嘉(Hu Rujia),選輯

附　　注：　著者及版本據明萬曆三年(1575)賴庭檜《後序》等序。

框 20.9×13.8 公分,9 行 19 字,小字雙行同,白口,四周雙邊,單黑魚尾。版心上鐫"正宗鈔",中鐫篇名。

館藏信息：　East Asian Library(Gest)：Rare Books：TD73/3939Q

2005

基本著録：　**校正重刊官板宋朝文鑑：一百五十卷,卷首[三卷]**

(Jiao zheng chong kan guan ban Song chao wen jian：yi bai wu shi juan, juan shou[san juan])

(宋)吕祖謙銓次

明萬曆間(即 1573—1620)金陵唐錦池本

六函五十二册；27 公分

相關責任者：　(宋)吕祖謙(Lü Zuqian),1137—1181,銓次；(明)唐錦池(Tang Jin-chi),刻

附　　注：　卷首分上中下。

明弘治十七年(1504)胡韶《後序》。

封面鐫"校正重刊宋朝文鑑金陵唐錦池梓"。

框 21.9×14.6 公分,10 行 20 字,白口,四周單邊,單黑魚尾。版心上鎸"宋文鑑",中鎸卷次。

館藏信息: East Asian Library(Gest):Rare Books:TD63/654

2006

基本著錄: 萬首唐人絶句:[一百一卷]

(Wan shou Tang ren jue ju:[yi bai yi juan])

(宋)洪邁編

明嘉靖庚子[19 年,1540]陳敬學德星堂本

四函二十四册;26 公分

館藏本有殘缺:存卷一至七十五。

相關責任者: (宋)洪邁(Hong Mai),1123—1202,編;(明)陳敬學(Chen Jing xue),刻

附　注: 著者據書前舊《序》。

框 19.5×14.6 公分,10 行 20 字,白口,左右雙邊,雙白魚尾。版心中鎸"唐人絶句"及卷次,下偶鎸"德星堂"。

館藏信息: East Asian Library(Gest):Rare Books:TD68/2860

2007

基本著錄: 新刊續補文選纂註:十二卷

(Xin kan xu bu wen xuan zuan zhu:shi er juan)

(宋)陳仁[子]編輯;(明)張鳳翼增訂

明萬曆間(約 1597—1620)本

兩函十二册;29 公分

相關責任者: (宋)陳仁子(Chen Renzi),編輯;(明)張鳳翼(Zhang Fengyi),1527—1613,增訂

附　注: 卷端題"明茶陵陳仁 ……",實爲宋陳仁子。

明萬曆二十五年(1597)張鳳翼《序》。

框 22.3×15.3 公分,11 行 22 字,小字雙行同,白口,左右雙邊或四周單邊,單黑魚尾。版心中鎸"續文選"及卷次。

館藏信息: East Asian Library(Gest):Rare Books:TD63/3418Q

2008

基本著録： 　三蘇先生文粹：七十卷，卷首

　　　　　　（San Su xian sheng wen cui：qi shi juan，juan shou）

　　　　　　（宋）蘇洵，（宋）蘇軾，（宋）蘇轍撰

　　　　　　明間（約 1522—1620）本

　　　　　　四函二十四册；29 公分

相關責任者： 　（宋）蘇洵（Su Xun），1009—1066，撰；（宋）蘇軾（Su Shi），1037—

　　　　　　1101，撰；（宋）蘇轍（Su Zhe），1039—1112，撰

附　　注： 　著者據書名。

　　　　　　無序跋。

　　　　　　框 19.3×14.1 公分，14 行 26 字，白口，左右雙邊，單白魚尾。版心

　　　　　　中鎸"三蘇文粹"及卷次。

館藏信息： 　East Asian Library（Gest）：Rare Books：TD73/308Q

2009

基本著録： 　中州集：十卷，卷首. 中州樂府.

　　　　　　子目：

　　　　　　中州集：十卷，卷首

　　　　　　（Zhongzhou ji：shi juan，juan shou）

　　　　　　（宋）元好問集

　　　　　　中州樂府

　　　　　　（Zhongzhou yue fu）

　　　　　　（宋）元好問集

　　　　　　明間（約 1621—1644）常熟毛晉汲古閣本

　　　　　　兩函十二册；26 公分

相關責任者： 　（宋）元好問（Yuan Haowen），1190—1257，集；（清）毛晉（Mao Jin），

　　　　　　1599—1659，刻

附　　注： 　《中州集》後有毛晉《跋》。

　　　　　　框 19×13.7 公分，8 行 19 字，白口，左右雙邊。版心上鎸"中州集"

　　　　　　或"中州樂府"，中鎸卷次，下鎸"汲古閣"。

館藏信息： 　East Asian Library（Gest）：Rare Books：TD68/271

2010

基本著錄： **中州集：十卷，卷首. 中州樂府.**

子目：

中州集：十卷，卷首

（Zhongzhou ji：shi juan，juan shou）

（宋）元好問集

中州樂府

（Zhongzhou yue fu）

（宋）元好問集

明間（約 1621—1644）常熟毛晉汲古閣本

四函二十四册；30 公分

相關責任者： （宋）元好問（Yuan Haowen），1190—1257，集；（清）毛晉（Mao Jin），1599—1659，刻

附　　注： 封面鐫“汲古閣正本”。

框 19.1×13.7 公分，8 行 19 字，白口，左右雙邊。版心上鐫“中州集”或“中州樂府”，中鐫卷次，下鐫“汲古閣”。

鈐“宜秋館藏書”印。

館藏信息： East Asian Library（Gest）：Rare Books：TD68/380Q

2011

基本著錄： **諸儒箋解古文真寶：[二十卷]**

（Zhu ru jian jie gu wen zhen bao：[er shi juan]）

[（宋）黃堅編]

明萬曆癸未[11 年，1583]北京司禮監本

兩函十二册；33 公分

館藏本有殘缺：有缺葉。

相關責任者： （宋）黃堅（Huang Jian），編

附　　注： 書分前後集，各十卷。

明弘治十五年（1502）《跋》，題“有斐堂”。

框 25.2×17.4 公分，8 行 20 字，小字雙行同，黑口，四周雙邊，雙黑魚尾。版心中鐫“古文真寶前集”或“古文真寶後集”及卷次。

館藏信息： East Asian Library(Gest)：Rare Books：TD63/858Q

2012

基本著錄： **古賦辨體：十卷**

（Gu fu bian ti：shi juan）

（元）祝堯編

明嘉靖壬寅[21 年,1542]蘇祐本

一函六冊;28 公分

相關責任者： （元）祝堯(Zhu Yao)，進士 1318，編;（明）蘇祐(Su You)，1492—

1571,刻

附　　注： 著者據錢溥《序》。

明嘉靖二十一年(1542)蘇祐《重刻古賦辨體序》言刻書事。

框 19×14.4 公分,9 行 17 字,白口,左右雙邊,單白魚尾。版心中鎸

書名及卷次,行間小字鎸注。

館藏信息： East Asian Library(Gest)：Rare Books：TD68/3341

2013

基本著錄： 選詩：八卷. 選詩補遺：[二卷]. 選詩續編：四卷.

子目：

選詩：八卷

（Xuan shi：ba juan）

（明）劉履校選

選詩補遺：[二卷]

（Xuan shi bu yi：er juan）

（明）劉履校選

選詩續編：四卷

（Xuan shi xu bian：si juan）

（明）劉履校選

明嘉靖間(即 1522—1566)本

兩函十冊;26 公分

相關責任者： （明）劉履(Liu Lü)，1317—1379,校選

附　　注： 《選詩補遺》卷分上下。

版本據風格。

框 19.3×13.6 公分,10 行 19 字,白口,左右雙邊。版心中分別鎸
"補註""補遺""續編"及卷次。

館藏信息： East Asian Library(Gest):Rare Books:TD68/1329

2014

基本著錄： **選詩補遺:[二卷]. 選詩續編:四卷.**

子目：

選詩補遺:[二卷]

(Xuan shi bu yi:[er juan])

(明)劉履校選

選詩續編:四卷

(Xuan shi xu bian:si juan)

(明)劉履校選

明間(約 1368—1521)本

一函四册;29 公分

館藏本有殘缺:三葉爲手抄配補。

相關責任者： (明)劉履(Liu Lü),1317—1379,校選

附　　注： 《選詩補遺》卷分上下。

版本據風格。

框 20.2×13.9 公分,10 行 20 字,小字雙行同,黑口,四周雙邊,雙黑
魚尾。版心中分別鎸"補遺"或"續編"及卷次。

館藏信息： East Asian Library(Gest):Rare Books:TD68/3954Q

2015

基本著錄： **元文類:七十卷,目錄[三卷]**

(Yuan wen lei:qi shi juan,mu lu[san juan])

(元)蘇天爵輯

明嘉靖丁酉[16 年,1537]太原晉藩本

四函二十册;28 公分

相關責任者： (元)蘇天爵(Su Tianjue),1294—1352,輯

附　　注： 《目錄》分上中下。

著者據元元統二年(1334)王理《元文類序》。

明嘉靖十六年(1537)未署名《晉藩重刊元文類序》言刻書事。

框20.5×14.9公分,10行19字,白口,四周單邊,單黑魚尾。版心中鐫書名及卷次,下鐫刻工。

館藏信息: East Asian Library(Gest):Rare Books:TD63/286

2016

基本著錄: **唐詩品彙:九十卷. 唐詩拾遺:十卷. 詩人爵里詳節.**

子目:

唐詩品彙:九十卷

(Tang shi pin hui:jiu shi juan)

(明)高棅編輯;(明)張恂重訂

唐詩拾遺:十卷

(Tang shi shi yi:shi juan)

(明)高棅編輯;(明)張恂重訂

詩人爵里詳節

(Shi ren jue li xiang jie)

(明)高棅編輯;(明)張恂重訂

明間(約1573—1644)張恂本

兩函十六冊;24公分

相關責任者: (明)高棅(Gao Bing),1350—1423,編輯;(明)張恂(Zhang Xun),舉人1639,重訂;(明)何之源(He Zhiyuan),寫工;(明)金枝(Jin Zhi),寫工

附　　注: 未署年月張恂《重訂唐詩品彙序》言重訂事。

《唐詩品彙》卷十末鐫"無錫何之源吳郡金枝書"。

何之源爲明萬曆間蘇州無錫地區寫刻名工。

框20×13.9公分,10行20字,白口,左右雙邊,單黑魚尾。版心上鐫書名,中鐫卷次。

館藏信息: East Asian Library(Gest):Rare Books:TD68/159

2017

基本著錄: **唐詩拾遺:十卷**

（Tang shi shi yi：shi juan）

（明）高棅編輯；（明）汪宗尼校訂

明萬曆間（即 1573—1620）本

一函四册；25 公分

相關責任者： （明）高棅（Gao Bing），1350—1423，編輯；（明）汪宗尼（Wang Zong-ni），校訂；（明）唐光元（Tang Guangyuan），印

附　　注： 此作原附於《唐詩品彙》，版本參見 CHLR94—b87。

是本有《序》題"崇禎癸未石城唐光元識"，實爲高棅原《唐詩拾遺序》被唐氏挖改六十多字。

框 19.8×13.6 公分，10 行 20 字，白口，左右雙邊，單黑魚尾。版心上鎸書名，中鎸卷次。

館藏信息： East Asian Library（Gest）：Rare Books：TD68/1501

2018

基本著録： 唐詩正聲：二十二卷. 高季迪姑蘇襍詠：［二卷］.

（Tang shi zheng sheng：er shi er juan. Gao Jidi Gusu za yong：［er juan］.）

編目記録詳見《集部·別集類》。

2019

基本著録： 文章類選：四十卷

（Wen zhang lei xuan：si shi juan）

（明）凝真子編

明間（約 1398—1644）本

四函二十册；28 公分

相關責任者： （明）朱橚（Zhu Zhan），1378—1438，編

附　　注： 著者據明洪武三十一年（1398）凝真子（朱橚）《自序》。

藍格抄本。

框 19.7×14.2 公分，10 行 18 字，白口，四周雙邊，雙黑魚尾。版心上鎸書名，中寫卷次。

館藏信息： East Asian Library（Gest）：Rare Books：TD73/1513

2020

基本著録：　　　　雅音會編：十二卷

（Ya yin hui bian：shi er juan）

（明）康麟集次；（明）王鈍較正；（明）朱朝瞍重訂

明崇禎辛未［4 年，1631］朱朝瞍本

四函二十四册；26 公分

相關責任者：　　（明）康麟（Kang Lin），進士 1454，集次；（明）王鈍（Wang Dun），較

正；（明）朱朝瞍（Zhu Zhaoke），重訂

附　　注：　　明崇禎四年（1631）朱朝瞍《序》言刻書事。

框 20.2 × 14.5 公分，9 行 18 字，白口，四周雙邊，單黑魚尾。版心上

鐫書名，中鐫卷次。

館藏信息：　　East Asian Library（Gest）：Rare Books：TD68/2682

2021

基本著録：　　　　文章辨體：五十卷，卷首. 文章辨體外集：五卷.

子目：

文章辨體：五十卷，卷首

（Wen zhang bian ti：wu shi juan，juan shou）

（明）吳訥編集

文章辨體外集：五卷

（Wen zhang bian ti wai ji：wu juan）

（明）吳訥編集

明嘉靖乙卯［34 年，1555］湖州徐洛本

四函三十二册；30 公分

相關責任者：　　（明）吳訥（Wu Na），1372—1457，編集；（明）徐洛（Xu Luo），進士

1544，刻

附　　注：　　明嘉靖三十四年（1555）校刊銜名題徐洛重刊。

卷五十末有校刊人題記，首行鐫“浙江湖州府知府……徐洛重刻”，

末行鐫“嘉靖三十四年六月望吉日”。

框 22 × 16.5 公分，13 行 24 字，白口，四周雙邊，單黑魚尾。版心中

鐫“辨體”及卷次。

館藏信息： East Asian Library（Gest）：Rare Books：TD63/327Q

2022

基本著録： **文翰類選大成：一百六十三卷**

（Wen han lei xuan da cheng：yi bai liu shi san juan）

（明）李伯璵編輯；（明）馮厚校正

明成化壬辰［8 年，1472］淮府本

十函一百册；26 公分

館藏本有殘缺：有手抄配補。

相關責任者： （明）李伯璵（Li Boyu），編輯；（明）馮厚（Feng Hou），校正；（明）季振

宜（Ji Zhenyi），生年 1630，收藏

附　　注： 明成化八年（1472）頤仙《序》言編刻事。

框 23.1×15.3 公分，12 行 23 字，黑口，四周雙邊，雙黑魚尾。版心

中鎸"文翰類選"及卷次。

有"季振宜印"等印記。

館藏信息： East Asian Library（Gest）：Rare Books：TD63/539

2023

基本著録： **秦漢文：四卷**

（Qin Han wen：si juan）

（明）胡纘宗編次；（明）馬驥等校

明嘉靖甲申［3 年，1524］王寵本

兩函八册；27 公分

相關責任者： （明）胡纘宗（Hu Zuanzong），1480—1560，編次；（明）馬驥（Ma Ji），

校；（明）王寵（Wang Chong），1494—1533，刻

附　　注： 明嘉靖三年（1524）王寵等《序》言刻書事。

框 17.5×13.8 公分，11 行 20 字，白口，左右雙邊，單黑魚尾。版心

上鎸書名及卷次，下鎸刻工。

館藏信息： East Asian Library（Gest）：Rare Books：TD73/3340

2024

基本著録： **廣文選：六十卷，卷首**

（Guang Wen xuan：liu shi juan，juan shou）

（明）劉節編；（明）陳蕙校

明嘉靖丁酉［16 年，1537］陳蕙本

四函二十四冊；27 公分

相關責任者： （明）劉節（Liu Jie），活動期 15 世紀，編；（明）陳蕙（Chen Hui），進士 1529，校

附　　注： 明嘉靖十六年（1537）陳蕙《後序》言刻書事。

框 20.8×15 公分，11 行 21 字，白口，四周單邊，單黑魚尾。版心中鐫書名及卷次，下鐫刻工。

館藏信息： East Asian Library（Gest）：Rare Books：TD63/361

2025

基本著錄： **廣文選删：十四卷**

（Guang Wen xuan shan：shi si juan）

（明）張溥删閱

明間（約 1621—1644）本

四函二十四冊；26 公分

相關責任者： （明）張溥（Zhang Pu），1602—1641，删閱

附　　注： 未署年張溥《序》言劉節編《廣文選》。

封面鐫“吳門段君定梓”。

框 19.7×14.2 公分，9 行 19 字，白口，左右雙邊，單黑魚尾。版心上鐫書名，中鐫卷次。

館藏信息： East Asian Library（Gest）：Rare Books：TD63/1062

2026

基本著錄： **唐宋元名表：［二卷］**

（Tang Song Yuan ming biao：［er juan］）

（明）胡松輯

明嘉靖壬寅［21 年，1542］本

兩函八冊；31 公分

相關責任者： （明）胡松（Hu Song），1503—1566，輯

附　　注： 卷分上下。上卷又分二卷，下卷又分三卷。

輯者據明嘉靖二十一年(1542)胡松《刻唐宋元名表叙》。

框 20.7×15.2 公分,10 行 20 字,白口,四周單邊,雙黑魚尾。

館藏信息: East Asian Library(Gest):Rare Books:TD73/3352Q

2027

基本著錄: **新刊批點古文類抄:十二卷**

(Xin kan pi dian gu wen lei chao:shi er juan)

(明)林希元編次、批點;(明)陳俊,(明)陳堂校

明嘉靖辛亥[30 年,1551]陳堂本

兩函十二册;28 公分

相關責任者: (明)林希元(Lin Xiyuan),1480—約 1560,編次、批點;(明)陳俊(Chen Jun),進士 1562,校;(明)陳堂(Chen Tang),進士 1568,校

附 注: 《目錄》題"新刊古文類抄"。

明嘉靖三十年(1551)林希元《自序》及劉汝楠《跋次崖先生古文彙抄後》。

框 19.4×14.8 公分,9 行 20 字,白口,左右雙邊,單黑魚尾。版心上鐫"古文類抄",中鐫卷次,下間鐫刻工,行間鐫注。

館藏信息: East Asian Library(Gest):Rare Books:TD73/3019

2028

基本著錄: **唐雅:二十六卷**

(Tang ya:er shi liu juan)

(明)張之象編

明嘉靖辛丑[20 年,1541]長水書院本

兩函二十册;28 公分

相關責任者: (明)張之象(Zhang Zhixiang),1507—1587,編

附 注: 張之象據明嘉靖二十年(1541)何良俊《序》。

卷端原題"清河張之象編",此書改爲"大明嘉靖壬子歲直隸常州府無錫縣置板"。

何《序》末有牌記,内鐫"嘉靖三十一年板置無錫縣",當爲重印本。

框 19.9×15.9 公分,9 行 17 字,白口,左右雙邊,雙白魚尾。版心中鐫書名及卷次。

與 CUBO96—B1123 同版。

館藏信息： East Asian Library（Gest）：Rare Books：TD68/354

2029

基本著録： 古詩類苑：一百三十卷

（Gu shi lei yuan：yi bai san shi juan）

（明）張之象纂輯；（明）俞顯卿補訂；（明）張所敬等校正

明萬曆壬寅［30 年，1602］海上俞顯卿、王潁、陳甲本

四函三十二册；27 公分

相關責任者： （明）張之象（Zhang Zhixiang），1507—1587，纂輯；（明）俞顯卿（Yu Xianqing），進士 1583，補訂；（明）張所敬（Zhang Suojing），校正；（明）陳甲（Chen Jia），刻；（明）王潁（Wang Jiong），刻

附　　注： 未署年俞顯卿《序》及黃體仁《序》言刻書事。

框 21.1 × 14.1 公分，10 行 21 字，白口，左右雙邊，單黑魚尾。版心上鎸書名及卷次，中鎸類名。

館藏信息： East Asian Library（Gest）：Rare Books：TD68/1127

2030

基本著録： 皇明文選：二十卷，卷首

（Huang Ming wen xuan：er shi juan，juan shou）

（明）汪宗元編輯

明嘉靖甲寅［33 年，1554］豫章汪宗元本

四函二十四册；29 公分

相關責任者： （明）汪宗元（Wang Zongyuan），1503—1570，編輯

附　　注： 明嘉靖三十三年（1554）汪宗元《皇明文選引》言編輯及刻書事。

框 20.2 × 14.4 公分，10 行 20 字，白口，左右雙邊，單白魚尾。版心中鎸書名及卷次。

館藏信息： East Asian Library（Gest）：Rare Books：TD73/721Q

2031

基本著録： 文編：六十四卷

（Wen bian：liu shi si juan）

（明）唐順之選；（明）陳元素訂

明天啓間（即 1621—1627）本

兩函三十二册；28 公分

相關責任者： （明）唐順之（Tang Shunzhi），1507—1560，選；（明）陳元素（Chen Yuansu），訂

附　　注： 明天啓元年（1621）陳元素《重訂唐荆川先生文編題詞》。

框 21.9×14.1 公分，10 行 21 字，白口，四周單邊，單白魚尾。版心上鐫書名，中鐫卷次，下鐫篇名，行間鐫注。

館藏信息： East Asian Library（Gest）：Rare Books：TD73/322

2032

基本著錄： **文編：六十四卷**

（Wen bian；liu shi si juan）

（明）唐順之選；（明）陳元素訂

明天啓間（即 1621—1627）本

六函四十八册；27 公分

相關責任者： （明）唐順之（Tang Shunzhi），1507—1560，選；（明）陳元素（Chen Yuansu），訂

附　　注： 明天啓元年（1621）陳元素《重訂唐荆川先生文編題詞》。

框 22×14.5 公分，10 行 21 字，白口，四周單邊，單白魚尾。版心上鐫書名，中鐫卷次，下鐫篇名，行間鐫注。

館藏信息： East Asian Library（Gest）：Rare Books：TD73/2406

2033

基本著錄： **唐會元精選批點唐宋名賢策論文粹：八卷**

（Tang hui yuan jing xuan pi dian Tang Song ming xian ce lun wen cui：ba juan）

（明）唐順之編

明嘉靖己酉［28 年，1549］毘陵胡氏本

兩函十册；27 公分

相關責任者： （明）唐順之（Tang Shunzhi），1507—1560，編；（明）葉錦泉（Ye Jin-quan），印

附　　注：　　唐順之據書名。卷端題"書林桐源胡氏刊"。

《凡例》末有牌記，內鐫"嘉靖己酉孟秋吉旦"。

卷末又鐫"三衢前坊胡氏梓於毘陵"。

《凡例》前有"見住[金陵]三山街浙江葉氏錦泉印行"之告白。

框 19.6×14.2 公分，10 行 20 字，白口，左右雙邊，單黑魚尾。版心中鐫"大家文粹"及卷次，行間鐫注。

館藏信息：　　East Asian Library (Gest) : Rare Books : TC318/1152

2034

基本著錄：　　**詩紀別集：十二卷**

（Shi ji bie ji : shi er juan）

（明）馮惟訥彙編；（明）甄敬裁正

明嘉靖庚申[39 年,1560]陝西甄敬本

一函六冊；30 公分

相關責任者：　　（明）馮惟訥（Feng Weina），進士 1538，彙編；（明）甄敬（Zhen Jing），進士 1553，裁正

附　　注：　　卷端題"巡按陝西監察御史太原甄敬裁正"。

卷十二末鐫"秦州知州李宋督刊儒學生員王瑤校正"。

框 19.1×14 公分，9 行 21 字，白口，四周單邊，單白魚尾。版心中鐫書名及卷次，下鐫刻工。

館藏信息：　　East Asian Library (Gest) : Rare Books : TD68/2503Q

2035

基本著錄：　　**廣十二家唐詩：[八十二卷]**

（Guang shi er jia Tang shi : [ba shi er juan]）

（明）蔣孝輯

明嘉靖庚戌[29 年,1550]蔣孝本

兩函十六冊；25 公分

相關責任者：　　（明）蔣孝（Jiang Xiao），進士 1544，輯

附　　注：　　書名據《廣十二家唐詩姓氏》。

蔣惟忠據薛應旂《序》。

框 19.6×14.1 公分，10 行 20 字，白口，左右雙邊，單白魚尾。版心

中鐫子目簡稱及卷次。

館藏信息： East Asian Library(Gest):Rare Books:TD68/2974

2036

基本著録： **精選古今四六會編:四卷,卷首**

（Jing xuan gu jin si liu hui bian;si juan,juan shou）

（明）薛應旂纂;（明）王勣訂

明隆慶戊辰[2年,1568]金陵龔邦録本

一函四册;26公分

相關責任者： （明）薛應旂（Xue Yingqi）,進士1535,纂;（明）王勣（Wang Ji）,訂;

（明）龔邦録（Gong Banglu）,刻;（清）翁方綱（Weng Fanggang）,

1733—1818,印記

附　　注： 附《群書撮玉》。

明隆慶二年(1568)袁隨《序》及未署年王勣《跋四六會編》。

卷末有牌記,内鐫"隆慶戊辰孟夏金陵書坊龍岡龔邦録梓"。

有"翁方綱印"等印記。

框19×13.6公分,10行22字,白口,四周雙邊,單黑魚尾。版心上

鐫"古今四六會編",中鐫卷次及類名。

本書以清初刊本(包括《御制詩集》)散葉爲襯紙。

館藏信息： East Asian Library(Gest):Rare Books:TD73/3410

2037

基本著録： **嘉樂齋三蘇文範:十八卷**

（Jia le zhai san Su wen fan;shi ba juan）

（明）楊慎原選;（明）袁宏道參閲

明天啓壬戌[2年,1622]本

兩函十六册;27公分

相關責任者： （宋）蘇洵（Su Xun）,1009—1066,撰;（宋）蘇軾（Su Shi）,1037—

1101,撰;（宋）蘇轍（Su Zhe）,1039—1112,撰;（明）楊慎（Yang

Shen）,1488—1559,原選;（明）袁宏道（Yuan Hongdao）,1568—

1610,參閲

附　　注： 陳元素明天啓二年(1622)《刻三蘇文序》等序。

框 21.8×13.6 公分,9 行 18 字,小字雙行同,白口,四周單邊,單黑魚尾。版心上鐫"三蘇文範",中鐫卷次,下間鐫刻工。行間及眉欄鐫注。

館藏信息: East Asian Library(Gest):Rare Books:TD63/726

2038

基本著録: **明詩十二家:十二卷**

(Ming shi shi er jia:shi er juan)

(明)李心學編次;(明)勞堪校正;(明)楊材,(明)程拱宸重校刊

明萬曆間(即 1573—1620)勞堪本

一函八冊;27 公分

相關責任者: (明)李心學(Li Xinxue),進士 1547,編次;(明)勞堪(Lao Kan),進士 1556,校正;(明)楊材(Yang Cai),進士 1571,重校刊;(明)程拱宸(Cheng Gongchen),進士 1568,重校刊

附　　注: 未署年勞堪《序》。

《明代版刻綜録》及《中國古籍善本書目》(徵求意見稿)均分別著録勞堪刻本、程拱宸刻本,疑誤,待考。

框 20.1×13.9 公分,9 行 18 字,白口,四周雙邊,單黑魚尾。版心上鐫書名,中鐫卷次。

館藏信息: East Asian Library(Gest):Rare Books:TD68/3035

2039

基本著録: **何大復先生學約古文:十卷**

(He Dafu xian sheng xue yue gu wen:shi juan)

(明)何景明輯;(明)謝守廉校

明萬曆戊申[36 年,1608]謝守廉寶樹堂本

一函五冊;28 公分

相關責任者: (明)何景明(He Jingming),1483—1521,輯;(明)謝守廉(Xie Shoulian),校

附　　注: 何景明號大復。

明萬曆三十六年(1608)謝守廉《重刻何仲默先生古文選小引》。

卷端"校"作"挍"。

框 20.1×12.5 公分,9 行 22 字,白口,左右雙邊,單白魚尾。版心中
鐫"學約古文"及卷次,下鐫"寶樹堂藏板"。

館藏信息： East Asian Library(Gest):Rare Books:TD63/3021

2040

基本著録： **學約古文:[三卷],卷末**

(Xue yue gu wen:[san juan],juan mo)

(明)何景明原輯;(明)陳善重訂

明嘉靖丙辰[35 年,1556]本

兩函十二册;28 公分

館藏本有殘缺:有缺葉。

相關責任者： (明)何景明(He Jingming),1483—1521,原輯;(明)陳善(Chen
Shan),1514—1589,重訂

附　　注： 卷分上中下。

著者及版本據明嘉靖三十五年(1556)陳善《序》。

框 19.8×14.4 公分,10 行 20 字,小字雙行同,白口,左右雙邊,單黑
魚尾。版心上鐫卷次,中鐫篇名。眉欄鐫注。

館藏信息： East Asian Library(Gest):Rare Books:TC328/2751

2041

基本著録： **四六菁華:[二卷]**

(Si liu jing hua:[er juan])

(明)袁貞吉編輯

明萬曆甲戌[2 年,1574]本

一函四册;29 公分

相關責任者： (明)袁貞吉(Zhong Zhenji),進士 1559,編輯

附　　注： 卷分上下。

著者據明嘉靖二十一年(1542)袁貞吉《叙》。

明萬曆二年(1574)未署名《重刻四六菁華序》言刻書事。

袁《叙》言請劉氏刻書事,疑是書爲萬曆二年(1574)重印本,而非重
刻本,待考。

框 20.3×14.4 公分,10 行 20 字,白口,四周單邊,單白魚尾。版心

中鎸書名及卷次。

館藏信息： East Asian Library(Gest)：Rare Books：TD73/2424Q

2042

基本著錄： **唐詩選：七卷，附錄**

(Tang shi xuan：qi juan，fu lu)

(明)李攀龍編選；(明)蔣一葵箋釋

明萬曆間(約1593—1620)舒石泉集賢書舍本

兩函十四册；29公分

相關責任者： (明)李攀龍(Li Panlong)，1514—1570，編選；(明)蔣一葵(Jiang Yikui)，箋釋；(明)舒石泉(Shu Shiquan)，刻

附　　注： 明萬曆二十一年(1593)吳亮《序》及同年蔣一葵《跋》。

卷末鎸"太乙舒氏石泉梓於集賢書舍"。

框22.9×14.2公分，9行18字，小字雙行同，白口，四周單邊。版心上鎸書名，中鎸卷次。

館藏信息： East Asian Library(Gest)：Rare Books：TD68/1060Q

2043

基本著錄： **文體明辯：六十一卷，綱領，目錄六卷，附錄十四卷，附錄目錄[二卷]**

(Wen ti ming bian：liu shi yi juan，Gang ling，mu lu liu juan，fu lu shi si juan，fu lu mu lu[er juan])

(明)徐師曾纂

明萬曆庚辰—辛卯[8—19年，1580—1591]壽檜堂本

十函八十册；27公分

相關責任者： (明)徐師曾(Xu Shizeng)，1517—1580，纂

附　　注： 《附錄目錄》卷分上下。

明萬曆元年(1573)《自序》版心下鎸"壽檜堂"，後有題記"大明萬曆八年庚辰仲秋望日吳江董邦寧書於壽檜堂刊"。

萬曆十九年(1591)顧爾行《序》。

框19.4×13.9公分，10行19字，白口，左右雙邊，單白魚尾。版心上鎸書名及卷次，中鎸文體。

館藏信息： East Asian Library(Gest)：Rare Books：TD63/369

2044

基本著録： 唐宋八大家文鈔：[一百六十四卷]

(Tang Song ba da jia wen chao：[yi bai liu shi si juan])

(明)茅坤批評

明崇禎間(即 1628—1644)本

四函三十二册；27 公分

相關責任者： (明)茅坤(Mao Kun)，1512—1601，批評

附　　注： 書名及版本據明崇禎元年(1628)方應祥《唐宋八大家文鈔總序》。

明萬曆七年(1579)茅坤《重刻八大家文鈔叙》。

框 20.2×14.3 公分，9 行 20 字，白口，四周單邊，單白魚尾。版心上
分別鎸"韓文""柳文"等，中鎸卷次。

館藏信息： East Asian Library(Gest)：Rare Books：TD73/915

2045

基本著録： 唐宋八大家類選

(Tang song ba da jia lei xuan)

(清)儲欣評

清乾隆癸巳[38 年,1773]同文堂本

五册；25 公分

相關責任者： (清)儲欣(Chu Xin)，1631—1706，評

附　　注： 内封面鎸"乾隆癸巳新鎸　宜興儲同人先生評　唐宋八大家類選
同文堂梓行"。

框 19×11.4 公分，9 行 25 字，無行格，行間刻評點，白口，四周雙邊。
版心上鎸書名，中鎸卷次及小題，下鎸"大德"。

館藏信息： East Asian Library(Gest)：Rare Books：PL2606.C57 1773

2046

基本著録： 名世文宗：二十卷．名世文宗外集：四卷．

子目：

名世文宗：二十卷

(Ming shi wen zong：er shi juan)

（明）胡時化編次

名世文宗外集：四卷

（Ming shi wen zong wai ji：si juan）

（明）胡時化編次

明萬曆丁丑［5 年，1577］馮叔吉願聞堂本

兩函十二冊；30 公分

相關責任者： （明）胡時化（Hu Shihua），進士 1571，編次；（明）馮叔吉（Feng Shu-ji），刻

附　注： 編者及刻者據《目錄》末所題。

《目錄》末題"萬曆五年丁丑春月四明馮叔吉鋟於願聞堂"。

框 21.6 × 14.4 公分，10 行 20 字，小字雙行同，白口，四周雙邊。版心上鋟書名，中鋟卷次，下鋟刻工。眉欄鋟注。

館藏信息： East Asian Library（Gest）：Rare Books：TD73/916Q

2047

基本著錄： 新刻三蘇論策選粹：八卷

（Xin ke San Su lun ce xuan cui：ba juan）

（明）李時漸選

明萬曆間（約 1577—1620）本

一函八冊；25 公分

相關責任者： （宋）蘇洵（Su Xun），1009—1066，撰；（宋）蘇軾（Su Shi），1037—1101，撰；（宋）蘇轍（Su Zhe），1039—1112，撰；（明）李時漸（Li Shi-jian），選

附　注： 明萬曆五年（1577）楊應東《三蘇選粹序》。

框 20.1 × 13.9 公分，10 行 20 字，白口，四周雙邊，單黑魚尾。版心中鋟"三蘇文粹"及卷次，下鋟刻工。

館藏信息： East Asian Library（Gest）：Rare Books：TD73/3561

2048

基本著錄： 古文雋：十六卷

（Gu wen juan：shi liu juan）

（明）趙耀選；（明）徐中行校

明萬曆戊寅[6年,1578]江西布政司本

兩函十六册;29公分

相關責任者： (明)趙耀(Zhao Yao),進士1571,選;(明)徐中行(Xu Zhongxing),
1517—1578,校

附　　注： 明萬曆六年(1578)趙耀《序》言刻書事。

框22.9×14.5公分,10行21字,小字雙行同,白口,四周雙邊,單黑
魚尾。版心上鎸書名,中鎸卷次,下鎸刻工。眉欄鎸注。

館藏信息： East Asian Library(Gest):Rare Books:TD73/687Q

2049

基本著録： **靜觀室三蘇文選:十六卷**

(Jing guan shi san Su wen xuan:shi liu juan)

(明)錢穀選批;(明)錢心造重校

明萬曆辛亥[39年,1611]錢氏本

兩函十六册;26公分

相關責任者： (宋)蘇洵(Su Xun),1009—1066,撰;(宋)蘇軾(Su Shi),1037—
1101,撰;(宋)蘇轍(Su Zhe),1039—1112,撰;(明)錢穀(Qian Gu),
1508—約1578,選批;(明)錢心造(Qian Xinzao),重校;(明)夏尚賓
(Xia Shangbin),刻;(明)謝應魁(Xie Yingkui),寫工

附　　注： 明萬曆七年(1579)錢穀《自序》及萬曆三十九年(1611)錢心造
《跋》。

框21.1×14.4公分,10行20字,小字雙行同,白口,四周單邊,單白
魚尾。版心上鎸"三蘇文選",中鎸卷次,卷一首葉版心下鎸"越郡
謝應魁寫武林夏尚賓梓"。眉欄及行間鎸注。

館藏信息： East Asian Library(Gest):Rare Books:TD63/3792

2050

基本著録： **歷朝文選:五十卷**

(Li chao wen xuan:wu shi juan)

(明)姚翼編次;(明)姚三才校正;(明)姚四聰督梓

明萬曆壬午[10年,1582]姚氏萬卷樓本

兩函十四册;27公分

相關責任者： （明）姚翼（Yao Yi），編次；（明）姚三才（Yao Sancai），校正；（明）姚四聰（Yao Sicong），督梓

附　　注： 明萬曆十年（1582）茅坤《序》言刻書事。

框 20.2×13.9 公分，9 行 20 字，白口，四周單邊，單白魚尾。版心上鐫書名，中鐫卷次，下鐫"萬卷樓"。

館藏信息： East Asian Library（Gest）：Rare Books：TD73/3043

2051

基本著錄： **漢魏詩乘：二十卷，吳詩，總錄**

（Han Wei shi sheng：er shi juan，Wu shi，zong lu）

（明）梅鼎祚編校

明萬曆癸未［11 年，1583］劉文顯、徐家慶本

一函八冊；28 公分

相關責任者： （明）梅鼎祚（Mei Dingzuo），1549—1615，編校；（明）劉文顯（Liu Wenxian），刻；（明）徐家慶（Xu Jiaqing），刻

附　　注： 明萬曆十一年（1583）梅鼎祚《自序》。

框 19.7×13.9 公分，10 行 20 字，小字雙行同，白口，左右雙邊，單黑魚尾。版心上鐫書名，中鐫卷次。

館藏信息： East Asian Library（Gest）：Rare Books：TD68/2469

2052

基本著錄： **書記洞詮：一百十六卷，目錄十卷**

（Shu ji dong quan：yi bai shi liu juan，mu lu shi juan）

（明）梅鼎祚纂輯

明萬曆丁酉—己亥［25—27 年，1597—1599］汝南郡玄白堂本

四函二十八冊；29 公分

相關責任者： （明）梅鼎祚（Mei Dingzuo），1549—1615，纂輯

附　　注： 明萬曆二十五年（1597）劉鳳《序》言刻書事。

CHRR97—B421《目錄》後鐫"大明萬曆歲丁酉仲夏汝南郡鏤版己亥孟秋竣工"。

《凡例》末鐫"萬曆歲丙申春玄白堂識"。

框 21×15 公分，10 行 20 字，小字雙行同，白口，左右雙邊，單白魚

尾。版心上鐫書名,中鐫卷次。

館藏信息: East Asian Library(Gest):Rare Books:TD73/260Q

2053

基本著錄: **詞致錄:十六卷,卷首**

(Ci zhi lu:shi liu juan,juan shou)

(明)李天麟彙輯;(明)余良樞等校

明萬曆丁亥[15 年,1587]杭州李天麟本

兩函十六册;27 公分

相關責任者: (明)李天麟(Li Tianlin),彙輯;(明)余良樞(Yu Liangshu),進士 1571,校

附　　注: 著者據《目錄》。

明萬曆十五年(1587)李天麟《序》言刻書事。

卷末有杭州府儒學訓導于文蔚等校刻人題名。

框 19.8×14 公分,10 行 20 字,白口,四周單邊,單白魚尾。版心上鐫書名,中鐫卷次,下鐫刻工。

館藏信息: East Asian Library(Gest):Rare Books:TD73/540

2054

基本著錄: **八代四六全書:十六卷,卷首三卷**

(Ba dai si liu quan shu:shi liu juan,juan shou san juan)

(明)李天麟彙輯;(明)余良樞等校

明間(約 1587—1644)本

四函二十四册;27 公分

相關責任者: (明)李天麟(Li Tianlin),進士 1580,彙輯;(明)余良樞(Yu Liang-shu),進士 1571,校

附　　注: 著者據《目錄》所題。

明萬曆十五年(1587)李天麟《序》等序。

是書爲翻刻萬曆十五年(1587)杭州刊《詞致錄》,僅改易書名,又增入眉批。

框 21.4×13.6 公分,10 行 20 字,白口,四周單邊,單黑魚尾。版心上鐫書名,中鐫卷次。眉欄鐫評。

館藏信息： East Asian Library(Gest)：Rare Books：TD73/3992

2055

基本著錄： **續刻温陵四太史評選古今名文珠璣：八卷，卷首**

(Xu ke Wenling si tai shi ping xuan gu jin ming wen zhu ji：ba juan，juan shou)

(明)黄鳳翔等選

明萬曆乙未[23 年,1595]余紹崖自新齋本

兩函二十册;27 公分

相關責任者： (明)黄鳳翔(Huang Fengxiang)，生年 1545，選；(明)余紹崖(Yu Shaoya)，刻

附　　注： 卷末有牌記"龍飛萬曆乙未自新齋余紹崖繡梓"。

未署年楊九經《續刻名文珠璣引》。

框 21×13.1 公分，10 行 20 字，白口，四周雙邊，雙黑魚尾。版心上鎸"續名文珠璣"及卷次，中鎸文章出處書名。眉欄鎸注。

館藏信息： East Asian Library(Gest)：Rare Books：TC328/3764

2056

基本著錄： **新刻楊太史選註秦漢拔奇：八卷**

(Xin ke Yang tai shi xuan zhu Qin Han ba qi：ba juan)

(明)楊起元選注

明萬曆甲午[22 年,1594]周東溟本

一函八册;27 公分

相關責任者： (明)楊起元(Yang Qiyuan)，1547—1599，選注；(明)周東溟(Zhou Dongming)，刻

附　　注： 封面鎸"刻楊太史評選先秦兩漢拔奇　天禄閣藏板"。

《凡例》版心下鎸"世美堂刊"。

明萬曆二十二年(1594)吴道南《評註先秦兩漢文序》言周東溟請刻書事。

框 22.1×14.5 公分，11 行 23 字，小字雙行同，白口，左右雙邊，單黑魚尾。版心上鎸"評註秦漢拔奇"，中鎸卷次。眉欄鎸注。

館藏信息： East Asian Library(Gest)：Rare Books：TD73/3050

2057

基本著録： 秦漢六朝文：十卷

(Qin Han liu chao wen：shi juan)

(明)汪道昆選；(明)俞王言批；(明)汪宗文校

明萬曆間(約 1597—1620)本

兩函十册；27 公分

相關責任者： (明)汪道昆(Wang Daokun)，1525—1593，選；(明)俞王言(Yu Wang-gyan)，批；(明)汪宗文(Wang Zongwen)，校；(明)黄鋑(Huang Cu-an)，1553—1620，刻

附　注： 著者據《目録》。

明萬曆二十五年(1597)金邦達《序》，《序》後題"歙邑秀野黄鋑刻"。

框 20×13.4 公分，9 行 20 字，白口，四周單邊。版心上鐫朝代名及卷次。

館藏信息： East Asian Library(Gest)：Rare Books：TD63/3735

2058

基本著録： 唐詩紀：[一百七十卷]，目録三十四卷

(Tang shi ji：[yi bai qi shi juan]，mu lu san shi si juan)

(明)黄德水彙編；(明)吳琯校訂

明萬曆乙酉[13 年，1585]吳琯本

四函三十册；29 公分

相關責任者： (明)黄德水(Huang Deshui)，彙編；(明)吳琯(Wu Guan)，校訂

附　注： 計初唐六十卷、盛唐一百十卷。

明萬曆十三年(1585)李維楨及同年方沆《初盛唐詩紀序》。

框 20.3×13.7 公分，9 行 19 字，小字雙行同，白口，四周雙邊，單黑魚尾。版心上鐫"詩紀"，中鐫"初唐""盛唐"及卷次。

館藏信息： East Asian Library(Gest)：Rare Books：TD68/265Q

2059

基本著録： 唐詩紀：[一百七十卷]，目録三十四卷

(Tang shi ji：[yi bai qi shi juan]，mu lu san shi si juan)

(明)黄德水彙編;(明)吴琯校訂
明萬曆乙酉[13年,1585]吴琯本
六函六十册;30公分

相關責任者: (明)黄德水(Huang Deshui),彙編;(明)吴琯(Wu Guan),校訂

附　　注: 計初唐六十卷、盛唐一百十卷。
明萬曆十三年(1585)李維楨及同年方沆《初盛唐詩紀序》。
框20.4×13.6公分,9行19字,小字雙行同,白口,四周雙邊,單黑魚尾。版心上鎸"詩紀",中鎸"初唐""盛唐"及卷次。

館藏信息: East Asian Library(Gest):Rare Books:TD68/909Q

2060

基本著録: **唐詩紀:一百七十卷,目録三十四卷**
(Tang shi ji:yi bai qi shi juan,mu lu san shi si juan)
(明)方一元彙編;(明)方天眷重訂;(明)李明睿閲
明萬曆乙酉[13年,1585]吴琯本
四函二十四册;27公分

相關責任者: (明)方一元(Fang Yiyuan),彙編;(明)方天眷(Fang Tianjuan),重訂;(明)李明睿(Li Mingrui),進士1622,閲

附　　注: 計初唐六十卷、盛唐一百十卷。
明萬曆十三年(1585)李維楨及同年方沆《序》。
是書原題"吴郡黄德水彙編　鄣郡吴琯校訂"。
吴琯,鄣郡徽州新安人,生卒不詳,非福建漳浦隆慶進士(1571)之吴琯。
框20.1×13.3公分,9行19字,小字雙行同,白口,四周雙邊,單黑魚尾。版心上鎸"詩紀",中鎸"初唐""盛唐"及卷次。

館藏信息: East Asian Library(Gest):Rare Books:TD68/2725

2061

基本著録: **岳陽紀勝彙編:四卷**
(Yueyang ji sheng hui bian:si juan)
(明)梅淳編
明萬曆乙酉[13年,1585]張振先本

一函八册;29公分

相關責任者：　（明）梅淳（Mei Chun），進士 1571，編；（明）張振先（Zhang Zhen
　　　　　　　　xian），進士 1574，刻

附　　注：　明萬曆十三年（1585）張振先《序》言梅氏編書及刻書事。

　　　　　　有補板處。

　　　　　　框 25×15.4 公分，9 行 21 字，白口，四周雙邊。版心上鐫"彙編"及
　　　　　　卷次。

館藏信息：　East Asian Library（Gest）：Rare Books：TD63/1135Q

2062

基本著錄：　**瀋國勉學書院集：十一卷**

　　　　　　（Shen guo mian xue shu yuan ji：shi yi juan）

　　　　　　（明）朱珵堯輯

　　　　　　明萬曆間（約 1591—1620）山西省瀋藩朱效鏞本

　　　　　　一函六册;30 公分

相關責任者：　（明）朱珵堯（Zhu Chengyao），輯；（明）朱效鏞（Zhu Xiaoyong），刻

附　　注：　計《凝齋稿》一卷、《保和齋稿》五卷、《綠筠軒稿》四卷、《修業堂稿》
　　　　　　一卷。

　　　　　　明萬曆十八年（1590）朱珵堯《瀋國勉學書院集題辭》。

　　　　　　萬曆十九年（1591）朱孟震《敕賜勉學書院集叙》。

　　　　　　有李新芳《清秋侣和序》等。

　　　　　　卷十一末鐫"不肖男子效鍊董沐校刻"。

　　　　　　中國國家圖書館有萬曆間瀋藩刻十二卷本。

　　　　　　框 18.7×13.5 公分，9 行 18 字，白口，左右雙邊，單黑魚尾。版心上
　　　　　　鐫"勉學書院集"，中鐫卷次。

館藏信息：　East Asian Library（Gest）：Rare Books：TD68/377Q

2063

基本著錄：　**皇明館課經世宏辭續集：十五卷，卷首**

　　　　　　（Huang Ming guan ke jing shi hong ci xu ji：shi wu juan，juan shou）

　　　　　　（明）王錫爵續補；（明）焦竑參訂；（明）陸翀之纂輯

　　　　　　明萬曆癸巳［21 年，1593］周曰校本

四函二十四册;27公分

相關責任者： （明）王錫爵（Wang Xijue），1534—1610，續補；（明）焦竑（Jiao Hong），1541—1620，參訂；（明）陸翀之（Lu Chongzhi），纂輯；（明）周曰校（Zhou Yuejiao），刻

附　　注： 是書又題"陸登之纂輯"，蓋陸氏兄弟合纂。

卷端題"周曰校督刊"。

明萬曆二十一年（1593）陳文燭《序》及殘《續經世宏辭序》。

框21×14.3公分，12行24字，白口，四周單邊，單黑魚尾。版心上鐫"皇明館課續集"，中鐫卷次及類名。眉欄鐫注。

館藏信息： East Asian Library（Gest）:Rare Books:TD63/3896

2064

基本著録： **新鐫焦太史彙選中原文獻:[二十四卷]**

（Xin juan Jiao tai shi hui xuan zhong yuan wen xian:[er shi si juan]）

（明）焦竑選;（明）許國校

明萬曆丙申[24年,1596]汪啓文本

兩函十六册;29公分

相關責任者： （明）焦竑（Jiao Hong），1541—1620，選;（明）許國（Xu Guo），1527—1596，校;（明）汪啓文（Wang Qiwen），刻;（明）黃鈐（Huang Qian），刻

附　　注： 經集六卷、史集六卷、子集七卷、文集四卷、通考一卷。

明萬曆二十四年（1596）焦竑《序》言汪啓文請刻書事。

萬曆二十四年（1596）陶望齡《序》後題"歙邑黃鈐刻"。

框20.7×14.2公分，10行21字，無行格，白口，四周單邊。版心上鐫"中原文獻經集""中原文獻史集"等及卷次。眉上鐫注。

館藏信息： East Asian Library（Gest）:Rare Books:TD73/1762Q

2065

基本著録： **新鐫焦太史彙選百家評林名文珠璣:四卷**

（Xin juan Jiao tai shi hui xuan bai jia ping lin ming wen zhu ji:si juan）

（明）李廷機,（明）陶望齡閲;（明）劉應秋,（明）董其昌校

明間（約1611—1644）本

兩函八册;27公分

相關責任者： （明）李廷機（Li Tingji），進士 1583，閱；（明）陶望齡（Tao Wangling），生年 1562，閱；（明）劉應秋（Liu Yingqiu），校；（明）董其昌（Dong Qichang），1555—1636，校；（明）王國賢（Wang Guoxian），抄

附　　注： 各卷目録前後有抄寫人王國賢題名，如卷二題“萬曆歲次辛亥仲冬朔旦江南寶婺王國賢書於京公署”，辛亥即明萬曆三十九年（1611）。

框 21×10.5 公分，9 行 24 字，無行格，白口，四周單邊。

館藏信息： East Asian Library（Gest）：Rare Books：TD63/3876

2066

基本著録： 賦苑：八卷

（Fu yuan：ba juan）

（明）李鴻緝

明萬曆間（即 1573—1620）本

四函二十册；27 公分

相關責任者： （明）李鴻（Li Hong），進士 1595，緝

附　　注： 著者據茅國縉未署年《序》。

李鴻字漸卿，吳人。

框 21.9×14.3 公分，10 行 20 字，白口，四周單邊。版心上鐫書名及卷次，下鐫刻工。

館藏信息： East Asian Library（Gest）：Rare Books：TD68/2524

2067

基本著録： ［漢魏諸名家集］

（［Han Wei zhu ming jia ji］）

（明）汪士賢校

明間（約 1573—1627）汪士賢本

六函四十八册；29 公分

相關責任者： （明）汪士賢（Wang Shixian），活動期 16—17 世紀，校

附　　注： 子目較《中國叢書綜録》著録多一種。

版本據風格。

框（《董仲舒集》）20.2×14 公分，9 行 20 字，白口，四周單邊，單白魚尾。版心上鐫書名，中鐫卷次。

館藏信息： East Asian Library(Gest)：Rare Books：TD73/810Q

2068

基本著錄： **文浦玄珠：六卷**

（Wen pu xuan zhu：liu juan）

（明）穆文熙，（明）劉懷恕批纂；（明）沈榜校閱

明萬曆間（約 1587—1620）金陵吳繼宗本

兩函十二冊；27 公分

相關責任者： （明）穆文熙（Mu Wenxi），1528—1591，批纂；（明）劉懷恕（Liu Huaishu），進士 1577，批纂；（明）沈榜（Shen Bang），校閱；（明）吳繼宗（Wu Jizong），刻

附　　注： 卷端又題"金陵三山街書坊吳繼宗梓行"。

明萬曆十五年（1587）穆文熙《重刻文浦玄珠序》。

框 23.4×13.8 公分，9 行 20 字，白口，四周單邊，單黑魚尾。版心上鐫書名及卷次。眉欄鐫批。

館藏信息： East Asian Library(Gest)：Rare Books：TC328/2464

2069

基本著錄： **兩漢文選**

（Liang Han wen xuan）

（明）衛勛選；（明）衛拱宸校注

明萬曆間（即 1573—1620）衛氏本

兩函十六冊；31 公分

相關責任者： （明）衛勛（Wei Xun），選；（明）衛拱宸（Wei Gongchen），校注

附　　注： 不分卷。

衛拱宸《刻兩漢文選例》。

版本據風格。

框 20.1×13.9 公分，9 行 20 字，白口，左右雙邊，單黑魚尾。版心上鐫書名，中鐫篇名，下鐫朝代。欄上鐫評。

館藏信息： East Asian Library(Gest)：Rare Books：TD63/330Q

2070

基本著錄： **新刊李九我先生編纂大方萬文一統内外集：二十二卷**

(Xin kan Li Jiuwo xian sheng bian zuan da fang wan wen yi tong nei wai ji：er shi er juan)

(明)李廷機編纂；(明)申時行勘閱；(明)朱國祚校刊；(明)余象斗繡梓

明萬曆間(約 1583—1620)建陽余象斗雙峰堂本

四函二十四册；28 公分

相關責任者： (明)李廷機(Li Tingji)，進士 1583，編纂；(明)申時行(Shen Shi xing)，1535—1614，勘閱；(明)朱國祚(Zhu Guozuo)，進士 1583，校刊；(明)余象斗(Yu Xiangdou)，刻

附　　注： 未署年李廷機等《題萬文一統序》。

卷末有牌記鐫"雙峰堂文台余象斗梓行"。

建陽書林有余象斗雙峰堂。

框 23.6×14.9 公分，10 行 20 字，下黑口，四周雙邊，單黑魚尾。版心上鐫"大方萬文一統"，中鐫卷次及篇名。

館藏信息： East Asian Library(Gest)：Rare Books：TD73/2484

2071

基本著錄： **鐫李相國九我先生評選蘇文彙精：六卷**

(Juan Li xiang guo Jiuwo xian sheng ping xuan Su wen hui jing：liu juan)

(明)李廷機評選；(明)陳繼儒參評

明萬曆間(即 1573—1620)師儉堂本

一函十二册；27 公分

相關責任者： (宋)蘇洵(Su Xun)，1009—1066，撰；(宋)蘇軾(Su Shi)，1037—1101，撰；(宋)蘇轍(Su Zhe)，1039—1112，撰；(明)李廷機(Li Tingji)，進士 1583，評選；(明)陳繼儒(Chen Jiru)，1558—1639，參評

附　　注： 未署年陳繼儒《序》。

卷端又題"書林師儉堂領繡"。

框 22.1×12.8 公分，9 行 21 字，白口，四周單邊。版心上鐫"蘇文彙

"精"及卷次。眉欄鐫評。

館藏信息： East Asian Library(Gest)：Rare Books：TD73/3980

2072

基本著錄： **滙古菁華：二十四卷**

（Hui gu jing hua：er shi si juan）

（明）張國璽，（明）劉頃陽編

明萬曆丙申[24 年,1596]褚鈇本

四函二十八册；30 公分

相關責任者： （明）張國璽（Zhang Guoxi），編；（明）劉頃陽（Liu Qingyang），編；

（明）褚鈇（Chu Fu），1533—1600，刻

附　　注： 著者據明萬曆二十四年(1596)張國璽《叙》。

萬曆二十四年(1596)褚鈇《刻滙古菁華叙》言刻書事。

框 22×14.2 公分，9 行 19 字，白口，四周單邊。版心上鐫書名，中鐫
卷次。

館藏信息： East Asian Library(Gest)：Rare Books：TC328/3023Q

2073

基本著錄： **詩家全體：十四卷**

（Shi jia quan ti：shi si juan）

（明）李之用輯；（明）李之周等校；（明）汪麗日重輯

明萬曆戊戌[26 年,1598]郡武府學本

一函十册；29 公分

本館藏本不完整：汪《序》缺葉。

相關責任者： （明）李之用（Li Zhiyong），進士 1580，輯；（明）李之周（Li Zhizhou），
校；（明）汪麗日（Wang Liri），重輯

附　　注： 卷十一題"重訂詩韻目錄"，卷十二題"押韻音釋便覽去聲"，卷十三
題"詩家全體補"。

版本據明萬曆二十六年(1598)郡武縣知縣黎應鳳等人《序》及汪麗
日《重刻詩家全體序》(不全)。

張三異《集古詩家全體序》等序。

框 23.5×15.6 公分，9 行 20 字，白口，四周雙邊，單黑魚尾。版心上

鐫書名,中鐫卷次,下鐫刻工。

館藏信息: East Asian Library(Gest):Rare Books:TD68/2504Q

2074

基本著錄: **辭賦標義:十八卷**

(Ci fu biao yi:shi ba juan)

(明)俞王言標義;(明)金溥參訂

明萬曆辛丑[29 年,1601]金溥本

兩函十四册;29 公分

相關責任者: (明)俞王言(Yu Wangyan),標義;(明)金溥(Jin Pu),參訂;(明)黃鋑(Huang Cuan),1553—1620,刻;(明)黃一桂(Huang Yigui),生年1570,刻工

附　注: 明萬曆二十九年(1601)俞王言《自序》,末鐫"新安剞劂氏黃鋑"。

未署年金溥《刻辭賦標義跋》,末鐫"黃一桂刻"。

館藏信息: East Asian Library(Gest):Rare Books:TD68/3022Q

2075

基本著錄: **續文選:三十二卷**

(Xu Wen xuan:san shi er juan)

(明)湯紹祖撰

明萬曆壬寅[30 年,1602]希貴堂本

四函二十四册;29 公分

相關責任者: (明)湯紹祖(Tang Shaozu),撰

附　注: 明萬曆三十年(1602)湯紹祖《序》言刻書事。

框 21.4×14.5 公分,10 行 20 字,白口,左右雙邊,單黑魚尾。版心上鐫書名,中鐫卷次,下鐫"希貴堂"。

館藏信息: East Asian Library(Gest):Rare Books:TD63/2865Q

2076

基本著錄: **詩宿:二十八卷,詩人考世[二卷]**

(Shi su:er shi ba juan,Shi ren kao shi[er juan])

(明)劉一相彙輯;(明)劉鴻訓等參閱

明萬曆戊申[36 年,1608]關中劉一相本

四函四十冊;28 公分

相關責任者: （明）劉一相（Liu Yixiang）,1542—1624,彙輯;（明）劉鴻訓（Liu Hongxun）,參閱;（明）古自寵（Gu Zichong）,校刊;（明）張三畏（Zhang Sanwei）,寫工;（明）張贄（Zhang Zhi）,刻

附　　注: 《詩人考世》卷分上下。

明萬曆三十六年(1608)劉鴻訓《跋》言刻書事。

卷末鐫"張三畏楷書古自寵校刊張贄督刊"。

框 22.1×15.2 公分,9 行 19 字,白口,四周雙邊,單黑魚尾。版心上鐫書名,中鐫集名及卷次。

館藏信息: East Asian Library（Gest）:Rare Books:TD73/3839

2077

基本著録: **文府滑稽:十二卷**

（Wen fu hua ji:shi er juan）

（明）鄒迪光選;（明）鄒同光校

明萬曆己酉[37 年,1609]鄒同光本

兩函十二冊;27 公分

相關責任者: （明）鄒迪光（Zou Diguang）,進士 1574,選;（明）鄒同光（Zou Tongguang）,校

附　　注: 明萬曆三十七年鄒迪光《序》言鄒同光刻書事。

框 21.2×14.2 公分,10 行 20 字,白口,四周雙邊。版心上鐫書名,中鐫卷次,卷下偶鐫刻工。

館藏信息: East Asian Library（Gest）:Rare Books:TD73/1862

2078

基本著録: **鐫歷代古文舉業標準評林:八卷**

（Juan li dai gu wen ju ye biao zhun ping lin:ba juan）

（明）屠隆彙選;（明）顧起元評釋;（明）顧充訂正

明間（約 1602—1644）金陵唐振吾本

一函八冊;28 公分

相關責任者: （明）屠隆（Tu Long）,1542—1605,彙選;（明）顧起元（Gu Qiyuan）,

1565—1628,評釋;(明)顧充(Gu Chong),舉人 1567,訂正;(明)唐
振吾(Tang Zhenwu),刻

附　　注： 封面鎸"歷代古文舉業標準評林""金陵書坊唐振吾新刊行"。

未署年朱之蕃《舉業標準序》。

據《明代版刻綜録》,唐振吾(國達)刻書多在明萬曆中晚期。

框 21.2×13.9 公分,9 行 18 字,白口,四周單邊,單黑魚尾。版心上
鎸"舉業標準評林",中鎸卷次。眉欄鎸評注。

館藏信息： East Asian Library(Gest):Rare Books:TD93/2826

2079

基本著録： **唐詩所:四十七卷**

(Tang shi suo:si shi qi juan)

(明)臧懋循編

明萬曆間(約 1603—1620)本

四函二十四册;29 公分

館藏本有殘缺:《序》爲複印。

相關責任者： (明)臧懋循(Zang Maoxun),1550—1620,編

附　　注： 附《唐詩所歷朝名氏爵里》。

著者據明萬曆三十一年(1603)臧懋循《詩所序》。《序》言是書五十
六卷,實爲四十七卷。

框 20.5×13.7 公分,10 行 21 字,小字雙行同,白口,左右雙邊。版
心上鎸詩體名,中鎸卷次。

館藏信息： East Asian Library(Gest):Rare Books:TD68/1857Q

2080

基本著録： **新刊彙編秦漢文選:八卷**

(Xin kan hui bian Qin Han wen xuan:ba juan)

(明)楊守勤選;(明)顧起元校

明萬曆間(約 1607—1620)陸時益本

一函八册;26 公分

相關責任者： (明)楊守勤(Yang Shouqin),進士 1604,選;(明)顧起元(Gu
Qiyuan),1565—1628,校;(明)陸時益(Lu Shiyi),刻

附　　注：	卷端又題"書林豫所陸時益梓"。
	明萬曆三十五年(1607)楊守勤《秦漢文選叙》。
	框 19.2×12.8 公分,10 行 22 字,白口,四周單邊,單黑魚尾。版心中鐫卷次。眉上鐫注。
館藏信息：	East Asian Library(Gest)：Rare Books：TD63/3942

2081

基本著録：	**文字會寶**
	(Wen zi hui bao)
	(明)朱文治輯
	明萬曆戊申[36 年,1608]武林朱文治本
	兩函十冊;31 公分
相關責任者：	(明)朱文治(Zhu Wenzhi),輯;(明)顧文振(Gu Wenzhen),刻
附　　注：	書名及著者據《目次》。
	明萬曆三十六年(1608)朱文治《序》等序言刻書事。
	董其昌書文第四葉後面鐫"錢唐顧文振雅氏鐫"。
	框 24.6×17.2 公分,行字不等,白口,四周單邊。版心上鐫"會寶"及篇名。
館藏信息：	East Asian Library(Gest)：Rare Books：TD63/712Q

2082

基本著録：	**古文世編：一百卷**
	(Gu wen shi bian；yi bai juan)
	(明)潘士達編;(明)陳原道等校
	明萬曆己酉[37 年,1609]廣東陳原道本
	十函一百冊;29 公分
相關責任者：	(明)潘士達(Pan Shida),進士 1592,編;(明)陳原道(Chen Yuandao),進士 1598,校
附　　注：	版本據明萬曆三十七年(1609)潘士達《序》。
	框 19.9×15.1 公分,9 行 18 字,小字雙行同,白口,四周雙邊,單黑魚尾。版心上鐫書名,中鐫卷次。
館藏信息：	East Asian Library(Gest)：Rare Books：TC328/1139Q

2083

基本著錄：　　　文儷：十八卷

（Wen li：shi ba juan）

（明）陳翼飛删輯；（明）畢懋康參訂

明萬曆庚戌［38 年，1610］畢懋康本

一函十八册；26 公分

相關責任者：　　（明）陳翼飛（Chen Yifei），進士 1610，删輯；（明）畢懋康（Bi Mao-
kang），進士 1598，參訂

附　　注：　　明萬曆三十八年（1610）畢懋康《序》言刻書事。

框 21.7×14.5 公分，10 行 20 字，白口，四周單邊，單黑魚尾。版心
上鐫書名，中鐫卷次。

館藏信息：　　East Asian Library（Gest）：Rare Books：TD63/3872

2084

基本著錄：　　　古論玄箸：八卷

（Gu lun xuan zhu：ba juan）

（明）傅振商輯

明萬曆壬子［40 年，1612］順德國士書院本

一函八册；30 公分

相關責任者：　　（明）傅振商（Fu Zhenshang），進士 1607，輯

附　　注：　　明萬曆四十年（1612）傅振商《叙》。

卷末鐫“萬曆壬子孟冬刻於順德之國士書院”。

框 21.7×14.7 公分，9 行 20 字，白口，四周單邊，單黑魚尾。版心上
鐫書名及卷次，中鐫類別。

館藏信息：　　East Asian Library（Gest）：Rare Books：TD73/3040Q

2085

基本著錄：　　　珠淵異寶：十二卷

（Zhu yuan yi bao：shi er juan）

（明）傅振商彙輯；（明）姚宗文删訂

明崇禎庚午［3 年，1630］傅振商本

兩函十二冊;27 公分

相關責任者： （明）傅振商（Fu Zhenshang），進士 1607，彙輯；（明）姚宗文（Yao Zongwen），刪訂

附　注： 明崇禎三年（1630）傅振商《重題珠淵異寳》言重刻書事。

框 23.1×15 公分,9 行 20 字,白口,四周單邊,單黑魚尾。版心上鐫書名,中鐫卷次。

館藏信息： East Asian Library（Gest）:Rare Books:TC328/2969

2086

基本著錄： **蘇雋：[五卷]**

（Su jun:[wu juan]）

（明）湯賓尹檢評;（明）王世元編梓

明萬曆癸丑[41 年,1613]王世元本

一函十二冊;28 公分

本館藏本不完整:存《老泉先生集》及《東坡先生集》卷二至三。

相關責任者： （宋）蘇洵（Su Xun）,1009—1066;（宋）蘇軾（Su Shi）,1037—1101;（宋）蘇轍（Su Zhe）,1039—1112;（明）湯賓尹（Tang Binyin）,檢評;（明）王世元（Wang Shiyuan）,編梓

附　注： 框 22.6×14.6 公分,9 行 18 字,白口,四周單邊。版心上鐫書名,中鐫卷次。眉欄鐫評注。

館藏信息： East Asian Library（Gest）:Rare Books:TD73/3565

2087

基本著錄： **古文品外錄:二十四卷**

（Gu wen pin wai lu:er shi si juan）

（明）陳繼儒選評;（明）董其昌,（明）黃汝亨校

明間（約 1578—1625）建陽劉龍田喬山堂本

一函十二冊;29 公分

相關責任者： （明）陳繼儒（Chen Jiru）,1558—1639,選評;（明）董其昌（Dong Qichang）,1555—1636,校;（明）黃汝亨（Huang Ruheng）,1558—1626,校;（明）劉龍田（Liu Longtian）,1560—1625,刻

附　注： 卷末有牌記"喬山堂劉龍田精梓"。

框 20.8×14.3 公分,9 行 21 字,白口,四周單邊,單黑或白魚尾相間。版心上鎸書名,中鎸卷次,下鎸篇名。

有"莫友芝圖書印""莫印繩孫"印記。

館藏信息: East Asian Library(Gest):Rare Books:TD73/590Q

2088

基本著録: **鼎鎸諸方家彙編皇明名公文雋:八卷**

(Ding juan zhu fang jia hui bian huang Ming ming gong wen juan:ba juan)

(明)袁宏道精選;(明)張鼐校閱

明萬曆庚申[48 年,1620]金陵鄭思鳴奎璧堂本

四函十六册;27 公分

相關責任者: (明)袁宏道(Yuan Hongdao),1568—1610,精選;(明)張鼐(Zhang Nai),進士 1604,校閱;(明)鄭思鳴(Zheng Siming),刻

附　注: 明萬曆四十八年(1620)周家建《皇明諸名公文雋叙》等序。

封面鎸"鎸袁中郎先生評選今文化玉奎璧堂鄭思鳴綉梓"。

卷末有牌記"奎璧堂鄭思鳴綉梓"。

框 21.2×12.6 公分,9 行 20 字,白口,四周單邊。版心上鎸"皇明文雋"。

館藏信息: East Asian Library(Gest):Rare Books:TD73/1151

2089

基本著録: **四六類編:十三卷**

(Si liu lei bian:shi san juan)

(明)李日華輯著;(明)魯重民補訂;(明)錢蔚起較定

明崇禎庚辰[13 年,1640]錢蔚起、魯重民本

兩函十四册;26 公分

相關責任者: (明)李日華(Li Rihua),1565—1635,輯著;(明)魯重民(Lu Zhong-min),活動期 17 世紀,補訂;(明)錢蔚起(Qian Weiqi),較定

附　注: 明崇禎十三年(1640)李肇亨《刻四六全書述》言錢氏(蔚起)、魯氏(重民)刻書事。

封面鎸"四六全書""錢衙藏板"。

框 21.3×14.1 公分,9 行 20 字,白口,四周單邊。版心上鎪書名及卷次。

館藏信息: East Asian Library(Gest):Rare Books:TD73/1063

2090

基本著録: **古唐選屑:三十集**

(Gu Tang xuan xie:san shi ji)

(明)李本緯纂輯;(明)黃體仁編次

明萬曆間(約 1573—1613)本

兩函八册;29 公分

相關責任者: (明)李本緯(Li Benwei),進士 1592,纂輯;(明)黃體仁(Huang Tiren),進士 1604,編次

附　注: 未署年李本緯《序》等序。

版本參見 BCUO94—B5068。

框 22.6×15.2 公分,9 行 19 字,白口,四周雙邊,單黑魚尾。版心上鎪"詩家選屑",中鎪卷次。

館藏信息: East Asian Library(Gest):Rare Books:TD68/272Q

2091

基本著録: **昭代選屑:三十卷**

(Zhao dai xuan xie:san shi juan)

(明)李本緯纂輯;(明)王家賓編次

明萬曆間(即 1573—1620)本

一函六册;27 公分

相關責任者: (明)李本緯(Li Benwei),進士 1592,纂輯;(明)王家賓(Wang Jiabin),編次

附　注: 未署年李本緯《序》等序。

版本據風格。

框 21.1×14.7 公分,9 行 19 字,白口,四周雙邊,單黑魚尾。版心上鎪書名,中鎪卷次。

館藏信息: East Asian Library(Gest):Rare Books:TD68/299

2092

基本著錄： 詩歸：[五十一卷]

(Shi gui：[Wu shi yi juan])

(明)鍾惺,(明)譚元春選定;(明)劉敩重訂

明間(約1617—1644)本

兩函十六冊;27公分

相關責任者： (明)鍾惺(Zhong Xing),1574—1625,選定;(明)譚元春(Tan Yuan-chun),1586—1637,選定;(明)劉敩(Liu Xiao),重訂

附　　注： 封面鐫"鍾譚二先生選定詩歸　彙錦堂藏板"。

明萬曆四十五年(1617)鍾惺《詩歸序》。

框20.6×14.3公分,10行19字,白口,左右雙邊,單黑魚尾。版心上鐫書名,中鐫卷次。

館藏信息： East Asian Library(Gest)：Rare Books：TD68/788

2093

基本著錄： 秦漢文懷：二十卷

(Qin Han wen huai：er shi juan)

(明)鍾惺評選

明崇禎癸酉[6年,1633]本

一函八冊;26公分

相關責任者： (明)鍾惺(Zhong Xing),1574—1625,評選

附　　注： 明崇禎六年(1633)錢謙益《序》等序言刻書事。

疑爲托鍾惺之名。

框20.8×14.1公分,9行20字,白口,左右雙邊。版心上鐫書名及卷次,中鐫篇名。欄上鐫評。

館藏信息： East Asian Library(Gest)：Rare Books：TD73/2904

2094

基本著錄： 古今翰苑瓊琚：十二卷

(Gu jin han yuan qiong ju：shi er juan)

(明)楊慎選;(明)孫鑛評;(明)陳元素校

明天啓辛酉［元年，1621］本

兩函十二册；28 公分

相關責任者： （明）楊慎（Yang Shen），1488—1559，選；（明）孫鑛（Sun Kuang），

1542—1613，評；（明）陳元素（Chen Yuansu），校

附　　注： 明天啓元年（1621）陳元素《古今詞命瓊琚序》等序。

框 22.2×13.8 公分，9 行 20 字，白口，左右雙邊，單白魚尾。版心上

鑴“翰苑瓊琚”，中鑴卷次.

館藏信息： East Asian Library（Gest）：Rare Books：TD73/657

2095

基本著録： **唐詩解：五十卷**

（Tang shi jie：wu shi juan）

（明）唐汝詢選釋；（明）唐汝諤參定；（明）張所望校閱

明萬曆間（約 1615—1620）本

兩函十册；26 公分

相關責任者： （明）唐汝詢（Tang Ruxun），選釋；（明）唐汝諤（Tang Ru'e），參定；

（明）張所望（Zhang Suowang），進士 1601，校閱；（明）楊鶴（Yang

He），印

附　　注： 明萬曆四十三年（1615）陳所蘊《序》等序。

卷端又題“侍御楊鶴命梓”，爲補刻。楊氏爲兵部右侍郎始自明崇

禎初。

框 23×14.9 公分，9 行 20 字，白口，四周單邊，單黑魚尾。版心上鑴

書名，中鑴卷次，下偶鑴刻工。

館藏信息： East Asian Library（Gest）：Rare Books：TD68/3596

2096

基本著録： **彙編唐詩十集：［十卷］，總目七卷**

（Hui bian Tang shi shi ji：［shi juan］，zong mu qi juan）

（明）唐汝詢補評；（明）唐孟莊校；（明）夏嘉遇參訂

明天啓間（約 1623—1627）本

四函四十册；26 公分

相關責任者： （明）唐汝詢（Tang Ruxun），補評；（明）唐孟莊（Tang Mengzhuang），

校;(明)夏嘉遇(Xia Jiayu),參訂;(明)吳天祥(Wu Tianxiang),刻

附　　注： 以天干標卷。

明天啓三年(1623)唐汝詢《序》,末鎸"白下吳天祥梓"。

框22.8×14.2公分,9行18字,白口,四周單邊。版心中鎸集次。

眉欄鎸評注。

館藏信息： East Asian Library(Gest):Rare Books:TD68/3500

2097

基本著録： **四六徽音集**:[二十卷]

(Si liu hui yin ji:[er shi juan])

(明)馮夢楨等評選

明萬曆間(即1573—1620)金陵徐思山、余南崖本

兩函十册;27公分

相關責任者： (明)馮夢楨(Feng Mengzhen),1546—1605,評選;(明)徐思山(Xu Sishan),刻;(明)余南崖(Yu Nanya),刻

附　　注： 計前集四卷、後集四卷、續集四卷、徽集四卷、羽集四卷。

各集評選者不同。

未署年陳懿典《四六徽音序》等序。

封面鎸"金陵徐思山余南崖全梓"。

版本據風格。

框20.7×14公分,8行18字,白口,四周雙邊,單黑魚尾。版心上鎸"徽音集",中鎸卷次。

館藏信息： East Asian Library(Gest):Rare Books:TD93/2980

2098

基本著録： **車書樓彙輯各名公四六爭奇**:八卷

(Che shu lou hui ji ge ming gong si liu zheng qi:ba juan)

(明)許以忠選;(明)王世茂校

明萬曆庚申[48年,1620]本

一函八册;28公分

相關責任者： (明)許以忠(Xu Yizhong),選;(明)王世茂(Wang Shimao),校

附　　注： 明萬曆四十八年(1620)程堯功《鎸四六爭奇序》。

框 22.5×14.8 公分,9 行 18 字,白口,四周單邊,單黑魚尾。版心上鐫"四六爭奇",中鐫卷次。

館藏信息: East Asian Library(Gest):Rare Books:TD73/733

2099

基本著録: **鐫國朝名公翰藻超奇:十四卷**

(Juan guo chao ming gong han zao chao qi:shi si juan)

(明)徐宗虁批選;(明)唐廷仁校梓

明間(約 1573—1644)唐廷仁、周曰校本

四函十六册;27 公分

相關責任者: (明)徐宗虁(Xu Zongkui),批選;(明)唐廷仁(Tang Tingren),校梓;

(明)周曰校(Zhou Yuejiao),刻

附　　注: 卷十至十四卷端題"繡谷後學唐廷仁金陵對峯周曰校刊行"。

未署年徐宗虁《國朝名公翰藻超奇序》。

框 21.5×14.5 公分,10 行 22 字,白口,四周單邊,單黑魚尾。版心上鐫"翰藻超奇",中鐫卷次。

館藏信息: East Asian Library(Gest):Rare Books:TD73/1230

2100

基本著録: **文略:[二卷]**

(Wen lüe:[er juan])

(明)劉廣生選;(明)何薦可校

明萬曆戊午[46 年,1618]何薦可本

一函六册;27 公分

相關責任者: (明)劉廣生(Liu Guangsheng),進士 1601,選;(明)何薦可(He Jianke),進士 1613,校

附　　注: 卷分上下。

明萬曆四十六年(1618)何薦可《刻文略序》言刻書事。

框 21.9×14 公分,9 行 20 字,白口,左右雙邊,單黑魚尾。版心上鐫書名,中鐫卷次。

館藏信息: East Asian Library(Gest):Rare Books:TC328/2929

2101

基本著錄：　新鋟李先生類纂音釋捷用雲箋：五卷

　　　　　　（Xin qin Li xian sheng lei zuan yin shi jie yong yun jian；wu juan）

　　　　　　（明）李光祚纂；（明）詹伯元梓

　　　　　　編目記錄詳見《子部 · 類書類》。

2102

基本著錄：　新鐫古表選：十二卷，補遺

　　　　　　（Xin juan gu biao xuan；shi er juan，bu yi）

　　　　　　（明）張一卿釋選；（明）趙不逸參校

　　　　　　明萬曆庚申［48 年，1620］本

　　　　　　兩函十二册；28 公分

相關責任者：（明）張一卿（Zhang Yiqing），釋選；（明）趙不逸（Zhao Buyi），參校

附　　注：　明萬曆四十八年（1620）張一卿《古表選叙》及趙不逸《叙》。

　　　　　　框 21.5×14.5 公分，9 行 21 字，白口，四周單邊。版心上鐫"古表選"，中鐫卷次。

館藏信息：　East Asian Library（Gest）：Rare Books：TD73/2499

2103

基本著錄：　秦漢文鈔：六卷

　　　　　　（Qin Han wen chao；liu juan）

　　　　　　（明）閔邁德等裁定

　　　　　　明萬曆庚申［48 年，1620］閔氏本

　　　　　　兩函十二册；28 公分

相關責任者：（明）閔邁德（Min Maide），裁定

附　　注：　閔邁德據《批評姓字》。

　　　　　　明萬曆四十八年（1620）臧懋循《序》。

　　　　　　框 20.1×14.8 公分，9 行 19 字，白口，四周單邊。版心上鐫書名及卷次，中鐫篇名。

館藏信息：　East Asian Library（Gest）：Rare Books：TD73/326

2104

基本著録： 精選海內名公札啟合璧. 精選海內名公四六合璧：[二卷].

子目：

精選海內名公札啟合璧

(Jing xuan hai nei ming gong zha qi he bi)

(明)胡鎧選定；(明)許以忠鑒定；(明)張鵬翼注釋

精選海內名公四六合璧：[二卷]

(Jing xuan hai nei ming gong si liu he bi：[er juan])

(明)胡鎧選定；(明)許以忠鑒定；(明)張鵬翼注釋

明間(約 1573—1644)本

一函四册；27 公分

相關責任者： (明)胡鎧(Hu Kai)，選定；(明)許以忠(Xu Yizhong)，鑒定；(明)張

鵬翼(Zhang Pengyi)，注釋

附 注： 《四六合璧》有兩個卷端，但未標明卷次。

版本據風格。

框 21.3×14.3 公分，9 行 18 字，白口，四周單邊。版心上鐫"札啟合

璧"或"四六合璧"。

館藏信息： East Asian Library(Gest)：Rare Books：TD63/3818

2105

基本著録： 三袁先生集：[五卷]

(San Yuan xian sheng ji：[wu juan])

(明)曾可前編

明間(約 1601—1644)本

八册；27 公分

相關責任者： (明)袁宗道(Yuan Zongdao)，1560—1600；(明)袁宏道(Yuan Hong-

dao)，1568—1610；(明)袁中道(Yuan Zhongdao)，1570—1623；(明)

曾可前(Zeng Keqian)，進士 1601，編

附 注： 未署年曾可前《三袁先生集序》言編書事。《序》末有刻印"辛丑探花

及第"，辛丑即 1601 年

版本據風格。

框 21.6×14.4 公分,9 行 20 字,白口,四周單邊,單黑魚尾。版心上
分別鐫"玉蟠集""中郎稿""小修集"。

館藏信息: East Asian Library(Gest):Rare Books:TD33/3407

2106

基本著錄: **古今濡削選章:四十卷**

(Gu jin ru xue xuan zhang:si shi juan)

(明)李國祥選;(明)李鼎校

明萬曆間(約 1601—1620)本

四函三十二册;28 公分

相關責任者: (明)李國祥(Li Guoxiang),17 世紀,選;(明)李鼎(Li Ding),校

附　注: ONTG94—B10708 有明萬曆二十九年(1601)李國祥《古今四六濡削
選章叙》。

框 21.3×13.6 公分,10 行 20 字,白口,左右雙邊,單黑魚尾。版心
上鐫書名,中鐫卷次。

館藏信息: East Asian Library(Gest):Rare Books:TD73/2407

2107

基本著錄: **删補古今文致:十卷**

(Shan bu gu jin wen zhi:shi juan)

(明)劉士鏻原選;(明)王宇增删

明間(約 1623—1644)本

兩函十二册;28 公分

相關責任者: (明)劉士鏻(Liu Shilin),16/17 世紀,原選;(明)王宇(Wang Yu),
活動期 16—17 世紀,增删

附　注: 明天啓三年(1623)王宇《古今文致叙》。

框 20.8×13.5 公分,9 行 20 字,白口,四周單邊,單黑魚尾。版心上
鐫"古今文致",中鐫卷次及文體。欄上鐫評。

館藏信息: East Asian Library(Gest):Rare Books:TD63/2727

2108

基本著錄: **精刻徐陳二先生評選歷代名文則:六卷**

（Jing ke Xu Chen er xian sheng ping xuan li dai ming wen ze：liu juan）

（明）徐廣選定；（明）陳繼儒校評

明天啓辛酉［元年，1621］陳奇泉積善堂本

兩函十二冊；28 公分

相關責任者：　（明）徐廣（Xu Yi），選定；（明）陳繼儒（Chen Jiru），1558—1639，校
評；（明）陳奇泉（Chen Qiquan），刻

附　　注：　卷端又題"潭奇泉陳孫賢梓行"。

卷末有牌記，內鐫"天啓元年歲次辛酉冬月書林積善堂陳奇泉梓
行"。

框 21.3×12.6 公分，9 行 22 字，白口，四周單邊。版心上鐫"名文
則"及卷次，中鐫篇名。

館藏信息：　East Asian Library（Gest）：Rare Books：TD93/2750

2109

基本著録：　**唐雅同聲：五十卷**

（Tang ya tong sheng：wu shi juan）

（明）毛懋宗輯；（明）朱謀㙔彙輯選補；（明）朱統鍭重編

明萬曆戊子［16 年，1588］毛謙依仁山館本

四函二十四冊；26 公分

館藏本有殘缺：《序》及《目錄》爲手抄配補。

相關責任者：　（明）毛懋宗（Mao Maozong），輯；（明）朱謀㙔（Zhu Mouyin），彙輯選
補；（明）朱統鍭（Zhu Tonghong），重編；（明）毛謙（Mao Qian），刻

附　　注：　CHLR94—B218 有清順治十八年（1661）朱統鍭《補刻同聲小記》言
修補事。

框 20.5×13.5 公分，10 行 20 字，白口，四周雙邊，單白魚尾。版心
上鐫書名，中鐫卷次。

館藏信息：　East Asian Library（Gest）：Rare Books：TD68/1860

2110

基本著録：　**賦珍：八卷**

（Fu zhen：ba juan）

（明）施重光輯

明間(約 1573—1644)本

四函二十四册;29 公分

相關責任者: (明)施重光(Shi Chongguang),進士 1601,輯

附　　注: 版本據風格。

框 22.3×15.6 公分,10 行 20 字,白口,四周雙邊,單黑魚尾。版心上鎸書名及卷次。

館藏信息: East Asian Library(Gest):Rare Books:TC348/1248Q

2111

基本著錄: **夢澤張先生手授選評四六燦花:十二卷**

(Mengze Zhang xian sheng shou shou xuan ping si liu can hua:shi er juan)

(明)毛應翔詮釋;(明)卜豫吉品定;(明)黃鼎實批閱

明天啓間(約 1623—1627)毛衙本

兩函十二册;26 公分

相關責任者: (明)毛應翔(Mao Yingxiang),詮釋;(明)卜豫吉(Bu Yuji),品定;(明)黃鼎實(Huang Dingshi),批閱

附　　注: 封面鎸"四六燦花""毛衙發刻翻者必究"。

明天啓三年(1623)張師繹《序》等序。

框 20.9×14.8 公分,9 行 18 字,白口,四周單邊,單白魚尾。版心上鎸"四六燦花",中鎸卷次。欄上鎸評。

館藏信息: East Asian Library(Gest):Rare Books:TD93/2467

2112

基本著錄: **岳石帆先生鑒定四六宙函:三十卷**

(Yue Shifan xian sheng jian ding si liu zhou han:san shi juan)

(明)李自榮輯;(明)王世茂釋

明崇禎間(約 1627—1644)本

兩函十六册;27 公分

相關責任者: (明)李自榮(Li Zirong),進士 1610,輯;(明)王世茂(Wang Shimao),釋

附　　注: 附《文武爵秩》《郡名別號》等。

明天啓五年(1625)岳元聲《四六宙函序》及天啓六年(1626)王在晉《序》。

框 21.5×14.1 公分,9 行 20 字,白口,左右雙邊,單黑魚尾。版心上鐫篇名,中鐫卷次。

館藏信息: East Asian Library(Gest):Rare Books:TD73/1234

2113

基本著錄: **車書樓纂註四六逢源:六卷**

(Che shu lou zuan zhu si liu feng yuan:liu juan)

(明)曾汝魯纂注;(明)王世茂參閱

明天啓丁卯[7 年,1627]周譽吾得月齋本

一函六冊;27 公分

相關責任者: (明)曾汝魯(Zeng Rulu),纂注;(明)王世茂(Wang Shimao),參閱;
(明)周譽吾(Zhou Yuwu),刻

附　　注: 封面鐫"得月齋周譽吾梓"。

明天啓七年(1627)田生芝《四六逢源引》。

卷端又題"金陵周四達譽吾甫督梓"。

框 22×13.9 公分,8 行 20 字,白口,四周雙邊,單黑魚尾。版心上鐫"四六逢源",中鐫卷次及小題。

館藏信息: East Asian Library(Gest):Rare Books:TD93/2848

2114

基本著錄: **古文奇賞:二十二卷.續古文奇賞:三十四卷.奇賞齋廣文苑英華:二十六卷.四續古文奇賞:五十三卷.明文奇賞:四十卷.**

子目:

古文奇賞:二十二卷

(Gu wen qi shang:er shi er juan)

(明)陳仁錫評選

續古文奇賞:三十四卷

(Xu Gu wen qi shang:san shi si juan)

(明)陳仁錫評選

奇賞齋廣文苑英華:二十六卷

（Qi shang zhai Guang Wen yuan ying hua：er shi liu juan）

（明）陳仁錫評選

四續古文奇賞：五十三卷

（si xu Gu wen qi shang：wu shi san juan）

（明）陳仁錫評選

明文奇賞：四十卷

（Ming wen qi shang：si shi juan）

（明）陳仁錫評選

明間（約1618—1627）本

十函八十二册；27公分

相關責任者： （明）陳仁錫（Chen Renxi），1581—1636，評選

附　　注： 10行20字或21字，小字雙行字數同，白口，四周單邊，無行格。眉欄小字注。

《古文奇賞》，明萬曆四十六年（1618）蔣友筠《古文奇賞叙》、陳仁錫《古文奇賞自序》。框19.7×14.5公分，無魚尾。版心上鎸“古文奇賞”，中鎸分書名，如“九章”“越絶書”，下鎸著者，如“屈平”“賈誼”。

《續古文奇賞》，明天啓元年（1621）陳仁錫《續古文奇賞序》。框20×14.7公分，單黑魚尾。版心上鎸“續古文奇賞”，中鎸卷次及書名，如“列子”“管子”，下鎸類型，如“雜文”“選賦”。

《奇賞齋廣文苑英華》，天啓四年（1624）陳仁錫《三續古文奇賞廣文苑英華序》。框20.5×14.7公分，單黑魚尾。版心上鎸“三續奇賞”，中鎸卷次及類型，如“賦類”“騷類”，序首葉下鎸“張逸素刊”。

《四續古文奇賞》，天啓五年（1625）陳仁錫《四續古文奇賞序》。框20.4×14.6公分，單黑魚尾。版心上鎸“四續奇賞”，中鎸卷次及類型，如“祭文”“疏”，下鎸時代，如“宋”“晉”。

《明文奇賞》，卷四十末題“古吳沈國元飛仲甫較正”。天啓三年（1623）陳仁錫《明文奇賞序》。沈國元《徵昭代海内名公笥藏家刻文稿選入名文奇賞續集述引》曰：“願與徵者，或封寄，或面授，須至蘇州閶門，問的書坊西西堂陳龍山，當面交付。”據此可推知《明文奇賞》爲西西堂刻。框22×14公分，單黑魚尾。版心上鎸“明文奇賞”，中鎸卷次。

“徐印元京”“徐青巖藏”“青巖山”“徐元京平生真賞”。

館藏信息： East Asian Library(Gest)：Rare Books：TD73/1895

2115

基本著錄： **古今文統：十六卷**

(Gu jin wen tong：shi liu juan)

(明)陳仁錫評選；(明)張以忠論定

明崇禎間(約 1629—1644)吳門張叔籲本

兩函十六冊；27 公分

相關責任者： (明)陳仁錫(Chen Renxi)，1581—1636，評選；(明)張以忠(Zhang Yizhong)，17 世紀，論定

附　　注： 書名據《序》。

卷端未題總書名，各卷目次題書名"陳明卿先生評選古今文統"。

卷端未題著者，各卷目次題著者"明儒林古吳張以忠純臣論定"。

陳仁錫《古今文統序》、毛湛《古今文統序》。明崇禎二年(1629)張以忠《古今文統序》。

版本據 CHTR01—B104。

框 23×14.6 公分，10 行 20 字，小字雙行字數同，白口，四周單邊，單白魚尾。眉欄小字注。版心上方鐫"古今文統"，版心中鐫卷數及小題，下書口鐫出処，如"左傳""國語""公羊"等。

"玉琅玕館芸皋藏書"印記。

館藏信息： East Asian Library(Gest)：Rare Books：TD73/637

2116

基本著錄： **三蘇文滙**

(San Su wen hui)

(明)茅坤等評定

明間(約 1621—1644)緝柳齋本

一函十四冊；27 公分

相關責任者： (明)茅坤(Mao Kun)，1512—1601，評定

附　　注： 《凡例》及《序》題"三蘇文滙"。

《凡例》末題"西湖張煥如泰先氏紀"。

未署年陸時雍《序》等。

版本據風格。

框 21×14.5 公分,9 行 20 字,白口,四周單邊,單白魚尾。版心上鐫
"老泉文滙",中鐫卷次及篇名簡稱,下偶鐫"緝柳齋繡"。欄上鐫評。

館藏信息: East Asian Library(Gest):Rare Books:TD73/2967

2117

基本著錄: **張侗初先生評選古文綱目:八卷**

(Zhang Dongchu xian sheng ping xuan gu wen gang mu:ba juan)

(明)張鼐評選;(明)陶嘉祉,(明)陶原烺參訂;(明)李元珍較閱

明天啓間(約 1626—1627)本

兩函十四册;26 公分

相關責任者: (明)張鼐(Zhang Nai),進士 1604,評選;(明)陶嘉祉(Tao Jiazhi),參
訂;(明)陶原烺(Tao Yuanlang),參訂;(明)李元珍(Li Yuanzhen),
較閱

附　　注: 明天啓六年(1626)李元瑛《叙古文綱目》。

封面鐫"聚奎樓□□"。

框 20.5×14.8 公分,9 行 19 字,白口,四周單邊。版心上鐫"古文綱
目",中鐫卷次及篇目。欄上鐫評。

館藏信息: East Asian Library(Gest):Rare Books:TD73/3870

2118

基本著錄: **精刻古今女史:十二卷.古今女史詩集:八卷.**

子目:

精刻古今女史:十二卷

(Jing ke gu jin nü shi:shi er juan)

(明)趙世傑選輯;(明)江之淮參訂

古今女史詩集:八卷

(Gu jin nü shi shi ji:ba juan)

(明)趙世傑選輯;(明)江之淮參訂

明崇禎間(即 1628—1644)問奇閣本

兩函十册;30 公分

相關責任者: (明)趙世傑(Zhao Shijie),選輯;(明)江之淮(Jiang Zhihuai),參訂

附　　注：　　無序跋。

版本據 CHTR01—B251。

框 20.2×14.3 公分,9 行 20 字,白口,四周單邊,單白魚尾。版心上鐫"古今女史",中鐫卷次及文體。眉上鐫評。

館藏信息：　　East Asian Library(Gest):Rare Books:TD63/2934Q

2119

基本著錄：　　**金華文徵:二十卷**

(Jinhua wen zheng:er shi juan)

(明)阮元聲,(明)高倬選評;(明)楊德周輯訂;(明)戴應鰲編次

明崇禎壬申[5 年,1632]本

兩函十六冊;26 公分

相關責任者：　　(明)阮元聲(Ruan Yuansheng),選評;(明)高倬(Gao Zhuo),選評;(明)楊德周(Yang Dezhou),輯訂;(明)戴應鰲(Dai Ying'ao),編次

附　　注：　　附《金華文徵姓氏傳略》。

《目錄》末題"崇禎五年仲夏長山戴應鰲重訂"。

明崇禎三年(1630)阮元聲《序》等序。

框 20.2×14.2 公分,10 行 20 字,白口,四周單邊,單白魚尾。版心上鐫書名,中鐫卷次及文體,下鐫篇名簡稱。

館藏信息：　　East Asian Library(Gest):Rare Books:TD73/3406

2120

基本著錄：　　**文璪清娛:四十八卷**

(Wen zhuan qing yu:si shi ba juan)

(明)華國才選

明崇禎間(約 1631—1644)崒膏堂本

四函三十二冊;28 公分

相關責任者：　　(明)華國才(Hua Guocai),選

附　　注：　　明崇禎四年(1631)華國才《序》等序。

框 21.6×14.9 公分,10 行 20 字,白口,左右雙邊,單白魚尾。版心上鐫書名,中鐫卷次及朝代,下鐫"崒膏堂"。眉上鐫評。

館藏信息：　　East Asian Library(Gest):Rare Books:TD63/273

2121

基本著錄： 西漢文：二十卷. 東漢文：二十卷.

子目：

西漢文：二十卷

(Xi Han wen：er shi juan)

(明)張采輯；(明)周鍾,(明)張溥鑒定

東漢文：二十卷

(Dong Han wen：er shi juan)

(明)張采輯；(明)周鍾,(明)張溥鑒定

明崇禎間(約 1633—1644)本

四函三十二册；27 公分

相關責任者： (明)張采(Zhang Cai),進士 1628,輯；(明)周鍾(Zhou Zhong),鑒定；(明)張溥(Zhang Pu),1602—1641,鑒定

附　　注： 明崇禎六年(1633)張采《題辭》及未署年張溥《兩漢文選序》。

框 19.9×14.6 公分,9 行 19 字,白口,左右雙邊,單黑魚尾。版心上鐫書名及文體,中鐫卷次及著者。

館藏信息： East Asian Library(Gest)：Rare Books：TD63/1066

2122

基本著錄： 皇明文徵：七十四卷

(Huang Ming wen zheng：qi shi si juan)

(明)何喬遠選

明崇禎辛未[4 年,1631]何喬遠本

兩函十六册；26 公分

相關責任者： (明)何喬遠(He Qiaoyuan),1558—1632,選

附　　注： 明崇禎四年(1631)梁稷《後序》言刻書事。

框 19.9×14.9 公分,9 行 18 字,白口,左右雙邊,單白魚尾。版心上鐫書名,中鐫卷次。

館藏信息： East Asian Library(Gest)：Rare Books：TD63/903

2123

基本著錄： **古逸書:三十卷**

（Gu yi shu:san shi juan）

[（明）潘基慶輯]

明萬曆間（約 1611—1620）本

兩函十六冊;27 公分

相關責任者： （明）潘基慶（Pan Jiqing）,貢生 1618,輯

附　　注： 書名據《凡例》。

版本據 CHRR97—B401。

框 20.9×15.6 公分,8 行 20 字,白口,四周單邊,單黑魚尾。版心上鐫"古逸"及卷次,中鐫篇名。

館藏信息： East Asian Library（Gest）:Rare Books:TD63/926

2124

基本著錄： **西晉文:二十卷**

（Xi Jin wen:er shi juan）

（明）張采輯;（明）徐孚遠,（明）陳子龍鑒定

明崇禎間（約 1637—1644）本

一函十冊;26 公分

相關責任者： （明）張采（Zhang Cai）,進士 1628,輯;（明）徐孚遠（Xu Fuyuan）,鑒定;（明）陳子龍（Chen Zilong）,1608—1647,鑒定

附　　注： 明崇禎十年（1637）張采《題辭》。

框 20.2×14.3 公分,9 行 19 字,白口,左右雙邊,單黑魚尾。版心上鐫書名及文體,中鐫卷次及著者。

館藏信息： East Asian Library（Gest）:Rare Books:TD73/1398

2125

基本著錄： **西晉文:二十卷**

（Xi Jin wen:er shi juan）

（明）張采輯;（明）徐孚遠,（明）陳子龍鑒定

明崇禎間（約 1637—1644）本

四函二十册;27 公分

相關責任者: （明）張采（Zhang Cai），進士 1628，輯;（明）徐孚遠（Xu Fuyuan），鑒
定;（明）陳子龍（Chen Zilong），1608—1647，鑒定

附　　注: 明崇禎十年（1637）張采《題辭》。

框 20.2×14.4 公分,9 行 19 字,白口,左右雙邊,單黑魚尾。版心上
鐫書名及文體,中鐫卷次及著者。

館藏信息: East Asian Library（Gest）:Rare Books:TD73/3683a

2126

基本著録: **東晉文:四十卷**

（Dong Jin wen:si shi juan）

（明）張采輯;（明）徐孚遠,（明）陳子龍鑒定

明崇禎間（約 1637—1644）本

五函四十册;27 公分

相關責任者: （明）張采（Zhang Cai），進士 1628，輯;（明）徐孚遠（Xu Fuyuan），鑒
定;（明）陳子龍（Chen Zilong），1608—1647，鑒定

附　　注: 明崇禎十年（1637）張采《題辭》。

框 20.2×14.4 公分,9 行 19 字,白口,左右雙邊,單黑魚尾。版心上
鐫書名及文體,中鐫卷次及著者。

館藏信息: East Asian Library（Gest）:Rare Books:TD73/3683b

2127

基本著録: **古文正集一編:十卷**

（Gu wen zheng ji yi bian:shi juan）

（明）葛鼒,（明）葛鼏評選

明崇禎癸酉[6 年,1633]金閶永懷堂本

四函二十四册;28 公分

相關責任者: （明）葛鼒（Ge Zi），評選;（明）葛鼏（Ge Mi），評選;（明）段君定（Du-
an Junding），梓行

附　　注: 書名據封面。封面鐫"葛靖調端調兩先生評選""金閶段君定梓行",
并鈐"崑山葛衙原板翻刻查知必究"及"每部紋銀貳兩"兩印。

明崇禎六年（1633）陳仁錫《古文正集叙》及葛鼏書於永懷堂《自序》。

框 21.9 × 12.4 公分, 10 行 27 字, 白口, 四周單邊。版心上鐫書名,
中鐫卷次。

館藏信息： East Asian Library (Gest)：Rare Books：TD73/3689

2128

基本著錄： **西漢文統：五卷. 東漢文統：五卷.**

子目：

西漢文統：五卷

(Xi Han wen tong：wu juan)

(明)王思任定；(明)王紹美參；(明)童養正選

東漢文統：五卷

(Dong Han wen tong：wu juan)

(明)王思任定；(明)王紹美參；(明)童養正選

明間(約 1621—1644)本

一函十册；27 公分

相關責任者： (明)王思任(Wang Siren), 1575—1646, 定；(明)王紹美(Wang Sha-
omei), 進士 1640, 參；(明)童養正(Tong Yangzheng), 選

附　注： 無序跋。

不避清諱。

版本據風格。

框 20.4 × 14.1 公分, 9 行 20 字, 白口, 四周單邊, 單白魚尾。版心上
鐫書名, 中鐫卷次。欄上鐫評。

館藏信息： East Asian Library (Gest)：Rare Books：TD73/3420

2129

基本著錄： **秦漢文準：十二卷**

(Qin Han wen zhun：shi er juan)

(明)許捷選

明崇禎庚午[3 年, 1630]海陽許捷遠閣本

兩函十二册；27 公分

相關責任者： (明)許捷(Xu Jie), 進士 1628, 選

附　注： 封面鐫"許雲賓先生選　秦漢文準　遠閣藏板"。

明崇禎三年(1630)許捷書於遠閣《自叙》及董慎《跋》。

框 20.2×13.8 公分,9 行 20 字,白口,左右雙邊,單白魚尾。版心上鐫書名,中鐫卷次,下鐫朝代名。

館藏信息: East Asian Library(Gest):Rare Books:TD73/2368

2130

基本著録: 周文歸:二十卷

(Zhou wen gui:er shi juan)

(明)鍾惺選;(明)陳淏子輯

明崇禎庚辰[13 年,1640]本

一函二十册;27 公分

相關責任者: (明)鍾惺(Zhong Xing),1574—1625,選;(明)陳淏子(Chen Haozi),輯

附　注: 封面鐫"豹變齋發行"。

明崇禎十三年(1640)陳淏子《周文歸大凡》言刻書事。

框 19.2×14.5 公分,9 行 19 字,小字雙行同,白口,四周單邊,單白魚尾。版心上鐫書名,中鐫卷次及篇名。眉上鐫評。

館藏信息: East Asian Library(Gest):Rare Books:TD73/3333

2131

基本著録: 兩漢文歸:[十六卷]

(Liang Han wen gui:[shi liu juan])

(明)鍾惺選注;(明)陳淏子訂輯

明崇禎間(約 1637—1644)本

四函十八册;27 公分

相關責任者: (明)鍾惺(Zhong Xing),1574—1625,選注;(明)陳淏子(Chen Haozi),訂輯

附　注: 書名據《總目》。

計《西漢文歸》八卷、《東漢文歸》八卷。

明崇禎十年(1637)陳淏子《兩漢文歸論略》。

框 19.7×14.8 公分,9 行 20 字,白口,四周單邊,單黑魚尾。版心上鐫"西漢"或"東漢",中鐫卷次及作者。

館藏信息： East Asian Library（Gest）：Rare Books：TD73/2593

2132

基本著錄： **秦文歸：十卷．漢文歸：二十卷．**

子目：

秦文歸：十卷

（Qin wen gui：shi juan）

（明）鍾惺選評；（明）張煜如裁定；（明）朱東觀參閱

漢文歸：二十卷

（Han wen gui：er shi juan）

（明）鍾惺選評；（明）張煜如裁定；（明）朱東觀參閱

明間（約 1621—1644）古香齋本

四函二十四册；24 公分

相關責任者： （明）鍾惺（Zhong Xing），1574—1625，選評；（明）張煜如（Zhang Yu-ru），裁定；（明）朱東觀（Zhu Dongguan），參閱

附　　注： 未署年朱東觀《秦漢文歸序》。

框 20.5×12.2 公分，9 行 26 字，白口，四周單邊。版心上鐫書名，下間鐫"古香齋"。欄上鐫注。

館藏信息： East Asian Library（Gest）：Rare Books：TD73/3309

2133

基本著錄： **晉文歸：四卷**

（Jin wen gui：si juan）

（明）鍾惺評次；（明）朱東觀，（明）陸夢龍裁定

明崇禎間（即 1628—1644）古香齋本

一函八册；25 公分

相關責任者： （明）鍾惺（Zhong Xing），1574—1625，評次；（明）朱東觀（Zhu Dong-guan），裁定；（明）陸夢龍（Lu Menglong），裁定

附　　注： 未署年朱東觀《序》及陸夢龍《序》

版本據風格。

框 22×12.3 公分，9 行 26 字，白口，四周單邊。版心上鐫書名，中鐫卷次，下鐫"古香齋"。

館藏信息： East Asian Library（Gest）:Rare Books:TD73/3334

2134

基本著錄： **明詩選:十二卷,卷首**

（Ming shi xuan:shi er juan,juan shou）

（明）李攀龍編選;（明）陳子龍增删;（明）陸雲龍衷定

明崇禎間（約1631—1644）豹變齋本

兩函十四册;25 公分

相關責任者： （明）李攀龍（Li Panlong）,1514—1570,編選;（明）陳子龍（Chen
Zilong）,1608—1647,增删;（明）陸雲龍（Lu Yunlong）,17 世紀,
衷定

附　　注： 卷首題下鐫"豹變齋梓"。

明崇禎四年（1631）顧玘徵《序》。

前有《盛明詩選題辭》。

框 21×14.4 公分,9 行 20 字,白口,四周單邊,單白魚尾。版心上鐫
書名,中鐫卷次。

館藏信息： East Asian Library（Gest）:Rare Books:TD68/290

2135

基本著錄： **國瑋集:二十五卷**

（Guo wei ji:er shi wu juan）

（明）方岳貢評選

明間（約1621—1644）本

四函三十二册;27 公分

相關責任者： （明）方岳貢（Fang Yuegong）,進士1622,評選

附　　注： 未署年方岳貢《序》。

框 18.7×14.7 公分,9 行 19 字,白口,左右雙邊。版心上鐫書名,中
鐫卷次。眉上鐫評。

館藏信息： East Asian Library（Gest）:Rare Books:TC308/3838

2136

基本著錄： **古文合删:十二卷**

（Gu wen he shan：shi er juan）

明間（約 1621—1644）本

四函三十六册；25 公分

附　　注：　未列編纂者姓名，《例言》末題"君掄氏識"。

未署年陳仁錫《序》。

版本據風格。

框 20.8×12.4 公分，9 行 24 字，白口，四周單邊。版心上鎸文之朝代，中鎸卷次。

第十三册卷五上有兩个四九葉，第二個四九"喻巴蜀檄"内容應該在第十四册卷五下第二十八葉與第三十葉之間，原書無卷五下第二十九葉。

館藏信息：　East Asian Library（Gest）：Rare Books：TD73/3328

2137

基本著録：　**三忠文選：[十六卷]**

（San Zhong wen xuan：[shi liu juan]）

（明）胡接輝集選

明崇禎丁丑[10 年，1637]本

一函八册；27 公分

相關責任者：　（宋）胡銓（Hu Quan），1102—1180；（宋）周必大（Zhou Bida），1126—1204；（元）文天祥（Wen Tianxiang），1236—1283；（明）胡接輝（Hu Jiehui），集選

附　　注：　書名據版心。

是書收胡銓、周必大、文天祥三人文，因謚號均有"忠"字而被稱爲"三忠"。

各集前有傳記。

胡接輝據《目録》。

各集目録題"里先忠三先生文選"。

明崇禎十年（1637）阮大鋮《廬陵三忠文選叙》等序。

框 19.5×14.5 公分，9 行 20 字，白口，四周單邊，單黑魚尾。版心上鎸書名，中鎸卷次及謚號。

館藏信息：　East Asian Library（Gest）：Rare Books：TD73/1191

2138

基本著録： **古今辭命達：八卷**

（Gu jin ci ming da：ba juan）

（明）范文光訂定；（明）胡正心纂輯；（明）胡正言參正

明崇禎間（約1639—1644）胡氏十竹齋本

一函八册；26公分

相關責任者： （明）范文光（Fan Wenguang），訂定；（明）胡正心（Hu Zhengxin），纂輯；（明）胡正言（Hu Zhengyan），約1582—約1672，參正

附　　注： 明崇禎十二年（1639）范文光《引》。

框20.4×14.3公分，8行18字，白口，四周單邊，單白魚尾。版心上鐫書名，中鐫卷次及朝代，下鐫"十竹齋"。

館藏信息： East Asian Library（Gest）：Rare Books：TD73/1274

2139

基本著録： **慧眼山房原本古今小品：八卷**

（Hui yan shan fang yuan ben gu jin xiao pin：ba juan）

（明）陳天定評選

明崇禎間（約1643—1644）本

兩函十二册；27公分

相關責任者： （明）陳天定（Chen Tianding），評選

附　　注： 明崇禎十六年（1643）陳天定《自序》。

框18.7×12.7公分，8行20字，白口，四周單邊。版心上鐫"古今小品"，中鐫卷次及文體。

館藏信息： East Asian Library（Gest）：Rare Books：TC328/2846

2140

基本著録： **純師集：十二卷**

（Chun shi ji：shi er juan）

（明）徐鈺評輯

清間（約1644—1661）本

四函二十四册；27公分

相關責任者：　（明）徐鈺（Xu Yu），評輯

附　　注：　明崇禎十六年（1643）徐鈺《義例》及崇禎十七年（1644）錢謙益《序》
　　　　　　等序。

　　　　　　封面鐫"静因堂藏板"。

　　　　　　框 20.2×14.4 公分，10 行 20 字，白口，四周單邊，單黑魚尾。版心
　　　　　　上鐫書名，中鐫卷次及朝代，下鐫作者。眉上鐫評。

館藏信息：　East Asian Library（Gest）:Rare Books:TD73/3036

2141

基本著錄：　［八代文鈔］

　　　　　　（［Ba dai wen chao]）

　　　　　　［（明）李賓編］

　　　　　　明間（約1621—1644）本

　　　　　　八函三十五册;27 公分

　　　　　　館藏本有殘缺:某些缺葉以別版配補。

相關責任者：　（明）李賓（Li Bin），編;（清）甘鵬雲（Gan Pengyun），生年1861，題識

附　　注：　不分卷，據《四庫全書總目提要》收起屈原至明鍾惺92人作品，是本
　　　　　　僅存75人作品。

　　　　　　版本據風格。

　　　　　　框（《反騷》）19.3×14.4 公分，9 行 20 字，白口，左右雙邊，單白魚
　　　　　　尾。版心上鐫篇名。

　　　　　　有甘鵬雲題識及"潛廬"等印記。

館藏信息：　East Asian Library（Gest）:Rare Books:TD73/2019

2142

基本著錄：　［元四大家詩集:二十七卷］

　　　　　　（［Yuan si da jia shi ji:er shi qi juan]）

　　　　　　（明）毛晉訂

　　　　　　明間（約1621—1644）常熟毛晉汲古閣本

　　　　　　兩函十六册;30 公分

相關責任者：　（明）毛晉（Mao Jin），1599—1659，訂

附　　注：　框 19×14.4 公分，9 行 19 字，白口，左右雙邊。版心上鐫子書名，中

鐫卷次,下鐫"汲古閣"。

館藏信息： East Asian Library（Gest）：Rare Books：TD68/356Q

2143

基本著錄： **列朝詩集：[八十一卷]**

（Lie chao shi ji：[ba shi yi juan]）

[（明）錢謙益輯]

清順治壬辰[9 年,1652]常熟毛晉本

八函五十六册;27 公分

相關責任者： （明）錢謙益（Qian Qianyi）,1582—1664,輯;（明）毛晉（Mao Jin）,
1599—1659,刻

附　注： 乾集二卷、甲集前編十一卷、甲集二十二卷、乙集八卷、丙集十六
卷、丁集十六卷、閏集六卷。

封面鐫"絳雲樓選""本府藏板"。

CHRR97—B210 有清順治九年（1652）錢謙益《歷朝詩集序》提編輯
及刻書事。

框 20.5×13.3 公分,15 行 28 字,白口,四周雙邊,雙黑魚尾。版心
中鐫書名及卷次。

館藏信息： East Asian Library（Gest）：Rare Books：TD68/803

2144

基本著錄： **振業堂雜錄**

（Zhen ye tang za lu）

（清）陳奕禧編

清康熙己酉[8 年,1669]本

兩函兩册;32 公分

相關責任者： （清）陳奕禧（Chen Yixi）,1648—1709,編;（清）劉喜海（Liu Xihai）,
卒年 1853,題籤

附　注： 卷末題"己酉夏六月上澣西浙陳奕禧",并鈐"奕禧私印""陳子文"
等印記。

各册有劉喜海題籤"陳子文先生眞跡"。

册葉裝。

館藏信息： East Asian Library(Gest)：Rare Books：TD73/1414Q

2145

基本著録： **宋人詩囿精華：二十四卷**

（Song ren shi you jing hua：er shi si juan）

（清）王史鑒選

清康熙間（約1699—1712）錫山王史鑒本

兩函十二冊；31公分

相關責任者： （清）王史鑒（Wang Shijian），選

附　　注： 據屈萬里先生爲本館所編目録描述，此爲王史鑒手訂底稿本，選宋詩，詩後間附前人評語。繕寫頗整飭，有朱筆圈點，并有校訂删削處，當爲史鑒手迹。別有墨筆評語，未詳出於何人。

據謝海林《清代宋詩選本研究》（上海古籍出版社，2011年）第354頁的記載，此《宋人詩囿精華》極有可能是《宋詩類選》的底稿本。又據高磊《王史鑒家世及其學術思想考》（《揚州大學學報》2014年第18卷第5期，第61—63頁）記載，王史鑒生年當在清康熙十八至二十二年（1679—1683）之間。康熙五十一年（1712）刻《宋詩類選》，有王史鑒《自序》。由此推斷，本底稿本約在1699至1712年之間完成。

《總目》首題“錫山王史鑑子仕選”。無序跋。

避“玄”字諱。

無框，10行21字。

“東里居士藏书”印記。

館藏信息： East Asian Library(Gest)：Rare Books：TD68/3639Q

2146

基本著録： **新刊翰林精選佳論場屋範模：六卷**

（Xin kan han lin jing xuan jia lun chang wu fan mo：liu juan）

（明）姚淶著；（明）王廷棟校

明嘉靖間（約1530—1566）本

兩函十冊；27公分

相關責任者： （明）姚淶（Yao Lai），進士1523，著；（明）王廷棟（Wang Tingdong），進士1517，校

附　　注：　　正文六卷,目録題五卷。正文第五卷爲《新刊翰林林先生策要》。正文第六卷在目録中題作第五卷。

書中所題陳公陞、陳節之爲明嘉靖八年(1530)進士。

框 17.5×12.4 公分,11 行 22 字,綫黑口,四周雙邊,順黑魚尾。版心上鐫"精選佳論",中鐫卷次。

館藏信息：　　East Asian Library(Gest)：Rare Books：TD95/2526

2147

基本著録：　　**安雅録:五卷**

（An ya lu：wu juan）

（明）靳於中輯；（明）劉應遇等校

明萬曆間(約 1610—1620)山東靳於中本

兩函十册;28 公分

相關責任者：　　（明）靳於中（Jin Yuzhong）, 進士 1598, 輯；（明）劉應遇（Liu Yingyu）,校；（清）吳重熹（Wu Chongxi）,1838—1918,題識

附　　注：　　卷端題"教諭劉應遇……同校"。

明萬曆三十八年(1610)靳於中《序》言輯刻書事。

框 22.8×14.7 公分,9 行 22 字,白口,四周雙邊。版心中鐫卷次。欄上鐫評。

清光緒十六年(1890)吳重熹《題識》及"吳重熹印"等印記。

館藏信息：　　East Asian Library(Gest)：Rare Books：TD95/951

2148

基本著録：　　**新刻壬戌科翰林館課:六卷**

（Xin ke ren xu ke han lin guan ke：liu juan）

（明）周如磐,（明）汪輝選

明間(約 1622—1644)金陵唐國達廣慶堂本

兩函十册;27 公分

相關責任者：　　（明）周如磐（Zhou Rupan）,選；（明）汪輝（Wang Hui）,選；（明）唐振吾（Tang Zhenwu）,刻

附　　注：　　卷六爲"己未科",目録題"卷七",正文題"卷六"。

壬戌爲明天啓二年(1622)。

卷端又題"金陵振吾唐國達梓"。

封面鐫"壬戌翰林館課東觀弘文""金陵廣慶堂梓行"。

框 22.4×15 公分,10 行 20 字,白口,四周單邊,單黑魚尾。版心上鐫"壬戌科館課",中鐫類別及卷次,下鐫作者姓及文章名。

館藏信息: East Asian Library(Gest):Rare Books:TD73/1238

2149

基本著錄: **皇明歷科四書墨卷評選**

(Huang Ming li ke si shu mo juan ping xuan)

(明)吳芝輯

明天啓間(約 1625—1627)本

六函四十八冊;27 公分

相關責任者: (明)湯賓尹(Tang Binyin),生年 1568,評選;(明)張鼐(Zhang Nai),進士 1604,評選;(明)黃汝亨(Huang Ruheng),1558—1626,評選;(明)吳芝(Wu Zhi),輯

附　　注: 明天啓二年(1622)黃汝亨《三先生墨選序》。

天啓五年(1625)吳芝《題三先生近科墨選序》。

封面鐫"輯三先生皇明歷科四書墨卷評選　西爽堂藏板",鈐"瑤光堂印"等印。

"三先生"爲湯賓尹、張鼐及黃汝亨。

框 22×12.9 公分,8 行 20 字,白口,左右雙邊。版心上鐫"墨卷選"。眉欄鐫評。

館藏信息: East Asian Library(Gest):Rare Books:TD95/650

2150

基本著錄: **歷朝名媛詩詞:十二卷**

(Li chao ming yuan shi ci:shi er juan)

(清)陸昶評選

清乾隆癸巳[38 年,1773]紅樹樓本

一函四冊:圖;24 公分

相關責任者: (清)陸昶(Lu Chang),評選

附　　注: 封面鐫"乾隆癸巳新鐫　歷朝名媛詩詞　紅樹樓藏版"。

《凡例》後鈐"紅樹樓識"。

框 15.7×13 公分,9 行 19 字,白口,左右雙邊。版心上鈐"紅樹樓選",中鈐卷次。

館藏信息: RECAP:Marquand Library use only:ND1043. L96

2151

基本著録: ［歸錢尺牘:五卷］

（［Gui Qian chi du:wu juan］）

（明）歸有光,（明）錢謙益著;（清）顧梲訂

清康熙己卯［38 年,1699］虞山顧梲如月樓本

一函六册;26 公分

相關責任者: （明）歸有光（Gui Youguang）,1507—1571,著;（明）錢謙益（Qian Qianyi）,1582—1664,著;（清）顧梲（Gu Yu）,17/18 世紀,訂

附　注: 清康熙三十八年(1699)顧梲《跋》言訂刻書事。

《歸震川先生尺牘》卷二、《錢牧齋先生尺牘》卷三末鈐"虞山如月樓刊""顧氏藏本"墨記。

框 18.2×13.6 公分,10 行 20 字,黑口,單黑魚尾,左右雙邊。

館藏信息: East Asian Library(Gest):Rare Books:TD73/.77. nhaox

2152

基本著録: 詩林韶濩:二十卷

（Shi lin shao hu:er shi juan）

（清）顧嗣立類選

清康熙間(約 1705—1722)長洲顧嗣立秀野草堂本

兩函八册;26 公分

相關責任者: （清）顧嗣立（Gu Sili）,進士 1712,類選

附　注: 清康熙四十四年(1705)顧嗣立《序》。

框 18×13.3 公分,11 行 21 字,白口,順黑魚尾,左右雙邊。版心中鈐書名、卷次及類目,下鈐"秀野草堂"。

館藏信息: East Asian Library(Gest):Rare Books:TD68/3367x

2153

基本著錄： 金詩選：四卷

（Jin shi xuan：si juan）

（清）顧奎光選輯；（清）陶玉禾參評

清乾隆辛未[16年，1751]本

一函兩册；26公分

相關責任者： （清）顧奎光（Gu Kuiguang），進士1745，選輯；（清）陶玉禾（Tao Yu-he），舉人1762，參評

附　　注： 卷端題“無錫顧奎光星五選輯　陶玉禾昆轂參評”。

清乾隆十六年（1751）顧奎光《序》言刻書事。

框16×13.2公分，10行19字，白口，左右雙邊，單黑魚尾。眉欄小字注。版心上鎸“金詩選”，中鎸卷次。

館藏信息： RECAP：East Asian Library use only：5237.58/3849

2154

基本著錄： ［蘇黃風流小品：十六卷］

（［Su Huang feng liu xiao pin：shi liu juan］）

（明）黃嘉惠校

明崇禎間（即1628—1644）爾如堂本

兩函十二册；30公分

相關責任者： （明）黃嘉惠（Huang Jiahui），校；（宋）黃庭堅（Huang Tingjian），1045—1105；（宋）蘇軾（Su Shi），1037—1101

附　　注： 未署年陳繼儒及黃嘉惠《序》。

框20.9×14.3公分，9行20字，白口，四周單邊，單白魚尾。版心上分別鎸“東坡題跋”等，中鎸卷次。欄上鎸評。

館藏信息： East Asian Library（Gest）：Rare Books：TD63/2617Q

2155

基本著錄： 簡遠堂輯選名公四六金聲：十卷

（Jian yuan tang ji xuan ming gong si liu jin sheng：shi juan）

（明）譚元春輯選；（明）張溥閱次；（明）馬世奇評釋；（明）楊廷麟

訂正

明崇禎間(即 1628—1644)本

一函十册;25 公分

相關責任者： （明）譚元春(Tan Yuanchun),1586—1631,輯選；(明)張溥(Zhang
Pu),1602—1641,閱次；(明)馬世奇(Ma Shiqi),進士 1631,評釋；
(明)楊廷麟(Yang Tinglin),進士 1631,訂正

附　　注： 未署年張溥《序》等序。

版本據風格。

框 21.6×12.2 公分,9 行 21 字,白口,四周單邊。版心上鐫"四六金
聲",中鐫類別及卷次。眉欄鐫評。

館藏信息： East Asian Library(Gest):Rare Books:TD93/2617

2156

基本著錄： **宋金元詩永：二十卷,補遺二卷**

(Song Jin Yuan shi yong:er shi juan,bu yi er juan)

(清)吳綺選；(清)崔華訂；(清)江闓,(清)江湘較

清康熙戊午[17 年,1678]廣陵江湘本

一函十册;26 公分

相關責任者： （清）吳綺(Wu Qi),1619—1694,選；(清)崔華(Cui Hua),訂；(清)
江闓(Jiang Kai),較；(清)江湘(Jiang Xiang),較

附　　注： 豐南樗叟(吳綺)《凡例》言[江]郢上(江湘)刻書事。

清康熙十七年(1678)吳綺《序》。

各卷訂者不同。

BCUO94—B6204 有康熙十七年(1678)江湘《序》言刻書事。

框 17.3×13.1 公分,9 行 19 字,白口,左右雙邊,單黑魚尾。版心上
鐫書名,中鐫卷次及小題。

館藏信息： RECAP:East Asian Library use only:N5237.56/2322

2157

基本著錄： **繪像正文千家詩：[二卷].繡像二十四孝圖說.**

子目：

繪像正文千家詩：[二卷]

（Hui xiang zheng wen qian jia shi：[er juan]）

繡像二十四孝圖說

（Xiu xiang er shi si xiao tu shuo）

清雍正甲辰[2年,1724]大興堂本

附　　注：　《千家詩》卷分上下。卷端題"湖南寶慶府府正街古餘書局藏板"。

封面鐫"雍正二年大興堂新雕　千家詩　古餘書局藏板"。

兩節版,框17.2×11.5公分,上節"繡像二十四孝圖說",下節"繪像
正文千家詩"(9行16字),白口,左右雙邊,單黑魚尾。版心上鐫
"七言千家詩"。

封底反向手書"千家詩　張金長"。

館藏信息：　Cotsen Children's Library（CTSN）：91128569

詩文評類

2158

基本著録：　金石三例：[十五卷]

（Jin shi san li：[shi wu juan]）

（清）盧見曾[輯]

清間（約1755—1853）本

一函四冊;30公分

相關責任者：　（清）盧見曾（Lu Jianzeng）,1690—1768,輯;（清）劉喜海（Liu Xi-
hai）,卒年1853,收藏

附　　注：　有清乾隆二十年(1755)盧見曾《金石三例序》。

傳抄盧氏雅雨堂刻本。

無框,行字不等。

有"燕庭藏書"等印記。

館藏信息：　East Asian Library（Gest）：Rare Books：TD93/2947

2159

基本著録：　詩人玉屑：二十卷

（Shi ren yu xie：er shi juan）

（宋）魏慶之輯

清康熙間（即 1662—1722）本

一函十册;25 公分

相關責任者: （宋）魏慶之（Wei Qingzhi）,輯

附　　注: 著者據宋淳祐四年（1244）黃昇《序》。

避"玄"字諱。

卷末鎸"瑞昌府章洭右山龍沙識"。此書據元版翻刻。

框 19.1×12.9 公分,11 行 21 字,黑口,四周雙邊,雙黑魚尾。版心中鎸"玉屑"及卷次。

館藏信息: East Asian Library（Gest）:Rare Books:TD93/3336

2160

基本著錄: **漁隱叢話:**［一百卷］

（Yuyin cong hua:［yi bai juan］）

（宋）胡仔纂集

清乾隆庚申—辛酉［5—6 年,1740—1741］楊氏耘經樓本

兩函十六册;29 公分

相關責任者: （宋）胡仔（Hu Zi）,約 1147—1167,纂集

附　　注: 卷分前集六十卷、後集四十卷。

封面鎸"依宋板重雕苕谿漁隱叢話""耘經樓藏板",并有"海鹽楊氏耘經樓圖書"印。

框 18.4×13.2 公分,13 行 21 字,黑口,左右雙邊,雙黑魚尾。

館藏信息: Annex A,Forrestal:C308/3940

2161

基本著錄: **古今詩話:八卷**

（Gu jin shi hua:ba juan）

（明）稽留山樵編輯

明間（約 1621—1639）本

兩函十二册;25 公分

相關責任者: （明）陳繼儒（Chen Jiru）,1558—1639,編輯

附　　注: 據未署年《百家詩話引》,陳繼儒號稽留山樵,又言"…… 彙而授之

梓"。

封面鐫"心遠堂藏板"。

不避清諱。

書名據《目錄》。

框 18.9×13.9 公分,9 行 20 字,白口,左右雙邊,單白魚尾。版心上鐫小題。

館藏信息: East Asian Library(Gest):Rare Books:TD93/3059

2162

基本著錄: 古今詩話:八卷

(Gu jin shi hua:ba juan)

(明)稽留山樵編輯

明間(約 1621—1639)本

兩函十六冊;22 公分

相關責任者: (明)陳繼儒(Chen Jiru),1558—1639,編輯

附　　注: 封面鐫"陳眉公先生訂　古今詩話　讀書坊藏板"。

據未署年《百家詩話引》,陳繼儒號稽留山樵,又言"…… 彙而授之梓"。

框 18.9×14 公分,9 行 20 字,白口,四周單邊,單白魚尾。版心上鐫篇名。

館藏信息: RECAP:East Asian Library use only:D93/2836

2163

基本著錄: 宋詩紀事:一百卷

(Song shi ji shi:yi bai juan)

(清)厲鶚,(清)馬曰琯緝

清乾隆丙寅[11 年,1746]厲鶚本

四函三十四冊;26 公分

相關責任者: (清)厲鶚(Li E),1692—1752,緝;(清)馬曰琯(Ma Yueguan),1688—1755,緝

附　　注: 卷端題"錢唐厲鶚緝　祁門馬曰琯同緝"。

清乾隆十一年(1746)厲鶚《序》提刻書事。

框 19.6×14.6 公分,11 行 22 字,細黑口,左右雙邊,單黑魚尾。版心中鐫"宋詩紀事"及卷次。

館藏信息: RECAP:East Asian Library use only:D93/2781

2164

基本著錄: 歷代詩話:[二十八種五十八卷]

(Li dai shi hua:[er shi ba zhong wu shi ba juan])

(清)何文焕訂

清乾隆庚寅[35 年,1770]本

四函二十四册;27 公分

相關責任者: (清)何文焕(He Wenhuan),1732—1809,訂

附　　注: 著者及版本據清乾隆三十五年(1770)何文焕《序》。

框 14.2×10.1 公分,9 行 18 字,黑口,左右雙邊,單黑魚尾。版心中鐫子書名及卷次。

館藏信息: Annex A,Forrestal:D93/2340

2165

基本著錄: 朱飲山千金譜:三十九卷

(Zhu Yinshan qian jin pu:san shi jiu juan)

(清)楊廷兹編輯

清乾隆庚戌[55 年,1790]治怒齋本

一函五册:圖,25 公分

館藏本有殘缺:缺卷二十三至三十九。

相關責任者: (清)楊廷兹(Yang Tingzi),編輯

附　　注: 卷數據《總目》。

封面鐫"王阮亭先生秘本　朱飲山先生增釋古學千金譜　治怒齋藏板",鈐"饒城東關外德新橋下首經綸堂發兑"印。

清乾隆三十七年(1772)楊廷兹書於閩中治怒齋《序》。

乾隆五十五年(1790)王有光《序》言刻書及印書事。

框 17.9×13.2 公分,9 行 21 字,白口,左右雙邊,單黑魚尾。版心上鐫"千金譜",中鐫卷次及卷名。

館藏信息: RECAP:East Asian Library use only:D93/1320

2166

基本著錄： 螢雪叢說：[二卷]. 許彦周詩話. 後山居士詩話. 孫公談圃：[三卷].

（Ying xue cong shuo：[er juan]. Xu Yanzhou shi hua. Houshanjushi shi hua. Sun gong tan pu：[san juan].）

編目記録詳見《子部·雜家類》。

2167

基本著錄： 新刊李九我先生編纂大方萬文一統內外集：二十二卷

（Xin kan Li Jiuwo xian sheng bian zuan da fang wan wen yi tong nei wai ji：er shi er juan）

（明）李廷機編纂；（明）申時行勘閱；（明）朱國祚校刊；（明）余象斗绣梓

編目記録詳見《集部·總集類》。

2168

基本著錄： 唐詩紀事：八十一卷

（Tang shi ji shi：ba shi yi juan）

（宋）計有功輯；（明）毛晉訂

明崇禎壬申[5年,1632]常熟毛晉汲古閣本

六函三十六册；30公分

相關責任者： （宋）計有功（Ji Yougong），活動期 1121—1161，輯；（明）毛晉（Mao Jin），1599—1659，訂

附　注： 明崇禎五年（1632）李毅《重刻唐詩紀事叙》言刻書事。

框 19.2×13.7 公分，8 行 19 字，白口，左右雙邊。版心上鐫書名，中鐫卷次，下鐫"汲古閣"。

館藏信息： East Asian Library（Gest）：Rare Books：TD93/233Q

2169

基本著錄： 冰川詩式：十卷

（Bingchuan shi shi：shi juan）

（明）梁橋著；（明）梁相校

明隆慶萬曆間(約 1570—1585)本

一函八册;26 公分

相關責任者: (明)梁橋(Liang Qiao),著;(明)梁相(Liang Xiang),校

附　　注: 卷十末有明隆慶四年(1570)梁夢龍《題辭》。

版本又見 CHTR02—B85。

框 19.7×14.4 公分,10 行 20 字,白口,左右雙邊,單黑魚尾。版心上鐫書名,中鐫卷次。

館藏信息: East Asian Library(Gest):Rare Books:TD93/3405

2170

基本著録: **重訂舉業巵言:[二卷]**

(Chong ding ju ye zhi yan:[er juan])

(明)武之望著

明萬曆己亥[27 年,1599]本

一函四册;28 公分

相關責任者: (明)武之望(Wu Zhiwang),1552—1629,著

附　　注: 卷分上下。

明萬曆二十七年(1599)徐時進《刻武叔卿舉業巵言引》。

框 20.5×14.4 公分,9 行 20 字,白口,四周雙邊,雙黑魚尾。版心上鐫"舉業巵言",中鐫卷次。

有朱筆圈點及墨筆評注,書衣有字清甫、號淵潛子者墨迹。

館藏信息: East Asian Library(Gest):Rare Books:TD128/2821

2171

基本著録: **詩藪:[二十卷]**

(Shi sou:[er shi juan])

(明)胡應麟著

明間(約 1573—1644)本

一函六册;27 公分

相關責任者: (明)胡應麟(Hu Yinglin),1551—1602,著

附　　注: 計内編六卷、外編六卷、雜編六卷、續編二卷。

未署年汪道昆《序》。

框 19.5×14.4 公分,10 行 20 字,綫黑口,左右雙邊,單黑魚尾。版心上鐫書名及卷次。

館藏信息： East Asian Library(Gest)：Rare Books：TD93/1206

2172

基本著錄： **古今詩話纂：六卷**

（Gu jin shi hua zuan：liu juan）

（明）李本緯選輯；（明）王家賓編次；（明）黃槐開校刊

明萬曆間(約1603—1620)黃槐開本

一函十冊；27 公分

相關責任者： （明）李本緯（Li Benwei），選輯；（明）王家賓（Wang Jiabin），編次；（明）黃槐開（Huang Huaikai），校刊

附　　注： 明萬曆三十一年(1603)李本緯《序》。

框 21.7×14.1 公分,9 行 19 字,白口,四周雙邊,單黑魚尾。版心上鐫"古今詩話",中鐫卷次。

館藏信息： East Asian Library(Gest)：Rare Books：TD93/3823

2173

基本著錄： **堯山堂偶雋：七卷**

（Yao shan tang ou jun：qi juan）

（明）蔣一葵編著

明間(約1567—1644)本

一函四冊；28 公分

相關責任者： （明）蔣一葵（Jiang Yikui），編著

附　　注： 未署年蔣一梅《序》及曹日昌《序》。

版本據風格。

框 22.3×14.1 公分,8 行 19 字,白口,四周單邊,單黑魚尾。版心上鐫書名,中鐫卷次。

館藏信息： East Asian Library(Gest)：Rare Books：TD93/3064

2174

基本著錄： **仰止子詳考古今名家潤色詩林正宗：[十二卷. 韻林正宗：六卷].**

（Yangzhizi xiang kao gu jin ming jia run se shi lin zheng zong：[shi er juan. Yun lin zheng zong：liu juan].）

编目記録詳見《子部・類書類》。

詞　　類

2175

基本著録：　綿津山人詩集：二十六卷. 楓香詞. 怪石贊. 筠廊偶筆：[二卷]. 漫堂墨品. 緯蕭草堂詩：三卷. 雪堂墨品.

（Mianjinshanren shi ji：er shi liu juan. Feng xiang ci. Guai shi zan. Yun lang ou bi：[er juan]. Mantang mo pin. Wei xiao cao tang shi：san juan. Xue tang mo pin.）

编目記録詳見《子部・譜録類》。

2176

基本著録：　草堂詩餘：[二卷]

（Cao tang shi yu：[er juan]）

[（宋）何士信輯]

明嘉靖甲寅[33 年,1554]楊全本

一函八冊；31 公分

相關責任者：　（宋）何士信（He Shixin），輯；（明）楊全（Yang Quan），刻

附　　注：　卷分上下，各卷又分前後集。

明嘉靖三十三年(1554)楊全《重刻艸堂詩餘序》。

框 18.7×13.9 公分,10 行 18 字,白口,左右雙邊。版心上鐫書名及卷次。

館藏信息：　East Asian Library（Gest）：Rare Books：TD118/394Q

2177

基本著録：　草堂詩餘正集：六卷. 國朝詩餘新集：五卷. 草堂詩餘別集：四卷. 草堂詩餘續集：[二卷].

子目：

草堂詩餘正集：六卷

（Cao tang shi yu zheng ji：liu juan）

（明）顧從敬類選；（明）沈際飛評正

國朝詩餘新集：五卷

（Guo chao shi yu xin ji：wu juan）

（明）沈際飛評選；（明）錢允治原編

草堂詩餘別集：四卷

（Cao tang shi yu bie ji：si juan）

（明）沈際飛選評；（明）秦士奇訂定

草堂詩餘續集：［二卷］

（Cao tang shi yu xu ji：［er juan］）

（明）長湖外史類輯；（明）天羽居士評箋

明間（約 1621—1644）吳門童涌泉本

兩函十八冊；28 公分

相關責任者： （明）顧從敬（Gu Congjing），類選；（明）沈際飛（Shen Jifei），評正、評
選、選評；（明）錢允治（Qian Yunzhi），原編；（明）秦士奇（Qin Shiqi），
訂定；（明）長湖外史（Changhuwaishi），類輯；（明）天羽居士（Tianyu-
jushi），評箋；（明）童涌泉（Tong Yongquan），刻

附　　注： 《續集》卷分上下。

封面鐫“鐫古香岑批點草堂詩餘四集”“吳門童湧泉梓”。

未署年陳仁錫《序》等序。

框 23.3×13.6 公分，9 行 19 字，白口，四周單邊，單白魚尾。版心上
鐫書名，中鐫卷次。

館藏信息： East Asian Library（Gest）：Rare Books：TD118/3484Q

2178

基本著録： 宋名家詞：［六十一種九十卷］

（Song ming jia ci：［liu shi yi zhong jiu shi juan］）

（清）毛晉輯

明崇禎間（即 1628—1644）常熟毛晉汲古閣本

一函十二冊；27 公分

本館藏本不完整，存十種。

相關責任者：	（清）毛晉（Mao Jin），1599—1659，輯
附　　注：	各集後有毛晉《識語》。
	框 18.9×14.4 公分，8 行 18 字，白口，左右雙邊。版心上鎸子書名，
	下鎸"汲古閣"。
館藏信息：	East Asian Library（Gest）：Rare Books：TD113/309

曲　　類

2179

基本著録：	異方便浄土傳燈歸元鏡三祖實録：[二卷]
	（Yi fang bian jing tu chuan deng gui yuan jing san zu shi lu：[er juan]）
	（明）智達拈頌；（清）德日閲録
	編目記録詳見《子部·釋家類》。

2180

基本著録：	成裕堂繪像第七才子書：六卷
	（Cheng yu tang hui xiang di qi cai zi shu：liu juan）
	（元）高明
	清間（約 1735—1795）經綸堂本
	一函四册；18 公分
	館藏本有殘缺：缺卷五至六。
相關責任者：	（元）高明（Gao Ming）
附　　注：	封面鎸"聲山先生原評第七才子書　經綸堂刊"。
	清雍正十三年（1735）程士任《重刻繡像七才子書序》。
	框 13.3×10.1 公分，11 行 21 字，白口，左右雙邊，單黑魚尾。版心
	上鎸"第七才子書"，中鎸卷次。
館藏信息：	RECAP：East Asian Library use only：C328/3990

2181

| 基本著録： | 笠翁十種曲：[二十卷] |
| | （Liweng shi zhong qu：[er shi juan]） |

（清）湖上笠翁編次

清康熙間（即 1662—1722）本

兩函二十冊：圖；25 公分

相關責任者：　（清）李漁（Li Yu），1611—1680，編次

附　　注：　書名據封面。

每種分上下卷。

避"玄"字諱。

框 22 × 14.3 公分，11 行 22 字，白口，四周單邊，單黑魚尾。眉欄
鐫評。

館藏信息：　East Asian Library（Gest）：Rare Books：TD143/407

2182

基本著錄：　**閒情偶寄：十六卷**

（Xian qing ou ji：shi liu juan）

（清）李漁著；（清）沈心友，（清）[李]將舒訂

編目記錄詳見《子部·雜家類》。

2183

基本著錄：　**芝龕記：六卷**

（Zhi kan ji：liu juan）

（清）繁露樓居士填

清乾隆辛未[16 年，1751]本

兩函十冊；24 公分

相關責任者：　（清）董榕（Dong Rong），拔貢 1747，填

附　　注：　卷端僅題書名，未標卷數，《目錄》標六卷，版心中標卷數。

卷一卷端題"繁露樓居士填海內諸名家評"，其他卷端無書名、著者。

繁露樓爲董榕室名，沈廷芳《題詞》曰"題董觀察芝龕記"，據此可确
定著者爲董榕。

黃叔琳《芝龕記序》，署八十一老人，未署年月，當爲清乾隆十七年
（1572）作序。乾隆十六年（1751）邵大業《序》。乾隆二十四年
（1759）秦黌《題詞》。乾隆二十二年（1757）栢超《芝龕記題詞》。

館藏《芝龕記》（D143/963）與此同版，有封面，題"乾隆辛未年鐫"，

此書無,版本參據該書。

框 17.3×13.5 公分,10 行 19 字,小字雙行字數同,黑口,四周單邊,單黑魚尾。版心中鐫"芝龕記"及卷次。眉欄小字注。

館藏信息: RECAP:East Asian Library use only:N5707/4192

2184

基本著錄: 芝龕記:六卷

(Zhi kan ji:liu juan)

(清)繁露樓居士填

清乾隆辛未[16 年,1751]本

一函八册;25 公分

相關責任者: (清)董榕(Dong Rong),拔貢 1747,填

附　　注: 卷端僅題書名,未標卷數。《目錄》標六卷,版心中標卷數。

封面題"乾隆辛未年鐫　芝㲹樂府　本衙藏版"。

卷一卷端題"繁露樓居士填海内諸名家評",其他卷端無書名、著者。繁露樓爲董榕室名,沈廷芳《題詞》曰"題董觀察芝龕記",據此可確定著者爲董榕。

黄叔琳《芝龕記序》,署八十一老人,未署年月,當爲清乾隆十七年(1752)作序。乾隆十六年(1751)邵大業《序》。乾隆二十四年(1759)秦蕙《題詞》。乾隆二十二年(1757)柏超《芝龕記題詞》。

框 17.3×13.5 公分,10 行 19 字,小字雙行字數同,黑口,四周單邊,單黑魚尾。版心中鐫"芝龕記"及卷次。眉欄小字注。

與館藏《芝龕記》(5707/4192)同版。

館藏信息: Annex A,Forrestal:D143/963

2185

基本著錄: 藏園九種曲:[十四卷]

(Cangyuan jiu zhong ju:[shi si juan])

(清)蔣士銓

清乾隆間(即 1736—1795)本

三函十二册;25 公分

相關責任者: (清)蔣士銓(Jiang Shiquan),1725—1785

附　注：　書名據封面。

蔣士銓號藏園居士。

封面鐫"漁石堂藏板"。

不同著者作於清乾隆不同年之序文數篇。

框 18 × 13 公分, 9 行 22 字, 白口, 四周單邊, 單黑魚尾。版心上鐫子書名, 中鐫卷次。

館藏信息：　RECAP: East Asian Library use only: D143/2631

2186

基本著錄：　**納書楹曲譜全集: [十四卷]. 納書楹四夢全譜: [八卷].**

子目：

納書楹曲譜全集: [十四卷]

(Na shu ying qu pu quan ji: [shi si juan])

(清)葉堂訂譜; (清)王文治參訂

納書楹四夢全譜: [八卷]

(Na shu ying si meng quan pu: [ba juan])

(清)葉堂訂譜; (清)王文治參訂

清乾隆間(約 1792—1794)葉氏納書楹本

兩函二十冊; 28 公分

相關責任者：　(清)葉堂(Ye Tang), 活動期 18 世紀, 訂譜; (清)王文治(Wang Wenzhi), 1730—1802, 參訂

附　注：　書名據封面。

卷分正集四卷、續集四卷、外集二卷、補遺四卷。

《納書楹玉茗堂四夢全譜》分爲《牡丹亭全譜》《紫釵記全譜》《邯鄲記全譜》《南柯記全譜》等各二卷。

清乾隆五十七年(1792)懷庭居士《納書楹曲譜自序》及《納書楹四夢全譜自序》。

乾隆五十九年(1794)懷庭居士《納書楹補遺曲譜自序》。

封面鐫"納書楹曲譜全集""脩綆山房發兌"。

框 19.1 × 14.2 公分, 6 行 18 字, 白口, 四周雙邊, 單黑魚尾。版心上鐫"納書楹曲譜", 中鐫集次、卷次及齣名, 下鐫曲名。

館藏信息：　RECAP: East Asian Library use only: D143/857

2187

基本著錄： 　一笠菴北詞廣正譜

（Yi li an bei ci guang zheng pu）

（清）徐於室原稿；（清）李玉更定

清康熙間（即 1662—1722）青蓮書屋本

一函十二册；28 公分

相關責任者： 　（清）徐於室（Xu Yushi），原稿；（清）李玉（Li Yu），更定

附　　注： 　避“玄”字諱。

版本據風格。

框 20.3×14.5 公分，6 行 25 字，白口，左右雙邊，單黑魚尾。版心上鐫“北詞廣正譜”，中鐫音律宮調名，下鐫“青蓮書屋”。

館藏信息： 　East Asian Library（Gest）：Rare Books：TD138/1253

2188

基本著錄： 　新定九宮大成：八十一卷，閏，總目［三卷］

（Xin ding jiu gong da cheng：ba shi yi juan，run，zong mu［san juan］）

（清）周祥鈺，（清）鄒金生編輯

清乾隆丙寅［11 年，1746］北京允禄本

八函七十册；28 公分

館藏本有殘缺：有手抄配補。

相關責任者： 　（清）周祥鈺（Zhou Xiangyu），編輯；（清）鄒金生（Zou Jinsheng），編輯；（清）允禄（Yunlu），1695—1767，編

附　　注： 　《總目》分上中下。

書名據清乾隆十一年（1746）愛月居士（允禄）《新定九宮大成序》。

據乾隆十一年（1746）于振《序》等序，莊親王實總領編輯事。

框 22.8×15.7 公分，7 行 16 字，白口，四周雙邊，單黑魚尾。版心上鐫“九宮大成南詞宮譜”或“九宮大成北詞宮譜”，中鐫卷次及篇名。

館藏信息： 　East Asian Library（Gest）：Rare Books：TD138/2732

2189

基本著錄： 　歷代史畧十段錦詞話旁註：［二卷］

（Li dai shi lüe shi duan jin ci hua pang zhu：［er juan］）

（明）楊用修纂；（明）程仲秩注

編目記録詳見《史部·雜史類》。

2190

基本著録：　**救苦忠孝藥王寶卷**：［二卷］

（Jiu ku zhong xiao yao wang bao juan：［er juan］）

編目記録詳見《子部·釋家類》。

2191

基本著録：　**趙氏孤兒大報讎雜劇**

（Zhao shi gu er da bao chou za ju）

（宋）紀君祥撰；（明）臧晉叔校

明萬曆間（即 1573—1620）本

一函兩册；24 公分

相關責任者：　（宋）紀君祥（Ji Junxiang），活動期 13 世紀，撰；（明）臧懋循（Zang Maoxun），1550—1620，校

附　注：　框 21×13.5 公分，9 行 20 字，白口，左右雙邊，單黑魚尾。版心上鐫"趙氏孤兒"，中鐫"雜劇"。

館藏信息：　East Asian Library（Gest）：Rare Books：TD143/2348

2192

基本著録：　**碧天霄霞**

（Bi tian xiao xia）

清間（約 1644—1795）本

一函兩册；27 公分

附　注：　著者不詳。

疑爲清内府抄本。

框 18.5×12.9 公分，8 行 20 字，白口，四周雙邊。版心上鐫書名，中鐫齣次。

館藏信息：　East Asian Library（Gest）：Rare Books：TD143/948

2193

基本著録： **新鐫古今大雅南宮詞紀：六卷**

（Xin juan gu jin da ya nan gong ci ji：liu juan）

（明）陳所聞粹選；（明）陳邦泰輯次

明萬曆乙巳［33 年，1605］金陵陳邦泰繼志齋本

一函六冊；28 公分

相關責任者： （明）陳所聞（Chen Suowen），粹選；（明）陳邦泰（Chen Bangtai），輯次

附　　注： 明萬曆三十三年（1605）俞彥《題南宮詞紀》。

封面鐫"南九宮譜"。

陳邦泰字大來，其齋繼志齋屬金陵書林。

框 18.8×14.5 公分，10 行 20 字，白口，四周單邊。版心上鐫"南宮詞紀"，下鐫卷次。眉欄鐫注。

館藏信息： East Asian Library（Gest）：Rare Books：TD138/3558a

2194

基本著録： **新鐫古今大雅北宮詞紀：六卷**

（Xin juan gu jin da ya bei gong ci ji：liu juan）

（明）陳所聞粹選；（明）陳邦泰輯次

明萬曆甲辰［32 年，1604］金陵陳邦泰繼志齋本

六冊；28 公分

相關責任者： （明）陳所聞（Chen Suowen），粹選；（明）陳邦泰（Chen Bangtai），輯次

附　　注： 明萬曆三十二年（1604）焦竑《題北宮詞紀》等序。

陳邦泰字大來，其齋繼志齋屬金陵書林。

框 21.4×14.3 公分，10 行 20 字，白口，四周單邊。版心上鐫"北宮詞紀"，下鐫卷次。

館藏信息： East Asian Library（Gest）：Rare Books：TD138/3558b

2195

基本著録： **雅趣藏書**

（Ya qu cang shu）

（清）錢書訂

編目記録詳見《集部・別集類》。

2196

基本著録： **此宜閣增訂金批西廂：四卷，卷首，卷末**

（Ci yi ge zeng ding Jin pi Xi xiang：si juan，juan shou，juan mo）

（清）金聖嘆批

清乾隆乙卯［60 年，1795］此宜閣本

一函八册；20 公分

相關責任者： （清）金聖嘆（Jin Shengtan），1608—1661，批

附　　注： 内封面題"聖嘆外書　增訂金批西廂　此宜閣藏板"。

版本參據《中國古籍總目》集 70648861，集部第 7 卷第 3445 頁。

框 13.3×10.8 公分，8 行 17 字，小字雙行，白口，左右雙邊。版心上

鐫"西廂記"，中鐫卷次。眉欄鐫評。

紀念童志綱先生基金購入此書。

館藏信息： East Asian Library（Gest）：PL2693. H75

2197

基本著録： **繪風亭評第七才子書琵琶記：六卷. 第七才子書琵琶記釋義. 才子琵**

琶寫情篇.

子目：

繪風亭評第七才子書琵琶記：六卷

（Hui feng ting ping di qi cai zi shu Pi pa ji：liu juan）

第七才子書琵琶記釋義

（Di qi cai zi shu Pi pa ji shi yi）

才子琵琶寫情篇

（Cai zi Pi pa xie qing pian）

（清）陳方平彙輯

清間（約 1666—1723）映秀堂本

一函七册：圖；26 公分

相關責任者： （清）陳方平（Chen Fangping），彙輯；（清）毛宗崗（Mao Zonggang），

批評

附　　注： 卷一末鐫"康熙丙午秋月"，丙午爲清康熙五年（1666）。

不避"眞"。

清雍正元年(1723)陳方平《叙》。

封面鐫"毛聲山批琵琶記""第七才子書""映秀堂梓行"等。

框 18.3×13 公分,8 行 19 字,白口,左右雙邊,單黑魚尾。版心上鐫"第七才子書"或"才子琵琶文",中鐫卷次,下鐫"映秀堂"。

館藏信息: East Asian Library(Gest):Rare Books:TD143/.96/.hhc

2198

基本著録: 佛說離山寶卷

(Fo shuo li shan bao juan)

編目記録詳見《子部·釋家類》。

2199

基本著録: 佛說銷釋保安寶卷:[二卷]

(Fo shuo xiao shi bao an bao juan:[er juan])

編目記録詳見《子部·釋家類》。

小説類

2200

基本著録: 情史類略:二十四卷

(Qing shi lei lüe:er shi si juan)

(清)馮夢龍

明清間(約 1621—1722)立本堂本

四函二十四册;24 公分

相關責任者: (清)馮夢龍(Feng Menglong),1574—1646

附　注: 封面鐫"馮猶龍先生原本　詹詹外史評輯情史　立本堂藏板"。

馮夢龍,字猶龍,號詹詹外史。

框 19.2×14 公分,9 行 21 字,白口,左右雙邊,單黑魚尾。版心上鐫"情史",下鐫"情貞"。

館藏信息: East Asian Library(Gest):Rare Books:TC328/2972

2201

基本著録：　　　聊齋志異：十六卷

（Liao zhai zhi yi：shi liu juan）

（清）蒲松齡著；（清）王士禎評

清乾隆丙戌［31年，1766］趙起杲青柯亭本

兩函十六册；24公分.

相關責任者：　　（清）蒲松齡（Pu Songling），1640—1715，著；（清）王士禎（Wang

Shizhen），1634—1711，評；（清）趙起杲（Zhao Qigao），刻

附　　注：　　　封面鐫"青柯亭開雕"。

清乾隆三十一年（1766）趙起杲《弁言》言刻書事。

框13.5×9.8公分，9行21字，黑口，左右雙邊。版心中鐫書名、卷

次及小題。

館藏信息：　　　RECAP：East Asian Library use only：C368/1412

2202

基本著録：　　　今古奇觀：四十卷

（Jin gu qi guan：si shi juan）

（明）抱甕老人輯；笑花主人閲

清間（約1644—1795）同文堂本

兩函十二册：圖；25公分

相關責任者：　　（明）抱甕老人（Baowenglaoren），輯；笑花主人（Xiaohuazhuren），閲

附　　注：　　　書名據版心。

著者據《目録》。

封面鐫"繡像今古奇觀""同文堂藏板"。

框20.8×14.8公分，12行27字，白口，四周單邊，單黑魚尾。版心

上鐫"今古奇觀"，中鐫卷次，下鐫"同文堂"。

館藏信息：　　　RECAP：East Asian Library use only：C387/1871

2203

基本著録：　　　雪月梅傳：十卷五十回

（Xue Yue Mei zhuan：shi juan wu shi hui）

（清）陳朗編輯;（清）董孟汾評釋;（清）邵松年校定

清乾隆乙未[40 年,1775]德華堂本

兩函十二冊;25 公分

相關責任者： （清）陳朗(Chen Lang),活動期 18 世紀,編輯;（清）董孟汾(Dong Mengfen),評釋;（清）邵松年(Shao Songnian),校定

附　　注： 封面鐫"鏡湖逸叟著　孝義雪月楳傳　德華堂藏版"。

清乾隆四十年(1775)鏡湖逸叟《自序》言刻書事。

框 18.9×13.8 公分,10 行 21 字,黑口,左右雙邊,單黑魚尾。版心中鐫卷次。

館藏信息： RECAP:East Asian Library use only:C387/3608

2204

基本著錄： **評論出像水滸傳:二十卷,七十回**

（Ping lun chu xiang Shui hu zhuan:er shi juan,qi shi hui）

（元）施耐庵原本;（清）金聖嘆批點;（明）王望如評

清間（約 1776—1850）本

兩函二十冊:圖;25 公分

相關責任者： （元）施耐庵(Shi Nai'an),1296—1370,原本;（清）金聖嘆(Jin Sheng-tan),1608—1661,批點;（明）王望如(Wang Wangru),評

附　　注： 與高校古文獻資源庫中遼寧大學所藏清順治十四年(1657)醉耕堂本書影不同。此本爲清嘉慶道光間覆刻本。

内封面鐫"施耐庵先生原本　貫華堂第五才子書",欄外橫題"聖嘆外書"。

卷前有順治十四年(1657)桐庵老人《五才子水滸序》,書於醉耕堂;《評論出像水滸傳姓氏》;王望如先生《評論出像水滸傳總論》;綉像四十幅。

框 20.7×14.8 公分(卷一第三葉),11 行 24 字,小字雙行字數同,白口,單黑魚尾,四周單邊。版心上鐫"五才子奇書",中鐫卷數及回數。

館藏信息： East Asian Library(Gest):Rare Books:TC368/3240

2205

基本著録： 　**第一才子書：十九卷一百二十回**

（Di yi cai zi shu：shi jiu juan yi bai er shi hui）

（清）毛宗崗評

清間（約 1644—1795）本

四函二十四册：圖；27 公分

相關責任者： 　（清）毛宗崗（Mao Zonggang），評

附　　注： 　有圖二百四十幅。

卷端題"四大奇書第一種"。

書名據版心。

有清順治元年（1644）金人瑞《序》。

封面鎸"金聖歎外書　毛聲山評點　三國志繡像金批第一才子書大魁堂藏版"。

框 18.9×14.1 公分，12 行 26 字，白口，四周單邊，單黑魚尾。版心上鎸"第一才子書"，中鎸卷次。

館藏信息： 　East Asian Library（Gest）：Rare Books；TC368/639

2206

基本著録： 　**四雪草堂重訂通俗隋唐演義：二十卷一百回**

（Si xue cao tang chong ding tong su Sui Tang yan yi：er shi juan yi bai hui）

（元）齊東野人原本；（清）没世農夫彙編；（清）鶴樵子參訂

清間（約 1695—1795）本

四函二十册：圖；26 公分

相關責任者： 　（元）齊東野人（Qidongyeren），原本；（清）褚人獲（Chu Renhuo），1635—1682，彙編；（清）鶴樵子（Heqiaozi），參訂

附　　注： 　卷首有圖像一百幅。

封面題"繡像隋唐演義"。

没世農夫即褚人獲。

清康熙三十四年（1695）褚人獲《序》提纂輯事。

框 21×14.3 公分，10 行 23 字，白口，四周單邊，單黑魚尾。版心上

鐫"隋唐演義",中鐫卷次及回次,下鐫"四雪草堂"。

館藏信息: East Asian Library(Gest):Rare Books:TC368/2721

2207

基本著錄: **繡像京本雲合奇踪玉茗英烈全傳:八十回十卷**

(Xiu xiang Jing ben yun he qi zong Yu ming ying lie quan zhuan:ba shi hui shi juan)

(明)徐渭編

清康熙間(即 1662—1722)金閶書業堂本

一函十册;28 公分

相關責任者: (明)徐渭(Xu Wei),1521—1593,編

附　　注: 封面鐫"雲合奇踪　稽山徐文長先生主編　玉茗堂英烈全傳　金閶書業堂梓行"。

避"玄"字諱。

框 21.7×15.5 公分,11 行 24 字,白口,四周單邊,單黑魚尾。版心上鐫"英烈全傳"及卷次。

館藏信息: Annex A,Forrestal:C368/3609

2208

基本著錄: **映旭齋增訂北宋三遂平妖全傳:十八卷四十回**

(Ying xu zhai zeng ding Bei Song san sui ping yao quan zhuan:shi ba juan si shi hui)

(明)羅貫中撰;(清)馮夢龍增補

清間(約 1723—1795)本

一函六册:圖;26 公分

相關責任者: (明)羅貫中(Luo Guanzhong),約 1330—約 1400,撰;(清)馮夢龍(Feng Menglong),1574—1646,增補

附　　注: 著者據未署年張無咎《序》。

不避"玄"字諱。

封面鐫"馮猶龍先生增定繡像平妖全傳"。

版本據風格。

框 20.1×13.3 公分,14 行 28 字,白口,左右雙邊,單黑魚尾。版心

上鐫"平妖全傳",中鐫卷次及回次。

館藏信息： RECAP：East Asian Library use only：C387/2855

2209

基本著錄： **新鐫批評出像通俗奇俠禪眞逸史：八集四十回**

（Xin juan pi ping chu xiang tong su qi xia chan zhen yi shi：ba ji si shi hui）

（明）清溪道人編次；心心儒侶評訂

清間（約 1723—1795）文新堂本

兩函十六冊：圖；26 公分

相關責任者： （明）清溪道人（Qingxidaoren），活動期 17 世紀，編次；心心儒侶 （Xinxinxianlü），評訂

附　　注： 各集評訂人不同。

卷首有圖,共九葉。

封面題"批評通俗演義禪眞逸史　文新堂梓行"。

清溪道人即方汝浩。

框 21.1×13.8 公分,9 行 22 字,白口,四周單邊。版心上鐫"禪眞逸史",中鐫回次,下鐫刻工。

館藏信息： RECAP：East Asian Library use only：C387/3056

2210

基本著錄： **皐鶴堂批評第一奇書金瓶梅：一百回**

（Gao he tang pi ping Di yi qi shu Jin Ping Mei：yi bai hui）

（清）張竹坡批評

清康熙間（約 1695—1722）本

七冊：圖；26 公分.

相關責任者： （清）張竹坡（Zhang Zhupo），批評

附　　注： 卷端未題書名及著者,書名取自卷前《大畧》,著者據封面。

封面鐫"彭城張竹坡批評金瓶梅第一奇書　本衙藏板翻刻必究"。

清康熙三十四年（1695）謝頤《序》。

框 20×13.5 公分,10 行 22 字,無行格,白口,四周單邊。上書口鐫 "第一奇書"。

洋裝。

據 Gillis 目録 lot X—456，Gest No 2431："Bound in 6 t'ao 42 ts'e(7 each)"，可知原裝爲 6 函 42 册，每函 7 册。此條目旁有一附注"Lost for many years. 6/18/96, Found to be HY5758/1384；Will change back to TC368/2431"。據 Gest 卡片目録(66—3—21)，在 1966 年有《金瓶梅》7 册，索書號爲 5758/1384，1990 年 CHRB 編目記録 NJPX90 – B5250 用此書號；2013 年 8 月 5 日，改爲 TC368/2431。木書 6 册正文與一册圖的版本及裝訂關係待考。本館《中文舊籍書目》第 460 頁，有 32 册本，索書號 TC368/2431 應改爲 TC368/2430。

館藏信息： East Asian Library (Gest)：Rare Books：TC368/2431

2211

基本著録： **異説征西演義全傳：六卷**

(Yi shuo zheng xi yan yi quan zhuan：liu juan)

(清)中都逸叟原本；(清)恂莊主人編次

清乾隆乙巳[50 年，1785]文光堂本

一函六册：圖；25 公分

相關責任者： (清)中都逸叟(Zhongduyisou)，原本；(清)恂莊主人(Xunzhuangzhuren)，編次

附　　注： 封面鎸"中都逸叟原本　繡像征西全傳　文光堂梓行"。

清乾隆五十年(1785)恂莊主人《重刻征西傳叙》。

框 19.8×14.1 公分，11 行 22 字，白口，四周單邊，單黑魚尾。版心上鎸"征西全傳"，中鎸卷次。

館藏信息： RECAP：East Asian Library use only：C387/2830

2212

基本著録： **續金瓶梅：十二卷**

(Xu jin ping mei：shi er juan)

(清)紫陽道人編

清間(約 1644—1795)本

兩函二十册：圖；22 公分

相關責任者： (清)丁耀亢(Ding Yaokang)，1599—1669，編

附　　注：　　框 13.3×10.2 公分,10 行 23 字,白口,四周單邊,單黑魚尾。版心
　　　　　　　上鐫書名,中鐫卷次及回次。

館藏信息：　　RECAP:East Asian Library use only:C368/2417

2213

基本著錄：　　**醒世姻緣傳:一百回**

　　　　　　　(Xing shi yin yuan zhuan:yi bai hui)

　　　　　　　(清)西周生輯著;(清)然藜子較定

　　　　　　　清間(約 1644—1795)本

　　　　　　　四函二十四冊;24 公分

相關責任者：　(清)西周生(Xizhousheng),輯著;(清)然藜子(Ranlizi),較定

附　　注：　　版本據風格。

　　　　　　　框 20×14.5 公分,12 行 25 字,白口,四周單邊,單黑魚尾。版心上
　　　　　　　鐫書名,中鐫回次。

館藏信息：　　RECAP:East Asian Library use only:C387/2800

2214

基本著錄：　　**列國志輯要:八卷**

　　　　　　　(Lie guo zhi ji yao:ba juan)

　　　　　　　(清)楊庸輯;(清)楊岡校

　　　　　　　清乾隆間(約 1774—1795)四知堂本

　　　　　　　兩函八冊;25 公分

相關責任者：　(清)楊庸(Yang Yong),輯;(清)楊岡(Yang Gang),校

附　　注：　　未署年彭元瑞《序》言甲午楊鳳鳴(岡)請序事,甲午當爲清乾隆三十
　　　　　　　九年(1774)。

　　　　　　　框 19.7×13.8 公分,9 行 21 字,白口,左右雙邊,單黑魚尾。版心上
　　　　　　　鐫"東周列國志輯要",中鐫卷次,下鐫"四知堂"。

館藏信息：　　RECAP:East Asian Library use only:C368/2385

2215

基本著錄：　　**四大奇書第一種:十九卷,卷首**

　　　　　　　(Si da qi shu di yi zhong:shi jiu juan,juan shou)

（清）毛宗崗評

清間（約 1662—1795）本

兩函十九冊：圖；26 公分

館藏本有殘缺：缺卷九。

相關責任者： （清）毛宗崗（Mao Zonggang），評

附　　注： 諱或不諱"玄"，不諱"寧"。有補版諱"寧"字。

封面鐫"文英堂梓行"。

框 22×14.6 公分，12 行 26 字，白口，四周單邊，單黑魚尾。版心上鐫"第一才子書"，中鐫卷次，下鐫"源盛"。

館藏信息： East Asian Library（Gest）：Rare Books：TC387/109. zcef

2216

基本著錄： **四大奇書第四種：五十卷一百回**

（Si da qi shu di si zhong：wu shi juan yi bai hui）

（清）張竹坡評點

清乾隆丁卯［12 年，1747］本

四函三十二冊：圖；27 公分

相關責任者： （清）張竹坡（Zhang Zhupo），1670—1698，評點；（清）金聖嘆（Jin Shengtan），1608—1661，批點；蘭陵笑笑生（Lanlingxiaoxiaosheng）

附　　注： 卷首有圖，每回兩幅，共二百幅，另裝二冊。

封面鐫"金聖歎批點　彭城張竹坡原本　奇書第四種　丁卯初刻本衙藏版"。

框 21.4×13.5 公分，11 行 24 字，無行格，白口，四周單邊。版心上鐫"奇書第四種"，中鐫回次。

館藏信息： East Asian Library（Gest）：Rare Books：TC368/2430

2217

基本著錄： **龍圖公案：十卷**

（Long tu gong an：shi juan）

（明）李卓吾評

清乾隆間（即 1736—1795）姑蘇四美堂本

兩函十冊：圖；27 公分

本館藏本不完整:有缺葉。

相關責任者： （明）李贄（Li Zhi），1527—1602,評

附　　注： 卷首有圖,共十幅。

"李卓吾評"據封面,實無評。

封面題"姑蘇原板　李卓吾先生評繡像龍圖公案　四美堂梓行"。

不避"弘"。

框 19.6×12.2 公分,10 行 22 字,白口,四周單邊,單黑魚尾。版心上鐫書名,中鐫卷次,圖版心下鐫"種書堂梓"。

金鑲玉裝。

館藏信息： East Asian Library（Gest）:Rare Books:TC387/212. zkbf

2218

基本著錄： **新鐫玉茗堂批點王弇州先生豔異編:四十卷**

（Xin juan Yu ming tang pi dian Wang Yanzhou xian sheng Yan yi bian：si shi juan）

［（明）王世貞編;（明）湯顯祖評］

明間（約 1621—1644）本

一函八冊;26 公分

館藏本有殘缺:缺卷二十六至四十。

相關責任者： （明）王世貞（Wang Shizhen）,1526—1590,編;（明）湯顯祖（Tang Xianzu）,1550—1616,評

附　　注： 編者據封面。

封面鐫"玉茗堂原本　王鳳洲先生編　湯若士先生評　正續艷異編"。

框 21.6×14.3 公分,10 行 22 字,白口,四周單邊,單黑魚尾。版心上鐫"正艷異編",中鐫卷次。

館藏信息： East Asian Library（Gest）:Rare Books:T5747/1142

2219

基本著錄： **新編批評出像通俗演義禪真後史:八卷[五十三回]**

（Xin bian pi ping chu xiang tong shu yan yi chan zhen hou shi：ba juan wu shi san hui）

（明）清溪道人編次；冲和居士評校

清間（約 1644—1700）本

一函十六册；19 公分

館藏本有殘缺：存一至四十八回。

相關責任者： （明）方汝浩（Fang Ruhao），17 世紀，編次；冲和居士（Chonghejushi），評校

附　　注： 清溪道人即方汝浩。

明崇禎二年（1629）翠娛閣主人《禪真後史序》。

"紗""禎""真"字均未避諱。

缺第四十九至五十三回，《目錄》被剜改。

框 13.8×10.8 公分，10 行 24 字，白口，左右雙邊，單黑魚尾。版心上鎸"禪眞後史"，中鎸回次。

館藏信息： East Asian Library（Gest）；Rare Books；PL2698. F34 C52 1644

叢　部

彙編類

2220

基本著録： **說郛：一百二十弓. 說郛續：四十六弓.**

子目：

說郛：一百二十弓

(Shuo fu：yi bai er shi jiu)

(明)陶宗儀纂

說郛續：四十六弓

(Shou fu xu：si shi liu jiu)

(明)陶珽纂

清順治丙戌[3年,1646]李際期宛委山堂本

十五函一百六十八册;25公分

相關責任者： (明)陶宗儀(Tao Zongyi),纂;(明)陶珽(Tao Ting),進士1610,纂;(明)李際期(Li Jiqi),刻

附　　注： 封面鐫"陶九成輯""宛委山堂藏板"。

清順治四年(1647)王應昌《重校說郛序》。

框19.3×14.3公分,9行20字,白口,左右雙邊,單白魚尾。

館藏信息： East Asian Library(Gest):Rare Books:TC328/898

2221

基本著録： **漢魏叢書抄：六卷**

(Han Wei cong shu chao：liu juan)

(明)吴世濟删次

明天啓癸亥[3年,1623]本

一函八册;27 公分

相關責任者： （明）吳世濟（Wu Shiji），活動期 17 世紀，删次

附　　注： 明天啟三年（1623）吳世濟《漢魏叢書抄引》。

框 21.2×14.8 公分,9 行 20 字,白口,四周單邊,單白魚尾。版心上鐫書名,中鐫卷次及篇名。

吳《序》末鈐"吳印世濟"及"楫矦"兩方印。

館藏信息： East Asian Library（Gest）:Rare Books:TC328/2472

2222

基本著録： **漢魏叢書**

（Han Wei cong shu）

（清）王謨輯

清乾隆辛亥［56 年,1791］王謨本

八函四十八册;26 公分

相關責任者： （清）王謨（Wang Mo），進士 1778,輯

附　　注： 書名據《凡例》。

封面題"乾隆辛亥重鐫　漢魏叢書……"。

清乾隆五十七年（1792）陳蘭森《重刻漢魏叢書叙》言王謨輯刻書事。

與 NYCP93—B3198 同版。

框 19.7×14 公分,9 行 20 字,白口,左右雙邊,單白魚尾。版心上鐫子目書名,中鐫卷次。

館藏信息： Annex A,Forrestal:C338/1662

2223

基本著録： **檀几叢書:五十卷**

（Tan ji cong shu:wu shi juan）

（明）王晫輯;（清）張潮校

清康熙乙亥［34 年,1695］霞舉堂本

兩函十二册;27 公分

相關責任者： （明）王晫（Wang Zhuo），生年 1636,輯;（清）張潮（Zhang Chao），生年 1650,校

附　　注： 清康熙三十四年（1695）張潮《序》。

框 17.9×13.7 公分,9 行 20 字,白口,四周單邊。版心上鎸書名,中鎸篇名,下鎸"霞舉堂"。

館藏信息： RECAP:East Asian Library use only:C338/2901b

2224

基本著録： **昭代叢書:[二集九十卷]**

（Zhao dai cong shu:[er ji jiu shi juan]）

（清）張潮輯;（清）王嗣槐校

清乾隆間（即 1736—1795）張潮本

兩函十二册;27 公分

相關責任者： （清）張潮（Zhang Chao）,生年 1650,輯;（清）王嗣槐（Wang Sihuai）,校

附　　注： 書名據封面。

分甲乙兩集,甲集五十卷,乙集四十卷。

清康熙三十六年（1697）尤侗《昭代叢書序》（甲集）。張潮《昭代叢書乙集自序》。

避"弘"字諱,如《選例》第一葉第三行。

框 18.3×13.9 公分,9 行 20 字,白口,四周單邊。版心上鎸書名,中鎸子目書名。

館藏信息： Annex A,Forrestal:C338/2901a

2225

基本著録： **說鈴:[五十七種]**

（Shuo ling:[wu shi qi zhong]）

（清）吴震方輯

清康熙間（約 1705—1722）本

兩函二十册;27 公分

相關責任者： （清）吴震方（Wu Zhenfang）,進士 1679,輯

附　　注： 分爲前集、後集。

清康熙四十四年（1705）徐倬《說鈴序》提輯者及成書事。

封面有原鈐"學古堂"印。

框 20.4×14.4 公分,11 行 25 字,綫黑口,左右雙邊,雙黑魚尾。版

心中鐫書名及篇名。

館藏信息： RECAP：East Asian Library use only：C338/138

2226

基本著錄： 說鈴抄：八卷

（Shuo ling chao：ba juan）

（清）吳震方原輯；（清）華繼刪節

清乾隆癸酉［18 年,1753］本

一函四册；25 公分

相關責任者： （清）吳震方（Wu Zhenfang），進士 1679,原輯；（清）華繼（Hua Ji），
刪節

附　　注： 著者及版本據清乾隆十八年（1753）華繼《叙》。

框 18×13.2 公分,9 行 20 字,黑口,左右雙邊,單黑魚尾。版心上鐫
書名及卷次。

館藏信息： RECAP：East Asian Library use only：C338/2706

2227

基本著錄： ［雅雨堂藏書］

（［Ya yu tang cang shu］）

（清）盧見曾輯

清乾隆丙子［21 年,1756］揚州盧見曾雅雨堂本

四函三十二册；27 公分

相關責任者： （清）盧見曾（Lu Jianzeng）,1690—1768,輯

附　　注： 封面鐫"乾隆丙子鐫　宋本校刊李氏易傳　雅雨堂藏板"。

框 18.4×14.4 公分,10 行 21 字,白口,四周單邊,單黑魚尾。版心
上鐫子目名,中鐫卷次,下鐫"雅雨堂"。

館藏信息： Annex A,Forrestal：C338/2491

2228

基本著錄： ［雅雨堂藏書］

（［Ya yu tang cang shu］）

（清）盧見曾輯

清乾隆丙子[21年,1756]揚州盧見曾雅雨堂本

四函二十八册;26公分

相關責任者: （清）盧見曾（Lu Jianzeng）,1690—1768,輯

附　　注: 封面鐫"乾隆丙子鐫　宋本校刊李氏易傳　雅雨堂藏板"。

框18.4×14.4公分,10行21字,白口,四周單邊,單黑魚尾。版心上鐫子目名,中鐫卷次,下鐫"雅雨堂"。

館藏信息: Annex A,Forrestal:C338/8

2229

基本著録: **函海**

（Han hai）

（清）李調元［輯］

清乾隆庚子[45年,1780]萬卷樓本

六十函一百三十册;24公分

相關責任者: （清）李調元（Li Tiaoyuan）,1734—1803,輯

附　　注: 封面鐫"乾隆庚子年秋八月　萬卷樓藏板"。

清嘉慶十四年（1809）李鼎元《重校函海序》,清道光五年（1825）李朝夔《補刻函海跋》分別提修補事。

框19.1×14.2公分,10行20字,白口,四周雙邊,單黑魚尾。版心上鐫子目書名,中鐫卷次。

館藏信息: Annex A,Forrestal:C338/2362

2230

基本著録: **經訓堂叢書:二十一種**

（Jing xun tang cong shu:er shi yi zhong）

［（清）畢沅輯］

清乾隆間（即1736—1795）經訓堂本

四函四十八册;30公分

相關責任者: （清）畢沅（Bi Yuan）,1730—1797,輯

附　　注: 書名據封面。封面題"經訓堂廿一種叢書"。

《晏子春秋》封面題"乾隆戊申十月刊陽湖孫氏板"。另有封面題"經訓堂藏板"。

《山海經》卷末題"靈巖山館刊"。

框 19.8×15 公分,11 行 22 字,黑口,四周單邊,雙黑魚尾。版心中鐫子目書名及卷次。

館藏信息： Annex A,Forrestal：C338/4

2231

基本著録： **貸園叢書初集：[十二種]**

(Dai yuan cong shu chu ji：[shi er zhong])

(清)周永年輯

清乾隆間(約 1769—1775)潮陽李文藻竹西書屋本

四函二十四冊；28 公分

館藏本有殘缺：有抄配。

相關責任者： (清)周永年(Zhou Yongnian),1730—1791,輯；(清)李文藻(Li Wenzao),1730—1778,刻

附　注： 書名據封面。

著者據清乾隆五十四年(1789)周永年《叙》。

乾隆五十四年(1789)周永年《貸園叢書初集叙》曰"其板皆取諸青州李南澗(文藻)家"。

封面題"竹西書屋藏版"。

《石刻鋪叙》有乾隆三十四年(1769)錢大昕《跋》。

《左傳評》封面題"⋯⋯乙未潮陽縣衙鋟版",乙未即乾隆四十年(1775)。

框 17.4×14.3 公分,11 行 22 字,小字雙行同,黑口,左右雙邊,雙黑魚尾。版心中鐫子目書名。

館藏信息： Annex A,Forrestal：C338/2999

2232

基本著録： **知不足齋叢書**

(Zhi bu zu zhai cong shu)

[(清)鮑廷博輯；(清)鮑志祖續輯]

清乾隆己丑—道光癸未[乾隆 34 年—道光 3 年,1769—1823]鮑氏本

三十函；19 公分

相關責任者: （清）鮑廷博（Bao Tingbo）,1728—1814,輯；（清）鮑志祖（Bao Zhi-zu）,續輯

附　　注: 框 13×9.9 公分,9 行 21 字,細黑口,左右雙邊。版心中鐫子目書名,下鐫"知不足齋叢書"。

館藏信息: Annex A,Forrestal:C338/543

2233

基本著錄: 諸史狐白合編:［二十二卷］

(Zhu shi hu bai he bian:［er shi er juan］)

明萬曆間（約 1596—1620）建陽余良木自新齋本

一函十册;30 公分

相關責任者: （明）余良木（Yu Liangmu）,刻

附　　注: 封面鐫"諸史狐白合編　余紹崖梓"。

書名據封面。

各種卷端題"自新齋余良木繡梓"或"書林紹崖余良木繡梓"。

《國語狐白》卷四末有牌記"萬曆丙申…… 自新齋余氏梓行"。《戰國策》卷四末有牌記"萬曆新歲……余紹崖梓"。《史記》卷六末有牌記"萬曆歲次庚子…… 書林余氏自新齋梓"。《秦漢文》卷四末有牌記"萬曆甲辰…… 余紹崖梓"。

是書係建陽書林自新齋編刻并彙印。

框 20.9×13.1 公分,兩節板,上節 7 字行不等,下節 10 行 20 字,白口,四周單邊,雙黑魚尾。版心上鐫各種書名,中鐫篇名及卷次。

館藏信息: East Asian Library（Gest）:Rare Books:TC328/2936Q

2234

基本著錄: 欣賞續編:［十種十卷］

(Xin shang xu bian:［shi zhong shi juan］)

（明）茅一相集

明萬曆庚辰［8 年,1580］茅一相本

一函五册:圖;28 公分

館藏本有殘缺:缺乙集《奕選》及癸集《修真》各一卷。

相關責任者: （明）茅一相（Mao Yixiang）,集

附　　注：　書名及著者據《總目》。

《除紅譜》後茅一相《題識》言刻書事。

框 17.2×12.8 公分,行字不等,白口,四周單邊,單黑魚尾。版心上鐫"欣賞"及各種書名。

館藏信息：　East Asian Library(Gest)：Rare Books：TC328/389

2235

基本著錄：　**漢魏別解：十六卷**

(Han Wei bie jie：shi liu juan)

(明)黃澍,(明)葉紹泰選

編目記録詳見《子部·雜家類》。

2236

基本著錄：　[**二十子**]

([Er shi zi])

[(明)吳勉學輯]

明萬曆間(即 1573—1620)吳勉學本

四函二十八冊;24 公分

館藏本有殘缺:存九種。

相關責任者：　(明)吳勉學(Wu Mianxue),校;(明)黃之寀(Huang Zhicai),校

附　　注：　各卷端所題"明新安黃之寀校"實爲挖改,原題"明新安吳勉學校"。

框 19.9×14.1 公分,9 行 18 字,白口,左右雙邊,單黑魚尾。版心上鐫子書名,中鐫卷次。

館藏信息：　East Asian Library(Gest)：Rare Books：TC328/2384

2237

基本著錄：　**稗海**：[**四百四十八卷**]

(Bai hai：[si bai si shi ba juan])

(明)商浚輯

明萬曆間(即 1573—1620)商氏半野堂本

十函八十冊;27 公分.

相關責任者：　(明)商浚(Shang Jun),輯

附　　注： 有補版。

原本七十種,此帙凡七十四種,爲後印時擴之。

框(《博物志》)21.2×14.2公分,9行20字,白口,四周單邊,單黑魚尾。版心上鐫子書名,中鐫卷次。

館藏信息： East Asian Library(Gest):Rare Books:TC338/729

2238

基本著録： ［稗海:四百四十八卷］

（Bai hai:［si bai si shi ba juan］）

（明）商濬輯

明萬曆間(即1573—1620)商氏半野堂本

一函八册;26公分

相關責任者： （明）商濬(Shang Jun),輯;（清）甘鵬雲(Gan Pengyun),生年1861,收藏

附　　注： 有補版。

框(《樂善録》)20.5×14公分,9行20字,白口,四周單邊,單黑魚尾。版心上鐫子書名,中鐫卷次。

原本七十種,此帙存二十三種。

鈐有"崇雅堂藏書",并有甘氏題記。

館藏信息： East Asian Library(Gest):Rare Books:TC338/2231

2239

基本著録： ［文林綺繡］

（［Wen lin qi xiu］）

明萬曆丙子—丁丑［4—5年,1576—1577］吳興凌迪知本

六函三十四册;26公分

相關責任者： （明）凌迪知(Ling Dizhi),進士1556,輯

附　　注： 8行17字,白口,左右雙邊,單黑魚尾。下書口有刻工。

館内有另一復本,按零種著録。

館藏信息： East Asian Library(Gest):Rare Books:TC328/3782

2240

基本著録： ［五朝小說］

（［Wu chao xiao shuo］）

明間（約1621—1644）本

八函六十四册；24公分

附　　注： 版本據風格。

框19.2×14.4公分，9行20字，白口，左右雙邊，單白魚尾。版心上鐫書名。

館藏信息： East Asian Library（Gest）:Rare Books:TC328/583

2241

基本著録： 尚白齋鎸陳眉公訂正秘笈：［四十八卷］.陳眉公雜著：四十卷.

子目：

尚白齋鎸陳眉公訂正秘笈：［四十八卷］

（Shang bai zhai juan Chen Meigong ding zheng mi ji:［si shi ba juan］）

（明）陳繼儒輯

陳眉公雜著：四十卷

（Chen Meigong za zhu:si shi juan）

（明）陳繼儒撰

明萬曆丙午［34年,1606］沈氏尚白齋本

八函四十八册；26公分

相關責任者： （明）陳繼儒（Chen Jiru）,1558—1639,輯、撰

附　　注： 書名據《目録》。

明萬曆三十四年（1606）陳萬言《尚白齋秘笈序》。

未署年姚士麟《刻尚白齋秘笈叙》。

後人手寫封面鐫“正集二十種　　陳眉公叢書雜著附後”。

《陳眉公雜著》較中國國家圖書館所藏《尚白齋鎸陳眉公寶顔堂秘笈》僅缺《眉公見聞録》八卷，疑是書爲後印者更名。

框20.1×12.5公分，8行18字，白口，四周單邊。版心上鐫子書名及卷次。

館藏信息： East Asian Library（Gest）:Rare Books:TC338/317

2242

基本著録:　　　**快書:五十卷**

（Kuai shu;wu shi juan）

（明）閔景賢纂;（明）何偉然訂

明天啓間（約 1626—1627）快堂本

四函二十册;28 公分

相關責任者:　（明）閔景賢（Min Jingxian）,纂;（明）何偉然（He Weiran）,訂

附　　注:　　明天啓六年（1626）閔景賢《自序》。

封面鐫"快書五十種""快堂藏板",并鈐"快堂"印。

框 21.3×14.9 公分,8 行 18 字,白口,四周單邊。版心上鐫篇名,中

鐫卷次。

館藏信息:　　East Asian Library（Gest）;Rare Books;TC338/2678

2243

基本著録:　　　**津逮秘書:十五集**

（Jin dai mi shu;shi wu ji）

（明）毛晉輯

明崇禎間（約 1630—1644）常熟毛晉汲古閣本

十八函一百四十四册;25 公分

相關責任者:　（明）毛晉（Mao Jin）,1599—1659,輯

附　　注:　　書名據《總目》。

明崇禎三年（1630）毛晉《津逮秘書序》。

著者及版本據《序》。

框 19.4×14.2 分,9 行 19 字,白口,左右雙邊。版心上鐫子目書名,

下鐫"汲古閣"。

館藏信息:　　East Asian Library（Gest）;Rare Books;TC338/569

2244

基本著録:　　　［**格致叢書**］

（［Ge zhi cong shu］）

［（明）胡文焕輯］

明萬曆間(即 1573—1620)杭州胡文煥文會堂本

一函九册;28 公分

館存十九種。

相關責任者: (明)胡文煥(Hu Wenhuan),輯

附　　注: 書套題"古今事物考等十九種"。

館藏信息: East Asian Library(Gest):Rare Books:T9100/4852

2245

基本著録: **秘書廿一種**

(Mi shu nian yi zhong)

(清)汪士漢校

清康熙戊申[7 年,1668]新安汪氏本

四函二十四册;26 公分

相關責任者: (清)汪士漢(Wang Shihan),校

附　　注: 書名、著者據封面,封面鐫"新安汪士漢校""秘書廿一種""本衙藏

板"。

有清康熙七年(1668)汪士漢《吳越春秋考》等序。

汪士漢據明《古今逸史》刊版重編并刻印。

框 19.9×13.7 公分,10 行 20 字,白口,左右雙邊,單黑魚尾。版心

上鐫子目書名,中鐫卷次。

館藏信息: East Asian Library(Gest):Rare Books:TC338/2329

2246

基本著録: **武英殿聚珍版書**

(Wu ying dian ju zhen ban shu)

清乾隆間(約 1776—1795)杭州浙江省本

二十函一百二十四册;19 公分

附　　注: 封面鐫"遵旨重刊武英殿聚珍版書　浙江省通行"。

書套書籤鐫"浙江省重刊"。

框 12.8×10 公分,9 行 21 字,白口,左右雙邊,單黑魚尾。版心上鐫

子書名。

館藏信息: Annex A,Forrestal:C338/892

2247

基本著録: ［武英殿聚珍版書:一三八種二千四百二十一卷］

（［Wu ying dian ju zhen ban shu:yi san ba zhong er qian si bai er shi yi juan］）

清乾隆癸巳—嘉慶癸亥［乾隆 38 年—嘉慶 8 年,1773—1803］北京武英殿本

一函八百十二册:圖;27 公分

附　注: 包括 4 種刻本,134 種木活字(聚珍)本。

4 種刻本爲清乾隆三十八年(1773)完成(見書前提要署年);活字本《西漢會要》於清嘉慶八年(1803)完成(見《清内府刻書檔案史料彙編》下,430 頁)。

子目正文共 2406 卷,附卷共 15 卷,合計 2421 卷。

書名據《中國古籍善本書目》;中國國家圖書館藏第一册爲寫本《欽定武英殿聚珍版書目錄》。

框 19.4×12.7 公分,9 行 21 字(刻本 10 行 21 字),小字雙行,白口,四周雙邊,單黑魚尾。版心上鐫子目書名,中鐫卷次。

館藏信息: East Asian Library(Gest):Rare Books:TC338/1337

2248

基本著録: ［欽定武英殿聚珍版書:一三八種二千四百二十一卷］

（［Qin ding wu ying dian ju zhen ban shu:yi san ba zhong er qian si bai er shi yi juan］）

清乾隆癸巳—嘉慶癸亥［乾隆 38 年—嘉慶 8 年,1773—1803］北京武英殿本

六十函六百册;27 公分

附　注: 書名據中國國家圖書館藏寫本《欽定武英殿聚珍版書目錄》。

包括 4 種刻本,134 種木活字(聚珍)本。

子目正文共 2406 卷,附卷共 15 卷,合計 2421 卷。

4 種刻本爲清乾隆三十八年(1773)完成(見書前提要署年);活字本《西漢會要》於清嘉慶八年(1803)完成(見《清内府刻書檔案史料彙編》(下),第 430 頁)。

框 19.4×12.7 公分,9 行 21 字(刻本 10 行 21 字),小字雙行,白口,四周雙邊,單黑魚尾。版心上鐫子目書名,中鐫卷次。

此套書缺一種(《御製詩文十全集》五十四卷),存 137 種。

館藏信息： East Asian Library(Gest):Rare Books:TC338/1338

2249

基本著錄： 尚白齋秘笈:[二十種]

(Shang bai zhai mi ji:[er shi zhong])

[(明)陳繼儒輯]

明萬曆丙午[34 年,1606]沈氏尚白齋本

三函十六冊;26 公分

相關責任者： (明)陳繼儒(Chen Jiru),1558—1639,輯;(清)甘鵬雲(Gan Pengyun),生年 1861,題識

附　　注： 書名據未署年姚士麟《刻尚白齋秘笈叙》。

框 20.1×12.5 公分,8 行 18 字,白口,四周單邊。版心上鐫子書名及卷次。

有甘鵬雲手抄目錄及題識,并鈐有"潛江甘氏崇雅堂藏書"印記。

館藏信息： East Asian Library(Gest):Rare Books:TC338/1705a

2250

基本著錄： [夷門廣牘]

([Yi men guang du])

[(明)周履靖輯]

明萬曆間(即 1573—1620)金陵荊山書林本

一函兩冊;26 公分

相關責任者： (明)周履靖(Zhou Lüjing),16/17 世紀,輯;(清)甘鵬雲(Gan Pengyun),生年 1861,收藏

附　　注： 存四種。

明萬曆二十二年(1594)袁福徵《籍記後序》。

框 19.5×14 公分,9 行 18 字,白口,四周單邊,單黑魚尾。版心上鐫書名。

鈐有"潛江甘氏崇雅堂藏書"印記。

館藏信息： East Asian Library（Gest）：Rare Books：TC338/1705b

2251

基本著録： **龍威秘書：十集**

（Long wei mi shu：shi ji）

（清）馬俊良輯

清乾隆甲寅［59 年，1794］浙江馬俊良大酉山房本

十函八十册；18 公分

相關責任者： （清）馬俊良（Ma Junliang），活動期 18 至 19 世紀，輯

附　　注： 輯者據《一集》總目。

《一集》封面鐫"乾隆甲寅年刊大酉山房"，《二集》内封面鐫"嘉慶元

年新刊浙江石門馬氏家藏"。

框 12.3×9.6 公分，9 行 20 字，白口或黑口，左右雙邊。版心中鐫書

名及卷次。

館藏信息： Annex A，Forrestal：C338/17

2252

基本著録： **經韻樓叢書**

（Jing yun lou cong shu）

［（清）段玉裁編］

清乾隆丙申—道光辛巳［乾隆 41 年—道光元年，1776—1821］本

兩函二十二册；26 公分

相關責任者： （清）段玉裁（Duan Yucai），1735—1815，編

附　　注： 書底墨筆題"經韻樓叢書"。

"味青齋藏書""西邨藏本"印記。

與《中國古籍總目》子目核對，本館缺《詩經小學》《說文解字注》《六

書音韻表》。

館藏信息： Annex A，Forrestal：C338/5

自著類

2253

基本著録：　　　文道十書：[十二卷]

（Wen dao shi shu：[shi er juan]）

（清）陳景雲撰

清乾隆甲戌[19年,1754]陳黃中樸茂齋本

一函四册；26公分

館藏本有殘缺：缺《韓集點勘》四卷。

相關責任者：　（清）陳景雲（Chen Jingyun）,1670—1747,撰；（清）陳黃中（Chen Huangzhong）,約1704—1762,刻

附　　注：　框19.2×14.1公分,10行20字,下綫黑口,左右雙邊,單黑魚尾。版心中鐫書名簡稱。

館藏信息：　East Asian Library（Gest）：Rare Books：TB22/1983

2254

基本著録：　　　朱子遺書

（Zhuzi yi shu）

（宋）朱熹

清康熙間（即1662—1722）呂氏寶誥堂本

兩函二十册；25公分

相關責任者：　（宋）朱熹（Zhu Xi）,1130—1200

附　　注：　書名據封面。

封面鐫"朱子遺書""禦兒呂氏寶誥堂重刊白鹿洞原本"。

呂留良室名寶誥堂。

框18×13.2公分,12行22字,黑口,左右雙邊,雙黑魚尾。版心中鐫子目書名及卷次。

館藏信息：　East Asian Library（Gest）：Rare Books：TC13/3742

2255

基本著録：　　　顧亭林先生遺書：十種

（Gu Tinglin xian sheng yi shu：shi zhong）

（清）顧炎武

清乾隆嘉慶間（即 1736—1820）蓬瀛閣本

八册；28 公分

相關責任者： （清）顧炎武（Gu Yanwu），1613—1682

附　　注： 内封面題"顧亭林先生遺書十種　蓬瀛閣校刊"。左下角有"埽葉山房督造書籍"朱文印記。

昌彼得編本館《中文舊籍書目》第 667 頁，著録此書版本爲"清乾隆嘉慶間蓬瀛閣刊本"。此本與北京大學圖書館藏（Y9117/3891）清刻本同版，與南開大學圖書館藏［089.71/964—21（1）］清光緒三十二年（1906）蓬瀛閣本同版。刻版與印年關係待考。

框 19×14.7 公分，11 行 20 字，白口，左右雙邊，單黑魚尾。版心中鐫書名及卷次。

"曾为潛江甘氏所收藏"印記。

館藏信息： Annex A，Forrestal：C338/2055

2256

基本著録： ［朱文端公藏書］：十三種

（［Zhu Wenduan gong cang shu］：shi san zhong）

［（清）朱軾輯］

清間（約 1718—1795）本

八函八十册；31 公分

相關責任者： （清）朱軾（Zhu Shi），1665—1736，輯

附　　注： 朱軾謚文端。

書中偶避"弘"字諱。

封面鐫"進呈御覽高安朱文端公校輯藏書十三種　本衙藏板翻印必究"。

《大戴禮記》有清康熙五十七年（1718）《序》，《周易傳義》有清乾隆二年（1737）《序》等序。

框（《周易傳義》）21.9×14.8 公分，8 行 20 字，小字雙行同，白口，四周雙邊，單黑魚尾。版心上鐫書名，中鐫卷次及篇名。

館藏信息： Annex A，Forrestal：C338/3079

2257

基本著錄： 戴氏遺書：[十五種六十卷]

（Dai shi yi shu：[shi wu zhong liu shi juan]）

[（清）戴震]

編目記錄詳見《集部·別集類》。

2258

基本著錄： 古愚老人消夏錄：[六十七卷]

（Guyulaoren xiao xia lu：[liu shi qi juan]）

（清）汪汲錄

清乾隆甲寅—嘉慶辛酉[乾隆59年—嘉慶6年,1795—1801]古愚山

房本

兩函二十冊;23公分

相關責任者： （清）汪汲（Wang Ji）,18/19世紀,錄

附　　注： 書名據封面。

《十三經紀字》有清乾隆五十九年（1795）談泰《叙》。

《座右銘類編》封面鐫"乾隆甲寅夏鐫……潄經齋藏板"。

《怪疾奇方》封面鐫"嘉慶六年夏鐫……古愚山房藏板"。

框15.4×10.2公分,9行24字,白口,四周雙邊,單黑魚尾。版心上

鐫書名,中鐫卷次。

館藏信息： RECAP：East Asian Library use only：C328/1032

2259

基本著錄： 經史全書：[二十八卷]

（Jing shi quan shu：[er shi ba juan]）

（明）邵寶撰

明崇禎丙子[9年,1636]曹荃本

兩函十六冊;25公分

本館藏本不完整:缺《泉齋簡端錄》。

相關責任者： （明）邵寶（Shao Bao）,1460—1527,撰;（明）曹荃（Cao Quan）,刻

附　　注： 書名據版心及封面。

著者據《序》。

封面鐫"經史全書""錫山三槐堂藏板"。

明崇禎九年(1636)錢士升《邵文莊公經史全書序》言刻書事。

框 20.5×14.4 公分,10 行 20 字,白口,四周單邊,單黑魚尾。版心上鐫"經史全書",中鐫子目名及卷次。

館藏信息： East Asian Library(Gest)：Rare Books：TC328/3991

2260

基本著録： **板橋題畫. 小唱. 家書.**

子目：

板橋題畫

(Banqiao ti hua)

(清)鄭燮著;(清)靳畬校

小唱

(Xiao chang)

(清)鄭燮著;(清)靳畬校

家書

(Jia shu)

(清)鄭燮著;(清)靳畬校

清彙印本

一函兩册;27 公分

相關責任者： (清)鄭燮(Zheng Xie),1693—1765,著;(清)靳畬(Jin Yu),校;(清)司徒文膏(Situ Wengao),刻

附　注： 《小唱》卷端題"道情十首",封面題"小唱",卷末鐫"是曲作於雍正七年,屢抹屢更,至乾隆八年乃付諸梓。刻者司徒文膏也"。

《家書》卷端題"與舍弟書十六通興化鄭燮板橋氏著",封面題"家書"。書前有清乾隆十四年(1749)《鄭燮自題》。卷末題"與舍弟書十六通司徒文膏刻"。

《板橋題畫》框 17.4×13 公分,7 行字數不等,白口,無魚尾,四周單邊。版心上鐫"板橋題畫"。

《小唱》框 17.4×13.3 公分,8 行字數不等,白口,無魚尾,四周單邊。卷端題"道情十首"。

《家書》框 17.9×14.4 公分,8 行字數不等,白口,無魚尾,四周單邊。
版心上鎸"板橋家書"。

館藏信息: Annex A,Forrestal:D33/75. dldzx

2261

基本著錄: **自怡軒初學讀本. 自怡軒讀本二集.**

子目:

自怡軒初學讀本

(Zi yi xuan chu xue du ben)

(清)許寶善評選;(清)朱樹簫輯

自怡軒讀本二集

(Zi yi xuan du ben er ji)

(清)許寶善評選;(清)朱樹簫輯

清乾隆辛亥[56 年,1791]自怡軒本

五册;23 公分

相關責任者: (清)許寶善(Xu Baoshan),進士 1760,評選;(清)朱樹簫(Zhu Shuyue),輯

附　注: 卷端題"雲間許寶善穆堂氏評選　玉峰朱樹簫誦壺同輯"。

內封面鎸"乾隆辛亥秋鎸　自怡軒初學讀本　雲間許穆堂評選　玉峰朱誦壺同輯"。

框 19×11.4 公分,9 行 25 字,無行格,行間刻評點,白口,左右雙邊。
版心上鎸書名,下鎸小題。

館藏信息: East Asian Library(Gest):Rare Books:PL2395. Z58 1791

書名拼音索引

E

F

H

J

K

Q

T

W

X

Y

Z